Barack Obama

EIN VERHEISSENES LAND

Aus dem amerikanischen Englisch von
Sylvia Bieker, Harriet Fricke, Stephan Gebauer, Stephan Kleiner,
Elke Link, Thorsten Schmidt und Henriette Zeltner-Shane

PENGUIN VERLAG

Die Originalausgabe erschien 2020 unter dem Titel *A Promised Land* bei Crown, einem Verlag von Penguin Random House LLC, New York.

Die Übertragung der Gedichtzeilen von Robert Frost auf Seite 7 besorgte Jürgen Brôcan.
Der Brief von Nicole Brandon auf Seite 381 wurde aus Gründen der Klarheit im Wortlaut leicht geändert und gekürzt.

MIX
Papier | Fördert gute Waldnutzung
FSC® C014496

Penguin Random House Verlagsgruppe FSC® N001967

1. Auflage 2024

Mitarbeit an der Redaktion: Christina Kruschwitz
Bildbearbeitung: Helio Repro GmbH, München
Umschlaggestaltung: Jorge Schmidt nach einem Design von Christopher Brand
Umschlagabbildungen: Pari Ducovic (Vorderseite), Dan Winters (Rückseite)
Satz: Andrea Mogwitz nach einem Design von Elizabeth Rendfleisch
Druck und Bindung: GGP Media GmbH, Pößneck
Printed in Germany
ISBN 978-3-328-11056-9
www.penguin-verlag.de

Dieses Buch ist auch als E-Book erhältlich.

Für Michelle – meine Liebe und Partnerin fürs Leben
und
für Malia und Sasha – deren Strahlen alles heller macht

O, fly and never tire,
Fly and never tire,
Fly and never tire,
There's a great camp-meeting in the Promised Land.

Oh, flieg, ohne je zu ermatten,
Flieg, ohne je zu ermatten,
Flieg, ohne je zu ermatten,
Im Verheißenen Land findet ein großes Camp Meeting statt.

Aus einem afroamerikanischen Spiritual

Don't discount our powers;
We have made a pass
At the infinite.

Unterschätzt nicht unsere Kräfte;
Wir haben uns genähert
Der Unendlichkeit.

Robert Frost, »Kitty Hawk«

INHALT

VORWORT 11

TEIL 1 | DIE WETTE 17

TEIL 2 | YES WE CAN 123

TEIL 3 | RENEGADE 295

TEIL 4 | DER GUTE KAMPF 467

TEIL 5 | DIE WELT, WIE SIE IST 597

TEIL 6 | IM FASS 721

TEIL 7 | AUF DEM HOCHSEIL 863

DANK 975
BILDNACHWEIS 981
REGISTER 989

VORWORT

ICH BEGANN DIESES BUCH kurz nach dem Ende meiner Präsidentschaft zu schreiben – nachdem Michelle und ich ein letztes Mal die Air Force One bestiegen hatten und in einen lang aufgeschobenen Urlaub im Westen gereist waren. Die Stimmung an Bord war bittersüß. Wir waren beide körperlich wie emotional ausgelaugt. Nicht nur von den Anstrengungen der vergangenen acht Jahre, sondern auch von den unerwarteten Resultaten einer Wahl, durch die jemand zu meinem Nachfolger bestimmt worden war, der in allem das exakte Gegenteil von dem verkörperte, wofür wir standen. Trotzdem, nachdem wir unseren Teil getan hatten, um den Stab übergeben zu können, erfüllte es uns mit Zufriedenheit, zu wissen, dass wir unser Bestes gegeben hatten. Und egal, wie oft ich als Präsident versagt hatte, welche Projekte ich hatte verwirklichen wollen, bei denen ich aber gescheitert war – das Land stand jetzt besser da als zu Beginn meiner Amtszeit. Einen Monat lang schliefen Michelle und ich aus, aßen geruhsam zu Abend, unternahmen lange Spaziergänge, schwammen im Meer, zogen Bilanz, frischten unsere Freundschaft auf, entdeckten unsere Liebe neu und planten einen weniger ereignisreichen, aber hoffentlich nicht weniger erfüllenden zweiten Akt. Als ich bereit war, wieder an die Arbeit zu gehen, und mich mit Stift und gelbem Block hinsetzte, da hatte ich schon einen klaren Entwurf des Buchs im Kopf. (Ich schreibe Dinge immer noch gern mit der Hand auf, weil ich finde, dass ein Computer selbst meinen gröbsten Skizzen zu viel Glanz und halb garen Gedanken den Anschein von Ordnung verleiht.)

Zuallererst hoffte ich, eine ehrliche Darstellung meiner Zeit im Amt zu liefern – nicht bloß ein historisches Protokoll der Schlüsselereignisse während meiner Amtszeit und der wichtigen Personen, mit denen ich zu tun hatte. Mir ging es auch um einen Bericht über einige der politischen, wirtschaftlichen und kulturellen Gegenströmungen, die dazu beitrugen, den Herausforderungen, vor denen meine Regierung stand, Gestalt zu geben, und ich wollte die Entscheidungen beschreiben, die mein Team und ich als Reaktion darauf getroffen haben. Wo es möglich war, wollte ich den Lesern einen Eindruck davon vermitteln, wie es sich anfühlt, Präsident der Vereinigten Staaten zu *sein*. Ich wollte den Vorhang ein Stückchen zur Seite ziehen und die Leute daran erinnern, dass aller Macht und allem Pomp zum Trotz die Präsidentschaft auch nur ein Job ist und unsere Bundesregierung ein menschliches Unterfangen wie viele andere und dass die Frauen und Männer, die im Weißen Haus arbeiten, die gleiche tägliche Mischung aus Zufriedenheit, Enttäuschung, Reibereien im Büro, Fehlschlägen und kleinen Triumphen erleben wie der Rest ihrer Mitbürger. Und schließlich wollte ich eine persönliche Geschichte erzählen, die junge Menschen vielleicht dazu inspiriert, ein Berufsleben im Dienst der Allgemeinheit zu erwägen: wie meine Karriere in der Politik eigentlich damit begann, dass ich nach einem Platz suchte, an dem ich dazugehörte, nach einem Weg, mir die verschiedenen Stränge meiner bunt gemischten Herkunft zu erklären, und wie ich letztlich erst in der Lage war, eine Gemeinschaft und Sinn in meinem Leben zu finden, indem ich mich einer Sache verschrieb, die größer war als ich selbst.

Ich hatte mir ausgerechnet, dass ich all das auf etwa fünfhundert Seiten schaffen könnte. Ich nahm an, innerhalb eines Jahres damit fertig zu sein.

Man kann wohl sagen, dass der Schreibprozess nicht ganz nach Plan verlief. Meinen besten Absichten zum Trotz wuchs das Buch in die Länge und in die Tiefe – das war der Grund, warum ich mich letztlich entschloss, zwei Bände daraus zu machen. Mir ist schmerzlich bewusst, dass ein begabterer Autor einen Weg gefunden hätte, dieselbe Geschichte kürzer zu erzählen. (Schließlich befand sich mein persönliches Arbeitszimmer im Weißen Haus direkt neben dem Lincoln Bedroom, wo eine signierte Fassung der 272 Wörter langen Gettysburg Address von Abraham Lincoln hinter Glas ausgestellt ist.) Doch jedes Mal, wenn ich mich zum Schreiben hinsetzte, schien mein Kopf sich gegen einen schlichten, linearen Bericht zu wehren, gleichviel, ob ich die frühen Phasen meines Wahlkampfs, den Umgang meiner Regierung mit der Finanzkrise, Verhandlungen mit den Russen über die Kontrolle von Atomwaffen schildern oder die Kräfte erklären wollte, die zum Arabischen Frühling geführt hatten. Oft fühlte ich mich verpflichtet, den Kontext zu den Entscheidungen zu liefern, die ich und andere getroffen hatten, und ich wollte diesen Hintergrund nicht in Fuß- oder Endnoten verbannen (die ich hasse). Ich stellte fest, dass sich meine Motive nicht immer erklären ließen, indem ich mich schlicht auf eine Fülle von Wirtschaftsdaten berief oder ein vollständiges Briefing im Oval Office wiedergab. Denn diese Motive waren möglicherweise von der Unterhaltung mit einem Fremden während des Wahlkampfs geprägt worden oder vom Besuch in einem Militärkrankenhaus oder von einer Lektion, die meine Mutter mich in der Kindheit gelehrt hatte. Immer wieder spülten meine Erinnerungen scheinbar beiläufige Details nach oben (die Suche nach einem verschwiegenen Ort für eine Abendzigarette; mein Team und ich lachend beim Kartenspielen an Bord der Air Force One). Solche Einzelheiten fingen meine gelebte Erfahrung während der acht Jahre, die ich im Weißen Haus verbrachte, auf eine Weise ein, die ein offizieller Bericht nie vermitteln könnte.

Was ich überhaupt nicht vorhersah, abgesehen von der Mühe, Worte zu Papier zu bringen, war, was sich in den dreieinhalb Jahren seit jenem letzten Flug mit der Air Force One ereignen würde. Während ich hier sitze, befindet das Land sich nach wie vor im Griff einer globalen Pandemie und der damit einhergehenden Wirtschaftskrise; mehr als 178 000 Amerikaner sind gestorben, Firmen und Geschäfte geschlossen, Millionen von Menschen arbeitslos. Im ganzen Land sind Leute aus allen Schichten auf die Straße gegangen, um gegen den Tod unbewaffneter Schwarzer Männer und Frauen durch Polizisten zu protestieren. Und die vielleicht größte Sorge von allen: Unsere Demokratie scheint am Rand einer Krise zu taumeln – einer Krise, die ihren Ursprung in der fundamentalen Auseinandersetzung zwischen zwei widerstreitenden Visionen davon hat, was Amerika ist und was es sein sollte. Eine Krise, die das Gemeinwesen gespalten, wütend und misstrauisch gemacht hat und die eine anhaltende Verletzung institutioneller Normen, verfahrensrechtlicher Absicherungen und grundlegender Übereinkünfte ermöglichte, die sowohl Republikaner als auch Demokraten einst für selbstverständlich hielten.

Diese Auseinandersetzung ist natürlich nicht neu. In vielerlei Hinsicht hat sie die kollektive amerikanische Erfahrung sogar definiert. Sie ist eingebettet in die Gründungsdokumente, die gleichzeitig proklamieren konnten, dass alle Männer gleich sind und ein Sklave doch nur drei Fünftel eines Mannes zählt. Sie findet ihren Ausdruck in unseren frühesten Gerichtsurteilen, wenn zum Beispiel der vorsitzende Richter des Obersten Gerichtshofs amerikanischen Ureinwohnern unverblümt erklärt, dass das Recht ihres Stammes, Eigentum zu übertragen, nicht vollstreckbar ist – mit der Begründung, dass das Gericht des Eroberers keine Befugnis habe, die berechtigten Ansprüche des Eroberten anzuerkennen. Es ist eine Auseinandersetzung, die schon auf den Schlachtfeldern von Gettysburg und Appomattox ausgetragen wurde, aber auch in den Sälen des Kongresses, auf einer Brücke in Selma ebenso wie in den Weinbergen von Kalifornien oder den Straßen von New York. Es waren nicht nur Soldaten, die in dieser Auseinandersetzung kämpften, sondern weit häufiger Gewerkschaftsmitglieder, Frauenrechtlerinnen, Schlafwagenschaffner, Studentenführer, Wellen von Einwanderern und LGBTQ-Aktivisten, bewaffnet mit nichts als Schildern, Flugblättern oder auch nur einem Paar fester Schuhe. Den Kern dieses lang währenden Kampfes bildet eine schlichte Frage: Haben wir ein Interesse daran, die amerikanische Realität mit den Idealen des Landes in Einklang zu bringen? Und wenn ja, glauben wir tatsächlich, dass unsere Vorstellung von Selbstregierung und individueller Freiheit, von Chancengleichheit und Gleichheit vor dem Gesetz für jedermann gilt? Oder haben wir uns nicht vielmehr durch die Praxis, wenn nicht gar kraft Gesetz, gebunden, diese Dinge einer kleinen Gruppe Privilegierter vorzubehalten?

Ich verstehe, dass es diejenigen gibt, die glauben, es sei an der Zeit, den Mythos zu entsorgen. Weil ein Blick in die amerikanische Geschichte und schon ein flüchtiger Blick auf die Schlagzeilen von heute zeigen, dass die Ideale dieser Nation schon immer an zweiter Stelle standen. Hinter Eroberung und Unterdrückung, einem rassistischen Kastensystem und Raubtierkapitalismus. Diese Menschen sind der Ansicht, dass all jene, die etwas anderes behaupten, sich der Komplizenschaft in einem von Beginn an manipulierten Spiel schuldig machen. Ich gestehe, dass es im Verlauf der Arbeit an diesem Buch Momente gab, in denen ich mich im Rückblick auf meine Präsidentschaft und alles, was seither passiert war, fragen musste, ob ich mich zu sehr gemäßigt habe, wenn ich aussprach, was ich als Wahrheit ansah. Ob ich in Worten und Taten zu viel Vorsicht an den Tag legte, weil ich glaubte, der Appell an die von Lincoln so genannten besseren Engel unserer Natur würde mir eher ermöglichen, uns in Richtung eines Amerika zu führen, das uns verheißen worden ist.

Ich weiß es nicht. Mit Gewissheit kann ich jedoch sagen, dass ich noch nicht bereit bin, die Möglichkeit von Amerika aufzugeben – nicht nur um künftiger Generationen von Amerikanern willen, sondern um der gesamten Menschheit willen. Denn ich bin überzeugt, dass die Pandemie, die wir derzeit durchleben, einerseits eine Manifestation und andererseits lediglich eine Unterbrechung des unaufhaltsamen Marschs in Richtung einer vernetzten Welt ist, in der Menschen und Gesellschaften zwangsläufig kollidieren. In dieser Welt – mit globalen Lieferketten, verzögerungsfreiem Kapitaltransfer, sozialen Medien, transnationalen Terrorismusnetzwerken, Klimawandel, Massenmigration und ständig wachsender Komplexität – werden wir lernen, zusammenzuleben, miteinander zu kooperieren und die Würde des jeweils anderen anzuerkennen, weil wir sonst untergehen. Und so beobachtet die Welt Amerika – die einzige Großmacht der Geschichte, die von Menschen aus allen Winkeln der Erde aufgebaut wurde und in der jede Hautfarbe, jeder Glaube und jede Lebensart vertreten ist –, um zu sehen, ob unser Demokratieexperiment funktionieren kann. Um zu sehen, ob wir zu etwas imstande sind, das noch keiner Nation je gelungen ist. Um zu sehen, ob wir tatsächlich der Bedeutung unseres Credos gerecht werden.

Das Urteil steht noch aus. Wenn dieser erste Band erscheint, wird eine amerikanische Wahl bereits stattgefunden haben. Und auch wenn ich glaube, dass noch nie so viel auf dem Spiel stand, weiß ich doch, dass keine einzelne Wahl die Sache besiegeln wird. Wenn ich hoffnungsvoll bleibe, dann deshalb, weil ich gelernt habe, an meine Mitbürger zu glauben, insbesondere an diejenigen der nächsten Generation. Die Überzeugung vom gleichen Wert aller Menschen scheint ihre zweite Natur zu sein. Und sie beharren darauf, die Prinzipien zu verwirklichen, von denen ihre Eltern und Lehrer ihnen zwar gesagt haben, dass sie wahr sind, an die meine Generation aber vielleicht nie so richtig geglaubt hat. Dieses Buch richtet sich vor allem an diese jungen Leute – als eine Einladung, die Welt noch einmal zu erneuern und durch harte Arbeit, Entschlossenheit und eine große Portion Fantasie ein Amerika zustande zu bringen, das endlich allem entspricht, was wir als Bestes in uns tragen.

August 2020

TEIL 1

DIE WETTE

KAPITEL 1

VON ALLEN RÄUMEN und Sälen und Gärten, die zum Weißen Haus gehören, hat mir der westliche Säulengang am besten gefallen.

Acht Jahre lang hat der kurze Fußweg durch die frische Luft von unserer Wohnung ins Büro und wieder zurück meinen Tag eingerahmt. Dort spürte ich jeden Morgen die erste Böe des Winterwinds oder das erste Pulsieren der Sommerhitze, dort sammelte ich meine Gedanken, ging im Kopf die Termine des Tages durch, legte mir überzeugende Argumente für skeptische Kongressmitglieder oder besorgte Wähler zurecht oder rüstete mich für die eine folgenschwere Entscheidung oder die andere sich anbahnende Krise.

In der Frühzeit des Weißen Hauses passten die Amtszimmer und der Wohnbereich der First Family noch unter ein Dach, und der westliche Säulengang war eigentlich nur der Weg zum Pferdestall. Doch als Teddy Roosevelt das Amt antrat, entschied er, dass ein Gebäude nicht genug Platz bot für einen modernen Mitarbeiterstab, sechs stürmische Kinder und seine eigene geistige Gesundheit. Er ließ ein Gebäude bauen, aus dem der West Wing mitsamt dem Oval Office entstand, und im Verlauf der nächsten Jahrzehnte nahm der westliche Säulengang unter den verschiedenen Präsidenten allmählich seine jetzige Form an: eine Einfassung des Rosengartens im Norden und Westen – die dicke Mauer auf der Nordseite stumm und schmucklos bis auf die hohen halbmondförmigen Fenster; auf der Westseite die herrschaftlichen weißen Säulen, wie eine Ehrengarde, die für eine sichere Passage sorgt.

Meistens gehe ich langsam – es ist ein hawaiianisches Schlendern, wie Michelle sagt, gelegentlich mit einem Anflug von Ungeduld. Doch im Säulengang ging ich anders, weil ich mir der Geschichte bewusst war, die dort gemacht worden war, und meiner Amtsvorgänger. Meine Schritte wurden länger, forscher und fanden ein Echo in den Tritten der Personenschützer, die mir mit Abstand folgten. Beim Erreichen der Rampe am Ende des Gangs (ein Vermächtnis von Franklin Delano Roosevelt und seinem Rollstuhl – ich stelle ihn mir lächelnd vor, die Zigarettenspitze fest zwischen den Zähnen, während er sich abmüht, die Steigung hinaufzurollen) winkte ich der uniformierten Wache hinter der Glastür zu. Manchmal musste die Wache eine überraschte Besuchergruppe zurückhalten. Wenn ich Zeit hatte, schüttelte ich ein paar Hände und fragte die Menschen, woher sie kamen. Meistens aber bog ich gleich nach links ab, folgte der Wand des Cabinet Room und trat durch den Seiteneingang beim Oval Office, wo ich meinen Mitarbeiterstab begrüßte, mir meinen Terminkalender und eine Tasse Tee schnappte und mit der täglichen Arbeit begann.

Mehrmals in der Woche sah ich, wenn ich in den Säulengang hinaustrat, die vom National Park Service angestellten Gärtner im Rosengarten arbeiten. Die meisten waren schon etwas älter, alle trugen grüne Uniformen, dazu im Sommer Hüte zum Schutz vor der Sonne und im Winter dicke Mäntel gegen die Kälte. Wenn ich es nicht eilig hatte, plauderte ich mit ihnen, lobte die neuen Pflanzen oder erkundigte mich nach den Sturmschäden der letzten Nacht, und sie erklärten mir mit stillem Stolz ihre Arbeit. Viele Worte machten die Männer nicht, auch untereinander tauschten sie meist nicht mehr als eine Geste oder ein Nicken, jeder war auf seine Aufgabe konzentriert, aber alle bewegten sich mit der gleichen Anmut. Einer der ältesten, Ed Thomas, ein großer, drahtiger Schwarzer mit eingefallenen Wangen, war schon seit vierzig Jahren für das Weiße Haus tätig. Bei unserer ersten Begegnung zog er ein Tuch aus der hinteren Hosentasche und wischte sich die Hände ab, bevor er mir die rechte reichte. In seiner dick geäderten, schwieligen Pranke verlor sich meine Hand. Ich fragte ihn, wie lange er noch im Weißen Haus bleiben wolle, bevor er in den Ruhestand gehe.

»Das weiß ich noch nicht, Mr President«, sagte er. »Ich arbeite gern. Nur werden die Gelenke ein bisschen steif. Aber ich denke, ich bleibe so lange, wie Sie hier sind – und sorge dafür, dass der Garten schön aussieht.«

Und wie schön der Garten aussah! Die Schatten spendenden Magnolien, die in jeder Ecke emporragten, die dichten, üppig grünen Hecken, die gestutzten Apfelbäume. Und die Blumen, die ein paar Meilen entfernt in Gewächshäusern gezüchtet wurden und für eine beständige Explosion von Farben sorgten – Rot und Gelb, Rosa und Violett. Im Frühling drängten sich die Tulpen, ihre Köpfe in Richtung Sonne erhoben, im Sommer Vanilleblumen, Geranien und Lilien, im Herbst Chrysanthemen, Astern und Wildblumen. Und immer ein paar Rosen, hauptsächlich rote, aber gelegentlich auch gelbe oder weiße, allesamt in voller Blüte.

Wenn ich durch den Säulengang ging oder im Oval Office aus dem Fenster schaute, sah ich das Werk der im Freien arbeitenden Männer und Frauen. Sie erinnerten mich an das kleine Gemälde von Norman Rockwell, das ich über der Büste von Martin Luther King und neben einem Porträt von George Washington an der Wand hängen hatte: fünf winzig kleine Menschen unterschiedlicher Hautfarbe, Männer in Arbeitskleidung, die mit Seilen abgesichert vor einem strahlend blauen Himmel die Fackel der Freiheitsstatue polieren. Die Männer auf dem Gemälde, die Gärtner vor dem Fenster – in meiner Vorstellung waren sie Hüter, stille Priester eines ehrwürdigen Ordens. Und ich nahm mir vor, ebenso hart zu arbeiten und meinen Job mit ebensolcher Sorgfalt zu erledigen wie diese Menschen.

Im Lauf der Zeit haben sich etliche Erinnerungen mit meinem Weg durch den Säulengang verbunden. Zum einen fanden dort natürlich große öffentliche Ereignisse statt – die Ansprachen vor einer Phalanx aus Kameras, die Pressekonferenzen mit ausländischen Staatsgästen. Aber dort erlebte ich auch sehr private Momente – Malia und Sasha, die bei einem nachmittäglichen Überraschungsbesuch ein Wettrennen veranstalteten, unsere Hunde Bo und Sunny, die durch den tiefen Schnee gelaufen waren und mich mit weißen Kinnbärten begrüßten. Wenn wir uns an einem klaren Herbsttag einen Football zuwarfen, oder wenn ich einen Mitarbeiter tröstete, der einen persönlichen Verlust erlitten hatte.

Diese Bilder tauchten oft vor meinem geistigen Auge auf und unterbrachen mich in meiner Arbeit. Sie erinnerten mich daran, wie schnell die Zeit vergeht, und weckten in mir das Verlangen, die Uhr zurückzudrehen und noch einmal neu anzufangen. Auf meinem Weg morgens war das nicht möglich, denn der Zeitpfeil zeigte dann nur nach vorne; die Aufgaben des Tages warteten auf mich, ich musste mich auf das konzentrieren, was vor mir lag.

Abends war es anders. Auf dem Rückweg in unsere Wohnung, die volle Aktentasche unter dem Arm, zwang ich mich dazu, langsamer zu gehen und gelegentlich sogar stehen zu bleiben. Dann atmete ich die vom Geruch der Erde und des Rasens und dem Duft der Blüten reiche Luft ein und lauschte dem Wind oder dem prasselnden Regen. Manchmal betrachtete ich auch die beleuchteten Säulen und den majestätischen Bau des Weißen Hauses mit der hell angestrahlten Flagge oben auf dem Dach, oder ich schaute in Richtung Washington Monument, das in der Ferne in den schwarzen Himmel ragte, und sah darüber hin und wieder den Mond und die Sterne oder das blinkende Licht eines Flugzeugs.

In solchen Momenten dachte ich mit Staunen an den merkwürdigen Weg – und die Idee – zurück, die mich hierhergeführt hatten.

ICH STAMME NICHT aus einer politisch aktiven Familie. Meine Großeltern mütterlicherseits kamen aus dem Mittleren Westen und waren Nachfahren schottischer und irischer Einwanderer. Für Menschen, die im Kansas der Depressionszeit geboren wurden, waren sie erstaunlich liberal eingestellt, auch verfolgten sie aufmerksam die Nachrichten. »Das gehört dazu, wenn man ein gut informierter Bürger sein will«, sagte meine Großmutter, die wir Toot nannten (Kurzform von Tutu, dem hawaiianischen Wort für Grandma), wenn sie mich morgens über den Rand ihres *Honolulu Advertiser* anschaute. Doch sie und mein Großvater hingen weder einer bestimmten politischen Ideologie noch einer Partei an, sondern ließen sich von dem leiten, was sie als gesunden Menschenverstand ansahen. Sie machten sich Gedanken über ihre Arbeit – meine Großmutter war stellvertretende Direktorin der Treuhandgeschäfte einer kleinen Bank, mein Großvater Vertreter für Lebensversicherungen – und darüber, wie sie ihre Rechnungen und die kleinen Annehmlichkeiten des Lebens bezahlen sollten.

Außerdem lebten sie auf Oahu, wo die Uhren ohnehin anders gingen. Nach vielen Jahren in so unterschiedlichen Gegenden wie Oklahoma, Texas und Washington State waren sie 1960 nach Hawaii gezogen, das im Jahr zuvor zum Bundesstaat geworden war. Nun lag ein ganzer Ozean zwischen ihnen und den Unruhen und Protesten und was sonst noch passierte. Ich kann mich nur an eine politische Diskussion erinnern, die meine Großeltern in meiner Kindheit geführt haben, es ging um eine Strandbar: Der Bürgermeister von Honolulu hatte Gramps' Lieblingskneipe abreißen lassen, weil die Strandpromenade am hinteren Ende von Waikiki aufgehübscht werden sollte.

Gramps hat ihm das nie verziehen.

Meine Mutter Ann Dunham war anders, sie hatte feste Überzeugungen. Als einziges Kind meiner Großeltern rebellierte sie schon in der Highschool gegen die Konventionen. Sie las die Bücher der Beatniks und französischen Existenzialisten und unternahm mit einer Freundin eine mehrtägige Spritztour nach San Francisco, ohne jemandem vorher Bescheid zu geben. In meiner Kindheit erzählte sie mir von den Protestmärschen der Bürgerrechtler, von der Katastrophe, in die der Vietnamkrieg zwangsläufig führen musste, von der Frauenbewegung (ein Ja zur Lohngleichheit, aber kein Eifer, sich nicht mehr die Beine zu rasieren) und vom Krieg gegen die Armut. Als wir zu meinem Stiefvater nach Indonesien zogen, erklärte sie mir, dass staatliche Korruption eine Sünde sei (»Das ist nichts anderes als Diebstahl, Barry«), auch wenn sich offensichtlich alle daran beteiligten. In dem Sommer, als ich zwölf wurde und wir einen Monat lang durch die Vereinigten Staaten reisten, beharrte sie darauf, sich mit mir jeden Abend im Fernsehen die Watergate-Anhörungen anzuschauen, und kommentierte das Geschehen gleich mit (»Was soll man von einem McCarthyisten auch anderes erwarten?«).

Sie konzentrierte sich nicht nur auf die großen Themen. Nachdem sie einmal herausgefunden hatte, dass ich mit anderen in der Schule einen Jungen gehänselt hatte, hielt sie mir einen Vortrag.

»Weißt du, Barry«, sagte sie (so nannten sie und meine Großeltern mich, meistens abgekürzt zu »Bar«, das sie wie »Bear« aussprachen), »es gibt auf der Welt Leute, die denken nur an sich selbst. Solange sie bekommen, was sie wollen, sind ihnen alle anderen Menschen egal. Und sie machen andere schlecht, weil sie sich dann stark und besser fühlen.

Und dann gibt es Menschen, die tun das Gegenteil, die können sich vorstellen, wie andere sich fühlen, und achten darauf, dass sie nichts machen, was anderen wehtut.

Und?«, fragte sie dann und sah mir in die Augen. »Was für ein Mensch möchtest du sein?«

Ich fühlte mich richtig mies. Und wie von meiner Mutter beabsichtigt, ließ mich die Frage sehr lange nicht mehr los.

In den Augen meiner Mutter bot die Welt reichlich Gelegenheit für Moralunterricht. An einer politischen Kampagne war sie, soweit ich weiß, jedoch nie aktiv beteiligt. Wie meine Großeltern hegte auch sie Misstrauen gegenüber Parteiprogrammen, Doktrinen und absoluten Wahrheiten und zog es vor, ihren Wertvorstellungen im Kleinen Ausdruck zu verleihen. »Die Welt ist kompliziert, Bar. Das macht sie so interessant.« Bestürzt über den Krieg in Südostasien, verbrachte sie den Großteil ihres Lebens in dieser Gegend, befasste sich dort intensiv mit den Sprachen und Kulturen und half, Kleinkreditprogramme für arme Menschen aufzubauen, lange bevor die Vergabe von Mikrokrediten in der internationalen Entwicklungshilfe zum Trend wurde. Entsetzt über den Rassismus, heiratete sie gleich zweimal in ihrem Leben einen Mann mit anderer Hautfarbe und empfand für die beiden Kinder aus diesen Ehen eine schier unerschöpfliche Liebe. Wütend über die den Frauen auferlegten gesellschaftlichen Zwänge, ließ sie sich von beiden Männern scheiden, als sie sich von ihnen eingeengt und enttäuscht fühlte, schlug eine selbst gewählte berufliche Laufbahn ein, erzog ihre Kinder nach ihren eigenen Vorstellungen von Anständigkeit und tat im Großen und Ganzen immer nur das, was ihr Spaß machte.

In der Welt meiner Mutter war das Private tatsächlich politisch – obwohl sie mit diesem Slogan sicherlich nichts hätte anfangen können.

Das soll nicht heißen, dass sie für ihren Sohn keine ehrgeizigen Ziele hatte. Trotz der finanziellen Belastung schickten sie und meine Großeltern mich auf die Punahou School, die beste Privatschule auf Hawaii. Auf den Gedanken, ich könnte nicht aufs College gehen, wäre niemand in meiner Familie gekommen. Aber dass ich einmal ein großes öffentliches Amt bekleiden würde, hätte keiner von ihnen erwartet. Meine Mutter hätte sich vielleicht vorgestellt, ich würde später eine philanthropische Institution wie die Ford-Stiftung leiten. Und meinen Großeltern hätte es gefallen, wenn ich Richter geworden wäre oder ein cleverer Strafverteidiger wie Perry Mason.

»Der Junge könnte sein vorlautes Mundwerk doch für was Sinnvolles einsetzen«, sagte Gramps gerne.

Da ich meinen Vater nicht kannte, übte er auch keinen großen Einfluss auf mich aus. So viel hatte ich mitbekommen, dass er eine Zeit lang für die kenianische Regierung gearbeitet hatte, und als ich zehn war, besuchte er uns einen Monat lang in Honolulu. Es war das erste und letzte Mal, dass ich ihn sah; danach schickte er mir nur hin und wieder einen Brief, verfasst auf dünnem blauem Luftpostpapier mit vorgedruckten Adresszeilen, damit man es zusammenfalten und ohne Umschlag verschicken konnte. »Wie mir Deine Mutter geschrieben hat, überlegst Du, Architektur zu studieren«, stand in einem seiner Briefe. »Das ist ein sehr nützlicher Beruf, noch dazu kann man ihn überall auf der Welt ausüben.«

Richtig weiter half mir das auch nicht.

Und die Welt außerhalb meiner Familie? In meiner Teenagerzeit sah sicher kein Mensch in mir den angehenden Staatschef, sondern eher einen lustlosen Schüler, einen leidenschaftlichen Basketballer mit bescheidenem Talent und einen unermüdlichen Partygänger. Ich saß nicht in der Studentenvertretung, tat mich bei den Pfadfindern nicht hervor, absolvierte kein Praktikum im Büro unseres Kongressabgeordneten. Während der Highschool redeten meine Freunde und ich eigentlich nur über Sport, Mädchen, Musik und darüber, wie und wo wir uns betrinken wollten.

Drei von ihnen – Bobby Titcomb, Greg Orme und Mike Ramos – zählen noch immer zu meinen besten Freunden. Selbst heute lachen wir manchmal stundenlang über Geschichten aus unserer vergeudeten Jugend. Bei meinen Wahlkämpfen haben sie mich mit einer Loyalität unterstützt, für die ich ihnen immer dankbar sein werde. Sie wurden so gut darin, meine Leistungen zu verteidigen, wie sonst nur die Leute von MSNBC.

Während meiner Präsidentschaft gab es allerdings auch Momente – nachdem sie zum Beispiel gesehen hatten, wie ich vor einer großen Menschenmenge eine Rede hielt oder junge Marines bei der Besichtigung eines Stützpunktes zackig vor mir salutierten –, in denen mir ihr verblüffter Gesichtsausdruck verriet, wie schwer es ihnen fiel, den ergrauenden Mann mit Anzug und Krawatte mit dem wilden, unreifen Kerl, den sie früher gekannt hatten, in Einklang zu bringen.

Der Typ?, haben sie vermutlich gedacht. *Wie zum Geier hat der das bloß geschafft?*

Hätten meine Freunde mich jemals direkt gefragt, wäre mir darauf wahrscheinlich keine gute Antwort eingefallen.

ICH WEISS NOCH, dass ich bereits in der Highschool anfing, Fragen zu stellen – wieso war mein Vater abwesend, wieso hatte meine Mutter diese und nicht jene Entscheidung getroffen, und wieso lebte ich überhaupt an einem Ort, wo nur wenige Menschen so aussahen wie ich? Viele Fragen kreisten um das Thema Hautfarbe: Warum spielten Schwarze in der Profiliga Basketball, aber arbeiteten dort nicht als Trainer? Was meinte das Mädchen aus meiner Schule, als es sagte, es empfinde mich gar nicht als Schwarz? Warum war jeder Schwarze in Actionfilmen ein messerschwingender Irrer, mit Ausnahme vielleicht des einen – der Sidekick natürlich –, der am Ende immer getötet wurde?

Aber die Hautfarbe war nicht das Einzige, was mich beschäftigte. Da war auch noch die soziale Frage. In Indonesien hatte ich die weite Kluft zwischen den reichen Eliten und den verarmten Massen mit eigenen Augen gesehen. Ich fing an, die Spannungen zwischen den Stämmen im Heimatland meines Vaters wahrzunehmen, den Hass, der zwischen Menschen herrschen konnte, selbst wenn sie sich äußerlich gleichen mochten. Ich wurde täglich Zeuge des so beengt wirkenden Lebens meiner Großeltern, der Enttäuschungen, über die sie sich mit Fernsehen, Alkohol und hin und wieder einem neuen Haushaltsgerät oder Auto hinweghalfen. Ich merkte, dass meine Mutter für ihre intellektuelle Freiheit mit chronischen finanziellen Problemen und einem bisweilen chaotischen Privatleben bezahlte, und ich entwickelte ein Gespür für die wenig subtilen Hierarchien zwischen meinen Klassenkameraden auf der Privatschule, die sich hauptsächlich danach richteten, wie viel Geld ihre Eltern hatten. Und ganz gleich, was meine Mutter auch behauptete, die Drangsalierer, Betrüger und Großtuer standen offensichtlich immer ziemlich gut da, während die Menschen, die sie für gut und anständig hielt, eigentlich fast immer über den Tisch gezogen wurden.

Ich war innerlich zerrissen. Manchmal hatte ich das Gefühl, als wäre ich wegen meiner ungewöhnlichen Herkunft und der Welten, zwischen denen ich den Spagat versuchte, überall und nirgends richtig zu Hause, als bestünde ich aus nicht zueinanderpassenden Teilen, wie ein Schnabeltier oder irgendein Fantasiewesen, das nur in einem fragilen Lebensraum eine Chance hat und nie weiß, wohin es eigentlich gehört. Und aus irgendeinem Grund war mir klar, dass mich, sofern es mir nicht gelang, mein Leben richtig zusammenzufügen und irgendwo festen Grund zu finden, ein einsames Leben erwartete.

Geredet habe ich darüber mit niemandem, weder mit meinen Freunden noch mit meiner Familie. Ich wollte ihre Gefühle nicht verletzen, wollte nicht noch mehr auffallen, als ich es ohnehin schon tat. Zuflucht fand ich in Büchern. Die Liebe zum Lesen verdanke ich meiner Mutter, sie legte die Saat schon in meiner frühen Kindheit. Es war ihr üblicher Rat, wenn ich über Langeweile klagte oder sie nicht das Geld hatte, um mich in Indonesien auf die internationale Schule zu schicken, oder ich sie zur Arbeit begleiten musste, weil sie keinen Babysitter hatte.

Lies ein Buch, sagte sie dann. *Und danach kannst du mir erzählen, was du daraus gelernt hast*.

Als meine Mutter ihre Arbeit in Indonesien wieder aufnahm und sie sich dazu noch um meine kleine Schwester Maya kümmerte, lebte ich ein paar Jahre lang bei meinen Großeltern auf Hawaii. Da meine Mutter mich nicht mehr unermüdlich zum Lernen antrieb, verschlechterten sich meine Schulnoten. Aber in der zehnten Klasse änderte sich das. Ich erinnere mich noch gut daran, dass ich mit meinen Großeltern einmal einen Basar in der Central Union Church am Ende unserer Straße besuchte und dort eine Kiste mit gebrauchten Büchern entdeckte. Aus irgendeinem Grund zog ich ein paar von ihnen heraus, die mich ansprachen oder mir bekannt vorkamen – Bücher von Ralph Ellison und Langston Hughes, Robert Penn Warren und Dostojewski, D.H. Lawrence und Ralph Waldo Emerson. Gramps, der mit dem Kauf gebrauchter Golfschläger liebäugelte, schaute mich verwundert an, als ich mit meiner Bücherkiste ankam.

»Willst du eine Bücherei aufmachen?«

Meine Großmutter, die sich über mein plötzlich erwachtes Interesse an Literatur freute, brachte ihn mit einem »Sch!« zum Schweigen. Praktisch veranlagt, wie sie war, riet sie mir allerdings, erst die Hausaufgaben zu machen, bevor ich mich in *Verbrechen und Strafe* vertiefte.

Tatsächlich las ich sämtliche Bücher, manchmal spät abends, wenn ich nach dem Basketballtraining und einem Sixpack Bier mit meinen Freunden nach Hause kam, manchmal samstagnachmittags, wenn ich nach einer Runde Bodysurfen in Gramps altem Ford Granada saß, ein Handtuch um die Hüften, damit die Polsterung nicht nass wurde. Sobald ich die erste Kiste mit Büchern durchhatte, klapperte ich auf der Suche nach neuem Lesestoff weitere Basare ab. Vieles verstand ich nicht auf Anhieb, und ich gewöhnte es mir an, unverständliche Wörter einzukringeln, um sie später im Wörterbuch nachzuschlagen. Mit der korrekten Aussprache nahm ich es nicht so genau – noch bis Mitte zwanzig konnte ich einige Wörter nicht aussprechen, deren Bedeutung mir wohlvertraut war. Nach einem bestimmten System oder Muster ging ich dabei nicht vor. Ich war eher wie ein junger Tüftler, der in der Garage seiner Eltern Kathodenstrahlröhren, lose Drähte und Schrauben zusammensucht und gar nicht weiß, was er damit anfangen soll, aber überzeugt ist, sie würden sich als nützlich erweisen, sobald sich ihm seine eigentliche Berufung offenbare.

MEIN INTERESSE an Büchern erklärt vermutlich, warum ich nicht nur die Highschool überstand, sondern 1979 beim Eintritt ins Occidental College über ein zwar dünnes, aber einigermaßen passables Politikwissen verfügte und ein paar halb gare Ansichten entwickelt hatte, die ich bei nächtlichen Diskussionsrunden im Studentenwohnheim zum Besten gab.

Im Rückblick muss ich peinlicherweise feststellen, dass der Grad meiner intellektuellen Neugier in den ersten zwei Jahren auf dem College im Grunde nur mein Interesse an verschiedenen Frauen widerspiegelte: Marx und Marcuse, damit ich ein paar Sätze mit der langbeinigen Sozialistin aus meinem Wohnheim wechseln konnte; Fanon und Gwendolyn Brooks für die zarthäutige Soziologiestudentin, die mich dann keines weiteren Blickes würdigte; Foucault und Woolf für die ätherische, meist schwarz gekleidete Bisexuelle. Als Strategie zum

Aufreißen von Mädchen erwies sich mein Pseudointellektualismus jedoch meist als nutzlos; ich musste mich mit einer Reihe herzlicher, aber keuscher Freundschaften begnügen.

Trotzdem führten meine sprunghaften Bemühungen zu einem Ergebnis: In meinem Kopf formte sich langsam eine Art Weltbild. Unterstützung erhielt ich dabei von einer Handvoll Professoren, die sich weder an meinen unbeständigen Lerngewohnheiten noch an meiner jugendlichen Überheblichkeit störten. Eine noch größere Hilfe waren ein paar ältere Kommilitonen – Schwarze aus den ärmeren Stadtvierteln, Weiße, die aus einer Kleinstadt stammten und sich bis zum College durchgebissen hatten, Latino-Kids der ersten Generation, internationale Studenten aus Pakistan, Indien oder einem afrikanischen Land, das ins Chaos abzugleiten drohte. Sie wussten, was ihnen wichtig war; wenn sie im Seminar etwas sagten, dann basierten ihre Ansichten auf Erfahrungen in echten Gemeinschaften und echten Kämpfen. *Auf mein Viertel haben die Haushaltskürzungen enorme Auswirkungen. Bevor ihr euch über Affirmative Action aufregt, erzähle ich euch erst mal was über meine Schule. Der erste Verfassungszusatz ist eine prima Sache, aber warum sagt die US-Regierung nie etwas zu den politischen Gefangenen in meinem Land?*

Die beiden Jahre auf dem Occidental College markierten den Beginn meines politischen Erwachens. Das soll nicht heißen, dass ich damals an Politik glaubte. Abgesehen von einigen wenigen Ausnahmen machten die meisten Politiker auf mich einen eher halbseidenen Eindruck: die Föhnfrisuren, das schmierige Grinsen, die Plattitüden und das Eigenlob, wenn sie in einer Fernsehsendung saßen, während sie sich hinter verschlossener Tür bei großen Unternehmen und anderen betuchten Interessengruppen einzuschmeicheln versuchten. Für mich waren sie nur Selbstdarsteller in einem abgekarteten Spiel, und mit dieser Welt wollte ich nichts zu tun haben.

Was mich packte, war breiter wirksam und unkonventioneller – keine politischen Kampagnen, sondern soziale Bewegungen, bei denen sich Bürger zusammentaten, etwas zu verändern. Ich beschäftigte mich intensiv mit Frauenrechtlerinnen und frühen Arbeiterorganisationen, mit Gandhi und Lech Wałesa und dem African National Congress. Am meisten inspirierten mich die jungen Anführer und Anführerinnen der Bürgerrechtsbewegung – nicht nur Martin Luther King, auch John Lewis und Bob Moses, Fannie Lou Hamer und Diane Nash. In ihren heldenhaften Aktionen – sie waren von Tür zu Tür gegangen, um neue Wähler zu registrieren, hatten Sitzstreiks in Restaurants veranstaltet und waren zu Freiheitsliedern marschiert – sah ich eine Möglichkeit, die Werte, die mir meine Mutter mit auf den Weg gegeben hatte, praktisch umzusetzen. Sie zeigten mir, dass man sich politische Macht erkämpfen konnte, wenn man Menschen ermutigte, statt sie herunterzumachen. So sah für mich echte, aktive Demokratie aus: Sie war kein Geschenk von oben, keine Aufteilung der Beute zwischen Interessengruppen, sondern etwas, das man sich durch gemeinsame Arbeit selbst verdiente. Das Ergebnis war nicht nur ein Wandel der materiellen Verhältnisse, die Menschen und ihre Communitys erhielten auch ein Gefühl von Würde, und es entstand Zusammenhalt zwischen Menschen, die bis dahin wenig miteinander zu tun gehabt hatten.

Das, sagte ich mir, war ein Ideal, dem es nachzueifern lohnte. Nach dem zweiten Studienjahr schrieb ich mich an der Columbia University ein, um noch einmal neu anzufangen. In den drei Jahren in New York verkroch ich mich in eine Reihe schäbiger Wohnungen und führte, fern von alten Freunden und schlechten Angewohnheiten, das Leben eines Mönchs. Ich las, schrieb, führte Tagebuch, verzichtete auf Collegepartys und oft sogar auf eine warme Mahlzeit. Ich verlor mich in meinen Gedanken, beschäftigte mich mit Fragen, die immer neue aufzuwerfen schienen. Warum hatten einige Bewegungen Erfolg gehabt, während andere gescheitert waren? War es ein Zeichen für Erfolg, wenn einzelne Anliegen einer Bewegung von der etablierten Politik aufgegriffen wurden, oder nur ein Zeichen dafür, dass andere sie für sich vereinnahmt hatten? Wann war ein Kompromiss tragfähig, wann stellte er einen Ausverkauf dar, und woran ließ sich der Unterschied erkennen?

Wie ernst ich damals war, wie verbissen und humorlos! Wenn ich mir heute die alten Tagebucheinträge anschaue, empfinde ich große Sympathie für diesen jungen Mann, der sich so sehr danach sehnte, die Welt zu verändern und Teil einer großen, idealistischen Sache zu werden – obwohl es ganz so aussah, als gäbe es diese Sache gar nicht mehr. Denn dies war das Amerika der frühen Achtzigerjahre. Die sozialen Bewegungen der letzten Jahrzehnte hatten ihren Schwung verloren. Ein neuer Konservativismus war auf dem Vormarsch. Ronald Reagan war Präsident, die Wirtschaft steckte in einer Rezession, und der Kalte Krieg war auf dem Höhepunkt.

Wenn ich in der Zeit zurückreisen könnte, würde ich diesem jungen Mann dringend raten, die Bücher für einen Augenblick zur Seite zu legen, das Fenster zu öffnen und frische Luft hereinzulassen (damals rauchte ich wie ein Schlot). Ich würde ihn dazu ermutigen, eine Pause zu machen, sich mit Leuten zu treffen und all das zu genießen, was das Leben für Menschen in ihren Zwanzigern bereithält. Meine paar New Yorker Freunde gaben mir ähnliche Ratschläge.

»Du musst lockerer werden, Barack.«

»Du musst mal Sex haben.«

»Du bist so ein Idealist. Das ist toll, aber ich weiß nicht, ob das, was du sagst, überhaupt möglich ist.«

Ich hörte nicht auf sie, aus Angst, sie könnten womöglich recht haben. Denn was immer ich in diesen einsamen Stunden auch ausbrütete, welche Visionen für eine bessere Welt ich im Treibhaus meines jugendlichen Kopfes sprießen ließ – nichts davon hätte auch nur die Belastungsprobe einer freundschaftlichen Unterhaltung überstanden. Im grauen Winterlicht Manhattans, umgeben vom Zynismus jener Zeit, wirkten meine Ideen, laut ausgesprochen im Seminar oder beim Kaffee mit Freunden, auf andere fantastisch und weit hergeholt. Das war selbst mir klar. Und womöglich rettete mich diese Erkenntnis davor, noch vor meinem zweiundzwanzigsten Geburtstag zum kompletten Spinner zu verkommen. Im Prinzip wusste ich, wie absurd meine Vorstellungen waren und wie weit meine hehren Ziele und mein tatsächliches Leben auseinanderklafften. Ich war eine Art junger Walter Mitty, ein Don Quijote ohne Sancho Panza.

Auch das lässt sich aus den Tagebucheinträgen von damals herauslesen, die eine ziemlich genaue Chronik meiner Unzulänglichkeiten liefern. Statt aktiv zu werden, betrieb ich Nabelschau. Ich war zurückhaltend, wenn nicht sogar schüchtern, was womöglich von meiner Kindheit auf Hawaii und in Indonesien herrührte, vielleicht aber auch an einer tiefen Verunsicherung lag. An der Angst, zurückgewiesen zu werden oder dumm dazustehen. Vielleicht war es auch schlicht und ergreifend Trägheit.

Meine Schwächen versuchte ich mir mit einem strengen Programm zur Selbstoptimierung auszutreiben, das ich bis heute nicht ganz aufgegeben habe. (Michelle und die Mädchen ziehen mich gern damit auf, dass ich nicht einmal in einen Swimmingpool steigen oder ins Meer gehen kann, ohne Bahnen zu schwimmen. »Warum watest du nicht einfach?«, fragen sie mich dann lachend. »Das macht Spaß. Hier guck … so geht das.«) Ich erstellte To-do-Listen. Ich fing an, Sport zu treiben, joggte um das Reservoir im Central Park oder am Ufer des East River entlang und aß Dosenthunfisch und hart gekochte Eier für den nötigen Proteinschub. Und ich warf alles Überflüssige weg – wer braucht schon mehr als fünf Hemden?

Auf welchen großen Wettbewerb bereitete ich mich vor? Das wusste ich nicht, nur, dass ich noch nicht bereit dafür war. Meine Unsicherheit, meine Selbstzweifel hielten mich davon ab, mich vorschnell mit einfachen Antworten zufriedenzugeben. Ich gewöhnte es mir an, die eigene Meinung immer wieder zu hinterfragen. Letztlich kam mir das zugute, weil es mich davor bewahrte, für andere unausstehlich zu werden, und weil es mich gegen die revolutionären Phrasen impfte, auf die viele Linke zu Beginn der Ära Reagan zurückgriffen.

Das galt insbesondere für die Auseinandersetzung mit dem Thema Hautfarbe. Rassistische Beleidigungen hatte ich selbst oft hinnehmen müssen, und wenn ich durch Harlem oder bestimmte Teile der Bronx ging, nahm ich überall die Nachwirkungen der Sklaverei und der Jim-Crow-Gesetze wahr. Aufgrund meiner eigenen Biografie betrachtete ich mich allerdings nicht vorschnell als Opfer, und ich sträubte mich gegen die Denkweise einiger Schwarzer Bekannter, dass alle Weißen hoffnungslos rassistisch seien.

Meine Überzeugung, dass Rassismus nicht zwangsläufig ist, erklärt vielleicht auch, warum ich die Idee hinter Amerika jederzeit verteidigte: das, was dieses Land ausmachte, und das, was aus ihm werden konnte.

Meine Mutter und meine Großeltern sind keine lautstarken Patrioten gewesen. Den Treueschwur in der Schule aufsagen, am 4. Juli Fähnchen schwenken – das galt bei uns zu Hause als schönes Ritual, nicht als heilige Pflicht (ihre Einstellung zu Ostern und Weihnachten sah ähnlich aus). Sogar Gramps' Einsatz im Zweiten Weltkrieg wurde heruntergespielt; er erzählte mir häufiger von den Verpflegungsrationen – »Widerlich!« – als von der Ehre, in Pattons Armee mitmarschiert zu sein.

Und doch waren der Stolz, Amerikaner zu sein, und der Gedanke, dass Amerika das beste Land der Welt sei, immer fest in uns allen verankert. Als junger Mann ärgerte ich mich über Bücher, die die Vorstellung von der Einzigartigkeit Amerikas als überholt abtaten, und stritt mich stundenlang mit Freunden, die darauf beharrten, dass die amerikanische Hegemonie die Wurzel weltweiter Unterdrückung sei. Ich hatte in einem anderen Land gelebt; ich wusste zu viel. Dass Amerika häufig nicht an seine Ideale heranreichte, gab ich gern zu. Die in der Schule unterrichtete Version der amerikanischen Geschichte, in der die Sklaverei beschönigt und die Massaker an den amerikanischen Ureinwohnern kaum erwähnt wurden – die habe ich niemals verteidigt. Die unüberlegte Ausübung militärischer Macht, die Habgier multinationaler Konzerne – jaja, das wusste ich auch alles.

Aber die *Idee* von Amerika, das *Versprechen* von Amerika: daran hielt ich mit einer Hartnäckigkeit fest, die mich selbst überraschte. »Folgende Wahrheiten erachten wir als selbstverständlich: dass alle Menschen gleich geschaffen sind« – *das* war mein Amerika. Das Amerika, über das Tocqueville geschrieben hatte; das Land von Whitman und Thoreau, in dem kein Mensch unter oder über dem anderen stand; das Amerika der Pioniere, die auf der Suche nach einem besseren Leben gen Westen zogen; das Amerika der Immigranten, die angetrieben von Freiheitssehnsucht auf Ellis Island landeten.

Es war das Amerika von Thomas Edison, von den Gebrüdern Wright, die Träumen Flügel verliehen, von Jackie Robinson, der die nächste Home Base eroberte. Von Chuck Berry und Bob Dylan, von Billie Holiday im Village Vanguard und Johnny Cash im Folsom State Prison – von all den Außenseitern, die sich das, was andere übersehen oder weggeworfen hatten, genommen und daraus etwas Schönes und Neuartiges geschaffen hatten.

Es war das Amerika von Lincoln in Gettysburg, von Jane Addams, die im Hull House in Chicago unermüdlich Nachbarschaftshilfe leistete, von erschöpften GIs in der Normandie, von Martin Luther King, der sich und anderen auf der National Mall Mut machte.

Es war die Verfassung der Vereinigten Staaten mit ihren zehn Zusatzartikeln, ersonnen von brillanten, wenn auch nicht unfehlbaren Denkern, die sich von Vernunft leiten ließen und ein politisches System erdachten, das so widerstands- wie wandlungsfähig ist.

Ein Amerika, das mich erklären konnte.

»Träum weiter, Barack«, so endete fast jedes Wortgefecht mit meinen Collegefreunden, während mir irgendein selbstgefälliger Idiot eine Zeitung vor die Füße warf, deren Schlagzeile die US-Invasion in Grenada, Kürzungen beim Schulessen oder irgendeine andere entmutigende Nachricht verkündete. »Sorry, aber *das* ist dein Amerika.«

SO STAND ES also um mich, als ich 1983 den Abschluss an der Columbia machte: große Ideen, aber keine Vorstellung, wohin damit. Es gab keine Bewegung, keinen selbstlosen Anführer, denen ich mich hätte anschließen können. Das Einzige, was einigermaßen an meine Vorstellungen heranreichte, war das sogenannte »Community Organizing« – Stadtteilarbeit, Graswurzelarbeit, die Menschen an einen Tisch brachte, um lokale Probleme zu lösen. Nachdem ich mich in New York in einigen schlecht passenden Jobs versucht hatte, hörte ich von einer freien Stelle in Chicago: Es ging darum, mit Kirchen zusammenzuarbeiten, um Stabilität in Gemeinden zu bringen, die unter der Schließung der Stahlwerke litten. Nicht aufsehenerregend, aber immerhin ein Anfang.

Meine Jahre als Community Organizer in Chicago habe ich bereits in einem anderen Buch geschildert. In dem hauptsächlich von Schwarzen Arbeitern bewohnten Viertel, in dem ich tätig war, konnten wir nur kleine, flüchtige Siege erringen; meine Organisation war zu klein und hatte zu wenig Möglichkeiten, um es mit dem Wandel aufzunehmen, der Chicago und andere Städte des Landes erschütterte – der Niedergang des produzierenden Gewerbes, die Flucht der weißen Mittelschicht in die Vorstädte, die wachsende Ausgrenzung einer größer werdenden, nicht organisierten Unterschicht und die von Mitgliedern einer neuen Bildungsklasse vorangetriebene Gentrifizierung des städtischen Raums.

Doch so gering mein Einfluss in Chicago auch war, auf mein Leben wirkte sich die Stadt enorm aus.

Zunächst einmal sorgte sie dafür, dass ich meinen geistigen Käfig verließ. Statt nur Theorien aufzustellen, hörte ich den Leuten zu, um herauszufinden, was ihnen wichtig war. Ich musste Fremde bitten, sich mit mir und anderen zusammenzutun, um ganz praktische Arbeiten zu erledigen – einen Park aufräumen, Asbest aus Sozialwohnungskomplexen entfernen, ein Nachmittagsprogramm für Schulkinder auf den Weg bringen. Ich erlebte Niederlagen und lernte, mich zusammenzureißen, um für diejenigen einzutreten, die ihr Vertrauen in mich gesetzt hatten. Und ich kassierte so viele Abfuhren und Beleidigungen, dass ich irgendwann die Furcht vor ihnen verlor.

Anders gesagt: Ich wurde erwachsen – und fand meinen Sinn für Humor wieder.

Die Männer und Frauen, mit denen ich zusammenarbeitete, wuchsen mir schnell ans Herz: die alleinerziehende Mutter aus dem heruntergekommenen Wohnblock, die es irgendwie schaffte, ihren vier Kindern einen Collegeabschluss zu ermöglichen; der irische Priester, der die Türen seiner Kirche jeden Abend öffnete, damit die Kids aus seiner Gemeinde eine Alternative zu den Gangs hatten; der entlassene Stahlarbeiter, der wieder die Schulbank drückte, um sich zum Sozialarbeiter ausbilden zu lassen. Ihre Geschichten von Entbehrungen und ihre bescheidenen Siege bewiesen mir immer wieder aufs Neue, wie grundanständig die meisten Menschen sind. Dank ihnen erkannte ich, was Bürger bewirken können, wenn sie Politiker und Institutionen zur Verantwortung ziehen, und sei es nur, dass an einer verkehrsreichen Straßenkreuzung ein Stoppschild aufgestellt wird oder in einem Viertel mehr Polizeistreifen eingesetzt werden. Und mir entging nicht, dass die Menschen sich etwas gerader aufrichteten und sich selbst anders wahrnahmen, sobald ihnen klar wurde, dass ihre Stimmen Gewicht hatten.

Ihnen verdanke ich es, dass ich eine Antwort auf die Frage nach meiner ethnischen Identität fand. Denn es zeigte sich, dass es nicht nur einen Weg gab, Schwarz zu sein; entscheidender war, dass man versuchte, ein guter Mensch zu sein.

Dank ihnen entdeckte ich eine Gemeinschaft des Glaubens – man durfte zweifeln und bezweifeln und trotzdem nach etwas suchen, das über das Hier und Jetzt hinausging.

Und weil ich in den Kellerräumen der Kirchen und auf den Veranden der kleinen Häuser von denselben Werten – Ehrlichkeit, harte Arbeit und Empathie – hörte, die mir meine Mutter und meine Großeltern eingeimpft hatten, begann ich, daran zu glauben, dass es etwas gibt, das alle Menschen verbindet.

Manchmal frage ich mich, was aus mir geworden wäre, wenn ich bei irgendeiner Art von Stadtteilarbeit geblieben wäre. Wie viele der Lokalhelden, die ich im Lauf der Jahre kennengelernt habe, hätte vielleicht auch ich eine gemeinnützige Einrichtung aufgebaut, die hätte helfen können, ein Stadtviertel wieder in Schuss zu bringen. Fest verankert in einer Gemeinschaft, hätte ich mit Spendengeldern und der nötigen Vorstellungskraft vielleicht nicht die Welt verändert, aber doch immerhin diesen einen Ort oder diese eine Gruppe von Kids, und meine Arbeit hätte sich positiv auf das Leben von Nachbarn und Freunden ausgewirkt.

Aber ich bin nicht in Chicago geblieben. Ich schrieb mich an der Harvard Law School cin. Und an dieser Stelle wird die Geschichte für mich selbst ein wenig fragwürdig, denn meine Beweggründe lassen sich verschieden auslegen.

AUS MEINER DAMALIGEN SICHT – und bis heute hat sich daran eigentlich nichts geändert – gab ich meinen Job als Community Organizer auf, weil mir die Arbeit als zu langsam und zu eingeschränkt in ihren Möglichkeiten erschien; sie eignete sich nicht, um die Bedürfnisse der Menschen zu befriedigen, denen ich helfen wollte. Ein Berufsbildungszentrum konnte die Tausende von Arbeitsplätzen, die in der Stahlindustrie verloren gegangen waren, nicht ersetzen. Ein Nachmittagsangebot für Kinder konnte weder die chronische Unterfinanzierung der Schulen abfedern noch wettmachen, dass einige Kinder bei ihren Großeltern aufwuchsen, weil beide Elternteile eine Gefängnisstrafe verbüßten. Noch dazu stießen wir bei jedem Vorhaben auf irgendjemanden – einen Politiker, einen Bürokraten oder einen fernen Geschäftsführer –, der eigentlich die Macht besessen hätte, Dinge zu verbessern, aber nichts dergleichen tat. Und wenn uns doch einmal einer entgegenkam, dann reichten seine Zugeständnisse oft nicht aus oder kamen viel zu spät. Was wir brauchten, war die Macht, Gelder zu verteilen und politische Entscheidungen mitzugestalten, aber diese Macht lag in den Händen von anderen.

Mir wurde außerdem bewusst, dass es nur zwei Jahre vor meiner Ankunft in Chicago eine Bewegung des sozialen und politischen Wandels gegeben hatte – deren tiefgreifende Bedeutung ich aber leider nicht richtig gewürdigt hatte, weil sie nicht im Einklang mit meinen Theorien stand. Es war die Initiative, Harold Washington zum ersten Schwarzen Bürgermeister der Stadt zu wählen.

Die Bewegung war scheinbar aus dem Nichts entstanden und war der Inbegriff einer politischen Graswurzelkampagne. Eine kleine Gruppe Schwarzer Aktivisten und Geschäftsleute, die die chronische Voreingenommenheit und die Ungerechtigkeiten in der von Rassentrennung bis heute am stärksten betroffenen Großstadt Amerikas nicht länger hinnehmen wollte, hatte es geschafft, eine Rekordzahl von neuen Wählern zu registrieren, und einen rundlichen Kongressabgeordneten mit erstaunlicher Begabung, aber ohne großen Ehrgeiz ins Rennen um das Bürgermeisteramt geschickt.

Am Anfang glaubte niemand, dass er eine Chance habe, selbst Harold war skeptisch. Der Wahlkampf, der größtenteils von unerfahrenen Freiwilligen geführt wurde, setzte in erster Linie auf Mundpropaganda. Aber dann geschah das Unerwartete. Menschen, die sich nie mit Politik beschäftigt und zum Teil noch nie gewählt hatten, wurden vom Schwung der Bewegung erfasst. Plötzlich sah man sogar Rentner und Schüler mit dem blauen Wahlkampfbutton herumlaufen. Der kollektive Widerwille gegen die fortwährenden Diskriminierungen und Demütigungen – all die willkürlichen Verkehrskontrollen und die Secondhandschulbücher; all die Male, die Schwarze an einer Sporthalle im Park District auf der North Side vorbeigekommen waren und sich gefragt hatten, warum das Gebäude so viel besser in Schuss war als das in ihrem Viertel; all die Male, die Schwarze bei einer Beförderung übergangen worden waren oder von der Bank kein Darlehen erhalten hatten –, das alles zusammen entfachte nun einen Wirbelsturm, der die bisherige Stadtregierung kippte.

Bei meiner Ankunft in Chicago hatte Harold etwa die Hälfte seiner ersten Legislaturperiode hinter sich gebracht. Der Stadtrat, der jede Entscheidung des früheren Bürgermeisters Richard J. Daley quasi durchgewinkt hatte, hatte sich in der Hautfarbe entsprechende Lager aufgespalten, und die weiße Mehrheit blockierte sämtliche Reformen, die Harold seinen Wählern versprochen hatte. Er versuchte, die weißen Stadträte zu umschmeicheln und zu einem Kompromiss zu bewegen, aber sie ließen nicht mit sich reden. Die Auseinandersetzungen waren zwar ein fesselndes Spektakel, ließen Harold aber wenig Spielraum, um seine Wahlversprechen einzulösen. Am Ende war eine Neuziehung der bisher zuungunsten der Schwarzen Bevölkerung festgelegten Wahlbezirksgrenzen durch ein Bundesgericht nötig, ehe Harold die Mehrheit hinter sich bringen und die festgefahrene Situation überwinden konnte. Doch bevor es ihm schließlich gelang, die versprochenen Reformen umzusetzen, erlitt er einen Herzinfarkt und starb. Richard M. Daley, ein Spross der alten Clique, eroberte schließlich den Thron seines Vaters zurück.

Weit entfernt vom Zentrum des Geschehens, beobachtete ich die dramatischen Entwicklungen und versuchte, daraus meine Lehren zu ziehen. Ich sah, dass die gewaltige Energie der Bewegung ohne Struktur, Organisation und Regierungsgeschick bald verpuffte. Ich erkannte, dass eine politische Kampagne, die sich allein auf die Beseitigung von Diskriminierung stützte, egal, wie vernünftig sie war, nur Angst und Gegenreaktionen erzeugte und letztlich den Fortschritt behinderte. Und der rasche Zerfall von Harolds Koalition nach seinem Tod machte mich auf die Gefahr aufmerksam, die drohte, sobald Menschen sämtliche Hoffnungen auf Wandel auf die Schultern einer einzigen charismatischen Figur legten.

Und dennoch: In seiner fünfjährigen Amtszeit hatte Harold eine Menge bewirkt. Trotz aller Blockierungsversuche hatte sich Chicago unter seiner Regierung gewandelt. Städtische Dienstleistungen wie Schneebeseitigung oder Straßenbauarbeiten wurden gerechter auf die Bezirke verteilt. In den ärmeren Stadtteilen wurden neue Schulen gebaut. Die Vetternwirtschaft bei der Vergabe von Stellen in der öffentlichen Verwaltung wurde eingedämmt, und Unternehmen fingen endlich an, sich mit dem Mangel an Diversität unter ihren Führungskräften zu beschäftigen.

Doch vor allem hatte Harold den Menschen Hoffnung geschenkt. Wenn man die Schwarzen Bürger Chicagos während seiner Amtszeit über ihn reden hörte, fühlte man sich daran erinnert, wie eine Generation progressiver Weißer über Bobby Kennedy geredet hatte – es ging nicht so sehr darum, was er für die Menschen getan hatte, sondern um das Selbstwertgefühl, das er ihnen vermittelt hatte. Als wäre alles möglich. Als könnte man die Welt nach eigenen Vorstellungen neu gestalten.

Bei mir setzte das jedenfalls etwas in Gang. Zum ersten Mal keimte in mir der Wunsch auf, mich eines Tages für ein öffentliches Amt zu bewerben. (Ich war nicht der Einzige, der sich von Harold inspirieren ließ – kurz nach seiner Wahl zum Bürgermeister kündigte Jesse Jackson seine Kandidatur für das Präsidentenamt an.) Denn war die Energie der Bürgerrechtsbewegung nicht dorthin geflossen – in die konventionelle Politik? John Lewis, Andrew Young, Julian Bond – hatten sie nicht ebenfalls für ein öffentliches Amt kandidiert, weil sie zu der Überzeugung gelangt waren, so am meisten bewirken zu können? Die Stolpersteine kannte ich – man musste Kompromisse eingehen, ständig Spenden sammeln, seine Ideale im Blick behalten und unablässig auf den Sieg hinarbeiten.

Doch vielleicht gab es noch einen anderen Weg. Mit dem richtigen Ziel vor Augen ließ sich vielleicht eine ähnliche Energie entfachen, und zwar nicht nur in der Schwarzen Community, sondern über die Grenzen der Hautfarben hinweg. Vielleicht konnte man einige von Harolds Fehlern vermeiden, wenn man sich nur ausreichend vorbereitete und politisches Know-how und Führungsqualitäten mitbrachte. Vielleicht konnte man die Prinzipien des Community Organizing nicht nur auf einen Wahlkampf, sondern auf das Regieren selbst übertragen – Menschen, die sich bisher ausgeschlossen fühlten, dazu ermutigen, aktive Bürger zu werden, und ihnen beibringen, nicht nur den gewählten Politikern Vertrauen zu schenken, sondern auch sich selbst und einander zu vertrauen.

Das redete ich mir zumindest ein. Aber das war nicht die ganze Geschichte. Ich musste mir nämlich auch die Frage stellen, was ich selbst erreichen wollte. Durch die Tätigkeit als Community Organizer hatte ich zwar eine Menge gelernt, aber konkrete Ergebnisse konnte ich kaum vorweisen. Selbst meine Mutter, die immer aus der Reihe getanzt war, machte sich langsam Sorgen um mich.

»Ich weiß ja nicht, Bar«, sagte sie einmal an Weihnachten zu mir. »Du kannst natürlich dein Leben lang außerhalb der politischen

Institutionen arbeiten. Aber womöglich erreichst du mehr, wenn du versuchst, sie von innen heraus zu verändern.

Und glaub mir«, fügte sie mit traurigem Lachen hinzu, »pleite sein wird überbewertet.«

Und so kam es, dass ich im Herbst 1988 mit meinen Ambitionen im Gepäck an eine Uni kam, wo man als Mensch mit Ambitionen kaum etwas Besonderes war. Jahrgangsbeste, Vorsitzende der studentischen Vertretung, klassische Philologen, Meister der Rededuelle – die Leute, die ich an der Harvard Law School kennenlernte, waren in der Regel beeindruckende junge Männer und Frauen, die im Gegensatz zu mir mit der begründeten Überzeugung aufgewachsen waren, für ein einflussreiches Leben bestimmt zu sein. Dass ich dort sehr gut zurechtkam, führte ich darauf zurück, dass ich ein paar Jahre älter war als meine Kommilitonen. Während vielen das enorme Arbeitspensum zu schaffen machte, kamen mir die Tage, die ich in der Bibliothek verbrachte – oder besser noch auf dem Sofa meiner kleinen Wohnung außerhalb des Campus, während im stumm gestellten Fernseher eine Sportübertragung lief –, wie der reinste Luxus vor, denn schließlich hatte ich zuvor drei Jahre lang Versammlungen organisiert oder bei klirrender Kälte Klinken geputzt.

Hinzu kam: Ich konnte mich im Jurastudium mit denselben staatsbürgerlichen Fragen befassen, die mich schon viele Jahre umgetrieben hatten. Welche Prinzipien sollten das Verhältnis zwischen dem Einzelnen und der Gesellschaft lenken, und welche Verpflichtungen hatte jeder den anderen gegenüber? Inwieweit sollte der Staat die Märkte regulieren? Wodurch entsteht sozialer Wandel, und wie können Gesetze dafür sorgen, dass jeder eine Stimme hat?

Ich bekam nicht genug davon. Ich liebte die Wortgefechte, vor allem mit meinen wesentlich konservativeren Kommilitonen, die es trotz aller Meinungsverschiedenheiten offenbar zu schätzen wussten, dass ich ihre Argumente ernst nahm. Bei den Diskussionen im Seminar schoss meine Hand immer wieder nach oben und brachte mir das eine oder andere wohlverdiente Augenrollen ein. Aber ich konnte nicht anders; es kam mir vor, als hätte ich mich jahrelang mit einer merkwürdigen Obsession – Jonglieren oder Schwertschlucken etwa – allein zu Hause eingeschlossen gehabt und wäre nun plötzlich in einer Zirkusschule.

Leidenschaft macht eine Menge Schwächen wett, sage ich oft zu meinen Töchtern, und in Harvard traf das sicherlich auf mich zu. In meinem zweiten Jahr wurde ich zum ersten Schwarzen Chefredakteur der *Law Review* gewählt, was in der landesweiten Presse einen kleinen Wirbel auslöste. Ich unterschrieb bei einem Verlag einen Vertrag über ein Buch. Aus allen Teilen des Landes trafen Jobangebote bei mir ein, und es schien, als wäre mein Weg, wie schon der meiner Vorgänger bei der *Law Review,* bereits vorgezeichnet: Ich würde einem Richter des Supreme Court zuarbeiten, für eine Spitzenkanzlei oder das Büro eines United States Attorney tätig werden und, wenn der richtige Zeitpunkt gekommen war und ich den Wunsch verspürte, mein Glück in der Politik versuchen.

Die Aussicht war berauschend. Der einzige Mensch, der bezweifelte, dass der Weg nach oben so reibungslos verlaufen würde, war ich selbst. Alles war viel zu schnell gegangen. Das dicke Gehalt, mit dem man mir winkte, die große Beachtung, die man mir schenkte – für mich fühlte es sich an wie eine Falle.

Zum Glück blieb mir etwas Zeit, um mir den nächsten Schritt zu überlegen. Außerdem hatte die wichtigste Entscheidung, die vor mir lag, nichts mit der Juristerei zu tun.

KAPITEL 2

MICHELLE LAVAUGHN ROBINSON war bereits als Anwältin tätig, als wir uns kennenlernten. Sie war fünfundzwanzig Jahre alt und Associate in der Kanzlei Sidley & Austin in Chicago, wo ich nach meinem ersten Studienjahr in den Sommerferien jobbte. Sie war groß, schön, witzig, aufgeschlossen, hilfsbereit und unglaublich smart – und ich war von der ersten Sekunde an hin und weg. Die Kanzlei hatte sie mir als Mentorin zugedacht, damit sie mir den Fotokopierer zeigte und mir generell beim Einleben half. Das bedeutete aber auch, dass wir zusammen mittagessen gingen und uns dabei unterhielten – zuerst über unsere Jobs und schon bald auch über alles andere.

Im Lauf der nächsten Jahre gingen wir, wenn Michelle mit dem Rekrutierungsteam von Sidley nach Harvard kam oder ich Semesterferien hatte, abends zusammen essen und unternahmen lange Spaziergänge am Charles River, wo wir über Filme, unsere Familien oder Städte redeten, die wir beide besuchen wollten. Als ihr Vater unerwartet an den Folgen seiner Multiple-Sklerose-Erkrankung starb, flog ich für ein paar Tage zu ihr, und sie stand mir bei, als ich erfuhr, dass Gramps Prostatakrebs im fortgeschrittenen Stadium hatte.

Mit anderen Worten, wir wurden nicht nur Freunde, sondern auch ein Liebespaar, und als mein Abschluss an der Law School in greifbare Nähe rückte, umkreisten wir vorsichtig die Frage nach einem gemeinsamen Leben. Einmal begleitete sie mich zu einem Workshop, den ich einem Freund zuliebe in einem Gemeindezentrum in der South Side von Chicago leitete. Unter den Teilnehmerinnen waren fast ausschließlich alleinerziehende Mütter, von denen die meisten Sozialhilfe bezogen und die wenigsten eine Ausbildung vorweisen konnten. Ich bat die Frauen, die Welt so zu beschreiben, wie sie für sie war und wie sie nach ihren Wunschvorstellungen sein sollte. Eine einfache Übung, die Menschen half, Ideen zu entwickeln, wie sie ihr Leben, ihre Community durch Eigeninitiative verbessern konnten. Als wir nach dem Workshop zum Auto gingen, hakte Michelle sich bei mir ein und sagte, es habe sie berührt, wie schnell ich einen guten Draht zu den Frauen aufgebaut hätte.

»Du hast ihnen Hoffnung gegeben.«

»Sie brauchen mehr als nur Hoffnung«, erwiderte ich und versuchte, ihr meinen inneren Konflikt zu schildern: Einerseits ging es mir darum, innerhalb des Systems einen Wandel zu bewirken, andererseits kämpfte ich gegen das System an; einerseits wollte ich eine Führungsrolle in einer Bewegung übernehmen, andererseits wollte ich Menschen darin bestärken, selbst Änderungen herbeizuführen; einerseits wollte ich in die Politik gehen, andererseits wollte ich kein Politiker sein.

Michelle schaute mich an. »Die Welt, wie sie ist, und die Welt, wie sie sein sollte«, erwiderte sie sanft.

»Ja, so was in der Art.«

Michelle war einzigartig; ich kannte niemanden, der war wie sie. Und langsam kam mir der Gedanke, ihr einen Heiratsantrag zu machen. Für Michelle war die Ehe eine Selbstverständlichkeit – der folgerichtige nächste Schritt in jeder ernst gemeinten Beziehung. Für jemanden wie mich, mit einer Mutter, deren beide Ehen nicht lange gehalten hatten, war das Bedürfnis, einer Beziehung eine konventionelle Form zu geben, nie besonders dringend gewesen. Davon einmal ganz abgesehen, kam es zwischen uns am Anfang schon zu dem einen oder anderen hitzigen Wortgefecht. Und so selbstsicher ich auch auftrat, Michelle gab nie auch nur einen Millimeter nach. Ihr Bruder Craig, ein früherer Basketballstar in Princeton, der als Investmentbanker gearbeitet hatte, bevor er Basketballtrainer wurde, behauptete oft im Scherz, in ihrer Familie habe keiner geglaubt, dass Michelle (sie nannten sie Miche) jemals heiraten werde – sie sei viel zu tough, kein Mann würde es mit ihr aufnehmen können. Komischerweise mochte ich genau das an ihr: dass sie mich ständig aus der Reserve lockte und dazu zwang, meine ehrliche Meinung zu sagen.

Was mag in Michelle damals vorgegangen sein? Ich stelle mir vor, wie sie war, bevor wir uns kennenlernten: eine junge Anwältin im schicken Kostüm, die voll auf die Karriere konzentriert ist und alles so macht, wie es von ihr erwartet wird, ohne die Zeit mit Unsinn zu vergeuden. Und dann tritt dieser komische Typ aus Hawaii mit den schlampigen Klamotten und den verrückten Träumen in ihr Leben. Wie sie mir später erzählte, fand sie genau das reizvoll – dass ich anders war als die Jungs, mit denen sie aufgewachsen war, und die Männer, mit denen sie früher zusammen gewesen war. Anders auch als ihr Vater, den sie über alles liebte: ein Mann, der ohne Abschluss vom Community College abgegangen und mit Anfang dreißig an Multipler Sklerose erkrankt war, aber nie geklagt hatte, sondern jeden Tag zur Arbeit gegangen war, sämtliche Tanzvorführungen von Michelle und Basketballspiele von Craig besucht hatte und immer für seine Familie da gewesen war.

Von einem Leben an meiner Seite versprach sich Michelle etwas anderes, nämlich genau das, was sie in ihrer Kindheit nicht gekannt hatte. Abenteuer. Reisen. Ein Bruch mit den strengen Regeln. So wie ich mir von ihrer Verwurzelung in Chicago – ihrer riesigen erweiterten Familie, ihrem gesunden Menschenverstand, ihrem Wunsch, vor allem eine gute Mutter zu werden – den Anker versprach, der mir in meiner Jugend gefehlt hatte. Es ging nicht nur darum, dass wir uns liebten, uns gegenseitig zum Lachen brachten und dieselben Werte teilten – in der Art, in der wir einander ergänzten, war völlige Symmetrie. Wir konnten uns gegenseitig den Rücken stärken und den toten Winkel des anderen im Blick behalten. Wir konnten ein Team sein.

Im Grunde heißt das nichts anderes, als dass wir grundverschieden waren, sowohl hinsichtlich unserer Erfahrungen als auch unserer Temperamente. In Michelles Augen war der Weg zu einem guten Leben sehr schmal und voller Gefahren. Familie war das Einzige, worauf man sich verlassen konnte, Risiken ging man nicht leichtfertig ein, und sichtbarer Erfolg – ein guter Job, ein schönes Haus – war kein Anlass für zwiespältige Gefühle, denn Misserfolg und Not waren nur eine Entlassung, nur eine Schießerei entfernt. Michelle hatte keine Angst, sich selbst untreu zu werden, denn als Kind der South Side war sie in gewisser Hinsicht immer eine Außenseiterin. So wie sie es sah, stieß man auf dem Weg nach oben überall auf Stolpersteine, man musste nicht erst nach ihnen suchen. Zweifel entstanden aus der Erfahrung heraus, trotz aller Erfolge immer wieder beweisen zu müssen, dass sie ein Anrecht hatte, mit von der Partie zu sein – und es nicht nur den Menschen beweisen zu müssen, die ihre Fähigkeiten bezweifelten, sondern vor allem auch sich selbst.

KURZ VOR MEINEM ABSCHLUSS an der Law School weihte ich Michelle in meine Pläne ein. Ich wollte nicht einem Richter zuarbeiten. Stattdessen wollte ich nach Chicago zurückkehren, mich weiterhin mit der Community-Arbeit befassen und gleichzeitig als Anwalt für eine auf Bürgerrechte spezialisierte Kanzlei tätig werden. Und falls sich irgendwann eine günstige Gelegenheit ergäbe, erklärte ich, würde ich vielleicht für ein öffentliches Amt kandidieren.

Sie zeigte sich nicht im Geringsten überrascht. Sie habe volles Vertrauen, sagte sie, dass ich tun würde, was ich für richtig halte.

»Aber eins muss ich dir sagen, Barack«, erklärte sie. »Ich glaube, was du dir vorgenommen hast, wird ganz schön schwer werden. Ich wünschte, ich hätte deinen Optimismus. Manchmal wünsche ich mir das wirklich. Aber die Menschen sind oft egoistisch oder einfach nur ignorant. Die meisten wollen in Frieden gelassen werden. In der Politik scheint es von Menschen zu wimmeln, die nur an sich selbst denken und für Macht alles tun würden. Das gilt vor allem für Chicago. Und ich weiß nicht, ob du daran jemals etwas ändern wirst.«

»Ich kann es doch wenigstens versuchen«, erwiderte ich lächelnd. »Was nützt es, einen Harvardabschluss in der Tasche zu haben, wenn man sich nicht traut, ein Risiko einzugehen? Wenn es nicht klappt, dann eben nicht. Ich komme schon klar. Wir kommen schon klar.«

Sie nahm mein Gesicht in die Hände. »Ist dir eigentlich schon mal aufgefallen, dass du dich, wenn es einen schweren und einen leichten Weg gibt, immer für den schweren entscheidest? Woran liegt das deiner Meinung nach?«

Wir lachten. Aber ich spürte, dass Michelle den Eindruck hatte, mir auf die Schliche gekommen zu sein. Tatsächlich sollte diese Erkenntnis Auswirkungen auf unser beider Leben haben.

NACHDEM MICHELLE UND ICH einige Jahre ein Paar gewesen waren, heirateten wir am 3. Oktober 1992 in der Trinity United Church of Christ im Beisein von dreihundert Freunden, Arbeitskollegen und Verwandten. Die Trauung hielt Reverend Jeremiah A. Wright ab, den ich in meiner Zeit als Community Organizer kennen- und schätzen gelernt hatte. Michelle und ich waren überglücklich. Unsere gemeinsame Zukunft hatte offiziell begonnen.

Ich hatte meine Anwaltsprüfung abgelegt, aber mir vor dem Beginn meiner anwaltlichen Tätigkeit noch ein Jahr Zeit ausbedungen, um im Vorfeld der Präsidentschaftswahl von 1992 Project VOTE! zu leiten – eine der größten Wählerregistrierungskampagnen in der Geschichte Illinois. Nach unserer Rückkehr aus den Flitterwochen an der Kalifornischen Küste unterrichtete ich an der University of Chicago Law School, beendete die Arbeit an meinem Buch und stieg offiziell bei Davis, Miner, Barnhill & Galland ein, einer kleinen Bürgerrechtskanzlei, die sich hauptsächlich mit Fällen von Diskriminierung bei Einstellungsverfahren befasste und Initiativen für erschwingliches Wohnen unterstützte. Michelle hatte inzwischen beschlossen, dass sie nicht länger im Bereich Unternehmensrecht tätig sein wollte, und eine Stelle beim Ressort für Stadtentwicklung der Chicagoer Stadtverwaltung angenommen, wo sie anderthalb Jahre blieb, bevor sie die Geschäftsführung der örtlichen Niederlassung von Public Allies übernahm, einer gemeinnützigen Organisation mit dem Ziel, junge Berufsanfänger zu Führungspersönlichkeiten auszubilden.

Wir mochten unsere Arbeit, verstanden uns gut mit den Kolleginnen und Kollegen und engagierten uns bei verschiedenen gemeinnützigen kommunalen Organisationen. Wir besuchten Sportveranstaltungen und Konzerte, gingen mit Freunden essen und knüpften Kontakte. Wir leisteten uns eine gemütliche Eigentumswohnung in Hyde Park, vis-à-vis des Promontory Point am Michigansee, nicht weit von dem Haus entfernt, in dem Craig mit seiner jungen Familie lebte. Michelles Mutter Marian wohnte noch immer in dem Haus in South Shore, eine knappe Viertelstunde von uns entfernt, und wir besuchten sie oft und ließen uns ihr Fried Chicken mit grünem Gemüse und ihren Red Velvet Cake schmecken oder genossen das Barbecue, das Michelles Onkel Pete zubereitete. Pappsatt saßen wir danach am Küchentisch, lauschten den Geschichten aus Onkel Petes Kindheit und lachten mit jeder Stunde etwas lauter, während Cousinen, Neffen und Nichten auf den Sofakissen herumhüpften, bis sie zum Spielen in den Garten rausgeschickt wurden.

Fuhren wir im Dämmerlicht wieder nach Hause, redeten Michelle und ich darüber, wie es sein würde, wenn wir erst eigene Kinder hätten – wie wären sie, wie viele wären es, und würden wir uns eventuell einen Hund anschaffen? –, und stellten uns all die Sachen vor, die wir als Familie zusammen unternehmen würden.

Ein normales Leben. Ein ausgefülltes, glückliches Leben. Eigentlich hätte das gereicht.

IM SOMMER 1995 ergab sich aufgrund einer Verkettung von Umständen für mich jedoch plötzlich die Chance, in die Politik einzusteigen. Der amtierende demokratische Abgeordnete des Zweiten Kongresswahlkreises im Bundesstaat Illinois, Mel Reynolds, war wegen verschiedener Vergehen angeklagt worden, unter anderem wurde ihm vorgeworfen, Sex mit einer sechzehnjährigen Wahlkampfhelferin gehabt zu haben. Im Falle seiner Verurteilung sollte umgehend eine Neuwahl abgehalten und ein Ersatz für ihn gefunden werden.

Ich wohnte nicht in dem Bezirk und verfügte weder über den nötigen Bekanntheitsgrad noch über einen nennenswerten Unterstützerkreis, um ins Rennen für den Kongress gehen zu können. Alice Palmer, die unsere Gegend im Senat von Illinois vertrat, hatte hingegen gute Aussichten auf den Sitz und warf ihren Hut in den Ring, noch bevor Reynolds im August zu einer Gefängnisstrafe verurteilt wurde. Palmer, eine afroamerikanische ehemalige Lehrerin, die tief in der Community verwurzelt war, hatte eine solide, wenn auch nicht überragende Bilanz vorzuweisen und wurde vom progressiven Lager und einigen älteren Schwarzen Aktivisten, die sich bei der Bürgermeisterwahl für Harold Washington eingesetzt hatten, unterstützt. Ich kannte sie zwar nicht persönlich, aber wir hatten gemeinsame Freunde. Wegen meiner Arbeit für Project VOTE! wurde ich gebeten, ihr beim Wahlkampf unter die Arme zu greifen, und während der nächsten Wochen ermutigten mich verschiedene Menschen, mich als Kandidaten für Alice' bald frei werdenden Senatssitz ins Spiel zu bringen.

Bevor ich mich mit Michelle besprach, erstellte ich eine Pro-und-Kontra-Liste. Der Posten als Staatssenator war wenig glamourös – die meisten Menschen wussten nicht einmal, wer ihr Abgeordneter war –, und die Hauptstadt Springfield war berüchtigt für Kirchturmpolitik, Kuhhandel, Schmiergelder und andere politische Unsitten. Allerdings musste ich ja irgendwo anfangen und mir meine politischen Sporen verdienen. Außerdem trat das Parlament von Illinois nur für ein paar Wochen im Jahr zusammen, sodass ich nebenbei auch weiterhin würde unterrichten und meine Arbeit in der Kanzlei fortsetzen können.

Doch vor allem hatte Alice Palmer mir ihre Unterstützung zugesagt. Da das abschließende Urteil gegen Reynolds noch ausstand, ließ sich der weitere Ablauf jedoch kaum im Voraus berechnen. Technisch gesehen war es durchaus möglich, dass Alice für den Kongress kandidierte, sich aber die Option offenhielt, bei einer Niederlage weiterhin das Senatorenamt auszuüben. Aber sie hatte mir und anderen deutlich zu verstehen gegeben, dass sie nicht mehr in den Senat von Illinois zurückkehren wollte, sondern bereit war für den nächsten Schritt. Da mir außerdem die Stadträtin Toni Preckwinkle, die sich in unserer Gegend des besten Organisationsteams rühmen konnte, ihre Unterstützung zugesichert hatte, standen meine Chancen besser als nur gut.

Ich ging zu Michelle und hielt mein Plädoyer. »Sieh es einfach als Probelauf«, sagte ich.

»Hmmm.«

»Wir schnuppern mal rein.«

»Okay.«

»Was meinst du dazu?«

Sie drückte mir einen Kuss auf die Wange. »Du möchtest das gern machen, also solltest du es machen. Versprich mir nur, dass ich nicht mit nach Springfield muss.«

Bevor ich mich in Startposition bringen konnte, musste ich mir noch von einem anderen Menschen den Segen holen. Meine Mutter war Anfang des Jahres schwer an Gebärmutterkrebs erkrankt.

Die Heilungschancen standen nicht gut. Täglich wurde mir bei dem Gedanken, sie womöglich bald zu verlieren, eng ums Herz. Gleich nachdem sie die Diagnose bekommen hatte, war ich nach Hawaii geflogen und hatte mit Erleichterung festgestellt, dass sie aussah wie immer und nicht in Depressionen verfallen war. Zwar gestand sie mir, dass sie Angst hatte, aber sie war entschlossen, jede noch so aggressive Therapie über sich ergehen zu lassen.

»Ich gehe hier nicht weg«, sagte sie, »es sei denn, du schenkst mir ein paar Enkelkinder.«

Die Neuigkeit, dass ich eventuell für einen Senatsposten in Illinois kandidieren würde, nahm sie begeistert auf und verlangte von mir, ihr alles zu erzählen. Sie sagte, es würde ein großes Stück Arbeit vor mir liegen, aber harte Arbeit hatte auch meine Mutter nie abgeschreckt.

»Du musst nur schauen, ob Michelle auch wirklich nichts dagegen hat«, sagte sie. »Obwohl ich natürlich keine Expertin für Ehefragen bin. Und wehe, du benutzt mich als Ausrede, um nicht anzutreten. Mir steht selbst genug bevor, da muss ich nicht auch noch das Gefühl haben, alle würden meinetwegen ihr Leben auf Eis legen. Das würde mich nämlich erst recht krank machen, verstanden?«

»Ja, hab ich.«

Sieben Monate nach der Diagnose wurde es richtig ernst. Im September flogen Michelle und ich nach New York und begleiteten meine Schwester Maya und meine Mutter zu einem Termin bei einem Spezialisten vom Krebszentrum Memorial Sloan Kettering. Nach mehreren Zyklen Chemotherapie hatte meine Mutter sich stark verändert. Die langen dunklen Haare waren ausgefallen; ihre Augen wirkten hohl. Doch das war nicht das Schlimmste. Wie der Arzt erklärte, war der Krebs schon sehr weit fortgeschritten, sodass nur noch wenige Therapiemöglichkeiten infrage kamen. Während ich mit ansah, wie meine Mutter wegen ihrer geschädigten Speicheldrüsen Eiswürfel lutschte, gelang es mir nur mit Mühe, den Zuversichtlichen zu mimen. Ich erzählte ihr lustige Anekdoten aus meinem Berufsalltag oder gab die Kurzfassung eines Films zum Besten, den ich im Kino gesehen hatte. Wir lachten, als mich Maya, die neun Jahre jünger ist als ich und damals an der New York University studierte, daran erinnerte, wie sehr ich mich früher als großer Bruder aufgespielt hatte. Ich hielt die Hand meiner Mutter und schüttelte ihr das Kopfkissen auf, als sie schlafen wollte. Dann fuhr ich ins Hotel zurück und weinte.

Bei meinem Besuch in New York schlug ich meiner Mutter vor, zu uns nach Chicago zu ziehen; meine Großmutter war zu alt, um sich rund um die Uhr um sie zu kümmern. Doch meine Mutter, die ihr Schicksal immer selbst in die Hand genommen hatte, lehnte dankend ab. »Ich bin lieber dort, wo ich mich gut auskenne und es warm ist«, sagte sie und schaute aus dem Fenster. Ich saß da, fühlte mich hilflos und dachte an ihren langen Lebensweg und daran, wie unvorhersehbar jeder Schritt für sie gewesen sein musste, so voll glücklicher Zufälle. Nie habe ich erlebt, dass sie sich länger mit Enttäuschungen aufhielt. Stattdessen schien sie überall kleine Freuden zu finden.

Bis zu jenem Tag.

»Das Leben ist schon seltsam, was?«, sagte sie leise.

Das war es tatsächlich.

ICH BEFOLGTE DEN RAT meiner Mutter und stürzte mich in meine erste politische Kampagne. Wenn ich heute daran zurückdenke, mit welch bescheidenen Mitteln wir uns ans Werk machten, muss ich lachen – als hätte ich lediglich für einen Posten in der Studentenvertretung kandidiert. Wir arbeiteten ohne Meinungsforscher, schalteten keine Werbung im Fernsehen oder Radio. Meine Bereitschaft zur Kandidatur gab ich am 9. September 1995 im Ramada Inn in Hyde Park bekannt, bei Brezeln und Chips und vor ein paar Hundert Unterstützern – von denen ein Viertel Freunde oder Verwandte von Michelle waren. Unsere Wahlbroschüre bestand aus einem DIN-A5-Blatt mit einer Art Passfoto von mir, ein paar Zeilen zu meiner Biografie und einer Liste mit vier oder fünf Schlagwörtern, verfasst an meinem Computer. Ausgedruckt wurden die Zettel in Kinko's Copyshop.

Immerhin hatte ich mir zwei politische Veteranen ins Boot geholt, die ich aus dem Project VOTE! kannte. Meine Kampagnenleiterin Carol Anne Harwell war Anfang vierzig, groß, schlagfertig und eigentlich nur eine Leihgabe aus dem Stadtteilbüro der West Side. Ihre unerschütterlich gute Laune täuschte darüber hinweg, dass sie sich in der erbarmungslos ausgefochtenen Chicagoer Politik bestens behaupten konnte. Ron Davis, ein Grizzlybär von einem Mann, kümmerte sich als Wahlkampfleiter um die Wählerkontakte und war Petitionsbeauftragter. Er hatte einen grau melierten Afro, einen zotteligen Bart, trug eine Metallbrille mit dicken Gläsern und kaschierte seinen massigen Körper mit dem ewig gleichen, über der Hose getragenen schwarzen Hemd.

Ron erwies sich als unverzichtbar: In Illinois wurde das passive Wahlrecht sehr streng geregelt, um es Kandidaten ohne Unterstützung einer Partei zu erschweren, auf einem Stimmzettel zu landen. Wer sich zur Wahl stellen lassen wollte, musste siebenhundert registrierte Wähler aus dem entsprechenden Bezirk dazu bewegen, eine Petition zu unterschreiben, die in Umlauf gebracht und von einem Wahlleiter abgesegnet werden musste. Eine »saubere« Unterschrift musste leserlich geschrieben sein und von einem registrierten Wähler mit Wohnadresse im Wahlkreis stammen. Ich erinnere mich noch genau an den ersten Tag, als sich eine kleine Gruppe von Helfern bei uns zu Hause um den Esstisch versammelte. Unter lautem Schnaufen verteilte Ron Clipboards mit Petitionsblättern, Wählerlisten und einem Zettel mit der Anleitung. Ich schlug vor, erst einmal ein paar Treffen mit möglichen Wählern zu organisieren und ein, zwei Positionspapiere auszuarbeiten, bevor wir uns mit der Petition befassten. Carol und Ron schauten sich an und fingen an zu lachen.

»Boss, ich verrate Ihnen mal was«, sagte Carol, »Sie können sich den ganzen League-of-Women-Voters-Quatsch bis nach der Wahl aufheben. Das Einzige, worauf es im Moment ankommt, ist diese Petition. Die Leute, gegen die Sie antreten wollen, werden diese Listen ganz genau unter die Lupe nehmen, um zu prüfen, ob die Unterschriften auch sauber sind. Sind sie es nicht, dürfen Sie gar nicht erst antreten. Und eins garantiere ich Ihnen, ganz gleich, wie sorgfältig wir vorgehen, am Ende wird sich die Hälfte der Unterschriften als unbrauchbar erweisen. Deshalb müssen wir mindestens doppelt so viele sammeln.«

»Viermal so viele«, berichtigte Ron und drückte mir ein Clipboard in die Hand.

Derart in meine Schranken verwiesen, fuhr ich zum Unterschriftensammeln in eines der Viertel, die Ron mir zugeteilt hatte. Das Prozedere erinnerte mich stark an meine Anfangszeit als Community Organizer: Ich ging von Tür zu Tür, manche Leute waren nicht da oder machten nicht auf; es öffneten Frauen mit Lockenwicklern im Haar und tobenden Kindern im Hintergrund, Männer, die im Garten arbeiteten, gelegentlich ein junger Mann im T-Shirt und mit Durag auf dem Kopf, der nach Alkohol riechend die Straße abscannte. Einige wollten mit mir über die Probleme an der örtlichen Schule oder die

Waffengewalt reden, die in dem ehemals stabilen Arbeiterviertel langsam überhandnahm. Die meisten aber schnappten sich das Clipboard und setzten ihre Unterschrift auf den Zettel, damit sie sich so schnell wie möglich wieder mit dem befassen konnten, worin ich sie unterbrochen hatte.

Klinkenputzen war für mich nichts Ungewöhnliches, aber für Michelle war es eine neue Erfahrung. Tapfer hatte sie sich bereit erklärt, mich an jedem Wochenende für ein paar Stunden zu begleiten, und obwohl sie – mit ihrem Megawattlächeln und den Geschichten aus ihrer Kindheit, die sie nur wenige Blocks entfernt verbracht hatte – oft mehr Unterschriften sammelte als ich, war ihr das Lächeln ein paar Stunden später, wenn wir uns ins Auto setzten und nach Hause fahren wollten, jedes Mal gründlich vergangen.

»Ich weiß nur eins«, sagte sie irgendwann, »ich muss dich wirklich sehr lieben, wenn ich meinen Samstagmorgen für das hier opfere.«

Im Verlauf mehrerer Monate sammelten wir viermal so viele Unterschriften, wie wir gebraucht hätten. Wenn ich nicht in der Kanzlei arbeitete oder an der Uni unterrichtete, besuchte ich Nachbarschaftstreffen, Kirchenkränzchen und Altenheime, um möglichen Wählern mein Programm nahezubringen. Überragend war ich nicht. Meine einstudierte Rede war viel zu steif und mit Politfloskeln gespickt, sie kam uninspiriert und humorlos rüber. Außerdem war es mir unangenehm, von mir selbst zu erzählen. Als Community Organizer war ich darauf geschult worden, mich immer im Hintergrund zu halten.

Aber ich wurde allmählich besser, wirkte weniger verkrampft, und die Zahl meiner Anhänger wuchs. Ich sicherte mir die Unterstützung von einigen Gemeindevertretern, Pastoren und progressiven Gruppierungen. Ich arbeitete sogar ein Positionspapier aus. An dieser Stelle würde ich den Ausgang meiner ersten Wahlkampagne gern so beschreiben: Der beherzte junge Kandidat und seine schöne, perfekte und langmütige Frau hatten mit einer Handvoll Freunden am Esstisch ein Konzept erarbeitet und mit einer brandneuen Politik die Massen um sich geschart.

Aber so lief es leider nicht. Im August 1995 wurde unser Kongressabgeordneter zu einer Gefängnisstrafe verurteilt, und der Termin für die Nachwahl wurde auf Ende November festgelegt. Da sein Sitz nun frei war und bis zur Wahl noch genügend Zeit blieb, stürzten sich außer Alice Palmer plötzlich noch andere ins Rennen, darunter auch Jesse Jackson Jr., der 1988 beim Nominierungsparteitag der Demokraten mit einer aufrüttelnden Rede für seinen Vater landesweit Aufmerksamkeit erregt hatte. Michelle und ich kannten und mochten Jesse Jr. Seine Schwester Santita war in der Highschool Michelles beste Freundin und bei unserer Hochzeit Trauzeugin gewesen. Jesse Jr. war bei den Leuten so beliebt, dass die Bekanntgabe seiner Kandidatur dem Wahlkampf eine völlig neue Richtung gab und Alice ins Hintertreffen geriet.

Und weil die Nachwahl nun einige Wochen vor dem offiziellen Termin stattfinden sollte, an dem die Nominierungspetition für Alice' Senatssitz eingereicht werden musste, machte sich mein Team auf einmal Sorgen.

»Fragen Sie lieber noch mal bei Alice nach, damit sie Ihnen nicht reinpfuscht, falls sie gegen Jesse Jr. verliert«, sagte Ron.

Ich schüttelte den Kopf. »Sie hat mir versprochen, dass sie nicht kandidiert. Hat mir ihr Wort darauf gegeben. Und sie hat es öffentlich gesagt. Sogar in der Zeitung.«

»Prima, Barack. Aber können Sie bitte trotzdem noch mal anrufen?«

Und das tat ich. Am Telefon versicherte mir Alice erneut, dass sie sich unabhängig vom Ausgang der Kongresswahl aus der Politik des Bundesstaates zurückziehen wolle.

Als Jesse Jr. dann aber die Wahl gewann und Alice nur auf dem dritten Platz landete, sah die Sache mit einem Mal ganz anders aus. In den Lokalzeitungen tauchten erste Berichte über eine »Nominiert Alice Palmer«-Kampagne auf. Einige ihrer langjährigen Unterstützer riefen mich an und baten um ein Treffen. Dort gaben sie mir den Rat, meine Kandidatur zurückzuziehen, weil, wie sie sagten, die Community es sich nicht leisten könne, auf Alice' Erfahrung zu verzichten. Ich solle mich ein wenig gedulden, irgendwann käme ich schon an die Reihe. Doch ich weigerte mich – zahlreiche freiwillige Helfer und Geldgeber hatten bereits sehr viel in meinen Wahlkampf investiert, außerdem hatte ich auch dann noch zu Alice gehalten, als Jesse Jr. ins Rennen eingestiegen war –, aber ihre Fürsprecher ließ das kalt. Als ich mit Alice sprach, war die Sache eigentlich schon klar. In der Woche darauf beraumte sie in Springfield eine Pressekonferenz an und verkündete, sie wolle in letzter Minute eine Petition einreichen, damit sie es auf den Stimmzettel schaffen und ihren Senatssitz behalten konnte.

»Ich hab's gesagt.« Carol zog an ihrer Zigarette und blies ein Rauchwölkchen an die Decke.

Ich war entmutigt, fühlte mich hintergangen, aber noch wollte ich nicht aufgeben. Im Lauf der letzten Monate hatten wir ein tolles Team von Unterstützern aufgebaut, und fast alle Mandatsträger, die sich bisher für mich eingesetzt hatten, versicherten mir, auch weiterhin auf meiner Seite zu stehen. Ron und Carol waren nicht ganz so optimistisch.

»Ich sag's Ihnen nur ungern, Boss«, meinte Carol, »aber die meisten Leute haben immer noch keine Ahnung, wer Sie sind. Shit, wer sie ist, wissen sie auch nicht, aber – nehmen Sie's mir bitte nicht übel – der Name ›Alice Palmer‹ macht sich auf einem Stimmzettel hundertmal besser als ›Barack Obama‹.«

Dieser Einwand leuchtete mir zwar ein, aber ich beharrte dennoch darauf weiterzumachen, obwohl ein paar bekannte Persönlichkeiten aus Chicago mich plötzlich ebenfalls drängten, meine Kandidatur zurückzuziehen. Eines Nachmittags dann klingelten Ron und Carol bei mir, völlig außer Atem und mit einem Grinsen im Gesicht, als hätten sie im Lotto gewonnen.

»Die Petitionen von Alice?«, sagte Ron. »Schlimm. So was hab ich noch nie gesehen. All die Schwarzen, die Sie aus dem Rennen drängen wollten, sie haben sich keine Mühe gegeben, ihren Job zu machen. Das könnte Alice die Kandidatur kosten.«

Ich sah mir die informelle Auswertung der Unterschriften an, die Ron mit einigen freiwilligen Helfern vorgenommen hatte. Und es stimmte: Die von Alice eingereichten Petitionsblätter schienen lauter ungültige Unterschriften zu enthalten: Menschen mit einer Wohnadresse außerhalb des Wahlkreises, Mehrfachunterschriften mit unterschiedlichen Namen, aber in derselben Handschrift. Ich kratzte mich am Kopf. »Ich weiß nicht …«

»Sie wissen was nicht?«, fragte Carol.

»Ich weiß nicht, ob ich die Wahl auf diese Weise gewinnen möchte. Okay, ich bin stinksauer, weil es so gelaufen ist. Aber das Wahlsystem ist schon ziemlich hirnrissig. Da würde ich sie lieber auf direktem Weg schlagen.«

Carol zog die Augenbrauen hoch. »Diese Frau hat Ihnen ihr *Wort* gegeben, Barack!«, sagte sie. »Wegen ihrem Versprechen haben wir uns alle den Arsch aufgerissen. Und jetzt, wo sie Sie verscheißern will und noch nicht mal *das* richtig hinkriegt, da wollen Sie sie damit durchkommen lassen? Glauben Sie etwa, sie würde Sie nicht sofort aus dem Rennen kicken, wenn sie es könnte?« Sie schüttelte den Kopf. »Nee, Barack. Sie sind ein guter Mensch … deshalb glauben wir ja auch an Sie. Aber wenn Sie sich die Chance entgehen lassen, dann können Sie gleich wieder an der Uni unterrichten oder was weiß ich. Denn dann ist Politik nichts für Sie. Die werden Hackfleisch aus Ihnen machen, und damit ist niemandem geholfen.«

Ich schaute zu Ron, der leise sagte: »Sie hat recht.«

Ich lehnte mich auf meinem Stuhl zurück und zündete mir eine Zigarette an. Ich fühlte mich aus den Angeln gehoben und versuchte zu entschlüsseln, was mir mein Bauchgefühl sagte. Wie sehr wollte ich die Wahl gewinnen? Ich rief mir ins Gedächtnis, was ich im Amt zu erreichen hoffte und wie hart ich arbeiten wollte, wenn ich nur die Chance bekäme.

»Okay«, sagte ich dann.

»Okay!«, sagte Carol, und ihr Lächeln kehrte zurück. Ron sammelte seine Zettel ein und steckte sie in die Tasche.

An dem Tag, als ich meine Entscheidung traf, war das Rennen im Prinzip gelaufen. Wir legten bei der Chicagoer Wahlkommission Beschwerde ein, und als sich abzeichnete, dass zu unseren Gunsten entschieden werden würde, zog Alice ihre Kandidatur zurück. Und da wir schon dabei waren, kegelten wir auch noch einige andere demokratische Bewerber mit untauglichen Petitionslisten aus der Wahl. Ohne demokratischen Gegenkandidaten und ohne echte republikanische Opposition war ich bereits auf dem Weg in den Senat von Illinois.

Die anständigere Form von Politik, die mir vorgeschwebt hatte, musste erst einmal warten.

Aus diesem ersten Wahlkampf habe ich einige Lehren gezogen. Ich lernte das Einmaleins der Politik kennen, begriff die Notwendigkeit, auf jedes noch so kleine Detail zu achten, und erlebte am eigenen Leibe die tägliche Schinderei, die am Ende zwischen Sieg und Niederlage entscheidet. Außerdem bestätigte er mir noch einmal, was ich eigentlich schon über mich wusste: Auch wenn ich am liebsten fair spiele, verliere ich doch nur ungern.

Die Lektion, die sich mir allerdings am nachhaltigsten einprägte, hatte weder mit Wahlkampfmechanismen noch mit knallharter Politik zu tun. Auslöser war ein Anruf, den ich Anfang November 1995 erhielt, als ich noch gar nicht wusste, wie der Wahlkampf ausgehen würde. Meine Schwester Maya war am Telefon, sie rief aus Hawaii an. »Moms Zustand hat sich verschlechtert, Bar«, sagte sie.

»Wie schlimm ist es?«

»Am besten kommst du gleich her.«

Dass es meiner Mutter sehr schlecht ging, wusste ich, weil ich wenige Tage zuvor mit ihr telefoniert hatte. Da ihrer Stimme der Schmerz und die Resignation deutlich anzuhören waren, hatte ich für die darauffolgende Woche einen Flug nach Hawaii gebucht.

»Kann sie sprechen?«, fragte ich Maya.

»Ich fürchte nein. Sie verliert immer wieder das Bewusstsein.«

Ich legte auf, rief bei der Fluggesellschaft an und buchte meinen Flug auf die erste Maschine am nächsten Morgen um. Dann rief ich Carol an, damit sie die anstehenden Wahlkampfveranstaltungen absagte und sich während meiner Abwesenheit um ein paar Dinge kümmerte. Wenige Stunden später kam wieder ein Anruf von Maya.

»Es tut mir so leid, Bar, aber Mom ist tot.« Sie sei nicht mehr zu Bewusstsein gekommen, sagte meine Schwester. Maya hatte im Krankenhaus an ihrem Bett gesessen und ihr aus einem Märchenbuch vorgelesen, als unsere Mutter für immer eingeschlafen war.

Noch in derselben Woche hielten wir im japanischen Garten hinter dem East-West Center der University of Hawaii die Trauerfeier ab. Dabei fiel mir wieder ein, dass ich als Kind oft in dem Garten gespielt hatte. Meine Mutter hatte dann in der Sonne gesessen und mich beobachtet, während ich auf der Wiese herumgetollt und über die kleine Steintreppe gesprungen war oder im Bach Kaulquappen gefangen hatte. Nach der Trauerfeier fuhren Maya und ich zum Aussichtspunkt bei Koko Head und streuten die Asche meiner Mutter ins Meer, während sich die Wellen unter uns an den Felsen brachen. Ich musste daran denken, dass meine Mutter und meine Schwester im Krankenhaus allein gewesen waren. Ich war nicht bei ihnen gewesen, weil ich zu sehr damit beschäftigt gewesen war, meine großartigen Ziele zu verfolgen. Dieser Moment war für immer für mich verloren. Der Verlust meiner Mutter machte mich nicht nur traurig, ich spürte auch tiefe Scham.

SOFERN MAN NICHT am südlichen Zipfel von Chicago wohnt, führt der schnellste Weg nach Springfield über die Interstate 55. Wer zur Stoßzeit von Downtown aus durch die westlichen Vororte fährt, kommt in der Regel nur im Schritttempo voran; doch hinter Joliet lockert sich der Verkehr auf, die gerade Asphaltbahn führt südwestlich an Bloomington (wo die State-Farm-Versicherung und Beer Nuts zu Hause sind) und an Lincoln (benannt nach dem Präsidenten, der mithalf, die Stadt zu gründen, als er noch als Anwalt tätig war) vorbei und weiter durch endlose Meilen von Maisfeldern.

Fast acht Jahre lang habe ich die Strecke zurückgelegt, in etwa dreieinhalb Stunden und fast immer allein; ich pendelte zwischen Chicago und Springfield hin und her, ein paar Wochen im Herbst, fast den gesamten Winter über und noch ein paar Tage im Frühjahr, denn in dieser Zeit erledigt die Legislative von Illinois den Hauptteil ihrer Arbeit. Dienstags brach ich gleich nach dem Abendbrot auf und kehrte donnerstags spät oder freitags früh zurück. Spätestens eine Stunde hinter Chicago hatte ich keinen Handyempfang mehr, und im Radio kamen nur noch Talksender und Sender mit christlicher Musik rein. Um mich wach zu halten, legte ich Hörbücher ein, je länger, desto besser – meistens Romane (am liebsten von John le Carré und Toni Morrison), aber auch Sachbücher zum amerikanischen Bürgerkrieg, zum Viktorianischen Zeitalter, zum Untergang des Römischen Reiches.

Wenn sich Freunde leicht skeptisch bei mir erkundigten, wie es mir in Springfield gefalle, erzählte ich ihnen, dass ich dort sehr viel lernte, und in den ersten Jahren war das auch durchaus der Fall. Von allen fünfzig Staaten spiegelte Illinois wohl am besten die Demografie Amerikas wider, denn hier findet man neben einer lebendigen Metropole mit ausufernden Vororten auch Farmland, Fabrikstädte und am südlichen Ende Gegenden, die eher an die Südstaaten erinnern. An jedem x-beliebigen Tag sieht man im Schatten der hohen Kuppel des State Capitol einen Querschnitt Amerikas, wie ein zum Leben erwachtes Gedicht von Carl Sandburg. Stadtkinder, die sich beim Schulausflug kabbeln, perfekt frisierte Banker, die mit ihren Handys beschäftigt sind, Farmer mit typischer Farmerkappe, die für eine Verbreiterung der Schleusen kämpfen, damit ihr Mais auf größeren Lastkähnen zu den Märkten transportiert werden kann. Man sieht Latina-Mütter, die Geldgeber für eine neue Kindertagesstätte suchen, und etwas in die Jahre gekommene Biker in voller Ledermontur, die einen Gesetzentwurf zur Helmpflicht stoppen wollen.

In den ersten Monaten hielt ich mich noch im Hintergrund. Einige Kollegen misstrauten dem Typen mit dem komischen Namen und dem Harvardabschluss, aber ich machte meine Hausaufgaben und sammelte Gelder für die Kampagnen anderer Senatoren. Ich lernte die anderen Gesetzgeber und ihre Mitarbeiter nicht nur im Sitzungssaal kennen, sondern auch auf dem Basketballfeld, auf dem Golfplatz und bei unseren wöchentlichen, parteiübergreifenden Pokerspielen – zwei Dollar Höchsteinsatz und maximal drei Setzrunden, im Zimmer zum Schneiden dicker Rauch, alles andere als hochgeistige Gespräche und ab und an das leise Zischen einer frisch aufgerissenen Bierdose.

Ein Pluspunkt war, dass ich den Minderheitsführer im Senat, Emil Jones, einen stämmigen Schwarzen Mittsechziger, bereits kannte. Er hatte sich unter Bürgermeister Daley Sr. in einer der Chicagoer Stadtteilverwaltungen hochgearbeitet und vertrat nun den Wahlkreis, in dem ich früher als Community Organizer unterwegs gewesen war. Darüber hatten wir uns auch kennengelernt: Ich war mit einer kleinen Gruppe von Eltern zu seinem Büro gefahren, um von ihm Geld für ein Collegevorbereitungsprogramm für Jugendliche zu fordern. Statt uns abzuwimmeln, hatte er uns in sein Büro gebeten.

»Vielleicht ist Ihnen das nicht klar«, sagte er, »aber ich hab schon auf Sie gewartet!« Er erzählte uns, dass er das College nie hatte abschließen können, und er wollte sich dafür einsetzen, dass mehr Staatsgelder in die vernachlässigten Schwarzen Viertel flossen. »Ich überlasse es Ihnen auszurechnen, wie viel wir brauchen«, sagte er zu mir und klopfte mir auf den Rücken, als mein Grüppchen das Büro verließ. »Und Sie überlassen mir die Politik.«

Emil trieb das Geld für das Förderprogramm selbstverständlich auf, und wir blieben dann auch im Senat gute Freunde. Er schien fast stolz auf mich zu sein und stellte sich schützend hinter meine Reformbestrebungen. Selbst wenn er auf Stimmenfang für eines seiner Projekte war (er kämpfte zum Beispiel wie besessen für die Zulassung von schwimmenden Spielcasinos in Chicago), setzte er mich nie unter Druck, wenn ich ihm mit einem Nein kam – obwohl er ein paar gepfefferte Flüche in meine Richtung losließ, wenn er dann davontrabte, um sein Glück beim nächsten Kollegen zu versuchen.

»Barack ist anders«, sagte er einmal zu einem seiner Mitarbeiter. »Der wird es noch weit bringen.«

Doch so fleißig ich auch war und so gut es Emil mit mir meinte, an einer Tatsache konnte keiner von uns beiden etwas ändern: Unsere Partei war in der Minderheit. Die republikanische Fraktion im Senat von Illinois fuhr denselben kompromisslosen Kurs, den Newt Gingrich im Repräsentantenhaus zur Neutralisierung der Demokraten eingeschlagen hatte. Die Republikaner kontrollierten zu einhundert Prozent, welche Gesetzesanträge gebilligt und welche Änderungsanträge zugelassen wurden. Für Neulinge in der Minderheitspartei wie mich gab es in Springfield einen Spitznamen: »Pilze«, weil »man sie mit Mist füttert und im Dunkeln lässt«.

Ab und zu gelang es mir trotzdem, weitreichende Gesetze mitzugestalten. So half ich dabei, sicherzustellen, dass die für Illinois geplante Sozialhilfereform, die Bill Clinton landesweit auf den Weg gebracht hatte, Arbeitssuchenden ausreichend staatliche Unterstützung gewährte. Nach einem der regelmäßig wiederkehrenden Springfielder Politikskandale ernannte Emil mich zum Obmann unserer Fraktion in dem Ausschuss, der die Ethikregeln überarbeiten sollte. Weil alle anderen von vornherein mit einem Scheitern rechneten, hatte niemand die Aufgabe übernehmen wollen, aber dank meines guten Drahts zu meinem republikanischen Gegenpart Kirk Dillard verabschiedeten wir ein Gesetz, das einigen der schlimmsten Praktiken einen Riegel vorschob – so war es danach faktisch unmöglich, Wahlkampfspenden für private Zwecke wie Baumaßnahmen am Eigenheim oder einen neuen Pelzmantel zu veruntreuen. (Tatsächlich gab es Senatoren, die hinterher wochenlang nicht mehr mit uns redeten.)

Wesentlich häufiger erlebte ich allerdings Szenen wie diese, die sich gegen Ende meiner ersten Amtszeit abspielte: Wir sollten über einen Gesetzentwurf abstimmen, der einem ohnehin schon begünstigten

Wirtschaftszweig weitere Steuergeschenke machen würde, obwohl der Staat gleichzeitig Transferleistungen für Arme kürzen wollte, und ich erhob mich, um ein Veto einzulegen. Mit der Sorgfalt eines Anwalts, der vor Gericht ein Plädoyer halten will, hatte ich Fakten gesammelt und meine Rede gut vorbereitet. Ich legte dar, warum derart ungerechtfertigte Steuererleichterungen gegen die Grundsätze des freien Marktes verstießen, an die doch gerade die Republikaner so fest glaubten. Als ich wieder Platz genommen hatte, kam Senatspräsident Pate Philip – ein bulliger, weißhaariger Ex-Marine, der für seine verbalen Ausfälle gegenüber Frauen und People of Color berüchtigt war – zu meinem Tisch.

»Verdammt gute Rede«, sagte er, auf einer kalten Zigarre kauend. »Waren ganz gute Argumente drin.«

»Danke.«

»Vielleicht haben Sie viele sogar zum Umdenken gebracht«, sagte er. »Aber am Abstimmungsergebnis werden Sie nichts ändern.« Dann gab er dem Vorsitzenden ein Zeichen und schaute mit zufriedenem Grinsen zu, wie die grüne Lampe anging, die ein Ja zum Gesetzentwurf signalisierte.

Politik in Springfield sah so aus: Undurchsichtige Transaktionen, die hinter verschlossener Tür gedeichselt wurden, Gesetzgeber, die mit der Leidenschaftslosigkeit von Basarhändlern den Druck verschiedener Interessengruppen gegeneinander abwogen, während sie gleichzeitig ideologische Streitpunkte umschifften – Waffen, Abtreibung, Steuern –, die unter ihren Stammwählern einen Sturm der Entrüstung ausgelöst hätten.

Es lag nicht daran, dass die Abgeordneten den Unterschied zwischen guter und schlechter Politik nicht kannten. Er spielte einfach keine Rolle. Alle in Springfield wussten, dass ihre Arbeit neunzig Prozent der Wähler ohnehin nicht interessierte. Einen komplizierten, aber notwendigen Kompromiss einzugehen, sich gegen die Fraktionsdisziplin zu stellen, um eine innovative Idee voranzutreiben – das konnte einen Abgeordneten einflussreiche Unterstützung, wichtige Geldgeber, einen Führungsposten oder gar die Wiederwahl kosten.

Konnte man die Wähler dazu bringen, sich für Politik zu interessieren? Ich versuchte es. In meinem Wahlkreis nahm ich fast jede Einladung an. Bald schrieb ich eine regelmäßige Kolumne für den *Hyde Park Herald*, ein wöchentlich erscheinendes Lokalblatt mit einer Reichweite von nicht einmal fünftausend Lesern. Ich veranstaltete Bürgerforen, stellte Getränke und Snacks hin und legte stapelweise Broschüren zu Gesetzesänderungen aus, nur um dann mit meinen Mitarbeitern dazusitzen, zur Uhr hinzuschielen und auf Menschenmassen zu warten, die nie kamen.

Dass sie nicht auftauchten, konnte ich ihnen nicht verübeln. Sie mussten arbeiten, hatten Familien, und die meisten Debatten, die im fernen Springfield geführt wurden, berührten sie vermutlich überhaupt nicht. Bei den wenigen Themen, die meine Wähler interessierten, waren sie vermutlich sowieso von vornherein meiner Meinung, weil die Grenzen des Wahlkreises – wie die der meisten in Illinois – mit chirurgischer Präzision so eingeteilt war, dass die Dominanz einer Partei sichergestellt war. Wenn ich mehr Mittel für Schulen in armen Vierteln lockermachen, den Zugang zur medizinischen Grundversorgung erleichtern oder neue Umschulungsprogramme für Arbeitslose schaffen wollte, dann musste ich nicht bei meiner Wählerschaft Überzeugungsarbeit leisten. Die Leute, die ich auf meine Seite ziehen musste, wohnten woanders.

Gegen Ende der zweiten Sitzungsperiode merkte ich, dass die Atmosphäre im Springfielder Kapitol immer schwerer auf mir lastete – der Frust, der Minderheitspartei anzugehören, der Zynismus, den so viele meiner Kollegen wie ein Ehrenabzeichen trugen. Offenbar sah man mir das auch an. Eines Tages stand ich in der Rotunde, nachdem wieder einmal ein Gesetzentwurf, den ich vorgestellt hatte, in der Luft zerrissen worden war, als ein wohlmeinender Lobbyist auf mich zutrat und mir eine Hand auf die Schulter legte.

»Sie müssen aufhören, mit dem Kopf gegen die Wand zu rennen, Barack«, sagte er. »Wer hier überleben will, muss sich klarmachen, dass es nur ein Business ist. Wie Autos verkaufen. Oder bei der Reinigung um die Ecke arbeiten. Man wird irre, wenn man sich einbildet, es würde um mehr gehen.«

EINIGE POLITIKWISSENSCHAFTLER würden vermutlich einwerfen, dass meine Schilderungen vom Springfielder Politikalltag im Grunde die Funktionsweise von Pluralismus beschreiben; dass der Kuhhandel zwischen Interessengruppen vielleicht nicht zu Höchstleistungen anspornt, aber die Demokratie am Laufen hält. Vielleicht hätte ich dieses Argument damals leichter geschluckt, wenn ich meine Familie nicht so sehr vermisst hätte.

Die ersten beiden Senatorenjahre liefen prima. Michelle hatte mit ihrer Arbeit gut zu tun, und obwohl sie ihre Drohung, mich nur zur Vereidigung nach Springfield zu begleiten, wahr gemacht hatte, telefonierten wir fast jeden Abend miteinander. Aber an einem Tag im Herbst 1997 rief sie mich tagsüber im Büro an, und ihre Stimme zitterte.

»Es ist so weit.«

»Was ist so weit?«

»Du wirst Vater.«

Ich wurde Vater. Was für glückliche Monate folgten! Ich erfüllte jedes Klischee eines werdenden Vaters: Ich besuchte Geburtsvorbereitungskurse, versuchte herauszukriegen, wie man ein Babybett zusammenbaut, las *Ein Baby kommt* und unterstrich wichtige Passagen. Am 4. Juli stieß mich Michelle etwa um sechs Uhr morgens an und sagte, es sei Zeit, ins Krankenhaus zu fahren. Nervös schnappte ich mir die Tasche, die ich neben unsere Wohnungstür gestellt hatte, und nur sieben Stunden später durfte ich Malia Ann Obama in die Arme nehmen, 4050 Gramm Vollkommenheit.

Zu den vielen Talenten unserer kleinen Tochter zählte ihr gutes Timing: Da weder Senatssitzungen noch Uniseminare oder Gerichtsverhandlungen anstanden, konnte ich mir für den Rest des Sommers freinehmen. Als echte Nachteule übernahm ich die Spätschichten, damit Michelle etwas Schlaf bekam. Ich las Malia vor, während sie auf meinem Schoß lag und aus großen Augen fragend zu mir hochblickte, oder döste mit ihr auf meiner Brust ein, nachdem sie ein Bäuerchen gemacht und ich ihr die Windel gewechselt hatte. Es waren friedliche Momente, und ich dachte an die Generationen von Männern, die das verpasst hatten, aber auch an meinen eigenen Vater, dessen Abwesenheit mich stärker geprägt hatte als die wenigen Wochen mit ihm, und dann ging mir auf, dass ich nirgendwo anders sein wollte als hier.

Doch irgendwann schlug auch bei uns der Stress junger Eltern voll zu. Nach ein paar seligen Monaten kehrte Michelle an ihren Arbeitsplatz zurück, und ich fing wieder an, mit meinen drei Jobs zu jonglieren. Zum Glück fanden wir eine wunderbare Nanny, die sich tagsüber um Malia kümmerte, aber dass wir für unseren Familienbetrieb eine Vollzeitkraft einstellen mussten, strapazierte die Haushaltskasse doch sehr.

Die Leidtragende war Michelle, denn sie versuchte, Arbeit und Kind unter einen Hut zu bringen, und hatte das Gefühl, beide Jobs nicht gut zu machen. Jeden Abend, nachdem sie das Baby gefüttert und gebadet und ihm vorgelesen hatte, räumte sie noch die Wohnung auf, versuchte, sich daran zu erinnern, ob sie die Wäsche aus der Reinigung abgeholt hatte, notierte sich im Geist, dass sie am Morgen einen Termin bei der Kinderärztin vereinbaren musste, und fiel schließlich in ein leeres Bett in dem Bewusstsein, dass sich der Tagesablauf nur wenige Stunden später wiederholen würde, während ihr Mann unterwegs war, um sich »wichtigen Dingen« zu widmen.

Wir stritten immer häufiger, meistens nachts, wenn wir beide völlig erledigt waren. »So hatten wir es nicht abgemacht«, sagte sie irgendwann zu mir. »Ich habe den Eindruck, ich mache alles allein.«

Das verletzte mich. Wenn ich nicht arbeitete, war ich zu Hause – und wenn ich dort einmal vergaß, nach dem Abendbrot die Küche aufzuräumen, dann doch nur, weil ich noch Klausuren benoten oder an einem Schriftsatz feilen musste. Während ich zu meiner Verteidigung ansetzte, wusste ich im Grunde schon, dass ich verloren hatte. Michelle hatte mit ihrer Wut einen wunden Punkt getroffen. Ich versuchte, vielen verschiedenen Menschen gegenüber viel zu viele Versprechen einzulösen. Ich hatte den schweren Weg gewählt, so wie sie es damals vorhergesagt hatte, als wir noch nicht so viel um die Ohren gehabt und weit weniger Verantwortung getragen hatten. Mir fiel wieder ein, was ich mir nach Malias Geburt geschworen hatte: Meine Kinder sollten mich *kennenlernen* und mit der Gewissheit aufwachsen, dass ich sie über alles liebte und sie für mich immer an erster Stelle kamen.

Und während wir in unserem halbdunklen Wohnzimmer saßen, schien Michelles Wut zu verfliegen, und Traurigkeit trat an ihre Stelle: »Ist es das wert?«, fragte sie.

An meine Antwort kann ich mich nicht erinnern. Aber ich weiß noch, ich brachte es nicht fertig, ihr zu sagen, dass ich mir da selbst nicht mehr so sicher war.

IM NACHHINEIN kann man sich oft nicht mehr erklären, warum man sich zu einer Dummheit hat hinreißen lassen. Ich meine damit keine Lappalien – die ruinierte Lieblingskrawatte, weil man im Auto unbedingt Suppe essen musste, der schlimme Rücken, weil man sich an Thanksgiving zu einer Runde Football hat überreden lassen. Ich rede von den wirklich dummen Entscheidungen, die man trotz reiflicher Überlegung trifft: Man steht vor einem echten Problem, analysiert es von vorne bis hinten und greift zielsicher zur falschen Lösung.

Bei mir war es die Entscheidung, für den Kongress zu kandidieren. Nach etlichen Auseinandersetzungen musste ich mir eingestehen, dass Michelles Frage, ob meine kleinen Erfolge in Springfield die vielen Opfer wirklich wert waren, durchaus berechtigt war. Doch statt mir weniger Arbeit aufzuhalsen, schlug ich die entgegengesetzte Richtung ein und beschloss, noch mehr Gas zu geben und ein einflussreicheres Amt anzustreben. Auftrieb gab mir die Chicagoer Bürgermeisterwahl im Jahr 1999, bei der der Kongressabgeordnete und ehemalige Black-Panther-Aktivist Bobby Rush den Amtsinhaber Daley herausgefordert hatte und vernichtend geschlagen wurde, weil er nicht einmal in seinem eigenen Wahlbezirk ein gutes Ergebnis erzielen konnte.

Rush hatte in meinen Augen einen uninspirierten Wahlkampf hingelegt, sein Programm zielte im Prinzip nur vage darauf ab, das Erbe von Harold Washington weiterzutragen. Wenn er im Kongress nicht mehr leistete, so meine Überlegung, wäre ich allemal die bessere Wahl. Nachdem ich mich mit befreundeten Parteikollegen beraten hatte, ließ ich mein Team eine interne Umfrage durchführen, um herauszufinden, ob ich gegen Rush überhaupt eine Chance hätte. Das inoffizielle Meinungsbild fiel zu meinen Gunsten aus. Wegen des positiven Umfrageergebnisses erklärten sich einige gute Freunde von mir bereit, meinen Wahlkampf finanziell zu unterstützen. Und obwohl mich erfahrenere Politiker warnten, dass Rush wesentlich stärker war, als es den Anschein hatte, und Michelle mich ungläubig fragte, ob ich tatsächlich denke, ihr sei damit geholfen, wenn ich meine Zeit statt in Springfield in Washington verbringe, verkündete ich als Nächstes meine Kandidatur für den Ersten Kongresswahlkreis des Bundesstaates Illinois.

Der Wahlkampf war fast vom ersten Tag an ein Desaster. Nach ein paar Wochen gingen die Schmähungen aus dem Rush-Lager los: *Obama ist ein Außenseiter. Er wird von Weißen gefördert. Er ist ein elitärer Harvardabsolvent. Und dieser Name – ist er überhaupt Schwarz?*

Da ich ausreichend Spenden gesammelt hatte, führte ich eine richtige Meinungsumfrage durch, die ergab, dass Bobby in unserem Wahlkreis einen Bekanntheitsgrad von neunzig Prozent hatte und seine Zustimmungsrate bei siebzig Prozent lag, während mich nur elf Prozent der Wähler kannten. Kurz darauf kam tragischerweise Bobbys erwachsener Sohn bei einer Schießerei ums Leben, und das löste eine Welle von Sympathien für den Vater aus. Ich stellte meinen Wahlkampf für einen Monat praktisch ein und schaute mir im Fernsehen die Übertragung der Trauerfeier an, die Reverend Jeremiah Wright in unserer Kirche abhielt. Da ich mich zu Hause ohnehin schon auf dünnem Eis bewegte, flog ich über Weihnachten mit meiner Familie für ein paar Tage nach Hawaii, doch dann berief der Gouverneur ausgerechnet in dieser Zeit eine Sondersitzung ein, um über ein Gesetz zur schärferen Kontrolle des Waffenerwerbs abzustimmen, für das ich mich stark gemacht hatte. Weil die achtzehn Monate alte Malia erkrankte und nicht fliegen konnte, verpasste ich die Abstimmung und wurde dafür in der Chicagoer Presse förmlich in der Luft zerrissen.

Ich verlor die Vorwahl mit einem Rückstand von dreißig Prozentpunkten.

Wenn ich heute vor jungen Leuten über Politik rede, erzähle ich ihnen diese Anekdote als ein Musterbeispiel dafür, wie man es *nicht* macht. Meistens serviere ich ihnen als Nachtisch noch eine Geschichte von einem Freund, der mich nach meiner Niederlage aufmuntern wollte und mich einlud, mit ihm im August 2000 den Nominierungsparteitag der Demokraten in Los Angeles zu besuchen. (»Du musst wieder in den Sattel kommen«, wie er sich ausdrückte.) Als ich aber nach meiner Ankunft auf dem Flughafen von L. A. ein Auto mieten wollte, wurde ich weggeschickt, weil das Limit meiner American-Express-Karte ausgereizt war. Trotzdem schaffte ich es irgendwie zum Staples Center, nur um dort zu erfahren, dass ich mit der Akkreditierung, die mein Freund mir besorgt hatte, nicht in den eigentlichen Veranstaltungssaal durfte, sodass ich am Ende frustriert um das Gebäude herumlief und mir die Festivitäten auf den draußen angebrachten Bildschirmen anschaute. Und nachdem mir später am Abend auch nicht die Peinlichkeit erspart geblieben war, dass mein Freund vergeblich versucht hatte, mich bei einer Party einzuschleusen, auf die er geladen war, fuhr ich im Taxi zu seinem Hotel, legte mich auf dem Sofa in seiner Suite schlafen und flog zur selben Zeit nach Chicago zurück, als Al Gore die Nominierung zum Präsidentschaftskandidaten annahm.

Eine komische Geschichte, vor allem, wenn man bedenkt, was am Ende aus mir geworden ist. Sie zeigt einem, so erkläre ich den jungen Menschen im Publikum, die Unberechenbarkeit der Politik und die Notwendigkeit, sich ein dickes Fell zuzulegen.

Unerwähnt lasse ich dabei allerdings die düstere Stimmung, in die ich auf dem Rückflug verfiel. Ich war fast vierzig Jahre alt und pleite, hatte eine demütigende Niederlage kassiert, und mit meiner Ehe stand es auch nicht zum Besten. Zum ersten Mal in meinem Leben hatte ich das Gefühl, die falsche Richtung eingeschlagen zu haben und sämtliche meiner Energien, meinen Optimismus und mein Potenzial für ein absolut sinnloses Unterfangen vergeudet zu haben. Vor allem aber wurde mir klar, dass ich mich bei der Kandidatur für den Kongress nicht von dem selbstlosen Wunsch hatte leiten lassen, die Welt zu verändern; vielmehr hatte ich damit längst getroffene Entscheidungen nachträglich rechtfertigen oder mein Ego befriedigen oder meinen Neid auf die Menschen in den Griff bekommen wollen, die das erreicht hatten, was mir nicht vergönnt gewesen war.

Mit anderen Worten: Ich war zu dem geworden, wogegen ich mich als junger Mensch so sehr gesträubt hatte: ein Politiker – und obendrein noch nicht mal ein besonders guter.

KAPITEL 3

NACHDEM ICH DIE FURCHTBARE Tracht Prügel von Bobby Rush eingesteckt hatte, nahm ich mir einige Monate Zeit, um zu brüten und meine Wunden zu lecken. Schließlich gelangte ich zu der Erkenntnis, dass ich meine Prioritäten neu sortieren und wieder auf die Beine kommen musste. Ich sagte Michelle, dass ich sie besser behandeln müsse. Unser zweites Kind war unterwegs, und obwohl ich immer noch häufiger fort war, als Michelle lieb gewesen wäre, sah sie, dass ich mich zumindest bemühte. Ich setzte meine Termine in Springfield jetzt so an, dass ich öfter zum Abendessen zu Hause sein konnte. Ich versuchte, pünktlicher und präsenter zu sein. Und am 10. Juni 2001, nicht ganz drei Jahre nach Malias Geburt, erlebten wir die gleiche wahnsinnige Freude – das gleiche absolute Staunen –, als Sasha zur Welt kam. Sie war ebenso mollig und gesund wie ihre Schwester und hatte einen unwiderstehlichen schwarzen Lockenschopf.

In den folgenden zwei Jahren führte ich ein ruhigeres Leben voller kleiner Glücksmomente, zufrieden mit dem Gleichgewicht, das ich anscheinend gefunden hatte. Ich genoss es, Malia ihre erste Ballettstrumpfhose anzuziehen oder mit ihr an der Hand in den Park zu gehen. Ich genoss Sashas Lachen, wenn ich an ihren Füßchen knabberte. Ich genoss es zuzuhören, wie Michelles Atem langsamer wurde, wenn sie mit dem Kopf an meiner Schulter mitten in einem alten Film in den Schlaf hinüberglitt. Ich widmete mich wieder meiner Arbeit im Senat von Illinois und genoss die Diskussionen mit meinen Studenten an der Universität. Ich sah mir unsere Finanzen genau an und stellte einen Plan zur Rückzahlung unserer Schulden auf. Während ich mich an den langsameren Arbeitsrhythmus und die Freuden der Vaterschaft gewöhnte, begann ich, mir Gedanken über ein Leben nach meiner politischen Karriere zu machen: Ich könnte in Vollzeit unterrichten oder schreiben, wieder als Anwalt tätig werden oder bei einer hiesigen gemeinnützigen Stiftung arbeiten, wie es sich meine Mutter einst vorgestellt hatte.

Anders gesagt: Nach meiner misslungenen Kandidatur für den Kongress hatte ich nicht unbedingt meinen Wunsch aufgegeben, die Welt zu verändern, aber ich beharrte nicht länger darauf, das auf einer großen Bühne zu tun. Anfangs hatte ich vielleicht das Gefühl gehabt, mich damit abfinden zu müssen, dass mir das Schicksal Grenzen gesetzt hatte, aber jetzt empfand ich eher Dankbarkeit für die Geschenke, die es mir bereits gemacht hatte.

Es gab jedoch zwei Dinge, die mich daran hinderten, mich völlig von der Politik zu lösen. Erstens hatten sich die Demokraten in Illinois das Recht gesichert, eine Neuziehung der Wahlkreisgrenzen im Staat entsprechend den neuen Volkszählungsdaten von 2000 zu beaufsichtigen – dieses Privileg verdankten sie einer eigentümlichen Bestimmung in der Verfassung von Illinois, die vorsah, dass zur Beilegung von Streitigkeiten zwischen dem demokratisch kontrollierten Haus und dem mehrheitlich republikanischen Senat ein Name aus einem von Abraham Lincolns alten Zylindern gezogen wurde. Nun konnten die Demokraten die republikanischen Manipulationen der Wahlkreise im vergangenen Jahrzehnt rückgängig machen, was die Chance auf eine demokratische Senatsmehrheit nach den Wahlen im Jahr 2002 deutlich erhöhte. Mir war klar, dass ich in einer weiteren Amtszeit endlich die Chance bekommen würde, einige Gesetze durchzubringen, etwas Sinnvolles für die Menschen zu tun, die ich vertrat – und meine politische Laufbahn vielleicht erfreulicher zu beschließen, als es gegenwärtig der Fall wäre.

Der zweite Faktor war eher ein Instinkt als ein Ereignis. Seit meiner Wahl hatte ich versucht, jeden Sommer einige Tage mit Besuchen bei verschiedenen Kollegen in ihren Heimatbezirken überall in Illinois zu verbringen. Normalerweise reiste ich in Begleitung meines wichtigsten Senatsreferenten, Dan Shomon. Dan war ein ehemaliger UPI-Reporter mit einer dicken Brille, unerschöpflicher Energie und einer Stimme, die an ein Nebelhorn erinnerte. Wir warfen unsere Golfschläger, eine Karte und ein paar Kleidungsstücke in meinen Jeep und brachen Richtung Süden oder Westen auf, um nach Rock Island oder Pinckneyville, Alton oder Carbondale zu fahren.

Dan war mein wichtigster politischer Berater, ein guter Freund und der ideale Reisebegleiter: Er fand an einer Unterhaltung genauso viel Vergnügen wie am Schweigen, und genau wie ich war er daran gewöhnt, im Auto zu rauchen. Er besaß ein enzyklopädisches Wissen über die Politik von Illinois. Bei unserer ersten Tour spürte ich, dass er ein wenig nervös war, weil er nicht wusste, wie die Leute auf dem Land auf einen Schwarzen Rechtsanwalt aus Chicago reagieren würden, dessen Name arabisch klang.

»Keine schicken Hemden«, wies er mich vor dem Aufbruch an.

»Ich habe keine schicken Hemden«, antwortete ich.

»Gut. Nur Polos und Khakihosen.«

»Verstanden.«

Dan war besorgt, ich würde in der Provinz von Illinois wie ein Fremdkörper wirken, doch was mir bei unseren Reisen am meisten auffiel, war, wie vertraut sich alles anfühlte – sei es, dass wir den Jahrmarkt in einem County besuchten, an einer Gewerkschaftsversammlung teilnahmen oder auf der Veranda eines Farmers saßen. Es war die Art und Weise, wie die Menschen ihre Familien oder ihre Arbeit beschrieben. Ihre Bescheidenheit und Gastfreundschaft. Ihre Begeisterung für den Highschool-Basketball. Das Essen, das sie auftischten: Fried Chicken, gebackene Bohnen und Wackelpudding. Sie ließen mich an meine Großeltern, meine Mutter, an Michelles Eltern denken. Diese Menschen hatten dieselben Werte. Dieselben Hoffnungen und Träume.

Als meine Töchter geboren wurden, wurden die Ausflüge seltener. Aber die grundlegende, wiederkehrende Erkenntnis hatte Bestand: Ich begriff, dass sich unsere Politik nie wirklich ändern würde, solange die Einwohner meines Wahlkreises in Chicago und die Menschen im Süden von Illinois einander fremd blieben. So würde es für die Politiker immer sehr leicht sein, die Klischees am Leben zu halten, die Schwarz gegen Weiß, Einwanderer gegen Einheimische, Land- gegen Stadtbewohner in Stellung brachten.

Wäre es andererseits möglich, in einem Wahlkampf die verbreiteten politischen Annahmen über die Spaltung Amerikas infrage zu stellen, nun, dann würde es vielleicht gelingen, einen neuen Bund zwischen den Bürgern des Landes zu schaffen. Die Eingeweihten würden die Fähigkeit einbüßen, eine Gruppe gegen die andere auszuspielen. Die Parlamentarier könnten von dem Zwang befreit werden, die Interessen ihrer Wähler – und ihre eigenen Interessen – so eng zu definieren wie jetzt üblich. Die Medien würden womöglich politische Fragen nicht allein in Hinblick darauf betrachten, welche Seite siegte und welche verlor, sondern untersuchen, ob wir unsere gemeinsamen Ziele erreicht hatten.

War es nicht das, worum es mir letztlich ging – eine Politik, die Amerikas ethnische und religiöse Gräben überbrückte und auch die vielen Stränge meines eigenen Lebens zusammenführte? Vielleicht war ich unrealistisch; vielleicht waren diese Gräben zu tief. Aber sosehr ich mich auch bemühte, mich vom Gegenteil zu überzeugen, ich wurde das Gefühl nicht los, dass es zu früh war, meine tiefsten Überzeugungen aufzugeben. Sosehr ich mir einredete, dass meine politische Karriere beendet war oder sich ihrem Ende näherte: In meinem Herzen wusste ich, dass ich noch nicht bereit war loszulassen.

Als ich gründlicher über die Zukunft nachdachte, wurde mir eines klar: Der politische Brückenschlag, der mir vorschwebte, war ungeeignet für einen Kongresswahlkampf. Das Problem war struktureller Natur und betraf die Abgrenzung der Wahlkreise: In einem Wahlkreis mit überwiegend Schwarzer Bevölkerung wie dem, in dem ich lebte, in einer Gemeinde, die seit Langem unter Diskriminierung und Vernachlässigung litt, wurden die Leistungen von Politikern meist nach Kriterien der Hautfarbe gemessen, und genauso war es in vielen ländlichen Bezirken mit weißer Bevölkerung, die das Gefühl hatte, auf der Strecke zu bleiben. *Wie gut können Sie denen die Stirn bieten, die nicht wie wir sind*, fragten die Wähler, *die uns ausnutzen, die auf uns herabschauen?*

Man konnte auch von einer eng begrenzten politischen Basis aus etwas bewegen. Wenn man einige Jahre im Amt war, konnte man seinen Wählern bessere staatliche Leistungen sichern, ein oder zwei große Projekte in den eigenen Wahlkreis holen und gemeinsam mit Verbündeten versuchen, die landesweite Diskussion zu beeinflussen. Aber das genügte nicht, um die politischen Bedingungen aufzuheben, die es so schwierig machten, medizinische Versorgung für all jene zu gewährleisten, die am meisten darauf angewiesen waren, bessere Schulen für Kinder aus armen Familien aufzubauen oder in Gegenden mit hoher Arbeitslosigkeit neue Arbeitsplätze zu schaffen. Bobby Rush musste Tag für Tag gegen diese Bedingungen ankämpfen.

Wenn ich wirklich etwas verändern wollte, das begriff ich, musste ich mich an das größtmögliche Publikum wenden und eine möglichst große Gemeinschaft vertreten. Und das würde mir am ehesten gelingen, wenn ich mich für ein Amt bewarb, das den ganzen Staat Illinois vertrat, zum Beispiel im US-Senat.

WENN ICH DARAN ZURÜCKDENKE, wie unverfroren es von mir war, mich um einen Sitz im Senat der Vereinigten Staaten zu bewerben, nachdem ich gerade eine heftige Niederlage erlitten hatte, so muss ich mir wohl eingestehen, dass ich möglicherweise nur verzweifelt nach einer weiteren Chance suchte, wie ein Alkoholiker, der vor sich selbst rechtfertigt, warum er noch dieses eine letzte Glas trinken muss. Nur fühlte es sich nicht so an. Vielmehr sah ich die Situation vollkommen klar, als ich mir die Idee durch den Kopf gehen ließ – weniger, dass ich gewinnen *würde,* sondern dass ich gewinnen *könnte* und dass ich sehr viel bewirken könnte, sollte ich gewinnen. Ich konnte es sehen und fühlen, wie ein Runningback, der in der gegnerischen Verteidigungslinie eine Lücke erspäht und weiß, dass er, wenn er diese Lücke schnell genug erreichen und durchbrechen kann, bis zur Endzone nur freies Feld vor sich hat. Diese Klarheit ging mit einer weiteren Erkenntnis einher: Scheiterte ich, so würde mir nichts anderes übrig bleiben, als mich aus der Politik zurückzuziehen – und wenn ich mein Bestes gegeben hatte, würde ich das ohne Bedauern tun können.

Im Lauf des Jahres 2002 begann ich, in aller Stille meine Möglichkeiten auszuloten. Ein Blick auf die politische Landschaft von Illinois zeigte, dass die Vorstellung, ein kaum bekannter Schwarzer Abgeordneter könne in den US-Senat einziehen, tatsächlich nicht vollkommen abwegig war. In der Vergangenheit hatten einige Afroamerikaner aus Illinois Ämter in Washington erlangt, darunter die ehemalige Senatorin Carol Moseley Braun, eine talentierte, aber sprunghafte Politikerin, deren Wahlsieg das Land fasziniert hatte, bevor sie sich mit einer

Reihe finanzethischer Verstöße selbst ausbremste. Peter Fitzgerald, der Republikaner, der sie besiegt hatte, war ein wohlhabender Banker, der aufgrund seiner entschieden konservativen Ansichten in unserem zunehmend demokratischen Staat eher unbeliebt war.

Ich fragte zunächst drei Pokerkumpel aus dem Senat von Illinois, die Demokraten Terry Link, Denny Jacobs und Larry Walsh, ob sie glaubten, dass ich in den weißen Arbeiterenklaven und ländlichen Gebieten, die sie vertraten, gewinnen könnte. Nach dem, was sie bei meinen Besuchen gesehen hatten, hielten sie das für durchaus denkbar, und alle drei waren bereit, mich im Falle einer Kandidatur zu unterstützen. Dasselbe galt für einige progressive weiße Amtsträger von der Lakefront in Chicago und eine Handvoll unabhängiger spanischstämmiger Abgeordneter. Ich fragte Jesse Jackson Jr., ob er zu kandidieren beabsichtige. Er verneinte und sagte mir seine Unterstützung zu. Der leutselige Kongressabgeordnete Danny Davis, der dritte Schwarze Repräsentant von Illinois im Kongress, gab mir ebenfalls eine Zusage. (Bobby Rush konnte ich kaum vorwerfen, dass er weniger begeistert reagierte.)

Am wichtigsten war die Unterstützung von Emil Jones, der drauf und dran war, den Senatsvorsitz in Springfield zu übernehmen, was ihn zu einem der drei mächtigsten Politiker in Illinois machte. In einem Gespräch in seinem Büro wies ich darauf hin, dass im US-Senat gegenwärtig nicht ein einziger Afroamerikaner saß und dass die Politik, für die wir uns gemeinsam in Springfield eingesetzt hatten, wirklich einen Fürsprecher in Washington gebrauchen könnte. Ich fügte noch hinzu, dass es einige aus der alten Garde der weißen Republikaner in Springfield – von denen er sich nie ernst genommen fühlte – sicher ärgern würde, wenn er dazu beitrüge, dass einer der Seinen in den US-Senat einzöge. Diese Vorstellung gefiel ihm besonders.

Bei David Axelrod versuchte ich einen anderen Weg. Dieser Medienberater, der früher Journalist gewesen war und Harold Washington, den ehemaligen US-Senator Paul Simon und den Chicagoer Bürgermeister Richard M. Daley zu seinen Klienten zählte, genoss im ganzen Land den Ruf, clever, zäh und ein fähiger Wahlwerber zu sein. Ich bewunderte seine Arbeit und wusste, dass es meiner Kandidatur nicht nur in Illinois, sondern auch bei Spendern und Experten im ganzen Land Glaubwürdigkeit verleihen würde, wenn er mit dabei war.

Aber ich wusste auch, dass es schwer werden würde, ihn zu überzeugen. »Das wird ganz schön anstrengend«, sagte er, als wir uns zum Lunch in einem Bistro in River North trafen. Axe war einer von vielen gewesen, die mich davor gewarnt hatten, gegen Bobby Rush anzutreten. Zwischen genüsslichen Bissen in sein Sandwich erklärte er, dass ich mir keine zweite Niederlage leisten könne. Und er bezweifelte, dass ein Kandidat, dessen Name sich auf »Osama« reimte, in den ländlichen Gebieten von Illinois viele Stimmen erhalten würde. Außerdem hatten ihn bereits mindestens zwei weitere wahrscheinliche Senatskandidaten – Rechnungshofchef Dan Hynes und der Hedgefonds-Manager und Multimillionär Blair Hull – angesprochen, die beide augenscheinlich in einer sehr viel besseren Ausgangslage waren als ich. Mich als Klienten anzunehmen, würde seine Firma wahrscheinlich eine Menge Geld kosten.

»Warten Sie, bis Rich Daley in den Ruhestand geht, und kandidieren Sie dann für das Bürgermeisteramt«, sagte er, wobei er sich Senf aus dem Schnurrbart wischte. »Das ist eine aussichtsreichere Wette.«

Er hatte natürlich recht. Aber es ging mir nicht um die übliche Gewinnwette. Und ich spürte, dass sich Axe, unter all den Umfragedaten, Strategiememos und Schlüsselaussagen, die zu seinem Metier gehörten, nicht als schlichter Söldner verstand. Er kam mir wie ein Geistesverwandter vor. Ich versuchte daher, eher sein Herz anzusprechen, als über Wahlkampftechniken zu diskutieren.

»Denken Sie manchmal daran, wie JFK und Bobby Kennedy an das Beste in den Menschen appellierten?«, wollte ich wissen. »Oder fragen sich, wie sich Lyndon B. Johnson gefühlt haben mag, als er das Wahlrechtsgesetz durch den Kongress brachte, oder wie Franklin D. Roosevelt die Sozialversicherung in dem Wissen einführte, dass er damit das Leben von Millionen Menschen verbesserte? Die Politik muss nicht auf das beschränkt sein, was sich die Leute darunter vorstellen. Sie kann mehr sein.«

Axe zog seine beeindruckenden Augenbrauen hoch und musterte mein Gesicht. Es muss ihm klar gewesen sein, dass ich nicht nur ihn zu überzeugen versuchte: Ich war dabei, mich selbst zu überzeugen. Ein paar Wochen später rief er mich an und eröffnete mir, dass er nach Rücksprache mit seinen Geschäftspartnern und seiner Frau Susan entschieden habe, mich als Klienten anzunehmen. Doch bevor ich ihm danken konnte, schob er eine Einschränkung hinterher.

»Ihr Idealismus ist ansteckend, Barack … aber wenn es Ihnen nicht gelingt, fünf Millionen Dollar aufzutreiben, um ihn ins Fernsehen zu bringen, damit die Leute ihn kennenlernen, haben Sie keine Chance.«

Danach sah ich mich endlich gewappnet, bei Michelle die Stimmung zu testen. Sie arbeitete mittlerweile als geschäftsführende Direktorin für kommunale Angelegenheiten am Klinikkomplex der University of Chicago, eine Tätigkeit, die ihr mehr Flexibilität gab, aber sie musste weiterhin ihre anspruchsvollen beruflichen Pflichten mit den Schulzeiten und Spielverabredungen der Mädchen in Einklang bringen. Daher war ich ein wenig überrascht, als sie nicht »Kommt gar nicht infrage, Barack!« antwortete, sondern vorschlug, die Sache mit einigen unserer engsten Freunde zu besprechen, darunter Marty Nesbitt, der ein erfolgreicher Geschäftsmann war, und dessen Frau Anita Blanchard, die als Ärztin die Geburten unserer beiden Töchter betreut hatte, sowie Valerie Jarrett, eine brillante und gut vernetzte Anwältin, einst Michelles Vorgesetzte in der städtischen Planungsabteilung. Sie war für uns inzwischen wie eine ältere Schwester. Was ich da noch nicht wusste: Michelle hatte bereits mit Marty und Valerie gesprochen und sie instruiert, mir mein verrücktes Vorhaben auszureden.

Wir trafen uns in Valeries Apartment in Hyde Park, und bei einem ausgiebigen Brunch erläuterte ich meine Überlegungen, beschrieb die Szenarien, wie wir die demokratische Nominierung gewinnen könnten, und beantwortete Fragen dazu, was diesen Wahlkampf vom vorhergehenden unterscheiden würde. Michelle gegenüber sprach ich offen aus, dass ich oft nicht zu Hause sein würde. Aber diesmal ging es ums Ganze, das versprach ich: Wenn ich diese Wahl verlor, würde ich die Politik endgültig an den Nagel hängen.

Meine Ausführungen überzeugten Valerie und Marty, bestimmt zu Michelles Verdruss. Für sie war es keine Frage der Strategie, wenn man davon absieht, dass ihr der Gedanke an einen weiteren Wahlkampf so sehr zusagte wie der an eine Wurzelbehandlung. Vor allem machte sie sich Sorgen über die Auswirkungen auf unsere Familienfinanzen, die sich noch immer nicht vollkommen von meinem letzten Anlauf erholt hatten. Sie rief mir in Erinnerung, dass wir noch Studienkredite, eine

Hypothek und Kreditkartenschulden zurückzuzahlen hatten. Wir hatten noch nicht begonnen, für das Studium unserer Töchter zu sparen, und obendrein würde ich bei einer Kandidatur für den Senat meine Tätigkeit als Anwalt einstellen müssen, um Interessenkonflikte zu vermeiden, was unser Einkommen weiter schmälern würde.

»Wenn du verlierst, stecken wir noch tiefer im Loch«, sagte sie. »Und was passiert, wenn du siegst? Wie sollen wir zwei Haushalte in Washington und Chicago führen, wenn wir schon einen kaum schaffen?«

Diese Einwände hatte ich vorhergesehen. »Wenn ich gewinne, Schatz«, sagte ich, »wird die Öffentlichkeit im ganzen Land auf mich aufmerksam. Ich werde der einzige Afroamerikaner im Senat sein. Dank der größeren Bekanntheit kann ich ein weiteres Buch schreiben, das wird sich gut verkaufen, und wir können damit die zusätzlichen Ausgaben finanzieren.«

Michelle lachte kurz auf. Mit meinem ersten Buch hatte ich etwas Geld verdient, aber nicht annähernd so viel, wie wir brauchen würden, um die Art von Ausgaben zu decken, über die wir jetzt sprachen. So wie es meine Frau sah – und ich nehme an, die meisten Leute würden es so sehen –, konnte man ein noch nicht geschriebenes Buch kaum als Finanzplan betrachten.

»Mit anderen Worten«, sagte sie, »du hast ein paar Zauberbohnen in der Hosentasche. Das willst du mir doch sagen. Du hast ein paar Zauberbohnen, die du in den Boden steckst, und über Nacht wird eine riesige Bohnenranke in den Himmel wachsen, an der du dann hinaufkletterst, um den Riesen zu töten, der in den Wolken sitzt. Und dann bringst du eine Gans nach Hause, die goldene Eier legt. Ist es das, was du mir sagen willst?«

»So ungefähr«, antwortete ich.

Sie schüttelte den Kopf und sah aus dem Fenster. Wir wussten beide, was ich von ihr verlangte. Einen weiteren Bruch. Ein weiteres Wagnis. Einen weiteren Schritt in die Richtung, in die es mich zog und in die sie unter keinen Umständen gehen wollte.

»Das war's dann aber, Barack«, sagte Michelle. »Ein letztes Mal. Aber erwarte nicht, dass ich im Wahlkampf auftrete. Überhaupt solltest du nicht einmal mit meiner Stimme rechnen.«

ALS KIND HATTE ICH manchmal zugesehen, wenn mein Großvater, der Vertreter war, am Telefon Lebensversicherungen zu verkaufen versuchte. Er wirkte unglücklich, wenn er abends in unserer Wohnung im zehnten Stock eines Hochhauses in Honolulu Kaltakquise betrieb. In den ersten Monaten des Jahres 2003 musste ich oft an ihn denken, wenn ich im spärlich eingerichteten Hauptquartier meiner Wahlkampforganisation unter einem Foto von Muhammad Ali, auf dem er triumphierend über dem am Boden liegenden Sonny Liston stand, am Schreibtisch saß und versuchte, mich vor einem weiteren Anruf bei einem potenziellen Spender selbst anzufeuern.

Sieht man von Dan Shomon und Jim Cauley aus Kentucky ab, den wir als Wahlkampfmanager engagiert hatten, so bestand unser Mitarbeiterstab überwiegend aus Kids in ihren Zwanzigern. Nur die Hälfte von ihnen wurde bezahlt, und zwei von ihnen waren noch Studenten. Ich hatte Mitleid mit meinem einzigen Vollzeit-Spendensammler, der mich antreiben musste, damit ich zum Telefon griff, um Leute um Geld zu bitten.

Entwickelte ich mich zu einem besseren Politiker? Schwer zu sagen. Im ersten Kandidatenforum im Februar 2003 war ich steif und wenig überzeugend. Es gelang mir nicht, meine Gedanken in den klaren Sätzen auszudrücken, die für ein solches Format benötigt wurden. Aber meine Niederlage gegen Bobby Rush hatte mir eine klare Blaupause dafür geliefert, wo ich Verbesserungsbedarf hatte: Ich musste wirkungsvoller mit den Medien umgehen und lernen, meine Ideen in leicht verdaulichen Happen zu vermitteln. Ich musste einen Wahlkampf führen, in dem es weniger um politische Analysen und mehr um den direkten Draht zu den Wählern ging. Und ich musste Geld auftreiben, sehr viel Geld. Wir hatten mehrere Umfragen durchgeführt, die zu bestätigen schienen, dass ich eine Siegeschance hatte. Aber wenn ich diese Chance nutzen wollte, musste ich meine öffentliche Präsenz mit teurer Fernsehwerbung erhöhen.

Doch anders als bei meinem misslungenen Kongresswahlkampf lief es diesmal wie von Zauberhand. Im April entschloss sich Peter Fitzgerald, auf eine erneute Kandidatur zu verzichten. Carol Moseley Braun, die sich wahrscheinlich die demokratische Nominierung für ihren ehemaligen Sitz gesichert hätte, hatte es aus unerfindlichen Gründen vorgezogen, sich um die Präsidentschaft zu bewerben, womit das Rennen um die Nominierung vollkommen offen war. In einem Vorwahlkampf, an dem sechs weitere Demokraten teilnahmen, ging ich daran, mir die Unterstützung von Gewerkschaften und beliebten Mitgliedern unserer Kongressdelegation zu sichern, die mir halfen, im Süden von Illinois und bei den liberalen Wählern Fuß zu fassen. Mit Unterstützung von Emil und einer demokratischen Mehrheit im Staatssenat setzte ich mich an die Spitze zahlreicher Gesetzesvorhaben, darunter eine Vorschrift, Verhöre in Mordfällen auf Video aufzuzeichnen, und eine Ausweitung der Steuergutschriften. Damit festigte ich meinen Ruf als Parlamentarier, der etwas bewegen konnte.

Auch auf nationaler Ebene änderte sich die politische Lage zu meinem Vorteil. Noch bevor ich meine Kandidatur bekannt gegeben hatte, war ich im Oktober 2002 eingeladen worden, auf einer Antikriegskundgebung in Chicago eine Rede gegen den bevorstehenden amerikanischen Einmarsch in den Irak zu halten. Für einen angehenden Senatskandidaten war dies ein schwieriges Terrain. Sowohl Axe als auch Dan waren der Meinung, es werde mir in einer demokratischen Vorwahl helfen, wenn ich mich klar und unmissverständlich gegen den Krieg aussprach. Andere Berater warnten, angesichts der Stimmung, die nach dem 11. September im Land herrschte (zu jener Zeit zeigten nationale Umfragen, dass nicht weniger als siebenundsechzig Prozent der Amerikaner ein militärisches Vorgehen gegen den Irak befürworteten), in Anbetracht der Wahrscheinlichkeit eines zumindest kurzfristigen militärischen Erfolgs und mit Blick auf meinen nicht unproblematischen Namen und meine Herkunft könnte eine Ablehnung des Kriegs meine Kandidatur entscheidend schwächen.

»Amerika mag es, seinen Feinden in den Hintern zu treten«, warnte mich ein Freund.

Ich dachte ein oder zwei Tage über die Sache nach und entschied, dass dies meine erste Prüfung war: Konnte ich die Art von Wahlkampf führen, die ich mir selbst versprochen hatte? Ich schrieb eine kurze Rede von fünf oder sechs Minuten und ging in der Gewissheit, dass sie meinen aufrichtigen Überzeugungen entsprach, zufrieden schlafen, ohne den Text dem Team zur Prüfung geschickt zu haben. Am Tag der Kundgebung hatten sich mehr als tausend Menschen auf der Federal

Plaza versammelt. Jesse Jackson war der Hauptredner. Es war kalt, und ein böiger Wind fegte über den Platz. Als mein Name angekündigt wurde und ich ans Mikrofon trat, erscholl von Handschuhen und Fäustlingen gedämpfter Applaus.

»Ich möchte vorausschicken, dass ich, obwohl dies als Antikriegsdemonstration angekündigt wurde, den Krieg nicht unter allen Umständen ablehne.«

Es wurde still im Publikum, denn die Leute wussten nicht, worauf ich hinauswollte. Ich sprach von dem Blut, das vergossen worden war, um die Union zu erhalten und dem Land von Neuem Freiheit zu bringen. Ich sprach darüber, wie stolz ich auf meinen Großvater war, der sich nach dem Angriff auf Pearl Harbor freiwillig zum Kriegsdienst gemeldet hatte. Ich erklärte, dass ich die militärischen Maßnahmen in Afghanistan unterstützte und dass ich bereit wäre, selbst zur Waffe zu greifen, um einen weiteren 11. September zu verhindern. »Ich lehne nicht alle Kriege ab«, sagte ich. »Aber ich lehne einen dummen Krieg ab.« Ich erklärte, Saddam Hussein stelle keine unmittelbare Bedrohung für die Vereinigten Staaten oder ihre Nachbarländer dar und selbst ein erfolgreicher Feldzug im Irak werde »eine amerikanische Besatzung von unklarer Dauer mit unklaren Kosten und unklaren Konsequenzen erforderlich machen«. Abschließend schlug ich vor, wenn Präsident Bush einen Kampf suche, solle er lieber al-Qaida zerschlagen, die Unterstützung repressiver Regime einstellen und die Vereinigten Staaten vom arabischen Erdöl unabhängig machen.

Als ich mich setzte, brach im Publikum Jubel aus. Ich verließ die Kundgebung in der Annahme, meine Äußerungen würden wenig mehr als eine Fußnote in der Debatte sein. Tatsächlich fand meine Teilnahme an der Kundgebung in den Medien kaum Beachtung.

NUR WENIGE MONATE später wandten sich erste Demokraten gegen den Krieg im Irak, nachdem die von den USA angeführte internationale Koalition angefangen hatte, Bagdad zu bombardieren. Als die Opferzahlen stiegen und die Lage im Irak immer chaotischer wurde, begannen die Medien, Fragen zu stellen, die von Anfang an hätten gestellt werden sollen. Der aufkeimende Aktivismus der Parteibasis trug Howard Dean, den wenig bekannten Gouverneur von Vermont, bei den Vorwahlen für die Präsidentschaftswahl im Jahr 2004 zu einer Kandidatur und machte ihn zum Rivalen von Anwärtern wie John Kerry, der den Krieg unterstützt hatte. Meine kurze Ansprache bei der Antikriegskundgebung wirkte plötzlich vorausschauend und zirkulierte im Internet. Meine jungen Mitarbeiter mussten mir erklären, was »Blogs« und »MySpace« mit dem plötzlichen Zustrom neuer Freiwilliger und der Flut an Spenden von der Basis zu tun hatten.

Meine Einsätze als Kandidat machten Spaß. In Chicago verbrachte ich die Samstage in ethnisch geprägten Vierteln – unter Menschen mexikanischer, italienischer, indischer, polnischer, griechischer Herkunft – und aß, tanzte, marschierte mit ihnen in Paraden. Ich küsste Babys und herzte Großmütter. An den Sonntagen besuchte ich Schwarze Kirchengemeinden. Ihre Gotteshäuser waren teilweise in unauffälligen Lokalen zwischen Nagelstudios und Fast-Food-Restaurants untergebracht, während sich andere Gemeinden in teuren Riesenkirchen versammelten, deren Parkplätze so groß wie Footballfelder waren. Ich machte Station in den Vororten, von der grünen, mit Villen übersäten Gegend am North Shore bis zu den Ortschaften im Süden und Westen der Stadt, die aufgrund ihrer Armut und der großen Zahl verlassener Gebäude kaum von den härtesten Innenstadtvierteln Chicagos zu unterscheiden waren. Alle paar Wochen machte ich mich im Auto auf den Weg in den Süden von Illinois; manchmal saß ich selbst am Steuer, aber meistens fuhr ich mit Jeremiah Posedel oder Anita Decker, den beiden begabten Mitarbeitern, die für meine dortigen Wahlkampfaktivitäten verantwortlich waren.

Zu Beginn des Wahlkampfs sprach ich bei Begegnungen mit Wählern über die Themen, die für mich Priorität hatten: Ich wollte Unternehmen, die Arbeitsplätze ins Ausland verlegten, Steuererleichterungen entziehen, ich wollte die erneuerbaren Energien fördern und das Studium für junge Menschen erschwinglicher machen. Ich erklärte den Leuten, warum ich mich gegen den Irakkrieg ausgesprochen hatte, wobei ich die außergewöhnlichen Leistungen unserer Soldaten würdigte, aber doch fragte, warum wir einen neuen Krieg begonnen hatten, ohne den in Afghanistan beendet zu haben, während Osama bin Laden immer noch auf freiem Fuß war.

Im Lauf der Zeit gewöhnte ich mir allerdings an, mehr zuzuhören.

Und je mehr ich zuhörte, desto mehr öffneten sich die Menschen. Sie schilderten, wie es sich anfühlte, nach einem langen Arbeitsleben den Job zu verlieren, oder wie es war, die Pfändung des eigenen Hauses zu erleben oder die Familienfarm verkaufen zu müssen. Sie erzählten mir, dass sie sich keine Krankenversicherung leisten konnten und dass sie manchmal die vom Arzt verschriebenen Tabletten zerteilten, damit sie länger reichten. Sie sprachen darüber, dass die Jungen wegzogen, weil es im Ort keine guten Arbeitsplätze gab, oder dass junge Menschen ihr Studium kurz vor dem Abschluss abbrechen mussten, weil sie sich die Studiengebühren nicht mehr leisten konnten.

Meine Wahlrede verwandelte sich von einer Darstellung meiner Positionen in eine Chronik dieser vielen Stimmen, in einen Chor amerikanischer Wähler aus allen Winkeln des Staates.

»Es geht um Folgendes«, sagte ich: »Woher auch immer sie kommen, wie auch immer sie aussehen, die meisten Menschen suchen dasselbe. Sie versuchen nicht, stinkreich zu werden. Sie erwarten nicht, dass andere für sie tun, was sie selbst tun können.

Aber sie erwarten, dass sie, wenn sie bereit sind zu arbeiten, auch die Möglichkeit haben sollten, eine Arbeit zu finden, mit der sie ihre Familie ernähren können. Sie erwarten, nicht in den Ruin zu schlittern, nur weil sie krank werden. Sie erwarten, dass ihre Kinder eine Chance auf eine gute Bildung bekommen, die sie auf den Wandel der Wirtschaft vorbereitet, und dass sie in der Lage sein werden, sich das College zu leisten, wenn sie sich genug anstrengen. Sie wollen vor Kriminellen und Terroristen geschützt werden. Und sie denken, dass sie nach einem langen Arbeitsleben in der Lage sein sollten, einen Lebensabend in Würde und Achtung zu verbringen.

Das ist alles, was sie wollen. Es ist nicht viel. Und obwohl sie nicht von der Politik erwarten, dass sie all ihre Probleme löst, wissen sie tief im Innern, dass ihnen die Politik helfen könnte, wenn sie ihre Prioritäten nur ein kleines bisschen ändern würde.«

Es herrschte Stille im Saal, und ich beantwortete einige Fragen. Am Ende der Veranstaltung standen die Leute Schlange, um mir die Hand zu schütteln, sich ein paar Wahlkampfbroschüren abzuholen oder sich mit Jeremiah, Anita oder örtlichen Freiwilligen über Möglichkeiten der Beteiligung zu unterhalten. Und ich fuhr weiter in die nächste Ortschaft, in dem Wissen, dass die Geschichte, die ich erzählte, richtig war, und überzeugt, dass es in diesem Wahlkampf nicht länger um mich ging, sondern dass ich einfach ein Kanal geworden war, durch den die Menschen ihre Geschichten miteinander austauschen konnten, um sich des Werts ihrer Erfahrungen und ihres Selbstwerts bewusst zu werden.

GLEICHVIEL, OB IM SPORT oder in der Politik: Es ist schwierig, vollkommen zu verstehen, wie eine Dynamik entsteht. Aber zu Jahresbeginn 2004 hatten wir sie. Axe ließ uns zwei Werbespots für das Fernsehen drehen: Im ersten sprach ich direkt in die Kamera und beendete meine Botschaft mit der Zeile »Yes we can«. (Ich fand das kitschig, aber Axe wandte sich an eine höhere Macht und zeigte den Spot Michelle, die urteilte, er sei »überhaupt nicht kitschig«.) Im zweiten Spot trat Sheila Simon auf, die Tochter des beliebten ehemaligen Senators Paul Simon, der meine Kandidatur öffentlich hatte unterstützen wollen, jedoch wenige Tage vor der geplanten Ankündigung nach einer Herzoperation gestorben war.

Wir veröffentlichten die beiden Spots vier Wochen vor den Vorwahlen. Sofort verdoppelte sich die Zahl meiner Unterstützer. Als sich die fünf größten Zeitungen von Illinois für mich aussprachen, ließ Axe die Werbespots umgestalten, um diese Tatsache hervorzuheben. Er erklärte mir, dass Schwarze Kandidaten mehr als weiße von einer solchen Bestätigung profitierten. Etwa zur selben Zeit fiel die Kandidatur meines stärksten Rivalen in sich zusammen, als die Medien Details aus bis dahin unter Verschluss gehaltenen Gerichtsunterlagen veröffentlichten, aus denen hervorging, dass ihn seine Ex-Ehefrau der häuslichen Gewalt bezichtigt hatte. Am 16. März 2004 erhielten wir in der demokratischen Vorwahl fast dreiundfünfzig Prozent der Stimmen – das waren nicht nur mehr, als die anderen sechs demokratischen Kandidaten zusammen erreicht hatten, sondern ich hatte auch mehr Stimmen erhalten, als insgesamt bei der Vorwahl der Republikaner in Illinois abgegeben worden waren.

Ich kann mich nur an zwei Augenblicke in jener Nacht erinnern: an die entzückten Schreie unserer Töchter (in die Stimme der zweijährigen Sasha mischte sich vielleicht ein wenig Furcht), als bei der Siegesfeier die Konfettikanonen losgingen, und an einen überschwänglichen Axelrod, der mir berichtete, dass ich bis auf eine Ausnahme sämtliche mehrheitlich weißen Wahlbezirke in Chicago gewonnen hatte, die einst das Zentrum des Widerstands gegen Harold Washington gewesen waren. (»Heute Abend lächelt Harold zu uns herab«, sagte Axe.)

Ich erinnere mich auch daran, wie ich am folgenden Morgen nach einer fast schlaflosen Nacht zur Central Station aufbrach, um den Pendlern die Hände zu schütteln. Es hatte ein leichter Schneefall eingesetzt, Flocken so dick wie Blütenblätter trudelten herab, und als mich die Leute erkannten und begrüßten, schienen sie alle dasselbe Lächeln auf den Lippen zu haben, so als hätten wir gerade gemeinsam etwas Überraschendes geschafft.

»TOTAL UNTER STROM.« So beschrieb Axe die folgenden Monate, und genau so fühlten sie sich an. Unser Wahlkampf war über Nacht landesweit in den Schlagzeilen, Fernsehsender riefen an, um Interviews zu vereinbaren, und gewählte Amtsträger aus dem ganzen Land gratulierten mir telefonisch. Es lag nicht einfach nur an unserem Sieg oder auch am unerwartet großen Vorsprung: Die Beobachter waren fasziniert von der Art und Weise, wie wir diesen Erfolg errungen hatten, von der Tatsache, dass wir Wähler aus allen demografischen Gruppen einschließlich der weißen Gemeinden im Süden und in den ländlichen Gebieten für uns gewonnen hatten. Die Experten spekulierten darüber, was mein Wahlkampf über den Zustand der Beziehungen zwischen Menschen unterschiedlicher Hautfarben in den Vereinigten Staaten sagte – und was er aufgrund meines frühen Widerstands gegen den Irakkrieg über die Ausrichtung der Demokratischen Partei verriet.

Meine Leute konnten sich den Luxus einer Feier nicht leisten. Wir hatten alle Hände voll zu tun, um Schritt zu halten. Wir holten zusätzliche Mitarbeiter mit größerer Erfahrung ins Team, darunter den Kommunikationschef Robert Gibbs aus Alabama, einen harten, geistig flinken Mann, der im Wahlkampfstab von John Kerry gearbeitet hatte. Obwohl ich in den Umfragen einen Vorsprung von fast zwanzig Prozentpunkten vor meinem republikanischen Widersacher Jack Ryan hatte, hütete ich mich angesichts seines Lebenslaufs davor, irgendetwas als selbstverständlich zu betrachten: Ryan war ein Banker, der seinen Job bei Goldman Sachs aufgegeben hatte, um in einer Konfessionsschule benachteiligte Kinder zu unterrichten, und dessen blendendes Aussehen sein sehr konventionelles republikanisches Wahlprogramm überstrahlte.

Zu unserem Glück spielte all das im Wahlkampf keine Rolle. Die Medien fielen über Ryan her, als er in dem Bemühen, mich als ausgabenfreudigen Linken mit einer Vorliebe für Steuererhöhungen zu brandmarken, eine Reihe von Diagrammen nutzte, die offenkundig total falsche Zahlen enthielten. Später gab er sich dem allgemeinen Spott preis, indem er einen jungen Mitarbeiter losschickte, der mich unablässig mit einer Videokamera verfolgte, bis in die Toiletten hinein, und mir auch nicht von der Seite wich, wenn ich versuchte, mit Michelle und den Mädchen zu sprechen, immer in der Hoffnung, mich bei einem Fauxpas zu erwischen. Den Todesstoß versetzte ihm die Presse mit der Veröffentlichung der Akten aus seinem Scheidungsprozess: Seine Ex-Frau hatte ihn beschuldigt, er habe sie zu Besuchen in Sexklubs gedrängt und versucht, sie zu Sex mit ihm im Beisein von Fremden zu zwingen. Innerhalb einer Woche zog Ryan seine Kandidatur zurück.

Fünf Monate vor der Wahl hatte ich plötzlich keinen Gegner mehr.

»Eines ist sicher«, verkündete Gibbs. »Wenn das hier vorbei ist, fahren wir nach Las Vegas.«

Ich hielt trotzdem an einem zermürbenden Wahlkampfprogramm fest. Oft brach ich nach dem Ende des Arbeitstags in Springfield im Auto zu Wahlveranstaltungen in nahe gelegenen Kleinstädten auf. Auf dem Rückweg von einer dieser Veranstaltungen erhielt ich einen Anruf von einem Mitarbeiter John Kerrys, der mich einlud, die Hauptrede auf dem Parteitag der Demokratischen Partei Ende Juli in Boston zu halten. Die Tatsache, dass mich dieses Angebot weder übermütig noch nervös machte, sagte einiges über ein Jahr voller unwahrscheinlicher Wendungen. Axelrod bot an, das Team zusammenzutrommeln, um mit dem Entwurf der Rede zu beginnen, aber ich winkte ab.

»Lasst es mich probieren«, sagte ich. »Ich weiß, was ich sagen will.«

In den folgenden Tagen schrieb ich meine Rede. Meistens lag ich dabei abends auf dem Bett im Renaissance Hotel in Springfield und füllte einen gelben Notizblock mit meinen Gedanken, während im Hintergrund ein Spiel im Fernsehen lief. Die Worte kamen mühelos, sie beschrieben die Politik, nach der ich seit Beginn meiner Studienzeit gesucht hatte, und die inneren Kämpfe, die Anlass gewesen waren, mich auf die Reise zu begeben, hin zu dem Punkt, an dem ich mich nun befand. In meinem Kopf erklangen zahlreiche Stimmen: die meiner Mutter, meiner Großeltern, meines Vaters, der Menschen, mit denen ich Community-Arbeit gemacht hatte, und der Mitarbeiter meines Wahlkampfstabs. Ich dachte an all die Menschen, denen ich begegnet war und die viele Gründe hatten, verbittert und zynisch zu sein, sich jedoch weigerten, diesen Weg einzuschlagen, sondern weiterhin nach etwas Höherem strebten, weiterhin aufeinander zugingen. An einem Punkt fiel mir ein Ausdruck ein, den ich in einer Predigt meines Pastors Jeremiah Wright gehört hatte und der diesen Geist ausdrückte.

Die Kühnheit der Hoffnung.

Axe und Gibbs tauschten später gern Anekdoten über den kurvenreichen Weg zu meinem Auftritt beim Parteitag aus: Wie wir die mir zugeteilte Redezeit aushandeln mussten (ursprünglich wollten sie uns nur acht Minuten zugestehen, aber am Ende konnten wir ihnen siebzehn abringen). Die schmerzhaften Kürzungen, die Axe und sein fähiger Partner John Kupper an meinem ursprünglichen Entwurf vornahmen und die die Rede besser machten. Ein verspäteter Flug nach Boston, weil sich die Parlamentssitzung in Springfield bis in die Nacht gezogen hatte. Die Proben für meine erste Rede mit Teleprompter – mein Coach Michael Sheehan erklärte mir, dass ich nicht schreien müsse, weil die Mikrofone gut funktionierten. Meine Wut, als uns ein junger Mitarbeiter Kerrys eröffnete, dass ich einen meiner Lieblingssätze streichen müsse, weil der Nominierte ihn für seine Rede klauen wollte. (»Sie sind ein Staatssenator«, gab Axe hilfreicherweise zu bedenken, »und Sie erhalten hier eine nationale Bühne … Ich glaube nicht, das ist zu viel verlangt.«) Michelle, wunderschön in Weiß, die hinter der Bühne meine Hand drückte, mir liebevoll in die Augen schaute und sagte: »Verbock es nicht, Freundchen!« Wir brachen in Gelächter aus, waren albern wie immer, wenn unsere Liebe am stärksten war. Dann die Vorstellung durch den dienstälteren Senator aus Illinois, Dick Durbin: »Lassen Sie mich Ihnen etwas über diesen Barack Obama erzählen …«

Ich habe mir die Aufzeichnung meiner Rede auf dem Parteitag 2004 nur ein einziges Mal bis zum Ende angesehen. Ich sah sie mir allein an, lange nach der Wahl, um zu verstehen, was an jenem Abend in der Halle geschehen war. Das Bühnen-Make-up hatte mir ein unmöglich junges Aussehen verliehen, und am Anfang ist ein Anflug von Nervosität erkennbar, Passagen, in denen ich zu schnell oder zu langsam spreche, in denen meine etwas unbeholfenen Gesten meinen Mangel an Erfahrung verraten.

Aber irgendwann im Lauf des Vortrags gelange ich an einen Punkt, an dem ich meinen Rhythmus finde. Das Publikum jubelt nicht, sondern wird eher still. Es ist ein Moment, wie ich ihn auch in den folgenden Jahren in magischen Nächten erleben sollte: wenn eine physische Verbindung entsteht, ein Strom der Emotion, der zwischen dir und dem Publikum hin- und hergeht, so als würden dein Leben und das der Anwesenden plötzlich zusammengefügt, wie ein Film, der in der Zeit vor- und zurückspringt und dabei die Figuren überblendet, und deine Stimme klettert bis zu dem Punkt, an dem sie zu kippen droht, denn einen Augenblick lang fühlst du die Menschen in deinem Inneren und kannst sie vollkommen sehen. Du hast einen gemeinschaftlichen Geist angezapft, etwas, das wir alle kennen und nach dem wir uns sehnen – ein Gefühl der Verbundenheit, das unsere Verschiedenheit überwindet und durch eine riesige Woge von Möglichkeiten ersetzt –, und du weißt, dass dieser Augenblick wie alles, was wirklich wichtig ist, vorübergeht und dass der Zauber bald gebrochen werden wird.

VOR JENEM ABEND hatte ich geglaubt, die Macht der Medien zu verstehen. Ich hatte gesehen, wie mich Axelrods Werbung im Vorwahlkampf in eine Führungsposition katapultiert hatte, wie Fremde in Autos plötzlich hupten und mir zuwinkten, wie Kinder auf der Straße angelaufen kamen und in sehr ernstem Ton sagten: »Ich habe dich im Fernsehen gesehen.«

Aber dies war Öffentlichkeit einer völlig anderen Größenordnung: eine ungefilterte Liveübertragung für ein Millionenpublikum, und weitere Millionen sahen in Nachrichtensendungen und im Internet Videoclips von der Rede. Als ich die Bühne verließ, wusste ich, dass die Rede ein Erfolg gewesen war, und ich war nicht allzu überrascht vom

Andrang der Leute, die uns bei verschiedenen Parteitagsveranstaltungen am folgenden Tag begrüßen wollten. Doch so befriedigend die Aufmerksamkeit in Boston auch war, ich nahm an, dass sie einfach dazugehörte: Diese Leute waren süchtig nach Politik und verfolgten das politische Geschehen ununterbrochen.

Nach dem Parteitag packten Michelle, die Mädchen und ich unsere Sachen und brachen im Wohnmobil zu einer einwöchigen Rundreise in den Süden von Illinois auf, um den Wählern zu zeigen, dass ich mich weiterhin auf den Staat konzentrierte und dass mir der Erfolg nicht zu Kopf gestiegen war. Als wir uns auf dem Highway unserem ersten Stopp näherten, erhielt Jeremiah, der die Organisation im Süden leitete, einen Anruf vom Vorausteam.

»In Ordnung … in Ordnung. Ich spreche mit dem Fahrer.«

»Was ist los?«, fragte ich. Ich war bereits ein wenig ausgelaugt durch den Schlafmangel und den hektischen Zeitplan.

»Wir hatten etwa hundert Leute erwartet«, sagte Jeremiah, »aber es sind jetzt schon mindestens fünfhundert da. Sie bitten uns, ihnen ein bisschen Zeit zu geben, damit sie den Ansturm bewältigen können.«

Zwanzig Minuten später fuhren wir am Veranstaltungsort vor und stellten fest, dass sich anscheinend der ganze Ort im Park drängelte. Da waren Eltern mit ihren Kindern auf den Schultern, Senioren auf Klappstühlen, die Fähnchen schwenkten, Männer in Karohemden und Farmerkappen. Zweifellos waren viele von ihnen nur neugierig und wollten herausfinden, was der ganze Trubel sollte. Andere standen geduldig in stiller Erwartung. Malia schaute aus dem Fenster und ignorierte Sashas Versuche, sie wegzuschubsen.

»Was machen all die Leute im Park?«, fragte Malia.

»Sie sind gekommen, um Daddy zu sehen«, antwortete Michelle.

»Warum?«

Ich wandte mich an Gibbs, der mit den Schultern zuckte und lediglich sagte: »Sie werden ein größeres Boot brauchen.«

Von da an stießen wir überall auf Menschenmengen, die vier- oder fünfmal größer waren als gewohnt. Und sooft wir uns auch einredeten, dass die Luft irgendwann raus wäre aus dem Ballon, sosehr wir uns bemühten, nicht selbstgefällig zu werden: Die Wahl selbst trat beinahe in den Hintergrund. Im August schickten die Republikaner, die nicht in der Lage gewesen waren, in Illinois einen Kandidaten zu finden (obwohl Mike Ditka, der ehemalige Trainer der Chicago Bears, öffentlich mit der Möglichkeit liebäugelte), zur allgemeinen Verwunderung den konservativen Heißsporn Alan Keyes ins Rennen. (»Sehen Sie«, sagte Gibbs mit einem Grinsen, »die Republikaner haben ihren eigenen Schwarzen!«) Abgesehen davon, dass Keyes in Maryland lebte, kamen seine penetrant moralisierenden Äußerungen zu Abtreibung und Homosexualität bei den Bürgern von Illinois nicht gut an.

»Jesus Christus würde seine Stimme nicht Barack Obama geben!«, verkündete Keyes, wobei er meinen Namen jedes Mal absichtlich falsch aussprach.

Ich besiegte ihn mit einem Vorsprung von mehr als vierzig Prozentpunkten. Es war der größte Abstand in einer Senatswahl in der Geschichte von Illinois.

Am Wahlabend war die Stimmung in unserem Lager gedämpft. Das lag nicht nur daran, dass die Wahl eine ausgemachte Sache gewesen war, es hatte auch mit den landesweiten Wahlergebnissen zu tun. Kerry hatte gegen Bush verloren, die Republikaner hatten ihre Mehrheit im Repräsentantenhaus und im Senat verteidigt, und sogar der demokratische Minderheitsführer im Senat, Tom Daschle aus South Dakota, war überraschend abgewählt worden. Karl Rove, George Bushs politischer Vordenker, schwelgte in seinem Traum von einer dauerhaften republikanischen Mehrheit.

Michelle und ich waren erschöpft. Meine Mitarbeiter rechneten aus, dass ich mir in den vergangenen achtzehn Monaten genau sieben Tage freigenommen hatte. Wir nutzten die sechs Wochen, die mir bis zur Vereidigung als Senator blieben, um Dinge zu erledigen, die wir vernachlässigt hatten. Ich flog nach Washington, um mich mit meinen zukünftigen Senatskollegen zu treffen, mit potenziellen Mitarbeitern zu sprechen und eine preiswerte Wohnung zu finden. Michelle hatte sich entschlossen, mit den Kindern in Chicago zu bleiben, wo sie auf die Unterstützung von Verwandten und Freunden zählen konnte und eine Arbeit hatte, die sie wirklich liebte. Obwohl ich den Gedanken, über weite Strecken des Jahres drei Tage in der Woche getrennt von meiner Familie leben zu müssen, als bedrückend empfand, hatte ich ihren Argumenten nichts entgegenzusetzen.

Ansonsten beschäftigten wir uns nicht allzu viel mit dem, was geschehen war. Wir verbrachten die Weihnachtsfeiertage mit Maya und Toot auf Hawaii. Wir sangen Weihnachtslieder, bauten Sandburgen und sahen den Kindern beim Auspacken der Geschenke zu. Ich warf an der Stelle, wo meine Schwester und ich die Asche unserer Mutter verstreut hatten, einen Blumenkranz ins Meer, und legte einen weiteren am Grab meines Großvaters auf dem National Memorial Cemetery of the Pacific ab. Nach Neujahr flog die ganze Familie nach Washington. Am Vorabend meiner Vereidigung machte sich Michelle im Schlafzimmer unserer Hotelsuite für das Begrüßungsdiner für die neuen Senatsmitglieder fertig, als ich einen Anruf von meiner Lektorin erhielt. Die Parteitagsrede hatte die Neuauflage meines Buches, das seit Jahren vergriffen gewesen war, an die Spitze der Bestsellerliste katapultiert. Sie gratulierte mir zu dem Erfolg und dazu, dass wir einen Vertrag über ein neues Buch abgeschlossen hatten. Diesmal würde ich einen spektakulären Vorschuss erhalten.

Ich dankte ihr und legte auf. In diesem Moment kam Michelle in einem eleganten, schimmernden Kleid aus dem Schlafzimmer.

»Du siehst so hübsch aus, Mommy«, sagte Sasha, und Michelle drehte eine Pirouette für die Mädchen.

»Okay, benehmt euch, Kinder«, sagte ich und küsste die beiden, bevor ich mich von Michelles Mutter verabschiedete, die an diesem Abend auf die Mädchen aufpassen würde. Wir waren schon auf dem Weg zum Aufzug, als Michelle im Flur stehen blieb.

»Hast du etwas vergessen?«, fragte ich.

Sie sah mich mit einem ungläubigen Gesichtsausdruck an und schüttelte den Kopf. »Ich kann nicht glauben, dass du das wirklich zuwege gebracht hast. Den Wahlkampf, das Buch, alles.«

Ich nickte und küsste sie auf die Stirn. »Zauberbohnen, Baby, Zauberbohnen.«

DIE SCHWIERIGSTE AUFGABE für einen Neuling im Washingtoner Senat besteht normalerweise darin, auf sich aufmerksam zu machen. Ich hatte letztlich das entgegengesetzte Problem. Gemessen an meinem Status als neuer Senator, wirkte die Aufregung um mich geradezu komisch. Ich wurde regelmäßig von Journalisten bedrängt, die wissen wollten, welche Pläne ich habe, ob ich für die Präsidentschaft kandidieren wolle. Am Tag meiner Vereidigung fragte ein Journalist: »Welchen Platz nehmen Sie Ihrer Meinung nach in der Geschichte ein?« Ich musste lachen und erklärte, dass ich gerade erst in Washington eingetroffen sei, im Senat, gemessen am Dienstalter, den neunundneunzigsten Rang einnehme, noch an keiner einzigen Abstimmung teilgenommen habe und noch nicht einmal wisse, wo sich im Kapitol die Toiletten befänden.

Es war keine Koketterie. Der Senatswahlkampf war anstrengend gewesen. Ich war glücklich, es geschafft zu haben, und konnte es kaum erwarten, an die Arbeit zu gehen. Um übertriebenen Erwartungen entgegenzuwirken, nahmen mein Team und ich uns ein Beispiel an Hillary Clinton, die vier Jahre früher unter großem Mediengetöse in den Senat eingezogen war und sich zwischenzeitlich den Ruf erworben hatte, ihre Arbeit gewissenhaft und kenntnisreich zu erledigen und sich um ihre Wählerschaft zu kümmern. Das war mein Ziel: Ich wollte nicht Zirkuspferd, sondern Arbeitspferd sein.

Niemand war aufgrund seines Temperaments besser für die Umsetzung einer solchen Strategie geeignet als mein neuer Stabschef Pete Rouse. Er war fast sechzig Jahre alt, hatte graues Haar und die Figur eines Pandabären. Pete arbeitete seit fast drei Jahrzehnten auf dem Capitol Hill. Aufgrund seiner Erfahrung – zuletzt war er Stabschef von Tom Daschle gewesen – und umfangreicher Beziehungen in der Hauptstadt wurde er auch als der »101. Senator« bezeichnet. Pete passte nicht zum Stereotyp des Washingtoner Politprofis: Er hatte eine Abneigung gegen das Rampenlicht und verbarg hinter einem skurrilen und unwirschen Auftreten ein beinahe schüchternes Wesen, was sein langjähriges Junggesellendasein und seine hingebungsvolle Liebe zu seinen Katzen erklären half.

Es war sehr mühsam gewesen, Pete dazu zu überreden, die Leitung meines Anfängerbüros zu übernehmen. Ihm machte nicht so sehr der beträchtliche Statusverlust Sorgen, sondern vielmehr die Tatsache, dass er unter diesen Umständen nicht genug Zeit haben würde, all den jungen Mitarbeitern, die durch Daschles Niederlage arbeitslos geworden waren, dabei zu helfen, neue Jobs zu finden.

Seine unerschütterliche Anständigkeit und Rechtschaffenheit in

Kombination mit seinem Kenntnisreichtum machten Pete für mich zu einem Geschenk des Himmels. Und die Tatsache, dass sich ein Mann von seinem Ansehen meinem Team angeschlossen hatte, erleichterte es mir, eine Gruppe ausgezeichneter Mitarbeiter für mein Büro anzuwerben. Neben Robert Gibbs, der Kommunikationschef wurde, konnten wir das Capitol-Hill-Urgestein Chris Lu als Chef für Gesetzesvorhaben, Mark Lippert, einen aufgeweckten jungen Marinereservisten, als außenpolitischen Berater und Alyssa Mastromonaco, die eine wichtige Rolle im Präsidentschaftswahlkampf von John Kerry gespielt hatte und hinter einem kindlichen Gesicht ein unvergleichliches Talent für Problemlösung und Veranstaltungsorganisation verbarg, als Planungschefin anwerben. Der letzte Neuzugang war der bedächtige, gut aussehende Jon Favreau (Spitzname Favs), der dreiundzwanzig Jahre jung war, ebenfalls im Kerry-Wahlkampf gearbeitet hatte und sowohl von Gibbs als auch von Pete wärmstens als Redenschreiber empfohlen wurde.

»Er kommt mir bekannt vor«, sagte ich nach dem Vorstellungsgespräch zu Gibbs.

»Yep … das ist der Junge, der beim Parteitag aufgetaucht ist, um mitzuteilen, dass Kerry eine Zeile aus Ihrer Rede klauen würde.«

Ich stellte ihn trotzdem ein.

Unter Petes Aufsicht richtete unser Team Büros in Washington, Chicago und an mehreren Orten in Illinois ein. Um deutlich zu zeigen, dass wir uns auf die Anliegen unserer Wähler daheim konzentrieren würden, entwarf Alyssa einen ambitionierten Plan für Bürgerversammlungen in Illinois: Im ersten Jahr setzte sie neununddreißig Veranstaltungen an. Wir vereinbarten, die nationale Presse und die Talkshows am Sonntagvormittag zu meiden und uns stattdessen auf die Zeitungen und Fernsehsender in Illinois zu konzentrieren. Am wichtigsten war jedoch, dass Pete ein ausgefeiltes System für die Abarbeitung von Post und Wähleranfragen entwickelte. Er saß stundenlang mit jungen Mitarbeitern und Praktikanten im Korrespondenzbüro zusammen, redigierte wie ein Besessener ihre Antworten und sorgte dafür, dass sie alle Bundesbehörden kannten, die etwas mit verlorenen Sozialversicherungsschecks, einbehaltenen Zahlungen für Veteranen oder Krediten der Small Business Administration zu tun hatten.

»Vielleicht gefällt den Leuten Ihr Abstimmungsverhalten nicht«, sagte Pete, »aber man wird Ihnen nie vorwerfen können, dass Sie die Briefe Ihrer Wähler nicht beantworten!«

Da das Büro nun in guten Händen war, konnte ich einen Großteil meiner Zeit den politischen Fragen widmen und mich daranmachen, meine Kollegen im Senat besser kennenzulernen. Erleichtert wurde mir diese Aufgabe durch das großzügige Entgegenkommen des dienstälteren Senators aus Illinois, Dick Durbin, der ein Freund und Schüler Paul Simons und einer der besten Debattenredner im Senat war. In einer von großen Egos beherrschten Kultur, in der es im Allgemeinen nicht gut ankam, wenn ein Neuling den alteingesessenen Senatoren die Aufmerksamkeit der Medien streitig machte, unterstützte mich Dick vorbehaltlos. Er führte mich in den Senatsräumen ein, bestand darauf, dass sein Büro die Anerkennung für verschiedene Projekte in Illinois mit uns teilte, und verlor seine Geduld und seinen Humor auch dann nicht, wenn die Besucher bei den Frühstückstreffen mit Wählern, die wir jeden Donnerstagmorgen gemeinsam abhielten, einen Großteil der Zeit damit verbrachten, an meiner Seite für Fotos zu posieren und mich um Autogramme zu bitten.

Dasselbe galt für Harry Reid, den neuen demokratischen Minderheitsführer. Harrys Weg in den Senat war mindestens ebenso ungewöhnlich wie meiner gewesen. Er stammte aus der Ortschaft Searchlight in Nevada und war als Sohn eines Bergmanns und einer Wäscherin in großer Armut aufgewachsen – die ersten Jahre seines Lebens hatte er in einer Hütte ohne fließendes Wasser und Telefon verbracht. Irgendwie war es ihm gelungen, sich bis ins College durchzukämpfen. Sein Jurastudium an der George Washington University hatte er teilweise mit einer Tätigkeit als Uniformierter in der Polizeieinheit des Kapitols finanziert, und er erzählte jedem bereitwillig, dass er diesen Komplex nie abgelegt habe.

»Wissen Sie, Barack, als Junge habe ich mich oft geprügelt«, eröffnete er mir bei unserem ersten Treffen mit seiner flüsternden Stimme. »Und ich war beileibe kein Sportler. Ich war nicht groß und stark. Aber ich hatte zwei Vorteile: Ich konnte einstecken, und ich gab nie auf.«

Seine Fähigkeit, Widrigkeiten zu trotzen, erklärte wahrscheinlich, warum Harry und ich uns trotz des großen Altersunterschieds und meines Mangels an Erfahrung auf Anhieb verstanden. Er war kein Mensch, der viele Emotionen zeigte, und er hatte die verstörende Angewohnheit, in Gesprächen auf die üblichen Höflichkeiten zu verzichten. In Telefongesprächen mit ihm konnte es passieren, dass man mitten im Satz feststellte, dass Harry aufgelegt hatte. Aber so wie Emil Jones im Parlament von Illinois gab Harry sich große Mühe, mich trotz meines niedrigen Rangs in Ausschüssen unterzubringen und mich über alle Entwicklungen im Senat auf dem Laufenden zu halten.

Tatsächlich schien diese Kollegialität die Norm zu sein. Die Platzhirsche im Senat – Ted Kennedy und Orrin Hatch, John Warner und Robert Byrd, Dan Inouye und Ted Stevens – pflegten allesamt Freundschaften über die Parteigrenzen hinweg und arbeiteten mit einer unbefangenen Vertrautheit zusammen, die mir ein typisches Merkmal der Greatest Generation zu sein schien. Die jüngeren Senatoren waren weniger gesellig und brachten die schärferen ideologischen Gegensätze mit, die das Repräsentantenhaus seit der Gingrich-Ära kennzeichneten. Doch selbst mit den konservativsten Senatoren fand ich oft eine gemeinsame Gesprächsbasis: So wurde Tom Coburn aus Oklahoma, ein tiefgläubiger Christ und unnachgiebiger Gegner hoher Staatsausgaben, ein aufrichtiger und einsichtiger Freund, und unsere Teams arbeiteten zusammen an Maßnahmen zur Erhöhung der Transparenz und zur Verringerung der Verschwendung bei öffentlichen Aufträgen.

Mein erstes Jahr im Senat fühlte sich in mancherlei Hinsicht ein wenig wie eine Neuauflage der frühen Jahre im Parlament von Illinois an, nur dass in Washington mehr auf dem Spiel stand. Das Rampenlicht war greller, und die Lobbyisten verstanden sich besser darauf, die Interessen ihrer Klienten in Bekenntnisse zu hehren Prinzipien zu hüllen. Anders als in Illinois, wo viele Parlamentarier damit zufrieden waren, nicht aufzufallen, und oft nicht die leiseste Ahnung vom Geschäft hatten, waren meine neuen Kollegen in Washington stets im Bild und hielten nicht mit ihrer Meinung hinter dem Berg, was dazu führte, dass sich Ausschusssitzungen unendlich in die Länge zogen. Ich begann zu verstehen, wie sich all jene gefühlt haben mussten, die seinerzeit an der Universität und in Springfield unter meinem Wortreichtum gelitten hatten.

Da wir im Senat in der Minderheit waren, hatten meine demokratischen Parteikollegen und ich kaum Einfluss darauf, welche Gesetzesvorlagen von den Ausschüssen abgesegnet wurden und im Plenarsaal zur Abstimmung gelangten. Wir sahen zu, wie die Republikaner Haushalte vorlegten, in denen zu wenig Geld für die Bildung bereitgestellt wurde, und wie sie Umweltschutzbestimmungen aufweichten. Wir konnten nicht viel mehr tun, als in einem spärlich besetzten Saal und unter dem gleichgültigen Blick von C-SPAN Reden zu halten. Wiederholt sahen wir uns Abstimmungen ausgesetzt, die kaum dazu dienten, politische Maßnahmen durchzusetzen, sondern vor allem die Position der Demokraten untergraben und den Republikanern Munition für die kommenden Wahlkämpfe liefern sollten. So wie in Illinois versuchte ich, alles zu tun, um an den Rändern Einfluss auf die Politik zu nehmen und kleine, für beide Parteien akzeptable Maßnahmen voranzutreiben, zum Beispiel die Bereitstellung zusätzlicher Mittel für den Kampf gegen einen Pandemieausbruch oder die Wiederherstellung von Leistungen für eine Gruppe von Veteranen in Illinois.

Doch obwohl manche Aspekte der Arbeit im Senat frustrierend sein konnten, fand ich Gefallen an den langsameren Abläufen in dieser Kammer. Als eines der jüngsten Mitglieder und mit der Rückendeckung von siebzig Prozent der Wählerstimmen in Illinois wusste ich, dass ich es mir leisten konnte, geduldig zu sein. Irgendwann einmal überlegte ich, mich für das Gouverneursamt oder, ja, sogar für das Präsidentenamt zu bewerben, denn ich war überzeugt, dass ich in einer Führungsposition eher in der Lage sein würde, politische Vorhaben voranzutreiben. Aber da ich erst dreiundvierzig Jahre alt war und eben erst die nationale Bühne betreten hatte, genoss ich die Gewissheit, dass ich alle Zeit der Welt besaß.

Zu meiner guten Stimmung trugen auch Verbesserungen an der Heimatfront bei. Wenn das Wetter nicht sehr schlecht war, dauerte die Reise von Washington nach Chicago nicht länger als die Fahrt von und nach Springfield. Und war ich einmal zu Hause, war ich nicht mehr so überlastet oder abgelenkt wie während des Wahlkampfs oder in der Zeit, als ich drei Jobs unter einen Hut hatte bringen müssen. So hatte ich mehr Zeit, um Sasha am Samstag zur Tanzschule zu bringen oder Malia ein Kapitel aus *Harry Potter* vorzulesen, bevor ich sie ins Bett steckte.

Die Verbesserung unserer finanziellen Lage verringerte den Druck ebenfalls. Wir kauften ein neues Haus, eine große, schöne Villa im georgianischen Stil gegenüber einer Synagoge in Kenwood. Für einen fairen Preis erklärte sich ein junger Freund der Familie und angehender Küchenchef namens Sam Kass bereit, Lebensmittel für uns einzukaufen und gesunde Mahlzeiten zu kochen, die für eine Woche reichten. Mike Signator, ein ehemaliger Manager von Commonwealth Edison, der im Wahlkampf als Freiwilliger mitgemacht hatte, entschloss sich, mir als Teilzeitfahrer zur Seite zu stehen. Er wurde praktisch Mitglied unserer Familie.

Am wichtigsten war, dass wir dank der finanziellen Absicherung, die wir jetzt genossen, meine Schwiegermutter Marian dazu bewegen konnten, ihre Arbeitszeit zu verkürzen und uns bei der Betreuung der Mädchen zu helfen. Marian war weise, vergnügt und immer noch jung genug, um einer Vier- und einer Siebenjährigen nachzujagen, und sie erleichterte uns allen das Leben. Obendrein liebte sie ihren Schwiegersohn und verteidigte mich, wann immer ich zu spät kam, Unordnung machte oder sonst wie die Erwartungen nicht erfüllte.

Die zusätzliche Hilfe verschaffte Michelle und mir die Zeit füreinander, die wir so lange nicht gehabt hatten. Wir lachten wieder mehr und erinnerten uns daran, dass wir einander die besten Freunde waren. Doch abgesehen davon fiel uns beiden auf, wie wenig uns die neuen Lebensumstände verändert hatten. Wir waren nach wie vor häuslich, mieden schicke Partys und karrierefördernde Gesellschaftsabende, denn wir wollten nicht auf die Abende mit den Mädchen verzichten, und kamen uns dumm vor, wenn wir uns zu oft herausputzten; außerdem wurde die eingefleischte Frühaufsteherin Michelle nach zehn Uhr abends schläfrig. Wir verbrachten die Wochenenden wie eh und je: Ich ging Basketball spielen oder brachte Malia und Sasha ins Schwimmbad, Michelle erledigte Einkäufe und organisierte Spielverabredungen für die Mädchen. Wir luden die Familie und unsere engsten Freunde zum Abendessen oder zum Grillfest ein – vor allem Valerie, Marty, Anita sowie Eric und Cheryl Whitaker (ein Ärztepaar mit Kindern, die im selben Alter wie unsere Mädchen waren) und auch Kaye und Wellington Wilson, liebevoll »Mama Kaye« und »Papa Wellington« genannt, ein älteres Paar, das ich aus meinen Tagen als Community

Organizer kannte (er war Verwaltungschef eines Community College gewesen und mittlerweile im Ruhestand, sie betreute das Programm einer örtlichen Stiftung und war eine vorzügliche Köchin). Die beiden betrachteten sich als meine Ersatzeltern in Chicago.

Das bedeutete aber nicht, dass Michelle und ich unser gewohntes Leben weiterführen konnten. Wir wurden jetzt auf der Straße erkannt, und obwohl die meisten Leute freundlich waren, empfanden wir den plötzlichen Verlust der Anonymität als unangenehm. Kurz nach der Wahl gingen Michelle und ich eines Abends ins Kino, um die Filmbiografie *Ray* mit Jamie Foxx in der Hauptrolle anzuschauen, und wir waren sehr überrascht, als uns die anderen Kinobesucher beim Betreten des Saals mit Applaus begrüßten. Wenn wir abendessen gingen, stellten wir manchmal fest, dass die Gäste an den Nachbartischen entweder eine lange Unterhaltung beginnen wollten oder sehr still wurden, um auf nicht allzu subtile Art unser Gespräch zu verfolgen.

Die Mädchen bemerkten die Veränderung ebenfalls. An einem Sonntag in meinem ersten Sommer als Senator entschloss ich mich, mit Malia und Sasha in den Lincoln Park Zoo zu gehen. Mike Signator warnte mich, dass der Menschenauflauf an einem schönen Nachmittag wie diesem ein wenig überwältigend werden könnte, aber ich bestand auf dem Ausflug und verließ mich darauf, mit Sonnenbrille und Baseballkappe unerkannt zu bleiben. Etwa eine halbe Stunde lang funktionierte es tatsächlich wunderbar. Wir sahen uns ungestört die Löwen an, die im Großkatzenhaus umherstreiften, und schnitten den Menschenaffen Grimassen. Doch als wir vor einem Lageplan stehen blieben, um nachzusehen, wo sich die Seelöwen befanden, hörten wir einen Mann rufen:

»Obama! Schau mal, das ist Obama! Hey, Obama, kann ich ein Foto mit Ihnen machen?«

Im Handumdrehen waren wir von Familien umringt, Hände wurden uns entgegengestreckt, jemand bat um ein Autogramm, Eltern stellten ihre Kinder für ein Foto neben mich. Ich gab Mike ein Zeichen, damit er die Mädchen zu den Seelöwen brachte, während ich mich für eine Viertelstunde meinen Wählern widmete. Ich wusste ihre aufmunternden Worte zu schätzen und rief mir in Erinnerung, dass dies hier zu dem Leben gehörte, das ich gewählt hatte – aber bei dem

Gedanken an meine kleinen Töchter, die sich fragten, was mit ihrem Papa geschah, wurde mir ein wenig bange zumute.

Schließlich stieß ich wieder zu meinen Kindern, und Mike schlug vor, den Zoo zu verlassen und einen ruhigen Platz zu suchen, wo wir ein Eis essen konnten. Während der Fahrt blieb Mike dankenswerterweise still, aber für die Mädchen galt das nicht.

»Ich glaube, du brauchst einen Decknamen«, verkündete Malia auf der Rückbank.

»Was ist ein Deckname?«, fragte Sasha.

»Ein falscher Name, den du benutzt, wenn du nicht willst, dass dich die Leute erkennen«, erklärte Malia. »Wie ›Johnny McJohn John‹.«

Sasha kicherte. »Ja, Daddy … du sollst Johnny McJohn John sein!«

»Du musst auch deine Stimme verstellen«, fügte Malia hinzu. »Die Leute erkennen dich sonst. Du musst mit einer höheren Stimme sprechen. Und schneller.«

»Daddy spricht *so* langsam«, sagte Sasha.

»Komm schon, Daddy«, sagte Malia. »Versuch es.« In der höchsten Tonlage, die sie erreichen konnte, piepste sie so schnell wie möglich: »Hi! Ich bin Johnny McJohn John!«

Mike konnte nicht mehr an sich halten und brach in Gelächter aus. Zu Hause angekommen, erklärte Malia ihren Plan voller Stolz ihrer Mutter.

»Das ist eine tolle Idee, Schatz«, sagte Michelle und streichelte ihr über den Kopf. »Aber Daddy hat nur eine Chance, sich zu tarnen: wenn er sich seine Ohren anlegen lässt.«

BESONDERS GEFIEL MIR im Senat, dass ich dort Einfluss auf die Außenpolitik nehmen konnte, eine Möglichkeit, die sich im Parlament eines Bundesstaates nicht bot. Seit dem College interessierte ich mich sehr für die atomare Bedrohung, und noch bevor ich den Amtseid abgelegt hatte, hatte ich an Dick Lugar, den Vorsitzenden des Außenpolitischen Ausschusses, geschrieben, der sich vorrangig mit der Nichtverbreitung von Atomwaffen beschäftigte. Ich ließ Lugar wissen, dass ich hoffte, mich an der Arbeit dieses Ausschusses beteiligen zu können.

Dick war sehr erfreut über mein Interesse. Dieser Republikaner aus Indiana, der seit achtundzwanzig Jahren im Senat saß, war unerschütterlich konservativ in innenpolitischen Fragen wie Steuern und Abtreibung, aber in der Außenpolitik zeigte er jene Neigung zu einem umsichtigen Internationalismus, die viele Jahre lang die Haltung von Mainstream-Republikanern wie George H. W. Bush geprägt hatte. Im Jahr 1991, kurz nach dem Zusammenbruch der Sowjetunion, hatte Dick gemeinsam mit dem Demokraten Sam Nunn Gesetzesvorlagen entworfen und durchgesetzt, die es den Vereinigten Staaten erlaubten, Russland und den ehemaligen Sowjetrepubliken dabei zu helfen, Massenvernichtungswaffen aufzuspüren und zu zerstören. Der Nunn-Lugar Act erwies sich als kühnes Gesetz, das mittlerweile seinen Platz in der Geschichte hat – in den folgenden zwei Jahrzehnten wurden mehr als 7500 Atomsprengköpfe aus dem Verkehr gezogen – und dessen Umsetzung die Zusammenarbeit zwischen amerikanischen und russischen Sicherheitsbehörden ermöglichte, die von größter Bedeutung war, um eine gefährliche Übergangsphase zu bewältigen.

Doch im Jahr 2005 deuteten Geheimdienstberichte darauf hin, dass sich extremistische Gruppen wie al-Qaida für schlecht bewachte Außenposten im ehemaligen Ostblock interessierten und nach Resten von atomaren, chemischen und biologischen Waffen suchten. Dick und ich begannen, darüber zu sprechen, wie wir ausgehend von den bestehenden Regelungen im Nunn-Lugar Act den Schutz vor derartigen Bedrohungen verbessern könnten. Im August jenes Jahres brachen wir in einem Militärflugzeug zu einer einwöchigen Rundreise auf, die uns nach Russland, in die Ukraine und nach Aserbaidschan führte. Für Dick waren solche Besuche Routine, denn die Fortschritte in der Umsetzung von Nunn-Lugar mussten überwacht werden, aber für mich war es die erste offizielle Auslandsreise, und im Lauf der Jahre hatte ich so manche Geschichte über Vergnügungsreisen von Kongressmitgliedern gehört: über nicht allzu anstrengende Programme, üppige Festbankette und Einkaufstouren. Aber wenn es so gedacht war, dann hatte Dick das Memo nicht bekommen. Obwohl er bereits über siebzig war, gab er einen erbarmungslosen Rhythmus vor. Nach einem Tag in Moskau, an dem wir eine Besprechung nach der anderen mit russischen Regierungsvertretern hatten, brachen wir zu einem zweistündigen Flug nach Saratow im Südwesten auf und fuhren von dort aus eine Stunde im Auto zu einem geheimen Atomwaffenlager, wo mit finanzieller Unterstützung der Vereinigten Staaten die Sicherheitsmaßnahmen zum Schutz russischer Raketen verbessert worden waren. (Unsere Gastgeber luden uns auch zu einem Essen mit Borschtsch und einer Art von Fischgelatine ein, die Dick tapfer herunterschluckte, während ich sie wie ein Sechsjähriger auf meinem Teller verschmierte.)

In Perm in der Nähe des Ural wanderten wir über einen Raketenfriedhof, der mit leeren Hüllen von SS-24 und SS-25 übersät war – dies waren die Überreste der taktischen Atomraketen, die einst auf Europa gerichtet gewesen waren. In Donezk in der Ostukraine besuchten wir eine Anlage, in der große Mengen konventioneller Waffen – Munition, Sprengstoffe, Boden-Luft-Raketen und sogar winzige in Kinderspielzeug versteckte Bomben –, die im ganzen Land eingesammelt worden waren, für die Entsorgung vorbereitet wurden. In Kiew zeigten uns unsere Gastgeber einen heruntergekommenen, unbewachten dreistöckigen Komplex im Stadtzentrum, wo mithilfe von Finanzmitteln aus dem Nunn-Lugar Act neue Lagersysteme für Proben von biologischen Kampfstoffen aus dem Kalten Krieg wie Milzbrand- und Beulenpesterreger errichtet wurden. All das zu sehen, war ernüchternd, ein Beleg für die Fähigkeit des Menschen, seinen Einfallsreichtum in den Dienst wahnsinniger Vorhaben zu stellen. Aber für mich war dieser Ausflug nach all den Jahren, in denen ich mich auf innenpolitische Fragen konzentriert hatte, auch ein Ansporn, denn er machte mir bewusst, wie groß die Welt war und welche weitreichenden Auswirkungen Entscheidungen haben konnten, die in Washington gefällt wurden.

Dicks Arbeitsweise machte einen bleibenden Eindruck auf mich. Stets ein zufriedenes Lächeln im gnomenhaften Gesicht, beantwortete er unermüdlich alle meine Fragen. Ich war verblüfft von der Sorgfalt, Präzision und Faktenkenntnis, die er unter Beweis stellte, wann immer er mit ausländischen Regierungsvertretern zu tun hatte. Ich beobachtete seine Bereitschaft, nicht nur Reiseverzögerungen, sondern auch endlose Erzählungen und Wodka zur Mittagszeit zu erdulden, denn er wusste, dass die Sprache der Höflichkeit in allen Kulturen verstanden wurde und am Ende entscheidend sein konnte, wenn es darum ging, die Interessen der Vereinigten Staaten zu fördern. Es war eine nützliche

Lektion in Diplomatie, ein Beispiel dafür, dass ein Senator tatsächlich etwas bewirken kann.

Dann zog ein Sturm auf, und alles änderte sich.

IN DER WOCHE, die ich gemeinsam mit Dick auf Reisen war, zog ein Tropensturm, der sich über den Bahamas gebildet hatte, über Florida hinweg in den Golf von Mexiko. Das warme Wasser ließ seine Energie anschwellen, und er kroch bedrohlich auf die Südküste der Vereinigten Staaten zu. Zu dem Zeitpunkt, als unsere Senatsdelegation in London landete, wo wir uns mit Premierminister Tony Blair trafen, war eine furchtbare Katastrophe über die amerikanische Küstenregion hereingebrochen. Der Hurrikan »Katrina« hatte das Festland mit Windgeschwindigkeiten von rund zweihundert Stundenkilometern getroffen, ganze Ortschaften entlang der Golfküste ausradiert, Deiche überflutet und den Großteil von New Orleans unter Wasser gesetzt.

Ich war die halbe Nacht wach und verfolgte die Nachrichten, perplex angesichts des düsteren, urtümlichen Albtraums, der den Bildschirm überschwemmte. Da waren Bilder von im Wasser treibenden Leichen, von älteren Patienten, die in Krankenhäusern gefangen waren, von Schusswechseln und Plünderungen, von zusammengekauerten Flüchtlingen, die jede Hoffnung verloren. Dieses Leid mit ansehen zu müssen, war schlimm genug – aber zu sehen, wie langsam die Regierung reagierte, wie hilflos so viele Arme und Arbeiterfamilien waren, erfüllte mich mit Scham.

Wenige Tage später reiste ich gemeinsam mit George H. W. Bush und seiner Frau Barbara sowie mit Bill und Hillary Clinton nach Houston, wo Tausende Menschen, die der Hurrikan aus ihrer Heimat vertrieben hatte, im weitläufigen Veranstaltungskomplex Astrodome in Notunterkünften Zuflucht gefunden hatten. Gemeinsam mit dem Roten Kreuz und der Katastrophenschutzbehörde FEMA hatte die Stadtverwaltung rund um die Uhr gearbeitet, um eine Grundversorgung der Opfer zu gewährleisten, aber als ich von Feldbett zu Feldbett ging, stellte ich schockiert fest, dass viele dieser Menschen, die überwiegend Schwarze waren, schon lange vor der Katastrophe im Stich gelassen worden waren und am Rand der Gesellschaft ohne Ersparnisse oder Versicherung um ihren Lebensunterhalt gekämpft hatten.

Ich hörte mir ihre Berichte darüber an, wie sie ihre Häuser verloren hatten und auf Nachrichten von geliebten Menschen warteten, die in der Flutkatastrophe verschwunden waren. Manche hatten es nicht geschafft, die Gefahrenzone zu verlassen, weil sie kein Auto besaßen oder nicht in der Lage waren, einen kranken Elternteil herauszubringen. Es waren Personen, deren Lebensumstände sich nicht von denen der Menschen unterschieden, deren Gemeinden ich in Chicago zu organisieren versucht hatte. Ihre Situation erinnerte mich an die von einigen Tanten oder Vettern Michelles. Was ich dort sah, rief mir in Erinnerung, dass sich meine Lebensumstände zwar geändert hatten, aber ihre dieselben wie eh und je waren. Die Politik hatte sich nicht geändert. Es gab überall vergessene Menschen und ungehörte Stimmen, vernachlässigt von einer Regierung, die oft blind oder gleichgültig ihren Bedürfnissen gegenüber schien.

Ich empfand ihre Notlage als Rüge und gelangte zu der Überzeugung, dass ich als einziger Afroamerikaner im Senat mein Schweigen gegenüber den nationalen Medien brechen musste. Ich meldete mich in den Nachrichtensendungen zu Wort und erklärte, dass der Grund für die unzureichende Reaktion auf die »Katrina«-Katastrophe meiner Meinung nach nicht im Rassismus zu suchen sei – dass dieses Versagen jedoch einiges darüber verrate, wie wenig die Regierungspartei und das Land als Ganzes investiert hätten, um die Isolation, die generationenübergreifende Armut und den Mangel an Chancen zu überwinden, die weiterhin große Teile der Gesellschaft im Würgegriff hielten.

Zurück in Washington, machte ich mich daran, gemeinsam mit meinen Kollegen im Ausschuss für Heimatschutz und Regierungsangelegenheiten Pläne für den Wiederaufbau der von »Katrina« heimgesuchten Gebiete zu entwerfen. Aber ich sah das Leben im Senat jetzt mit anderen Augen. Wie viele Jahre würde ich brauchen, um von dort aus tatsächlich etwas im Leben der Menschen zu verbessern, denen ich in Houston begegnet war? Wie viele Ausschussanhörungen, vergebliche Änderungsanträge und mit einem widerwilligen Vorsitzenden ausgehandelte Budgetbestimmungen würden erforderlich sein, um die Fehler eines einzigen FEMA-Direktors, eines Funktionärs der Umweltschutzbehörde EPA oder eines leitenden Beamten im Arbeitsministerium zu korrigieren?

Meine Ungeduld wuchs weiter, als ich einige Monate später als Mitglied einer kleinen Kongressdelegation in den Irak reiste. Fast drei Jahre nach der von den Vereinigten Staaten angeführten Invasion konnte die Regierung Bush nicht länger leugnen, dass sich der Krieg in eine Katastrophe verwandelt hatte. Die amerikanischen Behörden hatten die irakischen Streitkräfte aufgelöst und zugelassen, dass die schiitische Mehrheit zahlreiche Sunniten aggressiv aus Regierungspositionen verdrängte. Damit hatten sie eine chaotische und zunehmend gefährlichere Situation heraufbeschworen – einen blutigen Konflikt zwischen den Religionsgemeinschaften. Selbstmordanschläge und Bombenfallen am Straßenrand gehörten zum Alltag, auf bevölkerten Marktplätzen explodierten Autobomben.

In Black-Hawk-Hubschraubern wurde unsere Delegation zu amerikanischen Militärstützpunkten in Bagdad, Falludscha und Kirkuk geflogen, und aus der Luft wirkte das ganze Land erschöpft: die von Mörsergranaten getroffenen Häuser wie von Pockennarben übersät, die Straßen beklemmend verlassen, die Landschaften von einer Staubschicht bedeckt. An jeder Station trafen wir uns mit Kommandanten und Soldaten, die intelligent und tapfer waren und an der Überzeugung festhielten, der Irak könne mit ausreichender militärischer Unterstützung, technischer Ausbildung und Anstrengung eines Tages wieder auf die Beine kommen. Aber in meinen Gesprächen mit Journalisten und einer Handvoll hochrangiger irakischer Regierungsvertreter gewann ich einen anderen Eindruck. Es waren böse Geister freigesetzt worden, erklärten sie mir, und die Morde und Vergeltungsakte zwischen Sunniten und Schiiten ließen eine Aussöhnung in immer weitere Ferne rücken. Das Einzige, was dieses Land noch zusammenhielt, waren anscheinend die Tausenden jungen Soldaten und Marines, die wir dorthin geschickt hatten. Viele von ihnen hatten vor kurzer Zeit noch die Schulbank gedrückt. Mehr als zweitausend waren bereits getötet worden, und viele Tausend hatten Verletzungen erlitten. Wenn diese Situation andauerte, das schien klar, dann würden unsere Truppen immer häufiger zum Ziel eines Feindes werden, den sie nicht verstanden und oft nicht einmal sehen konnten.

Auf dem Rückflug in die Vereinigten Staaten musste ich die ganze Zeit an diese jungen Menschen denken, die den Preis für die Arroganz von Männern wie Dick Cheney und Donald Rumsfeld bezahlten. Gestützt auf fehlerhafte Informationen, hatten sie uns in einen Krieg getrieben, und sie weigerten sich immer noch, den Konsequenzen ihrer Entscheidung ins Auge zu sehen. Die Tatsache, dass mehr als die Hälfte meiner demokratischen Parteifreunde diesem Fiasko zugestimmt hatte, erfüllte mich mit einer ganz anderen Sorge: Ich fragte mich, ob ich mich verändern würde, wenn ich längere Zeit in Washington bliebe, wenn ich stärker in das System eingebettet würde und es mir darin bequem machte. Jetzt war mir klar, wie das geschehen konnte – wie die Politik der kleinen Reformschritte und die Anstandsregeln, wie die unablässigen Bemühungen, sich für die nächste Wahl in Stellung zu bringen, und das Gruppendenken in den Diskussionsrunden im Fernsehen deine besten Instinkte untergruben und dir deine Unabhängigkeit raubten, bis schließlich nichts mehr von den Überzeugungen übrig war, die du einmal gehegt hattest.

Wenn ich nahe daran gewesen war, mich zufriedenzugeben mit der Überzeugung, den richtigen Beruf gewählt zu haben und in einer akzeptablen Geschwindigkeit das Richtige zu tun, so rissen mich »Katrina« und der Besuch im Irak aus dieser Zufriedenheit. Es bedurfte rascher Veränderungen, und ich würde entscheiden müssen, welche Rolle ich übernehmen wollte, um zum Wandel beizutragen.

KAPITEL 4

ES VERGEHT KAUM EINE WOCHE, ohne dass mir jemand über den Weg läuft – ein Freund, ein Anhänger, ein Bekannter oder auch ein vollkommen fremder Mensch –, der mir im Brustton der Überzeugung eröffnet, dass er bei unserer ersten Begegnung oder in dem Moment, als er mich zum ersten Mal im Fernsehen sah, wusste, dass ich eines Tages Präsident sein würde. Die Leute sagen das mit Zuneigung, Überzeugung und offenkundigem Stolz auf ihren politischen Scharfsinn, ihr gutes Auge für Talente oder ihre Fähigkeiten als Wahrsager. Manchmal verknüpfen sie es mit ihrem Glauben: Gott hatte einen Plan für Sie, sagen sie zu mir. Ich antworte, ich wünschte mir, sie hätten mir das gesagt, als ich damals über eine Kandidatur nachgedacht habe, denn das hätte mir sehr viel Stress und Selbstzweifel erspart.

Die Wahrheit ist, dass ich nie wirklich an das Schicksal geglaubt habe. Es beunruhigt mich, dass dieser Glaube die Benachteiligten zur Resignation und die Mächtigen zur Selbstgefälligkeit verleitet. Ich habe den Verdacht, dass Gottes Plan, worin auch immer er besteht, viel zu groß ist, um die Irrungen und Wirrungen der Sterblichen zu berücksichtigen. Wir können nicht mehr tun, als unser Leben an dem auszurichten, was in unseren Augen richtig ist, und versuchen, in unserer Verwirrung einen Sinn zu finden, um mit Eleganz und Würde die Karten auszuspielen, die uns gegeben wurden.

Ich weiß, dass eine Kandidatur für das Präsidentenamt im Frühjahr 2006 noch immer unwahrscheinlich war, aber zumindest war sie jetzt eine Möglichkeit. Unser Senatsbüro wurde jeden Tag mit Medienanfragen überhäuft. Wir erhielten doppelt so viel Post wie andere

Senatoren. Die Parteiorganisationen der Bundesstaaten und die Kandidaten für die Midterm-Wahlen im November wollten, dass ich bei ihren Veranstaltungen auftrat. Unsere routinemäßigen Dementis einer Kandidatur schienen die Spekulationen nur weiter anzuheizen.

Eines Nachmittags kam Pete Rouse in mein Büro und schloss die Tür hinter sich.

»Ich möchte Sie etwas fragen«, sagte er.

Ich unterschrieb gerade Briefe an potenzielle Wähler. Ich sah auf und sagte: »Schießen Sie los.«

»Haben sich Ihre Pläne für das Jahr 2008 geändert?«

»Ich weiß nicht. Sollten sie?«

Pete zuckte mit den Schultern. »Ich denke, der ursprüngliche Plan, dem Rampenlicht fernzubleiben und uns auf Illinois zu konzentrieren, war vernünftig. Aber Sie sind weiter sehr präsent. Wenn es auch nur die geringste Chance gibt, dass Sie darüber nachdenken, würde ich gerne ein Memo über die Schritte schreiben, die wir ergreifen sollten, um uns die Optionen offenzuhalten. Sind Sie einverstanden?«

Ich lehnte mich in meinem Sessel zurück und starrte an die Decke. Ich war mir der Bedeutung meiner Antwort bewusst. Schließlich sagte ich: »Das klingt vernünftig.«

»In Ordnung?«, fragte Pete.

»In Ordnung.« Ich wandte mich wieder meinen Papieren zu.

Einige Leute im Büro nannten Pete den »Memo-Meister«. Er war ein Künstler, der eine gewöhnliche Mitteilung in ein Kunstwerk, in eine effiziente und zugleich sonderbar inspirierende Handlungsanweisung verwandelte. Wenige Tage später verteilte er an die Mitglieder unseres Führungsteams einen überarbeiteten Fahrplan für den Rest des Jahres. Er schlug mehr Reisen zur Unterstützung einer größeren Zahl demokratischer Kandidaten bei den Midterm-Wahlen, Treffen mit einflussreichen Parteifunktionären und Spendern sowie eine Neuformulierung der Wahlkampfrede vor.

In den kommenden Monaten befolgte ich diesen Plan. Ich präsentierte mich und meine Vorstellungen einem neuen Publikum, unterstützte demokratische Kandidaten in Swing States und umkämpften Wahlkreisen und bereiste Landesteile, in denen ich nie zuvor gewesen war. Vom Jefferson-Jackson Dinner in West Virginia bis zum Morrison

Exon Dinner in Nebraska ließen wir keine Veranstaltung aus; wir füllten die Säle und sammelten die Truppen um uns. Doch wenn ich gefragt wurde, ob ich für das Präsidentenamt kandidieren wolle, vertröstete ich meine Gesprächspartner. »Im Augenblick konzentriere ich mich vollkommen darauf, Ben Nelson wieder in den Senat zu bringen, wo wir ihn brauchen«, sagte ich.

Hielt ich die Leute zum Narren? Hielt ich mich selbst zum Narren? Das ist schwer zu sagen. Ich denke, ich sondierte das Terrain und versuchte das, was ich sah und fühlte, während ich das Land bereiste, mit dem Aberwitz eines landesweiten Wahlkampfs in Einklang zu bringen. Mir war klar, dass man in eine ernst zu nehmende Präsidentschaftskandidatur nicht einfach hineinstolperte. Wenn man es richtig machen will, ist es ein höchst strategisches Vorhaben, das über einen langen Zeitraum langsam und ruhig vorangetrieben wird und nicht nur Zuversicht und Überzeugung, sondern auch sehr viel Geld sowie ausreichend Engagement und Unterstützung von Personen erfordert, um einen durch alle fünfzig Staaten und zwei Jahre voller Vorwahlen und Parteiversammlungen zu tragen.

Einige demokratische Senatoren – Joe Biden, Chris Dodd, Evan Bayh und natürlich Hillary Clinton – hatten bereits das Fundament für eine Kandidatur gelegt. Einige von ihnen waren schon einmal angetreten, und sie hatten sich alle jahrelang vorbereitet. Sie hatten erfahrene Mitarbeiter, Spender und lokale Parteifunktionäre um sich gesammelt. Anders als ich hatten die meisten von ihnen beachtliche gesetzgeberische Leistungen im Kongress vorzuweisen. Und ich mochte sie. Sie hatten mich gut behandelt, vertraten im Großen und Ganzen dieselben programmatischen Positionen und waren herausragend in der Lage, erfolgreich einen Wahlkampf und darüber hinaus auch erfolgreich das Weiße Haus zu führen. Zwar merkte ich, dass ich die Wähler auf andere Art ansprechen konnte als sie, und ich vermutete, dass nur eine breitere Koalition, als sie sie schmieden konnten, und eine andere Sprache, als sie sie sprachen, Washington aufrütteln und denen, die Hilfe brauchten, Hoffnung geben könnten. Doch mir war bewusst, dass meine vorteilhafte Ausgangslage zum Teil Illusion war, das Ergebnis einer wohlwollenden Medienberichterstattung und eines übermäßigen Appetits der Öffentlichkeit auf etwas Neues. Die Begeisterung konnte im Handumdrehen in Ablehnung umschlagen, der aufsteigende Stern sich in den Augen der Öffentlichkeit rasch in ein unreifes Bürschchen verwandeln, das sich nach weniger als einer halben Amtszeit im Senat die Fähigkeit anmaßte, das Land zu führen.

Ich sagte mir, dass es vermutlich besser wäre abzuwarten. Meine Beiträge zu leisten, Erfahrungen zu sammeln, zu warten, bis ich an der Reihe war.

An einem schönen Frühlingsnachmittag bat mich Harry Reid, in seinem Büro vorbeizuschauen. Ich schlenderte über die weiße Marmortreppe vom Senatssaal in den zweiten Stock hinauf, vorbei an den ernsten, dunkeläugigen Porträts lange verstorbener Männer, die bei jedem Schritt auf mich herabstarrten. Harry begrüßte mich im Empfangsbereich und führte mich in sein Büro, einen großen Raum mit hoher Decke, aufwendigen Zierleisten, Fliesenbelag und einem spektakulären Ausblick, wie ich ihn aus den Räumen anderer dienstälterer Senatoren kannte. Aber hier fehlten die Erinnerungsstücke und Fotos vom Händeschütteln mit Berühmtheiten, die andere Büros schmückten.

»Ich will gleich auf den Punkt kommen«, sagte Harry, so als wäre er sonst für Small Talk bekannt. »Wir haben in unserer Fraktion viele Leute, die sich um das Präsidentenamt bewerben wollen. Ich kann sie kaum zählen. Und es sind alles gute Leute, Barack, weshalb ich mich nicht öffentlich auf die Seite einer Person schlagen kann …«

»Nur damit Sie es wissen, Harry, ich habe nicht –«

Er ließ mich nicht aussprechen. »Aber ich denke, Sie sollten darüber nachdenken, jetzt anzutreten. Ich weiß, dass Sie gesagt haben, Sie wollten es nicht tun. Und es stimmt, dass viele Leute sagen werden, dass Sie erst mehr Erfahrung sammeln müssen. Aber ich möchte Ihnen eines sagen: Zehn weitere Jahre im Senat werden Sie nicht zu einem besseren Präsidenten machen. Sie können die Leute motivieren, vor allem die Jugend, die Minderheiten, sogar politisch gemäßigte Weiße. Das ist etwas Neues. Die Leute wollen etwas anderes. Natürlich wird es schwer werden, aber ich glaube, Sie können gewinnen. Schumer denkt genauso.«

Er stand auf und ging zur Tür, um keinen Zweifel daran zu lassen, dass die Besprechung für ihn beendet war. »Das ist alles, was ich Ihnen sagen wollte. Denken Sie darüber nach, in Ordnung?«

Als ich sein Büro verließ, war ich wie benommen. Harrys Vorschlag hatte nichts damit zu tun, dass wir eine sehr gute Beziehung geknüpft hatten. Er war der pragmatischste Politiker, den man sich vorstellen konnte. Auf dem Weg die Treppe hinab fragte ich mich, ob sich hinter dem, was er gesagt hatte, etwas verbarg, ob er irgendein ausgeklügeltes Spiel spielte, das ich nicht durchschaute. Aber als ich später mit Chuck Schumer und anschließend mit Dick Durbin sprach, bekam ich dasselbe zu hören: Das Land wolle unbedingt eine neue Stimme vernehmen. Es werde kein besserer Zeitpunkt für eine Kandidatur kommen, und dank meines guten Drahts zu Jungwählern, Minderheiten und unabhängigen Wählern hätte ich die Möglichkeit, unsere Wählerbasis zu erweitern und für andere demokratische Kandidaten zu erschließen.

Ich erwähnte diese Gespräche nur gegenüber einigen hochrangigen Mitarbeitern und meinen engsten Freunden; ich fühlte mich ein wenig, als wäre ich in ein Minenfeld getreten und müsste abrupte Bewegungen vermeiden. Ich beriet mich mit Pete, der vorschlug, noch ein weiteres Gespräch zu führen, bevor ich mir genauer ansah, was eine Kandidatur für mich bedeuten würde.

»Sie müssen mit Kennedy sprechen«, sagte er. »Er kennt alle Akteure. Er ist selbst einmal angetreten. Er kann Ihnen helfen, das richtig einzuordnen. Zumindest wird er Ihnen sagen, ob er vorhat, jemand anderen zu unterstützen.«

Ted Kennedy, der den berühmtesten Familiennamen in der amerikanischen Politik trug, war so etwas wie eine lebende Legende. In mehr als vier Jahrzehnten im Senat hatte er bei jedem wichtigen progressiven Vorstoß an vorderster Front gestanden, von den Bürgerrechten über den Mindestlohn bis zur allgemeinen Krankenversicherung. Mit seiner massigen Statur, seinem riesigen Schädel und der weißen Mähne füllte er jeden Raum aus, den er betrat. Er war einer der wenigen Senatoren, die ungeteilte Aufmerksamkeit genossen, wann immer er sich im Plenarsaal vorsichtig von seinem Platz erhob, Brille oder Notizen aus der Sakkotasche zog und in seinem berühmten Bostoner Bariton mit dem gewohnten »Ich danke Ihnen, Frau Präsidentin« seine Stellungnahme begann. Danach entfaltete sich seine Argumentation – sein Gesicht färbte sich, die Stimme wurde höher – und steigerte sich bis zu einem Crescendo wie in einer Erweckungspredigt, so profan das Thema auch sein mochte. Und wenn er seinen Vortrag beendet hatte und der Vorhang fiel, verwandelte er sich wieder in den onkelhaften alten Teddy, der durch den Gang wanderte, um die namentliche Abstimmung zu verfolgen oder neben einem Kollegen Platz zu nehmen, ihm die Hand auf die Schulter oder den Unterarm zu legen, ihm etwas ins Ohr zu flüstern oder in ein herzhaftes Lachen auszubrechen, eines, das einen vergessen ließ, dass es ihm vermutlich darum ging, sich deine Stimme in einer kommenden Abstimmung zu sichern.

Teddys Büro im dritten Stock des Russell Senate Office Building sprach Bände über den Mann: voll Charme und Geschichte, die Wände mit Fotos von Camelot und Modellsegelbooten und Gemälden von Cape Cod bedeckt. Besonders ein Bild weckte meine Neugierde, es zeigte dunkle, zerklüftete Felsen vor einem aufgewühlten, mit weißen Schaumkronen übersäten Meer.

Teddy trat an meine Seite. »Ich habe lange gebraucht, um das richtig hinzukriegen«, sagte er.

»Die Mühe hat sich gelohnt«, gab ich zurück.

Die Jalousien waren teilweise heruntergelassen, und wir ließen uns im sanften Nachmittagslicht in seinem Allerheiligsten nieder. Er begann, Geschichten zu erzählen – über das Segeln, seine Kinder und die Schlachten, an denen er im Senat teilgenommen hatte. Derbe Geschichten, lustige Geschichten. Gelegentlich schweifte er ab, griff dann jedoch wieder den ursprünglichen Erzählstrang auf; manchmal äußerte er nur ein Fragment eines Gedankens, wobei uns beiden bewusst war, dass dies eine Vorführung war: Er umkreiste den eigentlichen Zweck meines Besuchs.

»Also …«, meinte er schließlich. »Ich habe gehört, dass Sie für das Präsidentenamt kandidieren wollen.«

Ich sagte ihm, das sei eher unwahrscheinlich, aber ich wolle trotzdem seine Meinung hören.

»Wer war es noch, der sagte: ›Es gibt hundert Senatoren, die in den Spiegel schauen und einen Präsidenten sehen?‹« Er kicherte. »Die Leute fragen sich: ›Habe ich das Zeug dazu?‹ Jack, Bobby, auch ich vor langer Zeit. Es lief nicht wie geplant, aber es kommt, wie es kommen muss, nehme ich an …«

Er verstummte, in Gedanken versunken. Ich sah ihn an und fragte mich, wie er wohl sein Leben und das seiner Brüder bewertete, die einen furchtbar hohen Preis dafür bezahlt hatten, dass sie ihrem Traum gefolgt waren. Plötzlich war er zurück, die tiefblauen Augen fest auf mich gerichtet, vollkommen konzentriert.

»Ich werde mich am Anfang nicht aus dem Fenster lehnen«, sagte er. »Zu viele Freunde. Aber eins kann ich Ihnen sagen, Barack. Die Fähigkeit, Menschen zu inspirieren, ist eine seltene Eigenschaft. Momente wie dieser sind selten. Sie denken, dass Sie vielleicht noch nicht so weit sind, dass ein günstigerer Zeitpunkt kommen wird. Aber man kann sich den Zeitpunkt nicht aussuchen. Der Zeitpunkt sucht uns aus. Entweder Sie ergreifen die Gelegenheit, die möglicherweise Ihre einzige bleiben wird, oder Sie sind bereit, mit dem Wissen zu leben, dass Sie Ihre Chance haben verstreichen lassen.«

ES ENTGING MICHELLE nicht, was geschah. Anfangs ignorierte sie den Rummel einfach. Sie hörte auf, sich politische Fernsehsendungen anzusehen, und schmetterte alle übereifrigen Fragen von Freunden und Mitarbeitern ab. Als ich eines Abends daheim das Gespräch mit Harry erwähnte, zuckte sie nur mit den Schultern, und ich wechselte das Thema.

Aber im Lauf des Sommers wurde es immer schwieriger, die Kandidatur aus unserem Privatleben herauszuhalten. Die Abende und Wochenenden schienen normal, solange Malia und Sasha durch das Haus tollten, aber sobald Michelle und ich allein waren, wurde die Spannung spürbar. Schließlich ging ich eines Abends, als die Mädchen eingeschlafen waren, in das Zimmer, wo Michelle vor dem Fernseher saß, und schaltete den Ton aus.

Ich setzte mich neben sie auf die Couch. »Du weißt, dass ich all das nicht geplant habe«, sagte ich.

Sie starrte auf den stummen Bildschirm. »Ich weiß«, sagte sie.

»Es ist mir klar, dass wir kaum Zeit zum Atemholen gehabt haben. Und noch vor wenigen Monaten kam mir die Vorstellung, ich könnte kandidieren, verrückt vor.«

»Ja.«

»Aber nach allem, was seither passiert ist, habe ich den Eindruck, dass wir uns ernsthaft damit beschäftigen müssen. Ich habe das Team gebeten, eine Präsentation zusammenzustellen, damit wir uns ein Bild davon machen können, wie ein Zeitplan für den Wahlkampf aussehen würde. Ob wir gewinnen könnten. Wie es sich auf die Familie auswirken würde. Das heißt, wenn wir uns je dazu entschließen sollten –«

»Hast du *wir* gesagt?«, unterbrach mich Michelle. Ihre Stimme bebte vor Emotion. »Du meinst, falls *du* dich entschließen solltest, Barack. Nicht *wir*. Das ist *deine* Angelegenheit. Ich habe dich die ganze Zeit unterstützt, weil ich an dich glaube, obwohl ich die Politik *hasse*. Ich hasse es, wie sie unsere Familie in den Blickpunkt rückt. Du *weißt* das. Und jetzt haben wir endlich ein bisschen Stabilität … auch wenn es immer noch nicht normal ist, nicht so, wie ich leben möchte … und jetzt sagst du mir, dass du *Präsident* werden willst?«

Ich griff nach ihrer Hand. »Schatz, ich habe nicht gesagt, dass ich kandidieren *werde*. Ich habe nur gesagt, dass wir die Möglichkeit nicht einfach ausschließen können. Aber ich kann diese Möglichkeit nur in Betracht ziehen, wenn du einverstanden bist.« Ich hielt inne, als ich sah, dass ihre Wut nicht nachließ. »Wenn du denkst, dass wir es nicht tun sollten, werden wir es nicht tun. So einfach ist das. Du hast das letzte Wort.«

Michelle hob die Augenbrauen, so als wollte sie mir signalisieren, dass sie mir nicht glaubte. »Wenn das wahr ist, dann ist meine Antwort nein«, sagte sie. »Ich will nicht, dass du für das Präsidentenamt kandidierst, wenigstens nicht jetzt.« Sie sah mich streng an und erhob sich von der Couch. »Guter Gott, Barack … wann ist es endlich genug?«

Bevor ich etwas sagen konnte, war sie im Schlafzimmer verschwunden und hatte die Tür hinter sich geschlossen.

Konnte ich ihr vorwerfen, dass sie so empfand? Allein indem ich die Möglichkeit einer Kandidatur erwogen und meine Mitarbeiter eingebunden hatte, bevor ich Michelles Einverständnis eingeholt hatte, hatte ich sie in eine unmögliche Lage gebracht. Ich bat Michelle seit Jahren um Ausdauer und um Geduld mit meinen politischen Vorhaben, und sie hatte mir die Unterstützung gegeben, widerwillig, aber mit Liebe. Und ein ums andere Mal hatte ich um mehr gebeten.

Warum mutete ich ihr das zu? War es einfach Eitelkeit, oder war da vielleicht ein dunkleres Bedürfnis – ein unbändiger Hunger, ein blinder Ehrgeiz, der in wohlklingende Worte vom Dienst an der Gemeinschaft verpackt war? Oder versuchte ich immer noch, einem Vater, der mich verlassen hatte, meinen Wert zu beweisen? Die blauäugigen Erwartungen meiner Mutter an ihren einzigen Sohn zu erfüllen und vielleicht die noch nicht vollkommen überwundenen Selbstzweifel eines gemischtrassigen Kindes zu besiegen? »Es ist, als müsstest du eine Leere füllen«, hatte Michelle am Anfang unserer Ehe zu mir gesagt, nachdem sie eine Weile zugesehen hatte, wie ich bis zur Erschöpfung arbeitete. »Deshalb kommst du nicht zur Ruhe.«

Eigentlich war ich überzeugt, diese Probleme vor langer Zeit bewältigt zu haben, nachdem ich Bestätigung im Beruf und Sicherheit und Liebe in meiner Familie gefunden hatte. Aber jetzt fragte ich mich, ob ich mich jemals wirklich von dem würde befreien können, was in mir schlummerte und geheilt werden musste, was auch immer es war, das mich trieb, nach immer höheren Zielen zu streben.

Vielleicht ist es unmöglich, die eigenen Beweggründe zu entwirren. ich erinnerte mich an eine Predigt von Martin Luther King mit dem Titel »Der Instinkt des Tambourmajors«. Darin sprach er darüber, dass wir alle tief in unserem Inneren die Ersten sein und für große Leistungen gefeiert werden wollen; wir alle wollen »die Parade anführen«. Er erklärte, mit diesen selbstsüchtigen Impulsen könne man sich aussöhnen, indem man das Streben nach Größe mit selbstloseren Zielen verknüpfe: Man kann danach streben, der Erste im Dienst und der Erste in der Liebe zu sein. In meinen Augen war dies eine gute Lösung für die Quadratur des Kreises, es half, die niedrigeren und edleren Instinkte miteinander zu versöhnen. Doch jetzt musste ich mich der offenkundigen Tatsache stellen, dass ich die Opfer nie alleine brachte: Die Familie wurde gezwungen, die Reise mitzumachen, und sie wurde in die Schusslinie gerückt. Martin Luther Kings Anliegen und seine Gaben hatten ein solches Opfer möglicherweise gerechtfertigt. Aber galt dasselbe auch für mich?

Ich wusste es nicht. Wie auch immer mein Glaube beschaffen war, ich konnte mich nicht darauf berufen, dass Gott mir die Aufgabe gegeben hatte, mich um das Präsidentenamt zu bewerben. Ich konnte nicht so tun, als würde ich einfach auf eine unsichtbare Kraft im Universum reagieren. Ich konnte nicht behaupten, dass ich für die Sache der Freiheit und der Gerechtigkeit unverzichtbar war oder leugnen, dass ich für die Last verantwortlich war, die ich meiner Familie aufbürdete.

Günstige Umstände hatten mir vielleicht die Tür zu einer Präsidentschaftskandidatur geöffnet, aber in diesen Monaten hatte mich nichts daran gehindert, sie wieder zu schließen. Und es war immer noch ein Leichtes, sie zu schließen. Dass ich es bisher nicht getan hatte, dass ich stattdessen zugelassen hatte, dass sich die Tür noch weiter öffnete, genügte Michelle. Wenn eine der Qualifikationen für eine Bewerbung um das mächtigste Amt der Welt Größenwahn war, so hatte ich den Test offenbar bestanden.

DIESE GEDANKEN PRÄGTEN meine Stimmung, als ich im August zu einer siebzehntägigen Rundreise durch Afrika aufbrach. In Südafrika setzte ich nach Robben Island über und stand in der winzigen Zelle, in der Nelson Mandela den Großteil seiner siebenundzwanzigjährigen Haftstrafe verbracht hatte, ohne den Glauben daran zu verlieren, dass sich etwas ändern würde. Ich traf mich mit Mitgliedern des Obersten Gerichtshofs Südafrikas, sprach mit Ärzten in einer Aids-Klinik und verbrachte Zeit mit Bischof Desmond Tutu, dessen heiteres Gemüt ich während seiner Besuche in Washington kennengelernt hatte.

»Es stimmt also, Barack«, sagte er mit einem verschmitzten Lächeln. »Sie werden unser erster afrikanischer Präsident der Vereinigten Staaten sein? Ah, das würde uns alle seeehr stolz machen!«

Von Südafrika aus flog ich nach Nairobi, wo ich mich mit Michelle und den Mädchen traf, die von unserer Freundin Anita Blanchard und ihren Kindern begleitet wurden. Angespornt durch eine umfassende Berichterstattung in den örtlichen Medien, reagierten die Kenianer überschwänglich auf unsere Anwesenheit. Ein Besuch in Kibera, einem der größten Elendsviertel Afrikas, lockte Tausende an, die sich entlang der gewundenen roten Sandstraßen drängten und meinen Namen skandierten. Meine Halbschwester Auma war so aufmerksam gewesen, einen Familienausflug in die Provinz Nyanza zu organisieren, damit wir Sasha und Malia zeigen konnten, wo die Familie meines Vaters seit Generationen lebte. Auf dem Weg dorthin säumten zu unserer Überraschung über viele Kilometer hinweg Menschen die Landstraße und winkten. Und als Michelle und ich in einer mobilen Klinik Station machten, um uns einem HIV-Test zu unterziehen und damit zu demonstrieren, wie sicher er war, strömte eine riesige Menge Menschen zusammen, die unser Auto umringten und das Sicherheitsteam in Angst und Schrecken versetzten. Nur auf einer Safari bekamen wir, umgeben von Löwen und Gnus, ein wenig Ruhe.

»Ich schwöre dir, Barack, diese Leute glauben, dass du bereits Präsident bist!«, scherzte Anita eines Abends. »Halt mir bitte einen Platz in der Air Force One frei, ja?«

Weder Michelle noch ich lachten.

Die Familie machte sich auf den Heimweg nach Chicago, während ich an die kenianisch-somalischen Grenze fuhr, um mich über die amerikanisch-kenianische Zusammenarbeit im Kampf gegen die Terrormiliz al-Shabaab zu informieren. Danach flog ich im Hubschrauber von Dschibuti aus nach Äthiopien, wo sich US-Soldaten an Hilfsmaßnahmen nach einer Überschwemmungskatastrophe beteiligten, und schließlich reiste ich in den Tschad, um Flüchtlinge aus Darfur zu besuchen. An jedem dieser Orte sah ich Menschen unter unmöglichen Bedingungen großartige Arbeit leisten. An jedem dieser Orte sagte man mir, dass Amerika viel mehr tun könnte, um das Leid zu lindern.

Und an jedem dieser Orte wurde ich gefragt, ob ich mich um das Präsidentenamt bewerben wolle.

Wenige Tage nach meiner Rückkehr in die Vereinigten Staaten flog ich nach Iowa, wo ich am Annual Steak Fry von Senator Tom Harkin teilnahm, einem jährlichen Ritual, das im Vorfeld der Präsidentschaftswahl zusätzliche Bedeutung erhielt, da Iowa stets der erste Staat war, in dem eine Abstimmung im Lauf des Vorwahlverfahrens abgehalten wurde. Ich war schon vor Monaten eingeladen worden, die Keynote zu halten. Tom hatte gerade mich gebeten, bei dieser Veranstaltung zu reden, weil er vermeiden wollte, zwischen all den Präsidentschaftsbewerbern wählen zu müssen, die diese Gelegenheit gerne nutzen wollten, aber jetzt fachte mein Auftritt die Spekulationen nur noch weiter an. Als wir nach meiner Rede den Festplatz verließen, nahm mich Steve Hildebrand beiseite, ein früherer politischer Direktor des Demokratischen Senatswahlkampfkomitees und Iowa-Kenner, den Pete engagiert hatte, um mich herumzuführen.

»Das ist der heißeste Empfang, den ich hier je gesehen habe«, sagte Steve. »Sie gewinnen Iowa, Barack. Ich kann es fühlen. Und wenn Sie Iowa gewinnen, können Sie auch die Nominierung schaffen.«

Ich hatte manchmal das Gefühl, vom Strom der Erwartungen anderer Leute erfasst worden zu sein, noch bevor ich mir über meine eigenen Erwartungen im Klaren war. Der Druck wurde noch größer, als einen Monat später, wenige Wochen vor den Midterm-Wahlen, mein zweites Buch erschien. Ich hatte das ganze Jahr daran gearbeitet, während der Woche abends in meiner Wohnung in Washington und an den Wochenenden daheim in Chicago, wenn Michelle und die Mädchen schlafen gegangen waren; sogar in Dschibuti hatte ich mich mehrere Stunden lang mit Versuchen abgemüht, Korrekturfahnen an meine Lektorin zu faxen. Ich hatte nicht beabsichtigt, aus diesem Buch ein Wahlkampfmanifest zu machen, ich wollte einfach meine Gedanken über den gegenwärtigen Zustand der amerikanischen Politik in möglichst interessanter Form vorlegen und genug Exemplare verkaufen, um den üppigen Vorschuss zu rechtfertigen, den mir der Verlag gezahlt hatte.

Doch die politische Presse und die Öffentlichkeit nahmen das Buch ganz anders auf. Im Rahmen der PR-Kampagne trat ich praktisch ununterbrochen im Fernsehen und im Radio auf, was in Kombination mit meinen sehr sichtbaren Auftritten an der Seite von Kongresskandidaten dazu führte, dass ich selbst mehr und mehr wie ein Kandidat wirkte.

Während einer Fahrt von Philadelphia nach Washington, wo ich am nächsten Morgen in *Meet the Press* interviewt werden sollte, fragten mich Gibbs und Axe sowie dessen Geschäftspartner David Plouffe, was ich sagen würde, sollte der Moderator Tim Russert beginnen, mich nach meinen Plänen zu fragen – was unvermeidlich war.

»Er wird Ihnen die alte Aufnahme vorspielen«, erklärte Axe. »Die, in der Sie unmissverständlich klarstellen, dass Sie im Jahr 2008 nicht für das Präsidentenamt kandidieren werden.«

Ich hörte den dreien zu, die verschiedene Möglichkeiten erwogen, wie ich der Frage ausweichen könnte. Schließlich unterbrach ich sie.

»Warum nicht einfach die Wahrheit sagen? Kann ich nicht einfach sagen, dass ich vor zwei Jahren keine Absicht hatte zu kandidieren, dass sich die Umstände und damit auch meine Einstellung jedoch geändert haben und dass ich vorhabe, nach den Halbzeitwahlen ernsthaft darüber nachzudenken?«

Die Idee gefiel ihnen. Sie räumten ein, dass es einiges über den sonderbaren Charakter der Politik verriet, dass eine derart geradlinige Antwort als ungewöhnlich eingestuft werden würde. Gibbs empfahl mir auch, Michelle vorzuwarnen, denn er rechnete damit, dass ein direkter Hinweis auf die Möglichkeit einer Kandidatur den Medienrummel augenblicklich vergrößern würde.

Und genau das geschah. Meine Erklärung in *Meet the Press* machte Schlagzeilen und wurde in den Abendnachrichten aufgegriffen. Im Internet unterzeichneten Tausende Menschen eine Petition zur Unterstützung meiner Kandidatur. Kolumnisten nationaler Zeitungen, darunter mehrere konservative, forderten mich in Meinungsartikeln zur Kandidatur auf, und die Zeitschrift *Time* brachte eine Titelgeschichte mit der Überschrift »Warum Barack Obama der nächste Präsident sein könnte«.

Doch anscheinend waren nicht alle davon angetan. Als Gibbs an einem Zeitungskiosk auf der Michigan Avenue ein Exemplar von *Time* kaufte, warf der indisch-amerikanische Verkäufer einen Blick auf mein Foto und sagte nur zwei Worte: »*Fuuuck* that.«

Wir lachten viel über diese Geschichte. Und als die öffentlichen Diskussionen über meine Kandidatur immer lauter wurden, begannen Gibbs und ich, den Ausdruck wie eine Beschwörungsformel zu verwenden, die uns half, auf dem Boden der Tatsachen zu bleiben und das Gefühl in Schach zu halten, dass wir die Kontrolle über die Ereignisse verloren. Bei meiner letzten Station im Wahlkampf für die Midterm-Wahlen, einer Abendveranstaltung in Iowa City, wo ich den demokratischen Kandidaten für das Gouverneursamt unterstützte, war das Publikum kaum zu bändigen. Als ich auf der Bühne stand und den Blick über die versammelte Menschenmenge schweifen ließ, deren Atemluft wie ein Nebel in der von Bogenlampen erhellten Nacht aufstieg, sah ich in Tausende erwartungsfrohe Gesichter. Der Jubel erstickte meine erschöpfte Stimme, und ich hatte das Gefühl, eine Filmszene zu betrachten: Die Figur auf der Bühne war nicht ich.

Als ich an jenem Abend spät heimkehrte, war es dunkel im Haus.

Michelle schlief bereits. Nachdem ich geduscht und die Post durchgesehen hatte, kroch ich ins Bett und schlummerte ein. Im Niemandsland zwischen Wachzustand und Schlaf sah ich mich auf eine Art von Portal zugehen, einen hellen, kalten und luftleeren Ort, der unbewohnt und von der Welt getrennt war. Und in meinem Rücken erklang aus der Dunkelheit eine scharfe, klare Stimme, so als stünde jemand direkt hinter mir, der ein ums andere Mal dasselbe Wort wiederholte.

Nein. Nein. Nein.

Ich sprang aus dem Bett. Mein Herz raste. Ich ging nach unten, um mir einen Drink einzugießen. Ich saß allein im Dunkeln und nippte an dem Wodka. Meine Nerven lagen blank, mein Verstand raste. Mir wurde klar, dass meine tiefste Furcht nicht länger die vor der Irrelevanz oder davor war, den Rest meiner Karriere im Senat zu verbringen. Ich fürchtete mich nicht einmal davor, eine Präsidentschaftswahl zu verlieren.

Ich fürchtete mich vor der Erkenntnis, dass ich gewinnen könnte.

GETRAGEN VON EINER WELLE der Ablehnung gegenüber der Regierung Bush und dem Krieg im Irak, entschieden die Demokraten in jenem November praktisch alle wichtigen Wettbewerbe für sich. Sie sicherten sich die Mehrheit im Repräsentantenhaus und im Senat. Wir hatten hart für diese Ergebnisse gearbeitet, aber mein Team und ich hatten keine Zeit zum Feiern. Am Tag nach der Wahl begannen wir, eine mögliche Route ins Weiße Haus zu entwerfen.

Unser Meinungsforscher Paul Harstad ging die Zahlen durch und stellte fest, dass ich bereits zu den aussichtsreichsten Kandidaten zählte. Wir studierten den Kalender für die Vorwahlen und Nominierungsversammlungen. Uns war klar, dass beim Wahlkampf eines Neulings wie mir alles davon abhängen würde, ob es mir gelang, die ersten Staaten und vor allem Iowa zu gewinnen. Wir spielten durch, wie ein realistisches Budget aussehen könnte und wie wir die Hunderte Millionen Dollar auftreiben könnten, die wir brauchen würden, um überhaupt die Nominierung für die Demokratische Partei zu erreichen. Pete und Alyssa präsentierten mögliche Wege, meine Pflichten als Senator mit Wahlkampfreisen in Einklang zu bringen. Axelrod fasste in einem Memo mögliche Wahlkampfthemen zusammen, und er beschrieb, wie – angesichts der totalen Geringschätzung der Wähler für Washington – meine um den Wandel kreisende Botschaft meinen offenkundigen Mangel an Erfahrung ausgleichen könnte.

Obwohl sie nur sehr wenig Zeit gehabt hatten, hatten sie ihre Aufgaben allesamt gründlich und sorgfältig erledigt. Besonders beeindruckt war ich von David Plouffe. Er war Ende dreißig, schlank und energiegeladen, mit markanten Gesichtszügen und einem forschen, aber lockeren Auftreten. Er hatte sein Studium abgebrochen, um in mehreren demokratischen Wahlkämpfen zu arbeiten, und hatte das Demokratische Kongresswahlkampfkomitee geleitet, bevor er in Axelrods Beratungsfirma gewechselt war. Eines Tages hörte ich ihm zu, als er gerade skizzierte, wie wir in den einzelnen Bundesstaaten Aktivitäten an der Basis voranbringen könnten, indem wir sowohl unser Freiwilligenreservoir als auch das Internet nutzten. Sollten wir das tun, so sagte ich kurz darauf zu Pete, sei Plouffe der ideale Mann für die Wahlkampfleitung.

»Er ist ausgezeichnet«, sagte Pete. »Aber da ist möglicherweise ein wenig Überzeugungsarbeit nötig. Er hat eine junge Familie.«

Eines war auffällig an unseren Diskussionen in diesem Monat. Das ganze Team war ähnlich hin- und hergerissen wie ich. Es lag nicht nur daran, dass meine Kandidatur ein Wagnis war: Plouffe und Axelrod äußerten beide rundheraus, dass unsere Kampagne nahezu perfekt sein müsse, um Hillary Clinton zu schlagen, die eine »nationale Marke« war. Was sie auch nachdenklich machte, war, dass sie anders als ich bereits Präsidentschaftswahlkämpfe aus der Nähe miterlebt hatten. Sie wussten genau, was für ein zermürbendes Unterfangen das war. Sie wussten, dass nicht nur ich und meine Familie, sondern auch sie und ihre Familien einen hohen Preis würden zahlen müssen.

Wir würden unentwegt auf Achse sein. Die Medien würden uns erbarmungslos durchleuchten – ich glaube, Gibbs nannte es mal »eine ununterbrochene Darmspiegelung«. Ich würde Michelle und die Kinder mindestens ein Jahr lang kaum zu Gesicht bekommen – und wenn wir das Glück hätten, uns in den Vorwahlen durchzusetzen, würden zwei Jahre daraus werden.

»Ich will ehrlich sein, Barack«, sagte mir Axe nach einer Besprechung, »es kann beglückend sein, aber die meiste Zeit ist es eine Qual.

Es ist ein Stresstest, ein EKG der Seele. Und trotz Ihres Talents weiß ich nicht, wie gut Sie damit umgehen können. Sie wissen es genauso wenig. Die ganze Sache ist so verrückt, so würdelos und brutal, dass man ein bisschen krank sein muss, um alles, was nötig ist, für den Sieg zu geben. Und ich weiß einfach nicht, ob Sie diesen Hunger haben. Ich glaube nicht, dass Sie unglücklich sein werden, wenn Sie nie Präsident werden sollten.«

»Das stimmt«, antwortete ich.

»Ich weiß«, sagte Axe, »und menschlich gesehen ist das eine Stärke. Aber bei einem Kandidaten ist es eine Schwäche. Möglicherweise sind Sie ein bisschen zu normal, zu ausgeglichen, um sich für das Präsidentenamt zu bewerben. Und obwohl der politische Berater in mir glaubt, dass es faszinierend wäre, Ihnen dabei zuzuschauen, hofft der Teil von mir, der Ihr Freund ist, irgendwie, dass Sie es nicht tun werden.«

Michelle bemühte sich ebenfalls, mit ihren Gefühlen ins Reine zu kommen. In den Besprechungen hörte sie schweigend zu und warf gelegentlich eine Frage zum Wahlkampfkalender ein und dazu, was von ihr erwartet und wie es sich auf unsere Töchter auswirken würde. Ihr Widerstand gegen eine Kandidatur war schwächer geworden. Vielleicht half es ihr, die ungeschminkte Wahrheit darüber zu hören, was ein Wahlkampf mit sich brachte: Ihre schlimmsten Befürchtungen nahmen eine konkrete und spezifische Gestalt an, was ihr die Möglichkeit gab, sich damit auseinanderzusetzen. Vielleicht waren es auch die Gespräche mit Valerie und Marty, zweien unserer treuesten Freunde, deren Urteil sie unbedingt vertraute. Vielleicht kam der entscheidende Anstoß von ihrem Bruder Craig, der selbst eine einträgliche Karriere bei einer Bank aufgegeben hatte, um seinen unwahrscheinlichen Traum zu verwirklichen und Basketballprofi und später Trainer zu werden.

»Sie hat einfach Angst«, sagte Craig, als wir an einem Nachmittag bei einem Bier zusammensaßen. Er erzählte mir, wie Michelle und ihre Mutter seine Basketballspiele in der Highschool besucht hatten: Wenn das Spiel auf der Kippe stand, verließen sie die Tribüne, da sie die Anspannung nicht ertrugen. »Sie wollten mich nicht verlieren sehen«, sagte Craig. »Sie wollten nicht sehen, dass ich unter einer Niederlage litt oder enttäuscht war. Ich musste ihnen erklären, dass das Verlieren zum Wettkampf gehört.« Er war dafür, dass ich die Kandidatur wagte, und wollte mit seiner Schwester reden. »Ich möchte, dass sie die größeren Zusammenhänge sieht«, sagte er. »Die Chance, an einem Wettbewerb auf dieser Ebene teilzunehmen, darf man sich nicht entgehen lassen.«

Kurz vor unserer Urlaubsreise nach Hawaii traf sich das Team an einem Dezembertag zur letzten Besprechung, bevor ich entschied, ob ich kandidieren würde oder nicht. Michelle ertrug geduldig eine einstündige Diskussion über die Personalplanung und den Ablauf einer möglichen Ankündigung. Dann schaltete sie sich mit einer wesentlichen Frage in das Gespräch ein.

»Du hast mir gesagt, dass es viele andere Demokraten gibt, die in der Lage sind, die Wahl zu gewinnen und Präsident zu werden. Du hast mir gesagt, du würdest nur kandidieren, wenn du etwas zu bieten hättest, das die anderen nicht bieten können. Sonst sei es die Mühe nicht wert. Richtig?«

Ich nickte.

»Also frage ich: Warum du, Barack? Warum musst *du* Präsident sein?«

Wir sahen uns über den Tisch hinweg an. Einen Augenblick lang hatte ich das Gefühl, mit ihr allein im Zimmer zu sein. Meine Gedanken sprangen zurück zu dem Augenblick vor siebzehn Jahren, als wir uns das erste Mal begegnet waren: Ich war verspätet in ihrem Büro eingetroffen, ein bisschen nass vom Regen, und Michelle stand hinter ihrem Tisch auf, so reizend und selbstbeherrscht, ganz Anwältin in Bluse und Rock, und es entspann sich eine gelöste Unterhaltung. In diesem Augenblick sah ich in ihren runden dunklen Augen eine Verwundbarkeit, die sie, wie ich später herausfand, nur selten zeigte. Ich wusste auf Anhieb, dass sie etwas Besonderes war, dass ich sie würde kennenlernen müssen, dass dies eine Frau war, die ich lieben konnte. Jetzt dachte ich, was ich für ein Glück gehabt hatte.

»Barack?«

Ich riss mich aus meinen Träumereien. »Richtig«, sagte ich. »Warum ich?« Ich nannte einige der Gründe, über die wir schon gesprochen hatten: Möglicherweise würde es mir gelingen, eine neue Art von Politik anzustoßen, eine neue Generation dazu zu bewegen mitzumachen. Vielleicht könnte ich die Spaltung des Landes eher überwinden als die anderen Kandidaten.

»Aber wer weiß?«, sagte ich und ließ meinen Blick um den Tisch wandern. »Es gibt keine Garantie dafür, dass wir es schaffen. Nur eines weiß ich ganz sicher. Ich weiß, dass die Welt an dem Tag, an dem ich die rechte Hand hebe und den Amtseid ablege, die Vereinigten Staaten mit anderen Augen betrachten wird. Ich weiß, dass junge Menschen überall im Land – Schwarze Jugendliche, spanischstämmige Jugendliche und Jugendliche, die nicht dazugehören – sich ebenfalls anders sehen werden. Ihr Horizont wird sich erweitern, ihnen werden sich mehr Möglichkeiten eröffnen. Und das allein … Das wäre es wert.«

Es herrschte Stille im Raum. Marty lächelte. Valerie rang mit den Tränen. Ich sah, dass einige der Teammitglieder vor ihrem inneren Auge ein Bild heraufbeschworen: das des ersten afroamerikanischen Präsidenten der Vereinigten Staaten, der den Amtseid ablegt.

Michelle starrte mich eine gefühlte Ewigkeit lang an. »In Ordnung, Schatz«, sagte sie schließlich. »Das war eine ziemlich gute Antwort.«

Alle lachten, und wir wandten uns anderen Themen zu. In den folgenden Jahren erinnerten sich die Teilnehmer gelegentlich an diese Sitzung, denn sie waren alle der Meinung, dass meine Antwort auf Michelles Frage ein aus dem Stegreif formulierter Ausdruck einer gemeinsamen Überzeugung war, jener Idee, die uns dazu bewegt hatte, zu einer langen, mühsamen und unwahrscheinlichen Reise aufzubrechen. Sie erinnerten sich daran, als sie sahen, wie mir ein kleiner Junge im Oval Office über die Haare strich, oder als eine Lehrerin berichtete, dass die Kinder ihrer Schule in einem benachteiligten Viertel nach meiner Wahl begonnen hätten, eifriger zu lernen.

Und es stimmt: Als ich Michelles Frage beantwortete, formulierte ich meine Hoffnung, dass allein ein glaubwürdiger Wahlkampf schon dazu beitragen könnte, einige Überbleibsel der rassistischen Vergangenheit Amerikas abzuschütteln. Aber tief im Inneren wusste ich, dass dieses Vorhaben auch eine persönlichere Bedeutung hatte.

Ein Sieg würde beweisen, dass meine Wahl zum Senator nicht einfach Glück gewesen war.

Ein Sieg würde bedeuten, dass meine Entscheidung für eine politische Karriere nicht allein auf einem fantastischen Wunschtraum beruhte, sondern dass das Amerika, an das ich glaubte, möglich war, dass die Demokratie, an die ich glaubte, erreichbar war.

Ein Sieg würde bedeuten, dass ich mit meinem Glauben nicht allein war, dass die Welt kein kalter, erbarmungsloser Ort sein musste, an dem die Starken die Schwachen ausplünderten und wir uns zwangsläufig in Clans und Stämme zurückzogen, das Unbekannte attackierten und uns aus Angst vor der Dunkelheit aneinanderdrängten.

Wenn sich diese Überzeugungen verwirklichen ließen, dann hatte mein eigenes Leben einen Sinn, und ich würde dieses Versprechen, diese Version der Welt an meine Kinder weitergeben können.

Ich hatte mich vor langer Zeit auf eine Wette eingelassen, und jetzt war der Moment gekommen, Rechenschaft abzulegen. Ich war drauf und dran, eine unsichtbare Linie zu überschreiten, ein Schritt, der mein Leben unausweichlich verändern würde in einer Art und Weise, die ich mir noch nicht vorstellen konnte und die ich womöglich nicht gut fand. Aber jetzt stehen zu bleiben, jetzt umzukehren, jetzt aufzugeben – das war inakzeptabel.

Ich musste herausfinden, wohin all das führte.

TEIL 2

YES WE CAN

KAPITEL 5

AN EINEM STRAHLENDEN MORGEN im Februar 2007 stand ich auf einer Bühne vor dem Kapitol in Springfield – am selben Ort hatte Abraham Lincoln in seiner Zeit als Abgeordneter im Parlament von Illinois seine Rede »House Divided« gehalten – und gab bekannt, dass ich mich um das Amt des Präsidenten der Vereinigten Staaten bewerben würde. Die Temperatur lag um die zehn Grad unter dem Gefrierpunkt, weshalb wir befürchtet hatten, die Kälte könnte die Leute fernhalten; aber als ich ans Mikrofon trat, hatten sich mehr als fünfzehntausend Menschen auf dem Platz und den angrenzenden Straßen versammelt. Sie waren in Winterjacken und Schals gehüllt und hatten sich mit Skimützen und Ohrenwärmern geschützt. Alle waren in fröhlicher Stimmung, viele hielten selbst gemalte oder von meiner Wahlkampforganisation bereitgestellte OBAMA-Schilder in die Luft, und der Atemdunst hing in kleinen Wölkchen über der Menge.

In meiner Ansprache, die von Kabelfernsehsendern live übertragen wurde, fasste ich die wichtigsten Themen unseres Wahlkampfs zusammen: die Notwendigkeit tiefgreifender Veränderungen, das Bedürfnis, seit Langem schwelende Probleme wie die Krankenversicherung und den Klimawandel in Angriff zu nehmen, die Notwendigkeit, die abgenutzte parteipolitische Spaltung in Washington zu überwinden, und die Notwendigkeit einer engagierten und aktiven Bürgerschaft. Als ich fertig war, kamen Michelle und die Mädchen zu mir auf die Bühne und winkten der jubelnden Menge zu. Riesige amerikanische Flaggen, die an den Fassaden der umliegenden Gebäude herabhingen, sorgten dabei für eine spektakuläre Kulisse.

Unsere nächste Station war Iowa, wo elf Monate später der erste Wettkampf um die Nominierung der Kandidaten stattfinden würde. Wir hofften auf einen frühen Wahlerfolg, der uns einen Vorsprung vor unseren erfahreneren Rivalen sichern sollte. In einer Reihe von Bürgerversammlungen wurden wir erneut von Tausenden Anhängern und Neugierigen begrüßt. Bei einer Veranstaltung in Cedar Rapids hörte ich hinter der Bühne, wie ein Parteimitarbeiter aus Iowa im Gespräch mit einem der etwa fünfzig Journalisten, die uns begleiteten, erklärte: »Das hier ist nicht normal.«

Wenn ich mir die Aufnahmen von jenem Tag ansehe, ist es schwer, nicht von der Nostalgie gepackt zu werden, die meine ehemaligen Mitarbeiter und Anhänger noch immer erfüllt – das Gefühl, dass wir zu einer magischen Reise aufbrachen, dass wir in den folgenden zwei Jahren die Sterne vom Himmel holen und etwas Grundlegendes und Wahres über Amerika entdecken würden. Aber obwohl die Begeisterung der Menge und die mediale Aufmerksamkeit an jenem Tag darauf hindeuteten, dass ich tatsächlich im Rennen würde bestehen können, muss ich mich selbst daran erinnern, dass damals nichts einfach oder vorherbestimmt wirkte. Wiederholt hatte ich das Gefühl, unser Wahlkampf würde völlig aus den Fugen geraten, und nicht nur ich, sondern viele, die mich aufmerksam beobachteten, gewannen in der Anfangszeit den Eindruck, dass ich kein besonders guter Kandidat war.

Meine Probleme waren in mehrerlei Hinsicht Folge der von uns geweckten Begeisterung und der Erwartungen, die damit einhergingen. Wie Axe uns erklärte, fangen die meisten Präsidentschaftswahlkämpfe zwangsläufig klein an – »Off-Broadway«, wie er es nannte. Kleine Säle, kleines Publikum und eine Berichterstattung vor allem durch lokale Fernsehsender und Zeitungen. So können Kandidaten ihre Botschaften testen, Fehler ausbessern, den einen oder anderen Reinfall wegstecken oder einen Anfall von Lampenfieber überwinden, ohne dass es groß auffällt. Wir hatten diesen Luxus nicht. Es war vom ersten Tag an, als stünden wir auf dem Times Square, und im Rampenlicht war mein Mangel an Erfahrung deutlich zu sehen.

Die größte Sorge meines Teams war, dass mir einer jener verbalen Ausrutscher unterlaufen würde, die Unkenntnis, Nachlässigkeit, unklares Denken, mangelnde Sensibilität, Ungeschliffenheit, Bosheit,

Unaufrichtigkeit oder Heuchelei verraten. Oder die einfach so weit von den Konventionen abweichen, dass der Kandidat verwundbar wird. Nach dieser Definition unterlaufen den meisten von uns jeden Tag zwischen fünf und zehn Ausrutscher, wobei wir auf Nachsicht und Wohlwollen unserer Familien, Kollegen und Freunde vertrauen, dass sie schon verstehen, was wir eigentlich sagen wollten, und uns im Allgemeinen nicht die schlechtesten, sondern die besten Absichten unterstellen.

Folglich neigte ich am Anfang dazu, einige Warnungen meiner Mitarbeiter in den Wind zu schlagen. Auf der Fahrt zu unserem letzten Auftritt in Iowa am Tag der Bekanntgabe meiner Kandidatur sah Axe von seinen Briefingunterlagen auf.

»Der Name des Orts, den wir besuchen, wird übrigens ›Waterloo‹ ausgesprochen.«

»In Ordnung«, antwortete ich. »Waterloo.«

»Nein.« Axe schüttelte den Kopf. »Es ist Water-*loo*. Nicht *Water*-loo.«

»Können Sie das noch einmal wiederholen?«

»Water-*loo*«, sagte Axe mit gespitzten Lippen.

»Noch einmal bitte.«

Er runzelte die Stirn. »Okay, Barack … ich meine es ernst.«

Ich begriff allerdings schnell, dass die normalen Regeln für das Sprechen nicht mehr gelten, sobald man seine Kandidatur für das Präsidentenamt bekannt gegeben hat: Überall sind Mikrofone, und jedes Wort, das aus deinem Mund kommt, wird aufgezeichnet, verstärkt, auf die Waagschale gelegt und seziert. Auf jener ersten Rundreise durch Iowa im Anschluss an meine Ankündigung passierte es bei einer Bürgerversammlung in Ames – ich erklärte gerade, warum ich das militärische Engagement im Irak ablehnte –, dass ich nachlässig wurde und sagte, die wenig durchdachte Entscheidung der Regierung Bush habe dazu geführt, dass das Leben von mehr als dreitausend jungen Soldaten »vergeudet« worden sei. In dem Augenblick, als das Wort über meine Lippen kam, bereute ich es. Ich hatte stets darauf geachtet, zwischen meiner Meinung über den Krieg und der Wertschätzung für die Opfer, die unsere Soldaten und ihre Familien brachten, zu unterscheiden. Nur wenige Medien griffen meine unglückliche Wortwahl auf, und eine rasche Entschuldigung erstickte jegliche Kontroverse im Keim. Aber die Erfahrung erinnerte mich daran, dass meine Worte jetzt ein anderes Gewicht als zuvor hatten, und als ich mir vorstellte, wie meine Achtlosigkeit auf eine Familie wirken musste, die um den Verlust eines geliebten Menschen trauerte, wurde mir bang ums Herz.

Ich bin von Natur aus ein Mensch, der überlegt spricht, was im Wahlkampf dazu beitrug, dass ich mir verglichen mit manch anderem Kandidaten relativ wenige Entgleisungen leistete. Aber meine vorsichtige Wortwahl beschwor ein anderes Problem herauf: Ich neigte zu langatmigen Erklärungen. Wurde mir eine Frage gestellt, holte ich weit und umständlich aus, wobei mein Verstand jedes Thema instinktiv in zahlreiche Bestandteile und Teilbestandteile zerlegte. Hatte ein Argument zwei Seiten, so sah ich normalerweise vier. Musste ich eine Ausnahme von einer Feststellung machen, so erwähnte ich sie nicht einfach, sondern lieferte Fußnoten mit. »Sie versenken Ihre eigentliche Botschaft!«, rief Axe aus, wenn er sich wieder einmal angehört hatte, wie ich endlos schwadronierte. Dann bemühte ich mich ein oder zwei Tage lang, mich kurzzufassen, nur um plötzlich festzustellen, dass ich der Versuchung nicht widerstehen konnte, eine zehnminütige Erklärung zu den Feinheiten der Handelspolitik oder zur Geschwindigkeit der Polschmelze abzugeben.

»Und, wie war ich?«, fragte ich, zufrieden mit meiner Gründlichkeit, als ich von der Bühne stieg.

»Dafür kriegen Sie eine Eins in der Prüfung«, antwortete Axe, »aber keine Wählerstimmen.«

Diese Probleme bekam ich mit der Zeit in den Griff. Größere Sorge bereitete mir, dass ich missmutig war, als der Frühling begann. Mittlerweile ist mir klar, dass meine schlechte Laune vor allem von der Erschöpfung nach einem zweijährigen Senatswahlkampf, einem Jahr als Senator auf unzähligen Bürgerversammlungen und den monatelangen Reisen im Dienst anderer Kandidaten herrührte. Sobald das Hochgefühl, das die Bekanntgabe meiner Kandidatur ausgelöst hatte, schwand, wurde mir tatsächlich bewusst, was für eine gewaltige Plackerei mir bevorstand.

Und es wurde eine Plackerei. Wenn ich nicht in Senatsangelegenheiten in Washington war, reiste ich nach Iowa oder in einen der anderen

Staaten, die früh mit den Vorwahlen an der Reihe waren. Ich war sechzehn Stunden am Tag im Einsatz, an sechseinhalb Tagen in der Woche. Ich übernachtete in einem Hampton Inn, einem Holiday Inn, einem AmericInn oder einem Super 8. Nach fünf oder sechs Stunden Schlaf stand ich auf, um eine Trainingseinheit einzuschieben, wo immer wir Trainingsgeräte finden konnten (unvergesslich das alte Laufband im Hinterzimmer eines Bräunungsstudios), bevor ich meine Sachen zusammenpackte, wahllos ein Frühstück hinunterschlang, in einen Van sprang, auf dem Weg zur ersten Versammlung des Tages potenzielle Spender anrief, der Lokalzeitung oder einem Fernsehsender ein Interview gab, die örtliche Parteispitze traf, nach einer Toilettenpause in einem Diner vorbeischaute, um Hände zu schütteln, und dann wieder in den Van kletterte, um noch ein paar Spender anzurufen. Denselben Ablauf wiederholte ich drei- oder viermal, irgendwann zwischendurch aß ich ein kaltes Sandwich oder einen Salat, und gegen neun Uhr abends fiel ich in einem weiteren Motel aufs Bett und versuchte, Michelle und die Mädchen anzurufen, bevor sie schlafen gingen. Die letzten wachen Minuten verbrachte ich damit, das Programm für den folgenden Tag durchzugehen, bis mir irgendwann der Ordner aus den Händen rutschte, weil mich die Erschöpfung übermannte.

Dann waren da auch noch die Flüge nach New York oder Los Angeles, nach Chicago oder Dallas, wo ich an Spendenveranstaltungen teilnahm. Es war kein glamouröses, sondern ein monotones Leben, und die Aussicht auf achtzehn weitere Monate in dieser Tretmühle zermürbte mich rasch. Ich hatte meine Ansprüche im Präsidentschaftsrennen angemeldet, zahlreiche Personen engagiert, Fremde um Geld gebeten und für eine Vision geworben, an die ich glaubte. Aber ich vermisste meine Frau. Ich vermisste meine Kinder. Ich vermisste mein Bett, regelmäßiges Duschen, ein richtiges Essen an einem ordentlichen Tisch. Ich vermisste es, nicht fünf-, sechs- oder siebenmal am Tag exakt dieselben Dinge auf exakt dieselbe Art sagen zu müssen.

Glücklicherweise standen mir neben Gibbs (der die Konstitution, Erfahrung und allgemeine Sturheit mitbrachte, die nötig war, um mich während der Wahlkampfreisen auf Kurs zu halten) zwei weitere Gefährten zur Seite, die mir halfen, meine anfängliche Niedergeschlagenheit zu überwinden.

Der erste war Marvin Nicholson, der zur Hälfte Kanadier war, lässigen Charme besaß und sich durch nichts aus der Ruhe bringen ließ. Er war Mitte dreißig und zwei Meter groß. Marvin hatte schon eine Reihe von Jobs gehabt, vom Golf-Caddy bis zum Barkeeper in einem Stripclub, bevor er sich vier Jahre zuvor als »Body Man« von John Kerry verdingt hatte. Der Body Man hat eine sonderbare Rolle: Er muss als persönlicher Assistent und Mädchen für alles dafür sorgen, dass ein Kandidat stets alles hat, was er braucht, um funktionieren zu können, sei es der bevorzugte Snack oder ein paar Kopfschmerztabletten, ein Regenschirm, wenn es nieselt, oder ein Schal, wenn es kalt ist, oder der Name des Leiters der örtlichen Parteiorganisation, der auf einen zueilt, um einem die Hand zu schütteln. Marvin bewältigte all diese Aufgaben mit so großem Geschick, dass er in politischen Kreisen mittlerweile so etwas wie eine Kultfigur war. Deshalb hatten wir ihn als Cheforganisator für unsere Wahlkampftour engagiert. Zusammen mit Alyssa und dem Vorausteam koordinierte er die Reisearrangements, achtete darauf, dass ich stets alles erforderliche Material zur Hand hatte, und sorgte dafür, dass ich meinen Zeitplan wenigstens annähernd einhielt.

Und dann war da Reggie Love. Aufgewachsen in einer Schwarzen Mittelschichtfamilie in North Carolina, einen Meter neunzig groß und kräftig gebaut, war er an der Duke University der Star nicht nur des Basketballteams, sondern auch der Footballmannschaft gewesen, bevor Pete Rouse ihn als Assistenten für mein Senatsbüro engagiert hatte. (Eine Bemerkung am Rand: Viele Leute äußern sich überrascht darüber, wie groß ich bin, einen Meter fünfundachtzig; ich schreibe ihre Verwunderung teilweise der Tatsache zu, dass ich auf Fotos jahrelang zwischen Reggie und Marvin stand, weshalb ich wie ein Zwerg wirkte.) Unter Marvins Anleitung übernahm der fünfundzwanzigjährige Reggie die Rolle des Body Man, und obwohl er anfangs seine liebe Mühe hatte – er schaffte es, innerhalb einer Woche meinen Aktenkoffer in Miami und meine Anzugjacke in New Hampshire zu vergessen –, machten ihn seine Arbeitsethik und sein freundlich alberner Humor rasch zu einem der beliebtesten Mitglieder des Wahlkampftrosses.

Gibbs, Marvin und Reggie sollten fast zwei Jahre lang meine Aufpasser, meine Verbindung zur Normalität und eine ständige Quelle befreiender Komik sein. Wir spielten Karten und Billard. Wir diskutierten über Sport und tauschten Musik aus. (Reggie half mir, eine Hip-Hop-Playlist zu aktualisieren, die bei Public Enemy stehen geblieben war.) Marvin und Reggie erzählten mir von ihrem Sozialleben auf Reisen (kompliziert) und ihren Abenteuern in verschiedenen örtlichen Lokalen nach Feierabend (Tattoostudios und Jacuzzis spielten eine gewisse Rolle). Wir zogen Reggie mit seiner jugendlichen Unwissenheit auf (einmal erwähnte ich Paul Newman, und Reggie warf ein: »Das ist der Typ mit dem Salatdressing, nicht wahr?«) und machten uns über Gibbs' Appetit lustig (bei der Iowa State Fair fiel es ihm schwer, zwischen einem frittierten Twinkie und einem frittierten Snickers-Riegel zu wählen, bis ihm die Angestellte hinter der Theke irgendwann zu Hilfe eilte: »Schätzchen, warum nimmst du nicht beide?«).

Wann immer wir konnten, spielten wir Basketball. Sogar in den kleinsten Ortschaften gab es in der Highschool eine Sporthalle, und wenn wir keine Zeit für ein richtiges Match hatten, krempelten Reggie und ich trotzdem die Ärmel hoch und spielten eine Runde H-O-R-S-E, eine Basketballvariante, während wir auf meinen Auftritt warteten. Wie jeder echte Athlet nahm Reggie den Wettkampf weiterhin sehr ernst. Manchmal wachte ich am Morgen nach einem Spiel eins gegen eins auf und konnte kaum gehen, obwohl ich zu stolz war, meine Schmerzen einzugestehen. Einmal traten wir in New Hampshire gegen eine Gruppe von Feuerwehrleuten an, die ich dazu bewegen wollte, mich öffentlich zu unterstützen. Sie waren Wochenendsportler, ein bisschen jünger als ich, aber in schlechterer Form. Nachdem ihnen Reggie dreimal den Ball abgenommen und den Konter mit einem krachenden Dunk abgeschlossen hatte, verlangte ich ein Time-out.

»Was tust du denn?«, fragte ich.

»Wieso?«

»Du weißt, dass ich ihre Unterstützung will, nicht wahr?«

Reggie sah mich ungläubig an. »Sollen wir etwa gegen diese Nieten verlieren?«

Ich dachte einen Augenblick nach.

»Nein«, sagte ich. »So weit würde ich nicht gehen. Aber halten wir das Ergebnis möglichst knapp, damit sie nicht zu sauer auf uns sind.«

Zeit mit Reggie, Marvin und Gibbs zu verbringen, half mir, abzuschalten und für eine Weile dem Wahlkampfdruck zu entkommen. Es war ein kleiner Raum, in dem ich kein Kandidat, kein Symbol, keine Stimme einer Generation und auch nicht Chef war, sondern einfach einer der Jungs. Was mir wertvoller als jede Anfeuerungsrede vorkam, während ich mich durch diese ersten Monate schleppte. Einmal, als wir nach einem weiteren uninspirierten Auftritt am Ende eines weiteren nicht enden wollenden Tages in ein weiteres Flugzeug stiegen, versuchte Gibbs, mich anzufeuern. Er sagte mir, ich müsse mehr lächeln, ich müsse mir vor Augen halten, dass dies ein großes Abenteuer sei und dass die Wähler einen glücklichen Kämpfer sehen wollten.

»Haben Sie überhaupt Spaß?«, fragte er.

»Nein«, sagte ich.

»Können wir etwas tun, damit es vergnüglicher wird?«

»Nein.«

Reggie, der in der Sitzreihe vor uns saß, hatte unser Gespräch mit angehört und drehte sich zu mir um. »Wenn es ein Trost ist«, sagte er mit einem breiten Grinsen, »für mich ist das hier die schönste Zeit meines Lebens.«

Es war ein Trost – obwohl ich ihm das damals nicht gesagt habe.

ICH LERNTE VIEL und schnell. Ich saß stundenlang über den dicken Briefingunterlagen, die mir meine Leute zusammengestellt hatten, verschlang die neuesten Studienergebnisse zum Wert der Frühförderung von Kindern, Informationen über neue Entwicklungen in der Batterietechnologie, die saubere Energie verbilligen würden, und Daten über die Währungsmanipulationen, mit denen China seine Exportwirtschaft anschob.

Im Rückblick wird mir klar, dass ich tat, was die meisten von uns tun, wenn wir uns unsicher fühlen oder am Schwimmen sind: Wir klammern uns an Vertrautes, an das, worauf wir uns verstehen. Ich verstand etwas von der Politik, und ich verstand mich darauf, Informationen aufzunehmen und zu verarbeiten. Ich brauchte eine Weile, um zu begreifen, dass mein Problem nicht das Fehlen eines Zehn-Punkte-Plans war. Mein Problem war meine Unfähigkeit, ein Thema auf das Wesentliche zu reduzieren. Eine Geschichte zu erzählen, die helfen würde, dem amerikanischen Volk eine zunehmend ungewisse Welt zu erklären, und die den Menschen das Gefühl geben könnte, dass ich ihnen als Präsident helfen würde, sich in dieser Welt zurechtzufinden.

Meine erfahreneren Konkurrenten hatten das bereits verstanden. Zu Beginn des Wahlkampfs blamierte ich mich vor ihnen auf einem Forum zum Thema Gesundheitsversorgung. Die von der Dienstleistungsgewerkschaft organisierte Veranstaltung fand an einem Samstagabend Ende März 2007 in Las Vegas statt. Plouffe hatte mir von einer Teilnahme abgeraten. In seinen Augen spielte ein solches »Vorsingen«, bei dem die Kandidaten vor irgendeiner Interessengruppe von Demokraten auftraten, den Insidern in die Hände und kostete uns Zeit, die wir für direkte Begegnungen mit Wählern nutzen könnten. Ich war anderer Meinung. Das Gesundheitswesen lag mir sehr am Herzen – nicht nur, weil ich bei den Begegnungen mit Wählern zahlreiche bedrückende Berichte über persönliche Schicksale hörte, sondern auch, weil ich meine Mutter in ihren letzten Tagen nicht vergessen konnte, als sie sich nicht nur über ihre Überlebenschancen Sorgen gemacht hatte, sondern auch darüber, ob ihre Versicherung ihre Behandlung bezahlen würde.

Wie sich herausstellte, hätte ich auf Plouffe hören sollen. Ich hatte zu viele Fakten und zu wenige Antworten. Vor einem großen Publikum von Fachleuten aus dem Gesundheitswesen stammelte und murmelte ich auf der Bühne. Ich geriet ins Stocken und räusperte mich. Auf gezielte Fragen musste ich mit dem Geständnis antworten, dass ich noch keinen klaren Plan für eine medizinische Versorgung hatte, die sich jeder Amerikaner würde leisten können. Man hätte in der Stille eine Stecknadel fallen hören können. In einem Bericht der Nachrichtenagentur Associated Press, der sofort von Medien im ganzen Land aufgegriffen wurde, wurde meine Darbietung auf dem Forum kritisiert. Die schmerzhafte Überschrift des Berichts lautete: »Ist Obama nur Stil ohne Substanz?«

Mein Auftritt stand in krassem Gegensatz zu jenen von John Edwards und Hillary Clinton, meinen beiden stärksten Konkurrenten. Der gut aussehende und geschliffene Edwards war 2004 aus dem Senat ausgeschieden, um an der Seite von John Kerry für das Amt des Vizepräsidenten zu kandidieren, und hatte anschließend medienwirksam ein Zentrum für Armutsbekämpfung aufgebaut. Aber im Grunde hatte er nie aufgehört, sich hauptberuflich um das Präsidentenamt zu bewerben. Ich kannte ihn nicht gut, aber er hatte mich nie besonders beeindruckt. Obwohl er aus einer Arbeiterfamilie stammte, schien mir seine Volkstümlichkeit künstlich und nach Meinungsumfragen konstruiert; er wirkte auf mich wie das politische Gegenstück einer jener Boygroups, die von der Marketingabteilung eines Studios erfunden worden sind. Aber an jenem Abend in Las Vegas musste ich erkennen, dass er sehr viel mehr Substanz hatte. Er erläuterte einen glasklaren Vorschlag für eine universelle Krankenversicherung und legte dabei all die Fähigkeiten an den Tag, die ihn in seiner Heimat North Carolina zu einem erfolgreichen Prozessanwalt gemacht hatten.

Hillary war noch besser. Wie viele Amerikaner hatte ich die Neunzigerjahre damit verbracht, den Clintons aus der Ferne zuzusehen. Ich hatte Bills außergewöhnliches politisches Talent und seine intellektuelle Schlagkraft bewundert. Zwar war ich nicht immer einverstanden gewesen mit seiner Strategie eines dritten Standpunktes neben rechten und linken Positionen, der sogenannten Triangulation – seine Sozialhilfereform etwa, die jenen, die keine Arbeit finden konnten, nur unzureichenden Schutz gewährte, oder die harte Rhetorik beim Thema Verbrechensbekämpfung, die zu einer rasanten Zunahme von Häftlingen in den Bundesgefängnissen beitrug –, aber ich respektierte, wie geschickt er progressive politische Vorhaben gesteuert und die Demokratische Partei wieder wählbar gemacht hatte.

Was die ehemalige First Lady betraf, so fand ich sie nicht weniger beeindruckend und dabei mitfühlender. Vielleicht lag es daran, dass ich in Hillarys Geschichte Spuren dessen entdeckte, was meine Mutter und Großmutter erlebt hatten: Sie waren allesamt intelligente, ehrgeizige Frauen gewesen, die unter den engen Grenzen ihrer Zeit gelitten hatten und sich zwischen männlichen Egos und gesellschaftlichen Erwartungen zurechtfinden mussten. Wer konnte Hillary in Anbetracht der Angriffe, denen sie ausgesetzt gewesen war, vorwerfen, dass sie stets auf der Hut war und wenig spontan wirkte? Im Senat war die gute Meinung, die ich von ihr hatte, im Wesentlichen bestätigt worden. Wann immer ich mit ihr zu tun hatte, beeindruckte sie mich als fleißig und zugänglich, und sie war immer perfekt vorbereitet. Sie hatte überdies ein herzliches Lachen, mit dem sie die Stimmung aller um sie herum aufzuhellen pflegte.

Meine Entscheidung, trotz Hillarys Kandidatur in das Rennen einzusteigen, hatte weniger mit irgendeiner Einschätzung ihrer persönlichen Mängel zu tun als mit meinem Eindruck, dass es ihr nicht gelingen würde, sich dem Groll, den Feindschaften und den verhärteten Vorstellungen zu entziehen, die viele Amerikaner mit der Präsidentschaft ihres Mannes verbanden. Ob es gerecht war oder nicht, ich sah einfach nicht, dass sie die politische Spaltung des Landes überwinden, die Abläufe in Washington ändern und dem Land den Neubeginn ermöglichen könnte, den es brauchte. Als ich allerdings an jenem Abend in Las Vegas Zeuge wurde, wie sie leidenschaftlich und kenntnisreich über das Gesundheitswesen sprach und wie das Publikum ihre Ausführungen begeistert aufnahm, fragte ich mich doch, ob ich mich nicht verschätzt hatte.

Dies war nicht das letzte Mal, dass mich Hillary – so wie die Hälfte meiner Mitbewerber in den Vorwahlen – in den Schatten stellte, denn schon bald hatte es den Anschein, als träfen wir uns alle zwei bis drei Wochen zu einer Debatte. Ich war in Podiumsdebatten nie besonders gut gewesen: Meine weit ausholenden Erklärungen und meine Vorliebe für komplizierte Antworten waren nicht zu meinem Vorteil, vor allem nicht, wenn ich mit sieben ausgefuchsten Profis auf der Bühne saß und exakt eine Minute Zeit für die Beantwortung einer Frage hatte. In unserer ersten Debatte im April unterbrach mich der Moderator mindestens zweimal, bevor ich meine Ausführungen abgeschlossen hatte. Auf die Frage, wie ich auf mehrere koordinierte Terroranschläge reagieren würde, sprach ich über die Notwendigkeit, die Hilfe der Bundesbehörden aufeinander abzustimmen, versäumte jedoch, das offensichtlich Gebotene zu erwähnen, nämlich die Täter dingfest zu machen. In den folgenden Minuten wiesen Hillary und die anderen Debattenteilnehmer abwechselnd auf mein Versäumnis hin. Sie klangen seriös, aber ihre funkelnden Augen sagten: *Nimm das, Anfänger!*

In der Nachbesprechung fasste Axe mich mit Samthandschuhen an.

»Ihr Problem ist, dass Sie versuchen, die Frage zu beantworten«, sagte er.

»Geht es nicht genau darum?«, erwiderte ich.

»Nein, Barack«, sagte er, »darum geht es eben *nicht*. Es geht darum, Ihre Botschaft rüberzubringen. Welche Wertvorstellungen haben

Sie? Wo liegen Ihre Prioritäten? Das ist, was die Leute wissen wollen. Sie müssen verstehen, dass die Fragen des Moderators die Hälfte der Zeit einfach dazu dienen, Sie in eine Falle zu locken. Ihre Aufgabe ist es, einen Bogen um die Falle zu machen. Sie müssen bei jeder Frage eine kurze Stellungnahme abgeben, um den Eindruck zu erwecken, die Frage zu beantworten … und dann reden Sie darüber, worüber *Sie* reden wollen.«

»Das ist Mist«, sagte ich.

»Genau«, antwortete er.

Ich war enttäuscht von Axe und noch enttäuschter von mir selbst. Aber als ich mir die Debatte im Nachhinein noch einmal ansah, wurde mir klar, dass sein Argument kaum zu entkräften war. Die wirkungsvollsten Antworten in der Debatte waren offenbar nicht dazu da, etwas zu klären, sondern sollten Gefühle wecken, den Feind benennen oder einer Wählergruppe signalisieren, dass du, anders als deine Konkurrenten, auf ihrer Seite warst und immer sein würdest. Die Versuchung war groß, dieses Vorgehen als oberflächlich abzutun. Aber der Präsident war kein Anwalt, Buchhalter oder Pilot, der eine begrenzte, genau definierte Aufgabe zu erfüllen hatte. Sein Job war es, die öffentliche Meinung zu mobilisieren und funktionierende Koalitionen zu schmieden. Ob es mir gefiel oder nicht, die Menschen wurden nicht durch Tatsachen, sondern durch Emotionen bewegt. Die Herausforderung bestand darin, nicht an die niedrigsten, sondern an die edelsten Gefühle zu appellieren, die besseren menschlichen Instinkte mit Vernunft und einer tragfähigen Politik zu festigen, etwas zu bewegen, ohne auf die Wahrheit zu verzichten.

WÄHREND ICH DARAN arbeitete, die Zahl meiner Schnitzer zu verringern, leitete Plouffe in unserer Zentrale in Chicago einen reibungslosen Betrieb. Obwohl ich ihn nicht oft sah, wurde mir klar, dass wir vieles gemein hatten. Wir hatten beide einen analytischen Verstand und eine ausgewogene Persönlichkeit und konnten wenig mit Konventionen und Ansprüchen anfangen. Aber während ich zu Zerstreutheit neigte, den Details keine Beachtung schenkte und unfähig war, ein geordnetes Ablagesystem aufrechtzuerhalten, was zur Folge hatte, dass ich unentwegt Memos, Kugelschreiber und Smartphones verlegte, die mir gerade erst in die Hand gedrückt worden waren, erwies sich Plouffe als Managementgenie.

Er konzentrierte sich von Anfang an kompromisslos und unerschütterlich darauf, Iowa zu gewinnen. Selbst als uns Fernsehkommentatoren und einige unserer Anhänger als Dummköpfe bezeichneten, weil wir uns auf diese Vorwahl fixierten, ließ Plouffe nicht zu, dass irgendwer auch nur eine Handbreit von der Strategie abwich. Er war felsenfest davon überzeugt, dass dies der einzige Weg zum Erfolg war. Er sorgte für militärische Disziplin, wobei er jedem Teammitglied – von Axe bis zum Organisator der untersten Ebene – ein gewisses Maß an Autonomie zugestand, gleichzeitig jedoch von ihm verlangte, Rechenschaft abzulegen und sich streng an das festgelegte Verfahren zu halten. Er legte eine Gehaltsobergrenze fest, um unnötigen Zwist im Team zu verhindern. Er zog das Geld aus aufgeblähten Beraterverträgen und Medienbudgets ab, um den Organisatoren vor Ort alles geben zu können, was sie im Wahlkampfalltag brauchten. Er war besessen von Daten und stellte ein Team von Internetexperten zusammen, die ein digitales Programm entwarfen, das nicht nur dem anderer Wahlkampforganisationen, sondern auch dem vieler Privatunternehmen haushoch überlegen war.

So gelang es Plouffe, aus dem Stand innerhalb von sechs Monaten eine Wahlkampforganisation aufzubauen, die stark genug war, um es mit der Clinton-Maschine aufzunehmen. Diese Tatsache genoss er im Stillen. Ich entdeckte eine weitere Eigenschaft an Plouffe: Hinter der zurückhaltenden Persönlichkeit und den tiefen Überzeugungen steckte ein Mensch, der den Kampf liebte. Die Politik war sein Sport, und in seiner Disziplin war er genauso auf Wettbewerb aus wie Reggie im Basketball. Später fragte ich Axe, ob er es für möglich gehalten hätte, dass sich sein Juniorpartner in einen vorzüglichen Wahlkampfarchitekten verwandeln würde. Axe schüttelte den Kopf.

»Eine verdammte Offenbarung«, sagte er.

In einem Präsidentschaftswahlkampf ist die beste Strategie wenig wert, wenn man nicht über ausreichende Mittel verfügt, um sie in die Tat umzusetzen, und hier hatten wir unseren zweiten Vorteil: das Geld. In Anbetracht der Tatsache, dass die Clintons fast drei Jahrzehnte lang im ganzen Land Spender um sich gesammelt hatten, waren wir davon ausgegangen, dass Hillary einen gewaltigen finanziellen Vorsprung vor uns haben würde. Aber wie sich herausstellte, war die Sehnsucht nach Veränderungen in Amerika noch größer, als wir vermutet hatten.

Anfangs hatten wir uns herkömmlicher Methoden bedient, um Geld für den Wahlkampf zu beschaffen: Große Spender aus den Großstädten stellten hohe Schecks aus und sammelten solche bei anderen ein. Penny Pritzker, eine befreundete Geschäftsfrau aus Chicago, stellte sich als Vorsitzende unserer Finanzorganisation zur Verfügung und brachte neben ihrem Organisationstalent ein weitläufiges Netz von Verbindungen mit. Julianna Smoot, unsere unverblümte und erfahrene Finanzchefin, die ein Expertenteam zusammenstellte, hatte ein Talent dafür, mich abwechselnd mit Schmeicheleien, Vorwürfen und manchmal Drohungen dazu zu bewegen, mich an der endlosen Jagd nach Spendengeldern zu beteiligen. Julianna hatte ein reizendes Lächeln und den Blick eines Killers.

Ich gewöhnte mich an die Übung, was teilweise der Notwendigkeit geschuldet war, teilweise aber auch der Tatsache, dass unsere Spender im Lauf der Zeit begannen, meine Vorhaben zu verstehen und sogar zu schätzen. Ich erklärte ihnen, dass es nicht um Egos oder Prestige, sondern darum ging, ein besseres Land aufzubauen. Ich hörte mir an, was sie über gewisse Fragen dachten, vor allem, wenn sie über Sachkenntnis auf diesem Gebiet verfügten, aber ich gab meinen Standpunkt nicht auf, um ihnen zu gefallen. Wenn ich eine Minute für Dankesschreiben und Geburtstagswünsche übrig hatte, richtete ich sie nicht an die Spender, sondern an unsere Freiwilligen und jungen Mitarbeiter, die draußen im Einsatz waren.

Und sollte ich siegen, so konnten sich die großen Spender darauf verlassen, dass ich ihre Steuern erhöhen würde.

Diese Haltung schreckte so manchen Spender ab, aber sie trug zur Entstehung einer Kultur bei, in der es unseren Anhängern nicht um Vergünstigungen oder Status ging. Und die Zusammensetzung unserer Spendenbasis änderte sich ohnehin von Monat zu Monat. Wir erhielten eine wachsende Zahl kleiner Spenden von zehn, zwanzig oder hundert Dollar, vorwiegend über das Internet. Die Spender waren Studenten, die für die Dauer des Wahlkampfs ihr Starbucks-Budget opferten, oder Großmütter, die in ihrer Handarbeitsgruppe eine Kollekte veranstaltet hatten. Im Vorwahlkampf sammelten wir Millionen von kleinen Spenden ein, was uns in die Lage versetzte, in sämtlichen Staaten um jede Stimme zu kämpfen. Mehr als das Geld an sich erfüllten der Geist des Gebens und das Gefühl der Teilhabe, die in den Begleitschreiben und E-Mails zum Ausdruck kamen, unseren Wahlkampf mit der Energie einer Graswurzelbewegung. *Ihr müsst das nicht allein machen*, sagten uns diese Spenden. *Wir sind hier, vor Ort, Millionen Menschen über das ganze Land verteilt – und wir glauben daran. Wir sind mit Leib und Seele dabei.*

Aber es gab noch ein drittes Element, das mehr als eine gute Strategie und ein effektives Spendensammeln an der Basis dazu beitrug, dass der Wahlkampf in jenem ersten Jahr nicht an Schwung verlor und dass wir uns unsere Zuversicht bewahrten: die Arbeit unseres Teams in Iowa, das der unermüdliche Paul Tewes leitete.

PAUL WAR IN DER LÄNDLICHEN GEMEINDE Mountain Lake im Südwesten Minnesotas aufgewachsen, an einem Ort, an dem jeder jeden kannte und an dem sich die Menschen umeinander kümmerten, an dem die Kinder überall mit dem Fahrrad herumfahren konnten und niemand die Haustür abschloss, an einem Ort, an dem jeder Schüler sämtlichen Sportarten nachging, weil es sich die Trainer nicht erlauben konnten, jemanden auszuschließen, wenn sie ein vollständiges Team aufs Spielfeld bringen wollten.

Mountain Lake war auch ein konservativer Ort, weshalb die Familie Tewes ein wenig aus dem Rahmen fiel. Unter dem Einfluss seiner Mutter wurde Paul schon früh ein Anhänger der Demokratischen Partei; wichtiger als die Treue zu dieser Partei war in der Familie nur das Bekenntnis zum lutherischen Glauben. Im Alter von sechs Jahren erklärte Paul einem Klassenkameraden, warum dieser die Republikaner nicht unterstützen sollte, »nämlich weil deine Familie nicht reich ist«. Vier Jahre später vergoss er bittere Tränen, als Jimmy Carter gegen Ronald Reagan verlor. Pauls Vater war so stolz auf die politische Leidenschaft seines Sohns, dass er die Geschichte dem befreundeten Gemeinschaftskundelehrer an der örtlichen Highschool erzählte, der sie seinerseits mit seiner Klasse teilte (vielleicht hoffte er, das Interesse eines Zehnjährigen an öffentlichen Angelegenheiten werde den einen oder anderen desinteressierten Jugendlichen aufrütteln). In den folgenden Tagen sah sich Paul dem unbarmherzigen Spott älterer Schüler ausgesetzt, die, wann immer er ihnen über den Weg lief, ihre Gesichter wie heulende Kinder verzogen.

Paul ließ sich nicht einschüchtern. In der Highschool organisierte er einen Ball, um Geld für demokratische Kandidaten zu sammeln. Während des Studiums absolvierte er ein Praktikum im Büro des örtlichen Abgeordneten im Repräsentantenhaus und schaffte es irgendwie, seinem bevorzugten Kandidaten Jesse Jackson in den Präsidentschaftsvorwahlen 1988 einen der beiden Wahlbezirke von Mountain Lake zu sichern – auf diese Leistung war er besonders stolz.

Als ich ihn im Jahr 2007 kennenlernte, hatte Paul in fast jeder erdenklichen Art von Wahlkampf gearbeitet, von Bürgermeister- bis zu Kongresswahlen. Er hatte für Al Gore die Nominierungsversammlungen in Iowa betreut und war für das Senatswahlkampfkomitee der Demokraten im ganzen Land als Wahlkampfleiter tätig gewesen. Er war inzwischen achtunddreißig Jahre alt, wirkte jedoch älter mit seiner stämmigen Statur und der beginnenden Glatze. Die Blässe seines blonden Schnurrbarts passte zur Blässe seiner Haut. Es fehlte ihm jeglicher Schick: Sein Auftreten war manchmal schroff, und seine Kleidung schien nie zusammenzupassen, vor allem nicht im Winter, wenn er, wie es sich für einen Mann aus Minnesota gehörte, alle möglichen Arten von Flanellhemden, Daunenjacken und Skimützen trug. Er war eine jener Personen, die sich lieber mit einem Bauern auf dem Maisfeld unterhielten oder in einer Kneipe ein Bier tranken, anstatt sich unter bezahlte politische Berater zu mischen. Aber wenn man sich mit ihm zusammensetzte, stellte man rasch fest, dass er sein Handwerk verstand. Mehr als das: Hinter dem taktischen Verständnis, der genauen Kenntnis der historischen Entwicklungen in den einzelnen Wahlkreisen und den politischen Anekdoten konnte man, wenn man aufmerksam genug zuhörte, das Herz des zehnjährigen Jungen schlagen hören, der sich so leidenschaftlich interessierte, so leidenschaftlich an etwas glaubte, dass er wegen eines Wahlergebnisses weinte.

Jeder, der schon einmal für das Präsidentenamt kandidiert hat, wird Ihnen sagen, dass es ungeheuer schwierig ist, Iowa zu gewinnen. Iowa gehört zu den amerikanischen Bundesstaaten, in denen in einer

Caucus genannten Nominierungsversammlung darüber entschieden wird, welchen Kandidaten die Delegierten des Bundesstaates bei der Nominierung unterstützen werden. Anders als in einer herkömmlichen Vorwahl, in der die Bürger in geheimer Wahl zeitlich weitgehend nach Belieben ihre Stimme abgeben, erinnert ein Caucus an demokratische Entscheidungen in Bürgerversammlungen, bei denen sich die Wähler zu einer feststehenden Zeit in einer Sporthalle oder Bibliothek in ihrem Wahlbezirk einfanden und eine gutnachbarschaftliche Debatte über die Vorzüge der einzelnen Kandidaten führten, bis sich schließlich eine Mehrheit für einen der Bewerber entschied. Diese Art der partizipativen Demokratie hatte einiges für sich, aber sie war zeitaufwendig – eine Nominierungsversammlung konnte drei Stunden oder länger dauern – und setzte voraus, dass sich die Teilnehmer gut informiert hatten, bereit waren, öffentlich abzustimmen, und genug Engagement aufbrachten, um einen Abend zu opfern. Es überrascht nicht, dass die Nominierungsversammlungen zumeist einen eher kleinen und statischen Querschnitt des Wahlvolks von Iowa anlockten, eine Gruppe, die sich aus älteren Wählern, Parteifunktionären und langjährigen Anhängern der Partei zusammensetzte, das heißt aus Personen, die gewöhnlich am Bewährten festhielten. Das bedeutete, dass die demokratischen Caucus-Teilnehmer eher eine bekannte Größe wie Hillary Clinton als einen Neuling wie mich unterstützen würden.

Tewes versuchte von Anfang an, Plouffe davon zu überzeugen, dass wir eine andere Art von Wahlkampf führen mussten, wenn wir Iowa gewinnen wollten. Plouffe wiederum versuchte, mich davon zu überzeugen. Wir würden härter und länger arbeiten und den direkten Kontakt zu den Wählern suchen müssen, um die traditionellen Caucus-Teilnehmer für uns zu gewinnen. Noch wichtiger war, dass wir eine große Zahl vermutlicher Obama-Anhänger – junge Leute, People of Color, unabhängige Wähler – dazu bewegen mussten, die zahlreichen Hürden zu überwinden und zum ersten Mal in ihrem Leben an einem Caucus teilzunehmen. Um das zu erreichen, bestand Tewes darauf, rasch Büros in allen neunundneunzig Countys von Iowa zu eröffnen und für jedes dieser Büros einen jungen Mitarbeiter einzustellen, der für ein geringes Gehalt und weitgehend in Eigenverantwortung seine eigene lokale politische Bewegung aufbauen sollte.

Es war eine große Investition und ein frühes Wagnis, aber wir gaben Tewes grünes Licht. Er machte sich mit einer Gruppe vorzüglicher Mitarbeiter – Mitch Stewart, Marygrace Galston, Anne Filipic und Emily Parcell – an die Arbeit. Die vier waren diszipliniert, smart und hatten Erfahrung in zahlreichen Wahlkämpfen gesammelt – und alle waren keine zweiunddreißig Jahre alt.

Ich verbrachte die meiste Zeit mit Emily, die aus Iowa stammte und für den ehemaligen Gouverneur Tom Vilsack gearbeitet hatte. Tewes war überzeugt, dass sie mir im Bemühen, mich in der örtlichen Politik zurechtzufinden, eine große Hilfe sein würde. Mit sechsundzwanzig Jahren war sie eine der Jüngsten in der Gruppe. Sie hatte dunkles Haar, war stets zweckmäßig gekleidet und von so kleiner Statur, dass sie als Schülerin im Abschlussjahr durchgehen konnte. Ich entdeckte rasch, dass sie praktisch jeden Demokraten im Staat kannte und nicht davor zurückschreckte, mir an jedem Ort ganz spezifische Anweisungen zu geben, mit wem ich sprechen müsse und welche Themen der Gemeinde besonders am Herzen lagen. Diese Informationen rasselte sie in einem trocken-monotonen Tonfall herunter, wobei ihr Blick verriet, dass sie wenig für Unfug übrighatte – diese Eigenschaft hatte sie vielleicht von ihrer Mutter geerbt, die drei Jahrzehnte lang in der Motorola-Fabrik gearbeitet und es dennoch geschafft hatte, ein Studium abzuschließen.

Während der stundenlangen Fahrten von einer Veranstaltung zur nächsten in einem gemieteten Wahlkampf-Van machte ich es mir zur Aufgabe, Emily ein Lächeln zu entlocken. Ich versuchte es mit Scherzen, witzigen Bemerkungen, Streichen und gelegentlichen Hinweisen auf die Größe von Reggies Kopf. Aber mein Charme und Witz zerschellten ein ums andere Mal an dem Felsen ihres unverwandten, ungerührten Blicks. Irgendwann gab ich auf und versuchte, genau das zu tun, was sie von mir verlangte.

Mitch, Marygrace und Anne beschrieben später die Details ihrer Arbeit, zu der es gehörte, gemeinschaftlich sämtliche unorthodoxen Ideen zu prüfen, die Tewes regelmäßig in den Besprechungen vorbrachte.

»Er hatte jeden Tag zehn Ideen«, erklärte Mitch. »Neun waren lächerlich, eine genial.« Mitch war ein schlaksiger Bursche aus South

Dakota, der zuvor schon politische Arbeit in Iowa gemacht hatte. Nie war er allerdings einem Menschen wie Tewes begegnet, der so leidenschaftlich Ideen zusammentrug. »Wenn er mir dieselbe Idee dreimal vorschlug«, erinnerte sich Mitch, »dann wurde mir klar, dass vermutlich etwas dran war.«

Eine war, die »Butter Cow Lady« Norma Lyon, die jedes Jahr auf der State Fair von Iowa aus gesalzener Butter die lebensgroße Skulptur einer Kuh schuf, dazu zu bewegen, eine Botschaft aufzuzeichnen, in der sie ihre Unterstützung für mich bekannt gab. Genial. (Sie fertigte später eine zehn Kilo schwere »Butterbüste« meines Kopfes an – vermutlich war das ebenfalls eine Idee von Tewes.)

Er bestand darauf, entlang der Autobahn Plakatwände aufzustellen, um einen Wahlslogan in Reimen nach Art der alten Burma-Shave-Rasierschaumanzeigen aus den Sechzigern zu verbreiten (TIME FOR CHANGE … LET'S SHIFT GEARS … VOTE 4 THE GUY … WITH BIG EARS … OBAMA 08). Nicht ganz so genial.

Er versprach, sich die Augenbrauen abzurasieren, wenn das Team das unerreichbare Ziel erreichte, hunderttausend Unterstützerbriefe zu sammeln, was nicht genial war – bis wir gegen Ende des Wahlkampfs tatsächlich diese Marke knackten und die Idee genial wurde. (»Mitch hat seine Brauen auch rasiert«, erklärte Marygrace später. »Wir haben Fotos davon. Er sah furchtbar aus.«)

Tewes gab den Ton für unseren Wahlkampf in Iowa vor: eine Basisbewegung, keine Hierarchien, respektlos und leicht wahnsinnig. Niemand, auch nicht hochrangige Mitarbeiter, Spender und Würdenträger, wurde von der Verpflichtung befreit, an Türen zu klopfen. In den ersten Wochen hängte er in jedem Büro an jeder Wand Schilder mit einem Motto auf, das er sich ausgedacht hatte: RESPECT, EMPOWER, INCLUDE – zeige Respekt, stärke, binde ein. Wenn wir es ernst meinten mit einer neuen Art von Politik, dann sollten wir doch hier und jetzt damit beginnen und jede und jeden, einschließlich unserer Widersacher und ihrer Anhänger, so behandeln, wie wir selbst behandelt werden wollten. Und er schärfte uns ein, wie wichtig es war, die Wähler zur Beteiligung zu ermutigen, anstatt ihnen lediglich einen Kandidaten wie eine Packung Waschmittel zu verkaufen.

Wer diese Werte missachtete, wurde zurechtgewiesen und manchmal auch von seinem Posten abgezogen. Als ein neuer Organisator während der wöchentlichen Telefonkonferenz des Teams einen Scherz über seine Beweggründe für den Einstieg in unseren Wahlkampf machte und erklärte, er »hasse Hosenanzüge«, eine Anspielung auf Hillarys bevorzugten Wahlkampfaufzug, hielt Tewes ihm eine lange Strafpredigt, die alle anderen Organisatoren mit anhörten. »Das ist nicht, wofür wir stehen«, sagte er, »nicht einmal hinter verschlossenen Türen.«

Das nahm sich das Team zu Herzen, was vor allem daran lag, dass Tewes vorlebte, was er predigte. Trotz gelegentlicher Wutausbrüche zeigte er den Leuten in jedem Augenblick, wie wichtig sie waren. Als Marygrace' Onkel starb, rief Tewes einen »nationalen Marygrace-Tag« aus und bat alle im Büro, Rosa zu tragen. Er ließ mich auch eine Audiobotschaft aufzeichnen, in der ich ankündigte, dass er, Tewes, an diesem Tag alles tun müsse, was Marygrace verlange. (Marygrace musste freilich dreihundert Tage im Jahr ertragen, dass Tewes und Mitch im Büro Tabak kauten, weshalb der Saldo nie wirklich ausgeglichen war.)

Die Kameradschaft prägte die Arbeit unserer Wahlkampforganisation in Iowa. Nicht nur in der Zentrale, sondern auch unter den fast zweihundert Mitarbeitern, die über den ganzen Staat verteilt im Einsatz waren. Ich selbst verbrachte in jenem Jahr insgesamt siebenundachtzig Tage in Iowa. Ich kostete die kulinarische Spezialität jeder Ortschaft, warf auf jedem Sportplatz oder Schulhof, den wir fanden, mit den Kids ein paar Körbe und erlebte jede erdenkliche Wetterkapriole von Trichterwolken bis zu seitlichen Eisregenschauern. Und in der ganzen Zeit waren diese jungen Männer und Frauen, die unendliche Stunden für mageren Lohn arbeiteten, meine sachkundigen Führer. Die meisten von ihnen kamen frisch aus dem College. Viele nahmen zum ersten Mal an einem Wahlkampf teil und hatten noch nie fern der Heimat gelebt. Einige stammten aus Iowa oder ländlichen Gebieten im Mittleren Westen und waren mit Einstellung und Lebensart der Einwohner von kleineren Städten wie Sioux City oder Altoona vertraut. Aber das war gar nicht typisch. Hätte man alle unsere Organisatoren in einem Raum versammelt, so wäre man Italienern aus Philadelphia, Juden aus Chicago, Schwarzen aus New York und Asiaten aus Kalifornien begegnet. Da waren Abkömmlinge armer Einwanderer und junge

Leute aus wohlhabenden Vororten. Da waren Ingenieure, ehemalige Friedenskorps-Freiwillige, Militärveteranen und Schulabbrecher. Bei oberflächlicher Betrachtung wenigstens schien es unmöglich, ihre sehr unterschiedlichen Lebenserfahrungen mit der Mentalität der bodenständigen Wähler in Einklang zu bringen, deren Stimmen wir unbedingt brauchten.

Und doch gelang es ihnen, eine Beziehung zu diesen Menschen herzustellen. Sie trafen mit einem Seesack oder einem kleinen Koffer ein, fanden Unterschlupf in einem leer stehenden Zimmer oder im Keller eines örtlichen Unterstützers und verbrachten mehrere Monate damit, den Ort kennenzulernen: Sie besuchten den örtlichen Friseur, stellten Klapptische vor dem Supermarkt auf, sprachen im Rotary Club. Sie halfen bei der Betreuung der Nachwuchsmannschaften, engagierten sich in örtlichen wohltätigen Einrichtungen und riefen ihre Mutter an, um sie nach dem Rezept für den Bananenpudding zu fragen, damit sie nicht mit leeren Händen bei einem gemeinsamen Essen erscheinen mussten. Sie lernten, ihren freiwilligen Mitarbeitern zuzuhören – die zumeist sehr viel älter waren und einen Beruf, eine Familie und eigene Sorgen hatten –, und sie wurden Experten darin, neue Freiwillige anzuwerben. Sie arbeiteten jeden Tag bis zur Erschöpfung und überwanden Einsamkeit und Furcht. Im Lauf der Monate gewannen sie das Vertrauen der Einheimischen. Sie waren keine Fremden mehr.

Wie viel Kraft mir diese jungen Leute in Iowa gaben! Sie erfüllten mich mit Optimismus und Dankbarkeit und dem Gefühl, dass sich der Kreis schloss. In ihnen erkannte ich mich selbst als Fünfundzwanzigjährigen wieder, der verwirrt und voller Idealismus in Chicago eingetroffen war. Ich erinnerte mich an die engen Bande, die ich zu Familien in der South Side geknüpft hatte, an die Fehler und kleinen Siege, an die Gemeinschaft, die ich fand – etwas Ähnliches bauten unsere Organisatoren vor Ort jetzt für sich auf. Ihre Erfahrungen riefen mir wieder ins Bewusstsein, warum ich eigentlich in die Politik gegangen war: meine Ursprungsidee, dass eine Politik möglich war, in der es weniger um Macht und Positionen und mehr um Gemeinschaft und Zusammenhalt ging.

Vielleicht glaubten unsere Freiwilligen überall in Iowa an mich, dachte ich. Aber dass sie so hart arbeiteten, lag vor allem an jenen jungen Wahlkampforganisatoren. Genau wie diese Kids sich vielleicht unserem Wahlkampf angeschlossen hatten wegen irgendwas, das ich gesagt oder getan hatte, aber nun voll und ganz für ihre Freiwilligen da waren. Was sie antrieb, was ihnen Kraft gab, waren unabhängig von ihrem Kandidaten oder einem bestimmten Thema die Freundschaften und Beziehungen, die wechselseitige Loyalität und die durch gemeinsame Anstrengungen erreichten Fortschritte. Das und ihr übellauniger Chef in Des Moines, der versprochen hatte, sich die Augenbrauen abzurasieren, wenn sie das Ziel erreichten.

IM JUNI HATTE unser Wahlkampf Fahrt aufgenommen. Dank rasant wachsender Internetspenden war unsere finanzielle Lage sehr viel besser als erwartet, was uns in die Lage versetzte, frühzeitig Wahlwerbung im Lokalfernsehen zu schalten. Da die Schulferien begonnen hatten, konnten sich Michelle und die Mädchen häufiger zu mir gesellen, und wir zuckelten in einem Wohnmobil durch Iowa. Ich erinnere mich an ihre fröhlichen Stimmen im Hintergrund, während ich Anrufe machte. An die unendlichen Uno-Partien von Reggie, Marvin, Malia und Sasha. An das sanfte Gewicht einer meiner Töchter, die am Nachmittag an mich gelehnt eingeschlafen war. An die obligatorischen Stopps für ein Eis. All das erfüllte mich mit einer Freude, die auch in meinen öffentlichen Auftritten zum Ausdruck kam.

Die Natur dieser Auftritte wandelte sich ebenfalls. Als meine Kandidatur den Reiz des Neuen verlor, wurden die Menschenmengen überschaubarer. Es versammelten sich nicht mehr Tausende, sondern ein paar Hundert Menschen, um sich eine Rede von mir anzuhören. So hatte ich wieder die Möglichkeit, persönlichen Kontakt zu den Wählern herzustellen und mir ihre Geschichten anzuhören. Ehepartner von Soldaten und Soldatinnen beschrieben, wie sie den Haushalt allein führten und gegen die Angst vor schlechten Nachrichten von der Front ankämpften. Landwirte erklärten mir, warum sie ihre Unabhängigkeit den Interessen großer Agrarkonzerne hatten opfern müssen. Entlassene Arbeitskräfte schilderten mir, warum die vorhandenen Ausbildungsprogramme nicht funktionierten. Eigentümer kleiner Betriebe erläuterten, welche Opfer sie brachten, um die Krankenversicherung ihrer Mitarbeiter zu bezahlen, und wie ein einziger Krankenfall dazu führte, dass die Versicherungsbeiträge der gesamten Belegschaft einschließlich ihrer eigenen unfinanzierbar wurden.

Ich nutzte diese Schilderungen, um in meiner Standardrede Abstraktes durch Konkretes zu ersetzen. Die Rede kam jetzt weniger aus dem Verstand und eher von Herzen. Die Menschen erkannten in den Geschichten, die ich als Beispiele nannte, ihr eigenes Leben wieder und stellten fest, dass sie nicht die Einzigen waren, die solche Erfahrungen machten. Das bewegte mehr und mehr von ihnen dazu, sich als Freiwillige in den Dienst meines Wahlkampfs zu stellen. Der Wahlkampf im kleineren, menschlicheren Maßstab eröffnete überdies Gelegenheiten für zufällige Begegnungen, die ihn lebendiger machten.

Genau das geschah an einem Junitag in Greenwood in South Carolina. Obwohl ich den Großteil meiner Zeit in Iowa verbrachte, besuchte ich auch regelmäßig andere Staaten wie New Hampshire, Nevada und South Carolina, wo in rascher Abfolge Vorwahlen und Nominierungsversammlungen stattfinden würden. Der Ausflug nach Greenwood war das Ergebnis eines unüberlegten Versprechens, das ich einer einflussreichen Parlamentarierin gemacht hatte, die mir ihre Unterstützung für den Fall zugesagt hatte, dass ich ihrem Heimatort einen Besuch abstattete. Wie sich herausstellte, war der Zeitpunkt für diese Stippvisite schlecht gewählt, fiel sie doch in eine besonders schwierige Woche, die von schlechten Umfragewerten, schlechten Zeitungsberichten, schlechter Stimmung und schlechtem Schlaf geprägt war. Zu allem Überfluss war Greenwood mehr als eine Stunde vom nächsten größeren Flughafen entfernt. Wir fuhren durch sintflutartigen Regen, und als ich endlich in dem Gemeindezentrum eintraf, in dem die Veranstaltung stattfinden sollte, musste ich feststellen, dass sich nur etwa zwei Dutzend Personen versammelt hatten, die allesamt genauso klamm vom Regen waren wie ich.

Ein verlorener Tag, dachte ich, wobei ich im Geist all die anderen Dinge Revue passieren ließ, die ich in dieser Zeit hätte tun können. Ich spulte mein Programm ab, schüttelte Hände, fragte die Leute, wie sie sich ihren Lebensunterhalt verdienten, und rechnete im Hinterkopf durch, wann ich mich wieder verabschieden könnte, als ich plötzlich eine durchdringende Stimme rufen hörte.

»Fired up!« – »Aufgedreht!«

Meine Leute und ich waren verblüfft. Wir dachten, es sei eine Störerin, aber im nächsten Augenblick antworteten die übrigen Anwesenden: »Ready to go!« – »Los geht's!«

Dieselbe Stimme schrie erneut: »Aufgedreht!« Und wieder antwortete die Gruppe: »Los geht's!«

Unsicher, was das zu bedeuten hatte, sah ich mich um. Mein Blick fiel auf die Quelle des Tumults, eine Schwarze Frau mittleren Alters, die gekleidet war, als käme sie direkt aus der Kirche: Sie trug ein farbenfrohes Kleid und einen großen Hut, und ihr breites Grinsen gab einen schimmernden Goldzahn preis.

Ihr Name war Edith Childs. Abgesehen davon, dass sie Privatdetektivin war und dem Rat des County Greenwood sowie der NAACP-Ortsgruppe angehörte, war sie für diesen Anfeuerungsruf bekannt, den sie bei den Spielen der Footballmannschaft von Greenwood, bei Paraden am Nationalfeiertag, in Gemeindeversammlungen und in allen Situationen ausstieß, in denen der Geist von ihr Besitz ergriff.

In den folgenden Minuten heizte Edith die Stimmung an: »Aufgedreht!« – »Los geht's!«, schallte es hin und her. Anfangs war ich verwirrt, aber es schien mir unhöflich, mich nicht zu beteiligen. Und es dauerte nicht lange, da fühlte ich mich ebenfalls *aufgedreht!* Ich wollte *loslegen!* Ich bemerkte, dass alle Anwesenden plötzlich lächelten, und als wir mit der Anfeuerung fertig waren, ließen wir uns nieder und sprachen in der folgenden Stunde über die Gemeinde, das Land und das, was wir tun könnten, um es zu einem besseren Land zu machen. Und nachdem wir Greenwood verlassen hatten, zeigte ich den restlichen Tag hin und wieder auf einen meiner Mitarbeiter und fragte: »Aufgedreht?« Schließlich wurde »Fired up? Ready to go!« zu einem Schlachtruf unseres Wahlkampfs. Und ich würde sagen, dass dies der Teil der Politik war, der mir stets am meisten Vergnügen bereitete: der Teil, der nicht in irgendwelchen Schaubildern erfasst, geplant oder analysiert werden konnte. Ich liebte es, dass Wahlkämpfe – und damit Demokratien –, wenn sie funktionierten, eher Chöre als Solistenstimmen waren.

ICH LERNTE NOCH etwas Wichtiges von den Wählern: Sie wollten keine altbekannten Wahrheiten von mir hören. In den ersten Monaten des Wahlkampfs hatte ich mir zumindest im Unterbewusstsein Sorgen darüber gemacht, was die Meinungsführer in Washington von mir hielten. In dem Bemühen, »seriös« oder »präsidial« zu wirken, war ich steif und befangen gewesen, was eben dem widersprach, was mich dazu bewegt hatte, für das Amt zu kandidieren. Aber im Sommer besannen wir uns auf unseren Ausgangspunkt und begannen, nach Gelegenheiten zu suchen, uns von den Washingtoner Spielregeln zu lösen und schwierige Wahrheiten auszusprechen. Bei einem Treffen mit Vertretern der Lehrergewerkschaft sprach ich mich nicht nur für Gehaltserhöhungen und eine flexiblere Gestaltung des Unterrichts aus, sondern forderte auch eine erhöhte Rechenschaftspflicht der Lehrer – der letzte Vorschlag stieß auf eisiges Schweigen, das rasch durch zahlreiche Buhrufe unterbrochen wurde. Im Detroit Economic Club eröffnete ich Managern aus der Automobilindustrie, als Präsident würde ich mich für strengere Abgasnormen einsetzen, eine Forderung, die bei den drei großen Automobilkonzernen auf erbitterten Widerstand stieß. Als eine Gruppe namens Iowans for Sensible Priorities (Bürger Iowas für vernünftige Prioritäten), die von dem bekannten Eiscremehersteller Ben & Jerry's unterstützt wurde, zehntausend Unterschriften von Bürgern sammelte, die sich bereit erklärten, im Caucus einen Kandidaten zu wählen, der versprach, die Verteidigungsausgaben zu kürzen, musste ich Ben oder Jerry anrufen – ich erinnere mich nicht mehr, wer von beiden es war –, um ihm mitzuteilen, dass ich die Zielsetzung zwar teile und mich sehr über ihre Unterstützung freuen würde, dass ich als Präsident jedoch nicht durch eine Zusage gebunden sein könne, die unsere nationale Sicherheit betraf. (Die Gruppe entschied schließlich, John Edwards zu unterstützen.)

Ich begann, mich auf vielerlei Weise von meinen demokratischen Rivalen abzuheben, nicht nur auf die offensichtliche. Ende Juli zeigte mir der Moderator in einer Debatte Fotos von Fidel Castro, dem iranischen Präsidenten Mahmud Ahmadinedschad, dem nordkoreanischen Diktator Kim Jong-il und einigen anderen Despoten und fragte mich, ob ich bereit sei, mich in meinem ersten Jahr im Amt mit einem von ihnen zu treffen. Ich bejahte die Frage, ohne zu zögern: Ich würde mich mit jedem politischen Führer treffen, wenn ich überzeugt sei, dies wäre im Interesse der Vereinigten Staaten.

Ich hätte genauso gut sagen können, die Erde sei eine Scheibe. Im Anschluss an die Debatte fielen Clinton, Edwards und mehrere andere Kandidaten über mich her, bezichtigten mich der Naivität und erklärten, ein Treffen mit dem amerikanischen Präsidenten sei ein Vorrecht, das man sich verdienen müsse. Der Großteil der Pressevertreter schien derselben Meinung zu sein. Noch wenige Monate früher wäre ich möglicherweise eingeknickt, hätte an meiner Wortwahl gezweifelt und eine Klarstellung veröffentlicht.

Aber ich hatte mittlerweile festen Boden unter den Füßen und war überzeugt, dass ich recht hatte, insbesondere, was den allgemeinen Grundsatz betraf, dass sich die Vereinigten Staaten nicht davor fürchten sollten, das Gespräch mit ihren Widersachern zu suchen oder auf diplomatische Lösungen für Konflikte zu drängen. In meinen Augen war es diese Geringschätzung der Diplomatie, die Hillary und die übrigen Kandidaten – ganz zu schweigen von den Mainstream-Medien – dazu bewegt hatte, George W. Bush in den Krieg zu folgen.

Ein weiterer außenpolitischer Streit entbrannte wenige Tage später, als ich in einer Rede erwähnte, dass ich den Versuch unternehmen würde, Osama bin Laden dingfest zu machen oder zu töten, sollten wir ihn auf pakistanischem Gebiet aufspüren und sollte sich die pakistanische Regierung weigern oder nicht in der Lage sein, es zu tun. Das hätte eigentlich niemanden überraschen dürfen: Schon im Jahr 2003 hatte ich meinen Widerstand gegen den Irakkrieg teilweise mit meiner Überzeugung begründet, dass uns dieser Feldzug von der Zerstörung al-Qaidas ablenke.

Aber eine derart unverblümte Äußerung widersprach der offiziellen Haltung der Regierung Bush: Diese hielt an der doppelten Fiktion fest, Pakistan sei ein verlässlicher Partner im Krieg gegen den Terror und unsere Truppen drängen auf der Jagd nach Terroristen nie auf pakistanisches Territorium vor. Meine Aussage versetzte Washington in überparteiliche Aufregung: Joe Biden, der demokratische Vorsitzende des Außenpolitischen Ausschusses des Senats, äußerte ebenso wie der republikanische Präsidentschaftskandidat John McCain die Einschätzung, ich sei nicht reif für das Präsidentenamt.

In meinen Augen bewiesen diese Episoden, wie verdreht die Vorstellungen des außenpolitischen Establishments in Washington waren: Man ließ sich auf Militäraktionen ein, ohne zuerst die diplomatischen Optionen zu prüfen, hielt andererseits an diplomatischer Etikette gerade dort fest, wo entschlossenes Handeln nötig gewesen wäre, um den Status quo zu erhalten. Und sie zeigten, dass die Entscheidungsträger in Washington nicht in der Lage waren, offen und ehrlich mit dem amerikanischen Volk zu reden. Es gelang mir nie, die Experten vollkommen zu überzeugen, dass ich in diesen Fragen richtiglag, aber nach jedem Streitgespräch wurde in den Umfragen ein verblüffender Trend erkennbar: Die demokratischen Wähler, die an den Vorwahlen teilnahmen, waren derselben Meinung wie ich.

Diese inhaltlichen Auseinandersetzungen wirkten befreiend, erinnerten sie mich doch daran, warum ich kandidierte. Sie halfen mir, meine Stimme als Kandidat wiederzufinden. Dieses Selbstvertrauen machte sich kurz darauf in einer morgendlichen Debatte an der Drake University in Iowa bemerkbar. Der Moderator, George Stephanopoulos von ABC, gab Joe Biden die Chance, zu erklären, warum ich in seinen Augen nicht für das Präsidentenamt bereit sei. Als ich fünf Minuten später Gelegenheit zu einer Erwiderung erhielt, hatte fast jeder der übrigen anwesenden Kandidaten auf mich eingeprügelt.

»Um mich auf diese Debatte vorzubereiten, habe ich vorher auf der State Fair im Autoscooter trainiert«, sagte ich. Die Bemerkung stammte ursprünglich von Axe, der damit auf meinen medienwirksamen Ausflug mit Malia und Sasha zur State Fair in derselben Woche angespielt hatte. Das Publikum lachte, und in der folgenden Stunde lieferte ich mir vergnügte Scharmützel mit meinen Rivalen und erklärte, dass ein Wähler der Demokraten, der herauszufinden versuche, welcher Kandidat eine wirkliche Abkehr von der verfehlten Politik George Bushs vertrete, lediglich die entsprechenden Positionen der Kandidaten auf dem Podium miteinander vergleichen müsse. Zum ersten Mal seit Beginn der Debatten hatte ich Spaß daran, und nach dieser Veranstaltung an der Drake University waren die Medienbeobachter einhellig der Meinung, dass ich gewonnen hatte.

Es war ein befriedigendes Ergebnis, und sei es auch nur, weil ich an diesem Tag keine verdrießlichen Blicke meiner Mitarbeiter erntete.

»Das war klasse!«, sagte Axe und klopfte mir auf die Schulter.

»Wir sollten von jetzt an darauf achten, alle Debatten um acht Uhr morgens anzusetzen!«, sagte Plouffe.

»Das ist nicht komisch«, erwiderte ich. (Ich war nie ein Morgenmensch.)

Wir zwängten uns ins Auto, um zur nächsten Veranstaltung aufzubrechen. Bei der Abfahrt konnten wir unsere Anhänger, die sich in mehreren Reihen an der Straße drängten, noch jubeln hören, als sie schon außer Sichtweite waren.

»Fired up!«

»Ready to go!«

DASS SICH DIE Moderatoren der Debatte an der Drake University so intensiv mit mir beschäftigt hatten, lag zum Teil daran, dass ABC kurz zuvor die Ergebnisse einer Umfrage veröffentlicht hatte, die zeigte, dass ich zum ersten Mal in Iowa die Nase vorn hatte (obwohl mein Vorsprung vor Clinton und Edwards lediglich ein Prozent betrug). Es war offensichtlich ein enges Rennen (in späteren Umfragen fiel ich wieder auf den dritten Rang zurück), aber es ließ sich nicht leugnen, dass unser Wahlkampf in Iowa Wirkung zeigte, vor allem bei jüngeren Wählern. Man spürte es im Kontakt mit der Menge. Man sah es an der Zahl der Menschen, an ihrer Energie und, was am wichtigsten war, an der Zahl der Unterstützerbriefe und Anmeldungen von Freiwilligen, die wir an jedem Stopp einsammelten. Weniger als sechs Monate vor dem Caucus wurden wir stärker und stärker.

Leider schlugen sich diese Fortschritte nicht in den landesweiten Umfragen nieder. Da wir uns auf Iowa und in geringerem Maß auf New Hampshire konzentrierten, hatten wir kaum Sendezeit im Fernsehen in anderen Landesteilen gekauft und nur wenige Wahlkampfauftritte absolviert, was zur Folge hatte, dass wir im September immer noch rund zwanzig Prozentpunkte hinter Hillary Clinton lagen. Plouffe tat alles, um die Medien davon zu überzeugen, dass die nationalen Umfragen zu diesem frühen Zeitpunkt keinerlei Aussagekraft hätten, aber seine Bemühungen waren umsonst. Ich musste immer öfter Anrufe besorgter Anhänger aus dem ganzen Land entgegennehmen, die mir politische Ratschläge gaben, Vorschläge für Werbekampagnen machten oder sich darüber beklagten, dass wir diese oder jene Interessengruppe vernachlässigt hätten; einige stellten auch unsere Kompetenz infrage.

Zwei Ereignisse trugen entscheidend dazu bei, dass sich das Blatt schließlich wendete. Mit dem ersten hatten wir nichts zu tun. In einer Debatte Ende Oktober in Philadelphia geriet Hillary – deren Auftritte bis dahin beinahe makellos gewesen waren – ins Schwimmen und sträubte sich, eine klare Antwort auf die Frage zu geben, ob es illegal Beschäftigten erlaubt sein sollte, einen Führerschein zu erwerben. Zweifellos war ihr von ihren Beratern eingeschärft worden, sich in dieser Frage zurückzuhalten, weil dies ein Thema war, das die demokratische Basis spaltete. Ihr argumentativer Balanceakt verstärkte lediglich den bereits vorherrschenden Eindruck, dass sie eine typische Vertreterin des Washingtoner Establishments war – was mir half, mich von ihr abzuheben.

Und dann passierte beim Iowa Jefferson-Jackson Dinner am 10. November etwas, mit dem wir sehr wohl etwas zu tun hatten. Das JJ Dinner leitete traditionell den Endspurt des Vorwahlkampfs ein und lieferte ein gutes Bild vom Zwischenstand des Rennens. Jeder Kandidat hielt vor achttausend potenziellen Caucus-Teilnehmern und nationalen Medienvertretern eine zehnminütige Rede ohne Notizen. Bei dieser Veranstaltung konnten wir testen, wie gut unsere Botschaft bei den Wählern ankam und wie gut unsere Wahlkampforganisation für diese letzten Wochen aufgestellt war.

Wir steckten alles, was wir hatten, in eine erfolgreiche Präsentation und karrten Anhänger aus allen neunundneunzig Countys von Iowa in Bussen herbei, womit wir die Anhängerschaft der anderen Kandidaten in den Schatten stellten. John Legend gab auf unsere Einladung hin ein kurzes Konzert für mehr als tausend Leute, und anschließend führten Michelle und ich die ganze Prozession die Straße hinunter zu der Arena, in der das Dinner stattfand; begleitet wurden wir von der Drill-and-Drum-Kapelle einer Highschool – sie nannte sich »The Isiserettes« –, deren fröhliches Getöse den Eindruck erweckte, als zöge eine siegreiche Armee in die Arena ein.

Und die Rede sicherte uns den Sieg. Bis dahin hatte ich stets darauf bestanden, den Großteil meiner wichtigen politischen Reden selbst zu schreiben, aber die ununterbrochenen Wahlkampfeinsätze machten es mir unmöglich, den Vortrag für das JJ Dinner allein zu verfassen. Ich musste es Favs überlassen, unter Anleitung von Axe und Plouffe einen Entwurf auszuarbeiten, der überzeugend zusammenfasste, was für meine Nominierung sprach.

Und Favs lieferte. In diesem entscheidenden Augenblick gelang es diesem Kerl, der erst vor wenigen Jahren das College abgeschlossen hatte, mit nur bescheidenem Input von meiner Seite eine großartige Rede zu schreiben, die nicht nur deutlich zeigte, wie sehr ich mich von meinen Rivalen und wie sehr sich die Demokraten von den Republikanern unterschieden. Sie umriss auch die Herausforderungen, vor denen das Land stand – vom Krieg über den Klimawandel bis zu einem finanzierbaren Gesundheitswesen –, und die Notwendigkeit einer neuen und entschlossenen Führung. Die Partei sei historisch immer dann am stärksten gewesen, hieß es an einer Stelle, wenn sich ihre Führer »nicht an Meinungsumfragen, sondern an Prinzipien« orientierten und wenn sie sich »nicht von Berechnung, sondern von Überzeugungen« leiten ließen. Diese Rede wurde dem historischen Augenblick, den Beweggründen für mein politisches Engagement und den Erwartungen des Landes, so hoffte ich, gerecht.

Ich prägte mir die Rede an mehreren Abenden ein, nachdem ich meine täglichen Pflichten im Wahlkampf erfüllt hatte. Und in dem Moment, als ich meinen Vortrag beendet hatte – ein glückliches Schicksal wollte es, dass ich als letzter der Kandidaten an der Reihe war –, war ich so sicher, dass er die gewünschte Wirkung erzielt hatte, wie nach meiner Rede auf dem Parteitag der Demokratischen Partei dreieinhalb Jahre früher.

Rückblickend war der Abend des JJ Dinner der Moment, in dem ich zu der Überzeugung gelangte, dass wir Iowa – und in der Folge die demokratische Nominierung – gewinnen würden. Nicht unbedingt, weil ich der geschliffenste Kandidat war, sondern weil wir die richtige Botschaft besaßen und wunderbar begabte junge Menschen angelockt hatten, die bereit waren, sich in den Dienst unserer Sache zu stellen. Tewes teilte meine Einschätzung und sagte zu Mitch: »Ich denke, heute Abend haben wir Iowa gewonnen.« (Mitch, der den Abend organisiert hatte und im Allgemeinen ein Nervenbündel war – er litt fast während des gesamten Wahlkampfs unter Schlaflosigkeit, Gürtelrose und Haarausfall –, lief ins Bad, um sich mindestens zum zweiten Mal an diesem Tag zu übergeben.) Emily war ebenfalls zuversichtlich, obwohl man es ihr nicht ansah. Als meine Rede beendet war, fragte Valerie, die ihre Begeisterung nicht zügeln konnte, Emily nach ihrem Eindruck.

»Es war toll«, sagte Emily.

»Sie sehen nicht sehr begeistert aus.«

»Das ist mein begeistertes Gesicht.«

DAS CLINTON-LAGER schien zu spüren, dass sich das Blatt wendete. Bis zu diesem Moment hatten es Hillary und ihr Team nach Möglichkeit vermieden, uns direkt anzugreifen. Sie waren zufrieden damit, sich aus den Schlammschlachten herauszuhalten und ihren großen Vorsprung in den landesweiten Umfragen zu festigen. Aber in den folgenden Wochen änderten sie ihren Kurs und gingen dazu über, uns hart anzugreifen. Sie bedienten sich vorwiegend der üblichen Argumente, wiesen auf meinen Mangel an Erfahrung hin und äußerten Zweifel an meiner Fähigkeit, den Republikanern in Washington die Stirn zu bieten. Dummerweise blamierten sie sich mit den beiden Vorhaltungen, die die größte Aufmerksamkeit weckten.

Die erste betraf eine Aussage, die ein fester Bestandteil meiner Standardwahlrede war: Ich erklärte, mich nicht um das Präsidentenamt zu bewerben, weil es mir zustehe oder weil ich es mir mein Leben lang gewünscht habe, sondern weil wir neue Lösungen für das Land brauchten. Nun, das Clinton-Lager gab eine Mitteilung heraus, in der ein Pressebericht zitiert wurde, demzufolge einer meiner ehemaligen Lehrer in Indonesien behauptete, ich hätte im Kindergarten in einem Aufsatz den Wunsch geäußert, Präsident zu werden – was in den Augen von Clintons Leuten der Beweis dafür war, dass mein vorgeblicher Idealismus nichts weiter sei als eine Tarnung für rücksichtslosen Ehrgeiz.

Als ich davon hörte, musste ich lachen. Die Vorstellung, dass sich irgendjemand außerhalb meiner Familie an etwas erinnern sollte, das ich vor fast vierzig Jahren geäußert hatte, schien, wie ich Michelle sagte, ziemlich weit hergeholt. Ganz zu schweigen davon, wie schwierig es war, meinen scheinbaren kindlichen Plan für die Weltherrschaft mit durchschnittlichen Noten in der Highschool und Drogenkonsum, einer obskuren Tätigkeit als Community Organizer sowie Kontakten zu allen möglichen politisch unvorteilhaften Figuren in Einklang zu bringen.

Natürlich entdeckten wir im Lauf des folgenden Jahrzehnts, dass Absurdität, Inkohärenz oder fehlende Belege nicht verhindern konnten, dass verschiedene völlig abwegige Behauptungen über mich, die von politischen Gegnern, konservativen Medien, kritischen Biografen und anderen in die Welt gesetzt wurden, in der Öffentlichkeit Fuß fassten. Aber im Dezember 2007 wurde der Versuch des Clinton-Teams, eine Untersuchung meiner »Kindergartenakte«, wie ich sie nannte, in Gang zu setzen, allgemein als Panikreaktion betrachtet und löste großen Spott aus.

Weniger amüsant war ein Interview, in dem Bill Shaheen, der stellvertretende Leiter des Clinton-Wahlkampfs in New Hampshire, einem Journalisten gegenüber andeutete, dass sich mein Eingeständnis vergangenen Drogenkonsums in einer Auseinandersetzung mit dem republikanischen Kandidaten als fatal erweisen werde. Ich fand es keineswegs unzulässig, dass Shaheen über meine Fehltritte in der Jugend sprach; er ging jedoch ein wenig weiter und deutete an, ich hätte vielleicht auch mit Drogen gehandelt. Das Interview löste eine Welle der Empörung aus, und Shaheen gab kurz darauf seinen Rücktritt bekannt.

All das geschah kurz vor der letzten Debatte in Iowa. Am Morgen jenes Tages nahmen Hillary und ich in Washington an einer Abstimmung im Senat teil. Als mein Team und ich am Flughafen eintrafen, um in die Maschine nach Des Moines zu steigen, stellten wir fest, dass Hillarys Charterflugzeug genau neben unserem geparkt war. Vor dem Abflug trat Hillarys Referent Huma Abedin an Reggie heran und teilte ihm mit, dass die Senatorin gerne mit mir sprechen wolle. Wir trafen uns auf der Rollbahn. Reggie und Huma warteten ein paar Schritte entfernt.

Hillary bat um Entschuldigung für Shaheens Äußerung. Ich dankte ihr und schlug vor, wir könnten doch beide mehr tun, um unsere Mitarbeiter im Zaum zu halten. Hillary reagierte verärgert und hielt mir in scharfem Ton vor, meine Leute griffen sie regelmäßig unfair an, verzerrten Tatsachen und bedienten sich hinterhältiger Taktiken. Ich bemühte mich vergebens, die Wogen zu glätten, und das Gespräch endete abrupt. Sie war sichtlich wütend, als sie in ihr Flugzeug stieg.

Auf dem Flug nach Des Moines versuchte ich, die Enttäuschung zu verstehen, die Hillary empfinden musste. Sie war eine hochintelligente Frau, die im Dienst der Karriere ihres Mannes hart gearbeitet, Opfer gebracht, öffentliche Attacken und Demütigungen ertragen hatte. All das konnte sie nicht daran hindern, eine wunderbare Tochter aufzuziehen. Nach dem Abschied vom Weißen Haus hatte sie eine neue politische Identität entwickelt und sich mit Geschick und Beharrlichkeit für eine Präsidentschaftskandidatur in Position gebracht. Sie war als klare Favoritin ins Rennen gegangen. Als Kandidatin agierte sie nahezu makellos: Sie erfüllte alle Anforderungen, gewann die meisten Debatten und trieb gewaltige Mengen an Wahlkampfspenden auf. Und jetzt fand sie sich plötzlich in einem Kopf-an-Kopf-Rennen mit einem vierzehn Jahre jüngeren Mann wieder, der keine vergleichbaren Opfer hatte bringen müssen, der nicht annähernd so viele Schläge hatte einstecken müssen, dem anscheinend vieles nachgesehen wurde und der offenbar einen Vertrauensvorschuss erhielt. Wer wäre da nicht verärgert?

Außerdem hatte Hillary nicht ganz unrecht mit ihrer Einschätzung, dass mein Team jederzeit bereit war, Paroli zu bieten. Verglichen mit anderen modernen Präsidentschaftswahlkämpfen, war unserer wirklich anders, denn wir verbreiteten beharrlich eine positive Botschaft und betonten, wofür ich stand, anstatt hervorzuheben, wogegen ich kämpfte. Ich hielt auf allen Ebenen unseren Ton unter Kontrolle. Mehr als einmal verhinderte ich die Ausstrahlung von Wahlwerbung, die in meinen Augen unfair oder übertrieben aggressiv war. Trotzdem wurden wir unseren hohen Ansprüchen nicht immer gerecht. Am wütendsten im Verlauf der gesamten Kampagne war ich tatsächlich, als ein Memo durchsickerte, das unser Rechercheteam im Juni verfasst hatte und in dem Hillary unter dem bissigen Titel »Hillary Clinton (D-Punjab)« – Hillary Clinton (Demokratische Abgeordnete für Punjab) – wegen ihrer stillschweigenden Unterstützung für die Auslagerung von Arbeitsplätzen nach Indien attackiert wurde. Meine Leute versicherten mir, das Memo sei nicht für die Öffentlichkeit bestimmt gewesen, aber das war mir egal: Die Argumentation war schäbig und der Ton nativistisch, und deshalb war ich tagelang stinksauer.

Ich glaube nicht, dass wir die Konfrontation mit Hillary auf dem Rollfeld durch eine bestimmte Aktion provoziert hatten. Die Ursache für ihren Ärger dürfte eher daran gelegen haben, dass ich sie ernsthaft herausforderte und dass unsere Rivalität unerbittlicher wurde. Es waren noch sechs andere Kandidaten im Rennen, aber die Umfrageergebnisse deuteten mittlerweile darauf hin, dass Hillary und ich uns bis zum Ende ein Kopf-an-Kopf-Rennen liefern würden. Mit dieser Dynamik würden wir noch monatelang Tag und Nacht, an Wochenenden und Feiertagen leben, begleitet von unseren Teams, die wie winzige Armeen wirkten, jedes Mitglied voll und ganz auf den Kampf eingeschworen. Wie ich langsam begriff, war dies Teil der Brutalität der modernen Politik, die Schwierigkeit, sich in einem Spiel ohne klare Regeln zu behaupten, einem Spiel, in dem deine Gegner nicht einfach versuchten, den Ball in einen Korb zu befördern, sondern in dem sie versuchten, die Öffentlichkeit – zumindest implizit, häufiger jedoch durchaus explizit – davon zu überzeugen, dass sie in Sachen Urteilskraft, Intelligenz, Wertvorstellungen und Charakter mehr wert waren als du.

Man mag sich selbst sagen, dass es nichts Persönliches ist, aber es fühlt sich persönlich an. Jedenfalls für einen selbst und mit Sicherheit für die eigene Familie, die Mitarbeiter oder Anhänger, die jeden realen oder eingebildeten Seitenhieb und jede Kränkung registrieren. Je länger der Wahlkampf dauert, je enger das Rennen und je höher die Einsätze, desto leichter wird es, raubeinige Taktiken vor sich selbst zu rechtfertigen. Das geht so weit, dass die grundlegenden menschlichen Regungen, die normalerweise unser Leben beherrschen – Aufrichtigkeit, Mitgefühl, Freundlichkeit, Geduld, Wohlwollen –, wie Schwächen wirken, wenn man sie der anderen Seite entgegenbringt.

Ich kann nicht behaupten, dass mir all das bewusst war, als ich am Abend nach der Begegnung auf dem Rollfeld die Bühne betrat, auf der die Debatte stattfand. Ich deutete Hillarys Verärgerung in erster Linie als Hinweis darauf, dass wir auf der Überholspur waren, dass wir offenkundig Rückenwind hatten. In der Debatte fragte mich der Moderator, warum unter meinen Beratern so viele ehemalige Mitarbeiter der Regierung Clinton seien, wo mir doch ein Kurswechsel in der

Außenpolitik der Vereinigten Staaten so unerlässlich scheine. »Das möchte ich hören«, sagte Hillary ins Mikrofon.

Ich wartete, bis sich das Kichern gelegt hatte.

»Nun, Hillary, ich freue mich darauf, mich in Zukunft auch von Ihnen beraten zu lassen.«

Es war ein gelungener Abend für das Team.

EINEN MONAT VOR den Nominierungsversammlungen veröffentlichte die Zeitung *Des Moines Register* eine Umfrage, die zeigte, dass ich mittlerweile einen Vorsprung von drei Prozentpunkten vor Hillary hatte. Die hitzige Schlussphase des Rennens hatte begonnen, und die Kandidaten beider Parteien eilten in den letzten Wochen von einem Ort zum anderen, um unentschlossene Wähler auf ihre Seite zu ziehen und verborgene Grüppchen von Bürgern aufzuspüren und zu motivieren, die sonst am Wahlabend vielleicht zu Hause blieben. Die Clinton-Wahlkampforganisation hatte begonnen, für den Fall, dass das Wetter am Wahltag schlecht war, unter ihren Anhängern Schneeschaufeln zu verteilen, und in einer letzten Kraftanstrengung, die später als haarsträubende Geldverschwendung kritisiert werden sollte, brach Hillary in einem gecharterten Helikopter (den ihr Wahlkampfstab als »Hill-O-Copter« bezeichnete) zu einer »Blitzkrieg-Tour« auf, die sie in sechzehn Countys des Staates führte. John Edwards versuchte derweil, in einem Bus ein ähnlich großes Gebiet abzudecken.

Wir hatten ebenfalls ein paar öffentlichkeitswirksame Auftritte, darunter eine Reihe von Kundgebungen mit Oprah Winfrey, die mittlerweile eine Freundin und Anhängerin geworden war und sich als Wahlkämpferin als ebenso klug, lustig und anmutig erwies wie als Privatperson. Sie lockte bei zwei Veranstaltungen in Iowa fast dreißigtausend Menschen an, noch einmal achttausendfünfhundert in New Hampshire und beinahe dreißigtausend in South Carolina. Diese Versammlungen waren elektrisierend, und sie zogen jene Art von neuen Wählern an, die wir am meisten brauchten. (Es sollte erwähnt werden, dass viele meiner Mitarbeiter in Oprahs Gegenwart völlig befangen waren. Die Ausnahme war erwartungsgemäß Emily: Die einzige Berühmtheit, die sie gerne persönlich kennenlernen wollte, war der Journalist Tim Russert.)

Die prägenden Erinnerungen sind am Ende jedoch weder die Umfragen noch die Größe der Kundgebungen oder die Prominenten, die eingeflogen wurden. Im Gedächtnis bleibt vielmehr, dass sich die ganze Kampagne in jenen Tagen wie eine Familie anfühlte. Michelles Offenheit und Geradlinigkeit hatten sich als echtes Pfund erwiesen: Sie war ein Wahlkampfnaturtalent. Das Iowa-Team begann, sie als »the Closer« zu bezeichnen, als diejenige, die für den perfekten Abschluss sorgte, weil sich so viele Menschen zum Mitmachen anmeldeten, nachdem sie Michelle hatten sprechen hören. Unsere Geschwister und engen Freunde kamen alle nach Iowa: Craig aus Chicago, Maya aus Hawaii und Auma aus Kenia, die Nesbitts, die Whitakers, Valerie, alle mit ihren Kindern, und natürlich Michelles zahlreiche Tanten, Onkel, Vettern und Cousinen. Meine Kindheitsfreunde aus Hawaii, Weggefährten aus der Zeit, als ich in der South Side Stadtteilarbeit gemacht hatte, ehemalige Studienkollegen und Kollegen aus dem Senat von Illinois sowie zahlreiche Spender reisten an, in Gruppen wie zu einer großen Wiedersehensfeier, wobei ich oft gar nicht wusste, dass sie gekommen waren. Niemand verlangte besondere Aufmerksamkeit. Sie meldeten sich einfach in örtlichen Wahlkampfbüros, wo ihnen die Verantwortlichen eine Karte und eine Liste von Unterstützern aushändigten, zu denen sie Kontakt aufnehmen konnten. So konnten sie die Woche zwischen Weihnachten und Neujahr begehen, indem sie mit einem Clipboard in der Hand in der eisigen Kälte von Tür zu Tür gingen.

Aber es waren nicht nur die Verwandten und Freunde, die ich seit Jahren kannte. Die Menschen aus Iowa, mit denen ich so viel Zeit verbracht hatte, waren ebenfalls wie eine Familie für mich. Da waren örtliche Parteiführer wie Generalstaatsanwalt Tom Miller und Finanzminister Mike Fitzgerald, die zu einer Zeit auf mich gesetzt hatten, als noch wenige bereit gewesen waren, sich auf eine derart gewagte Wette einzulassen. Da waren Freiwillige wie Gary Lamb, ein progressiver Farmer aus dem Tama County, der uns half, Beziehungen zur ländlichen Bevölkerung zu knüpfen, Leo Peck, der im Alter von zweiundachtzig Jahren an so viele Türen klopfte wie kaum ein anderer, oder Marie Ortiz, eine afroamerikanische Krankenschwester, die mit ihrem spanischstämmigen Ehemann in einer überwiegend weißen Ortschaft lebte und drei- oder viermal in der Woche ins Büro kam, um Wähler anzurufen. Manchmal kochte sie auch das Mittagessen für unseren dortigen Organisator, weil er ihrer Meinung nach zu mager war.

Familie eben.

Und dann waren da natürlich die Organisatoren vor Ort. Obwohl sie bis über beide Ohren in Arbeit steckten, baten wir sie, ihre Eltern zum JJ Dinner einzuladen, und am nächsten Tag fand ein Empfang zu ihren Ehren statt, bei dem Michelle und ich Gelegenheit hatten, jedem Einzelnen von ihnen Anerkennung zu zollen und ihren Eltern dafür zu danken, dass sie so großartige Söhne und Töchter herangezogen hatten.

Noch heute würde ich alles für diese Kids tun.

Dann kam der große Tag, der 3. Januar. Am Abend beschlossen Plouffe und Valerie, gemeinsam mit Reggie, Marvin und mir einer Highschool in Ankeny, einem Vorort von Des Moines, wo mehrere Wahlbezirke ihren Caucus abhalten würden, einen Überraschungsbesuch abzustatten. Wir trafen kurz nach sechs Uhr abends dort ein. Es blieb noch eine Stunde Zeit bis zum Beginn der Abstimmungen, aber in der Schule herrschte bereits ein großes Gedrängel. Aus allen Richtungen strömten die Leute ins Hauptgebäude, ein lärmendes Fest des Menschseins. Jedes Alter, jede Hautfarbe, jede Gesellschaftsschicht, jeder Körperbau schien vertreten. Ich sah sogar einen Mann, der sich als Gandalf aus *Herr der Ringe* verkleidet hatte, samt langem weißem Umhang, dichtem weißem Bart und einem hölzernen Stab, an dem er einen kleinen Bildschirm montiert hatte, auf dem ein Video meiner Rede beim JJ Dinner lief.

Wir hatten keinen Pressetross dabei, und ich nahm mir die Zeit, mich unter die Leute zu mischen, Hände zu schütteln und jenen zu danken, die vorhatten, mich zu unterstützen. Jene, die für einen anderen Kandidaten stimmen wollten, bat ich, mich zumindest zu ihrer zweiten Wahl zu machen. Ein paar Leute hatten noch Fragen bezüglich meiner Einstellung zu Ethanol-Treibstoff oder wollten wissen, was ich gegen den Menschenhandel unternehmen wollte. Immer wieder traten Personen an mich heran, um mir zu sagen, dass sie noch nie an einem Caucus teilgenommen hatten – einige waren überhaupt noch nie wählen gegangen –, von unserem Wahlkampf jedoch inspiriert worden waren, sich zum ersten Mal politisch zu engagieren.

»Ich wusste bisher nicht, dass ich zähle«, sagte eine Frau.

Auf der Rückfahrt nach Des Moines herrschte die meiste Zeit Stille im Auto. Wir versuchten alle, das Wunder zu verarbeiten, das wir gerade erlebt hatten. Ich sah durch das vereiste Fenster verschwommene Ladenzeilen, Häuser und Ampeln vorbeigleiten und spürte, wie ich innerlich zur Ruhe kam. Es konnte noch Stunden dauern, bis wir das Ergebnis erfahren würden. Als die Resultate schließlich eintrafen, wurde klar, dass wir die Abstimmung in Iowa mit deutlichem Vorsprung für uns entschieden hatten. Wir hatten die Mehrheit von fast allen demografischen Gruppen für uns gewonnen und waren von einer beispiellos hohen Wahlbeteiligung zum Sieg getragen worden. Zehntausende hatten zum ersten Mal an einer Vorwahl teilgenommen. Als wir eine Viertelstunde vor dem Beginn der Abstimmungen Ankeny hinter uns ließen, wusste ich davon noch nichts, aber mir war klar, dass wir etwas Reales und Erhebendes geleistet hatten, und sei es auch nur für einen Augenblick.

In dieser Schule im Herzen des Landes hatte ich an einem kalten Winterabend die Gemeinschaft gefunden, die ich so lange gesucht hatte. Meine Vorstellung von Amerika war Wirklichkeit geworden. Ich dachte an meine Mutter und daran, wie glücklich und stolz sie gewesen wäre, das zu erleben, und ich vermisste sie furchtbar. Plouffe und Valerie taten so, als hätten sie nichts bemerkt, als ich meine Tränen wegwischte.

KAPITEL 6

DIE NACHRICHT, DASS WIR die Abstimmung in Iowa mit acht Punkten Vorsprung für uns entschieden hatten, machte Schlagzeilen im ganzen Land. Die Medien benutzten Begriffe wie »überwältigend« und »erdrutschartig« und merkten an, die Ergebnisse seien besonders für die drittplatzierte Hillary niederschmetternd. Chris Dodd und Joe Biden schieden beide augenblicklich aus dem Wahlkampf aus. Amtsträger, die das Geschehen zurückhaltend von der Seitenlinie aus verfolgt hatten, boten nun telefonisch ihre Unterstützung an. Wahlbeobachter riefen mich zum neuen demokratischen Spitzenkandidaten aus und vermeldeten, die hohe Wahlbeteiligung signalisiere ein allgemeines Bedürfnis nach Veränderung in Amerika.

Nach einem Jahr in der Rolle des David fand ich mich unversehens als Goliath wieder – und sosehr ich mich über unseren Sieg freute, so fühlte sich die neue Rolle doch ungewohnt an. Ein Jahr lang hatten sich mein Team und ich bemüht, weder zu euphorisch noch zu bedrückt zu sein, hatten den anfänglichen Wirbel um meine Kandidatur wie die darauffolgenden Berichte über ihr bevorstehendes Scheitern ignoriert. Zwischen Iowa und den Vorwahlen in New Hampshire lagen nur fünf Tage, und es war nicht leicht, unsere Erwartungen zu dämpfen. Axe fand die dick aufgetragenen Geschichten und die Fernsehbilder, die mich vor bewundernden Zuschauermengen zeigten (»Obama, die Ikone«, schimpfte er), besonders ungeeignet für einen Staat wie New Hampshire, dessen Wähler – zum großen Teil Unabhängige, die sich gern in letzter Minute entschieden, ob sie für Demokraten oder Republikaner stimmten – im Ruf standen, sehr nonkonformistisch zu sein.

Trotzdem konnten wir uns des Gefühls nicht erwehren, nun am Drücker zu sein. Unsere Organisatoren in New Hampshire waren ebenso beharrlich und unsere Freiwilligen ebenso eifrig wie die in Iowa. Unsere Wahlkampfveranstaltungen zogen so viele Begeisterte an, dass sich die Schlangen vor den Eingängen quer über Parkplätze und um Häuserblöcke zogen. Doch dann nahm der Wettkampf innerhalb von achtundvierzig Stunden mehr als eine unerwartete Wendung.

Die erste vollzog sich während des Rededuells vor der Vorwahl, als der Moderator Hillary mitten im Gespräch unvermittelt fragte, wie sie sich fühle, wenn sie als »nicht liebenswert« bezeichnet werde.

Das war die Art von Frage, die mich gleich auf mehreren Ebenen verrückt machte. Sie war trivial. Sie war nicht zu beantworten – was soll man auf so etwas erwidern? Und sie offenbarte eine Doppelmoral, die Hillary im Besonderen und weibliche Politikerinnen im Allgemeinen ertragen mussten – die Forderung, auf eine Art und Weise »nett« zu sein, die bei ihren männlichen Pendants nie als maßgeblich galt.

Obgleich Hillary mit der Frage gut umging (»Nun, das verletzt mich schon«, sagte sie lachend, »aber ich versuche, trotzdem weiterzumachen«), entschied ich mich zu einem Einwurf.

»Sie sind ziemlich liebenswert, Hillary«, sagte ich trocken.

Ich nahm an, das Publikum würde meine Absicht erkennen – meiner Widersacherin entgegenzukommen und mich im selben Zug über die Frage zu mokieren. Aber ob es an meiner unbewegten Miene lag, der ungeschickten Wortwahl oder der Meinungssteuerung durch das Clinton-Kommunikationsteam, es setzte sich eine andere Deutung durch: Ich sei Hillary gegenüber gönnerhaft, ja herablassend aufgetreten, als einer dieser flegelhaften Männer, die ihre weiblichen Rivalen niedermachen.

Mit anderen Worten: das Gegenteil dessen, was ich beabsichtigt hatte.

In unserem Team war niemand sonderlich besorgt über meine Bemerkung, und wir wussten, dass jeder Versuch einer Klarstellung das Feuer nur weiter anfachen würde. Aber die Geschichte war gerade wieder abgeflaut, als die Medien erneut in Aufruhr gerieten, diesmal darüber, wie Hillary nach einem Treffen mit einer Gruppe unentschlossener Wähler in New Hampshire, die meisten von ihnen Frauen, wahrgenommen wurde. Bei der Beantwortung einer einfühlsamen Frage zu ihrem Umgang mit dem Wahlkampfstress hatte Hillary kurz mit den Tränen gekämpft, als sie beschrieb, mit welcher Leidenschaft und Hingabe sie sich persönlich einbrachte – sie wolle nicht, dass sich das Land zurückentwickle, und habe ihr Leben »einigen ziemlich großen Widerständen zum Trotz« dem Dienst am Volk gewidmet.

Es war ein seltener und aufrichtiger Einblick in Hillarys Gefühlswelt, der ihrem eisernen, kontrollierten Image so zuwiderlief, dass er Schlagzeilen machte und die Nachrichtenexperten im Kabelfernsehen Kopf stehen ließ. Manche interpretierten den Moment als packend und authentisch, als eine neue Art des menschlichen Kontakts zwischen Hillary und dem Publikum. Andere sahen darin entweder vorgespiegelte Emotionen oder Anzeichen einer Schwäche, die ihre Kandidatur gefährdete. Alldem lag natürlich die Tatsache zugrunde, dass Hillary durchaus die erste Präsidentin des Landes werden könnte, und ihre Kandidatur deckte – so wie meine hinsichtlich der Hautfarbe – alle möglichen Arten von Stereotypen in Bezug auf Geschlechterfragen und unsere Erwartungen an Aussehen und Verhalten unserer Führungspersönlichkeiten auf.

Die Aufregung um die Frage, ob Hillary in der Wählergunst stieg oder sank, hielt bis zum Tag der Vorwahl in New Hampshire an. Mein Team schöpfte Zuversicht daraus, dass wir ein komfortables Polster hatten: In den Umfragen lagen wir mit zehn Punkten vorn. Als die Wahlkampfkundgebung, die wir zur Mittagszeit an einem örtlichen College anberaumt hatten, nur eine überschaubare Zuhörermenge anzog und meine Rede unterbrochen wurde, als eine Studentin das Bewusstsein verlor und bis zum Eintreffen der Rettungskräfte eine Ewigkeit zu vergehen schien, wertete ich das daher auch nicht als böses Omen.

Erst als abends die Wahllokale schlossen, wusste ich, dass wir in Schwierigkeiten steckten. Während Michelle und ich uns in unserem Hotelzimmer für die erwartete Siegesfeier fertig machten, klopfte es, und ich öffnete die Tür. Plouffe, Axe und Gibbs standen belämmert auf dem Gang wie ein paar Teenager, die gerade das Auto ihres Vaters gegen einen Baum gesetzt hatten.

»Wir verlieren«, sagte Plouffe.

Sie hatten verschiedene Theorien darüber, was schiefgegangen war. Möglicherweise hatten unabhängige Wähler, die uns im Wahlkampf gegen Hillary unterstützt hatten, in großem Ausmaß beschlossen, in der Vorwahl für die Republikaner zu stimmen, um John McCain zu unterstützen, da sie glaubten, wir hätten den Wahlkampf fest in der Hand. Unentschlossene Frauen waren in den letzten Tagen des Wahlkampfs vielleicht zu Hillary umgeschwenkt. Oder vielleicht war es die Tatsache, dass wir, als das Clinton-Team uns im Fernsehen und in der Wahlwerbung angegriffen hatte, nicht genug unternommen hatten, um ihre negative Taktik aufzudecken, und so zugelassen hatten, dass ihre Schläge landen konnten.

Diese Theorien klangen alle plausibel. Doch im Augenblick spielte das Warum keine Rolle.

»Sieht so aus, als würden wir für den Sieg ein bisschen länger brauchen«, sagte ich mit einem betrübten Lächeln. »Aber jetzt lasst uns erst einmal überlegen, wie wir die Wunde stillen können.«

Keine Trauermienen, sagte ich ihnen. Durch unsere Körpersprache mussten wir allen, der Presse, den Spendern und vor allem unseren Unterstützern, signalisieren, dass Rückschläge dazugehörten. Ich setzte mich mit den bestürzten Mitgliedern unseres New-Hampshire-Teams in Verbindung und ließ sie wissen, wie stolz ich auf ihre Arbeit sei. Dann blieb noch die Frage, was ich den etwa siebzehnhundert Menschen sagen sollte, die sich in einer Schulsporthalle in Nashua versammelt hatten, um unseren Sieg zu feiern. Glücklicherweise hatte ich zu Beginn der Woche schon mit Favs daran gearbeitet, alle allzu triumphalen Töne aus der Rede zu streichen, und ihn gebeten, stattdessen zu betonen, dass noch harte Arbeit vor uns liege. Jetzt rief ich an, um ihm zu sagen, dass der Text, abgesehen von einer Respektsbekundung gegenüber Hillary, kaum geändert werden solle.

Die Rede, die ich an jenem Abend vor unseren Unterstützern hielt, sollte eine der wichtigsten unseres Wahlkampfs werden, nicht nur als ein Schlachtruf für die Entmutigten, sondern als eine wertvolle Erinnerung an das, woran wir glaubten. »Wir wissen, dass es ein langer Kampf wird«, sagte ich, »aber denkt immer daran: Welche Hindernisse uns auch im Weg stehen mögen, nichts kann der Macht von Millionen Stimmen standhalten, die nach Veränderung rufen.« Ich sagte, dass wir in einem Land lebten, dessen Geschichte vor allem auf Hoffnung errichtet sei, von Menschen – Pionieren, Sklavereigegnern, Frauenrechtlerinnen, Einwanderern, Bürgerrechtlern –, die sich von scheinbar unüberwindbaren Hindernissen nicht hätten abschrecken lassen.

»Wann immer man uns vorgehalten hat, wir seien noch nicht bereit«, sagte ich, »oder wir sollten es gar nicht erst versuchen oder wir könnten es ohnehin nicht schaffen, dann haben Generationen von Amerikanern mit einem einfachen Credo geantwortet, das den Geist eines Volkes zusammenfasst: *Yes we can.*« Die Menge begann, den Satz wie rhythmisch zu rufen, und vielleicht zum ersten Mal, seit Axe ihn als Slogan für meinen Senatswahlkampf vorgeschlagen hatte, glaubte ich voll und ganz an die Macht dieser drei Worte.

DIE MEDIENBERICHTE ÜBER unsere Niederlage in New Hampshire waren wie erwartet harsch: Die allgemeine Botschaft lautete, die Ordnung sei wiederhergestellt und Hillary wieder obenauf. Aber innerhalb unseres Wahlkampfteams geschah etwas Seltsames. So erschüttert unsere Mitarbeiter über die Niederlage auch waren, so schweißte sie sie doch noch stärker zusammen und machte sie nur umso entschlossener. Statt dass die Zahl der freiwilligen Helfer zurückgegangen wäre, berichteten unsere Büros im ganzen Land über einen Anstieg der Neuzugänge. Die Onlinespenden, vor allem die kleineren Beträge, nahmen zu. John Kerry, der sich zuvor bedeckt gehalten hatte, gab eine enthusiastische Unterstützungserklärung ab. Darauf folgten Gouverneurin Janet Napolitano aus Arizona, Senatorin Claire McCaskill aus Missouri und Gouverneurin Kathleen Sebelius aus Kansas, die allesamt eher republikanisch orientierte Staaten vertraten und die Botschaft verbreiten halfen, dass wir trotz des Rückschlags stark waren und unvermindert hoffnungsvoll voranschritten.

All das war erfreulich, und es bestätigte mein Gefühl, dass die Niederlage von New Hampshire nicht die Katastrophe war, die die Kommentatoren darin sehen wollten. Iowa hatte gezeigt, dass ich ein ernst zu nehmender Kandidat und nicht nur eine vorübergehende Kuriosität war, doch die Eile, mit der man mich schon gesalbt hatte, war gezwungen und verfrüht gewesen. So betrachtet, hatten die guten Bürger von New Hampshire mir einen Gefallen getan, indem sie den Prozess verlangsamten. Eine Präsidentschaftskandidatur sollte nicht einfach sein, sagte ich tags darauf zu einer Gruppe von Unterstützern, weil eine Präsidentschaft nicht einfach sei. Veränderung herbeizuführen, sei nicht einfach. Wir müssten uns den Erfolg verdienen, und das heiße, wir müssten uns wieder an die Arbeit machen.

Und das taten wir. Der Caucus in Nevada fand am 19. Januar statt, nur eineinhalb Wochen nach New Hampshire, und wir waren nicht überrascht, als die Abstimmungsergebnisse uns hinter Hillary zeigten. In den Umfragen hatten wir das ganze Jahr über weit hinter ihr gelegen. Doch bei Präsidentschaftsvorwahlen kommt es weniger auf die Anzahl der einzelnen Stimmen an als vielmehr darauf, wie viele Delegierte man für sich gewinnen kann. Und die werden nach einer Reihe schwer durchschaubarer Regeln zugeteilt, die von einem Bundesstaat zum nächsten variieren. Dank der Stärke unserer Organisation im ländlichen Nevada, wo wir einen intensiven Wahlkampf geführt hatten (Elko, eine Stadt, die wie das Set eines Westernfilms aussah, mitsamt Tumbleweed und einem Saloon, gehörte zu meinen liebsten Stopps überhaupt), führte die gleichmäßigere landesweite Verteilung unserer Wähler dazu, dass wir dreizehn Delegierte für uns gewinnen konnten und Hillary nur zwölf. So konnten wir nach Nevada wundersamerweise auf ein Unentschieden zurückblicken und gingen in die nächste Wahlkampfphase – die Vorwahlen von South Carolina und den gigantischen, zweiundzwanzig Staaten umfassenden Super Tuesday – zumindest mit einer Außenseiterchance.

Meine Teamleiter sagten später, es sei mein Optimismus gewesen, der sie über die Wahlschlappe von New Hampshire hinweggetragen habe. Ich weiß nicht, ob das tatsächlich der Fall war, denn meine Mitarbeiter und Unterstützer agierten während des gesamten Wahlkampfes unabhängig von allem, was ich tat, mit bewundernswerter Widerstandskraft und Beharrlichkeit. Bestenfalls hatte ich mich nur für das revanchiert, was alle anderen unternommen hatten, um mich in Iowa über die Ziellinie zu tragen. Was vermutlich stimmt, ist, dass New Hampshire meinem Team und meinen Unterstützern eine Eigenschaft vor Augen geführt hatte, die ich an mir selbst feststellte und die sich nicht nur während des Wahlkampfs als nützlich erwies, sondern auch während der acht Jahre danach: Oft war ich am ruhigsten, wenn alles den Bach hinunterging. Iowa mochte mich und mein Team davon überzeugt haben, dass ich tatsächlich Präsident werden könnte. Aber es war die Niederlage von New Hampshire, die uns das Vertrauen gab, dass ich der Aufgabe gewachsen war.

Ich wurde schon oft auf diesen Wesenszug – meine Fähigkeit, inmitten einer Krise Ruhe zu bewahren – angesprochen. Manchmal sage ich, es sei schlicht eine Frage des Temperaments oder eine Folge meines Aufwachsens auf Hawaii, da es schwer sei, gestresst zu sein, wenn es siebenundzwanzig Grad warm und sonnig sei und der Strand nur fünf Minuten entfernt liege. Wenn ich vor einer Gruppe junger Menschen spreche, erkläre ich, ich hätte mich im Lauf der Zeit darin geübt, langfristig zu planen, und wie wichtig es sei, sich auf seine Ziele zu konzentrieren, anstatt sich über die täglichen Höhen und Tiefen den Kopf zu zerbrechen.

In alldem steckt Wahrheit. Aber es ist noch etwas anderes im Spiel. In schweren Zeiten neige ich dazu, den Geist meiner Großmutter heraufzubeschwören.

Sie war damals fünfundachtzig Jahre alt, die letzte Überlebende des Trios, das mich großgezogen hatte. Ihr Gesundheitszustand verschlechterte sich zunehmend. Krebs hatte sich in ihrem Körper ausgebreitet, der bereits von Osteoporose und lebenslangen schlechten Gewohnheiten geschwächt war. Doch ihr Verstand war noch immer wach, und weil sie keine Flugreisen mehr machen konnte und ich aufgrund der Wahlkampfverpflichtungen unsere alljährliche Weihnachtsreise nach Hawaii hatte absagen müssen, hatte ich begonnen, mich alle paar Wochen telefonisch nach ihrem Befinden zu erkundigen.

Auch nach New Hampshire rief ich sie an. Wie üblich dauerte das Gespräch nicht lange. Toot hielt Ferngespräche für Geldverschwendung. Sie berichtete mir die Neuigkeiten von der Insel, und ich erzählte ihr von ihren Urenkelinnen und deren jüngsten Streichen. Meine Schwester Maya, die auf Hawaii lebte, teilte mir mit, dass Toot sämtliche Entwicklungen des Wahlkampfs im Kabelfernsehen verfolge, aber mir gegenüber sprach sie das Thema nie an. Nach meiner Niederlage hatte sie nur einen einzigen Rat für mich.

»Du musst etwas essen, Bar. Du siehst zu mager aus.«

Das war typisch für Madelyn Payne Dunham, geboren im Jahr 1922 in Peru, Kansas. Sie war ein Kind der Wirtschaftskrise, die Tochter einer Lehrerin und eines Buchhalters in einer kleinen Ölraffinerie, die ihrerseits Kinder von Farmern und Siedlern waren. Es waren bodenständige Menschen, die hart arbeiteten, zur Kirche gingen, ihre Rechnungen zahlten und Schwulst, öffentlichen Gefühlsbekundungen und jeder Art von närrischem Benehmen argwöhnisch gegenüberstanden.

In ihrer Jugend hatte sich meine Großmutter gegen die kleinstädtischen Beschränkungen aufgelehnt, vor allem, indem sie meinen Großvater Stanley Armour Dunham heiratete, der sämtliche oben erwähnten fragwürdigen Eigenschaften besaß. Zusammen hatten sie eine ganze Reihe Abenteuer erlebt, vor dem Krieg wie auch danach, aber nach meiner Geburt waren von Toots rebellischer Ader nur noch ihr Alkohol- und Tabakkonsum und ihre Vorliebe für reißerische Thriller übrig geblieben. In der Bank of Hawaii hatte Toot es von einer niederen Schreibkraft zu einer der ersten weiblichen Vizepräsidenten gebracht, und allen Berichten nach hatte sie dabei herausragende Arbeit geleistet. Fünfundzwanzig Jahre lang gab es keine Scherereien, keine Fehler und keine Beschwerden, selbst als sie zusehen musste, wie jüngere Männer, die sie selbst angelernt hatte, an ihr vorbeizogen.

Als Toot in Rente gegangen war, begegnete ich auf Hawaii manchmal Menschen, die mir erzählten, wie sie ihnen geholfen habe – ein Mann, der darauf beharrte, ohne ihr Einschreiten hätte er seine Firma verloren, oder eine Frau, die sich daran erinnerte, wie Toot irgendwelche undurchsichtigen Bankrichtlinien außer Kraft gesetzt hatte, die vorsahen, dass ihr Ehemann, von dem sie getrennt lebte, eine Unterschrift für einen Kredit leisten musste, der ihr ermöglichen sollte, eine Immobilienfirma zu gründen. Sprach man Toot jedoch auf einen dieser Fälle an, beteuerte sie stets, sie habe nicht aus Leidenschaft für die Finanzwelt oder dem Wunsch, anderen zu helfen, bei der Bank angefangen, sondern weil ihre Familie das Geld gebraucht habe und die Stelle nun einmal frei gewesen sei.

»Manchmal«, sagte sie zu mir, »tut man eben einfach, was getan werden muss.«

Erst als Teenager verstand ich, wie weit das Leben meiner Großmutter von dem Pfad abgewichen war, den sie sich einmal vorgestellt hatte; wie sehr sie sich aufgeopfert hatte, zuerst für ihren Mann, dann für ihre Tochter, dann für ihre Enkelkinder. Es kam mir auf stille Weise tragisch vor, wie beengt ihre Welt wirkte.

Und doch war mir auch damals schon bewusst, dass Toot mit ihrem Willen, diese Bürde zu schultern – jeden Tag vor Sonnenaufgang aufzustehen, um ein Kostüm und High Heels anzuziehen, und mit dem Bus in das Büro in der Innenstadt zu fahren, wo sie den ganzen Tag über Treuhandverträgen saß, ehe sie nach Hause zurückkehrte, zu müde, um noch irgendetwas zu unternehmen –, sich und Gramps ermöglicht hatte, von ihrer Rente zu leben, Reisen zu unternehmen und unabhängig zu bleiben. Die Stabilität, für die sie sorgte, erlaubte es meiner Mutter, einen Beruf auszuüben, der ihr Freude bereitete, auch wenn sie nicht viel verdiente und häufiger nach Übersee entsandt wurde, und Maya und mir, eine Privatschule und schicke Colleges zu besuchen.

Toot lehrte mich, meine Finanzen in Ordnung zu halten und auf Dinge zu verzichten, die ich nicht benötigte. Sie war auch der Grund dafür, dass ich selbst in meinen revolutionärsten Momenten als junger Mann Bewunderung für gut geführte Unternehmen empfand und den Finanzteil der Zeitung las, und dafür, dass ich allzu pauschalen Behauptungen, man müsse alles einreißen und die Gesellschaft von Grund auf neu erschaffen, keinen Glauben schenkte. Sie brachte mir bei, wie wichtig es ist, hart zu arbeiten und sein Bestes zu geben, auch wenn die Arbeit unangenehm war, und seinen Verpflichtungen nachzukommen, auch wenn es lästig war. Sie lehrte mich, Leidenschaft mit Vernunft zu vermählen, nicht zu sehr aus dem Häuschen zu geraten, wenn es im Leben gut lief, und nicht zu niedergeschlagen zu sein, wenn es schlecht lief.

All das wurde mir von einer älteren, offenherzigen weißen Dame aus Kansas eingetrichtert. Es war ihre Betrachtungsweise, die mir während des Wahlkampfs oft in den Sinn kam, und ihre Weltsicht, die ich in vielen der Wähler, denen ich begegnete, wiederzuerkennen glaubte, ob im ländlichen Iowa oder in einem Schwarzen Viertel von Chicago, der gleiche stille Stolz auf die für Kinder und Enkelkinder dargebrachten Opfer, die gleiche bodenständige Art, die gleichen bescheidenen Erwartungen.

Und weil Toot sowohl die beachtlichen Stärken als auch die hartnäckigen Beschränkungen der Verhältnisse, denen sie entstammte, in sich vereinte – weil sie mich glühend liebte und buchstäblich alles getan hätte, um mir zu helfen, und dabei doch den verhaltenen Konservatismus nie ganz ablegte, der sie im Stillen hatte leiden lassen, als meine Mutter meinen Vater, einen Schwarzen, das erste Mal zum Abendessen mitbrachte –, aus diesem Grund lehrte sie mich auch die verwickelte, vielfältige Wahrheit über die ethnischen Beziehungen in unserem Land.

»ES GIBT KEIN SCHWARZES AMERIKA und kein weißes Amerika und kein Latino-Amerika oder asiatisches Amerika. Es gibt nur die *Vereinigten Staaten* von Amerika.«

Das war der Satz aus meiner Parteitagsrede von 2004, der wohl den meisten Menschen im Gedächtnis blieb. Ich hatte ihn mehr als eine Absichtserklärung gemeint denn als eine Beschreibung der Realität, doch es war eine Absicht, an die ich glaubte, und eine Realität, die ich anstrebte. Der Gedanke, dass unser gemeinsames Menschsein schwerer wog als unsere Differenzen, war Teil meiner DNA. Er beschrieb auch etwas, was für mich ein ganz praktischer Zugang zur Politik war: In einer Demokratie bedurfte es einer Mehrheit, um große Veränderungen zu bewirken, und in Amerika bedeutete das, Bündnisse über ethnische Grenzen hinweg zu schließen.

Ganz gewiss hatte das für mich in Iowa gegolten, wo der afroamerikanische Bevölkerungsanteil bei unter drei Prozent lag. Im normalen Tagesgeschäft betrachtete unser Wahlkampfteam das nicht als Hürde, sondern schlicht als Tatsache. Unsere Organisatoren sahen sich immer wieder Inseln rassistischer Feindseligkeit gegenüber, die teils sogar von potenziellen Unterstützern offen geäußert wurde. (Mehr als einmal war zu hören: »Ja, ich überlege schon, für den Nigger zu stimmen.«) Manchmal aber ging die Feindseligkeit über eine unhöfliche Bemerkung oder eine vor der Nase zugeschlagene Tür hinaus. Eine unserer beliebtesten Unterstützerinnen war am Morgen vor Weihnachten aufgewacht und hatte festgestellt, dass ihr Garten mit zerschlagenen OBAMA-Schildern übersät und ihr Haus verwüstet und mit rassistischen Schmähungen besprüht war. Geistige Beschränktheit war weiter verbreitet als Bösartigkeit, und unsere freiwilligen Helfer bekamen Bemerkungen zu hören, wie sie jede Schwarze Person kennt, die Zeit in einem größtenteils weißen Umfeld verbracht hat, Variationen des

Themas »Ich betrachte ihn eigentlich gar nicht als Schwarzen … Ich meine, er ist so intelligent«.

In den meisten Fällen fand ich jedoch, dass die Wähler in Iowa jenen ziemlich ähnlich waren, die ich nur wenige Jahre zuvor im Süden von Illinois umworben hatte – freundlich, aufmerksam und offen für meine Kandidatur, weniger wegen meiner Hautfarbe oder auch meines muslimisch klingenden Namens besorgt als über mein jugendliches Alter und meinen Mangel an Erfahrung, meine Pläne zur Schaffung von Arbeitsplätzen oder zur Beendigung des Irakkriegs.

In den Augen meiner politischen Berater war unsere Aufgabe, dafür zu sorgen, dass das auch so blieb. Nicht, dass wir ethnischen Fragen aus dem Weg gegangen wären. Meine Haltung zu zentralen Streitpunkten wie der Reform der Einwanderungspolitik und Bürgerrechten ließ sich deutlich auf unserer Website ablesen. Sprach man mich bei einer Bürgerversammlung darauf an, zögerte ich nicht, einer ländlichen, vollständig weißen Zuhörerschaft die Realität des Racial Profiling oder der Diskriminierung in der Berufswelt zu erklären. Im Wahlkampfteam hörten sich Plouffe und Axe die Anliegen der Schwarzen und Latino-Teammitglieder an, sei es, dass jemand eine Fernsehwerbung ändern wollte (»Könnten wir wenigstens noch *ein* weiteres Schwarzes Gesicht neben dem von Barack zeigen?«, fragte Valerie irgendwann einmal vorsichtig), sei es, dass uns jemand daran erinnerte, mehr ältere People of Color zu beschäftigen. (Zumindest in dieser Hinsicht unterschied sich die Welt der erfahrenen, politischen Funktionäre auf höherer Ebene nicht so sehr von der anderer Berufen, insofern als junge People of Color durchweg weniger Zugang zu Mentoren und Netzwerken hatten – und es sich nicht leisten konnten, die unbezahlten Praktika anzunehmen, die ihnen unter Umständen rasch ermöglichen würden, nationale Kampagnen durchzuführen. Das war eine Sache, bei der ich helfen wollte, etwas zu ändern.) Doch Plouffe, Axe und Gibbs scheuten sich nicht, Themen als weniger bedeutend einzustufen, die man als rassistischen Missstand etikettieren könnte oder die die Wählerschaft entlang ethnischer Linien teilen oder mich in irgendeiner Weise zum »Schwarzen Kandidaten« abstempeln würden. In ihren Augen war die unmittelbare Formel für politischen Fortschritt in solchen Fragen ganz einfach – wir mussten gewinnen. Und das hieß, dass wir uns nicht nur die Unterstützung liberaler weißer Collegestudenten sichern mussten, sondern auch jene von Wählern, für die die Vorstellung von mir im Weißen Haus eine hohe psychologische Hürde darstellte.

»Glauben Sie mir«, flachste Gibbs, »egal, was die Leute von Ihnen wissen, ihnen ist ganz sicher aufgefallen, dass Sie nicht wie die ersten zweiundvierzig Präsidenten aussehen.«

Seit meiner Wahl in den US-Senat mangelte es mir indes nicht an der Liebe der Afroamerikaner. Diverse NAACP-Ortsverbände meldeten sich und wollten mir Preise verleihen. Mein Foto war regelmäßig in *Ebony* und *Jet* zu sehen. Jede Schwarze Frau eines gewissen Alters sagte mir, ich erinnere sie an ihren Sohn. Und die Liebe, die Michelle entgegengebracht wurde, war noch einmal etwas ganz anderes. Mit ihren beruflichen Referenzen, ihrem Habitus einer Schwester oder guten Freundin und ihrer pragmatischen Hingabe an die Mutterrolle schien sie all das zu verkörpern, worauf so viele Schwarze Familien hinarbeiteten und was sie sich für ihre Kinder erhofften.

Trotzdem war das Verhältnis der Schwarzen zu meiner Kandidatur kompliziert – und dabei spielte Angst keine geringe Rolle. Nichts in der Erfahrung der Schwarzen deutete darauf hin, dass es jemandem aus ihren Reihen möglich wäre, von einer Partei für eine größere Aufgabe nominiert zu werden, geschweige denn die Präsidentschaft der Vereinigten Staaten zu erlangen. Für viele war das, was Michelle und mir bisher gelungen war, bereits eine Art Wunder. Nach mehr zu streben, erschien töricht, wie ein Flug zu dicht heran an die Sonne.

»Ich sag's dir, Mann«, meinte Marty Nesbitt zu mir, kurz nachdem ich meine Kandidatur angekündigt hatte, »meine Mutter macht sich die gleichen Sorgen um dich wie früher um mich.« Als erfolgreicher Unternehmer, ehemaliger Highschool-Footballstar mit dem Aussehen des jungen Jackie Robinson, Ehemann einer brillanten Ärztin und Vater fünf wunderbarer Kinder wirkte Marty wie die Verkörperung des amerikanischen Traums. Er war in Columbus, Ohio, von einer alleinerziehenden Mutter großgezogen worden, die als Krankenschwester arbeitete. Nur dank eines speziellen Förderprogramms mit dem Ziel, mehr junge People of Color in die Privatschulen und Colleges zu bringen, hatte Marty es aus seinem Viertel herausgeschafft, einem Ort, an dem die meisten Schwarzen Männer auf wenig mehr als ein Leben am

Fließband hoffen konnten. Doch als er nach dem College beschlossen hatte, eine sichere Anstellung bei General Motors zugunsten eines riskanteren Ausflugs ins Immobilieninvestmentgeschäft aufzugeben, war seine Mutter in Sorge geraten und hatte gefürchtet, er könnte alles verlieren, wenn er zu hoch hinauswollte.

»Sie meinte, ich müsse verrückt sein, diese Art von Sicherheit aufzugeben«, erzählte mir Marty. »Also kannst du dir vorstellen, wie meine Mom und ihre Freundinnen darüber denken, was du gerade machst. Nicht nur für die Präsidentschaft zu *kandidieren*, sondern ernsthaft zu glauben, *wirklich* Präsident werden zu können!«

Diese Einstellung war nicht allein auf die Arbeiterschicht beschränkt. Valeries Mutter – deren Familie die Schwarze berufliche Elite der Vierziger- und Fünfzigerjahre verkörpert hatte – war Ehefrau eines Arztes und eine der Leitfiguren der Frühpädagogik. Doch anfangs äußerte sie die gleiche Skepsis gegenüber meinem Wahlkampf.

»Sie will dich nur schützen«, sagte Valerie.

»Wovor?«, fragte ich.

»Vor Enttäuschungen«, sagte sie. Die bestimmtere Furcht ihrer Mutter, dass ich umgebracht werden könnte, ließ sie ungesagt.

Wir hörten das immer und immer wieder, vor allem während der ersten Monate des Wahlkampfs – ein dem Schutz dienender Pessimismus, ein Gefühl innerhalb der Schwarzen Community, dass Hillary die sicherere Wahl war. Mit landesweit bekannten Persönlichkeiten wie Jesse Jackson Jr. (und einem etwas widerwilligeren Jesse Sr.) im Rücken konnten wir eine beachtliche Anzahl an Unterstützungserklärungen vor allem jüngerer afroamerikanischer Wortführer sammeln. Doch viele weitere beschlossen, erst einmal abzuwarten, wie ich abschneiden würde, und andere Schwarze Politiker, Geschäftsleute und Pfarrer sprachen sich – ob aus aufrichtiger Loyalität den Clintons gegenüber oder dem Bedürfnis, die Favoritin, bei der es sich eigentlich verbot, zu unterstützen – für Hillary aus, bevor ich auch nur die Chance hatte, mich zu erklären.

»Das Land ist noch nicht so weit«, sagte ein Kongressmitglied zu mir, »und die Clintons haben ein gutes Gedächtnis.«

Unterdessen gab es Aktivisten und Intellektuelle, die mich förderten, meine Kampagne aber, ähnlich wie bei früheren Kandidaturen von

Shirley Chisholm, Jesse Jackson oder Al Sharpton, als rein symbolisch betrachteten, eine zweckdienliche, wenn auch zeitlich begrenzte Plattform, von der aus sich eine prophetische Stimme gegen ethnische Diskriminierung erheben ließ. Ohnehin nicht von der Möglichkeit eines Sieges überzeugt, erwarteten sie, dass ich die kompromisslosesten Positionen vertrat, ob es nun um Affirmative-Action-Fördermaßnahmen oder um Reparationszahlungen ging, und hielten stets nach irgendwelchen Anzeichen Ausschau, dass ich zu viel Zeit und Energie darauf verwendete, um weniger progressive weiße Durchschnittsamerikaner zu buhlen.

»Seien Sie nicht einer von diesen sogenannten Anführern, die die Stimmen der Schwarzen für selbstverständlich nehmen«, mahnte mich einer der Unterstützer. Ich nahm mir die Kritik zu Herzen, denn sie war nicht ganz falsch. Viele demokratische Politiker nahmen die Stimmen der Schwarzen tatsächlich für selbstverständlich – zumindest seit Richard Nixon 1968 entschieden hatte, dass eine Politik des weißen Ressentiments der sicherste Weg zu einem republikanischen Sieg war, und den Schwarzen Wählern damit nur eine Entscheidung ließ. Es waren nicht allein weiße Demokraten, die so kalkulierten. Alle der Schwarzen Volksvertreter, die sich auch auf Stimmen aus der weißen Bevölkerung stützten, um im Amt zu bleiben, waren sich dessen bewusst, wovor Axe, Plouffe und Gibbs zumindest implizit warnten – dass man mit einem zu starken Fokus auf Bürgerrechte, polizeiliches Fehlverhalten oder andere als spezifisch Schwarz geltende Themen riskierte, innerhalb der breiten Wählerschaft Argwohn, wenn nicht gar einen Backlash auszulösen. Man konnte trotzdem beschließen, seinem Gewissen zu folgen und sich dazu zu äußern, aber man wusste, dass das einen Preis hatte – dass Schwarze nur auf eigene Gefahr die Interessenpolitik betreiben konnten, wie sie für Farmer, Waffenfreunde oder auch andere ethnische Gruppen Standard war.

Natürlich war ich auch aus diesen Gründen angetreten – um meinen Teil zur Befreiung von diesen Einschränkungen zu leisten. Um das, was im Bereich des Möglichen lag, neu zu denken. Ich wollte weder Bittsteller sein, der sich stets am Rand der Macht aufhielt und liberale Wohltäter um Gefälligkeiten bat, noch ewiger Beschwerdeführer, erfüllt von gerechtem Zorn, während wir darauf warteten, dass das weiße Amerika seine Schuld gesühnt hatte. Beide Pfade waren ziemlich ausgetreten. Beide waren sie ganz grundlegend aus der Verzweiflung geboren.

Nein, es ging ums Gewinnen. Ich wollte Schwarzen, Weißen – Amerikanern jeder Hautfarbe – beweisen, dass wir die althergebrachte Logik überwinden konnten; dass wir hinter einer progressiven Agenda eine funktionierende Mehrheit versammeln konnten; dass wir Themen wie Ungleichheit oder fehlende Bildungsmöglichkeiten zum Kern der nationalen Debatte machen und ihnen dann auch tatsächlich gerecht werden konnten.

Um das zu erreichen, das wusste ich, musste ich mich einer Sprache bedienen, die alle Amerikaner erreichte, und Maßnahmen vorschlagen, die alle angingen – erstklassige Bildungschancen für *jedes* Kind, hochwertige Gesundheitsversorgung für *alle* Amerikaner. Ich musste die Weißen als Verbündete betrachten, statt als Hemmnisse auf dem Weg zum Wandel, und den Kampf der Afroamerikaner im Sinne eines umfassenderen Kampfes um eine faire, gerechte und großzügige Gesellschaft.

Ich verstand die Risiken. Ich vernahm die gedämpfte Kritik, die nicht nur vonseiten meiner Rivalen, sondern auch meiner Freunde kam. Dass die Betonung universeller Inhalte oft bedeute, dass Wohltaten weniger direkt auf die Bedürftigsten zugeschnitten waren. Dass ein Appell an allgemeinere Interessen die anhaltenden Auswirkungen der Diskriminierung unberücksichtigt lasse und den Weißen ermögliche, sich aus der Verantwortung für das Erbe der Sklaverei, »Jim Crow« und ihre rassistischen Ressentiments zu stehlen. Dass dies eine psychische Belastung für die Schwarzen sei, von denen man schließlich erwarte, ihre berechtigte Wut und Frustration ständig im Namen irgendeines fernen Ideals runterzuschlucken.

Das verlangte den Schwarzen viel ab, und es erforderte eine Mischung aus Optimismus und strategischer Geduld. Während ich die Wähler und mein eigenes Team durch dieses unerforschte Gebiet zu führen versuchte, wurde ich immer wieder daran erinnert, dass es sich nicht um irgendeine abstrakte Übung handelte. Ich war spezifischen Communitys aus Fleisch und Blut verbunden, bestehend aus Männern und Frauen, die ihre eigenen Gebote und ihre eigenen persönlichen Geschichten hatten – darunter ein Pfarrer, der all jene widersprüchlichen Impulse in sich zu vereinen schien, die ich einzuzäunen versuchte.

ZUM ERSTEN MAL bin ich Reverend Jeremiah A. Wright Jr. während meiner Zeit als Community Organizer begegnet. Seine Kirche, die Trinity United Church of Christ, war eine der größten von Chicago. Als Sohn eines Baptistenpastors und einer Schulleiterin aus Philadelphia war seine Kindheit und Jugend stark von der Schwarzen Kirchentradition geprägt, während er zugleich die renommiertesten – und größtenteils weißen – Schulen der Stadt besuchte. Statt direkt ins Pastorenamt zu gehen, verließ er das College, um sich erst den Marines und dann der US-Navy anzuschließen, wo er sich zum Kardiotechniker ausbilden ließ und in dem medizinischen Team diente, das Lyndon B. Johnson nach dessen Operation im Jahr 1966 betreute. 1967 schrieb er sich an der Howard University ein und absorbierte wie viele Schwarze in diesen turbulenten Jahren die kraftvolle Rhetorik der Black-Power-Bewegung, alles, was mit Afrika zusammenhing, und linke Kritik an der amerikanischen Gesellschaftsordnung. Nach dem Abschluss des Pastorenseminars hatte er auch die Schwarze Befreiungstheologie von James Cone in sich aufgesogen – einen Blick auf das Christentum, der die zentrale Bedeutung der Schwarzen Erfahrung hervorhob, nicht aufgrund einer ethnischen Überlegenheit, sondern weil, so Cone, Gott die Welt durch die Augen der am stärksten Unterdrückten sehe.

Dass Reverend Wright Pastor einer überwiegend weißen Glaubensgemeinschaft wurde, weist auf seine praktische Seite hin: Die United Church of Christ legte nicht nur Wert auf ernsthafte Gelehrsamkeit, wie er jeden Sonntag aufs Neue betonte, sondern verfügte auch über finanzielle Mittel und eine Infrastruktur, die ihm ermöglichten, seine Gemeinde aufzubauen. Die ehemals so bedächtige Kirchengemeinde mit ihren weniger als hundert Gläubigen wuchs während seiner aktiven Zeit auf sechstausend Mitglieder an, und die Kirche wurde zu einem Ort der Ausgelassenheit und Geschäftigkeit, der die Vielfalt beherbergte, aus der sich das Schwarze Chicago zusammensetzt: Banker und ehemalige Bandenmitglieder, Kente-Kleider und Brooks-Brothers-Anzüge, ein Chor, der während einer Messe klassischen Gospel genauso wie Händels »Halleluja« rockte. Seine Predigten waren voller Pop-Referenzen, Slang, Humor und aufrichtiger religiöser Einsichten, die nicht nur zu Jubel und begeisterten Zwischenrufen der Gemeindemitglieder führten, sondern auch seinen Ruf als einer der besten Prediger des Landes bestärkten.

Es gab Momente, da fand ich Reverend Wrights Predigten etwas überzogen. Mitten in einer Auslegung des Evangeliums nach Matthäus oder Lukas konnte er zu einer beißenden Kritik des amerikanischen Drogenkriegs, des amerikanischen Militarismus, kapitalistischer Gier oder der Hartnäckigkeit des amerikanischen Rassismus ansetzen, Wutreden, die meist auf Tatsachen fußten, aber zusammenhanglos erschienen. Oft klangen sie überholt, so als beschwöre er den Geist eines universitären Teach-ins von 1968, statt eine blühende Gemeinde anzuführen, der Polizeichefs, Prominente, wohlhabende Geschäftsleute und der Vorsteher des Chicagoer Schulwesens angehörten. Und hin und wieder war das, was er sagte, auch schlicht falsch und grenzte an jene Verschwörungstheorien, die man spätnachts auf offenen Radiokanälen oder beim Friseur um die Ecke hörte. Es war, als versuchte sich dieser gebildete Mann in mittleren Jahren mit der hellbraunen Haut den Respekt der Straße zu verdienen, zu zeigen, dass er authentisch war, sich nicht verbiegen ließ. Oder vielleicht verspürte er auch nur – in seiner Gemeinde wie in sich selbst – das wiederkehrende Bedürfnis, loszulassen, der Wut eines lebenslangen Kampfes im Angesicht des hartnäckigen Rassismus Luft zu machen, ohne sich um Vernunft und Logik zu scheren.

All das wusste ich. Und doch überwog für mich, vor allem als junger Mann, der sich noch über seinen Glauben und seinen Platz in der Schwarzen Community von Chicago klar werden musste, das Gute in Reverend Wright seine Fehler bei Weitem, so wie meine Bewunderung für die Gemeinde und ihre geistlichen Ämter meine allgemeine Skepsis gegenüber institutionalisierter Religion überwog. Michelle und ich traten Trinity schließlich bei, auch wenn wir uns als eher sporadische Kirchgänger erwiesen. Michelle war wie ich in keinem besonders religiösen Haushalt aufgewachsen, und die anfangs noch monatlich stattfindenden Kirchenbesuche wurden mit der Zeit seltener. Doch wenn wir gingen, bedeutete es uns etwas, und als meine politische Karriere

Fahrt aufnahm, lud ich Reverend Wright stets ein, bei bedeutenden Veranstaltungen ein Bittgebet oder einen Segen zu sprechen.

Das war auch für den Tag vorgesehen, an dem ich meine Kandidatur bekanntgab. Reverend Wright sollte gemeinsam mit den versammelten Gästen beten, ehe ich auf die Bühne trat. Einen Tag vor der Veranstaltung erhielt ich auf dem Weg nach Springfield jedoch einen wichtigen Anruf von Axe, der wissen wollte, ob ich den soeben im *Rolling Stone* veröffentlichten Artikel über meine Kandidatur gesehen hätte. Offenbar hatte der Reporter eine Messe in der Trinity Church besucht, dort eine feurige Predigt von Reverend Wright gehört und sie in seinem Artikel zitiert.

»Er soll gesagt haben … Moment, ich lese es vor: ›Wir glauben an die Überlegenheit der Weißen und die Unterlegenheit der Schwarzen, und wir glauben stärker daran als an Gott.‹«

»Wirklich?«

»Man kann wohl davon ausgehen, dass, wenn er morgen das Bittgebet spricht, das der große Aufmacher wird … zumindest auf Fox News.«

Der Artikel selbst bot einen recht fairen Blick auf Jeremiah Wright und die Geistlichkeit von Trinity, und es überraschte mich nicht, dass mein Pastor auf die Lücke zwischen den vorgeblichen christlichen Idealen Amerikas und seiner brutalen ethnischen Geschichte hinwies. Trotzdem war die Sprache, der er sich bedient hatte, aufwiegelnder als alles, was ich bis dahin gehört hatte, und obwohl sich ein Teil von mir darüber ärgerte, dass man ständig die schonungslose Wahrheit über die ethnischen Verhältnisse in diesem Land zugunsten der weißen Menschen abmildern sollte, wusste ich, dass Axe, was die politische Praxis anging, recht hatte.

Am Nachmittag rief ich Reverend Wright an und fragte ihn, ob er bereit sei, das öffentliche Bittgebet auszulassen und stattdessen ein privates Gebet für Michelle und mich zu sprechen. Ich merkte, dass er verletzt war, aber letztlich stimmte er, zur großen Erleichterung meines Teams, dem neuen Plan zu.

Für mich wirbelte diese Episode all die Zweifel auf, die ich noch immer wegen der Kandidatur für das höchste Amt des Landes hatte. Es war eine Sache, in meinem Leben Grenzen aufgehoben zu haben – mit der Zeit gelernt zu haben, übergangslos zwischen Schwarzen und weißen Kreisen hin- und herzuwechseln, als Übersetzer und als Brücke zwischen Familie, Freunden, Bekannten und Kollegen zu dienen, innerhalb einer sich ständig vergrößernden Sphäre Verbindungen zu stiften, bis ich endlich das Gefühl hatte, die Welt meiner Großeltern und die Welt eines Reverend Wright als ein einziges, geschlossenes Ganzes erkennen zu können. Aber diese Verbindungen Millionen von Fremden zu erklären? Zu glauben, ein Präsidentschaftswahlkampf mit all seinem Lärm, seinen Verzerrungen und Vereinfachungen könne irgendwie den Schmerz, die Angst und den Argwohn durchdringen, die sich über vierhundert Jahre hinweg aufgebaut hatten? Die Realität der ethnischen Beziehungen innerhalb Amerikas war zu komplex, um sie auf eine Handvoll griffiger Zitate herunterzubrechen. Ich selbst war verdammt noch mal zu komplex, die Konturen meines Lebens waren zu verworren und dem Durchschnittsamerikaner zu fremd, als dass ich ernsthaft erwarten konnte, die Sache wirklich zum Erfolg zu bringen.

WÄRE DER ARTIKEL im *Rolling Stone* früher erschienen und hätte mich die bevorstehenden Probleme erahnen lassen, vielleicht hätte ich beschlossen, gar nicht zu kandidieren. Es ist schwer zu sagen. Was ich weiß, ist, dass es ironischerweise – vielleicht war auch etwas Vorsehung im Spiel – ein anderer Pastor und enger Freund von Reverend Wright war, Dr. Otis Moss Jr., der mir half, meine Zweifel zu überwinden.

Otis Moss war ein Veteran der Bürgerrechtsbewegung, ein enger Freund und Gefährte von Martin Luther King, Pastor in einer der größten Kirchen von Cleveland, Ohio, und ein ehemaliger Berater von Präsident Jimmy Carter. Ich kannte ihn nicht gut, aber nachdem der Artikel erschienen war, rief er mich eines Abends an, um mir seine Unterstützung anzubieten. Er habe von den Schwierigkeiten mit Jeremiah erfahren, sagte er, und jene Stimmen innerhalb der Schwarzen Community vernommen, die behaupteten, ich sei noch nicht bereit oder zu radikal oder biedere mich zu sehr dem Mainstream an oder sei nicht wirklich Schwarz genug. Er rechnete damit, dass der Weg nur schwerer würde, ermahnte mich aber dennoch eindringlich, mich nicht entmutigen zu lassen.

»Jede Generation ist durch das beschränkt, was sie nicht weiß«, sagte mir Reverend Moss. »Diejenigen von uns, die Teil der Bewegung waren, Giganten wie Martin, Stellvertreter und Fußsoldaten wie ich ... wir sind die Generation Moses. Wir sind marschiert, wir haben Sitzblockaden durchgeführt, wir sind ins Gefängnis gegangen, manchmal gegen den Willen unserer Ältesten, aber in Wirklichkeit haben wir auf ihrer Arbeit aufgebaut. Wir haben uns aus Ägypten befreit, könnte man sagen. Aber wir konnten nur eine gewisse Wegstrecke zurücklegen.

Sie, Barack, gehören der Generation Josua an. Sie und andere wie Sie sind für den nächsten Abschnitt des Weges zuständig. Menschen wie ich können unsere Weisheit und Erfahrung teilen. Vielleicht könnt ihr aus einigen unserer Fehler lernen. Aber letztlich wird es an euch sein, mit Gottes Hilfe auf unserer Arbeit aufzubauen und unsere Leute und dieses Land aus der Wüste herauszuführen.«

Es lässt sich kaum überschätzen, wie sehr mich diese Worte bestärkten, die beinahe ein Jahr vor unserem Sieg in Iowa fielen. Was es mir bedeutete, dass mir jemand, der so eng mit der Quelle meiner frühesten Inspiration verbunden war, sagte, meine Bemühungen seien nicht vergebens, seien nicht nur Ausdruck von Eitelkeit oder Ehrgeiz, sondern Teil einer ungebrochenen Kette des Fortschritts. Von einem praktischeren Standpunkt aus betrachtet, verdankte ich es der Bereitschaft von Reverend Moss und anderen ehemaligen Kollegen Martin Luther Kings – wie Reverend C. T. Vivian aus Atlanta und Reverend Joseph Lowery von der Southern Christian Leadership Conference –, die sprichwörtlich die Hand auf mich legten und sich damit für mich verbürgten als demjenigen, der ihre historische Arbeit fortsetzte, dass nicht mehr Schwarze Führer gleich zu Beginn in Hillarys Lager überwechselten.

Das war nie offensichtlicher als im März 2007, als ich an dem Marsch über die Edmund-Pettus-Brücke in Selma, Alabama, teilnahm, den der Kongressabgeordnete John Lewis Jahr für Jahr organisierte. Ich hatte schon lange zum Schauplatz des Bloody Sunday pilgern wollen, der 1965 zur Feuerprobe für den Kampf um die Bürgerrechte geworden war, als die Amerikaner vollständig begriffen, was auf dem Spiel stand. Die Clintons würden dort sein, teilte man mir mit; und bevor sich die Teilnehmer versammelten, um die Brücke zu überqueren, sollten Hillary und ich gleichzeitig bei zwei konkurrierenden Gottesdiensten sprechen.

Nicht nur das, unser Gastgeber John Lewis hatte auch angedeutet, dass er eher geneigt sei, Hillary zu unterstützen. John war zu einem guten Freund geworden – er war sehr stolz gewesen, als ich in den Senat gewählt wurde, und hatte es zu Recht als Teil seines Vermächtnisses betrachtet –, und ich wusste, dass ihm die Entscheidung Kopfschmerzen bereitete. Als er mir am Telefon seine Begründung auseinandersetzte, mir darlegte, wie lange er die Clintons schon kannte, dass Bills Regierung ihn in vielen seiner Gesetzesvorhaben unterstützt hatte, beschloss ich, ihm nicht allzu sehr zuzusetzen. Ich konnte mir vorstellen, unter welchem Druck dieser freundliche und liebenswürdige Mann stand, und ich erkannte auch, dass in einer Zeit, in der ich weiße Wähler darum bat, mich nach meinen Leistungen zu beurteilen, ein kruder Appell an ethnische Solidarität heuchlerisch erscheinen würde.

Die Selma-Gedenkveranstaltung hätte zu einem unangenehmen politischen Spektakel werden können, doch bei meinem Eintreffen fühlte ich mich sogleich wohl. Vielleicht lag es daran, dass ich an einem Ort war, dem in meiner eigenen Vorstellung und der Entwicklung, die mein Leben genommen hatte, eine so große Bedeutung zukam. Vielleicht war es die Reaktion der Menschen, die sich dort zum Gedenken versammelt hatten, die mir die Hände reichten oder mich umarmten; manche von ihnen trugen Hillary-Buttons, sagten aber, sie freuten sich, dass ich da sei. Vor allem aber war es die Tatsache, dass eine Gruppe angesehener Ältester hinter mir stand. Als ich zum Gottesdienst die historische Brown Chapel AME Church betrat, erfuhr ich, dass Reverend Lowery gebeten hatte, einige Worte sagen zu dürfen, ehe ich vorgestellt wurde. Er war damals schon deutlich über achtzig, hatte aber nichts von seiner Geistesgegenwart und seinem Charisma eingebüßt.

»Ich will euch sagen«, begann er, »dort draußen geschehen verrückte Dinge. Es wird behauptet, bestimmte Dinge würden nicht geschehen, doch wer weiß das schon? Wer weiß das schon?«

»Du sagst es, Reverend«, rief einer der Zuhörer.

»Wisst ihr, kürzlich ging ich zum Arzt, und er sagte, mein Cholesterin sei etwas zu hoch. Doch dann erklärte er mir, es gebe zwei Arten von Cholesterin, das schlechte Cholesterin und das gute Cholesterin. Gutes Cholesterin zu haben – das sei kein Problem. Und da fiel mir auf, dass das mit vielen Dingen so ist. Ich meine, als wir die Bewegung gründeten, da hielten einige *uns* für verrückt. Stimmt das nicht, C. T.?« Reverend Lowery nickte Reverend Vivian zu, der auf dem Podium saß. »Das ist noch so ein *verrückter Neger* … und er kann euch sagen, dass alle in der Bewegung ein bisschen verrückt waren …«

Die Zuhörer lachten ausgelassen.

»Aber wie beim Cholesterin«, fuhr er fort, »kann man auf *gute* und auf *schlechte* Art verrückt sein, wisst ihr? Harriet Tubman von der Underground Railroad, die war so verrückt, wie man nur sein kann! Und als der Apostel Paulus Agrippa eine Predigt hielt, da sagte Agrippa zu ihm: ›Paulus, du bist verrückt‹ … aber er war eben auf die *gute* Art verrückt.«

Die Zuhörer begannen, zu klatschen und zu jubeln, während Reverend Lowery zum Finale ansetzte.

»Und heute sage ich euch, dass wir in diesem Land mehr Leute brauchen, die auf die gute Art verrückt sind … Man weiß nie, was passieren kann, wenn Menschen, die auf die gute Art verrückt sind … zur Wahl gehen und ihre Stimme abgeben!«

Die Gottesdienstteilnehmer standen auf, und der Pastor neben mir auf dem Podium gluckste und klopfte mir auf den Rücken, und als ich aufstand, um zu sprechen, wobei ich die Worte, die Reverend Moss mir zum Geleit gegeben hatte, als Ausgangspunkt nahm – das Erbe der Generation Moses und wie es mir mein Leben ermöglicht hatte; die Verantwortung der Generation Josua, die nächsten Schritte zu tun, die für die Gerechtigkeit in diesem Land und auf der ganzen Welt notwendig waren, nicht nur für die Schwarzen, sondern für alle Vertriebenen –, war die Kirche in vollem Erweckungsschwung.

Nach dem Gottesdienst sah ich draußen einen anderen Kollegen von Martin Luther King, Reverend Fred Shuttlesworth, einen legendären und furchtlosen Freiheitskämpfer, der einen Brandanschlag des Ku-Klux-Klan auf sein Haus und den Angriff eines weißen Mobs überlebt hatte, der mit Knüppeln, Ketten und Schlagringen auf ihn losgegangen war und auf seine Frau eingestochen hatte, weil sie versucht hatten, ihre beiden Töchter in einer zuvor rein weißen Schule in Birmingham anzumelden. Er war kürzlich wegen eines Gehirntumors behandelt worden und war daher gebrechlich, aber er winkte mich zu seinem Rollstuhl heran, um mit mir zu reden, und als sich die Marschierenden versammelten, bot ich an, ihn über die Brücke zu schieben.

»Dagegen hätte ich nichts einzuwenden«, sagte Reverend Shuttlesworth.

Und so überquerten wir an diesem strahlend blauen Morgen einen schlammbraunen Fluss, und hin und wieder erhoben sich Stimmen in Gesang und Gebet. Bei jedem Schritt stellte ich mir vor, wie sich diese nun schon älteren Männer und Frauen vierzig Jahre zuvor gefühlt haben mussten, wie ihre jungen Herzen heftig geklopft haben mussten, als sie einer geschlossenen Front bewaffneter Männer auf Pferden entgegengetreten waren. Ich musste daran denken, wie gering meine eigenen Lasten im Vergleich dazu waren. Dass sie diesen Kampf noch immer führten und allen Rückschlägen und allem Leid zum Trotz nicht der Bitterkeit erlegen waren, zeigte mir, dass ich keinen Grund zur Müdigkeit hatte. Ich fühlte mich in meiner Überzeugung bestärkt, dass ich dort war, wo ich sein sollte, und tat, was getan werden musste. Dass Reverend Lowery vielleicht recht hatte mit seiner Einschätzung, eine »gute Verrücktheit« liege in der Luft.

ZEHN MONATE SPÄTER, als sich der Wahlkampf während der zweiten und dritten Januarwoche nach South Carolina verlagerte, wusste ich, dass unser Glaube erneut auf die Probe gestellt werden würde. Wir benötigten dringend einen Sieg. Theoretisch sah es in diesem Bundesstaat für uns gut aus: Afroamerikaner machten bei den Vorwahlen einen hohen Prozentsatz der demokratischen Wähler aus, und wir hatten in unserem Lager eine gute Mischung aus weißen wie Schwarzen politischen Veteranen und jungen Aktivisten versammelt. Doch in den Umfragen ließ die Unterstützung durch die weißen Wähler zu wünschen übrig, und wir wussten nicht, ob die Afroamerikaner in genügend großer Zahl zur Wahl gehen würden. Wir hofften, mit einem Sieg, der nicht ausschließlich entlang ethnischer Linien verlief, in den Super Tuesday zu gehen. Aber hatten unsere Bemühungen in Iowa die Möglichkeiten einer eher idealistischeren Politik gezeigt, so verlief der Wahlkampf in South Carolina gänzlich anders. Er wurde zu einer

Rauferei, zu einer politischen Übung alten Stils, die sich in einer Landschaft abspielte, auf der die Erinnerung an eine bittere, blutige ethnische Geschichte lastete.

Zum Teil war das dem Kopf-an-Kopf-Rennen, der steigenden Nervosität und der offensichtlichen Überzeugung des Clinton-Teams geschuldet, ein negativer Wahlkampf werde ihnen zum Vorteil gereichen. Ihre Angriffe, in Rundfunk- und Fernsehsendungen und über Stellvertreter, hatten einen schärferen Ton angenommen. Die Aufmerksamkeit der Wähler im ganzen Land stieg, und uns allen war bewusst, was auf dem Spiel stand. Unsere einzige Debatte in jener Woche wurde zu einem heftigen Schlagabtausch zwischen Hillary und mir, während John Edwards (dessen Kampagne in den letzten Zügen lag und der bald ganz aus dem Wahlkampf ausscheiden würde) nur zusehen konnte, wie Hillary und ich aufeinander losgingen wie zwei Gladiatoren in der Arena.

Anschließend verließ Hillary South Carolina, um andernorts für sich zu werben, doch die Intensität ließ kaum nach, als ein beherzter, energiegeladener und allgegenwärtiger William Jefferson Clinton den Wahlkampf übernahm.

Ich konnte mich gut in Bills Lage versetzen: Nicht nur, dass seine Frau ständiger Beobachtung und ständigen Angriffen ausgesetzt war, auch mein Gelübde, in Washington für Veränderung zu sorgen und den parteilichen Reformstau zu überwinden, musste ihm wie ein Angriff auf sein eigenes Erbe vorkommen. Zweifellos hatte ich diesen Eindruck verstärkt, als ich in Nevada in einem Interview sagte, ich bewundere Bill Clinton zwar, sei aber nicht der Ansicht, er habe die Politik im gleichen Maß umgestaltet wie Ronald Reagan, dem es in den Achtzigerjahren gelungen war, im Namen konservativer Prinzipien das Verhältnis des amerikanischen Volks zur Regierung neu auszulegen. In Anbetracht all der Verschleppungstaktiken und der schieren Gehässigkeit, der Clinton während seiner gesamten Präsidentschaft ausgesetzt gewesen war, konnte ich es ihm kaum verübeln, dass er einen großspurigen jungen Neuling ein wenig in die Schranken weisen wollte.

Clinton genoss es sichtlich, wieder im Ring zu stehen. Als überlebensgroße Figur bereiste er den Staat, teilte treffende Beobachtungen und strahlte einen volksnahen Charme aus. Seine Attacken gegen mich bewegten sich größtenteils in einem vernünftigen Rahmen, es waren dieselben Punkte, die ich an seiner Stelle auch angesprochen hätte – dass es mir an Erfahrung fehlte und die Republikaner im Kongress, sollte ich tatsächlich Präsident werden, kurzen Prozess mit mir machen würden.

Dahinter stand jedoch das politische Spiel mit der Hautfarbe, mit dem Clinton in der Vergangenheit geschickt umgegangen war, das sich aber gegen einen glaubwürdigen Schwarzen Kandidaten als verzwickter erwies. Als er im Vorfeld der Vorwahl von New Hampshire behauptet hatte, bei einigen meiner Positionen zum Irakkrieg handle es sich um »Märchen«, sahen einige Schwarze darin eine Andeutung, dass die Vorstellung, ich könne Präsident werden, ein Märchen sei, was den Kongressabgeordneten und Fraktionsvorsitzenden der Demokraten Jim Clyburn – South Carolinas mächtigster Schwarzer Abgeordneter und jemand, der bis zu diesem Zeitpunkt immer auf Neutralität geachtet hatte – zu einer öffentlichen Rüge veranlasste. Als Clinton seinen weißen Zuhörern sagte, Hillary verstehe sie auf eine Weise, wie es ihre Widersacher nicht täten, vernahm Gibbs – selbst ein Sohn des Südens – darin Anklänge an den republikanischen Strategen Lee Atwater und eine Politik der versteckten Winke für die eigene Klientel, und er hatte keine Skrupel, einige unserer Unterstützer dazu zu bringen, das genau so zu formulieren.

Im Rückblick weiß ich nicht, ob all das fair war. Bill Clinton fand das ganz gewiss nicht. Doch in South Carolina war es schwer, zwischen Wahrheit und Wahrnehmung zu unterscheiden. Im gesamten Bundesstaat wurde ich von Schwarzen wie von Weißen mit großer Wärme und Gastfreundschaft empfangen. In Städten wie Charleston erlebte ich den viel gepriesenen Neuen Süden – kosmopolitisch, vielfältig und kommerziell geschäftig. Zudem musste man mir als in Chicago Beheimatetem nicht erklären, dass Unterscheidungen aufgrund der Hautfarbe nicht auf den Süden beschränkt waren.

Und doch erschienen mir, während ich durch South Carolina reiste und für meine Präsidentschaft warb, die Vorurteile weniger verschlüsselt, unverblümter – manchmal überhaupt nicht kaschiert. Was sollte ich von der gut gekleideten Weißen halten, die sich in einem Diner, den ich besuchte, strikt weigerte, mir die Hand zu geben? Wie sollte ich die

Motive jener verstehen, die vor einer unserer Wahlkampfveranstaltungen Schilder mit der Konföderiertenflagge und Slogans der National Rifle Association schwenkten, lauthals auf die Rechte der Bundesstaaten pochten und mir sagten, ich solle nach Hause gehen?

Es waren nicht nur gebrüllte Parolen oder Konföderiertendenkmäler, die an das Erbe der Sklaverei und der Rassentrennung erinnerten. Auf Vorschlag des Kongressabgeordneten Clyburn besuchte ich die J. V. Martin Junior High School, eine größtenteils Schwarze öffentliche Schule in dem ländlichen Ort Dillon im Nordosten des Bundesstaats. Ein Teil des Gebäudes war 1896 erbaut worden, nur dreißig Jahre nach dem Bürgerkrieg, und ob im Lauf der Jahrzehnte irgendwelche Reparaturen vorgenommen worden waren, ließ sich nicht sagen. Geborstene Rohrleitungen. Gesplitterte Fenster. Modrig riechende, unbeleuchtete Gänge. Im Keller war noch ein Kohleofen als Heizung in Betrieb. Als ich die Schule verließ, schwankte ich zwischen Niedergeschlagenheit und frischer Motivation: Welche andere Botschaft hatten Generationen von Jungen und Mädchen bei ihrem täglichen Schulbesuch empfangen, als dass sie den Machthabenden gleichgültig waren, dass der amerikanische Traum, was auch immer er bedeuten mochte, nicht für sie bestimmt war?

Momente wie dieser halfen mir, die ermüdenden Auswirkungen langfristiger Entmündigung zu erkennen, den zynischen Filter, durch den viele Schwarze in South Carolina unsere Kampagne wahrnahmen. Ich begann das eigentliche Wesen meines Widersachers zu erkennen. Ich trat nicht gegen Hillary Clinton oder John Edwards, ja nicht einmal gegen die Republikaner an. Ich trat gegen das unerbittliche Gewicht der Vergangenheit an, gegen die Trägheit, den Fatalismus und die Angst, die es bewirkte.

Schwarze Geistliche und politische Strippenzieher, die es gewohnt waren, dafür bezahlt zu werden, dass sie Wähler mobilisierten, beklagten sich darüber, dass wir uns vor allem bemühten, Freiwillige an der Basis anzuwerben. Für sie war Politik weniger eine Frage von Prinzipien als vielmehr ein simples Geschäftsangebot, so wie es stets gehandhabt worden war. Im Wahlkampf bekam Michelle – deren Urgroßvater auf einer Reisplantage in South Carolina in die Sklaverei hineingeboren worden war – von wohlmeinenden Schwarzen Frauen zu hören, eine Wahl zu verlieren, sei vielleicht besser, als einen Ehemann zu verlieren, womit sie andeuten wollten, dass ich bei einem Wahlsieg gewiss erschossen werden würde.

Hoffnung und Wandel seien Luxus, schienen uns die Menschen sagen zu wollen, fremdländische Importgüter, die in der Hitze verdarben.

AM 25. JANUAR, dem Tag vor der Vorwahl, veröffentlichte NBC eine Umfrage, der zufolge meine Unterstützung innerhalb der weißen Bevölkerung von South Carolina auf klägliche zehn Prozent gefallen war. Die Nachricht brachte die Wahlbeobachter zum Rotieren. Das sei zu erwarten gewesen, tönten sie. Selbst die hohe afroamerikanische Wahlbeteiligung könne die tief verwurzelte Abwehr der weißen Wähler gegenüber einem Schwarzen Kandidaten nicht ausgleichen, zumal wenn er Barack Hussein Obama heiße.

Axelrod, der sich stets im Katastrophenmodus befand, erzählte mir davon, während er durch sein Blackberry scrollte. Es war wenig hilfreich, dass er hinzusetzte, wenn wir South Carolina verlören, sei unser Wahlkampf wohl am Ende. Es war noch weniger hilfreich, dass er ergänzte, selbst wenn wir einen Sieg erstritten, würde der Mangel an weißer Unterstützung dazu führen, dass sowohl die Medien als auch die Clintons den Erfolg kleinredeten und begründete Zweifel an meinen Chancen bei den Hauptwahlen anmeldeten.

Am Tag der Vorwahl saß unser gesamtes Team auf glühenden Kohlen; alle wussten, was auf dem Spiel stand. Doch als es endlich Abend wurde und die Ergebnisse einzutreffen begannen, überstiegen sie unsere größten Erwartungen. Wir hatten Hillary mit einem Vorsprung von zwei zu eins geschlagen, mit beinahe achtzig Prozent einer hohen Schwarzen Wahlbeteiligung und vierundzwanzig Prozent der weißen Stimmen. Wir lagen sogar bei den weißen Wählern unter vierzig Jahren mit zehn Punkten vorne. Nach dem Spießrutenlauf, den wir hinter uns hatten, und den Rückschlägen, die wir seit Iowa hatten einstecken müssen, waren wir überglücklich.

Als ich in einer Aula in Columbia auf das Podium trat, um eine Siegesrede zu halten, spürte ich den Pulsschlag trampelnder Füße und klatschender Hände. Mehrere Tausend Menschen hatten sich in den Saal gezwängt, wobei ich im grellen Schein der Kamerascheinwerfer nur die ersten Reihen erkennen konnte – größtenteils Collegestudenten, zu gleichen Teilen weiß und Schwarz; manche hatten sich bei ihren Sitznachbarn untergehakt oder ihnen die Arme um die Schultern gelegt, und ihre Gesichter strahlten vor Freude und Motiviertheit.

»Die Hautfarbe ist egal!«, riefen die Leute. »Die Hautfarbe ist egal! Die Hautfarbe ist egal!«

Ich erkannte in der Menge einige unserer jungen Organisatoren und Freiwilligen. Einmal mehr hatten sie uns den Unkenrufen zum Trotz nicht im Stich gelassen. Sie verdienten eine Siegesrunde, dachte ich bei mir, einen Augenblick der reinen Euphorie. Darum brachte ich es nicht übers Herz, während ich die Menge beruhigte und meine Rede begann, diese wohlmeinenden Rufer zu korrigieren – ihnen in Erinnerung zu rufen, dass im Jahr 2008, in dem die Konföderiertenflagge mit allem, was sie symbolisierte, noch immer vor einem nur wenige Straßen entfernten Staatskapitol hing, die Hautfarbe, auch wenn sie es nicht wahrhaben wollten, alles andere als egal war.

KAPITEL 7

NUN, DA SOUTH CAROLINA hinter uns lag, schien es wieder bergauf zu gehen. In einem Kommentar in der *New York Times* vom 27. Januar erklärte Caroline Kennedy, mich unterstützen zu wollen. Großzügigerweise wies sie darauf hin, unsere Kampagne habe ihr erstmals verdeutlicht, welche Inspiration ihr Vater für junge Amerikaner gewesen sei. Tags darauf schloss sich ihr Onkel Ted Kennedy ihr an und trat mit mir vor mehreren Tausend Studenten der American University auf. Teddy war absolut elektrisierend; er beschwor die ganze alte Camelot-Magie herauf und zerschlug das Argument der mangelnden Erfahrung, das einst gegen seinen Bruder zum Einsatz gekommen war und nun gegen mich gerichtet wurde. Axe bezeichnete das Ereignis als eine symbolische Staffelübergabe, und ich konnte sehen, was es ihm bedeutete. Es war, als hätte Teddy in unserer Kampagne einen vertrauten Klang vernommen und sich an eine Zeit vor der Ermordung seiner Brüder, dem Vietnamkrieg, dem weißen Backlash, Aufständen, Watergate, Werksschließungen, Altamont und AIDS zurückerinnert, eine Zeit, in der der Liberalismus noch vor Optimismus und Machergeist strotzte – der gleiche Geist, der in ihrer Jugend die Gefühle meiner Mutter bestimmt und den sie mir eingetrichtert hatte.

Die Unterstützung der Kennedys verlieh unserer Kampagne eine gewisse Poesie und half uns bei der Vorbereitung auf den Super Tuesday am 5. Februar, wenn an einem einzigen Tag mehr als die Hälfte der Delegierten des Landes ernannt werden würden. Wir hatten immer gewusst, dass der Super Tuesday eine riesige Herausforderung sein würde. Auch nach unseren Siegen in Iowa und South Carolina war

Hillary noch weitaus bekannter, und ein Wahlkampf der Begegnungen mit einzelnen Wählern, wie wir ihn in den ersten Bundesstaaten betrieben hatten, war an größeren, dichter besiedelten Orten wie Kalifornien und New York schlechterdings nicht möglich.

Was wir jedoch hatten, war eine Graswurzelinfanterie, die von Tag zu Tag wuchs. Mit der Hilfe unseres erfahrenen Delegiertenexperten Jeff Berman und unseres beharrlichen Wahlkampfleiters Jon Carson entwickelte Plouffe eine Strategie, die wir mit der gleichen unbeirrbaren Konzentration verfolgten, wie wir sie schon in Iowa an den Tag gelegt hatten. Statt auf Siege in den großen Vorwahl-Bundesstaaten zu setzen und dort viel in Fernsehspots zu investierten, um unsere Verluste zu minimieren, konzentrierten wir meine Zeit und unsere Wahlkampfanstrengungen auf die Caucus-Bundesstaaten – viele von ihnen klein, ländlich geprägt und mit großer Mehrheit weiß –, in denen der Enthusiasmus unserer Unterstützer zu einer vergleichsweise hohen Beteiligung bei den Abstimmungen und deutlichen Siegen führen konnte, was sich wiederum in hohen Delegiertenzahlen niederschlagen würde.

Idaho war ein Paradebeispiel dafür. Es hätte sich für uns nicht gelohnt, bezahlte Mitarbeiter in einen so kleinen, durch und durch republikanischen Bundesstaat zu schicken, aber eine kleine Gruppe von Freiwilligen hatte sich unter dem Namen »Idahoans for Obama« organisiert. Sie hatten das vergangene Jahr damit verbracht, mithilfe von Social-Media-Tools wie MySpace und Meetup eine Community aufzubauen, sich mit meinen Positionen zu bestimmten Themen vertraut zu machen, private Spendenseiten ins Leben zu rufen, Veranstaltungen zu planen und im gesamten Bundesstaat strategisch um Wähler zu werben. Als Plouffe mir wenige Tage vor dem Super Tuesday sagte, ich solle eine Wahlkampfveranstaltung in Boise wahrnehmen, statt einen zusätzlichen Tag für Kalifornien zu verwenden – wo wir rasch an Boden gewannen –, hatte ich, zugegeben, meine Zweifel. Doch ein mit vierzehntausend jubelnden Einwohnern von Idaho gefülltes Boise-State-Stadion nahm mir rasch jede Skepsis. Letztlich gewannen wir in Idaho mit so großem Abstand, dass wir dort mehr Delegierte bekamen, als Hillary ihr Sieg in New Jersey einbrachte, einem Staat mit mehr als fünfmal so hoher Bevölkerungszahl.

Das wurde zum Muster. Dreizehn der zweiundzwanzig Super-

Tuesday-Entscheidungen fielen zu unseren Gunsten aus, und auch wenn Hillary in New York und Kalifornien mit je einigen Prozentpunkten Abstand gewann, hatten wir insgesamt dreizehn Delegierte mehr als sie. Es war ein bemerkenswerter Erfolg, der die Fähigkeiten und den Einfallsreichtum Plouffes, unserer Organisatoren und vor allem unserer freiwilligen Helfer belegte. Und in Anbetracht der Tatsache, dass sowohl die Experten als auch Clintons Wahlkampfteam weiterhin meine mögliche Anziehungskraft in einer Präsidentschaftswahl in Zweifel zogen, bereitete mir mein Siegeszug quer durch den sogenannten roten, republikanischen, Teil des Landes zusätzliche Genugtuung.

Mir fiel auch auf, dass die Technologie bei unseren Wahlsiegen eine immer größere Rolle spielte. Das außergewöhnlich jugendliche Alter meines Teams ermöglichte es uns, die digitalen Netzwerke zu nutzen und zu verfeinern, die Howard Dean vier Jahre zuvor im Rahmen seiner Kampagne auf den Weg gebracht hatte. Unser Status als Aufsteiger zwang uns, immer wieder auf die Energie und Kreativität unserer interneterfahrenen Freiwilligen zu bauen. Millionen von Spendern hielten unsere Organisation mit kleineren Beträgen am Laufen, per E-Mail verschickte Links halfen dabei, unsere Wahlkampfbotschaften auf eine Weise zu verbreiten, wie es traditionellen Medien nicht möglich war, und neue Communitys bildeten sich um Menschen, die zuvor nichts miteinander zu tun gehabt hatten. Ich ging inspiriert aus dem Super Tuesday hervor und stellte mir vor, einen Blick in die Zukunft erhascht zu haben, auf ein Wiedererstarken der öffentlichen Beteiligung, das unsere Demokratie wieder zum Funktionieren bringen könnte. Was ich da noch nicht völlig einschätzen konnte, war, als wie anpassungsfähig sich diese Technologie erweisen würde; wie rasch sie von kommerziellen Interessen absorbiert und von etablierten Mächten gehandhabt werden würde; wie leicht sie sich nicht nur einsetzen ließ, um Menschen zusammenzubringen, sondern auch, um sie abzulenken oder zu spalten; und dass eines Tages viele derselben Werkzeuge, die mich ins Weiße Haus gebracht hatten, im Widerspruch zu allem verwendet werden würden, wofür ich stand.

Diese Einsichten sollten später kommen. Nach dem Super Tuesday hatten wir totalen Aufwind, gewannen im Lauf von zwei Wochen elf

Vorwahlen hintereinander, mit einem durchschnittlichen Abstand von sechsunddreißig Prozentpunkten. Es war eine berauschende, fast surreale Zeit, obwohl meine Mitarbeiter und ich unser Bestes taten, um nicht allzu übermütig zu werden – »Denkt an New Hampshire!«, war ein oft gehörter Refrain –, da wir wussten, dass der Kampf weiter offenblieb, dass es dort draußen noch immer viele gab, die uns gern scheitern sehen wollten.

DER SOZIOLOGE W. E. B. Du Bois beschreibt in *Die Seelen der Schwarzen* das »doppelte Bewusstsein« Schwarzer Amerikaner zu Beginn des zwanzigsten Jahrhunderts. Obwohl sie auf amerikanischem Boden geboren und aufgewachsen sind, geprägt von den Institutionen dieses Landes und durchdrungen von seinen Überzeugungen, obwohl ihre arbeitenden Hände und pulsierenden Herzen so viel zur Wirtschaft und Kultur des Landes beigetragen haben – trotz alledem, schreibt Du Bois, bleiben die Schwarzen Amerikaner das ewig »Andere«, blicken sie immer von draußen nach drinnen, fühlen stets ihre Zweiheit, definiert nicht durch das, was sie sind, sondern durch das, was sie niemals sein können.

Als junger Mann hatte ich aus Du Bois' Schriften viel gelernt. Aber ob es nun an meiner besonderen Abstammung und Erziehung lag oder an der Zeit, in der ich aufgewachsen war – diese Vorstellung des »doppelten Bewusstseins« war nichts, was ich persönlich empfand. Ich hatte mit der Bedeutung meiner gemischten ethnischen Herkunft und der Tatsache der ethnischen Diskriminierung gerungen. Doch zu keinem Zeitpunkt hatte ich je mein grundlegendes »Amerikanisch-Sein« infrage gestellt oder zugelassen, dass andere es taten.

Natürlich hatte ich noch nie als Präsident kandidiert.

Noch bevor ich meine Kandidatur formell bekannt gab, hatten Gibbs und unser Kommunikationsteam verschiedene Gerüchte niedergekämpft, die in konservativen Radiosendungen oder auf windigen Internetseiten hochkamen und von dort aus zum *Drudge Report* und zu Fox News hinüberwanderten. Es wurde berichtet, ich sei in einer indonesischen Koranschule unterrichtet worden, was solche Kreise zog, dass ein CNN-Korrespondent tatsächlich zu meiner ehemaligen Grundschule in Jakarta reiste, wo er auf einen Haufen Kinder traf, die Schuluniformen im westlichen Stil trugen und auf ihren iPods New Kids on the Block hörten. Es wurde behauptet, ich sei kein amerikanischer Staatsbürger (was passenderweise mit einem Bild illustriert wurde, das mich auf der Hochzeit meines kenianischen Halbbruders in afrikanischer Kleidung zeigte). Mit fortschreitendem Wahlkampf gerieten immer mehr reißerische Unwahrheiten in Umlauf. Sie hatten nichts mit meiner Staatsangehörigkeit zu tun, aber alle mit jener »Fremdartigkeit« einer vertrauteren, einheimischen, dunkel gefärbten Art: Ich hätte mit Drogen gehandelt, mich prostituiert, ich hätte marxistische Verbindungen und außerhalb der Ehe mehrere Kinder gezeugt.

Es war schwer, irgendetwas davon ernst zu nehmen, und zumindest anfangs tat das auch kaum jemand – im Jahr 2008 war das Internet noch zu langsam, zu löchrig und zu weit von etablierten Nachrichtenanbietern entfernt, um die Entscheidungen der Wähler unmittelbar zu beeinflussen. Aber es gab indirektere, elegantere Wege, meine Affinitäten infrage zu stellen.

Nach den Anschlägen vom 11. September beispielsweise hatte ich begonnen, einen Anstecker mit der amerikanischen Flagge am Revers zu tragen, in meinen Augen eine kleine Geste, um angesichts dieser gewaltigen Tragödie etwas nationale Solidarität zu demonstrieren. Dann, als die Debatte über Bushs Krieg gegen den Terrorismus und die Invasion in den Irak andauerte – als ich sah, wie John Kerry Opfer von Schmutzkampagnen wurde, und hörte, wie der Patriotismus der Kriegsgegner von Leuten wie Karl Rove angezweifelt wurde, als ich sah, wie meine Kollegen im Senat, die ebenfalls die Flagge am Revers trugen, unbekümmert dafür stimmten, Veteranenprogrammen die Budgets zu kürzen –, legte ich meinen eigenen Anstecker stillschweigend ab. Es war weniger ein Akt des Protests als vielmehr eine Erinnerung für mich selbst, dass die Substanz des Patriotismus weit mehr zählte als das Symbol. Niemand schien es zu bemerken, zumal sich die meisten anderen Senatoren – darunter der ehemalige Navy-Soldat und Kriegsgefangene John McCain – regelmäßig ohne Anstecker am Revers zeigten.

Als mich im Oktober ein Lokalreporter in Iowa fragte, warum ich keinen Anstecker mit der Flagge trage, sagte ich daher die Wahrheit:

dass ich nicht glaube, anhand des Vorhandenseins oder Nichtvorhandenseins eines symbolischen Gegenstands, den man in jedem 99-Cent-Laden kaufen könne, lasse sich die Liebe eines Menschen zu seinem Land messen. Es dauerte nicht lange, bis sich Konservative im Fernsehen über die vermeintliche Bedeutung meines blanken Revers ausließen. *Obama hasst die Flagge, Obama respektiert unsere Truppen nicht.* Monate später wurde es noch immer zum Thema gemacht, was mich zu ärgern begann. Woran lag es, wollte ich fragen, dass nur meine Reversgewohnheiten und nicht die irgendeines vorherigen Präsidentschaftskandidaten mit einem Mal so große Aufmerksamkeit auf sich zogen? Es war keine Überraschung, dass Gibbs mir davon abriet, meinem Ärger öffentlich Luft zu machen.

»Warum sollten Sie ihnen diese Genugtuung gönnen?«, sagte er zu mir. »Sie sind im Begriff zu gewinnen.«

Schön und gut. Doch weniger leicht zu überzeugen war ich, als meine Frau die gleichen Sticheleien trafen.

Seit Iowa hatte Michelle unsere Wahlkampftour zum Leuchten gebracht. Da die Mädchen noch zur Schule gingen, beschränkten wir Michelles Auftritte auf Orte, an denen das Rennen knapp war, und ihre Reisen größtenteils auf die Wochenenden, aber dort, wo sie sprach, war sie immer lustig und einnehmend, verständnisvoll und offenherzig. Sie redete über die Kindererziehung und den Versuch, die Anforderungen von Arbeit und Familie auszubalancieren. Sie beschrieb die Werte, mit denen sie aufgewachsen war – dass ihr Vater trotz seiner MS-Erkrankung nicht einen einzigen Arbeitstag versäumt und ihre Mutter immer großen Wert auf Bildung gelegt hatte, dass es in der Familie nie viel Geld gegeben hatte, aber jede Menge Liebe. Es war eine Welt, wie man sie aus Norman Rockwells Bildern und von *Leave It to Beaver* kennt. Meine Schwiegereltern verkörperten ganz und gar den Geschmack und die Sehnsüchte, die wir gern als eindeutig amerikanisch betrachten, und ich kannte niemanden, der bodenständiger als Michelle gewesen wäre, deren Leibspeise Hamburger mit Pommes war, die sich gern Wiederholungen der *Andy Griffith Show* ansah und jede Gelegenheit wahrnahm, einen Samstagnachmittag in einer Mall zu verbringen.

Und trotzdem war Michelle zumindest einigen Kommentatoren zufolge … anders, kein First-Lady-Material. Sie wirke »wütend«, hieß es. In einem Beitrag auf Fox News unterstellte man ihr, sie habe mir ein Kind angehängt, um sich in mein Leben zu schleichen. Es waren auch nicht allein die konservativen Medien. Die *New-York-Times*-Kolumnistin Maureen Dowd schrieb, wenn Michelle mich in ihren Reden neckisch als einen glücklosen Vater charakterisiere, der das Brot in der Küche verschimmeln und Schmutzwäsche herumliegen lasse (was zuverlässig zu Gelächter im Publikum führte), mache sie mich damit nicht menschlicher, sondern »entmanne« mich und schmälere meine Chancen, gewählt zu werden.

Diese Art von Kommentaren war nur gelegentlich zu hören, und einige unserer Mitarbeiter sahen darin nichts weiter als die üblichen Wahlkampfgarstigkeiten. Doch Michelle erlebte es anders. Ihr war bewusst, dass es neben dem starren Korsett, das Politikerfrauen nie ablegen durften (die bewundernde und folgsame Gefährtin, bezaubernd, aber nicht zu meinungsstark – das gleiche Korsett, dem Hillary sich einst verweigert hatte, wofür sie noch immer teuer bezahlte), noch weitere Stereotype gab, die für Schwarze Frauen im Speziellen galten, altvertraute Bilder, die Schwarze Mädchen von jenem Tag an ständig wie Giftstoffe in sich aufnahmen, an dem sie zum ersten Mal eine blonde Barbiepuppe sahen oder Aunt-Jemima-Sirup über ihre Pfannkuchen gossen. Dass sie nicht den vorgegebenen Weiblichkeitsstandards entsprächen, dass ihre Hintern zu groß und ihre Haare zu kraus seien, dass sie zu laut oder zu hitzig oder zu bissig ihren Männern gegenüber aufträten – dass sie ihnen nicht nur die Männlichkeit nähmen, sondern selbst zu männlich seien.

Michelle hatte diese seelische Last ihr Leben lang geschultert, vor allem, indem sie penibel auf ihr Äußeres geachtet, stets die Kontrolle über sich selbst und ihr Umfeld behalten und sich gewissenhaft auf alles vorbereitet hatte, auch wenn sie sich weigerte, sich durch Einschüchterung zu jemandem machen zu lassen, der sie nicht war. Dass sie unbeschadet und mit solcher Anmut und Würde daraus hervorging, dass so viele Schwarze Frauen all den negativen Botschaften zum Trotz Erfolg hatten, war erstaunlich.

Natürlich lag es in der Natur des Präsidentschaftswahlkampfs, dass sich die Kontrolle nicht immer aufrechterhalten ließ. Im Fall von

Michelle entglitt sie ihr unmittelbar vor der Vorwahl in Wisconsin, als sie in einer Rede schilderte, wie sehr es sie beeindrucke, dass unser Wahlkampf so vielen Menschen ein Ansporn sei, und zu den Worten griff: »Zum ersten Mal in meinem Leben als erwachsene Frau bin ich wirklich stolz auf mein Land … weil ich glaube, dass die Menschen nach Veränderung dürsten.«

Es war ein Schnitzer wie aus dem Bilderbuch – ein paar Worte aus dem Stegreif, die dann von den konservativen Medien auseinandergerissen, zerschnippelt und als Waffe eingesetzt werden konnten, eine verstümmelte Version von etwas, das sie schon viele Male zuvor in ihren Reden gesagt hatte: dass sie stolz auf die Richtung war, in die sich unser Land entwickelte, auf den vielversprechenden Anstieg politischer Teilhabe. Die Schuld lag hauptsächlich bei mir und meinem Team. Wir hatten Michelle ohne die Redenschreiber, Vorbereitungskurse und Berater auf die Reise geschickt, die mir stets zur Verfügung standen, die Infrastruktur, die dafür sorgte, dass ich organisiert und immer gut vorbereitet war. Es war, als hätte man eine Zivilistin ohne kugelsichere Weste in ein Feuergefecht geschickt.

Doch das spielte keine Rolle. Die Reporter stürzten sich darauf, es wurde spekuliert, wie sehr Michelles Kommentare der Kampagne schaden könnten und wie viel sie über die wahre Einstellung der Obamas verrieten. Ich begriff das als Teil einer größeren und hässlicheren Agenda, eines allmählich entstehenden, bewusst negativen Porträts von uns, das sich aus Stereotypen zusammensetzte, von Angst befeuert war und dazu angetan, eine allgemeine Nervosität angesichts der Vorstellung zu nähren, ein Schwarzer könnte die wichtigsten Entscheidungen des Landes treffen und mit seiner Schwarzen Familie im Weißen Haus sitzen. Doch ich war weniger besorgt darüber, was all das für den Wahlkampf bedeutete, als es mich vielmehr schmerzte zu sehen, wie sehr es Michelle verletzte; wie es meine starke, intelligente und schöne Frau an sich selbst zweifeln ließ. Nach dem Ausrutscher in Wisconsin erinnerte sie mich daran, dass sie nie den Wunsch verspürt hatte, im Rampenlicht zu stehen, und sagte, wenn ihre Anwesenheit während der Wahlkampftour mehr schade als nütze, bleibe sie lieber zu Hause. Ich versicherte ihr, das Wahlkampfteam werde sie fortan stärker unterstützen, und beharrte darauf, dass sie für die Wähler eine weitaus überzeugendere Persönlichkeit sei, als ich es jemals sein könne. Doch nichts, was ich sagte, schien sie zu trösten.

INMITTEN DIESES WECHSELBADS der Gefühle nahm unsere Kampagne weiter Fahrt auf. Als es in den Super Tuesday ging, hatte sich unsere Organisation bereits stark vergrößert, ein bescheidenes Start-up, das sich in eine sicherere und kapitalkräftigere Operation verwandelt hatte. Unsere Hotelzimmer waren etwas größer, die Reisen angenehmer. Nachdem wir anfangs mit kommerziellen Fluglinien geflogen waren, hatten wir einige Abenteuer mit günstigen Charterflügen erlebt. Ein Pilot hatte uns nicht ein, sondern zwei Mal in die falsche Stadt geflogen. Ein anderer versuchte, die Batterie des Flugzeugs mit einem Verlängerungskabel zu starten, das mit einer gewöhnlichen Steckdose im Wartebereich des Flughafens verbunden war. (Ich war erleichtert, als das Experiment scheiterte, obwohl es bedeutete, dass wir anschließend zwei Stunden warten mussten, während eine Batterie auf einem Pritschenwagen aus einem Nachbarort herangekarrt wurde.) Dank eines größeren Budgets konnten wir nun auch ein eigenes Flugzeug leasen, einschließlich einer Flugbegleiterin, Verpflegung und Sitzen, die sich tatsächlich umlegen ließen.

Doch mit neuem Wachstum gingen Regeln, Leitlinien, Prozesse und Hierarchien einher. Die Zahl unserer landesweiten Mitarbeiter war auf über eintausend angewachsen, und auch wenn sich unser Führungsteam alle Mühe gab, die zusammengewürfelte, informelle Kultur unserer Organisation aufrechtzuerhalten, war die Zeit vorbei, in der ich behaupten konnte, die Mehrzahl der Menschen, die für mich arbeiteten, persönlich zu kennen. Aufgrund der fehlenden Vertrautheit sprachen mich immer weniger von denen, die ich den Tag über traf, mit »Barack« an. Ich war jetzt »Sir« oder »Senator«. Wenn ich einen Raum betrat, standen die Mitarbeiter oft auf, um woandershin zu gehen, weil sie annahmen, ich wolle ungestört sein. Wenn ich sie bat zu bleiben, lächelten sie scheu und unterhielten sich nur flüsternd.

Ich begann mich alt und immer einsamer zu fühlen.

Auf merkwürdige Weise verstärkten die Menschenmengen bei unseren Kundgebungen dieses Gefühl. Sie waren auf fünfzehn-, zwanzig-, ja dreißigtausend Menschen pro Stopp angewachsen, die unser rotweiß-blaues Wahlkampflogo auf T-Shirts, Kappen und Overalls trugen und am jeweiligen Veranstaltungsort stundenlang auf Einlass warteten. Unser Team entwickelte eine Art Aufwärmritual. Reggie, Marvin, Gibbs und ich sprangen an irgendeinem Dienstboteneingang oder einer Laderampe aus dem Wagen und folgten unserem Vorhutteam durch Flure und Hintertüren. Meist traf ich mich mit den Organisatoren vor Ort, machte Fotos mit vielleicht hundert wichtigen Freiwilligen und Unterstützern, die mich mit Umarmungen, Küssen und kleinen Bitten überhäuften, und signierte Bücher, Zeitschriften, Baseballs, Geburtsanzeigen, Berufungsurkunden und alles sonst Erdenkliche. Darauf folgte ein Interview mit einem oder zwei Reportern, ein schnelles Mittagessen in einem Lagerraum, der mit Eistee in Flaschen, Nussmischungen, Proteinriegeln und sämtlichen anderen Lebensmitteln ausgestattet worden war, von denen ich irgendwann einmal in einem Nebensatz gesagt hatte, dass sie mir schmeckten, und das in Mengen, die für den Luftschutzbunker eines Preppers ausgereicht hätten. Dann eine Toilettenpause, in der Marvin oder Reggie mir ein Gel aushändigte, das ich auf Stirn und Nase auftragen sollte, damit die Haut im Fernsehen nicht glänzte, auch wenn einer unserer Videografen unablässig behauptete, es sei krebserregend.

Ich hörte das Stimmengewirr des Publikums anschwellen, während ich unter der Tribüne hindurch zum Bühnenbereich ging. Der Tontechniker bekam ein Zeichen, dass es Zeit für die Ankündigung war (»die Stimme Gottes« genannt, wie ich erfuhr), ich hörte hinter der Bühne still zu, wie mich jemand aus der Gegend vorstellte, und dann ertönten die Worte »der kommende Präsident der Vereinigten Staaten«, ein ohrenbetäubender Jubel, die Klänge von U2s »City of Blinding Lights«, und nach einem Faustst0ß oder einem »Zeig's ihnen, Boss« ging ich durch den Vorhang und auf die Bühne.

Das machte ich zwei- oder dreimal am Tag. Wir reisten von Stadt zu Stadt, von einem Bundesstaat zum anderen. Auch wenn der Reiz des Neuen sich rasch abnutzte, hörte die schiere Energie dieser Kundgebungen nie auf, mich mit Staunen zu erfüllen. »Wie ein Rockkonzert«, schrieben die Reporter, und zumindest in Bezug auf den Krach war das zutreffend. Doch auf der Bühne fühlte es sich nicht so an. Ich bot der Menge keine Solovorstellung, sondern versuchte, ein Reflektor zu sein, der die Amerikaner – durch die Geschichten, die sie mir erzählt hatten – an all das erinnerte, was sie wirklich schätzten, und an die außergewöhnliche Kraft, die sie gemeinsam besaßen.

Wenn meine Rede beendet war und ich die Bühne verließ, um in der ersten Reihe einige Hände zu schütteln, sah ich oft Menschen, die schrien, einander zur Seite stießen und die Hände nach mir ausstreckten. Manche weinten oder berührten mein Gesicht, und auch wenn ich mir alle Mühe gab, es zu verhindern, ließen Eltern ihre brüllenden Neugeborenen durch mehrere Reihen von Fremden hindurchreichen, damit ich sie auf den Arm nehmen konnte. Die Aufregung bereitete mir Freude und war zuweilen tief berührend, aber sie war auch etwas beunruhigend. Auf irgendeiner fundamentalen Ebene, so wurde mir bewusst, sahen die Menschen nicht mehr *mich* mit all meinen Eigenarten und Schwächen. Stattdessen hatten sie mein Äußeres in Beschlag genommen und es zu einem Gefäß für eine Million verschiedener Träume gemacht. Ich wusste, dass ich sie eines Tages enttäuschen, dass ich dem Image nicht gerecht werden würde, das mein Wahlkampfteam und ich mit entworfen hatten.

Mir war auch bewusst: Wenn Unterstützer kleine Stücke von mir in ein übergroßes Symbol der Hoffnung gießen konnten, dann konnten sich die diffusen Ängste der Gegner ebenso leicht zu Hass verhärten. Und diese verstörende Wahrheit hatte für die größte Veränderung in meinem Leben gesorgt.

Im Mai 2007, nur wenige Monate nach dem Beginn meiner Kampagne, war ich unter den Schutz des Secret Service gestellt worden – unter dem Codenamen »Renegade« erhielt ich rund um die Uhr Personenschutz. Das war nicht die Norm. War man nicht gerade ein amtierender Vizepräsident (oder wie im Fall von Hillary eine ehemalige First Lady), dann wurde man als Kandidat eigentlich nicht geschützt, solange man nicht tatsächlich die Nominierung in der Tasche hatte. Dass in meinem Fall anders verfahren wurde, dass Harry Reid und Bennie Thompson, Vorsitzender des House Homeland Security Committee, öffentlich darauf bestanden hatten, dass der Secret Service früher zum Einsatz kam, hatte einen einfachen Grund: Die Zahl der Drohungen, die ich erhielt, übertraf alles, was man beim Secret Service je zuvor gesehen hatte.

Jeff Gilbert, der Leiter meiner persönlichen Schutzmannschaft, war ein eindrucksvoller Kerl. Man hätte den Afroamerikaner mit seiner Brille und seiner offenen, freundlichen Art für einen Manager eines Fortune-100-Unternehmens halten können. Bei unserem ersten Treffen betonte er, den Übergang so reibungslos wie möglich gestalten zu wollen, da er wisse, dass ich als Kandidat ungehindert mit den Menschen interagieren müsse.

Jeff hielt Wort: Zu keinem Zeitpunkt hinderte der Secret Service uns daran, eine Veranstaltung durchzuführen, und die Agenten taten, was sie konnten, um ihre Anwesenheit wenig spürbar zu machen (so verwendeten sie beispielsweise Heuballen statt metallene Fahrradständer, um vor einer Freilichtbühne eine Barriere zu errichten). Die Gruppenleiter, größtenteils in ihren Vierzigern, waren professionell und zuvorkommend und hatten einen trockenen Humor. Oft saßen wir hinten im Flugzeug oder in einem Bus und zogen einander wegen unserer jeweiligen Lieblingssportmannschaften auf oder redeten über unsere Kinder. Jeffs Sohn war an seiner Uni in Florida ein Footballstar, und wir begannen, seine Aussichten für die Aufnahme in die National Football League zu verfolgen. Reggie und Marvin verstanden sich gut mit den jüngeren Agenten und gingen mit ihnen nach Feierabend noch etwas trinken.

Dennoch war es ein heftiger Einschnitt, mit einem Mal bewaffnete Männer und Frauen um mich zu haben, wohin ich auch ging, postiert vor jedem Raum, in dem ich mich befand. Mein Blick auf die Außenwelt begann sich zu verändern, verhüllt vom Schleier des Sicherheitsdiensts. Ich betrat ein Haus nicht mehr durch die Vordertür, wenn es eine Hintertreppe gab. Wenn ich im Kraftraum eines Hotels trainierte, verhängten die Agenten zuerst die Fenster mit Stoff, um einen potenziellen Schützen am Zielen zu hindern. Kugelsichere Barrieren wurden in jedem Raum eingerichtet, in dem ich schlief, einschließlich unseres Schlafzimmers zu Hause in Chicago. Und es war mir nicht mehr möglich, allein irgendwohin zu fahren, nicht einmal um den Block.

Als die Nominierung näher rückte, schrumpfte meine Welt noch stärker zusammen. Weitere Agenten kamen hinzu. Mein Bewegungsradius wurde eingeschränkt. Jede Spontanität verschwand aus meinem Leben. Es war nicht mehr möglich oder zumindest nicht einfach, durch einen Lebensmittelladen zu gehen oder auf dem Bürgersteig einen kleinen Plausch mit einem Fremden zu halten.

»Das Ganze ist wie ein Zirkuskäfig«, beklagte ich mich eines Tages bei Marvin, »und ich bin der Tanzbär.«

Es gab Zeiten, da bekam ich einen Koller. So leid war ich das streng durchgetaktete Regiment der Bürgerversammlungen, Interviews, Fotoshootings und Spendenaufrufe, dass ich mich auf und davon machte, plötzlich vom verzweifelten Wunsch besessen, einen guten Taco-Laden zu finden oder den Klängen irgendeines Open-Air-Konzerts in der Nähe zu folgen, woraufhin mir die Agenten hinterhereilten und »Renegade in Bewegung« in ihre Handgelenkmikrofone flüsterten.

»Der Bär ist los!«, riefen Reggie und Marvin dann immer, nicht ohne ein bisschen Vergnügen.

Doch im Winter 2008 kam es immer seltener zu diesen spontanen Ausflügen. Ich wusste, dass Unvorhersehbarkeit meinen Personenschützern ihre Aufgabe erschwerte und das Risiko der Agenten erhöhte. Und die Tacos schmeckten ohnehin nie so gut wie erhofft, wenn ich beim Essen von nervösen Agenten umringt war, ganz zu schweigen von Neugierigen und Reportern, die sich ansammelten, sobald ich erkannt worden war. Die Freizeit, die ich hatte, verbrachte ich immer öfter in meinem Zimmer, wo ich las, Karten spielte und Ballsport im Fernsehen schaute.

Zur Erleichterung seiner Hüter gewöhnte sich der Bär an die Gefangenschaft.

BIS ENDE FEBRUAR hatten wir in der Zahl der Delegierten eine allem Anschein nach uneinholbare Führung gegenüber Hillary errungen. Ungefähr zu dieser Zeit rief der in seinen Einschätzungen stets vorsichtige Plouffe aus Chicago an, um mir etwas zu sagen, was ich in gewisser Weise schon wusste.

»Ich glaube, wenn wir in den nächsten paar Wochen keinen Fehler machen, können wir mit ziemlicher Sicherheit davon ausgehen, dass Sie der demokratische Kandidat für die Präsidentschaft der Vereinigten Staaten werden.«

Nach dem Gespräch saß ich allein da und versuchte, mir über meine Gefühle klar zu werden. Sicherlich war Stolz im Spiel, die Welle der

Befriedigung, die ein Bergsteiger empfinden muss, wenn er auf den zerklüfteten Weg hinunterblickt, den er überwunden hat. Vor allem aber spürte ich eine gewisse Stille, frei von Euphorie oder Erleichterung, ernüchtert durch den Gedanken, dass die Aufgaben des Regierungsamtes nicht länger nur eine entfernte Möglichkeit waren. Axe, Plouffe und ich gerieten uns häufiger wegen unserer Wahlkampfplattform in die Haare, da ich darauf bestand, dass all unsere Versprechungen jeder Prüfung standhielten – weniger, weil wir sie im Lauf des Wahlkampfs verteidigen mussten (die Erfahrung hatte mir die Vorstellung ausgetrieben, dass irgendwer sonst meine Pläne zu einer Steuerreform oder für Umweltschutzvorschriften genauer ansah), als vielmehr, weil ich sie vielleicht tatsächlich würde umsetzen müssen.

Solche Projektionen in die Zukunft hätten womöglich einen noch größeren Teil meiner Zeit in Anspruch genommen, wäre da nicht die Tatsache gewesen, dass Hillary, obgleich die Zahlen mich als den zukünftigen Kandidaten auswiesen, schlicht nicht aufgeben wollte.

Alle außer ihr hätten das getan. Ihr ging das Geld aus. Ihr Team war in Aufruhr, und gegenseitige Beschuldigungen der Mitarbeiter gerieten in die Presse. Hillarys letzte Chance auf einen Sieg bestand darin, die Superdelegierten – jene mehrere Hundert demokratischen Abgeordneten und Parteimitglieder, die auf dem Nominierungsparteitag eine Stimme erhielten, mit der sie frei verfahren konnten – zu überzeugen, für sie zu stimmen, wenn die Partei im August zusammenkam. Es war ein dünner Strohhalm: Zwar war Hillary bei den Superdelegierten (die lange vor dem Nominierungsparteitag anzukündigen pflegten, für wen sie stimmen würden) mit einem großen Vorsprung gestartet, aber im Lauf der Vorwahlen hatten sich immer mehr von ihnen zu uns bekannt.

Und doch machte sie tapfer weiter, machte sich ihre Underdog-Rolle zu eigen. Ihr Tonfall nahm eine größere Eindringlichkeit an, vor allem, wenn sie über die Anliegen der Arbeiterschicht sprach. Mit ihrem Willen, den Wahlkampf bis zum bitteren Ende weiterzuführen, wollte sie beweisen, dass sie für die amerikanischen Familien ebenso hart kämpfen würde. Während die Vorwahlen in Texas und Ohio (Staaten mit einem hohen Anteil älterer weißer und hispanoamerikanischer Wähler) näher rückten, auf die sieben Wochen später Pennsylvania folgen würde (ein Staat, in dem sie ebenfalls einen beträchtlichen Vorsprung hatte), versicherte Hillary immer wieder, sie habe vor, unseren Wettstreit bis in den Nominierungsparteitag hinein auszutragen.

»Sie ist wie ein verdammter Vampir«, murrte Plouffe. »Einfach nicht totzukriegen.«

Ihre Zähigkeit war bewundernswert, aber meine Sympathie hatte ihre Grenzen. Senator John McCain würde die Wahl zum republikanischen Kandidaten bald für sich entscheiden, und weitere zwei oder drei Monate erbitterter demokratischer Vorwahlduelle würden ihm bei der Vorarbeit für die Wahlen im November einen großen Vorsprung verschaffen. Es bedeutete auch, dass nach beinahe achtzehn Monaten ununterbrochenen Wahlkampfs niemand in meinem Team eine nennenswerte Pause bekäme, was ungünstig war, denn wir waren alle am Ende unserer Kräfte.

Das erklärt vermutlich auch, wie es dazu kam, dass wir den einen großen taktischen Fehler unseres Wahlkampfes machten.

Statt uns realistische Ziele zu setzen und Ohio aufzugeben, um uns ganz auf Texas konzentrieren zu können, beschlossen wir, alles in die Waagschale zu werfen und es auf einen Sieg in beiden Bundesstaaten anzulegen. Wir investierten hohe Summen. Eine Woche lang flog ich hin und her, von Dallas nach Cleveland nach Houston nach Toledo, und wirkte mit heiserer Stimme und blutunterlaufenen Augen wohl kaum wie ein Hoffnungsträger.

Unsere Bemühungen hatten einen bescheidenen Effekt auf die Umfragen, aber sie verliehen der Behauptung des Clinton-Teams Glaubwürdigkeit, mit Siegen in Texas und Ohio könne sie das Rennen noch einmal von hinten aufrollen. Unterdessen räumten die politischen Medien, die diese Vorwahlen als meine vielleicht letzte Prüfung vor der Nominierung betrachteten und erpicht darauf waren, ein Drama aufrechtzuerhalten, das sich für die Nachrichtensendungen als echter Glücksfall erwiesen hatte, Hillarys Angriffen gegen mich mehr Platz ein. Dazu gehörte auch ein Wahlwerbespot, in dem sie behauptete, ich sei nicht in der Lage, mit dem »Anruf um drei Uhr nachts« im Falle einer Krisensituation umzugehen. Letztlich verloren wir in Ohio (deutlich) und in Texas (nur knapp).

Auf dem Rückflug von San Antonio nach Chicago nach der Vorwahl war die Stimmung in meinem Team düster. Michelle sprach kaum ein

Wort. Als Plouffe die Stimmung heben wollte und verkündete, wir hätten in Vermont gesiegt, rief das kaum mehr als ein Schulterzucken hervor. Als jemand anderes die Theorie äußerte, wir wären allesamt gestorben und im Fegefeuer gelandet, wo wir dazu verdammt seien, bis in alle Ewigkeit gegen Hillary anzutreten, lachte niemand. Es erschien uns einfach zu nah an der Wahrheit.

Hillarys Wahlsiege veränderten die Verteilung der Delegierten nicht in nennenswerter Weise, aber sie gaben ihrem Wahlkampf genügend Aufwind, um mindestens zwei weitere Monate erbitterten Vorwahlkampfs zu garantieren. Die Ergebnisse versorgten ihr Lager auch mit frischer Munition für eine Argumentation, die bei den Reportern immer mehr Fuß zu fassen schien: dass mir der Zugang zu Wählern aus der weißen Mittelschicht fehle, dass Latinos mir bestenfalls gleichgültig gegenüberstünden und dass in einer Wahl von so hoher Bedeutung mich diese Schwächen zu einem sehr riskanten demokratischen Kandidaten machen könnten.

Nur eine Woche später begann ich mich zu fragen, ob sie womöglich recht hatten.

IM LETZTEN JAHR hatte ich nicht mehr oft an meinen Pastor Reverend Jeremiah Wright gedacht. Doch am Morgen des 13. März stellten wir fest, dass ABC News eine Reihe kurzer Clips aus den Predigten mehrerer Jahre zusammengestellt hatte, geschickt in einem zweiminütigen Beitrag in *Good Morning America* verpackt. Reverend Wright nannte Amerika die »USA des KKK«. Reverend Wright sagte: »Nicht ›Gott *schütze* Amerika‹, sondern ›Gott *verdamme* Amerika‹.« Reverend Wright erklärte live und in Farbe, die Tragödie des 11. September lasse sich unter anderem auf unsere Geschichte der Militäreinsätze und der mutwilligen Gewalt in Übersee zurückführen, und Amerika habe »geerntet, was es gesät hat«. Das Video lieferte keinerlei Kontext oder Vorgeschichte. Tatsächlich hätte es Schwarzen Radikalismus nicht lebhafter darstellen oder ein präziseres Instrument zum Provozieren der amerikanischen Mittelschicht bieten können. Es war wie ein Fiebertraum des Fox-Chefs Roger Ailes.

Minuten nach der Erstausstrahlung lief das Video überall. In meinem Team fühlte es sich an, als hätte ein Torpedo unseren Schiffsrumpf durchbohrt. Ich gab eine Erklärung ab, in der ich die Aussagen in dem Video aufs Schärfste verurteilte und zugleich betonte, welch wertvolle Arbeit Reverend Wright und die Trinity-Kirche in Chicago leisteten. Am nächsten Tag nahm ich an einem bereits vereinbarten Treffen mit den Chefredakteuren zweier Zeitungen teil und gab dann eine Reihe von Fernsehinterviews, in denen ich die in den Videoclips zum Ausdruck gebrachten Ansichten in Bausch und Bogen verdammte. Doch der Schaden ließ sich mit keinem noch so prägnanten Zitat abwenden. Reverend Wrights Bild lief weiter über die Fernsehschirme, das Geschnatter der Kabelkanäle hielt ununterbrochen an, und selbst Plouffe musste zugeben, dass wir das womöglich nicht verkraften würden.

Später gaben sich Axe und Plouffe die Schuld dafür, dass sie die Videos nicht ein Jahr zuvor, nach dem *Rolling-Stone*-Artikel, von unseren Rechercheuren hatten beschaffen lassen, was uns mehr Zeit zur Schadensbegrenzung gegeben hätte. Aber ich wusste, dass die Schuld ganz bei mir lag. Ich war vielleicht nicht bei einer der fraglichen Predigten in der Kirche zugegen gewesen oder hatte gehört, wie Reverend Wright sich derart explosiver Sprache bediente. Doch den gelegentlich aufflammenden Zorn innerhalb der Schwarzen Community – meiner Community –, dem Reverend Wright eine Stimme gab, kannte ich nur zu gut. Ich wusste, wie unterschiedlich Schwarze und Weiße das Thema Ethnie noch immer betrachteten, ganz gleich, wie viel sie sonst gemein haben mochten. Zu glauben, ich könne diese beiden Welten verbinden, war reine Hybris gewesen, dieselbe Hybris, die mich hatte glauben lassen, ich könne bei einer komplexen Institution wie Trinity unter dem Vorsitz eines komplexen Mannes wie Reverend Wright rein- und rausspazieren und nach Gutdünken wie von einer Speisekarte das wählen, was mir zusagte. Das konnte ich vielleicht als Privatmensch, nicht aber als öffentliche Person, die für das Amt des Präsidenten kandidierte.

In jedem Fall war es jetzt zu spät. Und wenngleich es in der Politik wie im restlichen Leben Momente gibt, in denen ein Ausweichen, wenn nicht gar ein Rückzug die bessere Art von Heldenmut ist, gibt es auch Zeiten, in denen einem nichts weiter übrig bleibt, als sich zu wappnen und alles auf eine Karte zu setzen.

»Ich muss eine Rede halten«, sagte ich zu Plouffe. »Über das Verhältnis zwischen Schwarzen und Weißen. Der einzig mögliche Umgang damit ist, einen Gesamtzusammenhang aufzuzeigen und Reverend Wright in einen gewissen Kontext zu setzen. Und ich muss es in den nächsten Tagen tun.«

Das Team war skeptisch. Für die nächsten drei Tage waren durchgehend Veranstaltungen geplant, ohne dass genug Zeit für eine Rede geblieben wäre, die vielleicht die folgenreichste des gesamten Wahlkampfs werden würde. Aber wir hatten keine Wahl. An einem Samstagabend flog ich, nachdem ich den ganzen Tag lang in Indiana eine Rede nach der anderen gehalten hatte, nach Chicago zurück und telefonierte eine Stunde lang mit Favs, dem ich die Argumentation diktierte, die ich mir im Kopf zurechtgelegt hatte. Ich wollte erklären, dass Reverend Wright und Trinity Amerikas ethnisches Erbe repräsentierten, dass Institutionen und Individuen, die die Werte von Glauben und Arbeit, Familie und Gemeinschaft, Bildung und Aufstiegschancen verkörperten, nichtsdestotrotz Bitterkeit gegenüber einem Land, das sie liebten, empfinden und sich von ihm verraten fühlen konnten.

Doch das genügte nicht. Ich musste auch die andere Seite erklären, warum weiße Amerikaner sich gegen den Vorwurf der Ungerechtigkeit vonseiten der Schwarzen wehren könnten, ja ihn sogar übel nahmen, verärgert über die Unterstellung, alle Weißen seien Rassisten oder ihre eigenen Ängste und ihr tagtäglicher Kampf seien weniger bedeutsam.

Wenn wir nicht die Realität des jeweils anderen anerkannten, so wollte ich argumentieren, dann würden wir die Probleme, denen sich Amerika gegenübersah, niemals lösen. Und als Hinweis, wie eine solche gegenseitige Anerkennung aussehen könnte, würde ich etwas erwähnen, was ich in meinem ersten Buch zwar geschildert, jedoch nie in einer politischen Rede angesprochen hatte – den Schmerz und die Verwirrung, die ich als Teenager erlebt hatte, als Toot ihre Angst vor einem Bettler an einer Bushaltestelle zum Ausdruck brachte – nicht nur aufgrund seines aggressiven Auftretens, sondern weil er Schwarz war. Ich hatte sie deswegen nicht weniger geliebt, denn meine Großmutter war ein Teil von mir, so wie auf eine weniger direkte Weise auch Reverend Wright ein Teil von mir war.

So wie sie beide Teil der amerikanischen Familie waren.

Zum Ende des Gesprächs mit Favs erinnerte ich mich an die einzige Begegnung zwischen Toot und Reverend Wright. Es war auf meiner Hochzeit gewesen. Reverend Wright hatte meine Mutter und meine Großmutter umarmt und ihnen gesagt, wie wunderbar ich geraten sei und wie stolz sie auf ihre Erziehung sein könnten. Toot hatte auf eine Art gelächelt, wie ich es bei ihr selten gesehen habe, und meiner Mutter zugeflüstert, der Pastor sei ja wirklich reizend – auch wenn ihr später etwas unwohl war, als Reverend Wright die ehelichen Verpflichtungen der Frischvermählten auf eine weitaus lebhaftere Weise schilderte, als Toot es in der Methodistenkirche ihrer Kindheit je gehört hatte.

Favs schrieb den ersten Entwurf, und an den folgenden zwei Abenden blieb ich lange auf, änderte und schrieb um und kam schließlich um drei Uhr morgens desselben Tages zum Ende, an dem ich die Rede halten sollte. Im Warteraum des National Constitution Center von Philadelphia stießen Marty, Valerie und Eric Whitaker sowie Axe, Plouffe und Gibbs zu Michelle und mir, um mir alles Gute zu wünschen.

»Wie fühlst du dich?«, fragte Marty.

»Gut«, sagte ich, und es stimmte. »Ich glaube, wenn es funktioniert, dann kommen wir aus dieser Sache heraus. Wenn nicht, verlieren wir wahrscheinlich. Aber in jedem Fall sage ich, was ich wirklich glaube.«

Es funktionierte. Das Fernsehen übertrug die Rede live, und innerhalb von vierundzwanzig Stunden hatten sie über eine Million Menschen im Internet gesehen – seinerzeit ein Rekord. Die Besprechungen der politischen Beobachter und Leitartikler im ganzen Land waren sehr positiv, und die Wirkung auf die Anwesenden – unter ihnen Marty, dem auf einem Foto eine dicke Träne die Wange hinunterlief – zeigte mir, dass ich einen Nerv getroffen hatte.

Doch die wichtigste Kritik folgte, als ich am Abend meine Großmutter auf Hawaii anrief.

»Das war eine sehr schöne Rede, Bar«, sagte sie zu mir. »Ich weiß, dass das nicht einfach war.«

»Danke, Toot.«

»Du weißt, dass ich stolz auf dich bin, oder?«

»Das weiß ich«, sagte ich. Und erst nach dem Auflegen ließ ich den Tränen freien Lauf.

DIE REDE STILLTE die Blutung, aber das Problem mit Reverend Wright hatte seinen Tribut gefordert, vor allem in Pennsylvania, wo die demokratischen Wähler tendenziell älter und konservativer waren. Was uns vor einem ungebremsten Fall bewahrte, war die harte Arbeit unserer Freiwilligen, ein steter Geldfluss aus kleineren Spenden, mit dessen Hilfe wir vier Wochen lang Spots schalten konnten, und die Bereitschaft einiger bedeutender Politiker, mit ihrer Basis aus Angehörigen der weißen Arbeiterschicht für mich zu bürgen. Der wichtigste von ihnen war Bob Casey, der umgängliche irische Katholik und Sohn des ehemaligen Gouverneurs von Pennsylvania und einer meiner Kollegen im US-Senat. Es gab für ihn nicht viel zu gewinnen – Hillary erfreute sich in seinem Bundesstaat einer breiten Beliebtheit und würde dort vermutlich siegen –, und er hatte mir öffentlich seine Unterstützung nicht zugesichert, als das Video von Reverend Wright in die Nachrichten geraten war. Und dennoch, als ich Bob vor meiner Rede anrief und anbot, ihn in Anbetracht der neuen Umstände aus jeder Verpflichtung mir gegenüber zu entlassen, bestand er darauf, mich weiter zu unterstützen.

»Diese Wright-Sache ist nicht so großartig«, sagte er leise lachend – eine erstklassige Untertreibung. »Aber ich glaube immer noch, dass Sie der Richtige sind.«

Bob hielt seine Unterstützung dann voller Anstand und Beherztheit aufrecht und stritt über eine Woche lang in ganz Pennsylvania an meiner Seite. Unsere Umfragewerte begannen allmählich wieder zu steigen. Auch wenn wir wussten, dass es für einen Sieg nicht mehr reichen würde, hielten wir eine Niederlage mit drei oder vier Punkten Abstand für möglich.

Und dann beging ich wie aufs Stichwort den größten Fehler des gesamten Wahlkampfs.

Wir waren im Rahmen einer großen Spendenaktion nach San Francisco gereist, zu einer Veranstaltung von der Art, wie ich sie üblicherweise verabscheute. Sie fand in einem noblen Haus statt und umfasste viele, viele Fotos, Shiitakepilze als Horsd'œuvres und wohlhabende Spender, die jeder für sich größtenteils ganz wunderbar und großzügig waren, in der Gesamtheit aber jedem Klischee des Caffè Latte trinkenden, Prius fahrenden Westküstenliberalen entsprachen. Es war schon spätabends, als mich während der obligatorischen Fragerunde jemand bat zu erklären, warum meiner Meinung nach in Pennsylvania so viele Wähler aus der Arbeiterschicht weiterhin gegen ihre Interessen stimmten und die Republikaner wählten.

Varianten dieser Frage waren mir schon tausendfach gestellt worden. Normalerweise fiel es mir nicht schwer, die Mischung aus wirtschaftlicher Besorgnis, Frustration angesichts einer scheinbar unempfänglichen Regierung in Washington und legitimer Differenzen hinsichtlich gesellschaftlicher Themen wie Abtreibung zu erklären, die die Wähler ins republikanische Lager trieb. Aber ob es nun an meiner geistigen und körperlichen Erschöpfung oder schlicht an meiner Ungeduld lag, jedenfalls brachte ich das nicht so zum Ausdruck.

»Man fährt in eine dieser Kleinstädte in Pennsylvania«, sagte ich, »und wie in vielen Kleinstädten im Mittleren Westen sind seit fünfundzwanzig Jahren die Jobs verschwunden, und sie wurden auch durch nichts ersetzt. Und die Clinton-Regierung und die Bush-Regierung haben nichts daran geändert, und jede nachfolgende Regierung hat seither versprochen, dass sich diese Gemeinden auf irgendeine Weise erholen werden, und sie haben es nicht getan.«

So weit, so gut. Nur dass ich dann hinzusetzte: »Es ist daher keine Überraschung, dass sie verbittert sind, dass sie sich an Waffen oder Religion oder Antipathie gegenüber Menschen klammern, die anders sind als sie, oder dass sie Stimmung gegen Einwanderer oder den Handel machen, um ihre Frustration zu erklären.«

Ich kann das Zitat hier wortgetreu wiedergeben, weil an jenem Abend eine freie Journalistin im Publikum war, die aufzeichnete, was ich sagte. In ihren Augen barg meine Antwort das Risiko, negative Stereotype zu verstärken, die einige Kalifornier ohnehin bereits über Wähler aus der weißen Arbeiterschicht hatten, und sie war ihr deshalb einen Blogpost auf *Huffington Post* wert. (Eine Entscheidung, die ich im Übrigen respektiere, obwohl ich mir gewünscht hätte, sie hätte mit mir darüber geredet, bevor sie die Geschichte schrieb. Das ist es, was selbst die liberalsten Journalisten von ihren konservativen Gegenstücken unterscheidet – die Bereitschaft, auch Politikern im eigenen Lager das Fell über die Ohren zu ziehen.)

Noch heute würde ich diesen Satz gern ungesagt machen und einige simple Änderungen vornehmen: »Es ist also keine Überraschung, dass sie frustriert sind«, würde ich in dieser überarbeiteten Version sagen, »und sich jenen Traditionen und jener Lebensart zuwenden, die in ihrem Leben eine zuverlässige Größe gebildet haben, ob das nun der Glaube ist oder die Jagd oder die Fabrikarbeit oder traditionellere Begriffe von Familie und Gemeinschaft. Und wenn ihnen die Republikaner sagen, wir Demokraten verachteten diese Dinge – oder wenn wir diesen Menschen Grund zu dieser Vermutung geben –, dann sind ihnen selbst die besten politischen Programme gleichgültig.«

Daran glaubte ich. Darum hatte ich im Süden von Illinois und Iowa Stimmen von der weißen Landbevölkerung bekommen – weil die Menschen spürten, dass ich sie, auch wenn wir bei Themen wie Abtreibung oder Einwanderung nicht übereinstimmten, grundsätzlich respektierte und sie mir am Herzen lagen. In vielerlei Hinsicht waren sie mir vertrauter als die Menschen, zu denen ich an jenem Abend in San Francisco sprach.

Und so brüte ich noch immer über dieser Folge von unbedacht gewählten Worten. Nicht, weil sie uns eine weitere Tracht Prügel von der Presse und dem Clinton-Team eintrugen – auch wenn das kein Spaß war –, sondern weil diese Worte ein so langes Nachleben hatten. Die Formulierungen »verbittert« und »sich an Waffen oder Religion klammern« verankerten sich in den Köpfen wie der Refrain eines Liedes und sollten bis weit in meine Präsidentschaft hinein als Beweis dafür herhalten, dass ich nicht in der Lage sei, Menschen aus der weißen Arbeiterschicht zu verstehen oder auf sie zuzugehen, auch wenn die Positionen, die ich einnahm, und die politischen Maßnahmen, für die ich eintrat, durchweg das Gegenteil zu verstehen gaben.

Vielleicht stelle ich die Auswirkungen dieses Abends übertrieben dar. Vielleicht musste alles so kommen, wie es kam, und was an mir nagt, ist die bloße Tatsache, dass ich es vermasselt hatte und nicht gern missverstanden werde. Und vielleicht stört mich auch, mit welcher Behutsamkeit und Feinfühligkeit man das Offensichtliche benennen muss: dass es möglich ist, die Frustration der weißen Wähler zu verstehen und nachzuempfinden, ohne zu verschweigen, mit welcher Leichtigkeit Politiker im Lauf der amerikanischen Geschichte die Frustration der Weißen wegen ihrer wirtschaftlichen oder sozialen Verhältnisse immer wieder auf Menschen mit Schwarzer und brauner Haut umgelenkt haben.

Eines ist sicher: Die negativen Auswirkungen meines Ausrutschers an jenem Abend waren für den Fragesteller in San Francisco eine deutlichere Antwort, als es jede verbale Erwiderung hätte sein können.

WIR SCHLEPPTEN UNS durch den restlichen Wahlkampf in Pennsylvania. In Philadelphia gab es ein abschließendes Rededuell, eine brutale Angelegenheit, die fast zur Gänze aus Fragen zu Ansstecknadeln am Revers, Wright und »Verbitterung« bestand. Eine neu erstarkte Hillary, die durch den ganzen Bundesstaat tourte, tat ihre neu entdeckte Liebe zur Lockerung der Waffengesetze kund – ich nannte sie »Annie Oakley«. Wir verloren mit neun Punkten Abstand.

Wie bei den Vorwahlen von Ohio und Texas hatten die Ergebnisse wenig Einfluss auf unseren Vorsprung bei den Delegierten. Aber es war nicht zu bestreiten, dass wir einen heftigen Rückschlag erlitten hatten. Politische Insider spekulierten, sollten die Ergebnisse der nächsten beiden großen Auseinandersetzungen (Indiana, wo Hillary klar führte, und North Carolina, wo wir deutlich vorne lagen) zeigen, dass die Unterstützung für uns weiter nachließ, dann könnten es die Superdelegierten mit der Angst zu tun bekommen, wodurch Hillary eine realistische Chance hätte, die Kandidatur an sich zu reißen.

Diese Stimmen wurden deutlich lauter, als Jeremiah Wright einige Tage später beschloss, eine Reihe öffentlicher Auftritte wahrzunehmen.

Ich hatte nur ein einziges Mal mit ihm gesprochen, seitdem das Video erschienen war, um ihm mitzuteilen, wie sehr ich das von ihm Gesagte ablehnte, aber auch, um ihn wissen zu lassen, dass ich ihn und die Kirche vor jeglichen weiteren Konsequenzen schützen wollte. Ich erinnere mich nicht an die Einzelheiten, nur daran, dass es ein schmerzliches und kurzes Gespräch war und wie verletzt seine Fragen klangen. Habe irgendeiner dieser sogenannten Reporter sich die Mühe gemacht, sich die Predigten vollständig anzuhören, fragte er mich. Wie konnten sie die Arbeit eines ganzen Lebens selektiv auf zwei Minuten zusammenkürzen? Während ich zuhörte, wie sich dieser stolze Mann verteidigte, konnte ich mir seine Bestürzung ausmalen. Er war ein begehrter Redner in Amerikas Universitäten und Predigerseminaren gewesen, eine Stütze seiner Gemeinschaft, eine Koryphäe nicht nur für die Schwarzen, sondern auch für viele weiße Kirchengemeinden. Und dann war er, scheinbar von einem Moment auf den anderen, zum nationalen Ziel von Angst und Spott geworden.

Ich verspürte echte Reue, wusste ich doch, dass all das nur an seiner Verbindung zu mir lag. Er war ein Kollateralschaden in einem Kampf, an dem er nie hatte teilnehmen wollen. Und doch hatte ich keine rechte Möglichkeit, seine Wunden zu salben, und ich weiß, als ich den praktischen – wenn auch offensichtlich eigennützigen – Vorschlag machte, er solle sich eine Zeit lang zurückziehen und Gras über die Sache wachsen lassen, empfand er das nur als einen weiteren Affront.

Als angekündigt wurde, Reverend Wright werde ein Interview in Bill Moyers' Sendung geben, im Rahmen eines NAACP-Dinners in Detroit eine Grundsatzrede halten und in Washington im National Press Club sprechen, alles unmittelbar vor den Vorwahlen in Indiana und North Carolina Anfang Mai, rechnete ich ernsthaft mit dem Allerschlimmsten. Doch wie sich zeigte, fielen die ersten beiden Auftritte vor allem durch die Zurückhaltung des Reverend auf, der eher den Eindruck eines Theologen und Predigers als den eines Provokateurs erweckte.

Im National Press Club brachen dann die Dämme. Von der Politpresse mit Fragen beharkt und von der fehlenden Bereitschaft, seine Antworten wirklich wahrzunehmen, aus der Fassung gebracht, ließ Reverend Wright eine epische Zornesrede vom Stapel, gestikulierend wie bei einer Massenevangelisation, der Blick lodernd vor gerechtem Zorn. Er erklärte Amerika zu einer im Kern rassistischen Nation. Er deutete an, die US-Regierung stecke hinter der AIDS-Epidemie. Er rühmte Louis Farrakhan, Oberhaupt der Nation of Islam. Die Angriffe gegen ihn seien allesamt rassistisch motiviert, und meine Zurückweisung seiner früheren Äußerungen verwarf er als »das, was Politiker eben tun«, um gewählt zu werden.

Oder wie Marty es später formulierte: »Er hat ihnen richtig eins in die Fresse gegeben.«

Ich versäumte die Liveübertragung, aber als ich die Aufzeichnung sah, wusste ich, was ich zu tun hatte. Nachmittags darauf saß ich mit Gibbs auf einer Bank im Umkleideraum einer Highschool in Winston-Salem, North Carolina, starrte auf industriegrün gestrichene Wände, während der muffige Geruch von Footballtrikots durch die Luft waberte, und wartete darauf, die Presseerklärung abzugeben, in der ich meine Verbindung zu jemandem abbrechen würde, der einen zwar kleinen, aber entscheidenden Teil dazu beigetragen hatte, mich zu dem zu machen, der ich war, dessen Worte mir einst als Leitschnur für die Rede gedient hatten, mit der ich die nationale Bühne erklommen hatte, der mir all seiner nunmehr unentschuldbaren blinden Flecken zum Trotz immer nur voller Freundlichkeit und Respekt begegnet war.

»Alles in Ordnung?«, fragte Gibbs.

»Yep.«

»Ich weiß, dass das nicht einfach ist.«

Ich nickte, gerührt über Gibbs Sorge. Es war nicht der Normalfall, dass wir beide den Druck, unter dem wir standen, thematisierten. Gibbs war an erster Stelle Krieger und an zweiter Witzbold, und unterwegs optierten wir meist für lockeres Geplauder und Humor an der Grenze zur Obszönität. Aber vielleicht weil er in Alabama aufgewachsen war, verstand er die Komplikationen von Ethnie, Religion und Familie besser als die meisten anderen und wusste, dass Gut und Böse, Liebe und Hass in ein und demselben Herzen untrennbar miteinander verstrickt sein können.

»Wissen Sie, ich bin mir nicht sicher, ob Hillary unrecht hat«, sagte ich zu ihm.

»Womit?«

»Damit, dass ich einen Knacks habe. Ich denke manchmal darüber nach, dass es hier nicht um meinen Ehrgeiz gehen sollte. Es sollte darum gehen, das Land besser zu machen«, sagte ich. »Wenn das amerikanische Volk nicht über diese Wright-Geschichte hinwegkommt und ich es mit Hängen und Würgen zur Kandidatur schaffe, nur um dann in den Wahlen zu verlieren, was habe ich dann schon geleistet?«

Gibbs legte mir die Hand auf die Schulter. »Sie werden nicht verlieren«, sagte er. »Die Leute suchen nach Wahrhaftigkeit, und in Ihnen haben sie sie gefunden. Bringen wir diesen Mist ein für alle Mal hinter uns, damit wir uns wieder darum kümmern können, den Leuten zu erklären, warum Sie Präsident werden sollten.«

Meine kurze Erklärung, in der ich unmissverständlich Reverend Wright verurteilte und mich von ihm lossagte, erfüllte ihren Zweck.

Wenn sie die Bedenken der Wähler nicht vollständig zerstreute, so überzeugte sie doch zumindest die Reporter davon, dass ich nichts weiter zu dem Thema beizusteuern hatte. Wieder auf Wahlkampftour, richteten wir unsere Aufmerksamkeit erneut auf das Gesundheitssystem, den Arbeitsmarkt und den Irakkrieg, ohne zu wissen, wie alles ausgehen würde.

Dann erhielten wir Hilfe aus einer unerwarteten Richtung.

Im Frühjahr 2008 waren die Benzinpreise sprunghaft angestiegen, was größtenteils an verschiedenen Versorgungsstörungen lag. Nichts versetzte die Wähler in so schlechte Stimmung wie hohe Benzinpreise, und John McCain, der der Sache als Erster Herr zu werden versuchte, hatte eine zeitweilige Aussetzung der Benzinsteuer vorgeschlagen. Hillary unterstützte das Vorhaben sofort, und mein Team fragte mich, was ich tun wolle.

Ich sagte ihnen, ich sei dagegen. Auch wenn es, oberflächlich betrachtet, verlockend wirkte, wusste ich, dass es den bereits stark geschröpften Highway Trust Fund, der sich aus der Benzinsteuer speiste, aufzehren würde. Die Folge wären weniger Projekte und Arbeitsplätze im Infrastrukturbereich. Aufgrund meiner Erfahrungen als Senator in Illinois, wo ich einmal für ein ähnliches Vorhaben gestimmt hatte, war ich mir sicher, dass die Verbraucher darin keinen großen Vorteil sehen würden. Es war sogar gut möglich, dass die Tankstellenbesitzer die Preise gar nicht senken und ihren eigenen Profit erhöhen würden, statt die Ersparnis von drei Cent pro Gallone an die Kraftfahrer weiterzugeben.

Ich war richtig überrascht, als Plouffe und Axe mir zustimmten. Axe schlug sogar vor, wir sollten meinen Widerspruch als einen weiteren Beweis meines Willens zur Ehrlichkeit gegenüber dem Wähler herausstellen. Am nächsten Tag stand ich vor einer Tankstelle, legte einer Schar von Reportern meine Ansichten dar und stellte eine in meinen Augen ernsthafte, langfristige Energiestrategie der typischen Washingtoner Lösung gegenüber, für die sich sowohl McCain als auch Hillary einsetzten. Das sei nichts als eine politische Pose, sagte ich, die den Anschein des Handelns erwecken solle, ohne das Problem tatsächlich zu lösen. Als Hillary und McCain mich dann beide als jemanden darzustellen versuchten, der die Bodenhaftung verloren hatte und sich nicht darum scherte, was ein paar Hundert Dollar den amerikanischen Arbeiterfamilien womöglich bedeuteten, verdoppelten wir den Einsatz, nahmen einen TV-Spot zu dem Thema auf und ließen ihn in ganz Indiana und North Carolina pausenlos laufen.

Es war einer unserer stolzeren Momente, als wir, ohne auf entsprechende Umfragen zurückzugreifen und im Angesicht politischer Beobachter, die uns für verrückt hielten, eine schwierige Position bezogen. In den Umfragedaten begannen wir Anzeichen dafür zu sehen, dass die Wähler unserer Argumentation folgten, auch wenn zu diesem Zeitpunkt niemand von uns – nicht einmal Plouffe – den Daten mehr Glauben schenkte. Wie bei einem Patienten, der auf das Ergebnis einer Biopsie wartet, musste das gesamte Team mit der Möglichkeit eines negativen Ausgangs zurechtkommen.

Am Abend vor den Vorwahlen hielten wir in Indianapolis eine Kundgebung ab, bei der Stevie Wonder auftrat. Nach meiner Wahlkampfrede zogen Valerie, Marty, Eric und ich uns in einen kleinen Raum zurück und genossen die Musik, ein paar Bier und kaltes Hähnchen.

Wir waren in einer nachdenklichen Stimmung, dachten an die Freude von Iowa zurück, an den Schmerz von New Hampshire, Freiwillige und neue Freunde, die wir kennengelernt hatten. Irgendwann sprach jemand Reverend Wrights Auftritt im National Press Club an, und Marty und Eric begannen, einige seiner schauderhafteren Sätze zu intonieren. Ob es ein Zeichen der Erschöpfung oder der nervösen Anspannung vor den Ergebnissen war oder ob wir einfach nur die Absurdität unserer Umstände erkannten – vier langjährige Freunde, Afroamerikaner aus der South Side von Chicago, die Hühnchen aßen und Stevie Wonder hörten, während wir abwarteten, ob einer von uns der demokratische Kandidat für die Präsidentschaft der Vereinigten Staaten werden würde –, jedenfalls fingen wir alle an zu lachen und konnten nicht mehr aufhören. Es war die Art von schallendem Gelächter, bei der einem die Tränen über die Wangen laufen und man vom Stuhl kippt und die eine entfernte Verwandte der Verzweiflung ist.

Dann kam Axe herein, der seine traurigste Miene aufgesetzt hatte.

»Was ist denn los?«, fragte ich, noch immer lachend und nach Luft ringend.

Axe schüttelte den Kopf. »Ich habe gerade die aktuellen Zahlen bekommen … In Indiana liegen wir mit zwölf Punkten hinten. Ich glaube nicht, dass wir es schaffen.«

Einen Augenblick lang war es still. Dann sagte ich: »Axe, ich liebe dich, aber du bist eine echte Spaßbremse. Nimm dir was zu trinken und setz dich sich zu uns oder zieh Leine.«

Axe zuckte mit den Schultern, verließ den Raum und nahm seine Sorgen mit. Ich sah meine Freunde an und erhob mein Bier zu einem Trinkspruch.

»Auf die Kühnheit der Hoffnung«, sagte ich. Wir stießen an und lachten ebenso herzlich wie zuvor.

VIERUNDZWANZIG STUNDEN später las Gibbs mir in einem Hotelzimmer in Raleigh die Wahlergebnisse vor. Wir hatten in North Carolina mit vierzehn Punkten Vorsprung gewonnen. Noch überraschender war, dass wir in Indiana de facto einen Gleichstand erzielt hatten, da wir nur um wenige Tausend Stimmen hinten lagen. Vor dem offiziellen Ende der demokratischen Vorwahlen würden noch sechs weitere Abstimmungen folgen, und bis zu der Rede, in der Hillary verspätet, aber wohlwollend ihre Niederlage anerkannte, würden noch einige Wochen vergehen, aber die Ergebnisse sagten uns an jenem Abend, dass das Rennen im Grunde gelaufen war.

Ich würde der demokratische Kandidat für die Präsidentschaft der Vereinigten Staaten werden.

In meiner Rede an jenem Abend begann ich, die Wahl im November ins Auge zu fassen, denn ich wusste, dass es keine Zeit zu verlieren galt. Ich sagte den Zuhörern, ich sei mir sicher, die Demokraten würden geschlossen zusammenstehen, um zu verhindern, dass John McCain das Erbe von George W. Bush antrete. Ich redete eine Zeit lang mit Axe über potenzielle Vizepräsidentschaftskandidaten und rief dann Toot an, um ihr die Neuigkeiten zu berichten. (»Das ist ja wirklich ein Ding, Bar«, sagte sie.) Weit nach Mitternacht telefonierte ich mit Plouffe in unserer Zentrale zu Hause in Chicago, und wir besprachen, was wir tun mussten, um uns auf den Nominierungsparteitag in weniger als drei Monaten vorzubereiten.

Als ich später schlaflos im Bett lag, nahm ich im Geiste eine Inventur vor. Ich dachte an Michelle, die sich mit meiner Abwesenheit hatte abfinden müssen, die zu Hause alles geregelt und die ihre Zurückhaltung gegenüber der Politik überwunden hatte, um im Wahlkampf wirkungsvoll und furchtlos aufzutreten. Ich dachte an meine Töchter, die lebhaft und verschmust und bezaubernd wie eh und je waren, selbst wenn ich sie eine Woche lang nicht gesehen hatte. Ich dachte an die großen Fähigkeiten und das fokussierte Vorgehen von Axe und Plouffe und an den Rest meines Führungsstabs, daran, dass sie nie auch nur ansatzweise den Anschein erweckten, es wegen des Geldes oder der Macht zu tun, und dass sie sich auch unter dem unerbittlichsten Druck nicht nur mir, sondern auch einander und der Vorstellung eines besseren Amerika gegenüber stets loyal gezeigt hatten. Ich dachte an Freunde wie Valerie, Marty und Eric, die mit jedem Schritt meine Freude geteilt und meine Bürde erleichtert und nie etwas zurückgefordert hatten. Und ich dachte an die jungen Organisatoren und Freiwilligen, die unverdrossen schlechtem Wetter, skeptischen Wählern und den Fehltritten ihres Kandidaten getrotzt hatten.

Ich hatte den Bürgern Amerikas etwas Schwieriges abverlangt – an einen jungen und unbewährten Neuling zu glauben, der nicht nur Schwarz war, sondern dessen Name eine fremd scheinende Lebensgeschichte heraufbeschwor. Ich hatte ihnen mehrmals Grund gegeben, mich nicht zu unterstützen. Es hatte Rededuelle mit schwankenden Leistungen gegeben, unkonventionelle Positionen, ungeschickte Ausrutscher und einen Pastor, der die Vereinigten Staaten von Amerika verfluchte. Und ich hatte eine Gegnerin gehabt, die sowohl ihre absolute Bereitschaft als auch ihren Eifer unter Beweis gestellt hatte.

Trotzdem hatte man mir eine Chance gegeben. Durch den Lärm und das Geklapper des Politzirkus hindurch hatten sie meinen Ruf nach Veränderung vernommen. Auch wenn ich nicht immer meine beste Leistung gezeigt hatte, hatten sie das Beste in mir erspürt: die Stimme, die darauf beharrte, dass wir trotz all unserer Unterschiede ein einziges, geschlossenes Volk blieben und dass Männer und Frauen, die guten Willens waren, gemeinsam einen Weg in eine bessere Zukunft finden konnten.

Ich schwor mir, sie nicht zu enttäuschen.

KAPITEL 8

ANFANG SOMMER 2008 hatte die Einigung der Demokratischen Partei höchste Priorität für unsere Kampagne. Die langwierigen und aufreibenden innerparteilichen Vorwahlen hatten zu erheblichen Verstimmungen zwischen Hillarys Mitarbeitern und meinen geführt, und einige ihrer glühendsten Anhängerinnen drohten damit, mir ihre Unterstützung zu versagen, sollte ich Hillary nicht mit auf mein Ticket nehmen.

Doch trotz Spekulationen in der Presse über einen womöglich nicht wiedergutzumachenden Bruch verlief unser erstes Zusammentreffen nach den Vorwahlen, das Anfang Juni im Haus unserer Kollegin, Senatorin Dianne Feinstein, stattfand, in höflicher und geschäftsmäßiger Atmosphäre, wenn auch nicht spannungsfrei. Zu Beginn fühlte sich Hillary bemüßigt, sich einige Dinge von der Seele zu reden, die größtenteils die aus ihrer Sicht unfairen Angriffe meines Wahlkampfteams betrafen. Als der Sieger fühlte ich mich verpflichtet, all das, was ich meinerseits zu beanstanden gehabt hätte, für mich zu behalten. Aber die Misshelligkeiten waren rasch aus der Welt geschafft. Sie wolle in die Zukunft blicken, sagte sie, und mit mir an einem Strang ziehen – zum Wohl der Demokratischen Partei und zum Wohl des Landes.

Vielleicht hat es geholfen, dass sie meine aufrichtige Bewunderung spürte. Auch wenn ich letztlich entschied, dass es zu viele Probleme mit sich brächte, wenn ich sie als Kandidatin für die Vizepräsidentschaft vorschlagen würde (etwa die Unannehmlichkeit, dass ein ehemaliger US-Präsident ohne klar definierte Zuständigkeiten durch den Westflügel des Weißen Hauses spazierte), zog ich sie bereits für eine andere Aufgabe in einer Regierung Obama in Erwägung. Welche Meinung Hillary von mir hatte, weiß ich nicht. Aber falls sie irgendwelche Zweifel an meiner Eignung für das höchste Amt gehegt haben sollte, behielt sie die für sich. Von unserem ersten gemeinsamen öffentlichen Auftritt ein paar Wochen später, in einer Kleinstadt in New Hampshire namens Unity (kitschig, aber wirkungsvoll), bis zum Abschluss des Wahlkampfs haben sie und Bill alles, worum wir sie baten, tatkräftig und mit einem Lächeln getan.

Nachdem wir Hillary mit im Boot hatten, machte ich mich mit meinem Team daran, unsere umfassendere Wahlkampfstrategie auszuarbeiten. Wie die Vorwahlen und Nominierungsversammlungen ähnelt eine Präsidentschaftswahl einer kniffligen mathematischen Knobelei. Welche Kombinationen von Bundesstaaten muss man gewinnen, um die erforderlichen zweihundertsiebzig Wahlmänner- und Wahlfrauenstimmen zu erhalten? Seit mindestens zwanzig Jahren hatten Kandidaten beider Parteien darauf Antwort gegeben. Da sie davon ausgingen, dass die meisten Bundesstaaten unveränderlich fest entweder in republikanischer oder demokratischer Hand waren, konzentrierten sie ihre ganze Zeit und ihr gesamtes Geld auf eine Handvoll hart umkämpfter großer Bundesstaaten wie Ohio, Florida, Pennsylvania und Michigan.

Plouffe hatte einen anderen Plan. Ein glücklicher Nebeneffekt des sich schier ewig hinziehenden innerparteilichen Vorwahlprozesses war, dass wir in allen Ecken und Winkeln des Landes Wahlkampf geführt hatten. Freiwillige hatten in einer Reihe von Bundesstaaten, die von Demokraten lange Zeit vernachlässigt worden waren, bewiesen, was sie draufhatten. Warum sollten wir diesen Vorteil nicht nutzen, um in traditionell republikanisch wählenden Gegenden den Kampf aufzunehmen? Aus seinen Daten gewann Plouffe die Gewissheit, dass wir westliche Bundesstaaten wie Colorado und Nevada gewinnen könnten. Wenn es uns gelänge, die Wahlbeteiligung bei Minderheiten und jüngeren Altersgruppen deutlich zu steigern, hätten wir seiner Meinung nach sogar in North Carolina Chancen, einem Bundesstaat, der seit Jimmy Carter im Jahr 1976 bei einer Präsidentschaftswahl nicht mehr an die Demokraten gegangen war, und ebenso in Virginia, das seit Lyndon Johnson im Jahr 1964 nicht mehr an die Demokraten gefallen war. Wenn wir unseren Wahlkampf ausdehnten, argumentierte

Plouffe, hätten wir mehr Optionen auf einen Sieg, und dies würde auch demokratischen Kandidaten für nachrangige politische Ämter helfen. Zumindest würde es John McCain und die Republikanische Partei zwingen, Ressourcen aufzuwenden, um ihre verwundbaren Flanken zu stärken.

Unter den republikanischen Wettbewerbern um die Präsidentschaftskandidatur war mir John McCain immer als der siegeswürdigste erschienen. Ehe ich nach Washington gekommen war, hatte ich ihn aus der Ferne bewundert – nicht nur für seine Dienste als Navy-Pilot und den unvorstellbaren Mut, den er in fünfeinhalb grauenvollen Jahren als Kriegsgefangener bewiesen hatte, sondern auch aufgrund seiner nonkonformistischen Einstellung und der im Zuge des Präsidentschaftswahlkampfs von 2000 bewiesenen Bereitschaft, bei Themen wie Einwanderung und Klimawandel von der Parteilinie der Republikaner abzuweichen. Auch wenn wir uns im Senat nie nahegestanden hatten, war er mir oft als jemand erschienen, der kenntnisreich und selbstironisch war und Überheblichkeit und Heuchelei auf beiden Seiten stets rasch entlarvte.

McCain fand Gefallen daran, eine Art Liebling der Presse zu sein (»meine Anhängerschaft«, nannte er es einmal); er ließ nie eine Gelegenheit aus, in den sonntagmorgendlichen Nachrichtensendungen zu erscheinen. Unter seinen Kollegen hatte er sich den Ruf der Wankelmütigkeit erworben – er konnte aufgrund kleinerer Unstimmigkeiten schnell in die Luft gehen, und beim kleinsten Anzeichen einer Herabwürdigung seiner Person färbte sich sein blasses Gesicht rot, und seine dünne Stimme ging in die Höhe. Doch er war kein Ideologe. Er respektierte nicht nur die Gepflogenheiten im Senat, sondern auch die Institutionen unseres Staates und unserer Demokratie. Ich habe bei ihm nie jenen rassistisch gefärbten Nativismus erlebt, der andere republikanische Politiker regelmäßig infizierte, und mehr als einmal habe ich gesehen, wie er echten politischen Mut bewies.

Einmal, als wir beide auf dem Parkett vor dem Podium des Senatspräsidenten auf den Beginn einer Abstimmung warteten, vertraute mir John an, dass er viele der »Knallköpfe« in seiner eigenen Partei nicht ausstehen könne. Ich wusste, dass das zu seiner Masche gehörte – hinter vorgehaltener Hand so tun, als teile er Empfindungen der Demokraten, während er in rund neunzig Prozent der Fälle mit seiner Fraktion stimmte. Aber die Geringschätzung, die er für den rechten Rand seiner Partei zum Ausdruck brachte, war nicht gespielt. Und in dem zunehmend polarisierten Klima – einer Art Heiligem Krieg auf politischem Terrain – kamen seine kleinen Häresien, seine mangelnde Bereitschaft, sich zum wahren Glauben zu bekennen, McCain teuer zu stehen. Die »Knallköpfe« in seiner Partei misstrauten ihm, sie hielten ihn für einen »RINO« (Republican In Name Only), einen Scheinrepublikaner, und er wurde regelmäßig von der Rush-Limbaugh-Bande attackiert.

Dummerweise waren es exakt diese Stimmen vom rechten Rand, die bei jenen republikanischen Stammwählern Anklang fanden, die bei parteiinternen Präsidentschaftsvorwahlen am ehesten ihre Stimme abgaben – und nicht die unternehmerfreundlichen, dem Militär wohlwollend gegenüberstehenden, gesellschaftlich gemäßigten Republikaner, an die McCain appellierte und mit denen er sich am wohlsten fühlte. Und als sich die Vorwahlen der Republikaner hinzogen und McCain einige genau der Leute, die er vorgeblich verachtete, für sich gewinnen wollte – als er nicht einmal mehr den Anspruch erhob, eine solide Haushaltspolitik betreiben zu wollen, sondern offen für Steuersenkungen warb, die sogar über die Steuersenkungen unter Bush, gegen die er einst gestimmt hatte, hinausgehen sollten, als er auch seinen Standpunkt in der Klimapolitik aufweichte, um den Interessen der fossilen Energiewirtschaft entgegenzukommen –, spürte ich, dass eine Veränderung in ihm vor sich ging. Er wirkte gequält, verunsichert. Der einstmals unbeschwerte, unerschrockene Kämpfer war zu einem griesgrämigen Washingtoner Insider geworden, der an den amtierenden Präsidenten, dessen Zustimmungsrate bei etwa dreißig Prozent dümpelte, und einen ungeheuer unpopulären Krieg gefesselt war.

Ich war mir nicht sicher, ob ich den John McCain des Jahres 2000 hätte schlagen können. Aber meine Zuversicht wuchs, dass ich den McCain von 2008 schlagen könnte.

DAS SOLL NICHT heißen, dass ich dachte, es werde ein Spaziergang werden. Bei einem Wettstreit mit einem amerikanischen Helden waren Sachthemen allein nicht wahlentscheidend. Tatsächlich vermuteten wir, dass es im Kern darum gehen werde, ob sich eine Mehrheit der Wähler mit der Vorstellung anfreunden könnte, dass ein junger, unerfahrener afroamerikanischer Senator – der nicht im Militär gedient und nicht einmal eine leitende Funktion bekleidet hatte – das Amt des Oberbefehlshabers übernehmen würde.

Ich wusste, dass ich an dieser Front das Vertrauen der Amerikaner nur gewinnen konnte, wenn ich meinen Standpunkt mit der größtmöglichen Sachkenntnis darlegte, besonders hinsichtlich der Rolle, die die USA zukünftig im Irak und in Afghanistan spielen sollten. Nur ein paar Wochen, nachdem ich mir die Nominierung gesichert hatte, brach ich daher, nach Beratungen mit meinem Team, zu einer neuntägigen Auslandsreise auf. Der Zeitplan war brutal: Neben einem kurzen Zwischenaufenthalt in Kuwait und einem dreitägigen Besuch bei den in Afghanistan und im Irak stationierten US-Truppen standen Gespräche mit führenden Köpfen in Israel, Jordanien, Großbritannien und Frankreich sowie eine außenpolitische Grundsatzrede in Berlin auf dem Programm. Bei einem erfolgreichen Verlauf der Reise würden wir nicht nur eventuelle Zweifel von Wählern an meiner Fähigkeit, auf der Weltbühne erfolgreich zu agieren, zerstreuen, sondern – zu einer Zeit, da unser angespanntes Verhältnis zu Bündnispartnern unter der Regierung Bush viele Wähler zutiefst beunruhigte – auch verdeutlichen, wie eine neue Führungsrolle der USA aussehen könnte.

Natürlich war es angesichts der Tatsache, dass die Presse jeden meiner Schritte genauestens unter die Lupe nehmen würde, gut möglich, dass etwas schiefging. Schon ein einziger Schnitzer könnte den Eindruck verstärken, ich sei noch nicht reif für die Hauptnachrichten, und meine Wahlchancen ruinieren. Aber mein Team meinte, es sei das Risiko wert.

»Wir laufen dann zu Hochform auf, wenn wir ohne Netz übers Seil gehen«, sagte Plouffe.

Ich wies darauf hin, dass ich es sei, der den gefährlichen Hochseilakt ausführe, nicht »wir«. Trotzdem verließ ich Washington in guter Laune. Nach anderthalb Jahren in der Wahlkampftretmühle freute ich mich auf den Trip ins Ausland.

Auf dem Teil der Reise, der mich nach Afghanistan und Irak führte, wurde ich von zwei meiner liebsten Kollegen begleitet. Beide waren in der Auslandspolitik erfahren: Chuck Hagel, amtierendes Mitglied des Senatsausschusses für Auslandsbeziehungen, und Jack Reed, der im Streitkräfteausschuss saß. Was ihre Persönlichkeiten anging, hätten die beiden Männer nicht unterschiedlicher sein können. Jack, ein liberaler Demokrat aus Rhode Island, war eher schmächtig, fleißig und unaufdringlich. Der stolze Absolvent der Militärakademie in West Point war einer der wenigen Senatoren, die gegen eine Autorisierung des Irakkriegs gestimmt hatten. Chuck, ein konservativer Republikaner aus Nebraska, war breitschultrig, umgänglich und stets gut aufgelegt. Der mit zwei Purple Hearts ausgezeichnete Vietnamveteran hatte für den Irakkrieg gestimmt. Was die beiden einte, waren ein tiefer Respekt für das US-Militär und die Überzeugung, dass die amerikanische Macht überlegt eingesetzt werden müsse. Nach fast sechs Jahren hatten sich ihre Ansichten zum Thema Irak einander angenähert, und sie waren nun zwei der schärfsten und glaubwürdigsten Kritiker des Krieges. Der Umstand, dass mich zwei Senatoren aus verschiedenen politischen Lagern auf der Reise begleiteten, ließ jegliche Kritik, es handele sich um ein bloßes Wahlkampfmanöver, ins Leere laufen. Und Chucks Bereitschaft, mich nicht nur zu begleiten, sondern, nur vier Monate vor der Wahl, auch Aspekte meiner Außenpolitik öffentlich zu loben, war eine mutige und noble Geste.

An einem Samstag Mitte Juli landeten wir auf dem Luftstützpunkt Bagram, einer fünfzehn Quadratkilometer großen Anlage, nördlich von Kabul am Fuß der zerklüfteten Gipfel des Hindukusch gelegen. Sie war die größte US-Militärbasis in Afghanistan. Die Nachrichten waren nicht gut: Die sich schneller drehende Spirale konfessionell bedingter Gewalt im Irak und die Entscheidung der Regierung Bush, unsere Präsenz vor Ort durch eine langfristige Truppenaufstockung zu erhöhen, hatten zur Folge, dass militärische und nachrichtendienstliche Ressourcen aus Afghanistan abgezogen wurden (2008 hatten wir fünfmal so viele Truppen im Irak wie dort stationiert). Die Verlagerung des Schwerpunkts hatte den Taliban – den sunnitisch-islamischen Aufständischen, die wir seit 2001 bekämpften – ermöglicht, in die Offensive zu gehen, und in jenem Sommer übertrafen die monatlichen amerikanischen Verluste in Afghanistan jene im Irak.

Wie üblich unternahm unser Militär alles in seiner Macht Stehende, um die schwierige Situation zu meistern. Der neuernannte Befehlshaber der Koalitionstruppen, General Dave McKiernan, veranlasste sein Team, uns über die Maßnahmen zu informieren, die sie ergriffen, um gegen die Taliban-Hochburgen vorzugehen. Als wir am nächsten Tag in der Kantine des Hauptquartiers der US-geführten Koalitionstruppen in Kabul zu Abend aßen, lauschten wir aufmerksam einer Gruppe von Soldaten, die voller Begeisterung und Stolz über ihren Einsatz sprach. Diese ernsten jungen Männer und Frauen, von denen die meisten erst vor ein paar Jahren ihren Highschool-Abschluss gemacht hatten, darüber sprechen zu hören, wie sie Straßen bauten, afghanische Soldaten ausbildeten und Schulen errichteten, nur um zu erleben, wie ihre Arbeit in regelmäßigen Abständen unterbrochen oder zunichtegemacht wurde, weil sie nicht genug Personal oder Mittel zur Verfügung hatten, ließ mich demütig werden und war zugleich frustrierend, und ich schwor mir, dass ich ihnen mehr Unterstützung zukommen lassen würde, sollte ich die Chance dazu erhalten.

Wir übernachteten in der stark befestigten US-Botschaft und fuhren am nächsten Morgen zu dem eindrucksvollen Palast aus dem neunzehnten Jahrhundert, in dem Präsident Hamid Karzai lebte. In den Siebzigerjahren hatte sich Kabul nicht nennenswert von den Hauptstädten anderer Entwicklungsländer unterschieden: ein bisschen ungeschliffen, aber friedlich und am Wachsen, voller eleganter Hotels, Rockmusik und Studenten, die ihr Land modernisieren wollten. Karzai und seine Minister waren Produkte dieser Ära, aber viele waren während der sowjetischen Invasion, die 1979 begann, oder Mitte der Neunzigerjahre, als die Taliban die Macht übernahmen, nach Europa oder in die Vereinigten Staaten geflohen. Nach ihrem Angriff auf Kabul hatten die Vereinigten Staaten Karzai und seine Berater zurückgebracht und in Regierungsämter eingesetzt – sachkundig-pragmatische Exilanten, von denen wir hofften, dass sie als das afghanische Gesicht einer neuen, nicht militanten Ordnung dienen würden. Mit ihrem makellosen Englisch und ihrer stilvollen Kleidung passten sie gut zu der ihnen zugedachten Rolle, und als unsere Delegation bei einem Bankett, bei dem traditionelle afghanische Speisen gereicht wurden, mit ihnen zusammensaß, taten sie ihr Bestes, um uns davon zu überzeugen, dass ein modernes, tolerantes und autarkes Afghanistan erreichbar sei, solange der Nachschub an amerikanischen Truppen und Geld rollte.

Ich hätte Karzais Worten vielleicht sogar Glauben geschenkt, wären da nicht die Berichte über grassierende Korruption und Misswirtschaft in seiner Regierung gewesen. Ein Großteil der ländlichen Regionen Afghanistans entzog sich der Kontrolle Kabuls, und Karzai wagte sich nur selten aus der Hauptstadt heraus. Zur Absicherung seiner begrenzten Macht stützte er sich nicht nur auf US-Streitkräfte, sondern auch auf einen Flickenteppich von Allianzen mit lokalen Kriegsherren. Als uns ein paar Black-Hawk-Hubschrauber am selben Tag noch über gebirgiges Gebiet zu einer vorgeschobenen US-Operationsbasis in der Provinz Helmand auf der südlichen Hochebene von Afghanistan flogen, musste ich daran denken, wie abgeschottet vom Rest des Landes Karzai offenbar lebte. Die kleinen Dörfer aus Lehm und Holz, die wir aus der Luft sahen, verschmolzen optisch mit den mattfarbenen Felsformationen, nur selten einmal kam eine befestigte Straße oder eine Stromleitung in Sicht. Ich versuchte mir vorzustellen, was die Menschen dort unten von den Amerikanern in ihrer Mitte dachten oder von ihrem Präsidenten in seinem prächtigen Palast oder auch von der Idee eines Nationalstaats namens Afghanistan. Nicht viel, vermutete ich. Sie versuchten einfach zu überleben, hin und her geworfen von Kräften, die so beständig und so unberechenbar waren wie der Wind. Und ich fragte mich, was – jenseits von Tapferkeit und Können unserer Soldaten, ungeachtet der ausgeklügelsten Pläne von Analytikern in Washington – erforderlich wäre, um die Vorstellungen der amerikanischen Regierung von Afghanistan mit einem Land, das sich seit Jahrhunderten Veränderungen widersetzte, in Einklang zu bringen.

Diese Gedanken beschäftigten mich auch dann noch, als wir Afghanistan verließen und in den Irak aufbrachen, wobei wir unterwegs eine Nacht in Kuwait verbrachten. Seit meinem letzten Besuch im Irak hatte sich die Lage verbessert. Die Aufstockung der US-Truppen, die international anerkannte Wahl des schiitischen Ministerpräsidenten Nuri al-Maliki und eine durch Vermittlung zustande gekommene Vereinbarung mit sunnitischen Stammesführern in der westlichen Provinz al-Anbar hatten das Blutvergießen zwischen den konfessionellen Gruppen, das eine direkte Folge der US-Invasion und der anschließenden Stümperei von Männern wie Donald Rumsfeld und Paul Bremer war, etwas eingedämmt. John McCain interpretierte die jüngsten Erfolge als Belege dafür, dass wir auf dem besten Weg seien, den Kampf zu gewinnen, und dies auch weiterhin tun würden, solange wir Kurs hielten und »auf unsere Befehlshaber vor Ort hören« – wie ein von Republikanern gepriesenes Patentrezept lautete.

Ich zog daraus einen anderen Schluss. Nach dem massiven Engagement der USA seit mittlerweile fünf Jahren, dem Sturz Saddam Husseins, keinerlei Spuren von Massenvernichtungswaffen und dem Antritt einer demokratisch gewählten Regierung war ich der Meinung, ein stufenweise durchzuführender Truppenabzug sei das Richtige, ein Abzug, der hinreichend Zeit für den Aufbau kampfstarker irakischer Sicherheitskräfte und die Ausschaltung der letzten Al-Qaida-Zellen im Irak vorsah. Das und eine fortgesetzte militärische, nachrichtendienstliche und finanzielle Unterstützung sollten dafür sorgen, dass wir mit der Rückverlegung erster Verbände in die USA beginnen und den Irak seinen Bürgern zurückgeben könnten.

Wie in Afghanistan hatten wir auch hier Gelegenheit, mit Soldaten zu sprechen und eine vorgeschobene Operationsbasis in al-Anbar zu besuchen, bevor wir uns mit Ministerpräsident al-Maliki trafen. Auf mich machte al-Maliki einen recht mürrischen Eindruck, und mit seinem länglichen Gesicht, seinem kräftigen Bartschatten und seinem schiefen Blick erinnerte er mich vage an Nixon. Er hatte Grund, gestresst zu sein, denn sein neues Amt war nicht nur schwierig, sondern auch gefährlich. Er versuchte, die Forderungen der schiitischen Machtblöcke im Irak, die ihn gewählt hatten, mit den Interessen der sunnitischen Bevölkerungsgruppe, die unter der Herrschaft Saddam Husseins tonangebend gewesen war, unter einen Hut zu bringen. Er musste außerdem mit den gegenläufigen Erwartungen seiner US-amerikanischen Gönner und seiner iranischen Nachbarn zurechtkommen. Tatsächlich war Maliki aufgrund seiner engen Verbindungen zum Iran, wo er viele Jahre im Exil gelebt hatte, sowie seiner fragilen Bündnisse mit gewissen schiitischen Milizen für Saudi-Arabien und andere US-Verbündete am Persischen Golf ein rotes Tuch. Dies verdeutlichte, wie sehr die US-Invasion die strategische Position des Iran in der Region gestärkt hatte.

Ob irgendjemand im Weißen Haus unter Bush diese absehbare Konsequenz thematisiert hatte, bevor US-Truppen in den Irak entsandt worden waren, ließ sich nicht sagen. Doch mit Sicherheit war die Regierung jetzt nicht glücklich darüber. Ich entnahm meinen Gesprächen mit mehreren hohen Generälen und Diplomaten, dass das Weiße Haus eine beträchtliche Truppenpräsenz im Irak nicht nur aufrechterhalten wollte, um die Stabilität zu gewährleisten und die Gewalt einzudämmen. Es ging auch darum, den Iran davon abzuhalten, sich das Chaos, das wir angerichtet hatten, weiter zunutze zu machen.

Da das Thema die außenpolitischen Debatten sowohl im Senat als auch im Rahmen des Wahlkampfs beherrschte, fragte ich Maliki mithilfe des Übersetzers, ob der Irak seiner Ansicht nach für einen Rückzug der US-Truppen bereit sei. Wir waren alle überrascht über seine unzweideutige Antwort: Zwar brachte er seine tiefe Anerkennung für die Anstrengungen der US- und britischen Truppen zum Ausdruck und hoffte, Amerika würde sich an der Finanzierung von Ausbildung und Unterhalt der irakischen Streitkräfte beteiligen, stimmte aber mit mir überein, dass wir ein Zeitfenster für einen US-Rückzug festsetzen sollten.

Es war nicht klar, was sich hinter Malikis Entscheidung verbarg, auf einen beschleunigten Rückzug der USA zu drängen. Bloßer Nationalismus? Proiranische Sympathien? Der Versuch, seine Macht zu festigen? Was jedoch die politische Debatte in den Vereinigten Staaten anging, hatte Malikis Position große Auswirkungen. Wenn das Weiße Haus oder John McCain meine Forderungen nach einem Zeitplan für den Rückzug als schwach und verantwortungslos, als eine Art »Flinte-ins-Korn-Werfen« abtaten, war das eine Sache. Eine ganz andere war es, dieselbe Idee abzulehnen, wenn sie aus dem Munde des frisch gewählten irakischen Staatsoberhauptes kam.

Natürlich hatte Maliki damals in seinem Land nicht wirklich das Sagen. Das war die Sache des Befehlshabers der Koalitionsstreitkräfte im Irak, General David Petraeus. Mein Gespräch mit ihm nahm bereits einige der zentralen außenpolitischen Debatten vorweg, die ich während eines Großteils meiner Präsidentschaft führen sollte.

Petraeus, immer noch sportlich schlank, mit einem Doktortitel aus dem Studiengang Internationale Beziehungen und Wirtschaftswissenschaften an der Universität Princeton, ein systematischer und analytischer Kopf, galt als die Person, deren klugem Vorgehen wir die Verbesserung unserer Lage im Irak verdankten. An ihn hatte das Weiße Haus de facto seine Irak-Strategie delegiert. Wir flogen gemeinsam in einem Hubschrauber vom Flughafen Bagdad zu der stark befestigten Grünen Zone und unterhielten uns die ganze Zeit. Obwohl der Inhalt unseres Gesprächs in keinem Pressebericht erschien, war das meinem Wahlkampfteam ganz recht. Für sie zählten die Fotos – Bilder von mir, wie ich, mit einem Headset und einer Pilotenbrille, an Bord eines Black-Hawk-Hubschraubers neben einem Viersternegeneral saß. Das kraftvolle, jugendliche Image, das sie offensichtlich vermittelten, stand in lebhaftem Gegensatz zu einem unglücklichen Foto von meinem republikanischen Gegner, das zufälligerweise am selben Tag veröffentlicht wurde: McCain als Beifahrer des ehemaligen Präsidenten George H. W. Bush in einem Golfmobil. Die beiden glichen zwei Großvätern, die auf dem Weg zum Picknick in einem Country Club waren.

Währenddessen saßen Petraeus und ich in seinem geräumigen Büro im Hauptquartier der Koalitionsstreitkräfte und sprachen über alles Mögliche, angefangen vom Bedarf an mehr Experten für arabische Sprache im Militär bis hin zu der entscheidenden Rolle, die Entwicklungsprojekte dabei spielen könnten, Milizen und Terrororganisationen den Boden zu entziehen und die neue Regierung zu stärken. Bush verdiente meines Erachtens Anerkennung dafür, dass er diesen General gerade noch rechtzeitig damit beauftragt hatte, ein sinkendes Schiff zu retten. Wenn wir über unbegrenzte Zeit und Ressourcen verfügten – wenn die langfristigen nationalen Sicherheitsinteressen Amerikas ganz und gar davon abhängig wären, dass wir im Irak einen funktionierenden demokratischen Staat schaffen würden, der mit den Vereinigten Staaten verbündet wäre –, dann hätte Petraeus' Strategie die besten Aussichten, dieses Ziel zu erreichen.

Aber wir verfügten weder über unbegrenzte Zeit noch über unbegrenzte Ressourcen. Letztlich ging es bei dem Streit um den Truppenabzug genau darum. Wie viele Mittel würden wir weiterhin bereitstellen, und wann wäre es genug? Nach meiner Überzeugung näherten wir uns diesem Punkt. Unsere nationale Sicherheit erforderte einen stabilen Irak, aber kein Vorzeigeprojekt für ein erfolgreiches »Nationbuilding« der USA. Petraeus hingegen war der Meinung, dass ohne eine nachhaltigere US-Investition alle Fortschritte, die wir gemacht hätten, noch immer auf wackligen Beinen stünden.

Ich wollte von ihm wissen, wie lange es dauern würde, bis diese Fortschritte als gesichert angesehen werden könnten. Zwei Jahre? Fünf? Zehn?

Er konnte es nicht sagen. Aber die Bekanntgabe eines festen Zeitplans für den Rückzug würde seiner Meinung nach lediglich dem Feind die Chance geben, einfach abzuwarten, bis wir fort wären.

Aber wäre das nicht immer der Fall?

Das räumte er ein.

Und was hielt er von Umfragen, die darauf hindeuteten, dass eine große Mehrheit der Iraker – Schiiten und Sunniten gleichermaßen – der Besatzung überdrüssig war und es lieber heute als morgen sähe, dass wir das Land verließen?

Das sei ein Problem, mit dem wir klarkommen müssten, sagte er.

Es war ein freundliches Gespräch, und ich konnte Petraeus keinen Vorwurf daraus machen, dass er seinen Auftrag erledigen wollte. »Wenn ich an Ihrer Stelle wäre«, sagte ich ihm, »würde ich das ebenfalls wollen.« Aber ein Präsident müsse die größeren Zusammenhänge im Blick haben, sagte ich, so wie er – Petraeus – selbst Zielkonflikte und Zwänge berücksichtigen müsse, über die sich Offiziere unter seinem Kommando nicht den Kopf zerbrechen müssten. Wie sollten wir als Nation weitere zwei oder drei Jahre im Irak, die uns fast zehn Milliarden Dollar pro Monat kosteten, gegen die Notwendigkeit abwägen, Operationen von Osama bin Laden und des harten Kerns von al-Qaida im Nordwesten Pakistans zu vereiteln? Oder gegen Schulen und Straßen, die deshalb nicht in den USA gebaut würden? Oder gegen die schwindende Einsatzbereitschaft, falls es zu einer weiteren Krise kommen sollte? Oder den Tribut an Menschenleben, der unseren Soldaten und ihren Familien abverlangt wurde?

General Petraeus nickte höflich und sagte, er freue sich darauf, mich nach der Wahl wiederzusehen. Als sich unsere Delegation an diesem Tag verabschiedete, bezweifelte ich, dass wir uns gegenseitig von der Klugheit unserer jeweiligen Standpunkte hatten überzeugen können.

WAR ICH BEREIT, einer der führenden Regierungschefs der Welt zu sein? Besaß ich das nötige diplomatische Geschick, das Wissen, das Durchhaltevermögen und die Entschlossenheit? Meine Auslandsreise, ein minutiös geplantes Vorsprechen auf der internationalen Bühne, sollte diese Fragen beantworten. Es gab bilaterale Unterredungen mit König Abdullah von Jordanien, Gordon Brown in England und Nicolas Sarkozy in Frankreich. Ich traf mit Angela Merkel in Deutschland zusammen, wo ich auch eine Rede vor zweihunderttausend Menschen hielt, die sich vor der historischen Siegessäule in Berlin versammelt hatten. Ich sagte, so wie frühere Generationen die Mauer niedergerissen hätten, die einst Europa geteilt habe, so sei es heute unsere Aufgabe, andere, weniger sichtbare Mauern niederzureißen: zwischen Reich und Arm, zwischen Ethnien und Stämmen, zwischen Alteingesessenen und Zuwanderern, zwischen Christen, Muslimen und Juden. Während einiger Marathontage in Israel und im Westjordanland traf ich getrennt mit dem israelischen Premierminister Ehud Olmert und dem palästinensischen Präsidenten Mahmud Abbas zusammen, und ich gab mir alle Mühe, nicht nur die Logik, sondern auch die Gefühle hinter einem sehr alten und scheinbar unlösbaren Konflikt zu verstehen. In der Stadt Sderot hörte ich Eltern zu, die schilderten, wie sie durch Raketen, die aus dem nahen Gazastreifen abgefeuert wurden und nur ein paar Meter von den Schlafzimmern ihrer Kinder entfernt landeten, in Angst und Schrecken versetzt wurden. In Ramallah lauschte ich Palästinensern, die über die täglichen Schikanen sprachen, die sie an israelischen Sicherheitskontrollpunkten über sich ergehen lassen mussten.

Gibbs zufolge war die US-Presse der Ansicht, ich hätte den Test auf »optische Präsidentschaftstauglichkeit« mit Bravour bestanden. Aber für mich ging es bei der Reise um mehr als nur schöne Bilder. Noch stärker als zu Hause spürte ich, welche immensen Herausforderungen auf mich warteten, falls ich gewinnen sollte, welcher Gnade ich bedürfte, um dem Amt gewachsen zu sein.

Diese Gedanken beschäftigten mich am Morgen des 24. Juni, als ich an der Klagemauer in Jerusalem eintraf, die vor zweitausend Jahren errichtet wurde, um den heiligen Tempelberg zu schützen, und die als eine Pforte zu Gott gilt und als Ort, an dem Gott die Gebete von allen Menschen, die hierherkommen, erhört. Seit Jahrhunderten ist es Brauch, dass Pilger aus aller Welt ihre Gebete auf Zettel niederschreiben und diese in die Mauerritzen stecken. Vor meinem Besuch am Morgen hatte ich mein eigenes Gebet auf ein Blatt Hotelbriefpapier geschrieben.

Im grauen Licht der Morgendämmerung, umringt von meinen israelischen Gastgebern, Beratern, Secret-Service-Beamten und ratternden Kameras, verneigte ich mich vor der Mauer, während ein bärtiger Rabbi einen Psalm vorlas, der um Frieden in der heiligen Stadt Jerusalem bat. Dem Brauch gemäß legte ich eine Hand auf den weichen Kalkstein, versenkte mich in stille Betrachtung, faltete dann den Zettel zusammen und schob ihn tief in eine Ritze in der Mauer.

»O Herr«, hatte ich geschrieben, »beschütze meine Familie und mich. Vergib mir meine Sünden und bewahre mich vor Stolz und Verzweiflung. Schenke mir die Weisheit, das zu tun, was richtig und gerecht ist. Und mache mich zu einem Werkzeug deines Willens.«

Ich war davon ausgegangen, dass diese Worte ein Geheimnis zwischen mir und Gott bleiben würden. Aber am nächsten Morgen standen sie in einer israelischen Zeitung, ehe sie im Internet das ewige Leben erlangten. Offenbar hatte jemand, der mich bei dieser Geste aus der Nähe beobachtet hatte, meinen Zettel aus der Mauerritze gezogen, nachdem wir gegangen waren. Der Vorfall gemahnte mich an den Preis, der mit dem Betreten der Weltbühne verbunden war. Die Grenze zwischen meinem privaten und meinem öffentlichen Leben löste sich auf; jeder Gedanke und jede Geste waren jetzt eine Angelegenheit von globalem Interesse.

Gewöhn' dich daran, sagte ich zu mir. Es gehört mit dazu.

BEI DER RÜCKKEHR von meiner Auslandsreise fühlte ich mich wie ein Astronaut oder ein Entdeckungsreisender, der gerade – adrenalingeladen – von einer beschwerlichen Expedition zurückgekehrt ist und leichte Schwierigkeiten hat, sich im Alltag zurechtzufinden. Da es bis zum Nominierungsparteitag der Demokraten nur noch ein Monat war, wollte ich ein paar Tage unbeschwerte Normalität genießen und beschloss, mit meiner Familie eine Woche auf Hawaii zu verbringen. Ich sagte Plouffe, mein Entschluss stehe fest. Nachdem ich siebzehn

Monate lang Wahlkampf gemacht hatte, musste ich meine Batterien wieder aufladen, und das Gleiche galt für Michelle. Außerdem verschlechterte sich der Gesundheitszustand von Toot rapide, und auch wenn wir nicht genau wussten, wie viel Zeit meiner Großmutter noch blieb, wollte ich den Fehler, den ich bei meiner Mutter gemacht hatte, nicht wiederholen.

Aber vor allem wollte ich Zeit mit meinen Töchtern verbringen. Soweit ich es sagen konnte, hatte der Wahlkampf unsere enge Verbundenheit nicht beeinträchtigt. Malia war so gesprächig und wissbegierig wie eh und je, Sasha genauso lebensfroh und anhänglich. Wenn ich unterwegs war, sprach ich jeden Abend am Telefon mit ihnen über die Schule, ihre Freunde oder die letzte *SpongeBob*-Episode; wenn ich zu Hause war, las ich ihnen etwas vor, forderte sie zu Brettspielen heraus und schlich hin und wieder mit ihnen raus, um ein Eis zu essen.

Trotzdem sah ich von Woche zu Woche, wie schnell sie wuchsen, wie ihre Beine und Arme wieder ein bisschen länger geworden waren, wie ihre Beiträge zu unseren Tischgesprächen immer anspruchsvoller wurden. Diese Veränderungen führten mir schmerzlich vor Augen, was ich alles versäumt hatte – dass ich sie nicht umsorgt hatte, wenn sie krank gewesen waren, dass ich sie nicht in den Arm genommen hatte, wenn sie Angst gehabt hatten, dass ich nicht über ihre Scherze gelacht hatte. Sosehr ich auch von der Wichtigkeit meiner Arbeit überzeugt war, diese Zeit würde ich niemals zurückholen können, das wusste ich, und ich habe mich oft gefragt, ob es das wert war.

Ich fühlte mich zu Recht schuldig. Die Bürde, die ich während des zweijährigen Präsidentschaftswahlkampfs meiner Familie auferlegte, kann man schwerlich überschätzen. Wie sehr ich mich auf die innere Kraft und die Erziehungskompetenz von Michelle verließ und wie abhängig ich war von der außergewöhnlichen Unbeschwertheit und Reife meiner Töchter. Einige Wochen zuvor hatte mich Michelle zusammen mit den Mädchen in Butte, Montana, besucht, wo ich Wahlkampf machte. Es war der 4. Juli, der in diesem Jahr mit Malias zehntem Geburtstag zusammenfiel. Meine Schwester Maya und ihre Familie beschlossen, ebenfalls zu kommen. Wir hatten viel Spaß, besuchten ein Bergbaumuseum und beschossen uns mit Wasserpistolen, aber trotzdem musste ich auch an diesem Tag einen Großteil meiner Zeit damit verbringen, um Stimmen zu werben. Die Mädchen trotteten pflichtbewusst neben mir her, während ich entlang der Paraderoute durch die Stadt Hände schüttelte. Sie standen in der Hitze und folgten meiner Rede, die ich am Nachmittag auf einer Kundgebung hielt. Als am Abend das von mir versprochene Feuerwerk aufgrund von Gewittern ausfiel, veranstalteten wir eine spontane Geburtstagsparty in einem fensterlosen Konferenzzimmer im Untergeschoss des örtlichen Holiday Inn. Unser Vorausteam hatten sein Bestes gegeben, um mit ein paar Luftballons ein bisschen Stimmung in den Raum zu zaubern. Es gab Pizza und Salat und einen Kuchen aus dem örtlichen Supermarkt. Als ich Malia dabei zusah, wie sie die Kerzen ausblies und sich etwas für ihr nächstes Lebensjahr wünschte, fragte ich mich trotzdem, ob sie enttäuscht war, ob sie später auf diesen Tag zurückblicken und darin einen Beweis für die falschen Prioritäten ihres Vaters sehen würde.

In diesem Moment holte Kristen Jarvis, eine der jungen Beraterinnen von Michelle, einen iPod hervor und schloss ihn an einen tragbaren Lautsprecher an. Malia und Sasha schnappten meine Hände und zogen mich vom Stuhl hoch. Schon bald tanzten alle zu Beyoncé und den Jonas Brothers. Sasha wirbelte herum, Malia schüttelte ihre kurzen Locken, Michelle und Maya jauchzten ausgelassen, und ich führte meine besten »Dad Moves« vor. Nach etwa einer halben Stunde waren wir alle glücklich außer Atem. Kaum dass ich mich wieder hingesetzt hatte, kam Malia zu mir und setzte sich auf meinen Schoß.

»Daddy«, sagte sie, »dies ist der schönste Geburtstag, den ich je hatte.«

Ich küsste sie auf die Stirn und schloss sie fest in die Arme, denn ich wollte nicht, dass sie sah, wie meine Augen feucht schimmerten.

So waren meine Töchter. Das hatte ich aufgegeben, weil ich so oft weg war. Aus diesem Grund lohnten sich die Tage, die wir in jenem August für Hawaii abzweigten, auch wenn wir in den Umfragen gegenüber McCain ein wenig an Boden verloren. Mit den Mädchen im Meer zu planschen, mich von ihnen im Sand einbuddeln zu lassen, ohne ihnen sagen zu müssen, dass ich zu einer Telefonkonferenz oder zum Flughafen musste – es war es wert. Den Sonnenuntergang über dem Pazifik zu betrachten, während ich Michelle in den Armen hielt, einfach dem Wind und dem Rascheln der Palmen zu lauschen – es war es wert.

Toot zu sehen, die sich auf ihrer Wohnzimmercouch krümmte, kaum in der Lage, den Kopf zu heben, und die dennoch in stiller Zufriedenheit lächelte, als ihre Urenkelinnen fröhlich auf dem Boden spielten, und dann zu spüren, vielleicht zum letzten Mal, wie ihre fleckige, blau geäderte Hand die meine drückte.

Ein kostbares Sakrament.

ICH KONNTE DEN WAHLKAMPF während meines Aufenthalts auf Hawaii nicht völlig hinter mir lassen. Ich wurde von meinem Team regelmäßig auf den neuesten Stand gebracht, ich rief Unterstützer an, um mich bei ihnen zu bedanken, ich verfasste den Vorentwurf zu meiner Parteitagsrede und schickte ihn an Favs. Und dann war da noch die eine folgenreichste Entscheidung, die ich jetzt, da ich Kandidat war, treffen musste.

Wer würde mein Running Mate sein?

Ich zog mittlerweile nur noch den Gouverneur von Virginia, Tim Kaine, und meinen Kollegen Joe Biden, der im Senat den Bundesstaat Delaware vertrat, in die engere Wahl. Damals stand ich Tim sehr viel näher. Er war der erste prominente gewählte Amtsträger außerhalb von Illinois gewesen, der meine Präsidentschaftskandidatur unterstützt und als einer meiner Top-Stellvertreter bei Wahlkampfkundgebungen tatkräftig die Werbetrommel für mich gerührt hatte. Wir hatten uns spontan angefreundet; wir waren ungefähr gleich alt, hatten ähnliche Wurzeln im Mittleren Westen und glichen uns im Temperament und sogar in unseren Biografien. (Tim hatte als Student an der Harvard Law School für ein Sozialprojekt in Honduras gearbeitet, und er war Bürgerrechtsanwalt gewesen, bevor er in die Politik ging.)

Was Joe betraf, hätten wir, zumindest in der Theorie, nicht verschiedener sein können. Er war neunzehn Jahre älter als ich. Ich bewarb mich als jemand, der außerhalb des Washingtoner Politikbetriebs stand, Joe dagegen saß seit fünfunddreißig Jahren im Senat, wo er unter anderem dem Justizausschuss und dem Ausschuss für Auswärtige Beziehungen vorgestanden hatte. Im Unterschied zum »Wanderleben«, das ich in meiner Kindheit und Jugend geführt hatte, war Joe tief in Scranton, Pennsylvania, verwurzelt und stolz auf seine Abstammung aus der irischen Arbeiterklasse. (Erst später, nachdem wir gewählt worden waren, fanden wir heraus, dass unsere jeweiligen irischen Vorfahren, beide Schuhmacher, im Abstand von nur fünf Wochen von Irland aus nach Amerika aufgebrochen waren.) Und während ich als kühl und kontrolliert angesehen wurde, als jemand, der seine Worte sorgfältig abwägte, war Joe ein Ausbund an Warmherzigkeit, ein Mann, der sich keinen Zwang antat und der bereitwillig alles, was ihm durch den Kopf ging, mit anderen teilte. Es war ein liebenswerter Charakterzug, denn er genoss es wirklich, unter Menschen zu sein. Man konnte es daran ersehen, wie er bei einem Bad in der Menge Menschen für sich einnahm: Auf seinem attraktiven Gesicht stand immer ein strahlendes Lächeln (und dabei ging er immer auf Tuchfühlung zu der Person, mit der er gerade sprach), er fragte jede Person, woher sie komme, und erzählte ihr, wie gut ihm ihre Heimatstadt gefallen habe (»Beste Calzone, die ich je gegessen habe«) oder dass sie doch bestimmt X oder Y kenne (»Ein wunderbarer Mensch, Salz der Erde«), schmeichelte ihren Kindern (»Hat dir schon einmal jemand gesagt, dass du sehr hübsch bist?«) oder ihrer Mutter (»Sie können keinen Tag älter als vierzig sein!«), und dann weiter zur nächsten Person und zur übernächsten, bis er jede Anwesende, jeden Anwesenden mit einer Flut von Händedrücken, Umarmungen, Küssen, Schulterklopfen, Komplimenten und kurzen, witzigen Bemerkungen für sich gewonnen hatte.

Joes Enthusiasmus hatte allerdings eine Kehrseite. In einer Stadt voller Menschen, die sich gern reden hörten, suchte er seinesgleichen. Wenn eine Rede auf fünfzehn Minuten angesetzt war, nahm sich Joe mindestens eine halbe Stunde Zeit. Wenn sie eine halbe Stunde dauern sollte, war nicht absehbar, wie lange er reden würde. Seine Monologe in Ausschussanhörungen waren legendär. In regelmäßigen Abständen brachte ihn seine Unbedachtsamkeit in Schwierigkeiten, so etwa, als er während der Vorwahlen über mich gesagt hatte, ich sei »redegewandt, intelligent, gepflegt und ein gut aussehender Typ«, eine Formulierung, die sicherlich als Kompliment gemeint war, aber von einigen so interpretiert wurde, als hätte er damit sagen wollen, dass solche Eigenschaften bei einem Schwarzen erwähnenswert seien.

Doch als ich Joe besser kennenlernte, fand ich, dass seine gelegentlichen Ausrutscher im Vergleich zu seinen Stärken nicht ins Gewicht fielen. Bei innenpolitischen Themen war er beschlagen, pragmatisch und immer gut vorbereitet. Seine außenpolitischen Erfahrungen waren breit und tief. Während seiner relativ kurzen Teilnahme am Vorwahlkampf hatte er mich mit seiner Kompetenz und Disziplin bei den Debatten und seinem sicheren Auftreten auf einer nationalen Bühne beeindruckt.

Vor allem aber war Joe ein Mensch mit Herz. Er überwand ein schweres Stottern in seiner Kindheit (was vermutlich seine »Sprachverliebtheit« erklärt), und zwei Hirnaneurysma-OPs in mittlerem Alter steckte er ebenfalls weg. In der Politik hatte er frühe Erfolge gefeiert und beschämende Niederlagen erlitten. Und er war von einer unvorstellbaren Tragödie heimgesucht worden: Im Jahr 1972, nur Wochen nachdem Joe in den Senat gewählt worden war, waren seine Ehefrau und sein Töchterchen bei einem Verkehrsunfall tödlich verunglückt – und seine beiden Söhne, Beau und Hunter, verletzt worden. Nach diesem Verlust mussten seine Kollegen und Geschwister ihn davon abbringen, aus dem Senat auszuscheiden, aber er legte seine Termine so, dass er jeden Tag mit dem Zug anderthalb Stunden zwischen Delaware und Washington pendeln konnte, um sich um seine Söhne zu kümmern – und dies wurde zu einer Gewohnheit, die er dreißig Jahre lang beibehielt.

Dass Joe diesen Schicksalsschlag überlebte, verdankte er seiner zweiten Frau Jill, einer liebenswerten und zurückhaltenden Lehrerin, die er drei Jahre nach dem Unfall kennenlernte und die Joes Söhne aufzog, als wären es ihre eigenen. Jedes Mal, wenn man die Bidens zusammen sah, war es unverkennbar, wie sehr seine Familie Joe stützte – wie viel Freude und Stolz ihm seine Kinder (und später wiederum auch deren Kinder) bereiteten: Beau, der damals Justizminister in Delaware und ein aufsteigender Stern der dortigen Politik war, Hunter, der als Rechtsanwalt in Washington arbeitete, und Ashley, eine Sozialarbeiterin in Wilmington.

Die Familie hatte Joe gestützt, aber ebenso wichtig war seine unverwüstliche positive Lebenseinstellung. Tragödien und Rückschläge mochten tiefe Wunden bei ihm geschlagen haben, aber sie hatten ihn weder verbittert noch zynisch gemacht, wie ich erfahren sollte.

Auf der Grundlage solcher Eindrücke hatte ich Joe gebeten, sich der ersten Sicherheitsüberprüfung zu unterziehen und mich in Minnesota zu treffen, wo ich gerade Wahlkampf führte. Zunächst war er skeptisch – wie die meisten Senatoren besaß auch Joe ein gesundes Ego, und die Vorstellung, die zweite Geige zu spielen, missfiel ihm. Zu Beginn unseres Treffens legte er mir all die Gründe dar, weshalb das Amt des Vizepräsidenten für ihn einen Abstieg bedeuten würde (während er mir gleichzeitig erläuterte, wieso er die beste Wahl wäre). Ich versicherte ihm, dass ich nicht nach einem protokollarischen Stellvertreter, sondern nach einem Partner suchte.

»Wenn Sie sich für mich entscheiden«, sagte Joe, »möchte ich Ihnen meine bestmögliche Einschätzung und meinen ehrlichen Rat ganz offen mitteilen können. Sie werden der Präsident sein, und ich werde Ihre Entscheidung, wie immer sie aussieht, mittragen. Aber ich will bei jeder wichtigen Entscheidung derjenige sein, den Sie als Letztes konsultieren.«

Das könne ich ihm zusichern, sagte ich ihm.

Sowohl Axe als auch Plouffe hielten große Stücke auf Tim Kaine, und wie ich waren sie fest davon überzeugt, dass er hervorragend in eine Regierung Obama passen würde. Aber ebenso wie ich fragten sie sich, ob ein Tandem aus zwei relativ jungen, unerfahrenen und liberalen Bürgerrechtsanwälten vielleicht mehr Aufbruch und Wandel versprach, als es den Wählern recht wäre.

Mit Joe waren allerdings ebenfalls Risiken verbunden. Wir befürchteten, seine mangelnde Disziplin vor einem Mikrofon könnte unnötige Kontroversen auslösen. Er war ein Politiker alter Schule, er mochte das Rampenlicht, und er war nicht immer selbstkritisch. Ich konnte mir vorstellen, dass er gereizt reagieren würde, wenn er nicht bekäme, was ihm seiner Meinung nach zustand – was gerade im Umgang mit einem viel jüngeren Chef zum Problem werden könnte.

Und trotzdem hat mich gerade unsere Gegensätzlichkeit überzeugt. Mir gefiel, dass Joe bestens gerüstet war, meine Nachfolge anzutreten, falls mir etwas zustoßen sollte – und dass er diejenigen beruhigen könnte, die immer noch die Sorge umtrieb, ich wäre zu jung. Seine außenpolitische Erfahrung würde sehr nützlich sein in einer Zeit, in der wir in zwei Kriege verwickelt waren; dasselbe galt für seine guten Beziehungen im Kongress und sein Potenzial, Wähler zu erreichen, die nach wie vor Vorbehalte gegen die Wahl eines afroamerikanischen Präsidenten hatten. Ausschlaggebend war jedoch das, was mir mein Bauchgefühl sagte – dass Joe anständig, ehrlich und loyal war. Ich war überzeugt, dass ihm das Wohl der kleinen Leute am Herzen lag und dass ich mich in brenzligen Situationen auf ihn würde verlassen können.

Ich sollte nicht enttäuscht werden.

WIE DER NOMINIERUNGSPARTEITAG der Demokraten in Denver organisiert wurde, ist mir weitgehend ein Rätsel. Man konsultierte mich wegen der Gestaltung des Programms während der vier Abende, an denen er stattfinden sollte, der Themen, die erarbeitet werden sollten, und der geplanten Redner. Man zeigte mir Videobiografien, die ich absegnen sollte, und bat mich um eine Liste mit Familienmitgliedern und Freunden, die eine Unterkunft bräuchten. Plouffe meldete sich, weil er wissen wollte, ob ich damit einverstanden sei, dass der letzte Abend des Parteitags nicht, wie üblich, in einer großen Halle stattfinde, sondern im Mile High Stadium, dem Heimatstadion der Denver Broncos. Mit fast achtzigtausend Zuschauerplätzen konnte es die Zehntausenden von Freiwilligen aus dem ganzen Land fassen, die das Rückgrat unserer Kampagne bildeten. Allerdings hatte das Stadion kein Dach, was bedeutete, dass wir schutzlos dem Wetter ausgesetzt wären.

»Was, wenn es regnet?«, fragte ich.

»Wir haben die Wetterberichte für Denver für den 28. August um zwanzig Uhr einhundert Jahre zurückverfolgt«, sagte Plouffe. »Es hat nur ein Mal geregnet.«

»Was ist, wenn es dieses Jahr zum zweiten Mal passiert? Haben wir einen Plan B?«

»Sobald wir die Pforten des Stadions schließen«, sagte Plouffe, »gibt es kein Zurück.« Sein Grinsen hatte etwas leicht Wahnsinniges. »Vergessen Sie nicht: Wir sind immer dann zu Hochform aufgelaufen, wenn wir ohne Netz unterwegs waren. Warum sollten wir das jetzt anders halten?«

Gute Frage.

Michelle und die Mädchen reisten ein paar Tage vor mir nach

Denver, während ich noch in einigen Bundesstaaten auf Wahlkampftour war. Als ich dann eintraf, waren die Feierlichkeiten bereits in vollem Gange. Satellitensendewagen und Pressezelte umringten die Arena wie eine Belagerungsarmee. Straßenhändler verkauften T-Shirts, Hüte, Tragetaschen und Schmuck, die mit unserem Logo – der aufgehenden Sonne – oder meinem Segelohren-Konterfei verziert waren. Touristen und Paparazzi schossen jede Menge Bilder von Politikern und dem gelegentlichen Promi, die durch die Arena streiften.

Anders als beim Nominierungsparteitag des Jahres 2000, als ich wie das Kind gewesen war, das sein Gesicht an der Scheibe des Süßwarenladens platt drückte, oder beim Parteitag von 2004, auf dem mich meine Keynote ins Zentrum des Spektakels gerückt hatte, spielte ich diesmal einerseits die Hauptrolle und stand andererseits am Rand. Ich traf erst am vorletzten Abend des Parteitags in Denver ein, saß dann in meiner Hotelsuite fest oder blickte aus dem Fenster meines Secret-Service-Fahrzeugs. Es gehe um meine Sicherheit, sagte man mir, aber es ging auch um die Dramaturgie – wenn ich unsichtbar blieb, würde dies die Spannung umso mehr steigern. Doch es machte mich nervös, und ich fühlte mich seltsam ausgeschlossen. Als wäre ich bloß eine teure Requisite, die unter besonderen Bedingungen aus der Kiste geholt wird.

Gewisse Augenblicke aus dieser Woche sind mir deutlich in Erinnerung geblieben. Etwa als Malia und Sasha sowie drei von Joes Enkelinnen, kichernd und ganz in ihr geheimes Spiel versunken, auf einem Stapel Luftmatratzen in unserer Hotelsuite herumtollten und sich nicht im Geringsten um das große Trara scherten, das unten vor sich ging. Ich erinnere mich daran, wie Hillary als Vertreterin der Delegierten aus New York ans Mikrofon trat und förmlich den Antrag stellte, mich zum Präsidentschaftskandidaten der Demokraten zu wählen – eine starke Geste der Einheit. Und ich erinnere mich, wie ich abends im Wohnzimmer einer überaus liebenswürdigen Familie von Unterstützern in Missouri saß, mit ihnen plauderte und Häppchen aß, ehe Michelle in einem leuchtend aquamarinfarbenen Kleid auf dem Bildschirm erschien und mit ihrer Rede den Parteitag eröffnete.

Ich hatte es bewusst vermieden, Michelles Rede vorab zu lesen, denn ich wollte ihr nicht hineinreden oder den auf ihr lastenden Druck noch erhöhen. Nachdem ich sie im Wahlkampf gesehen hatte, war ich mir sicher, dass sie es gut machen würde. Aber als ich an diesem Abend Michelles Ansprache lauschte – als ich erlebte, wie sie über ihre Mutter und ihren Vater sprach, über die Opfer, die sie gebracht hatten, und die Werte, die sie ihr vermittelt hatten; hörte, wie sie ihre schier unglaubliche Lebensgeschichte erzählte und ihren Hoffnungen für unsere Töchter Ausdruck verlieh, wie diese Frau, die so viel auf sich genommen hatte, versicherte, dass ich immer zu meiner Familie und zu meinen Überzeugungen gestanden hatte, und als ich sah, wie das Publikum in der Kongresshalle, die Fernsehmoderatoren und die Menschen, die neben mir saßen, ihren Worten wie gebannt folgten –, da hätte ich nicht stolzer sein können.

Anders als einige Kommentatoren damals behaupteten, hat meine Frau an diesem Abend ihre Stimme nicht »gefunden«. Die Fernsehzuschauer im ganzen Land hatten vielmehr endlich die Gelegenheit, diese Stimme ungefiltert zu hören.

ACHTUNDVIERZIG STUNDEN später verkroch ich mich mit Favs und Axe in ein Hotelzimmer, wo wir der Dankesrede, die ich am nächsten Abend halten sollte, den letzten Schliff gaben. Das Schreiben war mir schwergefallen. Wir waren der Ansicht, dass dieser Moment mehr Prosa als Poesie erfordere, dass die Rede eine schonungslose Kritik an der Politik der Republikaner und eine Darlegung der konkreten Maßnahmen, die ich als Präsident ergreifen wollte, enthalten müsse – ohne dabei allzu langatmig, allzu trocken oder allzu parteipolitisch zu klingen. Unzählige Überarbeitungen waren notwendig gewesen, und ich hatte wenig Zeit zum Üben. Als ich hinter einem improvisierten Rednerpult meine Rede vortrug, war die Atmosphäre eher sachlich routiniert als inspiriert.

Nur einmal ist mir die ganze Tragweite meiner Nominierung klar geworden. Zufälligerweise fiel der letzte Abend des Parteitags mit dem fünfundvierzigsten Jahrestag des Marschs auf Washington und Martin Luther Kings historischer »Ich habe einen Traum«-Rede zusammen. Wir hatten beschlossen, diesem Umstand nicht allzu breiten Raum zu geben, da wir der Meinung waren, es wäre eine armselige Idee, Vergleiche mit einer der bedeutendsten Reden in der amerikanischen

Geschichte herauszufordern. Aber in den Schlusstakten meiner Rede zollte ich dem Wunder dieses jungen Predigers aus Georgia Anerkennung, indem ich etwas zitierte, was er zu den Menschen gesagt hatte, die sich an jenem Tag 1963 auf der National Mall versammelt hatten: »Wir können nicht alleine gehen. Und während wir gehen, müssen wir das Gelöbnis ablegen, dass wir immer weitermarschieren werden. Wir können nicht umkehren.«

»Wir können nicht alleine gehen.« Ich hatte mich nicht an diese besondere Stelle aus der Rede von Martin Luther King erinnert. Aber als ich die Zeilen beim Üben meiner Ansprache laut vorlas, musste ich an all die älteren Schwarzen Freiwilligen denken, denen ich in unseren Büros überall im Land begegnet war, an die Art und Weise, wie sie meine Hände ergriffen und mir gesagt hatten, sie hätten nie gedacht, dass sie einmal den Tag erleben würden, an dem ein Schwarzer Mann eine echte Chance habe, Präsident zu werden.

Ich dachte an die älteren Bürger, die mir geschrieben hatten, um mich wissen zu lassen, dass sie während der Vorwahlen früh aufgestanden waren, um sich ganz vorn in der Schlange vor dem Wahllokal anzustellen, obwohl sie krank oder behindert waren.

Ich dachte an die Türsteher, Hausmeister, Sekretärinnen, Büroangestellten, Tellerwäscher und Fahrer, denen ich jedes Mal, wenn ich durch Hotels, Konferenzzentren oder Bürogebäude ging, begegnet war – wie sie mir zuwinkten oder den Daumen nach oben reckten oder scheu einen Händedruck akzeptierten, Schwarze Männer und Frauen eines bestimmten Alters, die, wie Michelles Eltern, in aller Stille das getan hatten, was notwendig gewesen war, um ihre Familien zu ernähren und ihre Kinder auf die Schule zu schicken und die jetzt in mir einige der Früchte ihrer Mühen erkannten.

Ich dachte an alle Menschen, die im Gefängnis gesessen oder vor vierzig, fünfzig Jahren am Marsch auf Washington teilgenommen hatten, und ich fragte mich, wie sie sich wohl fühlen würden, wenn ich auf die Bühne in Denver hinaustrat – wie sehr sich ihr Land aus ihrer Sicht wohl gewandelt hatte und wie weit das Erreichte noch immer hinter ihren Hoffnungen zurückblieb.

»Bitte entschuldigt … ich brauche einen Moment …«, stockte ich mit versagender Stimme, während mir Tränen in die Augen stiegen. Ich ging ins Bad, um mir etwas Wasser ins Gesicht zu spritzen. Als ich ein paar Minuten später zurückkehrte, schwiegen Favs, Axe und der Teleprompter-Bediener verunsichert.

»Tut mir leid«, sagte ich. »Beginnen wir noch einmal von vorn.«

Beim zweiten Mal kam ich mit der Rede problemlos durch. Ich wurde nur in der Mitte meines Vortrags einmal unterbrochen, als wir ein Klopfen an der Tür hörten und ein Kellner mit einem Caesar Salad im Flur stand. (»Was soll ich sagen?«, meinte Axe mit einem verlegenen Lächeln. »Ich hatte Hunger.«) Und als ich am nächsten Abend unter klarem und freiem Himmel das breite, mit einem blauen Teppich belegte Podium betrat und das Wort an die vielen im Stadion versammelten Menschen und Millionen weitere im ganzen Land richtete, spürte ich nur eine große innere Ruhe.

Der Abend war warm, der enthusiastische Jubel der Menge ansteckend, und die Blitzlichter Tausender Kameras waren wie ein Spiegel der funkelnden Sterne über uns. Nachdem ich meine Rede beendet hatte, stießen zuerst Michelle und die Mädchen und dann Joe und Jill Biden zu mir, um minutenlang zu winken, während ein Konfettiregen auf uns niederging. Und im ganzen Stadion sahen wir Menschen lachen und sich umarmen, während sie im Takt des Lieds »Only in America« der Countrysänger Brooks & Dunn, das gewissermaßen zu unserem Wahlkampfsong geworden war, Fähnchen schwenkten.

DIE UMFRAGEWERTE eines Präsidentschaftskandidaten verzeichnen im Anschluss an einen erfolgreichen Nominierungsparteitag fast immer einen ordentlichen Sprung. Unser Parteitag war nach allem, was man hörte, beinahe perfekt über die Bühne gegangen. Unsere Demoskopen berichteten, dass mein Vorsprung auf John McCain nach Denver tatsächlich auf fast fünf Punkte gestiegen war.

Er hielt etwa eine Woche.

Die Kampagne von John McCain hatte vor sich hin gedümpelt. Ungeachtet der Tatsache, dass er drei Monate vor mir als Präsidentschaftskandidat der Republikaner nominiert worden war, war sein Wahlkampf nicht richtig auf Touren gekommen. Die von ihm vorgeschlagenen weiteren Steuersenkungen, die über die bereits unter Bush beschlossenen hinausgingen, überzeugten Wechselwähler nicht. In der neuen, stärker polarisierten Atmosphäre schien McCain Themen wie eine Einwanderungsreform und den Klimawandel, die zuvor seinen Ruf als Außenseiter in seiner Partei gestärkt hatten, nicht einmal mehr erwähnen zu wollen. Gerechterweise muss man sagen, dass er mit widrigen Umständen konfrontiert war. Der Irakkrieg war nach wie vor extrem unpopulär. Die Wirtschaft, die bereits in einer Rezession steckte, beschleunigte ihre Talfahrt, und das Gleiche galt für Bushs Zustimmungsrate. Bei einer Wahl, die sich wahrscheinlich um das Versprechen eines grundlegenden Wandels drehte, schien McCain nur alte Rezepte zu bieten.

McCain und sein Team müssen gewusst haben, dass sie irgendetwas Spektakuläres unternehmen mussten. Und ich muss zugeben, das gelang ihnen. Einen Tag nach dem Ende unseres Nominierungsparteitags saß ich mit Michelle sowie Jill und Joe Biden in unserem gecharterten Flugzeug, das uns nach Pennsylvania bringen sollte, wo wir einige Tage lang Wahlkampf machen wollten. Während wir auf die Startfreigabe warteten, kam Axe herbeigeeilt, um uns mitzuteilen, der Name des Vizepräsidentschaftskandidaten von McCain sei durchgesickert. Joe blickte auf den Namen auf Axe' Blackberry und wandte sich dann an mich.

»Wer zum Teufel ist Sarah Palin?«, fragte er.

In den nächsten beiden Wochen beschäftigte sich das nationale Pressekorps mit nichts anderem als dieser Frage. McCains Kampagne erhielt einen dringend benötigten Adrenalinschub, während unsere Kampagne praktisch aus dem Äther verschwand. Nachdem McCain Palin als seine Kandidatin für das Amt des Vizepräsidenten benannt hatte, konnte er an einem einzigen Wochenende Millionen von Dollar an frischen Spendengeldern einstreichen. Seine Umfragewerte stiegen sprunghaft an, sodass wir praktisch gleichauf lagen.

Sarah Palin, die vierundvierzigjährige Gouverneurin von Alaska, die keinerlei bundespolitische Erfahrung hatte, besaß starke Sprengkraft. Sie war nicht nur jung und eine Frau, die das Zeug dazu hatte, wegweisende Veränderungen anzustoßen, sie hatte auch eine bemerkenswerte Lebensgeschichte, wie sie sich niemand hätte ausdenken können: Sie war eine kleinstädtische Basketballspielerin und Schönheitskönigin gewesen, die sich an fünf Colleges versuchte, ehe sie einen Abschluss in

Journalismus machte. Sie arbeitete eine Zeit lang als Sportreporterin, bevor sie zur Bürgermeisterin von Wasilla in Alaska gewählt wurde. Sie stellte sich danach gegen das Establishment der Republikaner und setzte sich 2006 gegen den amtierenden Gouverneur durch. Sie heiratete ihre Highschool-Liebe, hatte fünf Kinder (darunter einen Sohn im Teenageralter, der kurz vor seinem Einsatz im Irak stand, und ein Baby mit Downsyndrom), bekannte sich zu einer konservativen christlichen Glaubensrichtung und ging in ihrer Freizeit gern auf Hirsch- und Elchjagd.

Ihre Biografie war wie maßgeschneidert für weiße Wähler aus der Arbeiterschicht, die Washington hassten und den nicht gänzlich unbegründeten Verdacht hegten, dass die großstädtischen Eliten – ob in Wirtschaft, Politik oder in den Medien – auf ihre Lebensweise herabschauten. Wenn die Redakteure der *New York Times* oder Hörer des National Public Radio ihre Qualifikation in Zweifel zogen, war dies Palin egal. Sie stellte deren Kritik als Beweis ihrer Authentizität hin, begriff (viel früher als viele ihrer Kritiker), dass die alten Gatekeeper an Bedeutung verloren, dass die früheren Maßstäbe dafür, was bei einem Kandidaten für ein nationales Amt als akzeptabel angesehen wurde, nicht mehr galten, und dass Fox News, Talkradio und die aufkommenden sozialen Medien ihr sämtliche Plattformen zur Verfügung stellen konnten, die sie brauchte, um das von ihr anvisierte Publikum zu erreichen.

Palin kam auch zugute, dass sie sich hervorragend in Szene zu setzen verstand. Ihre fünfundvierzigminütige Rede auf dem Nominierungsparteitag der Republikaner Anfang September war ein Meisterwerk an volkstümlichem Populismus und wohlgezielten Spitzen. (»In Kleinstädten wissen wir nicht so recht, was wir von einem Kandidaten halten sollen, der Arbeiter mit Lob überhäuft, wenn sie ihm zuhören, und sich dann, wenn sie nicht zuhören, bitterlich darüber beklagt, wie sehr sie an ihrer Religion und an ihren Waffen hängen.« Autsch.) Die Delegierten waren aus dem Häuschen. Als McCain nach dem Parteitag mit Palin auf Wahlkampftour ging, kamen drei- bis viermal so viele Leute zu seinen Auftritten, als wenn er allein unterwegs war. Und während die getreuen Republikaner bei seinen Reden höflichen Beifall spendeten, zeigte sich schon bald, dass sie eigentlich wegen seines

»Pitbulls mit Lippenstift« gekommen waren. Sie war neu, anders, eine von ihnen.

Eine »echte Amerikanerin« – und unglaublich stolz darauf.

Zu einer anderen Zeit und an einem anderen Ort – etwa bei einer Senats- oder Gouverneurswahl in einem Swing State – hätte mich die schiere Energie, die Palin innerhalb der republikanischen Basis freisetzte, vielleicht beunruhigt. Aber von dem Tag an, an dem McCain sie auswählte, und selbst auf den Höhepunkten der Palin-Manie war ich mir sicher, dass ihm diese Entscheidung nicht nützen würde. Auch wenn Palin eine effektvolle populistische Rednerin war, ist die wichtigste Qualifikation eines Vizepräsidenten doch die Fähigkeit, falls nötig, das Amt des Präsidenten zu übernehmen. In Anbetracht von Johns Alter und seiner früheren Melanomerkrankung war dies kein belangloser Aspekt. Und kaum dass Sarah Palin ins Rampenlicht trat, wurde mehr als deutlich, dass sie von fast allen Themen, die für die praktische Regierungsarbeit von Belang waren, nicht die leiseste Ahnung hatte. Das Finanzsystem. Der Oberste Gerichtshof. Der russische Einmarsch in Georgien. Ganz gleich, worum es ging oder wie genau die Frage lautete – die Gouverneurin von Alaska wirkte verloren und reihte Wörter aneinander wie ein Kind, das versucht, sich durch eine Prüfung zu mogeln, für die es nicht gelernt hat.

Palins Nominierung war aber noch auf einer tieferen Ebene beunruhigend. Mir fiel von Anfang an auf, dass die große Mehrheit der Republikaner sich nicht an ihrer Ahnungslosigkeit störte; jedes Mal, wenn sie bei der Befragung durch einen Journalisten eine schlechte Figur machte, schienen sie das geradezu als einen Beweis für ein liberales Komplott anzusehen. Noch mehr überraschte es mich, dass prominente Konservative – einschließlich jener, die mich ein Jahr lang als unerfahren abqualifiziert hatten und die jahrzehntelang Antidiskriminierungsmaßnahmen, die Erosion intellektueller Standards und die Abwertung der westlichen Kultur durch Multikulturalisten gegeißelt hatten – plötzlich Palin in den Himmel hoben. Dabei verstrickten sie sich in Widersprüche, als sie sich bemühten, die Öffentlichkeit davon zu überzeugen, dass ein Kandidat für das Amt des Vizepräsidenten nicht unbedingt außenpolitische Grundkenntnisse besitzen oder die Befugnisse der Bundesregierung kennen müsse. Wie Reagan habe auch Sarah Palin einen »guten Instinkt«, sagten sie, und wenn sie erst einmal im Amt sei, werde sie schnell in ihre neue Rolle hineinwachsen.

Es war natürlich ein Vorzeichen künftiger Entwicklungen, einer umfassenderen düsteren Realität, in der Parteiloyalität und politische Opportunität alles andere auszulöschen drohten – die vorherigen Standpunkte, die Prinzipien, zu denen man sich bekannt hatte, ja sogar das, was einen die eigenen Sinne – die Augen und Ohren – als wahr hatten erkennen lassen.

KAPITEL 9

IM JAHR 1993 ERWARBEN Michelle und ich in einer East View Park genannten Wohnanlage im Chicagoer Stadtviertel Hyde Park unsere erste Wohnung. Es war ein schöner Fleck, nur einen Sprung vom Promontory Point und vom Michigansee entfernt, mit Hartriegelbäumen im weitläufigen Innenhof, die jedes Frühjahr hellrosa blühten. Die schlanke Vierzimmerwohnung mit Zimmern rechts und links des Flurs war nicht groß, aber recht hell, und sie hatte Parkettboden und ein ordentliches Esszimmer mit Nussbaumschränken. Im Vergleich zum Obergeschoss im Haus meiner Schwiegermutter, wo wir gewohnt hatten, um Geld zu sparen, war es der reinste Luxus, und wir möblierten die Wohnung entsprechend unserem Budget mit einer Kombination aus Couches von Crate & Barrel, Lampen aus dem Baumarkt und Flohmarkt-Tischen.

Neben der Küche befand sich ein kleines Arbeitszimmer, in das ich mich abends zurückzog. Michelle nannte es »die Höhle«, weil es immer mit Stapeln von Büchern, Magazinen, Zeitungen, juristischen Schriftsätzen, an denen ich arbeitete, und Klausuren, die ich benoten musste, vollgestopft war. Ungefähr einmal im Monat sah ich mich genötigt, »die Höhle« wie im Rausch eine Stunde lang aufzuräumen, weil ich etwas, was ich brauchte, nicht finden konnte. Für die rund drei Tage, die es dauerte, bis Bücher, Schriftstücke und anderer Krempel wieder alles wie Unkraut überwuchert hatten, war ich sehr stolz auf mich. Die »Höhle« war auch der einzige Raum in der Wohnung, in dem ich rauchte. Nach der Geburt unserer Töchter habe ich meine schlechte Angewohnheit dann auf der leicht wackligen hinteren Terrasse fortgesetzt, wo ich hin und wieder Waschbärfamilien beim Durchstöbern unserer Mülleimer störte.

Mit den Kindern bekam unsere Wohnung dann ein völlig neues Aussehen. An den Tischkanten tauchten Kinderschutzschaumpolster auf. Das Esszimmer wurde mehr und mehr zweckentfremdet und zu einer Art Aufbewahrungsort für die Laufgitter und farbenfrohen Matten und Spielsachen, auf die ich mindestens einmal täglich trat. Aber ich fühlte mich keineswegs eingeengt, vielmehr verstärkte die bescheidene Größe der Wohnung nur den Spaß und den Krach in unserer jungen Familie: ausgelassenes Herumplanschen in der Badewanne und kreischende Geburtstagspartys und der Klang von Motown-Songs oder Salsa aus einem Gettoblaster auf dem Kaminsims, während ich mit den Mädchen im Arm herumwirbelte. Und obwohl Freunde in unserem Alter größere Häuser in wohlhabenderen Vierteln kauften, haben wir nur ein einziges Mal erwogen umzuziehen: Es war in dem Sommer, als entweder eine Maus oder zwei (wir waren nicht sicher) mehrmals über den langen Flur huschten. Ich behob das Problem, indem ich eine Holzdiele in der Küche reparierte, aber erst nachdem ich – keine intellektuelle Glanzleistung – mit einem besserwisserischen Grinsen im Gesicht bestritten hatte, dass man zwei Mäuse ernsthaft als »Schädlingsbefall« bezeichnen könne, worauf Michelle gedroht hatte, mit den Mädchen auszuziehen.

Für die Eigentumswohnung bezahlten wir 277 500 Dollar, bei einer Anzahlung in Höhe von vierzig Prozent (dank finanzieller Unterstützung durch Toot), und wir nahmen dafür ein Hypothekendarlehen mit festem Zinssatz und einer Laufzeit von dreißig Jahren auf. Theoretisch hätte unser Einkommen bequem ausreichen müssen, um die monatlichen Darlehenszahlungen zu bestreiten. Aber als Malia und Sasha älter wurden, stiegen die Kosten für Kinderbetreuung, Schulgebühren und Sommerlager immer weiter, während die Restschuldsumme unserer Studienkredite nicht kleiner zu werden schien. Geld war ständig knapp, unsere Kreditkartenschulden wuchsen, wir hatten kaum Ersparnisse. Als Marty daher vorschlug, wir sollten eine Umschuldung unseres Hypothekendarlehens erwägen, um von niedrigeren Zinssätzen zu profitieren, rief ich am nächsten Tag einen Hypothekenmakler in der Nachbarschaft an.

Der Makler, ein energiegeladener junger Mann mit Stoppelfrisur, bestätigte, dass er uns durch Umschuldung des Kredits rund hundert Dollar pro Monat sparen könnte. Da die Immobilienpreise in die Höhe geschnellt seien, fragte er uns, ob wir schon in Betracht gezogen hätten, einen Teil des Wertzuwachses unserer Immobilie zu nutzen, um bei dieser Transaktion auch noch ein bisschen Bargeld für uns herauszuholen. Das sei Routine, meinte er, er müsse dies lediglich mit seinem Gutachter abklären. Ich war zuerst skeptisch, und ich hörte Toots mahnende Stimme in meinen Ohren, aber dann rechnete ich alles durch und sah mir an, was wir sparen würden, wenn wir unsere Kreditkartenschulden zurückzahlten. Es ließ sich kaum bestreiten, dass der Vorschlag des Maklers vernünftig war. Weder der Gutachter noch der Makler hielten es für nötig, unsere Wohnung in Augenschein zu nehmen, und ich musste lediglich Gehaltsabrechnungen für drei Monate und eine Handvoll Kontoauszüge einreichen. Dann unterzeichnete ich ein paar Papiere und verließ das Maklerbüro mit einem Scheck in Höhe von vierzigtausend Dollar und dem vagen Gefühl, dass ich gerade einen guten Schnitt gemacht hatte.

SO IST ES Anfang der Zweitausenderjahre gewesen, es war ein echter Immobilien-Goldrausch. In Chicago schienen neue Bauprojekte über Nacht aus dem Boden zu schießen. Warum sollte man jetzt, wo die Immobilienpreise mit beispiellosem Tempo stiegen, die Zinsen niedrig waren und einige Kreditgeber bei einem Immobilienkauf nur eine Eigenleistung von zehn oder fünf Prozent verlangten – oder sogar gar kein Eigenkapital –, auf ein zusätzliches Schlafzimmer, die Arbeitsplatten aus Granit oder den ausgebauten Keller verzichten, von denen Magazine und Fernsehshows ständig behaupteten, sie gehörten zum Lebensstil der Mittelschicht dazu? Es war eine großartige Kapitalanlage, eine sichere Sache – und einmal gekauft, funktionierte das Eigenheim auch noch als persönlicher Geldautomat, den man dazu nutzen konnte, die passenden Fensterdekorationen oder den lang ersehnten Cancún-Urlaub zu finanzieren oder auch den Umstand wettzumachen, dass man letztes Jahr keine Gehaltserhöhung bekommen hatte. Freunde, Taxifahrer und Lehrer, die vom Goldfieber gepackt worden waren, erzählten mir, dass sie ins »House-Flipping«-Geschäft –

Immobilien kaufen, renovieren und schnell mit möglichst hohem Gewinn weiterverkaufen – eingestiegen seien. Und jeder beherrschte plötzlich den einschlägigen Jargon, wusste, was Ballonkredite, variabel verzinsliche Hypothekendarlehen und der Case-Shiller-Index bedeuteten. Wenn ich sie behutsam zur Vorsicht mahnte – der Immobilienmarkt könne unberechenbar sein, es sei nicht ratsam, dort zu hohe Risiken einzugehen –, versicherten sie mir in leicht belustigtem Tonfall, mit dem sie mir zu verstehen gaben, dass ich einfach nicht Bescheid wisse, sie hätten mit ihrem Cousin oder Onkel gesprochen, die ein Riesengeschäft gemacht hätten.

Nach meiner Wahl in den US-Senat verkauften wir unsere Eigentumswohnung im East View Park zu einem Preis, der hoch genug war, um unser Darlehen und einen mit einer Hypothek besicherten Konsumkredit zurückzuzahlen und obendrein einen kleinen Gewinn zu machen. Aber als ich eines Abends nach Hause fuhr, fiel mir auf, dass das Schaufenster meines Hypothekenmaklers jetzt leer war, mit einem großen »Zu verkaufen oder zu vermieten«-Schild im Fenster. All diese neuen Gebäude mit Eigentumswohnungen in den Vierteln River North und South Loop schienen leer zu stehen, obwohl die Bauträger immer größere Rabatte gewährten. Eine ehemalige Mitarbeiterin, die aus dem öffentlichen Dienst ausgeschieden war, um sich als Immobilienmaklerin selbstständig zu machen, fragte mich, ob ich von offenen Stellen wisse – der Immobilienjob lief nicht so gut, wie sie es sich erhofft hatte.

Nichts von alldem hat mich überrascht oder gar beunruhigt, ich dachte, es wäre einfach das zyklische Auf und Ab des Marktes. Aber als ich wieder in Washington war, erwähnte ich gegenüber einem meiner Freunde, George Haywood, den Preisverfall auf dem Chicagoer Immobilienmarkt, während wir Sandwiches in einem Park in der Nähe des Kapitols aßen. George hatte sein Studium an der Harvard Law School abgebrochen, um professioneller Blackjackspieler zu werden. Dann machte er sich seine mathematische Begabung und seine Risikobereitschaft zunutze und trat eine Stelle als Anleihehändler an der Wall Street an und verdiente sich schließlich eine goldene Nase mit persönlichen Investments. Zukünftige Trends schneller als andere zu erspüren, war sein tägliches Brot.

»Das ist erst der Anfang«, sagte er zu mir.

»Was meinst du damit?«

»Ich meine den gesamten Immobilienmarkt«, sagte George. »Das gesamte Finanzsystem. Es ist ein einziges Kartenhaus, das darauf wartet zusammenzufallen.«

Während wir in der Nachmittagssonne saßen, erklärte er mir in groben Zügen die Funktionsweise des rasch wachsenden Marktes für hochriskante sogenannte Subprime-Hypothekenpapiere. Während Banken früher die von ihnen vergebenen Hypothekendarlehen in der Regel im eigenen Kreditportfolio gehalten hätten, werde mittlerweile ein sehr hoher Prozentsatz der Hypothekendarlehen gebündelt und als Wertpapiere an der Wall Street verkauft. Da Banken jetzt nicht mehr in der Lage seien, ihr Risiko, dass ein bestimmter Kreditnehmer sein Darlehen nicht mehr bedienen könne, abzuwälzen, habe diese »Verbriefung« Banken dazu veranlasst, ihre Kreditvergabestandards immer weiter aufzuweichen. Ratingagenturen, die von den Emittenten bezahlt würden, hätten diese Wertpapiere als »AAA«, also mit dem niedrigsten Anlagerisiko, eingestuft, ohne das Ausfallrisiko der zugrunde liegenden Hypothekendarlehen sachgerecht zu bewerten. In Geld schwimmende globale Investoren, die erpicht auf hohe Erträge seien, hätten sich auf diese Produkte gestürzt und pumpten auf diese Weise immer mehr Geld in den Markt für Immobilienfinanzierungen. Unterdessen hätten sich die beiden Bankgiganten Fannie Mae und Freddie Mac, die der Kongress autorisiert habe, gewissen Anforderungen genügende Hypothekendarlehen zu kaufen, um so den Erwerb von Wohneigentum zu fördern – und die sich aufgrund ihres halbstaatlichen Status Kapital viel billiger beschaffen könnten als andere Unternehmen –, sehr stark im Subprime-Markt engagiert. Ihre Aktionäre hätten viel Geld gescheffelt, als der Immobilienmarkt expandiert habe.

All dies habe zu einer klassischen Blasenbildung geführt, sagte George. Solange die Immobilienpreise gestiegen seien, seien alle zufrieden gewesen: die Familie, die sich plötzlich ohne Eigenkapital ihr Traumhaus kaufen konnte; die Bauträger, die mit den Neubauten gar nicht schnell genug hinterherkamen, um die gestiegene Nachfrage zu befriedigen; die Banken, die mit dem Verkauf immer komplexerer Finanzinstrumente ansehnliche Gewinne erzielten; die Hedgefonds und Investmentbanken, die mit geliehenem Geld immer höhere Wetten auf diese Finanzinstrumente eingingen; ganz zu schweigen von den Möbelhäusern, den Teppichherstellern, den Gewerkschaften und den Anzeigenabteilungen der Zeitungen, die alle sehr starke Anreize hatten, die Party am Laufen zu halten.

Aber da so viele unqualifizierte Käufer den Markt stützten, war sich George sicher, dass die Party über kurz oder lang enden werde. Was mir in Chicago aufgefallen sei, sei lediglich eine Erschütterung, sagte er mir. Wenn das Erdbeben komme, seien in Bundesstaaten wie Florida, Arizona und Nevada, wo besonders viele Subprime-Kredite vergeben worden seien, noch weit schlimmere Folgen zu erwarten. Sobald zahlreiche Eigenheimbesitzer ihre Kredite nicht mehr bedienen könnten, würden Investoren erkennen, dass viele mit Hypotheken besicherte Wertpapiere doch nicht so ausfallsicher wie gedacht seien. Sie würden vermutlich die Wertpapiere so schnell wie möglich abstoßen. Banken, die diese Wertpapiere hielten, wären anfällig für einen Ansturm von Einlegern, und sie würden vermutlich ihre Kreditvergabe einschränken, um Verluste abzudecken oder die Eigenmittelanforderungen weiterhin zu erfüllen. Dann wäre es selbst für Familien mit geeignetem finanziellen Hintergrund schwer, ein Hypothekendarlehen zu bekommen, was wiederum den Immobilienmarkt noch weiter drücken würde.

Es wäre ein Teufelskreis, der wahrscheinlich eine Panik am Markt auslösen würde, und schon allein aufgrund der Summen, um die es dabei gehe, könnte dies zu einer Wirtschaftskrise führen, wie wir sie zu unseren Lebzeiten noch nicht gesehen hätten.

Ich lauschte seinen Worten mit wachsender Ungläubigkeit. George war niemand, der zu Übertreibungen neigte, insbesondere nicht, wenn es um Geld ging. Er erzählte, er sei selbst eine erhebliche »Short-Position« eingegangen, das heißt, er hatte im Grunde eine Wette darauf abgeschlossen, dass der Preis hypothekenbesicherter Wertpapiere in Zukunft deutlich sinken würde. Ich fragte ihn, warum weder die US-Notenbank noch die Bankenaufsicht noch die Finanzpresse ein Wort darüber verloren, wenn das Risiko einer ausgewachsenen Krise so hoch sei.

»Sag du es mir«, antwortete George achselzuckend.

Als ich in mein Senatsbüro zurückkam, bat ich einige meiner Mitarbeiter, bei ihren Kollegen in den Büros der Senatoren, die dem Bankenausschuss angehörten, nachzufragen, ob irgendjemand eine Gefahr in der Zunahme der Subprime-Hypotheken sehe. Dies wurde allgemein verneint: Der Präsident der Notenbank habe darauf hingewiesen, dass der Immobilienmarkt ein wenig überhitzt sei und dass über kurz oder lang mit einer Korrektur zu rechnen sei, aber aufgrund historischer Trends erkenne er keine ernsthafte Bedrohung für das Finanz- beziehungsweise das Wirtschaftssystem insgesamt. Aufgrund all der anderen Probleme, die meine Aufmerksamkeit beanspruchten, unter anderem des Beginns der Kampagnen für die Midterm-Wahlen, verblasste die Erinnerung an Georges Warnung. Als ich ihn ein paar Monate später, Anfang 2007, wiedersah, hatten der Finanz- und der Immobilienmarkt weiter nachgegeben, aber es schien nichts Ernstes zu sein. George erzählte mir, er sei gezwungen gewesen, seine »Short-Position« aufzugeben, nachdem er schwere Verluste eingefahren habe. »Ich habe einfach nicht genug Geld, um die Wette aufrechtzuerhalten«, sagte er recht gelassen, und er fügte hinzu: »Offenbar habe ich die Bereitschaft der Leute unterschätzt, eine Farce weiterlaufen zu lassen.«

Ich fragte George nicht, wie viel Geld er verloren hatte, und wir wandten uns anderen Dingen zu. Als wir an diesem Tag auseinandergingen, ahnten wir nicht, dass es mit der Farce bald vorbei sein sollte. Oder dass deren verheerende Folgen nur anderthalb Jahre später eine entscheidende Rolle bei meiner Wahl zum Präsidenten spielen sollten.

»SENATOR OBAMA, hier ist Hank Paulson.«

Es war anderthalb Wochen nach dem Nominierungsparteitag der Republikaner und elf Tage vor meiner geplanten ersten Debatte mit John McCain. Es war klar, warum der US-Finanzminister um den Anruf gebeten hatte.

Das Finanzsystem war am Zusammenbrechen, und es riss die gesamte US-Wirtschaft mit sich.

Auch wenn der Irak zu Beginn unserer Kampagne das bestimmende Thema gewesen war, hatte ich immer betont, dass echter Wandel eine progressive Wirtschaftspolitik verlangte. Die Globalisierung in Kombination mit der Einführung revolutionärer neuer Technologien hatte seit mindestens zwanzig Jahren schon die US-Volkswirtschaft tiefgreifend verändert. US-Fertigungsunternehmen hatten ihre Produktion ins Ausland verlagert, wo sie von billigen Arbeitskräften profitierten, und sie führten von dort billige Güter in die USA ein, die von Einzelhandelskonzernen vertrieben wurden, mit denen Kleinunternehmen nicht mithalten konnten. In jüngerer Zeit hatte das Internet ganze Kategorien von Bürotätigkeiten und in einigen Fällen auch ganze Wirtschaftszweige zum Verschwinden gebracht.

In dieser neuen Winner-take-all-Wirtschaft können diejenigen, die die Verfügungsmacht über Kapital haben oder die spezielle, stark gefragte Fähigkeiten besitzen – ob Hightech-Existenzgründer, Hedgefonds-Manager, Sportler wie LeBron James oder Komiker wie Jerry Seinfeld –, ihre Aktiva optimal nutzen, sie weltweit vermarkten und mehr Vermögen als jede andere Gruppe in der Geschichte der Menschheit anhäufen. Aber für gewöhnliche Arbeitnehmer und Arbeitnehmerinnen bedeutete die wachsende Mobilität von Kapital und die Welle der Automatisierung eine fortschreitende Schwächung ihrer Verhandlungsposition. Industriestädte verloren ihre Lebensgrundlage. Eine niedrige Inflationsrate und billige Flachbildfernseher konnten Entlassungen, weniger Arbeitsstunden und Zeitarbeit, stagnierende Löhne und verringerte betriebliche Zusatzleistungen nicht aufwiegen, vor allem weil gleichzeitig die Kosten der Gesundheitsversorgung und die Bildungskosten (zwei Sektoren, die in geringerem Maße von kostensparender Automatisierung profitieren) weiterhin stark stiegen.

Ungleichheit hatte zudem die Tendenz, sich selbst zu verstärken. Selbst Angehörige der Mittelschicht konnten sich die Viertel mit den besten Schulen oder Städte mit den besten Beschäftigungschancen immer weniger leisten. Die Extras – Vorbereitungskurse für den Hochschulzulassungstest, Computer-Camps, unbezahlte Praktika, die die Chancen am Arbeitsmarkt enorm verbessern – wurden für sie, anders als für wohlhabende Eltern, unerschwinglich. Im Jahr 2007 war unverkennbar, dass die US-amerikanische Wirtschaft mehr Ungleichheit produzierte als die Wirtschaft fast aller anderen Industriestaaten, und schlechtere soziale Aufstiegschancen bot sie auch.

Ich hielt diese Folgen nicht für unvermeidlich, sondern für das Ergebnis politischer Entscheidungen, die auf Ronald Reagan zurückgingen. Im Namen der wirtschaftlichen Freiheit – einer »Teilhabergesellschaft«, um mit Präsident Bush zu sprechen – war den Amerikanern eine gleichförmige Diät aus Steuersenkungen für die Wohlhabenden verabreicht worden. Den Rechten der Arbeitnehmer hingegen, sich zu organisieren, wurde kein Nachdruck verliehen. Es hatte außerdem Bemühungen gegeben, das soziale Sicherungsnetz zu privatisieren beziehungsweise zu beschneiden, und aufeinanderfolgende US-Bundesregierungen hatten durchgehend zu wenig Mittel für alle erdenklichen Leistungen – von der frühkindlichen Bildung bis zur Infrastruktur – bereitgestellt. All dies vergrößerte noch die Ungleichheit. Familien waren kaum mehr in der Lage, selbst kleinere wirtschaftliche Turbulenzen durchzustehen.

Ich wollte mich dafür einsetzen, das Land in die entgegengesetzte Richtung zu steuern. Die USA konnten meines Erachtens nicht einfach die Automatisierung rückgängig machen oder die globalen Lieferketten kappen (allerdings war ich sehr wohl der Meinung, wir könnten im Rahmen von Verhandlungen in unseren Handelsabkommen weiter gehende Arbeits- und Umweltschutzstandards durchsetzen). Aber ich war fest davon überzeugt, dass wir unsere Gesetze und Institutionen anpassen konnten, so wie wir es in der Vergangenheit getan hatten, um sicherzustellen, dass Menschen, die arbeiten wollten, eine faire Chance bekämen. Bei jedem Stopp auf meiner Wahlkampftour, in jeder größeren und kleineren Stadt, war meine Botschaft die gleiche. Ich versprach, Steuern für Spitzenverdiener zu erhöhen, um mit den Einnahmen unbedingt notwendige Investitionen in Bildung, Forschung und Infrastruktur zu finanzieren. Ich versprach, die Gewerkschaften zu stärken und den Mindestlohn zu erhöhen, einen Krankenversicherungsschutz für alle einzuführen und ein Hochschulstudium erschwinglicher zu machen.

Ich wollte den Menschen klarmachen, dass sich beherztes staatliches Handeln in der Vergangenheit schon einmal ausgezahlt hatte. Franklin Delano Roosevelt hatte den Kapitalismus vor sich selbst gerettet und so die Grundlage für den Boom der Nachkriegszeit gelegt. Ich wies immer wieder darauf hin, dass strenge arbeitsrechtliche Vorschriften mit dazu beigetragen hatten, eine florierende Mittelschicht und einen blühenden Binnenmarkt zu schaffen. Dass Verbraucherschutzgesetze –

weil sie dazu beitrugen, unsichere Produkte vom Markt zu verdrängen und Betrugsversuche zu erschweren – tatsächlich seriösen Unternehmen geholfen hatten, zu prosperieren und zu wachsen.

Ich erläuterte, dass leistungsfähige öffentliche Schulen und staatliche Universitäten sowie die in der G. I. Bill verabschiedete Wiedereingliederungshilfe für Kriegsveteranen die Potenziale von Generationen von Amerikanern erschlossen und die sozialen Aufstiegschancen verbessert hatten. Programme wie Social Security und Medicare verschafften denselben Amerikanern in ihrem Ruhestand ein gewisses Maß an Stabilität. Staatliche Investitionen wie jene in das Staatsunternehmen Tennessee Valley Authority und in das Fernstraßennetz steigerten die Produktivität und lieferten die Plattform für zahlreiche Existenzgründer.

Ich war fest davon überzeugt, dass wir diese Strategien an die Gegenwart anpassen konnten. Aber es ging mir nicht nur um konkrete politische Maßnahmen, sondern mehr noch darum, dass die Amerikaner sich daran erinnerten, dass der Staat von jeher in entscheidender Weise die Chancengerechtigkeit verbessert, Wettbewerb und lauteres Geschäftsgebaren gefördert und dafür gesorgt hatte, dass der Markt für alle funktionierte.

Mit einer schweren Finanzkrise hatte ich allerdings nicht gerechnet.

TROTZ DER FRÜHEN Warnung meines Freundes George fielen mir erst im Frühjahr 2007 die ersten beunruhigenden Schlagzeilen in der Finanzpresse auf. Der zweitgrößte Subprime-Kreditgeber der USA, New Century Financial, musste nach einem sprunghaften Anstieg der Hypothekenausfälle im Subprime-Immobilienmarkt Insolvenz anmelden. Dem größten Kreditgeber, Countrywide, blieb das gleiche Schicksal nur deshalb erspart, weil die US-Notenbank eingriff und die Übernahme durch die Bank of America absegnete.

Die Vorgänge alarmierten mich so sehr, dass ich mit meinen Wirtschaftsberatern darüber sprach und im September 2007 eine Rede an der NASDAQ hielt. Darin kritisierte ich die Tatsache, dass der Subprime-Kreditmarkt nicht reguliert worden war, und sprach mich für eine strengere Aufsicht aus. Damit war ich vielleicht anderen Präsidentschaftskandidaten voraus, trotzdem hielt ich nicht Schritt mit dem

Tempo, in dem die Ereignisse an der Wall Street außer Kontrolle gerieten.

In den folgenden Monaten kam es auf den Finanzmärkten zu einer Flucht in sichere Anlagen, als Kreditgeber und Investoren ihr Geld in US-Staatsanleihen umschichteten, die Kreditvergabe stark einschränkten und Kapital aus allen Firmen abzogen, die wegen hypothekenbesicherter Wertpapiere womöglich erhebliche Verlustrisiken aufwiesen. Praktisch alle größeren Finanzinstitute in der Welt waren gefährlich hohe Risiken eingegangen: Sie hatten entweder direkt in solche Papiere investiert (wobei sie sich zur Finanzierung ihrer Wetten oftmals verschuldeten), oder sie hatten Firmen, die dies taten, Kredite gewährt. Im Oktober 2007 gab Merrill Lynch im Zusammenhang mit Hypothekengeschäften einen Verlust in Höhe von 7,9 Milliarden Dollar bekannt. Citigroup warnte, bei ihr könnten es fast 11 Milliarden Dollar sein. Im März 2008 fiel der Aktienkurs der Investmentbank Bear Stearns an einem einzigen Tag von 57 auf 30 Dollar; dies zwang die US-Notenbank, die Fed, dazu, einen »Notkauf« durch JPMorgan Chase zu arrangieren. Niemand konnte sagen, wann die verbliebenen drei großen Investmentbanken der Wall Street – Goldman Sachs, Morgan Stanley und vor allem Lehman Brothers, die alle erschreckend schnell Kapital verloren – das gleiche Schicksal erleiden würden.

Für die Öffentlichkeit war es verlockend, in alldem die wohlverdiente Strafe für gierige Banker und Hedgefonds-Manager zu sehen und deshalb tatenlos zuzuschauen, wie Unternehmen pleitegingen und Führungskräfte, die jährlich Boni von bis zu zwanzig Millionen Dollar kassiert hatten, gezwungen waren, ihre Jachten, Privatjets und Villen in den Hamptons zu verkaufen. Ich hatte genügend Wall-Street-Banker persönlich kennengelernt, um zu wissen, dass viele (wenn auch nicht alle) dem Stereotyp entsprachen: arrogant und anmaßend, versessen auf Statussymbole und gleichgültig gegenüber den Auswirkungen ihrer Entscheidungen auf den Rest der Gesellschaft.

Das Problem war, dass es inmitten einer Finanzpanik in einem modernen kapitalistischen System unmöglich war, gute Unternehmen von schlechten zu trennen oder nur den Unbesonnenen oder Skrupellosen schmerzliche Einschnitte zuzufügen. Ob es einem gefiel oder nicht: Alles hing mit allem zusammen.

Im Frühjahr befanden sich die USA in einer tiefen Rezession. Die Immobilienblase und die Politik des lockeren Geldes hatten zehn Jahre lang eine ganze Reihe struktureller Schwächen der amerikanischen Wirtschaft überdeckt. Als jetzt die Kreditausfälle in die Höhe schnellten, die Kreditbremsen angezogen wurden, die Aktienkurse einbrachen und die Immobilienpreise in den Keller rutschten, beschlossen kleine und große Unternehmen gleichermaßen, den Gürtel enger zu schnallen. Sie entließen Arbeitskräfte und stornierten Bestellungen. Sie schoben Investitionen in neue Fabriken und IT-Systeme auf. Und in dem Maß, wie Menschen, die für diese Unternehmen gearbeitet hatten, ihre Stellen verloren, Wertverluste bei ihren Immobilien oder bei ihren privaten Rentensparplänen hinnehmen mussten, mit ihren Kreditkartenzahlungen in Rückstand gerieten und gezwungen waren, ihre Ersparnisse aufzuzehren, schnallten auch sie ihre Gürtel enger. Sie schoben Autokäufe auf, gingen nicht mehr auswärts essen und vertagten Urlaubsreisen.

Aufgrund sinkender Umsätze entließen Unternehmen Mitarbeiter und kürzten ihre Ausgaben. Es war ein klassischer Zyklus, der durch eine Abschwächung der Nachfrage angestoßen wurde und der sich mit jedem Monat weiter verschlimmerte. Die Daten für März zeigten, dass jedes elfte Hypothekendarlehen überfällig beziehungsweise dass Zwangsvollstreckung schon eingeleitet worden war. Gleichzeitig waren die Autoverkäufe drastisch eingebrochen. Im Mai stieg die Arbeitslosigkeit um einen halben Prozentpunkt – die größte monatliche Zunahme in zwanzig Jahren.

Präsident Bush musste dieses Problem jetzt energisch angehen. Auf Drängen seiner Wirtschaftsberater hatte er sich im Kongress die Unterstützung beider Parteien zu einem wirtschaftlichen Rettungspaket in Höhe von 168 Milliarden Dollar gesichert. Es sah Steuererleichterungen und -nachlässe vor, die die Konsumausgaben stimulieren und die Konjunktur anschieben sollten. Belebende Effekte wurden jedoch durch die hohen Benzinpreise im Sommer gedämpft, und die Krise wurde nur noch schlimmer. Im Juli strahlten Fernsehsender überall im Land Bilder von verzweifelten Kunden aus, die Schlange standen, um ihre Einlagen bei der kalifornischen Bank IndyMac abzuheben, die daraufhin prompt bankrottging. Die viel größere Wachovia überlebte nur, weil Hank Paulson sich auf die Ausnahme des Systemrisikos berief, um sie vor dem Absturz zu retten.

Unterdessen hatte der Kongress 200 Milliarden Dollar bewilligt, um den Zusammenbruch von Fannie Mae und Freddie Mac zu verhindern, die zwei Bankenungeheuer in Privatbesitz, die gemeinsam fast neunzig Prozent der amerikanischen Hypotheken absicherten. Die neu gegründete Federal Housing Finance Agency stellte beide Unternehmen unter staatliche Verwaltung. Doch ungeachtet dieses massiven Eingriffs schienen die Märkte noch immer am Rand des Zusammenbruchs zu stehen – als schaufelten die Behörden Kies in eine Erdspalte, die trotzdem immer größer wird. Und im Augenblick zumindest war der Regierung der Kies ausgegangen.

Aus diesem Grund rief mich Finanzminister Hank Paulson an. Ich war Paulson zum ersten Mal begegnet, als er noch CEO von Goldman Sachs gewesen war. Der hochgewachsene, kahlköpfige Mann mit Brille, der eine etwas hölzerne, aber unprätentiöse Art hatte, hatte die meiste Zeit über seine Leidenschaft für den Umweltschutz gesprochen. Aber jetzt hörte sich seine unverwechselbare heisere Stimme wirklich angespannt an – es war die Stimme eines Mannes, der gegen Erschöpfung und Furcht ankämpfte.

Am Morgen dieses Tages, am Montag, dem 15. September, hatte die Investmentbank Lehman Brothers, die Vermögenswerte in Höhe von 639 Milliarden Dollar verwaltete, bekannt gegeben, dass sie einen Insolvenzantrag stellen werde. Die Tatsache, dass das Finanzministerium nicht interveniert hatte, um den größten Konkurs in der Geschichte abzuwenden, signalisierte, dass wir in der Krise in eine neue Phase eintraten.

»Wir rechnen mit einer sehr negativen Marktreaktion«, sagte Paulson. »Und die Lage wird sich vermutlich weiter verschlechtern, ehe sie besser wird.«

Er erklärte, warum sowohl das Finanzministerium als auch die Notenbank zu der Einschätzung gelangt waren, Lehman sei zu schwach für eine Stützungsaktion, und außerdem sei kein anderes Finanzinstitut gewillt, die Verbindlichkeiten der Wall-Street-Bank zu übernehmen. Präsident Bush hatte Paulson ermächtigt, sowohl mich als auch John McCain zu informieren, weil weitere Notfallmaßnahmen einer parteiübergreifenden politischen Unterstützung bedürften. Paulson hoffte, beide Wahlkampfteams würden den Ernst der Lage erkennen und in angemessener Weise darauf reagieren.

Man brauchte keinen Meinungsforscher, um zu wissen, dass Paulson zu Recht besorgt war wegen des drohenden parteipolitischen Hickhacks. Bis zu den Präsidentschaftswahlen waren es nur noch sieben Wochen. Wenn die Bevölkerung erst einmal über das ungeheure Ausmaß der Krise im Bilde war, würde die Idee, Milliarden an Steuerzahler-Dollar für die Rettung von leichtsinnigen Banken auszugeben, auf der Popularitätsskala bestimmt irgendwo zwischen einem schlimmen Fall von Herpes Zoster und Osama bin Laden rangieren. Am nächsten Tag sollte das von Paulson geleitete Finanzministerium Katastrophen bei Goldman Sachs und Morgan Stanley abwenden, indem es beide Finanzinstitute so umdefinierte, dass sie Geschäftsbanken gründen konnten, die Anspruch auf Schutz durch den Bund hatten. Dennoch konnten sich selbst etablierte Großunternehmen mit erstklassigen Bonitätsbewertungen plötzlich nicht mehr das Geld leihen, das sie benötigten, um ihr operatives Geschäft zu finanzieren, und Geldmarktfonds, die früher als genauso sicher und liquide wie Bargeld angesehen wurden, begannen jetzt nachzugeben.

Für die Demokraten wäre es ein Leichtes gewesen, der Regierung die Schuld für das Fiasko in die Schuhe zu schieben, aber in Wahrheit hatten viele demokratische Kongressabgeordnete es während des gesamten Subprime-Booms begrüßt, dass die Wohneigentumsquote in den USA anstieg. Für Republikaner, die sich zur Wiederwahl stellten und die bereits durch einen unpopulären Präsidenten und die Wirtschaftsflaute belastet waren, war die Aussicht, für weitere Wall-Street-»Rettungspakete« zu stimmen, wie eine Einladung, sich ihr eigenes Grab zu schaufeln.

»Falls Sie weitere Schritte unternehmen müssen«, sagte ich Paulson, »dürfte Ihnen Ihre Seite größere Probleme bereiten als meine.« Schon jetzt beklagten viele Republikaner, die Eingriffe der Regierung Bush in den Bankensektor stünden im Widerspruch zu der konservativen Grundüberzeugung, wonach sich der Staat beschränken sollte. Sie warfen der Federal Reserve vor, ihr Mandat zu überschreiten, und einige besaßen die Frechheit, Regulierungsbehörden dafür zu kritisieren, dass sie die Probleme im Subprime-Markt nicht eher erkannt hatten – als hätten sie selbst die vergangenen acht Jahre nicht unablässig darauf hingearbeitet, jedwede steuernd in den Finanzmarkt eingreifende Vorschrift, die sie finden konnten, zu schwächen.

Bis zu diesem Zeitpunkt hatte sich John McCain in seinen öffentlichen Kommentaren zurückhaltend gegeben, und ich riet Paulson, angesichts der aktuellen Ereignisse engen Kontakt zu meinem Konkurrenten zu halten. Als Präsidentschaftskandidat der Republikaner konnte McCain es sich nicht erlauben, auf Distanz zu Bush zu gehen. Sein Versprechen, die Wirtschaftspolitik Bushs meistenteils fortzusetzen, war von Anfang an eine seiner größten Schwachstellen gewesen. Während der Vorwahlen hatte er zugegeben, nicht viel von Wirtschaftspolitik zu verstehen. Unlängst hatte er den Eindruck einer gewissen Abgehobenheit noch verstärkt, als er einem Reporter gestand, nicht genau zu wissen, wie viele Häuser er besitze. (Die Antwort lautete: acht.) Ausgehend von dem, was Paulson mir sagte, vermutete ich, dass sich McCains politische Probleme schon bald verschlimmern würden. Seine politischen Berater würden ihn sicher drängen, sein Ansehen bei den Wählern dadurch zu verbessern, dass er sich von jeglichen finanziellen Rettungsbemühungen der Regierung distanzierte.

Falls sich McCain entschließen sollte, die Rettungspolitik nicht zu unterstützen, würden mich die Demokraten – und vielleicht sogar meine Mitarbeiter – massiv unter Druck setzen, seinem Beispiel zu folgen. Und trotzdem wusste ich am Ende meines Gesprächs mit Paulson, dass es nicht darauf ankam, was McCain tat. Da so viel auf dem Spiel stand, würde ich ohne Rücksicht auf politische Interessen tun, was notwendig war, um der Regierung zu helfen, die Lage zu stabilisieren.

Wenn ich Präsident werden wolle, sagte ich mir, müsse ich auch wie ein Präsident handeln.

WIE ERWARTET FIEL es John McCain schwer, eine schlüssige Antwort auf die sich rasch verändernde Lage zu präsentieren. Ausgerechnet an dem Tag, als die Lehman-Pleite bekannt gegeben wurde, trat er in dem Bemühen, die Öffentlichkeit zu beruhigen, bei einer im Fernsehen übertragenen Wahlkampfkundgebung auf und erklärte, »die wirtschaftlichen Grundlagen sind solide«. Unsere Seite nahm ihn danach in die Mangel. (»Senator McCain, über welche Volkswirtschaft sprechen Sie?«, fragte ich auf einer eigenen Wahlkampfveranstaltung am selben Tag.)

An den folgenden Tagen stürzte die Nachricht von der Lehman-Insolvenz die Finanzmärkte in eine regelrechte Panik. Die Aktienkurse brachen ein. Merrill Lynch hatte bereits Verhandlungen über einen Notverkauf an die Bank of America geführt. Unterdessen hatte sich das von der Notenbank aufgelegte Kreditprogramm für Banken in Höhe von 200 Milliarden Dollar als unzureichend erwiesen. Neben den Summen, die zur Stützung von Fannie Mae und Freddie Mac flossen, wurden jetzt weitere 85 Milliarden Dollar für die eilige staatliche Übernahme des Versicherungsgiganten AIG, der den Subprime-Wertpapiermarkt rückversichert hatte, aufgewendet. AIG war das Paradebeispiel eines »Too big to fail«-Finanzinstituts: Es war so eng mit globalen Finanznetzwerken verflochten, dass sein Zusammenbruch eine Kaskade von Bankenpleiten verursacht hätte. Aber selbst nach der Intervention durch die Regierung machte es weiterhin Verluste. Vier Tage nach dem Zusammenbruch von Lehman traten Präsident Bush und Finanzminister Paulson gemeinsam mit Notenbankpräsident Ben Bernanke und dem Chef der Börsenaufsichtsbehörde, Chris Cox, im Fernsehen auf und kündigten die Vorlage eines Gesetzentwurfs an, den der Kongress verabschieden sollte: Es handelte sich um das später sogenannte Troubled Asset Relief Program (TARP), in dessen Rahmen ein neuer Notfallfonds in Höhe von 700 Milliarden Dollar aufgelegt wurde. Dies, so schätzten sie, war der Preis, den man zahlen musste, um Armageddon abzuwenden.

Vielleicht um seinen früheren Patzer wettzumachen, erklärte McCain, er sei gegen die staatliche Rettung von AIG. Einen Tag später machte er einen Rückzieher. Seine Haltung zu TARP blieb unklar. In der Theorie lehnte er staatliche Rettungspakete ab, in der Praxis jedoch unterstützte er das vorliegende vielleicht. Angesichts dieses Schlingerkurses fiel es meinem Wahlkampfteam und mir nicht schwer, die Krise mit einer »Bush-McCain'schen« Wirtschaftsagenda, die Vermögende und Mächtige im Verhältnis zur Mittelschicht begünstigte, zu verknüpfen. McCain sei daher nicht geeignet, das Land durch schwierige wirtschaftliche Zeiten zu führen.

Dennoch tat ich mein Bestes, das Versprechen, das ich Paulson gegeben hatte, zu halten. Ich wies mein Team an, öffentlich keine Kommentare abzugeben, die die Chancen der Regierung Bush, den Kongress zur Annahme des Rettungspakets zu bewegen, gefährden könnten. Zusammen mit unseren internen Wirtschaftsberatern Austan Goolsbee und Jason Furman hatte ich begonnen, mich mit einer Ad-hoc-Beratergruppe auszutauschen. Ihr gehörten der ehemalige US-Notenbankpräsident Paul Volcker, Larry Summers, der unter Clinton Finanzminister gewesen war, und der legendäre Investor Warren Buffett an. Alle hatten bereits zuvor schwere Finanzkrisen miterlebt, und jeder von ihnen bestätigte, dass diese hier eine andere Größenordnung habe. Wenn nicht zügig gehandelt werde, so sagten sie mir, bestehe die sehr reale Möglichkeit eines wirtschaftlichen Zusammenbruchs. Weitere Millionen von Amerikanern könnten ihre Häuser und ihre gesamten Ersparnisse verlieren und die Arbeitslosigkeit ein Niveau wie zur Zeit der Großen Depression der 1930er-Jahre erreichen.

Ihr sachkundiger Rat war für mich von unschätzbarem Wert, half er mir doch, die Krise in all ihren Einzelheiten zu verstehen und die verschiedenen Konzepte, die für ihre Bewältigung vorgeschlagen wurden, einzuordnen. Sie haben mir auch einen gehörigen Schrecken eingejagt. Als ich wenig später nach Tampa reiste, wo ich mich auf meine erste Debatte mit McCain vorbereiten wollte, war ich zuversichtlich, dass ich, zumindest was die Grundlagen des Wirtschaftslebens anging, wusste, wovon ich sprach – und meine Sorgen wegen der möglichen Auswirkungen einer lang anhaltenden Krise auf Familien überall in den USA wurden immer größer.

AUCH OHNE DIE ABLENKUNG durch eine drohende Krise hätte ich mich wohl nicht darauf gefreut, drei Tage lang in einem Hotel eingesperrt zu sein, um mich auf die Debatte vorzubereiten. Aber da ich mich bei den Vorwahldebatten unterschiedlich gut geschlagen hatte, war mir klar, dass ich mich gründlich vorbereiten musste. Zum Glück hatte unser Team zwei erfahrene Juristen und altgediente Politikberater angeheuert – Ron Klain und Tom Donilon –, die bereits Kandidaten wie Al Gore, Bill Clinton und John Kerry auf solche Auftritte vorbereitet hatten. Gleich nach meiner Ankunft erläuterten sie mir detailliert das Debattenformat und skizzierten jede denkbare Frage, die gestellt werden könnte. Zusammen mit Axe, Plouffe, Kommunikationsberaterin Anita Dunn und dem Rest des Teams übten sie mit mir stundenlang bis ins kleinste Wort und bis in die kleinste Redewendung hinein die genauen Antworten, die sie hören wollten. Im alten Biltmore Hotel, in das wir uns zurückgezogen hatten, war auf Rons und Toms Drängen hin das Debatten-Podium nachgebaut worden, und gleich am ersten Abend musste ich eine neunzigminütige Scheindebatte über mich ergehen lassen, bei der sie jeden Aspekt meines Auftritts, vom Sprechtempo über die Körperhaltung bis zum Tonfall, auseinandernahmen. Es war anstrengend, aber zweifellos nützlich, und als ich mich endlich aufs Ohr legte, war ich mir sicher, dass ich von den Kernfragen träumen würde.

Doch trotz ihrer großen Bemühungen erreichten mich auch weiterhin Nachrichten von außerhalb der Klain-Donilon-Blase. Zwischen den Sitzungen wurde ich über die jüngsten Marktentwicklungen und über die Erfolgsaussichten des TARP-Gesetzentwurfs der Regierung unterrichtet. Wobei das Wort »Gesetzentwurf« im Grunde nicht passte: Der Entwurf, den Hank Paulson dem Kongress vorgelegt hatte, bestand aus drei mit Textbausteinenglisch vollgeschriebenen Seiten, mit denen das US-Finanzministerium ermächtigt wurde, einen Notfallfonds von 700 Milliarden Dollar für den Kauf von risikobehafteten Wertpapieren zu nutzen beziehungsweise, ganz allgemein, alle für notwendig erachteten Maßnahmen zur Eindämmung der Krise zu ergreifen. Presse und Öffentlichkeit heulten wegen der hohen Kosten auf, und Abgeordnete beider Parteien beanstandeten die allzu unpräzisen Formulierungen. Die Regierung war daher, wie mir Pete Rouse verriet, weit davon entfernt, die für die Verabschiedung notwendigen Stimmen beisammenzuhaben.

Harry Reid und die Sprecherin des Repräsentantenhauses, Nancy Pelosi, bestätigten dies, als ich am Telefon mit ihnen darüber sprach. Beide waren hartgesottene Politiker, die nicht davor zurückschreckten, Republikaner scharf anzugreifen, um ihre Mehrheiten zu festigen, wenn sich die Gelegenheit dazu bot. Aber wie ich im Lauf der nächsten Jahre wiederholt sehen sollte, waren sowohl Harry als auch Nancy bereit (manchmal, nachdem sie lang und breit genörgelt hatten), parteipolitische Erwägungen hintanzustellen, wenn es um Themen von entscheidender Bedeutung ging. Im Hinblick auf TARP erwarteten sie von mir, die Richtung vorzugeben. Ich teilte ihnen in aller Ehrlichkeit mit, was ich davon hielt: Sofern durch Auflagen sichergestellt werden könne, dass nicht bloß ein Geschenk an die Wall Street daraus werde, müssten die Demokraten mithelfen, das Gesetz durchzubringen. Die beiden Fraktionsführer sagten zu, was ich ihnen hoch anrechnete, bei ihren Fraktionen für die notwendigen Stimmen zu sorgen – wenn Bush und die Anführer der Republikaner ihrerseits eine ausreichende Zahl an republikanischen Stimmen sicherstellten.

Ich wusste, dass dies ein verdammt großes »Wenn« war. Ein unpopuläres Gesetz, eine kurz bevorstehende Wahl und keine Seite, die der anderen Munition liefern wollte – das hörte sich nach einem todsicheren Rezept für eine wechselseitige Blockade an.

Um aus der Sackgasse herauszukommen, begann ich ernsthaft, einen abenteuerlichen Vorschlag zu erwägen, den mein Freund Tom Coburn, ein republikanischer Senator aus Oklahoma, gemacht hatte: McCain und ich sollten eine gemeinsame Erklärung veröffentlichen, in der wir uns für die Verabschiedung von TARP oder einem ähnlichen Programm durch den Kongress aussprächen. Wenn wir beide Verantwortung übernähmen, so Coburns Überlegung, könnten wir ohne parteipolitisches Gezerre über das Gesetz abstimmen und so einem nervösen Kongress erlauben, eine sachgerechte Entscheidung zu treffen, ohne sich über mögliche Auswirkungen am Wahltag allzu sehr den Kopf zerbrechen zu müssen.

Ich hatte keine Ahnung, wie McCain darauf reagieren würde. Vielleicht wäre es Effekthascherei in seinen Augen, aber da wir ohne ein Rettungspaket möglicherweise auf eine ausgewachsene Depression zusteuerten, hielt ich es für einen Versuch wert.

McCain und ich telefonierten miteinander, als ich nach einem kurzen Wahlkampfauftritt in mein Hotel zurückfuhr. Er sprach mit weicher Stimme, und er war höflich, aber zurückhaltend. Er sei offen für den Vorschlag einer möglichen gemeinsamen Erklärung, sagte er, aber er habe über eine andere Idee nachgedacht: Wie wäre es, wenn wir unsere Wahlkampfaktivitäten vorübergehend aussetzten? Wie wäre es, wenn wir die Debatte verschieben würden, nach Washington zurückkehrten und warteten, bis das Rettungspaket verabschiedet worden sei?

Auch wenn mir der Glaube fehlte, dass es irgendwie hilfreich sein könnte, den Wahlkampfzirkus nach Washington zu bringen, so fühlte ich mich durch McCains erkennbare Bereitschaft, den Kampf eine Zeit lang ruhen zu lassen und ein Gesetz durchzubringen, ermutigt. Darauf bedacht, nicht abweisend zu klingen, schlug ich vor – und John war einverstanden –, unsere Wahlkampfmanager sollten eine Reihe von Optionen als Diskussionsgrundlage ausarbeiten. Und in einer oder zwei Stunden sollten wir uns wieder miteinander in Verbindung setzen.

Das ist ein Fortschritt, dachte ich, als ich auflegte. Ich wählte die Nummer von Plouffe und bat ihn, Rick Davis, McCains Wahlkampfmanager, anzurufen, um nachzuhaken. Als ich nur Minuten später das Hotel betrat, traf ich dort auf einen missmutig dreinblickenden Plouffe, der gerade sein Telefonat mit Davis beendet hatte.

»McCain wird gleich eine Pressekonferenz abhalten«, sagte er, »und dabei seine Absicht bekannt geben, seinen Wahlkampf zu unterbrechen und zurück nach Washington zu fliegen.«

»Was? Ich habe erst vor zehn Minuten mit ihm gesprochen.«

»Ja, nun … da war er nicht ganz ehrlich. Davis sagt, McCain werde nicht einmal zur Debatte erscheinen, es sei denn, in den nächsten zweiundsiebzig Stunden werde ein Rettungspaket unter Dach und Fach gebracht. Er sagt, McCain werde öffentlich an Sie appellieren, seinem Beispiel zu folgen und den Wahlkampf auszusetzen, weil – halten Sie sich fest! – ›Senator McCain der Ansicht ist, Parteipolitik solle jetzt in den Hintergrund treten‹.« Plouffe fauchte und zog ein Gesicht, als wollte er jemanden schlagen.

Einige Minuten später schauten wir uns an, wie McCain mit sorgenvoller Stimme seine Ankündigung machte. Es war schwer, nicht wütend und enttäuscht zu sein. Die wohlwollende Interpretation lautete, dass John aus Misstrauen so gehandelt hatte: Da er befürchtete, mein Vorschlag einer gemeinsamen Erklärung sei ein Versuch, ihn auszustechen, hatte er beschlossen, mir seinerseits zuvorzukommen. Die weniger nachsichtige Interpretation, die meine Mitarbeiter einhellig teilten, lautete, dass ein verzweifeltes Wahlkampfteam einen schlecht durchdachten politischen Trick anwandte.

Ob Trick oder nicht – eine ganze Reihe politischer Insider in Washington hielten McCains Schritt für einen genialen Schachzug. Sobald sein Fernsehauftritt zu Ende war, wurden wir mit besorgten Botschaften von Beratern der Demokraten und Unterstützern aus dem Washingtoner Polit-Establishment bombardiert. Sie forderten uns auf, den Wahlkampf auszusetzen, da wir andernfalls Gefahr liefen, in einer nationalen Notlage unseren Vorsprung zu verspielen. Aber sowohl aufgrund meines Naturells als auch aufgrund meiner Erfahrung war ich nicht geneigt, das zu tun, was man nach gängiger Meinung tun sollte. Zum einen war ich überzeugt, dass es die Chancen, TARP durch den Kongress zu bekommen, verringern und nicht erhöhen würde, wenn wir uns in Washington in Pose werfen würden. Zum anderen war ich der Auffassung, dass es gerade in der Finanzkrise umso wichtiger wäre, dass die Debatte stattfände, damit die Wähler direkt aus dem Mund der beiden Konkurrenten hörten, was sie vorhatten, um die Bürger dieses Landes durch unbekanntes Terrain zu führen. Dennoch war es mit hohen Risiken verbunden, McCains Appell zurückzuweisen. Ich fragte die Mitglieder meines Teams, die sich um mich versammelt hatten, ob irgendjemand anderer Meinung sei. Ohne zu zögern, antworteten alle mit Nein.

»Prima«, sagte ich lächelnd.

Anderthalb Stunden später hielt ich eine eigene Pressekonferenz ab, auf der ich mitteilte, dass ich meinen Wahlkampf nicht aussetzen würde. Ich wies darauf hin, dass ich mich schon jetzt regelmäßig mit Paulson und führenden Mitgliedern des Kongresses abstimmte und dass ich gewillt sei, wenn nötig jederzeit nach Washington zu fliegen. Dann äußerte ich spontan einen Satz, der die Medienberichterstattung beherrschen sollte: »Präsidenten müssen sich zu jedem beliebigen Zeitpunkt mit mehr als einer Angelegenheit befassen.«

Wir hatten keine Ahnung, wie die Wähler reagieren würden, aber alle waren zufrieden mit meiner Entscheidung. Doch kaum dass wir Platz genommen hatten, um unsere nächsten Schritte zu planen, erhielt Plouffe eine E-Mail von Josh Bolten, Bushs Stabschef, mit der Bitte, ihn anzurufen. Er flitzte aus dem Zimmer. Als er ein paar Minuten später zurückkehrte, blickte er noch finstrer drein.

»Anscheinend hat McCain Bush gebeten, morgen mit Ihnen, McCain und führenden Mitgliedern des Kongresses ein Treffen im Weißen Haus abzuhalten, um zu versuchen, eine Einigung über TARP zu erzielen. Bush sollte jeden Moment anrufen, um Sie zu den Feierlichkeiten einzuladen.«

Plouffe schüttelte den Kopf.

»Das ist totaler Schwachsinn«, sagte er.

OBGLEICH NICHT SONDERLICH groß, ist der Cabinet Room im Weißen Haus imposant. Ein prächtiger roter Teppich mit goldenen Sternen bedeckt den Fußboden, und die cremefarbenen Wände sind mit Wandleuchtern in Gestalt von Adlern mit ausgebreiteten Schwingen geschmückt. An der Nordseite des Raumes richten im klassischen Stil gearbeitete Marmorbüsten von George Washington und Benjamin Franklin aus Nischen zu beiden Seiten eines offenen Kamins ihre Blicke auf die Anwesenden. Die Mitte des Raumes nimmt ein ovaler Tisch aus glänzendem Mahagoni ein, um den herum zwanzig schwere Lederstühle angeordnet sind. Auf der Rückenlehne der Stühle sind kleine Messingschilder angebracht, die anzeigen, wo der Präsident, der Vizepräsident und die übrigen Kabinettsmitglieder Platz nehmen. Es ist ein Ort sachlicher Beratschlagung, und seine Ausstattung trägt der historischen Bedeutung dessen, was hier geschieht, Rechnung.

An den meisten Tagen strömt durch breite französische Türen, die auf den Rosengarten gehen, helles Sonnenlicht in den Raum. Aber als ich am 25. September für das Treffen, das Bush auf Bitten McCains anberaumt hatte, Platz nahm, war der Himmel bedeckt. Um den Tisch herum saßen der Präsident, Vizepräsident Cheney, McCain und ich sowie Hank Paulson, Nancy Pelosi, Harry Reid, die Fraktionsvorsitzenden der Republikaner im Repräsentantenhaus und im Senat, John Boehner und Mitch McConnell, sowie die Vorsitzenden und stellvertretenden Vorsitzenden der einschlägigen Ausschüsse. Zahlreiche Mitarbeiter und Mitarbeiterinnen des Weißen Hauses und der führenden Kongressabgeordneten saßen entlang der Wände, machten sich Notizen und blätterten in dicken Briefingunterlagen.

Niemand sah so aus, als wäre er oder sie gerne hier.

Der Präsident hatte sich ganz und gar nicht begeistert angehört, als wir am Vortag telefoniert hatten. Mit so gut wie keiner einzigen wichtigen politischen Entscheidung von George W. Bush war ich einverstanden, aber den Menschen mochte ich mittlerweile: Ich fand ihn geradlinig, entwaffnend und selbstironisch.

»Ich kann Ihnen nicht sagen, warum McCain das für eine gute Idee hält«, sagte er, wobei er beinahe entschuldigend klang. Er wusste es zu würdigen, dass Hank Paulson und ich uns bereits mehrmals täglich miteinander austauschten, und er brachte seine Dankbarkeit dafür zum Ausdruck, dass ich hinter den Kulissen bei den demokratischen Kongressabgeordneten für das Rettungspaket warb. »Wenn ich Sie wäre, dann wäre Washington der letzte Ort, an dem ich sein wollte«, sagte Bush. »Aber McCain bat darum, und ich kann nicht Nein sagen. Hoffentlich können wir es kurz halten.«

Erst später erfuhr ich, dass Paulson und die übrigen Mitglieder von Bushs Team gegen das Treffen gewesen waren, und zwar aus gutem Grund. Im Verlauf der letzten Tage hatten sich führende Vertreter beider Parteien im Kongress in ihren Standpunkten zur TARP-Gesetzgebung einander angenähert. Noch am Morgen des Treffens hatte es Berichte über eine vorläufige Einigung gegeben (auch wenn sich die Republikaner im Repräsentantenhaus innerhalb weniger Stunden davon distanzierten). Da sich die Verhandlungen in einer so heiklen Phase befanden, waren Bushs Berater zu Recht der Ansicht, dass es vermutlich eher hinderlich als hilfreich wäre, McCain und mich in den Prozess einzubeziehen.

Aber Bush hatte sich über den Rat seines Teams hinweggesetzt, und ich konnte ihm das nicht verübeln. In Anbetracht des wachsenden Widerstands gegen TARP innerhalb seiner eigenen Partei konnte er es sich kaum leisten, Gegenwind vom Präsidentschaftskandidaten der Republikaner zu bekommen. Trotzdem hatte das ganze Vorgehen etwas von einer ausgeklügelten Farce. Als ich die mürrischen Gesichter der Anwesenden sah, wurde mir klar, dass wir uns nicht für ernst zu nehmende Verhandlungen hier eingefunden hatten, sondern deshalb, weil der Präsident eine bestimmte Person beschwichtigen wollte.

Der Präsident eröffnete das Treffen mit einem kurzen Appell zur Einigkeit, ehe er Paulson das Wort erteilte, der uns über die aktuelle Marktsituation informierte und erläuterte, dass mit den TARP-Mitteln den Banken faule Hypothekenkredite (»toxische Aktiva«, wie sie genannt wurden) abgekauft werden sollten, was die Bilanzen stärken und das Vertrauen der Märkte wiederherstellen sollte. »Wenn Hank und Ben glauben, dass dieser Plan funktionieren wird«, sagte Bush, nachdem sie geendet hatten, »dann bin ich dafür.«

Dem Protokoll gemäß wandte sich der Präsident als Nächstes an die Sprecherin des Repräsentantenhauses, Nancy Pelosi. Aber statt selbst das Wort zu ergreifen, setzte Nancy den Präsidenten höflich davon in Kenntnis, dass ich als Erster für die Demokraten sprechen würde.

Es war Nancys und Harrys Idee gewesen, mich zum »Bevollmächtigten« der Demokraten in dieser Sache zu machen, und ich war dankbar dafür. Dies stellte nicht nur sicher, dass ich während der Beratungen nicht von McCain ausgetrickst würde, es signalisierte auch, dass meine demokratischen Parteikollegen der Ansicht waren, ihr politisches Schicksal sei eng mit meinem verknüpft. Der Schritt schien die Republikaner zu überraschen, aber ich bemerkte gleich, dass der Präsident Nancy in einer für ihn typischen Weise angrinste – als gewiefter Politiker wusste er einen geschickten Schachzug zu würdigen –, bevor er in meine Richtung nickte.

Ich sprach nun mehrere Minuten lang über den Charakter der Krise, die Einzelheiten des allmählich Gestalt annehmenden Gesetzentwurfs und die offenen Fragen im Zusammenhang mit Aufsichtsführung, Managervergütungen und Hilfen für Immobilienbesitzer, die nach Ansicht der Demokraten noch geklärt werden mussten. Ich erwähnte, dass sowohl Senator McCain als auch ich öffentlich versprochen hatten, die finanziellen Rettungsbemühungen nicht wahltaktisch ausschlachten zu wollen, und versicherte dem Präsidenten dann, dass die Demokraten ihren Teil der für die Annahme des Gesetzes notwendigen Stimmen liefern würden. Aber ich warnte: Wenn etwas Wahres an den Berichten sei, wonach einige führende Republikaner von der erzielten Einigung wieder abrückten und darauf bestanden, einen völlig neuen Plan auszuarbeiten, würde dies die Verhandlungen unweigerlich ins Stocken bringen – »mit schwerwiegenden Folgen«.

Bush wandte sich an McCain und sagte: »John, da Barack die Gelegenheit hatte, sich zu äußern, ist es nur fair, wenn ich als Nächstes Ihnen das Wort erteile.«

Alle Blicke wandten sich McCain zu, der die Kiefer zusammenpresste. Er schien etwas sagen zu wollen, besann sich dann aber eines Besseren und rutschte kurz auf seinem Stuhl hin und her.

»Ich denke, ich warte, bis ich an der Reihe bin«, sagte er schließlich.

Es gibt Momente in einem Wahlkampf, wie im Leben, in denen alle möglichen Pfade, außer einem, plötzlich versperrt sind, in denen das, was nach einer breiten Streuung wahrscheinlicher Ergebnisse aussah, sich zum Unabänderlichen verengt. Dies war einer dieser Momente. Bush warf McCain einen verdutzten Blick zu, zuckte mit den Achseln und wandte sich an Boehner. Boehner sagte, es sei keineswegs seine Absicht, alles neu zu verhandeln, er wolle lediglich einige Abänderungen erreichen, einschließlich eines Plans, den er selbst nur vage beschreiben konnte, bei dem es jedoch darum ging, dass die US-Bundesregierung die Verluste von Banken absichern sollte, statt ihre Aktiva zu kaufen.

Ich fragte Paulson, ob er sich diesen Versicherungsvorschlag der Republikaner angesehen und geprüft habe, ob er erfolgversprechend sei. Mit fester Stimme antwortete Paulson, er habe ihn geprüft, glaube aber nicht, dass er funktionieren werde.

Richard Shelby, der stellvertretende Vorsitzende des Bankenausschusses des Senats, wandte ein, mehrere Ökonomen hätten ihm gesagt, TARP sei nicht zielführend. Er schlug vor, das Weiße Haus solle dem Kongress mehr Zeit geben, um alle Optionen abzuwägen. Bush schnitt ihm das Wort ab und sagte, das Land habe keine Zeit mehr.

Als sich die Diskussion hinzog, wurde immer deutlicher, dass keiner der republikanischen Anführer mit dem Inhalt des TARP-Gesetzes in seiner jüngsten Fassung, und übrigens auch ihren eigenen Änderungsvorschlägen, wirklich vertraut war. Sie suchten schlicht nach einer Möglichkeit, eine heikle Abstimmung zu vermeiden. Nachdem ich dem Gerangel mehrere Minuten lang zugehört hatte, mischte ich mich wieder in das Gespräch ein.

»Mr President«, sagte ich, »ich würde noch immer gern hören, was Senator McCain zu sagen hat.«

Abermals richteten sich alle Blicke auf McCain. Diesmal studierte er eine kleine Karteikarte in seiner Hand, nuschelte etwas, was ich nicht verstand, und erging sich dann zwei oder drei Minuten lang in Plattitüden: darüber, dass die Gespräche doch vorankämen und dass es wichtig sei, Boehner genügend Freiraum zu geben, um seine Fraktion zu einem Ja zu bewegen.

Und das war's. Kein Plan. Keine Strategie. Nicht einmal das kleinste Fitzelchen von einem Vorschlag, wie sich die unterschiedlichen Standpunkte vielleicht überbrücken ließen. Alle Anwesenden verstummten, als McCain mit niedergeschlagenen Augen seine Karteikarte hinlegte, wie ein Batter, der weiß, dass er seinen Schlag vermasselt hat. Er tat mir fast leid. Es war ein politischer Kunstfehler, dass sein Team ihn zuerst zu einer solchen Initiative, bei der viel auf dem Spiel stand, ermuntert und den Kandidaten anschließend unvorbereitet in das Treffen geschickt hatte. Wenn Reporter Wind davon bekämen, was für ein schlechtes Bild McCain an diesem Tag abgegeben hatte, würden sie nicht gerade wohlwollend darüber berichten.

Johns seltsamer Auftritt hatte jedoch eine unmittelbare Folge: Er löste ein allgemeines Gerangel im Cabinet Room aus. Nancy und Spencer Bachus, Republikaner und stellvertretender Vorsitzender des Finanzdienstleistungsausschusses des Repräsentantenhauses, begannen darüber zu streiten, wem die strengeren Schutzbestimmungen für die Steuerzahler in der jüngsten Gesetzesfassung zu verdanken seien. Barney Frank, der robuste und schlagfertige Demokrat aus Massachusetts, der die Materie beherrschte und sich vermutlich mehr als irgendjemand sonst darum bemüht hatte, Paulson zu helfen, TARP über die Ziellinie zu bringen, begann, gegen die Republikaner zu sticheln. Er rief mehrfach: »Wie lautet Ihr Plan? Wie lautet Ihr Plan?« Gesichter erröteten, Stimmen wurden lauter, Menschen redeten durcheinander. McCain dagegen schwieg die ganze Zeit und schmollte auf seinem Stuhl. Es wurde so schlimm, dass sich schließlich Präsident Bush erhob.

»Ich habe offensichtlich die Kontrolle über dieses Treffen verloren«, sagte er. »Es ist hiermit beendet.«

Und mit diesen Worten fuhr er herum und stürmte durch die südliche Tür hinaus.

Der gesamte Vorfall ließ mich fassungslos zurück.

Während McCain und die führenden Republikaner der Reihe nach den Raum verließen, drängte ich Nancy, Harry und die übrigen Demokraten in den benachbarten Roosevelt Room. Sie alle waren mehr oder minder aufgebracht. Und da wir bereits beschlossen hatten, dass ich nach dem Treffen keine Stellungnahme gegenüber Reportern abgeben würde, wollte ich sicherstellen, dass keiner von ihnen etwas sagte, was alles noch schlimmer machen würde. Wir erörterten verschiedene Möglichkeiten, wie sie das Treffen auf konstruktive Weise resümieren könnten, als Paulson hereinkam, der völlig verstört aussah. Mehrere meiner Kollegen wollten ihn verscheuchen, als wäre er ein unbeliebtes Kind auf dem Spielplatz. Einige johlten sogar.

»Nancy«, sagte Paulson, ein Hüne neben der Sprecherin des Repräsentantenhauses. »Bitte …« Und dann sank der ein Meter fünfundneunzig große, zweiundsechzig Jahre alte Mann vor ihr auf ein Knie – eine einnehmende, in ihrer Mischung aus Humor und Verzweiflung fast traurig wirkende Geste. »Ich flehe Sie an, lassen Sie das jetzt nicht platzen.«

Die Sprecherin erlaubte sich ein flüchtiges Lächeln. »Hank, ich wusste gar nicht, dass Sie katholisch sind«, sagte sie. Aber genauso schnell verflüchtigte sich ihr Lächeln auch wieder, und sie fuhr in brüskem Ton fort: »Vielleicht haben Sie es ja nicht bemerkt, aber wir sind es nicht, die versuchen, die Sache zu torpedieren.«

Ich musste Paulson Anerkennung zollen. Er erhob sich, stand mehrere Minuten da und hörte zu, wie die Demokraten Dampf abließen. Als sie dann hinausgingen, um sich den Fragen der Presse zu stellen, hatten sich alle wieder beruhigt und versprochen, das Treffen so positiv wie möglich darzustellen. Hank und ich verabredeten, uns am späteren Abend noch einmal kurzzuschließen. Nachdem ich das Weiße Haus verlassen hatte, rief ich Plouffe an.

»Wie lief's?«, fragte er.

Ich überlegte kurz.

»Es lief gut für uns«, sagte ich. »Aber nach dem, was ich gerade erlebt habe, sollten wir besser gewinnen, oder dieses Land ist geliefert.«

ICH BIN VON NATUR aus kein abergläubischer Mensch. Als Kind hatte ich keine Glückszahl, und ich besaß auch keine Hasenpfote. Ich glaubte nicht an Gespenster oder an Kobolde, und auch wenn ich mir vielleicht etwas wünschte, wenn ich Geburtstagskerzen ausblies oder einen Penny in einen Brunnen warf, so hat mich meine Mutter doch immer umgehend daran erinnert, dass Wünsche in der Regel nur dann wahr werden, wenn man sich anstrengt.

Während des Wahlkampfs habe ich der Geisterwelt dann aber ein paar Zugeständnisse gemacht. In Iowa zum Beispiel kam eines Tages nach einer Veranstaltung ein stämmiger, bärtiger Mann in Motorradfahrerkluft, der überall Tätowierungen trug, auf mich zu und drückte mir etwas in die Hand. Es sei sein metallener Glückspokerchip, erklärte er, der habe ihn in Las Vegas nie im Stich gelassen. Er wolle, dass ich ihn bekomme. Eine Woche später streckte ein blindes junges Mädchen in New Hampshire die Hand aus, um mir ein kleines Herz aus rosafarbenem Glas zu schenken. In Ohio war es ein Silberkreuz von einer Nonne mit einem unverwüstlichen Lächeln und einem Gesicht, das so stark gefurcht war wie ein Pfirsichkern.

Meine Sammlung von Talismanen wuchs stetig: ein Miniatur-Buddha, ein Ohio-Buckeye-Maskottchen, ein laminiertes vierblättriges Kleeblatt, eine winzige Bronzefigur von Hanuman, dem Affengott, alle Arten von Engeln, Rosenkranzperlen, Kristallen und Steinen. Ich machte es mir zur Gewohnheit, jeden Morgen fünf oder sechs davon auszuwählen und in meine Hosentasche zu stecken, wobei ich mir halb bewusst zu merken versuchte, welche ich an einem besonders guten Tag bei mir getragen hatte.

Wenngleich mein Vorrat an kleinen Kostbarkeiten nicht garantierte, dass es Fortuna gut mit mir meinte, so nahm ich doch an, dass sie jedenfalls nicht schaden würden. Jedes Mal, wenn ich sie in meiner Hand drehte oder ihr leises Klirren hörte, wenn ich von einem Auftritt zum nächsten fuhr, fühlte ich mich gestärkt. Jeder Talisman war eine greifbare Erinnerung an all die Menschen, denen ich begegnet war, und er übermittelte mir auf eine vage, aber beständige Weise ihre Hoffnungen und Erwartungen.

Auch mit meinen Ritualen an den Debattentagen nahm ich es sehr genau. Den Morgen verbrachte ich immer damit, noch einmal die Strategie und Schlüsselargumente durchzugehen, während ich den frühen Nachmittag mit leichten Wahlkampfaktivitäten zubrachte. Aber bis sechzehn Uhr wollte ich alle Termine erledigt haben. Um überschüssiges Adrenalin loszuwerden, trieb ich ein bisschen Sport. Dann, neunzig Minuten bevor ich zum Austragungsort der Debatte aufbrach, rasierte ich mich und duschte lang und heiß, bevor ich das neue Hemd (weiß) und die Krawatte (blau oder rot) anzog, die Reggie in den Wandschrank meines Hotelzimmers neben meinen frisch gebügelten Anzug gehängt hatte. Zum Abendessen ein Leibgericht: ein fast durchgebratenes Steak, Bratkartoffeln oder Kartoffelbrei und gedämpfter Brokkoli. Und ungefähr eine halbe Stunde vor der Debatte, während ich einen Blick auf meine Notizen warf, lauschte ich Musik aus Ohrhörern oder einem kleinen tragbaren Lautsprecher. Irgendwann habe ich einige Songs beinahe zwanghaft immer wieder gehört. Zunächst waren es eine Handvoll Jazzklassiker – Miles Davis' »Freddie Freeloader«, John Coltranes »My Favourite Things« und Frank Sinatras »Luck Be a Lady«. (Vor einer Vorwahldebatte habe ich den letzten Song zwei- oder dreimal hintereinander gespielt, ein klarer Beleg dafür, dass ich befürchtete, mich nicht ausreichend vorbereitet zu haben.)

Schließlich war es Rap, der mir den Kopf zurechtrückte, insbesondere zwei Songs: »My 1st Song« von Jay-Z und »Lose Yourself« von Eminem. In beiden geht es darum, wie man allen Widrigkeiten trotzt und alles für eine Sache riskiert (»Wenn du einen Versuch hättest oder eine Gelegenheit, alles, was du dir je gewünscht hast, in einem Moment zu erlangen, würdest du dann zugreifen? Oder dir die Gelegenheit entgehen lassen …«). Darum, wie es sich anfühlt, etwas aus dem Nichts zu erschaffen, wie man sich mit Gewitztheit, Gaunereien und als Draufgängertum kaschierter Angst durchschlägt. Die Texte wirkten wie zugeschnitten auf meinen früheren Status als Underdog. Ich saß in meinem adretten Anzug und einer Krawatte mit perfektem Dimple allein im Fond meines Secret-Service-Vans, der mich zum Austragungsort einer Debatte fuhr, und wippte den Kopf im Rhythmus dieser Songs, spürte dabei einen Hauch von persönlicher Rebellion, eine Verbundenheit mit einer raueren, ungeschminkteren Wirklichkeit als all das Gewese und die ganze Ehrerbietung, die mich jetzt umgaben. Es war eine Methode, alles Aufgesetzte abzustreifen und mich daran zu erinnern, wer ich war.

Vor meiner ersten Debatte mit John McCain Ende September hielt ich mich peinlich genau an das Ritual. Ich aß mein Steak, lauschte meiner Musik und spürte das Gewicht der Glücksbringer in meiner Hosentasche, als ich die Bühne betrat. Aber ehrlich gesagt brauchte ich nicht sonderlich viel Glück. Zu dem Zeitpunkt, als ich auf dem Campus der Universität von Mississippi eintraf – dem Ort, wo weniger als fünfzig Jahre zuvor ein Schwarzer namens James Meredith gezwungen gewesen war, eine Verfügung des Obersten Gerichtshofs und den Schutz von fünfhundert Bundespolizisten zu erwirken, schlicht um studieren zu dürfen –, war ich nicht mehr der Underdog.

Ich hatte mittlerweile die besten Chancen, bei diesem Kampf als Sieger vom Platz zu gehen.

Wie erwartet hatten die Presseberichte über das Fiasko, in das das Treffen im Weißen Haus gemündet hatte, kein gutes Haar an McCain gelassen. Seine Probleme verschlimmerten sich noch, als sein Wahlkampfteam nur Stunden vor der Debatte ankündigte, dass er aufgrund der »Fortschritte«, die dank seines Eingreifens in die Verhandlungen im Kongress über das TARP-Gesetz erzielt worden seien, die selbstauferlegte Aussetzung seines Wahlkampfs beenden und er nun doch teilnehmen werde. (Wir wollten so oder so mitmachen, selbst wenn es bedeutete, dass im Fernsehen ein nettes Gespräch zwischen mir und dem Moderator Jim Lehrer zu sehen wäre.) Reporter interpretierten McCains jüngste Aktion als das, was sie war: einen überstürzten Rückzug nach einem politischen Schachzug, der sich als Bumerang erwiesen hatte.

Die Debatte selbst hielt nur wenige Überraschungen bereit. McCain wirkte auf der Bühne entspannt, stückelte Auszüge aus seinen Wahlkampfreden und die üblichen Politikrezepte der Republikaner zusammen, wobei er alles mit reichlich Humor und Charme vortrug. Dennoch zeigte sich im Lauf unseres Schlagabtauschs immer deutlicher, dass er über die Einzelheiten der Finanzkrise nur punktuell Bescheid wusste und dass er keinen klaren Plan für ihre Bewältigung hatte. Ich dagegen war gut in Form. Kein Zweifel, der strenge Trainingsplan, den mir die »Drill-Sergeants« Klain und Donilon verordnet hatten, hatte sich bezahlt gemacht. So sehr mir vorgefertigte Antworten auf Fragen instinktiv widerstrebten, so ließ sich doch nicht bestreiten, dass sowohl Fernsehzuschauer als auch Experten meine eingeübten Antworten besonders überzeugend fanden, und die Vorbereitung verhinderte auch, dass ich allzu langatmig redete.

Noch wichtiger aber war, dass ich mich auf die Debatte mit McCain regelrecht freute. Anders als meine Debatten mit Hillary und den übrigen Kandidaten der Demokraten, die ich oft als kunstvoll inszenierte Veranstaltungen erlebt hatte, bei denen Haarspalterei betrieben und Stilnoten vergeben wurden, waren die Unterschiede zwischen mir und John echt und tief. Die Folgen dieser Wahl, die eine grundlegende Richtungsentscheidung war, würden jahrzehntelang nachwirken und beträfen Millionen von Menschen. Ich war mir sicher, die Fakten gut zu kennen, und fest davon überzeugt, dass meine Ideen eine bessere Antwort auf die Herausforderungen, vor denen die USA jetzt standen, boten als Johns Rezepte. So fühlte ich mich durch unsere Rededuelle wie elektrisiert, und die neunzig Minuten auf der Bühne haben mir (beinahe) Spaß gemacht.

Die Befragungen unentschlossener Wähler unmittelbar nach der Debatte zeigten, dass ich mit großem Abstand gewonnen hatte. Mein Team war ausgelassen, es gab reichlich Fist Bumps, und vermutlich seufzten einige insgeheim erleichtert auf.

Michelle war glücklich, aber gedämpfter. Sie hasste es, zu Debatten zu gehen. Mit gleichmütiger Miene still dazusitzen, ganz egal, was über mich gesagt wurde oder wie sehr ich es verpatzte, während sich ihr der Magen umdrehte, das war für sie so, als würde ihr ohne Betäubung ein Zahn aufgebohrt. Ob aus einer Art abergläubischer Furcht, es könnte den Ausgang negativ beeinflussen, oder wegen ihrer ambivalenten Haltung gegenüber der Aussicht, dass ich die Wahl gewinnen könnte, vermied sie es gewöhnlich auch, mit mir über das Ergebnis zu reden. Daher überraschte es mich, als sie sich an diesem Abend im Bett zu mir hindrehte und sagte: »Du wirst gewinnen, oder?«

»Es kann noch immer viel passieren … aber ja, die Chancen stehen gut, dass es so kommt.«

Ich sah Michelle an. Ihr Gesicht wirkte nachdenklich, als versuchte sie, in Gedanken ein kniffliges Problem zu lösen. Schließlich nickte sie sich selbst zu und erwiderte meinen Blick.

»Du wirst gewinnen«, sagte sie mit sanfter Stimme. Sie küsste mich auf die Wange, knipste die Nachttischlampe aus und zog die Bettdecke über ihre Schulter.

AM 29. SEPTEMBER, drei Tage nach der Debatte in Ole Miss, fehlten Bushs TARP-Gesetz dreizehn Stimmen zur Verabschiedung im Repräsentantenhaus. Zwei Drittel der Demokraten hatten dafür und zwei Drittel der Republikaner dagegen gestimmt. Der Dow-Jones-Index fiel umgehend um erschreckende 778 Punkte, und nach einer Abreibung durch die Presse und zweifellos einer Flut Anrufe von Wählern, die ihre Altersvorsorge dahinschwinden sahen, änderten genug Mitglieder beider Parteien ihre Meinung, sodass ein paar Tage später eine geänderte Fassung des Rettungspakets angenommen wurde.

Mit großer Erleichterung rief ich Hank Paulson an, um ihm für seine Bemühungen zu danken. Aber obwohl sich zeigte, dass die Verabschiedung von TARP entscheidend zur Rettung des Finanzsystems beitrug, sorgte der gesamte Vorgang doch nicht dafür, den wachsenden Eindruck der Öffentlichkeit zu revidieren, dass den Republikanern – und damit auch ihrem Präsidentschaftskandidaten – nicht zuzutrauen sei, die Krise verantwortungsvoll zu bewältigten.

Unterdessen zahlten sich die Wahlkampfentscheidungen, auf die Plouffe vor Monaten gedrängt hatte, allmählich aus. Unsere Armee von Organisatoren und Freiwilligen war im gesamten Land ausgeschwärmt, hatte Hunderttausende neue Wähler registriert und beispiellose Aktionen in Bundesstaaten angestoßen, die eine vorzeitige Stimmabgabe erlaubten. Die Onlinespenden rissen nicht ab, und sie ermöglichten es uns, in verschiedenen Medien unserer Wahl Werbung zu schalten. Als das Wahlkampfteam McCains einen Monat vor der Wahl ankündigte, die Kampagne in Michigan einzustellen, einem der entscheidenden Swing States, um seine Ressourcen anderswo zu konzentrieren, war Plouffe beinahe beleidigt. »Ohne Michigan können sie nicht gewinnen!«, sagte er kopfschüttelnd. »Da können sie auch gleich eine weiße Fahne hissen!«

Statt ihre Energie auf Michigan zu konzentrieren, wandte McCains Kampagne ihre Aufmerksamkeit einem Mann zu, der zu einer merkwürdigen Kultfigur geworden war: Joe Wurzelbacher.

Ich war Wurzelbacher ein paar Wochen vorher begegnet, als ich in Toledo, Ohio, ganz altmodisch von Tür zu Tür ging. Es war die Art von Wahlkampf, die mir am meisten Spaß machte: Man überraschte Menschen, während sie Laub rechten oder in der Einfahrt an ihrem

Auto werkelten, und Kinder sausten auf Fahrrädern herbei, um nachzusehen, was der Anlass für den Trubel war.

An diesem Tag stand ich an einer Ecke, gab Autogramme und sprach mit einer Gruppe von Leuten, als ein Mann mit kahl rasiertem Schädel, Ende dreißig vielleicht, sich als Joe vorstellte und mich nach meinen Steuerplänen fragte. Er sei Klempner, sagte er, und er befürchte, dass Liberale wie ich es ihm erschweren würden, als Kleinunternehmer erfolgreich zu sein. Vor den laufenden Kameras des Medientrosses erklärte ich, dass nach meinem Plan die Steuern nur für die wohlhabendsten zwei Prozent der Amerikaner erhöht würden und dass die Wirtschaft insgesamt und auch seine Firma davon profitierten, wenn diese Einnahmen etwa in Bildung und Infrastruktur investiert würden. Ich sagte ihm, ich sei fest davon überzeugt, dass diese Art von Einkommensumverteilung – »wenn man den Wohlstand verteilt«, waren meine Worte – von jeher dazu beigetragen habe, mehr Menschen die Möglichkeit auf ein besseres Leben zu eröffnen.

Joe reagierte freundlich, war aber nicht überzeugt, und wir kamen überein, verschiedener Meinung zu sein. Wir verabschiedeten uns mit einem Handschlag. Auf der Rückfahrt in unser Hotel sagte mir Gibbs – der wie jeder hervorragende Wahlkampf-Kommunikationschef ein sicheres Gespür dafür hatte, wann ein paar scheinbar unverfängliche Worte womöglich einen politischen Sturm entfachen würden –, meine Äußerung über die Verteilung des Wohlstands sei problematisch gewesen.

»Wieso?«

»So eine Aussage kommt bei den Wählern nicht gut an. Die Menschen assoziieren damit Kommunismus und alles Schlechte.«

Ich tat es mit einem Lachen ab und erwiderte, wir würden doch vor allem deshalb die Steuersenkungen unter Bush rückgängig machen wollen, um die Einkommen von Leuten wie mir zu Menschen wie Joe umzuverteilen. Gibbs sah mich an wie eine Mutter ihr Kind, das immer wieder den gleichen Fehler macht.

Sobald die Aufnahmen von mir und Wurzelbacher, der sogleich »Joe, der Klempner« genannt wurde, auftauchten, begann McCain, wie nicht anders zu erwarten, bei unseren Debatten darauf herumzureiten. Sein Wahlkampfteam setzte alles auf diese Karte. Sie behaupteten, dieser tüchtige und rechtschaffene Mann aus Ohio habe meine geheime sozialistische Umverteilungsagenda entlarvt, und sie stellten ihn als ein Orakel des konservativen Herzlands hin. Moderatoren von Nachrichtensendungen interviewten Joe. Es gab »Joe, der Klempner«-Fernsehspots, und McCain nahm Joe zu ein paar Wahlkampfkundgebungen mit. Sein unverhoffter Ruhm schien Joe selbst abwechselnd zu amüsieren, zu verdutzen und gelegentlich zu ärgern. Aber letztlich sahen die meisten Wähler in Joe offensichtlich nicht viel mehr als eine Ablenkung von der ernsten Sache, den nächsten Präsidenten zu wählen.

Die meisten Wähler, aber nicht alle. Für diejenigen, die ihre Nachrichten von Sean Hannity und Rush Limbaugh bezogen, fügte sich »Joe, der Klempner« nahtlos in das umfassendere Narrativ ein, in dem Reverend Wright, meine angebliche Treue zu dem radikalen Community Organizer Saul Alinsky, meine Freundschaft mit meinem Nachbarn Bill Ayers, der einst ein Anführer der militanten Gruppe The Weather Underground gewesen war, und mein undurchsichtiges muslimisches Erbe eine zentrale Rolle spielten. Für diese Wähler war ich nicht länger nur ein linker Demokrat, der das Netz der sozialen Sicherung erweitern und den Krieg im Irak beenden wollte. Ich war etwas Bedrohlicheres, jemand, den man fürchten und aufhalten musste. Um diese dringende patriotische Botschaft unter das amerikanische Volk zu bringen, setzten sie immer stärker auf ihre unerschrockenste Vorkämpferin, Sarah Palin.

Seit August hatte Palin eine Reihe hochkarätiger Interviews in den Sand gesetzt, und sie wurde in *Saturday Night Live* und anderen spätabendlichen Comedyshows ständig aufs Korn genommen. Doch ihre Stärke lag woanders. Ihre Auftritte in der ersten Oktoberwoche waren sehr gut besucht gewesen, und sie hatte ihre Zuhörer mit nativistischen Hetzreden aufgestachelt. Vom Podium aus machte sie mir Vorhaltungen wie »er treibt sich mit Terroristen herum, die ihr eigenes Land angreifen würden«. Sie behauptete, ich sei »jemand, der Amerika nicht so sieht, wie Sie und ich Amerika sehen«. Menschen kamen zu ihren Kundgebungen mit T-Shirts, auf denen Slogans wie PALIN'S PITBULLS und NO COMMUNISTS standen. Die Medien berichteten darüber, dass aus dem Publikum »Terrorist!«, »Bringt ihn um!« und »Kopf ab!« gerufen worden sei. Es schien, als würden mit Palin die dunklen Gespenster, die lange an den Rändern der Republikanischen Partei ein Schattendasein gefristet hatten – Fremdenfeindlichkeit, Antiintellektualismus, paranoide Verschwörungstheorien, die Abneigung gegenüber Schwarzen und braunen Menschen –, ihren Weg in die Mitte der Partei finden.

Es zeugte von John McCains Charakter, von seiner Grundanständigkeit, dass er jedes Mal, wenn sich ein Anhänger ihm gegenüber einer Wortwahl im Stil Palins bediente, diesen höflich in die Schranken wies. Als ein Mann bei einer Wahlkampfkundgebung in Minnesota ins Mikrofon sagte, er fürchte sich vor mir als Präsidenten, wollte McCain nichts davon wissen.

»Ich muss Ihnen sagen, dass er ein anständiger Mensch ist, und Sie müssen vor ihm als Präsidenten der Vereinigten Staaten keine Angst haben«, erklärte er, worauf er von der Menge lauthals ausgebuht wurde. Auf eine andere Frage antwortete er: »Wir wollen kämpfen, und ich werde kämpfen. Aber wir werden respektvoll sein. Ich bewundere Senator Obama und seine Leistungen. Ich werde ihn respektieren. Ich will, dass sich alle respektvoll verhalten, und darauf sollten wir achten, denn so sollte Politik in Amerika sein.«

Im Nachhinein frage ich mich manchmal, ob McCain Sarah Palin auch dann noch als Vizepräsidentschaftskandidatin ausgewählt hätte, wenn er gewusst hätte, dass ihr spektakulärer Aufstieg und ihre Bestätigung als Kandidatin letztlich eine Art Vorlage für zukünftige Politiker lieferten und sich die Mitte seiner Partei und die Politik des Landes insgesamt in eine Richtung verschoben, die er verabscheute. Ich habe ihm die Frage natürlich nie direkt gestellt. Im Verlauf der nächsten zehn Jahre entwickelte sich unser Verhältnis zu einer Beziehung, die von widerstrebendem, aber ehrlichem Respekt geprägt war, doch die Wahl von 2008 blieb verständlicherweise ein wunder Punkt.

Ich könnte mir vorstellen, dass McCain, wenn er die Chance gehabt hätte, noch einmal zu entscheiden, vielleicht eine andere Wahl getroffen hätte. Ich bin fest davon überzeugt, dass für ihn das Wohl seines Landes immer an erster Stelle stand.

DER ANFEUERUNGSRUF, der vor über einem Jahr mit Edith Childs und ihrem großen Hut in einem kleinen Raum in Greenwood, South Carolina, seinen Anfang genommen hatte, erhob sich jetzt spontan, durchwogte Mengen von vierzig- bis fünfzigtausend Menschen, die sich trotz des ungewöhnlich heißen Oktoberwetters in Footballarenen und in Stadtparks versammelten. »Fired up, ready to go! Fired up, ready to go!« Wir hatten zusammen etwas aufgebaut. Man spürte die Energie geradezu körperlich. Jetzt, wo es nur noch ein paar Wochen bis zur Wahl waren, hatten unsere Wahlkampfbüros Mühe, genügend Räume zu finden, um die vielen Menschen aufzunehmen, die sich als Freiwillige meldeten. Das von Shepard Fairey entworfene Plakat »Hope« mit einem in den Farben Rot, Weiß und Blau gehaltenen Porträt von mir, auf dem ich den Blick in die Ferne richte, schien plötzlich allgegenwärtig zu sein. Wir hatten das Gefühl, als hätte sich die Kampagne über die Grenzen der Politik hinaus in die Populärkultur ausgebreitet. »Du bist gerade einfach total ›in‹«, neckte mich Valerie.

Das beunruhigte mich. Die Inspiration, die von unserer Kampagne ausging, der Anblick so vieler junger Menschen, die voller Energie auf den Wandel hinarbeiteten, das Zusammenkommen von Amerikanern über ethnische und sozioökonomische Grenzen hinweg – das war die Verwirklichung all dessen, was ich mir einst von der Politik erträumt hatte, und es machte mich stolz. Aber die fortdauernde Erhöhung meiner Person zu einer Symbolfigur stand im Widerspruch zu meinem Bauchgefühl als Community Organizer, der Überzeugung, dass Veränderungen von einem »Wir«, nicht von einem »Ich« getragen werden. Sie wirkte außerdem leicht desorientierend, da ich mich ständig selbst prüfen musste, um sicherzugehen, dass ich mich von dem Hype nicht anstecken ließ. Sie zwang mich, mich daran zu erinnern, dass das geschönte Image nicht der mit Fehlern behafteten, oftmals unsicheren Person entsprach, die ich war.

Es bereitete mir auch Kopfzerbrechen, dass ich im Fall meiner Wahl die überhöhten Erwartungen an mich unmöglich würde erfüllen können. Seitdem ich als Präsidentschaftskandidat der Demokraten nominiert worden war, bemerkte ich an mir, dass ich die Zeitungen mit anderen Augen las, in einer Art, die mir einen kleinen Stich versetzte. Jede Überschrift, jeder Artikel, jede Enthüllung war ein weiteres Problem, das ich lösen musste. Und die Probleme türmten sich rasch auf. Auch nach der Verabschiedung von TARP blieb das Finanzsystem gelähmt. Der Immobilienmarkt brach dramatisch ein. Der Abbau von Arbeitsplätzen beschleunigte sich, und es gab Spekulationen, dass die drei großen US-Autokonzerne bald in ihrer Existenz bedroht sein würden.

Die Verantwortung, diese Probleme anzugehen, machte mir keine Angst. Tatsächlich fand ich die Aufgabe reizvoll. Aber nach allem, was mir zu Ohren kam, ging ich davon aus, dass sich die Lage wahrscheinlich zunächst deutlich verschlechtern würde, ehe es wieder bergauf ging. Die Bewältigung der Wirtschaftskrise – ganz zu schweigen von der Beendigung zweier Kriege, der Durchsetzung der versprochenen Gesundheitsreform und dem Bemühen, den Planeten vor einem katastrophalen Klimawandel zu bewahren – würde eine langwierige, harte Arbeit werden. Dafür brauchte es einen kooperativen Kongress, bereitwillige Verbündete und informierte, aktive Bürger, die den Druck auf das System aufrechterhalten konnten – nicht einen einzelnen Retter.

Was aber würde passieren, wenn der Wandel nicht schnell genug käme? Wie würden diese jubelnden Massen auf die unvermeidlichen Rückschläge und Kompromisse reagieren? Es wurde zu einem Running Gag zwischen mir und meinem Team: »Sind wir wirklich sicher, dass wir gewinnen wollen? Es ist nicht zu spät, alles hinzuschmeißen.« Marty drückte dieselbe Stimmung in einer eher »ethnischen« Version aus: »Zweihundertzweiunddreißig Jahre, und sie warten, bis das Land den Bach runtergeht, ehe sie es an den Schwarzen übergeben!«

MEHR ALS ALLES, was mit dem Wahlkampf zusammenhing, waren es Nachrichten aus Hawaii, die in den letzten Oktobertagen auf meine Stimmung drückten. Maya rief an und sagte mir, die Ärzte glaubten, dass Toot nicht mehr viel Zeit bleibe, vielleicht nicht mehr als eine Woche. Sie war jetzt an ein leihweise überlassenes Klinikbett im Wohnzimmer ihres Apartments gefesselt, wo sich eine Hospizpflegerin um sie kümmerte, und sie erhielt schmerzlindernde Medikamente. Obgleich sie meine Schwester am Vorabend unvermittelt mit einem luziden Moment überrascht hatte, in dem sie um ein Glas Wein und eine Zigarette bat und sich nach den jüngsten Neuigkeiten von meiner Kampagne erkundigte, verlor sie jetzt immer öfter das Bewusstsein.

Und so unternahm ich zwölf Tage vor der Wahl eine sechsunddreißigstündige Reise nach Honolulu, um mich von ihr zu verabschieden. Maya erwartete mich, als ich in Toots Wohnung eintraf. Ich sah, dass sie mit einigen Schuhschachteln voller alter Fotos und Briefe auf der Couch gesessen hatte. »Ich dachte, dass du vielleicht einige davon mitnehmen willst«, meinte sie. Ich hob ein paar der auf dem Wohnzimmertisch ausgebreiteten Fotos auf. Meine Großeltern und meine achtjährige Mutter, die lachend auf einer Wiese im Yosemite-Nationalpark stehen. Ich im Alter von vier oder fünf Jahren auf Opas Schultern reitend, während Wellen rings um uns herum aufspritzten. Wir vier und Maya, die noch ein kleines Kind war, lächelnd vor einem Christbaum.

Ich stellte einen Stuhl neben das Bett und nahm die Hand meiner Großmutter. Sie war nur noch ein Schatten ihrer selbst, und sie atmete schwer. Hin und wieder wurde sie von einem heftigen, rasselnden Husten geschüttelt, der sich wie das Knirschen eines Getriebes anhörte. Einige Male murmelte sie leise. Die Wörter, sofern es überhaupt welche waren, verstand ich nicht.

Wovon mochte sie träumen? Ich fragte mich, ob sie in der Lage gewesen war, Rückschau auf ihr Leben zu halten und Bilanz zu ziehen, oder ob ihr dies als ein unstatthaftes Sichgehenlassen erschienen wäre. Ich wollte glauben, dass sie tatsächlich zurückblickte – dass sie in Erinnerungen an einen Geliebten in ferner Vergangenheit oder an einen vollkommenen, sonnenbeschienenen Tag ihrer Jugend schwelgte, an dem ihr das Glück gelacht und sich die Welt als ein herrlicher und verheißungsvoller Ort offenbart hatte.

Ich dachte zurück an ein Gespräch mit ihr, als ich in der Highschool gewesen war, ungefähr zu der Zeit, als sie wegen ihrer chronischen Rückenprobleme nur noch mühsam größere Strecken zu Fuß zurücklegen konnte.

»Das Seltsame am Älterwerden ist, dass du im Inneren dieselbe Person bist, Bar«, hatte mir Toot gesagt. Ich erinnere mich, wie sie mich dabei durch ihre dicken Bifokalgläser musterte, wie um sicherzustellen, dass ich ihr aufmerksam zuhörte. »Du bist in diesem gottverdammten Klapperatismus, der auseinanderzufallen beginnt, gefangen. Aber du bist noch derselbe Mensch. Verstehst du?«

Jetzt verstand ich.

Rund eine Stunde lang sprach ich dann mit Maya über ihre Arbeit und ihre Familie, während ich Toots trockene, knochige Hand streichelte. Aber schließlich war das Zimmer für mich mit zu vielen Erinnerungen angefüllt – die aufeinanderprallten, verschmolzen, sich brachen, wie Bilder in einem Kaleidoskop –, und ich bedeutete Maya, dass ich mir kurz die Beine vertreten wolle. Nachdem ich mich mit Gibbs und meinen Secret-Service-Personenschützern beraten hatte, vereinbarten wir, die im Erdgeschoss wartenden Pressevertreter nicht zu informieren. Mit dem Aufzug fuhr ich ins Kellergeschoss und ging durch die Garage nach draußen. Ich bog links in die schmale Straße ein, die hinter dem Mehrfamilienhaus meiner Großeltern entlangführte.

Die Straße hatte sich in fünfunddreißig Jahren kaum verändert. Ich kam an der Rückseite eines kleinen schintoistischen Tempels und Gemeindezentrums vorbei, dann an Reihen von Holzhäusern, die hin und wieder von dreigeschossigen Mietshäusern aus Beton unterbrochen wurden. Ich hatte meinen ersten Basketball – ein Geschenk meines Vaters, als ich zehn Jahre alt war – auf dieser Straße auftippen lassen, wenn ich auf dem Hin- und Rückweg von den Sportplätzen in der nahen Grundschule über den unebenen Gehsteig dribbelte. Toot pflegte zu sagen, sie habe immer gewusst, wann ich zum Abendessen nach Hause gekommen sei, weil sie das Aufprallen des Balls noch im zehnten Stockwerk habe hören können. Ich war diese Straße hinunter zum Supermarkt gelaufen, um Zigaretten für sie zu kaufen, motiviert dadurch, dass sie mir versprochen hatte, ich dürfe mir vom Wechselgeld einen Schokoriegel kaufen, wenn ich in zehn Minuten wieder zurück sei. Später, als ich fünfzehn war, ging ich nach Schichtende bei meiner ersten Arbeitsstelle durch dieselbe Straße nach Hause, wobei ich bei dem Baskin-Robbins-Eiscafé um die Ecke haltmachte, um Eiscreme zu löffeln. Toot lachte von Herzen, wenn ich mich bei ihr über meinen kärglichen Lohn beklagte.

Eine andere Zeit. Ein anderes Leben. Bescheiden und ohne Bedeutung für den Rest der Welt. Aber eines, in dem mir Liebe geschenkt worden war. Wenn Toot erst einmal tot war, würde es niemanden mehr geben, der sich an dieses Leben oder an mich in diesem Leben erinnerte.

Plötzlich hörte ich lautes Getrampel hinter mir. Die Presseleute hatten irgendwie Wind von meinem ungeplanten Abstecher bekommen und versammelten sich auf dem gegenüberliegenden Gehsteig. Kameraleute rangelten um die beste Position, und Reporter mit Mikrofonen sahen mich verlegen an, offenbar unschlüssig, ob sie mir eine Frage zurufen sollten. Sie hielten sich zurück, erledigten einfach ihren Job. Und ich war sowieso kaum vier Blocks weit gegangen. Ich winkte den Pressevertretern kurz zu und machte kehrt, um zur Garage zurückzukehren. Ich erkannte, dass es nichts brächte weiterzugehen. Das, wonach ich suchte, war nicht mehr da.

Ich verließ Hawaii und nahm meine Arbeit wieder auf. Acht Tage später, am Vorabend der Wahl, rief mich Maya an, um mir zu sagen, dass Toot gestorben sei. Es war mein letzter Wahlkampftag. Wir hatten an diesem Abend eine Veranstaltung in North Carolina geplant, ehe wir für unsere Abschlusskundgebung nach Virginia fliegen wollten. Bevor ich zu dem Veranstaltungsort aufbrach, fragte mich Axe freundlich, ob ich Hilfe beim Schreiben einer Ergänzung zu meiner üblichen Wahlkampfansprache benötige, um kurz meine verstorbene Großmutter zu würdigen. Ich dankte ihm und sagte Nein. Ich wusste, was ich sagen wollte.

Es war ein schöner Abend, es war kühl, und es regnete leicht. Nachdem sich die Musik, der Jubel und die Anfeuerungsrufe gelegt hatten, erzählte ich, auf der Bühne unter freiem Himmel stehend, den versammelten Menschen von Toot: wie sie während der Weltwirtschaftskrise aufgewachsen war und am Fließband gearbeitet hatte, während Gramps im Krieg war, was sie für unsere Familie bedeutet hatte, was sie vielleicht für die hier Versammelten bedeutete.

»Sie war eine dieser stillen Heldinnen, die es überall in Amerika gibt«, sagte ich. »Sie sind nicht berühmt, ihre Namen stehen nicht in den Zeitungen. Aber sie arbeiten hart, Tag für Tag. Sie kümmern sich um ihre Familien. Sie bringen Opfer für ihre Kinder und Enkelkinder. Sie suchen nicht das Rampenlicht … ihnen geht es allein darum, das Richtige zu tun.

Und unter Ihnen hier gibt es viele stille Heldinnen und Helden – Mütter und Väter, Großeltern, die hart gearbeitet und ihr ganzes Leben geopfert haben. Und was ist der Lohn dafür? Sie sehen, dass Ihre Kinder und vielleicht auch Ihre Enkelkinder und Urenkel ein besseres Leben führen als Sie selbst.

Das ist das Versprechen Amerikas. Dafür kämpfen wir.«

Mir schien, dass ich kein besseres Schlusswort für meine Kampagne hätte finden können.

FÜR EINEN KANDIDATEN bringt der Wahltag eine überraschende Stille mit sich. Es gibt keine Wahlkampfkundgebungen und keine Bürgerversammlungen mehr. TV- und Rundfunkwerbespots spielen keine Rolle mehr; Nachrichtensendungen haben nichts Wesentliches zu berichten. Wahlkampfbüros leeren sich, da Mitarbeiter und Freiwillige auf die Straße gehen, um Wahlberechtigte an die Urnen zu bringen. Im ganzen Land treten Millionen von Fremden hinter einen schwarzen Vorhang, um ihren parteipolitischen Präferenzen und ihren privaten Instinkten Ausdruck zu geben. Eine geheimnisvolle kollektive Alchemie bestimmt nun das Schicksal des Landes – und das eigene. Plötzlich wird einem bewusst, dass man es nicht mehr selbst in der Hand hat. Eine ebenso offensichtliche wie verunsichernde Erkenntnis. Jetzt konnte man nur noch abwarten.

Plouffe und Axe trieb diese Ohnmacht schier in den Wahnsinn, sie stöberten stundenlang auf ihren Blackberrys nach örtlichen Berichten, Gerüchten, Schlechtwettermeldungen – alles, was irgendwelche Anhaltspunkte gab. Ich machte das genaue Gegenteil und gab mich der Ungewissheit hin, als legte ich mich auf den Rücken und ließe mich von einer Welle tragen. Ich begann den Morgen mit Anrufen in Radiosendungen zur Hauptsendezeit, überwiegend bei Schwarzen Rundfunkstationen, um die Leute zu mahnen, zur Wahl zu gehen.Gegen sieben Uhr dreißig gaben Michelle und ich unsere Stimmen in der Beulah Shoesmith Elementary School ab, ein paar Blocks von unserer Wohnung in Hyde Park entfernt. Wir nahmen Malia und Sasha mit und schickten sie anschließend zur Schule.

Dann machte ich einen kurzen Abstecher nach Indianapolis, um einem Wahlkampfbüro einen Besuch abzustatten und Wählern die Hand zu geben. Später spielte ich mit Michelles Bruder Craig, einigen alten Kumpels und einer Handvoll Söhnen meiner Freunde, die so schnell und stark waren, dass wir uns ordentlich anstrengen mussten, um mitzuhalten, eine Runde Basketball (ein abergläubisches Ritual, das Reggie und ich uns angewöhnt hatten, nachdem wir am Morgen des gewonnenen Caucus in Iowa, nicht aber am Tag der verlorenen Vorwahl in New Hampshire gespielt hatten). Es ging hart zur Sache, und wir zogen uns gegenseitig mit dem üblichen harmlosen Trash-Talk auf, allerdings kam es zu keinem ernsten Foul. Das geschah auf Craigs Anweisung hin, wie ich später erfuhr, da er wusste, dass seine Schwester ihn zur Rechenschaft ziehen würde, wenn ich mit einem blauen Auge nach Hause käme.

Derweil verfolgte Gibbs die Nachrichten aus den umkämpften Swing States. Er berichtete, die Wahlbeteiligung scheine im ganzen Land Rekorde zu brechen, was in einigen Wahllokalen Probleme bereite, weil Wähler vier oder fünf Stunden lang anstehen müssten, ehe sie ihre Stimme abgeben könnten. Liveübertragungen zeigten Menschen, die aber nicht etwa frustriert waren, sondern jubelten, ältere Menschen hatten ihre Gartenstühle mitgebracht, und Freiwillige reichten Erfrischungen, als würden alle an einem Straßenfest teilnehmen.

Den Rest des Nachmittags verbrachte ich in unserer Wohnung, arbeitete sinnlos herum, während Michelle und die Mädchen sich die Haare machen ließen. Allein in meinem Arbeitszimmer, redigierte ich die Entwürfe für meine beiden Ansprachen – eine für den Fall meines Sieges, die andere für den Fall meiner Niederlage. Gegen zwanzig Uhr rief Axe an, um mir mitzuteilen, die Fernsehsender sähen uns in Pennsylvania vorne, und Marvin meinte, wir sollten allmählich zu dem Hotel im Stadtzentrum aufbrechen, in dem wir die Ergebnisse verfolgen würden, ehe wir uns zur öffentlichen Wahlfeier in den Grant Park begeben wollten.

Vor der Eingangspforte unseres Apartmenthauses schien sich die Zahl der Secret-Service-Beamten und -Fahrzeuge in den letzten Stunden verdoppelt zu haben. Der Leiter des mir zugewiesenen Teams von Personenschützern, Jeff Gilbert, reichte mir die Hand und schloss mich kurz in die Arme. Es war für diese Zeit des Jahres ungewöhnlich warm in Chicago, fast zwanzig Grad Celsius, und als wir den Lake Shore Drive entlangfuhren, schwiegen Michelle und ich, blickten aus dem Fenster auf den Michigansee und lauschten den Mädchen, die auf dem Rücksitz herumalberten. Plötzlich wandte sich Malia an mich und fragte: »Daddy, hast du gewonnen?«

»Ich glaube schon, meine Süße.«

»Und gehen wir auf die große Party, um zu feiern?«

»Ja. Warum fragst du?«

»Es sieht nicht so aus, als würden viele Menschen zu der Party kommen, es sind gar keine Autos auf der Straße.«

Ich lachte, denn mir ging auf, dass meine Tochter recht hatte. Abgesehen von unserer Wagenkolonne waren die sechs Fahrspuren in beide Richtungen völlig leer.

Auch im Hotel waren die Sicherheitsvorkehrungen verschärft worden. Schwer bewaffnete Spezialeinheiten hatten in den Treppenhäusern Stellung bezogen. Verwandte und enge Freunde waren bereits in der Suite, alle lächelten, Kinder rasten durchs Zimmer, und trotzdem war die Stimmung nach wie vor seltsam gedämpft, als erschiene ihnen das, was sich gerade ereignete, noch immer als unwirklich. Vor allem meine Schwiegermutter gab sich keinerlei Mühe, entspannt zu wirken; inmitten des Trubels saß sie auf der Couch und starrte mit ungläubigem Gesichtsausdruck auf den Fernseher. Ich versuchte, mir vorzustellen, was sie wohl dachte. Sie war zu einer Zeit, in der es in Chicago noch immer viele Viertel gab, die Schwarze nicht gefahrlos betreten konnten, nur wenige Meilen von hier aufgewachsen. Es war eine Zeit gewesen, in der Bürotätigkeiten für die meisten Schwarzen unerreichbar waren und in der ihr Vater, dem von Weißen kontrollierte Gewerkschaften die Aufnahme verweigerten, sich als ambulanter Händler durchschlagen musste. Eine Zeit, in der der bloße Gedanke an einen Schwarzen US-Präsidenten genauso abwegig erschienen wäre wie die Vorstellung von einem Schwein, das fliegt.

Ich setzte mich neben sie auf die Couch. »Alles in Ordnung?«, fragte ich.

Marian zuckte mit den Achseln und starrte weiter auf den Bildschirm. »Das ist irgendwie zu viel.«

»Ich weiß.« Ich ergriff ihre Hand und drückte sie. Und so saßen wir ein paar Minuten lang gesellig schweigend nebeneinander. Dann wurde plötzlich eine Aufnahme meines Gesichts auf dem Bildschirm eingeblendet, und ABC News gab bekannt, dass ich der vierundvierzigste Präsident der Vereinigten Staaten sei.

Jubel brach aus. Freudenschreie hallten durch den Gang. Michelle und ich küssten uns, und sie wich sanft ein wenig zurück und musterte mich kurz lachend und kopfschüttelnd. Reggie und Marvin stürmten herein, um alle ungestüm zu umarmen. Wenig später stießen Plouffe, Axe und Gibbs zu uns, und ich ließ sie einige Minuten lang gewähren, als sie die Ergebnisse der einzelnen Bundesstaaten herunterrasselten, ehe ich ihnen sagte, was ich für wahr hielt: dass, bei allem, was ich getan habe, sie diesen Moment überhaupt erst möglich gemacht hätten – mit ihrem Können, ihrer harten Arbeit, ihrem Verständnis, ihrer Beharrlichkeit, ihrer Loyalität und ihrem Herzen, zusammen mit dem Einsatz des ganzen Teams.

An den weiteren Verlauf des Abends erinnere ich mich heute nur noch vage. Der Anruf von John McCain war so liebenswürdig wie die Ansprache, in der er seine Niederlage eingestand. Er sagte, die Amerikaner sollten stolz darauf sein, dass Geschichte geschrieben worden sei, und er versprach, mich zu unterstützen. Ich erhielt Glückwunschanrufe von Präsident Bush und mehreren ausländischen Regierungschefs, und ich hatte ein Gespräch mit Harry Reid und Nancy Pelosi, die sich über das gute Abschneiden der Demokraten bei den gleichzeitig stattfindenden Kongresswahlen freuten. Ich erinnere mich, dass mir die einundneunzigjährige Mutter Joe Bidens amüsiert erzählte, wie sie Joe dafür gescholten habe, überhaupt in Erwägung zu ziehen, nicht als Vizepräsidentschaftskandidat anzutreten.

Mehr als zweihunderttausend Menschen hatten sich an diesem Abend im Grant Park versammelt. Von der Bühne aus bot sich ein großartiger Ausblick auf die glitzernde Skyline von Chicago. Vor meinem geistigen Auge sehe ich noch immer einige der Gesichter, die zu mir aufblickten, als ich auf die Bühne ging – Männer und Frauen und Kinder aller Hautfarben, einige wohlhabend, andere arm, einige berühmt und andere nicht, einige ekstatisch lächelnd, andere ungeniert weinend. Ich habe Zeilen der Rede, die ich an diesem Abend hielt, noch einmal durchgelesen, und Mitarbeiter und Freunde erzählten mir, wie es sich anfühlte, dort zu sein.

Aber ich fürchte, dass meine Erinnerungen an diesen Abend wie so vieles andere, was in den letzten zwölf Jahren geschehen ist, überlagert worden sind von den Bildern, die ich gesehen habe, den Filmaufnahmen, die zeigen, wie ich, Michelle und unsere Töchter über die Bühne gehen, den Fotos von den Menschenmassen und Lichtern der prächtigen Kulisse. So schön sie sind, so entsprechen sie doch nicht immer der gelebten Erfahrung. Tatsächlich ist mein Lieblingsfoto von diesem Abend gar nicht im Grant Park gemacht worden. Vielmehr habe ich es viele Jahre später als Geschenk bekommen, ein Foto des Lincoln Memorial, das zu der Zeit aufgenommen wurde, als ich meine Rede in Chicago hielt. Es zeigt eine kleine Ansammlung von Menschen auf der Treppe, deren Gesichter in der Dunkelheit kaum zu erkennen sind, und hinter ihnen erstrahlt die hell erleuchtete riesige Statue mit dem zerfurchten Marmorgesicht und dem leicht gesenkten Blick. Man hat mir gesagt, sie hätten Radio gehört und still darüber nachgedacht, wer wir als ein Volk sind – und über den Bogen dieser Sache, die wir Demokratie nennen.

TEIL 3

RENEGADE

KAPITEL 10

OBWOHL ICH DAS WEISSE Haus als Senator schon ein paarmal besucht hatte, war ich vor meiner Wahl zum Präsidenten nie im Oval Office gewesen. Der Raum ist kleiner, als man vielleicht denkt – keine elf Meter in der Längsachse und nur 8,8 Meter breit –, aber die Decke ist hoch und imposant. Die Ausstattung entspricht dem, was man von Fotos und aus Filmen kennt. Da gibt es das Porträtgemälde von Washington über dem mit Efeu dekorierten Kaminsims und die zwei Stühle mit hoher Rückenlehne, flankiert von den Sofas, wo der Präsident mit dem Vizepräsidenten oder ausländischen Würdenträgern sitzt. Zwei Türen fügen sich nahtlos in die sanft gewölbten Wände. Eine führt auf den Flur hinaus, die andere ins sogenannte Outer Oval, in dem die persönlichen Berater des Präsidenten sitzen. Durch die dritte Tür gelangt man ins kleinere innere Büro des Präsidenten sowie in ein privates Esszimmer. Es gibt Büsten schon lange verstorbener Persönlichkeiten und den berühmten Bronze-Cowboy von Remington, die antike Standuhr und eingebaute Bücherregale, den dicken ovalen Teppich, in dessen Mitte ein strenger Adler gestickt ist, sowie den »Resolute Desk«– ein Geschenk von Queen Victoria im Jahr 1880, mit zahlreichen Schnitzereien versehen und aus dem Holz eines gleichnamigen britischen Schiffs, das amerikanische Walfänger einst aus Seenot retteten. Der Tisch steckt voller Geheimfächer und Nischen. Die Frontplatte lässt sich aufklappen, sehr zur Freude von jedem Kind, das dort durchkrabbeln kann.

Eines können die Kameras im Oval Office nicht einfangen – das Licht. Der Raum ist lichtdurchflutet. An hellen Tagen fällt es durch die riesigen Fenster am Ost- und Südende, wodurch es jeden Gegenstand mit einem goldenen Schein versieht, der dann mit der schwindenden Nachmittagssonne erst feinkörnig und später gesprenkelt wird. Bei Schlechtwetter, wenn der Südrasen im Regen daliegt, von Schnee oder seltenem Morgennebel verhüllt wird, ist es im Raum eine Spur bläulich, aber keineswegs dämmrig, denn das schwächere natürliche Licht wird von Lampen verstärkt, die hinter einem Sims versteckt sind und von Decken und Wänden herunterleuchten. Diese Lampen werden nie ausgemacht, sodass das Oval Office selbst mitten in der Nacht strahlt wie das Licht eines Leuchtturms in der Dunkelheit.

Ich verbrachte den Großteil von acht Jahren in diesem Raum: Streng entschlossen lauschte ich Geheimdienstberichten, empfing Staatsoberhäupter, umschmeichelte Kongressmitglieder, rang mit Gegnern und Verbündeten und posierte für Fotos mit Tausenden Besuchern. Mit Mitarbeitern lachte ich, fluchte und kämpfte mehr als einmal gegen Tränen an. Ich wurde dort heimisch genug, um mal die Füße auf den Schreibtisch zu legen oder mich auf ihn zu setzen; um mit einem Kind auf dem Boden herumzurollen oder mir auf einer Couch ein Nickerchen zu gönnen. Manchmal malte ich mir aus, wie es wäre, durch die östliche Tür hinauszugehen, dann die Einfahrt hinunter, vorbei am Wachhaus und durch die schmiedeeisernen Tore, um mich in den bevölkerten Straßen zu verlieren und das Leben wieder aufzunehmen, das ich einmal geführt hatte.

Aber die Ehrfurcht, die ich jedes Mal empfand, wenn ich das Oval Office betrat, legte ich nie ganz ab. Dieses Gefühl, kein Büro, sondern ein Heiligtum der Demokratie zu betreten. Tag für Tag ermutigte und stärkte mich das Licht dort, erinnerte mich an das Privileg meiner Bürde und Pflicht.

MEIN ERSTER BESUCH des Oval Office fand nur Tage nach der Wahl statt, als die Bushs, gemäß einer langen Tradition, Michelle und mich einluden, unser künftiges Zuhause zu besichtigen. In einem Wagen des Secret Service fuhren wir beide die halbrunde Zufahrt des Südrasen-Eingangs zum Weißen Haus hinauf und versuchten zu begreifen, dass wir hier in weniger als drei Monaten einziehen würden. Es war ein sonniger, warmer Tag, mit noch reichlich Laub an den Bäumen und einem prächtig blühenden Rosengarten. Der lange Herbst in Washington war eine willkommene Abwechslung, denn in Chicago war das Wetter schnell kalt und düster geworden; arktischer Wind riss die Blätter von den Bäumen. Es schien, als wäre das milde Wetter, das wir am Wahlabend genossen hatten, nur Teil einer kunstvollen Inszenierung gewesen, die nach der Feier sofort abgebaut worden war.

Der Präsident und die First Lady Laura Bush begrüßten uns am Südportikus. Nach dem obligatorischen Winken für die Presse begaben Präsident Bush und ich uns ins Oval Office, während Michelle Mrs Bush zum Tee in den Wohntrakt folgte. Nach ein paar weiteren Fotoaufnahmen und nachdem ein junger Bediensteter Erfrischungen angeboten hatte, forderte der Präsident mich auf, Platz zu nehmen.

»Na«, fragte er, »wie fühlt sich's an?«

»Nach viel«, sagte ich lächelnd. »Ich bin mir sicher, Sie erinnern sich noch daran.«

»Yep. Tue ich. Als wär's gestern gewesen«, sagte er und nickte heftig. »Ich sag Ihnen was: Das ist ein Wahnsinnsritt, den Sie da vor sich haben. Mit nichts zu vergleichen. Sie sollten sich einfach jeden Tag selbst daran erinnern, dass Sie es zu schätzen wissen.«

Ob aus Respekt vor dem Amt, weil sein Vater ihn das gelehrt hatte, wegen schlechter Erinnerungen an seine eigene Amtsübernahme (es gab Gerüchte, einige Mitarbeiter von Clinton hätten, kurz bevor sie das Haus verließen, die Ws von den Tastaturen der Computer im Weißen Haus entfernt) oder einfach aus purem Anstand, Präsident Bush hatte am Ende alles getan, was er konnte, damit die elf Wochen zwischen meiner Wahl und seinem Weggang reibungslos verliefen. Für jedes Büro im Weißen Haus war eine detaillierte »Gebrauchsanweisung« vorbereitet. Bushs Mitarbeiter nahmen sich Zeit, ihre Nachfolger zu treffen, Fragen zu beantworten und ließen sich sogar bei der Ausübung ihrer Pflichten über die Schulter schauen. Die Bush-Töchter Barbara und Jenna, damals schon junge Erwachsene, verlegten ihre terminlichen Verpflichtungen so, dass sie mit Malia und Sasha eine eigene Führung zu den »lustigen Ecken« im Weißen Haus unternehmen konnten. Ich gelobte im Stillen, meinen Nachfolger, wenn es so weit wäre, genauso zu behandeln.

Der Präsident und ich gingen während dieses ersten Treffens zahlreiche Themen durch – die Wirtschaft und den Irak, das Pressekorps und den Kongress – wobei er die ganze Zeit heiter und ein wenig zappelig blieb, wie es seinem Charakter entsprach. Zu einigen ausländischen Spitzenpolitikern gab er unverblümte Einschätzungen ab, warnte mich, es könne gut sein, dass die Leute aus meiner eigenen Partei mir am Ende noch das größte Kopfzerbrechen bescheren würden, und erklärte sich freundlicherweise bereit, noch vor der Amtseinführung alle lebenden Präsidenten zu einem offiziellen Mittagessen einzuladen.

Mir war klar, dass es für den Präsidenten im Gespräch mit seinem Nachfolger nötige Grenzen der Offenheit gab – vor allem nachdem dieser so vehement gegen seine Politik gekämpft hatte. Mir war auch bewusst, dass Präsident Bushs fröhlichem Naturell zum Trotz meine Anwesenheit in ausgerechnet diesem Büro, das er bald würde verlassen müssen, bestimmt schwierige Gefühle auslöste. Ich folgte seinem Beispiel und tauchte nicht zu sehr in die Politik ein. Die meiste Zeit hörte ich einfach zu.

Nur einmal sagte er etwas, das mich überraschte. Wir sprachen gerade über die Finanzkrise und Minister Paulsons Bemühungen, das Rettungsprogramm für die Banken zu strukturieren, nachdem TARP den Kongress passiert hatte. »Die gute Neuigkeit, Barack«, sagte er, »ist, dass wir die wirklich harten Sachen für Sie erledigt haben werden, wenn Sie das Amt übernehmen. Da können Sie dann ohne Altlasten anfangen.«

Einen Moment lang fehlten mir die Worte. Ich hatte regelmäßig mit Paulson gesprochen und wusste, dass eine Lawine von Bankenpleiten und eine weltweite Depression durchaus noch im Bereich des Möglichen lagen. Während ich den Präsidenten ansah, stellte ich mir all die Hoffnungen und Überzeugungen vor, die er mitgebracht haben musste, als er das Oval Office als frisch gewählter Präsident zum ersten Mal betreten hatte. Genauso geblendet von der strahlenden Helligkeit, genauso erpicht darauf, die Welt zum Besseren zu verändern, und genauso sicher, dass die Geschichte seine Präsidentschaft als Erfolg bewerten würde.

»Sie haben damit, dass Sie TARP durchgebracht haben, eine Menge Mut bewiesen«, sagte ich schließlich. »Indem Sie sich zum Wohl des

Landes gegen die öffentliche Meinung und eine Menge Leute in Ihrer eigenen Partei stemmten.«

Zumindest das stimmte. Mehr dazu zu sagen, erschien mir sinnlos.

ZU HAUSE IN Chicago hatte unser Leben sich radikal verändert. In den eigenen vier Wänden fühlte es sich gar nicht so anders an. Morgens bereiteten wir Frühstück und machten die Mädchen für die Schule fertig. Wir erledigten Anrufe und sprachen mit Mitarbeitern. Doch sobald einer von uns vor die Haustür trat, war es eine andere Welt. Kamerateams hatten sich an der Ecke, hinter kürzlich errichteten Betonbarrieren, postiert. Schwarz gekleidete Scharfschützenteams des Secret Service waren auf umliegenden Hausdächern postiert. Ein Besuch bei Marty und Anita, nur ein paar Blocks entfernt, war ein größeres Unterfangen. Und dass ich in mein altes Fitnessstudio ging, kam absolut nicht infrage. Wenn ich in die Innenstadt zu unserem zeitweiligen Übergangsbüro fuhr, wurde mir klar, dass die leeren Straßen, die Malia in der Wahlnacht bemerkt hatte, jetzt die Regel waren. Wenn ich Gebäude betrat oder verließ, dann nur noch über die Laderampe oder den Lieferantenaufzug, wo sich außer wenigen Sicherheitsleuten sonst niemand aufhalten durfte. Das fühlte sich an, als würde ich in meiner eigenen mobilen Geisterstadt leben.

Die Nachmittage verbrachte ich damit, eine Regierung zu bilden. Ein neuer Regierungsapparat bringt weniger Veränderung mit sich, als die meisten Menschen glauben: Von den mehr als drei Millionen Leuten, die im zivilen und militärischen Bereich für die Bundesregierung arbeiten, sind nur ein paar Tausend vom Präsidenten nach Belieben »politisch Ernannte«. Zu weniger als hundert leitenden Beamten und persönlichen Beratern unter ihnen hat er oder sie regelmäßigen und bedeutsamen Kontakt. In meiner Eigenschaft als Präsident würde ich für das Land eine Vision artikulieren und eine Richtung vorgeben, eine gesunde Organisationskultur fördern, klare Strukturen für Verantwortung und Zuständigkeit schaffen können. Ich würde derjenige sein, der die endgültigen Entscheidungen zu Themen fällt, die meine Aufmerksamkeit erregt haben, und derjenige, der diese Entscheidungen in ihrer Gesamtheit dem Land erklärt. Aber um all das zu tun, würde ich, wie die Präsidenten vor mir, von der Handvoll Menschen abhängen, die als meine Augen, Ohren, Hände und Füße dienten – von denjenigen, die meine Manager, Ausführenden, Vermittler, Analytiker, Organisatoren, Teamleader, Verstärker, Schlichter, Problemlöser, Kugelfänger, ehrlichen Makler, Sparringpartner, konstruktiven Kritiker und loyalen Soldaten sein würden.

Es war damals von entscheidender Bedeutung, diese frühen Ernennungen gut hinzubekommen – angefangen bei der Person, die mein Stabschef sein sollte. Leider war die anfängliche Reaktion meiner Nummer eins für diesen Job alles andere als Begeisterung.

»No fucking way.«

Das sagte Rahm Emanuel, der ehemalige Spendensammler für Richard M. Daley und Enfant terrible in der Regierung Clinton. Inzwischen war er Kongressabgeordneter der North Side von Chicago und Vordenker der »demokratischen Welle« von 2006, die das Repräsentantenhaus zurückgewonnen hatte. Klein, fit, geheimnisvoll attraktiv, extrem ehrgeizig und mit manischem Antrieb. Rahm war smarter als die meisten seiner Kollegen im Kongress und nicht bekannt dafür, damit hinterm Berg zu halten. Er war auch witzig, sensibel, besorgt, loyal und bekanntermaßen respektlos: Bei einer Charity-Veranstaltung ihm zu Ehren ein paar Jahre zuvor hatte ich erklärt, wie der Verlust seines Mittelfingers durch eine Fleischmaschine ihn als Teenager praktisch verstummen ließ.

»Nun, es ehrt mich, dass Sie fragen«, meinte Rahm zu mir, als ich mich einen Monat vor der Wahl bei ihm meldete. »Ich werde alles tun, um Ihnen zu helfen. Aber ich bin glücklich da, wo ich gerade stehe. Meine Frau und die Kinder sind glücklich. Und ich weiß zu viel, um den Scheiß von wegen familienfreundliches Weißes Haus zu glauben. Aber wie auch immer, ich bin mir sicher, Sie werden bessere Kandidaten als mich finden.«

Ich konnte Rahm gegenüber die Härten nicht abstreiten, die es nach sich ziehen würde, wenn er mein Angebot annahm. Im modernen Weißen Haus fungierte der Stabschef laufend als Quarterback. Er war das Ende des Trichters, durch den jedes Problem, mit dem der Präsident sich auseinandersetzte, erst einmal hindurchmusste. Wenige in der Regierung (der Präsident eingeschlossen) arbeiteten länger und unter größerem unablässigen Druck.

Doch Rahm irrte sich, was meine Auswahl besserer Kandidaten anging. Nach zwei anstrengenden Jahren im Wahlkampfteam hatte Plouffe mir schon gesagt, dass er zunächst nicht in den Regierungsapparat eintreten werde. Nicht zuletzt weil seine Frau Olivia nur drei Tage nach der Wahl ein weiteres Kind bekommen hatte. Sowohl mein Stabschef in meiner Zeit als Senator, Pete Rouse, als auch Clintons ehemaliger Stabschef Podesta, der eingewilligt hatte, beim Managen unseres Übergangsteams zu helfen, hatten sich bereits selbst aus dem Rennen genommen. Axe, Gibbs und Valerie würden alle leitende Positionen im Weißen Haus übernehmen, doch keiner von ihnen besaß diese Mischung aus Fähigkeiten und Erfahrung, die ich für den Job des Stabschefs brauchte.

Rahm dagegen kannte sich mit Politik und Strategie aus, er kannte den Kongress, das Weiße Haus und auch die Finanzmärkte, weil er an der Wall Street gearbeitet hatte. Seine forsche und ungeduldige Art kam bei manchen Leuten nicht gut an. Wie ich noch erfahren sollte, führte sein Eifer, Punkte zu machen, dazu, dass ihm die Substanz eines Deals manchmal weniger wichtig war, als ihn unter Dach und Fach zu bringen. Doch angesichts einer Wirtschaftskrise, die es zu bewältigen galt, und da ich vermutete, nur über ein begrenztes Zeitfenster zu verfügen, in dem ich meine Agenda durch einen von Demokraten kontrollierten Kongress bringen konnte, war ich überzeugt, dass seine Rammbock-Methode genau das war, was ich brauchte.

In den letzten Tagen vor der Wahl hatte ich Rahm weichgeklopft, indem ich an sein Ego appellierte, aber auch an den Anstand und den echten Patriotismus, den er hinter seiner Besserwisserei verbarg. (»Das Land steht vor der größten Krise unserer Lebenszeit«, fuhr ich ihn an, »und Sie wollen verdammt noch mal von der Seitenlinie aus zusehen?«) Axe und Plouffe, die beide Rahm gut kannten und ihn schon in Aktion erlebt hatten, waren außer sich vor Begeisterung, als er den Job annahm. Doch so reagierten nicht alle meine Unterstützer. Hatte Rahm sich nicht für Hillary engagiert?, meckerten einige. Repräsentierte er nicht dieselbe alte obsessiv gemäßigte Version der Demokratischen Partei, die am dritten Weg hing, gern Davos besuchte und die Wall Street verhätschelte? Und hatten wir nicht genau gegen die gekämpft? Wie konnte ich ihm da trauen?

Das waren alles Variationen einer Frage, die in den nächsten Monaten immer wieder auftauchen sollte. Was für ein Präsident wollte ich sein? Während des Wahlkampfs war es mir geschickt gelungen, Unterstützung von Unabhängigen und sogar ein paar moderaten Republikanern zu gewinnen, indem ich Überparteilichkeit und ein Ende der Politik der verbrannten Erde versprach, und mir gleichzeitig die Begeisterung der Linken zu erhalten. Das schaffte ich nicht dadurch, dass ich verschiedenen Leuten erzählte, was sie jeweils hören wollten, sondern indem ich klarmachte, was in meinen Augen der Wahrheit entsprach: Um fortschrittliche Politik wie eine allgemeine Krankenversicherung oder eine Einwanderungsreform voranzubringen, war es nicht nur möglich, sondern nötig, doktrinäres Denken zu unterlassen und sich stattdessen darauf zu konzentrieren, was funktionierte, sowie respektvoll anzuhören, was die andere Seite zu sagen hatte.

Wähler hatten meine Botschaft angenommen – weil sie anders klang und man sich nach etwas anderem sehnte; weil unsere Kampagne nicht von der Unterstützung der üblichen Mischung aus Interessengruppen und Strippenziehern abhing, was mich sonst vielleicht zu einer offiziellen Parteilinie gezwungen hätte; weil ich neu und unerwartet war, eine leere Leinwand, auf die Unterstützer aus dem breiten ideologischen Spektrum ihre eigene Vision von Veränderung projizieren konnten.

Sobald ich allerdings mit Ernennungen begann, wurden die unterschiedlichen Erwartungen innerhalb meiner Koalition sichtbar. Schließlich kam jede Person, die ich für einen Regierungsjob aussuchte, mit ihren eigenen Geschichten, ihren eigenen Altlasten und einer Reihe von Unterstützern und Gegnern daher. Zumindest für Insider – also jene Politiker und Politikexperten und Reporter, deren Job das Lesen im Kaffeesatz war – enthüllte jede Ernennung meine wahren politischen Absichten, bewies meine Neigung nach links oder rechts, meine Bereitschaft, mit der Vergangenheit zu brechen oder alten Wein in neuen Schläuchen anzubieten. Die Wahl von Personen spiegelte die Wahl einer bestimmten Politik wider, und so wuchs mit jeder Entscheidung die Wahrscheinlichkeit, Menschen zu desillusionieren.

ALS ES DARUM ging, mein wirtschaftspolitisches Team zusammenzustellen, gab ich Erfahrung den Vorzug vor neuen Talenten. Ich hatte das Gefühl, die Umstände erforderten das. Der Arbeitsmarktbericht von Oktober, der drei Tage nach der Wahl veröffentlicht wurde, war trostlos: 240 000 verlorene Jobs (Überprüfungen sollten später ans Licht bringen, dass die tatsächliche Zahl 481 000 betrug). Obwohl TARP schon verabschiedet war und Finanzministerium wie US-Notenbank mit Notfallmaßnahmen fortfuhren, blieben die Finanzmärkte wie gelähmt, Banken standen nach wie vor am Rand des Zusammenbruchs, und Zwangsvollstreckungen hörten nicht auf. Ich mochte die verschiedenen Senkrechtstarter, die mich im Wahlkampf beraten hatten, und fühlte mich den nach links tendierenden Ökonomen und Aktivisten nahe, die in der aktuellen Krise das Ergebnis eines aufgeblähten und außer Kontrolle geratenen Finanzsystems sahen, das dringend reformiert gehörte. Aber angesichts einer Weltwirtschaft im freien Fall war meine Aufgabe Nummer eins nicht der Umbau der Wirtschaftsordnung, sondern weitere Katastrophen zu verhindern. Dazu brauchte ich Leute, die bereits Krisen gemanagt hatten, Leute, die von Panik erfasste Märkte beruhigen konnten – Leute, die per definitionem eventuell von Sünden der Vergangenheit befleckt waren.

Für das Amt des Finanzministers lief es auf zwei Kandidaten hinaus. Larry Summers, der den Job schon unter Bill Clinton innegehabt hatte, und Tim Geithner, Larrys früherer Stellvertreter und anschließend Chef der New Yorker Notenbank. Larry war die näherliegende Wahl: Als studierter Wirtschaftswissenschaftler und Debattierchampion am MIT war er einer der jüngsten Professoren in Harvard gewesen und erst vor Kurzem zum Präsidenten der Universität ernannt worden; er hatte bereits als Chefökonom der Weltbank fungiert, als Staatssekretär für Internationale Beziehungen sowie als stellvertretender Finanzminister, bevor er die Zügel von seinem Vorgänger und Mentor Bob Rubin übernahm. Mitte der Neunzigerjahre hatte Larry geholfen, die internationale Reaktion auf eine Reihe größerer Finanzkrisen zu entwickeln, die Mexiko, Asien und Russland betrafen. Diese waren am ehesten mit der Krise vergleichbar, die ich jetzt erbte. Außerdem gestanden selbst seine erbittertsten Gegner Larry Brillanz zu. Oder wie Tim es einmal so treffend beschrieb: Larry konnte sich deine Argumente anhören, diese dann besser formulieren, als es dir selbst gelungen war, um dir am Ende zu beweisen, warum du damit falschlagst.

Larry genoss auch den nur teilweise verdienten Ruf, arrogant und nicht politisch korrekt zu sein. Als Präsident von Harvard hatte er einen öffentlichen Streit mit dem prominenten Professor für afroamerikanische Studien, Cornel West, ausgetragen. Später war er zum Rücktritt gezwungen worden, weil er unter anderem behauptet hatte, naturgegebene Unterschiede in der Begabung könnten ein Grund dafür sein, dass Frauen an den Fakultäten für Mathematik, Naturwissenschaften und Ingenieurwesen der führenden Universitäten unterrepräsentiert seien.

Als ich ihn näher kennenlernte, kam ich zu der Überzeugung, dass die meisten der Schwierigkeiten Larrys im Umgang mit anderen weniger mit böser Absicht und mehr mit Selbstvergessenheit zu tun hatten. In Larrys Augen verwirrten Eigenschaften wie Taktgefühl und Zurückhaltung einfach den Verstand. Er selbst schien immun gegen Kränkungen zu sein und die üblichen Unsicherheiten gar nicht zu kennen. Er äußerte seine Wertschätzung (begleitet von schwachem Staunen), wenn jemand ihn tatsächlich herausforderte oder an etwas gedacht hatte, was ihm selbst entgangen war. Sein fehlendes Interesse an den im menschlichen Umgang üblichen Nettigkeiten erstreckte sich auch auf seine äußere Erscheinung, die routinemäßig derangiert war. Gelegentlich schaute sein dicker Bauch hervor, weil ein Hemdknopf fehlte. Und sein offenbar planloses Vorgehen beim Rasieren führte oft dazu, dass unter seiner Nase irritierende Stoppeln stehen blieben.

Tim war anders. Als ich ihn wenige Wochen vor der Wahl in einem New Yorker Hotel das erste Mal traf, kam mir der Begriff »jungenhaft« in den Sinn. Er war in meinem Alter, aber seine schlanke Statur, die bescheidene Haltung und sein schelmisches Gesicht ließen ihn deutlich jünger wirken. Während unseres einstündigen Gesprächs fiel mir seine leise, fröhliche Gelassenheit auf. Wir hatten sofort ein gutes Verhältnis, was teilweise an den Parallelen in der Kindheit lag: Da sein Vater Experte für Entwicklungszusammenarbeit war, verbrachte er den Großteil seiner Jugend im Ausland, was eine gewisse Zurückhaltung bei ihm bewirkt hatte, die ich auch von mir selbst kannte.

Nach einem Master in Ostasienwissenschaften und Internationale Wirtschaft arbeitete Tim als Asienspezialist für Henry Kissingers Beratungsunternehmen und ging dann als Vertreter für Handelsfragen im Auftrag des Finanzministeriums nach Japan. Larry Summers war es, der Tim aus dem Verborgenen holte und zu seinem Assistenten machte. Und als es für Larry weiter nach oben ging, stieg auch Tim auf. Er wurde zu einem zentralen, wenn auch unangekündigten Player im Umgang mit den diversen Finanzkrisen der Neunzigerjahre. Dass er am Ende Chef der New Yorker Notenbank wurde, war auf Larrys nachdrückliche Empfehlung zurückzuführen. Ihre Beziehung war aber nicht nur von Larrys Generosität, sondern auch von Tims stillem Selbstvertrauen und seiner intellektuellen Strenge geprägt – Eigenschaften, die im Vorjahr stark gefordert gewesen waren. Schließlich hatte Tim rund um die Uhr mit Hank Paulson und Ben Bernanke gearbeitet, um den Zusammenbruch der Wall Street zu verhindern.

Ob aus Loyalität zu Larry, purer Erschöpfung oder berechtigten Gewissensbissen (wie Rahm – und ich – hatte Tim noch Kinder zu Hause und eine Frau, die sich nach einem ruhigeren Leben sehnte), Tim wandte bei unserem ersten Treffen viel Zeit auf, mich davon abzubringen, ihn als Finanzminister zu engagieren. Als wir uns verabschiedeten, war ich erst recht von ihm überzeugt. Bis irgendwer – selbst Larry – Tims Echtzeit-Verständnis der Finanzkrise oder seine Kontakte zur aktuellen Generation der Player auf dem globalen Finanzmarkt hätte, würde es Monate dauern, dachte ich. Und diese Zeit hatten wir nicht. Was noch wichtiger war: Mein Bauchgefühl sagte mir, dass Tim eine grundlegende Integrität besaß, ein ausgeglichenes Temperament und die Fähigkeit, Probleme zu lösen, ohne sich von seinem Ego oder politischen Überlegungen ablenken zu lassen. All das würde ihn für die bevorstehende Aufgabe unschätzbar wertvoll machen.

Am Ende entschied ich, beide Männer anzuheuern – Larry, weil er mir helfen sollte rauszufinden, was zum Teufel zu tun (und zu lassen) sein würde, Tim, um unsere Reaktion auf die Krise zu organisieren und zu steuern. Damit das funktionierte, musste ich Larry davon überzeugen, nicht als Finanzminister zu dienen, sondern als Direktor des Nationalen Wirtschaftsrats (NEC). Obwohl dies der höchste

Wirtschaftsposten im Weißen Haus war, galt er als weniger prestigeträchtig. Die traditionelle Aufgabe dieses Direktors war es, den Prozess der wirtschaftlichen Strategieplanung zu koordinieren und als diplomatischer Vermittler zwischen verschiedenen Institutionen zu fungieren, was nicht gerade auf Larrys Stärken zugeschnitten war. Aber ich erklärte Larry, dass nichts davon eine Rolle spielte. Ich brauchte ihn, sein Land brauchte ihn, und was mich betraf, würde er Tim beim Formulieren unseres Wirtschaftsplans gleichgestellt sein. Mein Ernst mochte sein Denken beeinflusst haben – obwohl auch das Versprechen (auf Rahms Vorschlag hin), Larry zum nächsten Chef der US-Notenbank zu ernennen, zweifellos half, ihn zur Zusage zu bewegen.

Ich hatte noch andere Schlüsselstellen zu besetzen. Zur Chefin des Council of Economic Advisers – verantwortlich dafür, den Präsidenten mit den bestmöglichen Daten und Analysen zu allen Wirtschaftsthemen zu versorgen – ernannte ich Christina Romer. Die Berkeley-Professorin mit den rosigen Wangen hatte grundlegend zur Großen Depression geforscht. Peter Orszag, Chef des überparteilichen Congressional Budget Office, nahm die Stelle des Direktors des Amts für Verwaltung und Haushaltswesen an, Melody Barnes, eine nachdenkliche afroamerikanische Anwältin und ehemalige leitende Rechtsberaterin von Senator Ted Kennedy, übernahm die Führung des Rats für Innenpolitik. Jared Bernstein, ein großherziger, nach links tendierender Arbeitsökonom, kam als Teil von Joe Bidens Team an Bord, genau wie Gene Sperling, der bebrillte, extrem wortgewandte Strategieexperte, der unter Bill Clinton vier Jahre als Direktor des Nationalen Wirtschaftsrats gedient hatte und jetzt einwilligte, zusammen mit Austan Goolsbee und Jason Furman, den Ökonomen aus dem Wahlkampfteam, als Spieler auf der jeweils benötigten Position zu fungieren.

In den kommenden Monaten würde ich unzählige Stunden mit diesem Stab von Beratern und deren Stellvertretern verbringen, um Fragen zu stellen, Empfehlungen durchzugehen, Foliensätze und Briefingunterlagen zu studieren, eine Strategie zu formulieren und dann das, was wir uns ausgedacht hatten, unerbittlich zu prüfen. Die Diskussionen waren hitzig, Widerspruch willkommen, und keine Idee wurde verworfen, nur weil sie von einem untergeordneten Mitarbeiter kam oder nicht einer bestimmten ideologischen Neigung entsprach.

Dennoch waren Tim und Larry die dominierenden Stimmen in unserem Wirtschaftsteam. Beide Männer hatten ihre Wurzeln in der gemäßigten marktfreundlichen Wirtschaftsphilosophie der Regierung Clinton. Und angesichts der bemerkenswerten Dauer wirtschaftlicher Prosperität während der Neunzigerjahre galt so eine Herkunft lange Zeit als etwas, worauf man stolz sein konnte. Während sich allerdings die Wirtschaftskrise verschlimmerte, geriet man mit einer solchen Vorgeschichte zunehmend unter Beschuss. Bob Rubin sah bereits, wie sein Ruf wegen der Rolle als Chefberater der Citigroup Schaden nahm. Denn die Citigroup war eine der Institutionen der Finanzwelt, deren massive Risikoposition auf dem Markt für Subprime-Wertpapiere nun den Ansteckungseffekt befeuerte. Sobald ich mein Wirtschaftsteam vorgestellt hatte, tauchten in der Presse Artikel darüber auf, dass Larry in seiner Zeit als Finanzminister ein vehementer Befürworter der Deregulierung der Finanzmärkte gewesen war. Kommentatoren fragten sich, ob Tim – zusammen mit Paulson und Bernanke – während seiner Amtszeit in der New Yorker Notenbank zu zaghaft gewesen war, um wegen des Risikos, das der Subprime-Markt dem Finanzsystem aufbürdete, Alarm zu schlagen.

Manches an dieser Kritik war berechtigt, anderes extrem unfair. Fest stand, dass ich mich mit meiner Entscheidung für Tim und Larry mit deren Geschichte verknüpft hatte. Sollte es uns nicht rasch gelingen, die Wirtschaft wieder auf den rechten Kurs zu bringen, würde der politische Preis für ihre Wahl hoch sein.

UNGEFÄHR ZU DER ZEIT, als ich die endgültigen Entscheidungen über mein wirtschaftspolitisches Team fällte, bat ich Mitarbeiter und die mir zugewiesenen Leute vom Secret Service, ein geheimes Treffen in der Feuerwache des Reagan National Airport zu arrangieren. Als wir dort ankamen, war die Halle leer. Man hatte die Feuerwehrautos herausgefahren, damit unser Wagenkonvoi Platz fand. Ich betrat einen Aufenthaltsraum, wo ein paar Erfrischungen vorbereitet waren, und begrüßte einen kompakten Mann mit silbernem Haar und in einem grauen Anzug, der dort schon saß.

»Mr Secretary«, sagte ich, während ich seine Hand schüttelte. »Danke, dass Sie sich die Zeit nehmen.«

»Gratulation, Mr President-Elect«, erwiderte Robert Gates mit stählernem Blick und knappem Lächeln, bevor wir uns hinsetzten und zur Sache kamen.

Man kann durchaus sagen, dass der Verteidigungsminister von Präsident Bush und ich uns nicht in denselben Kreisen bewegten. Abgesehen von unser beider Wurzeln in Kansas (Gates war in Wichita geboren und aufgewachsen), hätte man sich kaum zwei Personen vorstellen können, die unterschiedlichere Wege gegangen waren, um schließlich am selben Ort anzukommen. Gates hatte es bei den Pfadfindern weit gebracht, war ein ehemaliger Geheimdienstoffizier der Air Force, Russlandspezialist und CIA-Rekrut. Auf dem Höhepunkt des Kalten Kriegs hatte er unter Nixon, Ford und Carter im Nationalen Sicherheitsrat gedient, unter Reagan bei der CIA, bevor er unter George H. W. Bush zu deren Direktor aufstieg. (Zuvor hatte Reagan ihn bereits dafür nominiert, allerdings brachten ihn Fragen zu seinen Kenntnissen in der Iran-Contra-Affäre dazu, einen Rückzieher zu machen.) Nach der Wahl von Bill Clinton hatte Gates Washington verlassen, war Mitglied von Aufsichtsräten geworden und später Präsident der Texas A&M University – was er bis 2006 bleiben sollte, als George W. Bush ihn bat, Donald Rumsfeld im Pentagon zu ersetzen und eine Irakkrieg-Strategie zu retten, die nur noch aus einem Scherbenhaufen bestand.

Er war Republikaner, ein Falke des Kalten Kriegs, langjähriges Mitglied des Sicherheitsestablishments, ein früherer Befürworter von Interventionen im Ausland, gegen die ich demonstriert hatte, als ich auf dem College war, und nun Verteidigungsminister eines Präsidenten, dessen Kriegspolitik ich verabscheute. Und trotzdem hatte ich mich an jenem Tag auf der Feuerwache eingefunden, um Bob Gates zu bitten, als mein Verteidigungsminister im Amt zu bleiben.

Wie bei den wirtschaftspolitischen Ernennungen hatte ich auch hier praktische Gründe. Angesichts von 180000 US-Soldaten im Irak und in Afghanistan schien jede massive Kehrtwende im Verteidigungsministerium enorme Risiken zu bergen. Noch dazu hatten die Umstände, unabhängig von etwaigen Differenzen hinsichtlich der ursprünglichen Entscheidung für den Einmarsch im Irak, uns zu ähnlichen Ansichten über den künftigen Weg gebracht. Als Präsident Bush Anfang 2007 – auf Gates' Anraten – eine Entsendung zusätzlicher US-Truppen in den

Irak angeordnet hatte, war ich skeptisch gewesen. Nicht weil ich bezweifelte, dass mehr amerikanische Soldaten die Gewalt dort reduzieren könnten, sondern weil das Ganze als Engagement mit offenem Ende gestaltet war.

Unter Gates' Führung hatte die von Petraeus kommandierte Truppenaufstockung (sowie eine ausgehandelte Allianz mit sunnitischen Stämmen in der Provinz al-Anbar) nicht nur die Gewalt beträchtlich reduziert, sondern den Irakern auch Zeit und Raum für politische Lösungen verschafft. Mithilfe mühevoller Diplomatie der Außenministerin Condoleezza Rice und vor allem des amerikanischen Botschafters im Irak, Ryan Crocker, war der Irak inzwischen auf dem Weg zur Bildung einer legitimen Regierung. Für Ende Januar waren Wahlen angesetzt. Noch in meiner Vorbereitungsphase hatte die Regierung Bush sogar ein Truppenstatut mit der Regierung Maliki bekannt gegeben, wonach die US-Truppen bis Ende 2011 abgezogen würden. Dieser Zeitplan spiegelte im Prinzip wider, was ich während des Wahlkampfs vorgeschlagen hatte. Inzwischen betonte Gates öffentlich, wie wichtig es sei, dass die USA ihre Aufmerksamkeit wieder auf Afghanistan richteten – einer der zentralen Grundsätze meiner Außenpolitik. Es blieben taktische Fragen zur Geschwindigkeit, zu Ressourcen und zum Personal offen. Aber die grundlegende Strategie, unsere Kampfeinsätze im Irak herunterzufahren und unsere Anstrengungen in Afghanistan zu erhöhen, war nun fest verankert. Zumindest im Augenblick war niemand besser geeignet, diese Strategie umzusetzen, als der gegenwärtige Verteidigungsminister.

Ich hatte auch fundierte politische Gründe dafür, Gates zu halten. Schließlich hatte ich versprochen, den fortwährenden parteipolitischen Groll zu beenden, und Gates' Anwesenheit in meinem Kabinett würde beweisen, dass es mir ernst damit war, dieses Versprechen auch einzulösen. Ihn zu behalten, würde außerdem helfen, Vertrauen im US-Militär und in den zahlreichen Diensten, die die Nachrichtendienstgemeinschaft bildeten, zu generieren. Über ein Militärbudget zu verfügen, das größer war als das der nächsten siebenunddreißig Länder zusammen, hatte bei den führenden Köpfen des Verteidigungsministeriums und der Nachrichtendienste dazu geführt, dass sie sehr dezidierte Meinungen vertraten, in internen bürokratischen Machtkämpfen ausgesprochen versiert waren und dazu neigten, Dinge so zu machen, wie sie es schon immer getan hatten. Ich ließ mich davon nicht einschüchtern. In groben Zügen wusste ich, was ich tun wollte, und erwartete, dass Gewohnheiten aufgrund der Kommandostruktur – Befehle des Oberbefehlshabers salutierend auszuführen, selbst wenn man entschieden anderer Ansicht war – tief verwurzelt sein würden.

Dennoch begriff ich, dass es für keinen Präsidenten einfach war, den nationalen Sicherheitsapparat in eine neue Richtung zu lenken. Wenn schon Dwight D. Eisenhower – der ehemalige Oberkommandierende der Alliierten und einer der Planer des D-Day – sich gelegentlich durch den von ihm so genannten »militärisch-industriellen Komplex« behindert sah, dann war die Wahrscheinlichkeit hoch, dass die Durchsetzung einer Reform für einen frisch gewählten afroamerikanischen Präsidenten hart werden würde. Zumal für einen, der nie in Uniform gedient hatte, der einen Militäreinsatz abgelehnt hatte, dessen Erfüllung viele ihr Leben widmeten, der das Militärbudget verkleinern und bei der Wahl unter den Angehörigen des Pentagons sicherlich mit beträchtlichem Abstand verloren hatte. Wenn ich die Dinge jetzt erledigen wollte und nicht erst in den kommenden ein, zwei Jahren, brauchte ich jemanden wie Gates, der wusste, wie das Pentagon funktionierte und wo es Fallstricke gab; jemand, der den Respekt bereits besaß, den ich mir – unabhängig von meinem Amt – in mehrerlei Hinsicht noch würde verdienen müssen.

Es gab noch einen letzten Grund, warum ich Gates in meinem Team haben wollte: und zwar, um meiner eigenen Voreingenommenheit etwas entgegenzusetzen. Durch den Wahlkampf hatte sich folgendes Bild von mir geformt – der weltfremde Idealist, der instinktiv gegen Militäraktionen ist und glaubt, jedes Problem auf der internationalen Bühne lasse sich durch hochgeistigen Dialog lösen. Dieses Bild war nie ganz zutreffend gewesen. Ja, ich glaubte an Diplomatie und hielt Krieg für die Ultima Ratio. Ich glaubte an multilaterale Zusammenarbeit, um Probleme wie den Klimawandel anzugehen, und ich war überzeugt davon, dass die beständige Förderung von Demokratie, wirtschaftlicher Entwicklung und Menschenrechten rund um den Globus unseren langfristigen nationalen Sicherheitsinteressen dienen würde. Diejenigen, die mich gewählt oder in meinem Wahlkampfteam mitgearbeitet hatten, teilten diese Überzeugungen großteils und würden wohl auch meine Regierung dominieren.

Doch meine außenpolitischen Ansichten – und tatsächlich auch meine frühe Ablehnung der Invasion im Irak – schuldeten der Denkschule der »Realisten« mindestens ebenso viel. Diese schätzte Zurückhaltung, ging von nicht perfekten Informationen aus und zog unbeabsichtigte Folgen in Betracht; außerdem dämpfte sie den Glauben an die amerikanische Einzigartigkeit durch Zweifel an unserer Fähigkeit, die Welt nach unseren Vorstellungen zu formen. Oft überraschte ich Menschen, wenn ich George H. W. Bush einen Präsidenten nannte, dessen Außenpolitik ich bewunderte. Bush hatte, zusammen mit James Baker, Colin Powell und Brent Scowcroft, geschickt das Ende des Kalten Krieges sowie die erfolgreiche gerichtliche Aufarbeitung des Zweiten Golfkriegs gemanagt.

Gates war mit solchen Männern erwachsen geworden. In seiner Haltung zum Irak-Feldzug sah ich genug Übereinstimmungen unserer Ansichten, um darauf zu vertrauen, dass wir zusammenarbeiten konnten. Seine Stimme am Tisch zu haben, genau wie die von jemand wie James L. Jones – dem pensionierten Viersternegeneral und ehemaligen Chef des Europäischen Kommandos der USA, den ich als meinen ersten Nationalen Sicherheitsberater vorgeschlagen hatte –, garantierte, dass ich ein breites Spektrum an Sichtweisen zu hören bekam, bevor ich größere Entscheidungen traf. Und dass ich meine tiefsten Überzeugungen stets an Leuten überprüfen musste, die über die Statur und das Selbstvertrauen verfügten, es mir zu sagen, wenn ich falschlag.

Natürlich hing all das von einem gewissen Grundvertrauen zwischen mir und Gates ab. Als ich einen Kollegen gebeten hatte, wegen seiner möglichen Bereitschaft, im Amt zu bleiben, Kontakt zu ihm aufzunehmen, hatte Gates eine Liste mit Fragen zurückgeschickt. Wie lange erwartete ich von ihm, im Amt zu bleiben? Wäre ich bereit, den Abzug der Truppen aus dem Irak flexibel zu handhaben? Wie stünde ich zur personellen Besetzung und dem Budget des Verteidigungsministeriums?

Als wir in der Feuerwache zusammensaßen, gab Gates zu, dass es für ein potenzielles Kabinettsmitglied untypisch war, seinen oder ihren künftigen Boss derart auszuquetschen. Er hoffte, ich hatte das nicht anmaßend gefunden. Ich versicherte ihm, dass es mir nichts ausmachte und seine Offenheit sowie seine klare Denkweise genau das waren, wonach ich suchte. Dann gingen wir die Liste seiner Fragen durch. Ich hatte selbst auch ein paar. Nach fünfundvierzig Minuten gaben wir uns die Hand und rauschten in getrennten Konvois wieder davon.

»Und?«, fragte Axelrod bei meiner Rückkehr.

»Er ist dabei«, sagte ich. »Ich mag ihn«, fügte ich noch hinzu. »Wir werden sehen, ob das auf Gegenseitigkeit beruht.«

OHNE VIEL AUFWAND fanden sich die anderen Mitglieder meines nationalen Sicherheitsteams: die langjährige Freundin und ehemalige Diplomatin Susan Rice als amerikanische Botschafterin bei den Vereinten Nationen; Leon Panetta, ein ehemaliger kalifornischer Kongressabgeordneter und Stabschef unter Clinton mit wohlverdientem Ruf für seine Überparteilichkeit als Direktor der CIA und der pensionierte Admiral Dennis Blair als Direktor der Nationalen Nachrichtendienste. Viele meiner engsten Berater aus dem Wahlkampf übernahmen Schlüsselstellen, darunter mein Debattentrainer Tom Donilon als stellvertretender Nationaler Sicherheitsberater, die jungen Asse wie Denis McDonough, Mark Lippert und Ben Rhodes als hilfreiche Stellvertreter im Nationalen Sicherheitsrat, und Samantha Power in einer Position im Nationalen Sicherheitsrat, die sich neu auf die Verhinderung von Gräueltaten und die Durchsetzung der Menschenrechte konzentrierte.

Nur eine noch verbleibende mögliche Ernennung sorgte für jeden erdenklichen Wirbel. Ich wollte Hillary Clinton als Außenministerin.

Beobachter stellten verschiedene Theorien über meine Gründe für die Wahl Hillarys an: dass ich die nach wie vor gespaltene Demokratische Partei einen müsse; dass ich mir Sorgen mache, sie würde mich von ihrem Posten im Senat aus kritisieren; dass ich unter dem Einfluss von Doris Kearns Goodwins Buch *Team of Rivals* aus Unsicherheit Lincoln imitieren und eine ehemalige politische Gegnerin in mein Kabinett holen würde.

Doch die Realität war viel einfacher. In meinen Augen war Hillary schlicht die am besten geeignete Person für den Job. Während des Wahlkampfs hatte ich ihre Intelligenz, die Art und Weise, wie sie sich vorbereitete, und ihr Arbeitsethos miterlebt. Welche Gefühle auch immer sie mir gegenüber hegte – ich vertraute auf ihren Patriotismus und ihr Pflichtbewusstsein. Vor allem aber war ich überzeugt, dass in einer Zeit, in der diplomatische Beziehungen in der ganzen Welt entweder angespannt waren oder chronisch vernachlässigt wurden, eine Außenministerin mit Hillarys Starqualitäten, ihren Kontakten und ihrer Gewandtheit auf der Weltbühne uns eine zusätzliche Bandbreite verschaffen würde, die außer ihr niemand zu bieten hatte.

Weil die Narben aus dem Wahlkampf noch frisch waren, überzeugte das nicht jeden in meinem Team. (»Bist du dir sicher, dass du eine Außenministerin willst, die in TV-Spots gesagt hat, du wärst nicht reif für die Rolle des Commander-in-Chief?«, fragte ein Freund. Ich musste ihn daran erinnern, dass mein künftiger Vizepräsident dasselbe gesagt hatte.) Hillary war auch skeptisch. Als ich ihr den Job bei einer Besprechung in unserem Übergangsbüro in Chicago etwa zehn Tage nach der Wahl erstmals anbot, kassierte ich eine höfliche Absage. Sie sei müde, meinte sie, und freue sich auf einen berechenbareren Terminplan im Senat. Sie hatte zudem Schulden aus dem Wahlkampf, die sie tilgen musste. Und dann war da noch Bill zu berücksichtigen. Seine Arbeit im Bereich globale Entwicklung und öffentliche Gesundheitsfürsorge bei der Clinton Foundation hatte weltweit wirklich viel bewirkt. Hillary und mir war klar, dass die Notwendigkeit, auch nur den Anschein eines Interessenkonflikts zu vermeiden – vor allem im Hinblick auf Fundraising –, ihn und die Stiftung wahrscheinlich einschränken würde.

Die von ihr formulierten Sorgen waren berechtigt, aber ich hielt sie für beherrschbar. Daher bat ich sie, sich Bedenkzeit zu nehmen. Im Verlauf der folgenden Woche verpflichtete ich Podesta, Rahm, Joe Biden sowie einige unserer Senatskollegen und wer auch immer mir noch einfiel, sich bei Hillary zu melden und auf sie einzuwirken. Trotz unserer beharrlichen Versuche, sie umzustimmen, erklärte sie mir bei unserem nächsten Gespräch, einem Telefonat spätabends, dass sie immer noch dazu tendiere abzusagen. Wieder insistierte ich und war mir sicher, dass, welche Zweifel auch immer sie noch haben mochte, diese weniger mit dem Job und mehr mit unserem persönlichen Verhältnis zu tun hatten. Ich ermittelte ihre Ansichten zum Irak, zu Nordkorea, zur

Verbreitung von Atomwaffen und zu den Menschenrechten. Außerdem fragte ich nach, wie sie das Außenministerium neu beleben könnte, und versicherte ihr, dass sie ständigen und direkten Zugang zu mir hätte sowie die Möglichkeit, sich ihr eigenes Team zusammenzustellen. »Sie sind für mich zu wichtig, als dass ich ein Nein als Antwort akzeptieren könnte«, sagte ich am Ende unseres Telefonats.

Am nächsten Morgen hatte Hillary entschieden, mein Angebot anzunehmen und in die Regierung einzutreten. Eineinhalb Wochen später präsentierte ich sie und den Rest meines nationalen Sicherheitsteams – sowie meinen designierten Justizminister Eric Holder und meine Wahl für das Heimatschutzministerium, Gouverneurin Janet Napolitano – auf einer Pressekonferenz in Chicago. Als ich mir die auf der Bühne versammelten Frauen und Männer so ansah, kam ich nicht umhin festzustellen, dass fast alle von ihnen deutlich älter als ich waren, jahrzehntelange Erfahrung in höchsten Regierungsämtern mitbrachten und zumindest teilweise ursprünglich jemand anderen bei der Präsidentschaftswahl unterstützt hatten, da sie mein Reden von Hoffnung und Wandel wohl nicht angesprochen hatte. Im Grunde genommen ein Team aus Rivalen, dachte ich. Schon bald sollte ich erfahren, ob das auf begründetes Vertrauen in meine Führungsqualität hinwies – oder nur Anzeichen für den naiven Glauben eines Neulings waren, der demnächst plattgemacht würde.

ALS GEORGE WASHINGTON 1789 zum Präsidenten gewählt wurde, existierte Washington, D.C. noch gar nicht. Der gewählte Präsident musste, um seinen Eid abzulegen, eine siebentägige Reise per Binnenschiff und Pferdewagen von seiner Heimat in Mount Vernon, Virginia, unternehmen, um zur Federal Hall in New York City zu gelangen – wo damals die neue Bundesregierung vorübergehend ihren Sitz hatte. Eine zehntausendköpfige Menge begrüßte ihn. Der Amtseid wurde geschworen, dann folgten der Ruf »Lang lebe George Washington« und dreizehn Schuss Salut. Washington hielt eine gedämpfte fünfzehnminütige Rede zur Amtseinführung, allerdings nicht vor der Menschenmenge, sondern vor den Kongressmitgliedern in ihrer schlecht beleuchteten, provisorischen Kammer. Anschließend besuchte er den Gottesdienst in einer nahe gelegenen Kirche.

Danach durfte der Vater unseres Landes weiter dafür sorgen, dass Amerika seine Amtszeit überdauerte.

Im Lauf der Zeit wurden Amtseinführungen von Präsidenten aufwendiger. So lud Dolley Madison 1809 zum ersten Amtseinführungsball in der neuen Hauptstadt. Vierhundert Leute berappten je vier Dollar für das Privileg, an dem bis dato größten gesellschaftlichen Ereignis teilzunehmen, das je in Washington stattgefunden hatte. Seinem Ruf als Populist entsprechend, öffnete Andrew Jackson anlässlich seiner Amtseinführung 1829 die Türen des Weißen Hauses für ein paar Tausend seiner Anhänger. Allerdings geriet die betrunkene Gästeschar so außer Rand und Band, dass Jackson angeblich durch ein Fenster entfloh.

Bei seiner zweiten Amtseinführung begnügte Teddy Roosevelt sich nicht mit Militärparaden und Marschkapellen – er wartete zusätzlich mit einer Schar Cowboys und dem Apachenhäuptling Geronimo auf. Als John F. Kennedy 1961 an die Reihe kam, war aus der Amtseinführung bereits ein mehrtägiges, im Fernsehen übertragenes Spektakel geworden. Mit Auftritten berühmter Musiker, einer Rezitation des »Hofdichters« Robert Frost sowie mehreren eleganten Bällen, wo die Hollywood-Prominenz Sternenstaub auf die Geldgeber und ergebenen Helfer des neuen Präsidenten streuen konnte. (Frank Sinatra zog anscheinend alle Register, um den Feiern Camelot-Würde zu verleihen. Allerdings war er auch zu einer sicherlich peinlichen Unterredung mit seinem Freund und Rat-Pack-Kumpel Sammy Davis Jr. gezwungen. Joe Kennedy hatte nämlich ausrichten lassen, dass die Anwesenheit von Davis mit seiner sehr weißen schwedischen Ehefrau bei den Bällen zur Amtseinführung bei John F. Kennedys Unterstützern aus dem Süden nicht so gut ankäme und man deshalb davon absehen sollte.)

In Anbetracht der Aufregung, die unser Wahlkampf ausgelöst hatte, waren die Erwartungen an meine Amtseinführung – die für den 20. Januar 2009 angesetzt war – entsprechend hoch. Wie beim Parteitag der Demokraten hatte ich mit der Festlegung der Einzelheiten nicht viel zu tun. Vielmehr vertraute ich darauf, dass das von uns aufgestellte Komitee und meine geniale Wahlkampfleiterin Alyssa Mastromonaco (die dann als meine Chefin für reibungslose Abläufe vorgesehen war) alles gut im Griff hatten. Während Bühnen errichtet und entlang der

Paradestrecke in Washington Tribünen aufgebaut wurden, reisten Michelle, die Mädchen und ich über Weihnachten nach Hawaii. Dort versuchte ich – zwischen dem Klären letzter Ernennungen für mein Kabinett, täglichen Beratungen mit dem Wirtschaftsteam und ersten Entwürfen für meine Rede zur Amtseinführung –, Atem zu schöpfen.

Maya und ich gingen einen Nachmittag lang Toots persönliche Dinge durch und spazierten dann zu derselben Felszunge in der Nähe der Hanauma Bay, wo wir von ihr Abschied genommen und ihre Asche ins darunterliegende Meer gestreut hatten. Ich trommelte ein paar meiner alten Mannschaftskollegen aus der Highschool zu einem Basketballspiel zusammen. Unsere Familien sangen Weihnachtslieder, backten Plätzchen und veranstalteten erstmals eine Talentshow, die zu einem alljährlichen Ritual werden sollte (die Väter wurden dabei fairerweise als am wenigsten talentiert bewertet). Ich hatte sogar Gelegenheit zum Bodysurfen am Sandy Beach, einem der Lieblingsplätze meiner Jugend. Als ich eine gemächlich brechende Welle nahm, das Licht sich im rauschenden Wasser spiegelte und am Himmel ein Vogelschwarm zu sehen war, konnte ich mir einen Moment lang einbilden, ich wäre nicht von ein paar Navy SEALs in Neoprenanzügen umgeben, und der Kutter der Küstenwache in der Ferne hätte nichts mit mir zu tun. Die Bilder von mir mit nacktem Oberkörper landeten später auf den Titelseiten von Zeitungen in aller Welt, versehen mit Überschriften wie »Fit fürs Amt«. Als ich schließlich signalisierte, genug gesurft zu haben, meinte der Chef meines Sicherheitsteams an jenem Tag – ein sarkastischer Agent namens Dave Beach, der mich schon von Beginn an begleitet hatte und wie ein Freund für mich war –, während er sich das Wasser aus den Ohren schüttelte: »Ich hoffe, das hat Spaß gemacht, denn es wird für lange, lange Zeit das letzte Mal gewesen sein.«

Ich lachte, weil das doch bestimmt als Witz gemeint war … oder etwa nicht? Der Wahlkampf und dessen unmittelbare Nachwirkungen hatten keine Zeit für Überlegungen gelassen. Daher hatten wir alle – Familie, Freunde, Mitarbeiter und Secret Service – nur dieses kurze tropische Zwischenspiel, um so richtig zu begreifen, was überhaupt passiert war, und uns auszumalen, was uns noch erwartete. Alle wirkten glücklich, aber auch ein wenig zögernd, unsicher, ob es in Ordnung war, das Ungewohnte und Fremde der ganzen Situation einzugestehen. Außerdem versuchte jeder herauszufinden, was sich verändert hatte und was gleich geblieben war. Obwohl sie es nicht zeigte, spürte niemand diese Ungewissheit deutlicher als die künftige First Lady der Vereinigten Staaten.

Im Lauf des Wahlkampfs hatte ich erlebt, wie Michelle sich unfehlbar anmutig an die neuen Umstände anpasste: Sie bezauberte Wähler, absolvierte Interviews mit Bravour und perfektionierte einen Stil, der sie chic und nahbar zugleich wirken ließ. Es war weniger eine Verwandlung als eher eine Verstärkung, die ihr charakteristisches »Miche-Sein« zu strahlendem Glanz aufpolierte. Doch trotz ihrer zunehmenden Souveränität darin, im Blickpunkt der Öffentlichkeit zu stehen, bemühte Michelle sich hinter den Kulissen geradezu verzweifelt, einen gewissen Bereich der Normalität für unsere Familie zu erhalten – abseits des verzerrenden Einflusses von Politik und Prominenz.

In den Wochen gleich nach der Wahl bedeutete das, dass sie sich in die Herausforderungen stürzte, vor denen jedes Paar steht, das wegen eines Jobwechsels umziehen muss. Mit ihrer typischen Effizienz sortierte sie aus und packte. Sie kündigte Konten, sorgte dafür, dass unsere Post nachgeschickt wurde, und half dem University of Chicago Medical Center, ihre Nachfolge zu planen.

Vorrangig konzentrierte Michelle sich jedoch auf unsere Töchter. Schon am Tag nach der Wahl hatte sie eine Tour durch mehrere Schulen in Washington organisiert und mit Lehrern besprochen, wie man die Mädchen mitten im Schuljahr in neue Klassen integrieren könnte. (Sowohl Malia als auch Sasha strichen reine Mädchenschulen von ihren Listen und entschieden sich für Sidwell Friends, eine von Quäkern gegründete Privatschule, die auch Chelsea Clinton einst besucht hatte.) Sie suchte auch Rat bei Hillary und bei Laura Bush, um zu erfahren, wie sie die Kinder vor der Presse abschirmen konnte. Den Secret Service quetschte sie über Möglichkeiten aus, Spielverabredungen und Fußballmatches nicht durch Personenschützer zu stören. Schließlich machte sie sich vertraut damit, wie man den Privathaushalt im Weißen Haus führte, und sorgte dafür, dass das Mobiliar in den Schlafzimmern der Mädchen nicht aussah, als käme es aus dem Museum.

Nicht dass ich Michelles Stress nicht geteilt hätte. Malia und vor allem Sasha waren 2008 noch so klein, mit Zöpfen und Braids und Zahnlücken und Pausbäckchen. Wie würde das Weiße Haus ihre Kindheit prägen? Würde es sie isolieren? Sie launisch und anspruchsvoll werden lassen? Abends hörte ich immer aufmerksam zu, wenn Michelle mir die neuesten Informationen weitergab, die sie eingeholt hatte, und äußerte dann meine Gedanken zu diesem und jenem Thema, das sie beschäftigte. Außerdem versicherte ich ihr, dass eine freche Bemerkung oder irgendein unbedeutender Unfug, den eines der Mädchen angestellt hatte, kein Hinweis auf frühe Auswirkungen davon sei, dass ihre Welt völlig auf den Kopf gestellt worden war.

Aber wie so oft in den letzten zehn Jahren lastete der Großteil der tagtäglichen Erziehungsaufgaben auf Michelle. Und während sie mit ansah, wie die Arbeit mich wie ein Strudel erfasste, noch bevor ich überhaupt im Amt war, senkte die Aussicht auf Einsamkeit sich wie eine Wolke über sie. Denn ihre eigene Karriere würde zurückstehen müssen, ihr enger Freundeskreis würde Hunderte Meilen entfernt sein, während sie sich in einer Stadt zurechtfinden musste, wo man den Motiven so vieler Menschen zwangsläufig mit Misstrauen begegnete.

All das erklärt vielleicht, warum Michelle ihre Mutter bat, bei uns im Weißen Haus zu wohnen. Dass Marian Robinson bereit war, sich das auch nur zu überlegen, überraschte mich. Denn von ihrem Wesen her war meine Schwiegermutter eher vorsichtig, fand Befriedigung in kontinuierlicher Arbeit, vertrauter Routine sowie in einem kleinen Kreis aus Familie und Freunden, die sie schon seit Jahren kannte. Seit den Sechzigerjahren wohnte sie im selben Haus und hatte Chicago nur selten verlassen. Die einzige Extravaganz, die sie sich leistete, war alljährlich ein Ausflug nach Vegas zusammen mit ihrer Schwägerin Yvonne und Mama Kaye, um dort an den Automaten zu spielen. Und obwohl sie ihre Enkel vergötterte und eingewilligt hatte, vorzeitig in den Ruhestand zu treten, damit sie Michelle mit den Kindern helfen konnte, sobald der Wahlkampf richtig in Gang gekommen war, hatte sie stets darauf geachtet, nicht länger in unserem Haus in Chicago zu sein oder auch nur zum Abendessen zu bleiben, sobald ihre Arbeit getan war.

»Ich werde keine dieser alten Damen werden«, verkündete sie aufebracht, »die ihre Kinder nicht in Ruhe lassen, nur weil sie nichts aneres zu tun haben.«

Trotzdem leistete Marian nicht viel Widerstand, als Michelle sie bat, nit uns nach Washington zu ziehen. Sie wusste, ihre Tochter würde nicht fragen, wenn es nicht wirklich wichtig wäre.

Da gab es natürlich die praktischen Dinge, die zu erledigen waren. o begleitete Marian in unseren ersten Jahren im Weißen Haus Maia und Sasha jeden Morgen zur Schule und leistete ihnen danach Geellschaft, wenn Michelle zu arbeiten hatte. Aber es ging noch darüber inaus. Was wirklich zählte – und auch weiter zählte, als die Mädchen längst dem Alter entwachsen waren, in dem sie einen Babysitter brauchten –, war, dass Marians Anwesenheit unsere Familie erdete.

Meine Schwiegermutter benahm sich nie so, als wäre sie besser als alle anderen. Folglich betrachteten unsere Töchter das nie auch nur als Option. Sie lebte ihr Leben nach dem Motto »kein Getue und kein Drama«. Jegliche Form von Prunk oder Übertreibung ließ sie unbeeindruckt. Wenn Michelle von einem Fototermin oder einem festlichen Dinner zurückkam, bei dem jeder ihrer Schritte oder auch ihre Frisur von der Presse verfolgt worden war, konnte sie danach ihre Designerklamotten ausziehen, in eine Jeans und ein T-Shirt schlüpfen und wusste, dass ihre Mutter oben in ihrer Suite im obersten Stock des Weißen Hauses sein würde. Immer bereit, sich mit ihr hinzusetzen, um zusammen fernzusehen, sich über die Mädchen oder die Menschen zu Hause in Chicago zu unterhalten – oder auch über gar nichts Bestimmtes.

Meine Schwiegermutter beklagte sich nie über irgendetwas. Wann immer ich mit ihr zu tun hatte, erinnerte ich mich selbst daran, dass, egal welches Chaos mich gerade beschäftigte, mich ja niemand gezwungen hatte, Präsident zu werden. Ich hatte mich also zusammenzureißen und meinen Job zu erledigen.

Was für ein Geschenk meine Schwiegermutter doch war. Sie wurde für uns zur lebendigen Erinnerung daran, wer wir waren und woher wir kamen. Eine Hüterin von Werten, die wir früher für gewöhnlich gehalten hatten, von denen wir inzwischen jedoch wussten, dass sie seltener waren, als wir uns das je hätten vorstellen können.

DAS WINTERHALBJAHR an der Sidwell Friends School begann zwei Wochen vor dem Tag der Amtseinführung. Also flogen wir nach dem Neujahrstag zurück nach Chicago, packten alle persönlichen Dinge ein, die nicht schon vorausgeschickt worden waren, und bestiegen dann eine Regierungsmaschine Richtung Washington. Das Blair House, das offizielle Gästehaus des Präsidenten, konnten wir so früh noch nicht beziehen, also checkten wir im Hotel Hay-Adams ein. Das war unser erster von drei Umzügen innerhalb von drei Wochen.

Malia und Sasha schien es nichts auszumachen, im Hotel zu wohnen. Vor allem machte ihnen die ungewöhnliche Nachsicht ihrer Mutter nichts aus, was Fernsehkonsum, Herumhopsen auf den Betten oder das Probieren jedes Desserts auf der Karte des Roomservice anging. An ihrem ersten Schultag begleitete Michelle sie in einem Wagen des Secret Service. Später erzählte sie mir, wie ihr schwer ums Herz geworden war, als sie mit ansehen musste, wie ihre kostbaren Babys – die mit ihren bunten Jacken und Rucksäcken wie Miniaturforscher aussahen –, umgeben von kräftigen, bewaffneten Männern, in ihr neues Leben marschierten.

Am selben Abend im Hotel waren die Mädchen jedoch so gesprächig und quirlig wie immer. Sie erzählten uns, was für einen großartigen Tag sie gehabt hatten, dass das Mittagessen besser schmeckte als an ihrer alten Schule und sie schon einen Haufen neuer Freunde gefunden hätten. Während sie berichteten, sah ich, wie die Anspannung aus Michelles Gesicht wich. Als sie Malia und Sasha dann erklärte, weil die Schule wieder begonnen habe, werde es unter der Woche abends keine Desserts und kein Fernsehen mehr geben, und dass es jetzt an der Zeit sei, sich die Zähne zu putzen und fürs Bett fertig zu machen, da hatte ich den Eindruck, alles würde gut werden.

Die Amtsübergabe war da bereits in vollem Gang. Die ersten Treffen mit meinem Team für nationale Sicherheit und meinen Wirtschaftsberatern erwiesen sich als produktiv, die Leute hielten sich an die Tagesordnung, und Selbstdarstellung war kaum ein Thema. In unscheinbaren Büros zusammengequetscht, stellten wir Arbeitsgruppen für jede Behörde und jedes erdenkliche Thema zusammen – berufliche Qualifizierung, Flugsicherheit, Studienkreditschulden, Krebsforschung, Beschaffungswesen des Pentagon. Ich verbrachte meine Tage damit, die

Meinungen von ernsten jungen Senkrechtstartern, zerknitterten Professoren, von Wirtschaftsbossen, Interessenvertretern und grauhaarigen Veteranen früherer Regierungen einzuholen. Manche sprachen für einen Job in der Regierung vor, andere wollten, dass wir Vorschläge aufgriffen, die in den vergangenen acht Jahren unberücksichtigt geblieben waren. Aber alle waren begierig zu helfen und voller Vorfreude auf ein Weißes Haus, das bereit war, neue Ideen auszuprobieren.

Es gab natürlich auch Rückschläge. Einige meiner Wunschkandidaten für Kabinettsposten lehnten ab oder kamen nicht durch die Sicherheitsüberprüfung. Zu unterschiedlichen Tageszeiten steckte Rahm den Kopf herein und fragte mich, wie ich mit manchen sich abzeichnenden politischen oder organisatorischen Konflikten umgehen wolle. Hinter den Kulissen gab es auch keinen Mangel an frühen Rangeleien – um Titel, Zuständigkeiten, Zugang und Parkplätze –, die zu jeder neuen Regierungsbildung dazugehören. Aber insgesamt herrschten ein freudiges Hochgefühl und Konzentration. Wir alle waren überzeugt, dass wir mit kluger, entschiedener Arbeit in der Lage sein würden, das Land so zu verändern, wie wir es versprochen hatten.

Und warum auch nicht? Laut Umfragen lagen meine Zustimmungswerte bei knapp siebzig Prozent. Jeder Tag lieferte eine neue Runde positiver Berichterstattung in den Medien. Junge Mitarbeiter wie Reggie und Favs waren plötzlich heiße Themen in den Klatschkolumnen von Washington. Trotz der vorhergesagten kalten Temperaturen für den Inauguration Day, den Tag meiner Amtseinführung, gingen die Behörden von einer rekordverdächtigen Zuschauermenge aus. Die Hotels im weiten Umkreis waren ausgebucht. Uns überrollte eine nie langsamer werdende Lawine von Anfragen für jene Veranstaltungen, für die man Eintrittskarten benötigte: von Amtsträgern, Spendern, entfernten Cousins und Cousinen, Highschool-Bekanntschaften sowie diversen wichtigen Persönlichkeiten, die wir kaum kannten oder denen wir sogar noch nie begegnet waren. Michelle und ich taten unser Bestes, um auszusortieren, ohne dabei zu viele Gefühle zu verletzen.

»Das ist ja wie bei unserer Hochzeit«, beschwerte ich mich, »nur mit einer größeren Gästeliste.«

Vier Tage vor der Amtseinführung flogen Michelle, die Mädchen und ich nach Philadelphia. Dort bestiegen wir, als Hommage an Lincolns von kurzen Stopps unterbrochene Eisenbahnreise von Springfield nach Washington zu seiner Amtseinführung 1861, einen historischen Eisenbahnwagen und wiederholten die letzte Etappe seiner Reise. Es gab allerdings eine Abweichung: einen Zwischenstopp in Wilmington, wo Joe und Jill Biden zustiegen. Wir sahen die Menge bewundernder Fans, die die beiden verabschiedete, und hörten Joe mit all den Amtrak-Schaffnerinnen und -Schaffnern scherzen, deren Namen er nach Jahrzehnten als Pendler kannte. Ich konnte nur erahnen, was ihm wohl durch den Kopf ging, als er die Strecke zurücklegte, die er vor so langen Jahren erstmals entlanggefahren war, damals nicht in Freude, sondern im Schmerz.

Ich verbrachte einen Großteil meiner Zeit an jenem Tag im Gespräch mit ein paar Dutzend Gästen, die von uns zu dieser Fahrt eingeladen worden waren, die meisten von ihnen einfache Wähler, die wir auf der Wahlkampftour an ganz unterschiedlichen Orten kennengelernt hatten. Sie sangen zusammen mit Malia, Sasha und mir »Happy Birthday«, als Michelle die Kerzen auf ihrem Kuchen ausblies (es war ihr fünfundvierzigster). Das erzeugte die Atmosphäre eines Familientreffens, wie Michelle sie so liebte. Manchmal trat ich auf die Plattform am Ende des Zugs hinaus, spürte den Fahrtwind im Gesicht und hatte das Gefühl, der gleichmäßige Rhythmus der Räder auf den Schienen würde irgendwie die Zeit verlangsamen. Ich winkte Menschengruppen zu, die sich an der Strecke versammelt hatten. Es waren Tausende, Meile für Meile, man konnte aus der Entfernung ihr Lächeln sehen. Manche standen auf der Ladefläche von Trucks, andere an Zäune gepresst, und viele hielten selbst gebastelte Schilder mit Botschaften wie GRANDMAS 4 OBAMA oder WIR GLAUBEN oder YES WE DID. Andere hoben ihre Kinder in die Höhe und forderten sie zum Winken auf.

Solche Augenblicke gab es in den folgenden zwei Tagen viele. Während eines Besuchs im Walter Reed Army Medical Center traf ich einen versehrten jungen Marine. Er salutierte von seinem Bett aus und erzählte mir, er habe mich gewählt, obwohl er selbst eigentlich Republikaner sei, und dass er stolz sei, mich seinen Commander-in-Chief zu nennen. In einer Obdachlosenunterkunft in Southeast Washington umarmte ein tough aussehender Teenager mich wortlos so fest, wie er konnte. Die Stiefmutter meines Vaters, Mama Sarah, hatte den weiten Weg von ihrem winzigen Dorf im Nordwesten Kenias auf sich genommen, um bei der Amtseinführung dabei zu sein. Ich lächelte, als ich sah, wie dieser älteren Frau ohne richtige Schulbildung, die in einem Haus mit Blechdach und ohne fließendes Wasser oder sanitäre Einrichtung lebte, das Abendessen im Blair House auf Porzellan serviert wurde, von dem schon Premierminister und Könige gespeist hatten.

Wie sollte mein Herz davon nicht gerührt sein? Wie hätte ich dem Glauben widerstehen können, dass in all dem Wahrheit und etwas von Dauer steckte?

Monate später, als das Ausmaß der Wirtschaftskrise erst zur Gänze begreifbar wurde und die allgemeine Stimmung sich verdüstert hatte, fragten mein Team und ich uns, ob wir – aus politischen Gründen und aus Regierungsverantwortung – mehr hätten tun sollen, um diese kollektive Begeisterung unmittelbar nach der Wahl zu dämpfen und das Land auf die bevorstehenden Entbehrungen vorzubereiten. Dabei ist es nicht so, dass wir es nicht versucht hätten. Wenn ich zurückschaue und Interviews lese, die ich unmittelbar vor Amtsantritt gegeben habe, staune ich darüber, wie nüchtern ich war. Ich beharrte darauf, dass die wirtschaftliche Lage sich zunächst verschlechtern werde, bevor eine Besserung eintrete, ich erinnerte daran, dass die Reform des Gesundheitswesens nicht über Nacht geschehen könne und dass es an Orten wie Afghanistan keine simplen Lösungen gebe. Das Gleiche gilt für meine Rede zur Amtseinführung: Ich versuchte, ein ehrliches Bild unserer Lage zu zeichnen, und verzichtete zum Teil auf pathetische Rhetorik, um stattdessen an Verantwortung zu appellieren und angesichts beängstigender Herausforderungen zu gemeinsamer Anstrengung aufzurufen.

Das kann man alles schwarz auf weiß nachlesen, als eine ziemlich zutreffende Einschätzung der kommenden paar Jahre. Und doch war es vielleicht sogar zu ihrem Besten, dass die Leute diese Warnungen überhörten. Schließlich fiel es Anfang 2009 nicht schwer, Gründe für Furcht und Zorn zu finden, Gründe, um Politikern oder den Institutionen zu misstrauen, die so viele Menschen enttäuscht hatten. Vielleicht brauchten wir ja einen Energieschub, wie flüchtig er auch sein mochte – eine freudig erscheinende Geschichte darüber, wer wir als

Amerikaner waren und wer wir sein könnten. Vielleicht brauchten wir eine Euphorie, die gerade genug Schwung verlieh, um uns über den tückischsten Teil der Strecke zu bringen.

So fühlte es sich damals an. Eine kollektive, unausgesprochene Entscheidung wurde getroffen, dass das Land sich, zumindest für ein paar Wochen, eine dringend benötigte Auszeit vom Zynismus nehmen würde.

DANN WAR DER INAUGURATION DAY GEKOMMEN – strahlend, windig und eisig kalt. Da ich wusste, dass die Ereignisse mit militärischer Präzision aufeinander abgestimmt waren, und da ich tendenziell immer fünfzehn Minuten zu spät dran bin, stellte ich mir zwei Wecker, um ja rechtzeitig aufzustehen. Nach einer Strecke auf dem Laufband, Frühstück, Duschen und Rasieren sowie mehreren Versuchen, den Krawattenknoten richtig hinzubekommen, saßen Michelle und ich um acht Uhr fünfundvierzig im Wagen, um die zwei Minuten vom Blair House zur St. John's Episcopal Church zu fahren. Wir hatten einen Freund von uns, den Pastor T.D. Jakes aus Dallas, gebeten, dort eine private Messe zu lesen.

Für seine Predigt an diesem Morgen bezog Reverend Jakes sich auf das Buch Daniel aus dem Alten Testament. Darin ist beschrieben, wie Schadrach, Meschach und Abed-Nego, obwohl sie am Königshof dienen, Gott treu bleiben und sich weigern, vor dem goldenen Standbild des Königs Nebukadnezar niederzuknien. Zur Strafe werden die drei Männer in einen Feuerofen gestoßen, doch aufgrund ihrer Treue beschützt Gott sie, sodass sie unbeschadet wieder aus dem Ofen heraustreten.

Indem ich die Präsidentschaft in so turbulenten Zeiten übernehme, erläuterte Reverend Jakes, werde auch ich in die Flammen geworfen. In die Flammen von Krieg. Die Flammen wirtschaftlichen Zusammenbruchs. Aber solange ich Gott vertraue und darauf, das Richtige zu tun, so lange habe auch ich nichts zu befürchten.

Der Pastor sprach mit einem majestätischen Bariton, wobei sein breites, dunkles Gesicht von der Kanzel auf mich herablächelte. »Gott ist mit dir«, sagte er, »im Feuerofen.«

Einige in der Kirche begannen zu applaudieren, und ich lächelte als

Zeichen der Erkenntlichkeit für seine Worte. Doch meine Gedanken drifteten ab, zurück zum Vorabend, als ich mich nach dem Abendessen bei meiner Familie entschuldigt und in eines der vielen Zimmer im oberen Stockwerk des Blair House begeben hatte. Dort erhielt ich ein Briefing vom Chef des White House Military Office für den »Football«: den kleinen Lederkoffer, der den Präsidenten stets begleitet und die Codes enthält, um einen Atomschlag auszuführen. Einer der Adjutanten, die dafür verantwortlich sind, den Football zu tragen, erklärte mir die Vorgehensweise so ruhig und methodisch wie die Programmierung eines Videorecorders. Die Botschaft war unmissverständlich.

Bald besäße ich die Macht, die Welt in die Luft zu jagen.

Am Vorabend hatte Michael Chertoff, Präsident Bushs Heimatschutzminister, angerufen, um uns über Folgendes zu informieren: Glaubwürdige geheimdienstliche Quellen hätten Hinweise darauf, dass vier somalische Staatsangehörige einen Terroranschlag während der Amtseinführungszeremonie planten. Daher würden die ohnehin schon massiven Sicherheitsvorkehrungen rund um die National Mall noch weiter verstärkt. Die Verdächtigen – junge Männer, die vermutlich über die kanadische Grenze gekommen waren – befanden sich noch auf freiem Fuß. Es stand außer Frage, dass die Ereignisse des kommenden Tages stattfinden würden, aber um sicherzugehen, sprachen wir verschiedene Eventualitäten mit Chertoff und seinem Team durch. Dann beauftragten wir Axe damit, Evakuierungsanweisungen zu formulieren, die ich der Menge geben würde, sollte ein Anschlag verübt werden, während ich auf der Bühne stand.

Reverend Jakes kam mit seiner Predigt zum Ende. Der Chor im Altarraum sang das letzte Lied. Niemand außer einer Handvoll Mitarbeiter wusste von der terroristischen Bedrohung. Ich hatte nicht einmal Michelle davon erzählt, weil ich sie an diesem Tag nicht noch zusätzlich stressen wollte. Niemand dachte an Atomkrieg oder Terrorismus. Niemand außer mir. Als ich den Blick über die Menschen in den Bänken schweifen ließ – Freunde, Angehörige, Kollegen, von denen einige meinen Blick auffingen und lächelten oder aufgeregt winkten –, begriff ich, dass dies nun Teil meines Jobs war: nach außen hin Normalität vorgeben und allen die Illusion vermitteln, dass wir in einer sicheren und geordneten Welt lebten, sogar wenn ich in den dunklen Abgrund des Schicksals blickte und mich so gut wie möglich darauf vorbereitete, dass in jedem Moment, an jedem Tag das Chaos ausbrechen könnte.

Um neun Uhr fünfundfünfzig trafen wir am Nordportikus des Weißen Hauses ein, wo der Präsident und Mrs Bush uns begrüßten und hineinbaten. Die Bidens, Vizepräsident Cheney und seine Familie sowie führende Kongressmitglieder und deren Partner hatten sich dort zu einem kurzen Empfang versammelt. Fünfzehn Minuten vor dem Zeitplan schlugen unsere Mitarbeiter vor, wir sollten uns wegen der von ihnen als gewaltig beschriebenen Menschenmassen bereits auf den Weg zum Kapitol machen. So stiegen wir also paarweise in die wartenden Autos: die führenden Abgeordneten des Repräsentantenhauses und des Senats zuerst, danach Jill Biden und Mrs Cheney, Michelle und Mrs Bush, Joe Biden und Vizepräsident Cheney sowie Präsident Bush und ich als Letzte. Ein bisschen so, als würden wir an Bord der Arche Noah gehen.

Ich saß zum ersten Mal in »the Beast«, der überdimensionalen Limousine, mit der der Präsident befördert wird. So sehr verstärkt, dass es einer Bombenexplosion standhält, wiegt das Ding ein paar Tonnen. Es ist mit vornehmen schwarzen Lederpolstern ausgestattet, und über dem Telefon und der Armstütze ist das Präsidentensiegel in ein Paneel aus Leder gestickt. Wenn die Türen erst mal zu sind, sperrt das Beast alle Geräusche aus. Und so rollte unser Konvoi langsam die Pennsylvania Avenue hinunter, während ich Small Talk mit Präsident Bush machte. Beim Blick durch die kugelsicheren Scheiben sah ich Scharen von Menschen, die noch auf dem Weg zur Mall waren oder schon ihre Plätze entlang der Paradestrecke eingenommen hatten. Die meisten schienen in Feierstimmung zu sein, jubelten und winkten, als der Wagenkonvoi vorbeifuhr. Doch als wir um die Ecke auf den letzten Streckenabschnitt einbogen, stießen wir auf eine Gruppe von Demonstranten. Sie skandierten in Mikrofone und hielten Schilder hoch, auf denen BUSH ANKLAGEN und KRIEGSVERBRECHER stand.

Ob der Präsident sie sah, konnte ich nicht sagen – er schilderte gerade ganz begeistert, wie es sei, Gestrüpp auf seiner Ranch in Crawford, Texas, zu entfernen, wohin er gleich nach der Zeremonie aufbrechen würde. Doch ich ärgerte mich im Stillen für ihn. In der letzten Stunde seiner Amtszeit gegen einen Mann zu demonstrieren, erschien mir unwürdig und überflüssig. Grundsätzlich machte mir Sorgen, was solche Last-minute-Proteste über die Spaltung aussagten, die unser Land plagte – und über die Aufweichung der Grenzen des Anstands, die einst in der Politik gegolten hatten.

Meine Gefühle waren vermutlich auch von einer Spur Selbstinteresse geprägt. In wenigen Stunden würde ich mich allein auf dem Rücksitz des Beast wiederfinden. Es würde wohl nicht lange dauern, vermutete ich, bis Megafone und Transparente sich gegen mich richteten. Auch das wäre Teil des Jobs: einen Weg zu finden, solche Angriffe nicht persönlich zu nehmen, und gleichzeitig der Versuchung zu widerstehen, mich von denen, die vor der Glasscheibe rufen, abzukapseln, was mein Vorgänger vielleicht zu oft getan hatte.

Es war klug gewesen, früh aufzubrechen. Die Straßen waren so voller Menschen, dass wir bei unserer Ankunft am Kapitol schon ein paar Minuten hinter dem Zeitplan lagen. Zusammen mit den Bushs begaben wir uns zum Büro der Sprecherin des Repräsentantenhauses für weitere Handshakes, Fotos und Instruktionen, bevor Teilnehmer und Gäste – darunter auch die Mädchen und der Rest unserer Familien – begannen, sich für die Prozession aufzustellen. Man zeigte Michelle und mir die Bibel, die wir zur Ablegung meines Amtseids aus der Kongressbibliothek ausgeliehen hatten – ein kleiner dicker Band, in weinroten Samt eingeschlagen und mit goldenen Kanten, dieselbe Bibel, auf die Lincoln bei seiner Amtseinführung geschworen hatte. Dann musste Michelle gehen und mich mit Marvin und Reggie für einen Moment in einem Warteraum zurücklassen. Wie in alten Zeiten.

»Hab ich irgendwas zwischen den Zähnen?«, fragte ich und lächelte übertrieben breit.

»Alles gut«, sagte Marvin.

»Es ist kalt da draußen«, sagte ich. »Genau wie in Springfield.«

»Ein paar mehr Leute allerdings«, meinte Reggie.

Da steckte ein Helfer in Uniform den Kopf herein und sagte, es sei Zeit. Ich gab Reggie und Marvin noch Fist Bumps und folgte dann dem Kongresskomitee die langen Flure hinunter, durch die Rotunde des Kapitols und die National Statuary Hall. Vorbei an Reihen von Gratulanten, die die Wände säumten, einer Ehrengarde, die bei jedem Schritt salutierte, bis ich schließlich die Glastüren erreichte, die hinaus auf das Podium führten. Die Szenerie dahinter war überwältigend: Die Menge bedeckte geschlossen die gesamte Mall, reichte weit über das Washington Monument hinaus und bis zum Lincoln Memorial, und die Menschen hielten Hunderttausende Flaggen in Händen, die in der Mittagssonne schimmerten wie eine bewegte Meeresoberfläche. Für einen kurzen Moment, bevor die Trompeten erklangen und ich angekündigt wurde, schloss ich die Augen und wiederholte das Gebet, das mich hierhergeführt hatte und das ich an jedem Abend meiner Präsidentschaft wiederholen würde.

Es war ein Dankgebet für alles, was mir zuteilgeworden war. Ein Gebet um Vergebung meiner Sünden. Ein Gebet darum, dass meine Familie und das amerikanische Volk vor Schaden beschützt werde.

Ein Gebet um Rat und Hilfe.

TED SORENSEN, EHEMALIGER Freund, Vertrauter und Redenschreiber von John F. Kennedy, war einer meiner frühen Unterstützer gewesen. Als wir uns kennenlernten, war er fast achtzig, aber bei scharfem Verstand und erfrischend geistreich. Er ging im Wahlkampf sogar für mich auf Reisen, wobei er ein überzeugender, wenn auch etwas anstrengender Stellvertreter war. (Einmal, als unser Wagenkonvoi in einem fürchterlichen Regensturm in Iowa den Highway hinunterjagte, beugte er sich vor und schnauzte den Agenten am Steuer an: »Mein Sohn, ich bin schon halb blind, aber sogar ich kann sehen, dass du verdammt noch mal zu nah auf diesen Wagen auffährst!«) Ted avancierte auch zum Liebling meines jungen Redenschreiberteams, dem er großzügig Rat anbot und deren Redenentwürfe er gelegentlich kommentierte. Da er Koautor von Kennedys Ansprache zur Amtseinführung gewesen war (»Frag nicht, was dein Land für dich tun kann …«), wollten sie einmal von ihm wissen, worin das Geheimnis bestanden hatte, eine der vier oder fünf großartigsten Reden in der Geschichte Amerikas geschrieben zu haben. Ganz einfach, erwiderte er: Wann immer er und Kennedy sich ans Schreiben machten, hätten sie sich gesagt: »Lass uns das gut genug machen, um eines Tages in einem Buch der großen Reden zu landen.«

Ich weiß nicht, ob Ted damit mein Team inspirieren oder einfach nur veralbern wollte.

Was ich aber weiß, ist, dass meine eigene Ansprache John F. Kennedys hohem Anspruch nicht genügt hätte. In den folgenden Tagen erhielt sie weit weniger Aufmerksamkeit als die Schätzung der Teilnehmerzahl, die eisige Kälte, Aretha Franklins Hut und die kleine Panne, die es beim Ablegen des Eids zwischen mir und dem Obersten Richter John Roberts gegeben und die uns dazu veranlasst hatte, uns am folgenden Tag noch einmal im Kartenraum des Weißen Hauses zu einer offiziellen Wiederholung zu treffen. Einige Kommentatoren hielten meine Rede für unnötig düster, andere meinten, unangemessene Kritik an der Vorgängerregierung herausgehört zu haben.

Nachdem ich sie gehalten hatte, war ich dennoch zufrieden, weil ich fand, ehrlich und aus Überzeugung gesprochen zu haben. Und ich war erleichtert, dass der Zettel für den Fall eines terroristischen Anschlags in meiner Brusttasche geblieben war.

Als das Hauptereignis hinter mir lag, erlaubte ich mir, mich zu entspannen und das Spektakel zu genießen. Es rührte mich zu sehen, wie die Bushs die Stufen zu ihrem Hubschrauber hinaufstiegen und sich umdrehten, um ein letztes Mal zu winken. Und ich war stolz, Michelles Hand zu halten, als wir einen Teil der Paradestrecke zu Fuß zurücklegten. Über die verschiedensten Teilnehmer an der Parade freute ich mich ungemein: Da waren Marines, Mariachi-Bands, Astronauten, Tuskegee-Piloten und Highschool-Bands aus jedem Bundesstaat (darunter auch die Marching Band meiner Alma Mater Punahou – Go Buff 'n Blue!).

Der Tag hatte nur einen traurigen Moment. Während des traditionellen Mittagessens im Kapitol nach der Amtseinführung, zwischen Toasts und Ausführungen unserer Gastgeber vom Kongress, brach Teddy Kennedy, der vor Kurzem wegen eines bösartigen Hirntumors operiert worden war, mit einem plötzlichen, heftigen Anfall zusammen. Stille breitete sich im Raum aus, während Notfallsanitäter hereineilten. Teddys Ehefrau Vicky folgte ihnen mit ängstlicher Miene, als sie ihn auf einer Bahre aus dem Saal rollten. Wir anderen blieben besorgt zurück und konnten die politischen Folgen dieses Moments noch nicht ermessen.

Michelle und ich besuchten an diesem Abend insgesamt zehn Bälle zur Amtseinführung. In ihrem fließenden weißen Abendkleid war

Michelle eine schokoladenbraune Erscheinung. Auf unserer ersten Station nahm ich sie in die Arme, wirbelte sie herum und flüsterte ihr Albernheiten ins Ohr, während wir zu einer grandiosen Version von »At Last«, gesungen von Beyoncé, tanzten. Auf dem Commander-in-Chief's-Ball teilten wir uns auf, um mit zwei charmanten und verständlicherweise nervösen Angehörigen unseres Militärs zu tanzen.

An die übrigen acht Bälle kann ich mich nur mit Mühe erinnern.

Als wir ins Weiße Haus zurückkehrten, war es schon weit nach Mitternacht. Im East Room war eine Party für unsere Familie und engsten Freunde noch in vollem Gang, und das Wynton Marsalis Quartet machte keine Anstalten aufzuhören. Nach zwölf Stunden in hohen Schuhen taten Michelle die Füße weh, und weil sie für eine Messe am nächsten Morgen wegen ihrer Frisur noch eine Stunde früher aufstehen musste als ich, schlug ich vor, dass ich unsere Gäste unterhielt, während sie schon zu Bett ging.

Als ich nach oben kam, brannten nur noch wenige Lichter. Michelle und die Mädchen schliefen. Die Geräusche der Nachtschicht, die unten das Geschirr abräumte sowie Tische und Stühle wieder abbaute, waren kaum zu hören. Da wurde mir bewusst, dass ich den ganzen Tag über noch nicht allein gewesen war. Einen Augenblick lang stand ich nur da, betrachtete die riesige Halle in der Mitte des Hauses und war mir nicht ganz sicher, wo die vielen Türen jeweils hinführten. Ich registrierte die Kristalllüster und einen kleinen Flügel, einen Monet an einer und einen Cézanne an einer anderen Wand. Ich nahm einige Bücher aus dem Regal und besah mir die kleinen Büsten, Kunstgegenstände und Porträts von Leuten, die ich nicht erkannte.

Meine Gedanken kehrten zu der Zeit zurück, als ich das Weiße Haus vor ungefähr dreißig Jahren zum ersten Mal gesehen hatte. Damals hatte ich als junger Community Organizer eine Gruppe Studierender nach Washington gebracht, um ihren Kongressabgeordneten dazu zu bewegen, einem Gesetz zur Erhöhung der Studienhilfe zuzustimmen. Unsere Gruppe hatte vor dem Tor an der Pennsylvania Avenue gestanden, und einige hatten Grimassen geschnitten und Fotos mit Einwegkameras gemacht. Ich erinnere mich, zu den Fenstern im ersten Stock hinaufgeschaut und mich gefragt zu haben, ob genau in diesem Moment wohl jemand zu uns heruntersah. Dazu hatte ich versucht, mir vorzustellen, was die Leute dort denken mochten. Vermissten sie den Rhythmus des gewöhnlichen Lebens? Waren sie einsam? Spürten sie manchmal einen Stich im Herzen und fragten sich, wie es gekommen war, dass sie sich nun dort befanden?

Die Antwort darauf würde ich schon bald bekommen, dachte ich jetzt. Ich zog mir die Krawatte vom Hals, ging langsam durch die Halle und löschte die letzten Lichter.

KAPITEL 11

EGAL, WAS MAN SICH EINREDET, egal, wie viel man gelesen und wie viele Briefings man bekommen hat oder wie viele Veteranen aus früheren Regierungen man rekrutiert, nichts kann einen vollständig auf diese ersten Wochen im Weißen Haus vorbereiten. Alles ist neu, unbekannt, bedeutungsschwer. Die große Mehrheit der wichtigen Leute, die man ernannt hat, darunter auch die Kabinettssekretäre, ist noch Wochen, manchmal auch Monate von ihrer Bestätigung entfernt. Überall im Komplex des Weißen Hauses sieht man Mitarbeiter die erforderlichen Ausweise an sich befestigen, nach einem Parkplatz fragen, lernen, wie die Telefonanlage funktioniert, die Toiletten suchen und Kartons in das beengte Gewirr der Büros im West Wing schleppen oder in die großzügigeren Räume im benachbarten Eisenhower Executive Office Building (EEOB). Und das alles, während sie versuchen, nicht total überfordert auszusehen. Es ist wie der Tag, an dem alle auf dem Collegecampus einziehen, nur dass hier ein hoher Prozentsatz der Leute mittleren Alters ist, dass sie Anzüge oder Kostüme tragen und, zusammen mit dir selbst, die Aufgabe haben, die mächtigste Nation der Erde zu regieren.

Über den eigenen Einzug brauchte ich mir keine Gedanken zu machen, aber meine Tage waren trotzdem der reinste Wirbelwind. Da Rahm Zeuge gewesen war, wie Anfängerschwierigkeiten die ersten zwei Amtsjahre von Bill Clinton behindert hatten, war er fest entschlossen, unsere Schonzeit nach der Wahl zu nutzen, um ein paar Dinge zu erledigen.

»Vertrauen Sie mir«, sagte er. »Die Präsidentschaft ist wie ein Neuwagen. Der Wertverlust beginnt in dem Moment, wenn man ihn vom Hof des Händlers fährt.«

Um frühzeitig für Schwung zu sorgen, hatte er unser Übergangsteam instruiert, Wahlkampfversprechen zu ermitteln, die ich mit einem Federstrich erfüllen konnte. Ich unterzeichnete eine Executive Order, um Folter zu verbieten, und setzte einen vermutlich Jahre in Anspruch nehmenden Prozess in Gang, um das Militärgefangenenlager Guantanamo Bay auf Kuba zu schließen. Wir führten einige der strengsten ethischen Regeln in der Geschichte des Weißen Hauses ein, darunter verschärfte Restriktionen für Lobbyisten. Einige Wochen später brachten wir eine Vereinbarung mit führenden Mitgliedern des Kongresses zum Abschluss, um weitere vier Millionen Kinder in das Children's Health Insurance Program aufzunehmen. Kurz danach hoben wir Präsident Bushs Moratorium für vom Bund finanzierte embryonale Stammzellenforschung auf.

An meinem neunten Tag im Amt verlieh ich dem ersten Gesetzentwurf per Unterschrift Gesetzeskraft: dem Lilly Ledbetter Fair Pay Act. Das Gesetz war nach einer bescheidenen Frau aus Alabama benannt, die nach langjähriger Tätigkeit für die Goodyear Tire & Rubber Company entdeckt hatte, dass sie routinemäßig schlechter bezahlt wurde als ihre männlichen Kollegen. Wie bei Diskriminierungsfällen üblich, hätte das eigentlich eine todsichere Sache sein sollen, doch hatte der Supreme Court 2007, wider alle Vernunft, die Klage abgewiesen. Laut Richter Samuel Alito hätte Ledbetter gemäß Abschnitt VII des Civil Rights Act ihre Klage innerhalb von hundertachtzig Tagen nach der erstmalig aufgetretenen Diskriminierung einreichen müssen. Mit anderen Worten: sechs Monate nach ihrem ersten Gehaltsscheck und viele Jahre bevor ihr die ungleiche Bezahlung überhaupt auffiel. Über ein Jahr lang hatten Republikaner im Senat Gegenmaßnahmen verhindert (und Präsident Bush hatte zugesagt, sein Veto einzulegen, falls das Gesetz doch durchginge). Jetzt lag das Gesetz dank der schnellen Gesetzgebungsarbeit der Demokraten, die nun die Mehrheit in Repräsentantenhaus und Senat hatten, auf einem kleinen, für solche Zeremonien vorgesehenen Schreibtisch im East Room.

Lilly und ich hatten uns im Wahlkampf angefreundet. Ich kannte ihre Familie, ihre Kämpfe. Sie stand an jenem Tag neben mir, als ich das Gesetz unterzeichnete, und zwar mit einem anderen Stift für jeden einzelnen Buchstaben meines Namens. (Die Stifte waren als Andenken für Lilly und die Unterstützer des Gesetzes gedacht – eine schöne Tradition, auch wenn meine Unterschrift dadurch aussah, als hätte ein Zehnjähriger sie geschrieben.) Ich dachte dabei nicht nur an Lilly, sondern auch an meine Mutter, an Toot und all die anderen arbeitenden Frauen im ganzen Land, die jemals bei einer Beförderung übergangen worden waren oder weniger verdient hatten, als ihnen zustand. Das neue Gesetz würde jahrhundertelange Diskriminierung nicht rückgängig machen, aber es war immerhin etwas. Ein Schritt nach vorn.

Darum bin ich angetreten, sagte ich mir. Das kann dieses Amt bewirken.

Wir setzten in diesen ersten Monaten noch andere vergleichbare Initiativen um. Manche davon sorgten für bescheidenes Presseecho, andere wurden nur von direkt Betroffenen registriert. In normalen Zeiten hätte das genügt. Eine Reihe kleiner Siege, während unsere größeren Gesetzesvorhaben – zur Krankenversicherung, einer Einwanderungsreform und zum Klimawandel – ihren Weg durch den Kongress begannen.

Doch es waren keine normalen Zeiten. Für die Öffentlichkeit und die Presse, für mich und mein Team zählte nur ein Thema wirklich: Was würden wir unternehmen, um den Zusammenbruch der Wirtschaft aufzuhalten?

SO SCHLIMM die Situation vor der Wahl auch ausgesehen hatte, erst bei einem Treffen mit meinen neuen Wirtschaftsberatern in Chicago Mitte Dezember, also nur gut einen Monat vor meiner Vereidigung, begann ich, das Ausmaß dessen zu begreifen, womit wir es zu tun hatten. Christy Romer, deren fröhliche und zugleich sensible Art an eine Mom aus einer TV-Sitcom der Fünfzigerjahre erinnerte, begann ihre Präsentation mit einem Satz, den sie in einer früheren Besprechung aus dem Mund von Axelrod gehört hatte.

»Mr President-Elect«, sagte sie, »das ist Ihr *Holy-Shit*-Moment.«

Das Kichern verstummte rasch, als Christy uns eine Reihe von Tabellen zeigte. Über die Hälfte der fünfundzwanzig größten Finanzinstitute Amerikas hatten entweder Pleite gemacht, fusioniert oder sich umstrukturiert, um im vergangenen Jahr nicht bankrottzugehen. Was zunächst als Krise an der Wall Street begann, hatte inzwischen die gesamte Wirtschaft angesteckt: Der Aktienmarkt hatte vierzig Prozent an Wert verloren. Es drohten Zwangsvollstreckungen für 2,3 Millionen Eigenheime. Das Haushaltsvermögen war um sechzehn Prozent gesunken, was, wie Tim später noch ausführen sollte, fünfmal mehr war als der Verlust infolge der Auswirkungen des Börsenkrachs von 1929. All das kam noch zu einer Wirtschaft hinzu, die ohnehin bereits an einem beständig hohen Armutsniveau litt, an einem Rückgang des Anteils tatsächlich Beschäftigter im arbeitsfähigen Alter, einem Rückgang des Produktivitätswachstums sowie an dahinkriechenden Medianlöhnen.

Und dabei hatten wir die Talsohle noch nicht einmal erreicht. Da die Leute sich ärmer fühlten, gaben sie nichts aus. Und das ausgerechnet in dem Moment, als steigende Verluste die Banken veranlassten, kein Geld mehr zu verleihen, was noch mehr Unternehmen und Jobs in Gefahr brachte. Eine Reihe größerer Einzelhändler war bereits bankrottgegangen. Bei GM und Chrysler sah es auch danach aus. Nachrichtensender berichteten jetzt täglich von Massenentlassungen bei schwergewichtigen Unternehmen wie Boeing und Pfizer. Laut Christy deutete alles auf die tiefste Rezession seit den 1930er-Jahren und wahrscheinlich noch mehr Jobverluste hin. Allein im November waren es geschätzt 533000.

»Wie viel mehr?«, fragte ich.

»Wir sind uns nicht sicher«, meldete Larry sich zu Wort, »aber wahrscheinlich geht es in die Millionen.« Er erklärte, dass Arbeitslosigkeit ein typischer »nachhinkender Indikator« sei. Dies bedeutete, dass das volle Ausmaß der Jobverluste während Rezessionen nicht sofort sichtbar wird und normalerweise noch eine ganze Weile weitergeht, nachdem die Wirtschaft wieder zu wachsen begonnen hat. Noch dazu würden Ökonomien sich typischerweise deutlich langsamer von Rezessionen erholen, die durch Finanzkrisen ausgelöst wurden, als von jenen, die Fluktuationen im Konjunkturzyklus geschuldet waren. Ohne eine schnelle und aggressive Intervention der Bundesregierung schätzte Larry die Wahrscheinlichkeit einer zweiten Großen Depression auf »ungefähr eins zu drei«.

»Jesus«, murmelte Joe Biden. Ich schaute aus dem Fenster des Konferenzraums in der Innenstadt. Schwerer Schnee wirbelte geräuschlos aus einem grauen Himmel herab. In meinem Kopf tauchten Bilder von Zeltstädten und Menschenschlangen vor Suppenküchen auf.

»Also gut«, sagte ich, wieder ans Team gewandt. »Da es zu spät ist, um eine Neuauszählung der Stimmen zu verlangen, was können wir tun, um diese Wahrscheinlichkeit zu verringern?«

Die nächsten drei Stunden verbrachten wir damit, eine Strategie zu entwerfen. Aufgabe eins war, die rückläufige Nachfrage wieder anzukurbeln. Bei einer gewöhnlichen Rezession wäre Geldpolitik eine Option: Indem sie die Zinsen senkte, könnte die Notenbank helfen, den Kauf von Häusern, Autos oder Haushaltsgeräten beträchtlich zu vergünstigen. Doch obwohl Notenbankchef Ben Bernanke bereit war, eine Reihe unorthodoxer Strategien zu versuchen, um die Finanzpanik einzudämmen, erklärte Tim, die Fed habe im Verlauf des vergangenen Jahres schon den Großteil ihres Pulvers verschossen. Bei Zinsen knapp über Null machten die ohnehin schon stark fremdfinanzierten Unternehmen und Konsumenten keinerlei Anstalten, sich weiter zu verschulden.

Unser Gespräch konzentrierte sich daher auf fiskalische Anreize oder, aus der Laienperspektive, auf Geld, das die Regierung zusätzlich ausgeben konnte. Obwohl ich nicht Wirtschaft studiert hatte, war mir John Maynard Keynes, einer der Giganten der modernen Volkswirtschaftslehre und Theoretiker der Ursachen der Großen Depression, vertraut genug. Keynes' grundlegende Erkenntnis lautete ganz simpel: Aus der Perspektive einer einzelnen Familie oder eines individuellen Unternehmens war es vernünftig, während einer schweren Rezession den Gürtel enger zu schnallen; das Problem war nur, dass Sparsamkeit erstickend wirken konnte – wenn alle gleichzeitig den Gürtel enger schnallten, konnten sich die Wirtschaftsverhältnisse nicht verbessern.

Keynes' Antwort auf dieses Dilemma war genauso einfach: Eine Regierung musste als »spender of last resort« einspringen, als Geldausgeber letzter Instanz. Die Idee dahinter war, so lange Geld in die Wirtschaft zu pumpen, bis diese wieder in Gang käme und beispielsweise Familien genug Vertrauen zurückgewinnen, um ein altes Auto gegen ein neues zu tauschen, und innovative Firmen genügend Nachfrage sähen, um neue Produkte auf den Markt zu bringen. War die Wirtschaft in ausreichendem Maß wieder angesprungen, konnte die Regierung den Hahn zudrehen und das Geld durch gestiegene Steuereinnahmen wieder reinholen. Im Großen und Ganzen war dies das Prinzip hinter Franklin D. Roosevelts New Deal, der Gestalt annahm, nachdem er 1933, auf dem Höhepunkt der Großen Depression, ins Amt gekommen war. Ob man junge Männer des Civilian Conservation Corps Wege in Nationalparks bauen ließ, Bauern staatliche Zahlungen für Milchüberschüsse bekamen oder Theatergruppen als Teil der Arbeitsbeschaffungsbehörde Works Progress Administration auftraten – die Programme des New Deal halfen jedenfalls, arbeitslosen Amerikanern die so dringend benötigten Lohn- und Gehaltsschecks zu verschaffen; Unternehmen kamen mit Staatsaufträgen für Stahl oder Bauholz über die Runden. All das half bei der Stärkung von Privatunternehmen und stabilisierte die schwächelnde Wirtschaft.

So ambitioniert sie damals gewesen waren, erwiesen sich die Ausgaben im Rahmen des New Deal dann doch als zu mäßig, um die Große Depression wirkungsvoll zu bekämpfen. Vor allem nachdem Roosevelt dem Druck im Wahljahr 1936 nachgegeben und die nun von vielen Meinungsmachern der Elite als Verschwendung bezeichneten Maßnahmen wieder eingeschränkt hatte. Es bedurfte des ultimativen Stimulus in Gestalt des Zweiten Weltkriegs, als sich die ganze Nation dafür einsetzte, ein (in Roosevelts Worten) »Arsenal der Demokratie« zu schaffen, um die Depression endgültig zu überwinden. Der New Deal hatte aber verhindert, dass die Lage sich weiter verschlechterte, und der Keynesianismus war unter den Ökonomen danach weitgehend akzeptiert, sogar unter den politisch Konservativen (und das obwohl zu den Republikanern tendierende Wirtschaftsexperten üblicherweise Anreize in Form von Steuersenkungen anstelle von Regierungsprogrammen präferierten).

Also brauchten wir ein Konjunkturpaket. Wie groß musste es sein, um die nötige Wirkung zu entfalten? Vor der Wahl hatten wir ein Programm von 175 Milliarden Dollar vorgeschlagen, was uns damals ambitioniert erschien. Unmittelbar nach der Wahl und nachdem wir die sich verschlechternden Zahlen untersucht hatten, stockten wir auf 500 Milliarden auf. Jetzt empfahl das Wirtschaftsteam sogar noch mehr. Christy sprach von einer Billion Dollar, was Rahm dazu brachte zu spucken wie eine Comicfigur, die verdorbenes Essen ausspie.

»Auf gar keinen Fall«, sagte Rahm. In Anbetracht der öffentlichen Empörung über die Hunderte Milliarden Dollar, die bereits in die Bankenrettung geflossen waren, sei jede Zahl, die mit einem »B« begann, bei vielen Demokraten ein Rohrkrepierer. Von den Republikanern ganz zu schweigen. Ich wandte mich an Joe, der zustimmend nickte.

»Was *können* wir durchkriegen?«, fragte ich.

»Sieben- oder vielleicht achthundert Milliarden, maximal«, sagte Rahm. »Und das wäre schon viel.«

Es stellte sich auch die Frage, wie die Anreizdollars ausgegeben werden sollten. Laut Keynes spielte es kaum eine Rolle, wofür die Regierung das Geld benutzte, solange es wirtschaftliche Aktivität generierte. Doch da die Höhe der Ausgaben, von denen hier die Rede war, wahrscheinlich bis weit in die Zukunft die Finanzierung anderer Prioritäten ausschloss, drängte ich mein Team, sich im Fokus der Öffentlichkeit stehende, ertragsstarke Projekte zu überlegen. Moderne Versionen des Fernstraßennetzes Interstate Highway System oder des Staatsunternehmens Tennessee Valley Authority, die nicht nur der Wirtschaft einen sofortigen Schub geben, sondern längerfristig die ökonomische Landschaft Amerikas verändern könnten. Was wäre mit einem intelligenten Stromnetz, das Elektrizitätsversorgung sicherer und effizienter machte? Oder mit einem neuen, vollintegrierten Kontrollsystem für den Luftverkehr, das die Sicherheit erhöhte sowie gleichzeitig Treibstoffkosten und Emissionen senkte?

Die Leute rund um den Tisch reagierten nicht gerade ermutigend. »Wir haben schon begonnen, Bundesagenturen aufzufordern, Leuchtturmprojekte zu ermitteln«, sagte Larry. »Aber ich will ehrlich sein, Mr President-Elect. Projekte dieser Art sind höchst kompliziert. Sie brauchen Entwicklungszeit … und leider spielt die Zeit nicht für uns.« Am wichtigsten war, so schnell wie möglich Geld in die Taschen der Leute zu bringen. Und dieses Ziel erreichte man am besten durch die Ausgabe von Lebensmittelgutscheinen und eine erweiterte Arbeitslosenversicherung sowie durch Steuersenkungen für die Mittelklasse und Hilfen für die Bundesstaaten, damit diese keine Lehrer, Feuerwehrleute und Polizisten entlassen mussten. Studien hatten gezeigt, dass man mit

Investitionen in die Infrastruktur die größte Wirkung erzielte. Larry empfahl jedoch, dass wir uns dabei auch auf prosaische Unternehmungen wie die Reparatur von Straßen und die Ausbesserung alternder Kanalisationssysteme konzentrierten; mithilfe solcher Projekte konnten Kommunalverwaltungen sofort neue Leute einstellen.

»Es dürfte schwer werden, die Öffentlichkeit für Lebensmittelgutscheine und Straßensanierungen zu begeistern«, sagte Axe. »Nicht gerade sexy.«

»Das ist eine Depression aber auch nicht«, konterte Tim trocken.

Tim war der Einzige von uns, der in der gegenwärtigen Krise schon ein nervenaufreibendes Jahr an vorderster Front verbracht hatte. Ich konnte ihm kaum verübeln, dass er sich dagegen verwahrte, in irgendwelche blauäugigen Pläne hineingezogen zu werden. Seine größte Sorge bestand darin, dass Arbeitslosigkeit und Pleiten das Finanzsystem weiter schwächen und etwas erzeugen könnten, das er als »schädliche Rückkopplungsschleife« bezeichnete. Während Larry sich um das Konjunkturpaket kümmerte, würden Tim und sein Team in der Zwischenzeit an einem Plan arbeiten, um die Kreditmärkte zu öffnen und das Finanzsystem ein für alle Mal zu stabilisieren. Tim gab zu, dass er sich nicht ganz sicher sei, was genau funktionieren würde – und ob die verbliebenen 350 Milliarden Dollar aus TARP dafür ausreichten.

Das war allerdings nicht das Ende unserer To-do-Liste. Ein talentiertes Team – darunter Shaun Donovan, der ehemalige Chef des New Yorker Amts für die Erhaltung und Entwicklung des Wohnraums und mein für den Bereich Wohnen und Städteplanung nominierter Minister, und Austan Goolsbee, mein langjähriger Wirtschaftsberater und Professor an der University of Chicago, den ich ins Gremium der Wirtschaftsberater berufen würde – hatte bereits mit der Arbeit an Plänen begonnen, um den Immobilienmarkt zu stützen und die Flut von Zwangsvollstreckungen einzudämmen. Wir rekrutierten das prominente Finanzgenie Steve Rattner und Ron Bloom, einen ehemaligen Investmentbanker, der Gewerkschaften bei Umstrukturierungen von Unternehmen vertrat, um Strategien zur Rettung der Autoindustrie zu entwickeln. Mein baldiger Haushaltsdirektor Peter Orszag erhielt die wenig beneidenswerte Aufgabe, einen Plan zu ersinnen, wie die Wirtschaftsanreize kurzfristig zu bezahlen wären, während das Budget des Bundes langfristig nachhaltiger werden sollte. Und zwar zu einem Zeitpunkt, als die hohen Ausgaben für Notfallmaßnahmen und geringere Steuereinnahmen das Staatsdefizit der Bundesstaaten zum ersten Mal in der Geschichte bereits auf über eine Billion Dollar anwachsen ließen.

Zum Trost für Peters Sorgen gab es am Ende der Besprechung einen Kuchen, um seinen vierzigsten Geburtstag zu feiern. Während alle sich um den Tisch versammelten, weil sie sehen wollten, wie er die Kerzen ausblies, trat Goolsbee neben mich. Sein konservativer Name schien gar nicht zu seinem Jimmy-Olsen-Aussehen, dem überschwänglichen Humor und dem näselnden Akzent aus Waco, Texas, zu passen.

»Das ist definitiv das schlimmste Briefing, das seit Franklin D. Roosevelt 1932 ein künftiger Präsident bekommen hat!«, meinte er. Er klang wie ein Junge, den der Anblick einer besonders grässlichen Wunde beeindruckt.

»Goolsbee«, sagte ich, »das war noch nicht mal mein schlimmstes Briefing *dieser Woche.*«

DAS MEINTE ICH nur halb im Scherz. Abgesehen von wirtschaftspolitischen Briefings, verbrachte ich einen Großteil meiner Übergangszeit in fensterlosen Räumen, wo ich geheime Informationen über den Irak, über Afghanistan und über zahlreiche terroristische Bedrohungen erhielt. Dennoch erinnere ich mich, dieses Treffen zur Wirtschaftslage eher energiegeladen als mutlos verlassen zu haben. Einen Teil meiner Zuversicht verdankte ich vermutlich dem Adrenalin nach der Wahl – der ungeprüften und möglicherweise irrigen Überzeugung, der vor mir liegenden Aufgabe gewachsen zu sein. Außerdem war ich zufrieden mit dem Team, das ich zusammengestellt hatte. Wenn irgendjemand die Antworten liefern konnte, die wir brauchten, dann diese Gruppe.

Hauptsächlich verdankte ich meine Einstellung aber der nötigen Einsicht, dass die Geschicke des Lebens sich ausgleichen. Wenn man bedachte, was während des Wahlkampfs alles nach meinen Wünschen gelaufen war, dann konnte ich mich jetzt kaum über die schlechten Karten beschweren, die das Schicksal mir zugeteilt hatte. Und wie ich mein Team im Lauf der nächsten paar Jahre mehr als einmal erinnern würde, wäre das amerikanische Volk vermutlich nicht das Risiko eingegangen, mich zu wählen, wenn die Dinge nicht außer Kontrolle geraten wären. Unser Job bestand jetzt darin, die richtige Politik zu machen und das Beste für unser Land zu bewirken, egal wie hart die politischen Maßnahmen sein würden.

Das sagte ich ihnen zumindest. Im Stillen wusste ich, dass die Maßnahmen nicht bloß hart sein würden. Sie würden brutal werden.

In den Tagen vor der Amtseinführung hatte ich mehrere Bücher über Roosevelts erste Amtszeit und die Umsetzung des New Deal gelesen. Der Unterschied war aufschlussreich, allerdings nicht zu unseren Gunsten. Als Roosevelt 1932 gewählt wurde, hatte die Große Depression schon seit über drei Jahren verheerenden Schaden angerichtet. Ein Viertel der Bevölkerung war arbeitslos, Millionen waren verarmt, und die Barackensiedlungen, die die Landschaft an vielen Stellen im ganzen Land verschandelten, wurden gemeinhin »Hoovervilles« genannt – eine hübsche Anspielung darauf, was die Leute vom republikanischen Präsidenten Hoover hielten, dem Roosevelt bald nachfolgen würde.

Die Not war so verbreitet und die republikanische Politik dermaßen in Verruf geraten, dass Roosevelt, als es während der viermonatigen Übergangszeit zwischen den Präsidentschaften einen neuerlichen Bankenansturm gab, Hoovers Bemühungen zur Unterstützung zurückwies. Roosevelt wollte sichergehen, dass seine Präsidentschaft im öffentlichen Bewusstsein mit einem sauberen Schnitt und unbefleckt von Fehlern aus der Vergangenheit begann. Und als dann der Glücksfall eintrat, dass die Wirtschaft schon einen Monat nach seinem Amtsantritt (und noch bevor Roosevelts Maßnahmen überhaupt in Kraft gesetzt waren) wieder auflebte, war der Präsident froh, die Anerkennung dafür nicht mit der Regierung seines Vorgängers teilen zu müssen.

Wir würden dagegen nicht von einem so klaren Schnitt profitieren können. Schließlich hatte ich bereits die Entscheidung getroffen, Präsident Bush bei seiner nötigen, allerdings höchst unpopulären Reaktion auf die Bankenkrise zu helfen, und insofern mit Verantwortung übernommen. Ich wusste auch, dass ich wahrscheinlich noch mehr dieser Maßnahmen ergreifen müsste, um das Finanzsystem weiter zu stabilisieren. (Ich war bereits gezwungen, einige demokratische Senatoren unter Druck zu setzen, nur damit sie für die Freigabe der 350 Milliarden für die zweite Tranche des TARP-Rettungsfonds stimmten.) Wenn die Wähler mit ansehen müssten, wie die Situation sich verschlechterte, was Larry und Christy für so gut wie sicher hielten, würden meine Beliebtheitswerte – zusammen mit denen der Demokraten, die jetzt den Kongress kontrollierten – in den Keller gehen.

Und trotz der Turbulenzen der vergangenen Monate, trotz der erschreckenden Schlagzeilen von Anfang 2009 begriff noch niemand wirklich – weder die Öffentlichkeit noch der Kongress noch die Presse und (wie ich bald feststellen würde) nicht einmal die Experten –, in welchem Ausmaß sich die Lage noch verschlimmern würde. Die Regierungszahlen wiesen damals auf eine schwere Rezession, aber auf keine Katastrophe hin. Analysten von Großunternehmen sagten vorher, dass die Arbeitslosenraten maximal acht bis neun Prozent erreichen würden; die zehn Prozent, die es schließlich waren, stellten sie sich damals noch nicht einmal vor.

Als einige Wochen nach der Wahl dreihundertsiebenundachtzig zumeist liberale Ökonomen einen Brief an den Kongress geschickt und zu einem massiven keynesianischen Stimulus aufgefordert hatten, bezifferten sie die Kosten auf 300 bis 400 Milliarden Dollar. Das war ungefähr die Hälfte dessen, was wir vorschlagen würden, und ein guter Indikator dafür, wo selbst die alarmiertesten Experten die Wirtschaft sahen. Oder wie Axelrod es beschrieb: Wir waren drauf und dran, von der amerikanischen Gesellschaft zu verlangen, eine Billion Dollar für Sandsäcke auszugeben, um einen Hurrikan abzuwehren, wie er nur einmal in einer Generation vorkam und von dem nur wir wussten, dass er im Anzug war. Und wenn dieses Geld dann ausgegeben war, würden eine Menge Leute trotzdem überflutet werden, egal, für wie wirksam die Sandsäcke sich erwiesen.

»Wenn die Lage schlecht ist«, merkte Axe an, als er nach dem Treffen im Dezember neben mir herging, »interessiert es keinen, dass sie noch schlimmer sein könnte.«

»Richtig«, stimmte ich ihm zu.

»Wir müssen die Erwartungen der Leute dämpfen«, sagte er. »Aber wenn wir ihnen oder den Märkten zu viel Angst machen, wird das die Panik nur steigern und noch mehr wirtschaftlichen Schaden anrichten.«

»Wieder richtig«, sagte ich.

Axe schüttelte traurig den Kopf. »Das wird eine verdammt harte Midterm-Wahl werden«, meinte er.

Dazu sagte ich nichts und bewunderte nur seine beinahe liebenswerte Fähigkeit, das Offensichtliche auszusprechen. Wie die Dinge standen, konnte ich mir den Luxus, so weit vorauszuschauen, nicht erlauben. Ich hatte mich auf ein zweites unmittelbares politisches Problem zu konzentrieren.

Wir mussten den Gesetzentwurf für das Konjunkturpaket sofort durch den Kongress bringen – und der Kongress funktionierte nicht besonders gut.

SOWOHL VOR MEINER WAHL als auch während meiner Präsidentschaft herrschte in Washington eine allgegenwärtige Sehnsucht nach einer vergangenen Ära auf dem Capitol Hill, in der es überparteiliche Kooperation gegeben hatte. Tatsache ist, dass während eines Großteils der Zeit nach dem Zweiten Weltkrieg die Grenzen zwischen den politischen Parteien Amerikas wirklich eher verschwommen gewesen waren.

Von den Fünfzigerjahren an hatten die meisten Republikaner sich mit den Regelungen zu Gesundheit und Sicherheit aus der New-Deal-Ära arrangiert. Der Nordosten und der Mittlere Westen brachten zahlreiche Republikaner hervor, die bei Themen wie Naturschutz und Bürgerrechte eher dem liberalen Ende des Spektrums zuzurechnen waren. Südstaatler bildeten dagegen einen der mächtigsten Blöcke innerhalb der Demokratischen Partei. Bei ihnen war tief verwurzelter gesellschaftlicher Konservativismus mit der hartnäckigen Weigerung verbunden, die Rechte der Afroamerikaner anzuerkennen. Und das, obwohl diese einen großen Teil ihrer Wählerschaft ausmachten. Amerikas globale wirtschaftliche Dominanz war damals noch unangefochten, die Außenpolitik wurde von der einigenden Bedrohung durch den Kommunismus definiert, und die Sozialpolitik prägte die parteiübergreifende Überzeugung, dass Frauen und People of Color ihren Platz kannten. Unter diesen Bedingungen zögerten weder Demokraten noch Republikaner, die Parteigrenzen zu überwinden, um ein Gesetz durchzubringen. Man achtete die üblichen Regeln der Höflichkeit, wenn es darum ging, über Änderungsanträge oder Nominierungen abzustimmen, und parteipolitische Angriffe sowie Kämpfe mit harten Bandagen hielten sich in erträglichen Grenzen.

Die Geschichte davon, wie dieser Nachkriegskonsens zerbrach – angefangen bei der Unterzeichnung des Civil Rights Act von 1964 durch Lyndon B. Johnson und seine Prophezeiung, dass dies Wähler im Süden dazu bringen werde, sich massenhaft von der Demokratischen Partei abzuwenden –, ist schon oft erzählt worden. Diese von Johnson vorhergesehene Neuausrichtung dauerte am Ende länger, als er erwartet hatte. Doch kontinuierlich, Jahr für Jahr, polarisierten sich die amerikanische Wählerschaft und ihre Repräsentanten stärker. Durch Vietnam, Unruhen, Feminismus, durch Nixons Strategie im Süden, durch Bustransporte über Schulbezirksgrenzen hinweg zur Förderung der ethnischen Durchmischung von Schulen, durch den Fall *Roe v. Wade*, durch steigende Kriminalität in den Innenstädten und weiße Flucht in die Vororte, durch Affirmative Action, die Moral Majority politisch rechtsorientierter Christen, durch die systematische Bekämpfung, Unterdrückung und Sabotage von Gewerkschaften, durch den Obersten Richter und Justizminister Robert Bork, das Verbot halb- und vollautomatischer Gewehre von 1994 und den Aufstieg von Newt Gingrich, durch Schwulenrechte und Bill Clintons Amtsenthebungsverfahren.

Die Manipulation von Wahlkreisgrenzen verstärkte diese Entwicklung noch. Dabei zogen beide Parteien mithilfe von Wählerprofilen und Computertechnologie die Grenzen der Kongresswahlkreise mit dem expliziten Ziel neu, sich in ihren Ämtern zu verschanzen und die Zahl von umkämpften Wahlkreisen bei jeglicher Wahl zu minimieren. Inzwischen zeigten zudem die Zersplitterung der Medien und das Aufkommen konservativer Medienunternehmen Wirkung. Wähler verließen sich nicht länger darauf, dass Walter Cronkite ihnen erzählte, wie die Wahrheit aussah. Stattdessen konnten sie sich auf Quellen stützen, die ihre politischen Ansichten weniger herausforderten als vielmehr verstärkten.

Als ich ins Amt kam, war die »große Sortierung« der Amerikaner in Rot, republikanisch, und Blau, demokratisch, schon so gut wie abgeschlossen. Es gab im Senat zwar noch Verweigerer – ungefähr ein Dutzend moderate bis liberale Republikaner und konservative Demokraten, die für Zusammenarbeit offen waren –, doch die meisten klammerten sich an ihre Sitze, als hinge ihr Leben davon ab. Im Repräsentantenhaus hatten Wave elections, Wahlen mit substanziellen Zuwächsen, 2006 und 2008 etwa ein Dutzend konservative Demokraten aus traditionell republikanischen Wahlkreisen ins Amt gebracht. Aber insgesamt waren die Demokraten im Repräsentantenhaus eher liberal, vor allem bei sozialen Fragen, während weiße Demokraten aus dem Süden zur gefährdeten Spezies wurden. Unter den Republikanern im Repräsentantenhaus war die Veränderung sogar noch krasser. Gereinigt von praktisch allen noch verbliebenen Moderaten, tendierte die Fraktion weiter nach rechts als je zuvor in der jüngeren Vergangenheit. Konservative alter Schule kämpften um Einfluss mit der neu erstarkten Brut von Gingrich-Jüngern, Bombenwerfern im Stil von Rush Limbaugh, Möchtegern-Sarah-Palins und Ayn-Rand-Gefolgsleuten. Sie alle duldeten keine Kompromisse, waren skeptisch gegenüber jeder Maßnahme der Regierung, die nicht Verteidigung, Grenzsicherung, Strafverfolgung oder den Verbot von Abtreibungen betraf. Außerdem schienen sie ehrlich überzeugt davon, dass Liberale vorhätten, Amerika zu zerstören.

Auf dem Papier zumindest würde nichts von alldem uns zwingend daran hindern, ein Gesetz für ein Konjunkturpaket durchzubringen. Schließlich genossen die Demokraten eine Mehrheit von siebenundsiebzig Sitzen im Repräsentantenhaus und eine von siebzehn Sitzen im Senat. Aber selbst unter günstigsten Umständen würde der Versuch, das größte Rettungspaket der Geschichte in Rekordzeit durch den Kongress zu bringen, ein bisschen so sein, als wollte man eine Python dazu bringen, eine Kuh zu schlucken. Außerdem hatte ich mit einem institutionalisierten verfahrenstechnischen Missstand zu kämpfen: dem Filibuster, der Dauerrede im Senat. Die sollte sich am Ende als schlimmste chronische Plage meiner Präsidentschaft erweisen.

In der Verfassung ist vom Filibuster nirgends die Rede. Das Ganze ergab sich lediglich durch Zufall. 1805 drängte Vizepräsident Aaron Burr den Senat, den »Antrag auf Voranschreiten« zu eliminieren – eine übliche parlamentarische Regelung, die einer einfachen Mehrheit jeder Legislative erlaubt, eine Debatte zu einem bestimmten Thema zu beenden und zur Abstimmung darüber aufzurufen. (Burr, der anscheinend nie die Gewohnheit entwickelte, Dinge bis zum Ende zu durchdenken, hielt diese Regel, wie es heißt, für Zeitverschwendung.)

Es dauerte nicht lange, bis die Senatoren herausfanden, dass ohne eine formale Methode, die Debatte zu beenden, jeder Einzelne von ihnen den Senat zum Stillstand bringen – und damit frustrierten Kollegen alle möglichen Zugeständnisse abpressen – konnte. Und das einfach, indem man endlos redete und sich weigerte, das Rednerpult wieder zu räumen. 1917 schob der Senat dem durch »Cloture« einen Riegel vor – ein Votum von zwei Dritteln der anwesenden Senatoren konnte nach diesem Verfahren einen Filibuster beenden. In den folgenden fünfzig Jahren wurde der Filibuster nur selten angewandt, vor allem von Demokraten aus dem Süden, die damit Anti-Lynchmord-Gesetze und solche für faire Arbeitsbedingungen oder andere Gesetzgebungen blockieren wollten, die an Jim Crow zu rütteln drohten. Nach und nach jedoch wurde Filibusterei zur Routine und zu einer mächtigeren Waffe, nämlich zu einem Mittel, mit dem die Partei in der Minderheit ihren Willen durchsetzen konnte. Die bloße Androhung eines Filibusters genügte oft schon, um ein Gesetz scheitern zu lassen. Als sich in den Neunzigerjahren die Fronten zwischen Republikanern und Demokraten verhärteten, war die jeweilige sich in der Minderheit befindende Partei in der Lage – und willens –, jedes Gesetz zu blockieren, das ihr missfiel. Das funktionierte, solange man Einigkeit bewies und über die mindestens einundvierzig Stimmen verfügte, gegen die ein Filibuster nicht niedergestimmt werden konnte.

Ohne jegliche verfassungsgemäße Grundlage, öffentliche Debatte oder auch nur Kenntnis der meisten Amerikaner benötigte man also im Prinzip sechzig Stimmen im Senat, eine sogenannte »Supermehrheit«, um Gesetze durch den Kongress zu bringen. Zu dem Zeitpunkt, als ich zum Präsidenten gewählt wurde, war der Filibuster bereits so fester Bestandteil der Abläufe im Senat geworden – eine wesentliche und altehrwürdige Tradition, so sah man ihn –, dass sich niemand Gedanken über eine Reform dieses Instruments oder gar seine Abschaffung machte.

Aus diesem Grund konnte ich – obwohl ich gerade eine Wahl mit überwältigendem Vorsprung der Wahlmännerstimmen gewonnen hatte und über die Unterstützung der größten Kongressmehrheit seit vielen Jahren verfügte – trotz allem nirgendwo ein Postamt umbenennen und schon gar nicht ein Konjunkturpaket für die Wirtschaft durchbringen, wenn ich mir nicht im Vorhinein ein paar republikanische Stimmen gesichert hatte.

Wie schwer konnte das sein?

EINE GRÖSSERE GESETZESINITIATIVE des Weißen Hauses kann Monate der Vorbereitung in Anspruch nehmen. Da gibt es unzählige Besprechungen mit vielen Behörden und vielleicht Hunderten von Mitarbeitern. Dazu umfangreiche Beratungen mit betroffenen Interessenvertretern. Dem Kommunikationsteam des Weißen Hauses kommt dabei die Aufgabe zu, eine straff gemanagte Kampagne zu choreografieren, mit der man die Idee der Öffentlichkeit verkauft. Die Maschinerie der gesamten Exekutive wird angewiesen, die relevanten Ausschussvorsitzenden und stellvertretenden Vorsitzenden zu gewinnen. All das findet statt, lange bevor das eigentliche Gesetz formuliert und vorgestellt wird.

Doch für dieses ganze Prozedere fehlte uns die Zeit. Stattdessen arbeitete, bevor ich überhaupt im Amt war, mein noch inoffizielles und größtenteils unbezahltes Wirtschaftsteam ohne Unterbrechung über die Feiertage durch, um die Schlüsselelemente dessen zu konkretisieren, was dann der American Recovery and Reinvestment Act werden sollte. (»Stimulus Package«, Konjunkturpaket, wäre in der Öffentlichkeit wahrscheinlich nicht so gut angekommen.)

Wir schlugen vor, knapp 800 Milliarden Dollar in drei ungefähr gleich große Tranchen aufzuteilen. Die erste war für Zuschüsse wie ergänzende Arbeitslosenversicherung und Direkthilfen für Bundesstaaten gedacht, um weitere Massenentlassungen von Lehrern, Polizisten und anderen Staatsbediensteten zu verhindern. In der zweiten Tranche sollten Steuersenkungen für die Mittelschicht enthalten sein sowie verschiedene Steuervergünstigungen, die Unternehmen als starker Anreiz dienen sollten, lieber jetzt als später in neue Fabriken oder Ausstattung zu investieren. Sowohl die Zuschüsse als auch die Steuersenkungen hatten den Vorteil, dass sie leicht zu verwalten waren; wir konnten das Geld schnell lockermachen und in die Taschen der Konsumenten beziehungsweise in die Kassen der Unternehmen bringen.

Steuersenkungen hatten überdies den zusätzlichen Vorteil, eventuell republikanische Unterstützung zu erhalten.

Die dritte Tranche war für Initiativen gedacht, die schwerer zu konzipieren waren und deren Umsetzung länger dauerte, die dafür aber auch eine größere langfristige Wirkung entfalten würden: nicht nur traditionelle Infrastrukturausgaben wie Straßenbau und Kanalsanierung, sondern auch Hochgeschwindigkeitszüge, Solar- und Windkraftwerke, Breitbandanschlüsse für unterversorgte ländliche Regionen sowie Anreize für Bundesstaaten, ihr Bildungssystem zu reformieren. All das sollte nicht nur Arbeitsplätze schaffen, sondern auch die Wettbewerbsfähigkeit Amerikas stärken.

Wenn ich mir ansah, wie groß der ungedeckte Bedarf in Städten und Gemeinden im ganzen Land war, wunderte ich mich darüber, welche Mühe es unser Team kostete, Projekte ausreichender Größenordnung zu finden, die es wert waren, vom Recovery Act finanziert zu werden. Einige vielversprechende Ideen lehnten wir ab, weil sie in der Durchführung zu lange gedauert hätten oder ihr Management einer riesigen neuen Bürokratie bedurft hätte. Andere schieden aus, weil sie die Nachfrage nicht ausreichend angekurbelt hätten. Um mich nicht dem Vorwurf auszusetzen, ich plane, die Wirtschaftskrise als Ausrede für eine Orgie liberaler Geldverschwendung auf Staatskosten zu nutzen (und weil ich den Kongress vielmehr davor bewahren wollte, sich an Verschwendung, ob liberal oder nicht, zu beteiligen), sorgten wir für eine Reihe Schutzmaßnahmen gemäß den Regeln »guter Regierungsführung«: Dazu gehörten ein kompetitiver Bewerbungsprozess für Landes- und Kommunalregierungen, die sich um Förderung bemühten, strenge Anforderungen, was Kontrolle und Dokumentation betraf, und eine entschiedene Ablehnung von »Earmarks«, was uns mit Sicherheit Geschrei vom Capitol Hill bescheren würde. »Earmarks« war die harmlose Bezeichnung einer althergebrachten Praxis, bei der Kongressmitglieder diverse Lieblingsprojekte (viele davon eher dubioser Natur) mit Gesetzen verknüpften, die dringend durchgebracht werden mussten.

Wir müssten den Laden fest im Griff haben und hohe Standards erfüllen, erklärte ich meinem Team. Mit etwas Glück würde der Recovery Act nicht nur helfen, eine Depression abzuwenden, er könnte auch den Glauben der Öffentlichkeit an eine ehrliche, verantwortungsvolle Regierung erneuern helfen.

Am ersten Januar war der Großteil der vorbereitenden Arbeit getan. Ausgerüstet mit unserem Entwurf und in dem Wissen, dass wir es uns nicht leisten konnten, nach einem konventionellen Zeitplan zu arbeiten, begaben Joe Biden und ich uns am 5. Januar – also zwei Wochen vor meiner Amtseinführung – zum Kapitol. Wir wollten dort den Senatsmehrheitsführer Harry Reid, den Fraktionsvorsitzenden der Republikaner im Senat, Mitch McConnell, die Sprecherin des Repräsentantenhauses, Nancy Pelosi, den Fraktionsvorsitzenden der Republikaner im Repräsentantenhaus, John Boehner, sowie die anderen Führungspersönlichkeiten im neu gewählten 111. Kongress treffen, deren Unterstützung wir benötigten, um ein Gesetz durchzubringen.

Von den vier wichtigen Anführern im Kongress kannte ich Harry am besten. Während meiner paar Jahre im Senat hatte ich aber durchaus auch mit McConnell zu tun gehabt. Klein, eulenhaft und mit weichem Kentucky-Akzent wirkte McConnell wie ein untypischer Fraktionsvorsitzender der Republikaner. Er neigte nicht dazu, anderen Honig ums Maul zu schmieren, auf die Schulter zu klopfen oder große Reden zu schwingen. Soweit man das beurteilen konnte, hatte er keine engen Freunde, nicht einmal in seiner eigenen Fraktion. Außerdem schien er keinerlei starke Überzeugungen zu hegen, abgesehen von einer fast religiösen Abneigung gegen jegliche Reform der Wahlkampffinanzierung. Joe erzählte mir von einem Zusammenstoß mit ihm im Senatsplenum, nachdem der Fraktionsvorsitzende der Republikaner ein Gesetz blockiert hatte, das Joe protegierte: Als Joe versuchte, ihm die Vorzüge des Gesetzes zu erklären, hob McConnell die Hand wie ein Verkehrspolizist und sagte: »Sie müssen der irrigen Ansicht sein, dass mich das kümmert.« Aber was McConnell an Charisma oder strategischem Interesse fehlte, machte er durch Disziplin, Bauernschläue und Schamlosigkeit wett. Diese Eigenschaften setzte er zielstrebig und leidenschaftslos zum Machterhalt ein.

Harry konnte ihn nicht ausstehen.

Boehner war ein anderer Typ, ein leutseliger Sohn eines Barkeepers aus der Umgebung von Cincinnati mit rauer Stimme. Als Kettenraucher, immer gebräunt und mit seiner Vorliebe für Golf und einen guten

Merlot, kam er mir irgendwie vertraut vor, als aus demselben Holz geschnitzt wie so viele Republikaner, die ich als Senator in Springfield kennengelernt hatte: normale Typen, die nicht von der Parteilinie oder den Vorgaben der Lobbyisten abwichen, denen sie ihre Macht verdankten, aber auch Typen, die Politik nicht für einen blutigen Sport hielten und vielleicht sogar mit dir zusammenarbeiteten, wenn es sie politisch nicht allzu viel kostete. Leider sorgten genau diese menschlichen Eigenschaften dafür, dass Boehner seine Fraktion kaum im Griff hatte. Und da er die Demütigung erlebt hatte, seinen Führungsposten zu verlieren, weil er es in den späten Neunzigerjahren an Gefolgschaft für Newt Gingrich hatte fehlen lassen, wich er nur selten von den Gesprächsthemen ab, die seine Mitarbeiter vorbereitet hatten – zumindest nicht in der Öffentlichkeit. Anders als in der Beziehung von Harry und McConnell gab es zwischen der Sprecherin des Repräsentantenhauses Nancy Pelosi und Boehner keine echte Feindseligkeit. Eher war man voneinander frustriert. Nancy, weil Boehner als Verhandlungspartner unzuverlässig war und oft unfähig, Stimmen zu liefern; Boehner wiederum frustrierte, dass Nancy ihn meistens ausmanövrierte.

Boehner war nicht der Erste, der von der Sprecherin ausgetrickst wurde. Äußerlich sah Nancy in ihren Designerkostümen mit dazu passenden Schuhen und perfekt frisiert durch und durch wie eine reiche Liberale aus San Francisco aus, die sie ja auch war. Obwohl sie reden konnte wie ein Wasserfall, kam sie im Fernsehen damals nicht besonders gut rüber. Sie neigte dann dazu, demokratische Patentrezepte mit einem geübten Ernst vorzutragen, der an eine Rede nach dem Dinner auf einer Wohltätigkeitsgala erinnerte.

Politiker (meist Männer) unterschätzten Nancy zu ihrem eigenen Schaden, denn sie war nicht zufällig an die Macht gekommen. An der Ostküste aufgewachsen, hatte die Tochter des italoamerikanischen Bürgermeisters von Baltimore von klein auf gelernt, wie man mit den Bossen und Hafenarbeitern in ethnisch geprägten Bezirken umging, ohne Angst vor Politik mit harten Bandagen, um Dinge durchzusetzen. Nachdem sie mit ihrem Mann Paul an die Westküste gezogen war, blieb sie zunächst zu Hause, um die fünf gemeinsamen Kinder großzuziehen, während er ein erfolgreiches Unternehmen aufbaute. Doch schließlich wusste Nancy ihre frühe politische Erziehung gut zu nut-

Meine Großeltern mütterlicherseits stammten aus Kansas und heirateten heimlich kurz vor dem Angriff auf Pearl Harbor. Er diente in General Pattons Armee, und sie arbeitete am Fließband einer Bomberfabrik. «

» Wächst man auf Hawaii auf, sind Wanderungen durch Bergwälder und müßige Strandtage das Selbstverständlichste der Welt.

« Ich bin sichtlich stolz auf meinen Schwung.

Meine Mutter, Ann Dunham, lehnte sich gegen Konventionen auf, aber sie misstraute auch Ideologien und absoluten Wahrheiten. »Die Welt ist kompliziert, Bar«, sagte sie zu mir. »Deshalb ist sie interessant.«

Mein Vater, Barack Obama Sr., wuc
in Kenia auf und studierte Wirtsch
wissenschaften an der Universität
Hawaii, wo er meine Mutter kenner
lernte, sowie in Harvard. Nach ihre
Scheidung kehrte er nach Afrika zu

Meine Mutter mit meinen Halbschwestern Maya Soetoro-Ng (links) und Auma Obama.

Meine Großmutter und ich mit meiner Mutter an dem Tag, an dem sie ihr Studium der Anthropologie an der Universität Hawaii abschloss.

f unserer Hoch-
t. Michelles
ter und Gramps
missten wir
merzlich, doch
war an diesem
g der glück-
ste Mensch auf
Welt.

Die Freude
meines
Lebens.

Zu Beginn meines Wahlkampfs für d
US-Senat halte ich in Chillicothe, Illino
eine altmodische Straßenre

Ein unglaublich jung aussehender Mann hält die Keynote auf dem Nominierungsparteitag der Demokraten 2004 in Boston. Dies war vermutlich der letzte Tag, an dem ich mich unerkannt in der Öffentlichkeit bewegen konnte.

ıit Michelle
ıch meiner
le auf dem
ıinierungs-
parteitag.
»

Nach dem Parteitag fuhren Michelle, die Mädchen und ich eine Woche im Wohnmobil durch Illinois. Die beiden erhielten einen Vorgeschmack, was es heißt, auf Wahlkampftour zu sein.

'ahlabend 2004. Wir gewannen mit dem größten Stimmen-
ɾsprung, mit dem je
ı Kandidat in Illinois für den US-Senat
ewählt wurde. Malia
ıd Sasha waren von
en Konfetti weitaus mehr begeistert.

«
Am 2. November 2004 wurde ich in den US-Senat gewählt.

Als Neuling im Senat überzeugte ich Pete Rouse, mein Stabschef zu werden. Er war ein Geschenk des Himmels – unglaublich erfahren, von Grund auf integer und in Washington allgemein als »101. Senator« bekannt.

»
Als ich nach Washington kam, war ich gemessen am Dienstalter die Nummer 99 im Senat, und meinem provisorischen Büro sah man das an. Dank meines großartigen Teams war ich sofort voll einsatzfähig.

«
Als Mitglied a
Vereinigung c
amerikanisch
Kongressabg
ordneter soll
mit einem me
persönlichen
den, dem Mit
des Repräser
tenhauses Jo
Lewis, zusam
arbeiten.

Auf meiner ersten Auslandsreise als Senator im August 2005 besichtigte ich mit dem Republikaner Dick Lugar eine Anlage zur Zerstörung konventioneller Waffen in Donezk, Ukraine.

hrend einer Reise nach Kenia im
gust 2006 warben Michelle und ich für
/-Schnelltests und ließen uns selbst
ten. Menschen säumten die Straßen,
uns zu grüßen.

Am 10. Februar 2007 gab ich meine Präsidentschaftskandidatur bekannt. Es war eiskalt in Springfield, aber ich merkte es kaum. Ich spürte, dass wir an eine tiefe Wahrhe Amerikas rührten.

Meine Töchter kamen währen des Wahlkampfs zu kurz. Abe ein Tag auf der Iowa State Fa mit Spielen und Snacks und Autoscootern? Unschlagbar.

Auf Wahlkampftour in Austin, Texas. Ich war zu einem übergroßen Symbol der Hoffnung geworden, einer Projektionsfläche für eine Million verschiedene Träume, und ich fürchtete, dass ich meine Unterstützer irgendwann einmal enttäuschen würde.

… stürme mit einem … lk von Wahlkampf- … lfern in Tom Harkins … nual Steak Fry 2007. … Großteil unseres … folgs in Iowa ver- … nkte sich diesen nicht … stoppenden jungen … enschen.

Weniger als einen Monat vor dem Iowa Caucus hielten wir eine Wahlkampfkundgebung in Des Moines ab: Da mich Oprah Winfrey einführte, kamen ziemlich viele Leute.

Am 24. Juli 2008 hielt ich eine Rede an der Berliner Siegessäule. Ich sagte, so wie eine frühere Generation die Mauer, die einst Europa teilte, niedergerissen habe, so sei es jetzt an uns, weniger deutlich sichtbare Mauern zwischen Schichten, Ethnien und Religionen niederzureißen.

Mit David Plouffe, dem Architekten meines Wahl kampfs, unmittelbar bevor ich die Nominierung c Präsidentschaftskandidat der Demokraten annc Hinter dem unauffälligen Äußeren verbirgt sich e brillanter Stratege.

John McCain und ich unterbrachen den Wahlkampf, um am 11. September 2008 in New York der Opfer zu gedenken. Wenige Tage darauf brachen die Großbanken zusammen, deren Zentralen oft nur wenige Blocks entfernt lagen.

Mit der Wirtschaft im freien Fall bat McCain im selben Monat Präsident Bush, führende Kongressmitglieder beider Parteien ins Weiße Haus einzuladen, um ein Rettungspaket zu verhandeln.

David Axelrod war nicht nur fähiger politischer Stratege, sondern auch Seelenverwandter. Unsere Zusammenarbeit begann 2002, als mein Senatswahlkampf wenig aussichtsreich erschien. Er wurde zu einem meiner engsten Berater im Weißen Haus. Marvin Nicholson *(hinten rechts)*, der meine Reisen organisierte, hatte eine gewinnende Art und kümmerte sich um jedes Detail.

verregneter Wahlkampfstopp in
dericksburg, Virginia, weniger als
hs Wochen vor der Wahl.

«
Unsere größte Kundgebung f… am 19. Oktobe… Gateway Arch… St. Louis, Miss… statt. Es kame… rund 100 000 M…schen.

»
Am Wahlabend mit Marian Robinson, meiner Schwiegermutter. Wir verfolgen die Wahlergebnisse. »Das ist irgendwie zu viel«, sagte sie zu mir. Ich wusste, was sie meinte.

Am Wahlabend strömten über 200 000 Menschen in den Grant Park von Chicago, um zu feiern. Malia befürchtete, dass niemand kommen würde, weil keine Autos unterwegs waren.

Mein Lieblingsfoto von diesem Abend: Menschen haben sich am Lincoln Memorial versammelt, um an einem Transistorradio meiner Dankesrede zu lauschen.

Unmittelbar bevor ich hinau
gehe, um den Amtseid abz
legen, spreche ich ein Gebe

Ich leiste den Eid auf dieselbe Bibel, die Abraham Lincoln für seine feierliche Vereidigung am 4. März 1861 benutzte.

Ein Meer von Amerikanern. Als sie ihre Flaggen in der Sonne schwenkten, sah es aus wie eine Meeresströmung. Ich nahm mir vor, ihnen mein Bestes zu geben.

Unterwegs bei der Parade zu meiner Amtseinführung. Wie immer hat mir Michelle die Show gestohlen.

^
Der erste Tag am Resolute Desk – ein Geschenk von Königin Victoria aus dem Jahr 1880, gefertigt aus dem Rumpf eines britischen Schiffes, das von der Mannschaft eines US-Walfängers geborgen wurde.

«
Es waren immer die schönsten Momente, wenn die Mädchen vorbeischauten.

zen, indem sie in der Demokratischen Partei Kaliforniens und im Kongress kontinuierlich aufstieg, bis sie es zur ersten weiblichen Sprecherin des Repräsentantenhauses in der Geschichte Amerikas brachte. Es kümmerte sie nicht, dass die Republikaner sie zu ihrer liebsten Kontrastfigur machten, und auch das gelegentliche Genörgel ihrer demokratischen Kollegen beunruhigte sie nicht. Tatsache ist, dass niemand zäher als sie oder eine fähigere Strategin in der Legislative war. Ihre Fraktion hielt sie mit einer Mischung aus Aufmerksamkeit und Talent fürs Spendensammeln zusammen. Zudem war sie bereit, jeden einen Kopf kürzer zu machen, der es nicht schaffte, bereits gegebene Zusagen einzuhalten.

Harry, Mitch, Nancy und John. »The Four Tops« nannten wir sie manchmal. Für den Großteil der kommenden acht Jahre würde das Kräftespiel zwischen diesen Individuen eine Schlüsselrolle bei der Gestaltung meiner Präsidentschaft spielen. An die ritualhafte Qualität unserer gemeinsamen Treffen gewöhnte ich mich: Wie sie nacheinander den Raum betraten, die Hand zur Begrüßung ausstreckten und stumm ihre Anerkennung ausdrückten (»Mr President … Mr Vice President …«). Wie, sobald wir uns alle gesetzt hatten, Joe und ich und manchmal Nancy versuchten, ein bisschen lockere Konversation zu machen, und uns dabei schon glücklich schätzen konnten, wenn wir ein knappes Lächeln von den anderen drei bekamen, während meine Mitarbeiter die Presse für das obligatorische Foto hereinließen. Kaum war die Presse wieder rausgescheucht, kamen wir zur Sache. Die vier achteten genau darauf, sich nicht in die Karten schauen zu lassen und keine festen Zusagen zu machen, und ihre Bemerkungen waren oft mit kaum verhohlenen Schuldzuweisungen an ihre Gegenspieler durchsetzt. Einig waren sie sich nur darin, dass sie alle gerade am liebsten woanders gewesen wären.

Vielleicht lag es daran, dass dies unser erstes Treffen seit der Wahl war, oder daran, dass sie von ihren jeweiligen Stellvertretern und parlamentarischen Geschäftsführern begleitet wurden. Eventuell gab aber auch die Schwere der vor uns liegenden Aufgabe den Ausschlag. Jedenfalls zeigten die Four Tops sich von ihrer besten Seite, als wir uns an jenem Tag Anfang Januar im Lyndon-B.-Johnson-Raum, direkt neben dem Senatssaal, mit anderen führenden Kongressmitgliedern trafen.

Um Aufmerksamkeit bemüht, hörten sie mir zu, als ich für den Recovery Act warb. Ich erwähnte, dass mein Team schon Kontakt mit ihren Mitarbeiterstäben aufgenommen und um Input für die konkrete Gesetzgebung gebeten habe und wir für jeden Vorschlag offen seien, der das Konjunkturpaket effektiver mache. Und ich merkte an, dass ich hoffte, gleich nach der Amtseinführung mit jeder Fraktion reden zu können, um weitere Fragen zu beantworten. Doch angesichts der sich rasch verschlechternden Situation, betonte ich, sei Schnelligkeit entscheidend: Wir brauchten nicht erst in hundert Tagen ein Gesetz auf meinem Schreibtisch, sondern schon in dreißig. Am Ende erklärte ich den Versammelten noch, dass die Geschichte uns irgendwann danach beurteilen werde, was wir in diesem Moment taten, und dass ich hoffe, wir seien zu der Sorte überparteilicher Kooperation in der Lage, die das Vertrauen einer gerade verunsicherten und verletzlichen Öffentlichkeit wiederherstellen könne.

Wenn man bedenkt, was ich von der Kongressführung verlangte – einen Gesetzgebungsprozess, der normalerweise ein Jahr beanspruchte, in einen Monat zu pressen –, dann fiel die Reaktion im Raum relativ verhalten aus. Mein langjähriger Freund Dick Durbin, stellvertretender Fraktionsvorsitzender der Regierungspartei im Senat, erkundigte sich, ob der Anteil der Anreizdollars für Infrastrukturmaßnahmen erhöht werden könne. Jim Clyburn, stellvertretender Fraktionsvorsitzender der Regierungspartei im Repräsentantenhaus, lieferte einen pointierten historischen Vortrag zu all den Gründen, warum der New Deal damals die Schwarzen Communitys nicht erreicht hatte. Er fragte, was wir zu tun gedachten, um zu verhindern, dass das an Orten wie seinem Heimatstaat South Carolina erneut passierte. Eric Cantor aus Virginia, der zweitwichtigste Republikaner im Repräsentantenhaus und einer der konservativen Jungtürken, von denen man wusste, sie hatten es auf Boehners Job abgesehen, lobte einige unserer Vorschläge für Steuersenkungen in unserem Paket. Gleichzeitig fragte er allerdings, ob größere, permanente Steuersenkungen nicht besser funktionieren würden als Ausgaben für das, was er für gescheiterte liberale Programme hielt, wie zum Beispiel Lebensmittelgutscheine.

Es waren jedoch die Bemerkungen von Harry, Mitch, Nancy und John, mit leicht gezwungener Höflichkeit und teilweise verschlüsselt vorgetragen, die Joe und mir am deutlichsten vermittelten, wo wir standen.

»Nun, Mr President-Elect«, sagte Nancy, »ich denke, dem amerikanischen Volk ist ziemlich klar, dass Sie ein schreckliches Chaos geerbt haben. Einfach schrecklich. Und natürlich ist unsere Fraktion bereit, verantwortungsvoll zu handeln, um Ordnung in dieses Chaos, das Sie geerbt haben, zu bringen. Aber ich kann nur hoffen, dass unsere Freunde von der anderen Seite des Mittelgangs sich daran erinnern, dass es die Demokraten und Sie, Mr President-Elect, waren, die sich der Herausforderung gestellt haben … Obwohl wir alle wussten, dass es eine schlechte Strategie war … waren es Demokraten, die sich bereit erklärten, President Bush mit TARP zu helfen. Ich hoffe, unsere republikanischen Freunde entscheiden sich für die gleiche verantwortungsvolle Haltung in einem, wie Sie schon sagten, sehr kritischen Moment.«

Übersetzt hieß das: Glaubt keine Sekunde lang, dass wir das amerikanische Volk nicht bei jeder einzelnen sich uns bietenden Gelegenheit daran erinnern werden, dass Republikaner die Finanzkrise verursacht haben.

»Unserer Fraktion wird es nicht gefallen«, sagte Harry, »aber wir haben kaum eine andere Wahl, also werden wir es hinter uns bringen müssen, okay?«

Übersetzt hieß das: Erwartet bloß nicht, dass Mitch McConnell auch nur einen Finger rühren wird, um euch zu helfen.

»Nun, wir hören gerne zu, aber bei allem Respekt glaube ich nicht, dass das amerikanische Volk auf weitere große Ausgaben und Rettungsaktionen aus ist«, sagte Boehner. »Die Leute müssen den Gürtel enger schnallen und erwarten das Gleiche von uns.«

Übersetzt hieß das: Meine Fraktion wird mich kreuzigen, wenn ich irgendwas sage, das nach Kooperation klingt.

»Ich kann nicht behaupten, dass es großen Appetit auf das gibt, was Sie vorschlagen, Mr President-Elect«, sagte McConnell, »aber Sie sind herzlich zu unserem wöchentlichen Mittagessen eingeladen, um dort dafür zu werben.«

Übersetzt hieß das: Sie glauben wohl fälschlicherweise, dass es mich kümmern würde.

Auf unserem Weg die Treppe hinunter, nachdem die Besprechung vorbei war, wandte ich mich an Joe.

»Na, das hätte doch auch schlechter laufen können«, sagte ich.

»Yeah«, meinte Joe. »Niemand ist mit den Fäusten aufeinander losgegangen.«

Ich lachte. »Sehen Sie? Das nennt man Fortschritt!«

DA IN DEN ERSTEN WOCHEN nach der Amtsübernahme alles so hektisch war, blieb mir kaum Zeit, über die tiefgreifende, alltägliche Seltsamkeit meiner neuen Lebensumstände nachzudenken. Aber damit keine Missverständnisse entstehen – es war seltsam. Schon dass alle aufstanden, sobald ich ein Zimmer betrat. »Setzt euch«, brummte ich und erklärte meinem Team, dass solche Förmlichkeiten nicht nach meinem Geschmack waren. Dann nickten sie lächelnd – und machten es bei der nächsten Gelegenheit wieder genauso.

Oder dass mein Vorname fast komplett verschwand. Außer Michelle, unseren Familien und wenigen engen Freunden wie Marty benutzte ihn niemand mehr. Ansonsten hieß es, »Yes, Mr President« und »No, Mr President«. Wobei mein Team sich im Lauf der Zeit wenigstens angewöhnte, das umgangssprachlichere »POTUS« (also die Abkürzung von President of the United States) zu verwenden, wenn im Weißen Haus mit oder von mir gesprochen wurde.

Gewöhnungsbedürftig war auch, wie aus meinem täglichen Terminplan plötzlich ein Tauziehen hinter den Kulissen zwischen verschiedenen Mitarbeitern, Behörden und Wahlkreisen wurde. Jeder wünschte sich, dass seine Themen in den Vordergrund gerückt oder seine Probleme behandelt würden. Die Ergebnisse spuckte dann eine versteckte Maschinerie aus, die ich nie ganz durchschaute. Begriffen hatte ich dagegen bald, dass die Agenten vom Secret Service, wenn sie etwas in ihre Mikros am Handgelenk flüsterten, meine Bewegungen über einen vom Stab überwachten Funkkanal verbreiteten. »Renegade auf dem Weg zum Wohntrakt«, »Renegade auf dem Weg in den Situation Room« oder auch »Renegade auf dem Weg zum Secondary Hold«, hieß es. Wobei Letzteres die diskrete Umschreibung dafür war, dass ich eine Toilette aufsuchte.

Dann war da noch der omnipräsente, wandernde Pressepool: eine

Herde von Reportern und Fotografen, die jedes Mal verständigt werden musste, wenn ich den Komplex des Weißen Hauses verließ, und die mir in einem von der Regierung zur Verfügung gestellten Kleinbus folgte. Dieses Arrangement ergab Sinn, wenn wir in offizieller Mission unterwegs waren. Doch bald stellte ich fest, dass es für alle Gelegenheiten galt. Etwa wenn Michelle und ich in ein Restaurant ausgingen, wenn ich eine Sporthalle aufsuchte, um Basketball zu spielen, oder vorhatte, mir ein Fußballspiel einer meiner Töchter auf einem Sportgelände in der Nähe anzusehen. Wie Gibbs, nun mein Pressesprecher, erklärte, war die Überlegung dahinter, dass es an sich schon eine Nachricht wert war, wenn der Präsident sich irgendwohin bewegte, und dass die Presse vor Ort sein musste, falls sich irgendetwas Folgenschweres ereignete. Und doch kann ich mich nicht erinnern, dass die Presse dabei je ein spannenderes Bild von mir gemacht hätte, als beim Aussteigen aus einem Auto in Jogginghose. Es bewirkte allerdings, dass mir auch noch das letzte bisschen Privatsphäre genommen wurde, wenn ich das Gelände des Weißen Hauses verließ. Weil ich ein wenig genervt davon war, fragte ich Gibbs schon in der ersten Woche, ob wir die Presse nicht zurücklassen könnten, wenn ich privat unterwegs sei.

»Schlechte Idee«, sagte Gibbs.

»Warum? Die in diesen Kleinbus gequetschten Reporter müssen doch auch wissen, dass das reine Zeitverschwendung ist.«

»Sie schon, aber ihre Chefs nicht«, sagte Gibbs. »Und vergessen Sie nicht, dass Sie versprochen haben, die offenste Regierung in der Geschichte zu führen. Wenn Sie das jetzt machen, kriegt die Presse einen Anfall.«

»Ich rede nicht von öffentlichen Veranstaltungen«, wandte ich ein. »Ich rede davon, wenn ich mit meiner Frau ausgehe. Oder nur frische Luft schnappen will.« Inzwischen hatte ich genug über frühere Präsidenten gelesen, um zu wissen, dass Teddy Roosevelt einmal für zwei Wochen im Yellowstone-Nationalpark gecampt hatte und dabei zu Pferd unterwegs war. Ich wusste auch, dass Franklin D. Roosevelt während der Großen Depression wochenlang die Ostküste hinaufgesegelt war, bis zu einer Insel in der Nähe von Nova Scotia. Jetzt erinnerte ich Gibbs daran, dass Harry Truman während seiner Präsidentschaft lange Morgenspaziergänge durch die Straßen von Washington unternommen hatte.

»Die Zeiten haben sich geändert, Mr President«, sagte Gibbs geduldig. »Hören Sie, es ist Ihre Entscheidung. Aber ich sage Ihnen, wenn Sie sich vom Pressepool befreien, wird das einen Shitstorm auslösen, den wir gerade nicht gebrauchen können. Das würde es für mich auch schwieriger machen, eine Kooperation hinzukriegen, was die Mädchen angeht …«

Ich wollte schon etwas sagen, machte meinen Mund aber gleich wieder zu. Michelle und ich hatten Gibbs bereits erklärt, dass unsere höchste Priorität darin bestand sicherzustellen, dass unsere Töchter von der Presse in Ruhe gelassen würden, wenn sie irgendwo unterwegs waren. Gibbs wusste, ich würde nichts tun, um das aufs Spiel zu setzen. Nachdem er meine Rebellion erfolgreich niedergeschlagen hatte, war Gibbs klug genug, sich nicht offensichtlich zu freuen. Stattdessen klopfte er mir nur auf den Rücken und kehrte ins Büro zurück, während ich grimmig irgendetwas murmelte. (Ich muss Presseangehörigen zugutehalten, dass Malia und Sasha für sie während meiner Präsidentschaft tabu waren. Diesen Beweis grundlegenden Anstands wusste ich sehr zu schätzen.)

Was meine Freiheit betraf, warf mein Team mir tatsächlich einen Knochen hin: Ich durfte mein Blackberry behalten – beziehungsweise bekam ich ein neues, speziell modifiziertes Gerät, allerdings erst nach wochenlangen Verhandlungen mit verschiedenen Leuten von der Cybersicherheit. Ich konnte damit E-Mails schicken und empfangen, jedoch nur mit einer überprüften Liste von ungefähr zwanzig Kontakten. Das eingebaute Mikrofon und die Buchse für Kopfhörer waren entfernt, sodass ich nicht telefonieren konnte. Michelle scherzte, mein Blackberry sei so was wie die Spielzeughandys, die man Kleinkindern gibt. Die können darauf Knöpfe drücken und Geräusche erzeugen, es leuchtet auch etwas auf, aber tatsächlich passiert nichts.

In Anbetracht dieser Einschränkungen liefen die meisten meiner Kontakte mit der Außenwelt über drei junge Mitarbeiter, die im sogenannten Outer Office saßen: Reggie, der eingewilligt hatte, Body Man, also mein engster Assistent, zu bleiben; der akribische Brian Mosteller aus Ohio, der all meine täglichen Ereignisse im Weißen Haus organisierte; und Katie Johnson, Plouffes nüchterne Assistentin im Wahlkampf, die jetzt dieselbe Funktion bei mir übernahm. Zusammen fungierten sie als meine inoffiziellen Gatekeeper und als mein Lebenserhaltungssystem im persönlichen Alltag. Sie stellten meine Anrufe durch, machten Friseurtermine, kümmerten sich um Briefingunterlagen, sorgten dafür, dass ich pünktlich war, wiesen auf anstehende Geburtstage von Mitarbeitern hin und kauften Karten, die ich dann unterschrieb, sagten es mir, wenn ich Suppe auf meine Krawatte gekleckert hatte, ertrugen meine Tiraden und schlechten Witze und sorgten insgesamt dafür, dass ich unfallfrei durch Zwölf- bis Sechzehnstundentage kam.

Der einzige Bewohner des Outer Oval jenseits der Mitte dreißig war Pete Souza, unser Fotograf im Weißen Haus. Mittleren Alters, von kompakter Statur und mit einem dunklen Teint, der seine portugiesischen Wurzeln widerspiegelte, stand Pete schon zum zweiten Mal im Dienst des Weißen Hauses. Früher war er offizieller Fotograf der Regierung Reagan gewesen. Nach Zeiten als Dozent und freier Fotojournalist hatte Pete bei der *Chicago Tribune* angeheuert, für die er die Anfänge des Afghanistankriegs sowie meine erste Zeit als Senator dokumentierte.

Ich hatte ihn sofort gemocht: Abgesehen von seinem Talent, als Fotojournalist komplexe Geschichten in einem Bild einzufangen, war Pete clever, bescheiden, ein bisschen griesgrämig, aber nie zynisch. Nachdem wir gewonnen hatten, willigte er ein, Teil unseres Teams zu werden, unter der Bedingung, dass ich ihm uneingeschränkten Zugang einräumte. Es war Ausdruck meines Vertrauens zu ihm, dass ich mich damit einverstanden erklärte. In den nächsten acht Jahren sollte Pete ständig anwesend sein, am Rand jeder Besprechung, als Augenzeuge jedes Siegs und jeder Niederlage. Gelegentlich ging er auf ein knackendes Knie hinunter, um den gewünschten Winkel zu bekommen, und nie gab er ein anderes Geräusch von sich als das Surren des Kameraverschlusses.

Er wurde auch ein guter Freund.

In diesem neuen, seltsam abgeriegelten Lebensraum erwiesen sich die Zuneigung und das Vertrauen, die ich gegenüber den Menschen empfand, mit denen ich arbeitete, und die Liebenswürdigkeit und

Unterstützung, die sie mir und meiner Familie entgegenbrachten, als rettendes Element. Das galt für Ray Rogers und Quincy Jackson, die zwei jungen Bediensteten aus der Navy, die dem Oval Office zugeteilt waren. Dort servierten sie Gästen Erfrischungen und bereiteten mir täglich ein ordentliches Mittagessen in der winzigen Küche neben dem Esszimmer zu. Ebenso traf es auf die Mitarbeiter der Kommunikationsstelle des Weißen Hauses zu. Dort organisierten unter anderem die beiden Brüder Nate und Luke Emory blitzschnell Rednerpulte, Teleprompter und Videoaufzeichnungen. Barbara Swann, die jeden Tag die Post brachte, schien gar nicht anders zu können, als für jeden ein Lächeln und ein freundliches Wort zu haben.

Das Gleiche konnte man über das Personal im Wohntrakt sagen. Das neue Zuhause meiner Familie schien weniger ein Heim zu sein, als vielmehr aus einer Reihe von Suiten eines Boutique-Hotels zu bestehen. Dazu kamen ein Fitnessstudio, ein Pool, ein Tennisplatz, ein Kino, ein Salon, eine Bowlingbahn und eine Arztpraxis. Die Mitarbeiter im Wohnbereich wurden von Steve Rochon geführt, einem ehemaligen Konteradmiral der Küstenwache, den die Bushs 2007 als ersten Afroamerikaner auf diesem Posten eingestellt hatten. Eine Putzkolonne kam täglich, um alles blitzsauber zu halten. Eine rotierende Mannschaft von Köchen bereitete das Essen für unsere Familie und manchmal auch für ein paar Hundert Gäste zu. Butler standen bereit, um diese Mahlzeiten oder alles, was man sich sonst noch wünschte, zu servieren. Die Telefonzentrale war rund um die Uhr besetzt, um Anrufe durchzustellen und dafür zu sorgen, dass wir morgens rechtzeitig aufwachten. In dem kleinen Aufzug stand allmorgendlich jemand bereit, um mich zur Arbeit nach unten zu fahren und abends wieder zu grüßen, wenn ich nach oben zurückkehrte. Haustechniker vor Ort reparierten, was kaputtging, und Floristen im Haus sorgten dafür, dass jedes Zimmer mit prachtvollen, immer anderen frischen Schnittblumen dekoriert war.

(Es ist mir wichtig, das hier zu erwähnen – weil Leute oft staunen, wenn sie es erfahren: Die First Family bezahlt aus eigener Tasche jedes neue Möbelstück. Genau wie alles andere, was sie konsumiert – von Lebensmitteln bis zum Toilettenpapier oder Extrapersonal für eine private Essenseinladung des Präsidenten. Das Budget des Weißen

Hauses sieht allerdings Mittel zur Umgestaltung des Oval Office für einen neuen Präsidenten vor. Doch abgesehen von ein paar abgenutzten Bezügen auf Sesseln und Sofas fand ich, dass eine Rezession historischen Ausmaßes nicht der ideale Zeitpunkt war, um Stoffmuster durchzusehen.)

Für den Präsidenten war ein Trio von Bediensteten aus der Navy zuständig. Der Erste unter ihnen war ein leise sprechender Bär von einem Mann namens Sam Sutton. An unserem ersten ganzen Tag im Weißen Haus betrat ich den begehbaren Schrank, der unser Schlafzimmer mit meinem Bad verband, und stellte fest, dass jedes Hemd, jeder Anzug und jede Hose, die ich besaß, perfekt gebügelt und ordentlich aufgehängt war. Meine Schuhe waren auf Hochglanz poliert, jedes Paar Socken oder Boxershorts gefaltet und sortiert wie in der Auslage eines Warenhauses. Als ich am Abend zurückkam und meinen (nur leicht zerknitterten!) Anzug in den Schrank hängte (was einen beträchtlichen Fortschritt darstellte, weil ich ihn normalerweise über den nächstbesten Türknauf warf – ein Lieblingsärgernis von Michelle), da trat Sam an meine Seite und erklärte mir freundlich, aber bestimmt: Es wäre besser, wenn ich es von nun an ihm überließe, sich um meine Garderobe zu kümmern. Diese Veränderung verbesserte nicht nur meine allgemeine Erscheinung, sondern zweifellos auch meine Ehe.

Nichts davon war natürlich schwer zu ertragen. Trotzdem irritierte es einen etwas. Schon im Wahlkampf hatten Michelle und ich uns daran gewöhnt, dass ständig Leute um uns herum waren. Doch die hatten sich nicht in unserem Haus befunden. Und Butler oder Dienstmädchen zu haben, waren wir eindeutig nicht gewohnt. In dieser neuen, exklusiven Umgebung, fürchteten wir, würden die Mädchen zu sehr verhätschelt werden und sich schlechte Gewohnheiten zulegen. Deshalb stellten wir die (mit nur mäßigem Erfolg durchgesetzte) Regel auf, dass die beiden jeden Morgen vor der Schule ihre Zimmer aufräumen und ihre Betten machen sollten. Meine Schwiegermutter, die es überhaupt nicht mochte, von irgendwem bedient zu werden, bat die Mitarbeiter um eine Einweisung für die Waschmaschinen und Trockner, damit sie ihre Wäsche selbst erledigen konnte. Weil ich mich ein bisschen genierte, versuchte ich, den Treaty Room, der als mein privates Arbeitszimmer im Wohntrakt diente, von Bücher- und Papierstapeln sowie allem möglichen anderen Zeug, das in meinen früheren »Höhlen« herumgelegen hatte, frei zu halten.

Schrittweise und dank der beständigen Nachsicht und Professionalität des Personals im Wohnbereich gewöhnten wir uns ein. Besonders eng wurde das Verhältnis zur Stammtruppe unserer Köche und Butler, mit denen wir täglich zu tun hatten. Wie auch meine Bediensteten waren sie alle entweder Schwarze, Latinos oder Amerikaner asiatischer Herkunft. Außerdem waren es mit einer Ausnahme alles Männer. (Cristeta Comerford, eine Amerikanerin mit philippinischen Wurzeln, war kurz vorher als erste Frau Chefkoch des Weißen Hauses geworden.) Auch wenn sie alle froh über den gut bezahlten, sicheren Job mit anständigen Sozialleistungen waren, konnte man an ihrer ethnischen Zugehörigkeit die Spuren einer vergangenen Zeit kaum übersehen. Damals war sozialer Rang deutlich abgegrenzt, und wer das Präsidentenamt ausübte, fühlte sich in seinem Privatbereich offenbar am wohlsten, wenn er von Menschen bedient wurde, die er nicht für ebenbürtig hielt – und die daher nicht über ihn urteilen konnten.

Die schon am längsten im Dienst befindlichen Butler waren zwei beleibte Schwarze Männer mit trockenem Humor und einer Weisheit, die sie einem Platz in der ersten Reihe der Geschichte verdankten. Buddy Carter war schon seit dem Ende der Präsidentschaft von Nixon da. Anfangs kümmerte er sich um Würdenträger, die im Blair House zu Gast waren, dann wechselte er in den Wohntrakt des Weißen Hauses. Von Everett hatte unter Reagan dort angefangen. Beide sprachen mit angemessener Diskretion und echter Zuneigung von den früheren First Familys. Doch ohne viele Worte darüber zu verlieren, machten sie keinen Hehl daraus, wie es für sie war, uns zu versorgen. Man konnte es daran sehen, wie bereitwillig Von sich von Sasha umarmen ließ oder welche Freude es Buddy machte, wenn er Malia nach dem Abendessen heimlich eine Extrakugel Eis spendieren konnte. Daran, wie locker sie mit Marian plauderten, oder daran, welcher Stolz aus ihren Augen sprach, wenn Michelle ein besonders hübsches Kleid trug. Man konnte sie kaum von Marians Brüdern oder Michelles Onkeln unterscheiden. Wegen dieser Vertrautheit waren sie jedoch nicht weniger, sondern erst recht beflissen. Sie protestierten, wenn wir unsere Teller selbst in die Küche trugen, und wachten streng, damit niemand vom Personal im

Wohnbereich uns auch nur eine Spur unzulänglich versorgte. Es kostete uns monatelange Überredung, bevor die Butler bereit waren, ihre Smokings gegen Khakihosen und Poloshirts zu tauschen, wenn sie uns das Essen servierten.

»Wir möchten ja nur sicherstellen, dass Sie behandelt werden wie jeder andere Präsident auch«, erklärte Von.

»Genau«, sagte Buddy. »Verstehen Sie, Sie und die First Lady wissen ja gar nicht, was uns das hier bedeutet, Mr President. Sie hier zu haben …« Er schüttelte den Kopf. »Das wissen Sie gar nicht.«

DURCH DIE UNTERSTÜTZUNG von Sprecherin Pelosi und dem demokratischen Vorsitzenden des Haushaltsausschusses des Repräsentantenhauses, Dave Obey, sowie dank des heldenhaften Einsatzes unseres immer noch nicht vollständigen Stabs gelang es uns, das Gesetz für den Recovery Act zu entwerfen, im Repräsentantenhaus vorzustellen, vom Haushaltsausschuss absegnen zu lassen und für eine reguläre Abstimmung im Repräsentantenhaus zu terminieren – und all das bis zum Ende meiner ersten Woche im Amt.

Wir betrachteten das als ein kleines Wunder.

Es half, dass die Demokraten im Kongress von den Kernelementen des Pakets begeistert waren – auch wenn sie das nicht davon abhielt, an allen möglichen Einzelheiten herumzunörgeln. Liberale beklagten, die Senkungen der Unternehmenssteuern seien Geschenke an die Reichen. Eher zur Mitte tendierende Demokraten waren besorgt, dass die Riesensumme bei ihren konservativeren Wählern nicht gut ankommen könnte.

Parteimitglieder des gesamten Spektrums beschwerten sich darüber, dass direkte Finanzhilfe für die Bundesstaaten doch nur republikanischen Gouverneuren helfe, ihre Budgets auszugleichen und fiskalisch verantwortungsvoll dazustehen, obwohl genau diese Gouverneure den Leuten im Kongress unterstellten, wie betrunkene Matrosen mit Geld um sich zu werfen.

Diese Form von leichtem Grummeln war für jede größere Gesetzesinitiative zu erwarten, egal, wer gerade im Weißen Haus saß. Besonders verbreitet war sie unter Demokraten, die aus vielfältigen Gründen (etwa ihre diversere Zusammensetzung und ihre größere Aversion gegen Autoritäten) einen geradezu perversen Stolz darauf zu hegen schienen, keine einheitliche, klare Botschaft zu vermitteln. Nachdem einige dieser Beschwerden an die Presse durchgedrungen waren und Reporter eine Handvoll vereinzelter Kommentare als möglichen Beweis für Uneinigkeit in unseren Reihen aufgebauscht hatten, ergriffen Rahm oder ich mit einem Anruf bei den schlimmsten Übeltätern die Initiative. Mit deutlichen und manchmal für die Veröffentlichung nicht geeigneten Worten machten wir darin klar, warum Überschriften wie »Entscheidende Demokraten schießen Obamas Plan für Wirtschaftsanreize ab« oder »Demokraten machen deutlich, dass sie ihr Revier verteidigen werden« nicht gerade hilfreich waren.

Unsere Botschaft kam an. Am Rande machten wir einige Zugeständnisse im Gesetzentwurf, erhöhten die Finanzierung einiger Projekte, die für den Kongress Priorität hatten, und knapsten bei einigen unserer eigenen Projekte Dollars ab. Doch als der aufgewirbelte Staub sich gelegt hatte, enthielt das Gesetz noch knapp neunzig Prozent dessen, was unser Wirtschaftsteam ursprünglich vorgeschlagen hatte. Es war uns gelungen, das Gesetz von Earmarks und ungeheuerlichen Geldverschwendungen frei zu halten, die es in den Augen der Öffentlichkeit eventuell in Misskredit gebracht hätten.

Nur eine Sache fehlte: die Unterstützung der Republikaner.

Von Beginn an war niemand von uns besonders optimistisch gewesen, viele republikanische Stimmen zu erhalten, vor allem nicht nach den Milliarden, die man bereits in die Bankenrettung gesteckt hatte. Die meisten Republikaner im Repräsentantenhaus hatten trotz des beträchtlichen Drucks eines Präsidenten ihrer eigenen Partei gegen TARP gestimmt. Diejenigen, die dafür votiert hatten, waren weiterhin vernichtender Kritik von Rechten ausgesetzt. Zudem wuchs in republikanischen Kreisen die Überzeugung, einer der Gründe für ihr schlechtes Abschneiden bei den darauffolgenden Wahlen sei gewesen, dass sie Präsident Bush erlaubt hatten, sie vom rechten Weg konservativer Prinzipien und eines schlanken Staats abzubringen.

Trotzdem hatte ich mein Team nach unserem Treffen mit den führenden Köpfen des Kongresses Anfang Januar aufgefordert, unsere Bemühungen in Richtung Republikaner zu intensivieren. »Und zwar nicht nur zur Schau«, sagte ich, »macht einen ernsthaften Versuch.«

Die Entscheidung brachte einige Demokraten auf die Palme, vor allem im Repräsentantenhaus. Da sie über ein Jahrzehnt lang in der Minderheit gewesen waren, hatte man die Demokraten dort komplett vom Gesetzgebungsprozess ausgeschlossen. Als sie nun selbst die Macht hatten, hatten sie keine Lust zu sehen, wie ich ihren früheren Peinigern Konzessionen anbot. Sie hielten es für Zeitverschwendung und mich für naiv. »Diese Republikaner haben kein Interesse daran, mit Ihnen zu kooperieren, Mr President«, erklärte ein Abgeordneter mir schroff. »Die suchen nach einer Gelegenheit, Sie zu Fall zu bringen.«

Vielleicht stimmte das ja. Aber aus mehreren Gründen fand ich es wichtig, das Ganze wenigstens zu versuchen. Die zwei republikanischen Stimmen zu bekommen, die wir für eine filibustersichere Mehrheit im Senat brauchten, würde deutlich leichter werden, wenn wir uns zuerst ein ordentliches republikanisches Votum im Repräsentantenhaus sicherten. Das wusste ich. Schließlich war zahlenmäßige Sicherheit eine Maxime, nach der fast jeder Politiker in Washington lebte. Republikanische Stimmen würden auch eine nützliche politische Deckung für Demokraten sein, die tendenziell konservative Regionen des Landes vertraten und schon harte Wahlkämpfe für eine Wiederwahl im Blick hatten. Und ehrlich gesagt diente allein die Tatsache, dass wir mit Republikanern verhandelten, als willkommene Ausrede, um einige der weniger orthodoxen Ideen abzuwehren, die gelegentlich von unserer Seite des Plenums kamen. (»Tut mir leid, Herr Abgeordneter, aber die Legalisierung von Marihuana ist nicht die Art Stimulus, von der wir hier reden …«)

Für mich war die in Richtung republikanische Kongressmitglieder ausgestreckte Hand mehr als nur Taktik. Seit meiner Parteitagsrede in Boston und bis zu den letzten Tagen meines Wahlkampfs hatte ich argumentiert, dass die Menschen im ganzen Land gar nicht so zerstritten seien, wie unsere Politik behauptete. Um große Dinge zu erreichen, müssten wir Parteiengezänk überwinden. Und welchen besseren Weg für ehrliches Bemühen gab es, als aus einer Position der Stärke heraus der Gegenseite die Hand hinzustrecken? Und zwar in einer Zeit, als ich die Unterstützung der Republikaner im Repräsentantenhaus gar nicht brauchte, um meine Agenda durchzubringen. Ich dachte, ich könnte mit einer unvoreingenommenen Haltung und ein wenig Bescheidenheit die Führung der Grand Old Party vielleicht überrumpeln und ihr Misstrauen zerstreuen. Das würde möglicherweise auch helfen, eine Arbeitsbeziehung aufzubauen, die sich bei weiteren Themen bewähren mochte. Und wenn der Schachzug, was wahrscheinlicher war, nicht funktionierte, weil die Republikaner mein Angebot ausschlugen, dann würden die Wähler zumindest wissen, wer die Schuld am Missstand in Washington trug.

Als Leiter unseres Büros für Legislativangelegenheiten hatten wir mit Phil Schiliro eine versierte ehemalige Führungskraft der Demokraten im Repräsentantenhaus angeworben. Phil war groß, mit schütterem Haar und einem schrillen Lachen, das seine ruhige Eindringlichkeit überlagerte. Vom ersten Sitzungstag des Kongresses an machte er sich auf die Suche nach Verhandlungspartnern. Bei Bedarf zog er mich oder Rahm oder Joe Biden hinzu, damit wir halfen, einzelne Mitglieder zu umwerben. Als einige Republikaner Interesse an mehr Infrastrukturmaßnahmen äußerten, forderten wir sie auf, uns eine Liste mit ihren Prioritäten zukommen zu lassen. Als andere meinten, sie könnten nicht für ein Gesetz stimmen, das die als Wirtschaftsanreiz getarnte Kostenübernahme von Verhütungsmitteln enthielte, drängten wir Demokraten, den Passus zu streichen. Als Eric Cantor eine vernünftige Modifizierung einer unserer Steuervorschriften vorschlug, forderte ich meinen Stab auf, die Änderungen umzusetzen, auch wenn völlig ausgeschlossen war, dass Cantor für das Gesetz stimmte. Ich wollte das Signal aussenden, dass wir es ernst damit meinten, den Republikanern einen Platz am Tisch zu gewähren.

Dennoch wurde mit jedem Tag, der verging, die Aussicht auf Kooperation der Republikaner illusorischer. Diejenigen, die ursprünglich Interesse an einer Zusammenarbeit geäußert hatten, erwiderten unsere Anrufe nicht mehr. Republikanische Mitglieder des Haushaltsausschusses des Repräsentantenhauses boykottierten die Anhörungen zum Recovery Act mit der Behauptung, sie seien nicht ernsthaft einbezogen worden. Und republikanische Angriffe auf das Gesetz in der Presse wurden ungezügelter. Joe berichtete, Mitch McConnell habe die Peitsche geschwungen, um Mitglieder seiner Fraktion davon abzuhalten, mit dem Weißen Haus über das Konjunkturpaket auch nur zu sprechen. Demokratische Angehörige des Repräsentantenhauses sagten, sie hätten Gleiches von ihren Kollegen aus der Republikanischen Partei gehört.

»Wir dürfen nicht mitspielen«, hatte ein Republikaner es offenbar formuliert.

Diesen düsteren Aussichten zum Trotz glaubte ich, vielleicht doch noch ein paar Abgeordnete bei meinen Besuchen der republikanischen Fraktionen im Repräsentantenhaus und im Senat gewinnen zu können. Beide Termine waren für den 27. Januar angesetzt, den Tag vor der Abstimmung im Repräsentantenhaus. Ich nahm mir zusätzliche Zeit, um meine Präsentation vorzubereiten und sicherzustellen, dass ich alle Fakten und Zahlen parat hatte. Am Morgen vor den Terminen gingen Rahm und Phil im Oval Office mit mir noch mal die Argumente durch, von denen wir glaubten, sie würden Republikaner am ehesten überzeugen. Wir wollten gerade mit dem Wagenkonvoi zum Capitol Hill aufbrechen, als Gibbs und Axe ins Oval Office kamen, um mir eine AP-Meldung zu zeigen, die eben eingegangen war, unmittelbar nach Boehners Sitzung mit seiner Fraktion: »Republikaner im Repräsentantenhaus eindringlich zur Ablehnung von Konjunkturpaket ermahnt.«

»Wann ist das passiert?«, fragte ich, während ich den Artikel überflog.

»Vor ungefähr fünf Minuten«, antwortete Gibbs.

»Hat Boehner angerufen, um uns vorzuwarnen?«, fragte ich.

»Nein«, sagte Rahm.

»Gehe ich dann recht in der Annahme, dass dieser Mist einfach keine ehrliche Art ist?«, fragte ich, während unsere Gruppe sich nach draußen zum Beast begab.

»Da gehen Sie recht, Mr President«, sagte Rahm.

Die Treffen mit den Fraktionen selbst waren gar nicht besonders feindselig. Boehner, Cantor und der Vorsitzende der House Republican Conference, Mike Pence, befanden sich bereits auf dem Podium, als ich eintraf. (Damit verhinderten sie geschickt ein privates Wort über die Nummer, die sie gerade abgezogen hatten.) Nach Boehners kurzer Einführung und etwas höflichem Applaus trat ich vor, um das Wort zu ergreifen. Ich war zum ersten Mal bei einer Zusammenkunft der Republikaner des Repräsentantenhauses, und es ließ sich kaum vermeiden, über die Einförmigkeit im Saal zu staunen: Reihe um Reihe weißer Männer mittleren Alters, nur ungefähr ein Dutzend Frauen und vielleicht zwei oder drei Hispanics und Asiaten. Die meisten saßen mit versteinerten Gesichtern da, während ich kurz für das Konjunkturpaket plädierte. Dafür zitierte ich die jüngsten Zahlen des Wirtschaftscrashs, sprach davon, wie nötig schnelles Handeln sei, und von der Tatsache, dass unser Paket Steuersenkungen enthielt, für die die Republikaner doch schon lange warben. Außerdem erwähnte ich unsere Selbstverpflichtung zur langfristigen Senkung des Defizits, sobald die Krise überwunden wäre. Die Zuhörer lebten sichtlich auf, als ich die Möglichkeit zu Fragen gab. (Wobei es genaugenommen keine Fragen waren, sondern als solche getarnte Grundsatzstatements.) Ich beantwortete alle Fragen aufgeräumt und als würden meine Antworten auch nur die geringste Rolle spielen.

»Mr President, warum tut dieses Paket nichts gegen all die von Demokraten angestifteten Gesetze, die Banken gezwungen haben, unqualifizierten Kreditnehmern Hypotheken zu gewähren, und die der wahre Grund für die Finanzkrise sind?« (Applaus.)

»Mr President, ich habe hier ein Buch für Sie, das beweist, dass der New Deal die Wirtschaftskrise nicht beendet, sondern die Dinge in Wirklichkeit nur noch schlimmer gemacht hat. Stimmen Sie zu, dass der sogenannte Stimulus nur diese Fehler wiederholt und kommenden Generationen ein Riesendefizit hinterlässt, mit dem diese dann fertigwerden müssen?« (Applaus.)

»Mr President, werden Sie Nancy Pelosi dazu bringen, ihr parteiisches Gesetz beiseitezulegen und mit dem wahrhaft offenen Prozess von vorne zu beginnen, den das amerikanische Volk verlangt?« (Jubel, Applaus, etwas Gejohle.)

Im Senat war die Atmosphäre weniger geschraubt. Joe und ich waren eingeladen, mit ungefähr vierzig Senatoren, viele von ihnen ehemalige Kollegen, an einem Tisch zu sitzen. Doch die Substanz des Treffens unterschied sich kaum, denn jeder Republikaner, der sich die Mühe machte, das Wort zu ergreifen, kam mit derselben Litanei: Man beschrieb das Paket als verschwenderische, das Budget sprengende Maßnahme, um einzelnen Interessengruppen aus der Klemme zu helfen. Wenn die Demokraten sich auch nur die geringste Hoffnung auf Kooperation machen wollten, müssten sie das Ganze verwerfen.

Auf der Rückfahrt zum Weißen Haus tobte Rahm vor Wut, Phil war niedergeschlagen. Ich erklärte den beiden, es sei in Ordnung und dass ich den Schlagabtausch tatsächlich genossen habe.

»Wie viele Republikaner, glauben Sie, sind noch mit im Spiel?«, fragte ich.

Rahm zuckte mit den Achseln. »Wenn wir Glück haben, vielleicht ein Dutzend.«

Das erwies sich als zu optimistisch. Am nächsten Tag passierte der Recovery Act mit 244 zu 188 und exakt null republikanischen Stimmen das Repräsentantenhaus. Das war die Eröffnungssalve für einen Schlachtplan, den McConnell, Boehner, Cantor und der Rest in den kommenden acht Jahren mit beeindruckender Disziplin umsetzen sollten: die Weigerung, mit mir oder Angehörigen meiner Regierung zusammenzuarbeiten, egal unter welchen Umständen, zu welchen Themen und ungeachtet der Folgen für das Land.

NUN KÖNNTE MAN meinen, für eine politische Partei, die gerade in zwei Runden krachende Niederlagen eingesteckt hatte, hätte die republikanische Strategie der streitsüchtigen, uneingeschränkten Obstruktion große Risiken geborgen. Und in einer Zeit der echten Krise war sie sicherlich nicht verantwortungsvoll.

Wenn man allerdings, wie McConnell und Boehner, als primäres Ziel verfolgte, unter allen Umständen zurück an die Macht zu gelangen, legte einem die jüngste Geschichte nahe, dass so eine Strategie Sinn ergab. Auch wenn die amerikanischen Wähler immer sagen, sie wünschten sich Politiker, die miteinander auskommen, belohnen sie die Opposition selten dafür, mit der regierenden Partei kooperiert zu haben. So konnten die Demokraten in den Achtzigerjahren das Repräsentantenhaus (wenn auch nicht den Senat) noch lange nach der Wahl Ronald Reagans und dem Rechtsruck im Land im Griff behalten. Das lag zumindest teilweise an der Bereitschaft »verantwortungsvoller« führender Republikaner, dazu beizutragen, dass der Kongress funktionierte. Die Verhältnisse im Repräsentantenhaus veränderten sich erst, als die Republikanische Partei unter der Führung von Gingrich den Kongress in eine einzige Rauferei verwandelte. Genauso wenig machten die Demokraten gegen einen von den Republikanern kontrollierten Kongress Boden gut, indem sie Präsident Bush halfen, Steuersenkungen oder seinen Plan zu verschreibungspflichtigen Medikamenten durchzubringen. Sie gewannen das Repräsentantenhaus und den Senat zurück, als sie begannen, den Präsidenten und führende Republikaner bei allen Themen, von der Privatisierung der Sozialversicherung bis zum Vorgehen im Irakkrieg, herauszufordern.

Diese Lektionen hatten McConnell und Boehner gelernt. Nach ihrem Verständnis hätte jede Unterstützung meiner Regierung dabei, eine effektive, nachhaltige Reaktion auf die Krise zu organisieren, politisch nur mir genützt. Außerdem hätten sie damit stillschweigend den Bankrott ihrer eigenen, regierungsfeindlichen Rhetorik gegen jede Art von Regulierung erklärt. Wenn sie jedoch ein Rückzugsgefecht austrugen, Streitigkeiten erzeugten und Sand ins Getriebe warfen, hatten sie immerhin die Chance, ihre Basis zu aktivieren sowie mich und die Demokraten in einer Zeit zu bremsen, in der das Land sicherlich ungeduldig war.

Bei der Umsetzung ihrer Strategie hatten führende Republikaner eine Reihe von Dingen auf ihrer Seite. Angefangen bei der Form moderner Berichterstattung. Aus meiner Zeit im Senat und von der Wahlkampftour kannte ich die meisten politischen Journalisten. Im Großen und Ganzen hielt ich sie für klug, fleißig, moralisch integer und interessiert daran, sich um korrekte Informationen zu bemühen. Gleichzeitig lagen die Konservativen nicht falsch mit ihrer Vermutung, dass die meisten Nachrichtenreporter persönlich mehrheitlich eher liberale politische Ansichten vertraten.

Das hätte diese Journalisten eigentlich zu unwahrscheinlichen Komplizen für McConnells und Boehners Pläne machen müssen. Aber ob aus Furcht oder um nicht voreingenommen zu wirken oder weil Konflikte sich besser verkaufen oder weil ihre Chefredakteure es verlangten oder weil es die einfachste Möglichkeit war, die Fristen eines vierundzwanzigstündigen, vom Internet getriebenen Nachrichtenzyklus einzuhalten, folgte der allgemeine Ansatz der Berichterstattung über Washington einem deprimierend vorhersehbaren Schema:

Berichten, was die eine Seite sagt (inklusive eines kurzen O-Tons).

Berichten, was die andere Seite sagt (widersprechender O-Ton, je beleidigender, desto besser).

Es dann einer Meinungsumfrage überlassen zu bestimmen, wer recht hat.

Mit der Zeit waren meine Mitarbeiter und ich angesichts dieses »Er sagt/er sagt«-Stils so resigniert, dass wir schon Witze darüber machen konnten. (»Bei konkurrierenden Pressekonferenzen heute heizte sich die Debatte über die Form der Erde weiter auf. Präsident Obama – der behauptet, die Erde sei rund – wurde von Republikanern vernichtend attackiert. Sie beharren darauf, dass das Weiße Haus Dokumente zurückhalte, die den Beweis einer flachen Erde erbringen.«) In den ersten Wochen jedoch, als unser Kommunikationsteam im Weißen Haus noch kaum an Ort und Stelle war, konnte man uns noch überraschen: Nicht nur durch die Absicht der Republikaner, Halbwahrheiten oder explizite Lügen über den Inhalt des Recovery Act zu verbreiten (etwa die Behauptung, wir planten, Millionen für ein Mafia-Museum in Las Vegas auszugeben, oder Nancy Pelosi hätte dreißig Millionen Dollar zur Rettung einer gefährdeten Mäusespezies durchgesetzt), mindestens genauso erstaunlich war die Bereitschaft der Medien, solche faustdicken Lügen als ordentliche Nachrichten zu veröffentlichen.

Wenn wir genügend drängten, brachte ein Fernsehsender vielleicht irgendwann einen Beitrag, der republikanische Behauptungen einem Faktencheck unterzog. Doch selten holte die Wahrheit die ursprünglichen Schlagzeilen noch ein. Den meisten Amerikanern – denen man die Ansicht, die Regierung vergeude Geld, bereits eingeimpft hatte – fehlte es an Zeit oder Lust, die Details des Gesetzgebungsprozesses mitzuverfolgen oder im Blick zu behalten, wer sich in den Verhandlungen vernünftig verhielt und wer nicht. Die Leute hörten nur, was das Washingtoner Pressekorps ihnen berichtete – also dass Demokraten und Republikaner sich wieder stritten, Politiker Geld verschwendeten und dass der neue Typ im Weißen Haus nichts tat, um daran etwas zu ändern.

Natürlich hingen die Bemühungen, den Recovery Act zu diskreditieren, immer auch von der Fähigkeit der führenden Republikaner ab, die eigenen Mitglieder auf Linie zu halten. Zumindest mussten sie sicherstellen, dass unser Konjunkturpaket nicht genügend Unterstützung von vereinzelten Republikanern bekam, um als »parteiübergreifend« zu gelten. Denn (wie McConnell später erklären sollte) »wenn man das Etikett ›parteiübergreifend‹ auf eine Sache klebt, entsteht der Eindruck, Differenzen wären beigelegt worden«. Diese Aufgabe wurde ihnen nun dadurch erleichtert, dass die Mehrzahl der republikanischen Abgeordneten aus Wahlkreisen oder Bundesstaaten stammte, die solide republikanisch waren. Ihre Wählerbasis ernährte sich konsequent von Fox News, Talkradio und Reden von Sarah Palin, und sie war absolut nicht in Stimmung für Kompromisse. Tatsächlich bestand die größte Bedrohung der Aussichten auf Wiederwahl dieser Abgeordneten darin, dass Herausforderer bei den Vorwahlen ihnen vorwarfen, heimliche Liberale zu sein. Rush Limbaugh hatte ja bereits Republikaner wie McCain scharf getadelt, weil diese gesagt hatten, sie wünschten mir jetzt, wo die Wahl vorbei sei, Erfolg. »Ich hoffe, Obama scheitert!«, hatte der Moderator der Talkradiosendung gedröhnt. Damals, Anfang 2009, hielten die meisten republikanischen Mandatsträger es nicht für klug, in der Öffentlichkeit so unverblümt zu reden (privat sah das schon anders aus, wie wir später erfahren sollten). Aber selbst jene Politiker, die Limbaughs Gesinnung nicht teilten, wussten, dass er mit dieser einen Aussage die Ansichten eines beträchtlichen Teils ihrer Wählerschaft effektiv lenkte – und prägte.

Konservative Großspender warfen ihr Gewicht ebenfalls in die Waagschale. Durch die abstürzende Wirtschaft in Panik versetzt, äußerten sich traditionelle Wirtschaftsorganisationen wie die Handelskammer irgendwann doch zugunsten des Recovery Act. Allerdings war deren Einfluss auf die Republikanische Partei damals bereits durch milliardenschwere Ideologen wie David und Charles Koch zurückgedrängt worden. Letztere hatten Jahrzehnte und Hunderte Millionen Dollar aufgewendet, um systematisch ein Netzwerk aus Thinktanks, Interessenvertretungen, Medienstrukturen und Politprofis aufzubauen. All das mit dem ausdrücklichen Ziel, noch das letzte Überbleibsel eines modernen Wohlfahrtsstaats zu eliminieren. Für diese Leute waren alle Steuern Beschlagnahmungen und Wegbereiter des Sozialismus, alle Regulierungsmaßnahmen waren Verrat an den Prinzipien der freien Marktwirtschaft und am American Way of Life. Mein Sieg war in ihren Augen eine tödliche Bedrohung – daher beriefen sie kurz nach meiner Amtseinführung ein Konklave einiger der reichsten Konservativen Amerikas in einem eleganten Hotel im kalifornischen Indian Wells ein, um eine Strategie zu entwickeln, wie sie zurückschlagen könnten. Kompromiss und Konsens lehnten sie ab. Sie wollten Krieg. Und sie gaben bekannt, dass republikanische Politiker, die keine Lust hätten, ständig Widerstand gegen meine Politik zu leisten, nicht nur keine Spenden mehr bekämen, sondern sich auch auf einen wohl finanzierten Herausforderer bei den Vorwahlen gefasst machen könnten.

Und bei jenen Republikanern, die immer noch versucht waren, mit mir zu kooperieren – trotz Lobbyismus von Wählern, Spendern und konservativen Medienorganen –, wirkte in der Regel der gute alte Gruppenzwang. In der Übergangsphase hatte ich mich mit Judd Gregg, einem fähigen, anständigen Senator der Republikaner aus New Hampshire getroffen und angeboten, ihn zu meinem Wirtschaftsminister zu machen. Das war Teil meiner Bemühungen, das Versprechen einer parteiübergreifenden Regierung einzulösen. Er nahm mein Angebot bereitwillig an, und Anfang Februar gaben wir seine Nominierung bekannt. Doch da die republikanische Opposition gegen den Recovery Act von Tag zu Tag lauter wurde, da McConnell und der Rest der Parteiführung ihn in Fraktionsbesprechungen sowie im Senat bearbeiteten und am Ende, wie es hieß, sogar die ehemalige First Lady Barbara Bush sich einmischte, um ihm auszureden, dass er in meine Regierung eintrat, verlor Judd Gregg schließlich die Nerven. Eine Woche nachdem wir seine Nominierung bekannt gegeben hatten, machte er telefonisch einen Rückzieher.

Nicht jeder Republikaner bemerkte den schnellen Stimmungsumschwung in seiner eigenen Partei. An dem Tag, als der Senat über den Recovery Act abstimmen sollte, befand ich mich in Fort Myers, Florida, bei einer Art Bürgerversammlung. Ich wollte dort um allgemeine Zustimmung für das Gesetz werben sowie Fragen zur Wirtschaft beantworten. Mit mir trat dort der Gouverneur von Florida, Charlie Crist, auf, ein moderater Republikaner mit freundlichem, geschliffenem Auftreten und mit der Art von gutem Aussehen – sonnengebräunt, mit silbergrauem Haar und strahlend weißen Zähnen – wie aus dem Bilderbuch. Crist war damals extrem populär. Er hatte sich das Image von jemandem erworben, der über Parteigrenzen hinweg arbeiten konnte, polarisierende soziale Themen mied und sich stattdessen auf die Förderung von Wirtschaft und Tourismus konzentrierte. Er wusste auch, dass sein Bundesstaat in großen Schwierigkeiten steckte: Weil er einer der Hotspots der Subprime-Kredite und der Immobilienpreisblase war, befanden sich die Wirtschaft und das Budget Floridas praktisch in freiem Fall und benötigten vom Bund dringend Hilfe.

Da es seinem Temperament entsprach, aber auch unvermeidlich war, stimmte Crist daher zu, mich bei der Bürgerversammlung vorzustellen und öffentlich das Stimulusgesetz zu befürworten. Obwohl der Wert von Wohneigentum in Fort Myers gerade um etwa siebenundsechzig Prozent gefallen war (und sage und schreibe zwölf Prozent der Eigentümer die Zwangsvollstreckung drohte), wirkten die Leute munter und energiegeladen. Der Großteil waren Demokraten, noch mitgerissen von dem, was Sarah Palin später abfällig »the hopey, changey stuff« nennen sollte. Zunächst gab Crist eine vernünftige, aber irgendwie auch vorsichtige Erklärung dafür ab, warum er den Recovery Act unterstützte. Er wies auf die Vorteile für Florida hin und darauf, dass Mandatsträger das Wohl der Allgemeinheit über Parteipolitik stellen müssten. Danach bedankte ich mich beim Gouverneur mit meinem üblichen »Bro Hug« – einem Handschlag, einem Arm um die Schulter, einem wertschätzenden Blick und einem Dankeschön in sein Ohr.

Armer Charlie. Wie hätte ich wissen sollen, dass meine Zwei-Sekunden-Geste sich für ihn als politischer Todeskuss erweisen würde? Nur Tage nach der Veranstaltung begann Bildmaterial von »the Hug« – begleitet von Rufen nach Crists Kopf – in den rechten Medienkanälen aufzutauchen. Innerhalb von Monaten wurde aus dem republikanischen Star Crist ein Paria. Man nannte ihn ein Paradebeispiel für Appeasement, für die Sorte eines feigen, opportunistischen RINO, eines Republikaners nur auf dem Papier, an dem man ein Exempel statuieren müsse. Es dauerte natürlich, bis das Ganze vonstattenging: Im Wahlkampf um den US-Senat 2010 zwang man Crist, als Unabhängiger anzutreten, und er wurde von dem konservativen Emporkömmling Marc Rubio vernichtend geschlagen. Das politische Comeback gelang Crist schließlich erst wieder, indem er die Partei wechselte. Als Demokrat gewann er einen der Sitze Floridas im Kongress. Den Republikanern dort war es jedoch sofort eine Lehre.

Wenn du mit Obamas Regierung kooperierst, dann tust du das auf eigene Gefahr.

Und wenn du ihm schon die Hand geben musst, dann achte darauf, zumindest auszusehen, als wärst du nicht glücklich darüber.

RÜCKBLICKEND FÄLLT ES mir schwer, mich nicht auf die politische Dynamik zu versteifen, die sich in jenen ersten Wochen meiner Präsidentschaft entwickelte – wie schnell der Widerstand der Republikaner sich verhärtete, unabhängig davon, was immer wir sagten oder taten, und wie gründlich dieser Widerstand prägte, was die Presse und letztlich auch die Öffentlichkeit von der Substanz unserer Maßnahmen hielten. Schließlich legte diese Dynamik den Weg für so vieles fest, was in den Monaten und Jahren danach passierte, für ein Spalten der politischen Gefühle Amerikas, das uns noch ein Jahrzehnt danach beschäftigt.

Im Februar 2009 allerdings war ich auf die Wirtschaft, nicht auf parteipolitische Überlegungen fixiert. Daher lohnt es sich, noch eine relevante Information nachzuliefern, die ich bisher in der Story über Charlie Crist ausgelassen habe: Ein paar Minuten bevor ich das Podium betrat, um ihn zu umarmen, bekam ich einen Anruf von Rahm. Er ließ mich wissen, dass der Recovery Act soeben den Senat passiert hatte. Damit war das Gesetz endlich sicher durch den Kongress.

Wie wir das geschafft hatten, kann nicht als Beispiel für den neuen Politikstil gelten, den ich im Wahlkampf versprochen hatte. Das war Politik der alten Schule gewesen. Nachdem die Abstimmung im Repräsentantenhaus deutlich gemacht hatte, dass ein auf breiter Basis parteiübergreifendes Gesetz nicht drin war, konzentrierten wir uns darauf, einundsechzig Stimmen im Senat sicherzustellen. Einundsechzig, weil kein republikanischer Senator sich erlauben konnte, als die Stimme gebrandmarkt zu werden, die Obamas Gesetz über die Hürde geholfen hatte. In der radioaktiven Atmosphäre, die McConnell erzeugt hatte, waren die einzigen Republikaner, die bereit waren, unsere Unterstützung auch nur zu erwägen, drei selbst ernannte Moderate aus Bundesstaaten, die ich deutlich gewonnen hatte: Susan Collins und Olympia Snowe aus Maine sowie Arlen Specter aus Pennsylvania. Diese drei und dazu Senator Ben Nelson aus Nebraska – der inoffizielle Sprecher von einem halben Dutzend Demokraten aus konservativen Staaten, deren Priorität bei jedem kontroversen Thema es war, sich wo auch immer, aber auf alle Fälle rechts von Harry Reid und Nancy Pelosi zu positionieren, was ihnen das wertvolle Etikett »gemäßigt« der Experten in Washington einbrachte – wurden zu den Gatekeepern, an denen der Recovery Act vorbeimusste. Und keiner der vier Senatorinnen und Senatoren scheute sich, einen saftigen Tribut zu verlangen.

Specter, der selbst schon zweimal gegen Krebs gekämpft hatte, bestand darauf, dass 10 Milliarden Dollar aus dem Recovery Act an die Nationalen Gesundheitsinstitute gingen. Collins verlangte, dass Geld für den Bau von Schulen gestrichen und ein »AMT Patch« eingeführt würde – eine Regelung, die verhinderte, dass Amerikaner der oberen Mittelschicht mehr Steuern zahlen mussten. Nelson verlangte zusätzliches Geld für das Gesundheitsfürsorgeprogramm Medicaid in ländlichen Bundesstaaten. Obwohl ihre eigenen Prioritäten sich zu zusätzlichen Milliarden summierten, beharrte die Gruppe außerdem darauf, dass das Gesamtvolumen unter 800 Milliarden Dollar bleiben müsse. Weil jede darüberliegende Zahl ihnen einfach »zu hoch« vorkam.

Soweit wir das erkennen konnten, folgte nichts davon ökonomischer Logik. Vielmehr war es nur politische Positionierung und die klassische Methode, Druck zu machen, einfach weil man einen Hebel hatte. Diese Wahrheit blieb jedoch weitgehend unbemerkt. In den Augen des Pressekorps in Washington zeugte allein schon die Tatsache, dass vier Senatoren »parteiübergreifend« arbeiteten, von salomonischer Weisheit und Vernunft. Inzwischen waren die liberalen Demokraten, vor allem im Repräsentantenhaus, wütend auf mich, weil ich »eine Viererbande« praktisch den endgültigen Inhalt des Gesetzes bestimmen ließ. Einige gingen sogar so weit vorzuschlagen, ich solle, gegen Snowe, Collins, Specter und Nelson Reden haltend, durch ihre Heimatstaaten ziehen, bis sie bereit wären, ihre »Lösegeldforderungen« aufzugeben. Ich erklärte, dass das nicht passieren werde. Denn ich hatte mir (unter Mitwirkung von Joe, Rahm, Phil, Harry und Nancy) ausgerechnet, dass ein Vorgehen mit der Brechstange höchstwahrscheinlich nur schaden würde. Außerdem würde es die Kooperation mit diesem Quartett bei jedem anderen Gesetz, das ich in der Zukunft durchbringen wollte, unmöglich machen.

Aber wie auch immer, die Zeit lief. Oder, wie Axe es später beschrieb, das Haus stand in Flammen, und diese vier Senatoren besaßen den einzigen Feuerwehrschlauch. Nach einer Woche Verhandlungen (und viel Überredung, Hartnäckigkeit und Händchenhalten mit den Senatoren von mir, Rahm und insbesondere Joe) wurde eine Einigung erzielt. Die Viererbande bekam größtenteils, was sie wollte. Im Gegenzug bekamen wir ihre Stimmen und behielten knapp neunzig Prozent der Stimulus-Maßnahmen bei, die wir ursprünglich vorgeschlagen hatten. Mit Ausnahme der Stimmen von Collins, Snowe und Specter passierte das modifizierte, 1073 Seiten umfassende Gesetz sowohl das Repräsentantenhaus als auch den Senat streng entlang der Parteigrenzen. Und weniger als einen Monat nach Beginn meiner Amtszeit lag mir der American Recovery and Reinvestment Act zur Unterschrift vor.

DIE FEIERLICHE UNTERZEICHNUNG fand vor kleinem Publikum im Naturkunde- und Wissenschaftsmuseum in Denver statt. Wir hatten den Geschäftsführer eines Solarstromunternehmens in Arbeitnehmerhand gebeten, vor mir zu sprechen. Während ich ihm zuhörte, wie er schilderte, was der Recovery Act für seine Firma bedeutete – die verhinderten Kündigungen, die neuen Mitarbeiter, die er einstellen konnte, die grüne Wirtschaft, die er voranzubringen hoffte –, gab ich mir alle Mühe, diesen Augenblick zu genießen.

Nach allen konventionellen Maßstäben war ich kurz davor, ein historisches Gesetz zu unterzeichnen: ein nur mit Franklin D. Roosevelts New Deal vergleichbares Bemühen, die Wirtschaft zu beleben. Das Konjunkturpaket würde nicht nur die Nachfrage insgesamt anschieben, sondern Millionen Menschen helfen, den ökonomischen Sturm abzuwettern. Für Arbeitslose verlängerte es die Versicherungsleistungen, Hungrigen teilte es Nahrungsmittel zu, und denjenigen, deren Leben durcheinandergeraten war, sicherte es medizinische Hilfe. Für Familien der Mittelschicht und Erwerbsarme bedeutete es die am breitesten angelegte einmalige Steuersenkung seit Reagan, und für die Infrastruktur und den öffentlichen Verkehr des Landes die größte Finanzspritze seit der Regierung Eisenhower.

Und damit noch nicht genug. Ohne kurzfristige Anreize und die Schaffung neuer Jobs aus dem Blick zu verlieren, stellte der Recovery Act auch eine beträchtliche Anzahlung auf die Modernisierung der Wirtschaft dar, wozu ich mich im Wahlkampf verpflichtet hatte. Durch eine nie da gewesene Investition in die Entwicklung von sauberer Energie und Energieeffizienzprogrammen versprach er, den Energiesektor zu transformieren. Außerdem finanzierte das Gesetz eine der größten und ambitioniertesten Bildungsreformen innerhalb einer Generation. Es beschleunigte den Übergang zu elektronischen Krankenakten, der auf lange Sicht das Potenzial hatte, Amerikas Gesundheitssystem zu revolutionieren. Und schließlich baute es den Breitbandzugang auch für Klassenzimmer und ländliche Gegenden aus, die bisher noch vom schnellen Internet ausgeschlossen waren.

Jeder dieser Punkte hätte, wenn er als einzelnes Gesetz verabschiedet worden wäre, als größere Errungenschaft einer Präsidentschaft gegolten. Zusammengenommen stellten sie möglicherweise die erfolgreiche Arbeit einer ganzen ersten Amtszeit dar.

Nachdem ich die Solarpaneele auf dem Dach des Museums besichtigt hatte, trat ich ans Rednerpult und dankte dem Vizepräsidenten und meinem Team dafür, das Ganze unter extremem Druck ermöglicht zu haben. Ich bedankte mich auch bei denjenigen im Kongress, die darüber hinaus mitgeholfen hatten, das Gesetz über die Ziellinie zu bringen. Nachdem ich dann den Recovery Act durch meine Unterschrift, wieder mit mehreren Füllhaltern, zu einem gültigen Gesetz gemacht hatte, schüttelte ich viele Hände und gab ein paar Interviews. Und dennoch, als ich nach alldem am Ende allein im Fond des Beast saß, war das dominierende Gefühl nicht Triumph, sondern tiefe Erleichterung.

Oder genauer gesagt: Erleichterung mit einer großen Dosis unguter Vorahnung.

Wenn es stimmte, dass wir die Arbeit von ein paar Jahren in einem Monat geleistet hatten, dann bedeutete dies auch, dass wir ebenso rasch das politische Kapital von ein paar Jahren aufgebraucht hatten. Es ließ sich beispielsweise kaum leugnen, dass McConnell und Boehner uns an der Nachrichtenfront fertiggemacht hatten. Ihre unablässigen Angriffe prägten weiterhin die Berichterstattung über den Recovery Act: Die Presse trompetete jede fadenscheinige Anschuldigung über angebliche Verschwendung und Amtsvergehen hinaus. Einige Experten übernahmen auch das Narrativ der Republikaner, wonach ich es versäumt hätte, bei der Gestaltung des Gesetzes genügend auf sie zuzugehen. Damit hätte ich mein Versprechen gebrochen, parteiübergreifend zu regieren. Andere meinten, unsere Übereinkunft mit Collins, Nelson, Snowe und Specter repräsentiere eher den zynischen Washingtoner Kuhhandel als »Wandel, an den wir glauben können«.

Die öffentliche Zustimmung zum Recovery Act war in den Wochen, die es gedauert hatte, das Gesetz durchzubringen, gewachsen. Aber schon bald sollte das Geschrei Wirkung zeigen und den Trend umkehren. Inzwischen schien auch ein beträchtlicher Teil meiner eigenen demokratischen Basis – immer noch voller Selbstüberschätzung aus der Wahlnacht und aufgebracht über den Unwillen der Republikaner, das Handtuch zu werfen – weniger zufrieden mit allem, was wir in den Recovery Act hatten hineinpacken können, sondern eher verärgert wegen der viel kleineren Anzahl der Dinge, auf die wir hatten verzichten müssen. Liberale Kommentatoren beharrten darauf, ich hätte gegenüber den Forderungen der Viererbande mehr Rückgrat zeigen müssen, dann wäre der Stimulus größer ausgefallen. (Und das ungeachtet der Tatsache, dass das Paket doppelt so groß war, als viele dieser Kommentatoren noch vor wenigen Wochen gefordert hatten.) Frauengruppen waren unglücklich darüber, dass die kostenlose Bereitstellung von Verhütungsmitteln gestrichen worden war. Verkehrsbetriebe beklagten, sie hätten sich mehr Geld für Massenverkehrsmittel gewünscht. Umweltschützer schienen mehr Zeit darauf zu verwenden, sich über den geringen Teil der Fördersumme aufzuregen, der in Projekte für saubere Kohle ging, anstatt die massive Investition des Recovery Act in erneuerbare Energien zu feiern.

Zwischen republikanischen Angriffen und demokratischen Beschwerden musste ich an Yeats' Gedicht »The Second Coming« (»Das Zweite Kommen«) denken: Die Besten zweifeln bloß, derweil das Pack voll leidenschaftlichem Erleben ist.

Nichts davon hätte mir Sorgen bereitet, wenn das Durchbringen des Recovery Act alles gewesen wäre, was wir tun mussten, um die Wirtschaft wieder in Gang zu kriegen. Ich war zuversichtlich, dass wir das Gesetz wirkungsvoll umsetzen und unsere Kritiker widerlegen konnten. Ich wusste, dass demokratische Wähler mir auf Dauer die Treue halten würden, und meine allgemeinen Umfragewerte blieben auch hoch.

Das Problem war jedoch, dass wir immer noch mindestens drei oder vier große Schritte unternehmen mussten, um die Krise zu beenden. Und jeder davon war genauso dringend, genauso umstritten und genauso schwer durchzusetzen. Ich kam mir vor, als hätte ich die Stirnseite eines hohen Bergs erklommen und würde erst jetzt eine Reihe dahinterliegender, noch gefährlicherer Gipfel erblicken – und zwar während ich merkte, dass ich mir den Knöchel verknackst hatte, schlechtes Wetter aufzog und bereits die Hälfte meiner Vorräte aufgebraucht war.

Diese Gefühle verriet ich niemandem aus meinem Team, sie waren alle auch so schon erschöpft genug. Steh es durch, sagte ich mir. Binde deine Schnürsenkel fester. Teil dir deine Rationen ein.

Und dann geh weiter.

KAPITEL 12

Sehr geehrter Präsident Obama,

heute habe ich erfahren, dass ich mit Wirkung vom 30. Juni 2009 zur drastisch steigenden Zahl der Arbeitslosen in diesem Land gehören werde …

Als ich heute Abend meine Kinder ins Bett brachte und dabei gegen die in mir aufsteigende Panik ankämpfte, wurde mir bewusst, dass ich als Mutter nicht die gleichen Chancen haben werde wie meine Eltern. Ich kann meinen Kindern nicht in die Augen sehen und ihnen ehrlichen Herzens sagen, alles ist möglich, wenn man nur hart genug arbeitet und genügend Opfer bringt. Heute habe ich gelernt, dass es, selbst wenn man alles richtig macht, trotzdem vielleicht nicht ausreicht, weil einen die Regierung im Stich gelassen hat.

Meine Regierung hat zwar einige Worte darüber verloren, dass sie das amerikanische Herzland schützen und ihm helfen will, aber ich nehme nur das Gegenteil wahr. Ich sehe eine Regierung, die auf Lobbyisten und Interessengruppen ausgerichtet ist. Ich sehe Milliarden Dollar, die für Rettungsaktionen für Kreditinstitute ausgegeben werden …

Vielen Dank, dass Sie mir gestattet haben, an diesem emotionalen Abend einige meiner Überlegungen zu äußern.

Mit freundlichen Grüßen
Nicola Brandon
Virginia

JEDEN ABEND LAS ICH wohl zwei, drei solcher Briefe. Ich steckte sie zurück in die Mappe, in der ich sie erhalten hatte, und legte sie auf den hohen Papierstapel auf dem Schreibtisch. An jenem Abend zeigte die Standuhr im Treaty Room ein Uhr morgens an. Ich rieb mir die Augen, beschloss, mir eine bessere Leselampe zuzulegen, und warf einen Blick hinauf zu dem großen Ölgemälde über dem schweren Ledersofa. Es zeigte einen ernsten, stattlichen Präsidenten McKinley, der wie ein Schuldirektor mit buschigen Brauen dastand und zusah, wie eine Gruppe schnurrbärtiger Männer den Vertrag unterschrieb, mit dem der Spanisch-Amerikanische Krieg von 1898 beendet wurde. Alle waren genau um den Tisch versammelt, an dem ich nun saß. Es war ein schönes Werk für ein Museum, aber nicht gerade ideal für mein jetziges Privatbüro; ich nahm mir vor, es durch etwas Zeitgenössischeres ersetzen zu lassen.

Bis auf die fünf Minuten, die ich damit zugebracht hatte, durch den Flur zu gehen, um die Mädchen ins Bett zu bringen und Michelle einen Gutenachtkuss zu geben, hatte ich seit dem Abendessen auf meinem Stuhl gesessen, so wie fast jeden Abend der Woche. Für mich waren das oft die ruhigsten und produktivsten Stunden des Tages, eine Zeit, in der ich Arbeit nachholen und mich auf alles Bevorstehende vorbereiten konnte, indem ich die Stapel von Material studierte, die mir meine Stabssekretärin zur Durchsicht in den Wohnbereich hinaufgeschickt hatte. Die neuesten Konjunkturdaten. Entscheidungsvorlagen. Informationsvermerke. Geheimdienstliche Briefings. Gesetzesvorlagen. Entwürfe für Reden. Themen für Pressekonferenzen.

Am intensivsten spürte ich, wie folgenreich meine Arbeit war, wenn ich Briefe aus der Wählerschaft las. Jeden Abend bekam ich zehn Stück – manche davon handschriftlich, manche als ausgedruckte E-Mails – ordentlich in eine lila Mappe einsortiert. Sie waren oft das Letzte, was ich mir vor dem Zubettgehen ansah.

Das mit den Briefen war meine Idee gewesen, die mir an meinem zweiten Tag im Amt eingefallen war. Ich glaubte, eine stete Dosis Wählerpost könne eine wirksame Methode sein, einen kurzen Blick über den Tellerrand des Präsidenten zu werfen und den Menschen, denen ich diente, direkt zuzuhören. Diese Briefe waren wie eine Infusion aus der wahren Welt, eine tägliche Erinnerung an den Pakt, den ich jetzt mit dem amerikanischen Volk geschlossen hatte, an das Vertrauen, das mir geschenkt wurde, und an die Folgen, die jede von mir getroffene Entscheidung auf die Menschen hatte. Ich bestand darauf, einen repräsentativen Querschnitt zu bekommen. (»Ich will nicht nur die Lobreden von Anhängern lesen«, sagte ich zu Pete Rouse, der jetzt ein leitender Berater und der Yoda des West Wing war.) Ansonsten überließen wir dem Korrespondenzbüro die Entscheidung, welche der etwa zehntausend Briefe und E-Mails, die täglich ins Weiße Haus flatterten, in die Mappe gelegt wurden.

In der ersten Woche las ich hauptsächlich Wohlfühlpost: Gratulationen, Begeisterungsbekundungen über den Tag des Amtsantritts, Kinderbriefe mit Vorschlägen zur Gesetzgebung (»Machen Sie ein Gesetz, damit wir weniger Hausaufgaben aufkriegen«).

Doch nach einigen Wochen wurden die Briefe düsterer. Ein Mann, der zwanzig Jahre lang im selben Job gearbeitet hatte, beschrieb, wie er sich geschämt habe, als er Frau und Kindern seine Entlassung habe beichten müssen. Eine Frau schrieb, nachdem ihr Haus durch die Bank zwangsversteigert worden war; sie fürchtete, auf der Straße zu landen, wenn sie nicht sofort Hilfe bekäme. Ein Student hatte das College abgebrochen; seine finanzielle Unterstützung war ausgelaufen, und er zog wieder zu seinen Eltern. Einige Briefe enthielten konkrete politische Empfehlungen. Andere waren im Zorn geschrieben worden (»Warum hat Ihr Justizministerium keinen von diesen Verbrechern aus der Wall Street eingesperrt?«) oder klangen resigniert (»Ich bezweifle, dass Sie das jemals lesen werden, aber Sie sollten wissen, dass es uns hier draußen nicht gut geht«).

Meistens waren es dringende Bitten um Hilfe. Ich antwortete auf einer Briefkarte mit dem geprägten Siegel des Präsidenten, erklärte die Maßnahmen, mit der wir die Wirtschaft wieder zum Laufen bringen wollten, und machte Mut, so gut es ging. Dann versah ich den ursprünglichen Brief mit Anweisungen für meine Mitarbeiter. »Kann das Finanzministerium mit der Bank sprechen, ob es eine Möglichkeit zur Umschuldung gibt?«, schrieb ich zum Beispiel. Oder: »Gibt es beim Ministerium für Veteranenangelegenheiten ein Darlehensprogramm für Leute in so einer Situation?« Oder einfach: »Können wir helfen?«

Normalerweise genügte das, um die zuständige Behörde zum Handeln zu bewegen. Man meldete sich bei der Person, die den Brief geschrieben hatte. Tage oder Wochen später bekam ich dann eine Benachrichtigung darüber, welche Maßnahmen ergriffen worden waren. Manchmal erhielten Menschen die Unterstützung, um die sie gebeten hatten – ihr Haus war vorübergehend gerettet, oder jemand hatte einen Platz in einem Ausbildungsprogramm bekommen.

Dennoch fiel es schwer, in der Lösung von Einzelfällen Befriedigung zu finden. Ich wusste, jeder Brief stand für die Verzweiflung von Millionen Menschen im ganzen Land, Menschen, die darauf zählten, dass ich ihre Arbeitsplätze oder ihre Häuser rettete und ihnen wieder die Sicherheit von einst vermittelte. Ganz egal, wie hart mein Team und ich arbeiteten, ganz egal, wie viele Initiativen wir ins Leben riefen oder wie viele Reden ich hielt, an den vernichtenden, unwiderlegbaren Tatsachen führte nichts vorbei.

Drei Monate nach meinem Amtsantritt litten mehr Menschen Not als zu Beginn, und niemand – auch ich nicht – konnte sicher sein, dass Abhilfe in Sicht war.

AM 18. FEBRUAR 2009, einen Tag nachdem ich den Recovery Act unterzeichnet hatte, flog ich nach Mesa, Arizona, um unseren Plan gegen den Zusammenbruch des Immobilienmarkts zu verkünden. Abgesehen vom Verlust des Arbeitsplatzes wirkte sich kein anderer Bestandteil der Wirtschaftskrise so unmittelbar auf die Normalbürger aus. Nachdem sich 2008 mehr als drei Millionen Eigenheime in irgendeinem Stadium der Zwangsvollstreckung befunden hatten, waren nun weitere acht Millionen gefährdet. Während der letzten drei Monate des Jahres waren die Immobilienpreise um beinahe zwanzig Prozent gesunken. Selbst Familien, die ihre Kredite abbezahlen konnten, mussten urplötzlich feststellen, dass sie »unter Wasser« gerieten, weil der Wert ihres Hauses geringer war als die Höhe ihrer Schulden. Ihre größte Investition, ihr Notgroschen hing ihnen wie ein Mühlstein um den Hals.

Am schlimmsten war es in Staaten wie Nevada und Arizona, zwei Epizentren der durch Subprime-Kredite bedingten Immobilienblase. Dort konnte man durch riesige Vorortsiedlungen fahren, die aussahen wie Geisterstädte, mit Blocks identischer Häuser, von denen viele neu gebaut, aber ohne Leben darin waren, Objekte, die entwickelt, aber nie verkauft worden oder die verkauft worden und sofort von Zwangsversteigerungen betroffen waren. Sie standen leer, und bei manchen waren die Fenster sogar mit Brettern vernagelt. Die wenigen Häuser, die noch bewohnt waren, stachen hervor wie kleine Oasen. Ihre briefmarkengroßen Rasenflächen waren grün und gepflegt, die Autos standen in den Zufahrten, einsame Außenposten vor einem Hintergrund von Ödnis und Stillstand. Ich erinnere mich an ein Gespräch mit einem Hausbesitzer in einem solchen Neubaugebiet während eines Wahlkampfbesuchs in Nevada. Er war ein stämmiger Mann Mitte vierzig und trug ein weißes T-Shirt. Er hatte seinen Rasenmäher abgeschaltet, um mir die Hand zu schütteln, während ein flachsblonder kleiner Junge hinter ihm auf einem roten Dreirad herumsauste. Er habe mehr Glück gehabt als viele seiner Nachbarn, erzählte er mir: In der Fabrik, in der er arbeite, habe er eine Position inne, die hoch genug sei, um der ersten Welle der Entlassungen zu entgehen, und die Stelle seiner Frau als Krankenschwester scheine ziemlich sicher zu sein. Dennoch war das Haus, für das sie während des Höhepunkts der Immobilienblase 400 000 Dollar bezahlt hatten, jetzt nur noch die Hälfte wert. Sie hatten im Stillen überlegt, ob es besser wäre, den Hypothekenkredit nicht weiter abzuzahlen und wegzuziehen. Als die Unterhaltung dem Ende zuging, drehte sich der Mann zu seinem Sohn um.

»Ich weiß noch, wie mein Vater vom amerikanischen Traum geredet hat, als ich ein Kind war«, sagte er. »Dass es das Wichtigste ist, hart zu arbeiten. Ein Haus zu kaufen. Eine Familie zu gründen. Alles richtig zu machen. Was ist damit passiert? Wann ist das alles zu einem Haufen …« Er sprach nicht zu Ende und wischte sich gequält den Schweiß vom Gesicht, bevor er seinen Rasenmäher wieder anließ.

Die Frage war, was meine Regierung tun konnte, um so einem Mann zu helfen. Er hatte sein Eigenheim nicht verloren, aber er hatte den Glauben an die gemeinsamen Ziele unseres Landes verloren, an das höhere Ideal.

Die Anwälte für bezahlbaren Wohnraum und einige progressive Kongressabgeordnete propagierten ein groß angelegtes Regierungsprogramm, das nicht nur die monatlichen Hypothekenraten für

Menschen reduzieren sollte, die Gefahr liefen, ihr Heim zu verlieren, sondern ihnen sogar einen Teil der Restschuld erlassen sollte. Auf den ersten Blick war diese Idee durchaus reizvoll: eine »Rettungsaktion für die Main Street, nicht die Wall Street«, wie ihre Verfechter anregten. Aber das schiere Ausmaß verlorenen Immobilienkapitals im ganzen Land machte solche Nachlässe nicht finanzierbar; unser Team rechnete aus, dass selbst ein Hilfsprogramm von der Größe eines zweiten TARP – politisch eine Unmöglichkeit – nur eine begrenzte Wirkung hätte, wenn es über den 20 Billionen Dollar schweren amerikanischen Immobilienmarkt verteilt würde.

Wir einigten uns auf zwei bescheidenere Programme, die ich an dem Tag in Mesa darstellte: das Home Affordable Modification Program (HAMP), mit dem die monatlichen Hypothekenraten anspruchsberechtigter Hausbesitzer auf höchstens einunddreißig Prozent ihres Einkommens reduziert wurden, und das Home Affordable Refinance Program (HARP), das Kreditnehmern half, auch dann ihre Hypotheken zu niedrigeren Raten abzuzahlen, wenn ihre Häuser »unter Wasser« waren. Ganz bewusst konnte nicht jeder durch diese Hilfsprogramme unterstützt werden: Sie galten nicht für Leute, die mit Subprime-Krediten größere Immobilien gekauft hatten, als es ihr Einkommen erlaubte. Und sie waren auch nicht anwendbar auf Leute, die eine Immobilie als kreditfinanzierte Investition gekauft und geglaubt hatten, sie könnten sie mit Gewinn weiterverkaufen. Stattdessen sollten sie als Zielgruppe mehrere Millionen Familien erreichen, die sich am Rande des Abgrunds bewegten: diejenigen, die in ihren Häusern wohnten und einen ehemals sinnvoll erscheinenden Kauf getätigt hatten, aber nun Unterstützung brauchten.

Selbst die Umsetzung dieser begrenzten Hilfsprogramme stellte uns vor alle möglichen logistischen Herausforderungen. So lag es zum Beispiel im Interesse der Hypothekengeber, dass die Familien weiterhin in den Häusern blieben (in einem bereits schwachen Markt erzielten Häuser bei Zwangsvollstreckungen nur Notverkaufspreise, sodass der Gläubiger große Verluste machte), allerdings lagen die Hypotheken nicht mehr bei einzelnen Banken, die wir unter Druck setzen konnten, an den Programmen teilzunehmen. Stattdessen waren die Hypotheken verbrieft und stückweise an diverse Investoren in der ganzen Welt verkauft worden. Die Hausbesitzer hatten nie direkt mit diesen anonymen Kreditgebern zu tun, sondern schickten die Hypothekenzahlungen an einen Dienstleister, der lediglich die Rolle eines besseren Geldeintreibers spielte. Ohne die rechtliche Befugnis, diese Dienstleister zu etwas zu zwingen, konnten wir ihnen bestenfalls Anreize bieten, damit sie den Hausbesitzern etwas Luft gönnten. Da sie schlecht dafür gerüstet waren, mussten wir die Dienstleister auch erst dazu überreden, Millionen von Anträgen zu bearbeiten, um festzustellen, wer für eine Modifizierung der Hypothek oder eine Umschuldung infrage kam.

Wer genau hatte nun eigentlich Unterstützung durch die Regierung verdient? Diese Frage stellte sich quasi in jeder politischen Debatte, die wir während der Wirtschaftskrise führten. So schlecht die Dinge 2009 auch standen, fand doch immerhin die überwiegende Mehrzahl amerikanischer Hausbesitzer irgendwie einen Weg, die Hypotheken auf Biegen und Brechen zu bedienen. Dafür gingen viele von ihnen seltener ins Restaurant, kündigten ihr Kabelfernseh-Abo oder verwendeten ihre Ersparnisse, die eigentlich für ihre Altersversorgung oder zur Finanzierung des Studiums ihrer Kinder gedacht gewesen waren.

War es gerecht, die schwer verdienten Steuerdollars dieser Amerikaner darauf zu verwenden, die Hypothekenzahlungen ihrer Nachbarn zu reduzieren, die in Rückstand geraten waren? Was, wenn die Nachbarn ein größeres Haus hatten, als sie sich eigentlich leisten konnten? Was, wenn sie eine billigere, aber risikoreichere Art der Hypothek gewählt hatten? Spielte es eine Rolle, ob die Nachbarn von einem Hypothekenmakler getäuscht worden waren, der ihnen vorgespiegelt hatte, das sei die richtige Entscheidung? Was, wenn die Nachbarn im Jahr zuvor mit ihren Kindern Disneyland besucht hatten, statt das Geld als Notgroschen auf die hohe Kante zu legen – hatten sie deshalb die Unterstützung weniger verdient? Und wenn sie nicht in Rückstand geraten waren, weil sie einen neuen Swimmingpool eingebaut hatten oder in Urlaub gefahren waren, sondern weil sie die Arbeit verloren hatten, weil ein Familienmitglied krank geworden war und der Arbeitgeber keine Krankenversicherung anbot oder weil sie schlichtweg im falschen Bundesstaat wohnten – wie wirkte sich das auf die moralische Beurteilung aus?

Für politische Entscheidungsträger, die eine Krise aufhalten wollen, sind alle diese Fragen nicht wichtig – zumindest nicht auf kurze Sicht. Wenn das Haus des unmittelbaren Nachbarn in Flammen steht, will man nicht, dass die Notrufleitstelle fragt, ob ein Blitz eingeschlagen oder jemand im Bett geraucht hat, bevor ein Löschwagen losgeschickt wird; man möchte einfach nur, dass das Feuer gelöscht wird, bevor es das eigene Haus erreicht. Massenhafte Zwangsvollstreckungen waren das Äquivalent eines Großbrands, der die Immobilienwerte aller zerstörte und die Wirtschaft ebenfalls ruinierte. Und zumindest aus unserer Perspektive waren wir die Feuerwehr.

Trotzdem wurde in der Öffentlichkeit viel über die Gerechtigkeit dieser Maßnahmen diskutiert. Ich fand es wenig überraschend, dass Experten kritisch auf unser Immobilienhilfspaket reagierten und zu bedenken gaben, 75 Milliarden Dollar seien für die Dimension des Problems zu gering angesetzt, oder dass die Anwälte für bezahlbaren Wohnraum uns in der Presse vernichteten, weil wir nicht vorgesehen hatten, die Gesamtkreditsumme zu reduzieren. Was mein Team und ich aber nicht vorausahnten, war die Kritik, die an jenem Tag in Mesa schließlich die meiste Aufmerksamkeit erregte, vielleicht weil sie aus einer unerwarteten Richtung kam. Am Tag nach der Bekanntgabe erwähnte Gibbs, dass ein CNBC-Wirtschaftsjournalist namens Rick Santelli eine lange Tirade über unser Hilfspaket gesendet hatte. Gibbs hatte stets eine gute Antenne für solche Dinge und wirkte besorgt.

»Sie senden oft Wiederholungen davon«, sagte er. »Und im Pressepool werden dazu Fragen gestellt. Vielleicht schauen Sie es sich doch einmal an.«

An diesem Abend sah ich mir das Video auf meinem Laptop an. Santelli war mir ein Begriff; er unterschied sich nicht nennenswert von den meisten anderen Kommentatoren, die in den Wirtschaftssendungen des Kabelfernsehens eine Mischung aus Marktgerüchten und den Nachrichten von gestern mit der aalglatten Überzeugung des Moderators einer nächtlichen Dauerwerbesendung präsentierten. In diesem Fall hatte er live und voll theatralischer Entrüstung aus der Börse in Chicago, der Chicago Mercantile Exchange, gesendet, umringt von Tradern, die selbstgefällig Beifall spendeten. Er gab gesammelte republikanische Standardthemen zum Besten, darunter die (inkorrekte) Behauptung, wir würden die Hypotheken unverantwortlicher Geldverschwender und Versager abbezahlen – »Loser«, nannte Santelli sie –, die bis über beide Ohren verschuldet seien. »Die Regierung belohnt Fehlverhalten!«, rief er. »Wie viele von euch wollen die Hypothek eures Nachbarn abzahlen, der ein extra Badezimmer hat und seine Rechnungen nicht begleichen kann?«

Santelli fuhr fort, dass »unsere Gründungsväter, Leute wie Benjamin Franklin und Jefferson, sich angesichts dessen, was wir gerade in diesem Land anstellen, im Grabe umdrehen würden«. Irgendwann mitten in seinem Monolog rief er für den Juli zu einer »Chicago Tea Party« auf, um solchen Regierungsgeschenken ein Ende zu setzen.

Es fiel mir schwer, das Ganze nicht als das abzutun, was es war: eine halbwegs unterhaltsame Nummer, die nicht der Information dienen, sondern Sendezeit füllen, Werbung verkaufen und den Zuschauern von *Squawk Box* das Gefühl geben sollte, echte Insider zu sein – und keiner von diesen »Losern«. Wer sollte einen solchen unausgegorenen Populismus denn ernst nehmen? Wie viele Amerikaner hielten die Trader an der Chicago Merc für repräsentativ für das Land – Trader, die noch ihre Arbeit hatten, und zwar genau deshalb, weil die Regierung eingeschritten war, um das Finanzsystem am Leben zu erhalten?

Mit anderen Worten, es war Unsinn. Santelli wusste es. Die Moderatoren von CNBC, die mit ihm plänkelten, wussten es. Und trotzdem war klar, dass zumindest die Trader voll und ganz übernahmen, was Santelli verbreitete. Sie schienen nicht eingesehen zu haben, dass das Spiel, das sie spielten, von oben bis unten abgekartet war, wenn nicht von ihnen, dann von ihren Arbeitgebern, den wahren Glücksspielern in ihren holzgetäfelten Vorstandsetagen. Sie kümmerten sich nicht um die Tatsache, dass es für jeden »Loser«, der teurere Immobilien gekauft hatte, als er es sich leisten konnte, zwanzig Leute gab, die im Rahmen ihrer Möglichkeiten gelebt hatten, aber jetzt unter den Auswirkungen der schlechten Tipps von der Wall Street litten.

Nein, diese Trader waren wirklich gekränkt, überzeugt, von der Regierung übers Ohr gehauen zu werden. Sie hielten sich selbst für die Opfer. Einer hatte sich sogar Santellis Mikrofon zunutze gemacht und unser Immobilienhilfspaket als »Moral Hazard« bezeichnet. Damit hatte er einen in den allgemeinen Wortschatz übergegangenen Begriff aus der Ökonomie verwendet, der beschreibt, wie Maßnahmen, die

Banken vor wachsenden Verlusten bewahren, letztlich einen noch größeren Leichtsinn in der Zukunft befördern könnten. Nur wurde jetzt derselbe Ausdruck benutzt, um gegen Hilfe für Familien zu argumentieren, die kurz davorstanden, ihre Eigenheime zu verlieren, obwohl sie selbst keine Schuld daran trugen.

Gereizt schaltete ich das Video ab. Das war ein altbekannter Trick, dachte ich, der rhetorische Taschenspielertrick, der bei konservativen Experten mittlerweile gängig war, ganz egal bei welchem Thema: Man benutzte die Sprache, die zuvor von den Benachteiligten gebraucht worden war, um auf ein gesellschaftliches Übel hinzuweisen, und stellte sie auf den Kopf. Das Problem sei nicht mehr die Diskriminierung von People of Color, hieß es, es sei »umgekehrter Rassismus«, bei dem die Minderheiten die »Karte der ethnischen Zugehörigkeit« zögen, um sich einen unrechtmäßigen Vorteil zu verschaffen. Das Problem sei nicht sexuelle Belästigung am Arbeitsplatz, es seien humorlose »Feminazis«, die die Männer mit ihrer politischen Korrektheit erschlügen. Das Problem seien nicht die Banker, die den Markt als ihr persönliches Casino gebrauchten, oder Konzerne, die Löhne niedrig hielten, indem sie Gewerkschaften zerstörten und Arbeitsplätze ins Ausland verlagerten. Es seien die Faulen und Einfallslosen, die gemeinsam mit ihren liberalen Verbündeten in Washington von den wahren »Machern« in der Wirtschaft schnorren wollten.

Solche Argumente hatten nichts mit Tatsachen zu tun. Sie waren immun gegen Analysen. Sie reichten tiefer, ins Reich der Mythen, definierten neu, was gerecht war, wiesen Opferrollen neu zu und machten Leuten wie den Tradern in Chicago das wertvollste Geschenk: Sie wuschen sie in Unschuld und gönnten ihnen den damit einhergehenden gerechten Zorn.

ICH DACHTE NOCH OFT an dieses Santelli-Video, das so viele politische Kämpfe vorausahnen ließ, die ich während meiner Präsidentschaft noch ausfechten musste. Denn seine Worte enthielten zumindest einen wahren Kern: Unsere Anforderungen an eine Regierung hatten sich in den vergangenen zwei Jahrhunderten, seit die Gründerväter die Verfassung verabschiedet hatten, tatsächlich geändert. Abgesehen von den Grundlagen – Feinde abzuwehren und Gebiete zu erobern, Eigentumsrechte durchzusetzen und Themen zu behandeln, die weiße Männer mit Grundbesitz für nötig erachteten, um die Ordnung aufrechtzuerhalten – hatte unsere frühe Demokratie jeden von uns im Großen und Ganzen sich selbst überlassen. Dann wurde ein blutiger Krieg darüber ausgefochten, ob die Besitzrechte bis dahin reichten, Schwarze als bewegliches Gut zu behandeln. Arbeiter, Bauern und Frauen, die zu häufig am eigenen Leib erlebt hatten, dass die Freiheit eines Einzelnen zu ihrer eigenen Unterwerfung geführt hatte, initiierten Bürgerbewegungen. Dann kam eine Wirtschaftskrise, und die Menschen lernten, dass es Armut und Schmach bedeuten konnte, wenn man sich selbst überlassen war.

Das führte dazu, dass die Vereinigten Staaten und andere fortschrittliche Demokratien den modernen Gesellschaftsvertrag schufen. Während unsere Gesellschaft immer komplexer wurde, nahm die Regierung zunehmend die Funktion einer Sozialversicherung ein. Wir alle trugen mit unseren Steuergeldern dazu bei, uns kollektiv zu schützen: mit der Katastrophenhilfe, wenn unser Haus von einem Hurrikan zerstört wurde; mit der Arbeitslosenversicherung, wenn wir gekündigt wurden; mit der Sozialversicherung und mit Medicare, um die Demütigungen des Alters zu lindern; mit zuverlässigen Strom- und Telefonleitungen für ländliche Gegenden, in denen die Versorgungsunternehmen sonst keinen Profit machen würden; mit öffentlichen Schulen und Universitäten, um allen Zugang zu Bildung zu verschaffen.

Es funktionierte, mal mehr, mal weniger. Innerhalb einer Generation und für eine Mehrheit der Amerikaner wurde das Leben besser, sicherer, wohlhabender und gerechter. Eine breite Mittelklasse gedieh. Die Reichen blieben reich, wenn vielleicht auch nicht so reich, wie es ihnen lieb gewesen wäre, und die Zahl der Armen wurde kleiner, und sie waren nun weniger arm, als sie es sonst gewesen wären. Wir diskutierten zwar manchmal, ob die Steuern zu hoch seien und ob bestimmte Aufsichtsregeln Innovationen verhinderten, ob der »überfürsorgliche« Staat individuelle Initiativen untergrabe oder ob dieses oder jenes Hilfsprogramm verschwenderisch sei. Aber wir verstanden doch die Vorteile einer Gesellschaft, die zumindest versuchte, jedem eine gerechte Chance zu bieten und ein Niveau zu schaffen, unter das niemand sinken konnte.

Doch diese gesellschaftliche Übereinkunft aufrechtzuerhalten, verlangte Vertrauen. Sie setzte voraus, dass wir uns als miteinander verbunden betrachteten, wenn nicht als Familie, so doch wenigstens als Gemeinschaft, deren jedes einzelne Mitglied besonderes Augenmerk verdient und Ansprüche stellen kann. Sie setzte voraus, dass wir davon ausgingen, dass die Maßnahmen der Regierung, um Notleidenden zu helfen, für uns und Menschen wie uns verfügbar waren, dass niemand das System abzockte und dass auch wir selbst irgendwann im Leben den Missgeschicken, Fehltritten oder Umständen, die verursachten, dass andere in Not geraten waren, zum Opfer fallen konnten.

Im Lauf der Jahre gestaltete es sich schwierig, dieses Vertrauen aufrechtzuerhalten. Insbesondere die Frage der ethnischen Zugehörigkeit stellte es gewaltig auf die Probe. Zu akzeptieren, dass Afroamerikaner und andere Minderheiten zusätzliche Hilfe von der Regierung brauchen könnten – dass ihre spezifischen Nöte auf eine brutale Geschichte der Diskriminierung zurückzuführen waren statt auf unveränderliche Merkmale oder individuelle Entscheidungen –, erforderte ein gewisses Maß an Empathie oder Zusammengehörigkeitsgefühl, das aufzubringen vielen weißen Wählern schwerfiel. Historisch begegnete man Plänen zur Unterstützung von ethnischen Minderheiten, von dem »Forty acres and a mule«-Versprechen, das befreiten Sklaven gegeben wurde, bis hin zu Affirmative Action, mit offener Feindseligkeit. Selbst allgemeine Programme, die sich breiter Zustimmung erfreuten – wie das öffentliche Schulwesen oder Beschäftigung im öffentlichen Dienst –, wurden seltsam kontrovers diskutiert, sobald dadurch auch Schwarze und braune Menschen begünstigt wurden.

Wirtschaftlich schwierigere Zeiten belasteten ebenfalls das Vertrauen der Bürgerschaft. Als in den Siebzigerjahren die amerikanische Wirtschaft begann, langsamer zu wachsen – als die Einkommen stagnierten und Menschen ohne Collegeabschluss keine guten Stellen bekamen, Eltern sich sorgten, ob es ihren Kindern zumindest so gut gehen würde wie ihnen selbst –, nahm die Missgunst der Menschen zu. Wir passten genauer auf, ob jemand anders womöglich etwas bekam, das wir nicht bekamen, und wurden empfänglicher für die Ansicht, man könne nicht darauf vertrauen, dass die Regierung gerecht sei.

Eine solche Denkweise zu verfechten – eine Denkweise, die nicht

Vertrauen, sondern Unmut schuf –, wurde zur Methode der modernen Republikanischen Partei. Mit unterschiedlicher Subtilität und wechselndem Erfolg machten die Kandidaten der Republikaner diese Denkweise zu ihrem zentralen Thema, egal, ob sie für das Präsidentenamt kandidierten oder für den örtlichen Schulausschuss. Sie wurde zur Schablone für Fox News und das konservative Radio, zum Grundtext für jeden Thinktank und jede von den Koch-Brüdern finanzierte politische Lobbyorganisation: Die Regierung nimmt hart arbeitenden, verdienstvollen Menschen wie *uns* Geld, Arbeitsplätze, Studienplätze und Ansehen weg und gibt alles stattdessen Menschen wie *ihnen* – denjenigen, die nicht unsere Werte teilen, die nicht so hart arbeiten wie wir, Leuten, die an ihren Problemen selbst schuld sind.

Die Macht dieser Argumentation drängte die Demokraten in die Defensive, und die politischen Anführer wagten sich seltener mit Vorschlägen für neue Initiativen vor, was die Bandbreite politischer Debatten einschränkte. Ein tiefer, erstickender Zynismus machte sich breit. Die politischen Berater beider Parteien gingen grundsätzlich davon aus, dass es ein hoffnungsloser Fall war, das Vertrauen in die Regierung oder in irgendwelche unserer größeren Institutionen wiederherstellen zu wollen. Die in jedem Wahlzyklus wiederkehrende Schlacht zwischen Demokraten und Republikanern hing nun davon ab, ob die gebeutelte amerikanische Mittelklasse eher den Wohlhabenden und Mächtigen oder den Armen und den Minderheiten die Schuld an ihrer Situation gab.

Ich wollte nicht glauben, dass unsere Politik nicht mehr zu bieten hatte. Ich hatte nicht kandidiert, um Wut zu schüren und Schuldzuweisungen zu machen. Ich hatte kandidiert, um das Vertrauen der amerikanischen Bevölkerung wieder aufzubauen – nicht nur das Vertrauen in die Regierung, sondern auch das gegenseitige Vertrauen. Wenn wir einander vertrauten, funktionierte die Demokratie. Wenn wir einander vertrauten, hielt der Gesellschaftsvertrag, und wir konnten große Probleme wie die Stagnation der Lohnentwicklung und die Destabilisierung der Altersabsicherung lösen. Aber wo sollten wir anfangen?

Die Wirtschaftskrise hatte sich bei den letzten Wahlen zugunsten der Demokraten ausgewirkt. Aber statt ein Gefühl für ein gemeinsames Ziel oder den Glauben an die Fähigkeit der Regierung, Gutes zu leisten, wiederherzustellen, hatte die Krise die Menschen auch zorniger und ängstlicher gemacht und sie in der Überzeugung bestärkt, in einer verfahrenen Situation zu stecken. Und Santelli hatte, genau wie McConnell und Boehner, verstanden, wie leicht sich dieser Zorn kanalisieren ließ, wie nützlich ihnen die Angst bei der Durchsetzung ihrer Ziele werden konnte.

Die Kräfte, die sie repräsentierten, mochten bei der letzten Schlacht an den Wahlurnen eine Niederlage eingesteckt haben – aber den eigentlichen Krieg, die Auseinandersetzung zwischen den Weltbildern, Werten und Narrativen, den wollten sie immer noch gewinnen.

HEUTE KOMMT MIR das alles recht offensichtlich vor, aber damals war es anders. Mein Team und ich waren zu beschäftigt. Die Verabschiedung des Recovery Act und die Entwicklung unserer Pläne für den Immobilienmarkt waren sicherlich notwendige Bausteine, die zur Beendigung der Krise beitrugen. Aber sie waren nicht annähernd ausreichend. Insbesondere war das weltweite Finanzsystem noch kaputt – und der Mann, der es reparieren sollte und auf den ich mich verließ, legte keinen vielversprechenden Start hin.

Tim Geithners Probleme hatten Wochen zuvor begonnen, während seine Bestätigung als Finanzminister durch den Senat noch ausstand. Historisch war die Bestätigung von Berufungen ins Kabinett mehr oder weniger Routinesache. Die Senatoren beider Parteien handelten nach der Maßgabe, dass die Präsidenten das Recht hatten, sich ihre Teams selbst zusammenzustellen – auch dann, wenn die Männer und Frauen, die der Präsident auswählte, in ihren Augen Halunken und Idioten waren. Aber in den letzten Jahren war der verfassungsmäßige Auftrag des Senats, nämlich »zu beraten und zuzustimmen«, zu einer weiteren Waffe in der endlosen Spirale des parteilichen Grabenkampfes geworden. Mitarbeiter von Senatsmitgliedern der gegnerischen Partei durchforsteten Unterlagen über Kandidaten und suchten nach Jugendsünden oder schädlichen Zitaten, die man in einer Anhörung vorbringen oder mit denen man Schlagzeilen machen konnte. Das Privatleben der Kandidaten wurde endlos und aggressiv in der Öffentlichkeit hinterfragt. Mit dieser Übung wollte man nicht unbedingt die Ernennung torpedieren – letztlich wurden die meisten Vorschläge dann doch bestätigt –, sondern man wollte die Regierung stören und politisch bloßstellen. Diese Schikane hatte noch eine weitere Konsequenz: Immer öfter führten hoch qualifizierte Kandidaten für Spitzenjobs beim Staat die einer Bestätigung vorausgehende Tortur – was diese ihrem Ruf antun und wie sie sich auf ihre Familien auswirken könnte – als Grund an, einen erstklassigen Posten abzulehnen.

Tims spezielles Problem betraf eine Steuersache: Es stellte sich heraus, dass während der drei Jahre, die er für den Internationalen Währungsfonds gearbeitet hatte, weder er noch seine Buchhaltung bemerkt hatte, dass die Organisation die Sozialversicherungsbeiträge ihrer amerikanischen Angestellten nicht einbehalten hatte. Es handelte sich um einen unabsichtlichen und offenbar häufig vorkommenden Fehler. Nachdem das Problem 2006 bei einer Prüfung zutage getreten war, ganze zwei Jahre bevor Tim überhaupt als Finanzminister in Betracht gezogen wurde, korrigierte er seine Steuererklärung und zahlte alles nach, was er der Prüfung zufolge schuldig war. Doch in Anbetracht des politischen Klimas – und der Tatsache, dass Tim als Finanzminister die Aufsicht über die Bundessteuerbehörde haben würde – war die Reaktion auf seinen Fehler gnadenlos. Republikaner behaupteten, er habe absichtlich Steuern hinterzogen. Late-Night-Comedians rissen Witze auf seine Kosten. Tim war entmutigt und meinte Axe und Rahm gegenüber, dass ich vielleicht jemand anderen nominieren sollte. Das wiederum führte dazu, dass ich ihn spätnachts anrief, um ihn aufzumuntern und darauf zu beharren, dass er »mein Mann« sei.

Tim wurde zwar einige Tage später bestätigt, aber er war sich dessen bewusst, dass er das knappste Ergebnis eines Kandidaten für das Amt des Finanzministers in der amerikanischen Geschichte erzielt und seine Glaubwürdigkeit zu Hause und international Schaden genommen hatte. Mir bereitete das keine schlaflosen Nächte; kein Mensch erinnerte sich an die Abstimmungsergebnisse bei einer Bestätigung, und ich war mir sicher, er werde seine Vertrauenswürdigkeit bald wiedererlangt haben. Doch das Drama bei der Bestätigung führte mir vor Augen, dass Tim immer noch Privatmann war, ein lebenslanger Technokrat, der stets im Hintergrund agiert hatte. Es würde – wie bei mir – einige Zeit dauern, bis er sich an das grelle Scheinwerferlicht gewöhnt hatte.

Am Tag nach Tims Bestätigung kamen er und Larry ins Oval Office, um mich über die finstere Lage des Finanzsystems zu informieren. Die Kredite blieben eingefroren. Die Märkte waren unsicher. Fünf gewaltige Institutionen – »fünf dicke Bomben«, nannte Tim sie – waren in besonderer Gefahr: Fannie Mae und Freddie Mac, quasi die einzig verbliebenen Möglichkeiten zur Finanzierung von Immobilien, die dabei waren, die 200 Milliarden Steuerzahlerdollar zu verbrennen, die das Finanzministerium ihnen im vergangenen Jahr zugeschossen hatte. Außerdem der Versicherungsriese AIG, der wegen der Versicherung von Derivaten, die auf Hypotheken basierten, in einer massiven Risikoposition war und in den letzten vier Monaten 150 Milliarden Dollar über TARP bekommen hatte, nur um sich über Wasser halten zu können, und zwei Banken, die Citigroup und die Bank of America, die zusammen etwa vierzehn Prozent der Bankeinlagen Amerikas ausmachten und deren Aktien während der letzten vier Monate um zweiundachtzig Prozent gefallen waren.

Eine erneute Kapitalflucht aus einem dieser fünf Finanzinstitute könnte es in die Insolvenz treiben, was wiederum ein globales finanzielles Erdbeben auslösen könnte, das noch größer wäre als das, das wir gerade überstanden hatten. Und trotz der mehreren Hundert Milliarden, die die Regierung bereits für ihre Rettung zur Verfügung gestellt hatte, konnten die übrigen 300 Milliarden Dollar an Mitteln aus dem TARP-Fonds unmöglich mit dem derzeitigen Tempo der Verluste Schritt halten. Eine Analyse der US-Notenbank sagte voraus, wenn sich das gesamte System nicht bald stabilisierte, könnten die Banken eine zusätzliche Geldspritze von 330 bis 700 Milliarden Dollar von der Regierung benötigen – und bei diesen Zahlen war die AIG noch nicht dabei, die später einen vierteljährlichen Verlust von 62 Milliarden Dollar anzeigen sollte.

Statt noch mehr Geld der Steuerzahler in einen lecken Eimer zu gießen, mussten wir einen Weg finden, die Löcher zu stopfen. Zuallererst mussten wir wieder so etwas wie Vertrauen in den Markt schaffen, sodass die Investoren, die sich in die Sicherheit geflüchtet und Billionen Dollar Privatkapital aus dem Finanzsektor gezogen hatten, wieder aus dem Hintergrund traten und neu investierten. Was Fannie und Freddie betraf, erklärte Tim, so hatten wir die Befugnis, auch ohne Zustimmung des Kongresses mehr Geld in sie hineinzupumpen, zum Teil, weil sie bereits unter die Obhut der Regierung gestellt worden waren. Wir genehmigten sofort einen neuen Kapitaleinsatz von 200 Milliarden Dollar. Das war keine angenehme Entscheidung, aber als Alternative blieb nur, den gesamten amerikanischen Hypothekenmarkt quasi verschwinden zu lassen.

Was das übrige Finanzsystem anging, so waren die Wahlmöglichkeiten riskanter. In einem weiteren Meeting im Oval Office wenige Tage später beschrieben Tim und Larry drei grundlegende Optionen. Die erste, für die sich vor allem die Vorsitzende des US-amerikanischen Einlagensicherungsfonds Sheila Bair aussprach, die seit Bush-Zeiten im Amt war, beinhaltete eine Wiederholung von Hank Paulsons ursprünglicher Idee für TARP, nämlich eine einzige »Bad Bank« von der Regierung einrichten zu lassen, die alle toxischen Vermögenswerte in Privatbesitz aufkaufen und dadurch den Bankensektor reinigen sollte. Dadurch könnten die Investoren ein gewisses Vertrauen entwickeln, und die Banken könnten wieder anfangen, Kredite zu vergeben.

Den Märkten – wenig überraschend – gefiel dieser Ansatz, denn im Prinzip blieben zukünftige Verluste damit beim Steuerzahler. Das Problem mit der »Bad Bank«-Idee, wie Tim und Larry beide erklärten, lag jedoch darin, dass niemand wusste, wie man die ganzen faulen Vermögenswerte beziffern sollte, die derzeit bei den Banken lagen. Wenn die Regierung zu viel bezahlte, würde es eine weitere massive Rettungsaktion durch den Steuerzahler geben, ohne große Einschränkungen. Wenn die Regierung andererseits zu wenig bezahlte – und bei geschätzt einer Billion Dollar an faulen Vermögenswerten, die noch vorhanden waren, konnte sich die Regierung lediglich Dumpingpreise leisten –, würden die Banken sofort massive Verluste einfahren müssen und ziemlich sicher dennoch pleitegehen. Genau wegen dieser Preisunsicherheiten hatte Hank Paulson diese Idee gleich zu Beginn der Krise verworfen.

Wir hatten eine zweite Möglichkeit, eine, die oberflächlich betrachtet sauberer zu sein schien: die systemrelevanten Finanzinstitute, die – auf der Grundlage der aktuellen Marktpreise ihrer Vermögenswerte und Verbindlichkeiten – insolvent waren, temporär zu verstaatlichen und sie zu zwingen, eine Neuordnung vorzunehmen, ähnlich wie bei einer Insolvenz. Dazu gehörte auch, dass die Aktionäre und Inhaber von Anleihen »Haircuts« auf ihre Anteile hinnehmen sollten und man sowohl das Management als auch Aufsichtsräte potenziell austauschen würde. Diese Option entsprach meinem Wunsch, »das Heftpflaster abzureißen« und das System ein für alle Mal zu reparieren, statt die Banken in einem »Zombie-Zustand«, wie es manchmal hieß, herumlahmen zu lassen – technisch noch existent, aber ohne ausreichend Kapital oder Glaubwürdigkeit, um zu funktionieren. Dafür sprach außerdem, dass es die »alttestamentarische Gerechtigkeit« befriedigte, wie Tim es gerne sagte – den verständlichen Wunsch der Öffentlichkeit, Übeltäter bestraft und an den Pranger gestellt zu sehen.

Doch wie immer war die vermeintlich einfachste Lösung doch nicht so einfach. Sobald die Regierung eine Bank verstaatlicht hätte, wollten die Aktionäre jeder anderen Bank ziemlich sicher so schnell wie möglich ihre Anteile loswerden, weil sie fürchteten, ihr Institut werde das nächste sein. Solche Kapitalfluchten hätten wahrscheinlich zur Folge, die nächstschwächere Bank verstaatlichen zu müssen und dann die nächste und so weiter, eine kaskadenförmige Übernahme des amerikanischen Finanzsektors durch die Regierung.

Das würde nicht nur sehr viel Geld kosten, die US-Regierung würde diese Institute auch führen müssen, bis sie sie wiederverkaufen könnte. Und während wir uns mit einer Million unvermeidbarer Klagen herumschlagen müssten (die nicht nur von der Wall Street kämen, sondern auch von Pensionsfonds und kleinen Investoren, die sich über den erzwungenen »Haircut« ärgerten), stellte sich die Frage, wem wir die Verantwortung für diese Banken übertragen sollten – insbesondere in Anbetracht der Tatsache, dass so gut wie jeder, der die erforderliche Erfahrung aufwies, sehr wahrscheinlich irgendwie mit der Vergabe von Subprime-Krediten behaftet war. Wer sollte die Gehälter und Boni dieser Leute festsetzen? Wie würde es von der Öffentlichkeit aufgenommen werden, wenn diese verstaatlichten Banken immer weiter Geld verlören? Und an wen sollte die Regierung diese Banken letztlich verkaufen, wenn nicht an andere Banken, die genauso an dem Schlamassel schuld waren?

Auch weil es auf diese Fragen keine zufriedenstellenden Antworten gab, hatte Tim sich eine dritte Option ausgedacht. Seine Theorie ging so: Obwohl niemand bezweifelte, dass die Banken in einem schlechten Zustand waren und faule Vermögenswerte in den Büchern hatten, hatte die Panik auf dem Markt doch die Preise *sämtlicher* Aktiva gedrückt, sodass der Zustand der Banken schlimmer aussehen könnte, als er wirklich war. Letztlich würde die überwältigende Mehrheit von Hypotheken amortisiert werden. Nicht jedes mit einer Hypothek besicherte Wertpapier war wertlos, und nicht jede Bank hatte auf das falsche Pferd gesetzt. Doch solange der Markt echte Insolvenzen nicht von vorübergehenden Zahlungsunfähigkeiten unterscheiden konnte, würden die meisten Investoren schlichtweg die Hände von allem lassen, was mit dem Finanzsektor zu tun hatte.

Tims Lösungsvorschlag sollte als »Stresstest« bekannt werden. Die US-Notenbank bestimmte einen Vergleichswert dafür, wie viel Kapital jede der neunzehn systemrelevanten Banken in einem Worst-Case-Szenario brauchte, um zu überleben. Dann sandte die Fed Regulierungsbeauftragte aus, die sich die Bücher jeder Bank genauestens ansehen und streng beurteilen sollten, ob das finanzielle Polster der Bank groß genug war, um eine Krise zu überstehen. Falls das nicht der Fall war, bekam die Bank sechs Monate Zeit, um ausreichend privates Kapital zu beschaffen. Wenn das nicht gelang, sollte die Regierung einspringen und genügend Kapital zur Verfügung stellen, damit die Benchmark erreicht wurde. Eine Verstaatlichung kam nur ins Spiel, wenn die Finanzspritze der Regierung die Fünfzig-Prozent-Marke überschritt. So oder so, die Märkte würden letztlich ein deutliches Bild vom Zustand jeder Bank haben. Das Kapital der Aktionäre würde zwar verwässert werden, aber lediglich im Verhältnis zu dem Kapitalbetrag, den die Bank brauchte, um sich zu erholen. Und die Steuerzahler wären nur der letzte Ausweg.

Tim präsentierte diese dritte Option eher als Rahmenmodell und nicht als detailliert ausgearbeiteten Plan. Larry zeigte sich skeptisch. Er hielt die Lage für rettungslos und meinte, die Märkte glaubten nicht daran, dass eine Prüfung unter Aufsicht der Regierung wirklich streng ausfallen werde. Die ganze Übung werde nicht viel mehr leisten, als das Unvermeidliche hinauszuzögern. Tim bestätigte, dass diese Risiken bestanden. Er fügte hinzu, dass jeder Stresstest etwa drei Monate dauern und während dieser Zeit der öffentliche Druck auf uns, entschlossener zu handeln, steigen werde. In der Zwischenzeit könne alles Mögliche passieren, das die Märkte noch mehr ins Trudeln bringe.

Larry und Tim schwiegen und warteten auf meine Reaktion. Ich lehnte mich zurück.

»Steht sonst noch etwas auf der Karte?«, fragte ich.

»Im Moment nicht, Mr President.«

»Nicht sehr appetitanregend.«

»Nein, Mr President.«

Ich nickte, wog die Möglichkeiten gegeneinander ab und beschloss nach ein paar weiteren Fragen, dass Tims Stresstest das beste Konzept darstellte. Nicht, weil es toll war; nicht einmal, weil es gut war, sondern weil die anderen Ansätze schlechter waren. Larry verglich es mit einem weniger invasiven Eingriff eines Arztes, bevor der eine Radikaloperation durchführte. Falls der Stresstest funktionierte, könnten wir das System schneller und mit weniger Geld vom Steuerzahler reparieren. Falls er nicht funktionierte, wären wir vielleicht auch nicht schlimmer dran und hätten zumindest einen besseren Eindruck davon, was ein radikalerer chirurgischer Eingriff zur Folge hätte.

Natürlich vorausgesetzt, der Patient starb in der Zwischenzeit nicht.

EIN PAAR WOCHEN später, am 10. Februar, trat Tim zum ersten Mal als Finanzminister vor die Öffentlichkeit. Er hielt seine Rede in einem prächtigen Saal des Ministeriums, dem Cash Room. Dieser hatte nach dem Bürgerkrieg mehr als ein Jahrhundert lang als Bank gedient, und dort war direkt aus dem Tresorraum der Regierung Geld ausbezahlt worden. Tim sollte das Rahmenkonzept des Stresstests und andere Maßnahmen erläutern, die wir ergreifen wollten, um die ums Überleben kämpfenden Banken zu stabilisieren. Ein Signal, dass wir auch in dieser unsicheren Zeit Ruhe bewahrten und einen zuverlässigen Plan hatten.

Zuversicht ist natürlich schwer zu vermitteln, wenn man sie selbst nicht in vollem Umfang empfindet. Tim war von den Anhörungen vor der Bestätigung noch angeschlagen. In seinen ersten Wochen als Finanzminister hatte er nur mit einer Rumpfbelegschaft gearbeitet und feilte noch an den Details, wie der Stresstest funktionieren sollte. Tim trat an jenem Tag vor einen Pulk von Fernsehkameras und Wirtschaftsjournalisten und ging prompt baden.

Nach Einschätzung aller, auch seiner eigenen, war die Rede eine Katastrophe. Er wirkte nervös, mit dem Teleprompter, den er zum ersten Mal benutzte, ging er ungeschickt um, und er sprach nur in vagen Begriffen über den Gesamtplan. Das Kommunikationsteam des Weißen Hauses hatte ihn gedrängt, unsere Absicht, hart mit den Banken ins Gericht zu gehen, zu betonen, obwohl unser Wirtschaftsteam eigens darauf hingewiesen hatte, wie wichtig es sei, die Finanzmärkte zu beruhigen und ihnen zu versichern, es bestehe kein Grund zur Panik. Unterdessen hatte das Durcheinander aus unabhängigen Einrichtungen, die für die Regulierung des Finanzwesens verantwortlich waren, keine einhellige Meinung zu Tims Vorschlag gebildet, und mehrere Vorsitzende von Behörden wie etwa Sheila Bair vertraten ihre eigenen Lieblingsideen. Das Ergebnis war der klassische Fall einer Rede, bei der zu viele Köche am Werk gewesen waren. Abgesichert nach allen Seiten und voller ambivalenter Botschaften, spiegelte sie alle sich widersprechenden Anforderungen wider. Und unter dem Druck, sie fertigzustellen, hatte Tim – der am Rand seiner Kräfte war – fast keine Zeit darauf verwendet, sie zu üben.

Während er sprach, fielen die Aktienkurse um mehr als drei Prozent. Am Ende des Tages waren es beinahe fünf Prozent, und die Finanzwerte sanken um ganze elf Prozent. Tims Rede kam überall in den Nachrichten und wurde in alle Richtungen interpretiert. Wie Larry vorhergesagt hatte, war der Stresstest nach Meinung vieler Analysten lediglich ein aufwendiges Übertünchen, eine neue Serie von Rettungsaktionen. Kommentatoren aus dem gesamten politischen Spektrum fragten sich offen, ob Tims Amt, meine Präsidentschaft und das globale Finanzsystem zum Scheitern verurteilt waren.

So sehr sich Tim auch während der Manöverkritik am nächsten Morgen selbst die Schuld gab, so erkannte ich darin doch das Versagen des Systems – und auch ein Versagen meinerseits. Ich hatte es versäumt, die Personen, die mir unterstellt waren, instand zu setzen, ihre Aufgaben zu schultern. Einen Tag zuvor hatte ich auf einer Pressekonferenz, ohne nachzudenken und unfairerweise, vorab große Erwartungen in Tims Rede geweckt und den Journalisten versprochen, er werde »klare und konkrete Pläne« verkünden und wir mit Sicherheit eine »Sternstunde« erleben.

Die Lehren daraus waren schmerzhaft, aber nützlich. In den folgenden Monaten brachte ich unser Team dazu, die Prozesse zu straffen und die Kommunikation zwischen den maßgeblichen Abteilungen der Regierung zu verbessern. Sie sollten Probleme voraussehen und strittige Fragen klären, bevor wir irgendwelche Pläne an die Öffentlichkeit brachten, sodass wir unseren Ideen unabhängig von äußerem Druck genügend Zeit und Raum geben konnten, sich zu entwickeln. Außerdem sollten sie sorgfältig prüfen, mit welchen Mitarbeitern große Projekte besetzt wurden, und Feinheiten nicht nur inhaltlich, sondern auch in der Präsentation ausarbeiten.

Und noch etwas: Ich wollte künftig darauf achten, nie mehr meine große Klappe aufzureißen, um Erwartungen zu wecken, die in Anbetracht der Umstände unmöglich erfüllt werden konnten.

Trotzdem, der Schaden war schon angerichtet. Der erste Eindruck, den die Welt von meinem hart arbeitenden Starwirtschaftsteam bekam, war der eines unfähigen Haufens. Die Republikaner frohlockten. Rahm bekam Anrufe von nervösen Demokraten. So ungefähr das einzig Positive, das ich aus diesem Fiasko mitnehmen konnte, war Tims Reaktion darauf. Er hatte allen Grund, niedergeschmettert zu sein, aber nein. Er hatte sich mit der Strafe für seinen schlechten Auftritt bei der Rede abgefunden, zeigte sich aber gleichzeitig zuversichtlich, dass er bei den größeren Themen recht hatte.

Das mochte ich an ihm. Er war immer noch mein Mann. Wir mussten uns jetzt hinsetzen, arbeiten und darauf hoffen, dass unser verflixter Plan auch wirklich funktionierte.

»FRAU SPRECHERIN ... der Präsident der Vereinigten Staaten!«

Aus Gründen, die mir immer noch nicht völlig klar sind, gilt die erste Rede eines neu gewählten Präsidenten in einer gemeinsamen Sitzung beider Kammern des Kongresses nicht als Rede zur Lage der Nation, als State of the Union Address. Tatsächlich aber ist sie nichts anderes – das erste Mal des danach alljährlich stattfindenden Rituals, bei dem ein Präsident die Gelegenheit bekommt, direkt zu mehreren zehn Millionen amerikanischen Mitbürgern zu sprechen.

Meine erste Ansprache war für den 24. Februar angesetzt. Das bedeutete, dass ich, noch während wir uns bemühten, unser Rettungsprogramm für die Wirtschaft zu installieren, jede freie Minute nutzen musste, um mir Favs' Entwürfe vorzunehmen. Es war für uns beide keine leichte Aufgabe. Andere Reden konnten breit gefächerte Themen haben oder sich auf einen einzigen Punkt konzentrieren. Bei der SOTU, wie die Mitarbeiter des West Wing die Lage zur Rede der Nation kurz nannten, wurde vom Präsidenten erwartet, dass er einen Überblick der Prioritäten der Innen- wie der Außenpolitik im kommenden Jahr präsentierte. Und ganz egal, wie sehr man seine Pläne und Vorschläge mit Anekdoten oder pfiffigen Sprüchen garnierte, genaue Erklärungen über die Fortschritte bei Medicare oder die Erstattungsfähigkeit von Steuergutschriften rührten selten die Herzen.

Da ich bereits Senator gewesen war, war ich mit der Taktik der stehenden Ovationen bei der SOTU gut vertraut: Bei dem ritualisierten Schauspiel sprangen die Angehörigen der Partei des Präsidenten auf und spendeten praktisch bei jeder dritten Zeile frenetisch Beifall, während die Oppositionspartei sich sogar bei der herzerweichendsten Geschichte weigerte zu applaudieren, aus Angst, die Kameras könnten sie dabei erwischen, wie sie gemeinsame Sache mit dem Feind machte. (Die einzige Ausnahme von dieser Regel galt für die Erwähnung von Truppen in Übersee.) Dieses absurde Theater verdeutlichte nicht nur die Spaltung des Landes in einer Zeit, in der wir Einheit brauchten; die ständigen Unterbrechungen führten überdies dazu, dass eine ohnehin lange Rede noch mindestens fünfzehn Minuten länger dauerte. Ich hatte erwogen, alle Anwesenden vor der Rede darum zu bitten, nicht zu applaudieren, aber Gibbs und das Kommunikationsteam hatten die Idee natürlich verworfen. Sie beharrten darauf, dass sich ein stiller Sitzungssaal im Fernsehen nicht gut machen würde.

Der Prozess im Vorfeld der SOTU plagte und erschöpfte uns – ich beteuerte Favs gegenüber mehrfach, dass ich nach einer Ansprache in der Wahlnacht, einer Ansprache bei der Amtseinführung und fast zwei Jahren unablässigen Redens absolut nichts Neues mehr zu sagen hätte und dem Land einen Gefallen tun würde, wenn ich Thomas Jefferson nacheifern und meine Bemerkungen einfach dem Kongress zukommen lassen würde, damit die Leute sie bei passender Gelegenheit lesen könnten. Aber all das verschwand in dem Moment, als ich auf der Schwelle des prunkvollen Sitzungssaals des Repräsentantenhauses stand und der Zeremonienmeister meine Ankunft ankündigte.

»Frau Sprecherin …« Diese Worte und die Szene, die folgte, machten mir vielleicht mehr als alles andere die Erhabenheit des Amtes, das ich jetzt innehatte, bewusst. Es gab donnernden Applaus, als ich den Saal betrat. Dann schritt ich zwischen ausgestreckten Händen hindurch den Mittelgang entlang, die Angehörigen meines Kabinetts in der ersten und zweiten Reihe, dazu die Vereinigten Stabschefs in ihren makellosen Uniformen und die Richter des Obersten Gerichtshofs in ihren schwarzen Roben, wie Mitglieder einer alten Zunft. Es folgten die Begrüßungen durch Sprecherin Pelosi und Vizepräsident Biden, die rechts und links von mir standen. Meine Frau strahlte mich in ihrem ärmellosen Kleid (damals ging der Kult um Michelles Arme richtig los) von der Galerie aus an, winkte und warf mir einen Kuss zu, als die Sprecherin mit dem Hammer das Zeichen gab und die Zeremonie begann.

Ich sprach zwar über meine Pläne, den Irakkrieg zu beenden, die amerikanischen Maßnahmen in Afghanistan zu fördern und terroristische Organisationen zu bekämpfen, aber der Hauptteil meiner Rede war der Wirtschaftskrise gewidmet. Ich sprach über den Recovery Act, unser Immobilien-Rettungspaket, erklärte die Gründe für den Stresstest. Aber ich wollte auch noch auf etwas Wichtigeres hinaus: dass wir weiterhin Größeres anstreben mussten. Ich wollte nicht einfach nur die Tagesprobleme lösen; ich fand, wir müssten eine dauerhafte Veränderung einläuten. Es genügte nicht, einfach wieder zum normalen Betrieb zurückzukehren, sobald wir der Wirtschaft erneut zu Wachstum verholfen hatten. An jenem Abend machte ich deutlich, dass ich vorhatte, Strukturreformen voranzubringen – in der Bildung, in der Energie- und Klimapolitik, im Gesundheitswesen und bei der Finanzmarktregulierung. Sie sollten die Grundlage für einen langfristigen Wohlstand auf breiter Basis in Amerika bilden.

Die Zeiten waren längst vorbei, als ich auf einer großen Bühne noch nervös war, und in Anbetracht dessen, wie viele Themen wir behandeln mussten, lief die Rede eigentlich so gut, wie ich es mir nur hätte wünschen können. Laut Axe und Gibbs waren die Kritiken gut, die

Kommentatoren fanden mich angemessen »präsidentiell«. Aber offensichtlich hatte meine forsche Agenda alle überrascht, meine Bereitschaft, Reformen voranzutreiben, die über jene hinausgingen, die sich um das zentrale Thema der Rettung der Wirtschaft drehten.

Es kam mir vor, als hätte niemand meinen Wahlversprechen zugehört – oder als wären alle davon ausgegangen, dass es mir mit dem, was ich gesagt hatte, gar nicht ernst gewesen sei. Die Reaktionen auf meine Rede gaben mir einen frühen Vorgeschmack darauf, was mir während der ersten beiden Jahre meiner Amtszeit immer wieder vorgeworfen werden sollte: dass ich zu viel erreichen wolle, dass mein Versuch, mehr anzustreben als eine Rückkehr zum Status quo vor der Krise, unverantwortlich sei und dass mein Bestreben, »Change«, Veränderung, als mehr als nur eine Parole anzusehen, bestenfalls naiv sei und schlimmstenfalls eine Bedrohung für Amerika darstelle.

SO KRÄFTEZEHREND die Wirtschaftskrise auch sein mochte, meine junge Regierung konnte sich nicht den Luxus leisten, alles andere hintanzustellen, denn die Maschinerie der Bundesregierung erstreckte sich rund um den Globus und drehte sich während jeder Minute des Tages, ohne Rücksicht auf überquellende Posteingänge und menschliche Schlafzyklen. Viele ihrer Funktionen (Sozialversicherungen zu überprüfen, Wettersatelliten weiterfliegen zu lassen, Agrarkredite abzuwickeln, Pässe auszustellen) erforderten keine besonderen Anweisungen aus dem Weißen Haus. Die Maschinerie arbeitete ganz ähnlich wie ein menschlicher Körper, der atmet oder schwitzt, jenseits der bewussten Kontrolle durch das Gehirn. Und trotzdem blieben noch zahllose Einrichtungen und Gebäude voller Menschen, die täglich unserer Aufmerksamkeit bedurften: Sie brauchten politische Beratung oder Hilfe bei der Stellenbesetzung, suchten Unterstützung, weil eine interne Störung oder ein äußeres Ereignis ihr System aus dem Konzept gebracht hatten. Nach unserem ersten wöchentlichen Meeting im Oval Office bat ich Bob Gates, der bereits unter sieben Präsidenten gedient hatte, um Rat für den Umgang mit der Exekutive. Er bedachte mich mit seinem schrägen, faltigen Lächeln.

»Auf eines können Sie sich verlassen, Mr President«, sagte er. »Jeden Tag baut irgendwo irgendjemand Mist.«

Wir machten uns an die Arbeit, den Mist kleinzuhalten.

Ich traf mich regelmäßig mit den Finanz-, Außen- und Verteidigungsministern und bekam täglich Briefings von meinen Teams, die mit der nationalen Sicherheit und der Wirtschaft betraut waren. Zusätzlich legte ich Wert darauf, mich mit jedem Mitglied meines Kabinetts hinzusetzen und Maßnahmen für seine Abteilung zu diskutieren, und drängte es, Störfaktoren zu identifizieren und Prioritäten zu setzen. Ich besuchte die jeweiligen Behörden und nutzte oft die Gelegenheit, eine neue Strategie oder neue Verwaltungsmaßnahmen zu verkünden. Ich sprach vor großen Versammlungen von Regierungsmitarbeitern, dankte ihnen für ihre Dienste und erinnerte sie an die Wichtigkeit ihrer Aufgaben.

Es gab eine endlose Reihe von Meetings mit diversen Gruppierungen aus der Wählerschaft – der Lobbyorganisation Business Roundtable, dem Gewerkschaftsdachverband American Federation of Labor and Congress of Industrial Organizations, der US-Bürgermeisterkonferenz, Veteranenorganisationen –, die dazu dienten, auf ihre Anliegen einzugehen und um ihre Unterstützung zu werben. Es gab umfangreiche Standardaufgaben, die eine Unmenge Zeit beanspruchten (wie die Präsentation unseres ersten Haushaltsentwurfs), und innovative öffentliche Veranstaltungen, die die Transparenz der Regierung erhöhen sollten (wie unsere allererste live übertragene Bürgerversammlung). Jede Woche hielt ich eine Videoansprache. Ich gab Print- und Fernsehjournalisten Interviews, national wie international. Ich äußerte mich beim National Prayer Breakfast und veranstaltete eine Super-Bowl-Party für Kongressmitglieder. In der ersten Märzwoche hatte ich auch schon zwei Gipfeltreffen mit zwei ausländischen Staatschefs hinter mir – eines in Washington mit dem britischen Premierminister Gordon Brown, das andere in Ottawa mit dem kanadischen Premierminister Stephen Harper. Beide Treffen verfolgten eigene politische Ziele und gehorchten einem eigenen diplomatischen Protokoll.

Für jedes Event, jedes Meeting und jede Einführung einer neuen politischen Strategie schufteten hinter den Kulissen teilweise hundert Menschen oder mehr. Bei jedem Dokument, das herausgegeben wurde, wurden die Fakten nachrecherchiert, jede Person, die zu einem Meeting kam, wurde überprüft, jedes Event wurde auf die Minute genau geplant, und jede angekündigte politische Maßnahme wurde sorgfältig daraufhin untersucht, ob sie machbar und bezahlbar war und ob sie unvorhergesehene Folgen mit sich bringen könnte.

Diese emsige Konzentration erstreckte sich auch auf den East Wing, wo die First Lady einen kleinen Bereich mit Büros und einen eigenen vollen Terminplan hatte. Von dem Augenblick an, in dem wir im Weißen Haus angekommen waren, hatte sich Michelle voll und ganz ihrer neuen Aufgabe gewidmet und obendrein unserer Familie auch ein Zuhause bereitet. Dank ihr steckten Malia und Sasha den Übergang in unser seltsames neues Leben anscheinend mühelos weg. In dem Gang, der über die gesamte Länge des Wohnbereichs führte, spielten sie Ball, mit den Köchinnen und Köchen des Weißen Hauses buken sie Kekse. Ihre Wochenenden waren angefüllt mit Verabredungen zum Spielen und Geburtstagsfeiern mit neuen Freundinnen, Basketball und Fußballspielen sowie mit Tennisstunden bei Malia und Tanzunterricht und Taekwondo bei Sasha. (Genauso wenig wie mit ihrer Mutter sollte man es sich mit Sasha verscherzen.) Draußen in der Öffentlichkeit glänzte Michelle mit ihrem Charme, und ihre Kleiderwahl wurde allgemein bewundert. Als sie den jährlichen Governors Ball organisieren musste, brach Michelle mit der Tradition, indem sie Earth, Wind & Fire auftreten ließ. Der bläserstarke R&B-Funk sorgte für Moves auf der Tanzfläche, die ich bei einer parteiübergreifenden Veranstaltung mit Amtsträgern mittleren Alters nie für möglich gehalten hätte.

Sieh gut aus. Sorge für deine Familie. Sei liebenswürdig. Unterstütze deinen Mann. Den größten Teil der amerikanischen Geschichte hatten diese Prinzipien die Aufgabe der First Lady definiert, und Michelle punktete überall voll. Vor der Außenwelt verbarg sie jedoch, wie sehr ihre neue Rolle sie anfangs anstrengte, mit wie vielen Unsicherheiten sie behaftet war.

Nicht alle ihre Frustrationen waren neu. Seit wir zusammen waren, hatte ich miterlebt, wie meine Frau – genau wie viele andere Frauen – damit haderte, ihre Identität als unabhängige, ehrgeizige, berufstätige Frau mit dem Wunsch zu vereinbaren, unseren Mädchen eine genauso liebevolle und aufmerksame Mutter zu sein, wie Marian es ihr gewesen war. Ich hatte immer versucht, Michelle in ihrer beruflichen Laufbahn zu stärken, und ging nie davon aus, dass die Pflichten im Haushalt alleine ihre Sache waren. Wir hatten auch immer das Glück gehabt, dass unser gemeinsames Einkommen und ein starkes Netzwerk aus nahen Verwandten und Freunden uns Vorteile geboten hatten, über die viele Familien nicht verfügten. Trotzdem reichte das nicht aus, um Michelle von den höchst unrealistischen und häufig widersprüchlichen gesellschaftlichen Zwängen abzuschirmen, die auf Frauen mit Kindern von den Medien, anderen Frauen, ihren Arbeitgebern und natürlich den Männern in ihrem Leben ausgeübt werden.

Meine politische Karriere, in der ich oft lange unterwegs war, hatte es noch schwieriger gemacht. Michelle hatte mehr als einmal beschlossen, ein Angebot, das sie gereizt hätte, nicht anzunehmen, weil sie dann zu lange nicht bei den Mädchen gewesen wäre. Selbst in ihrer letzten Stelle am University of Chicago Medical Center, wo sie einen Vorgesetzten hatte, der sie unterstützte, und wo sie ihren Terminplan selbst bestimmen konnte, war sie das Gefühl nie ganz losgeworden, dass die Mädchen, ihre Arbeit oder beides zu kurz kamen. In Chicago hatte sie wenigstens nicht im Blick der Öffentlichkeit gestanden und konnte den alltäglichen Anforderungen nach ihren eigenen Maßgaben gerecht werden. Jetzt hatte sich das alles geändert. Durch meine Wahl war sie gezwungen gewesen, eine Stelle mit tatsächlichem Einfluss aufzugeben, für eine Rolle, die – zumindest in der ursprünglichen Form – viel zu klein war für ihre Talente.

Mittlerweile war sie bei der Erziehung der Kinder mit ganz neuen Schwierigkeiten konfrontiert – man musste bei den Eltern von Freundinnen anrufen, um zu erklären, weshalb der Secret Service ihr Haus in Augenschein nehmen musste, bevor Sasha zum Spielen kam, oder gemeinsam mit Mitarbeitern ein Boulevardblatt dazu bringen, davon abzusehen, eine Aufnahme von Malia mit Freundinnen im Einkaufszentrum zu drucken.

Darüber hinaus war Michelle in Amerikas anhaltendem Genderkrieg plötzlich zum Symbol geworden. Alles, was sie machte, jedes Wort, das sie äußerte, wurde fieberhaft interpretiert und beurteilt. Als sie sich fröhlich als »Mom in Chief« bezeichnete, gab es enttäuschte Kommentare, weil sie ihre Plattform nicht nutze, um Klischees über die Stellung der Frau aufzubrechen. Gleichzeitig entpuppte es sich wiederum als riskant, die Grenzen dessen, was eine First Lady tun oder nicht tun sollte, auszuloten: Michelle machte es immer noch zu schaffen, wie böse sie manchmal während des Wahlkampfs angegangen worden war. Hillary Clintons Erfahrungen zeigten, wie schnell sich die Menschen gegen eine First Lady wenden konnten, die sich im weitesten Sinne politisch betätigte.

Deshalb ließ sich Michelle in den ersten Monaten Zeit mit der Entscheidung, wofür sie ihr neues Amt nutzen wollte. Sie überlegte, wie und wo sie Einfluss ausüben konnte, während sie vorsichtig und strategisch den Rahmen für ihre Arbeit als First Lady setzte. Sie besprach sich mit Hillary und mit Laura Bush. Sie stellte ein starkes Team zusammen, nahm erfahrene Fachleute zu sich, deren Urteil sie vertraute. Schließlich suchte sie sich zwei Themen aus, die ihr persönlich etwas bedeuteten: der alarmierende Anstieg von Übergewicht bei amerikanischen Kindern und die beschämend geringe Unterstützung von amerikanischen Soldatenfamilien.

Mir war durchaus bewusst, dass beide Themen mit Enttäuschungen und Ängsten zu tun hatten, die Michelle manchmal selbst empfand. Sie war ein paar Jahre zuvor auf die Adipositas-Epidemie aufmerksam geworden, als unser Kinderarzt festgestellt hatte, dass Malias Body-Mass-Index etwas angestiegen war, und dies auf zu viele industriell verarbeitete »kinderfreundliche« Lebensmittel zurückgeführt hatte. Diese Nachricht hatte Michelles Befürchtungen bestätigt, dass unser gehetztes, vollgepacktes Leben sich nachteilig auf die Kinder auswirken könnte. In ähnlicher Weise war ihr Interesse für Soldatenfamilien bei einigen äußerst emotionalen Diskussionsrunden geweckt worden, die sie während des Wahlkampfs mit den Ehepartnern von Militärs im Einsatz geführt hatte. Michelle konnte aus eigener Erfahrung nachvollziehen, was sie beschrieben: die Mischung aus Einsamkeit und Stolz, die sie empfanden, ihre gelegentliche Verärgerung, weil die Familie im Vergleich zu der größeren Sache, der Verteidigung der Nation, nur wie eine Nebensache behandelt wurde und dass sie nur ungern um Hilfe baten, aus Angst, egoistisch zu wirken.

Genau wegen dieser persönlichen Verbindungen war ich sicher, dass ihr Einfluss auf beiden Gebieten erheblich sein würde. Michelle war eine Person, die etwas vom Herzen und nicht vom Kopf aus anging, die Erfahrungen zugrunde legte und keine Abstraktionen. Und außerdem wusste ich: Meine Frau scheiterte nicht gerne. Sie mochte ihrer neuen Rolle durchaus zwiespältig gegenüberstehen, aber sie war dennoch fest entschlossen, sie gut auszufüllen.

Als Familie gewöhnten wir uns Woche für Woche mehr an die neue Situation. Wir alle fanden Wege, uns an die Umstände anzupassen, damit fertigzuwerden und sie zu genießen. Immer wenn Michelle unsicher war, wandte sie sich Rat suchend an ihre unerschütterliche Mutter, und die beiden setzten sich zusammen auf das Sofa im Sonnenzimmer im zweiten Stock des Weißen Hauses. Malia besuchte die fünfte Klasse und stürzte sich in ihre Hausaufgaben. Außerdem drängte sie uns, unser persönliches Wahlversprechen einzulösen und einen Hund für die Familie anzuschaffen. Sasha war erst sieben und umklammerte beim Einschlafen immer noch die ausgefranste Chenilledecke, die sie schon als Baby gehabt hatte. Ihr Körper wuchs so schnell, dass man fast jeden Tag einen Unterschied sah.

Unsere neue Wohnsituation brachte eine besonders schöne Überraschung mit sich: Da ich jetzt sozusagen über dem Laden wohnte, war ich im Prinzip den ganzen Tag zu Hause. An den meisten Tagen kam die Arbeit zu mir, nicht umgekehrt. Wenn ich nicht auf Reisen war, achtete ich darauf, jeden Abend pünktlich um halb sieben am Esstisch zu sitzen, auch wenn ich danach vielleicht noch einmal hinunter ins Oval Office gehen musste.

Es war eine große Freude zuzuhören, wie Malia und Sasha von ihrem Tag erzählten und von einer Welt aus Dramen unter Freundinnen, schrulligen Lehrerinnen, blöden Jungs, dummen Witzen, neuen Erkenntnissen und endlosen Fragen berichteten. Nachdem wir fertig gegessen hatten und sie losliefen, um Hausaufgaben zu erledigen und sich bettfertig zu machen, saßen Michelle und ich noch eine Weile da und unterhielten uns, weniger über Politik, sondern eher über Nachrichten von alten Freunden, Filme, die wir sehen wollten, und am allermeisten über das Wunder, unseren Töchtern beim Aufwachsen zuzusehen. Dann lasen wir den Mädchen Gutenachtgeschichten vor, umarmten sie fest und deckten sie zu – Malia und Sasha rochen in ihren Baumwollpyjamas nach Wärme und nach Leben. In diesen etwa anderthalb Stunden jeden Abend tankte ich wieder auf – mein Kopf war frei, und mein Herz war geheilt von dem Schaden, den ein Tag voller Grübeleien über die Welt und ihre unlösbaren Probleme anrichten konnte.

Die Mädchen und meine Schwiegermutter waren unsere Anker im Weißen Haus, aber es gab auch andere Menschen, die mir und Michelle halfen, den Stress dieser ersten Monate zu bewältigen. Sam Kass, der junge Mann, den wir in Chicago als Teilzeitkoch eingestellt hatten, als der Wahlkampf aufwendiger wurde und wir uns große Sorgen über die Essgewohnheiten der Mädchen machten, war mit uns nach Washington gekommen. Er war nicht nur Koch im Weißen Haus, sondern auch Michelles erster Ansprechpartner zum Thema Übergewicht bei Kindern. Sam war der Sohn eines Mathelehrers an der alten Schule der Mädchen und hatte früher am College Baseball gespielt. Er hatte einen unbeschwerten Charme, war muskulös und sah gut aus, ein Eindruck, den sein glänzender, glatt rasierter Schädel noch verstärkte. Er war ein wahrer Ernährungsexperte und kannte sich bestens aus, wusste alles von den Auswirkungen von Monokulturen über den Klimawandel bis hin zu den Zusammenhängen zwischen Essgewohnheiten und chronischen Krankheiten. Sams Arbeit mit Michelle sollte sich als sehr wertvoll erweisen: Im Gedankenaustausch mit ihm war Michelle zum Beispiel auf die Idee gekommen, am Südrasen einen Gemüsegarten anzulegen. Aber darüber hinaus bekamen wir mit ihm einen unterhaltsamen Onkel für die Kinder, einen jüngeren Lieblingsbruder für Michelle und mich und neben Reggie Love jemanden, mit dem ich immer, wenn ich Dampf ablassen musste, ein paar Körbe werfen oder eine Runde Pool spielen konnte.

Eine ähnliche Unterstützung erhielten wir durch unseren langjährigen Fitnesstrainer Cornell McClellan. Der ehemalige Sozialarbeiter und Kampfkunstexperte besaß ein eigenes Fitnessstudio in Chicago. Trotz seines beeindruckenden Körperbaus war Cornell freundlich und gut gelaunt, wenn er uns nicht gerade mit Kniebeugen, Kreuzheben, Burpees und Lunge Walks quälte. Er hatte beschlossen, dass es seine Pflicht war, zwischen Washington und Chicago hin- und herzureisen, damit er sicherstellen konnte, dass die First Family in Form blieb.

Von Montag bis Donnerstag begannen Michelle und ich jeden Morgen mit Cornell und Sam unseren Tag. Wir versammelten uns in dem kleinen Fitnessraum im zweiten Stock des Wohnbereichs. Dort hing ein Fernseher an der Wand, auf dem stets die ESPN-Sendung *Sports Center* lief. Michelle war unbestritten Cornells Musterschülerin. Voll konzentriert powerte sie durch ihre Work-outs, während Sam und ich deutlich langsamer waren, uns zwischen den einzelnen Sets längere Pausen gönnten und Cornell immer dann, wenn es für unseren Geschmack zu anstrengend wurde, mit hitzigen Diskussionen ablenkten – Jordan oder Kobe, Tom Hanks oder Denzel Washington. Für Michelle und mich wurde die tägliche Stunde im Fitnessraum zu einem weiteren Bereich der Normalität, den wir mit Freunden teilten, die uns immer noch beim Vornamen nannten und die uns liebten wie eine Familie, die uns an die Welt erinnerten, wie wir sie einst gekannt hatten – und an eine Version von uns selbst, die wir hoffentlich immer beibehalten würden.

ES GAB NOCH ein letztes Mittel gegen Stress, über das ich nicht so gerne sprach, das aber in meiner Ehe beständig zu Spannungen geführt hatte: Ich rauchte immer noch fünf (oder sechs oder sieben) Zigaretten täglich.

Es war das einzige Laster, das ich aus meiner rebellischen Jugend mitgenommen hatte. Auf Michelles Drängen hatte ich im Lauf der Jahre mehrmals aufgehört, und ich hatte niemals zu Hause oder vor den Kindern geraucht. Nach meiner Wahl in den US-Senat hatte ich aufgehört, in der Öffentlichkeit zu rauchen. Aber irgendeine sture Seite in mir leistete der Tyrannei der Vernunft Widerstand, und der anstrengende Wahlkampf – die endlosen Autofahrten durch Maisfelder, die Einsamkeit von Motelzimmern – hatte sein Übriges dazu beigetragen, dass ich weiterhin nach dem Päckchen griff, das ich in einem Koffer oder einer Schublade bereithielt. Nach der Wahl hatte ich mir gesagt, nun sei ein guter Zeitpunkt, um aufzuhören – per definitionem war ich ja quasi immer in der Öffentlichkeit, sobald ich den Wohnbereich des Weißen Hauses verließ. Aber dann gab es immer so viel zu tun, dass ich meinen Tag der Abrechnung immer wieder hinausschob. Nach dem Mittagessen ging ich zu dem Häuschen am Pool hinter dem Oval Office, oder ich trat auf die Terrasse im zweiten Stock, nachdem Michelle und die Mädchen schlafen gegangen waren, nahm einen tiefen Zug, sah dem Rauch nach, der sich zu den Sternen hinaufschlängelte, und redete mir ein, ich würde endgültig aufhören, sobald sich alles beruhigt habe.

Nur beruhigte sich nichts. So wenig, dass ich im März mittlerweile täglich acht (oder neun oder zehn) Zigaretten rauchte.

In diesem Monat sollten geschätzt weitere 663 000 Amerikaner ihre Arbeit verlieren, und die Arbeitslosenrate stieg auf 8,5 Prozent. Die Zwangsvollstreckungen wurden nicht weniger, die Kredite blieben eingefroren. Der Aktienmarkt rutschte auf den niedrigsten Stand der Rezession und lag um siebenundfünfzig Prozent niedriger als auf seinem Höhepunkt, die Aktien der Citigroup und der Bank of America näherten sich dem Wert von Pennystocks. AIG war unterdessen zu einem Fass ohne Boden geworden, dessen einzige Funktion darin bestand, so viele TARP-Gelder zu verschlingen wie möglich.

Das allein hätte schon genügt, um meinen Blutdruck auf Dauer zu erhöhen. Schlimmer machte es noch die unbedarfte Haltung der Führungskräfte von der Wall Street, denen wir gerade kollektiv den Arsch retteten. Kurz bevor ich das Amt angetreten hatte, hatten die Leiter der meisten größeren Banken mehr als eine Milliarde Dollar als Jahresendbonus für sich selbst und ihre Stellvertreter freigegeben, obwohl sie bereits TARP-Gelder bekommen hatten, um ihre Aktienkurse zu stützen. Nicht lange danach beschlossen Führungskräfte der Citigroup, es sei eine gute Idee, einen neuen Firmenjet zu ordern. (Weil das während unserer Aufsicht geschah, konnte jemand aus Tims Team den CEO der Firma anrufen und ihn unter Druck setzen, die Bestellung rückgängig zu machen.)

Unterdessen gingen die Bankmanager in die Luft – privat, aber auch oft in der Presse –, wenn angedeutet wurde, sie seien schuld an dem Schlamassel oder ihre Geschäftstätigkeit solle Restriktionen unterliegen. Dieses letzte bisschen Chuzpe legten die ausgebufftesten Wall-Street-Banker ganz besonders deutlich an den Tag: Lloyd Blankfein von Goldman Sachs und Jamie Dimon von JPMorgan Chase behaupteten beide weiterhin beharrlich, ihre Institute hätten keine schlechten Managemententscheidungen getroffen, unter denen andere Banken so litten, sodass sie Hilfe von der Regierung weder brauchten noch wollten. Diese Behauptungen stimmten nur, wenn man außer Acht ließ, dass die Solvenz beider Einrichtungen voll und ganz davon abhing, dass das

Finanzministerium und die Fed es geschafft hatten, den Rest des Finanzwesens über Wasser zu halten, und dass insbesondere Goldman zu den größten Hausierern beim Handel mit auf Subprime-Krediten basierenden Derivaten gehört hatte – die sie weniger anspruchsvollen Kunden angedreht hatten, kurz bevor der Boden weggebrochen war.

Diese Ignoranz machte mich wahnsinnig. Die Haltung der Wall Street gegenüber der Krise bestätigte nicht nur jedes Klischee darüber, dass die Hyperreichen den Kontakt zum Leben normaler Menschen komplett verloren hatten. Jedes im falschen Ton hervorgebrachte Statement, jede eigennützige Handlung machte uns die Aufgabe, die Wirtschaft zu retten, viel schwerer.

Einige demokratische Wahlkreise fragten bereits, warum wir mit den Banken nicht härter ins Gericht gingen – warum die Regierung sie zum Beispiel nicht einfach übernehme und ihre Vermögenswerte verkaufe oder warum niemand von den Leuten, die ein solches Chaos angerichtet hatten, ins Gefängnis gewandert sei. Unbelastet von jeglichem Verantwortungsgefühl für das Durcheinander, das mit ihrer Hilfe entstanden war, fielen die Republikaner im Kongress nur zu gerne in die Schelte ein. Bei der Aussage vor diversen Kongressausschüssen erklärte Tim (der jetzt regelmäßig als »ehemaliger Goldman-Sachs-Banker« bezeichnet wurde, obwohl er nie für Goldman gearbeitet und beinahe sein ganzes Berufsleben im öffentlichen Dienst verbracht hatte), weshalb es nötig war, auf die Ergebnisse des Stresstests zu warten. Mein Justizminister Eric Holder führte später aus, zwar sei das Verhalten der Banken, das die Krise hervorbracht habe, ungeheuerlich gewesen, es gebe jedoch wenig Anhaltspunkte dafür, dass sich ihre Führungskräfte nach geltendem Gesetz strafbar gemacht hätten – und uns war nicht daran gelegen, Menschen Verbrechen zu beschuldigen, nur um gute Schlagzeilen einzustreichen.

Aber für eine reizbare und wütende Öffentlichkeit waren solche Antworten – so rational sie auch sein mochten – nicht sehr zufriedenstellend. Axe und Gibbs fürchteten, wir könnten die politische Überlegenheit verlieren, und drängten uns, die Wall Street schärfer zu verurteilen. Auf der anderen Seite warnte uns Tim, solche populistischen Gesten seien kontraproduktiv und würden Investoren abschrecken, die wir brauchten, um die Banken zu sanieren. Auf der Suche nach einem

Mittelweg zwischen alttestamentarischer Gerechtigkeit, wie sie sich die Öffentlichkeit wünschte, und Beruhigung, die die Finanzmärkte nötig hatten, stellten wir letztlich niemanden zufrieden.

»Es ist wie bei einer Geiselnahme«, sagte Gibbs eines Morgens zu mir. »Wir wissen, dass die Banken Sprengstoffgürtel um ihre Brust geschnallt haben, aber für die Öffentlichkeit sieht es so aus, als würden wir sie nach einem Raub ungestraft davonkommen lassen.«

Die Spannungen im Weißen Haus wuchsen. Weil alle auf der gleichen Wellenlänge sein sollten, rief ich mein Wirtschaftsteam an einem Sonntag Mitte März zu einer Marathonsitzung in den Roosevelt Room. An diesem Tag forderten wir von Tim und seinen Vertretern nachdrücklich ihre Meinungen zu dem laufenden Stresstest – ob er funktionieren würde und ob, falls nicht, Tim einen Plan B hätte. Larry und Christy waren der Meinung, in Anbetracht der steigenden Verluste der Citigroup und der Bank of America sei es an der Zeit, über eine präventive Verstaatlichung nachzudenken – eine Strategie, wie sie Schweden letztlich angewendet hatte, als es dort in den Neunzigerjahren eine Finanzkrise zu bewältigen galt. Das sei das Gegenteil der »Nachsichtigkeitsstrategie« Japans, die dazu geführt habe, dass sich die wirtschaftliche Stagnation über zehn Jahre hingezogen habe. Tim entgegnete, Schweden – mit einem viel kleineren Finanzmarkt und zu einer Zeit, als der Rest der Welt stabil war – habe nur zwei seiner größten Banken als letztes Mittel verstaatlicht, während die übrigen vier effektive staatliche Bürgschaften bekommen hätten. Eine ähnliche Strategie unsererseits könne den bereits angeschlagenen globalen Finanzmarkt komplett ruinieren und mindestens 200 bis 300 Milliarden Dollar kosten. (»Die Chancen, von diesem Kongress noch einen zusätzlichen Cent aus dem TAR-Programm zu bekommen, liegen zwischen null und null!«, rief Rahm und sprang beinahe aus seinem Stuhl.) Einige Teammitglieder schlugen vor, wenigstens gegen die Citigroup und die Bank of America eine aggressivere Haltung einzunehmen – zum Beispiel die Entlassung ihrer Vorstandsvorsitzenden und derzeitigen Aufsichtsräte zu fordern, bevor man ihnen mehr TARP-Mittel gewährte. Aber Tim meinte, solche Schritte seien lediglich symbolisch – und darüber hinaus obliege es dann uns, sofort Nachfolger zu finden, die fähig seien, ihnen nicht vertraute Institute mitten in der Krise zu steuern.

Es war eine anstrengende Übung. Als es Abend wurde, teilte ich dem Team mit, ich würde jetzt oben im Wohnbereich zu Abend essen und mir die Haare schneiden lassen. Und wenn ich zurückkäme, erwartete ich von ihnen, einen Konsens erreicht zu haben. In Wahrheit hatte ich aus dem Meeting schon mitgenommen, was ich haben wollte: die Bestätigung für mich, dass der Stresstest trotz der legitimen Einwände, die Larry, Christy und andere dagegen vorgebracht hatten, unter diesen Umständen die beste Vorgehensweise war. (Oder wie Tim es gerne ausdrückte: »Ein Plan ist besser als kein Plan.«)

Ebenso wichtig war mir die Sicherheit, dass unsere Vorgehensweise gut war: dass unser Team das Problem aus jeder denkbaren Perspektive betrachtet hatte, keine potenzielle Lösung kurzerhand verworfen worden war und alle Beteiligten – vom höchstrangigen Kabinettsmitglied bis zum jüngsten Mitglied der Belegschaft im Raum – die Gelegenheit gehabt hatten, sich einzubringen. (Aus denselben Gründen lud ich später zwei Gruppen externer Wirtschaftsexperten – die einen eher linksgerichtet, die anderen konservativ –, die unseren Umgang mit der Krise öffentlich kritisiert hatten, zu mir ins Oval Office ein. Ich wollte nur sehen, ob sie irgendwelche Ideen hätten, die wir noch nicht betrachtet hatten. Hatten sie nicht.)

Dass ich die Prozesse so wichtig nahm, war aus der Notwendigkeit heraus geboren. Während meiner Präsidentschaft stellte ich schnell fest, dass es für kein Problem, das auf meinem Schreibtisch landete, ob es die Außenpolitik oder die Innenpolitik betraf, eine saubere, hundertprozentige Lösung gab. Sonst hätte es nämlich schon jemand weiter unten in der Befehlskette gelöst. Stattdessen war ich ständig mit Wahrscheinlichkeiten beschäftigt: mit der etwa siebzigprozentigen Wahrscheinlichkeit, dass die Entscheidung, nichts zu unternehmen, in einer Katastrophe enden würde, der fünfundfünfzigprozentigen Wahrscheinlichkeit, dass die eine Vorgehensweise im Gegensatz zu einer anderen das Problem lösen *könnte* (mit null Prozent Wahrscheinlichkeit, dass sie genau wie beabsichtigt funktionieren würde), der dreißigprozentigen Wahrscheinlichkeit, dass überhaupt nichts funktionieren würde, egal, wofür wir uns entschieden, und dazu mit der fünfzehnprozentigen Wahrscheinlichkeit, dass es das Problem schlimmer machen würde.

Unter solchen Umständen führte es zu einer Lähmung, der perfekten Lösung nachzujagen. Andererseits bedeutete eine Entscheidung »nach dem Bauchgefühl« zu häufig, dass man sich dabei von vorgefertigten Meinungen oder dem Weg des geringsten politischen Widerstands leiten ließ – mit ausgewählten Fakten, um sie zu rechtfertigen. Aber mit einem festen Entscheidungsprozess konnte ich mein Ego hintanstellen und wirklich zuhören, um den Tatsachen und der Logik so gut wie möglich zu folgen und alles im Einklang mit meinen Zielen und Prinzipien abzuwägen. Damit gelang es mir, schwierige Entscheidungen zu treffen und nachts dennoch gut zu schlafen, denn ich wusste zumindest, dass niemand in meiner Lage mit denselben Informationen als Grundlage die Entscheidung besser hätte fällen können. Ein guter Prozess bedeutete auch, dass ich jedem Mitglied des Teams zugestehen konnte, sich für die Entscheidung mitverantwortlich zu fühlen – was eine bessere Umsetzung und weniger Anfechtungen von Entscheidungen des Weißen Hauses nach Durchstecherei an die *New York Times* oder die *Washington Post* bedeutete.

Als ich an jenem Abend vom Haareschneiden und Abendessen zurückkehrte, merkte ich, dass alles so gelaufen war, wie ich gehofft hatte. Larry und Christy waren überzeugt, dass es sinnvoll war, den Stresstest abzuwarten, bevor man drastischere Maßnahmen ergriff. Tim nahm einige nützliche Vorschläge zur Vorbereitung auf möglicherweise schlechte Ergebnisse auf. Axe und Gibbs hatten Ideen, wie wir unsere Kommunikationsstrategie verbessern könnten. Alles in allem war ich mit der getanen Arbeit an dem Tag recht zufrieden.

Zumindest war ich es, bis jemand auf die AIG-Boni zu sprechen kam.

Offenbar zahlte die AIG – die bisher mehr als 170 Milliarden Dollar TARP-Gelder bekommen hatte und immer noch mehr brauchte – ihren Angestellten 165 Millionen Dollar vertraglich vereinbarte Boni aus. Schlimmer noch, ein großer Teil dieser Boni ging in die Abteilung, die unmittelbar dafür verantwortlich war, dass der Versicherungsriese beim Geschäft mit den Subprime-Derivaten so hart getroffen wurde. Edward Liddy, der Vorstandsvorsitzende der AIG (er selbst trug keine Schuld, da er sich gerade erst bereit erklärt hatte, als Dienst an der Öffentlichkeit das Ruder in der Firma zu übernehmen, und sich pro

Jahr nur einen Dollar bezahlte), sah ein, dass die Boni ungehörig waren. Aber laut Tim hatten Liddys Anwälte ihn dahin gehend beraten, dass jeder Versuch, die Zahlungen zurückzuhalten, sehr wahrscheinlich erfolgreiche Klagen der AIG-Angestellten nach sich ziehen würde. Dann würden unter Umständen Schadensersatzzahlungen in der dreifachen Höhe des ursprünglichen Betrags fällig werden. Um dem Ganzen die Krone aufzusetzen, waren wir als Regierung offensichtlich gar nicht berechtigt, die Bonuszahlungen zu stoppen – zum Teil, weil die Bush-Regierung Einfluss auf den Kongress ausgeübt hatte, bei der ursprünglichen TARP-Gesetzgebung keine »Clawback«-Klausel für die Rückzahlung von Boni mit aufzunehmen, aus Angst, es könnte Finanzinstitute davon abhalten mitzumachen.

Ich sah mich im Raum um. »Das ist doch wohl ein Witz. Sie machen sich sicher nur über mich lustig.«

Niemand lachte. Axe sprach sich für den Versuch aus, die Zahlungen aufzuhalten, selbst wenn wir keinen Erfolg haben würden. Tim und Larry widersprachen ihm. Sie stimmten ihm zwar zu, dass die ganze Sache schlimm sei. Aber wenn die Regierung eine Vertragsverletzung zwischen Privatparteien erzwänge, würden wir unserem marktbasierten System irreparablen Schaden zufügen. Gibbs vertrat die Ansicht, dass Moral und gesunder Menschenverstand mehr wogen als Vertragsrecht. Nach ein paar Minuten unterbrach ich alle. Ich wies Tim an, Möglichkeiten zu suchen, wie wir die AIG davon abhalten könnten, die Boni auszuzahlen (wohl wissend, dass ihm wahrscheinlich nichts einfallen würde). Dann bat ich Axe, für den nächsten Tag eine Erklärung vorzubereiten, in der ich die Auszahlung der Boni missbilligte (wohl wissend, dass keines meiner Worte den Schaden verringern würde).

Dann sagte ich mir, dass immer noch Wochenende war und ich einen Martini brauchte. Das war eine weitere Lektion, die ich als Präsident lernte: Manchmal spielte es keine Rolle, wie gut deine Arbeit war. Manchmal war man einfach aufgeschmissen, und dann war es das Beste, sich einen kräftigen Drink zu gönnen – und eine Zigarette anzuzünden.

DIE NACHRICHT VON den AIG-Boni ließ den aufgestauten Zorn mehrerer Monate unkontrolliert überkochen. Die Leitartikel in den Zeitungen waren vernichtend. Das Repräsentantenhaus verabschiedete ein Gesetz, das eine neunzigprozentige Steuer auf Wall-Street-Boni für Personen mit einem Einkommen von mehr als 250000 Dollar vorschrieb, nur um dann zu sehen, dass es im Senat scheiterte. Im Briefing Room des Weißen Hauses hatte es den Anschein, als müsste Gibbs Fragen zu keinem anderen Thema beantworten. Code Pink, eine skurrile Antikriegsgruppe, deren vornehmlich weibliche Mitglieder pinkfarbene T-Shirts, pinkfarbene Kopfbedeckungen und gelegentlich auch eine pinkfarbene Federboa trugen, organisierte Proteste vor diversen Regierungsgebäuden. Sie tauchten bei Anhörungen auf, bei denen Tim befragt wurde, und hielten Schilder mit Slogans wie GEBT UNS UNSERE $$$$$ ZURÜCK, sichtlich unbeeindruckt von jedem Argument über die Unantastbarkeit von Verträgen.

In der folgenden Woche beschloss ich, im Weißen Haus ein Treffen mit den CEOs der Topbanken und Finanzinstitute einzuberufen, um weitere Überraschungen zu vermeiden. Fünfzehn von ihnen kamen, allesamt Männer, die allesamt elegant und gepflegt aussahen. Sie lauschten allesamt ruhig und gelassen, während ich erklärte, der Öffentlichkeit sei die Geduld ausgegangen. In Anbetracht des Leids, das die Finanzkrise im ganzen Land verursache – gar nicht zu reden von den außergewöhnlichen Maßnahmen der Regierung zur Unterstützung ihrer Institute –, könnten sie doch mindestens etwas Mäßigung, wenn nicht sogar Opferbereitschaft an den Tag legen.

Als die Führungskräfte an der Reihe waren zu antworten, brachte jeder von ihnen eine Version des Folgenden vor: (a) Sie hätten die Probleme auf dem Finanzmarkt eigentlich gar nicht verursacht, (b) sie *hätten* bereits erhebliche Opfer gebracht, zum Beispiel ihre Belegschaft reduziert und ihre eigene Gesamtvergütung verringert, und (c) ich solle aufhören, populistischen Zorn anzufachen, denn das schade ihren Aktienkursen und der Stimmung in der Branche. Als Beweis für den letzten Punkt erwähnten mehrere ein Interview, das ich vor Kurzem gegeben hatte. Ich hatte gesagt, meine Regierung stärke das Finanzsystem nur, um eine Wirtschaftskrise zu verhindern, und nicht, um einem Haufen »Bankerbonzen« zu helfen. Sie wirkten gekränkt.

»In dieser Zeit der Krise«, sagte ein Banker, »sollten Sie das amerikanische Volk daran erinnern, dass wir das alle gemeinsam durchstehen müssen.«

Ich war verblüfft. »Sie glauben, die Öffentlichkeit ist wütend wegen meiner *Ausdrucksweise?*« Ich atmete tief durch, musterte die Gesichter der am Tisch versammelten Männer und begriff, dass sie es ernst meinten. Wie die Trader in dem Santelli-Video fühlten sich diese Spitzenmanager von der Wall Street wirklich drangsaliert. Das war nicht nur eine Masche. Ich versuchte, mich in ihre Lage zu versetzen, und führte mir vor Augen, dass diese Leute zweifellos hart gearbeitet hatten, um dahin zu kommen, wo sie jetzt waren, dass sie das Spiel nicht anders gespielt hatten als ihre Kollegen und dass sie seit Langem Bewunderung und Respekt gewöhnt waren, weil sie es bis an die Spitze geschafft hatten. Sie spendeten hohe Summen an diverse Wohltätigkeitsorganisationen. Sie liebten ihre Familien. Sie verstanden ganz offenbar nicht, warum (wie mir einer später einmal erzählte) ihre Kinder sie jetzt fragten, ob sie »Bonzen« seien, warum es niemanden beeindruckte, dass sie ihre Jahresvergütung von 50 oder 60 Millionen Dollar auf 2 Millionen reduziert hatten, oder warum der Präsident der Vereinigten Staaten sie nicht als echte Partner betrachtete und, nur um ein Beispiel zu nennen, Jamie Dixons Angebot nicht annahm, ein paar von JPMorgans Topleuten herüberzuschicken, um der Regierung zu helfen, ihre Reformvorschläge zur Finanzmarktregulierung auszuarbeiten.

Ich versuchte, ihre Perspektive zu verstehen, doch es gelang mir nicht. Stattdessen dachte ich plötzlich an meine Großmutter. In meiner Vorstellung stand ihre Mentalität, die der Prärie in Kansas entsprang, dafür, wie ein Banker sein sollte. Ehrlich. Umsichtig. Peinlich genau. Risikoscheu. Jemand, der sich weigerte, Abstriche zu machen, Verschwendung und Prunk hasste, nach dem Prinzip des Belohnungsaufschubs lebte und sich damit begnügte, seine Geschäfte ein bisschen langweilig zu tätigen. Ich fragte mich, was Toot wohl von den Bankern halten würde, die mit mir in diesem Raum saßen, Männer wie diejenigen, die oft vor ihr befördert worden waren – und die in einem Monat mehr verdienten als sie in ihrer gesamten beruflichen Laufbahn, zumindest zum Teil deswegen, weil sie bereit waren, mit dem Geld anderer Leute Milliarden Dollar auf etwas zu verwetten, von dem sie wussten oder hätten wissen sollen, dass es ein Haufen fauler Kredite war.

Schließlich gab ich eine Mischung aus Lachen und Schnauben von mir. »Lassen Sie mich etwas erklären, meine Herren.« Ich achtete darauf, die Stimme nicht zu erheben. »Die Menschen brauchen mich nicht, um wütend zu sein. Das schaffen sie von ganz alleine. Fakt ist, wir sind die Einzigen, die zwischen Ihnen und den Mistgabeln stehen.«

ICH KANN NICHT behaupten, meine Worte hätten an diesem Tag viel bewirkt – außer an der Wall Street die Ansicht zu untermauern, dass ich wirtschaftsfeindlich eingestellt sei. Paradoxerweise wurde genau dieselbe Besprechung später von linken Kritikern als Beispiel dafür angeführt, dass ich in meiner allgemeinen Untauglichkeit und vermeintlichen Kumpanei mit der Wall Street es nicht geschafft hätte, die Banken während der Krise zur Verantwortung zu ziehen. Beide Darstellungen waren falsch, aber eines stimmte: Mit der Entscheidung für den Stresstest und der etwa zweimonatigen Wartezeit auf die vorläufigen Ergebnisse hatte ich jegliches Druckmittel, das ich auf die Banken ausüben konnte, verloren. Und es stimmte, dass ich mich gezwungen sah, keine voreiligen Schritte zu unternehmen, solange ich noch an vielen anderen Fronten der Wirtschaftskrise zu kämpfen hatte – zum Beispiel musste ich die amerikanische Autoindustrie davor bewahren, an die Wand zu fahren.

Der Zusammenbruch der Wall Street stellte eine Zuspitzung langjähriger struktureller Probleme im globalen Finanzsystem dar, und auch die Probleme der »großen drei«, der größten amerikanischen Autohersteller, waren schon seit Jahrzehnten im Entstehen begriffen: schlechtes Management, schlechte Autos, internationale Konkurrenz, unterfinanzierte Pensionen, steil ansteigende Kosten im Gesundheitswesen, zu großes Vertrauen in den Verkauf margenstarker, spritfressender SUV. Die Finanzkrise und die zunehmende Rezession hatten die Rechnung für all das nur beschleunigt. Im Herbst 2008 waren die Autoverkäufe um dreißig Prozent auf den niedrigsten Stand seit mehr als zehn Jahren gefallen, und GM und Chrysler ging das Geld aus. Ford war in einer etwas besseren Verfassung (hauptsächlich wegen einer zufälligen Umschuldung, bevor die Krise zuschlug), aber die Analysten zweifelten, ob Ford den Kollaps der anderen beiden überleben könnte, da alle drei Autohersteller auf einen gemeinsamen Pool von Teilezulieferern in Nordamerika bauten. Kurz vor Weihnachten hatte Hank Paulson mit einer kreativen Interpretation der TARP-Autorisierung GM und Chrysler mit über 17 Milliarden Dollar Überbrückungskredit versorgt. Aber ohne das politische Kapital, um eine dauerhafte Lösung zu erzwingen, hatte die Regierung Bush es nur geschafft, das Problem vor sich herzuschieben, bis ich im Amt war. Jetzt war das Geld bald verbraucht, und ich musste entscheiden, ob ich noch weitere Milliarden in die Autoindustrie pumpen sollte, um sie über Wasser zu halten.

Schon während der Übergangszeit war allen in meinem Team klar gewesen, dass GM und Chrysler eine Art geordnetes Insolvenzverfahren durchlaufen sollten. Ansonsten konnten sie das Geld schlichtweg nicht aufbringen, das sie jeden Monat verbrannten, ganz egal, wie optimistisch ihre Umsatzerwartungen waren. Darüber hinaus würde eine Insolvenz allein nicht genug sein. Um weitere Hilfeleistungen der Regierung zu rechtfertigen, würden die Autohersteller sich einer mühsamen kompletten Umstrukturierung ihrer Unternehmen unterziehen und einen Weg finden müssen, Autos herzustellen, die die Leute kaufen wollten. (»Ich verstehe nicht, warum Detroit keinen verdammten Corolla bauen kann«, brummte ich mehr als einmal meine Mitarbeiter an.)

Beides war leichter gesagt als getan. Zum einen ließ das Topmanagement von GM und Chrysler die Leute von der Wall Street geradezu visionär aussehen. Bei einer frühen Diskussion mit unserem Übergangswirtschaftsteam hatte der CEO von GM, Rick Wagoner, seine Präsentation derartig übers Knie gebrochen und alles schöngeredet – er prognostizierte etwa eine jährliche Umsatzsteigerung von zwei Prozent, obwohl die Umsätze in dem Jahrzehnt vor der Krise größtenteils gesunken waren –, dass selbst Larry kurzzeitig sprachlos war. Was die Insolvenz betraf, so würde dieser Prozess für GM wie für Chrysler einer Operation am offenen Herzen ähneln: kompliziert, blutig, riskant. Fast jeder Stakeholder (Management, Arbeiter, Zulieferer, Aktionäre, Rentner, Händler, Gläubiger und die Kommunen, in denen sich die Werke befanden) konnte kurzfristig etwas verlieren, und das würde Anlass für lange, zähe Verhandlungen geben, wobei es unklar war, ob die beiden Unternehmen überhaupt noch einen Monat überleben würden.

Ein paar Dinge kamen uns entgegen. Anders als bei der Situation mit den Banken war es nicht wahrscheinlich, dass sich Panik ausbreitete, wenn wir GM und Chrysler zu einer Umstrukturierung zwängen, sodass wir mehr Spielraum hätten, um im Gegenzug für die fortgesetzte Unterstützung durch die Regierung Zugeständnisse zu verlangen. Hilfreich war auch meine enge persönliche Beziehung zur Gewerkschaft United Auto Workers, deren Funktionäre erkannten, dass größere Veränderungen nötig waren, damit die Mitglieder der Gewerkschaft ihre Arbeit behielten.

Am wichtigsten war, dass unsere Taskforce für die Automobilindustrie – unter der Leitung von Steve Rattner und Ron Bloom und besetzt durch den glänzenden einunddreißigjährigen Experten für Wirtschaftspolitik Brian Deese – sich als großartig erwies. Das Team analysierte rigoros, ohne dabei die menschliche Dimension aus dem Auge zu verlieren, die bei über einer Million gefährdeten Arbeitsplätzen ins Spiel kam. Es hatte seine Verhandlungen mit den Autoherstellern längst begonnen, bevor ich überhaupt vereidigt war, und GM und Chrysler sechzig Tage gegeben, um offizielle Pläne für die Neustrukturierung vorzulegen, mit denen sie ihre Entwicklungsfähigkeit beweisen sollten. Um sicherzustellen, dass die Unternehmen nicht während dieses Zeitraums zusammenbrachen, hatte die Taskforce eine Reihe stufenweise erfolgender, aber unerlässlicher Interventionen vorgesehen – zum Beispiel das stillschweigende Absichern der Außenstände beider Firmen bei den Zulieferern, damit ihnen die Bauteile nicht ausgingen.

Mitte März kam die Auto-Taskforce ins Oval Office, um mir ihre Einschätzung zu präsentieren. Ihrer Ansicht nach genügte keiner der von GM und Chrysler vorgelegten Pläne den Anforderungen; beide Hersteller lebten immer noch in einer Fantasiewelt aus unrealistischen Umsatzprognosen und schwammigen Strategien zur Kostenkontrolle. Das Team meinte, mit einer aggressiven, geordneten Insolvenz könne man GM aber wieder auf Kurs bringen, und empfahl, der Firma sechzig Tage zu geben, um den Umstrukturierungsplan zu überarbeiten – vorausgesetzt, er sah vor, Rick Wagoner und den jetzigen Vorstand zu ersetzen.

Doch über Chrysler waren die Meinungen in unserem Team geteilt. Chrysler war der kleinste der »großen drei«, finanziell in der schlechtesten Verfassung und hatte – abgesehen von der Marke Jeep – eine wohl nicht zu rettende Produktreihe. In Anbetracht unserer begrenzten Mittel und des allgemein ins Stocken geratenen Autoabsatzes waren einige Mitglieder des Teams der Meinung, wir hätten eine bessere Chance, GM zu retten, wenn wir uns von Chrysler verabschiedeten. Andere beharrten darauf, dass wir den potenziellen Schock für die Wirtschaft nicht unterschätzen dürften, wenn wir zuließen, dass ein amerikanisches Kultunternehmen pleiteginge. Die Taskforce wies mich darauf hin, dass sich die Situation bei Chrysler so oder so derartig schnell verschlechterte, dass ich meine Entscheidung sofort treffen musste.

In diesem Moment steckte meine Assistentin Katie den Kopf ins Oval Office, um mir zu sagen, dass ich im Situation Room vom Team Nationale Sicherheit erwartet wurde. Da ich es ratsam fand, mir mehr als eine halbe Stunde Zeit zu nehmen, um über das Schicksal der amerikanischen Autoindustrie zu entscheiden, bat ich Rahm, die Taskforce zusammen mit meinen drei leitenden Beratern – Valerie, Pete und Axe – später am Nachmittag noch einmal in den Roosevelt Room zu bestellen, damit ich mir beide Seiten anhören konnte (die Prozesse!). In dem Meeting lauschte ich Gene Sperling, wie er für die Rettung von Chrysler plädierte, und den Erklärungen von Christy Romer und Austan Goolsbee, weshalb eine weitere Unterstützung dieses Unternehmens wahrscheinlich darauf hinauslaufen würde, schlechtem Geld gutes hinterherzuwerfen. Rahm und Axe, die immer ein Gespür für die politische Lage hatten, wiesen darauf hin, dass das Land jede weitere Rettungsaktion für Autokonzerne mit einem erstaunlichen Verhältnis von zwei zu eins ablehne. Selbst in Michigan erhielt die Unterstützung kaum eine Mehrheit.

Rattner führte an, Fiat habe vor Kurzem Interesse angemeldet, einen bedeutenden Anteil an Chrysler zu kaufen. Sergio Marchionne habe Fiat 2004 als CEO übernommen und die beeindruckende Leistung geschafft, das kränkelnde Unternehmen innerhalb von anderthalb Jahren wieder profitabel zu machen. Doch die Gespräche mit Fiat liefen noch zögerlich, und niemand konnte garantieren, dass irgendeine Intervention ausreichen würde, um Chrysler wieder auf Spur zu bringen. Rattner nannte es eine 51:49-Entscheidung – mit der hohen Wahrscheinlichkeit, dass die Erfolgschancen nicht so rosig aussahen, sobald das Unternehmen Insolvenz angemeldet hatte und wir genauer sehen konnten, was sich unter der Haube verbarg.

Ich ging die Tabellen durch, prüfte Zahlen und blickte dabei gelegentlich zu den Porträts von Teddy und Franklin D. Roosevelt an der Wand hoch, als Gibbs das Wort ergriff. Er hatte zuvor den Wahlkampf der US-Senatorin Debbie Stabenow in Michigan unterstützt und deutete jetzt auf eine Karte auf der Präsentationsfolie, die die Standorte aller Chrysler-Fabriken im Mittleren Westen zeigte.

»Mr President«, sagte er, »ich bin kein Wirtschaftswissenschaftler, und ich weiß nicht, wie man eine Autofirma leitet. Aber ich weiß, dass ich die letzten drei Monate mit dem Versuch verbracht habe, eine zweite Große Depression zu verhindern. In vielen dieser Städte ist die Krise schon angekommen. Wenn wir Chrysler jetzt den Hahn zudrehen, können wir genauso gut ein Todesurteil für jeden Punkt, den Sie hier auf der Karte sehen, unterschreiben. In jedem dieser Orte leben Tausende von Arbeitern, die auf uns zählen. Menschen, wie Sie sie auf der Wahlkampftour kennengelernt haben … Sie verlieren ihre Gesundheitsversorgung, ihre Renten, sie sind zu alt, um neu anzufangen. Sie können sie doch nicht im Stich lassen. Dafür wollten Sie doch nicht Präsident werden.«

Ich starrte die Punkte auf der Landkarte an, insgesamt mehr als zwanzig, über Michigan, Indiana und Ohio verteilt, und dachte zurück an meine erste Zeit als Community Organizer in Chicago, als ich mich mit entlassenen Stahlarbeitern in kalten Gewerkschaftshallen und Kirchenkellern getroffen hatte, um über die Belange ihrer Gemeinden zu sprechen. Ich erinnerte mich an ihre schweren Körper unter Wintermänteln, an ihre aufgesprungenen, schwieligen Hände und an ihre Gesichter – weiß, Schwarz, braun –, die die stille Verzweiflung von Männern verrieten, die ihre Bestimmung verloren hatten. Damals hatte ich ihnen nicht großartig helfen können; als ich kam, waren ihre Werke bereits geschlossen, und Leute wie ich hatten keine Druckmittel, die sie auf die fernen Führungskräfte ausüben konnten, die diese Entscheidungen getroffen hatten. Ich war mit der Vorstellung in die Politik gegangen, diesen Arbeitern und ihren Familien eines Tages vielleicht etwa Sinnvolleres bieten zu können.

Und da war ich nun. Ich wandte mich an Rattner und Bloom und bat sie, Chrysler ans Telefon zu holen. Ich sagte ihnen: Wenn das Unternehmen mit unserer Hilfe einen Deal mit Fiat aushandeln und einen realistischen, sachlichen Businessplan vorlegen könne, um innerhalb eines vernünftigen Zeitrahmens aus einer geordneten Insolvenz herauszukommen, dann schuldeten wir den Arbeitern und ihren Gemeinden diese Chance.

Die Abendessenszeit rückte näher, und ich musste im Oval Office noch mehrere Telefonate erledigen. Ich wollte das Meeting gerade vertagen, als Brian Deese zögerlich die Hand hob. Als jüngstes Mitglied der Auto-Taskforce hatte er sich während der Diskussion kaum zu Wort gemeldet, aber er war, ohne dass ich es wusste, derjenige gewesen, der die Landkarte vorbereitet und Gibbs über die menschlichen Kosten informiert hatte, die entstehen würden, wenn man Chrysler untergehen ließe. (Jahre später sollte er mir gestehen, dass er geglaubt hatte, die Argumente bekämen mehr Gewicht, wenn ein leitender Mitarbeiter sie vorbrächte.) Doch nachdem er gesehen hatte, dass seine Seite sich durchsetzte, zählte Deese in der Euphorie des Augenblicks alle möglichen Vorteile meiner eben getroffenen Entscheidung auf – auch dass ein Chrysler-Fiat-Tandem das erste in den USA ansässige Unternehmen werden könnte, das Autos produzierte, die vierzig Meilen pro Gallone schafften. Allerdings sagte er in seiner Nervosität, »die ersten in Amerika produzierten Autos, die vierzig Meilen pro *Stunde* schaffen«.

Einen Moment lang war es still im Raum, dann brachen alle in Gelächter aus. Als Deese seinen Fehler bemerkte, lief er im Gesicht, das unter seinem Bart weiß wie das eines Engels gewesen war, leuchtend rot an. Ich lächelte und erhob mich.

»Zufällig war mein erstes Auto ein 76er Fiat«, sagte ich, während ich die Unterlagen vor mir zusammensammelte. »Ich hatte ihn gebraucht gekauft, in meinem ersten Jahr auf dem College. Er war rot und hatte ein Fünfganggetriebe. Soweit ich es in Erinnerung habe, hat er mehr als vierzig Meilen pro Stunde geschafft ... wenn er nicht gerade in der Werkstatt stand. Es war das schlechteste Auto, das ich jemals hatte.«

Ich ging um den Tisch herum, klopfte Deese auf den Arm und wandte mich noch einmal um, als ich zur Tür hinausging: »Die Leute bei Chrysler können Ihnen dankbar sein, dass Sie *dieses* Argument erst vorgebracht haben, *nachdem* ich meine Entscheidung gefällt habe.«

ES HEISST OFT, ein Präsident werde zu viel gelobt, wenn es der Wirtschaft gut gehe, und zu sehr kritisiert, wenn sie einbreche. In normalen Zeiten ist das so. Alle möglichen Faktoren – sei es eine Entscheidung der Notenbank (über die ein Präsident per Gesetz keine Gewalt hat), die Zinsen anzuheben oder zu senken, der stete Wandel der Konjunktur, schlechtes Wetter, das Bauprojekte verzögert, oder ein plötzlicher Anstieg von Rohstoffpreisen, der durch einen Konflikt auf der anderen Seite der Welt hervorgerufen wurde – sind in der Wirtschaft spürbarer als alles, was ein Präsident tut. Selbst größere Initiativen des Weißen Hauses wie drastische Steuersenkungen oder die Überarbeitung staatlicher Vorschriften wirken sich normalerweise über Monate oder gar Jahre nicht messbar auf das Wachstum des Bruttoinlandsprodukts oder die Arbeitslosenquote aus.

Daher mühen sich die meisten Präsidenten ab, ohne die wirtschaftlichen Auswirkungen ihrer Entscheidungen und Maßnahmen zu kennen. Auch die Wähler können sie nicht richtig einschätzen. Es ist irgendwie unfair: Abhängig von zeitlichen Zufällen kann ein Präsident, eine Präsidentin bei den Wahlen für Dinge, die sich komplett seiner oder ihrer Kontrolle entziehen, entweder bestraft oder belohnt werden. Gleichzeitig lässt das einer Regierung einen gewissen Spielraum für Fehler und erlaubt Führungspersönlichkeiten, Politik zu betreiben – in dem sicheren Wissen, dass nicht alles davon abhängt, dass sie alles richtig machen.

2009 jedoch war die Situation anders. In den ersten hundert Tagen meiner Amtszeit gab es keinen Spielraum für Fehler. Jeder Schritt zählte. Die gesamte Bevölkerung war wachsam. Hatten wir die Finanzwirtschaft wieder in Schwung gebracht? Hatten wir die Rezession beendet? Arbeitsplätze gerettet? Konnten die Menschen ihre Häuser behalten? Unsere Scorekarte wurde täglich veröffentlicht, und jedes neue Detail zu den Konjunkturdaten, jede Nachrichtenmeldung oder Anekdote wurde zum Gegenstand der Beurteilung. Meinem Team und mir war das jeden Tag vom Aufwachen an bewusst, und es blieb in unseren Köpfen, bis wir zu Bett gingen.

Manchmal glaube ich, es war schlichtweg die viele Arbeit in diesen ersten Monaten, die uns davon abhielt, der allgemeinen Belastung zu erliegen. Nach den Entscheidungen in den Fällen GM und Chrysler standen im Prinzip die Hauptsäulen unserer Strategie, und wir konnten uns an ihre Umsetzung machen. Die Auto-Taskforce sorgte für eine Veränderung im Management von GM, verhandelte Fiats Beteiligung bei Chrysler und unterstützte bei der Erstellung eines plausiblen Plans für die geordneten Insolvenzen und die Umstrukturierung beider Autobauer. Das Immobilienteam zimmerte unterdessen den Rahmen für das HAMP- und das HARP. Die Steuersenkungen und Finanzhilfen für Bundesstaaten wurden wirksam, wobei Joe Biden gemeinsam mit seinem fähigen Stabschef Ron Klain dafür zuständig war, die Milliarden Dollars für Infrastrukturprojekte zu beaufsichtigen. Ihr besonderes Augenmerk galt dabei dem Kampf gegen Verschwendung und Betrug. Und Tim und sein noch rudimentär besetztes Finanzministerium waren gemeinsam mit der Fed dabei, Brände im gesamten Finanzwesen zu löschen.

Das Tempo war unerbittlich. Auf den regelmäßigen morgendlichen Treffen mit dem Wirtschaftsteam kündeten die Gesichter derjenigen, die im Oval Office auf den hufeisenförmig angeordneten Stühlen und Sofas saßen, von ihrer Erschöpfung. Später sollte ich über Ecken erfahren, wie sich die Leute bei Mitarbeitertreffen manchmal angebrüllt hatten. Es war das Ergebnis legitimer politischer Debatten, verwaltungstechnischer Streitereien, anonymer Indiskretionen gegenüber der Presse, ausgefallener Wochenenden oder zu vieler spätabendlicher Mahlzeiten, bestehend aus Pizza oder Chili aus der Navy Mess im Erdgeschoss des West Wing. Aus dieser Anspannung wurde jedoch niemals echter Groll, und sie hinderte auch niemanden daran, die Arbeit zu erledigen. Ob es an ihrer Professionalität lag, am Respekt gegenüber dem Präsidentenamt, an dem Wissen, was ein Scheitern für das Land bedeuten könnte, oder ob es einer Art Solidarität zuzuschreiben war, die daher rührte, dass sie ein kollektives Ziel für die zunehmenden Angriffe aus allen Ecken abgaben – jedenfalls hielten alle mehr oder weniger zusammen, während wir auf ein Zeichen warteten, irgendein Zeichen, dass unsere Pläne zur Beendigung der Krise wirklich funktionierten.

Ende April war es schließlich so weit. Tim kam eines Tages im Oval Office vorbei, um mir zu sagen, dass die Federal Reserve, die sich während der Prüfung der Banken zugeknöpft gegeben hatte, dem Finanzministerium nun endlich einen ersten Blick auf die Ergebnisse des Stresstests gewährt hatte.

»Und?« Ich versuchte, aus Tims Gesichtsausdruck schlau zu werden. »Wie sieht es aus?«

»Na ja, einige Zahlen müssen noch weiter geprüft werden …«

In gespielter Verzweiflung warf ich die Hände hoch.

»Besser als erwartet, Mr President«, sagte Tim.

»Das heißt?«

»Das heißt, wir sind über den Berg.«

Von den neunzehn systemrelevanten Instituten, die dem Stresstest unterzogen worden waren, hatte die Fed neun einen Persilschein erteilt und festgestellt, dass sie kein weiteres Kapital brauchten. Fünf andere Banken benötigten mehr Kapital, um die Benchmark der Fed zu erreichen, wirkten aber stabil genug, um es mit Privatmitteln zu bewerkstelligen. Damit blieben noch fünf Institute (darunter die Bank of America, die Citigroup und GMAC, die Finanzsparte von General Motors), die wahrscheinlich noch Staatshilfen brauchen würden. Laut Fed lag der Fehlbetrag wahrscheinlich bei nicht mehr als insgesamt 75 Milliarden Dollar – ein Betrag, den wir mühelos mit unseren übrigen Mitteln aus dem TARP-Fonds decken konnten.

»Ich habe nie daran gezweifelt«, sagte ich todernst, als Tim mit seinem Bericht fertig war.

Ich sah ihn zum ersten Mal seit Wochen lächeln.

Falls sich Tim nach den Ergebnissen des Stresstests rehabilitiert fühlte, so zeigte er es nicht. (Allerdings gestand er mehrere Jahre später, dass es ein ziemlich gutes Gefühl war, von Larry Summers die Worte »Sie hatten recht« zu hören.) Diese erste Information ließen wir vorerst nicht aus unserem engen Kreis nach außen dringen. Das Letzte, was wir brauchen konnten, war verfrühter Jubel. Aber als die Fed zwei Wochen später ihren Abschlussbericht veröffentlichte, hatten sich die Ergebnisse nicht geändert, und obwohl einige politische

Kommentatoren weiterhin skeptisch blieben, fand das maßgebliche Publikum – die Finanzmärkte – die Prüfung streng und glaubhaft, sodass neues Vertrauen geschaffen worden war. Investoren pumpten wieder Geld in die Finanzinstitute, fast so schnell, wie sie es ihnen entzogen hatten. Unternehmen stellten fest, dass sie wieder Kredite aufnehmen konnten, um ihren Tagesbetrieb zu finanzieren. So wie die Angst die sehr realen Verluste der Banken durch die Subprime-Kreditorgien verschlimmert hatte, so katapultierte der Stresstest – gemeinsam mit massiven Zusicherungen der Regierung – die Märkte wieder zurück in vernunftbestimmte Bereiche. Im Juni hatten die zehn Finanzinstitute, die in Schwierigkeiten gesteckt hatten, über 66 Milliarden Dollar an Privatkapital aufgebracht, sodass nur noch ein Defizit von 9 Milliarden Dollar blieb. Der Notfall-Liquiditätsfonds der Fed konnte seine Investition in das Finanzsystem um mehr als zwei Drittel kürzen. Und die neun größten Banken des Landes hatten dem Finanzministerium die 67 Milliarden Dollar aus dem TARP-Fonds, die sie bekommen hatten, zurückgezahlt – mit Zinsen.

Fast neun Monate nach der Pleite von Lehman Brothers schien die Panik vorüber zu sein.

MEHR ALS ein Jahrzehnt ist seit dieser kritischen Zeit zu Beginn meiner Präsidentschaft vergangen. Auch wenn die Einzelheiten dem Großteil der Bevölkerung allenfalls vage bekannt sind, wird der Umgang meiner Regierung mit der Finanzkrise immer noch erbittert diskutiert. Genau betrachtet kann man gegen die Ergebnisse unserer Maßnahmen kaum etwas einwenden. Nicht nur stabilisierte sich der amerikanische Bankensektor viel früher als seine europäischen Pendants, das Finanzwesen und die Gesamtwirtschaft begannen auch schneller wieder zu wachsen als in fast jedem anderen Staat in der Geschichte nach einer so tiefgreifenden Erschütterung. Hätte ich am Tag meiner Vereidigung vorhergesagt, dass sich das amerikanische Finanzsystem binnen eines Jahres wieder gefestigt haben würde, dass fast alle TARP-Mittel komplett zurückgezahlt wären (dem Steuerzahler waren nicht nur keine Kosten entstanden, er hatte damit sogar Geld *verdient*) und die Wirtschaft in die längste Zeitspanne beständigen Wachstums und der Schaffung von Arbeitsplätzen in der amerikanischen Geschichte eingetreten sein würde, hätte die Mehrzahl von Fachleuten und Experten meine geistige Gesundheit infrage gestellt – oder angenommen, ich würde etwas Stärkeres als Tabak rauchen.

Für viele besonnene Kritiker lag allerdings genau in der Tatsache, dass ich eine Rückkehr zur Normalität vor der Krise bewerkstelligt hatte, das Problem. Für sie stellte dies eine verpasste Gelegenheit, wenn nicht geradezu einen Verrat dar. Ihrer Ansicht nach hatte mir die Finanzkrise die innerhalb einer Generation nicht wiederkehrende Gelegenheit geboten, Normalität neu zu definieren und nicht nur das Finanzsystem, sondern die gesamte amerikanische Wirtschaft zu reformieren. Hätte ich doch nur die großen Banken aufgelöst und ein paar Wirtschaftskriminelle ins Gefängnis gesteckt, und hätte ich doch den überdimensionalen Vergütungspaketen und der Ich-gewinne-immer-Kultur der Wall Street ein Ende bereitet, dann hätten wir heute vielleicht ein gerechteres System, das eher den Interessen arbeitender Familien diente als einer Handvoll Milliardären.

Ich verstehe solche Frustrationen. In vielerlei Hinsicht teile ich sie auch. Bis zum heutigen Tag studiere ich Untersuchungen über die zunehmende Ungleichheit in Amerika, die eingeschränkte Mobilität nach oben und die immer noch stagnierenden Löhne, mitsamt der daraus folgenden Wut und den Verwerfungen, die solche Entwicklungen in unserer Demokratie bewirken. Dann frage ich mich, ob ich in jenen ersten Monaten nicht wagemutiger hätte sein sollen, willens, der Ökonomie kurzfristig mehr Schmerzen zuzumuten, um eine für immer geänderte und gerechtere Wirtschaftsordnung zu erreichen.

Dieser Gedanke setzt mir zu. Aber selbst wenn ich die Uhr zurückdrehen und alles noch einmal machen könnte, ich kann nicht sagen, dass ich andere Entscheidungen treffen würde. Abstrakt klingen alle von den Kritikern vorgebrachten Alternativen und verpassten Gelegenheiten plausibel, wie einfache Wendepunkte in einem moralischen Lehrstück. Aber genauer betrachtet hätte jede der vorgeschlagenen Maßnahmen – sei es die Verstaatlichung der Banken, die erweiterte Auslegung von Strafgesetzen, um Führungskräfte von Banken strafrechtlich zu belangen, oder einfach die Bereitschaft, einen Teil des Bankensystems zusammenbrechen zu lassen, um einen Moral Hazard zu vermeiden – Gewalt gegen die Gesellschaftsordnung bedeutet, ein

Zerren an politischen und ökonomischen Normen, und das hätte sicherlich alles nur verschlimmert. Nicht für die Wohlhabenden und Mächtigen. Sie finden immer einen Weg, auf den Füßen zu landen. Schlimmer wäre es genau für die Leute geworden, die ich retten wollte. Im besten Fall hätte die Wirtschaft länger gebraucht, um sich zu erholen, mit einer höheren Arbeitslosenrate, mehr Zwangsvollstreckungen, mehr Geschäftsschließungen. Im schlechtesten Fall wären wir in eine umfassende Wirtschaftskrise gerutscht.

Ein revolutionärerer Geist könnte entgegnen, dass es das alles wert gewesen wäre, dass man Eier kaputt schlagen muss, um ein Omelette zuzubereiten. Aber sosehr ich immer gewillt war, mein Leben durcheinanderzubringen, um eine Idee zu verfolgen, wollte ich solche Risiken doch nicht eingehen, wenn dabei das Wohlergehen von Millionen auf dem Spiel stand. In diesem Sinne brachten meine ersten hundert Tage im Amt eine grundsätzliche Ausrichtung meines politischen Charakters zum Vorschein. Ich war ein Reformer mit konservativem Naturell, was allerdings nicht meine Visionen betraf. Ob ich damit Weisheit oder Schwäche demonstrierte, sollten andere beurteilen.

Solche Grübeleien kamen jedenfalls erst später. Im Sommer 2009 hatte das Rennen gerade erst begonnen. Sobald die Wirtschaft stabilisiert war, würde ich mehr Zeit haben, die strukturellen Veränderungen durchzusetzen – bei den Steuern, im Bildungswesen, auf dem Energiesektor, in der Gesundheitsversorgung, im Arbeits- und Einwanderungsrecht –, für die ich im Wahlkampf geworben hatte, Veränderungen, die das System grundsätzlich gerechter machen und den gewöhnlichen Amerikanern mehr Möglichkeiten bieten würden. Tim und sein Team bereiteten bereits Optionen für eine umfassende Reform der Wall Street vor, die ich später dem Kongress vorstellen sollte.

Unterdessen versuchte ich, mir ins Bewusstsein zu rufen, dass wir eine Katastrophe von der Nation abgewendet hatten und unsere Arbeit jetzt schon eine gewisse Erleichterung für alle brachte. Höhere Leistungen der Arbeitslosenversicherung hielten Familien im ganzen Land über Wasser. Steuersenkungen für kleine Unternehmen führten dazu, dass ein paar mehr Arbeiter im Betrieb bleiben konnten. Lehrer waren in Klassenzimmern, Polizisten waren auf Streife. Ein Autohersteller, der kurz vor der Schließung stand, arbeitete noch, während die

Umschuldung von Immobiliendarlehen verhinderte, dass jemand dort draußen sein Haus verlor.

Dass keine Katastrophe eintrat, dass die Normalität erhalten wurde, das erregte keine weitere Aufmerksamkeit. Die meisten Menschen, die betroffen waren, wussten nicht einmal, wie unsere Politik ihr Leben berührt hatte. Aber ab und zu, wenn ich spätnachts im Treaty Room las, fand ich in meiner lila Mappe einen Brief, der ungefähr so begann:

Sehr geehrter Präsident Obama,

Sie werden das bestimmt nie lesen, aber ich dachte, es würde Sie vielleicht interessieren, dass ein von Ihnen eingeführtes Hilfsprogramm sich als echter Lebensretter entpuppt hat …

NACHDEM ICH EINEN dieser Briefe durchgelesen hatte, legte ich ihn weg und nahm eine Briefkarte heraus, um eine kurze Antwort zu schreiben. Ich stellte mir vor, wie der offizielle Umschlag aus dem Weißen Haus ankam und mit verwirrtem Gesichtsausdruck geöffnet wurde, gefolgt von einem Lächeln. Dann bekam die Familie die Karte gezeigt, vielleicht wurde sie sogar in die Arbeit mitgenommen. Irgendwann würde der Brief dann in einer Schublade verschwinden, vergessen unter den vielen neuen Glücksmomenten und Schmerzen, die ein Leben ausmachen. Das war in Ordnung so. Ich konnte von den Menschen nicht erwarten, dass sie verstanden, wie viel mir ihre Stimmen wirklich bedeuteten – und wie sie mir an diesen späten, einsamen Abenden Kraft gegeben und raunende Zweifel verdrängt hatten.

KAPITEL 13

NOCH VOR MEINER AMTSEINFÜHRUNG bestand Denis McDonough, mein leitender Wahlkampfmitarbeiter im Bereich Außenpolitik und zukünftiger Ressortleiter der Abteilung Strategische Kommunikation im Nationalen Sicherheitsrat, darauf, dass ich mir eine halbe Stunde Zeit für etwas nahm, dem er höchste Priorität zumaß.

»Wir müssen dafür sorgen, dass Sie einen korrekten militärischen Gruß entbieten können.«

Denis hatte nicht beim Militär gedient, dennoch bewegte er sich mit einer ganz bestimmten Ruhe, einer Besonnenheit und Konzentration, sodass manche Leute das Gegenteil annahmen. Er war hochgewachsen, hatte einen kantigen Körperbau, ein markantes Kinn, tief liegende Augen und ergrautes Haar, das ihn älter als neununddreißig wirken ließ, und war in Stillwater, Minnesota, als eines von elf Kindern einer Arbeiterfamilie mit irisch-katholischem Hintergrund aufgewachsen. Nach dem Collegeabschluss war Denis durch Lateinamerika gereist, hatte an einer Highschool in Belize unterrichtet, war in die USA zurückgekehrt, um seinen Master in Internationale Beziehungen zu machen, und arbeitete für Tom Daschle, den damaligen Fraktionsvorsitzenden der Demokraten im Senat. 2007 hatten wir Denis als Mitarbeiter meines Senatsbüros für den Bereich Außenpolitik eingestellt, und im Verlauf des Wahlkampfs übernahm er mehr und mehr Verantwortung – unterstützte mich bei der Vorbereitung von Debatten, stellte Briefingunterlagen zusammen, organisierte jeden Aspekt meiner Auslandsreisen im Vorfeld des Nominierungsparteitags und rang unablässig mit dem uns begleitenden Pressekorps.

Selbst in einem Team von lauter Typ-A-Persönlichkeiten stach Denis noch heraus. Er plagte sich mit Details ab, bot sich freiwillig für die schwierigsten und undankbarsten Aufgaben an und arbeitete über den Punkt der Erschöpfung hinaus: Während des Wahlkampfs in Iowa verbrachte er seine knappe Freizeit damit, von Haustür zu Haustür zu gehen und um Stimmen zu werben, und nach einem besonders üblen Schneesturm schippte er einmal für die Anwohner Schnee und hoffte, sie so überzeugen zu können, für mich zu stimmen. Die Geringachtung seines eigenen Wohlergehens, die ihm geholfen hatte, es im Footballteam seines Colleges trotz geringer Körpergröße auf die Position des Strong Safety geschafft zu haben, konnte durchaus problematisch werden – im Weißen Haus musste ich ihn einmal nach Hause schicken, als ich mitbekam, dass er trotz eines Grippeanfalls zwölf Stunden durchgearbeitet hatte. Ich vermutete einen religiösen Aspekt hinter dieser Intensität, und obwohl ihn ein undogmatischer Zug (sowie die grenzenlose Liebe zu seiner Ehefrau Kari) einen Bogen um die katholische Priesterstola machen ließ, widmete er sich seiner Arbeit als einer Art Gottesdienst und Selbstverleugnung.

Als Teil seiner guten Werke auf Erden hatte er es nun auf sich genommen, mich auf meinen ersten Tag als Oberbefehlshaber der Streitkräfte vorzubereiten. Um mich auf Herz und Nieren zu prüfen, lud Denis am Tag vor meiner Amtseinführung zwei Männer aus dem Militär in unser Übergangsbüro ein – unter anderem Matt Flavin, einen jungen Marineveteranen, der künftig als Mitarbeiter für Veteranenangelegenheiten im Weißen Haus dienen sollte. Zunächst zeigten sie mir einen Stapel Fotos mit militärischen Ehrbezeugungen vorangegangener Präsidenten, die nicht den Anforderungen genügten – schlappe Handgelenke, nicht gestreckte Finger, George W. Bush, der versuchte, militärisch zu grüßen, während er seinen Hund unter dem Arm trug. Dann bewerteten sie mein eigenes Erscheinungsbild, das offensichtlich nicht herausragend war.

»Ellenbogen ein Stück weiter raus, Sir«, sagte einer.

»Finger enger zusammen, Sir«, sagte der andere. »Die Fingerspitzen sollten genau an Ihren Augenbrauen sein.«

Nach ungefähr zwanzig Minuten schienen meine Lehrer zufrieden zu sein. Als sie gegangen waren, wandte ich mich an Denis.

»Noch irgendetwas, das Sie nervös macht?«, neckte ich ihn.

Er schüttelte wenig überzeugend den Kopf. »Ich bin nicht nervös, Mr President-Elect. Ich möchte nur vorbereitet sein.«

»Worauf?«

Denis lächelte. »Auf alles.«

DASS DIE ALLERWICHTIGSTE Aufgabe des Präsidenten darin besteht, das amerikanische Volk zu beschützen, ist eine Binsenweisheit. Abhängig von der politischen Grundeinstellung und dem Wahlmandat hat man vielleicht das brennende Verlangen, öffentliche Schulen instand zu setzen oder das Schulgebet wiedereinzuführen, den Mindestlohn zu erhöhen oder die Macht von Gewerkschaften des öffentlichen Dienstes zu brechen. Doch ob Republikaner oder Demokrat, etwas, womit sich jeder Präsident intensiv beschäftigen muss, etwas, das Ursache chronischer, unerbittlicher Anspannung ist und sich von dem Moment an, da man gewählt wurde, tief in einen eingräbt, ist das Bewusstsein dafür, dass sich jede Bürgerin, jeder Bürger darauf verlässt, dass man sie beschützt.

Die Art und Weise, in der man sich der Aufgabe nähert, hängt davon ab, wie man die Bedrohungen definiert, denen sich das Land gegenübersieht. Was fürchten wir am meisten? Einen möglichen atomaren Angriff Russlands oder dass eine bürokratische Fehleinschätzung oder eine Macke in der Software aus Versehen einen unserer Sprengköpfe losschickt? Dass sich ein Fanatiker in der U-Bahn in die Luft sprengt oder staatliche Behörden, die unter dem Vorwand, uns vor Fanatikern beschützen zu wollen, unsere E-Mail-Accounts anzapfen? Eine Unterbrechung ausländischer Erdöllieferungen, die eine Treibstoffknappheit auslöst, oder dass der Meeresspiegel steigt und sich der Planet immer mehr aufheizt? Eine Einwandererfamilie, die auf der Suche nach einem besseren Leben heimlich einen Fluss durchquert, oder eine Pandemie, ausgebrütet von Armut und einem Mangel an öffentlicher Gesundheitsversorgung in einem fernen Entwicklungsland, die unsichtbar in unsere Häuser schleicht?

Für den größten Teil des zwanzigsten Jahrhunderts hatten die meisten Amerikaner eine ziemlich klare Vorstellung vom Was und Warum, wenn es um unsere nationale Verteidigung ging. Wir lebten mit der

Möglichkeit, von einer anderen Großmacht angegriffen oder in einen Konflikt zwischen Großmächten hineingezogen zu werden oder die vitalen Interessen der USA – wie sie von den klugen Männern in Washington vorgegeben wurden – durch einen Akteur im Ausland gefährdet zu sehen. Nach dem Zweiten Weltkrieg waren da die Sowjetunion und das kommunistische China und deren (wahre oder vermeintliche) Erfüllungsgehilfen, die es angeblich auf die Weltherrschaft abgesehen hatten und unsere Art zu leben bedrohten. Und dann kamen die Terrorangriffe, die ihren Ursprung im Nahen Osten hatten; sie machten sich zunächst nur am Rande unseres Sichtfelds bemerkbar, Furcht einflößend, aber überschaubar, bis sich nur wenige Monate nach Beginn des neuen Jahrhunderts angesichts der zu Staub zerfallenden Twin Towers unsere schlimmsten Befürchtungen bestätigten.

Geprägt von vielen dieser Ängste, wuchs ich auf. Auf Hawaii kannte ich Familien, die in Pearl Harbor geliebte Menschen verloren hatten. Mein Großvater, sein Bruder und der Bruder meiner Großmutter hatten im Zweiten Weltkrieg gekämpft. Ich wurde in dem Bewusstsein erzogen, dass ein Atomkrieg eine sehr reale Gefahr war. Ich war noch in der Grundschule, da sah ich im Fernsehen, wie Athleten bei den Olympischen Spielen in München von maskierten Männern abgeschlachtet wurden. Zu Collegezeiten hörte ich im Fernsehen, wie der TV-Moderator Ted Koppel die Zahl der Tage vermerkte, die US-Amerikaner in der Botschaft im Iran als Geiseln gehalten wurden. Zu jung, um am eigenen Leib die Qualen des Vietnamkriegs erlebt zu haben, hatte ich bloß das ehrenhafte und maßvolle Verhalten unserer Streitkräfte während des Zweiten Golfkriegs mitbekommen, und wie die meisten Amerikaner betrachtete ich unsere Militäreinsätze in Afghanistan nach dem 11. September als notwendig und auch gerechtfertigt.

Doch hatten sich mir ebenso eine Reihe anderer, wenn auch nicht gegensätzlicher Geschichten eingebrannt – solche, die davon erzählten, was Amerika, die symbolische Macht eines Landes, das auf den Idealen der Freiheit fußte, jenen Menschen bedeutete, die weit entfernt in der Welt lebten. Ich erinnere mich, im Alter von sieben oder acht Jahren auf den kühlen Bodenfliesen unseres Hauses am Rande von Jakarta zu sitzen und meinen Freunden voller Stolz ein Bilderbuch über Honolulu mit seinen Hochhäusern, den Lichtern der Stadt und den breiten, geteerten Straßen zu zeigen. Die staunenden Gesichter habe ich nie vergessen, als ich ihnen ihre Fragen zum Leben in Amerika beantwortete und erklärte, dass jedes Kind mit einer Menge Büchern unterm Arm zur Schule gehen könne und es keine Bettler gebe, weil fast jeder einen Job und genug zu essen habe. Später, als junger Mann, erlebte ich mit, was meine Mutter bewirkte, die für Hilfsorganisationen wie USAID tätig war und Frauen in entlegenen Dörfern Asiens half, Zugang zu einem Kredit zu bekommen. Diese Frauen empfanden andauernde Dankbarkeit dafür, dass sich einen ganzen Ozean entfernt lebende Amerikaner für ihre Notlage interessierten. Als ich zum ersten Mal Kenia besuchte, saß ich mit neu entdeckten Verwandten zusammen, die mir erzählten, wie sehr sie die Demokratie und die Rechtsstaatlichkeit in den Vereinigten Staaten bewunderten – es sei ein Kontrast, sagten sie, zum Tribalismus und der Korruption, von denen ihr Land geplagt sei.

Solche Erlebnisse lehrten mich, mein Land mit den Augen anderer zu sehen. Sie erinnerten mich daran, wie glücklich ich mich schätzen konnte, Amerikaner zu sein, und diesen Segen nicht als selbstverständlich zu betrachten. Ich habe selbst gesehen, welche Macht unser Vorbild in den Herzen und Köpfen der Menschen auf der ganzen Welt hat. Doch damit ging eine Lektion einher: ein Bewusstsein davon, was wir riskierten, wenn unser Handeln unserem Image und unseren Idealen nicht gerecht wurde, ein Bewusstsein von der Wut und Feindseligkeit, die das heraufbeschwören konnte, von dem Schaden, den das anrichtete.

Wenn ich hörte, wie Indonesier über die Hunderttausenden von Menschen sprachen, die bei einem Putsch ermordet worden waren, der nach Meinung vieler mit Rückendeckung der CIA geschehen war und 1967 eine Militärdiktatur an die Macht gebracht hatte, oder vernahm, was Umweltaktivisten in Lateinamerika über die Umweltverschmutzung durch US-Unternehmen berichteten, wenn ich mit indisch- oder pakistanischstämmigen Amerikanern im Freundeskreis mitfühlte, während sie von unzähligen Begebenheiten erzählten, bei denen sie nach dem 11. September »zufällig« aus der Schlange am Flughafen herausgefischt und durchsucht worden waren, hatte ich das Gefühl, dass die amerikanischen Verteidigungsmöglichkeiten schwächelten. Ich sah

Risse in der Rüstung und hatte keinen Zweifel, dass sie unser Land im Lauf der Zeit weniger sicher machten.

Diese Doppelperspektive, genauso wie meine Hautfarbe, unterschied mich von vorangegangenen Präsidenten. Meine Befürworter betrachteten dies als entscheidende außenpolitische Stärke, die mich befähigte, weltweit den Einfluss der Vereinigten Staaten zu vergrößern und Schwierigkeiten vorauszusehen, die aus unüberlegten politischen Entscheidungen erwachsen könnten. Meine Kritiker sahen darin ein Zeichen von Schwäche und hielten es deshalb für möglich, dass ich aus mangelnder Überzeugung oder sogar wegen eines gespaltenen Loyalitätsempfindens zögern könnte, die amerikanischen Interessen zu fördern. Und manche meiner Mitbürgerinnen und Mitbürger dachten noch viel schlimmer. Der Sohn eines schwarzen Afrikaners mit einem muslimischen Namen und sozialistischen Vorstellungen, der es sich im Weißen Haus gemütlich machte und die ganze Macht der US-Regierung unter seinem Kommando hatte, war exakt das, wovor sie beschützt werden wollten.

WAS DIE LEITENDEN MITGLIEDER meines nationalen Sicherheitsteams betrifft, so betrachteten sie sich alle in unterschiedlichem Maß als Anhänger des Internationalismus: Sie waren der Ansicht, dass die Führungsrolle der Vereinigten Staaten nötig war, um die Welt weiter in eine bessere Richtung zu lenken, und dass unser Einfluss mannigfaltig war. Selbst die eher liberal eingestellten Mitglieder meines Teams, beispielsweise Denis, hatten keinen Vorbehalt, den Begriff »hard power« zu verwenden, wenn es um die Verfolgung von Terroristen ging, und verachteten linksorientierte Kritiker, die die Vereinigten Staaten permanent für jedes Problem weltweit verantwortlich machten. Derweil begriffen selbst die Vertreter eines harten außenpolitischen Kurses in meinem Team die Bedeutung von weitgefächerter Public Diplomacy und hielten die Ausübung sogenannter »soft power«, wie etwa Entwicklungshilfe und studentische Austauschprogramme, für eine wesentliche Zutat einer wirkungsvollen Außenpolitik.

Es handelte sich um eine Frage der Gewichtung. Wie viele Gedanken machten wir uns um die Menschen jenseits unserer Grenzen, und wie sehr sollten wir uns schlicht um unsere eigenen Bürger kümmern?

Wie sehr war unser Schicksal tatsächlich mit dem der Menschen im Ausland verknüpft? Bis zu welchem Grad sollte sich Amerika an multilaterale Institutionen wie die Vereinten Nationen binden, und inwieweit sollten wir im Bestreben, unsere ureigenen Interessen zu vertreten, eigenständig handeln? Sollten wir uns mit autoritären Regierungen verbünden, die halfen, mögliches Chaos unter Kontrolle zu halten – oder war es auf lange Sicht die schlauere Strategie, sich mit aller Kraft für demokratische Reformen einzusetzen?

Wie sich die Mitglieder meiner Regierung zu diesen Problemen stellten, war nicht immer vorhersehbar. Doch in unseren internen Debatten konnte ich einen gewissen generationsbedingten Unterschied entdecken. Mit Ausnahme von Susan Rice, meiner jugendlichen Botschafterin bei den Vereinten Nationen, waren die Chefs der Sicherheitsbehörden – Minister Gates und Ministerin Clinton, CIA-Chef Leon Panetta, Mitglieder der Vereinigten Stabschefs ebenso wie mein nationaler Sicherheitsberater Jim Jones sowie der Direktor der nationalen Nachrichtendienste Denny Blair – während des Kalten Krieges erwachsen geworden und gehörten bereits seit Jahrzehnten zum Washingtoner Sicherheitsestablishment: einem eng verflochtenen Netzwerk von aktuellen und ehemaligen Politikern des Weißen Hauses, Kongressmitarbeitern, Wissenschaftlern, Experten von Denkfabriken, Oberen des Pentagons, Zeitungskolumnisten, Militärdienstleistern und Lobbyisten. Für sie bedeutete verantwortungsbewusste Außenpolitik vor allem Kontinuität, Planbarkeit und der Widerwille, sich zu weit von herkömmlichen Auffassungen zu entfernen. Genau dieser Impuls hatte die meisten von ihnen dazu veranlasst, die US-Invasion in den Irak zu unterstützen. Auch wenn sie sich angesichts des daraus resultierenden Desasters gezwungen sahen, diese spezielle Entscheidung noch einmal zu überdenken, verspürten sie doch keine Neigung, sich zu fragen, ob nach dem parteiübergreifenden Losstürmen in den Irak vielleicht die Notwendigkeit einer grundsätzlichen Generalüberholung unserer nationalen Sicherheitsstrukturen gegeben war.

Die jüngeren Mitglieder meines Teams für nationale Sicherheit, einschließlich der Mehrzahl der Mitarbeiter des Nationalen Sicherheitsrats, hatten andere Vorstellungen. Sie waren nicht weniger patriotisch als ihre Vorgesetzten und standen stark unter dem Eindruck zweier

Ereignisse – dem Horror des 11. Septembers und den Bildern von irakischen Gefangenen, die von US-Militärangehörigen in Abu Ghuraib misshandelt worden waren –, und viele von ihnen hatten sich von meinem Wahlkampf gerade deshalb angezogen gefühlt, weil ich die Annahmen dessen infrage stellte, was wir oft als »Washington Playbook« bezeichneten: ob es um die Politik im Nahen Osten ging, unsere Haltung zu Kuba, den Widerwillen, sich mit Gegnern mit Mitteln der Diplomatie auseinanderzusetzen, um die Bedeutung gesetzeskonformer Leitlinien im Kampf gegen den Terror oder die Stärkung von Menschenrechten, um internationale Entwicklungszusammenarbeit oder darum, den Klimawandel nicht mehr als Handlungsfeld für Altruisten, sondern als zentralen Aspekt unserer nationalen Sicherheit zu betrachten. Keiner von diesen jungen Leuten war ein Hitzkopf, und sie respektierten das institutionelle Wissen derjenigen mit großer außenpolitischer Erfahrung. Aber sie betrachteten es nicht als Fehler, mit einigen der Zwänge der Vergangenheit brechen zu wollen, etwas Besseres zu erreichen.

Bisweilen drang die Spannung zwischen der neuen und der alten Garde meines außenpolitischen Teams an die Oberfläche. Die Medien tendierten dazu, das dann als jugendliche Unverfrorenheit einiger Mitarbeiter zu deuten und als Mangel an grundlegender Einsicht, wie Washington funktionierte. Das war nicht der Fall. Tatsächlich gerieten Mitarbeiter wie Denis oft gerade deshalb mit dem Pentagon, dem State Department und der CIA aneinander, weil sie *wussten,* wie Washington funktionierte – denn sie hatten mitbekommen, dass die außenpolitische Bürokratie neue Richtungsanweisungen eines Präsidenten verzögern, fehlinterpretieren, verbergen, schlecht umsetzen oder sich ihnen auf andere Art widersetzen konnte.

Und in diesem Sinne hatte ich die Spannungen innerhalb unseres außenpolitischen Teams durchaus selbst geschaffen: Sie waren für mich ein Weg, mich durch die Spannungen in meinem Kopf zu arbeiten. Ich stellte mir vor, auf der Brücke eines Flugzeugträgers zu stehen, überzeugt davon, dass die USA einen neuen Kurs einschlagen mussten. Zugleich war ich vollkommen abhängig davon, dass eine routiniertere und mitunter skeptische Crew diese Wende umsetzte, und ich hatte zu bedenken, dass der Leistungsfähigkeit des Schiffs Grenzen gesetzt waren und ein zu scharfer Kurswechsel möglicherweise zu einer Katastrophe führte. Angesichts so hoher Einsätze kam ich zu dem Schluss, dass es bei Führung, besonders im Bereich der nationalen Sicherheit, um mehr ging als darum, wohlüberlegte Politik umzusetzen. Das Bewusstsein für Bräuche und Rituale war wichtig. Symbole und das Protokoll waren wichtig. Körpersprache war wichtig.

Ich arbeitete an meinem militärischen Gruß.

AM BEGINN JEDES Morgens meiner Präsidentschaft wartete auf dem Frühstückstisch eine Ledermappe auf mich. Michelle nannte sie das »Tod-Zerstörung-und-schreckliche-Dinge-Buch«, offiziell bekannt als The President's Daily Brief, kurz PDB. Top secret, normalerweise zehn bis fünfzehn Seiten lang und über Nacht von der CIA gemeinsam mit anderen Nachrichtendiensten erstellt, hatte das PDB die Aufgabe, dem Präsidenten eine Zusammenfassung von weltweiten Ereignissen und Geheimdienstanalysen zu liefern, vor allem von solchen, die möglicherweise Auswirkungen auf die nationale Sicherheit der USA hatten. An einem beliebigen Tag las ich so beispielsweise von Terrorzellen in Somalia, Unruhen im Irak oder dass die Chinesen oder Russen gerade neue Waffensysteme entwickelten. Fast immer wurden potenzielle terroristische Anschläge erwähnt, egal, wie vage sie waren, auf welch mageren Quellen die Nachrichten beruhten, ob man die Spuren überhaupt verfolgen konnte – ein Zeichen der Sorgfalt der Nachrichtendienstgemeinschaft, um sich nicht der Kritik von Versäumnissen auszusetzen, wie sie nach dem 11. September laut wurde. Meist verlangte das im PDB Gelesene keine umgehende Reaktion. Ziel war, in Hinsicht auf alle internationalen Belange kontinuierlich auf dem Laufenden zu sein, die großen, kleinen und hin und wieder kaum wahrnehmbaren Veränderungen, die das wie auch immer geartete Gleichgewicht zu stören drohten, das wir aufrechtzuerhalten versuchten.

Nach der Lektüre des PDB begab ich mich in der Regel ins Oval Office, um dort eine Liveversion des Briefings von Mitgliedern des Nationalen Sicherheitsrats und Mitarbeitern der nationalen Nachrichtendienste zu erhalten, bei dem wir die Punkte durchgingen, die für dringlich gehalten wurden. Die Männer, die diese Briefings abhielten – Jim Jones und Denny Blair –, waren ehemalige Viersterneoffiziere, die ich während meiner Zeit im Senat kennengelernt hatte (Jones war Oberbefehlshaber der NATO in Europa gewesen, Blair war kürzlich in seiner Funktion als verantwortlicher Marineadmiral für das Oberkommando im pazifischen Raum in den Ruhestand getreten). Äußerlich entsprachen sie ihrer Rolle – beide groß und fit, kurz geschnittenes ergrautes Haar und aufrechte Körperhaltung –, und obwohl ich mich zunächst in militärischen Dingen von ihnen hatte beraten lassen, hielten sich beide zugute, umfassend Bescheid zu wissen über wichtige Bereiche der nationalen Sicherheit. Jones zum Beispiel sorgte sich zutiefst um Afrika und den Nahen Osten, und seit seinem Ausscheiden aus dem aktiven Militärdienst war er an Sicherheitsbemühungen im Westjordanland und dem Gazastreifen beteiligt. Blair hatte umfangreiche Schriften zur Rolle der wirtschaftlichen und kulturellen Diplomatie im Umgang mit dem aufstrebenden China veröffentlicht. Daher nahmen beide bei den morgendlichen PDB-Sitzungen gelegentlich die Position von Analysten und Experten ein und informierten mich über Langzeitthemen im großen Zusammenhang: etwa über die Rolle des ökonomischen Wachstums bei der nachhaltigen Demokratisierung im südlich der Sahara gelegenen Teil Afrikas oder über die möglichen Auswirkungen des Klimawandels auf zukünftige regionale Konflikte.

Wesentlich häufiger jedoch drehten sich unsere Morgenbesprechungen um aktuelles oder potenzielles Chaos: Staatsstreiche, Atomwaffen, gewalttätige Proteste, Grenzkonflikte und vor allem Krieg.

Der Krieg in Afghanistan, der bald der längste in der US-amerikanischen Geschichte sein sollte.

Der Krieg im Irak, in dem immer noch nahezu 150000 amerikanische Soldaten stationiert waren.

Der Krieg gegen al-Qaida, die aktiv Konvertiten rekrutierte, Gruppen Gleichgesinnter vernetzte und Terrorangriffe plante, die von der Ideologie Osama bin Ladens inspiriert waren.

Die Gesamtbilanz dessen, was sowohl die Bush-Regierung als auch die Medien als einzelnen, groß angelegten »Krieg gegen den Terrorismus« bezeichneten, war atemberaubend: Ausgaben in Höhe von fast einer Billion Dollar, mehr als dreitausend getötete Soldatinnen und Soldaten, mindestens zehnmal mehr Verwundete. Die Zahl der Opfer unter irakischen und afghanischen Zivilisten war sogar noch höher.

Besonders der Irakfeldzug hatte das Land gespalten und internationale Bündnisse belastet. Unterdessen waren die irregulären Auslieferungen von Terrorverdächtigen, Geheimgefängnisse, Waterboarding, unbefristete Freiheitsstrafen ohne Gerichtsbeschlüsse in Guantanamo sowie die ausgedehnte nationale Überwachung im flächendeckenden Kampf gegen den Terrorismus für viele Menschen innerhalb und außerhalb der Vereinigten Staaten zum Anlass geworden, unsere Bindung an die Rechtsstaatlichkeit infrage zu stellen.

Zu all diesen Punkten hatte ich meiner Meinung nach bereits im Verlauf des Wahlkampfs klare Positionen vertreten. Aber das war von den billigen Plätzen aus, bevor ich das Kommando über Hunderttausende Soldatinnen und Soldaten und eine ausgedehnte Infrastruktur für nationale Sicherheit erhielt. Jeder Terrorangriff würde nun geschehen, während ich die Oberaufsicht hatte. Jedes einzelne verlorene oder gefährdete Leben von Amerikanern, ganz egal, ob zu Hause oder im Ausland, würde eindeutig auf meinem Gewissen lasten. Das waren jetzt meine Kriege.

Mein unmittelbares Ziel war, jeden Aspekt unserer Militärstrategie zu überprüfen, sodass wir die nächsten Schritte mit Umsicht angehen konnten. Dank des Status of Forces Agreement (SOFA), einer Vereinbarung zur Truppenstationierung im Ausland, die Präsident Bush und der irakische Premierminister Maliki einen Monat vor meiner Amtseinführung unterzeichnet hatten, war der grobe Umriss eines Truppenabzugs aus dem Irak weitgehend beschlossen. US-Kampftruppen mussten die irakischen Städte und Dörfer bis Ende Juni 2009 verlassen, und sämtliche Streitkräfte würden bis Ende des Jahres 2011 aus dem Land abziehen. Die einzige noch offene Frage lautete, ob wir einen schnelleren Abzug durchführen konnten oder sollten. Während des Wahlkampfs hatte ich mich darauf festgelegt, die Truppen innerhalb von sechzehn Monaten nach Amtsantritt aus dem Irak abzuziehen, doch nach der Wahl hatte ich Bob Gates erklärt, die Rückzugsgeschwindigkeit flexibel handhaben zu wollen, solange wir uns innerhalb der Vorgaben des SOFA bewegten – damit erkannte ich an, dass das Ende eines Krieges eine zeitlich ungenaue Angelegenheit war, dass Kommandeure, die knietief in den Kämpfen steckten, Rücksicht beim Thema taktischer Entscheidungen verdienten und dass neue Präsidenten nicht einfach Vereinbarungen in der Luft zerreißen konnten, die ihre Vorgänger getroffen hatten.

Im Februar präsentierten mir Gates und unser frisch in den Irak entsandter Kommandeur, General Ray Odierno, einen Plan, nach dem der US-Truppenabzug in neunzehn Monaten vonstattengehen sollte – drei Monate später, als ich im Wahlkampf vorgeschlagen hatte, jedoch vier Monate schneller, als es den Bitten der Militärführer entsprach. Darüber hinaus sah der Plan vor, dass fünfzig- bis fünfundfünfzigtausend nicht für Kampfeinsätze vorgesehene Soldatinnen und Soldaten bis Ende 2011 im Land bleiben sollten, um das irakische Militär auszubilden und zu unterstützen. Einige im Weißen Haus stellten die Notwendigkeit von zusätzlichen drei Monaten und die Größe der zurückbleibenden Truppe infrage und erinnerten mich daran, dass sowohl die Demokraten im Kongress als auch das amerikanische Volk einen beschleunigten Abzug und nicht etwa eine Verzögerung eindeutig befürworteten.

Ich willigte dennoch in Odiernos Plan ein und reiste nach Camp Lejeune in North Carolina, um die Entscheidung vor mehreren Tausend jubelnden Marines zu verkünden. So nachdrücklich ich mich einst dem ursprünglichen Entschluss, in den Irak einzumarschieren, entgegengestellt hatte, so entschieden war ich nun der Überzeugung, dass die USA nicht nur ein strategisches, sondern auch ein humanitäres Interesse an der Stabilität des Irak hatten. Das SOFA sah vor, dass die US-Truppen die irakischen Bevölkerungszentren in nur fünf Monaten verlassen sollten, daher würden Angehörige unserer Streitkräfte für den restlichen Truppenabzug nicht mehr so oft mit heftigen Kampfhandlungen, Scharfschützen und Sprengfallen zu tun haben. Und in Anbetracht der Fragilität der neuen irakischen Regierung, des maroden Zustands der Sicherheitskräfte des Landes, der nach wie vor aktiven Präsenz von al-Qaida im Irak und angesichts der immer noch extremen Feindseligkeit zwischen den verschiedenen konfessionellen Gruppen im Irak, war es sinnvoll, die Anwesenheit verbleibender Truppenteile als eine Art Versicherungspolice gegen die Rückkehr zum Chaos zu nutzen. »Wenn wir da erst mal raus sind«, erklärte ich Rahm meine Entscheidung, »ist das Letzte, was ich will, dass wir da wieder reinmüssen.«

WÄHREND SICH die Planung für den Irak relativ unkompliziert gestaltete, war der Weg raus aus Afghanistan alles andere als das.

Im Gegensatz zum Krieg im Irak schien mir der Afghanistanfeldzug immer notwendig. Auch wenn die Ziele der Taliban auf das eigene Land beschränkt waren, war ihre Führungsriege locker mit al-Qaida verbunden, und ihre Rückkehr an die Macht könnte dazu führen, dass Afghanistan erneut als Plattform für Terrorattacken gegen die USA und ihre Verbündeten dienen würde. Außerdem hatte Pakistan bislang weder die Fähigkeit noch den Willen gezeigt, die Al-Qaida-Führer aus deren aktuellem Zufluchtsort in einer entlegenen, gebirgigen und kaum kontrollierten Region auf beiden Seiten der afghanisch-pakistanischen Grenze zu vertreiben. Unsere Möglichkeit, zuzuschlagen und das Terrornetzwerk letztlich zu zerstören, hing also von der Bereitschaft der afghanischen Regierung ab, US-Militär und Geheimdienstteams vom Territorium Afghanistans aus operieren zu lassen.

Bedauerlicherweise hatte die sechs Jahre dauernde Umlenkung der amerikanischen Aufmerksamkeit und Ressourcen auf den Irak die Lage in Afghanistan noch gefährlicher gemacht. Obwohl sich mehr als dreißigtausend amerikanische Soldaten und eine fast genauso hohe Zahl an internationalen Streitkräften im Land befanden, standen große Landstriche unter Kontrolle der Taliban, insbesondere die Regionen entlang der Grenze zu Pakistan. In Gegenden, in denen die US- beziehungsweise die Koalitionstruppen nicht präsent waren, überwältigten die Talibankämpfer die zwar größere, aber schlechter ausgebildete afghanische Armee. Mittlerweile hatten Missmanagement und wild wuchernde Korruption innerhalb des Polizeiapparats, der Bezirksregierungen und der Schlüsselministerien die Legitimität der Staatsregierung Hamid Karzais ausgehöhlt, und Entwicklungshilfsgelder versickerten, die zur Verbesserung der Lebensumstände einer der weltweit ärmsten Bevölkerungen dringend benötigt wurden.

Das Fehlen einer schlüssigen US-Strategie war nicht gerade hilfreich. Je nachdem, mit wem man sprach, sollte unsere Mission in Afghanistan entweder begrenzt (Auslöschung von al-Qaida) oder breit angelegt sein (Wandel des Landes zu einem modernen, demokratischen Staat, der mit dem Westen verbündet wäre). Unsere Marines und Soldaten vertrieben die Taliban wiederholt aus einem Gebiet, nur um ihren Einsatz dann mangels einer auch nur halbwegs kompetenten lokalen Regierungsführung vergeudet zu sehen. Ob aufgrund von übermäßigem Ehrgeiz, Korruption oder fehlender Unterstützung durch die Afghanen, häufig verfehlten US-Entwicklungshilfsprogramme den angestrebten Zweck, und die Vergabe gewichtiger US-Aufträge an einige der zwielichtigsten Unternehmer Kabuls untergrub oft gerade die Antikorruptionsbemühungen, die darauf abzielten, die afghanische Bevölkerung für uns einzunehmen.

Angesichts all dessen erklärte ich Gates, meine höchste Priorität sei es, dafür zu sorgen, dass unsere Organisationen – die zivilen wie die militärischen – einen klar definierten Auftrag hätten und einer koordinierten Strategie folgten. Er widersprach nicht. Gates hatte als einer der stellvertretenden Direktoren der CIA in den Achtzigerjahren dabei geholfen, die Bewaffnung der afghanischen Mudschaheddin im Kampf gegen die sowjetischen Besatzer ihres Landes zu beaufsichtigen. Mit anzusehen, wie die locker organisierten Aufständischen – von denen einige später die Keimzelle für al-Qaida bildeten – die mächtige Rote Armee in den Rückzug trieben, war eine Erfahrung, die Gates' Aufmerksamkeit für die unbeabsichtigten Folgen solch voreiliger Handlungen geschärft hatte. Sofern wir nicht begrenzte und realistische Ziele vorgäben, sagte er zu mir, »werden wir zum Scheitern verurteilt sein«.

Auch der Vorsitzende der Vereinigten Stabschefs, Admiral Mike Mullen, sah die Notwendigkeit einer neuen Afghanistanstrategie. Aber da gab es einen Haken: Er und unsere Militärkommandeure wollten zunächst, dass ich die Entsendung weiterer dreißigtausend US-Streitkräfte autorisierte.

Um Mullen nicht unrecht zu tun: Die Truppenanfrage, die von General Dave McKiernan, dem Kommandeur der International Security Assistance Force (ISAF) in Afghanistan, stammte, war mehrere Monate unerledigt geblieben. In der Übergangsphase hatte Präsident Bush seine Fühler ausgestreckt, um herauszufinden, ob er unserer Meinung nach den Befehl zur Aufstockung der Truppe noch vor meiner Amtsübernahme erteilen sollte, doch wir hatten signalisiert, die Entscheidung lieber zu vertagen, bis das kommende dafür zuständige Team die Lage vollständig eingeschätzt haben würde. Laut Mullen konnte McKiernans Ersuchen nicht länger warten.

Bei unserem ersten Treffen des Nationalen Sicherheitsrats in voller Besetzung, das nur zwei Tage nach meiner Amtseinführung im Situation Room des Weißen Hauses (oft einfach »Sit Room« genannt) stattfand, hatte Mullen erläutert, dass sich die Taliban voraussichtlich für eine Sommeroffensive rüsteten und wir rechtzeitig zusätzliche Bodentruppen vor Ort brauchten, um die Offensive abzuschwächen. Mullen berichtete, McKiernan sei außerdem besorgt, nicht genügend Sicherheitskräfte für die Präsidentschaftswahl bereitstellen zu können, die ursprünglich für Mai angekündigt, jedoch auf August verschoben worden war. Wenn wir rechtzeitig Truppen dort haben wollten, um diese Aufgaben zu erfüllen, sagte Mullen, müssten wir die Dinge jetzt sofort in Gang setzen.

Dank Kinofilmen hatte ich mir den Situation Room immer als höhlenartigen, futuristischen Ort vorgestellt: rundherum deckenhohe Bildschirme mit hochaufgelösten Satelliten- und Radarbildern, dazu wimmelt es von schick gekleidetem Personal, das mit einer Menge hochmoderner Gerätschaften herumhantiert. Die Realität sah weniger glanzvoll aus: Es handelte sich bloß um einen engen, nichtssagenden Konferenzraum, der Teil eines kaninchenbauartigen Gewirrs weiterer enger Räume war, die in eine Ecke im Untergeschoss des West Wing gequetscht waren. Vor den Fenstern schlichte Holzjalousien, die Wände kahl, bis auf eine Digitaluhr, die die Uhrzeiten in verschiedenen Hauptstädten weltweit zeigte, und ein paar Flachbildschirme, die nicht größer waren als die in einer typischen Sportbar um die Ecke. Unterkünfte waren in der Nähe. Die wichtigsten Mitglieder des Sicherheitsrats saßen an einem langen Konferenztisch, die zahlreichen Stellvertreter und Mitarbeiter dicht gedrängt auf Stühlen an allen Seiten des Raums.

»Nur, damit ich es verstehe«, sagte ich zu Mullen und versuchte, nicht allzu skeptisch zu klingen, »nach fast fünf Jahren, in denen wir mit zwanzigtausend oder weniger US-Soldaten zurechtgekommen sind, und nach der Entsendung von zusätzlich zehntausend Kräften in den vergangenen zwanzig Monaten oder so, lautet die Einschätzung des Pentagons, dass wir keine weiteren zwei Monate warten können, bevor wir entscheiden, unseren Truppeneinsatz zu *verdoppeln?*« Ich betonte, nicht abgeneigt zu sein, mehr Streitkräfte zu entsenden – während des

Wahlkampfs hatte ich zwei zusätzliche Brigaden für Afghanistan zugesagt, sobald der Abzug aus dem Irak laufen würde. Doch da alle im Raum gerade zugestimmt hatten, den geschätzten ehemaligen CIA-Analysten und Experten für den Nahen Osten Bruce Riedel hinzuzuziehen, um einen Sechzig-Tage-Prüfbericht anzufertigen und so unsere künftige Afghanistanstrategie zu gestalten, wirkte das Vorhaben, vor Fertigstellung dieses Berichts weitere dreißigtausend US-Streitkräfte zu entsenden, gerade so, als ob man das Pferd von hinten aufzäumen wollte. Ich fragte Mullen, ob nicht eine geringere Truppenstationierung zur Überbrückung reiche.

Mullen antwortete, das sei letztlich meine Entscheidung. Mit Nachdruck fügte er hinzu, dass jede Reduzierung der Truppenzahl oder jede weitere Verzögerung das Risiko beträchtlich erhöhe.

Ich ließ andere sich ins Gespräch einschalten. David Petraeus, der von seinem Erfolg im Irak profitiert hatte und zum Leiter des Central Command aufgestiegen war (und damit alle Militärmissionen im Nahen Osten und Zentralasien, einschließlich Irak und Afghanistan, überwachte), drängte mich, McKiernans Ersuchen zu genehmigen. Genauso wie Hillary und Panetta, was mich nicht überraschte: So effektiv die beiden künftig ihre Behörden managen sollten, ihr Falkeninstinkt und ihr politischer Hintergrund ließen sie stets vorsichtig sein, wenn es darum ging, irgendeiner Empfehlung des Pentagons zu widersprechen. Unter vier Augen hatte Gates mir eröffnet, dass er der erheblichen Aufstockung unseres Engagements in Afghanistan ambivalent gegenüberstehe. Aber aufgrund seiner Rolle als Verteidigungsminister erwartete ich nicht, dass er einer Empfehlung der Stabschefs eine unmittelbare Absage erteilen würde.

Von den Chefs im Raum äußerte allein Joe Biden seine Bedenken. In der Übergangszeit war er für mich nach Kabul gereist, und was er dort sah und hörte – insbesondere bei einem kontroversen Treffen mit Karzai –, hatte ihn zu der Überzeugung gebracht, dass wir unsere gesamte Herangehensweise an Afghanistan überdenken mussten. Mir war bekannt, dass Joe immer noch damit haderte, vor Jahren den Einmarsch in den Irak unterstützt zu haben. Aus welchen Gründen auch immer, er betrachtete Afghanistan als gefährlichen Sumpf und drängte mich, die Truppenentsendung hinauszuzögern. Sein Punkt war, dass es einfacher sein würde, Truppen zu stationieren, wenn wir erst einmal eine klare Strategie hätten, als zu versuchen, sie zurückzuholen, nachdem wir wegen einer schlechten Strategie Mist gebaut hätten.

Statt sofort zu entscheiden, beauftragte ich Tom Donilon damit, im Verlauf der folgenden Woche die Stellvertreter des Nationalen Sicherheitsrats zusammenzurufen, um präziser zu ermitteln, welche Verwendung zusätzliche Truppen fänden und ob die Entsendung im Sommer überhaupt logistisch durchzuführen wäre. Wir würden nochmals auf das Thema zurückkommen, sagte ich, sobald wir die Antworten darauf besäßen. Die Besprechung war also vertagt, und ich verließ den Raum und war auf dem Weg zur Treppe in Richtung Oval Office, als mich Joe einholte und meinen Arm griff.

»Hören Sie mir zu, Boss«, sagte er, »vielleicht bin ich schon zu lange in dieser Stadt, aber eines erkenne ich, nämlich wenn diese Generäle versuchen, einen neuen Präsidenten an die Leine zu nehmen.« Sein Gesicht war nur wenige Zentimeter von meinem entfernt, als er gut hörbar flüsterte: »Lassen Sie sich von denen nicht blockieren.«

IN SPÄTEREN BERICHTEN über unsere Afghanistanberatungen war davon die Rede, Gates und andere hätten Biden als einen der Rädelsführer dargestellt, die das Verhältnis des Weißen Hauses zum Pentagon vergifteten. In Wahrheit erwies mir Joe einen Dienst damit, die unangenehmen Fragen zu unseren militärischen Vorhaben zu stellen. Mit zumindest einem Querdenker am Tisch dachten wir alle angestrengter über die anstehenden Themen nach – und ich bemerkte, dass alle Anwesenden ihre Meinungen ein wenig offener äußerten, wenn nicht ich dieser Querdenker war.

Ich stellte nie Mullens Motive oder die der anderen Stabschefs und Kommandeure, die zum militärischen Führungskreis gehörten, infrage. Ich empfand Mullen – der aus Los Angeles stammte und dessen Eltern in der Unterhaltungsbranche tätig gewesen waren – als gleichbleibend umgänglich, gut vorbereitet, ansprechbar und professionell. Sein Stellvertreter als Vorsitzender der Vereinigten Stabschefs, der Viersternegeneral der Marines James E. »Hoss« Cartwright, hatte eine zurückhaltende, nachdenkliche Art, die man nicht mit einem ehemaligen Kampfpiloten in Verbindung gebracht hätte, aber wenn er sich zu

Wort meldete, lieferte er für eine ganze Reihe von Problemfeldern der nationalen Sicherheit genaue Einblicke und kreative Lösungsansätze. Abgesehen von unterschiedlichen Temperamenten hatten Mullen und Cartwright Eigenschaften gemeinsam, die unter den hohen Militärs generell verbreitet waren: weiße Männer (als ich das Amt übernahm, gab es nur einen weiblichen und einen Schwarzen Viersternegeneral) in ihren späten Fünfzigern oder frühen Sechzigern, die sich jahrzehntelang in den Rängen nach oben gearbeitet hatten und jede Menge exzellenter Leistungen sowie in vielen Fällen höhere akademische Abschlüsse vorweisen konnten. Sie besaßen eine wohlinformierte und gebildete Weltsicht, und anders, als es das Klischee besagte, kannten sie alle nur zu gut die Grenzen militärischer Handlungsfähigkeit – wegen und nicht trotz der Tatsache, dass sie Soldaten im Kampfeinsatz befehligt hatten. In meinen acht Jahren als Präsident waren es tatsächlich häufiger Generäle als Zivilisten, die zu Zurückhaltung mahnten, wenn es um den Einsatz von Streitkräften ging.

Trotzdem waren Männer wie Mullen Geschöpfe des Systems, dem sie ihr gesamtes Erwachsenenleben gewidmet hatten: dem US-Militär, das sich rühmte, eine einmal begonnene Mission auch zu Ende zu führen, ohne Rücksicht auf Kosten, Dauer oder die Frage, ob der Einsatz überhaupt richtig war. Im Irak hatte das bedeutet, dass man von allem mehr benötigte, mehr Soldatinnen und Soldaten, mehr Stützpunkte, mehr private militärische Subunternehmer, mehr Flugzeuge sowie mehr Geheimdienstinformationen, Überwachung und Aufklärung. Dieses Mehr hatte zwar nicht zum Sieg geführt, aber immerhin eine beschämende Niederlage vermieden und den Irak vor einem totalen Zusammenbruch bewahrt. Jetzt, da es so aussah, als werde Afghanistan ebenfalls in den Abgrund rutschen, war es vermutlich normal, dass die Militärführer auch in diesem Fall mehr verlangten. Und da sie noch bis vor Kurzem mit einem Präsidenten zusammengearbeitet hatten, der ihre Pläne kaum infrage gestellt oder ihre Wünsche abgelehnt hatte, war es wohl unausweichlich, dass sich die Debatte um »wie viel mehr« zu einer wiederkehrenden Quelle von Unfrieden zwischen dem Pentagon und meinem Weißen Haus entwickelte.

Mitte Februar berichtete Donilon, die Stellvertreter hätten McKiernans Ersuchen abgelehnt und seien zu dem Schluss gekommen, dass nicht mehr als siebzehntausend Soldaten sowie viertausend militärische Ausbilder rechtzeitig entsandt werden könnten, um sinnvollen Einfluss auf die Kampfsaison im Sommer beziehungsweise auf die Sicherung der afghanischen Wahl zu nehmen. Obwohl wir nach wie vor einen Monat Zeit hatten, unsere formale Bestandsaufnahme abzuschließen, empfahlen die Chefs des Nationalen Sicherheitsrats – bis auf Biden –, dass wir umgehend diese Anzahl von Soldaten in Bewegung setzen sollten. Am 17. Februar, am selben Tag, an dem ich den Recovery Act unterzeichnete, erteilte ich den entsprechenden Befehl für Afghanistan, nachdem ich festgestellt hatte, dass selbst die konservativste Strategie, zu der wir uns entscheiden könnten, zusätzliche Manpower benötigen würde und dass wir immer noch zehntausend Soldaten in Reserve hatten, falls die Umstände auch ihre Stationierung nötig machen würden.

Einen Monat später stellten Riedel und sein Team ihren Bericht fertig. Ihre Einschätzung brachte keine Überraschungen, half jedoch, unser prinzipielles Ziel zu formulieren: »Al-Qaida in Pakistan und Afghanistan zu stören, zu zerschlagen und zu vernichten und die künftige Rückkehr in beide Länder zu verhindern.«

Der Bericht unterstrich dabei Pakistans Schlüsselrolle: Nicht nur, dass das pakistanische Militär (und insbesondere sein Geheimdienstzweig ISI) das Vorhandensein von Taliban-Hauptquartieren und -Führern in Quetta nahe der pakistanischen Grenze tolerierte, es unterstützte die Taliban auch stillschweigend, um auf diese Weise die afghanische Regierung zu schwächen und sich gegen eine mögliche Annäherung Kabuls an den Erzfeind Indien abzusichern. Dass die US-Regierung lange Zeit ein solches Verhalten eines angeblichen Verbündeten zugelassen hatte – und ihn mit Milliarden Dollar Militär- und Wirtschaftshilfe unterstützte, trotz der Komplizenschaft Pakistans mit gewalttätigen Extremisten und seines Rufs als ein bedeutender und verantwortungsloser Verbreiter atomarer Waffentechnologie in der Welt –, sagte viel aus über die verdrehte Logik amerikanischer Außenpolitik. Kurzfristig war eine vollständige Sperrung der Militärhilfe für Pakistan jedenfalls keine Option, da wir zur Versorgung unserer Afghanistanoperation nicht nur auf die Landwege durch Pakistan angewiesen waren, sondern die pakistanische Regierung auf ihrem Territorium auch stillschweigend unsere Antiterrorunternehmungen gegen Al-Qaida-Camps erleichterte. Dennoch machte der Riedel-Bericht eines klar: Solange Pakistan nicht aufhörte, den Taliban Unterschlupf zu gewähren, waren unsere langfristigen Bemühungen, für Stabilität in Afghanistan zu sorgen, zum Scheitern verurteilt.

Ansonsten drehte sich der Bericht im Wesentlichen um Empfehlungen zum Aufbau von Kompetenzen vor Ort. Wir mussten die Fähigkeit der Regierung Karzai, das Land zu führen und die Grundbedürfnisse zu befriedigen, rigoros verbessern. Wir mussten die afghanische Armee und Polizei fit machen, damit sie kompetent und in ausreichender Zahl die Sicherheit innerhalb der Grenzen des Landes ohne US-Unterstützung gewährleisten konnten. Wie das alles zu bewerkstelligen war, blieb vage. Klar war jedenfalls, dass das US-Engagement, das der Riedel-Bericht forderte, weit über eine minimale Strategie zur Terrorismusbekämpfung hinausging und eher auf eine Art Nationbuilding zielte – was sinnvoll gewesen wäre, wenn wir damit sieben Jahre zuvor begonnen hätten, als wir die Taliban aus Kabul gejagt hatten.

Natürlich hatten wir das nicht getan. Stattdessen waren wir in den Irak einmarschiert, hatten *diesen* Staat zerschlagen, dafür gesorgt, dass sich ein noch aggressiverer Ableger von al-Qaida entwickelte, und wurden gezwungen, dort einen kostspieligen Feldzug zur Niederschlagung eines Aufstands zu improvisieren. Was Afghanistan anging, waren diese Jahre eine verlorene Zeit. Aufgrund der andauernden, häufig tapferen Einsätze unserer Truppe, der Diplomaten und Entwicklungshelfer vor Ort war es eine Übertreibung zu behaupten, dass wir in Afghanistan ganz von vorne beginnen mussten. Dennoch dämmerte mir, dass wir es selbst im besten Fall – wenn Karzai kooperierte, Pakistan sich an Abmachungen hielt und unsere Ziele sich darauf beschränkten, was Gates gern als die »afghanische Variante von gut genug« bezeichnete – mit drei bis fünf Jahren intensiver Bemühungen zu tun hätten, die Hunderte Milliarden Dollar und noch mehr amerikanische Leben kosten würden.

Der Deal behagte mir nicht. Aber was sich als Muster abzeichnete: Die Alternativen waren noch schlechter. Was auf dem Spiel stand – die Risiken eines Zusammenbruchs der afghanischen Regierung oder dass die Taliban in den größeren Städten Fuß fassten –, war schlicht zu viel, um nichts zu unternehmen. Am 27. März, nur vier Wochen nach der Ankündigung des Rückzugsplans aus dem Irak, trat ich mit meinem Team für nationale Sicherheit im Hintergrund im Fernsehen auf und stellte unsere AfPak-Strategie für Afghanistan und Pakistan vor, die sich weitgehend auf die Empfehlungen des Riedel-Berichts stützte. Ich wusste, wie die Ankündigung aufgenommen werden würde. Eine Reihe von Kommentatoren würde aufspießen, dass ich mich um die Präsidentschaft als Antikriegskandidat beworben, bislang aber mehr Streitkräfte in die Schlacht geschickt als zurück nach Hause geholt hätte.

Mit der Truppenaufstockung ging eine weitere Veränderung unserer Aufstellung in Afghanistan einher, um die mich Gates bat und die mich offen gestanden überraschte: Bei einem unserer Oval-Office-Meetings im April empfahl er, unseren bisherigen Kommandeur in Afghanistan, General McKiernan, gegen Lieutenant General Stanley McChrystal auszutauschen, den ehemaligen Kommandeur des Joint Special Operations Command (JSOC), der Kommandoeinrichtung für gemeinsame Operationen verschiedener Spezialeinheiten, und aktuellen Direktor der Vereinigten Stabschefs.

»Dave ist ein guter Soldat«, sagte Gates. Er räumte ein, dass McKiernan nichts falsch gemacht hatte und es ein sehr ungewöhnlicher Schritt war, den befehlshabenden General mitten in einem Krieg zu ersetzen. »Aber er ist ein Manager. In einem solch herausfordernden Umfeld brauchen wir jemanden mit anderen Fähigkeiten. Ich könnte nachts nicht schlafen, Mr President, wenn ich nicht dafür sorgen würde, dass unsere Truppe unter dem Befehl des bestmöglichen Kommandeurs steht. Und ich bin davon überzeugt, dass Stan McChrystal genau diese Person ist.«

Warum Gates von McChrystal eine so hohe Meinung hatte, war unschwer zu erkennen. Innerhalb des US-Militärs galten die Mitglieder von Spezialeinheiten als ganz besonderer Menschenschlag. Sie waren eine Gruppe von Elitekämpfern, die die schwierigsten Missionen unter den gefährlichsten Umständen durchführten – die Art Typen, die sich in Kinofilmen von Hubschraubern in feindliches Gebiet abseilten oder im Schutz der Dunkelheit mit Amphibienfahrzeugen an Land gingen. Und in diesem erlesenen Zirkel wurde niemand mehr bewundert oder rief mehr Loyalität hervor als McChrystal. Der West-Point-Absolvent hatte sich im Lauf seiner dreiunddreißigjährigen Karriere regelmäßig hervorgetan. Als Commander der JSOC hatte er dazu beigetragen, die Spezialeinheiten zu einem zentralen Element amerikanischer Verteidigungsstrategie zu machen, und hatte persönlich Dutzende Antiterroroperationen überwacht, die für die weitgehende Zerstörung von al-Qaida im Irak und den Tod ihres Anführers, Abu Mussab al-Sarkawi, gesorgt hatten. Gerüchte besagten, dass er mit vierundfünfzig immer noch mit Rangern trainierte, die halb so alt waren wie er, und als er mir gemeinsam mit Gates seine Aufwartung im Oval Office machte, genügte ein Blick, um das sofort zu glauben – der Mann bestand ausschließlich aus Muskeln, Sehnen und Knochen, hatte ein langes, kantiges Gesicht mit einem durchdringenden vogelartigen Blick. Tatsächlich ähnelte McChrystals ganzes Auftreten jemandem, der jegliche Oberflächlichkeit und Ablenkung aus seinem Leben verbannt hatte. Zumindest in meiner Gegenwart galt das auch für Small Talk: Im Verlauf unserer Unterhaltung hörte ich hauptsächlich »Yes, Sir«, »No, Sir« und »Ich bin sicher, dass wir den Job erledigen können«.

Ich war sehr angetan. Als der Wechsel bekannt gegeben wurde, war die Resonanz positiv, Kommentatoren zogen Parallelen zwischen McChrystal und David Petraeus – zwei innovative Kämpfer, die einen Krieg drehen konnten. Die Bestätigung durch den Senat erfolgte zügig, und Mitte Juni, als sich McChrystal (mittlerweile Viersternegeneral) vorbereitete, das Kommando der Koalitionstruppen in Afghanistan zu übernehmen, bat ihn Gates, uns innerhalb von sechzig Tagen eine aktuelle, umfassende Einschätzung der Lage vor Ort zu geben, einschließlich Empfehlungen für Änderungen der Strategie, Organisation oder der Bereitstellung von Mitteln im Rahmen des Militärbündnisses.

Ich ahnte nicht, was diese anscheinend routinemäßige Bitte zur Folge haben würde.

EIN PAAR MONATE nach der AfPak-Ankündigung lief ich an einem Nachmittag über den Südrasen des Weißen Hauses – im Schlepptau einen Adjutanten, der den »Football« trug, sowie meinen für Veteranenangelegenheiten zuständigen Mitarbeiter Matt Flavin –, um an Bord des Marine-One-Helikopters zu gehen und kurz nach Maryland zu fliegen, wo ich den ersten von künftig regelmäßig stattfindenden Besuchen im Bethesda Naval Hospital und Walter Reed Army Medical Center machen wollte. Dort angekommen, wurde ich von den Kommandeuren der Einrichtung begrüßt, die mir einen schnellen Überblick über die Anzahl und den Zustand der verwundeten Soldaten gaben, und mich dann durch ein Labyrinth von Treppen, Fahrstühlen und Gängen zur größten Krankenabteilung führten.

In den darauffolgenden Stunden ging ich von Zimmer zu Zimmer, desinfizierte mir die Hände und zog, wenn nötig, Kittel und Operationshandschuhe an, blieb im Flur stehen, um vom Krankenhauspersonal Informationen zum Heilungsprozess eines Soldaten zu erhalten, bevor ich leise an die Tür klopfte.

Obwohl die Patienten in den Krankenhäusern aus allen Teilstreitkräften stammten, waren in meinen ersten paar Jahren im Amt viele von ihnen Angehörige der US-Army und des US-Marine-Corps, die in den von Rebellen dominierten Gebieten im Irak und in Afghanistan patrouilliert hatten und durch Schüsse oder Sprengfallen verletzt worden waren. Fast alle waren männlich und gehörten der Arbeiterschicht an: Weiße aus ländlichen Kleinstädten oder schwindenden Industriezentren, Schwarze und Hispanics aus Städten wie Houston oder Trenton, Kalifornier, deren Vorfahren aus Asien oder von den pazifischen Inseln gekommen waren. Normalerweise hatten sie gerade Besuch von Familienmitgliedern, vor allem von Eltern, Großeltern und Geschwistern, und wenn der Betroffene älter war, auch von Ehefrau und Kindern: Kleinkinder, die versuchten, sich vom Schoß zu winden, Fünfjährige mit Spielzeugautos, Teenager, die Videospiele spielten. Sobald ich das Zimmer betrat, rutschten alle auf den Stühlen hin und her, lächelten schüchtern und wussten offenbar nicht genau, was sie tun sollten. Für mich war das eine der Tücken meines Amts, weil meine Anwesenheit zuverlässig für Störung und für Nervositätsanfälle bei denen sorgte, die ich kennenlernte. Ich versuchte immer, die Stimmung aufzulockern und alles Mögliche zu tun, um den Leuten die Befangenheit zu nehmen.

Waren die Patienten nicht völlig bewegungsunfähig, stellten sie gewöhnlich das Kopfteil des Bettes aufrecht, und manche zogen sich am stabilen Haltegriff in eine Sitzposition. Einige bestanden darauf, aus dem Bett zu hüpfen, um dann, oft auf dem gesunden Bein balancierend, militärisch zu grüßen und meine Hand zu schütteln. Ich fragte nach der Heimatstadt und wie lange sie aktiv gedient hatten. Ich wollte wissen, wie sie sich ihre Wunden zugezogen hatten, wie bald sie mit der Reha beginnen oder eine Prothese angepasst bekommen könnten. Häufig unterhielten wir uns über Sport, manche baten mich, ein Autogramm auf der Flagge ihrer Einheit zu hinterlassen, die an der Wand hing, und ich überreichte jedem Militärangehörigen eine Challenge Coin zum Gedenken an ihren Einsatz. Dann positionierten wir uns alle um das Bett, Pete Souza schoss Fotos mit seiner Kamera sowie den Handys der Leute, und Matt verteilte seine Visitenkarten, damit sie ihn im Weißen Haus persönlich anrufen konnten, falls sie irgendetwas brauchten.

Wie sehr mich diese Männer inspirierten! Ihre Tapferkeit und Entschlossenheit, ihre Beharrlichkeit, so schnell wie möglich wieder fit zu sein, dass sie generell nicht jammerten. Es ließ vieles von dem, was sonst als Patriotismus gilt – die pompösen Rituale bei Footballspielen, das halbherzige Fahnenschwenken bei Paraden, das Geschwafel von Politikern –, hohl und banal erscheinen. Die Patienten, die ich kennenlernte, waren voller Lob für das Krankenhauspersonal, das für ihre Behandlung zuständig war – die Ärzte, Schwestern und Krankenpfleger, meist selbst Angehörige der Streitkräfte, aber einige von ihnen auch Zivilisten, eine erstaunliche Zahl im Ausland geboren, ursprünglich aus Ländern wie Nigeria, El Salvador oder den Philippinen. Es war wirklich ermutigend zu sehen, wie gut man sich um die verletzten Soldaten kümmerte, beginnend mit der lückenlosen, schnell arbeitenden Versorgungskette, die es ermöglichte, dass ein Marine, der in einem staubigen Dorf in Afghanistan verwundet wurde, medizinisch evakuiert und in die nächstgelegene Militärbasis gebracht, dort stabilisiert und dann über Deutschland weiter bis ins Bethesda oder Walter Reed transportiert wurde, um dort mit den allermodernsten Mitteln der Chirurgie operiert zu werden, und das alles innerhalb weniger Tage.

Dank dieses Systems – eine Kombination aus hoch entwickelter Technik, logistischer Präzision und hoch qualifizierten und engagierten Leuten, etwas, das das US-Militär besser kann als jede andere Organisation auf der Welt – waren viele Soldaten, die an ähnlichen

Verletzungen zu Vietnamzeiten noch gestorben wären, nun imstande, neben mir auf der Bettkante zu sitzen und über die Vorzüge der Chicago Bears gegenüber den Green Bay Packers zu diskutieren. Dennoch konnte kein noch so hohes Präzisions- und Versorgungsniveau die brutalen und lebensverändernden Folgen der Verletzungen auslöschen, die diese Männer erlitten hatten. Diejenigen, die ein Bein verloren hatten, besonders wenn die Amputation unterhalb des Knies durchgeführt worden war, sagten von sich, Glück gehabt zu haben. Zwei- oder gar dreifach Amputierte waren nicht unüblich, genauso wenig wie Menschen mit schwerwiegendem Schädeltrauma, Wirbelsäulenverletzungen, entstellenden Gesichtswunden oder dem Verlust des Augenlichts, des Gehörs und jeder anderen erdenklichen Form von wesentlichen Körperfunktionen. Die Soldaten, die ich kennenlernte, blieben eisern dabei, nicht zu bereuen, so viel für ihr Land geopfert zu haben, und waren verständlicherweise beleidigt, wenn sie von irgendjemandem mit auch nur einem Quentchen Mitleid bedacht wurden. Die Eltern, denen ich begegnete, nahmen sich ihre Söhne zum Vorbild und waren darauf bedacht, neben tief empfundenem Stolz ausschließlich die Gewissheit auszudrücken, dass ihre Kinder wieder genesen würden.

Und doch, jedes Mal, wenn ich ein Krankenzimmer betrat, jedes Mal, wenn ich eine Hand schüttelte, kam ich nicht umhin festzustellen, wie unglaublich jung die meisten dieser Soldaten waren, viele hatten gerade erst die Highschool verlassen. Ich konnte nicht anders, als die Kummerfalten um die Augen der Eltern zu erkennen, die ihrerseits häufig jünger waren als ich. Ich sollte die kaum unterdrückte Wut in der Stimme eines Vaters nie mehr vergessen, den ich bei einer dieser Gelegenheiten traf und der mir erklärte, dass sein gut aussehender Sohn, der vor uns lag und vermutlich lebenslang gelähmt bleiben würde, an jenem Tag seinen einundzwanzigsten Geburtstag feierte, oder die ausdruckslose Miene einer jungen Mutter, die ein fröhlich glucksendes Baby im Arm hielt und über ein Leben mit einem Ehemann grübelte, der vermutlich überleben, aber zu keinem klaren Gedanken mehr fähig sein würde.

Später, gegen Ende meiner Präsidentschaft, veröffentlichte die *New York Times* einen Artikel über meine Besuche in den Militärkrankenhäusern. Darin äußerte ein nationaler Sicherheitsbeamter einer vorherigen Regierung, dass diese Praxis, so gut sie auch gemeint sein möge, etwas sei, das der Oberbefehlshaber der Streitkräfte nicht tun solle – dass die Besuche von Verwundeten zwangsläufig die Fähigkeit eines Präsidenten trübten, scharfsichtige, strategische Entscheidungen zu fällen. Ich war versucht, diesen Mann anzurufen, um ihm zu erklären, nie scharfsichtiger gewesen zu sein, nie klarer gesehen zu haben als auf den Rückflügen vom Walter Reed und Bethesda. Klar in Bezug auf die wahren Kosten eines Krieges und wer sie trug. Klar in Hinsicht auf die Torheit des Krieges, auf die traurigen Geschichten, die im kollektiven Gedächtnis von uns Menschen bleiben und die wir von Generation zu Generation weitergeben – Abstraktionen, die Hass verbreiten und Grausamkeit rechtfertigen und die sogar die Rechtschaffensten unter uns dazu bringen, sich an Blutbädern zu beteiligen. Klar in Hinsicht darauf, dass ich aufgrund meines Amtes die Verantwortung für zerstörtes oder verlorenes Leben nicht abschieben konnte, selbst wenn ich meine Entscheidungen mit dem rechtfertigte, was ich als ein höheres Gut empfand.

Beim Blick aus dem Hubschrauberfenster auf die aufgeräumte grüne Landschaft unter mir dachte ich an Lincoln während des Bürgerkriegs, an seine Angewohnheit, durch die Behelfslazarette zu gehen, die damals nicht weit entfernt von dort, wo ich gerade flog, eingerichtet worden waren, und wie er behutsam mit den Soldaten sprach, die auf ihren wackeligen Pritschen lagen, ohne Antiseptika, die Infektionen eindämmten, ohne schmerzstillende Medikamente, überall der Gestank von Wundbrand, das Rasseln und Röcheln des nahen Todes.

Ich fragte mich, wie Lincoln damit zurechtgekommen war, welche Gebete er danach gesprochen hatte. Er musste gewusst haben, dass es eine notwendige Buße war. Buße, die auch ich zu leisten hatte.

SO INTENSIV UND fordernd die Themen Krieg und Bedrohung durch Terrorismus auch waren, erforderten doch auch noch andere außenpolitische Themen meine Aufmerksamkeit – einschließlich der Notwendigkeit, die weltweit negativen Auswirkungen der internationalen Finanzkrise zu bewältigen. Ihr galt das Hauptaugenmerk meiner ersten längeren Auslandsreise, die mich zunächst im April zum Gipfel der Gruppe von zwanzig Staats- und Regierungschefs nach London führte und dann im Verlauf von acht Tagen weiter auf den europäischen Kontinent, in die Türkei und den Irak.

Bis 2008 war der G20-Gipfel nichts weiter als ein jährliches Treffen der Finanzminister und Zentralbankchefs der weltweit zwanzig stärksten Ökonomien gewesen, um Informationen auszutauschen und sich um die routinemäßigen Details der Globalisierung zu kümmern. In der Vergangenheit sparten sich die US-Präsidenten ihre Anwesenheit für den exklusiveren G8-Gipfel auf, das jährliche Zusammentreffen der sieben größten Volkswirtschaften der Welt (die USA, Japan, Deutschland, Großbritannien, Frankreich, Italien und Kanada) sowie Russland (auf dessen Aufnahme in den Kreis Bill Clinton und der britische Premierminister Tony Blair 1997 aus geopolitischen Gründen gedrängt hatten). Dies änderte sich, als Präsident Bush und Hank Paulson nach dem Zusammenbruch von Lehman Brothers klugerweise die Staatschefs aller G20-Staaten zu einer Krisensitzung nach Washington einluden – eine Anerkennung der Tatsache, dass in der heutigen vernetzten Welt eine schwerwiegende Finanzkrise die breitest mögliche Koordination erforderte.

Außer der vagen Zusicherung, »alle notwendigen weiteren Maßnahmen zu ergreifen«, sowie einer Vereinbarung, sich 2009 erneut zu treffen, hatte der G20-Gipfel in Washington kaum konkrete Aktionen zur Folge. Aber da nun praktisch jeder Staat einer Rezession entgegensah und der Weltwirtschaft ein Schrumpfen um neun Prozent prognostiziert wurde, sah ich meine Aufgabe beim Londoner Gipfel darin, die vielgestaltigen G20-Mitglieder auf eine zügige und offensive gemeinsame Reaktion einzuschwören. Die ökonomische Logik dahinter war einfach: Seit Jahren waren die Konsumausgaben der USA – turboangetrieben von Kreditkartenschulden und mit Hypotheken besicherten Konsumkrediten – der vorrangige Antrieb des globalen Wirtschaftswachstums. US-Bürger kauften Autos aus Deutschland, Elektronik aus Südkorea und praktisch alles andere aus China. Im Gegenzug kauften diese Staaten Rohstoffe von Ländern, die sich weiter unten in der globalen Lieferkette befanden. Jetzt war die Party aus. Unabhängig davon, wie gut der Recovery Act und der Stresstest funktionierten, würden die amerikanischen Verbraucher und Unternehmen eine ganze Weile brauchen, um sich von dem Schuldenberg zu befreien. Wenn andere

Staaten eine anhaltende Abwärtsspirale vermeiden wollten, mussten sie eingreifen – indem sie ihrerseits Konjunkturpakete schnürten; indem sie einen Beitrag zum 500 Milliarden Dollar starken Notfallpool des Internationalen Währungsfonds (IWF) leisteten, der von Volkswirtschaften in ernster Bedrängnis bei Bedarf angezapft werden konnte; und indem sie versprachen, die protektionistische Beggar-thy-Neighbor-Politik, die Strategie zur Erhöhung der eigenen Handelsbilanzüberschüsse auf Kosten der Nachbarländer, die einst die Große Depression verlängert hatte, nicht zu wiederholen.

Das alles klang sinnvoll, zumindest auf dem Papier. Vor dem Gipfel hatte mich Tim Geithner allerdings gewarnt, dass die Zustimmung meiner Kollegen aus dem Ausland zu diesen Schritten vielleicht einiger Finesse bedurfte. »Die schlechte Nachricht lautet, dass alle sauer auf uns sind, weil wir die Weltwirtschaft gesprengt haben«, sagte er. »Die gute Nachricht ist, sie haben Angst, was passiert, wenn wir nichts dagegen unternehmen.«

Michelle hatte sich entschlossen, mich auf dem ersten Teil der Reise zu begleiten, und darüber war ich glücklich. Sie war weniger besorgt, was meinen Auftritt beim Gipfel anbelangte – »Das wird schon« –, als vielmehr um ihre Garderobe anlässlich unserer geplanten Audienz bei Ihrer Majestät der Königin von England.

»Du solltest einen dieser kleinen Hüte tragen«, sagte ich. »Und eine kleine Handtasche.«

Sie warf mir einen gespielt finsteren Blick zu. »Das ist nicht hilfreich.«

Bis zu diesem Zeitpunkt war ich annähernd zwei Dutzend Mal mit der Air Force One geflogen, doch erst bei diesem ersten transatlantischen Flug nahm ich wirklich wahr, wie sehr dieses Flugzeug als Symbol der amerikanischen Macht diente. Die Maschinen selbst (zwei individuell angepasste Boeing 747 teilen sich den Job) waren zweiundzwanzig Jahre alt, und das sah man auch. Die Inneneinrichtung – schwere Polsterledersessel, Tische und Wandverkleidung aus Walnussholz, rostroter, mit goldenen Sternen gemusterter Teppichboden – erinnerte an das Sitzungszimmer eines Aufsichtsrats oder an eine Country-Club-Lounge der Achtzigerjahre. Das Kommunikationssystem an Bord für die Passagiere konnte bisweilen holperig sein; erst mitten in meiner zweiten Amtszeit erhielten wir WLAN an Bord, und das war sogar häufig langsamer als das in den meisten Privatjets verfügbare Netz.

Dennoch, alles an der Air Force One strahlte Solidität, Kompetenz und durchaus ein wenig Erhabenheit aus – von der Komforteinrichtung (ein Schlafzimmer, ein privates Arbeitszimmer und eine Dusche für den Präsidenten im vorderen Bereich; geräumige Sitzgelegenheiten, ein Konferenzraum und eine Nische mit Computerterminals für mein Team) über den mustergültigen Service des Bordpersonals (ungefähr dreißig Mitarbeiter, die sich wohlgelaunt auch um die ausgefallensten Anliegen kümmerten), über die Sicherheitsstandards auf hohem Niveau (die besten Piloten der Welt, Panzerfenster, die Möglichkeit zur Betankung in der Luft und ein medizinischer Bereich mit einem ausklappbaren Operationstisch) bis hin zu einem circa dreihundertsiebzig Quadratmeter großen Innenraum auf drei Ebenen, sodass auch ein vierzehnköpfiger Pressepool sowie eine Reihe Mitarbeiter des Secret Service mitfliegen konnten.

Als Einziger unter den Staatsoberhäuptern der Welt reist der amerikanische Präsident voll ausgestattet, um nicht auf die Dienste oder Sicherheitskräfte einer anderen Regierung angewiesen zu sein. Das bedeutete, dass vorab eine ganze Armada von Beasts, Sicherheitsfahrzeugen, Krankenwagen, taktischen Einsatzteams und, falls nötig, Marine-One-Hubschraubern an Bord von C-17-Transportmaschinen eingeflogen wurden und bei meiner Ankunft auf dem Rollfeld bereitstanden. Der starke Eindruck – und der Kontrast zu den eher bescheidenen Maßnahmen, die andere Staatsoberhäupter forderten – führte gelegentlich zu Fassungslosigkeit bei Verantwortlichen des gastgebenden Landes. Doch das US-Militär und der Secret Service ließen keinen Verhandlungsspielraum zu, und schließlich gab das Gastgeberland nach, zum Teil auch, weil die Öffentlichkeit und Presse vor Ort *erwarteten,* dass die Ankunft eines amerikanischen Präsidenten auf ihrem Boden wie eine Riesensache aussah.

Das tat es. Wo immer wir landeten, sah ich Leute, die ihre Gesichter an die Fensterscheiben des Terminals drückten oder sich draußen am Begrenzungszaun des Flughafens drängten. Sogar das Bodenpersonal hielt in seiner Arbeit inne, um einen kurzen Blick auf die Air Force

One zu werfen, die langsam die Landebahn entlangrollte mit ihrem eleganten blauen Fahrgestell; die Wörter UNITED STATES OF AMERICA auf dem Flugzeugrumpf wirkten frisch und nicht übertrieben, und auf dem Heck prangte das US-Banner feinsäuberlich in der Mitte. Beim Aussteigen folgte dann immer mein obligatorisches Winken von der obersten Stufe der Treppe unter dem schnellen Klackern der Kameras und dem erwartungsvollen Lächeln der Delegation, die am Fuß der Stufen aufgereiht war, um uns zu begrüßen, hin und wieder mit einer Frau oder einem Kind in traditioneller Kleidung und mit einem Blumenstrauß in den Händen, bei anderen Gelegenheiten mit einer kompletten Ehrenformation oder Militärkapelle, aufgestellt in Reih und Glied rechts und links des roten Teppichs, der mich zu meinem Fahrzeug leitete. In alldem spürte man den schwachen, aber unauslöschlichen Überrest uralter Rituale – diplomatische Rituale, allerdings auch Rituale der Anerkennung eines Imperiums.

DIE USA HATTEN den größten Teil der vergangenen siebzig Jahre eine dominante Stellung auf der Weltbühne eingenommen. Nach dem Zweiten Weltkrieg, als die übrige Welt entweder verarmt war oder in Trümmern lag, waren wir führend darin gewesen, ein ineinandergreifendes System von Initiativen, Staatsverträgen und neuen Institutionen zu errichten, das die internationale Ordnung wiederherstellte und einen stabilen Weg in die Zukunft schuf: Den Marshallplan zum Wiederaufbau Westeuropas. Den Nordatlantikpakt NATO und die Bündnisse im pazifischen Raum als Bollwerk gegen die Sowjetunion und um ehemalige Feinde in eine Partnerschaft mit dem Westen einzubinden. Die Bretton-Woods-Währungsordnung, den Internationalen Währungsfonds, die Weltbank und das Allgemeine Zoll- und Handelsabkommen GATT zur Regulierung des globalen Finanzsystems und des globalen Handels. Die Vereinten Nationen und damit verknüpfte multilaterale Nebenorgane, um friedliche Lösungen für Konflikte und die Zusammenarbeit auf sämtlichen Gebieten von Krankheitsbekämpfung bis zum Schutz der Meere zu fördern.

Unsere Motive für den Aufbau dieser Strukturen waren wenig selbstlos. Sie halfen nicht nur dabei, unsere Sicherheit zu gewährleisten, sondern schufen auch Märkte, um unsere Waren zu verkaufen, hielten

Seestraßen für unsere Handelsschiffe offen und sorgten für den stetigen Fluss von Erdöl für unsere Fabriken und Autos. Sie stellten sicher, dass unsere Banken den Finanzrücklauf in Dollar erhielten, dass unsere multinationalen Unternehmen nicht beschlagnahmt wurden, dass unsere Touristen ihre Travellerschecks in Bargeld tauschen konnten und dass unsere Telefonate ins Ausland möglich waren. Hin und wieder beugten wir globale Institutionen so, dass sie den Notwendigkeiten des Kalten Krieges dienten, oder missachteten sie gänzlich; wir mischten uns in die Angelegenheiten anderer Staaten ein, manchmal mit katastrophalen Folgen; unsere Handlungen widersprachen häufig den Idealen von Demokratie, Selbstbestimmung und Menschenrechten, die wir zu verkörpern vorgaben.

Dennoch trafen die USA die Wahl, sich stärker als irgendeine Supermacht in der Geschichte an eine Reihe internationaler Gesetze, Vorschriften und Normen zu binden. In den meisten Fällen übten wir im Umgang mit kleineren, schwächeren Staaten eine gewisse Zurückhaltung aus und setzten weniger auf Drohungen und Nötigung, um einen globalen Pakt aufrechtzuerhalten. Im Lauf der Zeit stärkte diese – wenn auch unvollkommene – Bereitwilligkeit, im Namen des Gesamtwohls zu handeln, unseren Einfluss und trug zur allgemeinen Beständigkeit des Systems bei. Und wenn die USA nicht immer von allen in der Welt geliebt wurden, so genossen wir zumindest Respekt und waren nicht bloß gefürchtet.

Welche Widerstände es gegenüber der globalen Vision der USA auch gegeben haben mochte, sie schienen sich mit dem Untergang der Sowjetunion 1991 aufzulösen. In der schwindelerregend kurzen Zeitspanne von nur etwas mehr als einem Jahrzehnt fand zunächst die Wiedervereinigung Deutschlands statt, dann schlossen sich die europäischen Staaten zusammen, ehemalige Länder des Ostblocks drängten eilig in die NATO und die Europäische Union, China wandte sich dem Kapitalismus zu, in Asien, Afrika und Lateinamerika durchliefen zahlreiche Staaten den Wandel von autoritärer Herrschaft zur Demokratie, und in Südafrika endete die Apartheid. Kommentatoren verkündeten den endgültigen Triumph der liberalen, pluralistischen, kapitalistischen Demokratie westlichen Vorbilds und behaupteten beharrlich, die verbliebenen Spuren von Willkürherrschaft, Ignoranz und

Ineffizienz würden schon bald vom Ende der Geschichte und dem Flacherwerden der Welt hinweggefegt werden. Selbst zu der Zeit ließ sich über diese Überschwänglichkeit leicht spotten. So viel entsprach allerdings der Wahrheit: Zu Beginn des einundzwanzigsten Jahrhunderts konnten die Vereinigten Staaten berechtigterweise behaupten, dass die internationale Ordnung, die wir aufgebaut, und die Prinzipien, die wir gefördert hatten – eine Pax Americana –, geholfen hatten, eine Welt herbeizuführen, in der Milliarden von Menschen freier, sicherer und wohlhabender leben konnten als zuvor.

Diese internationale Ordnung war auch im Frühjahr 2009, als ich in London eintraf, immer noch vorhanden. Doch das Vertrauen in die Führungsrolle der USA war erschüttert – nicht wegen des 11. Septembers, sondern wegen des Vorgehens im Irak, wegen der Bilder von Toten, die nach dem Hurrikan »Katrina« in den Straßen von New Orleans schwammen, und vor allem wegen des Zusammenbruchs der Wall Street. Eine Serie kleinerer Finanzkrisen in den Neunzigerjahren hatte bereits auf die strukturellen Schwächen des globalen Finanzsystems hingewiesen: Die Art und Weise, wie sich Billionen Dollar privaten Anlagekapitals in Lichtgeschwindigkeit bewegten, ohne durch maßgebliche internationale Vorschriften oder eine Aufsicht behindert zu werden, konnte aus wirtschaftlichen Wirren in einem Land rasch einen Tsunami in Märkten auf der ganzen Welt machen. Da viele dieser Erschütterungen in Ländern begonnen hatten, die als die Peripherie des Kapitalismus betrachtet wurden – Staaten wie Thailand, Mexiko und das noch immer wirtschaftlich schwache Russland –, und weil die Vereinigten Staaten und weitere moderne Volkswirtschaften in jenen Tagen boomten, war es leicht, diese Probleme für Ausrutscher zu halten, die auf schlechte Entscheidungsfindung unerfahrener Regierungen zurückzuführen waren. In fast allen Fällen hatten die USA die Lage gerettet, aber im Austausch für finanzielle Notfallhilfe und den fortgesetzten Zugang zum globalen Kapitalmarkt hatten Leute wie Bob Rubin und Alan Greenspan (ganz zu schweigen von Rubins damaligen Beratern Larry Summers und Tim Geithner) die notleidenden Länder gedrängt, bittere Pillen zu schlucken, darunter die Abwertung der Landeswährung, tiefe Einschnitte in die öffentlichen Ausgaben und eine Reihe von weiteren Sparmaßnahmen, um deren internationale

Kreditwürdigkeit zu stützen, was jedoch enorme Entbehrungen für die Bürgerinnen und Bürger bedeutete.

Man stelle sich die Fassungslosigkeit genau dieser Länder vor, als sie feststellten, dass zur selben Zeit, als sie von Amerika über vernünftige Regularien und einen verantwortungsbewussten Umgang mit ihren Finanzen belehrt wurden, unsere eigenen Hohepriester der Finanzwirtschaft geschlafen und Vermögensblasen und rauschhafte Spekulationen an der Wall Street geduldet hatten, die genauso leichtsinnig waren wie alles, was in Lateinamerika oder Asien geschah. Die einzigen Unterschiede bestanden in der Höhe der eingesetzten Geldmengen und des potenziellen Schadens. Am Ende hatten Investoren von Shanghai bis Dubai in der Annahme, die US-Aufsichtsbehörden wüssten, was sie taten, gigantische Summen in Subprime-Papiere und andere US-Anlagen gepumpt. Große Exportnationen wie China und kleine wie Lesotho hatten sich für das eigene Wachstum auf eine stabile und wachsende US-Volkswirtschaft gestützt. Anders gesagt, wir hatten die Welt dazu verlockt, uns in ein paradiesisches Land der freien Märkte, globalen Lieferketten, der Internetverbindungen, des leicht zu ergatternden Kredits und der demokratischen Regierungsführung zu folgen. Und im Augenblick zumindest hatte sie das Gefühl, uns möglicherweise über den Rand einer Klippe gefolgt zu sein.

TEIL 4

DER GUTE KAMPF

KAPITEL 14

JEDEM INTERNATIONALEN GIPFELTREFFEN liegt offenkundig ein standardisierter Ablauf zugrunde. Die Staats- und Regierungschefs werden in ihren Limousinen nacheinander am Eingang eines großen Tagungszentrums vorgefahren und passieren nach dem Aussteigen eine Phalanx von Fotografen – ein bisschen wie beim roten Teppich in Hollywood, nur ohne schicke Abendkleider und schöne Menschen. Ein Protokollbeamter empfängt einen an der Tür und führt in einen Saal, in dem der gastgebende Staats- oder Regierungschef wartet: ein Lächeln und Händeschütteln für die Kameras, leiser Small Talk. Dann weiter in den Salon des Gastgebers, mehr Händeschütteln und Small Talk, bis alle Präsidenten, Präsidentinnen, Premierminister, Premierministerinnen, Kanzler, Kanzlerinnen und Könige und Königinnen einen beeindruckend riesigen Konferenzraum mit einem gewaltigen runden Tisch ansteuern. Am richtigen Platz angekommen, findet man ein kleines Namensschild vor sowie die eigene Nationalflagge, ein Mikrofon mit Bedienungsanleitung, einen an das Ereignis erinnernden Notizblock zusammen mit einem Stift wechselnder Qualität, ein Headset für die Simultanübersetzung, ein Glas und Fläschchen mit Wasser oder Saft und eventuell einen Teller Snacks oder ein Schälchen mit Pfefferminzbonbons. Die eigene Delegation sitzt hinter einem, um mitzuschreiben und Mitteilungen weiterzureichen.

Der Gastgeber ruft die Anwesenden zur Ordnung. Er oder sie macht einführende Bemerkungen. Und dann sitzt man die nächsten anderthalb Tage da, kämpft gegen den Jetlag an und gibt sein Bestes, um interessiert zu wirken, während jeder um den Tisch herum, einschließlich man selbst, der Reihe nach sorgfältig vorbereitete, nichtssagende und ausnahmslos sehr viel längere Anmerkungen als vorgesehen zu dem Thema, das gerade auf der Agenda steht, vorträgt. Zwischendurch sind Pausen für Vieraugengespräche (»bilaterals« oder »bilats« genannt) mit anderen Staats- und Regierungschefs vorgesehen, auch ein »Familienfoto« (alle Seite an Seite und unbeholfen lächelnd, nicht unähnlich einem Grundschulklassenfoto), und am Nachmittag ist dann gerade einmal genug Zeit, um in die Hotelsuite zurückzukehren und vor dem Dinner und manchmal einer abendlichen Sitzung die Kleidung zu wechseln.

Später, als ich bereits ein paar Gipfel hinter mich gebracht hatte, übernahm ich die Überlebensstrategien erfahrenerer Teilnehmer – ich sorgte dafür, immer zu erledigenden Papierkram oder etwas zu lesen bei mir zu haben, oder ich zog diskret Kollegen aus anderen Ländern zur Seite, um kleinere Angelegenheiten zu besprechen, während jemand anderes gerade das Mikrofon hatte. Doch bei diesem ersten G20-Gipfel in London blieb ich auf meinem Platz und hörte jedem Redner aufmerksam zu. Wie einem neuen Kind in der Schule war mir bewusst, dass mich die anderen im Saal taxierten, und ich dachte mir, ein wenig Anfängerbescheidenheit könnte viel dazu beitragen, die Leute um die wirtschaftspolitischen Maßnahmen zu scharen, die ich vorschlagen wollte.

Hilfreich war, dass ich schon einige der Staats- und Regierungschefs im Saal kannte, allen voran unseren Gastgeber, den britischen Premierminister Gordon Brown, der erst vor ein paar Wochen für ein Treffen zu mir nach Washington gekommen war. Brown, ehemals Schatzkanzler in Tony Blairs Labour-Regierung, mangelte es an dem funkelnden politischen Talent seines Vorgängers (es schien, als enthielte jeder Medienbericht rund um Brown den Begriff »mürrisch«), und er hatte das Pech, ausgerechnet dann als Premier an die Reihe zu kommen, als die britische Volkswirtschaft kollabierte und die Öffentlichkeit der zehnjährigen Regierung der Labour Party müde wurde. Aber Brown handelte wohlüberlegt, verantwortungsvoll und verstand etwas von globaler Finanzpolitik, und obwohl sich seine Zeit im Amt als kurz erweisen sollte, schätzte ich mich glücklich, ihn in diesen frühen Monaten der Krise als Partner zu haben.

Neben Brown waren die wichtigsten europäischen Politiker – nicht nur beim Londoner Gipfel, sondern während meiner gesamten ersten Amtszeit – die deutsche Bundeskanzlerin Angela Merkel und der französische Staatspräsident Nicolas Sarkozy. Die Rivalität der beiden mächtigsten Länder des Kontinents hatte in über zweihundert Jahren immer wieder zu blutigen Kriegen geführt. Ihre Aussöhnung nach dem Zweiten Weltkrieg legte den Grundstein für die heutige Europäische Union (EU) und für eine beispiellose Periode von Frieden und Wohlstand in Europa. Dementsprechend hing Europas Fähigkeit, als Block zu handeln – und als unterstützender Partner der USA auf der Weltbühne zu dienen –, in hohem Maße von Merkels und Sarkozys Bereitschaft ab, gut miteinander zu arbeiten.

Meist taten sie das auch, obwohl die beiden vom Temperament her nicht unterschiedlicher hätten sein können. Merkel, Tochter eines evangelischen Pastors, war in der Deutschen Demokratischen Republik aufgewachsen, hatte den Kopf eingezogen gehalten und in Quantenchemie promoviert. Erst nachdem der Eiserne Vorhang gefallen war, stieg sie in die Politik ein und arbeitete sich in den Reihen der Mitte-rechts-Partei Christlich Demokratische Union Deutschlands mit einer Mischung aus organisatorischem Geschick, strategischem Scharfsinn und unerschütterlicher Geduld planmäßig nach oben. Merkels Augen waren groß und strahlend blau, und sie konnten abwechselnd den Ausdruck von Frustration, Belustigung und Andeutungen von Besorgnis annehmen. Andererseits spiegelte ihre stoische Art ihr nüchtern-analytisches Bewusstsein wider. Gefühlsausbrüchen oder übertriebener Rhetorik stand sie bekanntermaßen misstrauisch gegenüber, und ihr Team gab später zu, dass sie mich zunächst skeptisch betrachtet habe, gerade wegen meiner Fähigkeiten als Redner. Ich nahm ihr das nicht übel, denn ich dachte mir, bei einer deutschen Regierungschefin war eine Abneigung gegen mögliche Demagogie vermutlich eine gesunde Einstellung.

Sarkozy hingegen war *ganz* der Inbegriff von Gefühlsausbrüchen und übertriebener Rhetorik. Mit seinen dunklen, ausdrucksstarken, leicht südländischen Gesichtszügen (er war zur Hälfte Ungar und zu einem Viertel jüdischer Grieche) und seiner kleinen Statur (er war ungefähr einen Meter fünfundsechzig groß, trug jedoch Einlagen in den Schuhen, die ihn größer erscheinen ließen) wirkte er wie eine Figur aus einem Gemälde von Toulouse-Lautrec. Obwohl er einer wohlhabenden Familie entstammte, räumte er bereitwillig ein, dass sich sein Ehrgeiz zum Teil daraus speiste, sich sein Leben lang als Außenseiter gefühlt zu haben. Wie Merkel hatte sich Sarkozy einen Namen als Vorsitzender einer Mitte-rechts-Partei gemacht, der die Präsidentschaftswahlen mit einem Parteiprogramm gewonnen hatte, das für Wirtschaftsliberalismus, lockerere Arbeitsmarktregeln, niedrigere Steuern und einen weniger allgegenwärtigen Sozialstaat warb. Doch anders als Merkel verzettelte er sich vollkommen, wenn es um die Strategie ging, und er war häufig getrieben von Schlagzeilen und deren politischer Zweckdienlichkeit. Als wir zum G20-Gipfel in London eintrafen, verurteilte er bereits lautstark die Exzesse des globalen Kapitalismus. Sarkozy mangelte es an weltanschaulicher Konstanz, er machte das wett durch Unerschrockenheit, Charme und fieberhafte Energie. Die Unterhaltungen mit Sarkozy waren abwechselnd amüsant oder zum Verzweifeln, die Hände ständig in Bewegung, die Brust vorgestreckt wie bei einem Zwerghahn, den persönlichen Übersetzer (anders als Merkel sprach er nur begrenzt Englisch) immer an der Seite, um hektisch jede seiner Gesten und Betonungen wiederzugeben, während das Gespräch von Schmeichelei zu Gepolter zu echter Einsicht schoss und nie weit abschweifte von seinem vorrangigen, kaum verhohlenen Interesse, im Mittelpunkt des Geschehens zu stehen und die Lorbeeren zu ernten für alles, wofür es lohnte, Lorbeeren zu ernten.

So dankbar ich war, dass Sarkozy meinen Wahlkampf schon früh begrüßt hatte (er unterstützte mich quasi in einer überschwänglichen Pressekonferenz im Rahmen meines Besuchs in Paris vor der Wahl), so wenig schwierig war zu sagen, wer von den beiden europäischen Spitzenpolitikern sich als der verlässlichere Partner erweisen würde. So kam ich zu der Erkenntnis, dass sich Merkel und Sarkozy gegenseitig sinnvoll ergänzten: Sarkozy verhielt sich respektvoll gegenüber Merkels angeborener Vorsicht, trieb sie jedoch häufig zum Handeln; Merkel war bereit, Sarkozys Eigenarten zu übergehen, bremste aber gleichzeitig geschickt seine eher impulsiven Vorschläge aus. Darüber hinaus bestärkten sie sich gegenseitig in ihrem politisch proamerikanischen Instinkt, der 2009 von ihren Wählerschaften nicht immer geteilt wurde.

ALL DIES BEDEUTETE jedoch nicht, dass die beiden und die anderen europäischen Staats- und Regierungschefs leicht herumzukriegen waren. Zum Schutz der Interessen ihrer Länder befürworteten sowohl Merkel als auch Sarkozy eindringlich die Erklärung gegen Protektionismus, die wir in London vorschlugen – die deutsche Wirtschaft war besonders abhängig von Exporten –, und erkannten den Nutzen eines internationalen Nothilfefonds. Doch wie Tim Geithner vorhergesagt hatte, waren beide von fiskalpolitischen Anreizen nicht begeistert: Merkel war wegen der Defizitfinanzierung besorgt, Sarkozy bevorzugte eine universelle Steuer auf Börsengeschäfte und wollte hart gegen Steueroasen vorgehen. Tim und ich verbrachten die meiste Zeit des Gipfels damit, beide davon zu überzeugen, sich uns bei der Förderung von direkteren Mitteln zur Bekämpfung der Krise anzuschließen und an die anderen Staaten der G20 zu appellieren, politische Maßnahmen zu ergreifen, um die gesamtwirtschaftliche Nachfrage zu steigern. Das würden sie tun, sagten Merkel und Sarkozy, falls ich die anderen G20-Chefs – insbesondere eine Gruppe von einflussreichen, nicht westlich orientierten Ländern, die gemeinsam unter dem Begriff BRICS bekannt wurden – überzeugen könne, damit aufzuhören, Anträge zu blockieren, die ihnen beiden wichtig seien.

Wirtschaftlich hatten die fünf Länder, die BRICS bildeten – Brasilien, Russland, Indien, China und Südafrika –, wenig gemeinsam, sodass sie sich erst zu einem späteren Zeitpunkt offiziell als Gruppe zusammentaten. (Südafrika trat formal erst 2010 bei.) Doch bereits beim Londoner G20-Gipfel wurde der Geist deutlich, der den Zusammenschluss antrieb. Es handelte sich um große, stolze Nationen, die auf die eine oder andere Art aus einem langen Schlummer erwacht waren. Sie gaben sich nicht länger zufrieden damit, an den Rand der Geschichte gedrängt zu werden oder sich auf den Status von Regionalmächten beschränkt zu sehen. Sie rieben sich an der übergroßen Rolle, die der Westen bei der Steuerung der Weltwirtschaft einnahm. Und angesichts der aktuellen Krise erkannten sie die Gelegenheit, tiefgreifende Veränderungen herbeizuführen.

Zumindest theoretisch konnte ich ihre Ansicht teilen. Insgesamt vertraten die BRICS-Staaten knapp über vierzig Prozent der Weltbevölkerung, repräsentierten allerdings bloß ungefähr ein Viertel des

Welt-Bruttoinlandsprodukts und nur einen Bruchteil des globalen Wohlstands. Entscheidungen, die in Vorstandsetagen in New York, London oder Paris getroffen wurden, hatten häufig mehr Bedeutung für ihre Volkswirtschaften als die politischen Beschlüsse der eigenen Regierungen. Trotz des bemerkenswerten wirtschaftlichen Wandels, der sich in China, Indien und Brasilien vollzogen hatte, blieb ihr Einfluss innerhalb der Weltbank und des Internationalen Währungsfonds begrenzt. Wenn die Vereinigten Staaten das globale System bewahren wollten, das uns lange genützt hatte, war es sinnvoll, diesen aufstrebenden Mächten ein größeres Mitspracherecht dabei zu geben, wie es funktionierte – und gleichzeitig darauf zu bestehen, dass sie mehr Verantwortung für die Kosten übernahmen, die für die Erhaltung des Systems nötig waren.

Und dennoch, als ich mich am zweiten Tag des Gipfeltreffens am Tisch umsah, fragte ich mich, wie eine größere Rolle der BRICS-Staaten bei der Gestaltung der Globalisierung aussehen könnte. Der brasilianische Präsident Luiz Inácio Lula da Silva beispielsweise war im März zu Besuch im Oval Office gewesen, und ich hatte ihn beeindruckend gefunden. Der grauhaarige, engagiert handelnde ehemalige Führer der Arbeiterpartei Brasiliens, der wegen Protesten gegen die Militärregierung ins Gefängnis gekommen und 2002 dann zum Präsidenten gewählt worden war, hatte eine Reihe von pragmatischen Reformen initiiert, die die brasilianische Wachstumsrate sprunghaft in die Höhe schießen ließen, den Mittelstand vergrößerten und Millionen der ärmsten Bürger ein Dach über dem Kopf und den Zugang zu Bildung verschafften. Angeblich besaß er allerdings die Skrupellosigkeit eines Tammany-Hall-Bosses, und es kursierten Gerüchte über Vetternwirtschaft der Regierung, Amigo-Geschäfte und Bestechungen, insgesamt in Milliardenhöhe.

Präsident Dmitri Medwedew hingegen schien das Paradebeispiel des neuen Russlands zu sein: jung, fit und in hippe, europäisch geschnittene Anzüge gekleidet. Nur dass er nicht der wahre Machthaber Russlands war. Diese Position war von seinem Förderer besetzt, Wladimir Putin: ehemaliger KGB-Beamter, zwei Amtszeiten als Präsident und nun Ministerpräsident des Landes und der Chef von etwas, das ebenso sehr einem kriminellen Syndikat ähnelte wie einer klassischen

Regierung – ein Syndikat, das seine Tentakel um jeden Bereich der Wirtschaft des Landes geschlungen hatte.

Südafrika befand sich damals im Wandel, Interimspräsident Kgalema Motlanthe sollte bald von Jacob Zuma abgelöst werden, dem Vorsitzenden der Partei Nelson Mandelas, des Afrikanischen Nationalkongresses, der die Mehrheit im Parlament des Landes besaß. Bei Treffen, die auf den Gipfel folgten, schien mir Zuma sehr freundlich zu sein. Wortgewandt sprach er von der Notwendigkeit fairen Handels, menschlicher Entwicklung und Infrastruktur sowie von gerechterer Verteilung von Wohlstand und Chancengleichheit auf dem afrikanischen Kontinent. Trotzdem war allem Anschein nach ein Großteil des Wohlwollens, das durch Mandelas heroischen Kampf entstanden war, durch Korruption und Inkompetenz unter der Herrschaft des ANC verspielt worden, sodass weite Teile der schwarzen Bevölkerung des Landes nach wie vor in einem Sumpf von Armut und Verzweiflung versanken.

Manmohan Singh, der Premierminister Indiens, hatte unterdessen die Modernisierung der Wirtschaft seines Landes in die Wege geleitet. Er war ein sanftmütiger Mann der leisen Töne, ein Ökonom in seinen Siebzigern mit einem weißen Bart und einem Turban, beides Zeichen seiner Zugehörigkeit zum Glauben der Sikhs, doch für das westlich geprägte Auge wirkte er wie ein Heiliger. Seit den Neunzigerjahren war er Finanzminister Indiens gewesen und hatte dafür gesorgt, dass Millionen von Menschen aus der Armut aufstiegen. Während seiner gesamten Amtszeit als Premier empfand ich Singh als weise, umsichtig und überaus ehrlich. Trotz des wirtschaftlichen Fortschritts blieb Indien jedoch ein chaotisches und ärmliches Land: in hohem Maß durch unterschiedliche Religionen und Kasten gespalten, Opfer der Launen örtlicher Beamter und Strippenzieher, gelähmt von engstirniger Bürokratie, die sich dem Wandel verweigerte.

Und dann war da China. Seit den späten Siebzigerjahren, als Deng Xiaoping faktisch die marxistisch-leninistische Vision Mao Tse-tungs zugunsten einer exportorientierten Form von Staatskapitalismus verworfen hatte, hatte sich kein anderes Land in der Geschichte schneller fortentwickelt oder mehr Menschen aus bitterer Armut geholt. Einst kaum mehr als die Drehscheibe minderwertiger Massenproduktion und Fertigungsstätte ausländischer Unternehmen, die von seinem schier unendlichen Angebot an Niedriglohnarbeitern profitieren wollten, punktete China jetzt mit erstklassigen Ingenieuren und Firmen auf Weltniveau, die an vorderster Front der Spitzentechnologie tätig waren. Der gewaltige Handelsüberschuss machte China zu einem bedeutenden Investor auf allen Erdteilen; funkelnde Städte wie Shanghai und Guangzhou wurden zu hoch entwickelten Finanzzentren und zum Wohnort einer aufblühenden Verbraucherschicht. Angesichts seiner Wachstumsrate und bloßen Größe würde Chinas Bruttoinlandsprodukt ganz sicher irgendwann das der USA überschreiten. Wenn man das zum leistungsstarken Militär des Landes, zu seiner wachsenden Zahl qualifizierter Arbeitskräfte, der schlauen und pragmatischen Regierung sowie der zusammenhängenden fünftausend Jahre alten Kultur hinzurechnete, wirkte die Schlussfolgerung einleuchtend: Wenn irgendein Land imstande war, die Vormachtstellung der USA auf der Weltbühne infrage zu stellen, dann China.

Dennoch, als ich die chinesische Delegation beim G20-Gipfel agieren sah, war ich überzeugt, dass jede Herausforderung dieser Art noch Jahrzehnte entfernt lag – und dass, wenn sie auf uns zukäme, das höchstwahrscheinlich aufgrund von strategischen Fehlern der USA geschehen würde. Dem Vernehmen nach galt der damalige chinesische Staatspräsident Hu Jintao – ein unscheinbarer Mann Mitte sechzig mit dichtem pechschwarzem Haar (soweit ich das beurteilen kann, wurden wenige chinesische Staatsoberhäupter im Alter grau) – nicht als ausgesprochen führungsstark. Tatsächlich teilte er sich die Macht mit weiteren Mitgliedern des Zentralkomitees der Kommunistischen Partei Chinas. Bei unserem Treffen am Rande des Gipfels gab sich Hu dann auch damit zufrieden, sich auf ein Papier mit vorbereiteten Kernthemen zu stützen, ohne erkennbare Agenda über die Anregung kontinuierlicher Rücksprachen und dem, was er als »Win-win«-Zusammenarbeit bezeichnete, hinaus. Beeindruckender wirkte da auf mich Chinas führender Wirtschaftspolitiker und Premierminister Wen Jiabao, ein Mann von kleiner Gestalt und mit Brille, der seine Redebeiträge ohne Notizen hielt und eine komplexe Auffassung der aktuellen Krise präsentierte. Er bestätigte die Selbstverpflichtung Chinas zu einem Konjunkturpaket auf dem Niveau des Recovery Act, und dies war wahrscheinlich die beste Nachricht, die ich beim G20-Gipfel zu hören bekam. Dennoch hatten es die Chinesen nicht eilig, bei der globalen Weltordnung die Zügel an sich zu reißen, in ihren Augen war das nichts als ein Kopfschmerz, den sie nicht brauchten. Wen hatte wenig dazu beizutragen, wie man mit der anhaltenden Finanzkrise umgehen sollte. Vom Standpunkt seines Landes aus betrachtet, lag die Bürde, das herauszufinden, bei uns.

Das fiel mir nicht nur während des Londoner Gipfeltreffens auf, sondern bei jedem der internationalen Foren, an dem ich als Präsident teilnahm: Sogar diejenigen, die sich über die Rolle der USA in der Welt beschwerten, verließen sich trotzdem darauf, dass wir das System über Wasser hielten. In unterschiedlichem Maße waren andere Staaten gewillt, mit anzupacken – indem sie beispielsweise Streitkräfte für UN-Friedensmissionen stellten oder Hilfseinsätze bei Hungersnöten finanziell und logistisch unterstützten. Einige, wie die skandinavischen Staaten, kämpften dabei permanent weit oberhalb ihrer Gewichtsklasse. Doch ansonsten fühlten sich nur wenige andere Länder verpflichtet, über ihre beschränkten Eigeninteressen hinaus zu handeln. Und jenen, die Amerikas grundlegende Verpflichtung auf die Prinzipien teilten, auf denen ein liberales, marktwirtschaftliches System fußt – Freiheit des Individuums, Rechtsstaatlichkeit, starke Durchsetzung von Eigentumsrechten und neutrale Schlichtung bei Auseinandersetzungen sowie ein Mindestanspruch an Verantwortlichkeit und Kompetenz der Regierung –, fehlte es an wirtschaftlichem und politischem Gewicht, ganz zu schweigen von einer Armee an Diplomaten und Politikexperten, um diese Prinzipien weltweit voranzutreiben.

China, Russland und sogar echte Demokratien wie Brasilien, Indien und Südafrika agierten immer noch nach anderen Prinzipien. Für die BRICS-Staaten bedeutete verantwortungsbewusste Außenpolitik, sich um die eigenen Angelegenheiten zu kümmern. Die Länder hielten die bestehenden Regeln nur insoweit ein, wie ihre eigenen Interessen dadurch vorangebracht wurden, eher aus Notwendigkeit als aus Überzeugung, und sie schienen diese Regeln unbeschwert zu brechen, wenn sie der Ansicht waren, damit davonzukommen. Wenn sie einem anderen Land beistanden, taten sie es bevorzugt auf bilateraler Ebene und erwarteten dann eine Gegenleistung. Diese Staaten empfanden natürlich keine Verpflichtung, dem System als Ganzem zuzustimmen. Aus ihrer Sicht war das ein Luxus, den sich nur der fette, zufriedene Westen erlauben konnte.

VON ALLEN BRICS-STAATSCHEFS, die am G20-Gipfel teilnahmen, interessierte mich am meisten, mit Medwedew ins Gespräch zu kommen. Die Beziehungen zwischen den USA und Russland befanden sich an einem besonderen Tiefpunkt. Im Sommer zuvor – ein paar Monate nachdem Medwedew seinen Amtseid abgelegt hatte – war Russland in den Nachbarstaat Georgien einmarschiert, eine ehemalige Sowjetrepublik, und hatte unrechtmäßig zwei georgische Provinzen besetzt, Gewalttaten zwischen den beiden Ländern ausgelöst und für Spannungen mit anderen angrenzenden Staaten gesorgt.

Für uns war das ein Zeichen von Putins wachsender Dreistigkeit und genereller Kriegslust, ein beunruhigender Widerwille, die Souveränität anderer Staaten zu respektieren, und eine breitere Missachtung des Völkerrechts. Und in vielerlei Hinsicht schien es, als sei er damit durchgekommen: Abgesehen von der Einstellung diplomatischer Kontakte hatte die Regierung Bush so gut wie nichts unternommen, um Russland für seinen Überfall auf Georgien zu bestrafen, und der Rest der Welt hatte mit den Schultern gezuckt und weitergemacht, sodass alle nachträglichen Bemühungen, Russland zu isolieren, mit ziemlicher Sicherheit scheitern würden. Meine Regierung hoffte, etwas anzustoßen, das wir einen »Reset« mit Russland nannten, das heißt einen Dialog zu beginnen, um unsere Interessen zu wahren, unsere demokratischen Partner in der Region zu unterstützen und die Zusammenarbeit bei der Verfolgung unserer Ziele im Rahmen des Atomwaffensperrvertrags und der Abrüstungsvereinbarungen zu fördern. Zu diesem Zweck hatten wir vereinbart, dass ich Medwedew einen Tag vor dem Gipfel zu einem vertraulichen Gespräch treffen würde.

Ich vertraute auf zwei Russlandexperten, die mich für das Meeting vorbereiteten: den Staatssekretär des Außenministeriums für politische Angelegenheiten Bill Burns und den leitenden Direktor unseres Nationalen Sicherheitsrats für russische und eurasische Angelegenheiten Michael McFaul. Burns, Berufsdiplomat und in der Zeit der Bush-Regierung Botschafter in Russland, war groß, trug einen Oberlippenbart und hielt sich leicht gebeugt. Er hatte eine warme Stimme und die gelehrte Ausstrahlung eines Oxford-Professors. McFaul hingegen war voller Energie und Begeisterung, trug ein breites Lächeln im Gesicht und blondes Wuschelhaar. Er stammte aus Montana, hatte meinem Wahlkampf beratend zur Seite gestanden, während er weiterhin in Stanford gelehrt hatte, und er schien jedes Statement mit einem Ausrufezeichen zu beenden.

McFaul war der Optimistischere der beiden, was unsere Fähigkeit anging, auf Russland Einfluss zu nehmen, unter anderem, weil er in den frühen Neunzigerjahren, in den aufregenden Zeiten politischen Wandels, in Moskau gelebt hatte, zunächst als Stipendiat und später als Landesdirektor einer prodemokratischen Organisation, die zum Teil von der US-Regierung finanziert wurde. Als es jedoch um Medwedew ging, stimmte McFaul Burns zu, dass ich nicht zu viel erwarten sollte.

»Medwedew wird daran interessiert sein, eine gute Beziehung zu Ihnen aufzubauen, um zu beweisen, dass er zu den Akteuren der Weltbühne gehört«, sagte McFaul. »Aber Sie dürfen nicht vergessen, dass immer noch Putin bestimmt, wo es langgeht.«

Ein Blick in seine Biografie, und ich konnte erkennen, warum alle der Ansicht waren, dass Medwedew an der kurzen Leine geführt wurde. Er war Anfang vierzig, war als das einzige Kind von zwei Professoren in einem relativ privilegierten Umfeld aufgewachsen, hatte in den späten Achtzigerjahren Jura studiert, an der Staatlichen Universität Leningrad Vorlesungen gehalten und Wladimir Putin kennengelernt, als beide nach dem Zerfall der Sowjetunion in den frühen Neunzigerjahren für den Bürgermeister von Sankt Petersburg arbeiteten. Während Putin in der Politik blieb und schließlich unter Boris Jelzin Ministerpräsident wurde, machte sich Medwedew seine politischen Verbindungen zunutze, um sich eine Führungsposition und Inhaberbeteiligung an Russlands größtem Holz verarbeitenden Betrieb zu sichern, zu einer Zeit, da die chaotische Privatisierung ehemaliger Staatsunternehmen gut vernetzten Anteilseignern ein Vermögen garantierte. Im Stillen wurde Medwedew so ein wohlhabender Mann, der gebeten wurde, sich bei verschiedenen kommunalen Projekten zu beteiligen, ohne dass er die Last des Rampenlichts tragen musste. Erst

Ende 1999 wurde er zurück in die Regierungsarbeit gezogen, angeworben von Putin für einen hochrangigen Job in Moskau. Nur einen Monat später trat Jelzin plötzlich zurück und beförderte Putin vom Ministerpräsidenten zum amtierenden Staatspräsidenten, und Medwedew stieg hinter ihm auf.

Anders ausgedrückt, Medwedew war ein Technokrat und jemand, der hinter den Kulissen agierte, ohne großes öffentliches Profil oder eigene politische Basis. Und genau so wirkte er, als er zu unserem Meeting im Winfield House eintraf, der eleganten Residenz des US-Botschafters am Stadtrand von London. Ein kleiner Mann, dunkelhaarig und freundlich, mit einem leicht förmlichen, fast bescheidenen Auftreten, eher internationaler Managementberater als Politiker oder Apparatschik. Offensichtlich verstand er Englisch, bevorzugte jedoch, sich mithilfe eines Übersetzers zu unterhalten.

Ich begann unsere Diskussion mit dem Thema der militärischen Besetzung Georgiens. Wie erwartet hielt sich Medwedew eng an die offizielle Sprachregelung seines Landes. Er gab der georgischen Regierung die Schuld dafür, die Krise herbeigeführt zu haben, und beharrte darauf, dass Russland nur gehandelt habe, um russische Staatsangehörige vor Gewalttaten zu schützen. Er lehnte mein Argument, dass die Invasion und fortdauernde Besetzung Georgiens Souveränität und internationales Völkerrecht verletzen, ab und wies unverblümt darauf hin, dass die russischen Streitkräfte, anders als die US-Truppen im Irak, wirklich als Befreier willkommen geheißen worden seien. Als ich all das hörte, fiel mir wieder ein, was der regimekritische Autor Alexander Solschenizyn einst über die Politik in der Sowjetära sagte: »In unserem Land ist die Lüge nicht nur zu einer moralischen Kategorie geworden, sondern zu einem Grundpfeiler des Staatswesens.«

Doch auch wenn mich Medwedews Zurückweisung im Hinblick auf Georgien mahnte, dass er kein Pfadfinder war, bemerkte ich eine gewisse ironische Distanz in seinem Vortrag, als wollte er mir zeigen, dass er nicht wirklich alles glaubte, was er sagte. Als das Gespräch zu anderen Themen überging, änderte sich auch seine Einstellung. Was die Schritte zur Bewältigung der Finanzkrise anging, war er gut vorbereitet und konstruktiv. Er äußerte sich begeistert zu unserem Vorschlag des »Reset« der Beziehungen zwischen den USA und Russland, vor allem als es um die Ausweitung der Kooperation in nicht militärischen Bereichen wie Bildung, Wissenschaft, Technologie und Handel ging. Medwedew überraschte uns, indem er uns spontan (was beispiellos war) das Angebot unterbreitete, dem US-Militär zu erlauben, den russischen Luftraum zu nutzen, um Soldaten und Ausrüstung nach Afghanistan zu transportieren – eine Alternative, die unsere ausschließliche Abhängigkeit von den kostspieligen und nicht immer verlässlichen Versorgungswegen Pakistans verringern würde.

Und beim Thema, das für mich höchste Priorität hatte – die Zusammenarbeit zwischen den USA und Russland, um die Weiterverbreitung von Atomwaffen einzudämmen, einschließlich Irans möglichem Streben nach Atomwaffen –, zeigte Medwedew die Bereitschaft für ein aufrichtiges und flexibles Engagement. Er akzeptierte meinen Vorschlag, unsere jeweiligen Experten unverzüglich mit Verhandlungen über den Abbau der Atomarsenale unserer Staaten zu betrauen, als Weiterführung des bestehenden bilateralen START-Abkommens zur Reduzierung strategischer Waffen, das Ende 2009 auslaufen würde. Obwohl Medwedew nicht bereit war, sich auf eine internationale Anstrengung zu verpflichten, dem Iran Fesseln anzulegen, lehnte er dies nicht rundheraus ab und räumte sogar ein, dass die iranischen Nuklear- und Raketenprogramme sehr viel schneller vorangeschritten waren, als Moskau angenommen hatte – ein Eingeständnis, das weder McFaul noch Burns jemals von einem russischen Amtsträger gehört hatten, nicht einmal unter vier Augen.

Trotzdem zeigte sich Medwedew alles andere als nachgiebig. Während unserer Diskussion über die Nichtverbreitung von Atomwaffen machte er klar, dass Russland eine eigene Priorität verfolgte: Sie wollten, dass wir die Entscheidung der Bush-Regierung überprüften, ein Raketenabwehrsystem in Polen und der Tschechischen Republik zu errichten. Er sprach, so vermutete ich, im Namen von Putin, der richtigerweise begriff, dass die Polen und die Tschechen unser System hauptsächlich deshalb bei sich installiert sehen wollten, weil es die US-militärischen Kapazitäten auf ihrem Boden erhöhen und damit eine zusätzliche Absicherung gegen die russische Bedrohung garantieren würde.

Die Wahrheit ist, dass wir, ohne dass die Russen davon wussten, das Vorhaben einer landgestützten Raketenabwehr in Europa bereits überdachten. Bevor ich nach London aufgebrochen war, hatte mich Robert Gates darüber informiert, dass die unter Bush entwickelten Pläne als potenziell weniger effektiv gegen die drängendsten Bedrohungen (hauptsächlich durch den Iran) beurteilt worden waren als ursprünglich angenommen. Daraufhin hatte Gates vorgeschlagen, andere mögliche Ausgestaltungen des Vorhabens prüfen zu lassen, ehe ich irgendeine Entscheidung träfe.

Ich war nicht bereit, Medwedews Wunsch nachzugeben, die Überlegungen zur Stationierung einer Raketenabwehr in die kommenden START-Verhandlungen einfließen zu lassen. Allerdings dachte ich, dass es in unserem Interesse wäre, die russische Besorgnis zu mindern. Und das zufällig gute Timing erlaubte mir, dafür zu sorgen, dass Medwedew London nicht mit leeren Händen verließ: Als Zeichen der Bereitschaft, das Thema ohne Hintergedanken zu diskutieren, stellte ich meine Absicht dar, unsere Pläne in Europa zu überprüfen. Ich fügte hinzu, dass Fortschritte im Bemühen, Irans Atomprogramm zu stoppen, mit ziemlicher Sicherheit Einfluss auf meine Entscheidung haben würden – eine nicht allzu subtile Botschaft, auf die Medwedew schon reagierte, bevor mein Satz auch nur übersetzt war.

»Ich verstehe«, sagte er auf Englisch und lächelte.

Vor seiner Abfahrt lud mich Medwedew zudem zu einem Besuch im Sommer nach Moskau ein, ein Treffen, dem ich nicht abgeneigt war. Nachdem ich seinem Wagenkonvoi hinterhergeschaut hatte, wandte ich mich an Burns und McFaul und fragte sie nach ihrer Meinung.

»Ich will ehrlich sein, Mr President«, sagte McFaul. »Ich weiß nicht, wie es hätte besser laufen können. Er schien sehr viel aufgeschlossener zu verhandeln, als ich erwartet hätte.«

»Mike hat recht«, sagte Burns, »auch wenn ich mich schon frage, wie viel von dem, was Medwedew gesagt hat, zuvor mit Putin abgeklärt wurde.«

Ich nickte. »Wir werden es schon bald rausfinden.«

ZUM ENDE DES Gipfeltreffens in London hatten es die G20 geschafft, eine Vereinbarung zur Bekämpfung der globalen Finanzkrise zu treffen. Das gemeinsam von den Teilnehmenden herausgegebene Schlusskommuniqué enthielt US-Prioritäten wie zusätzliche Verpflichtungen zur Konjunkturankurbelung und die Ablehnung von Protektionismus, darüber hinaus Maßnahmen gegen Steueroasen und für die Verbesserung der Finanzaufsicht, die den Europäern wichtig waren. Die BRICS-Staaten konnten auf eine Zusicherung der USA und der EU verweisen, zu prüfen, ob ihre Repräsentation in der Weltbank und im Internationalen Währungsfonds geändert werden könnte. In einem Anfall von Begeisterung schnappte sich Sarkozy Tim und mich, als wir gerade den Tagungsort verlassen wollten.

»Dieses Abkommen ist historisch, Barack!«, sagte er. »Es ist Ihnen zu verdanken … Nein, nein, das ist wahr! Und Mr Geithner hier … er ist großartig!« Dann fing Sarkozy an, den Nachnamen meines Finanzministers wie ein Fan bei einem Footballspiel zu skandieren, laut genug, dass sich ein paar Köpfe im Saal zu uns umdrehten. Ich musste lachen, nicht nur wegen Tims offenkundigem Unbehagen, sondern auch wegen Angela Merkels gequältem Gesichtsausdruck – sie hatte gerade einen Blick über den Wortlaut des Kommuniqués geworfen und beäugte Sarkozy nun wie eine Mutter ein ungezogenes Kind.

Die internationale Presse betrachtete den Gipfel als Erfolg: nicht nur, weil der Deal substanzieller war als angenommen, sondern auch, weil unsere zentrale Rolle in den Verhandlungen zumindest teilweise dazu beigetragen hatte, die Ansicht zu revidieren, die Finanzkrise habe die Führungsrolle der USA dauerhaft beschädigt. Bei der abschließenden Pressekonferenz war ich vorsichtig darauf bedacht, jeden zu würdigen, der eine wichtige Funktion übernommen hatte, lobte insbesondere Gordon Brown für die Leitung des G20-Gipfels und argumentierte, in dieser vernetzten Welt könne kein Einzelstaat einen Alleingang machen. Die Lösung großer Probleme, sagte ich, verlange genau die Form internationaler Zusammenarbeit, wie sie in London stattgefunden habe.

Zwei Tage später nahm ein Journalist den Gedanken auf und fragte nach meiner Ansicht zum amerikanischen Exzeptionalismus. »Ich glaube an die amerikanische Sonderstellung«, erklärte ich. »Genauso wie ich annehme, dass die Briten an die britische und die Griechen an die griechische Sonderstellung glauben.«

Nur wenig später erfuhr ich, dass die Republikaner und konservative Nachrichtenmedien dieses wenig bemerkenswerte Statement, das ich im Bemühen gemacht hatte, Bescheidenheit und gute Manieren zu zeigen, als Beleg für meine Schwäche und mangelnden Patriotismus aufgegriffen hatten. Experten bezeichneten meine Interaktion mit anderen Staats- und Regierungschefs und der Bevölkerung anderer Nationen als »Obamas Apology Tour«, auch wenn sie nie auf wirkliche Entschuldigungen verweisen konnten. Offensichtlich wirkte meine Abneigung, ausländische Zuhörer über die amerikanische Überlegenheit zu belehren, ganz zu schweigen von meiner Bereitschaft, unsere Unzulänglichkeiten einzuräumen und die Perspektiven anderer Länder miteinzubeziehen, irgendwie unterminierend. Es war eine weitere Mahnung, wie gespalten unsere Medienlandschaft mittlerweile war – und wie eine zunehmend vergiftete Parteilichkeit nicht mehr länger an den Grenzen unseres Landes Halt machte. In dieser neuen Welt konnte jeder außenpolitische Erfolg nach klassischem Maßstab in eine Niederlage umgemünzt werden, zumindest in den Köpfen der Hälfte der Bevölkerung. Meldungen, die unseren Interessen dienten und Wohlwollen im Ausland förderten, konnten zu Hause zu einer Vielzahl politischer Probleme führen.

Die erfreulichere Nachricht lautete, Michelle war bei ihrem internationalen Debüt ein Hit, und sie erhielt vor allem überschwängliches Lob in der Presse für ihren Besuch einer Mädchenschule mitten in London. Michelle, und das traf auf die gesamte Zeit im Weißen Haus zu, genoss solche Begegnungen, denn sie schaffte es, Kontakt zu Kindern jeden Alters oder Hintergrunds aufzubauen, und offenbar kam dieser Zauber überall gut an.

An dieser Schule in London sprach sie über ihre eigene Kindheit, die überwundenen Hindernisse und dass Bildung sie immer vorangebracht hatte. Die Schülerinnen – aus Familien der Arbeiterschicht, viele von den Westindischen Inseln oder aus Südostasien stammend – hörten andächtig und aufmerksam zu, während diese glamouröse Frau darauf bestand, einst genauso wie sie gewesen zu sein. In den folgenden Jahren plauderte Michelle mit Schülerinnen der Schule noch einige Male und empfing eine Gruppe von ihnen im Weißen Haus. Später wertete ein Wirtschaftswissenschaftler die Schuldaten aus und kam zu dem Schluss, dass Michelles Engagement zu einer beachtlichen Steigerung der standardisierten Testergebnisse dieser Mädchen geführt hatte, was darauf hindeutete, dass Michelles Botschaft von Streben und Verbundenheit einen wirklich messbaren Erfolg zeigte. Dieser »Michelle-Effekt« war mir wohlvertraut – sie hatte die gleiche Wirkung auf mich. Erlebnisse wie diese mit den Schülerinnen halfen uns, nicht zu vergessen, dass es bei unserer Arbeit als First Family nicht allein um Politik und politische Programme ging.

Allerdings rief Michelle selbst auch eine Kontroverse hervor. Als Königin Elisabeth im Buckingham-Palast die Staats- und Regierungschefs der G20 sowie ihre Ehepartner und Ehepartnerinnen empfing, wurde Michelle fotografiert, wie ihre Hand auf der Schulter Ihrer Majestät ruhte – ein offenkundiger Bruch des royalen Protokolls durch eine Bürgerliche, auch wenn es der Queen anscheinend nichts ausmachte und sie im Gegenzug den Arm um Michelles Taille legte. Darüber hinaus trug Michelle bei unserer Privataudienz mit der Queen einen Cardigan über ihrem Kleid und versetzte so die britischen Zeitungen der Fleet Street in entsetzte Aufregung.

»Du hättest meinen Vorschlag, einen dieser kleinen Hüte zu tragen, beherzigen sollten«, sagte ich am nächsten Morgen zu Michelle. »Und eine passende kleine Handtasche!«

Sie lächelte und gab mir einen Kuss auf die Wange. »Und ich hoffe, du genießt es, auf der Couch zu schlafen, wenn du wieder zu Hause bist«, antwortete sie strahlend. »Im Weißen Haus gibt es so viele, von denen du dir eine aussuchen kannst!«

DIE DARAUFFOLGENDEN FÜNF Tage waren wie ein Wirbelwind – ein NATO-Gipfel im deutschen Baden-Baden und französischen Straßburg, Meetings und Reden in der Tschechischen Republik und der Türkei und ein unangekündigter Besuch im Irak, bei dem ich, neben meinem Dank an eine lärmende Versammlung von US-Soldaten für ihre Tapferkeit und Opferbereitschaft, mich mit Premierminister Maliki über unsere Rückzugspläne und Iraks kontinuierlichen Wandel zu einer parlamentarischen Regierungsform austauschte.

Am Ende der Reise hatte ich allen Grund, mich ziemlich gut zu fühlen. In allen Bereichen hatten wir die Agenda der Vereinigten Staaten erfolgreich vorangebracht. Es gab keine erheblichen Bauchlandungen meinerseits. Alle in meinem außenpolitischen Team, von Kabinettsmitgliedern wie Geithner und Gates bis hin zu den Nachwuchsmitarbeitern des Vorausteams, hatten herausragende Arbeit geleistet. Und die Länder, die wir besucht hatten, waren weit davon entfernt, vor der Verbindung mit den Vereinigten Staaten zurückzuscheuen, sondern schienen sich nach unserer Führungsrolle zu sehnen.

Dennoch lieferte meine Reise ernüchternde Indizien dafür, wie viel von meiner ersten Amtszeit nicht für neue Initiativen, sondern für das Löschen von Feuern würde aufgewendet werden müssen, die vor meiner Präsidentschaft entfacht worden waren. Beim NATO-Gipfel zum Beispiel schafften wir es, uns die Unterstützung der Bündnispartner für unsere AfPak-Strategie zu sichern – doch erst, nachdem wir den europäischen Staatschefs zugehört hatten, die unterstrichen, wie kritisch die Öffentlichkeit in ihren Ländern nach dem Einmarsch in den Irak gegen die militärische Zusammenarbeit mit den Vereinigten Staaten eingestellt war und wie schwierig es deshalb werden würde, politische Unterstützung für zusätzliche Streitkräfte zu erlangen. Die mittel- und osteuropäischen Mitgliedsstaaten der NATO waren außerdem verunsichert von der lauwarmen Reaktion der Bush-Regierung auf die russische Invasion in Georgien und bezweifelten, dass sie auf das Bündnis würden zählen können, wenn es darum ginge, sie gegen eine ähnliche Aggression Russlands zu verteidigen. Da hatten sie nicht ganz unrecht: Vor dem Gipfel erfuhr ich überraschenderweise, dass die NATO weder die Pläne noch die Kapazitäten für ein schnelles Eingreifen besaß, um jedem der Verbündeten beizuspringen. Es war nur ein weiteres Beispiel eines schmutzigen kleinen Geheimnisses, das ich als Präsident entdeckte. Gleiches hatte ich im Zuge unseres Afghanistanberichts erfahren, und Gleiches hatte die Weltöffentlichkeit nach der Invasion in den Irak herausgefunden: Bei all den ruppigen Tönen, die die Falken der Bush-Regierung wie Cheney und Rumsfeld von sich gaben, waren sie erstaunlich schlecht darin, ihr Gerede mit schlüssigen, wirkungsvollen Strategien zu untermauern. Oder wie Denis McDonough es blumiger formulierte: »Egal, welche Schublade man im Weißen Haus öffnet, man findet immer noch ein Scheiße-Sandwich.«

Ich gab mein Möglichstes, um das mitteleuropäische Problem zu entschärfen, indem ich vorschlug, individualisierte Verteidigungspläne der NATO für jeden Mitgliedsstaat zu entwickeln, und indem ich erklärte, falls der gegenseitige Verteidigungsfall eintreten sollte, würden wir keinen Unterschied zwischen jüngeren und älteren Mitgliedern des Bündnisses machen. Das bedeutete Mehrarbeit für unsere überbeanspruchten Mitarbeiter und das Militär, aber ich versuchte, mir davon den Blutdruck nicht allzu sehr in die Höhe treiben zu lassen. Ich erinnerte mich selbst daran, dass sich jeder Präsident von den Entscheidungen und Fehlern der vorangegangenen Regierung belastet fühlte, dass neunzig Prozent des Jobs darin bestanden, ererbte Probleme und nicht vorausgesehene Krisen zu navigieren. Nur wenn man das mit Disziplin und Zielorientiertheit gut genug hinbekam, erhielt man eine echte Chance, die Zukunft zu gestalten.

Was mir gegen Ende der Reise Sorgen bereitete, war weniger ein bestimmtes Thema, als vielmehr ein Gesamteindruck: das Gefühl, dass aus einer Vielzahl von Gründen – einige selbst gemacht, andere außerhalb unserer Kontrolle – der hoffnungsvolle Trend zur Demokratisierung, Liberalisierung und Integration, der nach dem Ende des Kalten Krieges über den Erdball gefegt war, abebbte. Ältere, dunklere Kräfte gewannen an Stärke. Die Belastungen, die ein anhaltender wirtschaftlicher Abschwung mit sich brachte, würden das Ganze wahrscheinlich noch schlimmer machen.

Vor der Finanzkrise schien beispielsweise die Türkei ein Staat im Aufschwung zu sein, eine Fallstudie für die positiven Effekte der Globalisierung auf aufstrebende Volkswirtschaften. Trotz politischer Instabilität und einer Reihe von Militärputschen in der Vergangenheit hatte sich das mehrheitlich muslimische Land seit den Fünfzigerjahren weitgehend dem Westen angepasst, hatte die NATO-Mitgliedschaft beibehalten, vorschriftsmäßige Wahlen durchgeführt, ein marktwirtschaftliches System unterhalten und eine säkulare Verfassung verabschiedet, in der moderne Prinzipien wie die Gleichberechtigung von Frauen verankert waren. Als 2002/2003 der nachmalige Ministerpräsident Recep Tayyip Erdoğan und seine Partei, die AKP, mithilfe von populistischen und häufig unverhohlen islamistischen Appellen an die Macht kamen, verunsicherte das die säkulare und militärisch dominierte politische Elite der Türkei. Erdoğans lautstarke Zustimmung zur Muslimbruderschaft und zur Hamas, insbesondere in ihrem Kampf für einen unabhängigen palästinensischen Staat, machten sowohl Washington als auch Tel Aviv nervös. Dennoch hatte sich Erdoğans Regierung bislang an die türkische Verfassung gehalten, war den NATO-Verpflichtungen nachgekommen und hatte die Wirtschaft erfolgreich gemanagt, sogar eine Reihe von bescheidenen Reformen initiiert, in der Hoffnung, sich für die EU-Mitgliedschaft zu qualifizieren. Manche Beobachter legten nahe, Erdoğan könne als Modell eines moderaten, modernen und pluralistischen Islam und als Alternative zu den Autokratien, Theokratien und extremistischen Bewegungen betrachtet werden, die ansonsten typisch für die Region waren.

In einer Rede im türkischen Parlament und in einem Bürgerforum mit Studenten aus Istanbul versuchte ich, diesen Optimismus wiederzugeben. Doch aufgrund meiner Gespräche mit Erdoğan hatte ich einige Zweifel. Während des NATO-Gipfels hatte Erdoğan sein Team angewiesen, die Ernennung des hoch angesehenen dänischen Ministerpräsidenten Anders Rasmussen zum neuen NATO-Generalsekretär zu verhindern – nicht weil Erdoğan meinte, Rasmussen sei unqualifiziert, sondern weil Rasmussens Regierung es abgelehnt hatte, auf die Forderung der Türkei einzugehen, die 2005 in einer dänischen Zeitung veröffentlichten Cartoons, die den Propheten Mohammed darstellten, zu zensieren. Appelle europäischer Staaten mit Hinweis auf die Pressefreiheit ließen Erdoğan ungerührt, und er lenkte erst ein, als ich versprach, dass Rasmussen im Amt des NATO-Generalsekretärs einen türkischen Stellvertreter haben würde, und als ich Erdoğan davon überzeugte, dass mein bevorstehender Besuch – sowie die öffentliche Meinung in den USA über die Türkei – nachteilig beeinflusst würden, falls Rasmussens Ernennung nicht zustande käme.

Das war richtunggebend für die folgenden acht Jahre. Beiderseitige Eigeninteressen bestimmten, dass Erdoğan und ich eine Arbeitsbeziehung entwickelten. Die Türkei setzte auf die Unterstützung der Vereinigten Staaten bei ihrer Bewerbung um die EU-Mitgliedschaft sowie auf militärische und geheimdienstliche Unterstützung im Kampf gegen kurdische Separatisten, die nach dem Sturz Saddam Husseins Mut gefasst hatten. Wir hingegen benötigten die Kooperation der Türkei bei der Terrorbekämpfung und der Stabilisierung des Iraks. Persönlich empfand ich Erdoğan als freundlich und meinen Wünschen gegenüber generell aufgeschlossen. Doch wann immer ich ihn reden hörte, die hochgewachsene Gestalt leicht vorgebeugt, seine Stimme ein eindringliches Stakkato, die sich in Reaktion auf vielerlei Missstände oder empfundene Kränkungen um eine Oktave erhöhte, bekam ich den Eindruck, dass sein Bekenntnis zu Demokratie und Rechtsstaatlichkeit möglicherweise nur so lange andauern würde, wie es dem Machterhalt diente.

Meine Zweifel an der Haltbarkeit demokratischer Werte betrafen nicht nur die Türkei. Während meines Aufenthalts in Prag hatten sich Amtsträger der EU besorgt über den Aufstieg von Rechtsaußen-Parteien in Europa gezeigt und darüber, dass die Finanzkrise eine Zunahme der nationalistischen, einwanderungsfeindlichen Stimmung und der Skepsis gegenüber Integration zur Folge habe. Der amtierende tschechische Ministerpräsident Václav Klaus, dem ich einen kurzen Höflichkeitsbesuch abstattete, verkörperte manche dieser Tendenzen. Er war ein lautstarker »Euroskeptiker«, der sich seit 2003 im Amt befand und sowohl ein entschiedener Anhänger der freien Marktwirtschaft als auch ein Bewunderer Wladimir Putins war. Und obwohl wir im Verlauf unseres Gesprächs versuchten, die Dinge locker zu halten, ließen mich einige seiner früheren Handlungen nicht gerade hoffnungsvoll zurück, was die politischen Trends in Mitteleuropa anbelangte – Klaus hatte Bemühungen unterstützt, das tschechische Fernsehen zu zensieren, lehnte Rechte von Schwulen und Lesben ab und war ein notorischer Leugner des Klimawandels.

Es war schwer zu sagen, wie dauerhaft diese Tendenzen sein würden. Ich redete mir ein, es gehöre zum Wesen von Demokratien – einschließlich der amerikanischen –, zwischen Phasen fortschrittlichen Wandels und konservativer Einschränkungen zu pendeln. Tatsächlich war es verblüffend, wie gut Klaus in die Fraktion der Republikaner im Senat gepasst hätte und dass ich mir Erdoğan ohne Weiteres als lokalen Strippenzieher im Stadtrat von Chicago vorstellen konnte. Ob das nun beruhigend oder besorgniserregend war, vermochte ich nicht zu entscheiden.

ALLERDINGS WAR ICH nicht nach Prag gereist, um den Zustand der Demokratie dort zu beurteilen. Stattdessen hatten wir geplant, dass meine einzige große öffentliche Rede der Reise eine erstklassige außenpolitische Initiative auslegen sollte: die Reduzierung und endgültige Abschaffung von Atomwaffen. Diesem Thema widmete ich mich seit meiner Wahl in den Senat vier Jahre zuvor, und obwohl es riskant war, etwas voranzutreiben, das andere für eine utopische Angelegenheit hielten, erklärte ich meinem Team, dass dies in gewisser Hinsicht genau der Punkt war; selbst ein kleiner Fortschritt in dieser Angelegenheit erforderte eine mutige und allumfassende Vision. Denn ich hoffte, Malia und Sasha zumindest vor der möglichen Gefahr einer von Menschen geschaffenen Apokalypse zu bewahren.

Ich hatte noch einen zweiten, praktischeren Grund, mich auf das Thema Atomwaffen in einer Form zu konzentrieren, die überall in Europa für Schlagzeilen sorgen würde: Wir mussten Mittel finden, den Iran und Nordkorea davon abzuhalten, eigene Atomprogramme zu entwickeln. (Nur um unsere Aufmerksamkeit zu erregen, hatte Nordkorea einen Tag vor meiner Rede tatsächlich eine Langstreckenrakete in Richtung Pazifik abgeschossen.) Es war an der Zeit, den internationalen Druck auf beide Staaten zu erhöhen, einschließlich durchsetzbarer Wirtschaftssanktionen. Und mir war klar, dies würde sehr viel leichter zu erreichen sein, wenn ich darlegen könnte, dass die Vereinigten Staaten nicht nur daran interessiert waren, der globalen Abrüstung neuen Schwung zu verschaffen, sondern auch daran, das eigene Atomarsenal aktiv abzubauen.

Am Morgen der Rede war ich überzeugt, dass wir das Atomwaffenthema mit ausreichend konkreten, machbaren Vorschlägen ausgestaltet hatten, sodass ich nicht wie ein hoffnungsloser Don Quijote klang. Der Tag war wolkenlos, und die Kulisse meiner Ansprache war spektakulär, ein Platz in der Innenstadt mit der historischen Prager Burg im Hintergrund – einst Sitz böhmischer Könige und Kaiser des Heiligen Römischen Reichs. Während sich das Beast durch die engen und unebenen Straßen der Stadt schlängelte, kamen wir an einigen der Tausenden von Menschen vorbei, die sich für die Rede versammelten. Leute jeden Alters, aber vor allem sah ich junge Tschechinnen und Tschechen mit geröteten und erwartungsvollen Gesichtern, gekleidet in Jeans, Pullis und mit Schals um den Hals, um sich gegen den frischen Frühlingswind zu schützen. Menschenmengen wie diese, dachte ich da, waren von sowjetischen Panzern am Ende des Prager Frühlings

1968 auseinandergetrieben worden; und genau auf diesen Straßen hatten 1989, nur zwanzig Jahre zuvor, noch größere Gruppen von friedlichen Demonstranten allen Widrigkeiten zum Trotz ein Ende der kommunistischen Herrschaft herbeigeführt.

1989 studierte ich an der Harvard Law School. Ich erinnere mich, in meiner Souterrainwohnung ein paar Meilen entfernt vom Harvard Square gesessen und wie gebannt auf meinen Secondhandfernseher gestarrt und mit angesehen zu haben, was später als Samtene Revolution bekannt werden sollte. Noch heute ist mir gegenwärtig, wie sehr mich diese Demonstrationen gefesselt und ungemein inspiriert hatten. Es war das gleiche Gefühl, das ich einige Monate früher gehabt hatte, als ich sah, wie sich eine einzelne Person den Panzern am Tian'anmen-Platz entgegenstellte, die gleiche Inspiration, die ich spürte, wann immer ich unscharfes Bildmaterial über die Freedom Rider betrachtete oder von John Lewis und seinen Gefährten der Bürgerrechtsbewegung, wie sie über die Edmund-Pettus-Brücke in Selma marschierten. Der Anblick einfacher Leute, die die Angst abstreiften und nach ihren innersten Überzeugungen handelten, junge Menschen, die alles aufs Spiel setzten, um Mitsprache in ihrem Leben zu haben und sich frei zu machen von der Welt alter Grausamkeiten, Hierarchien, Trennungen, Unwahrheiten und Ungerechtigkeiten, die den menschlichen Geist einengten – daran, das wurde mir bewusst, glaubte ich, und ich sehnte mich danach dazuzugehören.

In jener Nacht hatte ich nicht schlafen können. Statt meine Fallsammlung für den Unikurs am nächsten Tag durchzugehen, schrieb ich bis tief in die Nacht Tagebuch, und mir platzte der Schädel vor lauter dringlicher, halb ausgeformter Gedanken, unsicher, welche Rolle ich in diesem großen globalen Ringen einnehmen würde, doch wusste ich damals schon, dass Jura nicht mehr als eine Zwischenstation sein und mich mein Herz an einen anderen Ort führen würde.

Das war schon lange her. Und doch, als ich vom Rücksitz der Präsidentenlimousine hinausblickte und mich darauf vorbereitete, eine Ansprache zu halten, die in die gesamte Welt übertragen würde, erkannte ich, dass eine direkte, wenn auch gänzlich unmögliche Verbindung zwischen damals und heute bestand. Ich war das Ergebnis der Träume dieses jungen Mannes von einst. Und während wir weiterfuhren zum behelfsmäßigen Wartebereich hinter der breiten Bühne, stellte sich ein Teil von mir mich selbst nicht als den Politiker vor, der ich geworden war, sondern versetzte sich in die Lage eines dieser jungen Menschen in der Zuhörermenge, nicht kompromittiert von Macht, unbelastet von der Notwendigkeit, Männern wie Erdoğan und Klaus entgegenzukommen, einzig verpflichtet, gemeinsame Sache mit jenen zu machen, die den Wunsch haben, eine neue und bessere Welt zu schaffen.

Nach der Rede hatte ich Gelegenheit, Václav Havel zu besuchen, den Dramatiker und ehemaligen Dissidenten, der bis 2003 zwei Amtszeiten lang Staatspräsident der Tschechischen Republik gewesen war. Als Mitwirkender des Prager Frühlings wurde er nach der sowjetischen Okkupation auf die schwarze Liste gesetzt, seine Werke wurden verbannt, und er kam für seine politischen Aktionen mehrmals ins Gefängnis. Havel hatte wie kaum ein anderer den Demokratiebewegungen, die die Sowjetära beendeten, eine moralische Stimme gegeben. Neben Nelson Mandela und einer Handvoll anderer noch lebender Staatsmänner war Havel auch stets ein fernes Vorbild für mich gewesen. Während meiner Zeit an der Law School hatte ich seine Essays gelesen. Zu beobachten, wie er seinen moralischen Kompass auch dann noch behielt, als seine Seite an die Macht gekommen und er Präsident geworden war, hatte mir geholfen, mich davon zu überzeugen, dass es möglich war, in die Politik zu gehen und mit unversehrter Seele wieder herauszukommen.

Meinem Terminplan geschuldet, war unser Treffen kurz. Havel war Anfang siebzig, wirkte aber jünger, hatte eine unaufdringliche Art, ein warmherziges, markant zerfurchtes Gesicht, rotblondes Haar und einen gepflegten Oberlippenbart. Nachdem wir für Fotos posiert und zur versammelten Presse gesprochen hatten, begaben wir uns in einen Konferenzraum und unterhielten uns, unterstützt von seinem persönlichen Übersetzer, ungefähr fünfundvierzig Minuten lang über die Finanzkrise, Russland und die Zukunft Europas. Havel war besorgt, dass die Vereinigten Staaten annehmen könnten, die Probleme Europas seien gelöst, obwohl in den ehemaligen sowjetischen Satellitenstaaten die Bindung an die Demokratie immer noch zerbrechlich war. Während die Erinnerungen an die alte Ordnung verblassten und Staatschefs wie er, die enge Verbindungen zu den USA geschmiedet hatten, von der Bildfläche verschwanden, wuchs die reale Gefahr der wiederauflebenden Illiberalität.

»In gewisser Hinsicht vereinfachten die Sowjets die Frage, wer der Feind war«, sagte Havel. »Heutzutage sind die Autokraten raffinierter. Sie kandidieren bei Wahlen und untergraben gleichzeitig die Institutionen, die Demokratie erst ermöglichen. Sie sind Verfechter freier Märkte, während sie dieselbe Korruption, Vetternwirtschaft und Ausbeutung betreiben wie in der Vergangenheit.« Er bestätigte, dass die Finanzkrise überall in Europa die nationalistischen Kräfte und populistischen Extremisten stärkte, und auch wenn er meiner Strategie, Russland wieder zu beteiligen, zustimmte, mahnte er warnend, dass die Annexion Georgiens bloß das offenkundigste Beispiel für Putins Bemühungen sei, die gesamte Region einzuschüchtern und für Störungen zu sorgen. »Ohne die Aufmerksamkeit der USA«, sagte er, »wird der Frieden hier und in ganz Europa verkümmern.«

Unsere Gesprächszeit war abgelaufen. Ich dankte Havel für seinen Rat und versicherte ihm, dass die Vereinigten Staaten bei der Beförderung demokratischer Werte nicht schwankten. Er lächelte und sagte, er hoffe, nicht zusätzlich zu meinen Bürden beigetragen zu haben.

»Sie sind mit den hohen Erwartungen der Menschen gestraft«, sagte er und schüttelte meine Hand. »Das bedeutet, dass diese auch leicht enttäuscht werden. Das ist mir wohlbekannt. Ich befürchte, das kann sich als Falle erweisen.«

SIEBEN TAGE NACH dem Abflug aus Washington bestieg mein Team abgekämpft und froh, nach Hause zurückzukehren, wieder die Air Force One. Ich befand mich in der vorderen Kabine und wollte gerade ein wenig Schlaf nachholen, als Jim Jones und Tom Donilon hereinkamen, um mich über eine Entwicklung zu informieren, die mit einem Problem zu tun hatte, das mir im Verlauf des Wahlkampfs nie begegnet war.

»Piraten?«

»Piraten, Mr President«, sagte Jones. »Vor der Küste Somalias. Sie haben ein Frachtschiff mit einem amerikanischen Kapitän geentert und scheinen die Crew als Geiseln zu halten.«

Das Problem war nicht ganz neu. Seit Jahrzehnten galt Somalia als gescheiterter Staat, als ein zerstückeltes und unter etlichen Kriegsherren, Clans und neuerdings einer brutalen Terrororganisation namens al-Shabaab unruhig aufgeteiltes Land am Horn von Afrika. Gangs von arbeitslosen jungen Männern, die keine Unterstützung durch eine funktionierende Volkswirtschaft erfuhren, hatten damit begonnen, ausgerüstet mit Motorbooten, AK-47-Sturmgewehren sowie provisorischen Leitern, Handelsschiffe auf der verkehrsreichen Schiffsroute zu entern, die Asien via Suezkanal mit dem Westen verband. Die Besatzungen hielten sie als Geiseln, um Lösegeld zu erpressen. Nun war zum ersten Mal ein Schiff unter amerikanischer Flagge betroffen. Es gab keinen Hinweis darauf, dass die vier Somalier irgendjemanden der zwanzigköpfigen Crew verletzt hatten, aber Verteidigungsminister Gates hatte den Marinezerstörer USS *Bainbridge* und die Fregatte USS *Halyburton* in die Region abkommandiert, und man ging davon aus, dass die beiden Kriegsschiffe ungefähr zum Zeitpunkt unserer Landung in Washington in Sichtweite des gekaperten Schiffs kommen würden.

»Sollte es weitere Entwicklungen geben, werden wir Sie wecken, Sir«, sagte Jones.

»In Ordnung«, antwortete ich und spürte, wie die Müdigkeit, die ich in den vergangenen Tagen unterdrückt hatte, von mir Besitz ergriff. »Wecken Sie mich auch, wenn eine Heuschreckenplage kommt«, sagte ich. »Oder die Pest.«

»Sir?« Jones stockte.

»Bloß ein Witz, Jim. Gute Nacht.«

KAPITEL 15

IN DEN VIER TAGEN DARAUF war unser gesamtes Sicherheitsteam von dem Drama in Anspruch genommen, das sich vor Somalia auf offener See abspielte. Die geistesgegenwärtige Besatzung des Containerschiffs *Maersk Alabama* hatte den Schiffsmotor außer Kraft setzen können, ehe die Piraten an Bord gekommen waren, und die meisten Besatzungsmitglieder hatten sich in einen einbruchsicheren Raum zurückgezogen. Der amerikanische Kapitän, ein beherzter und besonnener Vermonter namens Richard Phillips, war unterdessen auf der Brücke geblieben. Da das hundertfünfundfünfzig Meter lange Schiff navigationsunfähig und ihr kleines Ruderboot nicht mehr seetauglich war, beschlossen die Somalier, mit Phillips als Geisel in einem abgedeckten Rettungsboot zu fliehen und zwei Millionen Dollar Lösegeld zu fordern. Auch nachdem einer der Geiselnehmer aufgegeben hatte, blieben Verhandlungen über die Freilassung des amerikanischen Kapitäns ergebnislos. Das Drama spitzte sich zu, als Phillips zu flüchten versuchte, indem er über Bord sprang, aber erneut gefangen genommen wurde.

Während sich die Lage von Stunde zu Stunde weiter verschärfte, erließ ich einen Dauerbefehl, auf die somalischen Piraten zu schießen, sollte sich Phillips zu irgendeinem Zeitpunkt in unmittelbarer Gefahr befinden. Am fünften Tag kam schließlich die Nachricht: Als zwei der Somalier mitten in der Nacht ins Freie getreten waren und durch ein kleines Fenster sichtbar gewesen war, wie der dritte eine Waffe auf den Kapitän richtete, hatten Scharfschützen der Navy SEALs drei Schüsse abgegeben. Die Piraten wurden getötet. Phillips war gerettet.

Im Weißen Haus wurde die Nachricht bejubelt. Die *Washington Post* titelte: »Ein frühzeitiger militärischer Sieg für Obama«. Doch so erleichtert ich war, Kapitän Phillips wieder mit seiner Familie vereint zu sehen, und so stolz ich darauf war, wie die Angehörigen der Navy die Situation gehandhabt hatten, verspürte ich doch keinen Drang, mir auf die Brust zu trommeln. Zum Teil lag das an der schlichten Erkenntnis, dass der Abstand zwischen Erfolg und vollständiger Katastrophe nur wenige Zentimeter betragen hatte – drei Kugeln, die in der Dunkelheit ihr Ziel gefunden hatten, statt von einer Meeresbrise nur um eine Winzigkeit aus der Bahn geworfen zu werden. Aber ich begriff auch, dass auf der ganzen Welt an Orten wie Jemen und Afghanistan, Pakistan und Irak die Leben Millionen junger Männer wie dieser drei Somalier (einige von ihnen tatsächlich eher Jungs, denn der Älteste der Piraten war vermutlich neunzehn Jahre alt gewesen) von Verzweiflung, Unwissenheit, Träumen von religiöser Herrlichkeit, von der Gewaltsamkeit ihres Umfelds oder den Machenschaften älterer Männer beeinflusst und beeinträchtigt worden waren. Sie waren gefährlich, diese jungen Männer, und von einer bisweilen bewussten und beiläufigen Grausamkeit. Trotzdem, in ihrer Gesamtheit wenigstens wollte ich sie auf irgendeine Weise retten – sie zur Schule schicken, sie einen Beruf lernen lassen, sie von dem Hass in ihren Köpfen befreien. Und doch war es der Welt, der sie angehörten, und dem Apparat, den ich befehligte, geschuldet, dass ich sie stattdessen oft tötete.

DASS MEIN JOB Befehle zur Tötung von Menschen umfasste, war keine Überraschung, selbst wenn es selten so dargestellt wurde. Die Bekämpfung von Terroristen – »in deren Strafraum und nicht in unserem«, wie Gates es gern ausdrückte – hatte die umfassende Begründung für die Kriege in Afghanistan und Irak geliefert. Doch nachdem sich die al-Qaida aufgesplittert hatte und in den Untergrund gegangen war, wo sie zu einem verschlungenen, über das Internet und Wegwerfhandys verknüpften Netz aus Verbündeten, Agenten, Schläferzellen und Sympathisanten metastasierte, sahen sich unsere nationalen Sicherheitsdienste der Herausforderung gegenüber, neue, weniger traditionelle und mehr zielgerichtete Formen der Kriegführung zu entwickeln – wozu auch gehörte, ein Arsenal tödlicher Drohnen zu unterhalten, um Al-Qaida-Funktionäre auf dem Gebiet Pakistans zu töten. Die Nationale Sicherheitsbehörde NSA, die bereits die weltweit fortschrittlichste Organisation zum Sammeln elektronischer Informationen war, setzte neue Supercomputer und Dechiffrierungstechnologien im Wert von mehreren Milliarden Dollar ein, um den Cyberspace nach terroristischer Kommunikation und potenziellen Bedrohungen zu durchkämmen. Das Joint Special Operations Command des Pentagon, eine Kommandoeinrichtung zur Bündelung der Spezialeinheiten aus den Teilstreitkräften, mit SEAL-Teams der Navy und Spezialeinheiten der Armee als Basis, führte nächtliche Razzien durch und brachte meist innerhalb – manchmal jedoch auch außerhalb – der Kriegsgebiete in Afghanistan und im Irak Terroristen zur Strecke. Und die CIA entwickelte neue Formen des Sammelns und Auswertens von Informationen.

Auch das Weiße Haus hatte sich neu organisiert, um der terroristischen Bedrohung zu begegnen. Ich leitete eine monatliche Sitzung im Situation Room, bei der sämtliche Geheimdienste zusammenkamen, um aktuelle Entwicklungen zu besprechen und die Koordination der Aktivitäten zu gewährleisten. Die Regierung Bush hatte eine Einstufung terroristischer Ziele entwickelt, eine Art »Top Twenty«-Liste inklusive Fotos, Tarnnamen und Informationen zur Person, ähnlich wie bei Baseball-Sammelkarten. Wurde jemand von dieser Liste getötet, kam üblicherweise ein neues Ziel hinzu, was Rahm zu der Bemerkung veranlasste, es müsse »der Personalstelle von al-Qaida schwerfallen, diesen 21. Platz zu besetzen«. Tatsächlich war mein hyperaktiver Stabschef – der genügend Zeit in Washington verbracht hatte, um zu wissen, dass sein neuer, liberaler Präsident es sich nicht leisten konnte, Terroristen gegenüber nachgiebig aufzutreten – besessen von dieser Liste und stellte die für das Aufspüren von Zielen Verantwortlichen immer wieder zur Rede, um herauszufinden, warum es so lange dauerte, Nummer 10 oder 14 ausfindig zu machen.

Ich hatte an alldem keine Freude. Es verlieh mir kein Gefühl von Macht. Ich war in die Politik gegangen, um Kindern zu besserer Bildung und Familien zu Gesundheitsversorgung zu verhelfen, um arme Länder beim Anbau von Nahrungsmitteln zu unterstützen – das war die Art von Macht, an der ich mich maß.

Doch die Arbeit war notwendig, und es lag in meiner Verantwortung, dafür zu sorgen, dass unsere militärischen Operationen so wirksam wie möglich verliefen. Zudem war ich im Gegensatz zu manchen Linken nie darauf verfallen, die Ansätze der Bush-Regierung zur Bekämpfung des Terrorismus in Bausch und Bogen zu verdammen. Ich hatte genügend Informationsmaterial gesichtet, um zu wissen, dass al-Qaida und ihre Verbündeten ständig fürchterliche Verbrechen gegen unschuldige Menschen planten. Ihre Mitglieder waren weder zu Verhandlungen bereit noch den üblichen militärischen Verhaltensregeln verpflichtet; ihre Pläne zu vereiteln und sie ausfindig zu machen, war eine ausgesprochen schwierige Aufgabe. Unmittelbar nach dem 11. September hatte Präsident Bush einiges richtig gemacht. Unter anderem hatte er rasch und beständig versucht, antiislamische Tendenzen innerhalb der USA zu unterdrücken – keine geringe Leistung, zumal angesichts der Erfahrungen unseres Landes mit dem McCarthyismus und der Internierung japanischstämmiger Amerikaner. Und er hatte sich für die Frühphase des Afghanistaneinsatzes internationale Unterstützung gesichert. Selbst umstrittene Programme der Bush-Regierung wie der PATRIOT Act, die ich selbst kritisiert hatte, schienen mir eher mögliche Werkzeuge für Missbrauch zu sein als generelle Verletzungen amerikanischer Bürgerrechte.

Die Art und Weise, wie die Bush-Regierung mit Informationen umgegangen war, um sich die öffentliche Unterstützung für den Einmarsch in den Irak zu sichern (ganz zu schweigen von der Verwendung des Terrorismus als Totschlagargument in den Wahlen von 2004), war da schon deutlicher zu verurteilen. Und natürlich hielt ich den Einmarsch an sich für einen ebenso großen strategischen Fehler wie das Engagement in Vietnam Jahrzehnte zuvor. Doch die Kriege in Afghanistan und im Irak hatten nicht das wahllose Ausbomben und bewusste Angriffe auf Zivilisten beinhaltet, die routinemäßiger Bestandteil selbst »guter« Kriege wie des Zweiten Weltkriegs gewesen waren. Abgesehen von krassen Ausreißern wie Abu Ghuraib hatten unsere Truppen im Einsatzgebiet bemerkenswerte Disziplin und Professionalität bewiesen.

Meiner Meinung nach bestand meine Aufgabe darin, jene Aspekte unserer Antiterrorbemühungen zu verbessern, die der Verbesserung bedurften, statt sie mit Stumpf und Stiel auszureißen und ganz von Neuem zu beginnen. Eine dieser Verbesserungen bestand darin, Gitmo (GTMO), das Militärgefängnis in Guantanamo Bay, zu schließen und so den steten Strom von Gefangenen, die dort auf unbestimmte Zeit festgehalten wurden, zum Versiegen zu bringen. Eine weitere war die Anordnung, die Folter zu beenden. Auch wenn man mir im Rahmen der Amtseinweisung versichert hatte, irreguläre Auslieferungen und »erweiterte Verhörtechniken« hätten während der zweiten Amtszeit von Präsident Bush aufgehört, hatte mich die unredliche, ungenierte und mitunter absurde Weise, auf die mir einige übrig gebliebene hochrangige Angehörige der vorherigen Regierung diese Praktiken schilderten (»Es war immer ein Arzt anwesend, um sicherzustellen, dass der Verdächtige keine bleibenden Schäden davontrug oder starb«), von der Notwendigkeit klarer Signale überzeugt. Oberste Priorität hatte für mich außerdem, starke Systeme der Transparenz, Verantwortlichkeit und Kontrolle zu etablieren, die Kongress und Justiz mit einschlossen und einen glaubwürdigen rechtlichen Rahmen für das schufen, was meiner Vermutung nach wohl leider ein langer Kampf werden würde. Dafür brauchte ich den frischen Blick und die kritische Einstellung der meist liberalen Anwälte, die in den Beraterbüros im Weißen Haus, im Pentagon, bei der CIA und im Außenministerium unter mir arbeiteten. Doch ich benötigte auch jemanden, der im Zentrum der amerikanischen Antiterroraktivitäten operiert hatte, jemanden, der mir helfen konnte, die verschiedenen politischen Kompromisse auszuwerten, die gewiss folgen und dann tief in das System eingreifen würden, um sicherzustellen, dass die notwendigen Veränderungen auch tatsächlich stattfanden.

Dieser Jemand war John Brennan. Brennan, ein Mann von Anfang fünfzig mit schütterem grauen Haar, einer kaputten Hüfte (Resultat seiner Dunking-Einsätze als Basketballspieler an der Highschool) und dem Gesicht eines irischen Boxers, hatte sich auf dem College für Arabisch zu interessieren begonnen, an der Amerikanischen Universität in Kairo studiert und sich 1980 auf eine Stellenanzeige in der *New York Times* hin der CIA angeschlossen. Er blieb die nächsten fünfundzwanzig Jahre bei der Agency, zunächst als politischer Analyst, dann als Verbindungsbeamter im Nahen Osten und schließlich als stellvertretender Chef der Behörde unter Präsident Bush, in dessen Auftrag er nach dem 11. September das integrierte Terrorismusabwehrzentrum auf die Beine stellte.

Seinem Lebenslauf und dem derben Äußeren zum Trotz fielen mir an Brennan am stärksten seine Bedachtsamkeit und seine ruhige, bescheidene Art (gepaart mit seiner unerwartet sanften Stimme) auf. Obgleich er unerschütterlich entschlossen war, al-Qaida und ihresgleichen zu zerstören, kannte er sich genug mit der islamischen Kultur und der Komplexität des Nahen Ostens aus, um zu wissen, dass sich die Aufgabe nicht mit Schusswaffen und Bomben allein erledigen ließ. Als er mir erzählte, er habe sich persönlich gegen Waterboarding und andere von seinem Vorgesetzten genehmigte »erweiterte Verhörtechniken« gewendet, glaubte ich ihm, und ich war überzeugt davon, dass seine Glaubwürdigkeit innerhalb der Geheimdienstgemeinde von unschätzbarem Wert für mich sein würde.

Dennoch war Brennan Teil der CIA gewesen, als Waterboarding eingesetzt worden war, und aufgrund dieser Verbindung kam er nicht als mein erster Leiter der Behörde infrage. Stattdessen bot ich ihm die Stelle des stellvertretenden Nationalen Sicherheitsberaters für Heimatschutz und Terrorismusbekämpfung an. »Ihre Aufgabe«, sagte ich zu ihm, »wird darin bestehen, mir beim Beschützen dieses Landes auf eine Art und Weise zu helfen, die mit unseren Werten im Einklang steht, und dafür zu sorgen, dass alle anderen dasselbe tun. Sind Sie dazu in der Lage?« Er sagte, das sei er.

In den folgenden vier Jahren hielt John Brennan dieses Versprechen, half dabei, unsere Reformversuche zu koordinieren, und diente mir als Verbindungsmann zu einer mitunter skeptischen und widerständigen CIA-Bürokratie. Er teilte auch meine Bürde zu wissen, dass jeder Fehler, den wir begingen, Menschenleben kosten könnte, weshalb er oft an Wochenenden und Feiertagen stoisch in einem fensterlosen Raum im Westflügel unter dem Oval Office vor sich hin arbeitete. Er wachte, während andere schliefen, und studierte jeden Informationsschnipsel mit einer unerbittlichen Beharrlichkeit, die dazu führte, dass man ihn im Weißen Haus »den Wächter« nannte.

BALD WURDE ERSICHTLICH, dass der Prozess, ehemalige Terrorbekämpfungspraktiken hinter uns zu lassen und neue einzusetzen, langsam und quälend verlaufen würde. Die Schließung von Gitmo bedeutete, dass wir sowohl für vorhandene Insassen als auch sämtliche in Zukunft gefangen genommene Terroristen alternative Unterbringungsmöglichkeiten und juristische Verfahrensweisen finden mussten. Veranlasst durch einige Gesuche im Rahmen des Freedom of Information Act (FOIA), musste ich entscheiden, ob Dokumente im Zusammenhang mit dem Waterboarding und den Auslieferungsprogrammen der CIA unter George Bush freigegeben werden sollten (ja, im Fall von Aktennotizen, die solche Praktiken rechtfertigten, da sowohl die entsprechenden Vermerke als auch die Programme selbst schon weithin bekannt waren; nein, was Fotos von den Praktiken anging, die nach Befürchtung von Pentagon und Staatsministerium internationale Empörung auf uns ziehen und unsere Truppen oder Diplomaten großer Gefahr aussetzen könnten). Unsere Rechtsabteilungen und nationalen Sicherheitsbeauftragten suchten täglich nach neuen Möglichkeiten, unsere Bestrebungen zur Terrorismusbekämpfung stärker durch Gerichte und den Kongress beaufsichtigen zu lassen und unserer Verpflichtung zur Transparenz nachzukommen, ohne Terroristen, die die *New York Times* lasen, zu viel zu verraten.

Statt mit einem politischen Kurs fortzufahren, der dem Rest der Welt wie eine Reihe außenpolitischer Ad-hoc-Entscheidungen vorkam, beschlossen wir, dass ich zwei Reden halten sollte, die mit unseren Antiterrorbemühungen in Zusammenhang standen. In der ersten, die vor allem für das heimische Publikum gedacht war, würde ich insistieren, dass die langfristige nationale Sicherheit Amerikas von der Treue zu unserer Verfassung und der Rechtsstaatlichkeit abhänge. Ich würde zur Sprache bringen, dass wir unmittelbar nach dem 11. September diesen Anforderungen nicht immer gerecht geworden seien. Und ich würde die künftige Vorgehensweise meiner Regierung bei der Terrorismusbekämpfung darlegen. In der zweiten Rede, die in Kairo gehalten werden sollte, würde ich mich an ein internationales Publikum wenden – vor allem an die Muslime der Welt. Im Wahlkampf hatte ich versprochen, eine solche Rede zu halten, und obwohl mir einige Angehörige meines Teams in Anbetracht der aktuellen Geschehnisse davon abrieten, sagte ich zu Rahm, kneifen komme nicht infrage. »Wir werden die öffentliche Meinung in diesen Ländern vielleicht nicht über Nacht ändern«, sagte ich, »aber wenn wir die Quelle der Spannungen zwischen dem Westen und den Muslimen nicht direkt benennen und beschreiben, wie ein friedliches Miteinander aussehen könnte, werden wir in dieser Region noch dreißig Jahre lang Krieg führen.«

Beim Verfassen der Reden holte ich mir Hilfe bei Ben Rhodes, meinem einunddreißigjährigen Redenschreiber für den Nationalen Sicherheitsrat und angehenden stellvertretenden Nationalen Sicherheitsberater für strategische Kommunikation. Verkörperte Brennan jemanden, der als Verbindung zwischen mir und dem Nationalen Sicherheitsapparat, den ich übernommen hatte, fungieren konnte, dann verband Ben mich mit meinem jüngeren, idealistischeren Ich. In Manhattan mit einer liberalen jüdischen Mutter und einem texanischen Anwalt als Vater aufgewachsen, die unter Lyndon B. Johnson beide für die Regierung tätig gewesen waren, hatte er an der New York University an seinem Master in Literarischem Schreiben gearbeitet, als sich die Anschläge vom 11. September ereignet hatten. Von patriotischem Zorn getrieben, war Ben auf der Suche nach einer Möglichkeit, seinem Land zu dienen, nach Washington, D. C., gegangen und hatte schließlich eine Anstellung bei dem ehemaligen Kongressmitglied Lee Hamilton aus Indiana gefunden. Er half damals, den einflussreichen Bericht des Arbeitskreises Irak von 2006 zu verfassen.

Der klein gewachsene Ben, der früh eine Glatze bekam und dessen dunkle Augenbrauen stets sorgenvoll zusammengezogen schienen, war dann bei uns während des Wahlkampfs ins kalte Wasser geworfen worden. Im Auftrag unseres unterbesetzten Wahlkampfteams sollte er sofort reihenweise Positionspapiere, Pressemeldungen und wichtige Reden aufsetzen. Es hatte einige Anlaufschwierigkeiten gegeben: In Berlin hatten Favs und er beispielsweise einen schönen deutschen Begriff gefunden – »Schicksalsgemeinschaft« –, um die Themen meiner einzigen großen Wahlkampfrede auf fremdem Boden zu bündeln, nur um wenige Stunden vor meinem Auftritt festzustellen, dass der Ausdruck einst von Hitler benutzt worden war. (»Das ist wohl eher nicht die Wirkung, auf die du abzielst«, sagte Reggie Love trocken, während ich in Gelächter ausbrach und Ben puterrot wurde.) Seiner Jugend zum Trotz schreckte Ben nicht davor zurück, sich in politischen Fragen zu Wort zu melden oder meinen älteren Beratern zu widersprechen, stets mit scharfem Intellekt und einer sturen Aufrichtigkeit, die durch eine gesunde Dosis Selbstironie aufgelockert wurde. Er hatte die Sensibilität eines Autors, die ich mit ihm teilte, und das diente als Basis für eine Beziehung, die jener zu Favs nicht unähnlich war. Ich konnte Ben eine Stunde lang meine Argumente zu einem bestimmten Thema diktieren und mich darauf verlassen, einige Tage später einen Entwurf zu erhalten, der nicht nur meinen Tonfall traf, sondern auch etwas Wesentliches erfasste: meine grundlegende Sicht auf die Welt und zuweilen sogar meine Seele.

Gemeinsam stellten wir die Antiterror-Rede ziemlich schnell fertig, auch wenn Ben erzählte, immer wenn er einen Entwurf an das Pentagon oder die CIA geschickt habe, sei dieser voller Änderungen zurückgekommen. Sämtliche Wörter, Anmerkungen oder Beschreibungen, die auch nur ansatzweise als kontrovers oder kritisch im Hinblick auf Praktiken wie Folter angesehen wurden, waren rot durchgestrichen – ein wenig subtiler Akt des Widerstands der Karriereleute, von denen viele mit der Bush-Regierung nach Washington gekommen waren. Ich sagte Ben, er solle den Großteil ihrer Vorschläge ignorieren. Am 21. Mai hielt ich die Rede im Nationalarchiv zwischen Originalhandschriften der Unabhängigkeitserklärung, der Verfassung und der Freiheitsurkunde – nur für den Fall, dass irgendjemand innerhalb oder außerhalb der Regierung nicht verstand, worum es ging.

Die »Muslimrede«, wie wir die zweite bedeutende Ansprache inzwischen nannten, war vertrackter. Über die negativen Darstellungen von Terroristen und Ölscheichs in den Nachrichten oder im Film hinaus wussten die meisten Amerikaner wenig über den Islam. Unterdessen zeigten Umfragen, dass Muslime auf der ganzen Welt glaubten, die Vereinigten Staaten stünden ihrer Religion feindlich gegenüber und unsere Nahostpolitik beruhe nicht auf einem Interesse, das Leben der Menschen zu verbessern, sondern sei vor allem darauf ausgelegt, uns Ölvorkommen zu sichern, Terroristen zu töten und Israel zu schützen. Angesichts dieser Spaltung sagte ich Ben, die Rede solle sich weniger darauf konzentrieren, neue politische Handlungsweisen zu skizzieren, als vielmehr darauf, beiden Seiten zu gegenseitigem Verständnis zu verhelfen. Das hieß, den außerordentlichen Beitrag der islamischen Zivilisation zur Entwicklung von Mathematik, Wissenschaft und Kunst zu verstehen und anzuerkennen, welche Rolle der Kolonialismus bei einigen der fortdauernden Kämpfe im Nahen Osten gespielt hatte. Es hieß zuzugeben, dass die USA Korruption und Unterdrückung in dieser Region in der Vergangenheit oft gleichgültig gegenübergestanden und wir während des Kalten Krieges zum Umsturz der demokratisch gewählten Regierung im Iran beigetragen hatten, und es hieß, die tiefe Demütigung der Palästinenser in den besetzten Gebieten nicht zu verschweigen. Ich dachte mir, solche grundlegenden geschichtlichen Fakten aus dem Mund eines amerikanischen Präsidenten zu hören, würde viele überraschen und sie vielleicht zugänglich für andere, schwerer zu akzeptierende Wahrheiten machen: dass der islamische Fundamentalismus, der mittlerweile so große Teile der muslimischen Welt dominierte, nicht mit jener Offenheit und Toleranz vereinbar war, die den modernen Fortschritt vorantrieben; dass muslimische Führer zu häufig Vorwürfe dem Westen gegenüber vorschützten, um von ihrem eigenen Versagen abzulenken; dass ein palästinensischer Staat nur durch Verhandlungen und Kompromisse und nicht durch Anstiftung zu Gewalt und Antisemitismus zustande kommen würde und eine Gesellschaft nie wirklich erfolgreich sein konnte, solange sie Frauen systematisch unterdrückte.

Wir feilten noch an der Rede, als wir in der saudi-arabischen Hauptstadt Riad landeten, wo ich mich mit König Abdullah ibn Abd al-Aziz, Diener der beiden heiligen Stätten (der Moscheen von Mekka und Medina) und mächtigster Führer der arabischen Welt, treffen sollte. Ich hatte das Königreich nie zuvor betreten, und während der aufwendigen Begrüßungszeremonie am Flughafen fiel mir als Erstes die völlige Abwesenheit von Frauen und Kindern auf dem Rollfeld oder in den Terminals auf – nur Reihen von Männern mit schwarzen Schnurrbärten in Militäruniformen oder dem traditionellen Thawb und der Ghutra. Natürlich hatte ich damit gerechnet, so war das am Golf nun einmal üblich. Aber als ich ins Beast einstieg, war ich noch immer betroffen, weil sich ein solch segregierter Ort so beklemmend und traurig anfühlte, als hätte ich unvermittelt eine Welt betreten, in der sämtliche Farben gedämpft waren.

Der König hatte veranlasst, dass mein Team und ich auf seiner Pferderanch außerhalb von Riad untergebracht wurden, und während unsere Fahrzeugkolonne mitsamt Polizeieskorte im glühenden Sonnenschein eine breite, makellos saubere Schnellstraße entlangfuhr und die gewaltigen, schmucklosen Bürogebäude, Moscheen, Outletcenter und Showrooms für Luxusautos bald der kargen Wüste wichen, dachte ich darüber nach, wie wenig der saudi-arabische Islam mit jener Version des Glaubens gemein hatte, die ich als Kind in Indonesien kennengelernt hatte. Im Jakarta der Sechziger- und Siebzigerjahre hatte der Islam innerhalb der Kultur dieses Landes in etwa den gleichen Stellenwert gehabt wie das Christentum in einer durchschnittlichen amerikanischen Stadt, relevant, aber nicht dominant. Die Tage wurden von den Gebetsaufrufen des Muezzins unterbrochen, Hochzeiten und Beerdigungen folgten den vorgeschriebenen Ritualen des Glaubens, während der Fastenmonate verlangsamten sich die Aktivitäten, und Schweinefleisch war auf den Speisekarten der Restaurants eher schwer zu finden. Davon abgesehen lebten die Menschen ihr Leben, Frauen fuhren mit kurzen Röcken und hochhackigen Schuhen auf Vespas ins Büro, Jungen und Mädchen rannten Drachen nach, und in der örtlichen Disko tanzten langhaarige Jugendliche zu den Beatles und den Jackson Five. Muslime waren größtenteils nicht von Christen, Hindus oder den Ungläubigen mit Collegeabschluss wie meinem Stiefvater zu unterscheiden, wenn sie sich in die überfüllten Busse Jakartas quetschten, die Kinosäle füllten, in denen der jüngste Kung-Fu-Streifen gezeigt wurde, vor Kneipen am Straßenrand rauchten oder die von Lärm erfüllten Straßen entlangspazierten. Die Strenggläubigen waren rar in jenen Tagen und wenn nicht das Ziel von Spott, dann zumindest abgesondert von den anderen, so wie Zeugen Jehovas, die in einem Viertel von Chicago Handzettel verteilten.

Saudi-Arabien war immer anders gewesen. Abd al-Aziz ibn Saud, der erste Monarch der Nation und Vater König Abdullahs, hatte die Herrschaft im Jahr 1932 angetreten und war den Lehren Mohammad ibn Abd al-Wahhabs, eines Klerikers aus dem achtzehnten Jahrhundert, eng verbunden gewesen. Ibn al-Wahhabs Anhänger behaupteten, eine unverfälschte Version des Islam zu praktizieren, betrachteten den schiitischen und sufistischen Islam als ketzerisch und folgten religiösen

Grundsätzen, die selbst nach den Maßstäben der traditionellen arabischen Kultur konservativ waren: Trennung der Geschlechter im öffentlichen Raum, Vermeidung des Kontakts mit Nichtmuslimen und Ablehnung säkularer Kunst, Musik und anderer Beschäftigungen, die vom Glauben ablenken könnten. Nach dem Zusammenbruch des Osmanischen Reichs im Anschluss an den Ersten Weltkrieg festigte Ibn Saud die Kontrolle über rivalisierende arabische Stämme und gründete das moderne Saudi-Arabien in Übereinstimmung mit diesen wahhabitischen Grundsätzen. Die Eroberung Mekkas – Geburtsort des Propheten Mohammed und Ziel sämtlicher muslimischer Pilger, die den fünf Säulen des Islam nacheiferten – sowie der heiligen Stadt Medina bot ihm eine Plattform, von der aus er einen übergroßen Einfluss auf die weltweite islamische Doktrin ausüben konnte.

Die Entdeckung der saudischen Ölfelder und der unbeschreibliche Reichtum, der aus ihnen erwuchs, weiteten diesen Einfluss noch weiter aus, deckten aber auch die Widersprüche auf, die darin lagen, derartig ultrakonservative Praktiken inmitten einer sich rapide modernisierenden Welt aufrechtzuerhalten. Ibn Saud brauchte westliche Technologie, Know-how und Vertriebswege, um die neu entdeckten Schätze des Königreichs voll auszuschöpfen, und er bildete eine Allianz mit den Vereinigten Staaten, um moderne Waffen in seinen Besitz zu bringen und die saudischen Ölfelder gegen rivalisierende Staaten zu schützen. Mitglieder der erweiterten Königsfamilie beauftragten westliche Firmen damit, ihren riesigen Besitz zu investieren, und schickten ihre Kinder nach Cambridge und Harvard, um moderne Geschäftspraktiken zu lernen. Junge Prinzen entdeckten die Anziehungskraft französischer Villen, Londoner Nachtklubs und der Spielsalons von Las Vegas.

Ich fragte mich manchmal, ob es vielleicht einen Punkt gab, an dem die saudische Monarchie ihre religiösen Verpflichtungen hinterfragt hatte und zu der Einsicht gekommen war, dass sich der Fundamentalismus Ibn Abd al-Wahhabs – wie alle Formen des religiösen Absolutismus – nicht mit einem modernen Leben vereinbaren ließ, und sie ihren Reichtum und ihre Autorität eingesetzt hatte, um den Islam in eine sanftere, tolerantere Richtung zu lenken. Wahrscheinlich nicht. Die alten Verhaltensweisen waren zu tief verwurzelt. Als das Verhältnis zu den Fundamentalisten Ende der Siebzigerjahre angespannter wurde, kam die Königsfamilie womöglich zu dem treffenden Schluss, dass eine religiöse Reform zwangsläufig auch zu unbequemen politischen und wirtschaftlichen Reformen führen würde.

Um jene Art von Revolution zu vermeiden, die im nahe gelegenen Iran eine islamische Republik begründet hatte, traf die saudische Monarchie stattdessen mit ihren kompromisslosesten Klerikern ein Abkommen. Im Austausch gegen die Legitimierung der absoluten Kontrolle des Hauses Saud über die Regierung und die Wirtschaft des Landes (und die Bereitschaft, darüber hinwegzusehen, wenn Mitgliedern der königlichen Familie gewisse Torheiten unterliefen), erhielten die Kleriker und Religionswächter die Vollmacht, das alltägliche Miteinander zu regeln, über die Lehrpläne der Schulen zu verfügen und Strafen für Verstöße gegen religiöse Gebote zu erlassen – von öffentlichem Auspeitschen über das Abhacken von Händen bis hin zu tatsächlichen Kreuzigungen. Vielleicht noch wichtiger war, dass die Königsfamilie denselben Geistlichen Milliarden von Dollar zur Verfügung stellte, um in der gesamten sunnitischen Welt Moscheen und Koranschulen zu errichten. Im Ergebnis nahm der Fundamentalismus von Pakistan über Ägypten und Mali bis nach Indonesien zu, die Toleranz gegenüber unterschiedlichen islamischen Praktiken nahm ab, die Kampagnen zur Durchsetzung einer islamischen Führung wurden lautstärker, und Rufe nach einer Reinigung des islamischen Gebiets von westlichen Einflüssen – falls nötig, mit Gewalt – erklangen immer regelmäßiger.

Die saudische Monarchie konnte zufrieden feststellen, dass sie sowohl innerhalb der eigenen Grenzen als auch unter ihren Partnerstaaten am Golf eine Revolution nach iranischem Muster abgewendet hatte (wenngleich die Aufrechterhaltung einer solchen Ordnung nach wie vor einen repressiven Sicherheitsdienst und breite Zensur der Medien erforderte). Doch der Preis dafür war die Beschleunigung einer staatenübergreifenden fundamentalistischen Bewegung, die westliche Einflüsse verachtete, das Liebäugeln Saudi-Arabiens mit den USA beargwöhnte und als Versuchsfeld für die Radikalisierung vieler junger muslimischer Männer diente: Männern wie Osama bin Laden, dem Sohn eines angesehenen Geschäftsmanns, der der Königsfamilie nahestand, und den fünfzehn saudi-arabischen Staatsangehörigen, die gemeinsam mit vier weiteren die Angriffe vom 11. September 2001 planten und ausführten.

»RANCH« ERWIES SICH als etwas irreführende Bezeichnung. Mit dem gewaltigen Grundstück und gleich mehreren mit vergoldeten Rohrleitungen, Kristalllüstern und Plüschmöbeln ausgestatteten Villen wirkte König Abdullahs Wohnkomplex eher wie ein mitten in die Wüste versetztes Hotel Vier Jahreszeiten. Der König selbst – ein Mann in seinen Achtzigern mit pechschwarzem Schnurrbart und Bart (männliche Eitelkeit schien unter den politischen Führern der Welt weitverbreitet zu sein) – begrüßte mich herzlich am Eingang des Gebäudes, das offenbar seine Hauptresidenz war. An seiner Seite war der saudische Botschafter Adel al-Dschubeir, ein glatt rasierter Diplomat, der in den Vereinigten Staaten studiert hatte und mit seinem makellosen Englisch, seiner einnehmenden Art, seiner Beschlagenheit in allen PR-Angelegenheiten und seinen weitreichenden Verbindungen nach Washington der ideale Mann für die Schadensbegrenzungsversuche des Königreichs nach dem 11. September war.

Der König war an jenem Tag in mitteilsamer Stimmung, und während al-Dschubeir als Übersetzer fungierte, erinnerte er sich wohlwollend an das Treffen zwischen seinem Vater und Franklin D. Roosevelt 1945 an Bord der USS *Quincy* zurück, betonte, wie wichtig ihm das saudisch-amerikanische Bündnis sei, und beschrieb die Genugtuung, die er empfunden habe, als ich zum Präsidenten gewählt worden sei. Er billigte mein Vorhaben, in Kairo zu sprechen, betonte, der Islam sei eine Religion des Friedens, und hob seine Anstrengungen zur Stärkung des Dialogs zwischen den Religionen hervor. Er versicherte mir auch, das Königreich werde sich mit meinen Wirtschaftsberatern koordinieren, um dafür zu sorgen, dass die Ölpreise die Erholung nach der Krise nicht beeinträchtigten.

Doch bei zwei meiner Bitten – dass das Königreich und weitere Mitglieder der Arabischen Liga eine Geste gegenüber Israel in Erwägung ziehen würden, die vielleicht Friedensverhandlungen mit den Palästinensern in Gang setzen könnte, und dass unsere Mitarbeiter über eine mögliche Überführung einiger Gefangener aus Guantanamo in saudische Rehabilitationszentren verhandeln könnten – zeigte sich der König, der potenzielle Kontroversen ganz offenkundig vermeiden wollte, unverbindlich.

Während des Mittagsbanketts, das der König für unsere Delegation gab, nahm das Gespräch einen leichteren Tonfall an. Die fünfzehn Meter lange Tafel war märchenhaft üppig beladen mit ganzen gegrillten Lämmern, Bergen von Safranreis und den verschiedensten traditionellen und westlichen Delikatessen. Alyssa Mastromonaco, die für meine Termine zuständig war, und meine leitende Beraterin Valerie Jarrett waren zwei von drei Frauen unter den etwa sechzig Gästen. Alyssa wirkte recht fröhlich, während sie über den Tisch hinweg mit saudischen Funktionären plauderte, wenngleich sie offenbar nur mit Mühe und Not verhindern konnte, dass das Kopftuch, das sie trug, in die Suppenschüssel fiel. Der König erkundigte sich nach meiner Familie, und ich schilderte ihm, wie Michelle und unsere Töchter sich auf das Leben im Weißen Haus einstellten. Er erklärte, er selbst habe zwölf Frauen – den Nachrichten zufolge lag die Zahl eher um die dreißig –, vierzig Kinder und Dutzende von Enkeln und Urenkeln.

»Ich hoffe, Sie nehmen mir die Frage nicht übel, Eure Majestät«, sagte ich, »aber wie kommen Sie nur mit zwölf Ehefrauen zurecht?«

»Sehr schlecht.« Er schüttelte müde den Kopf. »Irgendeine ist immer eifersüchtig. Es ist komplizierter als die Politik im Nahen Osten.«

Später besuchten Ben und Denis die Villa, in der ich wohnte, damit wir letzte Änderungen an der Kairo-Rede besprechen konnten. Ehe wir mit der Arbeit begannen, fiel uns ein großer Reisekoffer auf dem Kaminsims auf. Ich öffnete die Schnallen und hob den Deckel an. Auf einer Seite befanden sich eine große Wüstenszene mit goldenen Miniaturfiguren auf einem Marmorsockel und eine gläserne Uhr, die durch Temperaturveränderungen angetrieben wurde. Auf der anderen Seite lag in einem Samtkästchen ein Collier, halb so lang wie eine Fahrradkette und besetzt augenscheinlich mit Rubinen und Diamanten, die Hunderttausende von Dollar wert sein mussten – nebst passendem Ring und Ohrringen. Ich sah Ben und Denis an.

»Eine kleine Aufmerksamkeit für die Gemahlin«, sagte Denis. Er erklärte, andere Mitglieder der Delegation hätten in ihren Zimmern Kästchen mit teuren Uhren gefunden. »Offenbar hat den Saudis niemand erzählt, dass wir keine Geschenke annehmen dürfen.«

Die schweren Juwelen in der Hand wiegend, fragte ich mich, wie häufig schon bei offiziellen Staatsbesuchen Geschenke wie diese diskret für andere politische Führer hinterlassen worden waren, deren Länder keine Regeln gegen das Annehmen von Geschenken hatten oder zumindest keine, die durchgesetzt wurden. Ich dachte wieder an die somalischen Piraten, deren Tötung ich angeordnet hatte, allesamt Muslime, und an die vielen anderen jungen Männer wie sie jenseits der nahen Grenzen von Jemen und Irak und in Ägypten, Jordanien, Afghanistan und Pakistan, die vermutlich in ihrem ganzen Leben nicht so viel verdienten, dass es auch nur annähernd für die Kette in meiner Hand gereicht hätte. Radikalisierte man nur ein Prozent dieser jungen Männer, dann hatte man eine Armee von einer halben Million, bereit, für die ewige Herrlichkeit zu sterben – oder vielleicht auch nur für eine Kostprobe von etwas Besserem.

Ich legte die Kette aus der Hand und schloss den Koffer. »Also gut«, sagte ich. »Fangen wir an.«

IN DER METROPOLREGION KAIRO lebten über sechzehn Millionen Menschen. Auf der Fahrt vom Flughafen zu unserem Ziel am nächsten Tag sahen wir keinen einzigen von ihnen. Die berühmten chaotischen Straßen waren über Kilometer hinweg leer gefegt, abgesehen von überall postierten Polizisten; ein Beleg für den eisernen Griff, in dem der ägyptische Präsident Husni Mubarak sein Land hielt – und für die Tatsache, dass ein amerikanischer Präsident ein verlockendes Ziel für lokale Extremistengruppen war.

Repräsentierte die traditionsverbundene saudische Monarchie eine Art der modernen arabischen Regierungsform, dann verkörperte das autokratische Regime Ägyptens die andere. Zu Beginn der Fünfzigerjahre hatte ein charismatischer und weltläufiger Oberst namens Gamal Abdel Nasser einen militärischen Umsturz der ägyptischen Monarchie orchestriert und einen säkularen Einparteienstaat begründet. Bald darauf verstaatlichte er den Sueskanal. Er überstand die militärischen Interventionen der Briten und Franzosen, wodurch er zu einer globalen Persönlichkeit im Kampf gegen den Kolonialismus und zu dem mit Abstand beliebtesten politischen Führer in der arabischen Welt wurde.

Nasser verstaatlichte weitere Schlüsselindustrien, stieß Agrarreformen an und brachte umfassende öffentliche Bauprojekte auf den Weg, alles mit dem Ziel, Spuren der britischen Herrschaft wie auch Ägyptens feudaler Vergangenheit auszulöschen. Im Ausland propagierte er einen säkularen, vage sozialistischen, panarabischen Nationalismus, focht einen vergeblichen Kampf gegen die Israelis, trug zur Gründung der Palästinensischen Befreiungsorganisation PLO und der Arabischen Liga bei und war Gründungsmitglied der Bewegung der blockfreien Staaten, die sich während des Kalten Krieges vordergründig auf keine der beiden Seiten schlug, aber den Argwohn und den Zorn Washingtons auf sich zog. Ein Grund hierfür war, dass Nasser Wirtschafts- und Militärhilfe von der Sowjetunion bezog. Er ging außerdem gnadenlos gegen abweichende Meinungen und die Gründung konkurrierender politischer Parteien in Ägypten vor. Besonders die Muslimbruderschaft nahm er ins Visier, eine Gruppierung, die vermittels politischer Mobilisierung des Volkes und wohltätiger Arbeit eine islamische Regierung zu etablieren versuchte, die aber auch Mitglieder umfasste, die gelegentlich zu Gewalt griffen.

Nassers autoritärer Regierungsstil war so dominierend, dass ihn die politischen Führer im Nahen Osten selbst nach seinem Tod im Jahr 1970 noch zu imitieren versuchten. Doch Männer wie Hafiz al-Assad in Syrien, Saddam Hussein im Irak und Muammar al-Gaddafi in Libyen, denen es an Nassers Raffinesse fehlte, hielten ihre Macht hauptsächlich durch Korruption, Vetternwirtschaft, brutale Unterdrückung und eine unausgesetzte, wenn auch erfolglose Kampagne gegen Israel aufrecht.

Als Nassers Nachfolger Anwar el-Sadat 1981 ermordet wurde, übernahm Husni Mubarak die Herrschaft, der sich im Großen und Ganzen der gleichen Formel bediente, mit einem bedeutenden Unterschied: Dadurch, dass Sadat einen Friedensvertrag mit Israel unterschrieben hatte, wurde Ägypten zum Verbündeten der USA, was dazu führte, dass mehrere aufeinanderfolgende amerikanische Regierungen über die zunehmende Korruption, die miese Bilanz in Sachen Menschenrechte und den gelegentlichen Antisemitismus des Regimes hinwegsahen. Mubarak, der sich der Hilfe nicht nur der Vereinigten Staaten, sondern auch der Saudis und anderer ölreicher Golfstaaten gewiss war, machte sich nie die Mühe, die stagnierende Wirtschaft seines Landes zu reformieren, weshalb nun eine Generation unzufriedener junger Ägypter nicht in der Lage war, Arbeit zu finden.

Unser Fahrzeugkorso erreichte den Al-Kubba-Palast – ein opulentes, Mitte des neunzehnten Jahrhunderts errichtetes Bauwerk und einer der drei Präsidentenpaläste Kairos –, und nach einer Begrüßungszeremonie lud Mubarak mich zu einer einstündigen Diskussion in sein Büro ein. Er war einundachtzig Jahre alt, aber noch immer breitschultrig und robust, mit einer römischen Nase, das dunkle Haar aus der Stirn gekämmt, mit schweren Augenlidern, die ihm die Ausstrahlung eines Mannes verliehen, der an seine Herrschaft nicht nur gewöhnt, sondern ihrer auch leicht überdrüssig ist. Nachdem ich mit ihm über die ägyptische Wirtschaft gesprochen und einige Vorschläge gemacht hatte, wie sich der arabisch-israelische Friedensprozess wiederbeleben ließe, sprach ich das Thema Menschenrechte an und schlug ihm Schritte vor, die er ergreifen könnte, um politische Gefangene freizulassen und Einschränkungen der Pressefreiheit zu lockern.

Mubarak, der zwar mit Akzent, aber passabel Englisch sprach, wiegelte meine Bedenken höflich ab und beharrte darauf, dass seine Sicherheitsdienste nur auf islamische Extremisten abzielten und die ägyptische Öffentlichkeit sein hartes Durchgreifen voll unterstütze. Ich blieb mit einem Eindruck zurück, der mir bei meinen Auseinandersetzungen mit alternden Autokraten nur allzu vertraut werden sollte: In Palästen fortgesperrt, sämtliche Beziehungen zur Welt durch die servilen Funktionäre mit den versteinerten Mienen um sie herum vermittelt, waren sie nicht in der Lage, zwischen ihren persönlichen Interessen und denen ihres Landes zu unterscheiden. Alles, was sie unternahmen, hatte kein höheres Ziel, als das verworrene Netz der Protektion und der Geschäftsinteressen aufrechtzuerhalten, das sie an der Macht hielt.

Welch ein Gegensatz es war, die Große Halle der Universität Kairo zu betreten und einen voll besetzten Hörsaal vorzufinden, in dem es vor Energie förmlich knisterte. Wir hatten die Regierung gedrängt, meine Ansprache einem breiten Querschnitt der ägyptischen Bevölkerung zugänglich zu machen, und es war offensichtlich, dass die bloße Anwesenheit von Universitätsstudenten, Journalisten, Wissenschaftlern, Leiterinnen von Frauenorganisationen, Gemeindeaktivisten und selbst einigen angesehenen Geistlichen und Mitgliedern der Muslimbruderschaft unter den dreitausend Anwesenden dazu beitragen würde, sie zu einer einzigartigen Veranstaltung zu machen, einer Veranstaltung, die über das Fernsehen ein großes weltweites Publikum erreichen würde. Sobald ich die Bühne betreten und den islamischen Gruß »As-salamu alaikum« ausgesprochen hatte, spendete mir die Menge tosenden Beifall. Mit Bedacht wies ich darauf hin, dass eine einzige Rede keine tief wurzelnden Probleme würde lösen können. Doch als Jubel und Applaus anhielten, während ich Demokratie, Menschenrechte und Frauenrechte, religiöse Toleranz und die Notwendigkeit eines wirklichen und anhaltenden Friedens zwischen einem sicheren Israel und einem autonomen palästinensischen Staat diskutierte, konnte ich mir die Anfänge eines neuen Nahen Ostens vorstellen. In diesem Augenblick war es nicht schwer, sich eine andere Realität auszumalen, in der die jungen Menschen in diesem Hörsaal neue Unternehmen und Schulen aufbauen, verantwortungsvolle, funktionierende Regierungen anführen und beginnen würden, ihren Glauben auf eine Weise neu zu erfinden, die sowohl traditionsbewusst als auch offen für andere Quellen der Weisheit war. Vielleicht konnten die grimmig blickenden hochrangigen Regierungsvertreter in der dritten Reihe es sich ebenfalls vorstellen.

Ich verließ die Bühne unter anhaltenden stehenden Ovationen und hielt nach Ben Ausschau, der stets zu nervös war, um sich irgendeine Rede anzuhören, an der er mitgeschrieben hatte, und sich stattdessen in irgendeinem Hinterzimmer verschanzte, um auf seinem Blackberry herumzutippen. Er grinste von einem Ohr zum anderen.

»Ich würde sagen, das hat funktioniert«, sagte ich.

»Das war historisch«, sagte er ohne jeden Anflug von Ironie.

Jahre später ergötzten sich Kritiker und selbst einige meiner Unterstützer daran, den hochfliegenden, hoffnungsvollen Ton der Kairo-Rede mit der bitteren Realität zu vergleichen, wie sie sich im Verlauf meiner zwei Amtszeiten im Nahen Osten zeigte. Einige erkannten darin die Sünde der Naivität, einer Naivität, die die Autorität wichtiger Verbündeter der USA wie Mubarak untergrub und damit die Mächte des Chaos stärkte. Für andere bestand das Problem nicht in der Vision, die in der Rede zum Ausdruck kam; problematisch war in ihren Augen, was sie als meine Unfähigkeit ansahen, diese Vision mit wirkungsvollen, bedeutungsvollen Taten zum Leben zu erwecken. Natürlich war ich versucht, ihnen zu antworten – darauf hinzuweisen, dass mir nur allzu bewusst war, dass eine einzige Rede die seit Langem bestehenden Probleme der Region nicht würde lösen können; dass wir jede der an jenem Tag erwähnten Initiativen vorangetrieben hatten, ob im großen (ein Abkommen zwischen Israelis und Palästinensern) oder kleinen Rahmen (die Gründung von Schulungsprogrammen für angehende Unternehmer); dass ich nach wie vor zu meinen Äußerungen in Kairo stehe.

Letztlich jedoch sind die Fakten der Geschehnisse nun einmal die Fakten, und ich bleibe mit den gleichen Fragen zurück, mit denen ich mich als junger Community Organizer herumschlagen musste. Wie sinnvoll ist es, die Welt zu beschreiben, wie sie sein sollte, wenn jeder Versuch, diese Welt zu schaffen, mit ziemlicher Sicherheit scheitert? Hatte Václav Havel mit seiner Einschätzung richtiggelegen, dass ich die hohen Erwartungen, die ich schürte, zwangsläufig enttäuschen musste? War es möglich, dass abstrakte Prinzipien und hochgesinnte Ideale nichts weiter als eitle Hirngespinste waren und immer sein würden, eine Möglichkeit, die Verzweiflung in Schach zu halten, aber kein ernst zu nehmender Gegner für die urzeitlicheren Triebe, die uns in Wahrheit bewegten, sodass die Geschichte, ganz gleich, was wir sagten oder taten, ihren vorbestimmten Lauf nehmen würde, in einem endlosen Kreislauf von Angst, Hunger und Streit, Überlegenheit und Schwäche?

Schon damals kamen mir immer wieder Zweifel, und das Hochgefühl der Rede wurde rasch von Gedanken an all die Arbeit verdrängt, die mich zu Hause erwartete, und an die vielen Kräfte, die sich gegen das verbündeten, was ich zu erreichen hoffte. Der Ausflug, den wir gleich im Anschluss an meine Rede unternahmen, machte mich noch nachdenklicher: ein fünfzehnminütiger Helikopterflug hoch über der weitläufigen Stadt, bis das Gewirr cremefarbener, kubistisch wirkender Gebäude plötzlich verschwunden war und es nur noch Wüste und Sonne und die wundersamen geometrischen Linien der Pyramiden gab, die den Horizont durchschnitten. Nach der Landung wurden wir von Kairos führendem Ägyptologen begrüßt, einem fröhlich exzentrischen Herrn mit einem breitkrempigen Schlapphut wie aus einem

Indiana-Jones-Film, und in den darauffolgenden Stunden hatten mein Team und ich den Ort ganz allein für uns. Wir erklommen die uralten, felsenhaften Steine der Pyramiden. Wir standen im Schatten der Sphinx und blickten zu ihrem stumm und gleichgültig dreinblickenden Gesicht hinauf. Wir stiegen einen schmalen, vertikalen Schacht empor und standen in einer der dunklen inneren Kammern der Pharaonen, deren Mysterium von Axe' unvergesslichen Worten durchbrochen wurde, als wir vorsichtig die Leiter wieder hinabstiegen:

»Menschenskinder, Rahm, mach langsam – ich hab deinen Hintern im Gesicht!«

Als ich irgendwann dastand und zusah, wie Gibbs und einige andere Mitarbeiter für die obligatorischen Touristenfotos Kamele zu besteigen versuchten, bedeuteten mir Reggie und Marvin, ihnen in den Gang eines der kleineren Tempel bei den Pyramiden zu folgen.

»Sieh mal, Boss«, sagte Reggie und zeigte auf die Wand. Dort war das dunkle Abbild eines Männergesichts in den weichen, porösen Stein eingeritzt. Nicht das für Hieroglyphen typische Profil, sondern eine Frontalansicht. Ein langes, ovales Gesicht. Große Ohren, die wie Henkel vom Kopf abstanden. Eine auf irgendeine Weise im Altertum gefertigte Karikatur von mir.

»Muss ein Verwandter sein«, sagte Marvin.

Wir lachten, und dann gingen die beiden zu den Kamelreitern hinüber. Unser Führer konnte mir nicht sagen, wen das Bild darstellte oder ob es überhaupt auf die Zeit der Pyramiden zurückging. Doch ich blieb noch einen Augenblick lang an der Mauer stehen und versuchte, mir das Leben hinter dem Bild vorzustellen. War er ein Angehöriger des Königshofs gewesen? Ein Sklave? Ein Vorarbeiter? Vielleicht nur ein gelangweilter Vandale, der, Jahrhunderte nachdem die Mauer gebaut worden war, hier übernachtet hatte und von den Sternen und seiner Einsamkeit dazu angeregt worden war, sein Bild zu verewigen. Ich versuchte, mir die Sorgen und Bestrebungen vorzustellen, die ihn vielleicht umgetrieben hatten, und die Welt, in der er gelebt hatte, die vermutlich angefüllt gewesen war mit ihren eigenen Kämpfen und Palastintrigen, Eroberungen und Katastrophen, Ereignissen, die seinerzeit wohl nicht weniger dringlich erschienen waren als jene, denen ich mich gegenübersehen würde, sobald ich nach Washington zurückgekehrt war. All das war heute vergessen, nichts davon hatte mehr Bedeutung, der Pharao, der Sklave und der Vandale waren längst zu Staub zerfallen.

So wie jede Rede, die ich je gehalten, jedes Gesetz, das ich erlassen und jede Entscheidung, die ich gefällt hatte, bald vergessen sein würden.

So wie ich und all meine Liebsten eines Tages zu Staub zerfallen würden.

VOR MEINER RÜCKKEHR nach Hause begab ich mich noch auf die Spuren der jüngeren Geschichte. Präsident Sarkozy hatte eine Feier zum fünfundsechzigsten Jahrestag der Landung der Alliierten in der Normandie organisiert und mich um eine Rede gebeten. Statt direkt nach Frankreich zu fliegen, machten wir in Dresden halt, wo die Bombenangriffe der Alliierten gegen Ende des Zweiten Weltkriegs einen Feuersturm ausgelöst hatten, der die Stadt verschlang und Schätzungen zufolge fünfundzwanzigtausend Menschen tötete. Mein Besuch war eine entschlossene Respektbezeugung gegenüber einem nunmehr treuen Verbündeten. Angela Merkel und ich besuchten die berühmte Frauenkirche aus dem achtzehnten Jahrhundert, die durch die Luftangriffe zerstört worden war. Fünfzig Jahre darauf wurde sie wiederaufgebaut, und sie erhielt ein Kuppelkreuz aus Gold, geschaffen von einem britischen Silberschmied, dessen Vater zu den Bomberpiloten gehört hatte. Das Werk des Silberschmieds diente als Mahnung, dass selbst diejenigen auf der richtigen Seite des Kriegs sich nicht vom Leid ihres Gegners abwenden oder die Möglichkeit einer Aussöhnung ausschließen dürfen.

Später schloss sich der Schriftsteller und Friedensnobelpreisträger Elie Wiesel Merkel und mir an, um gemeinsam mit uns das ehemalige Konzentrationslager Buchenwald zu besuchen. Auch das hatte eine praktische politische Bedeutung: Ursprünglich hatten wir an eine Reise nach Tel Aviv im Anschluss an meine Kairoer Rede gedacht, aber um dem Wunsch der israelischen Regierung nachzukommen, die Palästina-Frage nicht zum Hauptgegenstand meiner Rede zu machen – oder die Wahrnehmung zu stärken, der arabisch-israelische Konflikt sei die Wurzel der Unruhen im Nahen Osten –, hatten wir uns stattdessen für den Besuch eines der zentralen Orte des Holocaust entschieden, um meinen Einsatz für die Sicherheit Israels und der Juden zu signalisieren.

Ich hatte auch noch einen persönlicheren Grund für diese Pilgerreise. Als junger Mann hatte ich auf dem College die Gelegenheit gehabt, Elie Wiesel sprechen zu hören, und war von seinem Bericht über seine Erfahrungen als Buchenwald-Überlebender tief bewegt gewesen. Bei der Lektüre seiner Bücher hatte ich darin einen unbezwingbaren moralischen Kern vorgefunden, der mich sowohl stärkte als auch herausforderte, besser zu werden. Dass Elie und ich Freunde wurden, zählte zu den großen Freuden während meiner Zeit im Senat. Als ich ihm gesagt hatte, dass einer meiner Großonkel, Toots Bruder Charles Payne, Mitglied der amerikanischen Infanteriedivision gewesen war, die im April 1945 eines der Außenlager von Buchenwald erreicht und dort mit der Befreiung begonnen hatte, hatte Elie darauf bestanden, dass wir eines Tages gemeinsam dort hinfuhren. Nun, da ich mit ihm zusammen hier war, erfüllte ich dieses Versprechen.

»Wenn diese Bäume reden könnten«, sagte Elie leise und deutete auf eine Reihe stattlicher Eichen, während wir beide zusammen mit Merkel langsam den Schotterweg zum Haupteingang von Buchenwald entlanggingen. Der Himmel war grau und wolkenverhangen, die Pressevertreter hielten respektvollen Abstand. Wir machten an zwei Mahnmalen halt: Eines bestand aus einer Reihe von Tafeln, auf denen Namen der Opfer verzeichnet waren, darunter auch Elies Vater. Das andere war eine Stahlplatte mit einer Liste der Länder, aus denen die Häftlinge gekommen waren. Sie wird stets auf siebenunddreißig Grad erwärmt: die Temperatur des menschlichen Körpers, was uns – an einem auf Hass und Intoleranz begründeten Ort – unsere gemeinsame Menschlichkeit in Erinnerung rufen soll.

Wir wanderten eine Stunde lang über das Gelände, vorbei an stacheldrahtgespickten Wachtürmen und Mauern, starrten in die dunklen Öfen des Krematoriums und umrundeten die Fundamente der Gefangenenbaracken. Es gab Fotos des Lagers, wie es ursprünglich ausgesehen hatte, größtenteils aufgenommen von Einheiten der US-Armee im Moment der Befreiung. Auf einem schaute Elie im Alter von sechzehn Jahren aus einem der Stockbetten, dasselbe hübsche Gesicht mit den schwermütigen Augen, aber gezeichnet von Hunger und Krankheit und der Ungeheuerlichkeit all dessen, was er mit angesehen hatte. Elie beschrieb Merkel und mir, welche Überlebensstrategien er und die anderen Insassen täglich angewendet hatten: wie die Stärkeren oder vom Glück Begünstigteren den Schwachen und Sterbenden heimlich Essen zukommen ließen; wie die Widerständler sich in Latrinen trafen, die so fürchterlich stanken, dass die Wächter sie nie betraten; wie Erwachsene geheime Unterrichtsklassen zusammenstellten, um den Kindern Mathematik, Poesie und Geschichte nahezubringen – nicht nur um des Lernens willen, sondern damit die Kinder den Glauben daran behielten, dass sie eines Tages ein normales Leben in Freiheit führen würden.

Vor der Presse sprach Merkel anschließend mit so deutlichen wie demütigen Worten von der Notwendigkeit, dass die Deutschen sich der Vergangenheit erinnerten – dass sie sich der quälenden Frage aussetzten, wie ihr Heimatland solche Gräueltaten habe begehen können, und anerkannten, dass sie nun eine besondere Verantwortung trugen, sich gegen Fanatismus jeder Art zur Wehr zu setzen. Dann sprach Elie, der beschrieb, wie er 1945 beim Verlassen des Lagers – paradoxerweise – hoffnungsvoll in die Zukunft geblickt hatte. Hoffnungsvoll, so sagte er, weil er davon ausgegangen sei, dass die Welt sicherlich ein für alle Mal gelernt habe, dass Hass sinnlos und Rassismus etwas Dummes sei und »dass der Wille, den Geist anderer Menschen oder ihre Länder oder ihre Hoffnungen zu bezwingen, dass dieser Wille bedeutungslos ist«. Nun sei er sich nicht mehr so sicher, dass sein Optimismus gerechtfertigt gewesen sei, sagte er, nicht nach den Killing Fields von Kambodscha, Ruanda, Darfur und Bosnien.

Doch er bat uns, bat mich dringend, Buchenwald zu verlassen mit der Entschlossenheit, alles zu versuchen, um Frieden zu bringen, und die Erinnerung an das, was auf dem Grund unter unseren Füßen geschehen war, zu nutzen, um über Zorn und Trennung hinauszublicken und Stärke im Zusammenhalt zu finden.

Ich nahm seine Worte mit in die Normandie, die vorletzte Station meiner Reise. An einem hellen, beinahe wolkenlosen Tag hatten sich dort Tausende von Menschen auf dem amerikanischen Soldatenfriedhof versammelt, der an einer Steilküste mit Blick auf das blaue, weiß gekrönte Wasser des Ärmelkanals liegt. Beim Anflug mit dem Helikopter blickte ich auf die kiesigen Strände unter uns, wo sich fünfundsechzig Jahre zuvor mehr als hundertfünfzigtausend Angehörige der alliierten Truppen, die Hälfte von ihnen Amerikaner, durch die hohe Brandung gekämpft hatten, um unter unablässigem Beschuss des Feindes am Ufer zu landen. Sie hatten das zerklüftete Kliff bei Pointe du Hoc eingenommen und schließlich jenen Brückenkopf errichtet, der sich als kriegsentscheidend erweisen sollte. Die Tausenden von marmornen Grabsteinen, knochenweiße Reihen im tiefgrünen Gras, zeugten von dem Preis, der gezahlt worden war.

Ich wurde von einer Gruppe junger Infanteristen begrüßt, die kurz zuvor die Fallschirmsprünge nachgestellt hatten, die am D-Day den amphibischen Angriff begleitet hatten. Nun in Paradeuniformen gekleidet, gut aussehend und fit, lächelten sie voll wohlverdientem Stolz. Ich schüttelte jedem von ihnen die Hand, fragte sie, woher sie stammten und wo sie derzeit stationiert seien. Ein Sergeant First Class namens Cory Remsburg erklärte mir, die meisten von ihnen seien gerade aus dem Irak zurückgekehrt. Er selbst, sagte er, werde in den kommenden Wochen für seinen zehnten Einsatz nach Afghanistan fliegen. Rasch fügte er hinzu: »Das ist nichts im Vergleich zu dem, was die Männer hier vor fünfundsechzig Jahren geleistet haben, Sir. Sie haben uns unsere Lebensweise erst ermöglicht.«

Ein Blick über die Menge an jenem Tag rief mir ins Gedächtnis, dass sehr wenige Veteranen des D-Day oder des Zweiten Weltkriegs noch am Leben und in der Lage waren, diese Reise auf sich zu nehmen. Viele, die es geschafft hatten, waren auf Rollstühle oder Gehhilfen angewiesen. Bob Dole war gekommen, der scharfzüngige Mann aus Kansas, der, nachdem er im Zweiten Weltkrieg verheerende Verletzungen erlitten hatte, zu einem der fähigsten und meistrespektierten Senatoren Washingtons geworden war. Ebenso mein Onkel Charlie, Toots Bruder, der mit seiner Frau Melanie mein Gast war. Er war Bibliothekar im Ruhestand und einer der freundlichsten und bescheidensten Männer, die ich kannte. Toot zufolge hatten ihn seine Erlebnisse als Soldat derart aufgewühlt, dass er nach der Heimkehr sechs Monate lang kaum ein Wort gesprochen hatte.

Welche Verwundungen sie auch davongetragen hatten, diese Männer strahlten einen stillen Stolz aus, als sie sich mit ihren Veteranenmützen und adretten, mit sorgfältig polierten Verdienstabzeichen versehenen Blazern versammelten. Sie tauschten Geschichten aus, ließen sich von mir und anderen Fremden die Hände schütteln und Dankesworte sagen und waren von Kindern und Enkelkindern umringt, die sie weniger für ihre Heldentaten im Krieg kannten als für das Leben, das sie anschließend geführt hatten – als Lehrer, Ingenieure, Fabrikarbeiter oder Ladenbesitzer, Männer, die ihren Schwarm geheiratet und hart gearbeitet hatten, um ein Haus kaufen zu können, die gegen Depression und Enttäuschungen angekämpft hatten, Baseball-Jugendmannschaften trainiert hatten, in ihren Kirchen oder Synagogen Wohltätigkeitsarbeit geleistet und zugesehen hatten, wie ihre Söhne und Töchter aufwuchsen und ihrerseits Familien gründeten.

Als ich auf der Bühne stand und die Zeremonie begann, wurde mir bewusst, dass die Leben dieser über achtzig Jahre alten Veteranen die Antwort auf all die Zweifel in mir waren. Vielleicht würde aus meiner Rede in Kairo nichts erfolgen. Vielleicht würde die Dysfunktion des Nahen Ostens ungeachtet meiner Bemühungen fortbestehen. Vielleicht konnten wir im besten Fall darauf hoffen, Männer wie Mubarak zu beschwichtigen und jene zu töten, die uns töten wollten. Vielleicht spielte, wie mir die Pyramiden eingeflüstert hatten, auf lange Sicht alles keine Rolle. Doch im einzigen Maßstab, den irgendjemand von uns wirklich begreifen kann, der Spanne von Jahrhunderten, hatten die Taten eines amerikanischen Präsidenten fünfundsechzig Jahre zuvor die Welt in bessere Bahnen gelenkt. Die Opfer, die diese Männer etwa im Alter der Infanteristen gebracht hatten, denen ich soeben begegnet war, hatten einen großen Unterschied bewirkt. So wie die Zeugenschaft von Elie Wiesel, dem diese Opfer zugutegekommen waren, einen Unterschied bewirkte; so wie Angela Merkels Bereitschaft, die tragischen Lektionen ihres eigenen Landes anzunehmen, einen Unterschied bewirkte.

Es war an mir zu sprechen. Ich erzählte die Geschichten einiger der Männer, zu deren Ehren wir uns versammelt hatten. »Unsere Geschichte ist stets die Summe der Entscheidungen und der Taten jedes einzelnen Mannes und jeder einzelnen Frau gewesen«, schloss ich. »Sie hat immer in unseren Händen gelegen.« Als ich mich zu den alten Männern hinter mir auf der Bühne umwandte, glaubte ich an die Wahrheit dieser Worte.

KAPITEL 16

UNSER ERSTER FRÜHLING im Weißen Haus setzte früh ein. Mitte März war die Luft milder, und die Tage waren länger geworden. Bei wärmerem Wetter war der Südrasen beinahe wie ein Privatpark, den es zu erforschen galt. Hektarweise saftiges Gras war von riesigen, schattigen Eichen und Ulmen umstellt. Hinter Hecken versteckt lag ein kleiner Teich, zu dem ein mit Platten ausgelegter Weg mit Handabdrücken der Kinder und Enkelkinder früherer Präsidenten führte. Es gab verborgene Winkel, in denen man Fangen und Verstecken spielen konnte, und sogar einige Tiere – nicht nur Eichhörnchen und Kaninchen, sondern auch einen Rotschwanzbussard, den eine Gruppe von Viertklässlern bei einem Besuch Lincoln getauft hatte, und einen schlanken, langbeinigen Fuchs, den man manchmal spätnachmittags in der Ferne sichten konnte und der hin und wieder wagemutig genug war, um den Säulengang entlangzuspazieren.

Nachdem wir den Winter größtenteils drinnen verbracht hatten, kosteten wir den neuen Garten voll aus. Wir ließen für Sasha und Malia in der Nähe des Swimmingpools und unmittelbar vor dem Oval Office eine Schaukel aufbauen. Hob ich während einer nachmittäglichen Sitzung zu dieser oder jener Krise den Kopf, konnte ich manchmal einen Blick auf die Mädchen erhaschen, die draußen spielten und mit verzückten Gesichtern hoch emporschaukelten. Wir ließen auch zwei mobile Basketballkörbe zu beiden Enden des Tennisplatzes aufstellen, sodass Reggie und ich uns zu einer schnellen Runde H-O-R-S-E davonstehlen und die Mitarbeiter verschiedener Abteilungen fünf gegen fünf spielen konnten.

Und mit der Hilfe von Sam Kass und dem obersten Gärtner des Weißen Hauses sowie einer Bande enthusiastischer Fünftklässler aus einer örtlichen Grundschule legte Michelle ihren Garten an. Was wir anfangs für ein wichtiges, aber bescheidenes Projekt hielten, das zu gesunder Ernährung ermutigen sollte, entwickelte sich zu einem echten Phänomen, das Schul- und Gemeindegärten im ganzen Land inspirierte, weltweite Aufmerksamkeit auf sich zog und bis zum Ende des Sommers so viel Ertrag brachte – Kohl, Karotten, Paprika, Fenchel, Zwiebeln, Salat, Brokkoli, Erdbeeren, Blaubeeren und anderes mehr –, dass die Küche des Weißen Hauses den gemeinnützigen Tafeln vor Ort kistenweise Gemüse zu spenden begann. Als unerwartete Dreingabe entpuppte sich einer der Gärtner als Amateurimker, und wir gaben ihm die Erlaubnis, einen kleinen Bienenstock aufzustellen. Der warf nicht nur über hundert Pfund Honig im Jahr ab, ein findiger Kleinbrauer aus der Offiziersmesse der Navy schlug darüber hinaus vor, dass wir den Honig für ein Bierrezept verwenden könnten, was zum Erwerb eines Bierbrausets führte und mich zum ersten Braumeister unter den Präsidenten machte. (George Washington soll seinen eigenen Whiskey gebrannt haben.)

Doch keine der Freuden, die dieses erste Jahr im Weißen Haus bringen sollte, reichte an die Ankunft von Bo heran, einem knuddeligen, vierbeinigen schwarzen Fellknäuel mit weißer Brust und weißen Vorderpfoten, das Mitte April zu uns stieß. Malia und Sasha, die sich schon vor dem Wahlkampf eifrig für die Anschaffung eines Welpen eingesetzt hatten, quietschten vor Vergnügen, als sie ihn zum ersten Mal sahen, und ließen ihn ihre Ohren und Gesichter abschlecken, während sie sich zu dritt über den Boden des Wohnhauses wälzten. Doch nicht nur die Mädchen verliebten sich. Michelle verbrachte so viel Zeit mit Bo – lehrte ihn Kunststücke, wiegte ihn auf dem Schoß, fütterte ihn heimlich mit Speck –, dass Marian gestand, sie komme sich wie eine schlechte Mutter vor, weil sie Michelles Wunsch nach einem Familienhund früher nie nachgegeben hatte.

Was mich betraf, so bekam ich mit ihm, was jemand einmal als den einzig zuverlässigen Freund bezeichnet hat, den ein Politiker in Washington haben kann. Bo lieferte mir auch einen zusätzlichen Vorwand, meine abendliche Büroarbeit aufzuschieben und zusammen mit der Familie nach dem Abendessen ausgedehnte Spaziergänge auf dem Südrasen zu unternehmen. Das waren die Augenblicke – wenn das Licht zu violetten und goldenen Streifen verblasste; Michelle lächelte und meine Hand drückte, während der Hund in die Büsche hinein- und wieder heraussprang und die Mädchen hinter ihm herjagten; Malia irgendwann zu uns aufschloss, um mich nach Dingen wie Vogelnestern und Wolkenformationen auszufragen, während Sasha sich um mein Bein schlang, um zu sehen, wie weit ich sie tragen konnte –, in denen ich mich normal und vollständig und so glücklich fühlte, wie es ein Mann erwarten kann.

Bo war ein Geschenk von Ted und Vicki Kennedy gewesen; er stammte aus einem Wurf, der mit Teddys eigenen beiden Portugiesischen Wasserhunden verwandt war. Es war eine unglaublich umsichtige Geste, nicht nur, weil diese Hunderasse als allergikerfreundlich gilt (was Malias Allergie erforderlich machte), sondern auch, weil die Kennedys sichergestellt hatten, dass Bo stubenrein war, bevor er zu uns kam. Doch als ich sie anrief, um mich zu bedanken, konnte ich nur mit Vicki sprechen. Es lag nun fast ein Jahr zurück, dass bei Teddy ein bösartiger Gehirntumor diagnostiziert worden war, und auch wenn er noch in Boston behandelt wurde, war allen – einschließlich Teddy – bewusst, dass die Aussichten nicht gut waren.

Ich hatte ihn im März gesehen, als er überraschend zu einer Konferenz erschienen war, die wir im Weißen Haus veranstaltet hatten, um die Gesetze zur allgemeinen Gesundheitsversorgung auf den Weg zu bringen. Vicki war wegen der Reise besorgt gewesen, und ich verstand, warum. Teddy ging an jenem Tag schwankend, sein Anzug passte ihm nach der starken Gewichtsabnahme kaum noch, und seinem heiteren Auftreten zum Trotz spiegelte sich in seinen zusammengekniffenen, getrübten Augen die Anstrengung, die es ihn kostete, sich aufrecht zu halten. Und doch hatte er darauf bestanden zu kommen, weil er es sich fünfunddreißig Jahre zuvor zu seiner persönlichen Aufgabe gemacht hatte, dafür zu sorgen, dass alle im Land eine ordentliche, erschwingliche Gesundheitsvorsorge erhielten. Bei seinem Sohn Teddy Jr. war im Alter von zwölf Jahren Knochenkrebs diagnostiziert worden, was eine Beinamputation nach sich gezogen hatte. Im Krankenhaus hatte Teddy andere Eltern kennengelernt, deren Kinder ebenso krank waren, die aber nicht wussten, wie sie die steigenden Krankenhausrechnungen bezahlen sollten. Daraufhin hatte er sich geschworen, etwas zu unternehmen, um das zu ändern.

Unter sieben Präsidenten hatte Teddy sich für die gute Sache eingesetzt. Zur Zeit der Clinton-Regierung hatte er zur Verabschiedung des Kinderkrankenversicherungsprogramms beigetragen. Er hatte die Einwände aus seiner eigenen Partei ignoriert und mit Präsident Bush zusammengearbeitet, um eine Kostenerstattung für die Medikamente von Senioren durchzubringen. Aber trotz all seiner Macht und all seinen gesetzgeberischen Fähigkeiten schaffte er es nicht, den Traum von einer allgemeinen Krankenversorgung – einem System, das allen Bürgern eine hochwertige medizinische Versorgung sicherte, unabhängig von ihrer Zahlungskräftigkeit – zu verwirklichen.

Darum hatte Ted Kennedy sich mühsam aus dem Bett erhoben, um zu unserer Konferenz zu kommen. Er wusste, dass seine kurze, aber symbolische Anwesenheit, selbst wenn er den Kampf nicht mehr anführen konnte, vielleicht etwas bewirken könnte. Und tatsächlich begannen die hundertfünfzig Anwesenden, zu jubeln und anhaltend zu applaudieren, als er den East Room betrat. Nachdem ich die Konferenz eröffnet hatte, erteilte ich ihm zuerst das Wort, und einigen seiner ehemaligen Mitarbeiter traten beim Anblick ihres alten Vorgesetzten, der sich zum Sprechen erhob, Tränen in die Augen. Seine Anmerkungen waren kurz; sein Bariton schallte nicht ganz so laut wie früher, als er vor dem Senat gesprochen hatte. Er freue sich darauf, sagte er, bei den künftigen Bestrebungen »als Fußsoldat« zu fungieren. Als der dritte oder vierte Redner das Wort ergriff, war er bereits leise von Vicki hinausgebracht worden.

Ich traf ihn nur noch ein weiteres Mal persönlich, einige Wochen später bei einer Zeremonie zur Unterzeichnung eines Gesetzentwurfs zum Ausbau ehrenamtlicher Tätigkeiten, den Republikaner wie Demokraten nach ihm benannt hatten. Doch ich sollte noch manches Mal an Teddy denken, wenn Bo in den Treaty Room kam, den Kopf gesenkt und mit dem Schwanz wedelnd, ehe er sich zu meinen Füßen zusammenrollte. Und ich erinnerte mich daran, was Teddy mir an jenem Tag gesagt hatte, kurz bevor wir zusammen in den East Room gegangen waren.

»Dies ist der Moment, Mr President«, hatte er gesagt. »Lassen Sie ihn nicht verstreichen.«

DIE BEMÜHUNGEN UM ein allgemeines Gesundheitssystem gehen zurück auf das Jahr 1912, als Theodore Roosevelt, der zuvor fast acht Jahre lang als republikanischer Präsident amtiert hatte, beschloss, erneut zu kandidieren – diesmal für die Progressive Partei und mit einem Programm, das die Gründung eines zentral organisierten nationalen Gesundheitswesens vorsah. Seinerzeit hatten nur wenige eine private Krankenversicherung oder glaubten, eine zu brauchen. Die meisten Amerikaner zahlten pro Arztbesuch, doch die Medizin entwickelte sich rasch fort, und während mehr diagnostische Tests und Operationsmöglichkeiten verfügbar wurden, stiegen die Kosten. Das verband Gesundheit immer deutlicher mit Vermögen. Sowohl England als auch Deutschland hatten auf ähnliche Probleme mit der Einführung nationaler Gesundheitsversicherungssysteme reagiert, und andere europäische Länder folgten ihnen bald. Auch wenn Roosevelt die Wahl von 1912 letztlich verlor, war auf dem Boden der progressiven Ideale seiner Partei doch die Vorstellung gewachsen, dass eine allgemein zugängliche und erschwingliche Gesundheitsversorgung eher Recht als Privileg war. Es dauerte allerdings nicht lange, bis sich Ärzte und Südstaaten-Politiker lautstark gegen jede Art von Regierungsbeteiligung an der Gesundheitsversorgung wandten und sie als eine Form von Bolschewismus brandmarkten.

Nachdem Franklin D. Roosevelt einen landesweiten Lohnstopp erlassen hatte, um die während des Zweiten Weltkriegs herrschende Inflation einzudämmen, begannen viele Unternehmen, mit privaten Gesundheitsversicherungen und Rentenleistungen um die begrenzte Anzahl der Arbeitskräfte zu werben, die nicht im Kampfeinsatz waren. Nach Kriegsende blieb dieses arbeitgeberbasierte Modell bestehen, nicht zuletzt, da den Gewerkschaften das Arrangement gefiel, ermöglichte es ihnen doch, die im Rahmen der Tarifgespräche ausgehandelten großzügigeren Leistungspakete als Anreize für die Anwerbung neuer Mitglieder einzusetzen. Die Kehrseite war, dass die Gewerkschaften keine Veranlassung hatten, auf von der Regierung geförderte Gesundheitsprogramme zu drängen, die auch allen anderen hätten zugutekommen können. Harry Truman machte zweimal Vorschläge für ein nationales Gesundheitssystem, einmal im Jahr 1945 und dann noch einmal als Teil seines »Fair Deal«-Pakets von 1949, doch sein Ruf nach öffentlicher Unterstützung konnte es nicht mit den gut finanzierten PR-Bestrebungen der American Medical Association und anderer Industrielobbyisten aufnehmen. Die Widersacher machten nicht nur Trumans Bestrebungen zunichte. Sie überzeugten auch einen großen Teil der Öffentlichkeit davon, dass eine »sozialisierte Medizin« zu Rationierungen und dem Verlust des Familienarztes sowie jener Freiheiten führen würde, die den Amerikanern so wichtig waren.

Statt einer direkten Kampfansage an die Privatversicherung konzentrierten die Progressiven ihre Energie darauf, dem Teil der Bevölkerung zu helfen, der vom Markt ausgeschlossen war. Diese Bestrebungen trugen während Lyndon B. Johnsons »Great Society«-Kampagne Früchte, als eine teils durch Lohnsteuereinnahmen finanzierte Einheitskasse für Senioren (Medicare) eingeführt und ein weniger umfassendes, auf einer Kombination aus bundesstaatlicher und einzelstaatlicher Finanzierung beruhendes Programm (Medicaid) für die Ärmeren aufgebaut wurde. Während der Siebziger- und frühen Achtzigerjahre funktionierte dieses Patchworksystem einigermaßen, und etwa achtzig Prozent der Amerikaner waren entweder durch ihren Arbeitgeber oder eines dieser beiden Programme abgedeckt. Die Verteidiger des Status quo konnten unterdessen auf die vielen Innovationen verweisen, um die die gewinnorientierte Medizinindustrie den Markt bereichert hatte, von Kernspintomografen bis hin zu lebensrettenden Medikamenten.

Aber so nützlich sie auch waren, trieben diese Innovationen doch die Kosten der Gesundheitsversorgung weiter in die Höhe. Und da die Versicherer die Zeche zahlten, hatten die Patienten wenig Anlass zu hinterfragen, ob die Pharmaunternehmen zu viel berechneten oder die Ärzte und Krankenhäuser überflüssige Tests und unnötige Behandlungen anforderten, um ihre Bilanzen aufzubessern. Unterdessen war beinahe ein Fünftel des Landes womöglich nur eine Erkrankung oder einen Unfall vom finanziellen Ruin entfernt. Die Nichtversicherten verzichteten auf regelmäßige Routineuntersuchungen und vorbeugende Maßnahmen, die sie sich nicht leisten konnten, und warteten, bis sie schwer krank wurden, ehe sie in der Notaufnahme Hilfe suchten, wo weiter fortgeschrittene Erkrankungen teurere Behandlungsmethoden erforderlich machten. Die Krankenhäuser glichen diese nicht kompensierten Leistungen aus, indem sie die Kosten für versicherte Patienten anhoben, was wiederum die Versicherungsprämien in die Höhe trieb.

All das erklärte, warum in den Vereinigten Staaten pro Kopf weit mehr für die Gesundheitsversorgung ausgegeben wurde als in jedem anderen fortschrittlichen Wirtschaftssystem (112 Prozent mehr als in Kanada, 109 Prozent mehr als in Frankreich, 117 Prozent mehr als in Japan), und das für vergleichbare oder schlechtere Ergebnisse. Die Differenz belief sich auf Hunderte Milliarden Dollar pro Jahr – Geld, das stattdessen hätte genutzt werden können, um amerikanischen Familien eine hochwertige Kinderbetreuung zu ermöglichen, die Studiengebühren zu reduzieren oder einen ansehnlichen Teil des Staatsdefizits zu tilgen. Die immer weiter ansteigenden Kosten der Gesundheitsversorgung belasteten auch amerikanische Unternehmen: Japanische und deutsche Autobauer brauchten sich keine Gedanken über die zusätzlichen tausendfünfhundert Dollar für die Gesundheitsversorgung ihrer Arbeiter und Werksrentner zu machen, die Detroit in den Preis jedes einzelnen Autos einberechnen musste, das vom Band rollte.

Tatsächlich war es eine Reaktion auf die Konkurrenz aus dem Ausland, als die amerikanischen Unternehmen in den späten Achtziger- und den Neunzigerjahren die steigenden Versicherungskosten auf ihre Arbeitnehmer abwälzten und die traditionellen Versorgungspläne, die mit wenigen bis gar keinen Zuzahlungen verbunden waren, durch günstigere Versionen ersetzten, die im Kleingedruckten höhere Selbstbeteiligungen, Ausschüttungsgrenzen und andere Überraschungen bereithielten. Die Gewerkschaften konnten ihre traditionellen Versorgungspläne oft nur aufrechterhalten, indem sie sich bereit erklärten, auf Lohnerhöhungen zu verzichten. Kleine Unternehmen hatten Schwierigkeiten, ihren Arbeitern überhaupt irgendwelche Gesundheitsleistungen anzubieten. Unterdessen perfektionierten auf dem Einzelmarkt agierende Versicherungsfirmen die Kunst, jene Klienten abzulehnen, die ihren versicherungstechnischen Daten zufolge am ehesten auf das Gesundheitssystem zurückgreifen würden, vor allem solche mit einer »Vorerkrankung« – was nach ihrer Definition oft alles von einer früheren Krebserkrankung bis hin zu Asthma und chronischen Allergien sein konnte.

Kein Wunder also, dass zum Zeitpunkt meines Amtsantritts nur wenige bereit waren, das bisherige System zu verteidigen. Mehr als dreiundvierzig Millionen Amerikaner waren nunmehr nicht versichert, die Beiträge für Familienversicherungen hatten sich seit dem Jahr 2000 um siebenundneunzig Prozent erhöht, und die Kosten stiegen nur immer weiter. Und doch machte die Aussicht auf den Versuch, inmitten einer historischen Rezession einen Gesetzentwurf zu einer großen Gesundheitsreform im Kongress durchzubringen, mein Team nervös. Sogar Axe – der selbst erfahren hatte, wie schwierig es war, individuelle Betreuung für eine Tochter mit schwerer Epilepsie zu erhalten, und unter anderem den Journalismus an den Nagel gehängt hatte und politischer Berater geworden war, um für die Kosten ihrer Behandlung aufkommen zu können – hegte Zweifel.

»Die Datenlage ist recht eindeutig«, sagte Axe, als wir über das Thema zu diskutieren begannen. »Den Leuten gefällt es vielleicht nicht, wie die Dinge im Allgemeinen liegen, aber die meisten sind versichert. Sie denken nicht wirklich über die Fehler im System nach, bis jemand aus ihrer eigenen Familie krank wird. Sie mögen ihren Arzt. Sie trauen Washington nicht zu, irgendetwas hinzubekommen. Und selbst wenn sie einen für ehrlich halten, fürchten sie, dass jegliche Veränderungen, die man vornimmt, sie selbst Geld kosten und jemand anderem helfen werden. Und wenn man sie fragt, welche Veränderungen des Gesundheitssystems sie sich wünschen, wollen sie im Grunde jede denkbare Behandlungsmethode, ungeachtet der Kosten oder der Wirksamkeit, von jedem Dienstleister, für den sie sich entscheiden, und wann immer sie es wünschen – gratis. Was wir natürlich nicht leisten können. Und dann kommen erst die Werbeanzeigen der Versicherungsunternehmen, Pharmakonzerne und Ärzte ins Spiel, die –«

»Was Axe sagen will, Mr President«, unterbrach Rahm ihn, die Stirn in Falten gelegt, »ist, dass uns die Sache um die Ohren fliegen kann.«

Dann erinnerte Rahm uns daran, dass er den letzten Vorstoß zugunsten einer allgemeinen Gesundheitsversorgung aus erster Hand erlebt hatte, als Hillary Clintons Gesetzesvorschlag mit Pauken und Trompeten durchfiel und einen Backlash auslöste, der dazu beitrug, dass die Demokraten in der Midterm-Wahl von 1994 die Mehrheit verloren. »Die Republikaner werden behaupten, die Gesundheitsversorgung sei nur eine weitere Gelegenheit für die Liberalen, mit Geld um sich zu werfen, und es lenke nur davon ab, die Wirtschaftskrise zu lösen.«

»Soweit mir bewusst ist«, sagte ich, »tun wir doch in wirtschaftlicher Hinsicht alles, was wir können.«

»*Ich* weiß das, Mr President. Aber das amerikanische Volk weiß es nicht.«

»Was heißt das also?«, fragte ich. »Dass wir trotz der größten demokratischen Mehrheit seit Jahrzehnten, trotz unserer Versprechungen während des Wahlkampfs nicht versuchen sollen, das Gesundheitssystem auf Vordermann zu bringen?«

Rahm sah Axe Hilfe suchend an.

»Wir sind alle der Ansicht, dass wir es versuchen sollten«, sagte Axe. »Sie müssen sich nur im Klaren darüber sein, dass Ihre Präsidentschaft schweren Schaden erleiden wird, falls wir scheitern. Und niemand versteht das besser als McConnell und Boehner.«

Ich stand auf, um zu signalisieren, dass die Sitzung beendet war.

»Dann lasst uns nicht scheitern«, sagte ich.

DENKE ICH an diese anfänglichen Gespräche zurück, kann ich mein übermäßiges Selbstvertrauen nur schwer in Abrede stellen. Ich war davon überzeugt, dass die Logik der Gesundheitsreform so einleuchtend war, dass ich mir selbst im Angesicht einer gut organisierten Opposition die Unterstützung des amerikanischen Volkes würde sichern können. Andere große Initiativen – wie die Einwanderungsreform und die Gesetzgebung zum Klimawandel – würden es vor dem Kongress wahrscheinlich noch schwerer haben. Ich dachte mir, ein Sieg in der Sache, die den Alltag der Menschen am stärksten betraf, wäre unsere größte Chance, für den Rest meiner gesetzgeberischen Agenda Schwung zu holen. Was die politischen Gefahren anging, um die Axe und Rahm sich sorgten, so bewirkte die Rezession, dass meine Umfragewerte wohl ohnehin sinken würden. Übermäßige Zurückhaltung würde daran nichts ändern. Und selbst wenn: Die Gelegenheit verstreichen zu lassen, Millionen von Menschen zu helfen, nur weil es meine Aussichten auf eine Wiederwahl schmälern könnte … nun, das war genau die

Art von kurzsichtigem, der Selbsterhaltung dienendem Handeln, dem ich abgeschworen hatte.

Mein Interesse an der Gesundheitsversorgung ging über die Politik hinaus; es war eine persönliche Angelegenheit, genau wie für Teddy. Immer wenn ich Eltern traf, denen es schwerfiel, das Geld für die Behandlung eines kranken Kindes aufzubringen, dachte ich an jene Nacht zurück, in der Michelle und ich die drei Monate alte Sasha in die Notaufnahme bringen mussten, weil sie, wie sich herausstellte, eine virale Hirnhautentzündung hatte – an den Schrecken und die Hilflosigkeit, die wir empfanden, als die Schwestern sie eilends zu einer Lumbalpunktion forttrugen, und die Erkenntnis, dass die Infektion vielleicht nicht rechtzeitig erkannt worden wäre, hätten die Mädchen nicht einen Kinderarzt gehabt, den wir guten Gewissens mitten in der Nacht anrufen konnten. Wenn ich während des Wahlkampfs Farmarbeiter oder Supermarktkassiererinnen getroffen hatte, die an Knie- oder Rückenproblemen litten, weil sie sich einen Arztbesuch nicht leisten konnten, hatte ich an einen meiner besten Freunde gedacht, Bobby Titcomb, einen Fischer auf Hawaii, der sich erst bei lebensbedrohlichen Verletzungen professionelle medizinische Hilfe holte (wie zum Beispiel, als er sich bei einem Tauchunfall mit einer Harpune die Lunge durchlöcherte), weil die monatlichen Versicherungskosten die Erträge einer gesamten Woche verschlungen hätten.

Vor allem aber dachte ich an meine Mutter. Mitte Juni reiste ich nach Green Bay, Wisconsin, zur ersten einer Reihe von Bürgerversammlungen zum Gesundheitssystem, die wir im ganzen Land abhalten würden, um die Leute nach ihrer Meinung zu fragen und sie über die Reformmöglichkeiten aufzuklären. Anmoderiert wurde ich an jenem Tag von Laura Klitzka, die fünfunddreißig Jahre alt war und bei der man eine aggressive Art von Brustkrebs festgestellt hatte; die Metastasen waren bereits auf ihre Knochen übergesprungen. Zwar war sie bei ihrem Mann mitversichert, doch mehrere Operationen, Bestrahlungen und Chemotherapierunden hatten sie an die Ausschüttungsgrenze der Versicherung gebracht und unbezahlte Arzt- und Krankenhausrechnungen in Höhe von zwölftausend Dollar verursacht. Entgegen den Einwänden ihres Mannes Peter überlegte sie nun, ob sich weitere Behandlungen lohnten. Als wir vor Beginn der Veranstaltung in ihrem

Wohnzimmer saßen, lächelte sie matt, während wir zusahen, wie Peter sich redlich mühte, die beiden kleinen Kinder im Blick zu behalten, die auf dem Boden spielten.

»Ich möchte so viel Zeit wie möglich mit ihnen haben«, sagte Laura zu mir, »aber ich will sie auch nicht auf einem Berg Schulden sitzen lassen. Das fände ich egoistisch.« Ihre Augen wurden feucht, und ich hielt ihre Hand. Ich erinnerte mich daran, wie meine Mutter in den letzten Monaten dahingesiecht war: wie sie Untersuchungen aufgeschoben hatte, durch die ihre Krankheit vielleicht hätte entdeckt werden können, weil sie sich gerade zwischen zwei Aufträgen als Beraterin befand und keinen Versicherungsschutz hatte; der Stress, den sie mit ins Krankenbett genommen hatte, als ihre Versicherung sich weigerte, ihre Arbeitsunfähigkeit anzuerkennen, und ihr vorwarf, eine Vorerkrankung verheimlicht zu haben, obwohl die Diagnose bei Abschluss der Versicherung noch gar nicht vorgelegen hatte. Das unausgesprochene Bedauern.

Ein Gesetzesvorschlag zur Gesundheitsreform würde meine Mutter nicht zurückbringen. Er würde die Schuldgefühle nicht besänftigen, die ich noch immer hatte, weil ich nicht an ihrer Seite gewesen war, als sie ihren letzten Atemzug getan hatte. Er würde wahrscheinlich zu spät kommen, um Laura Klitzka und ihrer Familie zu helfen.

Aber er würde irgendwann die Mutter von *irgendjemandem* dort draußen retten. Und dafür lohnte es sich zu kämpfen.

DIE FRAGE WAR, ob wir damit Erfolg haben würden. So schwer es gewesen war, den Recovery Act durchzubringen, so einfach war das Konzept hinter dem Konjunkturprogramm: Es ging darum, die Regierung in die Lage zu versetzen, schnellstmöglich Geld auszuschütten, um die Wirtschaft am Laufen zu halten und Arbeitsplätze zu sichern. Durch das Gesetz wurde niemandem Geld aus der Tasche gezogen, die Unternehmen wurden nicht zum Umlenken gezwungen, und es wurden auch keine alten Programme außer Kraft gesetzt, um neue zu finanzieren. Bei diesem Deal gab es keine unmittelbaren Verlierer.

Jeder Gesetzentwurf zu einer umfassenden Gesundheitsreform würde dagegen Umwälzungen in einem Sechstel der amerikanischen Wirtschaft notwendig machen. Gesetze dieser Größenordnung umfassten zwangsläufig Hunderte von Seiten an Zusätzen und Verordnungen, über die endlos debattiert werden würde, manche von ihnen neu, manche nur Änderungen bereits bestehender Gesetze, alle mit ihren eigenen Risiken verbunden. Eine einzige Bestimmung innerhalb dieses Gesetzesvorschlags konnte für individuelle Bereiche der Gesundheitsindustrie Gewinne oder Verluste in Milliardenhöhe bedeuten. Eine veränderte Ziffer, eine Null hier oder ein Dezimalkomma dort, konnte heißen, dass mehr Familien Versicherungsschutz erhielten – oder auch nicht. Versicherungsunternehmen wie Aetna und UnitedHealthcare zählten zu den wichtigen Arbeitgebern im Land, und die örtlichen Krankenhäuser dienten in vielen kleineren Städten und Gemeinden als wirtschaftliche Anker. Die Menschen hatten gute Gründe – lebensentscheidende Gründe – zu hinterfragen, inwiefern sich eventuelle Veränderungen auf ihr Leben auswirken würden.

Die Frage war auch, wie das Gesetz finanziert werden sollte. Um mehr Menschen Versicherungsschutz zu verschaffen, so hatte ich argumentiert, brauche Amerika nicht mehr Geld ins Gesundheitssystem zu investieren; wir müssten dieses Geld nur klüger einsetzen. Theoretisch war das richtig. Doch die Vergeudung und Unwirtschaftlichkeit des einen war der Gewinn oder der Nutzen des anderen, eine Investition in den Versicherungsschutz würde sich weit eher in den Staatsbilanzen niederschlagen als die Einsparungen durch die Reform, und anders als die Versicherungsfirmen oder Big-Pharma-Unternehmen, deren Anteilseigner erwarteten, dass sie gegenüber jedweden Veränderungen wachsam waren, die irgendwelche Mehrausgaben mit sich bringen könnten, verfügten die meisten potenziellen Nutznießer der Reform – die Kellnerin, der Farmer und Familienvater, die Freischaffende, der Krebsüberlebende – nicht über eine Schar gut bezahlter und erfahrener Lobbyisten, die in ihrem Interesse durch die Flure des Kongresses zogen.

Mit anderen Worten: Die Gesundheitspolitik war politisch und auch vom Inhalt her unvorstellbar kompliziert. Ich würde dem amerikanischen Volk, darunter vielen Menschen mit hochwertigem Versicherungsschutz, erklären müssen, warum und wie eine Reform funktionieren könnte. Aus diesem Grund fand ich, wir sollten uns bei der Entwicklung der erforderlichen Gesetze eines möglichst offenen und transparenten Prozesses bedienen.

»Alle werden mit am Tisch sitzen«, hatte ich den Wählern während des Wahlkampfs gesagt. »Die Verhandlungen finden nicht hinter verschlossenen Türen statt, sondern alle Parteien kommen zusammen, und alle Sitzungen werden auf C-SPAN übertragen, sodass die amerikanischen Bürger sehen können, welche Wahlmöglichkeiten bestehen.« Als ich Rahm von dieser Idee später erzählte, sah er mich an, als wünschte er, ich wäre nicht der Präsident, damit er mir mit deutlicheren Worten auseinandersetzen könnte, wie dumm mein Plan war. Wollten wir einen Gesetzentwurf durchbringen, so wies er mich zurecht, dann würde dieser Prozess unterwegs Dutzende von Deals und Kompromissen mit sich bringen – und das Ganze würde nicht wie ein Gemeinschaftskundeseminar ablaufen.

»Die Wurstherstellung ist kein schöner Anblick, Mr President«, sagte er. »Und Sie verlangen hier nach einem sehr großen Stück Wurst.«

IN EINEM PUNKT waren Rahm und ich uns einig: Wir hatten monatelange Arbeit vor uns, mussten die Kosten und Folgen jedes Teils der möglichen Gesetzgebung aufgliedern, sämtliche Bestrebungen über mehrere Bundesämter und beide Kammern des Kongresses hinweg koordinieren, und das alles, während wir zugleich Einfluss auf die bedeutendsten Akteure des Gesundheitswesens zu nehmen versuchten, von Medizinanbietern und Krankenhausverwaltern bis hin zu Versicherungen und Pharmaunternehmen. Um uns alle in der Spur zu halten, brauchte ich ein erstklassiges Team.

Glücklicherweise konnten wir drei bemerkenswerte Frauen dafür gewinnen, den Laden zu organisieren. Kathleen Sebelius, die im eher republikanisch orientierten Kansas zwei Amtszeiten als demokratische Gouverneurin gedient hatte, wurde Gesundheitsministerin. Als ehemalige staatliche Beauftragte für das Versicherungswesen kannte sie sowohl die politischen als auch die wirtschaftlichen Hintergründe des Gesundheitswesens. Und sie war als Politikerin so talentiert – klug, witzig, aufgeschlossen, robust und gewandt im Umgang mit den Medien –, dass sie als das öffentliche Gesicht der Gesundheitsreform dienen konnte, jemand, den wir ins Fernsehen oder in Bürgerversammlungen im ganzen Land schicken konnten, um unser Vorhaben zu erklären. Jeanne Lambrew, Professorin an der University of Texas und Expertin für Medicare und Medicaid, wurde Leiterin des dem Gesundheitsministerium unterstellten Gesundheitsreformbüros, im Grunde unsere oberste Politikberaterin. Groß gewachsen, ernst und oft blind gegenüber politischen Beschränkungen, hatte sie sämtliche Fakten und Einzelheiten sämtlicher Gesetzesentwürfe zum Gesundheitswesen sofort zur Hand – und sorgte stets zuverlässig dafür, dass die Ehrlichkeit obsiegte, wenn wir in die politische Zweckdienlichkeit abzugleiten drohten.

Doch es war Nancy-Ann DeParle, auf die ich mich am stärksten stützen sollte, als unsere Kampagne Form annahm. Nancy-Ann, eine Anwältin aus Tennessee, die die Gesundheitsprogramme dieses Bundesstaats verantwortet hatte, ehe sie in der Regierung Clinton als Medicare-Beauftragte tätig gewesen war, strahlte den klaren Professionalismus einer Frau aus, die daran gewöhnt ist, dass sich harte Arbeit in Erfolg niederschlägt. Wie viel von diesem Tatendrang sich darauf zurückführen ließ, dass sie als Amerikanerin mit chinesischen Wurzeln in einem winzig kleinen Ort in Tennessee aufgewachsen war, ließ sich schwer sagen. Nancy-Ann sprach nicht viel über sich selbst – jedenfalls nicht mit mir. Ich weiß, dass ihre Mutter an Lungenkrebs gestorben war, als Nancy-Ann siebzehn Jahre alt gewesen war, was vielleicht zu ihrer Entschlossenheit beigetragen hatte, eine lukrative Anstellung bei einer Private-Equity-Firma aufzugeben, um eine Arbeit auszuüben, bei der sie noch häufiger von ihrem liebenden Ehemann und ihren zwei kleinen Söhnen getrennt war.

Ich war offenbar nicht der Einzige, für den die Verabschiedung des Gesundheitsgesetzes eine persönliche Angelegenheit war.

Zusammen mit Rahm, Phil Schiliro und dem stellvertretenden Stabschef Jim Messina, der Plouffe im Wahlkampf als rechte Hand gedient hatte und einer unserer cleversten politischen Akteure war, begann unser Gesundheitsversorgungsteam, eine Gesetzgebungsstrategie zu skizzieren. Aufgrund unserer Erfahrungen mit dem Recovery Act zweifelten wir nicht daran, dass Mitch McConnell sein Bestes geben würde, um unsere Pläne zu torpedieren, und dass die Chancen, demokratische Stimmen für etwas so Großes und Umstrittenes wie eine Gesundheitsreform zu bekommen, gering waren. Mut schöpften wir aus der Tatsache, dass wir anstelle der achtundfünfzig Senatoren, die bei der Verabschiedung des Konjunkturprogrammentwurfs mit den Demokraten gestimmt hatten, wohl sechzig auf unserer Seite haben würden, wenn irgendwann tatsächlich ein Entwurf zur Reform des Gesundheitssystems zur Abstimmung kommen würde. Al Franken hatte nach einer umstrittenen Neuauszählung in Minnesota endlich seinen Sitz im Senat eingenommen, und Arlen Spencer hatte beschlossen, die Partei zu wechseln, nachdem er – genau wie Charlie Crist – im Grunde aus der Republikanischen Partei verbannt worden war, weil er den Recovery Act unterstützt hatte.

Trotzdem waren wir aufgrund der Zahl unserer Getreuen nur sehr knapp gegen einen Filibuster gefeit, denn sie umfasste den todkranken Ted Kennedy und den gebrechlichen Robert Byrd aus West Virginia, ganz zu schweigen von konservativen Demokraten wie Ben Nelson aus Nebraska (dem ehemaligen Leiter eines Versicherungsunternehmens), die uns jederzeit den Rücken kehren konnten. Ich wollte nicht nur einen Fehlerspielraum, mir war auch klar, dass die Verabschiedung eines so gewaltigen Vorhabens wie einer Gesundheitsreform allein entlang der Parteigrenzen dieses Gesetz in der Zukunft politisch angreifbarer machen würde. Folglich erschien es uns sinnvoll, unseren Gesetzesvorschlag so anzulegen, dass er zumindest eine Chance haben würde, eine Handvoll Republikaner zu überzeugen.

Glücklicherweise hatten wir ein Modell, an dem wir uns orientieren konnten, eines, das ironischerweise aus einer Zusammenarbeit zwischen Ted Kennedy und dem ehemaligen Gouverneur von Massachusetts Mitt Romney, einem von John McCains Rivalen in den republikanischen Vorwahlen für die Präsidentschaft, hervorgegangen war. Romney hatte sich einige Jahre zuvor Etatdefiziten und der drohenden Gefahr gegenübergesehen, die Finanzierung für Medicaid zu verlieren. Danach bemühte er sich inständig, mehr Einwohnern von Massachusetts zu einem ordentlichen Versicherungsschutz zu verhelfen, was wiederum die staatlichen Ausgaben für die Notbetreuung von Nichtversicherten senken würde und idealerweise den Effekt hätte, dass die Bevölkerung alles in allem gesünder würde.

Seine Mitarbeiter und er hatten ein mehrgleisiges Verfahren entwickelt, bei dem alle Bürgerinnen und Bürger die Auflage erhielten, eine Krankenversicherung abzuschließen (ein »individuelles Mandat«), so wie auch jeder Eigentümer eines Autos eine Autoversicherung haben musste. Arbeitnehmer mit mittlerem Einkommen, die durch ihren Job keinen Zugang zu einer Versicherung hatten, nicht für Medicare oder Medicaid qualifiziert und auch nicht in der Lage waren, sich selbst eine Versicherung zu leisten, sollten einen staatlichen Zuschuss erhalten, um Versicherungsschutz erwerben zu können. Die Höhe der Zuschüsse bemaß sich auf einer gestaffelten Skala nach dem jeweiligen Einkommen. Schließlich sollte ein zentraler Onlinemarktplatz – eine »Börse« – eingerichtet werden, sodass die Kunden sich nach dem besten Versicherungsvertrag umsehen könnten. Die Versicherungen wiederum sollten künftig niemandem mehr aufgrund von Vorerkrankungen den Versicherungsschutz verwehren.

Diese beiden Konzepte – das individuelle Mandat und der Schutz von Menschen mit Vorerkrankungen – griffen ineinander. Durch die riesige Menge staatlich subventionierter Kunden hatten die Versicherungen keine Entschuldigung mehr dafür, sich nur die Jungen und Gesunden als Klienten herauszupicken, um ihre Gewinne zu sichern. Das individuelle Mandat wiederum sorgte dafür, dass man das System nicht missbrauchen konnte, indem man wartete, bis man krank war, ehe man eine Versicherung erwarb. Wenn er den Plan vor Journalisten anpries, nannte Romney das individuelle Mandat »die ultimative konservative Idee«, weil es die persönliche Verantwortung fördere.

Es überraschte nicht, dass die demokratische Regierung von Massachusetts Romneys Plan zunächst skeptisch beäugte, und nicht nur, weil ein Republikaner ihn vorgeschlagen hatte. Für viele Progressive war es ein Glaubensgrundsatz, dass es notwendig war, Privatversicherungen und ein profitorientiertes Gesundheitssystem gegen eine Einheitskasse wie in Kanada auszutauschen. Hätten wir ganz bei null begonnen, dann wäre ich ihrer Meinung gewesen, denn die Erfahrungen aus anderen Ländern belegten, dass ein einheitliches, landesweites System – im Prinzip »Medicare für alle« – ein kostensparender Weg war, um eine hochwertige Gesundheitsversorgung zu sichern. Doch weder Massachusetts noch die Vereinigten Staaten begannen ganz bei null. Teddy, der seinem Ruf des blauäugigen Liberalen zum Trotz stets praktisch dachte, begriff, dass der Versuch, das vorhandene System abzuwickeln und durch ein gänzlich neues zu ersetzen, nicht nur politisch zum

Scheitern verurteilt, sondern auch in wirtschaftlicher Hinsicht ausgesprochen zerstörerisch wäre. Stattdessen nahm er Romneys Vorschlag begeistert auf und half dem Gouverneur, bei den Parlamentswahlen in Massachusetts die notwendigen demokratischen Stimmen zusammenzubekommen, um ihn Gesetz werden zu lassen.

»Romneycare«, wie das System schließlich genannt wurde, war nun zwei Jahre alt und hatte sich als voller Erfolg erwiesen. Der Anteil der Nichtversicherten fiel in Massachusetts unter vier Prozent, der niedrigste Wert des ganzen Landes. Teddy hatte das System als Grundlage für Gesetzesentwürfe benutzt, die er viele Monate vor der Wahl in seiner Rolle als Vorsitzender des Senatskomitees für Gesundheit und Bildung vorbereitet hatte. Und auch wenn Plouffe und Axe mich überredet hatten, den Ansatz von Massachusetts im Wahlkampf nicht zu befürworten – das Konzept des verpflichtenden Erwerbs einer Versicherung war bei den Wählern extrem unbeliebt, und ich hatte mich stattdessen auf meinen Plan konzentriert, die Kosten zu senken –, war ich nun wie die meisten Befürworter der Gesundheitsversorgung davon überzeugt, dass Romneys Modell uns die beste Gelegenheit bot, unser Ziel einer allgemeinen Krankenversicherung zu erreichen.

Die Vorstellungen davon, wie eine landesweite Version des Massachusetts-Programms im Detail aussehen könnte, gingen noch immer auseinander. Als mein Team und ich unsere Strategie entwickelten, drängte uns eine Reihe von Befürwortern daher, diese Punkte möglichst früh zu regeln: Wir sollten eine eigene Richtlinie des Weißen Hauses vorgeben, an der sich der Kongress orientieren konnte. Wir entschieden uns dagegen. Eine der Lehren aus dem gescheiterten Vorstoß der Clintons war die Notwendigkeit, wichtige Demokraten in den Prozess einzubinden, sodass sie sich dem Gesetzesvorschlag verbunden fühlten. Unzureichende Koordination, so wussten wir, konnte in legislativen Tod durch tausend Streichungen münden.

Aufseiten des Repräsentantenhauses bedeutete das, mit Liberalen alter Schule wie Henry Waxman, dem gewieften, kämpferischen Kongressmitglied aus Kalifornien, zusammenzuarbeiten. Im Senat lagen die Dinge anders: Da Teddy wegen seiner Erkrankung ausfiel, war der Hauptakteur Max Baucus, ein konservativer Demokrat aus Montana, der dem einflussreichen Finanzausschuss vorsaß. Wenn es um Steuerfragen ging, die den Großteil der Zeit des Ausschusses in Anspruch nahmen, richtete Baucus sich oft nach Industrieinteressen, was ich besorgniserregend fand, und in drei Jahrzehnten als Senator hatte er noch keinen bedeutenden Gesetzentwurf angeführt. Doch er schien echtes Interesse an dem Thema zu haben, hatte im vergangenen Juni im Kongress einen Gesundheitsgipfel organisiert und monatelang mit Ted Kennedy und dessen Stab an einem frühen Entwurf für ein Reformgesetz gearbeitet. Baucus war auch ein enger Freund von Senator Chuck Grassley, dem republikanischen Mitglied des Finanzausschusses aus Iowa, und zuversichtlich, Grassleys Unterstützung für einen Gesetzentwurf gewinnen zu können.

Rahm und Phil Schiliro waren skeptisch, dass man Grassley herumkriegen könnte – schließlich hatten wir uns schon bei der Debatte um das Konjunkturprogramm an ihm die Zähne ausgebissen. Doch wir entschieden, Baucus gewähren zu lassen. Er hatte einige seiner Ideen bereits der Presse vorgestellt und würde bald eine Arbeitsgruppe zur Gesundheitsreform zusammenstellen, der Grassley und zwei weitere Republikaner angehören sollten. Während einer Sitzung im Oval Office ermahnte ich ihn allerdings ausdrücklich, sich nicht von Grassley hinhalten zu lassen.

»Vertrauen Sie mir, Mr President«, sagte Baucus. »Chuck und ich haben schon darüber geredet. Bis Juli sind wir damit durch.«

JEDER BERUF BRINGT seine eigenen Überraschungen mit sich. Ein wichtiges Arbeitsgerät fällt aus. Ein Verkehrsunfall zwingt zur Änderung der Lieferroute. Ein Kunde ruft an, um mitzuteilen, dass man den Auftrag erhält – die Lieferung jedoch drei Monate früher als geplant erfolgen muss. Ist dergleichen schon einmal passiert, hat der Arbeitgeber vielleicht Systeme und Verfahrensweisen, um mit der Situation umzugehen. Doch selbst die besten Organisationen sind nicht auf alles vorbereitet, und dann lernt man zu improvisieren, um sein Ziel zu erreichen – oder zumindest die Verluste gering zu halten.

Mit der Präsidentschaft war es nicht anders. Nur dass die Überraschungen täglich kamen, oft in Schüben. Und während wir uns im Lauf des Frühlings und Sommers dieses ersten Jahres mit der Finanzkrise, zwei Kriegen und dem Vorstoß zu einer Gesundheitsreform mühten, landeten noch mehrere unerwartete Punkte auf unserer ohnehin schon übervollen Agenda.

Der erste hatte das Potenzial, sich zu einer echten Katastrophe auszuwachsen. Im April tauchten Berichte über einen besorgniserregenden Grippeausbruch in Mexiko auf. Für gewöhnlich trifft das Grippevirus anfällige Bevölkerungsschichten wie Ältere, Kleinkinder und Asthmapatienten am heftigsten, doch dieser bestimmte Erregerstamm schien junge, gesunde Menschen zu befallen – und eine unerwartet hohe Anzahl von ihnen zu töten. Innerhalb weniger Wochen erkrankten Menschen in Amerika an dem Virus: einer in Ohio, zwei in Kansas, acht in einer einzigen Highschool in New York City. Bis Ende des Monats hatten sowohl unser eigenes Zentrum zur Krankheitskontrolle (CDC) als auch die Weltgesundheitsorganisation (WHO) bestätigt, dass wir es mit einem Ableger des H1N1-Virus zu tun hatten. Im Juni rief die WHO offiziell die erste weltweite Pandemie seit vierzig Jahren aus.

Durch meine Arbeit am amerikanischen Pandemievorsorgeplan im Senat war ich mit H1N1 gut vertraut. Was ich darüber wusste, machte mir eine Heidenangst. Im Jahr 1918 hatte ein H1N1-Erregerstamm, der als die »Spanische Grippe« bekannt wurde, schätzungsweise eine halbe Milliarde Menschen infiziert und zwischen 50 und 100 Millionen getötet – knapp vier Prozent der Weltbevölkerung. Allein in Philadelphia waren innerhalb weniger Wochen mehr als zwölftausend Menschen gestorben. Die Auswirkungen der Pandemie gingen über die dramatischen Opferzahlen und den Shutdown der wirtschaftlichen Aktivitäten hinaus: Spätere Forschungen ergaben, dass die während und unmittelbar nach der Pandemie Geborenen ein geringeres Einkommen, einen niedrigeren Bildungsstand und eine höhere Rate an körperlichen Behinderungen hatten.

Es war noch zu früh, um zu sagen, wie tödlich dieses neue Virus sein würde. Aber ich wollte kein Risiko eingehen. Noch am selben Tag, an dem die Ernennung von Kathleen Sebelius zur Gesundheitsministerin bestätigt wurde, ließen wir sie per Flugzeug in Kansas abholen und zum Kapitol bringen, wo sie in einer Stegreifzeremonie vereidigt wurde, und baten sie, unmittelbar eine zweistündige Telefonkonferenz mit WHO-Vertretern und Gesundheitsministern aus Mexiko und

Kanada zu leiten. Einige Tage später stellten wir ein ressortübergreifendes Team zusammen, das prüfen sollte, wie gut die Vereinigten Staaten auf den schlimmsten Fall vorbereitet waren.

Die Antwort lautete, dass wir überhaupt nicht vorbereitet waren. Wie sich zeigte, boten jährliche Grippeimpfungen keinerlei Schutz gegen H1N1, und weil Impfstoffe für die Pharmaunternehmen generell kein Umsatzbringer waren, hatten die wenigen amerikanischen Hersteller nur begrenzte Kapazitäten für die Produktion eines neuen. Dann waren noch weitere Fragen offen: wie antivirale Medikamente verbreitet werden sollten, welchen Richtlinien die Krankenhäuser bei der Behandlung von Grippefällen folgten, ja sogar, wie wir eine potenzielle Schließung der Schulen und die Verhängung einer Quarantäne handhaben würden, falls sich die Lage deutlich verschlechterte. Mehrere ehemalige Mitglieder des unter der Ford-Regierung aufgrund der Schweinegrippe von 1976 gebildeten Notfallteams warnten uns davor, wie schwierig es sei, einen Ausbruch einzudämmen, ohne zugleich über das Ziel hinauszuschießen oder Panik auszulösen: Offenbar hatte Präsident Ford, der sich inmitten seiner Wiederwahlkampagne befand und sich entscheidungsfreudig geben wollte, die Impfpflicht im Schnellverfahren vorangetrieben, bevor die Schwere der Pandemie feststand, mit dem Ergebnis, dass mehr Amerikaner im Zusammenhang mit der Impfung eine neurologische Störung entwickelten als an der Grippe starben.

»Sie müssen sich engagieren, Mr President«, riet mir einer von Fords Mitarbeitern, »aber Sie müssen es den Experten überlassen, die Zügel in der Hand zu halten.«

Ich legte Sebelius den Arm um die Schulter. »Sehen Sie das?«, sagte ich und deutete mit dem Kinn auf sie. »*Dies* … ist das Gesicht des Virus. Herzlichen Glückwunsch, Kathleen.«

»Immer gern zu Diensten, Mr President«, sagte sie fröhlich. »Immer gern zu Diensten.«

Meine Anweisungen an Kathleen und die Arbeitsgruppe Gesundheitswesen waren simpel: Entscheidungen sollten auf Grundlage der besten verfügbaren Forschungsergebnisse getroffen werden, und wir würden der Öffentlichkeit jeden unserer Schritte erklären – was einschloss offenzulegen, was wir wussten und was nicht. Im Lauf der nächsten sechs Wochen taten wir genau das. Sinkende H1N1-Fallzahlen im Sommer verschafften dem Team Zeit, mit Medikamentenherstellern zusammenzuarbeiten und neue Prozesse zur schnelleren Herstellung von Impfstoffen anzustoßen. Sie stellten regionsübergreifend Arzneimittel bereit und ermöglichten den Krankenhäusern größere Flexibilität, um einen Anstieg von Grippefällen bewältigen zu können. Sie prüften – und verwarfen letztlich – die Idee, die Schulen für den Rest des Jahres zu schließen, arbeiteten jedoch mit Schulbezirken, Unternehmen und Vertretern der Bundesstaaten und der Kommunen zusammen, um sicherzustellen, dass alle die Ressourcen hatten, die sie benötigten, um im Fall eines Ausbruchs angemessen zu reagieren.

Auch wenn die Vereinigten Staaten nicht unbeschadet davonkamen – über zwölftausend Amerikaner verloren ihr Leben –, hatten wir das Glück, dass dieser bestimmte H1N1-Strang sich als weniger tödlich erwies, als die Experten befürchtet hatten, und die Nachricht, dass die Pandemie bis Mitte 2010 abgeflaut war, machte keine großen Schlagzeilen. Dennoch war ich sehr stolz auf die gute Arbeit unseres Teams. Ohne viel Aufhebens hatten sie nicht nur dazu beigetragen, das Virus einzudämmen, sondern auch unsere Bereitschaft im Fall weiterer Gesundheitsnotstände gestärkt. Einige Jahre später sollte das einen großen Unterschied ausmachen, als der Ebola-Ausbruch in Westafrika eine ausgewachsene Panik auslöste.

Das, so begriff ich, war das Wesen der Präsidentschaft: Manchmal bestand die wichtigste Arbeit in Dingen, von denen die meisten Menschen gar nichts mitbekamen.

DAS ZWEITE EREIGNIS war eher eine Chance als eine Krise. Ende April rief mich David Souter, Richter am Obersten Gerichtshof, an und sagte mir, er setze sich zur Ruhe, was mir die erste Gelegenheit verschaffte, einen Sitz im höchsten Gericht des Landes zu besetzen.

In den Obersten Gerichtshof berufen zu werden, war nie ganz einfach gewesen, unter anderem, weil die Rolle des Gerichts in der amerikanischen Regierung stets umstritten war. Schließlich klingt die Idee, neun nicht vom Volk gewählten, auf Lebenszeit vereidigten Juristen in schwarzen Roben die Macht zu verleihen, durch eine Mehrheit von Volksvertretern erlassene Gesetze außer Kraft zu setzen, nicht sehr demokratisch. Doch seit dem 1803 vor dem Obersten Gerichtshof verhandelten Fall *Marbury v. Madison,* mit dem dem Gericht die Deutungshoheit über die amerikanische Verfassung zugesprochen und das Prinzip des richterlichen Prüfungsrechts über das Handeln des Kongresses und des Präsidenten etabliert worden war, hat unser System der Gewaltenteilung so funktioniert. Theoretisch »machen« die Richter des Obersten Gerichtshofs keine Gesetze, wenn sie dieses Recht ausüben. Sie sollen vielmehr lediglich die Verfassung »auslegen« und dabei helfen, zwischen der Sicht der Verfasser auf die Bestimmungen und ihrer Anwendbarkeit auf die Welt von heute zu vermitteln.

Bei den meisten der vor dem Obersten Gerichtshof verhandelten verfassungsrechtlichen Fälle hält diese Theorie recht gut stand. Die Richter haben sich größtenteils dem Text der Verfassung und Präzedenzfällen anderer Gerichte verpflichtet gefühlt, auch dort, wo das zu Ergebnissen führte, mit denen sie persönlich nicht einverstanden waren. Doch während der gesamten amerikanischen Geschichte haben die wichtigsten Fälle mit der Entschlüsselung von Wendungen wie »Rechtsstaatsprinzip«, »Vorrechte und Befreiungen«, »Gleichbehandlung« oder »Einrichtung einer Religion« zu tun gehabt – Begriffen, die so vage sind, dass sich wohl kaum auch nur zwei der Gründerväter über ihre genaue Bedeutung einig waren. Diese Mehrdeutigkeit lässt den jeweiligen Richtern jede Menge Spielraum für Interpretationen, die ihre moralischen Urteile, politischen Präferenzen, Neigungen und Ängste widerspiegeln. Darum konnte in den 1930er-Jahren ein größtenteils konservatives Gericht beschließen, dass Franklin D. Roosevelts New-Deal-Politik gegen die Verfassung verstieß, während vierzig Jahre später ein weitgehend liberales Gericht entscheiden konnte, dass die Verfassung dem Kongress beinahe unbegrenzte Macht zur Regulierung der Wirtschaft einräumt. Darum konnten die Richter im Fall *Plessy v. Ferguson* die Gleichbehandlungsklausel so auslegen, dass sie getrennte Einrichtungen für Schwarze und Weiße zuließ, und die Richter im Fall *Brown v. Board of Education* auf Grundlage derselben Formulierungen einhellig zur gegenteiligen Schlussfolgerung kommen.

Wie sich zeigte, fungierten die Richter des Obersten Gerichtshofs die ganze Zeit als Gesetzgeber.

Im Lauf der Jahre begannen die Presse und die Öffentlichkeit, den

Gerichtsurteilen und damit auch dem Prozess der Ernennung der Richter mehr Aufmerksamkeit zu schenken. Im Jahr 1955 führten Demokraten aus dem Süden – die gereizt auf das *Brown*-Urteil reagierten – die Praxis ein, Anwärter für den Obersten Gerichtshof vor den Rechtsausschuss des Senats zu zitieren, wo sie über ihre juristischen Ansichten Auskunft geben mussten. Die Entscheidung im Prozess *Roe v. Wade* von 1973 lenkte noch mehr Aufmerksamkeit auf richterliche Ernennungen, und von diesem Zeitpunkt an zog jede Nominierung eine offene Feldschlacht zwischen Abtreibungsbefürwortern und Abtreibungsgegnern nach sich. Die unter großer Teilnahme der Öffentlichkeit erfolgte Ablehnung der Nominierung von Robert Bork Ende der Achtzigerjahre und die Anhörungen von Clarence Thomas und Anita Hill Anfang der Neunziger – bei denen der Kandidat Thomas der sexuellen Belästigung beschuldigt wurde – erwiesen sich als unwiderstehliche TV-Dramen. All das bedeutete, dass die Suche eines geeigneten Ersatzes für Richter Souter der einfache Teil meiner Aufgabe sein würde. Der schwierige Teil würde darin bestehen, diese Person ernennen zu lassen und dabei einen politischen Zirkus zu vermeiden, der ein Hemmnis für unsere sonstigen Angelegenheiten bedeuten würde.

Wir hatten bereits ein Team von Juristen zusammengerufen, das für die Besetzung der zahlreichen Sitze in Bezirksgerichten zuständig war, und sie begannen umgehend, eine Liste möglicher Anwärter für den Obersten Gerichtshof zusammenzustellen. Binnen weniger als einer Woche hatten wir sie auf eine Handvoll Kandidaten reduziert, die wir einer Leumundsprüfung durch das FBI unterziehen und zu einem Vorstellungsgespräch ins Weiße Haus einladen würden. Die kurze Liste umfasste die ehemalige Dekanin der Harvard Law School und amtierende Generalstaatsanwältin Elena Kagan und die Berufungsrichterin im Siebten Gerichtsbezirk Diane Wood, beide hervorragende Rechtsgelehrte, die ich aus der Zeit kannte, in der ich an der University of Chicago Verfassungsrecht unterrichtet hatte. Doch als ich in den dicken Dossiers las, die mein Team zu sämtlichen Kandidaten zusammengestellt hatte, war es eine Frau, der ich nie begegnet war, die Berufungsrichterin im Zweiten Gerichtsbezirk Sonia Sotomayor, die mein Interesse am stärksten weckte. Sie war in der Bronx aufgewachsen und vor allem von ihrer puerto-ricanischen Mutter aufgezogen worden, einer Telefonistin, die sich später zur Krankenschwester ausbilden ließ, nachdem Sonias Vater – ein Geschäftsmann mit Universitätsabschluss – gestorben war. Sonia war da erst neun Jahre alt. Obwohl bei ihr zu Hause hauptsächlich spanisch gesprochen wurde, hatte sie in ihrer Gemeindeschule geglänzt und ein Stipendium für Princeton erhalten. Dort spiegelten ihre Erfahrungen das wider, was Michelle ein Jahrzehnt später an der Universität erleben würde: eine anfängliche Unsicherheit und das Gefühl, nicht dazuzugehören, das daraus erwuchs, eine der wenigen Women of Color auf dem Campus zu sein; die Notwendigkeit, sich besonders anstrengen zu müssen, um Lücken in ihrer Bildung zu kompensieren, die privilegiertere Jugendliche für selbstverständlich nahmen; die tröstende Gemeinschaft anderer Schwarzer Studenten und der sie unterstützenden Professoren; und die irgendwann einsetzende Erkenntnis, dass sie ebenso klug war wie ihre Kommilitonen.

Sotomayor schloss die Yale Law School ab und leistete herausragende Arbeit als Staatsanwältin im Büro des Bezirksstaatsanwalts von Manhattan, was ihr zu ihrem Sitz in einem Bundesgericht verhalf. Während ihrer fast siebzehn Jahre als Richterin erarbeitete sie sich den Ruf, gründlich, fair und stets beherrscht zu sein, was schließlich in der höchstmöglichen Bewertung der American Bar Association, des Berufsverbands der Juristen, mündete. Dennoch deuteten manche Mitglieder der juristischen Priesterkaste an, ihre Referenzen seien jenen von Kagan oder Wood nicht ebenbürtig, und eine Reihe eher linker Interessenverbände stellte infrage, ob sie über das intellektuelle Gewicht verfüge, um es mit konservativen Ideologen wie Richter Antonin Scalia aufnehmen zu können.

Vielleicht wegen meines eigenen Werdegangs in juristischen und akademischen Kreisen – wo ich einer ganzen Reihe hoch qualifizierter, hochintelligenter Idioten begegnet war und die Tendenz zur Scheinheiligkeit im Hinblick auf die Förderung von Frauen und People of Color erlebt hatte – wischte ich solche Befürchtungen rasch beiseite. Nicht allein, dass die akademischen Zeugnisse von Richterin Sotomayor ausgezeichnet waren, ich wusste auch, welche Art von Intelligenz, Durchhaltevermögen und Anpassungsfähigkeit jemand mit ihrem Hintergrund brauchte, um dorthin zu kommen, wo sie nun stand. Ein breiter Erfahrungshorizont, eine Vertrautheit mit den Wechselfällen des Lebens, die Kombination aus Hirn und Herz – daraus erwuchs meiner Ansicht nach Weisheit. Als man mich im Wahlkampf gefragt hatte, nach welchen Qualitäten ich bei Anwärtern für den Obersten Gerichtshof suchte, hatte ich nicht nur über juristische Qualifikationen, sondern auch über Einfühlungsvermögen gesprochen. Konservative Beobachter hatten über meine Antwort gespottet und sie als einen Beleg dafür angeführt, dass ich vorhätte, den Gerichtshof mit wirrköpfigen Liberalen zu besetzen, die sich sozialer Manipulation bedienten und nichts auf die »objektive« Anwendung des Gesetzes gäben. Doch in meinen Augen war es andersherum: Es war gerade die Fähigkeit eines Richters oder einer Richterin, die eigenen Entscheidungen in einen Kontext zu setzen, sich ebenso in einen schwangeren Teenager einfühlen zu können wie in einen katholischen Priester, in einen Selfmade-Industriemagnaten ebenso wie in einen Fließbandarbeiter, in die Minderheit ebenso wie in die Mehrheit, aus der Objektivität erwuchs.

Es gab noch weitere Erwägungen, die deutlich für Sotomayor sprachen. Sie würde die erste Latina – und erst die dritte Frau – sein, die am Obersten Gerichtshof diente. Und der Senat hatte bereits zweimal für sie gestimmt – einmal davon einstimmig –, was es den Republikanern schwerer machte, sie als inakzeptabel darzustellen.

Aufgrund meiner großen Wertschätzung für Kagan und Wood war ich noch immer unentschlossen, als Richterin Sotomayor zum Kennenlernen ins Oval Office kam. Sie hatte ein rundes, freundliches Gesicht und lächelte gern. Ihr Auftreten war förmlich, und sie wählte ihre Worte mit Bedacht, wenngleich die Jahre an Eliteuniversitäten und im Bezirksgericht ihren Bronx-Dialekt nicht vollständig weggeschliffen hatten. Mein Team hatte mich ermahnt, die Kandidaten nicht nach ihrem Standpunkt zu bestimmten juristischen Kontroversen wie der Abtreibung zu fragen. (Die Republikaner im Ausschuss würden sicherlich Fragen zu den Gesprächen zwischen mir und den Kandidaten stellen, um herauszufinden, ob ich sie vor meiner Entscheidung einem »Lackmustest« unterzogen hatte.) Stattdessen sprach ich mit der Richterin über ihre Familie, ihre Arbeit als Staatsanwältin und ihre allgemeine juristische Philosophie. Gegen Ende des Gesprächs war ich davon überzeugt, dass Sotomayor alles hatte, wonach ich suchte, wenngleich ich ihr das nicht sofort sagte. Ich erwähnte hingegen, es gebe einen Aspekt ihres Lebenslaufs, den ich ein wenig besorgniserregend fände.

»Welchen denn, Mr President?«, fragte sie.

»Sie sind Yankees-Fan«, sagte ich. »Aber da Sie in der Bronx aufgewachsen sind und schon in früher Jugend einer Gehirnwäsche unterzogen wurden, will ich darüber hinwegsehen.«

Einige Tage später erklärte ich, dass ich mich für Sonia Sotomayor als Anwärterin auf den Sitz am Obersten Gerichtshof entschieden hätte. Die Nachricht wurde positiv aufgenommen, und im Vorfeld ihres Erscheinens vor dem Rechtsausschuss des Senats bemerkte ich erfreut, dass die Republikaner Schwierigkeiten hatten, in den aufgezeichneten Einlassungen der Richterin oder in ihrem Verhalten am Gericht irgendetwas zu finden, was ihre Berufung hätte gefährden können. Stattdessen fixierten sie sich auf zwei mit ethnischen Fragen verbundene Themen, um ihren Widerstand zu begründen. Das erste stand in Zusammenhang mit einem Prozess, der 2008 in New Haven, Connecticut, stattgefunden hatte und in dem Sotomayor, dem Mehrheitsvotum folgend, die Klage einer Gruppe größtenteils weißer Feuerwehrleute gegen »umgekehrte Diskriminierung« abgewiesen hatte. Das zweite betraf eine Rede von Sotomayor an der University of California in Berkeley, in der sie gesagt hatte, weibliche Richter und solche, die einer Minderheit angehörten, bereicherten die Bundesgerichte um eine dringend notwendige Perspektive, was ihr von konservativer Seite den Vorwurf eingetragen hatte, im Gericht nicht zur Unparteilichkeit fähig zu sein.

Den kleinen Reibereien zum Trotz verliefen die Anhörungen ohne besondere Vorkommnisse. Richterin Sotomayor wurde vom Senat mit achtundsechzig zu einunddreißig Stimmen gewählt, was hieß, dass neun Republikaner und sämtliche Demokraten für sie gestimmt hatten, mit Ausnahme von Ted Kennedy, der wegen seiner Krebserkrankung behandelt wurde – mehr Unterstützung konnte sich in Anbetracht des polarisierten Umfelds, in dem wir uns befanden, kein Kandidat wünschen.

Michelle und ich gaben im August, nach ihrer Vereidigung, im Weißen Haus einen Empfang für Richterin Sotomayor und ihre Familie.

Die Mutter der neu ernannten Richterin war anwesend, und mich bewegte die Vorstellung, was dieser älteren Frau durch den Kopf gehen musste, die auf einer weit entfernten Insel aufgewachsen war, kaum Englisch gesprochen hatte, als sie sich im Zweiten Weltkrieg für das Women's Army Corps gemeldet und ungeachtet aller widrigen Umstände darauf bestanden hatte, dass ihre Kinder etwas aus sich machten. Ich musste an meine eigene Mutter und an Toot und Gramps denken, und ich verspürte einen Anflug von Traurigkeit darüber, dass sie nicht einen Tag wie diesen erlebt hatten, dass sie von uns gegangen waren, ehe sie sehen konnten, was aus dem, was sie sich für mich erträumt hatten, geworden war.

Ich hielt meine Gefühle im Zaum, während die Richterin sprach, und sah zu zwei hübschen jungen koreanischstämmigen Amerikanern – Sotomayors adoptierte Neffen – hinüber, die in ihrem besten Sonntagsstaat auf den Sitzen hin und her rutschten. Für sie würde es selbstverständlich sein, dass ihre Tante am Obersten Gerichtshof der Vereinigten Staaten das Leben einer Nation prägte – ebenso wie für die Kinder im ganzen Land.

Was eine gute Sache war. So sieht Fortschritt aus.

DER MÜHSAME WEG zur Gesundheitsreform nahm einen größeren Teil des Sommers in Anspruch. Während sich das Gesetz Schritt für Schritt durch den Kongress schob, suchten wir nach allen denkbaren Gelegenheiten, die helfen würden, den Prozess voranzutreiben. Seit dem Gipfel im Weißen Haus im März hatten Mitglieder meiner Arbeitsgruppen für das Gesundheitswesen und Gesetzgebungsvorhaben an zahllosen Sitzungen zu dem Thema im Regierungsviertel teilgenommen und waren abends ins Oval Office getrottet wie müde Feldherren, die von der Front zurückkehrten, um mir von den wechselvollen Kriegsläufen zu berichten. Die gute Nachricht war, dass die wichtigsten Demokraten – vor allem Baucus und Waxman – hart an Gesetzesvorschlägen arbeiteten, die sie vor der traditionellen Sitzungspause ihren jeweiligen Ausschüssen unterbreiten könnten. Die schlechte Nachricht war, dass sich immer mehr inhaltliche und strategische Unterschiede ergaben, je tiefer alle in die Einzelheiten der Reform vordrangen – nicht nur zwischen Demokraten und Republikanern, sondern zwischen Demokraten in Repräsentantenhaus und Senat, zwischen uns und den Demokraten im Kongress und selbst zwischen den Mitgliedern meines eigenen Teams.

Die meisten Debatten kreisten um die Frage, wie sich eine Mischung aus Einsparungen und neuen Einkünften generieren ließe, um für die Ausweitung des Versicherungsschutzes auf Millionen nicht versicherter Amerikaner aufkommen zu können. Aufgrund eigener Neigungen und seinem Interesse an einem überparteilichen Gesetzesvorschlag hoffte Baucus, alles zu vermeiden, was sich als Steuererhöhung hätte abstempeln lassen. Stattdessen hatten er und sein Team die unverhofften Gewinne berechnet, die eine Flut frisch versicherter Patienten den Krankenhäusern, Pharmaunternehmen und Versicherungen einbringen würde. Mithilfe dieser Zahlen hatten sie im Voraus zu entrichtende Beiträge in Milliardenhöhe in Form von Gebühren oder reduzierten Medicare-Zahlungen vonseiten sämtlicher Industrien ausverhandelt. Um diesen die Vereinbarung schmackhaft zu machen, war Baucus auch zu gewissen strategischen Zugeständnissen bereit. So versprach er beispielsweise den Pharmalobbyisten, sein Gesetzentwurf werde keine Bestimmungen zu Reimporten von Medikamenten aus Kanada enthalten – ein beliebter Vorschlag der Demokraten, der die Art und Weise unterstrich, wie staatliche Gesundheitssysteme in Kanada und Europa ihre große Verhandlungsstärke nutzten, um weit niedrigere Preise auszuhandeln, als die Pharmariesen in den Vereinigten Staaten verlangten.

In politischer wie emotionaler Hinsicht hätte ich es weit befriedigender gefunden, die Pharma- und Versicherungsunternehmen einfach anzugreifen und zu schauen, ob wir sie zum Einknicken bringen könnten. Bei den Wählern waren sie höchst unbeliebt – und mit gutem Grund. Doch praktisch gesehen ließ sich gegen Baucus' versöhnlichere Herangehensweise nur schwer etwas einwenden. Ohne die zumindest stillschweigende Zustimmung der großen Industriekonzerne hätten wir im Senat niemals sechzig Stimmen für einen umfassenden Gesetzesvorschlag zum Gesundheitswesen bekommen. Der Reimport von Medikamenten war ein großes politisches Thema, doch letztlich hatten wir nicht genügend Stimmen dafür, unter anderem weil in den Staaten vieler Demokraten große Pharmaunternehmen ihren Hauptsitz hatten oder ihre Geschäfte führten.

Angesichts dieser Realitäten segnete ich es ab, dass Rahm, Nancy-Ann und Jim Messina, der einst für Baucus gearbeitet hatte, an Baucus' Verhandlungen mit Vertretern der Gesundheitsindustrie teilnahmen. Ende Juni hatten sie eine Einigung erzielt und Hunderte Milliarden von Dollar in Rückzahlungen und umfangreicheren Preissenkungen für Senioren gesichert, die Medicare nutzten. Ebenso entscheidend war, dass sie eine Zusage der Krankenhäuser, Versicherungen und Pharmaunternehmen erhalten hatten, den entstehenden Gesetzentwurf zu unterstützen oder zumindest nicht zu blockieren.

Wir hatten eine große Hürde genommen, ein Beispiel für Politik als die Kunst, das Unmögliche möglich zu machen. Doch für einige der liberaleren Demokraten im Repräsentantenhaus, wo niemand einen Filibuster fürchten musste, und progressive Interessengruppen, die noch immer hofften, den Grundstein für ein Einheitskassensystem zu legen, rochen unsere Kompromisse nach Kapitulation, nach einem Pakt mit dem Teufel. Dass die Verhandlungen mit der Industrie, wie von Rahm prophezeit, nicht auf C-SPAN gezeigt worden waren, machte die Sache nicht besser. Die Presse begann, über Einzelheiten dessen zu berichten, was sie als »Hinterzimmer-Deals« bezeichnete. Nicht wenige Wähler schrieben, um zu fragen, ob ich auf die dunkle Seite übergewechselt sei. Und Henry Waxman, der Vorsitzende des Ausschusses für Energie und Handel, machte klar, er werde sich bei seiner Arbeit keinen Zugeständnissen unterwerfen, die Baucus oder das Weiße Haus irgendwelchen Industrielobbyisten gegenüber gemacht hätten.

Gern mal setzten sich die Demokraten im Repräsentantenhaus aufs hohe Ross, aber sie waren auch nur allzu bereit, den Status quo zu schützen, wenn ihre Privilegien bedroht waren oder politisch einflussreiche Wahlkreise davon profitieren konnten. So waren sich beispielsweise mehr oder weniger alle Gesundheitsökonomen einig, dass es nicht genug war, Geld aus den Gewinnen der Versicherungs- und Pharmaunternehmen abzuzweigen und es zu verwenden, um mehr Menschen Versicherungsschutz zu verschaffen – für eine funktionierende Reform mussten wir auch etwas gegen die in die Höhe schießenden Kosten unternehmen, die Ärzte und Krankenhäuser veranschlagten. Anderenfalls würden sämtliche Neuinvestitionen in das System mit der Zeit zu immer weniger Gesundheitsversorgung für immer weniger

Menschen führen. Eine der besten Möglichkeiten, »die Kostenkurve flach zu halten«, bestand darin, einen von Politik und Interessenvertretungen unabhängigen Ausschuss zu bilden, der Erstattungssätze für Medicare festlegte, die sich an der verhältnismäßigen Wirksamkeit bestimmter Behandlungsmethoden orientierten.

Die Demokraten im Repräsentantenhaus hassten die Idee. Es hätte bedeutet, dass sie die Entscheidungsgewalt darüber hätten aufgeben müssen, was Medicare abdeckte und was nicht (zusammen mit den damit einhergehenden Möglichkeiten, Geldmittel für den Wahlkampf zu beschaffen). Sie befürchteten auch, von griesgrämigen Senioren verantwortlich gemacht zu werden, wenn diese nicht in der Lage wären, sich die neuesten im Fernsehen beworbenen Medikamente oder Diagnosetests zu beschaffen, selbst wenn Experten belegen könnten, dass sie in Wahrheit Geldverschwendung wären.

Ebenso skeptisch betrachteten sie den anderen großen Vorschlag zur Kostenkontrolle: eine Deckelung der steuerlichen Absetzbarkeit sogenannter Cadillac-Versicherungspläne – hochpreisiger, von den Arbeitgebern zur Verfügung gestellter Policen, die für zahlreiche Premiumdienstleistungen aufkamen, den allgemeinen Gesundheitsstatus jedoch nicht verbesserten. Neben Managern und gut bezahlten Fachkräften bildeten Gewerkschaftsmitglieder die Hauptzielgruppe solcher Pläne, und die Gewerkschaften standen dem, was als »die Cadillac-Steuer« bekannt werden sollte, äußerst ablehnend gegenüber. Die Gewerkschaftsführer interessierte es nicht, dass ihre Mitglieder womöglich bereit wären, ein luxuriöses Einzelzimmer im Krankenhaus oder eine zweite, unnötige Kernspinuntersuchung gegen eine Chance auf höhere Nettolöhne einzutauschen. Sie vertrauten nicht darauf, dass irgendwelche Einsparungen aus der Reform ihren Mitgliedern zugutekommen würden, und sie waren sich absolut sicher, für jedwede Änderungen an ihren existierenden Versicherungsplänen unter Beschuss zu geraten. Leider galt das, solange die Gewerkschaften gegen die Cadillac-Steuer waren, auch für die meisten Demokraten im Repräsentantenhaus.

Die Geplänkel fanden schon bald den Weg in die Presse, und sie ließen den gesamten Prozess chaotisch und verwickelt erscheinen. Ende Juli zeigten Umfragen, dass mehr Amerikaner meine Handhabung der Gesundheitsreform ablehnten als befürworteten, was mich dazu veranlasste, mich bei Axe über unsere Kommunikationsstrategie zu beklagen. »Wir sind im Recht«, beharrte ich. »Wir müssen es den Wählern nur besser erklären.«

Axe war irritiert, dass seine Abteilung offenbar für das Problem verantwortlich gemacht werden sollte, vor dem er mich von Anfang an gewarnt hatte. »Da kannst du erklären, so viel du willst«, sagte er zu mir. »Aber diejenigen, die schon eine Gesundheitsversorgung haben, glauben nicht, dass die Reform ihnen irgendeinen Vorteil bringen wird, und daran werden auch noch so viele Fakten und Zahlen nichts ändern.«

Ich war nicht überzeugt und entschied, dass ich mit unserer Agenda stärker an die Öffentlichkeit gehen müsse. Weshalb ich mich zur besten Sendezeit in einer Pressekonferenz zum Thema Gesundheitsversorgung wiederfand und einem East Room voller Journalisten gegenüberstand, von denen viele bereits dabei waren, einen Nachruf auf meine wichtigste Gesetzgebungsinitiative zu verfassen.

IM ALLGEMEINEN GEFIEL MIR das Improvisierte von Live-Pressekonferenzen. Und anders als bei der ersten öffentlichen Diskussion über das Gesundheitswesen im Wahlkampf, die ich total vergeigt hatte, während Hillary und John Edwards geglänzt hatten, beherrschte ich mein Thema diesmal aus dem Effeff. Tatsächlich beherrschte ich es wohl sogar *zu* gut. Während der Pressekonferenz verfiel ich in alte Gewohnheiten und erging mich in ausschweifenden Erklärungen zu jeder Facette des zur Debatte stehenden Themas. Es war, als wollte ich mein gescheitertes Vorhaben, die verschiedenen Verhandlungssitzungen auf C-SPAN übertragen zu lassen, wiedergutmachen, indem ich der Öffentlichkeit einen einstündigen, höchst detaillierten Crashkurs in der amerikanischen Gesundheitspolitik gab.

Die versammelte Presse wusste meine Sorgfältigkeit nicht sehr zu schätzen. In einem Artikel hieß es, ich hätte bisweilen einen »professoralen« Tonfall angeschlagen. Vielleicht war das der Grund dafür, dass Lynn Sweet, eine altgediente Reporterin der *Chicago Sun-Times,* die ich seit Jahren kannte, mir eine Frage zu stellen beschloss, die nicht das Geringste mit dem Thema zu tun hatte.

»Vor Kurzem«, sagte Lynn, »wurde Professor Henry Louis Gates Jr.

in seinem Zuhause in Cambridge festgenommen. Was bedeutet dieser Vorfall für Sie, und was bedeutet er für die ethnischen Beziehungen in Amerika?«

Wo sollte ich anfangen? Henry Louis Gates Jr. war Professor für Englisch und Afroamerikanische Studien in Harvard und einer der angesehensten Schwarzen Gelehrten des Landes. Er war auch ein guter Bekannter von mir, dem ich gelegentlich bei gesellschaftlichen Anlässen begegnete. Anfang der Woche war Gates von einer Chinareise nach Hause zurückgekehrt und hatte festgestellt, dass seine Haustür klemmte. Ein Nachbar, der beobachtet hatte, wie Gates die Tür aufzubrechen versuchte, rief die Polizei, um einen möglichen Einbruch zu melden. Als der Polizist James Crowley eintraf, bat er Gates, sich auszuweisen. Gates weigerte sich zunächst und nannte ihn – nach Crowleys Aussage – einen Rassisten. Irgendwann zeigte Gates seinen Ausweis vor, beschimpfte den fortgehenden Polizisten aber angeblich weiter von seiner Veranda aus. Als Gates sich auch durch eine Ermahnung nicht zum Schweigen bringen ließ, brachten Crowley und zwei weitere Polizisten, die er als Verstärkung angefordert hatte, ihn auf die Polizeistation und bezichtigten ihn der Ruhestörung. (Die Vorwürfe wurden bald fallen gelassen.)

Wie nicht anders zu erwarten, war landesweit über den Vorfall berichtet worden. Für einen großen Teil des weißen Amerika war Gates' Festnahme absolut berechtigt gewesen, ein klarer Fall von jemandem, der nicht den nötigen Respekt gegenüber einer polizeilichen Routinemaßnahme gezeigt habe. Für Schwarze war es nur ein weiterer Beleg für die kleinen wie großen Demütigungen und Ungerechtigkeiten durch die Polizei im Besonderen und weiße Behörden im Allgemeinen.

Meine eigene Einschätzung des Geschehens war spezieller, menschlicher als das schlichte schwarz-weiße Moralstück, als das es dargestellt wurde. Da ich in Cambridge gelebt hatte, wusste ich, dass die dortige Polizeibehörde nicht im Ruf stand, eine Horde von Bull-Connor-Typen zu beherbergen. Skip, wie Gates' Freunde ihn nannten, wiederum war brillant und laut, halb W. E. B. Du Bois, halb Mars Blackmon, und dreist genug, um mir vorstellen zu können, wie er einen Polizisten so heftig beschimpfte, dass selbst einem recht beherrschten Beamten das Testosteron in die Adern schoss.

Doch auch wenn niemand verletzt worden war, fand ich die Episode deprimierend. Sie war eine lebhafte Erinnerung daran, dass selbst höchste Leistungen eines Schwarzen und die entgegenkommendste weiße Umgebung dem Schatten unserer ethnischen Geschichte nicht entgehen konnten. Als ich hörte, was mit Gates geschehen war, hatte ich in Gedanken geradezu unwillkürlich meine eigenen Erlebnisse Revue passieren lassen. Wie ich mehrmals nach meinem Studentenausweis gefragt worden war, wenn ich zur Bibliothek auf dem Campus der Columbia University ging, was meinen weißen Kommilitonen nie zu passieren schien. Die grundlosen Verkehrskontrollen, wenn ich gewisse »gute« Gegenden in Chicago besucht hatte. Wie mir bei den Weihnachtseinkäufen Sicherheitspersonal des Kaufhauses gefolgt war. Das Klicken von Türverriegelungen, wenn ich am helllichten Tag in Anzug und Krawatte an Autos vorbeigegangen war.

Augenblicke wie diese waren für Schwarze Freunde, Bekannte, Leute im Friseurgeschäft Routine. War man arm, gehörte zur Arbeiterschicht, lebte in einer weniger noblen Gegend oder gab nicht hinreichend zu erkennen, dass man ein respektabler Schwarzer Mann war, waren die Geschichten für gewöhnlich schlimmer. Für nahezu sämtliche Schwarze Männer im Land, sämtliche Frauen, die Schwarze Männer liebten, und sämtliche Eltern eines Schwarzen Jungen handelte es sich nicht um Paranoia, das »Schwingen der Rassismuskeule« oder mangelnden Respekt vor den Gesetzesvertretern, wenn sie zu dem Schluss kamen, dass, was auch immer an jenem Tag in Cambridge sonst noch passiert war, eines mit ziemlicher Sicherheit zutraf: Ein wohlhabender, ein Meter siebzig großer, fünfundsechzig Kilogramm schwerer, achtundfünfzig Jahre alter *weißer* Harvard-Professor, der aufgrund einer Beinverletzung als Kind am Stock ging, wäre *nicht* in Handschellen gelegt und auf die Polizeiwache gebracht worden, weil er unhöflich zu einem Polizisten gewesen war, der ihn auf seinem eigenen verdammten Grundstück genötigt hatte, sich auszuweisen.

Natürlich sagte ich all das nicht. Vielleicht hätte ich es tun sollen. Stattdessen äußerte ich einige meiner Ansicht nach wenig beachtliche Betrachtungen, beginnend mit dem Zugeständnis, dass die Polizei auf den Notruf angemessen reagiert habe, und auch, dass Gates ein Freund von mir sei, weshalb ich durchaus voreingenommen sein möge. »Da ich nicht anwesend war und nicht sämtliche Fakten kenne, weiß ich auch nicht, welche Rolle die Hautfarbe dabei spielte«, sagte ich. »Aber ich denke, man kann mit gutem Gewissen sagen, erstens, dass jeder von uns ziemlich wütend gewesen wäre; zweitens, dass sich die Polizei von Cambridge dumm verhalten hat, als sie jemanden festnahm, der sich erwiesenermaßen in seinem eigenen Haus befand; und, drittens, dass wir, denke ich, unabhängig von diesem Vorfall wissen, dass es in diesem Land Tradition hat, dass Afroamerikaner und Latinos unverhältnismäßig oft von der Polizei angehalten werden.«

Das war alles. Ich verließ die Abendpressekonferenz in der Annahme, die vier Minuten, die ich über Gates gesprochen hatte, seien eine kurze Ergänzung zu der Stunde gewesen, die ich dem Gesundheitssystem gewidmet hatte.

Junge, Junge, wie ich mich irrte. Am Morgen darauf machten sämtliche Nachrichtensendungen mit meinem Hinweis auf, die Polizei habe »dumm« gehandelt. Vertreter der Polizeigewerkschaft sagten, ich hätte Officer Crowley und die Polizei im Allgemeinen verunglimpft, und verlangten eine Entschuldigung. Anonyme Quellen behaupteten, es seien irgendwelche Strippen gezogen worden, damit die Vorwürfe gegen Gates ohne Gerichtsverhandlung fallen gelassen worden seien. Konservative Medien gaben sich kaum Mühe, ihre Schadenfreude zu verbergen, und stellten meine Kommentare als Beispiel für einen elitären (professoralen, hochnäsigen) Schwarzen Präsidenten hin, der für seinen gut vernetzten (großmäuligen, die Rassismuskeule schwingenden) Freund aus Harvard Partei ergriff, zuungunsten eines einfachen weißen Polizisten aus der Arbeiterschicht, der nur seinen Job gemacht hatte. Während des täglichen Pressebriefings im Weißen Haus wurden Gibbs zu kaum etwas anderem Fragen gestellt. Hinterher wollte er von mir wissen, ob ich eine Klarstellung in Erwägung zöge.

»Was sollte ich denn klarstellen?«, fragte ich. »Ich finde, ich habe mich recht klar ausgedrückt.«

»So, wie es hingestellt wird, denken die Leute, Sie hätten die Polizei als dumm bezeichnet.«

»Ich habe nicht gesagt, sie sei dumm. Ich habe gesagt, sie habe dumm gehandelt. Das ist ein Unterschied.«

»Ich verstehe das. Aber –«

»Wir geben keine Klarstellung heraus«, sagte ich. »Es wird vorbeigehen.«

Doch am nächsten Tag war es noch nicht vorbei. Stattdessen hatte die Geschichte alles andere verdrängt, einschließlich unserer Botschaft zum Gesundheitssystem. Rahm, der nervöse Anrufe von Demokraten vom Capitol Hill entgegennehmen musste, sah aus, als wollte er sich von einer Brücke stürzen. Man hätte meinen können, ich hätte mir in der Pressekonferenz einen Dashiki übergezogen und selbst die Polizei beschimpft.

Schließlich stimmte ich einem Schadensbegrenzungsplan zu. Als Erstes rief ich Officer Crowley an, um ihm mitzuteilen, dass es mir leidtue, das Wort »dumm« benutzt zu haben. Er war liebenswürdig und gut gelaunt, und irgendwann schlug ich einen Besuch von Gates und ihm im Weißen Haus vor. Wir könnten zu dritt ein Bier trinken, sagte ich, und dem Land zeigen, dass gute Menschen imstande seien, über Missverständnisse hinwegzusehen. Sowohl Crowley als auch Gates, den ich unmittelbar danach anrief, nahmen den Vorschlag begeistert auf. In einer Pressesitzung am selben Tag sagte ich den Reportern, ich sei weiterhin der Meinung, dass die Polizei überreagiert habe, als sie Gates festgenommen habe, ebenso wie der Professor bei ihrem Eintreffen an seinem Haus überreagiert habe. Ich räumte ein, dass ich meinen ursprünglichen Kommentar behutsamer hätte formulieren können. Viel später sollte ich von David Simas, unserem Umfragespezialisten und Axe' Stellvertreter, erfahren, dass mein Rückhalt bei den weißen Wählern unter der Gates-Affäre stark gelitten hatte, stärker als unter irgendeinem anderen Ereignis meiner achtjährigen Präsidentschaft. Es war ein Rückhalt, den ich nie vollständig zurückgewinnen sollte.

Sechs Tage später setzten Joe Biden und ich uns im Weißen Haus mit Officer Crowley und Skip zu dem, was als »Biergipfel« bekannt wurde, zusammen. Es war eine ruhige, freundschaftliche und unaufgeregte Begegnung. Wie ich aufgrund unseres Telefongesprächs erwartet hatte, wirkte Crowley wie ein umsichtiger, anständiger Mann, und Skip Gates zeigte sich von seiner besten Seite. Etwa eine Stunde lang redeten wir zu viert über unsere Herkunft, unsere Arbeit und Möglichkeiten, das gegenseitige Vertrauen und darüber, die Kommunikation zwischen Polizeikräften und der afroamerikanischen Community zu verbessern. Als die Zeit um war, brachten Crowley und Gates beide ihre Dankbarkeit für die Führungen zum Ausdruck, die meine Mitarbeiter ihren Familien gegeben hatten, wobei ich scherzte, beim nächsten Mal könnten sie vielleicht einfachere Möglichkeiten finden, eine Einladung zu erreichen.

Als sie gegangen waren, saß ich allein im Oval Office und dachte über alles nach. Michelle, Freunde wie Valerie und Marty, Schwarze leitende Beamte wie der Generalbundesanwalt Eric Holder, die UN-Botschafterin Susan Rice und der Handelsvertreter Ron Kirk – wir alle waren den Spießrutenlauf gewohnt, den man absolvieren musste, um in überwiegend weißen Institutionen erfolgreich zu sein. Wir waren gut darin geworden, unsere Reaktionen auf geringfügigere Herabsetzungen zu unterdrücken, stets bereit, weißen Kollegen einen Vertrauensbonus zu geben, und immer darauf bedacht, dass schon die behutsamste Diskussion ethnischer Fragen in ihnen eine leichte Panik auslöste. Dennoch hatte die Reaktion auf meine Kommentare zu Gates uns alle überrascht. Es war für mich das erste Anzeichen, dass der Themenkomplex Schwarze und Polizei stärker polarisierte als so gut wie jedes andere Thema des amerikanischen Lebens. Es schien in die tiefsten Unterströmungen der Psyche unserer Nation hinabzureichen, die empfindlichsten Nerven zu berühren, vielleicht weil es uns alle, Schwarze wie Weiße, daran erinnerte, dass die Gesellschaftsordnung unserer Nation nie nur auf Übereinstimmung gefußt hatte, dass es immer auch um Jahrhunderte staatlich geförderter Gewalt von Weißen gegen Schwarze und braune Menschen ging und dass die Frage, wer rechtlich sanktionierte Gewalt kontrollierte, wer sie ausübte und gegen wen, in den hintersten Winkeln unseres stammesgeprägten Verstands noch immer eine viel größere Rolle spielte, als wir zugeben wollten.

Meine Gedanken wurden von Valerie unterbrochen, die den Kopf hereinsteckte, um nach mir zu sehen. Sie sagte, die Berichterstattung über den »Biergipfel« sei weitgehend positiv gewesen, wenngleich sie einräumte, einige Anrufe von Schwarzen Unterstützern erhalten zu haben, die nicht erfreut waren. »Sie verstehen nicht, warum wir uns ein Bein ausreißen, damit Crowley sich willkommen fühlt«, sagte sie.

»Was hast du ihnen gesagt?«, fragte ich.

»Ich habe gesagt, das Ganze lenke vom Eigentlichen ab und du seist darauf konzentriert, zu regieren und den Gesetzentwurf zur Gesundheitsreform zu verabschieden.«

Ich nickte. »Und unsere Schwarzen Mitarbeiter … wie geht es denen?«

Valerie zuckte mit den Schultern. »Die jüngeren sind ein wenig entmutigt. Aber sie verstehen es. Bei allem, was du um die Ohren hast, sehen sie es halt nicht gern, dass man dich in diese Lage bringt.«

»Welche Lage?«, fragte ich. »Schwarz zu sein oder Präsident zu sein?«

Darüber mussten wir beide laut lachen.

KAPITEL 17

ENDE JULI 2009 hatten alle relevanten Ausschüsse des Repräsentantenhauses verschiedene Versionen des Gesetzentwurfs für die Gesundheitsreform abgesegnet. Der Gesundheits- und Bildungsausschuss des Senats hatte seine Arbeit ebenfalls abgeschlossen. Nun mussten wir den Gesetzentwurf nur noch durch den von Max Baucus geleiteten Finanzausschuss des Senats bringen. Sobald das geschafft war, konnten wir die einzelnen Versionen zu jeweils einer Vorlage des Repräsentantenhauses und des Senats zusammenfügen und im Idealfall vor Beginn der Sommerpause im August durch beide Kammern bringen. Auf diese Weise hofften wir bis zum Jahresende eine endgültige Fassung des Gesetzes zur Unterschrift auf meinem Schreibtisch zu haben.

Aber so sehr wir auch drängten, es gelang uns nicht, Baucus dazu zu bringen, seine Arbeit abzuschließen. Ich konnte die Gründe für die Verzögerung durchaus nachvollziehen: Anders als die übrigen demokratischen Ausschussvorsitzenden, die ihre Vorlagen einfach mit der Stimmenmehrheit ihrer Fraktion verabschiedet hatten, ohne sich um die Zustimmung der Republikaner zu bemühen, wollte Baucus die Hoffnung auf einen von beiden Parteien getragenen Gesetzentwurf nicht aufgeben. Aber im Lauf des Sommers begann seine Zuversicht wie Selbsttäuschung zu wirken. McConnell und Boehner hatten bereits entschlossenen Widerstand gegen unser Gesetzesvorhaben angekündigt, das in ihren Augen nichts anderes war als ein Versuch der »staatlichen Übernahme« des Gesundheitssystems. Frank Luntz, ein bekannter republikanischer Strategieberater, hatte in seiner Partei ein Memo in Umlauf gebracht, in dem er erklärte, Tests mit nicht weniger als vierzig reformfeindlichen Parolen hätten gezeigt, dass die Warnung vor einer drohenden »staatlichen Übernahme« am besten geeignet sei, unsere Gesundheitsreform zu diskreditieren. Die Konservativen hielten sich an das Skript und wiederholten dieses Schlagwort von da an wie eine Beschwörungsformel.

Senator Jim DeMint, der konservative Scharfmacher aus South Carolina, machte keinerlei Hehl aus den Absichten seiner Partei. »Wenn wir Obama in dieser Frage stoppen können«, erklärte er in einer landesweiten Videokonferenz mit konservativen Aktivisten, »wird dies sein Waterloo werden. Es wird ihm das Genick brechen.«

In Anbetracht dieser Atmosphäre war es nicht überraschend, dass die Gruppe von drei republikanischen Senatoren, die zu überparteilichen Gesprächen mit Baucus eingeladen worden waren, mittlerweile auf zwei geschrumpft war, nämlich Chuck Grassley und Olympia Snowe, die gemäßigte Senatorin aus Maine. Mein Team und ich versuchten alles, um Baucus zu helfen, sich ihre Unterstützung zu sichern. Ich lud Grassley und Snowe wiederholt zu Gesprächen ins Weiße Haus ein und rief sie alle paar Wochen an, um die Stimmung zu testen. Wir akzeptierten zahlreiche von ihnen verlangte Änderungen an Baucus' Gesetzentwurf. Nancy-Ann ging in ihren Senatsbüros ein und aus und lud Snowe so oft zum Essen ein, dass wir sie scherzhaft warnten, ihr Mann werde bereits eifersüchtig.

»Sagen Sie Olympia, dass sie das ganze verdammte Gesetz schreiben kann!«, rief ich Nancy-Ann zu, als sie wieder einmal zu einem dieser Gespräche aufbrach. »Wir werden es den Snowe-Plan nennen. Sagen Sie ihr, wenn sie für den Gesetzentwurf stimmt, kann sie im Weißen Haus einziehen … Michelle und ich werden in eine Wohnung umziehen!«

Trotz aller Bemühungen traten wir auf der Stelle. Snowe war stolz darauf, der politischen Mitte zugerechnet zu werden, und das Gesundheitswesen lag ihr sehr am Herzen (sie war seit ihrem neunten Lebensjahr Vollwaise; ihre Eltern waren kurz nacheinander an Krebs und einer Herzkrankheit gestorben). Aber infolge des scharfen Rechtsrucks der Republikanischen Partei war sie im eigenen Lager zunehmend isoliert, was dazu führte, dass sie noch vorsichtiger wurde als üblich und ihre Unentschlossenheit hinter dem Vorwand verbarg, politische Details klären zu müssen.

Bei Grassley lagen die Dinge anders. Er sprach gern über seinen Wunsch, den Farmerfamilien in seinem Heimatstaat Iowa zu helfen, denen es schwerfiel, eine geeignete Versicherung zu finden. Als Hillary Clinton in den Neunzigerjahren die Gesundheitsreform vorangetrieben hatte, hatte er sich tatsächlich für eine alternative Lösung eingesetzt, die große Ähnlichkeit mit dem am Vorbild von Massachusetts orientierten Plan hatte, den wir jetzt vorschlugen, und sein Vorschlag hatte sogar das individuelle Mandat umfasst. Aber anders als Snowe widersetzte sich Grassley, ein Mann mit langem Regenwettergesicht, der in einem kehligen, gedehnten Midwest-Tonfall sprach, in kontrovers diskutierten Fragen selten seiner Parteiführung. Er druckste unablässig herum und verwies auf diesen und jenen Mangel des Gesetzentwurfs, ohne uns jemals geradeheraus zu sagen, was wir tun mussten, um seine Zustimmung zu erhalten. Phil schloss daraus, dass Grassley in Wahrheit auf McConnells Betreiben Baucus hinhielt, um das Gesetzgebungsverfahren zu bremsen und uns daran zu hindern, unsere nächsten Vorhaben in Angriff zu nehmen. Und schließlich riss auch mir, dem offiziellen Optimisten des Weißen Hauses, der Geduldsfaden: Ende Juli bat ich Baucus zu einem Gespräch ins Oval Office.

»Die Zeit ist abgelaufen, Max«, sagte ich. »Sie haben alles versucht. Grassley ist abgesprungen. Er will es nur noch nicht zugeben.«

Baucus schüttelte den Kopf. »Mit allem Respekt, Mr President, ich bin anderer Meinung. Ich kenne Chuck. Ich glaube, wir sind *so* nahe dran, ihn zu überzeugen.« Er hob die Hand, hielt Daumen und Zeigefinger zwei Zentimeter auseinander und lächelte mich an wie jemand, der ein Heilmittel gegen den Krebs entdeckt hat und sich nun mit uneinsichtigen Zweiflern befassen muss. »Geben wir Chuck noch ein bisschen mehr Zeit und stimmen wir nach der Sommerpause ab.«

Ein Teil von mir wollte aufspringen, Baucus an den Schultern packen und ihn durchschütteln, um ihn zur Räson zu bringen. Aber mir war klar, dass das nicht funktionieren würde. Ein anderer Teil von mir erwog, ihm zu drohen, ihn das nächste Mal, wenn er sich zur Wahl stellte, nicht zu unterstützen, aber da er in seinem Heimatstaat Montana bessere Umfragewerte hatte als ich, war das ebenfalls keine Option. Also diskutierte ich eine weitere halbe Stunde mit ihm, umschmeichelte ihn und willigte schließlich ein, auf eine sofortige Abstimmung entlang der Parteilinien zu verzichten und stattdessen im September in den ersten zwei Wochen nach der Sitzungspause eine Abstimmung über die Vorlage anzusetzen.

ALS BEIDE KAMMERN des Kongresses ohne Abstimmung in die Sommerpause gegangen waren, beschlossen wir, in den ersten beiden Augustwochen Staaten wie Montana, Colorado und Arizona zu besuchen, um dort, wo der Gegenwind am stärksten war, in Bürgerversammlungen für die Gesundheitsreform zu werben. Um uns diese Mühsal zu versüßen, schlug mein Team vor, Michelle und die Mädchen sollten mich begleiten; während unserer Rundreise könnten wir ein paar Nationalparks besuchen.

Der Vorschlag gefiel mir gut. Es mangelte Malia und Sasha keineswegs an väterlicher Aufmerksamkeit, und sie brauchten kaum zusätzliche Sommervergnügungen – von beidem hatten sie genug, samt Verabredungen mit Spielkameradinnen, Filmen und ausgiebiger Faulenzerei. Oft kehrte ich abends ins Weiße Haus zurück und fand im Sonnenzimmer im dritten Stock einen Haufen acht- oder elfjähriger Mädchen in Pyjamas vor, die sich für eine Übernachtung vorbereiteten, auf aufblasbaren Matratzen herumhüpften, Popcorn und Spielzeug verstreuten und sich köstlich über das Programm amüsierten, das gerade auf Nickelodeon lief.

Aber so sehr Michelle und ich uns (mit Unterstützung der unendlich geduldigen Agenten des Secret Service) bemühten, unseren Töchtern eine halbwegs normale Kindheit zu ermöglichen, so konnte ich doch kaum etwas mit ihnen unternehmen wie ein normaler Vater: Wir konnten nicht gemeinsam einen Vergnügungspark besuchen und auf dem Weg spontan einen Burger essen. Ich konnte nicht mehr wie früher am Sonntagnachmittag Radausflüge mit ihnen machen. Ein Trip zur Eisdiele oder der Besuch in einer Buchhandlung war mittlerweile eine Riesenaktion, bei der Straßensperren, Spezialeinheiten und das allgegenwärtige Pressekorps beteiligt waren.

Falls es den Mädchen zu schaffen machte, so behielten sie es für sich. Aber ich spürte, dass ihnen etwas fehlte. Besonders bedauerlich fand ich, dass ich wahrscheinlich nie die Chance bekommen würde, mit Malia und Sasha im Sommer zu einer langen Autoreise aufzubrechen, wie ich sie mit elf Jahren unternommen hatte, als meine Mutter und Toot zu der Überzeugung gelangt waren, es sei an der Zeit, Maya und mir die Vereinigten Staaten zu zeigen. Wir waren einen Monat unterwegs gewesen, und die Reise hatte einen bleibenden Eindruck in meine Erinnerung eingebrannt – und das nicht nur, weil wir Disneyland besucht hatten (obwohl das natürlich etwas Besonderes war). Wir hatten im Puget Sound während der Ebbe im Sand nach Muscheln gesucht, waren im Canyon de Chelly in Arizona auf Pferden durch einen Wasserlauf geritten, hatten im Zug die endlose Prärie von Kansas am Fenster vorbeiziehen sehen, in einer nebelverhangenen Ebene im Yellowstone Park eine Bisonherde bewundert und unsere Tage in Motels mit dem einfachen Genuss eines Eises aus dem Automaten, eines gelegentlichen Bads im Pool oder einer Klimaanlage und sauberer Laken beendet. Bei dieser Reise hatte ich die betörende Freiheit der Straße kennengelernt und einen Eindruck gewonnen von der Unermesslichkeit dieses Landes und seinem Reichtum an Wundern.

Diese Erfahrung konnte ich meinen Töchtern nicht bieten – nicht, wenn wir mit der Air Force One flogen, in Konvois fuhren und natürlich nie in einem Hotel wie Howard Johnson's abstiegen. Wenn wir uns von Punkt A nach Punkt B bewegten, geschah das immer zu schnell und zu komfortabel. Die Tage waren mit lange im Voraus geplanten, von unserem Betreuerstab überwachten Aktivitäten gefüllt, und es fehlte die vertraute Mischung aus Überraschungen, Missgeschicken und Langeweile, weshalb diese Reisen auch nicht als echte Roadtrips zählten.

Doch an einem Augustwochenende hatten Michelle, die Mädchen und ich trotzdem Spaß. Wir sahen, wie der Geysir Old Faithful sein Wasser in die Luft schleuderte und ließen den Blick über die ockerfarbene Weite des Grand Canyon wandern. Die Mädchen machten eine Flussfahrt im Reifenschlauch, und am Abend spielten wir Brettspiele und versuchten, die Sternbilder zu benennen. Als wir die Mädchen zu Bett brachten, hoffte ich, dass sie trotz all dem Trubel, der uns umgab, so wie ich als Kind ein Bild von den Möglichkeiten des Lebens und der Schönheit der amerikanischen Natur im Gedächtnis behalten würden und dass sie vielleicht eines Tages an unsere gemeinsamen Reisen zurückdenken und dabei daran erinnert werden würden, wie liebenswert, faszinierend und lebensfroh sie gewesen waren, dass es für ihre Eltern nichts Schöneres gegeben hatte, als diese Momente gemeinsam mit ihnen zu genießen.

NATÜRLICH MUSSTEN SICH MALIA UND SASHA auf dieser Reise in den Westen damit abfinden, dass sich ihr Vater immer wieder davonstahl, um vor großen Versammlungen und im Fernsehen aufzutreten und über das Gesundheitswesen zu sprechen. Die Bürgerversammlungen unterschieden sich nicht wesentlich von denen im Frühling. Die Leute schilderten ihre persönlichen Erfahrungen mit einem Gesundheitssystem, das ihre Familien im Stich gelassen hatte, und stellten Fragen zu den Auswirkungen des geplanten Gesetzes auf ihre Krankenversicherung. Auch Leute, die unser Vorhaben ablehnten, hörten mir aufmerksam zu.

Aber außerhalb der Versammlungsorte herrschte eine ganz andere Atmosphäre. Der »Tea-Party-Sommer« hatte begonnen. Es war eine organisierte Anstrengung, die Furcht der Menschen angesichts der Veränderungen in Amerika zu nutzen, um rechtskonservative politische Anliegen voranzubringen. Bei der Ankunft an den Versammlungsorten wurde unser Tross von Dutzenden wütender Demonstranten empfangen, die uns nach der Veranstaltung auch wieder verabschiedeten. Manche schrien durch Megafone, andere zeigten mir zum Gruß einen Finger. Viele hielten Schilder mit Aufschriften wie OBAMACARE SUCKS – Obamacare ist scheiße – oder dem unabsichtlich widersinnigen KEEP GOVERNMENT OUT OF MY MEDICARE – Haltet die Regierung raus aus meiner Krankenversicherung – in die Höhe. Manche schwenkten manipulierte Fotos, auf denen ich wie der von Heath Ledger gespielte Joker in *The Dark Knight* aussah: Mit geschwärzten Augen und dick aufgetragenem Make-up wirkte ich geradezu dämonisch. Wieder andere trugen patriotische Kostüme aus der Kolonialzeit und schwenkten die Flagge mit der aufgerichteten Klapperschlange und der Aufschrift DON'T TREAD ON ME – Tritt besser nicht auf mich. Alle schienen sie vor allem bemüht, ihre grundsätzliche Geringschätzung meiner Person zum Ausdruck zu bringen. Am besten versinnbildlichte diese Haltung eine abgewandelte Version des berühmten Shepard-Fairey-Posters aus unserem Wahlkampf: dieselbe in Rot, Weiß und Blau gehaltene Darstellung meines Gesichts, nur dass das Wort HOPE – Hoffnung – durch NOPE – Nö – ersetzt worden war.

Dies war eine neue, plötzlich aufstrebende Macht in der amerikanischen Politik. Sie hatte einige Monate früher mit einer Handvoll kleiner, bunt zusammengewürfelter Protestkundgebungen gegen das TARP genannte Rettungsprogramm für den amerikanischen Finanzsektor und gegen das mit dem Recovery Act eingeleitete Konjunkturprogramm begonnen. Einige der Teilnehmer an diesen ersten Protesten hatten offenbar die fantastische, libertäre Präsidentschaftskandidatur des republikanischen Kongressabgeordneten Ron Paul unterstützt, der sich für eine Abschaffung sowohl der Einkommensteuer auf Bundesebene wie der US-Notenbank, für eine Rückkehr zum Goldstandard sowie den Rückzug der Vereinigten Staaten aus den Vereinten Nationen und aus der NATO ausgesprochen hatte. Rick Santellis berüchtigte Wutrede im Fernsehen gegen unseren Vorschlag für den Wohnungssektor im Februar hatte als Ruf zu den Waffen gedient und ein loses Netz konservativer Aktivisten zusammengeschweißt, und bald wurden auf Websites und mittels Ketten-E-Mails größere Kundgebungen organisiert. Im ganzen Land schossen Ortsgruppen der Tea Party aus dem Boden. In den ersten Monaten war sie noch nicht schlagkräftig genug gewesen, um die Verabschiedung der Rettungspakete zu stoppen, und ein Aufruf zu landesweiten Protesten am Tag der Fälligkeit der Steuererklärung im April war praktisch ungehört verhallt. Aber dank der Unterstützung prominenter konservativer Persönlichkeiten in den Medien, darunter Rush Limbaugh und Glenn Beck, fand die Bewegung wachsenden Zulauf, und immer mehr örtliche und im Lauf der Zeit auch nationale Vertreter der Republikanischen Partei übernahmen die Forderungen der Tea Party.

Im Sommer hatte sich die Gruppe das Ziel gesetzt, jenes schändliche Vorhaben zu stoppen, das sie als »Obamacare« bezeichnete und dessen Absicht ihrer Meinung nach darin bestand, in den Vereinigten Staaten ein sozialistisches Unterdrückungssystem zu errichten. Während ich im Mittleren Westen meine ein wenig einschläfernden Bürgerversammlungen zur Frage der Gesundheitsreform abhielt, tauchten in den Nachrichten Bilder von parallelen Veranstaltungen im ganzen Land auf, bei denen sich Kongressmitglieder in ihren Wahlbezirken plötzlich wütenden Menschenmengen gegenübersahen und Mitglieder der Tea Party gezielt die Veranstaltungen störten. Einige Politiker waren so verunsichert, dass sie sämtliche öffentlichen Auftritte absagten.

Es fiel mir schwer, mir einen Reim auf diese Vorgänge zu machen. Der Kampf gegen Steuern, Vorschriften und staatliche Eingriffe im Allgemeinen war nichts Neues: Die Kernaussage – korrupte linke Eliten hatten die Bundesregierung in ihre Gewalt gebracht, um den hart arbeitenden Amerikanern das Geld aus der Tasche zu ziehen, mit dem sie Sozialhilfeklientelismus finanzierten und ihre Kumpanen in den Großunternehmen belohnten – wurde seit Jahren von republikanischen Politikern und konservativen Medien verbreitet. Und wie sich herausstellte, war die Tea Party auch keineswegs die spontane Basisbewegung, die sie zu sein vorgab. Von Anfang an hatten von den Koch-Brüdern finanzierte Organisationen wie Americans for Prosperity im Bündnis mit anderen konservativen Milliardären, die gleich nach meinem Amtsantritt an der von den Kochs organisierten Versammlung in Indian Wells teilgenommen hatten, die Bewegung systematisch gefördert, indem sie Internetdomainnamen registriert, Kundgebungsgenehmigungen eingeholt, Organisatoren ausgebildet, Konferenzen unterstützt und schließlich einen Großteil der finanziellen Mittel, der Infrastruktur und der strategischen Leitung für die Tea Party bereitgestellt hatten.

Dennoch war die Tea Party unbestreitbar eine authentische populistische Erhebung innerhalb der Republikanischen Partei. Sie bestand aus Gläubigen, die dieselbe Graswurzelbegeisterung und aufbrausende Wut an den Tag legten, die man in den letzten Tagen des Wahlkampfs bei Sarah Palins Anhängern gesehen hatte. Teilweise verstand ich ihre Wut, auch wenn sie in meinen Augen irregeleitet war: Viele jener weißen Arbeiter und Angehörigen der Mittelschicht, die der Tea Party zuneigten, litten seit Jahrzehnten unter Einkommensstagnation, steigenden Kosten und dem Verlust jener Arbeitsplatzstabilität, die diesen Gruppen in der Vergangenheit einen sorgenfreien Ruhestand ermöglicht hatte. Bush und das republikanische Establishment hatten nichts für sie getan, und die Finanzkrise hatte ihre Gemeinden weiter geschwächt. Und zumindest bis zu diesem Punkt hatte sich die wirtschaftliche Lage unter meiner Führung stetig verschlechtert, obwohl wir mehr als eine Billion Dollar für Rettungspakete und Konjunkturprogramme bereitgestellt hatten. In den Augen derer, die bereits konservativen Vorstellungen zuneigten, musste die Behauptung, die von mir verantwortete Politik diene dazu, anderen auf ihre Kosten unter die Arme zu greifen – der Gedanke, dass hier ein abgekartetes Spiel gespielt wurde und dass ich Teil dieses Spiels war –, vollkommen plausibel wirken.

Ich hegte auch einen widerwilligen Respekt für die Schnelligkeit, mit der die Führung der Tea Party eine starke Gefolgschaft mobilisiert und die Aufmerksamkeit der Medien auf die Bewegung gelenkt hatte. Dazu hatte die Tea Party ausgerechnet einige der von uns im Wahlkampf angewandten Strategien zur Mobilisierung der sozialen Medien und zur Organisation einer Graswurzelbewegung genutzt. Ich hatte meine ganze politische Laufbahn damit verbracht, für die Bürgerbeteiligung zu werben, die in meinen Augen geeignet war, viele Mängel unserer Demokratie zu beheben. Nun konnte ich mich kaum über dieses leidenschaftliche bürgerliche Engagement beklagen, nur weil es gegen meine Vorhaben gerichtet war.

Im Lauf der Zeit wurde es allerdings immer schwerer, einige der bedrohlicheren Impulse zu ignorieren, die diese Bewegung antrieben. So wie bei den Palin-Kundgebungen wurden Journalisten bei Veranstaltungen der Tea Party Zeuge, wie mich Teilnehmer mit verschiedenen Tieren oder mit Hitler verglichen. Auf Schildern wurde ich als afrikanischer Hexendoktor mit Knochen in der Nase dargestellt, samt der Bildunterschrift »Obamacare kommt bald in eine Klinik in deiner Nähe«. Wilde Verschwörungstheorien machten die Runde: Meine Gesundheitsreform sehe die Einrichtung von »Todesgremien« vor, die beurteilen würden, ob ein Mensch eine Behandlung verdiene, und den Weg zu einer »staatlich geförderten Euthanasie« ebnen sollten. Die Reform werde illegalen Einwanderern zugutekommen, um mein übergeordnetes Ziel zu erreichen, das darin bestehe, das Land mit von Wohlfahrtsleistungen abhängigen Wählern der Demokraten zu überfluten. Die Tea Party grub auch ein altes Gerücht aus dem Wahlkampf aus und versuchte, es mit zusätzlichem Gift anzureichern: Sie brachte die Behauptung in Umlauf, dass ich nicht nur Muslim, sondern sogar in Kenia zur Welt gebracht worden sei, weshalb meine Präsidentschaft verfassungswidrig sei. Im September war die Frage, inwieweit der Aufstieg der Tea Party mit Nativismus und Rassismus zu erklären war, ein wichtiges Diskussionsthema in den Nachrichtensendern geworden – vor allem nachdem der ehemalige Präsident und eingefleischte Südstaatler Jimmy Carter die Ansicht geäußert hatte, die extrem gehässigen Angriffe auf meine Person seien zumindest teilweise mit einer rassistischen Grundhaltung zu erklären.

Im Weißen Haus verzichteten wir auf jeglichen Kommentar dazu – und das nicht nur, weil Axe haufenweise Daten gesammelt hatte, die zeigten, dass sich weiße Wähler einschließlich vieler meiner Anhänger nur ungern Vorträge über Rassismus anhörten. Ich war grundsätzlich der Meinung, dass sich ein Präsident nie öffentlich über Kritik seitens der Wähler beklagen sollte – sie gehörte einfach zum Job –, und ich erinnerte Journalisten wie Freunde daran, dass auch meine weißen Amtsvorgänger allesamt bösartigen persönlichen Angriffen und Störfeuer ausgesetzt gewesen waren.

Außerdem sah ich eigentlich keine Möglichkeit, die Motive der Menschen zu ergründen, vor allem weil die Haltung zur Hautfarbe mit sämtlichen Aspekten der Geschichte unseres Landes verflochten war. Unterstützte jener Anhänger der Tea Party die »Rechte der Bundesstaaten«, weil er wirklich glaubte, dass dies der beste Weg sei, um die Freiheit zu fördern, oder hegte er in Wahrheit immer noch Ressentiments, weil die Bundesregierung den Jim-Crow-Gesetzen und der Rassentrennung ein Ende gesetzt und den Schwarzen in den Südstaaten zu wachsender politischer Macht verholfen hatte? Lehnte jene konservative Aktivistin die Ausweitung des Sozialschutzes ab, weil sie glaubte, ein überbordender Wohlfahrtsstaat werde die persönliche Initiative der Menschen ersticken, oder weil sie überzeugt war, dass er nur den dunkelhäutigen Menschen zugutekommen werde, die gerade die Grenze überquert hatten? Was auch immer mir mein Instinkt sagte, welche Deutung auch immer die Historiker vornehmen werden, ich wusste, dass ich keine Wähler für mich gewinnen würde, indem ich meine Gegner des Rassismus bezichtigte.

Eines schien sicher: Ein ziemlich großer Teil des amerikanischen Volkes, darunter auch einige genau der Leute, denen ich zu helfen versuchte, glaubten mir kein Wort. Ich sah damals an einem Abend eine

Reportage über eine wohltätige Einrichtung namens Remote Area Medical, die in mobilen Kliniken medizinische Betreuung anbot. Sie arbeiteten in Trailern, die zeitweilig vor Sport- und Messehallen parkten. Fast alle Patienten, die in dem Bericht zu sehen waren, waren Weiße aus dem Süden, aus Staaten wie Tennessee, Georgia und West Virginia: Männer und Frauen, die einen Arbeitsplatz, aber keine Betriebskrankenversicherung hatten, oder bei deren Versicherung der Selbstbehalt im Krankheitsfall so hoch war, dass sie ihn sich nicht leisten konnten. Viele waren Hunderte Meilen gefahren – manche übernachteten in ihren Autos und ließen den Motor laufen, um sich warm zu halten –, um sich mit Hunderten anderen Kranken im Morgengrauen in der Schlange anzustellen, damit ihnen ein Arzt kostenlos einen entzündeten Zahn zog, eine Diagnose wegen zermürbender Bauchschmerzen stellte oder einen Knoten in der Brust untersuchte. Die Nachfrage war so groß, dass Patienten, die nach Sonnenaufgang eintrafen, manchmal abgewiesen werden mussten.

Die Geschichte war herzzerreißend und machte mich wütend, denn sie war eine Anklage gegen ein reiches Land, das zu viele seiner Bürger im Stich ließ. Und trotzdem wusste ich, dass fast alle diese Menschen, die auf kostenlose medizinische Hilfe angewiesen waren, aus von den Republikanern beherrschten Wahlkreisen kamen, aus Gegenden, in denen der Widerstand gegen unsere Gesundheitsreform und die Unterstützung für die Tea Party wahrscheinlich am stärksten war. Es hatte eine Zeit gegeben – als ich Senatsmitglied in Illinois gewesen und im Auto durch den Süden des Staates gefahren war oder auch als ich zu Beginn des Präsidentschaftswahlkampfs durch das ländliche Iowa getourt war –, da hatte ich solche Wähler erreichen können. Damals war ich noch nicht bekannt genug gewesen, um zum Ziel von Karikaturen zu werden, was bedeutete, dass die Vorurteile, die diese Menschen gegenüber einem Schwarzen aus Chicago mit ausländisch klingendem Namen möglicherweise hegten, einfach in einem Gespräch und durch eine Geste der Freundlichkeit ausgeräumt werden konnten. Auch nachdem ich mich in einem Diner mit den Leuten zusammengesetzt oder mir bei einem Volksfest ihre Klagen angehört hatte, gaben sie mir vielleicht nicht ihre Stimme oder waren sogar in den meisten Fragen anderer Meinung als ich, aber ich konnte zumindest eine Beziehung zu ihnen herstellen, und beide Seiten fanden in diesen Gesprächen heraus, dass sie gemeinsame Hoffnungen, Probleme und Wertvorstellungen hatten.

Ich fragte mich, ob das noch immer möglich war, jetzt, da ich durch bewachte Tore und Leibwächter von der Bevölkerung abgeschirmt war und mein Bild durch Fox News und andere Medien gefiltert wurde, deren Geschäftsmodell darauf beruhte, bei ihrem Publikum Wut und Furcht zu schüren. Ich wollte glauben, dass es immer noch möglich war, eine Beziehung zu den Menschen herzustellen. Meine Frau bezweifelte das. An einem Abend gegen Ende unseres Trips in den Westen, wir hatten gerade die Mädchen zu Bett gebracht, sah Michelle im Fernsehen Bilder von einer Kundgebung der Tea Party samt wütend geschwenkten Flaggen und hasserfüllten Slogans. Sie griff nach der Fernbedienung und schaltete den Fernseher aus. Ihr Gesichtsausdruck schwankte zwischen Wut und Resignation.

»Es ist verrückt, nicht wahr?«, sagte sie.

»Was ist verrückt?«

»Dass sie Angst vor dir haben. Dass sie Angst vor *uns* haben.«

Sie schüttelte den Kopf und stand auf, um schlafen zu gehen.

AM 25. AUGUST starb Ted Kennedy. Am Morgen seines Begräbnisses verdunkelte sich der Himmel über Boston, und als unsere Maschine landete, fiel dichter Regen in den Straßen der Stadt. Die Szene in der Kirche passte zu Teddys großem Leben: Auf den Bänken drängten sich ehemalige Präsidenten und Regierungschefs, Senatoren und Kongressabgeordnete sowie Hunderte gegenwärtige und ehemalige Mitarbeiter. Neben dem mit der Flagge bedeckten Sarg stand eine Ehrenwache. Aber das Bedeutsamste an diesem Tag waren die Geschichten, die seine Familienmitglieder und vor allem seine Kinder erzählten. Patrick Kennedy erinnerte sich daran, wie sein Vater bei seinen schweren Asthmaattacken am Bett gesessen und ein kaltes Handtuch auf seine Stirn gedrückt hatte, bis er eingeschlafen war. Er schilderte, wie ihn sein Vater auch bei rauer See zum Segeln mitgenommen hatte. Teddy Jr. erzählte, wie sein Vater darauf bestanden hatte, mit ihm rodeln zu gehen, nachdem er durch den Krebs ein Bein verloren hatte: Der Vater trottete mit ihm einen verschneiten Hügel hinauf, half ihm auf, wenn er stürzte, und wischte ihm die Tränen aus dem Gesicht, als er aufgeben wollte. Schließlich erklommen sie den Hügel und rasten den schneebedeckten Hang hinab. Diese Erfahrung hatte Teddy Jr. bewiesen, dass seine Welt nicht zum Stillstand gekommen war. In ihrer Gesamtheit zeichneten diese Geschichten das Porträt eines Mannes, der von unstillbarem Hunger und Ehrgeiz, aber auch von schweren Verlusten und Zweifeln angetrieben worden war. Es war das Porträt eines Mannes, der wiedergutgemacht hatte.

»Mein Vater glaubte an die Wiedergutmachung«, sagte Teddy Jr. »Und er gab nie auf, er hörte nie auf, Fehler zu korrigieren, egal, ob sie das Ergebnis seines eigenen Versagens oder des Versagens anderer waren.«

Diese Worte begleiteten mich auf dem Rückweg nach Washington, wo sich mittlerweile Resignation breitmachte – zumindest was die Aussichten auf eine Verabschiedung der Gesundheitsreform anbelangte. Die Tea Party hatte ihr Ziel erreicht, unser Vorhaben in der Öffentlichkeit in ein schlechtes Licht zu rücken. Es war ihr gelungen, in der Bevölkerung die Furcht zu wecken, dass die Reform zu kostspielig und zu umwälzend sein oder dass sie nur den Armen zugutekommen würde. Nach Einschätzung der Experten des Congressional Budget Office (CBO), der unabhängigen Haushaltsbehörde des Kongresses, die die Kosten aller gesetzgeberischen Maßnahmen auf Bundesebene einzuschätzen hat, würde die ursprünglich im Repräsentantenhaus vorgelegte Version der Reform unglaubliche eine Billion Dollar kosten. Obwohl die Kostenschätzung des CBO nach dem Überarbeitungs- und Klärungsprozess schließlich geringer ausfiel, gab die Billionen-Schlagzeile unseren Gegnern einen handlichen Knüppel in die Hand, mit dem sie uns prügeln konnten. Die Demokraten in umkämpften Wahlkreisen gerieten in Panik, da sie glaubten, ein Festhalten an der Gesetzesvorlage würde auf ein Selbstmordkommando hinauslaufen. Die Republikaner gaben den Vorwand der Verhandlungsbereitschaft auf, und ihre Kongressmitglieder begannen, die Behauptung der Tea Party zu wiederholen, ich wolle die Großmutter einschläfern.

Das einzig Gute war, dass es mir nun leichter fiel, Max Baucus von seiner Zuversicht zu heilen, er könne Chuck Grassley von der Gesundheitsreform überzeugen. Anfang September unternahmen wir einen letzten Versuch und setzten uns im Oval Office mit Grassley zusammen, der fünf neue Gründe dafür vorbrachte, warum er auch der neuesten Version der Gesetzesvorlage nicht zustimmen könne.

Ich hörte ihm geduldig zu und sagte schließlich: »Ich möchte Ihnen eine Frage stellen, Chuck. Wenn Max Ihre letzten Vorschläge alle akzeptieren würde – würden Sie die Gesetzesvorlage dann unterstützen?«

»Nun ja …«

»Gibt es *irgendwelche* Änderungen – egal welche –, die uns Ihre Stimme sichern würden?«

Nach einem Augenblick peinlicher Stille sah Grassley auf und sah mich direkt an.

»Ich glaube nicht, Mr President.«

Ich glaube nicht.

Die Stimmung im Weißen Haus trübte sich rasch ein. Einige Mitglieder meines Teams stellten die Frage in den Raum, ob es vielleicht an der Zeit war, unser Vorhaben aufzugeben. Rahm war besonders verdrießlich. Er hatte diese Achterbahnfahrt schon an Bill Clintons Seite erlebt und verstand nur zu gut, wie sich meine sinkenden Umfragewerte auf die Aussichten der demokratischen Kandidaten in umkämpften Wahlkreisen auswirken konnten. Viele dieser Politiker hatte er persönlich angeworben und gefördert. Und auch meine eigenen Chancen auf eine Wiederwahl im Jahr 2012 könnten erheblich leiden. In einer Besprechung unseres Führungsteams riet mir Rahm dazu, zu versuchen, mich mit den Republikanern auf ein zurechtgestutztes Reformpaket zu verständigen – beispielsweise könnten wir Personen im Alter zwischen sechzig und fünfundsechzig Jahren die Möglichkeit geben, sich in Medicare einzukaufen, oder wir könnten das Krankenversicherungsprogramm für Kinder auf größere Gruppen ausweiten. »Sie werden nicht alles bekommen, was Sie wollten, Mr President«, sagte er. »Aber es wird immer noch vielen Menschen helfen, und es wird unsere Chancen erhöhen, bei Ihren übrigen Vorhaben Fortschritte zu erzielen.«

Einige Anwesende stimmten ihm zu. Andere waren der Meinung, dass es zu früh sei, um aufzugeben. Phil Schiliro ging seine Gespräche auf dem Capitol Hill noch einmal durch und meinte, dass es immer noch möglich sei, allein mit den demokratischen Stimmen eine umfassende Reform durchzusetzen, obwohl er zugab, dass ein Erfolg keineswegs sicher war.

»Mr President, ich nehme an, für Sie lautet die Frage: Fühlen Sie sich glücklich?«

Ich sah ihn an und lächelte. »Wo sind wir, Phil?«

Er zögerte, da er anscheinend überlegte, ob es eine Fangfrage war. »Im Oval Office?«

»Und wie heiße ich?«

»Barack Obama.«

Ich lächelte. »Barack *Hussein* Obama. Und ich sitze mit Ihnen hier im *Oval Office*. Bruder, ich fühle mich *immer* glücklich.«

Ich informierte meine Leute, dass wir an unserem Kurs festhalten würden. Um ehrlich zu sein, hatte meine Entscheidung nicht viel damit zu tun, für wie glücklich ich mich hielt. Rahm schätzte die Risiken durchaus richtig ein, und in einer anderen politischen Umgebung und bei einer anderen Frage hätte ich vielleicht seinen Vorschlag akzeptiert, mit den Republikanern über eine abgespeckte Version meines Vorhabens zu verhandeln. Aber in dieser Frage sah ich keine Anzeichen, dass uns die republikanische Führung entgegenkommen würde. Wir waren angeschlagen, ihre Basis hatte Blut geleckt, und sie würden mit Sicherheit immer neue Gründe für die Ablehnung unserer Reform finden, gleich, wie bescheiden unsere Vorschläge ausfielen.

Vor allem aber würde eine zurechtgestutzte Gesundheitsreform Millionen Amerikanern, die sich wie Laura Klitzka aus Green Bay in einer verzweifelten Lage befanden, nicht helfen. Ich wollte mich nicht damit abfinden, all diese Menschen im Stich zu lassen, sie sich selbst zu überlassen, weil ihr Präsident nicht genug Mut, Kompetenz oder Überzeugungskraft aufbrachte, um sich durch das politische Dickicht zu kämpfen und durchzusetzen, was richtig war.

AN DIESEM PUNKT hatte ich in Bürgerversammlungen in acht Bundesstaaten in groben Zügen wie auch im Detail erklärt, welche Änderungen die Gesundheitsreform bringen könnte. Ich hatte im Livefernsehen Telefonanrufe von Mitgliedern der AARP, der Interessenvertretung der Bürger im Ruhestand, entgegengenommen und Fragen zu allen möglichen Dingen vom Medicare-Schutz bis zu den

Patientenverfügungen beantwortet. Ich saß bis in die Nacht im Treaty Room und studierte den steten Strom von Memos und Tabellenkalkulationen, um Dinge wie Risikokorridore und die Deckelung von Rückversicherungen richtig zu verstehen. Manches Mal wurde ich mutlos, ja wütend angesichts der Menge an Falschinformationen, die den Äther fluteten, und ich war meinem Team dankbar für die Bereitschaft, sich noch stärker reinzuhängen und nicht aufzugeben, auch als die Auseinandersetzungen gehässig und unsere Chancen nicht besser wurden. Sämtliche Mitarbeiter im Weißen Haus waren von dieser Hartnäckigkeit getrieben. Einmal verteilte Denis McDonough an alle einen Aufkleber mit der Aufschrift FIGHT CYNICISM – Kampf dem Zynismus. Es wurde ein nützlicher Slogan, ein Teil unseres Credos.

In dem Wissen, dass wir etwas Großes wagen mussten, um in der Debatte über das Gesundheitssystem wieder die Initiative an uns zu reißen, schlug Axe vor, ich solle zur besten Sendezeit eine Rede vor beiden Kammern des Kongresses halten. Er erklärte, das sei ein gewagter Schachzug, der in den vergangenen sechzehn Jahren nur zweimal versucht worden sei, aber so würde ich die Chance bekommen, mich direkt an Millionen Zuschauer zu wenden. Ich fragte Axe, welches die Themen der beiden anderen Reden vor der Vollversammlung des Kongresses gewesen waren.

»Beim letzten Mal kündigte Bush den Krieg gegen den Terror nach dem 11. September an.«

»Und davor?«

»Bill Clinton sprach über seine Gesundheitsreform.«

Ich musste lachen. »Das hat wunderbar funktioniert, nicht wahr?«

Obwohl der Präzedenzfall nicht unbedingt Hoffnung machte, entschieden wir, dass es einen Versuch wert war. Zwei Tage nach dem Labor Day nahmen Michelle und ich auf der Rückbank des Beast Platz, fuhren zum Osteingang des Kapitols und stiegen über die Stufen, die wir vor sieben Monaten schon einmal hinaufgegangen waren, zur Tür des Sitzungssaals des Repräsentantenhauses hinauf. Die Ankündigung durch den Sergeant-at-Arms, die Lichter, die Fernsehkameras, der Applaus, die entgegengestreckten Hände im Mittelgang – auf den ersten Blick wirkte die Szene genau wie damals im Februar. Aber die Stimmung in der Kammer war eine andere: So manches Lächeln wirkte ein wenig gezwungen, und ein angespanntes und zweifelndes Gemurmel erfüllte den Raum. Vielleicht lag es auch nur daran, dass ich selbst in einer anderen Stimmung war. Das Gefühl des Taumels und des persönlichen Triumphes war vollkommen weggebrannt und durch etwas Massiveres ersetzt worden: durch die Entschlossenheit, eine Aufgabe zu erledigen.

An jenem Abend im Kongress erklärte ich eine Stunde lang so direkt und unkompliziert wie irgend möglich, was unsere Reformvorschläge für die Familien, die uns zusahen, bedeuten würden: dass die Reform denen, die darauf angewiesen waren, eine erschwingliche Krankenversicherung sichern, zugleich jedoch auch diejenigen schützen würde, die bereits versichert waren. Dass sie die Versicherungsgesellschaften daran hindern würde, jene zu diskriminieren, die eine Vorerkrankung hatten, und dass sie die Art von Begrenzung der Gesamtleistungen beseitigen würde, unter denen Familien wie die von Laura Klitzka litten. Ich erklärte im Detail, wie das neue System Senioren helfen würde, lebensrettende Medikamente zu bezahlen, und wie es die Versicherungsträger verpflichten würde, Routinechecks und Vorsorgeuntersuchungen zu bezahlen, ohne Zuzahlungen von den Versicherten zu verlangen. Ich erklärte, dass das Gerede über eine Verstaatlichung des Gesundheitswesens und die »Todesgremien« Unfug war, dass die neuen Regelungen das Haushaltsdefizit nicht um einen Cent erhöhen würden und dass der Zeitpunkt gekommen war, all das jetzt umzusetzen.

Wenige Tage zuvor hatte ich einen Brief von Ted Kennedy erhalten. Er hatte ihn im Mai geschrieben, Vicki jedoch angewiesen, ihn bis nach seinem Tod zurückzuhalten. Es war ein zwei Seiten langer Abschiedsbrief, in dem er mir dafür dankte, dass ich mich der Gesundheitsreform angenommen hatte, die er als »die große unerledigte Aufgabe unserer Gesellschaft« und das Anliegen seines Lebens bezeichnete. Er schrieb, dass er mit einem gewissen Trost sterben werde, da er überzeugt sei, dass das, wofür wir jahrelang gearbeitet hätten, unter meiner Leitung endlich gelingen werde.

Also schloss ich meine Rede an diesem Abend mit einem Zitat aus Teddys Brief, in der Hoffnung, seine Worte würden dem Land Mut einflößen, wie sie mir Mut eingeflößt hatten. »Wir haben es vor allem mit einer moralischen Frage zu tun«, schrieb er. »Es stehen nicht einfach die Details der Politik auf dem Spiel, sondern grundlegende Prinzipien der sozialen Gerechtigkeit und der Charakter unseres Landes.«

Die Umfragen zeigten, dass meine Rede zumindest zeitweilig die öffentliche Zustimmung zur Gesundheitsreform deutlich erhöhte. Für unsere Zwecke noch wichtiger war, dass sie schwankenden demokratischen Kongressmitgliedern den Rücken stärkte. Aber sie stimmte keinen einzigen Republikaner im Saal um. Das wurde schon nach weniger als der Hälfte der Redezeit klar, als sich genau in dem Augenblick, als ich die falsche Behauptung entkräftete, mit dem Gesetz würden Einwanderer ohne Papiere versichert, ein relativ unbekannter republikanischer Abgeordneter namens Joe Wilson, der in seiner fünften Amtszeit als Vertreter South Carolinas im Abgeordnetenhaus saß, auf seinem Sitz vorbeugte, auf mich zeigte und mit vor Wut gerötetem Gesicht schrie: »Sie lügen!«

Für einen Augenblick herrschte fassungslose Stille im Saal. Ich drehte mich nach dem Störer um (wie auch die Sprecherin Nancy Pelosi und Joe Biden, Nancy wirkte entgeistert, Joe schüttelte den Kopf). Ich war versucht, meinen Platz am Rednerpult zu verlassen, durch den Gang zum Platz des Mannes zu gehen und ihm eine Ohrfeige zu geben. Stattdessen entgegnete ich einfach: »Das ist nicht wahr«, und setzte meinen Vortrag fort, während die Demokraten Wilson mit Buhrufen überhäuften.

Niemand konnte sich an einen derartigen Zwischenfall in einer gemeinsamen Sitzung beider Kammern des Kongresses erinnern, zumindest nicht in der jüngeren Zeit. Wilson sah sich prompt harscher Kritik aus beiden Parteien ausgesetzt, und am nächsten Morgen bat er öffentlich um Entschuldigung für den Bruch der Anstandsregeln. Er rief auch Rahm an, um ihn zu bitten, sein Bedauern an mich weiterzuleiten. Ich spielte die Sache herunter und sagte einem Journalisten, dass ich die Entschuldigung begrüßte und ansonsten glaubte, dass wir alle einmal Fehler begingen.

Aber ich sah auch Berichte darüber, dass die Onlinespenden für Wilsons Wahlkampf in der Woche nach seinem Wutausbruch sprunghaft stiegen. In den Augen zahlreicher republikanischer Wähler war er anscheinend ein Held, der den Mächtigen die Wahrheit unter die Nase gerieben hatte. Das war ein Hinweis darauf, dass es der Tea Party und ihren Verbündeten in den Medien nicht nur gelungen war, die Gesundheitsreform zu dämonisieren. Sie hatten meine Person dämonisiert, und damit hatten sie eine unmissverständliche Botschaft an alle republikanischen Amtsträger gesandt: Im Widerstand gegen meine Regierung galten die herkömmlichen Regeln nicht mehr.

OBWOHL ICH AUF HAWAII aufgewachsen bin, habe ich nie segeln gelernt: Dieser Sport gehörte nicht zu den Zeitvertreiben, die sich meine Familie leisten konnte. Und doch fühlte ich mich in den nun folgenden dreieinhalb Monaten so, wie sich Seeleute in meiner Vorstellung auf offener See fühlen, nachdem sie einen furchtbaren Sturm überstanden haben. Die Arbeit an Bord war weiterhin mühsam und zeitweilig eintönig und wurde dadurch erschwert, dass Lecks geflickt und Wasser geschöpft werden musste. Das Schiff auf Kurs und bei unablässig drehenden Winden und Strömungen auch die Geschwindigkeit zu halten, erforderte Geduld, Geschick und Aufmerksamkeit. Aber für eine Weile empfanden wir die Dankbarkeit von Überlebenden und wurden im Alltag von dem wiedererwachten Glauben angetrieben, dass wir es am Ende doch in den Hafen schaffen würden.

Zum einen eröffnete Baucus nach monatelangem Zögern endlich die Debatte über die Gesetzesvorlage im Finanzausschuss des Senats. Seine Version der Gesundheitsreform beruhte auf dem Massachusetts-Modell, das wir alle verwendet hatten, nur dass sie bei den Zuschüssen für nicht versicherte Personen geiziger war, als wir uns gewünscht hätten; außerdem versuchten wir, Baucus dazu zu bewegen, eine Steuer auf alle Betriebsversicherungen durch Steuererhöhungen für die Reichen zu ersetzen. Allerdings muss allen Beteiligten zugestanden werden, dass die Gespräche im Allgemeinen sachlich und unter Verzicht auf Selbstdarstellungsposen geführt wurden. Nach dreiwöchiger zermürbender Arbeit verabschiedete der Ausschuss den Gesetzentwurf mit vierzehn zu neun Stimmen. Wir erhielten sogar eine republikanische Stimme, nämlich die von Olympia Snowe.

Die Sprecherin Nancy Pelosi organisierte die rasche Verabschiedung einer konsolidierten Fassung des Gesetzentwurfs durch das Repräsentantenhaus gegen den geschlossenen und hartnäckigen Widerstand der Republikanischen Partei. Die Abstimmung fand am 7. November 2009 statt. (Eigentlich war die Vorlage bereits seit geraumer Zeit fertig, aber Nancy hatte sich dagegen gesträubt, sie dem Repräsentantenhaus vorzulegen und ihre Abgeordneten zu einem schwierigen Bekenntnis zu dieser Reform zu zwingen, solange sie nicht sicher sein konnte, dass die Vorlage im Senat nicht scheitern würde.) Wenn wir den gesamten Senat dazu bewegen könnten, vor den Weihnachtsferien eine ähnliche konsolidierte Fassung zu verabschieden, bestand die Aussicht, dass wir im Januar die Unterschiede zwischen den Versionen der beiden Kammern beseitigen und eine gemeinsame Vorlage an Senat und Repräsentantenhaus schicken könnten. Dann würde das Gesetz mit ein bisschen Glück im Februar zur Unterschrift auf meinem Schreibtisch liegen.

Es war jedoch alles andere als sicher, dass es uns gelingen würde. Vor allem brauchte ich dafür die Unterstützung meines alten Freunds Harry Reid. Es passte zu seiner generell skeptischen Einschätzung der menschlichen Natur, dass der Mehrheitsführer im Senat bezweifelte, dass wirklich auf Olympia Snowe Verlass war, wenn die Endfassung des Gesetzentwurfs endlich zur Abstimmung gebracht würde. (»Wenn McConnell ihr wirklich die Daumenschrauben anlegt«, meinte er trocken, »wird sie in sich zusammenfallen wie ein billiger Anzug.«) Wenn er die Gefahr eines Filibusters abwenden wollte, durfte Harry kein einziges seiner sechzig Fraktionsmitglieder verlieren. Und wie im Fall des Recovery Act hatte jede dieser Senatorinnen und jeder dieser Senatoren daher beträchtliche Möglichkeiten, um Änderungen an der Vorlage zu verlangen, auch wenn die Forderungen schlecht durchdacht waren oder kurzsichtig den Interessen der eigenen Wählerschaft dienten.

Dies würde keine Auseinandersetzung über hehre politische Ziele werden, was kein Problem für Harry war, der wie kein Zweiter manövrieren, Vereinbarungen aushandeln und Druck ausüben konnte. Während die konsolidierte Vorlage dem Senat vorgelegt wurde, wo in den folgenden sechs Wochen langwierige Debatten über Verfahrensfragen stattfanden, wurden die wirklich wichtigen Gespräche hinter verschlossener Tür in Harrys Büro geführt. Er setzte sich mit jedem einzelnen Verweigerer zusammen, um herauszufinden, was nötig sein würde, um ihn dazu zu bewegen, mit Ja zu stimmen. Manche wollten Geld für gut gemeinte, aber nicht immer nützliche Steckenpferde. Einige der liberalsten Mitglieder des Senats, die gerne über die maßlosen

Gewinne der Pharmakonzerne und der privaten Versicherungsgesellschaften schimpften, hatten plötzlich nichts mehr gegen die maßlosen Gewinne der medizinischen Ausrüster einzuwenden, die Produktionsstandorte in ihren Heimatstaaten besaßen, und verlangten von Harry, die vorgeschlagenen Steuern auf die Profite dieser Industrie zu senken. Die Senatoren Mary Landrieu und Ben Nelson machten ihre Zustimmung von zusätzlichen Medicaid-Milliardenzuschüssen für speziell ihre Heimatstaaten Louisiana und Nebraska abhängig. Die Republikaner reagierten sofort und verspotteten diese Zugeständnisse als »den Kauf von Louisiana« und »die Cornhusker-Bestechung«.

Was immer getan werden musste, Harry war beherzt dabei. Manchmal zu beherzt. Er war einverstanden, den ständigen Kontakt mit meinem Team aufrechtzuerhalten, damit Phil und Nancy-Ann rechtzeitig Änderungen an dem Gesetz verhindern konnten, die sich nachteilig auf zentrale Bestandteile unserer Reformen auswirken würden, aber gelegentlich verbiss er sich, wenn er irgendeine Vereinbarung treffen wollte, weshalb ich mit einem Anruf eingreifen musste. Er hörte dann meine Einwände an und gab normalerweise nach, wenngleich zähneknirschend und nicht, ohne zu fragen, wie um alles in der Welt er die Vorlage durchbringen solle, wenn er es so mache wie von mir gewünscht.

»Mr President, Sie wissen viel mehr über Gesundheitspolitik als ich«, sagte er irgendwann einmal. »Aber ich weiß, wie der Senat funktioniert.«

Verglichen mit dem unerhörten Gemenge aus Kuhhandel, Begünstigung der eigenen Klientel und gegenseitigen Gefälligkeiten, mit dem die Senatsführer traditionell große, umstrittene Gesetzesvorhaben wie den Civil Rights Act, Ronald Reagans Steuerreform von 1986 oder Maßnahmenpakete wie den New Deal durchgebracht hatten, waren die von Harry angewandten Methoden eher harmlos. Aber jene Gesetze waren zu einer Zeit verabschiedet worden, als das politische Gezerre in Washington weitgehend aus den Schlagzeilen herausgehalten werden konnte, denn damals gab es noch keine Medienberichterstattung rund um die Uhr. Für uns wurde der mühsame Weg durch den Senat zum PR-Albtraum. Jedes Mal, wenn Harrys Vorlage modifiziert wurde, um einen weiteren Senator an Bord zu holen, brachten die Medien eine weitere Geschichte über einen »Hinterzimmer-Deal«. Nach meiner Rede vor beiden Kammern des Kongresses war die öffentliche Zustimmung zur Gesundheitsreform gestiegen, aber der Effekt verpuffte rasch wieder – und die Lage verschlechterte sich deutlich, als Harry sich mit meiner Zustimmung entschloss, die sogenannte »öffentliche Option« aus der Gesetzesvorlage zu streichen.

Seit Beginn der Debatte über die Gesundheitsreform hatten uns die tonangebenden Vertreter der Parteilinken gedrängt, das Massachusetts-Modell zu modifizieren und den Konsumenten die Möglichkeit zu geben, Versicherungsschutz an der Online-»Börse« zu kaufen, und zwar nicht nur bei Anbietern wie Aetna und Blue Cross Blue Shield, sondern auch bei einem neuen öffentlichen Versicherungsträger. Wie nicht anders zu erwarten, hatten die Versicherungen empört auf den Vorschlag einer solchen öffentlichen Option reagiert. Ihr Argument war, sie könnten unmöglich mit einer staatlichen Krankenversicherung konkurrieren, die nicht gezwungen sei, Gewinne zu erzielen. Natürlich war genau das die Absicht der Befürworter der öffentlichen Option: Indem gezeigt wurde, wie kostengünstig die staatliche Krankenversicherung funktionierte und wie verschwenderisch und unmoralisch die privaten Krankenversicherer waren, sollte der Weg zu einer staatlichen Einheitskasse geebnet werden.

Das war eine kluge Idee, und sie war so attraktiv, dass Nancy Pelosi sie in den Gesetzentwurf des Repräsentantenhauses aufgenommen hatte. Aber im Senat waren wir weit davon entfernt, sechzig Stimmen für die öffentliche Option zu bekommen. In der Vorlage des Ausschusses für Gesundheit und Bildung war eine abgeschwächte Version enthalten; demnach sollte ein öffentlicher Versicherungsträger gezwungen werden, dieselben Beitragssätze zu verlangen wie Privatversicherer, aber das hätte dem Vorhaben einer öffentlichen Option natürlich jeden Sinn genommen. Mein Team und ich waren der Meinung, ein möglicher Kompromiss könnte darin bestehen, eine öffentliche Option nur in den Landesteilen anzubieten, in denen es zu wenige Versicherungsanbieter gab, um für wirklichen Wettbewerb zu sorgen, und wo eine öffentliche Einrichtung helfen könnte, die Beitragssätze insgesamt zu drücken. Aber selbst das war für die konservativeren Mitglieder der demokratischen Fraktion unakzeptabel. Einer dieser Senatoren, Joe Lieberman aus Connecticut, gab kurz vor Thanksgiving bekannt, er werde unter keinen Umständen für ein Reformpaket stimmen, das eine öffentliche Option beinhalte.

Als bekannt wurde, dass die öffentliche Option aus der Senatsvorlage gestrichen worden war, gingen die linken Aktivisten auf die Barrikaden. Howard Dean, der ehemalige Gouverneur von Vermont (der selbst einmal für das Präsidentenamt kandidiert hatte), war der Meinung, dies sei »im Grunde der Zusammenbruch der Gesundheitsreform im Senat der Vereinigten Staaten«. Besonders empört waren die Linken darüber, dass Harry und ich anscheinend nach Joe Liebermans Pfeife tanzten, der für die Progressiven ein rotes Tuch war und bei den demokratischen Vorwahlen im Jahr 2006 gescheitert war, weil er sich beharrlich für den Irakkrieg ausgesprochen hatte, und schließlich gezwungen gewesen war, als parteiunabhängiger Kandidat anzutreten. Es war nicht das erste Mal, dass ich im Umgang mit Joe Lieberman aus praktischen Erwägungen meinen Ärger hinunterschlucken musste: Obwohl er im letzten Präsidentschaftswahlkampf seinen Freund John McCain unterstützt hatte, hatten Harry und ich die Forderung vieler in der Partei ignoriert, ihn aus verschiedenen Ausschüssen abzuziehen, weil wir der Meinung waren, es uns nicht leisten zu können, dass er aus der Fraktion ausscherte, was uns eine zuverlässige Stimme gekostet hätte. Und wir hatten uns nicht getäuscht: Joe Lieberman hatte meine innenpolitischen Vorhaben durchweg unterstützt. Aber die Tatsache, dass er anscheinend in der Lage war, uns die Bedingungen der Gesundheitsreform zu diktieren, verstärkte bei einigen in der Partei den Eindruck, dass ich Feinde besser behandelte als Verbündete und den Progressiven, die mich an die Macht gebracht hatten, den Rücken kehrte.

Ich fand das ganze Spektakel zermürbend. »Begreifen diese Leute nicht, dass wir uns unbedingt diese sechzig Stimmen sichern müssen?«, beklagte ich mich bei meinen Mitarbeitern. »Soll ich den dreißig Millionen Menschen, die sich keine Krankenversicherung leisten können, sagen, dass sie weitere zehn Jahre warten sollen, weil wir keine öffentliche Option durchsetzen können?«

Es lag nicht nur daran, dass Kritik von Freunden immer am meisten wehtut. Die Mäkelei hatte unmittelbare politische Konsequenzen für die Demokraten. Sie verwirrte unsere Parteibasis (die meisten Leute hatten keine Ahnung, was eine öffentliche Option war) und spaltete unsere Fraktion, was es uns erschwerte, die Stimmen zu sichern, die wir unbedingt brauchen würden, um die Gesundheitsreform über die Ziellinie zu tragen. Außerdem ignorierte sie, dass alle großen sozialpolitischen Errungenschaften in der Geschichte der Vereinigten Staaten einschließlich von Sozialversicherung und Medicare anfangs unvollständig gewesen waren und erst im Lauf der Zeit Schritt für Schritt weiterentwickelt wurden. Indem die parteiinterne Kritik etwas, was ein monumentaler, wenn auch unvollkommener Sieg hätte sein können, in eine bittere Niederlage verwandelte, trug sie potenziell zur langfristigen Demoralisierung der demokratischen Wähler bei – auch als »Warum-wählen-wenn-sich-nie-etwas-ändert-Syndrom« bezeichnet. Das würde es uns nur noch schwerer machen, Wahlen zu gewinnen und in der Zukunft progressive Gesetzgebungsvorhaben voranzutreiben.

In meinen Augen hatte es einen Grund, so sagte ich Valerie, warum die Republikaner dazu neigten, das Gegenteil zu tun – dass Ronald Reagan eine gewaltige Erhöhung des Bundeshaushalts und des Staatsdefizits und eine massive Personalerhöhung im öffentlichen Dienst hatte durchsetzen können und trotzdem von der Anhängerschaft der Grand Old Party als der Mann verehrt wurde, der den Staatshaushalt saniert hatte. Die Republikaner hatten verstanden, dass in der Politik die Geschichten, die man erzählt, oft genauso wichtig sind wie das, was man tatsächlich tut.

Keines dieser Argumente brachten wir in der öffentlichen Debatte vor, aber in den verbleibenden Jahren meiner Präsidentschaft verwendeten wir im Weißen Haus den Ausdruck »öffentliche Option«, wann immer demokratische Interessengruppen über uns herfielen, weil wir es nicht schafften, uns der politischen Schwerkraft zu entziehen, und weniger als hundert Prozent dessen verwirklichten, was sie gefordert hatten. Stattdessen taten wir alles, um enttäuschte Anhänger zu beruhigen und sie daran zu erinnern, dass wir noch genug Zeit für die Feinabstimmung der Gesetzesvorlagen haben würden, wenn wir die Fassungen des Repräsentantenhauses und des Senats zusammenführten. Harry tat weiter, was Harry am besten konnte, und sorgte dafür, dass die Sitzungsperiode des Senats um Wochen über den Beginn der Winterferien hinaus verlängert wurde. Wie er vorhergesagt hatte, trotzte Olympia Snowe einem Schneesturm, um mich im Oval Office zu besuchen und mir persönlich mitzuteilen, dass sie gegen die Vorlage stimmen werde. (Sie erklärte ihren Meinungsumschwung damit, dass Harry versuche, das Gesetz übereilt durchzudrücken, aber es ging das Gerücht, McConnell habe ihr gedroht, ihr ihren wichtigen Posten im Ausschuss für Kleinunternehmen zu entziehen, sollte sie uns ihre Stimme geben.) Aber nichts von alledem war von Bedeutung. Am Heiligen Abend, die verschneiten Straßen Washingtons waren bereits fast völlig menschenleer, verabschiedete der Senat nach vierundzwanzigtägiger Debatte mit einer Mehrheit von sechs Stimmen seinen Gesetzentwurf über die Gesundheitsreform, die als Patient Protection and Affordable Care Act (ACA, Gesetz über Patientenschutz und erschwingliche medizinische Versorgung) bezeichnet wurde. Es war die erste Senatsabstimmung am Heiligen Abend seit dem Jahr 1895.

Wenige Stunden später ließ ich mich in der Air Force One auf meinem Platz nieder, um gemeinsam mit meiner Familie nach Hawaii zu fliegen. Ich lauschte Michelle und den Mädchen, die Bo dafür lobten, wie gut er sich bei seiner ersten Flugreise benahm. Bald fühlte ich, wie ich mich ein wenig entspannte. Wir würden es schaffen, dachte ich. Wir waren noch nicht im sicheren Hafen, aber dank meinem Team, dank Nancy, Harry und zahlreichen Demokraten im Kongress, die große Risiken eingegangen waren, um uns zu unterstützen, hatten wir endlich Land in Sicht.

Ich ahnte nicht, dass unser Schiff geradewegs auf einen Felsen zusteuerte.

UNSERE MAGISCHE, GEGEN EINEN FILIBUSTER gefeite Herrschaft über den Senat existierte nur aus einem Grund. Nach Ted Kennedys Tod im August hatte das Parlament von Massachusetts die Gesetze geändert, um dem demokratischen Gouverneur Deval Patrick die Möglichkeit zu geben, einen Ersatz zu ernennen, anstatt Kennedys Sitz bis zu einer Nachwahl unbesetzt lassen zu müssen. Aber das war nur eine vorübergehende Lösung, und jetzt waren wir darauf angewiesen, dass ein Demokrat die für den 19. Januar angesetzte Wahl gewann. Zu unserem Glück zählte Massachusetts zu den Bundesstaaten mit einer besonders stabilen demokratischen Mehrheit: Seit siebenunddreißig Jahren war kein Republikaner mehr in den Senat in

Washington gesandt worden. Die demokratische Kandidatin für den vakanten Senatssitz, die Generalstaatsanwältin Martha Coakley, hatte in den Umfragen einen stabilen zweistelligen Vorsprung vor ihrem republikanischen Rivalen, einem wenig bekannten Staatssenator namens Scott Brown.

Da dieses Rennen allem Anschein nach entschieden war, konzentrierten mein Team und ich uns in den ersten zwei Januarwochen auf die Herausforderung, eine Gesetzesvorlage auszuhandeln, die für die Demokraten sowohl im Repräsentantenhaus als auch im Senat akzeptabel sein würde. Es war eine unangenehme Aufgabe. Die gegenseitige Abneigung zwischen den beiden Kammern des Kongresses in Washington hat eine lange Tradition und überschreitet die Parteigrenzen: Die Senatoren betrachten die Abgeordneten des Repräsentantenhauses im Allgemeinen als impulsiv, engstirnig und schlecht informiert, während die Abgeordneten die Senatoren für weitschweifig, wichtigtuerisch und ineffektiv halten. Anfang des Jahres 2010 war diese Geringschätzung in regelrechte Feindseligkeit umgeschlagen. Die Demokraten im Abgeordnetenhaus waren es leid, dass ihre riesige Mehrheit ungenutzt blieb und ihre entschieden progressiven Vorhaben von den Angehörigen der demokratischen Fraktion im Senat, die fest in der Hand der konservativeren Mitglieder war, zunichtegemacht wurden. Nun erklärten sie, die Senatsversion des Gesetzentwurfs habe im Repräsentantenhaus keine Chance. Die Demokraten im Senat, die es leid waren, dass sich ihre Parteikollegen in der anderen Kammer auf ihre Kosten profilierten, waren nicht weniger störrisch. Die Bemühungen von Rahm und Nancy-Ann, eine Einigung zu vermitteln, schienen nirgendwohin zu führen; sogar über die unbedeutendsten Bestimmungen wurde erbittert gestritten. Die Parlamentarier beschimpften sich gegenseitig und drohten mit einem Abbruch der Gespräche.

Nach einer Woche verlor ich die Geduld. Mitte Januar zitierte ich Pelosi, Reid und die Verhandlungsführer der beiden Kammern ins Weiße Haus. Wir saßen drei Tage um den Konferenztisch im Cabinet Room und gingen methodisch jeden Streitpunkt durch, um herauszufinden, in welchen Bereichen die Mitglieder des Repräsentantenhauses Rücksicht auf den begrenzten Bewegungsspielraum des Senats nehmen mussten und wo der Senat nachgeben musste. Ich rief allen Beteiligten ein ums andere Mal ins Gedächtnis, dass ein Fehlschlag keine Option war und dass wir nötigenfalls einen Monat lang jeden Abend zusammensitzen würden, um zu einer Einigung zu gelangen.

Obwohl wir nur langsam vorankamen, war ich durchaus zuversichtlich – zumindest so lange, bis ich an einem Nachmittag in Axelrods kleinem Büro vorbeischaute, wo er und Messina auf einen Computerbildschirm starrten wie zwei Ärzte, die die Röntgenaufnahmen eines todkranken Patienten studieren.

»Was ist los?«, fragte ich.

»Wir haben Probleme in Massachusetts«, sagte Axe kopfschüttelnd.

»Wie schlimm ist es?«

»Schlimm«, antworteten Axe und Messina wie aus einem Mund.

Sie erklärten mir, dass sich unsere Kandidatin für den vakanten Senatssitz, Martha Coakley, ihres Wahlsiegs zu sicher gewesen sei und ihre Zeit damit verbracht habe, Parlamentarier, Spender und Gewerkschaftsbosse zu umschmeicheln, anstatt sich um ihre Wähler zu bemühen. Zu allem Überfluss war sie nur drei Wochen vor der Wahl in Urlaub gefahren, eine Entscheidung, für die sie in den Medien schonungslos kritisiert wurde. Gleichzeitig hatte der Wahlkampf des Republikaners Scott Brown gewaltig Fahrt aufgenommen. Der gut aussehende Politiker punktete mit seinem volkstümlichen Auftreten, besuchte in seinem Pick-up jeden Winkel des Staates und schaffte es, die Sorgen und Enttäuschungen der Wähler aus der Arbeiterschicht anzusprechen, die von der Rezession gebeutelt waren und meine Fixierung auf eine bundesweite Gesundheitsreform für bloße Zeitverschwendung hielten, weil sie in einem Staat lebten, in dem bereits sämtliche Einwohner eine öffentliche Krankenversicherung hatten.

Anscheinend hatten weder ihr schmelzender Vorsprung in den Umfragen noch die nervösen Anrufe meiner Mitarbeiter und Harrys genügt, Coakley wachzurütteln. Am Vortag hatte sie die Frage eines Journalisten nach ihrem sehr entspannten Wahlkampfzeitplan mit folgender Antwort vom Tisch gewischt: »Sie meinen, ich sollte vor dem Fenway Park stehen? In der Kälte? Und Hände schütteln?« Das war ein sarkastischer Kommentar zu Scott Browns Wahlkampfauftritt am Neujahrstag vor dem legendären Stadion in Boston, wo das Eishockeyteam der Boston Bruins beim jährlichen NHL Winter Classic gegen die

Philadelphia Flyers angetreten war. In einer Stadt, die ihre Sportklubs liebt, kann man sich kaum einen Kommentar vorstellen, der besser geeignet wäre, um sich bei großen Teilen des Wahlvolks unbeliebt zu machen.

Ich war perplex. »Das hat sie nicht gesagt.«

Messina blickte auf den Bildschirm und nickte. »Hier steht es, auf der Website des *Boston Globe.*«

»Neiiiin!«, stöhnte ich, wobei ich Axe' Sakko am Revers packte und ihn theatralisch schüttelte, um anschließend mit dem Fuß aufzustampfen wie ein wütendes Kleinkind. »Nein, nein, nein!« Meine Schultern sackten herunter, während ich versuchte, mir über die Auswirkungen klar zu werden.

»Sie wird verlieren, stimmt's?«, sagte ich schließlich.

Ich erwartete keine Antwort von Axe oder Messina. Am Wochenende vor der Wahl versuchte ich, die Situation zu retten, und flog nach Boston, um Coakley bei einer Kundgebung zur Seite zu stehen. Es war zu spät. Brown siegte mit einem komfortablen Vorsprung. In den Schlagzeilen war von einem »verblüffenden Überraschungserfolg« der Republikaner und einer »historischen Niederlage« der Demokraten die Rede. Das vernichtende Urteil in Washington folgte auf dem Fuß.

Obamas Gesundheitsreform war gescheitert.

NOCH HEUTE fällt es mir schwer, die Niederlage in Massachusetts richtig einzuordnen. Vielleicht ist die gängige Interpretation richtig. Vielleicht hätten wir diesen Senatssitz retten können, wenn ich in meinem ersten Jahr im Weißen Haus nicht so energisch auf die Gesundheitsreform gedrängt, sondern mich in meinen öffentlichen Stellungnahmen auf die Schaffung von Arbeitsplätzen und die Finanzkrise konzentriert hätte. Fest steht, dass mein Team und ich die Warnsignale möglicherweise früher gesehen hätten, wenn wir uns weniger vorgenommen hätten. Dann hätte ich Coakley stärker coachen können, und ich hätte mich vermutlich in Massachusetts stärker engagiert. Es ist jedoch auch möglich, dass wir aufgrund der tristen Wirtschaftslage ohnehin nichts hätten tun können, dass keine unserer kläglichen Bemühungen etwas am Lauf der Geschichte geändert hätte.

Ich weiß nur, dass wir alle zu jener Zeit das Gefühl hatten, einen kolossalen Irrtum begangen zu haben. Die Kommentatoren waren derselben Meinung. In Meinungsartikeln wurde ich aufgefordert, mein Regierungsteam auszutauschen und vor allem Rahm und Axe in die Wüste zu schicken. Ich kümmerte mich nicht drum. Mir war klar, dass ich die Verantwortung für alle Fehler trug, und ich war stolz darauf, im Wahlkampf und im Weißen Haus eine Kultur aufgebaut zu haben, in der nach Fehlschlägen nicht nach Sündenböcken gesucht wurde.

Rahm fiel es schwerer, das Getuschel zu ignorieren. Er hatte den Großteil seiner Karriere in Washington verbracht und brauchte die täglichen Nachrichten, um nicht nur die Leistungen der Regierung, sondern auch seinen eigenen Platz in der Welt einschätzen zu können. Er hofierte unentwegt die Meinungsführer der Stadt, denn er wusste, dass sich in Washington Sieger im Handumdrehen in Verlierer verwandeln konnten und dass die Mitarbeiter des Weißen Hauses nach jedem Fehlschlag gnadenlos kritisiert wurden. In diesem Fall war er der Meinung, zu Unrecht an den Pranger gestellt zu werden: Schließlich war er derjenige gewesen, der mich öfter als jeder andere gewarnt hatte, dass es politisch gefährlich war, die Gesundheitsreform voranzutreiben. Und wie jeder Mensch, der sich verletzt oder ungerecht behandelt fühlt, konnte er nicht anders, als seinem Ärger im Gespräch mit seinen Freunden in der Stadt Luft zu machen. Nur war sein Freundeskreis zu groß. Etwa einen Monat nach der Wahl in Massachusetts stellte sich der Kolumnist Dana Milbank in der *Washington Post* auf Rahms Seite und erklärte, mein größter Fehler sei es gewesen, »in der Frage der Gesundheitsreform nicht auf Emanuel zu hören«. Ein abgespecktes Reformpaket, so Milbank, wäre eine klügere Strategie gewesen.

Es ist unerfreulich, wenn dein Stabschef nach einer verlorenen Schlacht auf Distanz zu dir geht. Aber obwohl ich nicht glücklich über die Kolumne war, war ich überzeugt, dass Rahm sie nicht bewusst angestoßen hatte. Ich führte seinen Fehltritt auf Unbedachtheit in einer Stresssituation zurück. Aber nicht alle waren bereit, so schnell zu verzeihen. Valerie, die mich beschützte wie eh und je, war außer sich. Die Reaktionen meiner anderen hochrangigen Mitarbeiter, die bereits durch Coakleys Niederlage angeschlagen waren, reichten von Wut bis zu Enttäuschung. An jenem Nachmittag betrat Rahm das Oval Office in einer angemessen reuevollen Stimmung. Er erklärte, es sei nicht seine Absicht gewesen, aber er habe mich im Stich gelassen und sei bereit, seinen Rücktritt einzureichen.

»Sie treten nicht zurück«, sagte ich. Ich unterstrich, dass er einen Fehler gemacht habe und mit dem übrigen Team ins Reine kommen müsse, aber ich sagte ihm auch, dass er ein ausgezeichneter Stabschef sei, dass ich überzeugt sei, dieser Fehler werde sich nicht wiederholen, und dass ich ihn dort brauchte, wo er sei.

»Mr President, ich bin nicht sicher –«

Ich unterbrach ihn. »Wollen Sie wissen, was Ihre eigentliche Strafe ist?«, sagte ich, wobei ich ihm auf den Rücken klopfte und ihn zur Tür schob.

»Nein, was?«

»Sie werden die verdammte Gesundheitsreform durchbringen müssen!«

Dass ich das noch immer für möglich hielt, war so verrückt, wie es klang. Unser ursprünglicher Plan, einen Kompromiss zwischen den demokratischen Fraktionen im Repräsentantenhaus und im Senat auszuhandeln und den Gesetzentwurf anschließend durch beide Kammern zu bringen, war nicht mehr zu verwirklichen: Mit nur noch neunundfünfzig Sitzen im Senat konnten wir einen Filibuster nicht mehr vermeiden. Aber Phil hatte mich an dem Abend, an dem die Ergebnisse aus Massachusetts eingetroffen waren, darauf gebracht, dass es noch eine Möglichkeit gab, und wir mussten dafür nicht wieder über den Senat gehen. *Wenn das Repräsentantenhaus die Vorlage des Senats einfach ohne Änderungen verabschieden würde,* könnte das Haus sie direkt zur Unterzeichnung an mich weiterleiten. Phil hielt es für möglich, anschließend ein als »Budget Reconciliation« bezeichnetes Verfahren anzuwenden, in dem mit Zustimmung einer einfachen Mehrheit von Senatoren anstelle der üblichen sechzig ausschließlich finanzielle Regelungen zur Abstimmung gebracht werden könnten. Auf diese Weise würden wir mit separaten Rechtsvorschriften eine beschränkte Zahl von Verbesserungen an dem Gesetzentwurf des Senats vornehmen können. Allerdings kamen wir nicht um die Tatsache herum, dass wir die Demokraten im Repräsentantenhaus dazu bewegen mussten, eine Version der Gesundheitsreform zu akzeptieren, die sie zuvor rundweg abgelehnt hatten – eine Version ohne öffentliche Option, mit einer von den Gewerkschaften abgelehnten Cadillac-Steuer auf Betriebsversicherungen und einem komplexen Flickwerk von fünfzig einzelstaatlichen Börsen statt eines nationalen Marktes, auf dem die Bürger ihre Krankenversicherung würden kaufen können.

»Fühlen Sie sich immer noch glücklich?«, fragte Phil grinsend.

Nein, ich fühlte mich nicht mehr glücklich.

Aber ich vertraute auf die Sprecherin des Repräsentantenhauses.

Die Erfahrungen im vergangenen Jahr hatten meine Wertschätzung für Nancy Pelosis Verhandlungsgeschick nur noch weiter steigen lassen. Sie war hart, pragmatisch und eine Meisterin darin, ihre streitlustige Fraktion auf Kurs zu bringen. Dabei verteidigte sie oft in der Öffentlichkeit politisch unhaltbare Positionen ihrer Parteikollegen, während sie diese Abgeordneten hinter den Kulissen auf die Kompromisse einschwor, die unvermeidlich sein würden, um ein Vorhaben zu verwirklichen.

Ich rief Nancy am Tag darauf an und erklärte ihr, dass mein Team für alle Fälle einen drastisch zurechtgestutzten Vorschlag für die Gesundheitsreform entworfen habe, dass ich jedoch versuchen wolle, die Vorlage des Senats durch das Repräsentantenhaus zu bringen, wofür ich ihre Unterstützung brauchte. In den folgenden fünfzehn Minuten ließ ich eine von Nancys patentierten Bewusstseinsstromschimpftiraden über mich ergehen: warum die Senatsvorlage fehlerhaft sei, warum ihre Fraktionsmitglieder so erbost seien und warum die demokratischen Vertreter im Senat feige, kurzsichtig und überhaupt unfähig seien.

»Bedeutet das, dass Sie mich unterstützen?«, fragte ich, als sie schließlich innehielt, um Luft zu holen.

»Das steht außer Frage, Mr President«, antwortete Nancy ungeduldig. »Wir sind zu weit gekommen, um jetzt aufzugeben.« Sie dachte einen Moment nach. Als wollte sie ein Argument testen, das sie später in ihrer Fraktion verwenden würde, fügte sie hinzu: »Würden wir darauf verzichten, so würden wir die Republikaner für ihr furchtbares Verhalten belohnen, nicht wahr? Diesen Gefallen werden wir ihnen nicht tun!«

Nachdem ich aufgelegt hatte, sah ich zu Phil und Nancy-Ann auf, die unablässig den Resolute Desk umkreist und sich meine (überwiegend wortlosen) Beiträge zu diesem Gespräch angehört hatten, wobei sie versucht hatten, aus meinem Gesichtsausdruck Hinweise auf den Verlauf der Diskussion herauszulesen.

»Ich liebe diese Frau«, sagte ich.

OBWOHL UNS DIE SPRECHERIN unerschütterlich zur Seite stand, war es eine beängstigende Herausforderung, uns die nötigen Stimmen im Repräsentantenhaus zu sichern. Abgesehen davon, dass wir die widerspenstige und erboste Parteilinke dazu bringen mussten, einem Gesetzentwurf zuzustimmen, der auf die Bedürfnisse von Max Baucus und Joe Lieberman zugeschnitten war, hatte der Wahlsieg von Scott Brown weniger als ein Jahr vor den Midterm-Wahlen all jene demokratischen Abgeordneten verschreckt, die ihr Mandat in einem umkämpften Bundesstaat verteidigen mussten. Wir brauchten etwas, um die düstere Stimmung in der Partei aufzuhellen und Nancy Zeit zu verschaffen, ihre Fraktionsmitglieder zu bearbeiten.

In dieser Situation gab uns die Opposition genau das, was wir brauchten. Monate zuvor hatte mich die republikanische Fraktion im Repräsentantenhaus zu einer Frage-und-Antwort-Sitzung bei ihrer für den 29. Januar angesetzten jährlichen Klausurtagung eingeladen. In der Erwartung, das Gespräch werde auf die Gesundheitsreform kommen, schlugen wir in letzter Minute vor, die Veranstaltung für die Medien zu öffnen. Sei es, dass er sich nicht dem unangenehmen Gegenwind vonseiten abgewiesener Journalisten aussetzen wollte oder dass er sich durch Scott Browns Triumph ermutigt fühlte, jedenfalls war John Boehner einverstanden.

Er hätte nicht zustimmen sollen. Die Veranstaltung unter der Leitung von Fraktionschef Mike Pence fand im Konferenzsaal eines gesichtslosen Hotels in Baltimore statt und wurde von den Nachrichtensendern komplett aufgezeichnet. Ich stand fast anderthalb Stunden auf der Bühne und beantwortete Fragen der republikanischen Abgeordneten. Das Hauptthema war die Gesundheitsreform. In den Augen jedes Zuschauers zeigte die Sitzung, was diejenigen von uns, die sich eingehend mit dieser Frage beschäftigt hatten, bereits wussten: Die meisten dieser Parlamentarier hatten eigentlich keine Ahnung, was in der Gesetzesvorlage stand, die sie so vehement ablehnten. Sie kannten die Details der von ihnen vorgeschlagenen Alternativen nicht (insofern sie überhaupt welche hatten) und waren nicht dafür gerüstet, außerhalb der hermetisch abgeschlossenen Blase der konservativen Medien über dieses Thema zu diskutieren.

Zurück im Weißen Haus, schlug ich sofort vor, unseren Vorteil zu nutzen und die Four Tops der Fraktionen sowie eine parteiübergreifende Gruppe maßgeblicher Parlamentarier zu einer ganztägigen Sitzung zur Frage der Gesundheitsreform ins Blair House einzuladen. Auch diesmal stellten wir sicher, dass die Gespräche live übertragen wurden, diesmal auf C-SPAN, und auch diesmal konnten die Republikaner ungehindert Fragen stellen und ihre Standpunkte frei äußern. Nachdem sie beim ersten Mal auf dem falschen Fuß erwischt worden waren, kamen sie diesmal vorbereitet. Eric Cantor, ihr Fraktionschef im Repräsentantenhaus, brachte ein vollständiges Exemplar der 2700 Seiten umfassenden Gesetzesvorlage für das Repräsentantenhaus mit und ließ es als Symbol eines außer Kontrolle geratenen Versuchs der Verstaatlichung des Gesundheitswesens vor sich auf den Tisch fallen. Boehner erklärte, unser Vorschlag sei ein »gefährliches Experiment« und wir sollten noch einmal von vorn anfangen. John McCain setzte zu einer langen Wutrede über Hinterzimmer-Deals an, weshalb ich mich genötigt sah, ihn daran zu erinnern, dass der Wahlkampf beendet war. Als wir auf das eigentliche politische Vorhaben zu sprechen kamen – als ich die führenden Republikaner fragte, was genau sie tun wollten, um die medizinischen Kosten zu senken, Menschen mit Vorerkrankungen zu schützen und dreißig Millionen Amerikaner mit einer Krankenversicherung zu versorgen, die sich sonst keine leisten konnten –, hatten ihre Antworten so wenig Substanz wie die von Chuck Grassley bei seinem Besuch im Oval Office einige Monate zuvor.

Ich glaube, dass sich in jener Woche mehr Leute ein Bowlingturnier im Fernsehen ansahen, als fünf Minuten dieser Gespräche über sich ergehen zu lassen. In beiden Gesprächsrunden wurde klar, dass ich nichts tun konnte, um irgendetwas an der Haltung der Republikaner zu ändern (wenn man davon absieht, dass ich sie dazu brachte, künftig bei meinen Auftritten vor ihren Parteikollegen keine Kameras mehr zuzulassen). Wichtig war, dass die beiden Veranstaltungen die Demokraten im Repräsentantenhaus mit neuer Zuversicht erfüllten, dass wir in der Frage der Gesundheitsreform auf der richtigen Seite standen. Anstatt sich auf die Mängel der Senatsvorlage zu konzentrieren, konnten sie Kraft aus der Tatsache schöpfen, dass diese Reform Millionen Menschen helfen würde.

ANFANG MÄRZ STAND FEST, dass uns die Verfahrensregeln des Senats erlaubten, Teile der Senatsvorlage zu ändern. Wir weiteten die Zuschüsse aus, um mehr Menschen helfen zu können. Wir beschnitten die Cadillac-Steuer, um den Gewerkschaften entgegenzukommen, und warfen die peinlichen Regelungen der »Cornhusker-Bestechung« und des »Kaufs von Louisiana« hinaus. Valeries Team, das sich um öffentliche Kommunikation kümmerte, leistete vorzügliche Arbeit und sicherte uns Empfehlungen von Organisationen wie der American Academy of Family Physicians, der American Medical Association, der American Nurses Association und der American Heart Association. Ein Netz von Basisgruppen und Freiwilligen machte Überstunden, um die Öffentlichkeit aufzuklären und den Druck auf den Kongress aufrechtzuerhalten. Anthem, einer der größten Krankenversicherungsanbieter des Landes, tat uns den Gefallen, eine Beitragserhöhung von neununddreißig Prozent anzukündigen und den Amerikanern damit ins Bewusstsein zu rufen, was ihnen am gegenwärtigen System missfiel. Und als die amerikanische Bischofskonferenz ankündigte, sie könne die Reform nicht unterstützen (weil die Kirche der Meinung war, aus der Gesetzesvorlage gehe nicht deutlich genug hervor, dass die Verwendung von Bundeszuschüssen für Abtreibungen verboten sein würde), trat mit Schwester Carol Keehan, einer sanften, stets heiteren Nonne, die die katholischen Krankenhäuser in den Vereinigten Staaten leitete, eine überraschende Verbündete auf den Plan: Die sechsundsechzigjährige Angehörige der Genossenschaft der Töchter der christlichen Liebe distanzierte sich nicht nur von den Bischöfen, indem sie erklärte, ihre Einrichtung könne ihre Mission, für die Kranken zu sorgen, nur erfüllen, wenn das Gesetz verabschiedet werde, sondern sie bewegte auch katholische Frauenorden und Organisationen, die mehr als fünfzigtausend amerikanische Nonnen vertraten, dazu, sich in einem offenen Brief für die Gesundheitsreform auszusprechen.

»Ich mag Nonnen«, sagte ich zu Phil und Nancy-Ann.

Trotz aller Bemühungen stellten wir bei einer Zwischenzählung fest, dass uns immer noch zehn Stimmen fehlten. Die öffentliche Meinung war weiterhin in zwei unversöhnliche Lager gespalten. Den Zeitungen war der Stoff für neue Geschichten ausgegangen. Es gab keine dramatischen Gesten oder Verfahrenskniffe mehr, die uns hätten helfen können. Unser Erfolg hing nun vollkommen von der Entscheidung der rund dreißig Demokraten im Repräsentantenhaus ab, die umkämpfte Wahlkreise vertraten und allesamt zu hören bekamen, die Zustimmung zum Affordable Care Act könne sie ihren Sitz kosten.

Ich verbrachte einen großen Teil meiner Tage mit Versuchen, diese Abgeordneten zu überzeugen. Mit manchen traf ich mich im Oval Office, andere bearbeitete ich am Telefon. Einigen von ihnen ging es nur um ihre persönliche politische Zukunft: Sie studierten die Umfragen aus ihren Wahlkreisen und beobachteten genau, welche Meinungen ihre Wähler in Briefen und Telefonanrufen äußerten. Ich gab ihnen meine ehrliche Einschätzung: Die Unterstützung für das Gesundheitsreformgesetz werde wachsen, sobald es erst einmal verabschiedet sei, obwohl sich dieser Effekt möglicherweise erst nach den Midterm-Wahlen bemerkbar mache; eine Ablehnung des Gesetzentwurfs werde vermutlich eher demokratische Wähler abschrecken als Republikaner und Unabhängige anlocken; und was auch immer diese Abgeordneten täten, ihr Wahlergebnis in sechs Monaten werde vermutlich vor allem von der wirtschaftlichen Entwicklung und von meinem politischen Ansehen abhängen.

Einige Abgeordnete erbaten die Unterstützung des Weißen Hauses für ein nicht mit der Gesundheitsreform zusammenhängendes Projekt oder ein von ihnen befürwortetes Gesetzesvorhaben. In diesen Fällen beauftragte ich Rahm oder Pete Rouse, sich anzusehen, inwieweit wir ihnen entgegenkommen könnten.

Aber der Mehrheit meiner Gesprächspartner ging es nicht um Geschäfte. Die Abgeordneten suchten auf Umwegen nach Klarheit – sie wollten wissen, wer sie waren und was ihr Gewissen von ihnen verlangte. Manchmal hörte ich einfach nur zu, während sie das Für und Wider durchgingen. Oft verglichen wir unsere Erinnerungen an das, was uns inspiriert hatte, in die Politik zu gehen. Wir sprachen über die nervöse Aufregung im ersten Wahlkampf und über all die Dinge, die wir hatten erreichen wollen, über die Opfer, die wir und unsere Familien gebracht hatten, um an diesen Punkt zu gelangen, und über die Menschen, die uns zur Seite gestanden hatten.

Das ist der Punkt, sagte ich schließlich. *Darum geht es. Um die seltene, nur wenigen vorbehaltene Möglichkeit, die Geschichte in eine bessere Richtung zu lenken.*

Und verblüffenderweise genügte das in der Mehrheit der Fälle. Altgediente Politiker entschlossen sich, ungeachtet des heftigen Widerstands in ihren konservativen Wahlkreisen, Farbe zu bekennen: Beispiele waren Baron Hill aus dem Süden Indianas, Earl Pomeroy aus North Dakota und Bart Stupak, ein gläubiger Katholik aus der Upper Peninsula von Michigan, der mit mir daran arbeitete, die Bestimmungen zur Abtreibungsfinanzierung so klar zu formulieren, dass er schließlich für die Vorlage stimmen konnte. Dasselbe galt für politische Neulinge wie Betsy Markey aus Colorado oder die beiden jungen Irakkriegsveteranen John Boccieri aus Ohio und Patrick Murphy aus Pennsylvania. Sie alle galten als kommende Stars der Partei. Tatsächlich war oft gerade bei denen, die am meisten zu verlieren hatten, am wenigsten Überzeugungsarbeit nötig. Tom Perriello, ein fünfunddreißigjähriger Menschenrechtsanwalt, der sich in einem mehrheitlich republikanischen Wahlkreis in Virginia durchgesetzt hatte, sprach für viele von ihnen, als er mir erklärte, warum er sich entschlossen hatte, für den Gesetzentwurf zu stimmen.

»Es gibt Dinge, die wichtiger sind, als wiedergewählt zu werden.«

Es ist nicht schwer, Leute zu finden, die den Kongress verabscheuen: Bürger, die überzeugt sind, dass es im Kapitol von Wichtigtuern und Feiglingen wimmelt, dass die meisten gewählten Amtsträger den Lobbyisten und Großspendern hörig sind und ausschließlich von Machtgier motiviert werden. Wenn ich solche Kritik höre, nicke ich normalerweise und räume ein, dass es tatsächlich einige Politiker gibt, die diesen Stereotypen entsprechen. Ich gebe zu, dass der Anblick des täglichen Gerangels in Repräsentantenhaus und Senat sogar die hartgesottensten Gemüter verzagen lassen kann. Aber ich erzähle den Leuten auch, was Tom Perriello vor der Abstimmung über die Gesundheitsreform zu mir sagte. Ich erzähle, was er und viele andere taten, obwohl sie gerade erst in den Kongress gewählt worden waren. Wie viele von uns werden derart auf die Probe gestellt? Von wie vielen von uns wird verlangt, eine lang erträumte Karriere im Dienst des Gemeinwohls aufs Spiel zu setzen?

Auch solche Personen sind in Washington zu finden. Auch das ist Politik.

DIE ABSCHLIESSENDE ABSTIMMUNG über die Gesundheitsreform fand am 21. März 2010 statt, mehr als ein Jahr nach dem ersten Gipfeltreffen im Weißen Haus und Ted Kennedys Überraschungsauftritt. Im West Wing herrschte gespannte Erwartung. Sowohl Phil als auch die Sprecherin hatten bei informellen Stimmenzählungen festgestellt, dass wir die Hürde nehmen würden, wenn auch nur knapp. Wir wussten, dass immer die Möglichkeit bestand, dass ein oder zwei Mitglieder des Repräsentantenhauses einen plötzlichen Sinneswandel hatten, und wir hatten kaum überschüssige Stimmen.

Es gab für mich noch einen weiteren Grund zur Sorge, den ich bisher verdrängt hatte, der jedoch von Anfang an in meinem Hinterkopf herumspukte. Wir hatten jetzt ein 906 Seiten starkes Gesetz vorgelegt und verteidigt, wir hatten uns damit herumgequält und Kompromisse geschlossen. Der Affordable Care Act war umfassend, detailliert, nur auf einer Seite des politischen Spektrums beliebt, von weitreichender Wirkung und zweifellos unvollkommen. Und jetzt würden wir diese Reform umsetzen müssen. Nachdem Nancy-Ann und ich am späten Nachmittag einige letzte Telefongespräche mit Abgeordneten geführt hatten, die auf dem Weg zur Abstimmung waren, stand ich auf und schaute aus dem Fenster auf den Südrasen.

»Hoffentlich funktioniert dieses Gesetz«, sagte ich zu Nancy-Ann, »denn ab morgen sind wir die Herren des amerikanischen Gesundheitssystems.«

Ich beschloss, mir die mehrstündigen Reden im Plenarsaal nicht anzusehen, sondern zog mich in den Roosevelt Room zurück, wo sich der Vizepräsident und das übrige Team zu mir gesellten, um die eigentliche Abstimmung zu verfolgen, die gegen halb acht Uhr abends stattfand. Eine Stimme nach der anderen wurde abgegeben, indem die Abgeordneten auf ihren elektronischen Abstimmungstafeln den Knopf

»Ja« oder »Nein« drückten. Die laufende Zählung erschien auf dem Fernsehschirm, und als sich die »Jas« langsam häuften, konnte ich hören, wie Messina und andere im Raum leise »Weiter so … weiter so« murmelten. Endlich erreichte die Zahl der Jastimmen 216, eine mehr als nötig. Am Ende wurde unser Gesetzentwurf mit einem Vorsprung von sieben Stimmen verabschiedet.

Im Raum brach Jubel aus. Die Anwesenden fielen sich in die Arme und klatschten sich ab, als hätte ihr Baseballteam gerade mit einem Home Run gewonnen. Joe packte mich an den Schultern, sein berühmtes Grinsen noch breiter als sonst. »Mensch, Sie haben es geschafft!«, sagte er. Rahm und ich umarmten einander. Er hatte seinen dreizehnjährigen Sohn Zach mitgebracht, um die Abstimmung zu verfolgen. Ich beugte mich zu dem Jungen hinüber und sagte ihm, dass dank seines Vaters Millionen Menschen nun endlich medizinisch versorgt würden, wenn sie erkrankten. Zach strahlte. Zurück im Oval Office, rief ich Nancy Pelosi und Harry Reid an, um ihnen zu gratulieren. Als ich damit fertig war, sah ich Axelrod in der Tür stehen. Er hatte leicht gerötete Augen. Er sagte mir, nach der Abstimmung habe er ein wenig in seinem Büro allein sein müssen. All die Erinnerungen waren hochgekommen an das, was seine Frau Susan und er durchgemacht hatten, als ihre Tochter Lauren epileptische Anfälle erlitten hatte.

»Ich danke Ihnen dafür, dass Sie nicht lockergelassen haben«, sagte er mit tränenerstickter Stimme. Ich umarmte ihn und fühlte, dass ich ebenfalls von meinen Emotionen überwältigt wurde.

»Deshalb machen wir diese Arbeit«, sagte ich. »Genau deshalb.«

Ich hatte alle, die an dem Gesetzentwurf beteiligt waren, zu einer privaten Feier im Wohntrakt eingeladen, rund hundert Personen. Sasha und Malia hatten Frühjahrsferien, und Michelle war für ein paar Tage mit ihnen nach New York gefahren, weshalb ich allein war. Der Abend war so warm, dass wir auf den Truman-Balkon hinausgehen konnten. In der Ferne leuchteten das Washington Monument und das Jefferson Memorial. Ich erlaubte mir eine Ausnahme von meiner Regel, an Wochentagen nichts zu trinken, und machte mit einem Martini in der Hand die Runde, um Phil, Nancy-Ann, Jeanne und Kathleen zu umarmen und ihnen für ihre Arbeit zu danken. Ich schüttelte die Hände zahlreicher Mitarbeiter, denen ich noch nie begegnet war, und sie waren wohl ein wenig überwältigt, an diesem Ort zu sein. Ich wusste, dass sie im Hintergrund gearbeitet, Zahlen durchgerechnet, Entwürfe vorbereitet, Pressemitteilungen herausgegeben und Anfragen aus dem Kongress beantwortet hatten, und ich wollte, dass sie wussten, wie entscheidend ihre Arbeit gewesen war.

Es war eine Feier, die mir wichtig war. Die Nacht im Grant Park nach dem Wahlsieg war außergewöhnlich gewesen, aber das war lediglich ein noch nicht eingelöstes Versprechen gewesen. Dieser Abend bedeutete mir mehr: Ein Versprechen war eingelöst worden.

Als sich lange nach Mitternacht alle verabschiedet hatten, schlenderte ich durch den Flur zum Treaty Room. Bo hatte sich auf dem Boden eingerollt. Er hatte den Großteil des Abends mit meinen Gästen auf dem Balkon verbracht, war durch die Menge getrottet, um sich den einen oder anderen Klaps auf den Kopf abzuholen oder hier und da einen hinuntergefallenen Happen zu ergattern. Jetzt wirkte er angenehm müde und war bereit zu schlafen. Ich beugte mich hinunter, um ihn hinter den Ohren zu kraulen. Ich dachte an Ted Kennedy, und ich dachte an meine Mutter.

Es war ein guter Tag gewesen.

TEIL 5

DIE WELT, WIE SIE IST

KAPITEL 18

SO WIE MIR DER MILITÄRISCHE GRUSS zur Gewohnheit wurde, den ich jedes Mal wiederholte, wenn ich an Bord des Marine-One-Helikopters oder der Air Force One ging oder wenn ich mit unseren Truppen zu tun hatte, fühlte ich mich langsam immer wohler in meiner Rolle als Oberbefehlshaber, und ich füllte sie auch immer besser aus. Das morgendliche Präsidentenbriefing fiel knapper aus, da mein Team und ich zunehmend vertrauter mit einem wiederkehrenden Ensemble außenpolitischer Figuren, Szenarien, Konflikte und Bedrohungen wurden. Früher undurchschaubar wirkende Verbindungen lagen für mich nun auf der Hand. Ich konnte auf Anhieb aufzählen, welche alliierten Truppen in Afghanistan stationiert waren und wie zuverlässig sie in einer Auseinandersetzung sein würden, welche irakischen Minister eifrige Nationalisten waren und welche nur Wasserträger der Iraner. Doch es stand zu viel auf dem Spiel, und die Probleme waren zu verwickelt, als dass es sich je ganz nach Routine hätte anfühlen können. Ich begann stattdessen meine Verantwortlichkeiten auf eine Weise zu erleben, wie sie in meiner Vorstellung ein erfahrener Bombenentschärfer beim Durchschneiden eines Drahtes empfindet, oder eine Seiltänzerin, wenn sie den Schritt von der Plattform tut, hatte ich doch gelernt, übermäßige Angst zugunsten einer starken Konzentration abzustreifen und mich dabei nicht so sehr zu entspannen, dass mir aus Unachtsamkeit Fehler unterliefen.

Es gab allerdings eine Aufgabe, bei der ich es nicht zuließ, dass ich mich daran gewöhnte, nicht einmal im Entferntesten. Üblicherweise einmal in der Woche legte mir meine Assistentin Katie Johnson eine

Mappe mit Beileidsschreiben an die Familien gefallener Soldaten zum Unterzeichnen auf den Tisch. Ich schloss die Tür meines Büros, öffnete die Mappe und sah mir jeden einzelnen Brief an, las den Namen laut vor wie eine Beschwörungsformel und versuchte, mir ein Bild von dem jungen Mann zu machen (weibliche Todesopfer waren selten) und mir vorzustellen, wie sein Leben gewesen war: wo er aufgewachsen und zur Schule gegangen war, die Geburtstagsfeiern und Sommertage im Schwimmbad, die seine Kindheit ausgemacht hatten, in welchen Sportmannschaften er gespielt, die Liebsten, nach denen er sich gesehnt hatte. Ich dachte an seine Eltern, an seine Frau und seine Kinder, wenn er welche hatte. Ich unterschrieb jeden Brief langsam und achtete darauf, das dicke beigefarbene Papier beim linkshändigen Schreiben mit dem geneigten Füllfederhalter nicht zu beschmieren. Wenn mir die Unterschrift nicht richtig gelang, ließ ich den Brief erneut ausdrucken. Aber ich wusste sehr wohl, dass nichts, was ich tat, je genug sein würde.

Ich war nicht der Einzige, der solche Briefe verschickte. Wir sprachen nur selten bis gar nicht darüber, aber Bob Gates korrespondierte ebenfalls mit den Hinterbliebenen der im Irak und in Afghanistan Gefallenen.

Gates und ich hatten eine enge Arbeitsbeziehung entwickelt. Wir setzten uns regelmäßig im Oval Office zusammen, und ich stellte fest, dass er einen praktischen Verstand besaß, ausgeglichen war und sich erfrischend direkt ausdrückte. Sein ruhiges Selbstvertrauen ermöglichte es ihm, seine Standpunkte zu verfechten, gelegentlich aber auch seine Meinung zu ändern. Er lenkte das Verteidigungsministerium so gekonnt, dass ich bereit war, darüber hinwegzusehen, dass er gelegentlich versuchte, auch mich zu lenken. Er fürchtete sich nicht davor, heilige Kühe des Pentagons zu schlachten, einschließlich der Bemühungen, den Verteidigungshaushalt unter Kontrolle zu bringen. Insbesondere gegenüber meinen jüngeren Mitarbeitern konnte er kratzbürstig sein, und da wir verschiedenen Altersgruppen angehörten, unterschiedlich erzogen waren und unterschiedliche Erfahrungen und politische Neigungen hatten, wurden wir nie wirkliche Freunde, aber Arbeitsethik und Pflichtbewusstsein verbanden uns – die Pflicht nicht nur gegenüber dem Land, das uns vertraute und für dessen Sicherheit wir sorgten, sondern auch gegenüber den Soldaten, die täglich Mut bewiesen, und ihren Familien, die sie zurückgelassen hatten.

Es erleichterte unsere Zusammenarbeit, dass wir in Fragen der nationalen Sicherheit zumeist derselben Meinung waren. Beispielsweise waren wir im Frühsommer 2009 beide vorsichtig optimistisch, was die Entwicklung im Irak anbelangte. Dabei war die Situation alles andere als erfreulich: Die irakische Wirtschaft lag in Trümmern – der Krieg hatte einen großen Teil der grundlegenden Infrastrukturen des Landes zerstört, und der Absturz des Ölpreises belastete den Staatshaushalt schwer –, und aufgrund der verhärteten Fronten im Parlament konnte die Regierung in Bagdad selbst grundlegende Vorhaben kaum durchsetzen. Bei meinem Kurzbesuch im April hatte ich Ministerpräsident al-Maliki Vorschläge dazu unterbreitet, wie er die erforderlichen Verwaltungsreformen vornehmen und die Sunniten und Kurden besser politisch einbinden konnte. Al-Maliki hatte höflich, aber ablehnend reagiert (anscheinend hatte er James Madisons Essay »Federalist No. 10« über den Schutz vor Faktionen und Aufständen im Inneren nie studiert). In seinen Augen lagen die Dinge so: Die Schiiten stellten die Bevölkerungsmehrheit, seine Parteienkoalition hatte die meisten Stimmen erhalten, Sunniten und Kurden behinderten mit unangemessenen Forderungen den Fortschritt, und der lästigen Verpflichtung, auf die Bedürfnisse der Bevölkerungsminderheiten einzugehen oder ihre Rechte zu schützen, kam er nur unter dem Druck der Vereinigten Staaten nach.

Die Unterhaltung war für mich eine nützliche Erinnerung daran gewesen, dass Wahlen nicht genügen, um eine funktionierende Demokratie zu schaffen. Solange der Irak keinen Weg fand, um seine öffentlichen Institutionen zu stärken, und solange seine politischen Führer nicht in der Lage waren, Kompromisse zu schließen, würde sich das Land nicht erholen. Doch den Umstand, dass Feindseligkeit und Misstrauen zwischen al-Maliki und seinen Gegnern nicht zu bewaffneten, sondern zu politischen Auseinandersetzungen führten, musste man schon als Fortschritt betrachten. Trotz des Abzugs der amerikanischen Streitkräfte aus den irakischen Bevölkerungszentren ging die Zahl der vom irakischen Al-Qaida-Ableger verübten Terroranschläge weiter zurück, und unsere Kommandeure berichteten über eine stetig wachsende Leistungsfähigkeit der irakischen Sicherheitskräfte. Gates und ich waren uns darin einig, dass die Vereinigten Staaten den Irak in den kommenden Jahren würden stützen müssen: Wir würden die wichtigsten Ministerien beraten, Sicherheitskräfte ausbilden, zwischen den rivalisierenden Gruppen vermitteln und zur Finanzierung des Wiederaufbaus beitragen müssen. Aber trotz der unvermeidlichen Rückschläge war endlich ein Ende des amerikanischen Kriegseinsatzes im Irak in Sicht.

In Afghanistan lagen die Dinge anders.

Die Stationierung zusätzlicher Truppen, die ich im Februar genehmigt hatte, hatte dazu beigetragen, den Vormarsch der Taliban in einigen Landesteilen zu stoppen, und unsere Einheiten waren bemüht, die bevorstehende Präsidentschaftswahl zu sichern. Aber unsere Truppen hatten die zunehmende Gewalt und Instabilität in Afghanistan nicht unterbunden, und vermehrte Kämpfe um weite Teile des afghanischen Territoriums ließen die Zahl der amerikanischen Opfer sprunghaft ansteigen.

Auch unter der afghanischen Bevölkerung stiegen die Opferzahlen. Immer mehr Zivilisten gerieten ins Kreuzfeuer, fielen Selbstmordanschlägen oder raffinierteren Sprengfallen der Aufständischen zum Opfer. Afghanen beklagten sich immer häufiger über bestimmte Taktiken der amerikanischen Streitkräfte – darunter nächtliche Hausdurchsuchungen auf der Jagd nach Taliban –, die in ihren Augen gefährlich oder störend waren, während unsere Kommandeure sie für notwendig für die Erfüllung ihrer Aufgabe hielten. An der politischen Front bestand Präsident Karzais Strategie zur Sicherung der Wiederwahl im Wesentlichen darin, örtliche Machthaber zu bestechen, Gegner einzuschüchtern und die verschiedenen Volksgruppen geschickt gegeneinander auszuspielen. Auf diplomatischer Ebene schienen unsere Bemühungen um Gespräche mit hochrangigen pakistanischen Regierungsvertretern nichts daran zu ändern, dass diese den Taliban weiterhin Zuflucht in ihrem Land gewährten. Dazu kam, dass eine wiederhergestellte al-Qaida, die in den Grenzgebieten zu Pakistan operierte, nach wie vor eine große Bedrohung darstellte.

In Ermangelung echter Fortschritte waren wir alle gespannt, was unser neuer Kommandeur der Internationalen Sicherheitsunterstützungstruppe ISAF, General Stanley McChrystal, zu der Situation zu sagen haben würde. Ende August übermittelte McChrystal, der mit einem Team von militärischen und zivilen Beratern mehrere Wochen in Afghanistan verbracht hatte, die Lagebeurteilung an das Pentagon, die Gates angefordert hatte. Wenige Tage später leitete das Verteidigungsministerium den Bericht an das Weiße Haus weiter.

Statt eindeutige Antworten zu geben, führte er nur zu einer neuen Runde beunruhigender Fragen.

IN MCCHRYSTALS BERICHT war ausführlich beschrieben, was wir zumeist bereits wussten: Die Situation in Afghanistan war schlimm, und sie verschlimmerte sich weiter, die Taliban hatten sich erholt, die afghanische Armee war geschwächt und demoralisiert, und Karzai, der sich in einer von Gewalt und Betrug überschatteten Wahl durchgesetzt hatte, stand immer noch einer Regierung vor, die in den Augen der Bevölkerung korrupt und unfähig war. Aber die Schlüsse, die McChrystal aus seiner Analyse zog, sorgten für beträchtliche Unruhe. Um eine Wende herbeizuführen, schlug er einen ausgewachsenen Feldzug zur Aufstandsbekämpfung vor, eine »Counterinsurgency Campaign« (COIN): Diese Strategie sollte dazu dienen, die Aufständischen in Schach zu halten und zu marginalisieren, indem man sie nicht nur militärisch bekämpfte, sondern auch stabilere Lebensbedingungen für die Bevölkerung schuf. Im Idealfall würde man damit die Wut dämpfen, die die Aufständischen überhaupt erst dazu bewegt hatte, zu den Waffen zu greifen.

Dieser Vorschlag McChrystals war nicht nur ambitionierter als die Strategie, für die ich mich entschieden hatte, als ich im Frühling die Empfehlungen des Riedel-Berichts übernommen hatte. Er forderte auch zusätzlich zu den bereits von mir entsandten Truppen mindestens vierzigtausend Soldaten – was bedeutete, dass wir auf absehbare Zeit fast hunderttausend Mann in Afghanistan stationieren würden.

»So viel zum Antikriegspräsidenten«, sagte Axe.

Ich konnte mich des Gefühls nicht erwehren, dass ich Opfer einer Lockvogeltaktik werden sollte – dass die Zustimmung des Pentagons zu der von mir ursprünglich gebilligten moderateren Truppenaufstockung um siebzehntausend Soldaten und viertausend militärischen

Ausbildern lediglich ein zeitweiliger taktischer Rückzug gewesen war, um das langfristige Ziel eines massiveren Engagements zu erreichen. Unter den Mitgliedern meines Teams verhärteten sich die Meinungsverschiedenheiten über Afghanistan, die sich schon im Februar gezeigt hatten. Mike Mullen, die Vereinigten Stabschefs und David Petraeus befürworteten McChrystals COIN-Strategie vorbehaltlos: Halbherzige Maßnahmen, so ihre Argumentation, würden aller Voraussicht nach wirkungslos verpuffen und lediglich Freund und Feind einen gefährlichen Mangel an Entschlossenheit der Vereinigten Staaten signalisieren. Hillary und Panetta schlossen sich ihnen rasch an. Gates, der zuvor Bedenken geäußert hatte, ob es klug sei, unsere Militärpräsenz in einem Land zu vergrößern, das bekannt war für seinen Widerstand gegen eine fremde Besatzung, war zurückhaltender, erklärte mir jedoch, McChrystal habe ihn davon überzeugt, dass eine kleinere US-Streitmacht nicht ausreiche. Wenn wir uns eng mit den afghanischen Sicherheitskräften koordinierten, um die Bevölkerung zu schützen, und unsere Soldaten besser für die Eigentümlichkeiten der afghanischen Kultur sensibilisierten, dann könnten wir vermeiden, in eine ähnlich missliche Lage zu geraten wie die sowjetischen Besatzer in den Achtzigerjahren. Joe und eine beträchtliche Anzahl von Mitarbeitern des Nationalen Sicherheitsrats sahen in McChrystals Vorschlag einfach den neuesten Versuch zügelloser Militärs, das Land noch tiefer in ein aussichtsloses, unerhört kostspieliges Nationbuilding-Unternehmen zu verstricken, und das zu einer Zeit, in der wir uns auf die Bekämpfung von al-Qaida konzentrieren könnten und sollten.

Nach der Lektüre von McChrystals sechsundsechzigseitigem Bericht teilte ich Joes Skepsis. Soweit ich es beurteilen konnte, war keine klare Ausstiegsstrategie zu erkennen: Wenn wir McChrystals Plan umsetzten, würde es allein fünf oder sechs Jahre dauern, die Truppenstärke wieder auf das gegenwärtige Niveau zu senken. Die Kosten waren atemberaubend – sie lagen bei mindestens einer Milliarde Dollar pro tausend zusätzlich entsandten Soldaten. Unsere Uniformierten, die nach einem Kriegseinsatz, der mittlerweile fast ein Jahrzehnt dauerte, teilweise zum vierten oder fünften Mal entsandt wurden, würden einen noch höheren Preis bezahlen müssen. Und in Anbetracht der Unnachgiebigkeit der Taliban und der Untauglichkeit der Regierung Karzai gab es keine Erfolgsgarantie. In ihrer schriftlichen Befürwortung des Plans räumten Gates und die Generäle ein, dass keine amerikanische Militärmacht Afghanistan stabilisieren könne, solange die Verwaltung des Landes durch »eine verbreitete Korruption und Ausbeutung der Bevölkerung gekennzeichnet« sei. Ich hielt es für unmöglich, in absehbarer Zukunft etwas an *dieser* Situation zu ändern.

Und doch hinderten mich einige unangenehme Wahrheiten daran, McChrystals Plan rundweg abzulehnen. Der Status quo war unhaltbar. Wir konnten es uns nicht leisten, den Taliban eine Rückkehr an die Macht zu erlauben, und wir brauchten mehr Zeit, um leistungsfähigere afghanische Sicherheitskräfte auszubilden und al-Qaida und ihre Führung zu zerschlagen. Ich vertraute meiner Urteilskraft, aber ich konnte die einhellige Empfehlung erfahrener Generäle, die es geschafft hatten, im Irak ein gewisses Maß an Stabilität herzustellen, und in Afghanistan bereits eine erbitterte militärische Auseinandersetzung führten, nicht einfach ignorieren. Also bat ich Jim Jones und Tom Donilon, abseits der Parteipolitik im Kongress und der Nörgelei in den Medien mehrere Sitzungen des Nationalen Sicherheitsrats vorzubereiten, in denen wir die Details von McChrystals Vorschlag methodisch durchgehen konnten, um herauszufinden, inwiefern seine Anregungen mit unseren erklärten Zielen vereinbar waren, und dann die beste Vorgehensweise festzulegen.

Wie sich herausstellte, hatten die Generäle anderes im Sinn. Nur zwei Tage, nachdem mir der Bericht vorgelegt worden war, veröffentlichte die *Washington Post* ein Interview mit David Petraeus, in dem dieser erklärte, der Militäreinsatz in Afghanistan könne nur erfolgreich abgeschlossen werden, wenn deutlich mehr Truppen entsandt und eine »umfassende, mit ausreichenden Mitteln ausgestattete« Strategie zur Aufstandsbekämpfung entwickelt werde. Etwa zehn Tage später äußerte sich Mike Mullen unmittelbar nach unserer ersten Diskussion über McChrystals Vorschlag im Situation Room in einer schon vor längerer Zeit angesetzten Anhörung vor dem Streitkräfteausschuss ähnlich und lehnte jede begrenztere Strategie mit dem Argument ab, sie werde nicht genügen, um al-Qaida zu besiegen und zu verhindern, dass sich Afghanistan in Zukunft in eine Operationsbasis für Angriffe auf die Vereinigten Staaten verwandeln werde. Einige Tage später, am

21. September, veröffentlichte die *Washington Post* unter der Schlagzeile »McChrystal: Mehr Truppen oder ›Gescheiterte Mission‹« eine Zusammenfassung von McChrystals Bericht, der Bob Woodward zugespielt worden war. Kurz darauf gab McChrystal ein Interview für *60 Minutes* und hielt eine Rede in London, um die Vorzüge seiner COIN-Strategie gegenüber den Alternativen zu erläutern.

Die Reaktionen waren vorhersehbar. Republikanische Falken wie John McCain und Lindsey Graham schlossen sich dem Medienfeldzug der Generäle an und richteten die altbekannte Botschaft an mich, ich solle »auf die Kommandeure an der Front hören« und McChrystals Forderung erfüllen. Täglich tauchten Nachrichten über eine wachsende Kluft zwischen dem Weißen Haus und dem Pentagon auf. Kolumnisten bezeichneten mich als »Zauderer« und stellten die Frage, ob ich das Zeug hätte, das Land in Kriegszeiten zu führen. Rahm erklärte, in all seinen Jahren in Washington habe er nie eine so gut orchestrierte Öffentlichkeitskampagne des Pentagons erlebt mit der Absicht, einen Präsidenten in die Enge zu treiben. Biden sagte es knapper:

»Das ist verdammt unverschämt.«

Ich pflichtete ihm bei. Es war nicht das erste Mal, dass den Medien Informationen über Meinungsverschiedenheiten in meinem Team zugespielt worden waren. Aber zum ersten Mal in meiner Präsidentschaft hatte ich das Gefühl, dass eine ganze Behörde, die mir unterstand, ihre eigenen Ziele verfolgte. Ich war entschlossen, zumindest dafür zu sorgen, dass so etwas kein zweites Mal passierte. Kurz nach Mullens Stellungnahme in der Senatsanhörung zitierte ich ihn und Gates ins Oval Office.

»Also gut«, sagte ich, nachdem ich sie gebeten hatte, Platz zu nehmen, und ihnen eine Tasse Kaffee angeboten hatte. »Habe ich mich nicht deutlich genug ausgedrückt, dass ich Zeit brauche, um McChrystals Bericht auszuwerten? Oder mangelt es Ihrem Ministerium einfach an grundlegendem Respekt mir gegenüber?«

Die beiden Männer rutschten unangenehm berührt auf dem Sofa umher. Wie üblich, wenn ich wütend bin, hob ich auch in dieser Situation nicht die Stimme.

»Seit dem Tag meiner Vereidigung«, fuhr ich fort, »habe ich alles getan, um dafür zu sorgen, dass die Meinungen aller Beteiligten gehört werden. Und ich denke, dass ich die Bereitschaft bewiesen habe, unpopuläre Entscheidungen zu fällen, wenn dies in meinen Augen im Interesse der Sicherheit unseres Landes war. Stimmen Sie dem zu, Bob?«

»Das tue ich, Mr President«, sagte Bob.

»Wenn ich also einen Prozess anstoße, um zu entscheiden, ob ich Zehntausende zusätzliche Soldaten in ein tödliches Kriegsgebiet schicken soll, was Hunderte Milliarden Dollar kosten wird, und wenn ich feststellen muss, dass hochrangige Militärs diesen Prozess torpedieren und ihre Meinung in die Öffentlichkeit tragen, dann muss ich mich fragen: Liegt es daran, dass sie glauben, es besser zu wissen als ich, und nicht von mir mit Fragen belästigt werden wollen? Liegt es daran, dass ich jung bin und nicht im Militär gedient habe? Liegt es daran, dass ihnen meine Politik nicht gefällt …?«

Ich hielt inne und ließ die Fragen im Raum stehen. Mullen räusperte sich.

»Ich denke, ich spreche für alle Ihre Flaggoffiziere, Mr President«, sagte er, »wenn ich sage, dass wir größten Respekt für Sie und Ihr Amt hegen.«

Ich nickte. »Nun gut, Mike, ich werde Sie beim Wort nehmen. Und ich gebe Ihnen *mein* Wort, dass ich auf der Grundlage der Ratschläge des Pentagons und dessen, was meiner Überzeugung nach im besten Interesse dieses Landes ist, über Stans Vorschlag entscheiden werde. Aber bis ich das tue« – ich beugte mich zu ihnen vor, um meinen Worten Nachdruck zu verleihen –, »erwarte ich, dass meine militärischen Berater aufhören, mir auf dem Titelblatt der Morgenzeitung zu sagen, was ich tun *soll*. Scheint Ihnen das fair?«

Er stimmte mir zu, und wir beschäftigten uns mit anderen Fragen.

RÜCKBLICKEND NEIGE ICH DAZU, Gates' Erklärung zu glauben, es habe keinen koordinierten Plan Mullens, Petraeus' oder McChrystals gegeben, mir ihren Willen aufzuzwingen (obwohl Gates später einräumte, aus zuverlässiger Quelle erfahren zu haben, dass einer von McChrystals Mitarbeitern den Bericht des Generals Woodward zugespielt hatte). Ich weiß, dass alle drei Männer in der aufrichtigen Überzeugung handelten, die Lage richtig einzuschätzen, und dass sie es für ihre Pflicht als Offiziere hielten, in öffentlichen Stellungnahmen oder

Äußerungen gegenüber der Presse ohne Rücksicht auf die politischen Konsequenzen ihre ehrliche Meinung zu sagen. Gates erinnerte mich daran, dass Mullens Offenherzigkeit schon meinen Amtsvorgänger im Weißen Haus geärgert hatte, und er wies mit Recht darauf hin, dass hochrangige Mitarbeiter des Weißen Hauses ebenfalls oft versuchten, hinter den Kulissen Einfluss auf die Medien zu nehmen.

Aber ich denke, dass die Episode auch verdeutlichte, wie sehr sich das Militär in den Jahren unter Bush daran gewöhnt hatte, stets alles zu bekommen, was es wollte, und dass eine wachsende Zahl wesentlicher politischer Entscheidungen – über Krieg und Frieden, aber auch über Prioritäten für den Staatshaushalt, diplomatische Ziele und mögliche Kompromisse zwischen der Sicherheit und anderen Werten – dem Verteidigungsministerium und der CIA überlassen worden war. Es war nicht schwer zu verstehen, welche Faktoren dabei eine Rolle gespielt hatten: Nach dem 11. September war es das vorrangige Ziel gewesen, alles Nötige zu tun, um die Terroristen zu stoppen, und das Weiße Haus hatte nur ungern bohrende Fragen gestellt, die diese Bemühungen hätten stören können. Das Militär war gezwungen gewesen, das Chaos zu bewältigen, das durch die Entscheidung, in den Irak einzumarschieren, heraufbeschworen worden war. Die Öffentlichkeit hielt die Streitkräfte mit Recht für kompetenter und vertrauenswürdiger als die für die Politik verantwortlichen Zivilisten. Der Kongress wollte keine Verantwortung für schwierige außenpolitische Probleme übernehmen. Und die Medien waren oft übermäßig ehrerbietig gegenüber Personen, die Sterne auf den Schulterklappen trugen.

Männer wie Mullen, Petraeus, McChrystal und Gates – allesamt erfahrene Führungskräfte, die sich vollkommen auf die sehr schweren Aufgaben konzentrierten, mit denen sie konfrontiert waren – hatten einfach ein Vakuum gefüllt. Das Land war froh gewesen, so fähige Männer auf wichtigen Positionen zu haben, und im Verlauf des Irakkriegs hatten sie zumeist richtig entschieden. Aber wie ich Petraeus kurz bei unserer ersten Begegnung im Irak vor meinem Wahlsieg gesagt hatte, war es der Job des Präsidenten, das große Ganze zu betrachten, und nicht nur einen Ausschnitt, und Kosten und Nutzen von Militäreinsätzen gegen alles andere abzuwägen, was erforderlich war, um das Land stark zu machen.

Solch fundamentale Fragen – die zivile Kontrolle über die Politik, die jeweiligen Rollen des Präsidenten und seiner militärischen Ratgeber in unserem konstitutionellen System sowie die Anliegen beider Seiten bei Entscheidungen über Kriegseinsätze – prägten die Debatte über Afghanistan genauso wie die spezifischen Meinungsverschiedenheiten in strategischen oder taktischen Fragen. Und bei diesen Grundsatzfragen traten die unterschiedlichen Vorstellungen von Gates und mir deutlicher zutage. Gates kannte die Washingtoner Politik so gut wie kaum jemand und verstand, wie sich der Druck des Kongresses, die öffentliche Meinung und die budgetären Beschränkungen auswirkten. Aber in seinen Augen waren dies keine legitimen Faktoren, die in unsere Entscheidungen einfließen mussten, sondern Hindernisse, die man umschiffte. Im Verlauf der Debatte über den Afghanistaneinsatz war er schnell bei der Hand, alle Einwände Rahms oder Bidens – dass es schwierig werden würde, die Mehrheit des Kongresses dazu zu bewegen, die mit McChrystals Plan verbundenen zusätzlichen Ausgaben von 30 bis 40 Milliarden Dollar im Jahr zu bewilligen, oder dass das Land nach mittlerweile fast einem Jahrzehnt des Krieges kriegsmüde sein könnte – als bloße »politische Taktik« zurückzuweisen.

Im Gespräch mit anderen, wenn auch nie direkt mir gegenüber, bezweifelte Gates manchmal, ob ich wirklich zu dem Militäreinsatz in Afghanistan stehe, und kritisierte die Strategie, für die ich mich im März entschieden hatte, was zweifellos daran lag, dass er dahinter ebenfalls »politische Taktik« vermutete. Es fiel ihm schwer zu begreifen, dass das, was er für politisches Taktieren hielt, einfach die Funktionsweise der Demokratie war – dass es nicht das einzige Ziel unserer Mission sein konnte, einen Feind zu besiegen, sondern dass wir auch dafür sorgen mussten, dass das Land im Verlauf dieser Auseinandersetzung nicht ausblutete; dass die Frage, ob man Hunderte Milliarden Dollar für Raketen und Stützpunkte statt für Schulen und die medizinische Versorgung von Kindern ausgeben sollte, nicht nebensächlich, sondern wesentlich für die nationale Sicherheit war; dass sein ausgeprägtes Gefühl der Verantwortung gegenüber den bereits entsandten Truppen, sein aufrichtiger und anerkennenswerter Wunsch, ihnen zumindest die Chance auf einen Erfolg zu geben, möglicherweise genauso viel zählten wie die Leidenschaft und der Patriotismus derer, die möglichst wenige junge Amerikaner tödlichen Gefahren aussetzen wollten.

VIELLEICHT WAR ES nicht Gates' Aufgabe, sich Gedanken über diese Dinge zu machen, aber es war meine Aufgabe. Also leitete ich zwischen Mitte September und Mitte November im Situation Room neun Sitzungen, in denen wir uns jeweils zwei bis drei Stunden mit McChrystals Plan auseinandersetzten. Die Dauer dieser Besprechungen wurde Gesprächsstoff in Washington, und obwohl meine Unterredung mit Gates und Mullen den öffentlichen Verlautbarungen hochrangiger Generäle ein Ende gemacht hatte, tauchten in den Medien weiterhin regelmäßig durchgesickerte Informationen, anonyme Meinungsäußerungen und Spekulationen auf. Ich bemühte mich nach Kräften, das Hintergrundrauschen zu ignorieren, wobei mir das Wissen half, dass unter den lautstärksten Kritikern viele der Kommentatoren und sogenannten Experten waren, die die übereilte Entscheidung zur Invasion des Irak aktiv unterstützt hatten oder sich vom allgemeinen Fieber hatten anstecken lassen.

Tatsächlich lautete eines der Hauptargumente für McChrystals Plan, dass er Ähnlichkeiten mit der Strategie zur Aufstandsbekämpfung aufwies, die Petraeus bei der Truppenaufstockung im Irak angewandt hatte. Grundsätzlich war Petraeus' Strategie, einheimische Sicherheitskräfte auszubilden, die lokalen Regierungs- und Verwaltungsstrukturen zu festigen und die Bevölkerung zu schützen, anstatt Gebietsgewinne zu erzielen und die getöteten Aufständischen zu zählen, richtig gewesen. Aber Afghanistan im Jahr 2009 war nicht der Irak im Jahr 2006. Die beiden Länder wiesen unterschiedliche Gegebenheiten auf, weshalb unterschiedliche Lösungen benötigt wurden. Mit jeder unserer Sitzungen im Situation Room wurde deutlicher, dass die expansive COIN-Strategie, die McChrystal für Afghanistan vorsah, nicht nur den Rahmen dessen sprengte, was erforderlich war, um al-Qaida zu zerschlagen: Sie sprengte auch den Rahmen dessen, was innerhalb meiner Amtszeit wahrscheinlich verwirklicht werden konnte – sofern die Ziele überhaupt zu erreichen waren.

John Brennan betonte wiederholt, dass die Taliban – anders als al-Qaida im Irak – zu tief in der afghanischen Gesellschaft verwurzelt seien, um sie vollkommen zu zerstören, und dass sie trotz ihrer Sympathie für al-Qaida keine Anstalten machten, die Vereinigten Staaten oder deren Verbündete außerhalb Afghanistans anzugreifen. Unser Botschafter in Kabul, der ehemalige General Karl Eikenberry, hielt eine Läuterung der Regierung Karzai für unwahrscheinlich und befürchtete, dass eine große Aufstockung des amerikanischen Truppenkontingents und eine weitere »Amerikanisierung« des Kriegs Karzai von jeglichem Druck befreien würden, im eigenen Haus Ordnung zu schaffen. McChrystals ausführlicher Zeitplan für die Stationierung und den Abzug der Truppen hatte kaum Ähnlichkeit mit einer akuten Truppenaufstockung wie im Irak, sondern sah eher wie ein Plan für eine langfristige Besatzung aus, was Biden zu der Frage veranlasste, warum wir, wenn sich al-Qaida doch in Pakistan versteckte und fast ausschließlich mit Drohnen angegriffen werde, hunderttausend Soldaten entsenden sollten, um das Nachbarland wiederaufzubauen.

Zumindest in meiner Gegenwart beantworteten McChrystal und die übrigen Generäle pflichtschuldig all diese Fragen – in einigen Fällen überzeugend, in anderen weniger überzeugend. Bei aller Geduld und Umgänglichkeit fiel es ihnen schwer, ihre Frustration darüber zu verbergen, dass ihr fachmännisches Urteil infrage gestellt wurde, vor allem von Leuten, die selbst nie eine Uniform getragen hatten. (McChrystal kniff bei mehr als einer Gelegenheit die Augen zusammen, wenn Biden begann, ihm zu erklären, was man für erfolgreiche Antiterroreinsätze brauchte.) Die Spannungen zwischen dem Weißen Haus und dem Pentagon wuchsen: Die Mitglieder des Nationalen Sicherheitsrats hatten das Gefühl, das Verteidigungsministerium mauere und versorge sie nicht rechtzeitig mit Informationen, und Gates ärgerte sich schweigend über das, was er als andauerndes Mikromanagement des Sicherheitsrats ansah. Die Feindseligkeiten griffen sogar auf die Beziehungen *innerhalb* der Ministerien über. James »Hoss« Cartwright, der stellvertretende Vorsitzende der Vereinigten Stabschefs, und Generalleutnant Douglas Lute – ein Mitglied des Nationalen Sicherheitsrats und »Kriegsherr« in den letzten beiden Jahren der Regierung Bush, den ich zum Verbleib aufgefordert hatte – verloren beide deutlich an Rückhalt im Pentagon von dem Moment an, als sie einwilligten, Biden beim Entwurf eines Alternativvorschlags zum McChrystal-Plan zu helfen, der mit weniger Truppen auskam und sich stärker auf Terrorbekämpfung konzentrierte. Hillary ihrerseits war der Meinung, dass Eikenberrys Ausweichmanöver zur Umgehung der offiziellen Kanäle des Außenministeriums an Insubordination grenzten, und verlangte seine Absetzung.

Es ist nicht übertrieben, wenn ich sage, dass zum Zeitpunkt der dritten oder vierten Runde von Powerpoint-Präsentationen, Karten der Kampfzonen und abgehackten Videofeeds, begleitet vom allgegenwärtigen Neonlicht, dem schlechten Kaffee und der abgestandenen Luft, alle Beteiligten Afghanistan satthatten. Sie hatten die Besprechungen satt, und sie hatten einander satt. Was mich anging, nun, ich spürte die Bürde des Amtes stärker als zu irgendeiner anderen Zeit seit meiner Vereidigung. Ich versuchte, es mir nicht anmerken zu lassen, bemühte mich um einen neutralen Gesichtsausdruck, wenn ich Fragen stellte, machte mir Notizen und kritzelte gelegentlich etwas an den Rand des Blocks, den mir meine Mitarbeiter hingelegt hatten (meist abstrakte Muster, manchmal auch Gesichter oder Strandszenen – eine Möwe, die über eine Palme flog und Ozeanwellen). Aber hin und wieder brach meine Frustration durch, vor allem, wenn jemand bei der Beantwortung einer schwierigen Frage auf das Argument zurückgriff, wir müssten mehr Truppen nach Afghanistan schicken, um »Entschlossenheit« zu signalisieren.

»Was genau soll das bedeuten?«, fragte ich dann, manchmal in zu scharfem Ton. Dass wir an schlechten Entscheidungen aus der Vergangenheit festhalten sollten? Konnte im Ernst jemand glauben, dass wir unsere Verbündeten beeindrucken und unsere Feinde das Fürchten lehren würden, indem wir uns weitere zehn Jahre in Afghanistan im Kreis drehten? Später erzählte ich Denis, dass mich das an den Kinderreim von der alten Frau erinnerte, die eine Spinne schluckte, um eine Fliege zu fangen.

»Am Ende schluckt sie ein Pferd«, sagte ich.

»Ja, und natürlich stirbt sie«, sagte Denis.

Manchmal ging ich nach einer dieser Marathonsitzungen zu dem kleinen Häuschen am Pool nahe beim Oval Office, um eine Zigarette zu rauchen und die Stille aufzusaugen. Ich fühlte die Verspannungen in Rücken, Schultern und Nacken, die ein Hinweis darauf waren, dass ich lange gesessen hatte, aber auch meinen Gemütszustand ausdrückten. Wenn die Entscheidung über Afghanistan doch nur eine Frage der Entschlossenheit wäre, dachte ich, wenn es einfach um Willenskraft, Stahl und Feuer ginge. So war es gewesen, als Lincoln versucht hatte, die Union zu retten, und als Roosevelt auf Pearl Harbor reagieren musste, weil die Vereinigten Staaten und die Welt einer tödlichen Bedrohung durch expansionistische Mächte gegenüberstanden. Unter solchen Umständen sammelt man all seine Kraft und führt einen uneingeschränkten Krieg. Aber in dieser Situation jetzt waren die Bedrohungen, denen wir uns gegenübersahen – tödliche Terrornetzwerke ohne Staat, ansonsten zerbrechliche Schurkenstaaten, die sich um Massenvernichtungswaffen bemühten –, zwar real, aber nicht existenzbedrohend. Entschlossenheit ohne Weitblick war deshalb völlig nutzlos. Sie führte dazu, dass wir die falschen Kriege führten und immer tiefer in ein endloses Labyrinth gerieten. Sie hatte zur Folge, dass wir unwirtliches Terrain verwalteten und mehr Feinde heranzüchteten, als wir töteten. Die Vereinigten Staaten konnten sich aufgrund ihrer unvergleichlichen Macht aussuchen, wofür, wann und wie sie kämpfen wollten. Etwas anderes zu behaupten und darauf zu beharren, die Verteidigung unserer Sicherheit und unserer Stellung in der Welt zwänge uns, in jedem einzelnen Fall alles, was in unserer Macht stand, so lange zu tun wie nur irgend möglich, bedeutete, unsere moralische Verantwortung zu leugnen, und die Gewissheit, die das bot, war nur ein tröstlicher Selbstbetrug.

GEGEN SECHS UHR MORGENS am 9. Oktober 2009 riss mich das Klingeln des Telefons aus dem Schlaf. Die Stimme in der Vermittlungszentrale sagte, Robert Gibbs sei am Apparat. Anrufe meiner Mitarbeiter zu so früher Stunde waren selten, und mir blieb das Herz stehen: War es ein Terroranschlag? Eine Naturkatastrophe?

»Ihnen ist der Friedensnobelpreis zuerkannt worden«, sagte Gibbs.

»Wie bitte?«

»Es wurde vor wenigen Minuten bekannt gegeben.«

»Wofür?«

Gibbs ging taktvoll über die Frage hinweg und sagte, Favs warte beim Oval Office, um mir bei der Ausarbeitung einer Stellungnahme zu helfen. Nachdem ich aufgelegt hatte, fragte Michelle, was der Anrufer gewollt habe.

»Ich bekomme den Friedensnobelpreis.«

»Das ist wunderbar, Schatz«, sagte sie und drehte sich auf die Seite, um noch ein wenig weiterzuschlafen.

Anderthalb Stunden später schauten Malia und Sasha im Esszimmer vorbei, wo ich gerade beim Frühstück saß. »Tolle Nachrichten, Daddy«, sagte Malia und warf sich den Rucksack über die Schulter. »Du hast den Nobelpreis gewonnen … und Bo hat Geburtstag!«

»Und wir haben ein langes Wochenende – Kolumbus-Tag!«, fügte Sasha hinzu und streckte triumphierend ihre Faust in die Luft. Die beiden küssten mich auf die Wange und machten sich auf den Weg zur Schule.

Im Rosengarten erklärte ich vor dem versammelten Pressekorps, nach nicht einmal einem Jahr im Amt hätte ich nicht das Gefühl, dass ich es verdiente, in Gesellschaft jener bedeutenden Personen zu sein, die in der Vergangenheit mit diesem Preis ausgezeichnet worden waren. Ich betrachte die Auszeichnung eher als Aufruf zum Handeln, als Versuch des Nobelpreiskomitees, jene Anliegen voranzutreiben, in denen die amerikanische Führung unverzichtbar war: die Eindämmung der Bedrohung durch Atomwaffen und Klimawandel, die Verringerung der wirtschaftlichen Ungleichheit, die Verteidigung der Menschenrechte und die Überwindung der auf Hautfarbe, Ethnie und Religion gegründeten Grenzen, die so viele Konflikte auslösten. Ich äußerte meine Überzeugung, dass ich den Preis mit vielen anderen in aller Welt hätte teilen sollen, die sich für Gerechtigkeit, Frieden und Respekt für die Menschenwürde einsetzten und dafür oft keine Anerkennung erhielten.

Auf dem Rückweg ins Oval Office bat ich Katie, die mittlerweile eintreffenden Glückwunschanrufe eine Weile abzublocken, und nahm mir einige Minuten Zeit, um über die sich öffnende Schere zwischen den Erwartungen an meine Präsidentschaft und der Realität meiner Amtsführung nachzudenken. Es war sechs Tage her, dass dreihundert afghanische Aufständische einen kleinen amerikanischen Außenposten im Hindukusch überrannt, acht unserer Soldaten getötet und siebenundzwanzig weitere verwundet hatten. Der Oktober würde von den amerikanischen Truppen in Afghanistan den höchsten Blutzoll seit Beginn des Kriegs vor acht Jahren fordern. Und statt eine neue Ära des Friedens einzuläuten, musste ich womöglich bald zusätzliche Soldaten in den Krieg schicken.

AM MONATSENDE FLOGEN Justizminister Eric Holder und ich in einer Nacht zum Luftwaffenstützpunkt Dover in Delaware, um der Heimkehr der sterblichen Überreste von fünfzehn Soldaten und drei Drogenfahndern beizuwohnen, die bei aufeinanderfolgenden Vorfällen in Afghanistan getötet worden waren – einem Hubschrauberabsturz und zwei Sprengfallen-Attentaten in der Provinz Kandahar. Es kam selten vor, dass der Präsident bei einer dieser »würdevollen Überstellungen« anwesend war, aber ich hielt es für wichtiger denn je, daran teilzunehmen. Seit dem Golfkrieg hatte das Verteidigungsministerium den Medien untersagt, über die Rückkehr von Soldatensärgen zu berichten, aber mit Unterstützung von Bob Gates hatte ich die entsprechende Regelung in diesem Jahr aufgehoben; von nun an lag die Entscheidung bei den Familien der Gefallenen. Dadurch, dass die Öffentlichkeit zumindest über einige dieser Überstellungen informiert wurde, konnte sich das Land ein klareres Bild von den Kosten des Krieges und dem Schmerz machen, den jedes verlorene Menschenleben auslöste. Und in dieser Nacht am Ende eines furchtbaren Monats in Afghanistan hatte eine der Familien, zu einer Zeit, als die Zukunft des Kriegseinsatzes zur Debatte stand, beschlossen, den Augenblick für die Öffentlichkeit zu dokumentieren.

In den vier oder fünf Stunden, die ich mich auf dem Stützpunkt aufhielt, herrschte unablässig geschäftiges Treiben: in der kleinen, einfachen Kapelle, wo Holder und ich uns zu den versammelten Familien gesellten. Im Frachtraum der C-17, die achtzehn in das Sternenbanner gehüllte Särge nach Hause gebracht hatte und in der das feierliche Gebet eines Militärkaplans von den Metallwänden widerhallte. Auf dem Rollfeld, wo wir in Habtachtstellung verharrten und zusahen, wie sechs Sargträger in Tarnanzügen, weißen Handschuhen und schwarzen Baretten die schweren Särge einen nach dem anderen zu den aufgereihten Fahrzeugen trugen. Man hörte nur das Rauschen des Windes und den Takt der Schritte, sonst herrschte Stille.

Der Sonnenaufgang war noch einige Stunden entfernt, als ich mich auf den Rückflug nach Washington machte. Die einzigen Worte, an die ich mich erinnern konnte, waren die der Mutter eines Gefallenen: »Lassen Sie die Jungs, die noch dort drüben sind, nicht im Stich.« Sie wirkte erschöpft, ihr Gesicht ganz ausgezehrt vom Schmerz. Ich versprach es ihr, obwohl ich nicht wusste, ob sie damit gemeint hatte, dass ich mehr Soldaten hinüberschicken sollte, um den Einsatz abzuschließen, für den ihr Sohn sein Leben gegeben hatte, oder dass ich einen nicht enden wollenden, verworrenen Konflikt beenden sollte, der die Kinder weiterer Familien das Leben kosten würde. Die Entscheidung blieb mir überlassen.

Eine Woche später wurde unser Militär erneut von einer Katastrophe getroffen, in diesem Fall jedoch auf heimischem Boden. Am 5. November betrat der Psychiater Nidal Hasan, ein Major der U. S. Army, ein Gebäude auf dem Heeresstützpunkt Fort Hood im texanischen Killeen, zückte eine halb automatische Pistole, die er in einer örtlichen Waffenhandlung gekauft hatte, und eröffnete das Feuer auf die Anwesenden. Er tötete dreizehn Menschen und verletzte viele mehr, bevor er von Mitgliedern der Stützpunktpolizei angeschossen und verhaftet wurde. Einmal mehr setzte ich mich ins Flugzeug, um trauernde Familien zu trösten. Anschließend sprach ich bei einem Gedenkgottesdienst unter freiem Himmel. Der klagende Klang einer Trompete überdeckte gedämpftes Schluchzen im Publikum, und mein Blick wanderte über die Erinnerungen an die gefallenen Soldaten: ein gerahmtes Foto, ein Paar Kampfstiefel, ein auf einen Gewehrlauf gesetzter Helm.

Mir kam in den Sinn, was mir John Brennan und FBI-Direktor Robert Mueller über die Schießerei berichtet hatten: Hasan, ein in den Vereinigten Staaten geborener Muslim mit einer verstörenden Geschichte psychischer Instabilität, hatte sich offenbar im Internet radikalisiert. Besonders inspiriert hatte ihn ein charismatischer jemenitisch-amerikanischer Geistlicher namens Anwar al-Awlaki, der eine große Anhängerschaft in aller Welt hatte und nach Einschätzung der Geheimdienste der Vordenker von al-Qaidas seit einiger Zeit sehr aktivem Ableger im Jemen war. Hasan hatte al-Awlaki wiederholt E-Mails geschickt. Nach Angabe Muellers und Brennans gab es Hinweise, dass das Verteidigungsministerium, das FBI und der Vereinigte Terrorismusarbeitsstab allesamt frühzeitig auf die eine oder andere Art über eine mögliche Radikalisierung Hasans informiert worden waren. Aber die vorhandenen Systeme für den Informationsaustausch zwischen den Behörden hatten es nicht geschafft, den Zusammenhang herzustellen, sodass die Tragödie vielleicht rechtzeitig hätte verhindert werden können.

Die Nachrufe endeten. Erneut erklang das Trompetensignal Taps. Ich dachte an all die Soldaten, die sich gerade in Fort Hood auf den Aufbruch nach Afghanistan und den Kampf gegen die Taliban vorbereiteten. Und ich konnte mich des Gedankens nicht erwehren, dass die größere Bedrohung jetzt möglicherweise anderswo lauerte – nicht nur im Jemen oder in Somalia, sondern auch als Gespenst des heimischen Terrorismus, im fiebrigen Verstand von Männern wie Hasan und in einer grenzenlosen virtuellen Welt, deren Macht und deren Tragweite wir noch nicht richtig verstanden.

ENDE NOVEMBER 2009 fand unsere neunte und letzte Sitzung zur Beurteilung der Lage in Afghanistan statt. Trotz aller dramatischen Auseinandersetzungen war die Zahl der substanziellen Meinungsverschiedenheiten zwischen den Teammitgliedern inzwischen deutlich zurückgegangen. Die Generäle räumten ein, dass es unmöglich war, die Taliban vollkommen zu zerschlagen. Joe und meine Mitarbeiter im Nationalen Sicherheitsrat hatten eingesehen, dass es unmöglich werden würde, al-Qaida erfolgreich zu bekämpfen, wenn die Taliban das ganze Land unter ihre Kontrolle brachten oder unsere Beschaffung nachrichtendienstlicher Informationen unterbanden. Wir einigten uns auf eine Reihe erreichbarer Ziele: Wir würden versuchen, den Aktionsradius der Taliban zu verringern, damit sie die großen Bevölkerungszentren nicht bedrohen konnten. Wir würden Karzai zu Reformen in einer Handvoll Schlüsselministerien wie den Verteidigungs- und Finanzressorts drängen, anstatt von ihm zu verlangen, die gesamte Regierung neu zu ordnen. Wir würden die Ausbildung der einheimischen Sicherheitskräfte beschleunigen, um die Afghanen schließlich in die Lage zu versetzen, selbst für die Sicherheit in ihrem Land zu sorgen.

Das Team war sich auch einig, dass selbst diese bescheideneren Ziele nur erreicht werden könnten, wenn wir zusätzliche Truppen entsandten.

Strittig war nur noch, wie viele Soldaten wir hinüberschicken mussten und für wie lange. Die Generäle hielten an McChrystals ursprünglicher Forderung von vierzigtausend Mann fest, ohne jedoch eine gute Begründung zu liefern, warum die erforderliche Truppenzahl nicht um einen einzigen Soldaten verringert werden konnte, obwohl wir uns auf begrenztere Ziele geeinigt hatten. Die von Biden zusammen mit Hoss Cartwright und Douglas Lute ausgearbeitete Option einer »Terrorbekämpfung plus« würde zwanzigtausend zusätzliche Soldaten erforderlich machen, die ausschließlich für Operationen gegen Terrororganisationen und für Ausbildungsmaßnahmen eingesetzt werden sollten – aber es war nicht klar, ob diese beiden Aufgaben auch nur annähernd so viele zusätzliche amerikanische Truppen erforderlich machten. In beiden Fällen befürchtete ich, dass auch diese Zahlen eher ideologischen und institutionellen Interessen geschuldet waren als den Zielen, die wir uns gesteckt hatten.

Am Ende war Gates derjenige, der einen gangbaren Weg fand. In einer persönlichen Mitteilung erklärte er mir, McChrystal sei bei seiner Berechnung davon ausgegangen, dass die Vereinigten Staaten die zehntausend niederländischen und kanadischen Soldaten würden ersetzen müssen, die abgezogen werden sollten, weil die Regierungen ihren Wählern versprochen hatten, die Truppen heimzuholen. Wenn ich nun die Entsendung von drei Brigaden mit insgesamt dreißigtausend amerikanischen Soldaten bewilligte, würden wir diesen Beitrag anführen können, um unsere Verbündeten dazu zu bewegen, die übrigen zehntausend Mann bereitzustellen. Gates war auch damit einverstanden, die Entsendung zusätzlicher Soldaten eher als kurzfristige Maßnahme einer Truppenaufstockung denn als langfristigen Einsatz zu betrachten und sowohl die Entsendung zu beschleunigen als auch einen Zeitrahmen von achtzehn Monaten bis zum Beginn der Rückholung festzulegen.

Dass Gates einem präzisen Zeitplan zustimmte, war besonders wichtig für mich. In der Vergangenheit hatte er sich auf die Seite der Vereinigten Stabschefs und Petraeus' gestellt, die diese Lösung ablehnten, was sie damit begründeten, dass eine zeitliche Begrenzung des Einsatzes dem Feind signalisiere, dass er einfach nur unseren Abzug abwarten müsse. Mittlerweile war Gates überzeugt, dass Karzais

Regierung nie Verantwortung übernehmen würde, wenn sie nicht begriff, dass wir unsere Truppen eher früher als später abziehen würden.

Nachdem ich mit Joe, Rahm und den Mitgliedern des Nationalen Sicherheitsrats Rücksprache gehalten hatte, entschied ich mich für Gates' Lösung. Sein Vorschlag ging über einen einfachen Mittelweg zwischen McChrystals Plan und Bidens Option hinaus. Kurzfristig gab diese Lösung McChrystal die militärische Stärke, die er brauchte, um den Vormarsch der Taliban zu stoppen, die Bevölkerungszentren zu schützen und die afghanischen Streitkräfte auszubilden. Gleichzeitig setzte sie der COIN-Strategie der Aufstandsbekämpfung jedoch klare Grenzen und schuf die Voraussetzungen dafür, sich in zwei Jahren auf Maßnahmen der Terrorbekämpfung zu beschränken. Streit gab es weiterhin darüber, wie strikt die Begrenzung des zusätzlichen Truppenkontingents auf dreißigtausend Mann gehandhabt werden sollte (das Pentagon hatte es sich zur Gewohnheit gemacht, zunächst die bewilligte Zahl von Einsatzkräften zu entsenden, um anschließend zu verlangen, das Kontingent um Tausende »Unterstützungskräfte« – Sanitäter, Nachrichtendienstmitarbeiter und Ähnliche – zu erhöhen, die nach Ansicht des Verteidigungsministeriums nicht eingerechnet werden sollten), und Gates brauchte eine Weile, um die Leute in seinem Haus von dieser Lösung zu überzeugen. Aber einige Tage nach Thanksgiving berief ich abends eine Besprechung im Oval Office mit Gates, Mullen und Petraeus auf der einen sowie mit Rahm, Jim Jones und Joe auf der anderen Seite ein, bei der ich im Wesentlichen die Beteiligten ihre Unterschrift unter ein Papier setzen ließ. Die Mitarbeiter des Nationalen Sicherheitsrats hatten ein detailliertes Memo vorbereitet, das meinen Befehl darlegte, und gemeinsam mit Rahm und Joe hatten sie mich davon überzeugt, dass die Pentagon-Leute mir in die Augen schauen und sich auf eine schriftlich fixierte Vereinbarung verpflichten müssten. Für den Fall, dass der Afghanistankrieg zu einem Desaster würde, sei dies die einzige Möglichkeit zu verhindern, dass sie öffentlich meine Entscheidung im Nachhinein kritisierten.

Es war eine ungewöhnliche und einigermaßen unbeholfene Geste, die Gates und den Generälen offenkundig missfiel. Ich bereute sie fast augenblicklich. Was für ein passender Abschluss für eine chaotische, schwierige Zeit für meine Regierung, dachte ich. Grund zur Zufriedenheit gab mir jedoch die Tatsache, dass die Überprüfung ihren Zweck erfüllt hatte. Gates räumte ein, dass die stundenlangen Debatten zwar nicht zu einem perfekten, aber einem verbesserten Plan geführt hatten. Der Überprüfungsprozess zwang uns, die strategischen Ziele der Vereinigten Staaten in Afghanistan in einer Weise zu definieren, die eine schleichende Ausweitung des Militäreinsatzes verhinderte. Er begründete die Nützlichkeit von Zeitplänen für Truppenentsendungen unter bestimmten Umständen, etwas, das das Sicherheitsestablishment in Washington lange bestritten hatte. Und abgesehen davon, dass er den Alleingängen des Pentagons für die Dauer meiner Präsidentschaft ein Ende machte, trug er dazu bei, dem Prinzip der zivilen Kontrolle über Amerikas nationale Sicherheitspolitik zu neuer Geltung zu verhelfen.

Trotzdem, das Resultat war, dass ich noch mehr junge Menschen in den Krieg schickte.

Wir gaben die geplante Truppenentsendung am 1. Dezember in West Point bekannt, der ältesten und traditionsreichsten Militärakademie des Landes. Das etwa eine Stunde nördlich von New York City gelegene West Point, im Unabhängigkeitskrieg ein Stützpunkt der Kontinentalarmee, ist ein malerischer Ort: Die schwarzgrauen Granitgebäude liegen wie zu einer kleinen Stadt arrangiert in einer sanften Hügellandschaft, von der aus man über den breiten und gewundenen Hudson schaut. Vor meiner Ansprache stattete ich dem Leiter der Militärakademie einen Besuch ab und warf einen Blick auf einige der Gebäude und Anlagen, die etliche der angesehensten amerikanischen Militärführer hervorgebracht hatten: Grant und Lee, Patton und Eisenhower, MacArthur und Bradley, Westmoreland und Schwarzkopf.

Es war unmöglich, angesichts der Tradition, die diese Männer repräsentierten, der Einsatz- und Opferbereitschaft, die dazu beigetragen hatten, eine Nation zu errichten, den Faschismus zu besiegen und den Vormarsch des Totalitarismus aufzuhalten, keine Demut und Rührung zu empfinden. Genauso wenig durfte man jedoch vergessen, dass Lee eine Konföderierte Armee angeführt hatte mit dem Ziel, die Sklaverei zu erhalten, dass Grant Gemetzel an den amerikanischen Ureinwohnern geleitet hatte, dass sich MacArthur in Korea mit katastrophalen Folgen Trumans Anweisungen widersetzt und Westmoreland seinen Beitrag zur Eskalation des Vietnamkriegs geleistet hatte, der einer Generation von Amerikanern bleibende Wunden zufügte. Ruhm und Tragödie, Mut und Dummheit – ein Satz Wahrheiten löschte den anderen nicht aus, denn Krieg war eine widersprüchliche Sache, ganz so wie die Geschichte der Vereinigten Staaten.

Das große Auditorium in der Nähe vom Zentrum des Campus war bis auf den letzten Platz gefüllt, als ich dort eintraf, und abgesehen von VIP-Gästen wie Gates, Hillary und den Vereinigten Stabschefs bestand das Publikum fast ausschließlich aus Kadetten in Uniform: grauer Uniformrock mit schwarzem Streifen über weißem Hemd. Die beträchtliche Zahl von Schwarzen, Latinos und asiatischstämmigen Amerikanern und die vielen weiblichen Kadetten waren ein Zeugnis für die Veränderungen, die das Land durchgemacht hatte, seit der erste West-Point-Jahrgang im Jahr 1805 seinen Abschluss gemacht hatte. Als ich zum Klang der feierlichen Fanfaren und Trommelwirbel auf die Bühne ging, erhoben sich die Kadetten und applaudierten, und als ich ihre Gesichter sah – so ernst und strahlend von jugendlichem Überschwang, ihres Schicksals so gewiss und so begierig, ihr Land zu verteidigen –, fühlte ich, dass mein Herz von einem fast väterlichen Stolz erfüllt wurde. Ich konnte nur hoffen, dass ich und die anderen, die diese jungen Menschen befehligten, ihres Vertrauens würdig waren.

NEUN TAGE SPÄTER flog ich nach Oslo, um den Friedensnobelpreis entgegenzunehmen. Das Bild der jungen Kadetten lastete auf mir. Statt den Widerspruch zwischen der Auszeichnung mit einem Friedenspreis und der Ausweitung eines Kriegseinsatzes zu ignorieren, entschloss ich mich, ihn in den Mittelpunkt meiner Dankesrede zu rücken. Mit Unterstützung von Ben Rhodes und Samantha Power brachte ich einen ersten Entwurf zu Papier, in dem ich mich auf die Schriften von Denkern wie Reinhold Niebuhr und Gandhi bezog, um meiner Argumentation ein Gerüst zu geben: Krieg ist furchtbar und zugleich manchmal notwendig, und die Aussöhnung dieser scheinbar unvereinbaren Urteile verlangt von der Staatengemeinschaft, höhere Maßstäbe sowohl für die Rechtfertigung des Kriegs als auch für die Kriegführung zu entwickeln. Krieg kann nur mit einem gerechten Frieden vermieden werden, der auf dem gemeinsamen Bekenntnis zu politischer Freiheit, dem Respekt für die Menschenrechte und konkreten Strategien zur Ausweitung der wirtschaftlichen Möglichkeiten auf der ganzen Welt beruht. Ich beendete die Arbeit an der Rede mitten in der Nacht an Bord der Air Force One, während Michelle längst in unserer Kabine schlief. Der Anblick eines geisterhaften Monds über dem Atlantik lenkte meine müden Augen immer wieder vom Blatt ab.

Wie alles in Norwegen war die Nobelpreiszeremonie, die in einem hell erleuchteten Auditorium mit einem Fassungsvermögen von wenigen Hundert Personen stattfand, auf angenehme Weise schmucklos. Nach einem wunderbaren Auftritt der jungen Jazzmusikerin Esperanza Spalding trug der Vorsitzende des Nobelpreiskomitees die Würdigung vor, und anschließend hielt ich meine Ansprache. Das Ganze dauerte nicht länger als anderthalb Stunden. Die Rede selbst wurde wohlwollend aufgenommen und fand sogar Zustimmung bei einigen konservativen Kommentatoren, die meine Bereitschaft hervorhoben, das europäische Publikum an die Opfer zu erinnern, die amerikanische Soldaten für Jahrzehnte des Friedens auf dem Kontinent gebracht hatten. Am Abend fand ein vom Nobelpreiskomitee organisiertes feierliches Diner zu meinen Ehren statt, bei dem ich neben dem norwegischen König saß, einem vornehmen älteren Herrn, der mir vom Segeln in den Fjorden seines Landes erzählte. Meine Schwester Maya war gemeinsam mit einigen Freunden, darunter Marty und Anita, nach Oslo gekommen, um uns Gesellschaft zu leisten, und sie wirkten alle sehr elegant, als sie am Champagner nippten, gegrillten Elch kauten und später zu den Klängen eines erstaunlich guten Swing-Orchesters tanzten.

Den größten Eindruck auf mich machte jedoch eine Szene, die sich vor dem Festbankett im Hotel ereignete. Michelle und ich hatten uns gerade fertig umgezogen, als Marvin anklopfte, um uns zu sagen, wir sollten aus unserem Fenster im vierten Stock schauen. Wir zogen die Vorhänge auf und sahen, dass sich in der Abenddämmerung mehrere Tausend Menschen versammelt hatten, die sich in der engen Straße vor dem Hotel drängten. Jede dieser Personen hielt eine Kerze hoch; dies war die traditionelle Art der Osloer, dem Träger des Friedensnobelpreises ihre Anerkennung zu zollen. Es war ein zauberhafter Anblick, so als wäre ein Sternhaufen vom Himmel herabgesunken. Als Michelle und ich uns in der frischen Abendluft aus dem Fenster beugten, um der wild jubelnden Menge zuzuwinken, konnte ich nicht anders, als an die täglichen Kämpfe, die weiterhin im Irak und in Afghanistan tobten, und an das Leid und Unrecht zu denken, mit dem sich meine Regierung gerade erst auseinanderzusetzen begonnen hatte. Die Vorstellung, dass ich oder irgendein Mensch Ordnung in dieses Chaos bringen könnte, schien abwegig; in gewissem Sinn bejubelten die Menschen dort unten auf der Straße eine Illusion. Doch im flackernden Schein dieser Kerzen sah ich noch etwas anderes, nämlich einen Ausdruck der Geisteshaltung von Millionen Menschen rund um den Erdball: Es war der Geist des amerikanischen Soldaten, der in Kandahar an einem Kontrollposten stand, der Geist der iranischen Mutter, die ihrer Tochter das Lesen beibrachte, der Geist des russischen Demokratieaktivisten, der seinen Mut für eine bevorstehende Kundgebung sammelte – all jener, die sich weigerten, den Glauben an ein besseres Leben aufzugeben, und überzeugt waren, dass sie ungeachtet aller Gefahren und Entbehrungen einen Beitrag zu diesem besseren Leben leisten konnten.

Egal was du tust, es wird nicht genug sein, hörte ich ihre Stimmen sagen.

Versuche es trotzdem.

KAPITEL 19

IM PRÄSIDENTSCHAFTSWAHLKAMPF hatte ich den Amerikanern versprochen, eine andere Außenpolitik zu betreiben als die, die wir seit den Terroranschlägen vom 11. September 2001 praktizierten. Irak und Afghanistan zeigten sehr eindringlich, wie schnell sich die Handlungsoptionen eines Präsidenten verringern konnten, sobald ein Krieg erst einmal im Gang war. Ich war entschlossen, eine bestimmte Einstellung, die nicht nur die Regierung Bush, sondern auch einen Großteil des politischen Establishments in Washington im Griff hatte, zu verändern – eine Einstellung, die überall Bedrohungen witterte, stolz darauf war, unilateral zu handeln, obwohl dies langfristig unseren eigenen Interessen schadete, und die ein militärisches Vorgehen schon fast als die Standardmethode zur Bewältigung außenpolitischer Herausforderungen betrachtete. In unseren Beziehungen zu anderen Staaten waren wir starrsinnig und kurzsichtig geworden; wir wollten nicht länger die mühsame und zeitraubende Arbeit der Allianz- und Konsensbildung auf uns nehmen. Andere Sichtweisen ließen wir nicht mehr gelten. Ich war der festen Überzeugung, dass die Sicherheit der USA von der Stärkung unserer Bündnisse und internationalen Institutionen abhing. Militärische Gewalt war für mich das letzte, nicht das erste Mittel.

Wir mussten die Kriege bewältigen, in die wir verwickelt waren. Aber zugleich wollte ich der Diplomatie, an die ich fest glaubte, eine Chance geben.

Als Erstes änderten wir den Tonfall. Vom Beginn meiner Präsidentschaft an sorgten wir dafür, dass jede außenpolitische Erklärung des Weißen Hauses die Bedeutung der internationalen Zusammenarbeit und den Willen der USA unterstrich, mit anderen – großen und kleinen – Nationen auf der Grundlage von gemeinsamen Interessen und gegenseitigem Respekt zusammenzuarbeiten. Wir bemühten uns um kleine, aber symbolträchtige Gesten, die den Politikwechsel verdeutlichten – so stockten wir etwa im Außenministerium das Budget für internationale Angelegenheiten auf, und wir beglichen die Zahlungsrückstände der USA bei ihren Beiträgen an die Vereinten Nationen, nachdem die Regierung Bush und der von den Republikanern kontrollierte Kongress mehrere Jahre lang einen Teil der Leistungen zurückgehalten hatten.

Gemäß dem Spruch, wonach der Erfolg schon zu achtzig Prozent gesichert ist, wenn man sich irgendwo blicken lässt, legten wir auch großen Wert darauf, Regionen der Welt zu besuchen, die von der Regierung Bush vernachlässigt worden waren, weil sie sich ausschließlich auf den Terrorismus und den Nahen Osten fokussiert hatte. Insbesondere Hillary war in diesem ersten Jahr ständig unterwegs. Mit der gleichen Beharrlichkeit, mit der sie sich zuvor um die Nominierung als Präsidentschaftskandidatin der Demokraten bemüht hatte, reiste sie jetzt von Kontinent zu Kontinent. Als ich sah, welche Begeisterung ihre Besuche in den Hauptstädten der Länder auslösten, fühlte ich mich in meiner Entscheidung bestätigt, sie zur wichtigsten Diplomatin Amerikas ernannt zu haben. Es war nicht nur, dass sie von den führenden Politikern der Welt als Kollegin betrachtet wurde. Wo immer sie auch hinreiste, sahen die Menschen in der Tatsache, dass Hillary ihrem Land einen Besuch abstattete, ein Zeichen dafür, dass sie uns wirklich etwas bedeuteten.

»Wenn wir wollen, dass andere Länder unsere Ziele unterstützen«, sagte ich zu meinen Mitarbeitern im Nationalen Sicherheitsrat, »dann können wir sie nicht durch Druck dazu bringen. Wir müssen ihnen zeigen, dass uns ihre Meinung wichtig ist – oder dass wir zumindest in der Lage sind, sie auf einer Landkarte zu finden.«

Bekannt sein. Gehör finden. In seiner einzigartigen Identität und in seiner Würde anerkannt werden. Das war ein universeller menschlicher Wunsch, der meines Erachtens für Nationen und Völker genauso galt wie für Individuen. Wenn ich mehr Verständnis für diese grundlegende Wahrheit aufbrachte, so vielleicht deshalb, weil ich einen Großteil meiner Kindheit im Ausland verbracht hatte und Verwandte von mir an Orten lebten, die lange Zeit als »rückständig« und »unterentwickelt« angesehen worden waren. Oder vielleicht lag es auch daran, dass ich als Afroamerikaner erfahren hatte, wie es ist, nicht als vollwertiges Mitglied seines Heimatlandes zu gelten.

Was auch immer der Grund war: Es war mir wichtig, den Menschen der Länder, die wir besuchten, zu zeigen, dass ich mich für ihre Geschichte, ihre Kultur und sie selbst interessierte. Ben meinte scherzhaft, meine Reden im Ausland ließen sich auf ein einfaches Schema zurückführen: »[Begrüßung in der jeweiligen Landessprache – oftmals mit deutlich fehlerhafter Aussprache.] Es ist wunderbar, in diesem schönen Land zu sein, das bleibende Beiträge zur Weltzivilisation geleistet hat. [Liste der Beiträge.] Unsere beiden Völker sind einander seit Langem freundschaftlich verbunden. [Inspirierende Anekdote.] Und nicht zuletzt aufgrund der Beiträge der Millionen stolzer [Bindestrich-Amerikaner], deren Vorfahren in die USA einwanderten, haben es die Vereinigten Staaten als Nation so weit gebracht.« Es mochte sich abgedroschen anhören, aber das Lächeln und Nicken meiner ausländischen Zuhörer zeigten, wie wichtig Gesten der Wertschätzung waren.

Aus dem gleichen Grund haben wir uns auf all meinen Auslandsreisen bemüht, öffentlichkeitswirksames Sightseeing einzuplanen. Ich wollte etwas von Land und Leuten jenseits der Hotels und Paläste mitbekommen. Mein Interesse an einem Rundgang durch die Blaue Moschee in Istanbul oder am Besuch in einem einheimischen Restaurant in Ho-Chi-Minh-Stadt würde, das wusste ich, einen weit nachhaltigeren Eindruck auf türkische oder vietnamesische Durchschnittsbürger machen als irgendein Thema, das im bilateralen Meeting oder auf einer Pressekonferenz zur Sprache kam. Genauso wichtig war, dass mir diese Abstecher die Gelegenheit gaben, zumindest ein wenig mit einfachen Leuten in Kontakt zu kommen, nicht nur mit Regierungsmitgliedern und Vertretern wohlhabender Eliten, die in vielen Ländern als abgehoben angesehen wurden.

Aber unser wirksamstes Public-Diplomacy-Instrument entstammte direkt meinem Wahlkampfstrategiebuch: Auf meinen Auslandsreisen legte ich immer großen Wert darauf, im Rahmen von Bürgerversammlungen mit jungen Menschen zusammenzutreffen. Als wir beim

NATO-Gipfel in Straßburg erstmals eine solche Zusammenkunft organisierten – mit über dreitausend europäischen Studenten –, waren wir nicht sicher, wie es laufen würde. Würde man mich in die Zange nehmen? Würde ich die Teilnehmer mit weit ausholenden, komplizierten Antworten langweilen? Aber nachdem mir Teilnehmer aus dem Publikum eine Stunde lang spontan und begeistert Fragen zu einer Vielzahl von Themen vom Klimawandel bis zur Bekämpfung des Terrorismus gestellt und so manche humorvolle Bemerkung gemacht hatten (so erfuhr ich zum Beispiel, dass »Barack« im Ungarischen »Pfirsich« bedeutet), beschlossen wir, dies zu einem festen Programmpunkt auf meinen Auslandsreisen zu machen.

Diese Bürgerversammlungen wurden von den nationalen Fernsehsendern live übertragen, und ganz gleich, wo sie stattfanden – ob in Buenos Aires, Mumbai oder Johannesburg –, lockten sie jedes Mal zahlreiche Zuschauer an. Für Menschen in vielen Teilen der Welt war es etwas völlig Neues, einen Staatschef zu sehen, der sich direkt von Bürgern befragen lässt – und dies war ein überzeugenderes Argument für ein demokratisches Regierungssystem als jede Rede, die ich hätte halten können. Nach Rücksprache mit unseren Botschaften vor Ort luden wir oft junge Aktivisten aus Randgruppen des gastgebenden Landes – religiöse oder ethnische Minderheiten, Flüchtlinge, LGBTQ-Studenten – zu diesen Veranstaltungen ein. Dadurch, dass ich ihnen ein Mikrofon reichte und sie ihre persönliche Geschichte erzählen ließ, konnte ich einer Nation von Zuschauern vor Augen führen, wie berechtigt ihre Anliegen waren.

Die jungen Menschen, die ich in diesen Bürgerversammlungen traf, waren für mich eine permanente Quelle der persönlichen Inspiration. Sie brachten mich zum Lachen und ließen mich manchmal fast in Tränen ausbrechen. In ihrem Idealismus erinnerten sie mich an die jugendlichen Wahlkampfaktivisten und Freiwilligen, denen ich meinen Wahlsieg verdankte, und daran, was uns über Hautfarben, über ethnische und nationale Grenzen hinweg verbindet, wenn wir lernen, uns von unseren Ängsten frei zu machen. Auch wenn ich frustriert oder entmutigt in diese Bürgerversammlungen hineinging, kam ich aus ihnen doch immer mit dem Gefühl heraus, neue Kräfte getankt zu haben, als wäre ich in eine kühle Waldquelle getaucht worden. Solange es überall auf der Welt junge Frauen und Männer wie diese gibt, sagte ich mir, besteht hinreichend Grund zur Hoffnung.

SEIT MEINEM AMTSANTRITT hatte sich das öffentliche Image der Vereinigten Staaten weltweit verbessert; dies war ein Beleg dafür, dass sich unsere frühzeitigen diplomatischen Anstrengungen auszahlten. Dieser Popularitätszuwachs erleichterte es unseren Verbündeten, ihre Truppenkontingente in Afghanistan aufrechtzuerhalten beziehungsweise aufzustocken, da sie wussten, dass ihre Bürger Vertrauen in unsere Führungsrolle hatten. Er verschaffte mir und Tim Geithner auch mehr Spielraum bei der Koordinierung der internationalen Reaktion auf die Finanzkrise. Nachdem Nordkorea damit begonnen hatte, ballistische Raketen zu testen, gelang es Susan Rice, den Sicherheitsrat dazu zu bringen, robuste internationale Sanktionen zu verabschieden – zum einen aufgrund ihres Geschicks und ihrer Beharrlichkeit, aber auch weil, wie sie mir sagte, »viele Länder den Schulterschluss mit Ihnen suchen«.

Dennoch stieß auch eine diplomatische Charmeoffensive an ihre Grenzen. Letztlich blieb die Außenpolitik jeder Nation von ihren wirtschaftlichen Interessen, ihrer geografischen Lage, ethnischen und religiösen Spaltungen, Territorialkonflikten, Gründungsmythen, fortwirkenden Traumata, geschichtlich gewachsenen Animositäten und, am meisten, von den Imperativen derjenigen bestimmt, die die Macht besaßen und sie behalten wollten. Nur selten war ein ausländischer Staats- oder Regierungschef ausschließlich moralischen Appellen zugänglich. Diejenigen, die an der Spitze repressiver Regierungen standen, konnten sich zumeist über die öffentliche Meinung hinwegsetzen. Um Fortschritte bei den dornigsten außenpolitischen Streitfragen zu erreichen, benötigte ich eine zweite Art von Diplomatie: konkrete Belohnungen und Bestrafungen, die die Kalküle unnachgiebiger, rücksichtsloser Anführer in andere Bahnen lenkten. Und mein gesamtes erstes Amtsjahr hindurch verschafften mir vor allem Kontakte mit den Staats- und Regierungschefs dreier Länder – Iran, Russland und China – eine erste Vorstellung davon, wie schwierig das sein würde.

Der Iran war dabei von den dreien das Land, von dem die geringste Bedrohung für die langfristigen Interessen der USA ausging. Dennoch gewann es die Auszeichnung als das »offen feindseligste Land«. Der Iran, Erbe der bedeutenden Perserreiche der Antike und einst ein Zentrum von Wissenschaft und Kunst während der Blütezeit des Islams im Mittelalter, war viele Jahre lang in den Köpfen der politischen Entscheidungsträger in den USA kaum präsent gewesen. Mit der Türkei und dem Irak an seiner Westgrenze und Afghanistan und Pakistan im Osten, sah man im Iran im Allgemeinen nur ein weiteres armes Land im Mittleren Osten. Innere Konflikte und europäische Großmächte hatten sein Territorium schrumpfen lassen. Im Jahr 1951 beschloss das säkulare, linksgerichtete Parlament des Iran dann jedoch, die Ölfelder des Landes zu verstaatlichen und sich die Kontrolle über die Gewinne zu sichern, die bis dato der britischen Regierung zugeflossen waren, da sie eine Mehrheitsbeteiligung an der größten Ölförder- und Ölexportgesellschaft Irans hielt. Die Briten waren verärgert über diesen Rauswurf und verhängten eine Seeblockade, um den Iran davon abzuhalten, Öl an potenzielle Käufer zu liefern. Sie überzeugten außerdem die Eisenhower-Regierung davon, dass die neue iranische Regierung den Sowjets zuneige, was Eisenhower veranlasste, grünes Licht für die »Operation Ajax« zu geben, einen von der CIA und dem MI6 gemeinsam eingefädelten Staatsstreich, bei dem der demokratisch gewählte iranische Ministerpräsident abgesetzt und die Macht in die Hände des jungen Monarchen des Landes, Schah Mohammad Reza Pahlavi, gegeben wurde.

»Operation Ajax« war die erste von einer ganzen Reihe Fehleinschätzungen, die US-Regierungen im Umgang mit Entwicklungsländern unterliefen und die bis zum Ende des Kalten Krieges andauerten: Wir hielten nationalistische Bestrebungen fälschlicherweise für kommunistische Verschwörungen; wir verquickten Handelsinteressen mit der nationalen Sicherheit; wir stürzten demokratisch gewählte Regierungen und machten gemeinsame Sache mit Autokraten, wenn wir der Ansicht waren, es nütze uns. Dennoch müssen US-Politiker in den ersten siebenundzwanzig Jahren nach dem Coup davon überzeugt gewesen sein, ihr Schachzug im Iran sei aufgegangen. Der Schah wurde zu einem unerschütterlichen Verbündeten, der Verträge an US-Ölkonzerne vergab und eine Menge teurer US-Rüstungsgüter kaufte. Er unterhielt freundschaftliche Beziehungen zu Israel, gab Frauen das Wahlrecht, nutzte den wachsenden Wohlstand des Landes, um die Wirtschaft und das Bildungssystem zu modernisieren, und er pflegte engen Umgang mit westlichen Geschäftsleuten und Mitgliedern europäischer Königshäuser.

Weniger offensichtlich für Außenstehende war die schwelende Unzufriedenheit in der Bevölkerung mit dem extravaganten Lebensstil des Schahs, mit der brutalen Repression (seine Geheimpolizei war berüchtigt dafür, dass sie Andersdenkende folterte und ermordete) und mit der Förderung westlicher Sitten, die in den Augen konservativer Kleriker und ihrer zahlreichen Anhänger gegen die grundlegenden Dogmen des Islams verstießen. Wenig Beachtung schenkten die CIA-Analytiker auch dem wachsenden Einfluss eines im Exil lebenden, messianischen schiitischen Klerikers, Ajatollah Chomeini, der in seinen Schriften und Reden den Schah als eine Marionette des Westens anprangerte und die Gläubigen aufforderte, die bestehende Ordnung durch einen islamischen Staat auf der Grundlage der Scharia zu ersetzen. US-Regierungsvertreter wurden daher kalt erwischt, als aus einer Reihe von Demonstrationen im Iran zu Beginn des Jahres 1978 eine echte, vom Volk getragene Revolution wurde. Nach und nach schlossen sich unzufriedene Arbeiter, erwerbslose Jugendliche und prodemokratische Kräfte, die eine Rückkehr zur verfassungsmäßigen Ordnung anstrebten, auf den Straßen den Anhängern Chomeinis an. Als die Zahl der Demonstranten Anfang 1979 auf mehrere Millionen anschwoll, floh der Schah im Stillen außer Landes und wurde kurzfristig für eine medizinische Behandlung in den Vereinigten Staaten aufgenommen. Amerikas abendliche Nachrichtensendungen brachten Bilder des Ajatollah – mit weißem Bart und den glühenden Augen eines Propheten –, als er bei seiner triumphalen Rückkehr aus dem Exil die Gangway des Flugzeugs hinabschritt und dabei von einer riesigen Menge Anhänger, die ihn regelrecht vergötterten, bejubelt wurde.

Die meisten Amerikaner wussten wenig über diese Geschichte, als die Revolution um sich griff, auch nicht, warum Menschen in weit entfernten Ländern plötzlich Uncle-Sam-Puppen verbrannten und »Death to America« riefen. Ich wusste es bestimmt nicht. Ich war gerade siebzehn, noch in der Highschool und stand erst an der Schwelle meines politischen Erwachens. Nur vage begriff ich die Einzelheiten all dessen, was danach passierte: wie sich Chomeini selbst als Obersten Führer einsetzte und ehemalige säkulare und reformistische Verbündete kaltstellte; wie er die paramilitärische iranische Revolutionsgarde gründete, die jeden bekämpfen sollte, der das neue Regime infrage stellte; und wie er sich das Drama, das seinen Lauf nahm, als radikalisierte Studenten die US-Botschaft stürmten und amerikanische Geiseln nahmen, zunutze machte, um die Revolution zu festigen und die mächtigste Nation der Erde zu demütigen.

Man kann kaum überschätzen, wie stark auch dreißig Jahre später noch die Nachwirkungen dieser Ereignisse während meiner Amtszeit die geopolitische Landschaft prägten. Die Revolution im Iran inspirierte eine ganze Reihe weiterer radikaler islamischer Bewegungen, die unbedingt deren Erfolg nachahmen wollten. Chomeinis Aufruf, die sunnitischen arabischen Monarchien zu stürzen, machte den Iran und die Dynastie der Saud zu erbitterten Feinden und verschärfte die religiös motivierten Konflikte im gesamten Nahen Osten. Die versuchte Invasion des Iran durch irakische Truppen im Jahr 1980 und der sich daran anschließende blutige achtjährige Krieg – ein Krieg, in dem die Golfstaaten Saddam Hussein finanziell unterstützten, während die Sowjets Chomeinis Militär mit Waffen, einschließlich chemischer Waffen, belieferten – beschleunigten Irans Förderung von Terrorgruppen, die ein Mittel waren, die militärische Überlegenheit seiner Feinde wettzumachen. (Unter Präsident Reagan haben die Vereinigten Staaten auf eine zynische Art und Weise beide Länder gegeneinander ausgespielt: Öffentlich unterstützten sie den Irak, während sie insgeheim Waffen an den Iran verkauften.) Chomeinis Schwur, Israel von der Landkarte zu tilgen – der darin zum Ausdruck kam, dass die iranische Revolutionsgarde Stellvertreter wie die libanesische Schiitenmiliz Hisbollah und den militärischen Flügel der palästinensischen Widerstandsgruppe Hamas unterstützte –, machte das iranische Regime zur größten sicherheitspolitischen Bedrohung Israels und trug zur allgemeinen Verhärtung der israelischen Haltung zu einem möglichen Friedensabkommen mit seinen Nachbarn bei. Von breiterer Bedeutung war, dass Chomeinis Deutung der Weltgeschichte als manichäischer Kampf zwischen den Kräften Allahs und des »Großen Satans« (Amerika) wie ein Gift in die Köpfe nicht nur zukünftiger Dschihadisten, sondern auch derjenigen im Westen sickerte, die ohnehin schon dazu neigten, Muslime mit Misstrauen und Furcht zu betrachten.

Chomeini starb 1989. Sein Nachfolger, Ajatollah Ali Chamenei, ein Kleriker, der kaum fremde Länder bereist hatte und dies in Zukunft auch nicht tun würde, stand offensichtlich Chomeini in seinem Hass auf Amerika in nichts nach. Trotz seines Titels »Oberster Führer« verfügte Chamenei nicht über unumschränkte Machtbefugnisse – er musste sich mit dem mächtigen, zum Teil aus Klerikern bestehenden Wächterrat beraten, während ein vom Volk gewählter Präsident für die tägliche Regierungsarbeit zuständig war. Gegen Ende der Clinton-Regierungszeit und zu Beginn der Regierung Bush hatten moderate Kräfte innerhalb des Iran etwas an Einfluss gewonnen, sodass die Chance auf ein Ende der Eiszeit in den Beziehungen zwischen den USA und dem Iran bestand. Nach den Anschlägen vom 11. September bot der damalige Präsident, Mohammad Chātami, der Regierung Bush sogar an, die USA bei ihrer darauffolgenden Intervention im benachbarten Afghanistan zu unterstützen. Aber US-Regierungsvertreter ignorierten diese Geste, und nachdem Präsident Bush in seiner Rede zur Lage der Nation im Jahr 2002 den Iran zusammen mit Irak und Nordkorea als Teil einer »Achse des Bösen« bezeichnet hatte, wurde das Fenster, das sich womöglich für die Diplomatie geöffnet hätte, faktisch zugeschlagen.

ZUR ZEIT MEINES AMTSANTRITTS hatten in Teheran wieder konservative Hardliner das Sagen. Angeführt wurden sie von einem neuen Präsidenten, Mahmud Ahmadinedschād, dessen tollwütige antiwestliche Tiraden, Leugnung des Holocaust und Verfolgung von Schwulen und anderen, die er für eine Bedrohung hielt, ihn zum Inbegriff der verabscheuungswürdigsten Aspekte des Regimes machten. Nach wie vor lieferte der Iran Waffen an Kämpfer, die es darauf abgesehen hatten, amerikanische Soldaten im Irak und in Afghanistan zu töten. Der Einmarsch von US-Truppen in den Irak hatte die strategische Position des Iran in der Region erheblich gestärkt, denn im Gefolge der Invasion wurde Irans erklärter Feind, Saddam Hussein, durch eine schiitisch geführte Regierung abgelöst, die unter dem Einfluss des Iran stand. Die Hisbollah, Irans Stellvertreter, war zur mächtigsten politischen Gruppierung im Libanon geworden; in ihrem Arsenal befanden sich mittlerweile – vom Iran gelieferte – Raketen, die Tel Aviv erreichen konnten. Saudis und Israelis brachten ihre wachsende Besorgnis über einen expandierenden »schiitischen Halbmond« iranischen Einflusses zum Ausdruck und machten keinen Hehl aus ihrem Interesse an einem möglichen, von den USA herbeigeführten Regimewechsel.

Der Iran wäre für meine Regierung also in jedem Fall eine der größten außenpolitischen Herausforderungen gewesen. Doch die Beschleunigung des Atomprogramms drohte aus der angespannten Situation eine ausgewachsene Krise zu machen.

Das Regime hatte Atomanlagen geerbt, die unter dem Schah errichtet worden waren, und gemäß dem Atomwaffensperrvertrag der Vereinten Nationen – zu dessen Vertragsstaaten der Iran seit seiner Ratifizierung im Jahr 1970 gehörte – hatte das Land das Recht auf friedliche Nutzung der Kernenergie. Leider kann dieselbe Zentrifugentechnologie, die zur Anreicherung von schwachangereichertem Uran dient, das als Brennstoff in Atomkraftwerken genutzt wird, so modifiziert werden, dass sich damit waffenfähiges hochangereichertes Uran produzieren lässt. Einer unserer Experten formulierte es einmal folgendermaßen: »Mit genügend hochangereichertem Uran könnte jeder intelligente Oberstufenschüler, der einen Leistungskurs in Physik belegt hat und über einen Internetzugang verfügt, eine Bombe bauen.« Zwischen 2003 und 2009 erhöhte der Iran die Gesamtzahl seiner Urananreicherungszentrifugen von einhundert auf fünftausend; das ist weit mehr, als für ein friedliches Programm benötigt wird. Die US-Nachrichtendienste waren sich relativ sicher, dass der Iran noch nicht über eine Atomwaffe verfügte. Aber sie waren auch überzeugt, dass das Regime seine »Breakout Capacity« – die Zeitspanne, die benötigt wird, um genügend Uran für den Bau einer funktionstüchtigen Atomwaffe herzustellen – so weit verkürzt hatte, dass dies potenziell gefährlich wurde.

Ein iranisches Nukleararsenal musste nicht einmal unbedingt eine direkte Bedrohung für die USA selbst darstellen. Allein die Möglichkeit eines Atomschlags oder von Terroranschlägen mit Nuklearwaffen im Nahen Osten würde die Optionen eines künftigen US-Präsidenten, iranischen Aggressionen gegen seine Nachbarn Einhalt zu gebieten, erheblich einschränken. Die Saudis würden daraufhin wahrscheinlich ein Programm zum Bau einer »sunnitischen Bombe« in Angriff nehmen; dies würde in einer der instabilsten Regionen der Erde ein nukleares Wettrüsten auslösen. Israel – das Berichten zufolge selbst über ein Arsenal von nicht deklarierten Atomwaffen verfügt – betrachtet einen atomar bewaffneten Iran als existenzielle Bedrohung und arbeitete angeblich an Plänen für einen Präventivschlag gegen die iranischen Atomanlagen. Jede Aktion, Reaktion oder Fehleinschätzung durch eine dieser Parteien konnte den Nahen Osten– und die Vereinigten Staaten – in einen weiteren Konflikt stürzen, und das zu einer Zeit, in der wir noch immer hundertachtzigtausend Soldaten, weitgehend ungeschützt, entlang der iranischen Grenzen stationiert hatten und ein starker Anstieg der Ölpreise die Weltwirtschaft auf Talfahrt schicken könnte. Während meiner Amtszeit haben wir hin und wieder mögliche Szenarien eines Konflikts mit dem Iran durchgespielt. Ich habe diese Gespräche in gedrückter Stimmung mit dem Wissen verlassen, dass im Falle eines Krieges praktisch alles andere, was ich erreichen wollte, zum Scheitern verurteilt wäre.

Aus all diesen Gründen haben mein Team und ich einen Großteil der Übergangsphase bis zu meiner Amtseinführung mit Diskussionen über die Frage verbracht, wie der Iran davon abgehalten werden könnte, in den Besitz einer Atomwaffe zu gelangen – idealerweise durch Diplomatie, nicht durch einen weiteren Krieg. Wir einigten uns darauf, in zwei Schritten vorzugehen. Da es zwischen den Vereinigten Staaten und dem Iran seit 1980 so gut wie keine hochrangigen Kontakte mehr gegeben hatte, bestünde der erste Schritt in einer direkten Kontaktaufnahme. Wie ich in meiner Rede zur Amtseinführung gesagt hatte, waren wir bereit, denjenigen die Hand zu reichen, die gewillt waren, ihre Fäuste zu öffnen. Schon wenige Wochen nach meinem Amtsantritt schickte ich über einen Kanal, den wir zu iranischen Diplomaten bei den Vereinten Nationen unterhielten, einen geheimen Brief an Ajatollah Chamenei. Darin schlug ich vor, unsere beiden Länder sollten über eine Vielzahl strittiger Fragen einschließlich des iranischen Atomprogramms in einen Dialog treten. Chamenei antwortete unverblümt, der Iran habe kein Interesse an direkten Gesprächen. Allerdings ergriff er die Gelegenheit, um auf Möglichkeiten für die Vereinigten Staaten hinzuweisen, sich nicht länger als imperialistischer Tyrann aufzuführen.

»Ich vermute mal, dass er seine Faust nicht so bald öffnen wird«, sagte Rahm, nachdem er eine Kopie von Chameneis Brief gelesen hatte, der aus Farsi ins Englische übersetzt worden war.

»Gerade so viel, um mir den Mittelfinger zu zeigen«, sagte ich.

In Wahrheit hatte niemand von uns im Weißen Haus eine positive Antwort erwartet. Ich hatte den Brief trotzdem geschrieben, weil ich den Beweis in Händen halten wollte, dass nicht die Unnachgiebigkeit der USA, sondern die des Iran die Diplomatie ausbremste. Ich bekräftigte meine Bereitschaft zu einem offenen Dialog gegenüber dem iranischen Volk mit einer traditionellen Grußbotschaft zum persischen Neujahrsfest (Nouruz), die wir im März online stellten.

Unter den gegebenen Umständen wurde jegliche Aussicht auf einen frühzeitigen Durchbruch im Juni 2009 zunichtegemacht. Damals beschuldigte der iranische Oppositionskandidat Mir Hossein Mussawi Regierungsvertreter des Wahlbetrugs mit dem Ziel, Präsident Ahmadinedschād zu einer zweiten Amtszeit zu verhelfen. Die Vorwürfe erschienen mir glaubwürdig. Millionen von Demonstranten im Iran gingen auf die Straßen, um gegen das offizielle Wahlergebnis zu protestieren. Daraus ging die »Grüne Bewegung« hervor, wie sie sich selbst nannte. Sie war eine der größten inneren Herausforderungen für die islamische Republik seit der Revolution von 1979.

Die Behörden griffen sofort hart gegen die Bewegung durch. Mussawi und andere Oppositionsführer wurden unter Hausarrest gestellt. Friedliche Demonstranten wurden zusammengeschlagen und eine erhebliche Anzahl von Menschen getötet. Eines Abends überflog ich aus der Behaglichkeit meines Amtssitzes heraus Onlineberichte über die Proteste, und ich sah Videomaterial einer jungen Frau, die auf der Straße erschossen worden war; ein Netz von Blut breitete sich über ihr Gesicht aus, als sie im Sterben lag, ihre Augen starrten vorwurfsvoll nach oben.

Es erinnerte uns eindringlich an den Preis, den so viele Menschen weltweit dafür bezahlten, dass sie demokratische Mitspracherechte forderten. Spontan wollte ich meine nachdrückliche Unterstützung für die Demonstranten zum Ausdruck bringen. Aber als ich mein nationales Sicherheitsteam um mich versammelte, rieten unsere Iranexperten von einem solchen Schritt ab. Ihrer Einschätzung nach würde jede Erklärung von meiner Seite das Gegenteil dessen bewirken, was ich beabsichtigte. Die Hardliner des Regimes streuten schon jetzt das Gerücht, ausländische Agenten steckten hinter den Demonstrationen, und Aktivisten im Iran befürchteten, dass unterstützende Erklärungen durch die US-Regierung begierig aufgegriffen würden, um ihre Bewegung zu diskreditieren. Ich sah mich gezwungen, diese Warnungen zu beherzigen, und unterzeichnete eine Reihe nichtssagender bürokratischer Erklärungen – »Wir verfolgen die gesamte Situation weiterhin sehr genau«; »Die Versammlungs- und die Meinungsfreiheit sind universelle Rechte und müssen respektiert werden« –, in denen wir auf eine friedliche Lösung drängten, die dem Willen des iranischen Volkes entsprechen sollte.

Je mehr die Gewalt eskalierte, desto schärfer verurteilte ich sie. Trotzdem behagte mir die passive Vorgehensweise nicht – und das nicht nur, weil ich mir das Geschrei der Republikaner anhören musste, ich verhätschelte ein blutrünstiges Regime. Ich lernte eine weitere schwierige Lektion über das Amt des Präsidenten: dass mein Herz jetzt an strategische Erwägungen und taktische Analysen gekettet war und meine Überzeugungen manchmal kontraintuitiven Argumenten weichen mussten; dass ich in dem mächtigsten Amt der Welt weniger Freiheit hatte, meine Meinung zu äußern und das zu tun, was ich für richtig hielt, als ein Senator – oder sogar als ein einfacher Bürger, den der Anblick einer jungen Frau empörte, die von ihrer eigenen Regierung niedergeschossen worden war.

Nachdem unsere Bemühungen, einen Dialog mit dem Iran zu eröffnen, auf Ablehnung gestoßen waren und da das Land immer mehr in einer Spirale aus Chaos und Unterdrückung versank, gingen wir zu Schritt zwei unserer Strategie zur Verhinderung eines atomar bewaffneten Iran über: Wir mobilisierten die internationale Gemeinschaft, damit diese strenge multilaterale Wirtschaftssanktionen verhängte, die den Iran vielleicht an den Verhandlungstisch zwingen würden. Der UN-Sicherheitsrat hatte bereits mehrere Resolutionen verabschiedet, die den Iran aufforderten, seine Anreicherungsaktivitäten einzustellen. Er hatte auch Sanktionen gegen den Iran autorisiert und eine »P5+1« genannte Gruppe eingesetzt, in der die fünf ständigen Mitglieder des Sicherheitsrats (die Vereinigten Staaten, Großbritannien, Frankreich,

Russland und China) und Deutschland vertreten waren. Diese Gruppe sollte sich mit iranischen Regierungsvertretern treffen, in der Hoffnung, das Regime dazu zu bewegen, wieder seinen Verpflichtungen aus dem Atomwaffensperrvertrag nachzukommen.

Das Problem war, dass die bestehenden Sanktionen zu schwach waren und kaum Eindruck auf das iranische Regime machten. Selbst US-Verbündete wie Deutschland tätigten nach wie vor umfangreiche Geschäfte mit dem Iran, und so gut wie jeder kaufte iranisches Öl. Die Regierung Bush hatte einseitig zusätzliche Sanktionen verhängt, aber sie waren überwiegend symbolischer Natur, weil es US-Unternehmen schon seit 1995 untersagt war, Handel mit dem Iran zu treiben. In Anbetracht des hohen Ölpreises und eines dynamischen Wirtschaftswachstums war der Iran überglücklich, dass er die »P5+1« mit regelmäßigen Verhandlungssitzungen hinhalten konnte, bei denen nichts anderes herauskam als die Zusage für weitere Gespräche.

Um vom Iran ernst genommen zu werden, mussten wir andere Länder dazu bringen, die Daumenschrauben anzuziehen. Und dies bedeutete, dass wir auf die Zustimmung von zwei mächtigen historischen Widersachern angewiesen waren, die Sanktionen grundsätzlich ablehnten, freundschaftliche diplomatische und Wirtschaftsbeziehungen zum Iran unterhielten – und den Absichten der USA fast genauso sehr misstrauten, wie es Teheran tat.

ALS JEMAND, der Anfang der Sechzigerjahre geboren wurde, war ich alt genug, um mich an den Kalten Krieg als die einst bestimmende Realität der internationalen Beziehungen zu erinnern, an jene Kraft, die Europa spaltete, ein atomares Wettrüsten anheizte und weltweit Stellvertreterkriege auslöste. Der Kalte Krieg prägte auch meine kindliche Einbildungskraft: In Schulbüchern, Zeitungen, Spionageromanen und Kinofilmen war die Sowjetunion der furchterregende Gegner in einem Kampf zwischen Freiheit und Tyrannei.

Ich gehörte zudem einer Post-Vietnam-Generation an, die gelernt hatte, ihre eigene Regierung zu hinterfragen, und die erkannte, wie vom Kalten Krieg geprägte Denkmuster – angefangen vom Aufstieg des McCarthyismus bis zur Unterstützung des Apartheidregimes in Südafrika – die USA häufig dazu bewogen hatten, ihre Ideale zu verraten. Diese Erkenntnis änderte nichts an meiner Überzeugung, dass wir die Ausbreitung des marxistischen Totalitarismus eindämmen sollten. Aber sie weckte Zweifel an der Vorstellung, dass wir »die Guten« und sie »die Bösen« waren beziehungsweise dass sich ein Volk, das Tolstoi und Tschaikowsky hervorgebracht hatte, seinem Wesen nach von uns unterschied. Vielmehr sah ich in den Missständen des sowjetischen Systems die Manifestation einer umfassenderen menschlichen Tragödie: der Tatsache, dass abstrakte Theorien und politische Ideologien der Unterdrückung den Weg ebnen können; dass wir bereitwillig moralische Kompromisse rechtfertigen und auf unsere Freiheitsrechte verzichten; dass Macht korrumpieren, Angst immer weiter anwachsen und Sprache verkümmern kann. All dies traf meiner Ansicht nach nicht nur auf Sowjets oder Kommunisten zu, es galt für uns alle. Der mutige Kampf von Dissidenten hinter dem Eisernen Vorhang schien nicht losgelöst, sondern Teil des umfassenderen Kampfes für Menschenwürde zu sein, der auch an anderen Orten der Welt – einschließlich der USA – stattfand.

Als Michail Gorbatschow Mitte der Achtzigerjahre Generalsekretär der KPdSU wurde und mit der als Perestroika und Glasnost bekannten vorsichtigen Liberalisierung begann, verfolgte ich die Ereignisse sehr aufmerksam und fragte mich, ob sie den Anbruch eines neuen Zeitalters ankündigten. Und als nur wenige Jahre später die Berliner Mauer fiel und demokratische Aktivisten in Russland Boris Jelzin an die Macht brachten, das alte kommunistische System stürzten und so der Auflösung der Sowjetunion den Weg ebneten, sah ich darin nicht nur einen Sieg für den Westen, sondern auch einen Beweis dafür, was Bürger, die ihre Anliegen aktiv zur Geltung bringen, erreichen können, und eine Warnung an Despoten überall auf der Welt. Auch wenn mir die Wirren, in denen Russland in den Neunzigerjahren versank – wirtschaftlicher Zusammenbruch, grassierende Korruption, Rechtspopulismus, undurchsichtige Oligarchen –, zu denken gaben, blieb ich doch zuversichtlich, dass ein gerechteres, wohlhabenderes und freies Russland aus der zwangsläufig schwierigen Umstellung auf ein marktwirtschaftliches System und eine repräsentative Regierung hervorgehen würde.

Zu der Zeit, als ich Präsident wurde, war ich von diesem Optimismus größtenteils kuriert. Zwar zeigte Jelzins Nachfolger, Wladimir Putin, der 1999 an die Macht gekommen war, keinerlei Interesse an einer Rückkehr zum Marxismus-Leninismus (den er einmal »einen Fehler« nannte). Er hatte die russische Wirtschaft erfolgreich stabilisiert, hauptsächlich dank einer gigantischen Zunahme der Einnahmen, die sich aus den steigenden Ölpreisen ergab. Wahlen fanden jetzt in Einklang mit der russischen Verfassung statt, Kapitalisten waren überall, russische Durchschnittsbürger konnten ins Ausland reisen, und prodemokratische Aktivisten wie der Schachweltmeister Garri Kasparow konnten die Regierung kritisieren, ohne sofort im Gulag zu landen.

Und dennoch glich das neue Russland mit jedem Jahr, in dem Putin an der Macht blieb, immer mehr dem alten. Es zeigte sich, dass eine Marktwirtschaft und regelmäßige Wahlen sich problemlos mit einem »weichen Autoritarismus« vertrugen, der die Macht fortlaufend in Putins Händen konzentrierte und die Freiräume für die Äußerung regierungskritischer Meinungen immer weiter einschränkte. Oligarchen, die mit Putin kooperierten, wurden zu einigen der reichsten Männer der Welt. Diejenigen, die mit Putin brachen, wurden strafrechtlich verfolgt und ihrer Vermögen beraubt – Kasparow verbrachte schließlich einige Tage im Gefängnis, weil er eine Anti-Putin-Demonstration angeführt hatte. Putin übertrug engen Mitstreitern die Kontrolle über die größten Medienunternehmen des Landes, und die Übrigen wurden durch Druck dazu gebracht, genauso positiv über ihn zu berichten, wie es die staatlichen Medien einst über die kommunistischen Herrscher getan hatten. Unabhängige Journalisten und führende Vertreter zivilgesellschaftlicher Organisationen wurden vom FSB (dem modernen Pendant des KGB) überwacht – oder in manchen Fällen auch tot aufgefunden.

Aber Putins Macht beruhte nicht nur auf Zwang. Er war tatsächlich populär (seine Zustimmungswerte im Inland fielen selten unter sechzig Prozent). Diese Popularität wurzelte in einem altmodischen Nationalismus – dem Versprechen, Mütterchen Russland zu früherem Ruhm zurückzuführen, das Gefühl der Entfremdung und Demütigung, das so viele Russen in den zurückliegenden zwanzig Jahren gespürt hatten, zu lindern.

Putin konnte diese Vision verkaufen, weil er solche Brüche selbst erlebt hatte. Er, der in eine Familie ohne Beziehungen oder Privilegien hineingeboren wurde, hatte sich in der sowjetischen Gesellschaft systematisch nach oben gearbeitet – Reservistenausbildung bei der Roten Armee, ein Jurastudium an der Staatlichen Universität Leningrad, Karriere im KGB. Nachdem er dem Staat jahrelang loyal und fleißig gedient hatte, hatte er sich eine Position von bescheidenem sozialen Status und Ansehen gesichert. Aber dann brach das System, dem er sein Leben gewidmet hatte, mit dem Fall der Berliner Mauer im Jahr 1989 von heute auf morgen zusammen. (Er war damals als KGB-Offizier in Dresden stationiert und soll die Tage unmittelbar nach dem Mauerfall damit verbracht haben, Akten zu vernichten und die Räumlichkeiten des KGB vor potenziellen Plünderern zu schützen.) Er stellte sich schnell auf die neuen, postsowjetischen Realitäten ein und verbündete sich mit dem demokratischen Reformer Anatoli Sobtschak, einem Mentor Putins während seines Jurastudiums, der Bürgermeister von Sankt Petersburg wurde. Anschließend ging er nach Moskau, wo er im jelzinschen Verwaltungsapparat in atemberaubendem Tempo Karriere machte. Auf den verschiedenen Posten, die er bekleidete – unter anderem auch das Amt des Direktors des FSB –, nutzte er seine Macht, um Verbündete zu rekrutieren, Gefälligkeiten zu erweisen, Geheimnisse zu sammeln und Rivalen auszubremsen. Im August 1999 ernannte Jelzin Putin zum Ministerpräsidenten. Vier Monate später trat Jelzin, der mit Korruptionsskandalen, gesundheitlichen Problemen, einem legendären Alkoholproblem und den Folgen katastrophaler wirtschaftspolitischer Fehlentscheidungen zu kämpfen hatte, zur allgemeinen Überraschung zurück. Dadurch wurde Putin, der zu diesem Zeitpunkt siebenundvierzig Jahre alt war, amtierender Präsident Russlands. Und es verschaffte ihm den Startvorteil, den er brauchte, um drei Monate später für eine ganze Amtszeit zum Präsidenten gewählt zu werden. (Eine der ersten Amtshandlungen Putins bestand darin, Jelzin eine Generalamnestie für etwaige strafbare Handlungen zu gewähren.)

In den Händen der Gerissenen und Skrupellosen hatte sich das Chaos als ein Geschenk erwiesen. Aber Putin erkannte auch, dass sich die Russen nach Ordnung sehnten. Und er machte sich diese Sehnsucht instinktiv oder auch berechnend zunutze. Zwar wollten nur wenige

Russen zu den Tagen der kollektiven Landwirtschaft und leerer Ladenregale zurückkehren, doch sie waren müde und verängstigt und hatten die Nase voll von denjenigen – im In- und Ausland –, die anscheinend Jelzins Schwäche ausgenutzt hatten. Ihnen war eine starke Hand lieber, und Putin bot ihnen diese nur allzu gern an.

Er stellte die russische Kontrolle über die mehrheitlich muslimische Provinz Tschetschenien wieder her, wobei er keinerlei Bedenken hatte, auf die brutalen terroristischen Taktiken separatistischer Rebellen mit unerbittlicher militärischer Gewalt zu reagieren. Im Namen des Schutzes der Zivilbevölkerung führte er wieder umfassende Überwachungsmethoden nach sowjetischem Vorbild ein. Als demokratische Aktivisten Putin autokratische Tendenzen vorwarfen, tat er sie als Büttel des Westens ab. Er griff auf Symbole aus der präsowjetischen und auch der kommunistischen Ära zurück und förderte die lange unterdrückte russisch-orthodoxe Kirche. Da er eine Schwäche für protzige öffentliche Großprojekte hat, verfolgte er immens kostspielige Spektakel, so bemühte er sich etwa darum, die Olympischen Winterspiele in den Sommerferienort Sotschi zu holen. Mit der Eitelkeit eines Teenagers, der auf Instagram Imagepflege betreibt, sorgte er für einen konstanten Strom kunstvoll arrangierter Fotos, die ein beinahe karikaturistisches Bild eindrucksvoller Manneskraft vermitteln (ein barbrüstiger Putin hoch zu Ross; Putin beim Hockeyspiel), während er gleichzeitig einem hemdsärmeligen Chauvinismus und Schwulenhass frönte und behauptete, russische Werte würden von ausländischen Elementen ausgehöhlt. Alles, was Putin tat, untermauerte das Narrativ, Russland habe unter seiner strammen väterlichen Führung seine einstige Strahlkraft zurückgewonnen.

Es gab für Putin nur ein Problem: Russland war keine Supermacht mehr. Obwohl Russland nach den USA das weltweit zweitgrößte nukleare Arsenal besaß, verfügte das Land nicht über ein vergleichbar ausgedehntes Netz von Bündnissen und Stützpunkten, das es den Vereinigten Staaten erlaubte, ihre militärische Macht weltweit zur Geltung zu bringen. Das Bruttoinlandsprodukt Russlands war noch immer kleiner als das von Ländern wie Italien, Kanada und Brasilien, und seine Wirtschaft fast völlig abhängig von Erdöl-, Erdgas-, Mineral- und Waffenexporten. Die luxuriösen Einkaufsviertel Moskaus zeugten von der

Transformation des Landes von einer knirschenden Staatswirtschaft in ein Wirtschaftssystem mit einer wachsenden Anzahl von Milliardären, aber die ärmlichen Lebensverhältnisse der gewöhnlichen Russen verdeutlichten, dass nur ein geringer Teil dieses neuen Reichtums zu ihnen durchsickerte. Verschiedenen internationalen Indikatoren nach war das Ausmaß an Korruption und Ungleichheit in Russland vergleichbar mit dem in manchen Entwicklungsländern, und die Lebenserwartung von Männern lag im Jahr 2009 in Russland niedriger als in Bangladesch. Wenn überhaupt, erhofften sich nur wenige junge Afrikaner, Asiaten oder Lateinamerikaner, die darum kämpften, ihre Gesellschaften zu reformieren, Anregungen von Russland. Russische Filme und russische Musik beflügelten ihre Fantasie nicht, und sie träumten auch nicht davon, dort zu studieren, geschweige denn nach Russland auszuwandern. Seiner ideologischen Grundlagen beraubt und nicht länger die Verkörperung des einstmals glänzenden Versprechens, alle Werktätigen zu einen, damit sie gemeinsam ihre Ketten sprengten, wirkte Putins Russland auf Außenstehende wie ein abgeschottetes und wenig vertrauenswürdiges Land – das man, vielleicht, fürchten musste, dem man aber nicht nacheifern wollte.

Diese Diskrepanz zwischen dem tatsächlichen Status des modernen Russlands und Putins Beharren auf seiner Stellung als Supermacht erklärte meines Erachtens zu einem guten Teil die zunehmend aggressiven Auslandsbeziehungen des Landes. Die Wut richtete sich überwiegend gegen die USA: In öffentlichen Äußerungen übte Putin scharfe Kritik an der amerikanischen Politik. Wenn von den USA unterstützte Initiativen in den UN-Sicherheitsrat eingebracht wurden, sorgte er dafür, dass Russland sie blockierte oder abschwächte – insbesondere alles, was Menschenrechte berührte. Folgenreicher waren Putins stärker werdende Anstrengungen, die – mittlerweile unabhängigen – ehemaligen Ostblockstaaten davon abzuhalten, sich aus dem russischen Einflussbereich zu lösen. Unsere Diplomaten erreichten regelmäßig Klagen von den Nachbarn Russlands über Einschüchterungsversuche, wirtschaftlichen Druck, Desinformationskampagnen, verdeckte Stimmenwerbung, finanzielle Unterstützung für prorussische politische Kandidaten und auch offene Bestechung. Im Fall der Ukraine wurde Wiktor Juschtschenko, ein später zum Präsidenten gewählter reformorientierter Aktivist, der Moskau ein Dorn im Auge war, Opfer einer rätselhaften Vergiftung. Und natürlich gab es den Einmarsch russischer Truppen in Georgien im Sommer 2008.

Es war schwer zu sagen, wie weit Russland auf diesem gefährlichen Weg gehen wollte. Putin war nicht länger russischer Präsident: Obwohl er in den Umfragen mit Abstand führte, hatte er beschlossen, das verfassungsrechtliche Verbot dreier aufeinanderfolgender Amtszeiten als Präsident zu respektieren und einen Ämtertausch mit Dmitri Medwedew, seinem einstigen Stellvertreter, durchzuführen. Dieser hatte nach seiner im Frühjahr 2008 erfolgten Wahl zum Präsidenten Putin umgehend als seinen Ministerpräsidenten eingesetzt. Russlandexperten waren der einhelligen Auffassung, dass Medwedew lediglich den Präsidentenstuhl bis 2012 warmhielt, wenn Putin wieder kandidieren dürfte. Dennoch deutete Putins Entscheidung, nicht bloß abzutreten, sondern einen jüngeren Mann zu befördern, dem eine vergleichsweise liberale, prowestliche Haltung nachgesagt wurde, darauf hin, dass ihm zumindest der Anschein wichtig war. Sie ließ es sogar als möglich erscheinen, dass Putin sein Wahlamt aufgeben und sich mit der Rolle eines Strippenziehers und Elder Statesman begnügen würde. Dies würde es einer neuen Führungsgeneration erlauben, Russlands Transformation zu einer modernen, rechtsstaatlichen Demokratie voranzutreiben.

All dies war möglich – aber nicht wahrscheinlich. Seit der Zarenzeit hatten Historiker auf die Neigung Russlands hingewiesen, mit großem Trara die neuesten europäischen Ideen aufzugreifen – ob repräsentative Demokratie oder moderne Staatsverwaltung, freie Marktwirtschaft oder Staatssozialismus –, nur um diese importierten Konzepte älteren, autoritären Methoden zur Aufrechterhaltung der bestehenden Gesellschaftsordnung unterzuordnen oder sie nach kurzer Zeit wieder fallen zu lassen. Im Kampf um die Identität Russlands siegten Angst und Fatalismus in der Regel über Hoffnung und Veränderungsbereitschaft. Es war eine verständliche Reaktion auf eine tausendjährige Geschichte mongolischer Invasionen, byzantinischer Intrigen, großer Hungersnöte, weitverbreiteter Leibeigenschaft, unumschränkter Willkürherrschaft, zahlloser Aufstände, blutiger Revolutionen, verheerender Kriege, jahrelanger Belagerungen und Abermillionen abgeschlachteter Gewaltopfer – und dies alles in einer eisigen Landschaft, die nichts verzieh.

IM JULI FLOG ICH zu meinem ersten Staatsbesuch als Präsident nach Moskau. Ich folgte damit der Einladung, die Medwedew beim G20-Treffen im April ausgesprochen hatte. Ich dachte, wir könnten mit dem von uns vorgeschlagenen »Reset« fortfahren – indem wir uns auf gemeinsame Interessenfelder konzentrierten, während wir zugleich unsere erheblichen Differenzen anerkannten und einen konstruktiven Umgang damit fanden. Da Ferienzeit war, konnten mich Michelle, Malia und Sasha begleiten. Und unter dem Vorwand, sie brauche jemanden, der sich gemeinsam mit ihr um die Mädchen kümmerte (und mit dem Versprechen eines Rundgangs durch den Vatikan und einer Audienz beim Papst, wenn wir weiter zum G8-Gipfel nach Italien reisen würden), brachte Michelle meine Schwiegermutter und unsere enge Freundin Mama Kaye dazu, ebenfalls mitzukommen.

Unsere Töchter sind schon immer gern gereist. Sie haben unsere jährlichen neunstündigen Hin- und Rückflüge zwischen Chicago und Hawaii stets gut gelaunt durchgestanden, ohne zu quengeln, Wutanfälle zu bekommen oder gegen die Vordersitze zu treten. Vielmehr haben sie sich in Spiele, Puzzles und Bücher vertieft, die Michelle mit militärischer Präzision regelmäßig austeilte. An Bord der Air Force One zu fliegen, war definitiv ein Upgrade für sie: Sie hatten eine große Auswahl an Filmen, echte Betten, in denen sie schlafen konnten, und Flugpersonal, das sie mit allen möglichen Snacks traktierte. Trotzdem stellte sie eine Auslandsreise mit dem Präsidenten der Vereinigten Staaten vor bislang unbekannte Herausforderungen. Sie wurden schon ein paar Stunden, nachdem sie eingeschlafen waren, wieder geweckt, um neue Kleider und modische Schuhe anzuziehen und sich das Haar kämmen zu lassen, damit sie bei der Landung vorzeigbar waren. Sie mussten für Fotografen lächeln, wenn wir die Gangway hinuntergingen, und sich dann einer Reihe grauhaariger Würdenträger vorstellen, die auf dem Rollfeld standen – immer sorgfältig darauf bedacht, Augenkontakt zu halten und nicht zu nuscheln, wie es ihnen ihre Mutter beigebracht hatte. Und sie sollten möglichst auch nicht gelangweilt aussehen, während ihr Vater mit den Amtsträgern, die sie am

Flughafen willkommen hießen, ein paar belanglose Worte wechselte, ehe alle in das bereitstehende Beast stiegen. Während wir über eine Moskauer Schnellstraße fuhren, fragte ich Malia, wie es ihr gehe. Sie wirkte verkrampft, ihre großen braunen Augen starrten ausdruckslos auf eine Stelle über meiner Schulter.

»Ich glaube«, sagte sie, »ich war *in meinem ganzen Leben* noch nie so müde.«

Ein Nickerchen am Vormittag schien den Jetlag der Mädchen zu kurieren, und an einige Momente, die wir zusammen in Moskau verbracht haben, erinnere ich mich so deutlich, als wenn es gestern gewesen wäre. Sasha, die neben mir durch die prachtvollen, mit roten Teppichen belegten Hallen des Kremls schreitet, wobei sie ihre Hände in den Taschen eines hellbraunen Mantels vergraben hat, als wäre sie eine Miniversion einer Geheimagentin, während eine Reihe hünenhafter uniformierter russischer Offiziere hinter uns hergeht. Malia, die sich bemüht, eine Grimasse zu unterdrücken, nachdem sie sich mutig bereit erklärt hatte, in einem Dachrestaurant mit Ausblick auf den Roten Platz Kaviar zu probieren. (Sasha lehnte erwartungsgemäß das Häufchen schleimiges schwarzes Zeug auf meinem Löffel ab, auch auf die Gefahr hin, später bei der Eiscreme nicht zum Zug zu kommen.)

Aber als Präsidentenfamilie zu reisen, war nicht das Gleiche, wie im Wahlkampf unterwegs zu sein, als wir in einem Campingmobil von Stadt zu Stadt fuhren und Michelle und die Mädchen bei Paraden und Jahrmärkten immer an meiner Seite waren. Ich hatte jetzt meinen Tagesplan, und sie hatten den ihren – ebenso wie ihren eigenen Betreuerstab, ihre Besprechungen und ihren offiziellen Fotografen. Als wir am Ende unseres ersten Tages in Moskau im Ritz-Carlton wieder zusammenkamen, legten wir uns alle aufs Bett, und Malia fragte, warum ich sie nicht zu den russischen Tänzern und Puppenmachern begleitet habe. Michelle drehte sich zu ihr hin und flüsterte in verschwörerischem Ton: »Dein Vater darf sich nicht amüsieren. Er muss den ganzen Tag in langweiligen Sitzungen verbringen.«

»Armer Daddy«, sagte Sasha und tätschelte mir den Kopf.

Der äußere Rahmen für mein offizielles Treffen mit Medwedew war entsprechend eindrucksvoll: einer der Paläste innerhalb des Kreml-Komplexes, dessen hohe, vergoldete Decken und kunstvolle

Ausstattung restauriert worden waren, sodass er wieder in seiner früheren zaristischen Pracht erstrahlte. Unser Gespräch war herzlich und professionell. Auf einer gemeinsamen Pressekonferenz überspielten wir gekonnt unsere weiterbestehenden Reibungen in der Georgienfrage und wegen der Raketenabwehr, und wir konnten eine Menge »Ergebnisse« verkünden, darunter auch einen Rahmenplan für die Verhandlungen über einen neuen Vertrag zur Begrenzung strategischer Waffen, der die Anzahl der jeder Seite erlaubten Atomsprengköpfe und Trägersysteme um bis zu einem Drittel reduzieren würde. Gibbs freute sich mehr über die russische Zusage, Beschränkungen für bestimmte Nutztierexporte aus den USA aufzuheben; dieser Meinungswandel war für amerikanische Landwirte und Viehzüchter über eine Milliarde wert.

»Das ist etwas, was die Leute zu Hause wirklich interessiert«, sagte er schmunzelnd.

An diesem Abend waren Michelle und ich zu einem privaten Abendessen in Medwedews Datscha eingeladen, die ein paar Kilometer außerhalb des Stadtzentrums lag. Nach den russischen Romanen, die ich gelesen hatte, stellte ich mir eine größere, aber nach wie vor rustikale Version des traditionellen Landhauses vor. Doch dann fanden wir uns auf einem riesigen, abgeschiedenen Anwesen wieder, das von hohen Bäumen umstanden war. Medwedew und seine Frau Swetlana – eine fröhliche, matronenhafte Blonde, mit der Michelle und die Mädchen einen Großteil des Tages verbracht hatten – begrüßten uns an der Eingangstür, und nach einem kurzen Rundgang durch das Haus schlenderten wir durch einen Garten zu einem großen Pavillon mit Balkendecke, in dem wir zu Abend essen sollten.

Politik spielte in unserer Unterhaltung praktisch keine Rolle. Medwedew war fasziniert vom Internet und fragte mich über das Silicon Valley aus, wobei er seinen Wunsch äußerte, den russischen Technologiesektor zu stärken. Er interessierte sich auch lebhaft für mein Fitnessprogramm und berichtete, dass er selbst jeden Tag dreißig Minuten schwimme. Wir tauschten uns über unsere Erfahrungen als Juradozenten aus, und er gestand, dass er ein Fan von Hardrockbands wie Deep Purple war. Swetlana äußerte sich besorgt darüber, dass ihr dreizehnjähriger Sohn Ilja es durch die vermehrte öffentliche Aufmerksamkeit, die ihm als Sohn des Präsidenten entgegengebracht werde, vielleicht schwerer haben werde, gut durch die Pubertät zu kommen – eine Sorge, die Michelle und ich nur allzu gut verstanden. Medwedew spekulierte, der Junge werde vielleicht später einmal im Ausland studieren.

Kurz nach dem Dessert verabschiedeten wir uns von den Medwedews. Wir achteten sorgfältig darauf, dass die Mitglieder unseres Teams wieder vollzählig in dem Kleinbus saßen, bevor sich unser Wagenkonvoi aus dem Anwesen schlängelte. Gibbs und Marvin waren von Mitgliedern des Teams von Medwedew in einem anderen Gebäude auf dem Grundstück unterhalten worden; man hatte ihnen reichlich Wodka-Shots und Schnaps verabreicht und sie so in eine fröhliche Stimmung versetzt, die allerdings den Weckruf am nächsten Morgen nicht überlebte. Während Michelle neben mir in der Dunkelheit des Wagens einschlief, musste ich daran denken, wie unspektakulär dieser Abend gewesen war – dass es, einmal abgesehen von den Dolmetschern, die diskret hinter uns saßen, während wir aßen, genauso gut eine Abendgesellschaft in einem wohlhabenden amerikanischen Vorort hätte sein können. Medwedew und ich hatten eine ganze Reihe von Gemeinsamkeiten: Beide hatten wir Jura studiert und unterrichtet, dann geheiratet und ein paar Jahre später Familien gegründet, ehe wir unser Glück als Politiker versuchten, wobei uns ältere, erfahrene Politiker als Mentoren zur Seite standen. Ich fragte mich, inwieweit sich die Unterschiede zwischen uns durch unseren jeweiligen Charakter und unser Naturell erklären ließen und wie sehr sie lediglich das Resultat unserer unterschiedlichen Lebensumstände waren. Anders als Medwedew hatte ich das Glück gehabt, in einem Land geboren worden zu sein, in dem politischer Erfolg nicht von mir verlangt hatte, Milliarden von Dollar an Schmiergeldzahlungen oder die Erpressung politischer Gegner zu ignorieren.

ICH TRAF WLADIMIR PUTIN zum ersten Mal am nächsten Morgen, als ich zu seiner Datscha in einem Vorort von Moskau fuhr. Unsere Russlandexperten Mike McFaul und Bill Burns sowie Jim Jones begleiteten mich auf dieser Fahrt. Burns, der Putin schon einige Male begegnet war, riet mir, mich bei meinen einleitenden Bemerkungen kurz zu fassen. »Putin reagiert empfindlich auf jede vermeintliche Geringschätzung«, sagte Burns, »und er sieht sich selbst als der Dienstältere von Ihnen beiden. Sie könnten das Treffen damit eröffnen, dass Sie ihn nach seiner Meinung über den Zustand der Beziehungen zwischen den USA und Russland fragen, sodass er sich ein paar Dinge von der Seele reden kann.«

Nachdem wir ein imposantes Tor passiert hatten und dann einen langen Zufahrtsweg entlanggefahren waren, hielten wir vor einer stattlichen Residenz, wo Putin uns für den obligatorischen Fototermin begrüßte. Äußerlich war er unscheinbar: klein und gedrungen – die Statur eines Ringers –, mit schütterem sandfarbenen Haar, markanter Nase und hellen, wachsamen Augen. Während wir Höflichkeiten mit der Delegation des jeweils anderen austauschten, fiel mir eine Beiläufigkeit seiner Bewegungen auf, eine routinierte Gleichgültigkeit in seiner Stimme, die auf eine Person hindeutete, die es gewohnt war, von Rangniederen und Bittstellern umgeben zu sein. Jemand, der sich daran gewöhnt hatte, Macht auszuüben.

Begleitet von Sergej Lawrow, Russlands weltläufigem Außenminister und früherem UN-Botschafter, führte uns Putin zu einer weiträumigen Terrasse, wo für uns ein üppiges Büfett mit Eiern und Kaviar, diversen Brot- und Teesorten angerichtet worden war. Kellner in traditioneller Bauerntracht und mit hohen Lederstiefeln bedienten uns. Ich dankte Putin für seine Gastfreundschaft, wies auf die Fortschritte hin, die unsere Länder mit den Vereinbarungen vom Vortag gemacht hatten, und fragte ihn, wie sich seiner Einschätzung nach die Beziehungen zwischen den USA und Russland während seiner Amtszeit entwickelt hätten.

Burns hatte recht: Putin wollte ein paar Dinge loswerden. Ich hatte die Frage kaum beendet, als Putin auch schon in einen lebhaften und scheinbar endlosen Monolog verfiel, in dem er jede Ungerechtigkeit, jeden Verrat und jede Geringschätzung auflistete, die ihm und dem russischen Volk aus seiner Sicht von den Amerikanern angetan worden waren. Er habe Präsident Bush menschlich geschätzt, sagte er, und ihm nach den Anschlägen vom 11. September die Hand ausgestreckt, er habe ihm seine Solidarität zugesichert und angeboten, im Kampf gegen einen gemeinsamen Feind nachrichtendienstliche Erkenntnisse zu teilen. Er habe seinen Einfluss geltend gemacht, damit die Vereinigten Staaten für ihren Feldzug gegen Afghanistan Luftwaffenstützpunkte in Kirgisistan und Usbekistan nutzen konnten. Er habe sogar die Hilfe Russlands im Umgang mit Saddam Hussein angeboten.

Und was habe er dafür bekommen? Statt seine Warnungen zu beherzigen, sagte er, sei Bush vorgeprescht und im Irak einmarschiert, wodurch er den gesamten Nahen Osten destabilisiert habe. Die Entscheidung der US-Regierung sieben Jahre zuvor, sich aus dem Vertrag über die Begrenzung von antiballistischen Raketenabwehrsystemen zurückzuziehen, und ihre Pläne, Raketenabwehrsysteme an den Grenzen zu Russland zu stationieren, sei nach wie vor eine Quelle strategischer Instabilität. Die Aufnahme ehemaliger Länder des Warschauer Pakts in die NATO unter den Regierungen Clinton und Bush habe Russlands Einflusszone kontinuierlich geschmälert, während die Unterstützung der USA für die »Farbrevolutionen« in Georgien, der Ukraine und in Kirgisistan – mit der fadenscheinigen Begründung, »die Demokratie fördern zu wollen« – ehedem russlandfreundliche Nachbarstaaten zu moskaufeindlichen Regierungen gemacht habe. Die Amerikaner hatten sich nach Putins Meinung arrogant und abschätzig verhalten, sie seien nicht bereit, Russland als einen gleichwertigen Partner zu behandeln, und sie versuchten fortwährend, dem Rest der Welt Bedingungen aufzuerlegen – all dies, sagte er, mache es schwierig, die zukünftigen Beziehungen optimistisch einzuschätzen.

Als etwa dreißig Minuten des auf eine Stunde angesetzten Treffens vorüber waren, begannen meine Mitarbeiter, flüchtig auf ihre Armbanduhren zu blicken. Aber ich beschloss, Putin nicht zu unterbrechen. Auf mich wirkte es so, als hätte er das Ganze auswendig gelernt, doch sein Gefühl, ungerecht behandelt worden zu sein, war echt. Ich wusste auch, dass weitere Fortschritte mit Medwedew von Putins Wohlwollen abhingen. Nach etwa fünfundvierzig Minuten ging Putin der Stoff aus. Statt mich an den vereinbarten Terminplan zu halten, begann ich damit, ihm Punkt für Punkt zu antworten. Ich erinnerte ihn daran, dass ich persönlich gegen die Invasion des Iraks gewesen sei, aber zugleich missbilligte ich Russlands Vorgehen in Georgien, da ich der Auffassung sei, jede Nation habe das Recht, über ihre Bündnisse und Wirtschaftsbeziehungen, ohne Einmischung von außen, selbst zu entscheiden. Ich widersprach der Vorstellung, ein begrenztes Verteidigungssystem, das sich gegen iranische Raketenangriffe richtete, hätte irgendwelche

Auswirkungen auf die Schlagkraft des mächtigen russischen Atomwaffenarsenals. Allerdings erwähnte ich meine Absicht, eine Überprüfung des Vorhabens durchzuführen, ehe ich weitere Schritte in puncto Raketenschutzschild in Europa unternehmen würde. Was unseren angestrebten »Reset« betraf, so gehe es dabei nicht darum, sämtliche Differenzen zwischen unseren beiden Ländern zu beseitigen, erläuterte ich; es gehe darum, die Gewohnheiten des Kalten Krieges hinter uns zu lassen und eine realistische, reife Beziehung aufzubauen, die uns einen angemessenen Umgang mit diesen Differenzen erlauben würde und auf gemeinsamen Interessen basieren sollte.

Gelegentlich verlief die Aussprache kontrovers, insbesondere beim Thema Iran. Putin tat meine Sorgen im Hinblick auf das iranische Atomprogramm als unbegründet ab und reagierte gereizt auf meinen Vorschlag, den anstehenden Verkauf des leistungsstarken russischen S-300-Flugabwehrraketensystems an das Regime auszusetzen. Er sagte, das System sei rein defensiv, und fügte hinzu, der Bruch eines Vertrags im Wert von 800 Millionen Dollar würde nicht nur dem Geschäft, sondern auch dem Ruf russischer Rüstungsfirmen schaden. Aber meist hörte er aufmerksam zu, und am Ende der zweistündigen Marathonsitzung bekundete er, wenn schon nicht seine Begeisterung, so jedenfalls seine Offenheit für den Neustart in unseren Beziehungen.

»Selbstverständlich müssen Sie bei all diesen Fragen mit Dmitri zusammenarbeiten«, sagte mir Putin, als wir zu der bereitstehenden Autokolonne gingen. »Das sind jetzt seine Entscheidungen.« Unsere Blicke trafen sich, als wir uns die Hand gaben. Wir beide wussten, dass die Aussage, die er gerade gemacht hatte, fragwürdig war, aber zumindest einstweilen konnte ich mir nicht mehr an Unterstützung erhoffen.

Das Treffen mit Putin warf den Zeitplan für den Rest des Tages völlig über den Haufen. Wir brausten zurück nach Moskau, wo ich bei der Abschlussfeier von aufgeweckten und begeisterten jungen Russen, die internationales Management und internationale Finanzwirtschaftslehre studiert hatten, eine Rede halten sollte. Zuvor traf ich in einem Warteraum hinter den Kulissen kurz mit dem ehemaligen sowjetischen Staats- und Parteichef Michail Gorbatschow zusammen. Achtundsiebzig Jahre alt und noch immer rüstig, mit dem unverkennbaren Feuermal, das auf seinem kahlen Schädel prangte, kam er mir wie eine seltsam tragische Figur vor. Dieser Mann war einst einer der mächtigsten Menschen der Welt gewesen, und sein Reformwille und seine – wenn auch zaghaften – Abrüstungsinitiativen hatten zu einer tief greifenden Transformation der Weltordnung geführt und ihm den Friedensnobelpreis eingebracht. In seinem eigenen Land wurde er mehrheitlich verachtet – sowohl von jenen, die das Gefühl hatten, er habe gegenüber dem Westen kapituliert, als auch von jenen, die in ihm ein Relikt des Kommunismus sahen, dessen Zeit längst abgelaufen war. Gorbatschow sagte mir, er sei begeistert von der Idee eines Neustarts in unseren Beziehungen und meinen Vorschlägen für eine atomwaffenfreie Welt, aber nach fünfzehn Minuten war ich gezwungen, das Gespräch abzubrechen, weil ich meine Rede halten musste. Obwohl er sagte, er verstehe das, spürte ich seine Enttäuschung – es erinnerte uns beide daran, wie vergänglich und unbeständig öffentliche Ämter sind.

Anschließend ging es zu einem verkürzten Mittagessen mit Medwedew in den Kreml, wo ein Festsaal voller bedeutender Persönlichkeiten auf mich wartete. Daran schloss sich eine Diskussion am runden Tisch mit US-amerikanischen und russischen Wirtschaftsführern an, bei der die üblichen floskelhaften Appelle zu einer engeren wirtschaftlichen Zusammenarbeit ausgetauscht wurden. Als ich zu dem von McFaul organisierten Treffen führender Vertreter der Zivilgesellschaft aus den USA und Russland eintraf, spürte ich die Folgen des Jetlags. Ich war froh, dass ich mich hinsetzen, verschnaufen und den Ausführungen derjenigen lauschen konnte, die vor mir sprachen.

Es waren Menschen, wie ich sie mochte: Demokratieaktivisten, Leiter von gemeinnützigen Organisationen und Community Organizer, die im direkten Kontakt mit betroffenen Bürgern nach Lösungen für Probleme wie ausreichender Wohnraum, angemessene öffentliche Gesundheitsversorgung und politische Teilhabe suchten. Sie rackerten überwiegend im Verborgenen, kämpften um Gelder, um ihre Organisationen über Wasser zu halten, und kamen nur selten aus ihren Heimatstädten heraus. Da war die Einladung eines US-Präsidenten für sie vielleicht eine Geste der Anerkennung. Unter den Amerikanern war sogar jemand, mit dem ich während meiner Zeit in der Stadtteilarbeit in Chicago zusammengearbeitet hatte.

Möglicherweise war es dieses Zusammentreffen von Vergangenheit und Gegenwart, das mich über mein Gespräch mit Putin nachdenken ließ. Als Axe mich nach meinem Eindruck von dem russischen Politiker fragte, sagte ich, dass er mir auf seltsame Weise vertraut vorkomme, »wie ein ›ward boss‹, außer dass er über Atomwaffen und ein Vetorecht im Sicherheitsrat verfügt«. Das brachte ihn zum Lachen, aber ich hatte es nicht als Scherz gemeint. Tatsächlich erinnerte mich Putin an jene Männer, die einst die Chicagoer Parteimaschine oder Tammany Hall in New York geleitet hatten: harte, gewiefte und kaltblütige Typen, die sehr von sich überzeugt waren, sich nur innerhalb ihrer engen, vertrauten Erfahrungswelten bewegten und die Patronage, Bestechung, Erpressung, Betrug und gelegentliche Gewalttätigkeiten als legitime Methoden ansahen. Für sie, wie für Putin, war das Leben ein Nullsummenspiel; man mochte mit denjenigen, die nicht der eigenen Sippe angehörten, Geschäfte machen, aber letztlich konnte man ihnen nicht vertrauen. Die eigenen Interessen und Bedürfnisse hatten absolute Priorität. In einer solchen Welt waren Skrupellosigkeit, die Geringschätzung aller hochfliegenden Bestrebungen, die über die Anhäufung von Macht hinausgingen, keine Makel. Sie waren ein Vorteil.

In Amerika hatte es Generationen von Protesten, progressiver Gesetzgebung, Enthüllungsjournalismus und beharrlichen Engagements bedurft, um eine derart ungezügelte Ausübung von Macht wenn schon nicht gänzlich zu beseitigen, so doch immerhin einzuschränken. Diese Tradition stetiger Reformen war ein wesentlicher Grund dafür gewesen, dass ich in die Politik ging. Um das Risiko einer nuklearen Katastrophe oder eines weiteren Krieges im Nahen Osten zu reduzieren, hatte ich trotzdem den Morgen damit verbracht, einen Autokraten zu umwerben, der zweifellos über jeden russischen Aktivisten im Raum ein Dossier angelegt hatte und der sie, wann immer es ihm beliebte, schikanieren, einsperren oder noch Schlimmeres mit ihnen anstellen konnte. Wenn Putin es auf einen dieser Aktivisten abgesehen hätte, wie weit würde ich dann gehen, um ihn zur Rede zu stellen – insbesondere da ich wüsste, dass dies sein Verhalten wohl kaum ändern würde? Würde ich dafür den Abschluss der START-Verhandlungen aufs Spiel setzen? Die Kooperation Russlands im Konflikt mit dem Iran? Und nach welchen Kriterien sollte man solche Abwägungen treffen? Ich könnte mir selbst sagen, dass überall Kompromisse geschlossen wurden, dass ich mich, um innenpolitisch etwas zu bewegen, mit Politikern verständigt hatte, deren Einstellungen nicht so weit von denen Putins entfernt waren und deren moralische Maßstäbe einer genauen Überprüfung nicht immer standhielten. Aber dies hier war etwas anderes. Es stand viel mehr auf dem Spiel – im Positiven wie im Negativen.

Als ich mich schließlich erhob, um meine Rede zu halten, lobte ich die Anwesenden für ihren Mut und ihr Engagement und spornte sie an, sich nicht nur auf Demokratie und Bürgerrechte, sondern auch auf konkrete Strategien für die Schaffung von Arbeitsplätzen, ein besseres Bildungs- und Gesundheitssystem sowie ein ausreichendes Angebot an bedarfsgerechtem Wohnraum zu konzentrieren. An die Russen im Publikum gewandt, sagte ich, Amerika könne und solle ihre Kämpfe nicht für sie führen, sie müssten selbst Russlands Zukunft bestimmen; aber ich fügte hinzu, dass ich ihnen die Daumen drücke, denn ich sei fest davon überzeugt, dass die Gewährleistung der Menschenrechte, Rechtsstaatlichkeit und politische Selbstbestimmung universelle Werte seien, nach denen alle Menschen strebten.

Die Anwesenden klatschten laut Beifall. McFaul strahlte. Ich war froh darüber, dass ich – und sei es flüchtig – tüchtigen Menschen Mut zusprechen konnte, die sich beherzt für ihre Anliegen einsetzten und dafür manchmal auch persönliche Risiken eingingen. Selbst in Russland würde sich ihre Arbeit meiner Überzeugung nach langfristig auszahlen. Dennoch wurde ich die Befürchtung nicht los, dass Putins Methoden effektiver und durchschlagender sein könnten, als ich es mir eingestehen wollte, dass nach Lage der Dinge viele dieser hoffnungsvollen Aktivisten schon bald von ihrer eigenen Regierung drangsaliert oder mundtot gemacht werden könnten – und dass ich sehr wenig tun könnte, um sie zu schützen.

KAPITEL 20

DAS NÄCHSTE PERSÖNLICHE ZUSAMMENTREFFEN mit Medwedew fand Ende September statt, als Staats- und Regierungschefs aus aller Welt für die jährliche Eröffnungssitzung der UN-Generalversammlung in Manhattan zusammenkamen. »UNGA Week« nannten wir dieses Ereignis, und für mein außenpolitisches Team war sie ein zweiundsiebzigstündiger, schlafraubender Hindernisparcours. Durch die Straßensperrungen und die erhöhten Sicherheitsvorkehrungen war der Verkehr selbst für den Präsidentenkonvoi mörderischer als sonst. Nahezu jeder ausländische Staats- oder Regierungschef bat um ein Treffen oder zumindest ein gemeinsames Foto für die Leute daheim. Es gab Beratungsgespräche mit dem UN-Generalsekretär, Besprechungen, die ich leiten, Mittagessen, an denen ich teilnehmen, Empfänge, die ich geben, gute Zwecke, für die ich mich einsetzen sollte, Abkommen, die zu schließen, und mehrere Reden, die zu schreiben waren – darunter eine wichtige Ansprache vor der Generalversammlung, eine Art globale Rede zur Lage der Nation, die Ben und ich in den acht Jahren, die wir zusammenarbeiteten, aus irgendeinem Grund jeweils stets erst fünfzehn Minuten vor Beginn meiner Redezeit fertigstellten.

Obwohl mein Terminplan extrem dicht gedrängt war, versetzte mich der Anblick des UN-Hauptquartiers – dessen Hauptgebäude ein hochragender weißer Monolith mit Blick auf den East River ist – immer in eine hoffnungsfrohe, erwartungsvolle Stimmung. Ich glaube, dass dies das Verdienst meiner Mutter ist. Ich erinnere mich, dass ich ihr als vielleicht neun- oder zehnjähriger Junge Fragen über die Vereinten Nationen stellte, und sie mir erklärte, dass Staats- und Regierungschefs aus aller Welt nach dem Zweiten Weltkrieg zu der Überzeugung gelangt seien, sie bräuchten einen Ort, an dem Menschen aus einer Vielfalt von Ländern zusammenkommen könnten, um ihre Differenzen auf friedlichem Weg beizulegen.

»Menschen unterscheiden sich nicht so sehr von Tieren, Bar«, sagte sie zu mir. »Wir haben Angst vor dem, was wir nicht kennen. Wenn wir uns vor Menschen fürchten und uns bedroht fühlen, ist es leichter, Kriege zu führen und andere dumme Dinge zu tun. Die Vereinten Nationen geben Ländern die Möglichkeit, sich zu begegnen und besser kennenzulernen und nicht mehr so viel Angst voreinander zu haben.«

Meine Mutter strahlte immer diese beruhigende Gewissheit aus, dass sich trotz unserer archaischen Regungen Vernunft, Logik und Fortschritt letztlich durchsetzen würden. Nach unserem Gespräch stellte ich mir vor, dass es bei den Vereinten Nationen wohl so ähnlich zugehe wie in einer Episode von *Raumschiff Enterprise,* in der Amerikaner, Russen, Schotten, Afrikaner und Vulkanier die Sterne gemeinsam erkunden. Oder es lief so ähnlich ab wie eine »It's a Small World«-Themenfahrt in Disneyland, wo mondgesichtige Kinder mit verschiedenen Hautfarben und bunten Kostümen ein fröhliches Lied sangen. Später las ich für eine Hausaufgabe die Charta – den Gründungsvertrag – der Vereinten Nationen von 1945, und es beeindruckte mich, wie sehr deren Auftrag sich mit dem Optimismus meiner Mutter deckte: »künftige Geschlechter vor der Geißel des Krieges zu bewahren«, »unseren Glauben an die Grundrechte des Menschen … erneut zu bekräftigen«, »Bedingungen zu schaffen, unter denen Gerechtigkeit und die Achtung vor Verpflichtungen aus Verträgen und anderen Quellen des Völkerrechts gewahrt werden können«, und »den sozialen Fortschritt und einen besseren Lebensstandard in größerer Freiheit zu fördern«.

Selbstverständlich sind die Vereinten Nationen diesen hochfliegenden Ansprüchen nicht immer gerecht geworden. Wie ihr letztlich gescheiterter Vorgänger, der Völkerbund, war die Organisation nur so stark, wie es ihre mächtigsten Mitglieder zuließen. Bindende Beschlüsse erforderten einen Konsens zwischen den fünf ständigen Mitgliedern des Sicherheitsrats – den Vereinigten Staaten, der Sowjetunion (später Russland), Großbritannien, Frankreich und China,

P5 genannt –, die jeweils ein uneingeschränktes Vetorecht besaßen. Während des Kalten Krieges waren die Aussichten, einen Konsens zu erreichen, sehr gering, und aus diesem Grund unternahmen die Vereinten Nationen nichts, als sowjetische Panzer durch Ungarn rollten oder US-Bomber Napalm auf ländliche Gebiete Vietnams abwarfen.

Auch nach dem Kalten Krieg lähmten Spaltungen innerhalb des Sicherheitsrats die Handlungsfähigkeit der Vereinten Nationen. Seinen Mitgliedsstaaten fehlten entweder die Mittel oder der gemeinsame Wille, scheiternde Staaten wie Somalia wiederaufzubauen oder blutige Gewalt gegen ethnische Gruppen wie in Sri Lanka zu verhindern. Die UN-Friedensmissionen, die auf freiwillige Truppenstellungen von Mitgliedsstaaten angewiesen sind, litten unter einem chronischen Mangel an Menschen und Material. Mitunter verkam die Generalversammlung zu einem Forum der Selbstdarstellung, Heuchelei und einseitiger Verurteilungen Israels; mehr als eine UN-Organisation war in Korruptionsskandale verwickelt, während brutale Autokratien wie Chomeinis Iran und Assads Syrien durch raffinierte Winkelzüge Sitze im UN-Menschenrechtsrat ergatterten. Für die Republikaner wurden die Vereinten Nationen zum Inbegriff eines verachtenswerten Eine-Welt-Globalismus. Progressive wiederum beklagten ihre Ohnmacht gegenüber Unrecht.

Und doch war ich weiter davon überzeugt, dass die Vereinten Nationen trotz all ihren Unzulänglichkeiten eine wichtige Aufgabe erfüllten. UN-Berichte und -Befunde konnten mitunter Länder blamieren, sodass sie ihr Verhalten änderten, und internationale Normen stärken. Dank ihrer Vermittlungsbemühungen und Friedenssicherungsaktivitäten waren Waffenruhen ausgehandelt, Konflikte vermieden und Menschenleben gerettet worden. Die UNO hatte ihren Teil dazu beigetragen, dass über achtzig ehemalige Kolonien zu eigenständigen Nationen wurden. Ihre Behörden hatten dabei geholfen, zig Millionen Menschen aus der Armut zu führen, hatten die Pocken besiegt, Kinderlähmung und den Medinawurm nahezu ausgelöscht. Jedes Mal, wenn ich durch den UN-Komplex ging – wobei meine Personenschützer Diplomaten und UN-Mitarbeiter beiseiteschoben, die oftmals in den breiten Korridoren umherschlenderten, um einen Handschlag oder ein Winken zu erhaschen, und in denen sich alle Schattierungen und

Gestalten der Menschheitsfamilie spiegelten –, wurde ich daran erinnert, dass hier zahlreiche Männer und Frauen jeden Tag gegen heftige Widerstände kämpften. Sie versuchten, Regierungen zu überzeugen, Impfprogramme und Schulen für arme Kinder zu finanzieren, scharten die Weltgemeinschaft hinter sich, um das Blutbad an einer Minderheit oder den Menschenhandel mit jungen Frauen zu stoppen. Diese Männer und Frauen stellten ihr Leben in den Dienst der gleichen Idee, die auch das Leben meiner Mutter bestimmt hatte. Diese Idee wird in einem Vers eingefangen, der in einen im Hauptsitz der Vereinten Nationen hängenden Teppich eingewoben ist:

Die Kinder Adams sind ja alle Brüder,
aus einem Stoff wie eines Leibes Glieder.

BEN VERRIET MIR, dass diese Zeilen von dem persischen Dichter Saadi stammen, der im 13. Jahrhundert lebte und zu den beliebtesten Gestalten der iranischen Kultur gehört. In Anbetracht der Tatsache, dass ich einen Großteil der Zeit bei der UN-Generalversammlung damit verbrachte, den Iran von der Entwicklung von Atomwaffen abzuhalten, hörte sich das für uns ironisch an. Offensichtlich teilten Chamenei und Ahmadinedschād das Zartgefühl des Dichters nicht.

Seitdem der Iran mein Angebot zu bilateralen Gesprächen ausgeschlagen hatte, hatte er keine Anstalten gemacht, sein Atomprogramm zurückzufahren. Die iranischen Unterhändler wandten bei den Sitzungen mit den Mitgliedern der »P5+1«-Gruppe weiterhin ihre altbekannte Taktik des Hinhaltens und Drohens an. Sie versicherten, die iranischen Zentrifugen und Vorräte an angereichertem Uran dienten ausschließlich zivilen Zwecken. Diese Unschuldsbeteuerungen waren unaufrichtig, aber sie lieferten Russland und China einen hinlänglichen Vorwand, um den Sicherheitsrat weiterhin daran zu hindern, härtere Sanktionen gegen das Regime in Erwägung zu ziehen.

Wir haben unsere Argumente weiterhin mit Nachdruck vorgetragen, und eine Reihe neuer Entwicklungen half, bei der russischen Regierung einen Einstellungswandel herbeizuführen. Zum einen hatte unser Rüstungskontrollteam unter der kompetenten Führung von Gary Samore, einem Experten für die Nichtverbreitung von Atomwaffen, gemeinsam mit der Internationalen Atomenergiebehörde (IAEA) einen kreativen neuen Vorschlag ausgearbeitet, um die wahren Absichten des Iran auszuloten. Gemäß diesem Vorschlag sollte der Iran seine vorhandenen Lagerbestände an schwachangereichertem Uran nach Russland schicken, wo es zu hochangereichertem Uran verarbeitet werden würde; anschließend sollte das hochangereicherte Uran von Russland nach Frankreich transportiert werden. Dort würde man es in eine Form von Brennstoff umwandeln, der die legitimen Ansprüche des Iran auf die zivile Nutzung der Kernenergie gerecht würde, aber nicht militärisch verwendbar wäre. Der Vorschlag war eine Überbrückungslösung: Er ließ die bestehende Nuklearinfrastruktur des Iran unangetastet und würde das Land nicht daran hindern, in Zukunft mehr schwachangereichertes Uran höher anzureichern. Aber die Verringerung der bestehenden Lagerbestände würde die »Breakout Capacity« um bis zu einem Jahr verlängern. Das würde uns Zeit verschaffen, um eine dauerhafte Lösung auszuhandeln. Genauso wichtig war, dass der Vorschlag Russland zu einem zentralen Partner bei der Umsetzung machte, und er Moskau unsere Bereitschaft zeigte, alle vernünftigen Ansätze im Hinblick auf den Iran auszuschöpfen. Während der UN-Generalversammlung segnete Russland die Idee ab; wir nannten sie sogar »den russischen Vorschlag«. Als die Iraner daher den Vorschlag schließlich bei einem »P5+1«-Treffen ablehnten, das im selben Jahr in Genf stattfand, erteilten sie nicht nur den Amerikanern eine Abfuhr. Sie brüskierten auch Russland, eines der wenigen Länder, die sie noch verteidigten.

Risse in den russisch-iranischen Beziehungen vertieften sich, nachdem ich Medwedew und Lawrow bei einem privaten Treffen am Rande der UN-Vollversammlung ein brisantes Geheimdienstdossier überreicht hatte: Wir hatten entdeckt, dass der Iran kurz davorstand, den Bau einer geheimen Anreicherungsanlage tief in einem Berg in der Nähe der geschichtsträchtigen Stadt Ghom zu vollenden. Alles an dieser Anlage – ihre Größe, Ausstattung und Lage auf einem Militärgelände – deutete darauf hin, dass der Iran seine Aktivitäten verschleiern und bestmöglich gegen einen potenziellen Angriff schützen wollte – Merkmale, die mit einem zivilen Programm nicht vereinbar waren. Ich erklärte Medwedew, dass er unsere Erkenntnisse als Erster zu sehen bekomme, bevor wir damit an die Öffentlichkeit gingen, denn die Zeit für halbherzige Maßnahmen sei vorüber. Ohne russische Zustimmung zu einer entschlossenen internationalen Reaktion würden die Chancen für eine diplomatische Verständigung mit dem Iran wohl auf null sinken.

Unsere Präsentation schien die Russen zu erschüttern. Statt das iranische Vorgehen zu verteidigen, äußerte Medwedew seine Enttäuschung über das Regime und räumte ein, dass der »P5+1«-Ansatz neu justiert werden müsse. In seinen öffentlichen Bemerkungen danach ging er sogar noch weiter. So sagte er der Presse, dass »Sanktionen zwar nur selten zielführend sind … aber in manchen Fällen sind sie unvermeidlich«. Diese Aussage kam als angenehme Überraschung, sie bestätigte unseren Eindruck von Medwedew als einem verlässlichen Partner.

Wir entschieden uns dagegen, die Existenz der Anlage bei Ghom während einer Sitzung des UN-Sicherheitsrats über Fragen der nuklearen Sicherheit, die ich leiten sollte, zu enthüllen. Auch wenn der symbolträchtige Rahmen eine effektvolle Inszenierung ermöglicht hätte, brauchten wir Zeit, um die Internationale Atomenergiebehörde und die anderen Mitglieder der »P5+1«-Gruppe gründlich zu informieren. Wir wollten außerdem vermeiden, dass Vergleiche mit der dramatischen – und letztlich in Verruf geratenen – Präsentation von Colin Powell im Vorfeld des Irakkriegs gezogen würden, bei der er dem Sicherheitsrat angebliche Beweise dafür vorgelegt hatte, dass der Irak Massenvernichtungswaffen besitze. Stattdessen stellten wir unsere Erkenntnisse unmittelbar vor dem G20-Gipfeltreffen in Pittsburgh der *New York Times* zur Verfügung.

Die Nachricht schlug ein wie eine Bombe. Reporter spekulierten über mögliche israelische Raketenangriffe auf Ghom. Mitglieder des Kongresses forderten unverzügliches Handeln. Auf einer gemeinsamen Pressekonferenz mit dem französischen Präsidenten Sarkozy und dem britischen Premierminister Brown unterstrich ich die Notwendigkeit einer entschlossenen internationalen Antwort, machte jedoch keine konkreten Angaben zu Sanktionen, um Medwedew nicht die Hände zu binden, bevor er die Chance hätte, die Sache mit Putin zu erörtern. Angenommen, wir könnten Medwedew einbinden, müssten wir noch immer eine weitere hohe diplomatische Hürde nehmen: eine skeptische chinesische Regierung dazu bringen, für Sanktionen gegen einen ihrer größten Öllieferanten zu stimmen.

»Wie wahrscheinlich ist das?«, fragte mich McFaul.

»Das weiß ich noch nicht«, sagte ich. »Einen Krieg zu verhindern, scheint schwieriger zu sein, als einen vom Zaun zu brechen.«

SIEBEN WOCHEN SPÄTER landete die Air Force One in Peking für meinen Antrittsbesuch in China. Wir wurden aufgefordert, sämtliche privaten elektronischen Geräte im Flugzeug zurückzulassen und unter der Annahme zu operieren, dass unser gesamter Nachrichtenverkehr überwacht werden würde.

Selbst über die Meere hinweg waren die Überwachungsfähigkeiten der Chinesen beeindruckend. Während des Wahlkampfs hatten sie das Computersystem in unserem Hauptquartier gehackt. (Ich sah darin ein positives Zeichen für meine Wahlchancen.) Ihre Fähigkeit, jedes Mobiltelefon zu einem Aufzeichnungsgerät umzufunktionieren, war weithin bekannt. Wenn ich Anrufe machen wollte, bei denen es um Fragen der nationalen Sicherheit ging, musste ich eine Suite am Ende des Flurs aufsuchen, die mit einer »Sensitive Compartmented Information Facility« (SCIF) ausgestattet war – einem großen blauen Zelt, das in der Mitte des Raumes aufgeschlagen worden war und in dem ein unheimliches psychedelisches Summen erklang, das alle Abhörgeräte in der Nähe blockieren sollte. Einige Mitglieder unseres Teams zogen sich im Dunkeln an und duschten sogar, ohne das Licht einzuschalten, um den versteckten Kameras zu entgehen, die mit Sicherheit wohlüberlegt in jedem Raum platziert worden waren. (Marvin dagegen sagte, er sei in voller Absicht nackt und mit eingeschalteten Lampen in seinem Zimmer herumspaziert – ob aus Stolz oder zum Protest, war nicht ganz klar.)

Hin und wieder grenzte die Dreistigkeit der chinesischen Nachrichtendienste an Comedy. Einmal war mein Handelsminister Gary Locke unterwegs zu einer vorbereitenden Sitzung, als er bemerkte, dass er etwas in seiner Suite vergessen hatte. Beim Öffnen der Tür entdeckte er zwei Zimmermädchen, die sein Bett machten, während zwei Herren in Anzügen sorgfältig die Papiere auf seinem Schreibtisch durchblätterten.

Als Gary fragte, was sie da täten, gingen die Männer wortlos an ihm vorüber und verschwanden. Ohne ihn eines Blickes zu würdigen, arbeiteten die Zimmermädchen im Badezimmer weiter und wechselten dort die Handtücher, als ob er unsichtbar wäre. Garys Geschichte sorgte für viel Kopfschütteln und Heiterkeit bei unserem Team, und ich bin mir sicher, dass irgendjemand weiter unten in der diplomatischen Hierarchie schließlich eine formale Beschwerde einreichte. Aber niemand sprach den Vorfall später während unseres offiziellen Treffens mit Präsident Hu Jintao und dem Rest der chinesischen Delegation an. Wir wollten keinen Skandal machen, denn wir hatten eine Menge mit den Chinesen zu besprechen – und außerdem spionierten wir sie selbst auch ganz gut aus.

Das fasste so ziemlich den damaligen Zustand der Beziehungen zwischen den USA und China zusammen. An der Oberfläche machte das Verhältnis, das wir geerbt hatten, einen relativ stabilen Eindruck; es gab keine spektakulären diplomatischen Eklats wie mit den Russen. Von Anfang an hatten sich Tim Geithner und Hillary wiederholt mit ihren chinesischen Amtskollegen getroffen und eine offizielle Arbeitsgruppe eingesetzt, die sich um Lösungen für diverse bilaterale Streitfragen bemühen sollte. Bei meinen Treffen mit Präsident Hu während des Londoner G20-Gipfels hatten wir davon gesprochen, eine Win-win-Politik zu verfolgen, von der unsere beiden Länder profitieren könnten. Aber unter den diplomatischen Nettigkeiten lauerten seit Langem schwelende Spannungen und Misstrauen – nicht nur rund um konkrete Streitfragen wie Handel oder Spionage, sondern auch hinsichtlich der grundlegenden Frage, was der Wiederaufstieg Chinas für die internationale Ordnung und Amerikas Stellung in der Welt bedeutete.

Es war nicht bloßes Glück, dass es China und den Vereinigten Staaten gelungen war, über dreißig Jahre lang einen offenen Konflikt zu vermeiden. Seit dem Beginn der Wirtschaftsreformen und der entschlossenen Öffnung zum Westen in den Siebzigerjahren war die chinesische Regierung immer treu Deng Xiaopings Rat »Verberge deine Stärke und warte den rechten Augenblick ab« gefolgt. Sie gab der Industrialisierung Vorrang vor einer massiven militärischen Aufrüstung. Sie lud US-Unternehmen, die nach billigen Arbeitskräften suchten, ein, ihre Produktionsstätten nach China zu verlagern, und sie umwarb aufeinanderfolgende US-Regierungen, damit diese sie bei ihrem Vorhaben unterstützten, Mitglied in der Welthandelsorganisation (WTO) zu werden. Der Beitritt Chinas im Jahr 2001 verschaffte dem Land dann besseren Zugang zu US-Märkten. Obwohl die Kommunistische Partei Chinas die Politik des Landes weiterhin straff kontrollierte, unternahm sie nichts, um ihre Ideologie zu exportieren. China machte mit allen Ländern – Demokratien ebenso wie Diktaturen – Geschäfte und rechnete es sich als Tugend an, kein Urteil darüber zu fällen, wie andere Länder ihre inneren Angelegenheiten regelten. China konnte jedoch ziemlich aggressiv auftreten, wenn es den Eindruck hatte, die Rechtmäßigkeit seiner territorialen Ansprüche werde angezweifelt. Und es reagierte gereizt auf westliche Kritik an seiner Menschenrechtsbilanz. Aber selbst bei hochbrisanten Streitpunkten wie US-Waffenlieferungen an Taiwan taten chinesische Beamte ihr Bestes, um Konflikte zu ritualisieren – sie brachten durch scharf formulierte Protestnoten oder die Absage bilateraler Treffen ihr Missfallen zum Ausdruck, ließen die Dinge jedoch nie so weit eskalieren, dass sie möglicherweise den Strom von Versandcontainern voller Sneaker, elektronischer Geräte und KFZ-Teile in US-Häfen und zu Walmart-Supermärkten behindert hätten.

Diese strategische Geduld hatte China geholfen, sparsam mit seinen Ressourcen umzugehen und kostspielige Abenteuer zu vermeiden. Sie hatte auch zu verschleiern geholfen, dass China während seines »friedlichen Aufstiegs« systematisch so gut wie jede Regel des internationalen Handels umging, beugte oder brach. Jahrelang hatte China mithilfe staatlicher Subventionen, Währungsmanipulation und Handelsdumping den Preis seiner Exporte künstlich gedrückt und so Industrieunternehmen in den Vereinigten Staaten unterboten. Das Gleiche erreichte China dadurch, dass es Arbeits- und Umweltstandards missachtete. Gleichzeitig nutzte das Land nicht tarifäre Handelshemmnisse wie Quoten und Embargos; es betrieb auch Diebstahl geistigen Eigentums von US-Amerikanern, und es setzte US-Unternehmen, die in China Geschäfte machten, fortwährend unter Druck, Schlüsseltechnologien herauszugeben, um es China zu ermöglichen, in der globalen Lieferkette schneller in Bereiche mit hoher Wertschöpfung vorzustoßen.

All dies ist nicht ungewöhnlich. So gut wie alle Wohlstandsländer, von den Vereinigten Staaten bis Japan, haben in unterschiedlichen Phasen ihrer Entwicklung merkantilistische Strategien angewandt, um ihre Wirtschaft anzukurbeln. Und aus der Perspektive Chinas ließen sich die Erfolge nicht wegdiskutieren: Nur eine Generation nachdem eine große Hungersnot Millionen von Menschenleben gefordert hatte, war China zur drittgrößten Volkswirtschaft der Welt aufgestiegen. Auf das Land entfielen fast die Hälfte der Weltstahlproduktion, zwanzig Prozent der globalen Industrieproduktion und vierzig Prozent der Bekleidung, die Amerikaner kauften.

Erstaunlich war die milde Reaktion Washingtons. Schon zu Beginn der Neunzigerjahre hatten Gewerkschaftsführer wegen der zunehmend unfairen Handelspraktiken Chinas Alarm geschlagen, und sie konnten viele demokratische Kongressabgeordnete, vor allem aus Rostgürtel-Bundesstaaten, dazu bewegen, sich für ihre Sache einzusetzen. Auch in der Republikanischen Partei gab es eine ganze Reihe von Chinakritikern – eine Mischung aus Populisten im Stil von Pat Buchanan, die erzürnt waren über das, was sie als Amerikas langsame Unterwerfung unter eine ausländische Macht ansahen, und alternden Falken, die vom Kalten Krieg geprägt waren und sich noch immer Sorgen wegen des Vordringens des gottlosen Kommunismus machten.

Aber als die Globalisierung während der Regierungszeit Clintons und Bushs in den Schnellgang schaltete, gerieten diese Stimmen in die Minderheit. Es stand zu viel Geld auf dem Spiel. US-Konzernen und ihren Aktionären gefielen die niedrigeren Lohnkosten und die steigenden Gewinne, die eine Folge der Produktionsverlagerung nach China waren. US-Landwirten gefielen all die neuen chinesischen Kunden, die ihre Sojabohnen und ihre Schweine kauften. Der Wall Street gefielen die zahllosen chinesischen Milliardäre, die nach Möglichkeiten suchten, ihr neu gewonnenes Vermögen profitabel anzulegen, und das Gleiche gilt für die Scharen von Rechtsanwälten, Beratern und Lobbyisten, deren Dienstleistungen mit dem expandierenden Handel zwischen den USA und China immer stärker gefragt waren. Auch wenn die meisten demokratischen Kongressabgeordneten mit den chinesischen Handelspraktiken weiterhin unzufrieden waren und die Regierung Bush eine Handvoll Beschwerden gegen China bei der WTO einreichte, hatte sich zu der Zeit meines Amtsantritts ein grober Konsens zwischen den

Eliten, die die US-Außenpolitik machten, und bedeutenden Parteispendern herausgebildet: Statt protektionistische Maßnahmen zu ergreifen, sollten sich die USA eine Scheibe von den Chinesen abschneiden. Wenn wir die Nummer eins bleiben wollten, mussten wir härter arbeiten, mehr sparen und unseren Kindern mehr Unterricht in Mathematik, Naturwissenschaften, Technik – und Mandarin – geben.

Meine eigenen Ansichten über China stimmten mit keinem Lager vollständig überein. Ich teilte nicht die instinktive Ablehnung des Freihandels meiner Unterstützer aus den Gewerkschaften, und ich glaubte nicht, dass sich die Globalisierung vollständig rückgängig machen ließ, genauso wenig, wie wir das Internet abschalten konnten. Meines Erachtens hatten Clinton und Bush die richtige Entscheidung getroffen, als sie Chinas Integration in die Weltwirtschaft förderten – die Geschichte sagte mir, dass ein in Chaos versinkendes, verarmtes China eine größere Bedrohung für die Vereinigten Staaten darstellen würde als ein wohlhabendes. Die Tatsache, dass es China gelungen war, Hunderte Millionen Menschen aus extremer Armut herauszuführen, war in meinen Augen eine gewaltige Leistung.

Dies änderte allerdings nichts daran, dass Chinas Manipulation des internationalen Handelssystems allzu oft auf Kosten der USA gegangen war. Automatisierung und fortschrittliche Robotertechnik mögen stärker zum Abbau von Arbeitsplätzen im verarbeitenden Gewerbe der USA beigetragen haben, aber chinesische Praktiken haben – unter Mithilfe von US-Konzernen, die Produktionsstätten verlagerten – diese Verluste beschleunigt. Die Flut chinesischer Güter, die sich in die Vereinigten Staaten ergoss, hatte Flachbildfernseher billiger gemacht und dazu beigetragen, die Inflation niedrig zu halten, doch der Preis dafür war, dass die Löhne von US-Arbeitern gedrückt wurden. Ich hatte versprochen, im Namen dieser Arbeiter für einen besseren Deal zu kämpfen, und ich beabsichtigte, dieses Versprechen zu halten.

Da die Weltwirtschaft jetzt jedoch an einem seidenen Faden hing, musste ich überlegen, wann und wie ich dies am besten tun könnte. China hielt US-Staatsanleihen im Wert von über siebenhundert Milliarden US-Dollar und verfügte über massive Devisenreserven, was es zu einem unverzichtbaren Partner bei der Bewältigung der Finanzkrise machte. Um uns selbst und den Rest der Welt aus der Rezession zu holen, musste die chinesische Wirtschaft wachsen, nicht schrumpfen. China würde seine Handelspraktiken ohne starken Druck durch meine Regierung nicht ändern. Ich musste allerdings sicherstellen, dass wir keinen Handelskrieg anfingen, der die Weltwirtschaft in eine Depression stürzen und just den Arbeitern, denen ich meine Hilfe versprochen hatte, schaden würde.

Im Vorfeld unserer Chinareise verständigten mein Team und ich uns auf die Strategie, weder zu viel noch zu wenig Härte zu zeigen. Als Erstes wollten wir Präsident Hu eine Liste mit Problemfeldern vorlegen, die über einen realistischen Zeitraum abgearbeitet werden sollte, während wir eine öffentliche Konfrontation, die die sowieso schon nervösen Finanzmärkte noch weiter verängstigt hätte, vermeiden wollten. Falls die Chinesen untätig blieben, würden wir den öffentlichen Druck stetig erhöhen und Vergeltungsmaßnahmen ergreifen – idealerweise in einem wirtschaftlichen Umfeld, das nicht mehr so instabil war.

Bei dem Bemühen, China zu einer Verhaltensänderung zu bewegen, hofften wir auf die Unterstützung seiner Nachbarn. Das sollte uns einige Mühe kosten. Die Tatsache, dass die Regierung Bush voll und ganz von Problemen im Nahen Osten und von dem Fiasko an der Wall Street in Anspruch genommen worden war, hatte einige asiatische Regierungschefs dazu bewogen, sich zu fragen, ob die USA als Ordnungsmacht in der Region tatsächlich gebraucht würden. Gleichzeitig brachte die boomende chinesische Wirtschaft selbst enge Verbündete der USA wie Japan und Südkorea in eine wachsende Abhängigkeit von chinesischen Märkten, sodass diese sich dort nicht unbeliebt machen wollten. Es gab allerdings eine Sache, die uns in die Hände spielte: In den letzten Jahren war China zu weit gegangen, denn es hatte einseitige Zugeständnisse von schwächeren Handelspartnern verlangt und den Philippinen und Vietnam die Kontrolle über eine Handvoll kleiner, aber strategisch wichtiger Inseln im Südchinesischen Meer streitig gemacht. US-Diplomaten berichteten von einer wachsenden Verärgerung über dieses rücksichtslose Vorgehen – und dem Wunsch nach einer dauerhaften amerikanischen Präsenz als Gegengewicht zur chinesischen Macht.

Um diese Gelegenheit zu nutzen, planten wir Zwischenstopps in Japan und Südkorea sowie ein Treffen in Singapur mit Vertretern der zehn Staaten, die dem Verband Südostasiatischer Nationen (ASEAN) angehörten. Unterwegs wollte ich meine Absicht bekannt geben, die von der Regierung Bush begonnenen Verhandlungen über ein ehrgeiziges neues Handelsabkommen zwischen den USA und Asien fortzuführen – wobei ich unbedingt erreichen wollte, dass darin jene Arten von einklagbaren arbeits- und umweltschutzrechtlichen Bestimmungen aufgenommen würden, deren Fehlen in früheren Abkommen wie dem Nordamerikanischen Freihandelsabkommen (NAFTA) Demokraten und Gewerkschaften beklagt hatten. Wir erklärten Reportern, dass das Ziel dessen, was wir später eine »strategische Hinwendung nach Asien« (»Pivot to Asia«) nannten, nicht darin bestand, China einzudämmen oder das chinesische Wirtschaftswachstum zu dämpfen. Vielmehr ging es uns darum, die engen Beziehungen der USA zu der Region zu bekräftigen und eben jenen völkerrechtlichen Ordnungsrahmen zu stärken, der es Ländern im gesamten asiatisch-pazifischen Raum – China eingeschlossen – erlaubt hatte, innerhalb so kurzer Zeit große Entwicklungsfortschritte zu machen.

Ich bezweifelte allerdings, dass es die Chinesen genauso sehen würden.

MEINE LETZTE ASIENREISE lag über zwanzig Jahre zurück. Unsere siebentägige Rundreise begann in Tokio, wo ich eine Rede über die Zukunft des Bündnisses zwischen den USA und Japan hielt und mit Premierminister Yukio Hatoyama zusammentraf, um über die Wirtschaftskrise, Nordkorea und die vorgeschlagene Verlegung der US-Marinebasis auf der Insel Okinawa zu sprechen. Der freundliche, wenn auch etwas hölzerne Hatoyama war Japans vierter Premierminister in weniger als drei Jahren und der zweite seit meiner Amtsübernahme – ein Symptom für die Erstarrung und die Planlosigkeit, die die japanische Politik während des größten Teils dieses Jahrzehnts prägten. Sieben Monate später war auch Hatoyama schon wieder Geschichte.

Ein kurzer Besuch bei Kaiser Akihito und Kaiserin Michiko im Kaiserlichen Palast hinterließ einen tieferen Eindruck. Beide waren zierlich und gingen auf Ende siebzig zu. Sie begrüßten mich in tadellosem Englisch; er trug einen westlichen Anzug und sie einen Kimono aus Seidenbrokat, und als Geste des Respekts verbeugte ich mich. Sie führten mich in einen cremefarbenen, im traditionellen japanischen Stil spärlich dekorierten Empfangsraum, und beim Tee erkundigten sie sich nach Michelle, den Mädchen und meinem Eindruck von den Beziehungen zwischen den USA und Japan. Ihr Benehmen war gleichzeitig förmlich und zurückhaltend, ihre Stimmen waren weich wie prasselnder Regen. Unwillkürlich versuchte ich, mir das Leben des Kaisers auszumalen. Wie es wohl gewesen war, fragte ich mich, als Sohn eines Vaters geboren zu werden, der als Gott verehrt wurde, und dann gezwungen zu sein, Jahrzehnte nachdem das Japanische Kaiserreich eine verheerende Niederlage erlitten hatte, einen weitgehend symbolischen Thron zu besteigen? Die Lebensgeschichte der Kaiserin interessierte mich sogar noch mehr: Als Tochter eines reichen Industriellen war sie in katholischen Schulen erzogen worden und hatte einen Abschluss in englischer Literatur gemacht; sie war auch die erste Bürgerliche in der zweitausendsechshundertjährigen Geschichte des Chrysanthementhrons, die in die kaiserliche Familie einheiratete – eine Tatsache, die sie bei der japanischen Öffentlichkeit beliebt machte, aber angeblich zu Spannungen mit ihren Schwiegereltern führte. Als Abschiedsgeschenk überreichte mir die Kaiserin die Partitur eines Musikstücks, das sie für Klavier geschrieben hatte. Mit überraschender Offenheit erzählte sie mir, ihre Liebe zu Musik und Dichtkunst habe ihr geholfen, Phasen, in denen sie sich einsam gefühlt habe, zu überleben.

Später erfuhr ich, dass meine schlichte Verbeugung gegenüber meinen betagten japanischen Gastgebern konservative Kommentatoren zu Hause in helle Aufregung versetzt hatte. Ein unbekannter Blogger hatte diese Geste als »Verrat« bezeichnet, und seine Worte wurden dann von der Mainstream-Presse aufgegriffen und ausgeschmückt. Als ich das hörte, stellte ich mir den in ein enges Korsett zeremonieller Pflichten eingeschnürten Kaiser und die Kaiserin mit ihrer verblassten, grauer werdenden Schönheit und der Spur von Melancholie in ihrem Lächeln vor, und ich fragte mich, wann genau ein beträchtlicher Teil der amerikanischen Rechten so verängstigt und verunsichert worden war, dass er völlig den Verstand verloren hatte.

Von Tokio aus flog ich nach Singapur, wo ich mich mit den Staats- und Regierungschefs der zehn ASEAN-Länder treffen wollte. Meine Teilnahme würde womöglich eine Kontroverse entfachen: Myanmar, eines der Mitglieder der ASEAN, wurde seit über vierzig Jahren von einer brutalen, repressiven Militärjunta regiert, und sowohl Präsident Clinton als auch Präsident Bush hatten Einladungen zu ASEAN-Treffen abgelehnt, solange Myanmar daran teilnahm. Ich dagegen hielt es nicht für besonders sinnvoll, neun südostasiatische Länder vor den Kopf zu stoßen, um gegenüber einem meine Missbilligung zu signalisieren, insbesondere, da die Vereinigten Staaten freundschaftliche Beziehungen zu einer Reihe von ASEAN-Ländern unterhielten, die kaum als demokratische Musterknaben gelten konnten, wie etwa Vietnam und Brunei. Die Vereinigten Staaten hatten umfangreiche Sanktionen gegen Myanmar verhängt. Aber wir gelangten zu dem Schluss, dass wir abgesehen davon die Regierung des Landes wohl am ehesten dadurch beeinflussen könnten, dass wir uns gesprächsbereit zeigten.

Der Premierminister war ein sanftmütiger, elfenhafter General namens Thein Sein, mein Kontakt mit ihm sollte sich auf ein kurzes Händedrücken beschränken und erregte kein großes Aufsehen. Die Staats- und Regierungschefs der ASEAN-Länder zeigten sich begeistert von unserer Ankündigung, den Gesprächsfaden wieder aufnehmen zu wollen, während die asiatische Presse meine enge Verbundenheit mit der Region seit Kindheitstagen betonte – das sei etwas Neues für einen amerikanischen Präsidenten, und man erkenne es an meiner Vorliebe für lokales Streetfood und meiner Fähigkeit, den indonesischen Präsidenten auf Malaiisch zu begrüßen.

In Wahrheit hatte ich, abgesehen von einfachen Begrüßungen und dem Bestellen von Speisen, das meiste von meinem Indonesisch wieder vergessen. Aber trotz meiner langen Abwesenheit kam mir Südostasien mit seiner schwülen, feuchten Luft, den Duftwolken von Früchten und Gewürzen, der dezenten Zurückhaltung der Menschen im Umgang miteinander erstaunlich vertraut vor. Singapur hingegen hatte mit seinen breiten Boulevards, öffentlichen Gärten und Bürohochhäusern nur noch wenig Ähnlichkeit mit der gepflegten britischen Ex-Kolonie, an die ich mich aus meiner Kindheit erinnerte. Schon in den Sechzigerjahren war es eine der Erfolgsgeschichten der Region gewesen – ein von Malaien, Indern und Chinesen bevölkerter Stadtstaat, der dank einer marktwirtschaftlichen Politik, eines kompetenten Beamtenapparats, weitgehender Freiheit von Korruption und einer bekanntermaßen strengen politischen und sozialen Kontrolle zu einem Zentrum ausländischer Investitionen geworden war. Die Globalisierung und allgemeine Wachstumstrends in Asien hatten der Wirtschaft des Landes jedoch einen noch kräftigeren Schub versetzt. Mit seinen exzellenten Restaurants und Designerläden, in denen sich Geschäftsleute in Anzügen und junge Menschen in der neuesten Hip-Hop-Mode drängten, wurde Reichtum hier jetzt ähnlich offen zur Schau gestellt wie in New York oder Los Angeles.

In gewisser Hinsicht blieb Singapur eine Ausnahme: Die meisten anderen ASEAN-Länder plagten sich noch immer mit tief verwurzelter Armut unterschiedlichen Ausmaßes herum, und ihr Bekenntnis zu Demokratie und Rechtsstaatlichkeit fiel ebenfalls sehr uneinheitlich aus. Allerdings gab es eine Gemeinsamkeit zwischen ihnen: Ihr Selbstbild hatte sich gewandelt. Die Menschen, mit denen ich sprach – ob führende Politiker, Geschäftsleute oder Menschenrechtsaktivisten –, hatten weiterhin Respekt vor der Macht der USA, aber der Westen war für sie nicht länger das Zentrum der Welt, und ihre eigenen Länder waren nicht mehr unveränderlich auf die Rolle von Komparsen eingeschränkt. Vielmehr betrachteten sie sich ihren früheren Kolonisatoren zumindest als ebenbürtig, und ihre Träume für ihre Völker wurden nicht länger durch die Geografie oder Hautfarbe begrenzt.

Ich hielt das für eine gute Sache, eine Ausweitung von Amerikas Glaube an die Würde aller Menschen und eine Erfüllung des Versprechens, das wir vor langer Zeit der Welt gegeben hatten: Folgt unserem Beispiel, liberalisiert eure Volkswirtschaften und macht hoffentlich eure Regierungen liberaler, dann könnt auch ihr an unserem Wohlstand teilhaben. Wie Japan und Südkorea hatten uns immer mehr Länder beim Wort genommen. Es gehörte zu meinen Aufgaben als US-Präsident, sicherzustellen, dass sie fair spielten – dass ihre Märkte für uns genauso offen waren, wie es unsere Märkte für sie waren, dass ihre Entwicklungsfortschritte nicht davon abhingen, dass sie ihre Arbeitnehmer ausbeuteten oder die Umwelt zerstörten. Solange sie mit uns unter gleichen Rahmenbedingungen konkurrierten, sollten die USA meines Erachtens die Fortschritte der südostasiatischen Länder begrüßen und sich nicht davor fürchten. Ich frage mich heute, ob konservative Kritiker gerade das an meiner Außenpolitik so sehr beanstandeten, weshalb etwas so Nebensächliches wie eine Verbeugung gegenüber dem japanischen Kaiser eine solche Wut auslösen konnte: Ich empfand die Vorstellung, dass der Rest der Welt zu uns aufschloss, anders als sie, nicht als Bedrohung.

SHANGHAI, UNSER ERSTER Stopp in China, wirkte auf mich wie Singapur auf Anabolika. In optischer Hinsicht entsprach die Stadt dem Hype, der um sie gemacht wurde: eine ausgedehnte moderne Metropole mit zwanzig Millionen Einwohnern und einer unentwegten Kakofonie von Stimmen, ein einziges brodelndes Gewusel von Geschäften, Fahrzeugen und Baukränen. Kein Zoll Boden schien von der fiebrigen Unrast verschont zu bleiben. Riesige Schiffe und Lastkähne glitten den Huangpu-Fluss auf und ab, viele beladen mit Gütern, die für Märkte in aller Welt bestimmt waren. Menschenmassen schlenderten die breite Uferpromenade entlang, ab und zu blieben sie stehen, um die futuristischen Wolkenkratzer zu bewundern, die sich in alle Richtungen erstreckten und die nachts so hell leuchteten wie der Las Vegas Strip. In einem reich geschmückten Bankettsaal hatte der Bürgermeister der Stadt – ein Senkrechtstarter in der Kommunistischen Partei, der mich mit seinem maßgeschneiderten Anzug und seiner schwungvollen Kultiviertheit irgendwie an Dean Martin erinnerte – für ein Mittagessen, an dem unsere Delegation und chinesische sowie amerikanische Wirtschaftsführer teilnahmen, alle Register gezogen: Es wurden erlesene Delikatessen und dazu passende Weine serviert, die einer Nobelhochzeit im Ritz würdig gewesen wären. Am meisten beeindruckte Reggie Love, meinen ewig beständigen Body Man, das Servicepersonal, das ausschließlich aus umwerfenden jungen Frauen in wallenden weißen Abendkleidern bestand, die so schlank und hochgewachsen waren wie Models auf einem Laufsteg.

»Wer hätte gedacht, dass Kommunisten so aussehen?«, sagte er kopfschüttelnd.

Der Widerspruch zwischen der offiziellen Ideologie Chinas und solchen ostentativen Zurschaustellungen von Reichtum wurde nicht angesprochen, als ich am selben Tag bei einer Bürgerversammlung mit mehreren Hundert Studenten zusammentraf. Die chinesischen Behörden, denen mein übliches Diskussionsformat spontaner Fragen und

Antworten missfiel, hatten die Teilnehmer von einigen der renommiertesten Hochschulen Shanghais handverlesen – und obwohl sie höflich und begeistert waren, hatten ihre Fragen nur wenig von jener bohrenden, respektlosen Qualität, die ich von jungen Menschen in anderen Ländern gewohnt war. (»Welche Maßnahmen werden Sie ergreifen, um diese enge Beziehung zwischen US-amerikanischen und chinesischen Städten zu vertiefen?« war so mit die härteste Frage, die ich zu hören bekam.) Ich konnte nicht sagen, ob Parteifunktionäre sämtliche Fragen vorher geprüft hatten oder ob die Studenten selbst sich davor hüteten, etwas zu sagen, was sie in Schwierigkeiten bringen konnte.

Nachdem ich Hände geschüttelt und am Ende des Programms mit einigen der Studenten geplaudert hatte, kam ich zu dem Schluss, dass zumindest ein Teil ihres innigen Patriotismus nicht einfach nur vorgetäuscht war. Sie waren zu jung, als dass sie die Schrecken der Kulturrevolution oder die gewaltsame Niederschlagung der Proteste auf dem Tian'anmen-Platz erlebt haben konnten; diese historischen Ereignisse wurden in der Schule nicht unterrichtet, und ich bezweifle, dass ihre Eltern darüber sprachen. Auch wenn sich einige der Studenten darüber ärgerten, dass die Regierung ihren Zugang zu bestimmten Websites blockierte, erlebten sie das ganze Gewicht des staatlichen Unterdrückungsapparats wohl hauptsächlich als etwas Abstraktes, das so weit von ihrer persönlichen Erfahrung entfernt war wie das Strafjustizsystem in den USA von weißen Jugendlichen in bürgerlichen Vorstadtgebieten. Ihr ganzes Leben lang hatte das chinesische System ihnen und ihren Familien ständige Wohlstandszuwächse beschert, während, zumindest aus der Ferne gesehen, westliche Demokratien stagnierten, von innergesellschaftlichen Konflikten und wirtschaftlicher Ineffizienz geprägt waren.

Es war verlockend zu denken, die Einstellungen dieser Studenten würden sich mit der Zeit wandeln, entweder weil die Abschwächung des chinesischen Wirtschaftswachstums ihre materiellen Erwartungen durchkreuzen würde oder weil sie, nachdem sie ein gewisses Maß an ökonomischer Sicherheit erreicht hatten, jene Dinge fordern würden, die das BIP nicht messen konnte. Aber das war alles andere als sicher. Tatsächlich hatte der wirtschaftliche Erfolg Chinas dessen Modell eines autoritären Kapitalismus für junge Menschen nicht nur in

Shanghai, sondern in allen Entwicklungsländern zu einer überzeugenden Alternative zum Liberalismus westlicher Prägung gemacht. Die Geopolitik des 21. Jahrhunderts würde maßgeblich davon geprägt werden, für welches der konkurrierenden Modelle sie sich letztlich entschieden. Nach diesem Treffen mit chinesischen Studenten war ich mir voll und ganz darüber im Klaren, dass ich zeigen musste, dass das demokratische, rechtsstaatliche, pluralistische System Amerikas nach wie vor das Versprechen eines besseren Lebens einlösen konnte, wenn ich diese neue Generation überzeugen wollte.

Peking war nicht so glitzernd wie Shanghai, auch wenn sich auf der Fahrt vom Flughafen über eine Strecke von gut dreißig Kilometern ein neu gebautes Hochhaus an das nächste reihte, als wären zehn Manhattan über Nacht aus dem Boden gestampft worden. Geschäftsviertel und Wohngebiete wichen Regierungsgebäuden und imposanten Denkmälern, als wir den Stadtkern erreichten. Wie üblich war mein Treffen mit Präsident Hu Jintao eine ermüdende Angelegenheit: Egal, um welches Thema es ging, zog er gern aus hohen Papierstapeln vor sich ein Blatt mit vorformulierten Bemerkungen heraus, die er dann verlas, wobei er gelegentlich für Übersetzungen ins Englische innehielt. Diese waren anscheinend ebenfalls im Voraus angefertigt worden und dauerten aus irgendeinem Grund immer länger als seine ursprüngliche Äußerung. Als ich an der Reihe war, kramte er in seinen Papieren nach der Antwort, die seine Berater für ihn vorbereitet hatten. Versuche, die Monotonie mit persönlichen Anekdoten oder einem gelegentlichen Scherz aufzulockern (»Nennen Sie mir den Namen Ihres Bauunternehmers«, sagte ich zu ihm, nachdem ich erfahren hatte, dass die säulengeschmückte Große Halle des Volkes in weniger als einem Jahr erbaut worden war), führten gewöhnlich zu einem ausdruckslosen Blick. Ich war mehr als einmal versucht, ihm vorzuschlagen, wir könnten uns gegenseitig Zeit sparen, wenn wir einfach Papiere austauschten und sie bei Gelegenheit durchlasen.

Dennoch gaben mir die Unterredungen mit Hu die Gelegenheit, unsere Prioritäten unmissverständlich klarzumachen: die Bewältigung der Wirtschaftskrise und die Eindämmung des nordkoreanischen Atomwaffenprogramms; die Notwendigkeit einer friedlichen Beilegung territorialer Streitigkeiten im Südchinesischen Meer; der Um-

»
Rahm eröffnet mir, dass das Repräsen-tantenhaus gerade ein ahnbrechendes Klimagesetz verabschiedet hat. Mein Stabschef ote für Tage wie diese, an denen wir einen klaren Sieg einfuhren.

^
Eine sonntägliche Marathonsitzung mit meinem Wirtschaftsteam, dem *(von links)* Larry Summers, Tim Geithner und Christy Romer angehörten.

«
Harry Reid, Mehrheitsführer im Senat, und ich haben uns von Anfang an gut verstanden. Trotz unserer Alters- und Erfahrungsunterschiede teilten wir das Gefühl, eine Menge Widerstände überwunden zu haben.

Ungeachtet des Drucks, der in den ersten Monaten im Weißen Haus auf uns lastete, brachten Michelle und ich uns immer wieder zum Lachen. Und wenn unsere Freundin und enge Beraterin Valerie Jarrett dabei war, war alles noch leichter.

Kaum im Weißen Haus angekommen, ging Bo auf Entdeckungstour. Er war ein Geschenk von Ted und Vicki Kennedy und machte den Ort sofort heimeliger.

» Die Besichtigung der Pyramiden von Gizeh stimmte mich demütig, erinnerte ihr Anblick doch daran, dass die Welt weiterbesteht, wenn wir selbst längst vergangen sind.

« Palästinenser in Gaza verfolgen meine Rede in Kairo am 4. Juni 2009. Während des Wahlkampfs hatte ich eine Rede an die Muslime der Welt versprochen. Ich glaubte, es wäre der erste Schritt zu friedlicher Koexistenz, die Ursachen für die Spannungen zwischen dem Westen und der islamischen Welt klar zu benennen.

» ı gratuliere Sonia
otomayor, unmittelbar bevor sie
ihr Amt als Rich-
erin am Obersten
richtshof antritt.
h war fest davon
überzeugt, dass
ie aufgrund ihrer
Erfahrungen ein
umfassenderes
erständnis davon
atte, wie sich die
tscheidungen des
Gerichts auf kon-
ete Lebenssitua-
onen auswirkten.

Denis McDonough war einer meiner engsten außenpoli-tischen Berater und ein guter Freund. Er war detailversessen meldete sich freiwil zu den schwierigste undankbarsten Auf-gaben, und niemand war schneller als er. «

» Der französische Staats-präsident Nicolas Sarkozy und die deutsche Bundes-kanzlerin Angela Merkel – zwei Politiker, die vom Temperament her nicht unterschiedlicher hätten sein können – auf dem G8-Gipfel im Juli 2009.

« Ben Rhodes wa zunächst mein Redenschreibe Nationalen Sic heitsrat und er sich schon bald unentbehrlich. konnte mich da verlassen, dass einen Redeentv vorlegte, der ni nur meinen To traf, sondern a meine Weltsich ausdrückte.

Ein Besuch in der Datscha von Wladimir Putin. Der Gastgeber hielt einen langen Monolog, in dem er jede vermeintliche Ungerechtigkeit, jeden Verrat und jeden Affront auflistete, die ihm und dem russische Volk von den arroganten Amerikanern angetan worden seien.

Jede Reise, die die Mädchen mitmachten, wurde durch sie interessanter. Hier schlendert die achtjährige Sasha wie eine Miniausgabe einer Geheimagentin im Trenchcoat durch den Kreml.

Mein Body Man Reggie Love und ich halfen beim Training des Viertklässler-Basketballteams von Sasha. Als die Vipers die Meisterschaft knapp mit 18 zu 16 gewannen, feierten wir, als wäre es das Finale der nationalen Collegeliga.
»

«
Mit Pressesprecher Robert Gibbs *(Mitte)*, dessen Humor und feines Gespür oft die Situation retteten, und Reggie Love, der mich auf dem Basketballplatz nie geschont hat.

»
Ein seltener Moment stiller Lektüre, der nie lange währte.

evor ich für die Präsi-
entschaft kandidierte,
egründete ich meinen
ntschluss gegenüber
ichelle unter anderem
amit: Falls ich es
chaffte, würden Kinder
uf der ganzen Welt sich
elbst und ihre Möglichkei-
en anders sehen. Und das
lein sei Grund genug.

Ich habe noch immer Bob Dylan im Ohr, wie er eine anrührende Fassung von »The Times They Are a-Changin'« vorträgt. Danach reicht er mir die Hand und verschwindet ohne ein Wort.

Zusammen mit Justizminister Eric Holder *(ganz rechts)* auf der Dover Air Force Base anlässlich der Überführungszeremonie für achtzehn in Afghanistan gefallene Amerikaner. Präsidenten nahmen nur selten an solchen Überführungen teil, aber ich hielt es für wichtig, dass ein Oberbefehlshaber sich den wahren Kosten des Krieges stellt.

Am 1. Dezember 2009 kündige ich an der Militärakademie West Point die Entsendung von Truppen nach Afghanistan an. Noch mehr junge Menschen in den Krieg zu schicken, war eine der schwersten Entscheidungen meiner Präsidentschaft.

»
:raf Sergeant First
ıss Cory Remsburg
n ersten Mal in der
Normandie, einige
Vochen vor seinem
zehnten Einsatz in
ghanistan. Zufälli-
erweise begegnete
h ihm im Bethesda
al Hospital erneut,
chdem er bei einer
engfallenexplosion
hwer verletzt wor-
n war. Im Lauf der
ahre haben wir uns
mer wieder gegen-
seitig besucht und
Kontakt gehalten.

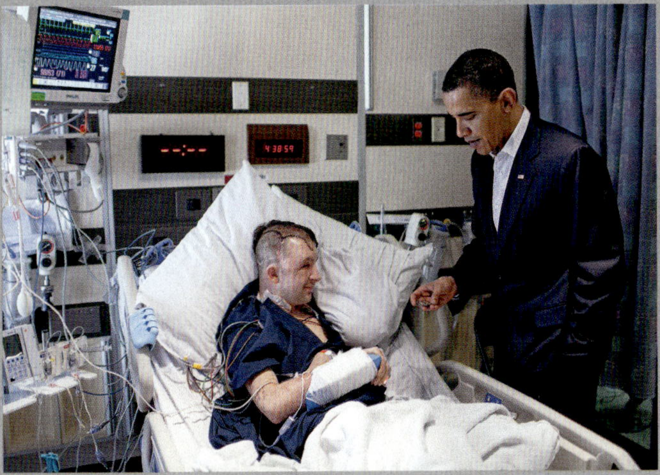

«
Ein Treffen mit einigen unserer tapferen jungen Frauen und Männer in Afghanistan im März 2010. Sie haben mir viel gegeben.

»
Mitglieder meines
ationalen Sicher-
eitsteams in West
Point. Lange Dis-
ussionen über die
eplante Truppen-
verlegung brach-
ten uns dazu, die
rategischen Ziele
in Afghanistan zu
äzisieren, um eine
schleichende Aus-
eitung des Einsat-
zes zu verhindern.

Königin Elizabeth II. verkörperte das besondere Verhältnis zwischen den Vereinigten Staaten und Großbritannien, und Michelle und ich haben immer gern Zeit mit ihr verbracht.

Mit Präsident Hu Jintao in der Großen Halle des Volkes in Peking.

»
Mit meinem edenschreiber Jon Favreau gehe ich das Manuskript meiner Rede vor beiden Kammern des ongresses zur Gesundheitsreform durch. Die Textarbeit nit mir konnte anstrengend sein.

«
Mit Joe Biden und meinen Mitarbeitern am 21. März 2010 im Roosevelt Room, nachdem der Affordable Care Act (»Obamacare«) verabschiedet worden war. Ich dachte an meine Mutter, die an Krebs gestorben war, und an all die Amerikaner wie sie, die so lange auf ein solches Gesetz gewartet hatten.

Mit Gesundheitsministerin Kathleen Sebelius und der Sprecherin des Repräsentantenhauses, Nancy Pelosi, der härtesten, fähigsten Strategin in Gesetzgebungsangelegenheiten, die ich kenne, bei der Feier des Affordable Care Act.
»

Bei einem Besuch an der Golfküste werde ich über die aktuelle Lage nach der *Deepwater Horizon*-Katastrophe informiert. Der Befehlshaber der US-Küstenwache, Admiral Thad Allen *(sitzend, links)*, und die Leiterin der Umweltschutzbehörde, Lisa Jackson *(ganz rechts)*, waren wichtige Mitglieder des Teams zu Koordinierung der Maßnahmen gegen die Ölpest.

Ein »Schaukel-Gipfel« mit der elfjährigen Malia, die einen immer mit Fragen löcherte. Hier fragte sie mich über die Ölpest aus.

Samantha Power, eine enge Freundin, war Mitglied des Nationalen Sicherheitsrats, wo ihr Schwerpunkt auf Gewaltprävention und Menschenrechten lag. Sie redete mir immer wieder eindringlich ins Gewissen.

es Erachtens verdiente
s nicht, in einer Reihe mit
n weltverändernden Per-
chkeiten zu stehen, die
r mit dem Friedensnobel-
s ausgezeichnet worden
en. Vielmehr sah ich in
Preis einen Ansporn zu
leln.

Mit Joe auf dem Weg zur Unterzeichnung des Dodd-Frank Act, unseres Wall-Street-Reformgesetzes. Ich hielt Wort und sorgte dafür, dass er immer derjenige war, dessen Meinung ich zuletzt anhörte. Im Gegenzug erhielt ich weise Ratschläge – und fand in ihm einen Bruder.

31. August 2010: Kurz bevor ich das Ende d
Kampfeinsätze im Irak vom selben Schrei
tisch aus verkünde, an dem Präsident Bu
ihren Beginn bekannt gab. Es hat lan
gedauert, aber ich hielt mein Versprech

1. Mai 2011: Mit meinem nationalen Sicherheitsteam verfolge ich mit, wie Navy-SEALs das Anwesen von Osama bin Laden stürmen. Es war das erste und einzige Mal, dass ich als Präsident eine Militäraktion in Echtzeit mitverfolgte.

Im Präsidentenpalast in Neu-Delhi beim Abendessen mit dem indischen Ministerpräsidenten Manmohan Singh, einem nachdenklichen und ungewöhnlich bescheidenen Menschen.
«

»
räsident Mahmud Abbas, Präsident Hosni Mubarak und Ministerpräsident Benjamin Netanjahu ickten auf ihre Armbandren, um die offizielle Uhreit des Sonnenuntergangs zu überprüfen. Es war amadan, und wir mussten sicher sein, dass das Fasengebot aufgehoben war, ehe wir uns zum Abendessen setzen konnten.

«
Ich wappne mich für die Presse am Tag nach den Midterm-Wahlen 2010, bei denen die Demokraten eine vernichtende Niederlage erlitten.

Ich wertschätzte jeden Momen
den ich mit meiner Familie ve
bringen konnte. Die Besichtigur
der Cristo-Redentor-Statu
in Rio de Janeiro war e
magisches Erlebni

Acht Jahre lang rahmte der Weg durch den westlichen Säulengang meinen Arbeitstag – ich pendelte eine Minute lang an der frischen Luft zu meinem Büro und später wieder zurück.

gang mit chinesischen Dissidenten und unser Drängen auf neue Sanktionen gegen den Iran. Bei dem letzten Punkt appellierte ich an das chinesische Eigeninteresse, ich warnte: Ohne entschlossene diplomatische Schritte seien womöglich entweder wir oder die Israelis gezwungen, die iranischen Atomanlagen anzugreifen, mit weitaus schlimmeren Folgen für die chinesische Ölversorgung. Wie erwartet wollte sich Hu in der Frage von Sanktionen nicht festlegen, aber die Tatsache, dass sich seine Körpersprache plötzlich änderte und seine Minister sich eifrig Notizen machten, deutete darauf hin, dass er erkannte, wie ernst wir unsere Warnungen zum Iran meinten.

Ähnlich direkt äußerte ich mich zu Handelsfragen, als ich am nächsten Tag mit Premier Wen Jiabao zusammentraf, der trotz seines niedrigeren Rangs, der wichtigste wirtschaftspolitische Entscheidungsträger Chinas war. Anders als Präsident Hu schien Wen einen spontanen Meinungsaustausch durchaus zu schätzen – und er verteidigte unumwunden die chinesische Handelspolitik. »Sie müssen verstehen, Mr President, dass wir trotz allem, was Sie in Shanghai und Peking sehen, noch immer ein Entwicklungsland sind«, sagte er. »Ein Drittel unserer Bevölkerung lebt nach wie vor in tiefer Armut … das sind mehr Menschen, als die Vereinigten Staaten Einwohner haben. Sie können von uns nicht erwarten, dass wir die gleiche Politik betreiben, die für eine hoch entwickelte Volkswirtschaft wie die Ihre angemessen ist.«

Er hatte nicht ganz unrecht. Trotz all der bemerkenswerten Fortschritte seines Landes hatte die chinesische Durchschnittsfamilie, vor allem außerhalb der Großstädte, noch immer ein niedrigeres Einkommen als alle – bis auf die ärmsten – Amerikaner. Ich versuchte, mich in Wen hineinzuversetzen. Er musste eine Volkswirtschaft zusammenhalten, die mit einem Bein im Informationszeitalter und mit dem anderen noch im Feudalismus stand, während sie gleichzeitig genügend Arbeitsplätze schaffen musste, um den Ansprüchen einer Bevölkerung gerecht zu werden, die so groß war wie die Nord- und Südamerikas zusammengenommen. Ich hätte allerdings mehr Verständnis aufgebracht, wenn ich nicht gewusst hätte, dass hochrangige Funktionäre der Kommunistischen Partei – Wen eingeschlossen – gewohnheitsmäßig staatliche Aufträge und Lizenzen Familienmitgliedern zuschanzten und Milliarden von Dollars auf Offshorekonten abzweigten.

Ich gab Wen zu verstehen, dass die Vereinigten Staaten in Anbetracht der massiven Handelsungleichgewichte zwischen unseren beiden Ländern nicht länger über Chinas Währungsmanipulation und andere unfaire Praktiken hinwegsehen könnten; entweder China ändere seinen Kurs, oder wir müssten Vergeltungsmaßnahmen ergreifen. Als Wen dies hörte, versuchte er es mit einer anderen Strategie und meinte, ich solle ihm eine Liste mit US-Produkten geben, von denen China nach unserem Willen größere Mengen kaufen solle, und er werde sehen, was er tun könne. (Wen wollte unbedingt auch militärische und Hightechprodukte einbeziehen, gegen die Amerika aus Gründen der nationalen Sicherheit ein Ausfuhrverbot nach China verhängt hatte.) Ich erklärte, dass wir eine strukturelle Lösung bräuchten, keine punktuellen Zugeständnisse, und bei dem Hin und Her zwischen uns kam es mir so vor, als würde ich an einem Marktstand um den Preis von Hühnern feilschen. Ich hatte nicht das Gefühl, an handelspolitischen Gesprächen zwischen den beiden größten Volkswirtschaften der Welt teilzunehmen. Ich wurde einmal mehr daran erinnert, dass für Wen Jiabao und die anderen Mitglieder der chinesischen Staatsführung die Außenpolitik allein eine Frage von Verhandlungsgeschick und -taktik war. Wie viel sie gaben und wie viel sie bekamen, hing nicht von abstrakten völkerrechtlichen Grundsätzen ab, sondern davon, wie sie die Machtposition und den Einfluss der Gegenseite einschätzten. Wenn sie nicht auf Widerstand stießen, verlangten sie immer mehr.

Unser erster Tag in Peking ging mit dem obligatorischen Staatsbankett zu Ende, begleitet von einem Kulturprogramm, das klassische Chinesische Oper, Darbietungen tibetischer, uigurischer und mongolischer Tanztruppen (der Conférencier wies freundlicherweise darauf hin, dass in China alle Minderheiten respektiert würden, was für Tausende tibetische und uigurische politische Gefangene eine echte Neuigkeit gewesen wäre) und eine Interpretation von Stevie Wonders »I Just Called to Say I Love You« durch das Orchester der Volksbefreiungsarmee umfasste (»Wir wissen, dass er Ihr Lieblingssänger ist«, sagte Präsident Hu Jintao, sich zu mir hinbeugend). Nachdem wir seit fünf Tagen auf Achse und unsere inneren Uhren total verstellt waren, ging unsere gesamte Delegation förmlich auf dem Zahnfleisch. Am Tisch neben uns dauerte es nicht lange, bis Larry Summers einnickte. Sein

Mund stand offen, und sein Kopf war in den Nacken gesunken. Dies veranlasste Favs dazu, eine E-Mail an die Gruppe zu schicken: »Es sieht so aus, als bräuchte JEMAND dringend einen zweiten Stimulus.«

Erschöpft, aber entschlossen kämpften alle (Larry eingeschlossen) am nächsten Tag gegen ihren Jetlag an, als wir einen nahe gelegenen Abschnitt der Chinesischen Mauer besichtigten. Es war ein kalter Tag, der Wind war schneidend und die Sonne ein mattes Wasserzeichen am grauen Himmel. Niemand machte viele Worte, als wir die steile Befestigungsmauer hochstapften, die sich über den Gebirgsgrat schlängelte. Einige Abschnitte der Chinesischen Mauer stammten aus dem Jahr 200 v. Chr., wie unser Führer erklärte, der Abschnitt, auf dem wir standen, sei allerdings im fünfzehnten Jahrhundert erbaut worden. Damals habe die Ming-Dynastie mongolische und Mandschu-Eindringlinge abwehren wollen. Die Mauer habe Hunderte von Jahren standgehalten. Reggie stellte mir darauf die Frage, was die Gründe für das Ende der Ming-Dynastie gewesen seien.

»Innere Streitigkeiten«, sagte ich, »Machtkämpfe, Korruption, Hungersnöte unter den Bauern, weil die Reichen immer habgieriger wurden oder weil es ihnen egal war …«

»Das Übliche also«, sagte Reggie.

Ich nickte. »Das Übliche.«

DAS AMT DES PRÄSIDENTEN verändert deine Zeithorizonte. Nur selten tragen Bemühungen auf Anhieb Früchte. Dafür sind die meisten Probleme, die auf dem Schreibtisch eines Präsidenten landen, zu weitreichend, die relevanten Faktoren zu vielfältig. Man lernt, schon kleinere Fortschritte als Erfolge zu verbuchen – es mag Monate dauern, sie zu erreichen, keiner davon verdient größere öffentliche Aufmerksamkeit – und sich mit der Erkenntnis abzufinden, dass es ein oder zwei Jahre oder auch eine ganze Amtszeit dauern kann, das eigentliche Ziel zu erreichen.

Dies gilt insbesondere für die Außenpolitik. Als wir daher im Frühjahr 2010 erste Erfolge unserer wichtigsten diplomatischen Initiativen sahen, fühlte ich mich ermutigt. Tim Geithner berichtete, die Chinesen hätten insgeheim damit begonnen, ihre Währung aufwerten zu lassen. Im April flog ich erneut nach Prag, wo der russische

Präsident Medwedew und ich im Rahmen einer feierlichen Zeremonie den New-START-Vertrag unterzeichneten, der die Anzahl der einsatzfähigen Atomsprengköpfe auf jeder Seite um ein Drittel reduzierte, wobei strenge Inspektionsmechanismen die Einhaltung des Vertrags sicherstellen sollten.

Und im Juni verabschiedete der UN-Sicherheitsrat mit den entscheidenden Stimmen von Russland und China die Resolution 1929, die dem Iran beispiellose neue Sanktionen auferlegte, unter anderem ein Verbot von Waffenverkäufen, die Untersagung neuer internationaler Finanzaktivitäten iranischer Banken und ein weit gefasstes Mandat, das sämtliche Handelsgeschäfte verbot, die dem Iran bei der Ausweitung seines Atomwaffenprogramms helfen könnten. Es würde einige Jahre dauern, bis der Iran die volle Wirkung zu spüren bekäme, aber in Verbindung mit neuen US-Sanktionen verfügten wir jetzt über die notwendigen Instrumente, um die iranische Wirtschaft zum Stillstand zu bringen, sofern und solange das Land sich nicht zu Verhandlungen bereitfand. Die Resolution gab mir auch ein gewichtiges Argument an die Hand, um in Gesprächen mit Israelis und anderen, die die iranische Atomfrage als einen bequemen Vorwand für eine militärische Konfrontation zwischen den USA und dem Iran ansahen, auf Geduld zu drängen.

Russland und China mit an Bord zu holen, war Teamarbeit gewesen. Hillary und Susan Rice verbrachten zahllose Stunden damit, ihre russischen und chinesischen Amtskollegen zu umwerben, zu beschwören und ihnen hin und wieder auch zu drohen. McFaul, Burns und Samore stellten entscheidende strategische und technische Unterstützung bereit, die uns half, von russischen und chinesischen Unterhändlern vorgebrachte Einwände zu entkräften oder zu umschiffen. Und mein gutes Verhältnis zu Medwedew erwies sich als entscheidend, als es darum ging, die Sanktionen schließlich in Kraft zu setzen. Am Rande jedes internationalen Gipfeltreffens, das ich besuchte, nahmen er und ich uns die Zeit, Blockaden in den Verhandlungen aus dem Weg zu räumen; als die Abstimmung im Sicherheitsrat immer näher heranrückte, telefonierten wir schätzungsweise einmal die Woche miteinander (»Unsere Ohren werden allmählich wund«, scherzte er am Ende einer Marathonsitzung). Ein ums andere Mal ging Medwedew schließlich sogar weiter, als es Burns oder McFaul angesichts der langjährigen engen Beziehungen Moskaus zum Iran und der Millionen von Dollars, die gut vernetzte russische Rüstungsfirmen verlieren könnten, sobald die neuen Sanktionen in Kraft treten würden, für möglich hielten. Am 9. Juni, dem Tag der Abstimmung im Sicherheitsrat, überraschte uns Medwedew erneut, als er die Annullierung des Verkaufs von S-300-Raketen an den Iran bekannt gab. Damit vollzog nicht nur er, sondern auch Putin eine Wende um hundertachtzig Grad. Um einen Teil der russischen Verluste zu kompensieren, erklärten wir uns bereit, bestehende Sanktionen gegen mehrere russische Firmen, die in der Vergangenheit Waffen an den Iran verkauft hatten, aufzuheben. Ich sagte auch zu, die Verhandlungen über den sich verzögernden Beitritt Russlands zur WTO zu beschleunigen. Medwedews Schulterschluss mit uns in der Iranfrage zeigte, dass er bereit war, sich mit der Autorität seines Präsidentenamts für engere Beziehungen zu den Vereinigten Staaten einzusetzen – ich sagte zu Rahm, dies sei ein vielversprechendes Zeichen für die zukünftige Zusammenarbeit bei unseren anderen internationalen Prioritäten, »solange Putin ihn nicht in die Knie zwingt«.

Die Verabschiedung von Sanktionen, die Unterzeichnung des New-START-Vertrags, ein gewisses Entgegenkommen Chinas bei seinen Handelspraktiken: Das waren keine weltverändernden Siege. Zweifellos war nichts davon eines Nobelpreises würdig – allerdings wäre es mir etwas weniger peinlich gewesen, den Preis entgegenzunehmen, wenn diese kleinen Erfolge acht oder neun Monate früher erreicht worden wären. Es waren allenfalls Bausteine, Schritte auf einer langen, unbekannten Straße. Könnten wir eine atomwaffenfreie Zukunft bauen? Würden wir einen weiteren Krieg im Nahen Osten verhindern? Gab es einen Weg der friedlichen Koexistenz mit unseren mächtigsten Rivalen? Niemand von uns kannte die Antworten – doch in diesem Augenblick wenigstens fühlte es sich an, als wären wir auf dem Weg nach vorn.

KAPITEL 21

EINES ABENDS BEIM ESSEN fragte Malia mich, was ich für die Tiger tun wolle.

»Wie meinst du das, Spatz?«

»Du weißt doch, das sind meine Lieblingstiere.«

Jahre zuvor, bei einem unserer Weihnachtsurlaube auf Hawaii, war meine Schwester Maya mit der damals vierjährigen Malia einmal in den Zoo gegangen. Der in der Nähe von Diamond Head am Rand des Kapiolani-Parks gelegene Zoo ist klein, aber sehr hübsch. Als Kind habe ich dort viele Stunden zugebracht, bin auf Banyanbäume geklettert, habe die über den Rasen staksenden Tauben gefüttert oder den langgliedrigen Gibbons hoch oben auf den Klettergerüsten zugerufen. Bei ihrem Besuch hatte Malia sich in einen der Tiger verguckt, deshalb hatte die Tante ihr im Souvenirshop eine Plüschversion der großen Katze gekauft. »Tiger« hatte dicke Pfoten, ein rundes Bäuchlein und ein unergründliches Mona-Lisa-Lächeln, und bald waren Malia und er unzertrennlich – allerdings hatte er bei unserem Einzug ins Weiße Haus schon stark gelitten: Nach jahrelangem Gebrauch, etlichen Attacken mit verschüttetem Essen und anschließenden Waschgängen, dem einen oder anderen Beinaheverlust bei einer Pyjamaparty und einer kurzen Entführung durch einen frechen Cousin sah sein Fell reichlich ramponiert aus.

Ich hatte eine Schwäche für Tiger.

»Es ist nämlich so«, fuhr Malia fort, »ich hab in der Schule ein Referat über Tiger gehalten, und ihr Lebensraum ist bedroht, weil die Menschen die Wälder abholzen. Und es wird noch schlimmer, weil der

Planet wegen der Umweltverschmutzung immer wärmer wird. Außerdem gibt es Menschen, die Tiger jagen und töten, weil sie ihr Fell und ihre Knochen und alles Mögliche verkaufen. Deshalb sind Tiger vom Aussterben bedroht, und das wäre schrecklich. Und weil du doch der Präsident bist, musst du versuchen, sie zu retten.«

»Du musst was tun, Daddy«, fiel Sasha mit ein.

Ich schaute Michelle an, und sie zuckte mit den Achseln. »Du *bist* der Präsident«, sagte sie.

IN WAHRHEIT WAR ich sehr froh, dass meine kleinen Töchter sich nicht scheuten, die Erwachsenen um sich herum auf ihre Pflicht hinzuweisen, bei der Erhaltung des Planeten zu helfen. Obwohl ich mein ganzes Leben in Städten gewohnt habe, hängen meine schönsten Erinnerungen mit der freien Natur zusammen. Das liegt zum Großteil an meiner Kindheit auf Hawaii, wo Wanderungen durch üppige Bergwälder oder das nachmittägliche Eintauchen in türkisfarbene Wellen zum Leben quasi per Geburtsrecht dazugehören, eine Selbstverständlichkeit, wie durch die Haustür zu treten – Vergnügungen, die nichts kosteten, niemandem gehörten und jedem Menschen offenstanden. Und die Zeit in Indonesien, wo ich durch terrassenförmige Reisfelder lief, während Wasserbüffel mit schlammverschmierten Schnauzen zu mir hochblickten, hatte meine Liebe zur Natur noch verstärkt, ebenso die Reisen, die ich in meinen Zwanzigern unternahm, als ich – weil ich ungebunden war und mich mit billigen Unterkünften begnügte – die Möglichkeit hatte, durch die Appalachen zu wandern, in einem Kanu auf dem Mississippi zu paddeln und mir den Sonnenaufgang über der Serengeti anzuschauen.

Meine Mutter hat meine Liebe zur Natur immer gefördert. Die Erhabenheit ihrer Gestalt – das Skelett eines Blatts, die Betriebsamkeit einer Ameisenkolonie, das Leuchten des bleichweißen Monds – ließ sie eine Ehrfurcht und Demut empfinden, wie sie sich andere für die religiöse Andacht aufheben. Als Maya und ich noch klein waren, erklärte sie uns, welch großen Schaden der Mensch der Natur zufügte, wenn er, ohne sich viele Gedanken zu machen, Städte baute, nach Öl bohrte oder Müll wegwarf. (»Heb sofort das Bonbonpapier auf, Bar!«) Und sie machte uns darauf aufmerksam, dass vor allem die Armen unter der Last dieser Umweltschäden zu leiden hatten, weil sie es sich nicht aussuchen konnten, wo sie wohnten, und sie sich oft nicht vor verpesteter Luft oder verschmutztem Wasser schützen konnten.

Auch wenn meine Mutter im Herzen Umweltschützerin war, kann ich mich nicht daran erinnern, dass sie sich selbst jemals so bezeichnet hätte. Das liegt vermutlich daran, dass sie viele Jahre in Indonesien gearbeitet hatte, wo die Bedrohungen durch die Umweltverschmutzung im Vergleich zu unmittelbareren Gefahren – wie Hunger – verblassten. Für Millionen armer Dorfbewohner in den Entwicklungsländern bedeutete ein neues Kohlekraftwerk oder eine neue rauchausstoßende Fabrik die beste Möglichkeit, ihr karges Einkommen zu verbessern oder der Knochenarbeit auf dem Feld zu entkommen. In ihren Augen war die Sorge um den Erhalt von unberührten Landschaften oder exotischen Wildtieren ein Luxus, den sich nur die Menschen der westlichen Hemisphäre leisten konnten.

»Man kann nicht Bäume retten und die Menschen einfach ausblenden«, sagte meine Mutter oft.

Dieser Gedanke – dass der größte Teil der Menschheit erst an die Befriedigung seiner Grundbedürfnisse denkt und dann an den Umweltschutz – setzte sich bei mir fest. Jahre später, als Community Organizer, half ich den Bewohnern eines Sozialwohnungskomplexes, sich bei der Chicagoer Stadtverwaltung für die Asbestbeseitigung in ihrem Viertel starkzumachen, und als Senator im Parlament von Illinois galt ich immerhin als so »grün«, dass die Umweltschutzgruppe League of Conservation Voters mich bei der Kandidatur für den US-Senat unterstützte. Auf dem Capitol Hill angekommen, kritisierte ich die Versuche der Regierung Bush, verschiedene Emissionsschutzgesetze abzuschwächen, und setzte mich für Maßnahmen zum Schutz der Great Lakes ein. Doch auf die Fahne geschrieben hatte ich mir den Umweltschutz in meiner gesamten politischen Laufbahn bis dahin nie. Das soll nicht heißen, dass mir das Thema nicht wichtig gewesen wäre. Da aber meine Wählerschaft größtenteils aus der Arbeiterschicht stammte und sich weniger um Luftverschmutzung und Industrieabwässer sorgte als vielmehr um den Zugang zu besserem Wohnraum, Bildung, medizinische Versorgung und Jobs, wollte ich den Einsatz für Bäume lieber anderen überlassen.

Doch die immer bedrohlicheren Auswirkungen des Klimawandels bewegten mich schließlich zum Umdenken.

Die Prognosen schienen mit jedem Jahr schlechter auszufallen, weil die ständig wachsende Wolke aus CO_2 und anderen Treibhausgasen – aus Kraftwerken, Fabriken, Autos, Flugzeugen, industrieller Massentierhaltung, Entwaldung und all den anderen Kennzeichen für Wachstum und Modernisierung – für immer neue Temperaturrekorde sorgte. Zu der Zeit, als ich für das Präsidentenamt kandidierte, waren sich die Wissenschaftler einig, dass die globale Temperatur, sofern nicht umgehend drastische internationale Maßnahmen zur Eindämmung der Emissionen getroffen würden, innerhalb weniger Jahrzehnte um weitere zwei Grad steigen würde. Von dem Punkt an könnten die Polkappen noch schneller schmelzen, der Meeresspiegel noch schneller ansteigen und die Wetterbedingungen noch extremer werden, sodass sich der Planet nie wieder davon erholen würde.

Welchen Preis die Menschheit für den rapiden Klimawandel zu zahlen hätte, ließ sich nur schwer voraussagen. Doch selbst nach vorsichtigen Schätzungen war mit einem Horrorszenario aus überfluteten Küstengebieten, Dürreperioden, verheerenden Bränden und Wirbelstürmen zu rechnen, das Millionen von Menschen in die Flucht treiben und die Staatshaushalte der meisten Länder überfordern würde. Dadurch würde sich wiederum das Risiko von globalen Konflikten und durch Insekten übertragene Krankheiten erhöhen. Wenn ich die Artikel und Sachbücher las, stellte ich mir endlos lange Karawanen von verlorenen Seelen vor, die auf der Suche nach Ackerland über die verdorrte Erde zogen, verheerende Naturkatastrophen, die die Kontinente regelmäßig heimsuchten, ganze Inselstaaten, die vom Meer verschluckt wurden. Ich fragte mich, was aus Hawaii werden würde, aus den Gletschern Alaskas oder Städten wie New Orleans. Ich malte mir aus, dass Malia, Sasha und meine Enkelkinder in einer unwirtlicheren, gefährlicheren Welt leben und viele der Naturwunder, die ich in meiner Kindheit für selbstverständlich genommen hatte, nur noch vom Hörensagen kennen würden.

Wenn ich den Ehrgeiz hatte, die freie Welt anzuführen, dann musste ich dem Kampf gegen den Klimawandel in meiner Wahlkampagne und meiner Präsidentschaft einen hohen Stellenwert einräumen.

Nur wie? Der Klimawandel ist eines der Themen, die keine Regierung der Welt gern anpackt, denn dafür müssen Politiker *jetzt* teure und unpopuläre Maßnahmen ergreifen, um eine langsam anrollende Katastrophe in der Zukunft zu verhindern. Dank einiger weitblickender Politiker wie dem früheren Vizepräsidenten Al Gore, der für seine Bemühungen, das Wissen über die globale Erwärmung zu verbreiten, den Friedensnobelpreis erhalten hatte und der noch immer aktiv dafür kämpfte, den Klimawandel abzuschwächen, war das Thema immer mehr ins öffentliche Bewusstsein gerückt. Insbesondere jüngere, eher progressive Wähler waren zum aktiven Handeln bereit. Trotzdem wehrten sich wichtige Interessengruppen innerhalb der Demokratischen Partei – besonders die großen Industriegewerkschaften – mit Händen und Füßen gegen jede Umweltschutzmaßnahme, die die Arbeitsplätze ihrer Mitglieder gefährdete, und in internen Umfragen, die wir zu Beginn meines Wahlkampfs durchführten, rangierte die Sorge um die Folgen des Klimawandels beim demokratischen Durchschnittswähler auf der Prioritätenliste ganz unten.

Die republikanischen Wähler sahen das Thema noch skeptischer. Dabei hatte es durchaus Zeiten gegeben, in denen beide Parteien Umweltschutzmaßnahmen des Bundes unterstützt hatten. Richard Nixon hatte 1970 mit einem mehrheitlich demokratischen Kongress die Umweltschutzbehörde Environmental Protection Agency (EPA) gegründet. George H. W. Bush hatte 1990 eine Verschärfung des Clean Air Act auf den Weg gebracht. Aber diese Zeiten waren vorbei. Da sich die Wählerschaft der Republikaner nun aus den westlichen und südlichen Bundesstaaten rekrutierte, wo sich Ölproduzenten, Bergwerkbetreiber, Bauunternehmer und Rancher schon seit Langem über staatliche Umweltschutzmaßnahmen empörten, hatte die Partei den Umweltschutz in eine neue Front im Kulturkampf der Parteien verkehrt. Konservative Medienorgane stellten den Klimawandel so dar, als handelte es sich um einen Arbeitsplätze vernichtenden Schwindel, ausgeheckt von Bäume umarmenden Extremisten. Ölmultis pumpten Millionen von Dollars in ein Netzwerk aus Thinktanks und PR-Firmen, dessen Aufgabe es war, die Fakten zum Klimawandel zu verschleiern.

Im Gegensatz zu seinem Vater spielten George W. Bush und Mitglieder seiner Regierung die Beweise für die globale Erwärmung energisch herunter und lehnten es ab, sich an internationalen Maßnahmen zur Drosselung der Treibhausgase zu beteiligen, obwohl die Vereinigten Staaten in der ersten Hälfte seiner Amtszeit der weltweit größte Emittent von CO_2 waren. Jeder republikanische Kongressabgeordnete, der den menschengemachten Klimawandel nicht sofort bestritt, erregte den Verdacht seiner Parteikollegen. Und wer es gar wagte, einen Politikwechsel vorzuschlagen, bekam bei der nächsten Vorwahl mitunter gleich einen Gegenkandidaten vorgesetzt.

»Wir sind wie Abtreibungsgegner bei den Demokraten«, sagte ein früherer republikanischer Senatskollege, der für sein »grünes« Abstimmungsverhalten bekannt war, einmal in kläglichem Ton zu mir. »Vom Aussterben bedroht.«

In Anbetracht dieser Tatsachen hatten mein Team und ich den Klimaschutz bei meinem Wahlkampf zwar hervorgehoben, gleichzeitig aber darauf geachtet, mit dem Thema nicht zu viele Wähler zu verprellen. Ich hatte mich schon früh für die Einführung eines Emissionshandelssystems ausgesprochen, jedoch keine Details genannt, die künftigen Gegnern eine willkommene Angriffsfläche geboten hätten. Bei Wahlkampfreden entschärfte ich den Konflikt zwischen Klimaschutz und Wirtschaftswachstum und unterstrich die positiven Auswirkungen, die eine Steigerung der Energieeffizienz auch auf andere Bereiche haben könnte, darunter ihr Potenzial, unsere Abhängigkeit von ausländischem Öl zu verringern. Als Zugeständnis an die politische Mitte versprach ich eine Klimapolitik, die es Amerika bis zur Umstellung auf saubere Energien weiterhin ermöglichen würde, in die eigene Öl- und Gasförderung zu investieren, und sagte zudem Gelder für Ethanolkraftstoffe, saubere Kohletechnologien und Atomkraftwerke zu – Positionen, die bei Umweltschützern nicht gut ankamen, sehr wohl aber bei den Wählern aus den Swing States.

Mein vollmundiges Versprechen von einem schmerzfreien Übergang in eine kohlenstofffreie Zukunft löste bei einigen Klimaaktivisten Murren aus. Sie hatten erwartet, dass ich die Bevölkerung auf größere Opferbereitschaft einschwören und drastischere Maßnahmen – darunter ein Moratorium oder ein regelrechtes Verbot der Öl- und Gasförderung – ankündigen würde, um der existenziellen Bedrohung entgegenzuwirken. In einer durch und durch rationalen Welt wäre das vielleicht möglich gewesen. Doch in der echten und hochgradig irrationalen Welt der amerikanischen Politik hielten mein Team und ich das Ausmalen von Weltuntergangsszenarien für eine sehr schlechte Wahlkampfstrategie.

»Wenn wir in Ohio und Pennsylvania verlieren«, hatte Plouffe einmal eine Gruppe von Aktivisten, die ihn befragten, zurechtgewiesen, »dann werden wir für den Umweltschutz rein gar nichts tun können!«

DA DIE WIRTSCHAFT im Trudeln war, verschlechterten sich nach der Wahl die Chancen für ein politisches Umdenken in Umweltschutzfragen (»Wenn einem Hausbesitzer die Zwangsvollstreckung droht, ist ihm eine Solaranlage scheißegal«, sagte Axe lapidar), und in der Presse wurde schon spekuliert, ob wir das Thema stillschweigend auf Eis legen würden. Dass mir der Gedanke nicht einmal in den Sinn kam, lag vermutlich an meiner damaligen Dreistigkeit und der Dringlichkeit des Themas. Stattdessen sagte ich Rahm, er solle den Klimaschutz ähnlich vorrangig behandeln wie die Gesundheitsreform und ein fähiges Team zusammenstellen, das unsere klimapolitische Agenda vorantreiben könne.

Der Start glückte schon einmal, denn wir gewannen Carol Browner – die unter Clinton Leiterin der Umweltschutzbehörde EPA gewesen war – für die neu geschaffene Position der »Klimazarin« des Weißen Hauses. Die groß gewachsene Carol, die mit ihrer Energie und ihrem zupackenden Enthusiasmus zu überzeugen wusste, kannte sich nicht nur bestens mit der Materie aus, sondern verfügte zudem über Kontakte im gesamten Regierungsviertel und genoss bei allen großen Umweltverbänden einen guten Ruf. Zur Leiterin der EPA ernannte ich Lisa Jackson, eine afroamerikanische Chemieingenieurin, die fünfzehn Jahre lang für die Behörde gearbeitet hatte und danach als Umweltkommissarin für den Bundesstaat New Jersey tätig gewesen war. Sie war eine kluge politische Netzwerkerin, gesegnet mit dem für ihre Geburtsstadt New Orleans so typischen Charme und Humor. Um uns in dem wissenschaftlichen Neuland, das wir für die Umwandlung des amerikanischen Energiesektors betreten mussten, besser zurechtzufinden, holte ich als Energieminister Steven Chu hinzu, einen Physiker und Nobelpreisträger aus Stanford, der zuvor das kalifornische

Lawrence Berkeley National Laboratory geleitet hatte. Mit seiner Nickelbrille und seiner ernsten, aber leicht abgelenkten Miene sah Steve aus wie ein zerstreuter Professor, und mehr als einmal musste sich ein Mitarbeiter vor einem Meeting auf die Suche nach ihm machen, weil er seine Termine aus den Augen verloren hatte und ziellos durchs Weiße Haus wanderte. Aber er war ein wahnsinnig kluger Kopf und hatte zudem die Begabung, hochkomplexe Technologien so zu erklären, dass Menschen, die wie ich ein kleineres Hirn hatten, ihm tatsächlich folgen konnten.

Unter Carols Führung arbeitete das Klimaexpertenteam eine umfassende Agenda aus, die unter anderem die Einführung einer strikten Emissionsbegrenzung für CO_2 vorsah, wodurch der Treibhausgasausstoß in Amerika bis 2050 um achtzig Prozent gesenkt werden sollte. Einen globalen Temperaturanstieg um mehr als zwei Grad würde das zwar nicht verhindern, aber immerhin würden wir den Stein ins Rollen bringen und einen Bezugsrahmen für noch strengere Begrenzungen schaffen. Genauso wichtig war, dass eine ehrgeizige und doch realistische Zielsetzung Amerika in die Position brächte, Druck auf die anderen Hauptemittenten – vor allem auf China – auszuüben, damit sie unserem Beispiel folgten. Unser Ziel war es, noch vor Ende meiner Amtszeit ein bedeutendes internationales Klimaabkommen auszuhandeln und zu unterzeichnen. Wir begannen mit dem Recovery Act, da wir begriffen hatten, dass wir Geld aus dem Konjunkturpaket für die Transformation des Energiesektors und die Forschung und Entwicklung erneuerbarer Energien nutzen konnten, die die Kosten für Wind- und Solarenergie drastisch senken sollten. Unsere Rechnung war einfach: Um unsere Reduktionsziele für Treibhausgasemissionen erfüllen zu können, mussten wir die amerikanische Wirtschaft dazu bringen, auf fossile Brennstoffe zu verzichten – und das würde uns ohne kostengünstige Alternativen niemals gelingen.

Man muss sich vor Augen führen, dass Elektrofahrzeuge 2009 noch als Neuheit galten. Solarmodulhersteller bedienten nur einen Nischenmarkt. Wind- und Sonnenenergie machten nur einen kleinen Bruchteil der amerikanischen Stromproduktion aus – zum einen, weil dieser Strom noch immer teurer war als der aus Kohle- oder Gaskraftwerken, zum anderen, weil es berechtigte Zweifel daran gab, ob man sich auch dann noch auf ihn verlassen konnte, wenn die Sonne einmal nicht schien oder kein Wind wehte. Doch die Experten waren zuversichtlich, dass die Preise weiter fallen würden, sobald erst einmal mehr umweltfreundliche Kraftwerke ans Netz gingen und sich das Problem der Unzuverlässigkeit durch die Entwicklung neuer Batteriespeichertechnologien rasch lösen ließe. Allerdings kosteten der Bau von Kraftwerken sowie die Energieforschung und -entwicklung eine Menge Geld, und weder private Investoren noch große Versorgungsunternehmen hatten großes Verlangen gezeigt, sich auf eine riskante Wette einzulassen. Erst recht nicht in einer Zeit, in der sogar die erfolgreichsten Ökostromanbieter ums Überleben kämpfen mussten.

Tatsächlich standen fast alle Unternehmen im Bereich erneuerbare Energien, angefangen bei Herstellern von Elektroautos bis hin zu Produzenten von Biosprit, vor demselben Dilemma: Die von ihnen entwickelten Technologien konnten noch so gut sein, sie mussten in einem Wirtschaftssystem agieren, das seit mehr als hundert Jahren fast ausschließlich auf Öl, Gas und Kohle ausgerichtet war. Der strukturelle Nachteil ließ sich nicht nur auf die Mechanismen des freien Marktes zurückführen. Auf Bundesebene, Bundesstaats- und lokaler Ebene hatten Regierungen Billionen von Dollars investiert – sei es durch Subventionen und Steuererleichterungen oder durch infrastrukturelle Maßnahmen wie den Bau von Pipelines, Highways oder Hafenanlagen – und so die regelmäßige Versorgung mit und die konstante Nachfrage nach billigen fossilen Brennstoffen gefördert. Amerikanische Ölkonzerne zählten zu den ertragreichsten Unternehmen der Welt und wurden vom Bund trotzdem jedes Jahr durch Steuererleichterungen in Millionenhöhe indirekt bezuschusst. Um wettbewerbsfähig zu sein, brauchte der Erneuerbare-Energien-Sektor einen kräftigen Schub.

Den hofften wir mit dem Recovery Act zu liefern.

Von den rund 800 Milliarden Dollar, die uns für stimulierende Maßnahmen zur Verfügung standen, leiteten wir mehr als 90 Milliarden an Initiativen für erneuerbare Energien im ganzen Land weiter. Ein Kraftwerk der Maytag Corporation, das ich während meines Wahlkampfes in Iowa besucht hatte und das geschlossen worden war, weil die Rezession Fahrt aufgenommen hatte, konnte innerhalb eines Jahres wieder in Betrieb gehen, und Arbeiter produzierten nun hochmoderne Windräder. Wir finanzierten den Bau eines der größten Windparks der Welt. Wir unterstützten die Entwicklung neuer Batteriespeichersysteme und kurbelten den Markt für Elektro- und Hybridfahrzeuge an. Wir finanzierten Programme zur Steigerung der Energieeffizienz von Häusern und Fabriken und arbeiteten mit dem Finanzministerium zusammen, um die existierenden Steuergutschriften für erneuerbare Energien vorläufig in Direktzahlungsprogramme umzuwandeln. Im Energieministerium gründeten wir mit Geldern aus dem Recovery Act die Unterbehörde ARPA-E (Advanced Research Project Agency-Energy) zur risikointensiven, aber aussichtsreichen Forschung nach dem Vorbild der berühmten Forschungsbehörde DARPA, die das Verteidigungsministerium nach dem Start des Sputnik-Satelliten gegründet hatte und der wir nicht nur die Entwicklung fortgeschrittener Waffentechnologie wie der Tarnkappentechnik, sondern auch eine Frühform des Internets, Sprachsteuerung und das GPS verdanken.

Es passierten aufregende Dinge – obwohl unser Streben nach bahnbrechenden Durchbrüchen bei den erneuerbaren Energien von vornherein beinahe garantierte, dass sich einige Investitionen im Rahmen des Recovery Act am Ende nicht auszahlen würden. Der größte Flop hing mit der Entscheidung zusammen, ein unter Bush initiiertes Kreditprogramm auszuweiten, das vielversprechenden Erneuerbare-Energien-Unternehmen ein langfristiges Arbeitskapital zur Verfügung stellte. Im Großen und Ganzen erzielte das vom Energieministerium verwaltete Kreditprogramm gute Ergebnisse, half es doch zum Beispiel innovativen Unternehmen wie dem E-Autohersteller Tesla, neue wirtschaftliche Ziele in Angriff zu nehmen. Die Kreditausfallrate des Programms lag bei bescheidenen drei Prozent, und man setzte darauf, dass die Erfolge des Programms die wenigen Misserfolge mehr als wettmachen würden.

Eine der größten Fehlinvestitionen wurde leider unter meiner Regierung getätigt: ein Kredit in Höhe von 353 Millionen Dollar für das Fotovoltaikunternehmen Solyndra. Das Unternehmen hatte sich eine für damalige Verhältnisse revolutionäre Technologie patentieren lassen, aber die Investition barg natürlich trotzdem ein gewisses Risiko. Als die Chinesen den Markt mit stark subventionierten, billigen Solarmodulen überfluteten, ging es mit Solyndra langsam bergab, und

2011 meldete die Firma schließlich Konkurs an. Wegen der Höhe des Verlusts – ganz zu schweigen davon, dass ich ausgerechnet dann einen lange geplanten Besuchstermin im kalifornischen Firmensitz wahrnahm, als sich die finanziellen Schwierigkeiten bereits abzeichneten – entwickelte sich Solyndra für uns zu einem PR-Albtraum. In der Presse sollte die Geschichte wochenlang ausgeschlachtet werden. Die Republikaner waren begeistert.

Ich versuchte, das Debakel wegzustecken, und sagte mir, dass in der Amtszeit eines Präsidenten eben nicht immer alles nach Plan lief. Selbst erfolgreiche Initiativen – gut ausgeführt und mit den besten Absichten – bargen den ein oder anderen Fehler oder unvorhergesehene Folgen. Wer Dinge anpackt, muss sich auf Kritik gefasst machen, und die Alternative – auf Nummer sicher gehen, Kontroversen vermeiden, Umfrageergebnissen folgen – ist nicht nur ein Rezept für Mittelmäßigkeit, man begeht damit auch Verrat an den Hoffnungen der Menschen, die einen ins Amt gewählt haben.

Trotzdem gab es Momente, da kochte ich innerlich (wie ich mir gelegentlich vorstellte, quoll Dampf aus meinen Ohren wie bei einer Comicfigur), weil der Misserfolg von Solyndra den großen Erfolg des Recovery Act, den Sektor der erneuerbaren Energien wachzurütteln, überschattete. Innerhalb nur eines Jahres hatte unser Grüne-Energien-Projekt die Wirtschaft belebt, Arbeitsplätze geschaffen, die Wind- und Solarenergie vorangetrieben, die Energieeffizienz stark gesteigert und ein Arsenal an neuen Technologien im Kampf gegen den Klimawandel in Stellung gebracht. Um den Menschen die Bedeutung des Ganzen klarzumachen, hielt ich im ganzen Land Reden. »Es funktioniert!«, hätte ich den Leuten am liebsten zugerufen. Doch abgesehen von Umweltaktivisten und Erneuerbare-Energien-Unternehmen schien sich niemand dafür zu interessieren. Natürlich freute es mich, als mir der Geschäftsführer eines Unternehmens versicherte, dass »die gesamte amerikanische Branche der Solar- und Windenergie wohl den Bach runtergegangen wäre«, wenn es den Recovery Act nicht gegeben hätte. Trotzdem fragte ich mich, wie lange wir noch eine Politik betreiben konnten, die sich langfristig zwar auszahlen würde, uns aber doch irgendwie immer nur Schelte einbrachte.

UNSERE INVESTITIONEN IN grüne Energien waren nur der erste Schritt, um unsere Reduktionsziele für Treibhausgasemissionen zu erfüllen. Wir mussten nämlich auch die Energiegewohnheiten der Amerikaner verändern, sei es, dass wir Unternehmen dazu brachten, nach neuen Methoden zu suchen, um ihre Gebäude zu heizen und zu kühlen, oder Familien dazu bewegten, sich beim nächsten Autokauf für ein umweltfreundliches Modell zu entscheiden. Wir hofften, dies mit einem Gesetz zur Eindämmung des Klimawandels zu erreichen, das quer durch die Wirtschaft Anreize für Erneuerbare-Energien-Initiativen setzen sollte. Laut Lisa und Carol mussten wir allerdings nicht erst abwarten, bis der Kongress ein solches Gesetz verabschiedete. Wir mussten nur die Regulierungsinstrumentarien der bestehenden Gesetze voll ausnutzen. Eines der wichtigsten Gesetze war in dieser Hinsicht der bahnbrechende Clean Air Act von 1963, der der US-Regierung die Überwachung der Luftverschmutzung ermöglichte und in den Siebzigerjahren zu einer Etablierung einklagbarer Standards für die Luftreinhaltung führte. In dem Bundesgesetz, das 1990 mit der Unterstützung beider Parteien vom Kongress novelliert wurde, hieß es, dass die EPA »per Verordnung« neue Grenzwerte für Autoabgase festlegen dürfe, falls diese »nach Ermessen der Behörde solche Luftverschmutzungen verursachen oder zu ihnen beitragen, von denen vernünftigerweise zu erwarten ist, dass sie die Gesundheit und das Wohlbefinden von Menschen gefährden«.

Wenn man der Klimawissenschaft glaubte, ging das Kohlendioxid, das aus Autoauspuffen strömte, eindeutig als Luftverschmutzung durch. Doch offenbar glaubte der Leiter der EPA unter Bush nicht an die Wissenschaft. 2003 entschied er nämlich, dass der Clean Air Act der Behörde keinerlei Befugnis gebe, den Ausstoß von Treibhausgasen zu regulieren – und selbst wenn das Gesetz es zuließe, würde er an den Emissionsnormen dennoch nichts ändern. Etliche Bundesstaaten und Umweltschutzorganisationen reichten daraufhin Klage ein, und in dem Verfahren *Massachusetts v. EPA* entschied im Jahr 2007 eine knappe Mehrheit am Obersten Gerichtshof, dass die EPA unter Präsident Bush es versäumt habe, für seinen Beschluss ein auf wissenschaftlichen Erkenntnissen basierendes »begründetes Urteil« anzuwenden, und wies die Behörde an, ihre Hausaufgaben nachzuholen.

In den beiden darauffolgenden Jahren hatte die Regierung Bush nichts unternommen, doch nun waren wir in der Position, das Urteil des Obersten Gerichtshofs endlich einmal anzuwenden. Lisa und Carol schlugen vor, wissenschaftliche Beweise zu sammeln, damit wir belegen konnten, dass die Regulierung von Treibhausgasen in den Zuständigkeitsbereich der EPA fiel; mit dieser Rückendeckung wollten wir dann umgehend die Energieeffizienznormen für alle in Amerika hergestellten oder verkauften Pkws und Lkws anheben. Die Umstände hätten kaum günstiger sein können: Obwohl die US-Automobilhersteller und die Gewerkschaft der Automobilarbeiter (UAW) generell gegen eine Anhebung der Energieeffizienz waren, hatte meine Zusage, die Autoindustrie auch weiterhin mit Milliarden von Dollars aus dem TARP-Fonds zu stützen, geholfen, sie »etwas aufgeschlossener« zu machen, wie Carol es so schön formulierte. Wenn wir schnell genug handelten, so Lisas Idee, könnten die neuen Bestimmungen in Kraft treten, bevor die Hersteller im nächsten Jahr neue Modelle auf den Markt brachten. Durch den Rückgang des Benzinverbrauchs erwarteten wir für die USA eine Einsparung von etwa 1,8 Milliarden Barrel Erdöl und eine Reduzierung der jährlichen Treibhausgasemissionen um zwanzig Prozent; zudem hätten wir einen Präzedenzfall geschaffen, um in Zukunft auch andere Treibhausgasemissionen von der EPA regulieren zu lassen.

In meinen Augen musste der Plan einfach aufgehen – obwohl Rahm und ich uns sicher waren, dass es selbst bei Unterstützung durch die Autohersteller zu politischen Reibereien kommen würde, wenn die EPA neue Standards für den Benzinverbrauch von Automobilen einführte. Schließlich stand der Rückbau staatlicher Regulierung bei den Anführern der Republikaner auf der Prioritätenliste ganz weit oben, etwa auf einer Höhe mit Steuersenkungen für Reiche. Große Konzerne und wichtige konservative Sponsoren wie die Koch-Brüder pumpten seit Jahrzehnten Abermillionen in Kampagnen, um aus dem Begriff »Regulierung« ein Schimpfwort zu machen; man konnte die Meinungsseite des *Wall Street Journal* nicht ein Mal aufschlagen, ohne dort eine Attacke auf den außer Rand und Band geratenen »Regulierungsstaat« zu lesen. Den Regulierungsgegnern ging es nicht darum, das Pro und Contra von höheren Effizienzstandards abzuwägen. Für sie zählte, was eine neue Vorschrift symbolisierte: Sie war ein weiteres Beispiel für die Versuche einiger ungewählter Washingtoner Bürokraten, das Leben der Menschen bis ins Kleinste zu regeln, die Wirtschaftskraft Amerikas zu schwächen, das Eigentumsrecht des Einzelnen zu verletzen und die Vision der Gründerväter von einem repräsentativen Staat zu unterminieren.

Solche Argumente ließen mich relativ kalt. Schon in der Progressiven Ära zu Beginn des zwanzigsten Jahrhunderts hatten Ölkonzerne und Eisenbahnmonopolisten auf ähnliche Formeln zurückgegriffen, um Versuche der Regierung, die amerikanische Wirtschaft aus dem Würgegriff der Großen zu befreien, zu attackieren. Auch die Gegner von Roosevelts New Deal waren so vorgegangen. Dennoch hatte der Kongress mit Unterstützung von Präsidenten beider Parteien während des gesamten zwanzigsten Jahrhunderts ein Gesetz nach dem anderen erlassen und darin die Einführung und Durchsetzung von Richtlinien auf eine Reihe spezialisierter Behörden übertragen, angefangen bei der Börsenaufsichtsbehörde U. S. Securities and Exchange Commission (SEC) über die für die Arbeitssicherheit zuständige Occupational Safety and Health Administration (OSHA) bis hin zur Luftfahrtbehörde Federal Aviation Administration (FAA). Und das aus einem einfachen Grund: Weil die Gesellschaft immer komplexer und die Konzerne immer mächtiger wurden und die Menschen von ihrer Regierung immer mehr verlangten, blieb den gewählten Repräsentanten schlicht nicht genug Zeit, um Richtlinien für die vielfältigen Industriezweige zu schaffen. Auch mangelte es ihnen am nötigen Fachwissen, um Regeln aufzustellen, mit denen man faire Transaktionen auf dem Finanzmarkt gewährleisten, die Sicherheit neuer Medizinprodukte prüfen, neue Schadstoffwerte richtig deuten oder sämtliche Formen von rassistischer oder geschlechtlicher Diskriminierung am Arbeitsplatz vorhersehen konnte.

Anders gesagt: Eine gute Regierungsführung setzte Fachkenntnis voraus. Man brauchte öffentliche Einrichtungen mit Mitarbeitern, deren Job es war, wichtige Dinge zu regeln, damit wir anderen es nicht tun mussten. Dank dieser qualifizierten Mitarbeiter mussten wir Amerikaner uns weniger Sorgen um die Qualität unserer Luft und unseres Trinkwassers machen, hatten wir Zugang zu Rechtsmitteln, falls uns ein Arbeitgeber die Überstunden nicht bezahlen wollte, konnten wir uns darauf verlassen, dass rezeptfreie Medikamente keine tödliche Wirkung hatten, und uns in einem Auto oder Flugzeug wesentlich sicherer fühlen als noch vor zwanzig, dreißig oder gar fünfzig Jahren. Der »Regulierungsstaat«, über den sich die Konservativen so bitter beklagten, hatte das Leben der Amerikaner um verdammt viel verbessert.

Damit will ich nicht sagen, dass jede Kritik an staatlichen Richtlinien ungerechtfertigt war. Schon oft hatten bürokratische Vorschriften den Unternehmen das Leben unnötig schwer gemacht oder die Markteinführung innovativer Produkte unnötig lang hinausgezögert. Einige Richtlinien kosteten in der Tat mehr, als sie einbrachten. Vor allem Umweltschutzorganisationen störten sich an einem Gesetz aus dem Jahr 1980, mit dem die Exekutive eine obskure Unterabteilung namens Office of Information and Regulatory Affairs (OIRA) geschaffen hatte, die für jede neue staatliche Richtlinie eine Kosten-Nutzen-Analyse erstellte. Umweltschützer waren überzeugt, dass dieser Prozess nur den Interessen der Konzerne diente, und damit hatten sie vielleicht nicht ganz unrecht: Es war schließlich wesentlich einfacher, die Gewinne und Verluste eines Unternehmens zu berechnen, als den Wert zu bestimmen, den die Rettung einer gefährdeten Vogelart oder die Reduzierung des Asthmarisikos bei Kindern hatte.

Trotzdem war ich aus strategischen und politischen Gründen davon überzeugt, dass auch die progressiven Kräfte es sich nicht leisten konnten, die Wirtschaftslehre zu ignorieren. Wer daran glaubte, dass die Regierung Lösungen für drängende Probleme finden konnte, durfte sich nicht darauf verlassen, dass wir hehre Absichten verfolgten, sondern musste auch an die Folgen denken, die unsere Entscheidungen auf das Leben der Amerikaner haben konnten. Wenn eine Behörde eine Vorschrift zur Erhaltung eines Sumpfgebiets vorschlug, mit der einer Farm ein paar Quadratmeilen Ackerland weggenommen würden, dann musste sich diese Behörde erst einmal Gedanken über die Verluste des Farmers machen, bevor sie die Vorschrift auch umsetzte.

Weil ich in dieser Hinsicht keine Fehler machen wollte, ernannte ich Cass Sunstein, einen ehemaligen Kommilitonen an der University of Chicago Law School, zum Leiter von OIRA. Cass, der ein hervorragender Professor war, ein Dutzend Bücher geschrieben hatte und schon als zukünftiger Richter am Obersten Gerichtshof gehandelt worden war, hatte sich in Wahrheit bei mir um den Posten beim OIRA beworben, und seine Begeisterung dafür, sich in den Dienst der Menschen zu stellen, seine Gleichgültigkeit prestigeträchtigen Jobs gegenüber und nicht zuletzt sein hoher Nerd-Faktor machten ihn zur Idealbesetzung für die Stelle. (Davon einmal abgesehen war er extrem sympathisch, ein Weltklasse-Squashspieler und der Mensch mit dem chaotischsten Schreibtisch, den ich jemals gesehen habe.) In den darauffolgenden drei Jahren hockten Cass und sein kleines Team in dem unscheinbaren OIRA-Büro gleich gegenüber dem Weißen Haus und sorgten dafür, dass die von uns vorgeschlagenen Richtlinien genügend Menschen halfen, um ihre Kosten zu rechtfertigen. Außerdem bat ich ihn, sämtliche bestehenden landesweiten Richtlinien einer sorgfältigen Prüfung zu unterziehen, damit wir die unnötigen oder überflüssig gewordenen streichen konnten.

Cass förderte ein paar echte Prachtexemplare zutage: uralte Bestimmungen, mit denen Krankenhäuser, Ärzte und Pfleger dazu verdonnert wurden, jährlich mehr als eine Milliarde Dollar für schriftliche Formalitäten und andere administrative Arbeiten zu verschwenden; eine bizarre Verordnung, die Milch als »Öl« klassifizierte und Milchviehhalter zu jährlichen Zusatzkosten in Höhe von 100 Millionen Dollar verdammte; eine sinnlose Verordnung, die jährlich Arbeitszeit im Wert von 1,7 Milliarden Dollar verschwendete, weil sie Trucker dazu zwang, nach jeder Fahrt Formulare auszufüllen. Doch die meisten Verordnungen, die Cass sich vorknöpfte, hielten der Prüfung stand – und nach Beendigung meiner Amtszeit stellten selbst die Sachverständigen der Republikaner fest, dass die Einnahmen, die wir mit unseren Verordnungen erzielt hatten, ihre Kosten im Verhältnis sechs zu eins übertrafen.

Zu den erfolgreichen Verordnungen gehörten die von Lisa und Carol angeregten Richtlinien zur Senkung des Treibstoffverbrauchs. Sobald sie von mir das Okay erhalten hatten, machten sie sich an die Arbeit. Unterstützt wurden sie dabei von meinem Verkehrsminister Ray LaHood, einem ehemaligen Kongressabgeordneten aus Peoria in Illinois und republikanischen Gentleman der alten Schule, der wegen seiner geselligen Art und seines Engagements für überparteilichen

Konsens bei beiden Fraktionen sehr beliebt war. Und an einem sonnigen Tag im Mai stand ich, flankiert von einer Gruppe führender Unternehmer aus der Automobilbranche und dem Gewerkschaftsvorsitzenden der United Auto Workers, im Rosengarten des Weißen Hauses und verkündete, dass wir uns auf ein Abkommen geeinigt hätten, mit dem die Kraftstoffeffizienz bei allen neuen Pkws und leichten Nutzfahrzeugen bis zum Jahr 2016 von 27,5 Meilen pro Gallone auf 35,5 Meilen gesteigert werden sollte. So wollten wir den Treibhausgasausstoß über die Lebensdauer eines Fahrzeugs um mehr als 900 Tonnen reduzieren. Zum Vergleich: Dafür hätten wir 177 Millionen Fahrzeuge von der Straße holen oder 194 Kohlekraftwerke vom Netz nehmen müssen.

Die Automobilhersteller hielten sich in ihren Kommentaren an jenem Tag an unsere Abmachung und erklärten, sie hätten volles Vertrauen, die Zielvorgaben erfüllen zu können, und würden wirtschaftlich von einer landesweit einheitlichen Richtlinie, die das Patchwork aus bundesstaatlichen Bestimmungen ersetzte, profitieren. Dass wir uns so schnell und einvernehmlich hatten einigen können, überraschte die anwesenden Reporter, und etliche fragten Carol, inwieweit die Rettungsgelder für die Automobilbranche unserer neuen Eintracht auf die Sprünge geholfen hätten. »In den Verhandlungen haben wir nicht ein einziges Mal über Rettungsgelder geredet«, erklärte sie. Später, im Oval Office, fragte ich sie, ob das die Wahrheit gewesen sei.

»Absolut«, erwiderte sie. »Natürlich will ich damit nicht sagen, dass ihnen nicht ein-, zweimal der Gedanke an die Rettungsaktion gekommen wäre …«

Zugleich setzte ich Steve Chu darauf an, sämtliche Effizienzstandards, die er aufspüren konnte, zu überarbeiten, wofür wir ein selten angewandtes Gesetz aus dem Jahr 1987 nutzten, demzufolge das Energieministerium Effizienzstandards für sämtliche elektronischen Geräte festlegen durfte, angefangen bei Glühbirnen bis hin zu kommerziell genutzten Klimaanlagen. Der Mann glich einem Kind im Bonbonladen und erfreute mich mit ausführlichen Erläuterungen seiner jüngsten Effizienz-Coups. (»Sie würden sich wundern, wie sehr sich eine fünfprozentige Senkung des Stromverbrauchs von Kühlschränken auf die Umwelt auswirkt!«) Und auch wenn es mir manchmal schwerfiel, seine Begeisterung für Waschmaschinen und Trockner zu teilen, beeindruckten seine Resultate mich sehr: Als ich aus dem Amt schied, waren die neuen Gerätestandards auf dem besten Weg, die jährlich in die Atmosphäre geblasenen Treibhausgase um weitere 210 Tonnen zu reduzieren.

Im Lauf der nächsten Jahre erreichten die Hersteller von Automobilen und Haushaltsgeräten die neuen Effizienzziele noch vor der vereinbarten Frist und bestätigten damit Steves Behauptung, ehrgeizig formulierte und korrekt ausgearbeitete Regulierungsstandards würden Unternehmen zu technischen Innovationen anspornen. Falls den Konsumenten auffiel, dass die energieeffizienten Modelle gelegentlich etwas teurer waren, so beschwerten sie sich darüber nicht; in der Regel konnten sie die zusätzlichen Kosten durch Einsparungen bei Strom- oder Spritrechnungen wieder wettmachen, und die Preise für neue Technologien pendelten sich oft auf dem früheren Niveau ein, sobald die Geräte zum Standard wurden.

Zu unserer großen Überraschung regten sich nicht einmal McConnell und Boehner über unsere Energierichtlinien sonderlich auf – vielleicht glaubten sie nicht daran, bei diesem Thema punkten zu können, und wollten nicht von ihren eifrigen Versuchen ablenken, Obamacare zu vereiteln. Doch nicht alle Republikaner legten eine solche Zurückhaltung an den Tag. Eines Tages kam Pete Rouse ins Oval Office und zeigte mir ein paar Videoclips, in denen Michele Bachmann – Kongressabgeordnete für Minnesota, Gründerin der Tea-Party-Fraktion im Repräsentantenhaus und spätere Präsidentschaftskandidatin – abfällige Bemerkungen über meine Energiepolitik machte. Unter anderem bezeichnete Bachmann die neuen energieeffizienten Glühbirnen als unamerikanische »Big-Brother-Einmischungen« und hochgradig gesundheitsschädlich und behauptete außerdem, sie seien Bestandteil eines groß angelegten Komplotts der Demokraten, um einen radikalen »Nachhaltigkeitskurs« zu diktieren, der am Ende alle US-Bürger dazu zwingen würde, »in die Mietskasernen in den Innenstädten zu ziehen und mit der Stadtbahn zu ihren Staatsjobs zu fahren«.

»Sieht so aus, als hätte jemand Wind von unseren geheimen Plänen bekommen, Mr President«, sagte Pete.

Ich nickte langsam. »Dann lasst uns lieber schnell die Recyclingtonnen verstecken.«

ENERGIESPARENDE AUTOS und Geschirrspüler waren zwar ein Schritt in die richtige Richtung, aber wenn wir eine nachhaltige Energiewende schaffen wollten, dann mussten wir ein umfangreiches Gesetzespaket durch den Kongress bringen. Dafür war eine Gesetzesvorlage nötig, die sich auf jeden Wirtschaftssektor anwenden lassen konnte, der zu den Treibhausgasemissionen beitrug, und nicht nur auf die Branche der Fahrzeug- und Gerätehersteller. Ein Pluspunkt wäre auch, dass Medienberichte und öffentliche Diskussionen aus Anlass des Gesetzgebungsverfahrens die Gefahren der Erderwärmung noch weiter ins allgemeine Bewusstsein rücken würden. Wenn alles gut lief, würde der Kongress am Ende sich selbst als Ideengeber für das fertige Produkt fühlen. Doch am wichtigsten war wohl, dass ein auf Bundesebene erlassenes Gesetz langfristig Anwendung finden würde, während eine einfache Verordnung von einer zukünftigen republikanischen Regierung im Alleingang rückgängig gemacht werden könnte.

Natürlich hing die Verabschiedung eines neuen Gesetzes davon ab, dass wir Filibuster im Senat abwenden konnten. Anders als beim Recovery Act, wo wir angesichts der drängenden Situation jede demokratische Stimme auf unsere Seite hatten ziehen können, warnte mich Harry Reid nun davor, dass wir bei einer Handvoll demokratischer Abgeordneter aus öl- und kohleproduzierenden Bundesstaaten, in denen bald Wahlen anstanden, nicht auf Unterstützung hoffen durften. Um die erforderliche Mehrheit von sechzig Stimmen zusammenzubekommen, mussten wir mindestens zwei oder drei Republikaner davon überzeugen, eine Gesetzesvorlage zu unterstützen, die der Großteil ihrer Wähler entschieden ablehnte und die Mitch McConnell, wie er hatte verlauten lassen, unter allen Umständen verhindern wollte.

Zumindest am Anfang rechneten wir uns die besten Chancen bei dem Mann aus, den ich im Rennen um das Präsidentenamt geschlagen hatte.

Im Wahlkampf hatte John McCain sein Interesse an einem Gesetz zum Klimaschutz heruntergespielt, vor allem, nachdem er sich als Running Mate eine Frau ausgesucht hatte, deren energiepolitischer Schlachtruf »Bohr, Baby, bohr!« bei den republikanischen Massen besonders gut angekommen war. Positiv vermerken kann man aber, dass McCain die zu Beginn seiner Senatskarriere abgesteckte Position nie ganz aufgegeben hatte, und in der (sehr) kurzen Phase freundlichen Wohlgefühls nach der Wahl hatten wir über eine Zusammenarbeit geredet, um ein Klimagesetz durch den Kongress zu bringen. Zu der Zeit, als ich meinen Amtseid ablegte, hatte McCain sich allerdings schon mit Joe Lieberman, seinem besten Kumpel im Senat, verbündet und arbeitete eine überparteiliche Alternative zu der eher liberalen Gesetzesvorlage aus, die Barbara Boxer, die demokratische Abgeordnete für Kalifornien und Vorsitzende des Senatsausschusses für Umwelt und öffentliche Bauten, einbringen wollte.

Leider galt McCains Politik der überparteilichen Kompromisse in republikanischen Kreisen als völlig überholt. Beim rechten Flügel stieß er inzwischen auf massive Ablehnung, weil man seinen nicht stramm konservativ geprägten Kurs für die Verluste im Repräsentantenhaus und Senat verantwortlich machte. Ende Januar 2009 ließ der ehemalige Kongressabgeordnete und extrem konservative Radiojournalist J. D. Hayworth durchblicken, dass er bei den im nächsten Jahr anstehenden Vorwahlen in Arizona als Gegenkandidat zu McCain antreten wolle – die erste große Herausforderung, der sich McCain stellen musste, seit er vor zweiundzwanzig Jahren in den Senat gewählt worden war. Angesichts dieser Demütigung muss McCain innerlich gekocht haben, doch als Vollblutpolitiker war ihm klar, dass er seine rechte Flanke so schnell wie möglich sichern musste – und da wäre es sicherlich nicht klug gewesen, mit mir zusammen ein neues Umweltgesetz auszuarbeiten. Bald ließ uns das Büro von Lieberman dann auch wissen, dass wir auf McCain nicht mehr zählen konnten.

Zugleich mochte kein einziger Republikaner aus dem Repräsentantenhaus auch nur daran denken, einen Gesetzentwurf zum Klimaschutz mitzutragen. Daher kamen zwei führende Demokraten aus dem entsprechenden Ausschuss, Henry Waxman aus Kalifornien und Ed Markey aus Massachusetts, nun auf die Idee, einen eigenen Entwurf auszuarbeiten und ihn allein mit den Stimmen der Demokraten durchs Repräsentantenhaus bringen zu wollen. Kurzfristig erleichterte uns dies das Leben: Waxman und Markey stimmten in politischen Fragen weitgehend mit uns überein, ihr Team kannte sich mit der Materie bestens aus und stand unseren Vorschlägen offen gegenüber. Allerdings bedeutete es auch, dass die beiden Abgeordneten sich wenig bemüßigt fühlten, Ansichten in Betracht zu ziehen, die weniger liberal waren als jene, die es innerhalb ihrer eigenen Fraktion gab, was die Aussicht eröffnete, dass sie am Ende womöglich eine Gesetzesvorlage präsentierten, die sich wie der Wunschzettel einer Umweltschutzgruppe lesen und etliche neutralere demokratische Senatoren an den Rand eines Herzstillstands bringen würde.

Um eine Hängepartie zwischen Repräsentantenhaus und Senat zu verhindern, bat Rahm nun Phil Schiliro, Waxman zu beknien, mit den potenziellen Befürwortern unserer Gesetzesvorlage im Senat, darunter auch Lieberman, zu reden, sodass wir frühzeitig die Differenzen zwischen beiden Seiten verringern könnten. Eine gute Woche später ließ ich Phil ins Oval Office kommen und fragte, wie das Gespräch mit Waxman gelaufen sei. Der schlaksige Phil ließ sich aufs Sofa fallen, nahm einen Apfel aus der Schale auf dem Couchtisch und zuckte mit den Schultern.

»Nicht optimal«, sagte er, und seine Stimme landete irgendwo zwischen einem Lachen und einem Seufzen. Bevor er zu meinem Team gekommen war, hatte Phil jahrelang im Büro von Waxman gearbeitet, zuletzt als Stabschef, daher kannten sich die beiden sehr gut. Waxman habe sich bitter bei ihm beklagt, berichtete Phil, und den gesamten Frust rausgelassen, den die Demokraten aus dem Repräsentantenhaus gegenüber ihren Kollegen aus dem Senat (und uns gegenüber) empfänden wegen der in ihren Augen langen Liste vergangener Sünden: die Abschwächung des Recovery Act, das Versäumnis, dem Repräsentantenhaus diverse Gesetzesentwürfe gar nicht erst vorzulegen, aus Sorge, gemäßigte oder konservative Senatoren in eine Zwickmühle zu bringen, und grundsätzlich das Fehlen jeglichen Rückgrats.

»Er hat gemeint, der Senat sei ›der Ort, wo gute Ideen zum Sterben verdammt sind‹«, sagte Phil.

»Da kann ich ihm nicht widersprechen«, gab ich zu.

»Wir werden die Sache wohl in einem Vermittlungsausschuss klären müssen, sobald jede Kammer ihre eigene Gesetzesvorlage verabschiedet hat«, sagte Phil und bemühte sich, optimistisch zu klingen.

Bei unserem Versuch, die beiden Gesetzesvorlagen aus Repräsentantenhaus und Senat nicht zu weit voneinander abweichen zu lassen, half uns immerhin eines: Lieberman, Boxer und die Demokraten aus dem Repräsentantenhaus sowie die meisten Umweltschutzorganisationen hatten ihre Zustimmung zu einem Emissionshandelssystem signalisiert, das dem von mir im Wahlkampf beworbenen Mechanismus zur Reduzierung der Treibhausgase ähnelte. Und das sollte so funktionieren: Die Bundesregierung würde Emissionsobergrenzen für sämtliche Unternehmen festlegen, und jedem Unternehmen sollte freigestellt sein, wie es die Klimavorgaben erfüllte. Unternehmen, deren Treibhausgasausstoß die festgelegte Menge überstieg, sollten eine Strafe zahlen. Unternehmen, die unter der Grenze blieben, konnten ihre überzähligen »Emissionszertifikate« an weniger energieeffiziente Firmen verkaufen. Indem man einen Preis für Umweltverschmutzungen festlegte und so einen Markt für umweltfreundliches Verhalten schuf, gab der Emissionshandelsansatz Unternehmen einen Anreiz, die neuesten grünen Technologien zu entwickeln und anzuwenden; und mit jedem technologischen Fortschritt konnte die Regierung die Emissionsobergrenzen weiter senken und so einen regelmäßigen Innovationszyklus anregen.

Man hätte den Preis für Verschmutzungen durch Treibhausgasemissionen auch anders festlegen können. Einige Ökonomen schlugen beispielsweise vor, eine CO_2-Steuer für fossile Brennstoffe einzuführen, weil sie glaubten, die Preissteigerung würde die Verbraucher zu einem Umdenken bewegen. Doch man hatte sich unter anderem deshalb auf das Modell Emissionshandel geeinigt, weil es schon einmal erfolgreich erprobt worden war – und das ausgerechnet unter einem republikanischen Präsidenten. 1990 hatte die Regierung unter George H. W. Bush ein Emissionshandelssystem eingeführt, um das von Fabrikschornsteinen ausgestoßene Schwefeldioxid zu reduzieren, das mit für den »sauren Regen« verantwortlich war, der den Seen und Wäldern entlang der Ostküste stark zusetzte. Trotz düsterer Prognosen, eine solche Maßnahme werde zu Fabrikschließungen und Massenentlassungen führen, hatten die Unternehmen ihre Fabriken relativ kostengünstig nachrüsten können, und einige Jahre später war vom sauren Regen kaum noch die Rede.

Die Einführung eines Emissionshandels für Treibhausgase bedeutete eine ganz andere Größenordnung und Komplexitätsstufe. Um jeden einzelnen Punkt würde heftig gestritten werden, die Lobbyisten würden Schlange stehen, und jedes Kongressmitglied, auf dessen Stimme wir angewiesen wären, würde das eine oder andere Zugeständnis fordern. Und wie ich auch aus dem erbitterten Streit um die Einführung des neuen Gesundheitsgesetzes wusste, bedeutete die Tatsache, dass die Republikaner einmal eine aus ihren eigenen Reihen vorgeschlagene Politik unterstützt hatten, noch lange nicht, dass sie sich für *exakt dieselbe Idee* erwärmen würden, wenn sie von einem demokratischen Präsidenten vorgebracht wurde.

Trotzdem musste ich an dem Glauben festhalten, dass uns das Vorgängermodell den Weg zu erfolgreichen Verhandlungen ebnen würde. Carol, Phil und die anderen Mitarbeiter in der Abteilung für Gesetzesvorhaben pendelten im Frühjahr 2009 zwischen beiden Kongresskammern hin und her, erkundigten sich nach den Fortschritten, beantworteten geduldig Fragen und boten den wichtigsten Abgeordneten und ihren Teams die nötige technische Unterstützung oder programmatische Hilfe. Zur selben Zeit waren wir außerdem immer noch damit befasst, die Wirtschaft wieder in Schwung zu bringen, das neue Gesundheitsgesetz in eine Form zu gießen, ein Einwanderungspaket zu schnüren, Kandidatinnen und Kandidaten für Richterämter zu benennen und ein Dutzend anderer Initiativen durch den Kongress zu bringen – das Team trieb sich quasi rund um die Uhr zu Höchstleistungen an. Im spartanisch eingerichteten Büro von Rahm – mit dem großen Konferenztisch in der Mitte, der meistens mit Kaffeebechern, Diet-Coke-Dosen und angebissenen Schokoriegeln übersät war – herrschte bald die koffeingeschwängerte Atmosphäre eines Flugsicherungszentrums.

An einem schwülen Junitag zahlte sich die unermüdliche Arbeit zum ersten Mal aus. Das Social Office des Weißen Hauses veranstaltete ein Mitarbeiterpicknick auf dem Südrasen, und ich drehte gerade eine Begrüßungsrunde, hielt Babys im Arm und posierte mit stolzen Eltern für Fotos, als Rahm mit einem aufgerollten Blatt Papier in der Hand über den Rasen geschossen kam.

»Das Repräsentantenhaus hat gerade ein Klimagesetz verabschiedet, Mr President!«, rief er.

»Super!«, erwiderte ich und gab ihm ein High five. »Wie knapp war das Ergebnis?«

Rahm zeigte mir, was er notiert hatte: 219 zu 212. »Acht gemäßigte Republikaner konnten wir für uns gewinnen. Ein paar Demokraten, auf die wir gezählt hatten, haben wir verloren, aber um die kümmere ich mich noch. Sie sollten sich jetzt erst mal bei Nancy, Waxman und Markey bedanken. Sie mussten die Abgeordneten ganz schön beknien.«

Rahm blühte jedes Mal richtig auf, wenn wir solche klaren Siege einfuhren. Doch auf unserem Weg zurück zum Oval Office fiel mir an diesem Tag auf, dass mein eigentlich unerschütterlich optimistischer Stabschef etwas niedergeschlagen wirkte. Er erzählte mir, was ihn quälte: Bisher hatte der Senat noch keinen eigenen Entwurf für ein Klimagesetz vorgelegt, geschweige denn ihn in den relevanten Ausschüssen zirkulieren lassen. McConnell hatte mittlerweile wahre Meisterschaft darin entwickelt, Abstimmungen im Senat unendlich hinauszuzögern. Wegen des schleppenden Prozesses schloss sich langsam unser Zeitfenster, das Klimagesetz unter Dach und Fach zu bringen, bevor der Kongress seine Sitzungen im Dezember vertagte. Danach würde es für uns noch schwerer werden, die Ziellinie zu erreichen, denn für die Demokraten beider Kammern begann der Midterm-Wahlkampf, und sie würden daher nur ungern über ein weiteres großes, umstrittenes Gesetz abstimmen.

»Man darf den Glauben nicht verlieren, Kumpel«, sagte ich und klopfte Rahm auf den Rücken.

Er nickte, aber seine dunklen Augen verrieten Zweifel.

»Ich bin mir nur nicht sicher, ob wir für die ganzen Flugzeuge auch genug Pisten haben«, erwiderte er.

Was so viel hieß wie, dass das eine oder andere abstürzen könnte.

DIE UNBERECHENBARKEIT DES Kongresses war nicht der einzige Grund, warum ich das Emissionshandelsgesetz bis Dezember in Händen halten wollte: Im selben Monat sollte in Kopenhagen ein UN-Klimagipfel stattfinden. Da die Vereinigten Staaten in den acht Jahren unter George W. Bush nicht mehr an internationalen Klimaverhandlungen teilgenommen hatten, waren die in mich gesetzten Erwartungen im Ausland sehr hoch. Sofern die Vereinigten Staaten nicht mit gutem Beispiel vorangingen, würde ich andere Regierungen kaum dazu bewegen können, energisch gegen den Klimawandel vorzugehen. Mit einem bei uns verabschiedeten Gesetz erhielten wir eine deutlich bessere Verhandlungsposition gegenüber anderen Ländern und könnten dazu beitragen, das kollektive Handeln in Gang zu setzen, das für die Rettung des Planeten dringend nötig war. Denn schließlich machen Treibhausgase nicht vor Grenzen halt. Wenn ein Land ein Gesetz zur Emissionsreduzierung erließ, fühlten sich die Bürger dort vielleicht moralisch überlegen, doch wenn sich die anderen Nationen nicht anschlossen, würde die Erderwärmung einfach weiter voranschreiten. Während also Rahm und mein Team für Gesetzesvorhaben in den Fluren des Kongresses aktiv waren, suchten mein Expertenteam für Außenpolitik und ich nach einem Weg, Amerikas Ruf als Vorreiter des internationalen Klimaschutzes wiederherzustellen.

Unsere Vorreiterrolle an dieser Front wurde beinahe selbstverständlich vorausgesetzt. Als sich die Staaten der Welt 1992 in Rio de Janeiro zum sogenannten »Erdgipfel« trafen, hatte George H. W. Bush mit Vertretern aus hundertdreiundfünfzig Ländern die Klimarahmenkonvention unterzeichnet – das erste globale Abkommen zur Stabilisierung der Treibhausgaskonzentrationen, bevor sie ein katastrophales Ausmaß erreichten. Die Regierung Clinton hatte den Staffelstab übernommen und in Zusammenarbeit mit Vertretern anderer Nationen aus den in Rio formulierten Zielen ein völkerrechtlich verbindliches Zusatzabkommen geschmiedet. Im sogenannten Kyoto-Protokoll wurden detaillierte Pläne für internationale Maßnahmen festgelegt, dazu zählten unter anderem spezifische Ziele für die Reduktion der Treibhausgase, ein globales CO_2-Handelssystem ähnlich dem Emissionshandel und ein Finanzierungsmechanismus, der armen Ländern dabei helfen sollte, auf erneuerbare Energien umzustellen und CO_2-absorbierende Waldgebiete wie den Amazonas-Regenwald zu schützen.

Umweltschützer feierten das Kyoto-Protokoll als Wendepunkt im Kampf gegen die Erderwärmung. Das Abkommen wurde weltweit von den Regierungen der teilnehmenden Staaten unterzeichnet. Doch in den Vereinigten Staaten, wo die Ratifizierung eines Gesetzes eine Zweidrittelmehrheit im Senat voraussetzt, ging es mit dem Kyoto-Protokoll erst einmal nicht weiter. Wir schrieben das Jahr 1997, die Republikaner kontrollierten den Senat, und nur wenige nahmen den

Klimawandel als echtes Problem wahr. Der Vorsitzende des außenpolitischen Ausschusses im Senat, der erzkonservative Jesse Helms, machte keinen Hehl aus seiner Verachtung für Umweltschützer, die Vereinten Nationen und multinationale Abkommen im Allgemeinen. Aber auch einflussreiche Demokraten wie Robert Byrd, Senator aus West Virginia, sträubten sich gegen Maßnahmen, die den für ihre Bundesstaaten wichtigen Erzeugern fossiler Brennstoffe hätten schaden können.

Vorsorglich entschied Präsident Clinton, dem Senat das Kyoto-Protokoll gar nicht erst vorzulegen, weil ihm ein Hinauszögern lieber war als eine Niederlage. Nachdem Clinton das Impeachment überstanden hatte, fand er zwar seine alte politische Fortüne wieder, aber das Kyoto-Protokoll blieb bis zum Ende seiner Amtszeit in der Mottenkiste liegen. Das letzte bisschen Hoffnung auf eine Ratifizierung des Abkommens starb, als George W. Bush im Jahr 2000 die Wahl gegen Al Gore gewann. Und so kam es, dass die Vereinigten Staaten 2009, also ein Jahr nach Beginn der ersten Verpflichtungsperiode des Kyoto-Protokolls, zu den einzigen fünf Staaten gehörten, die keine Vertragspartei waren. Die anderen vier waren: Andorra und Vatikanstadt (da beide zusammen nur auf etwa achtzigtausend Einwohner kamen, hatte man ihnen den Status von »Beobachterstaaten« zugeschrieben, statt sie zum Beitritt aufzufordern), Taiwan (das sich gern angeschlossen hätte, dies aber nicht durfte, weil die Chinesen es nicht als unabhängigen Staat anerkennen wollten) und Afghanistan (das die plausible Entschuldigung hatte, nach dreißig Jahren Besatzung und blutigem Bürgerkrieg erschöpft zu sein).

»Wenn die engsten Verbündeten finden, dass man sich bei einer Sache schlimmer verhält als Nordkorea, weiß man, dass man einen Tiefpunkt erreicht hat«, sagte Ben kopfschüttelnd.

Wenn ich mir die Geschichte des Abkommens vor Augen führte, stellte ich mir manchmal ein Paralleluniversum vor, in dem die Vereinigten Staaten, die nach Ende des Kalten Krieges zunächst ja keinen Rivalen gehabt hatten, ihre ungeheure Macht für den Kampf gegen den Klimawandel eingesetzt hätten. Ich malte mir die Umstellung des weltweiten Energienetzes auf erneuerbare Energien und die drastische Reduzierung des Treibhausgasausstoßes aus, die man hätte erreichen können; die geopolitischen Gewinne, die sich durch die Schwächung der Macht des Petrodollars und der von ihm gestützten Autokratien ergeben hätten; und die Kultur der Nachhaltigkeit, die sich in den Industriestaaten und Entwicklungsländern gleichermaßen hätte etablieren können. Doch als ich mich mit meinem Team traf, um eine Strategie für *dieses* Universum zu entwickeln, musste ich der Wahrheit ins Gesicht sehen: Obwohl die Demokraten im Senat jetzt die Mehrheit hatten, würde es mir niemals gelingen, die siebenundsechzig Stimmen zusammenzubekommen, die für eine Ratifizierung des Kyoto-Protokolls nötig waren.

Bisher war es uns noch nicht einmal gelungen, den Senat dazu zu bringen, einen brauchbaren Gesetzesentwurf für den Klimaschutz im eigenen Land vorzulegen. Barbara Boxer und der demokratische Massachusetts-Abgeordnete John Kerry hatten monatelang an einem Entwurf gefeilt, aber keinen republikanischen Kollegen gefunden, der sich bereit erklärt hätte, die Gesetzesvorlage mitzutragen. Alle hatten signalisiert, dass das geplante Gesetz so niemals durchgehen würde und wir uns auf die Mitte zubewegen sollten.

Da wir John McCain als republikanischen Verbündeten verloren hatten, richteten wir unsere Hoffnungen nun auf seinen besten Freund im Senat, den South-Carolina-Abgeordneten Lindsey Graham. Von kleiner Statur, mit verschmitztem Gesicht und einem Südstaatenakzent, der sich in Sekundenschnelle von warm zu bedrohlich wandeln konnte, war Graham als Falke bekannt, der bei Fragen nationaler Sicherheit einen harten Kurs verfolgte – er gehörte neben McCain und Lieberman zu den sogenannten »Three Amigos«, die am lautesten für den Irakkrieg getrommelt hatten. Aber Graham war auch smart, sarkastisch, skrupellos, medienversiert und – zum Teil aus einer echten Bewunderung für McCain heraus – sogar bereit, gelegentlich von der konservativen Orthodoxie abzuweichen, vor allem beim Thema Einwanderungsreform. Da er bei der letzten Wahl für weitere sechs Jahre in seinem Amt bestätigt worden war, konnte Graham es sich leisten, das eine oder andere Risiko einzugehen, und obwohl er sich in der Vergangenheit nie sonderlich für den Klimawandel interessiert hatte, schien ihn die Aussicht zu reizen, in McCains Fußstapfen zu treten und einen überparteilichen Kompromiss auszuhandeln. Anfang Oktober bot er uns an, die Handvoll Republikaner zu aktivieren, die nötig waren, um das Klimaschutzgesetz durch den Senat zu bringen – allerdings nur, wenn Lieberman ihn dabei unterstützte und Kerry die Umweltschutzgruppen davon überzeugte, dass man Zugeständnisse hinsichtlich der Subventionierung der Atomindustrie und der Freigabe weiterer US-Küstengebiete für die Offshore-Ölförderung machen musste.

Unbedingt scharf darauf, mich von Graham abhängig zu machen, war ich nicht. Ich kannte ihn aus meiner Zeit im Senat als einen Menschen, der sich gern als anspruchsvoller, selbstkritischer Konservativer gab und Demokraten wie Reportern den Wind aus den Segeln nahm, indem er offensiv auf die blinden Flecken seiner Partei hinwies und ständig betonte, wie wichtig es für Politiker sei, sich aus ihren ideologischen Zwangsjacken zu befreien. Trotzdem schien Graham, wenn es tatsächlich darum ging, bei einer Abstimmung eine bei seinen Wählern umstrittene Position einzunehmen, immer einen Grund zu finden, sich vor der unangenehmen Aufgabe zu drücken. (»Sie kennen das doch, wenn in einem Spionagethriller oder in einem Heist-Movie am Anfang die einzelnen Mitglieder einer Bande vorgestellt werden?«, fragte ich Rahm. »Lindsey ist der Typ, der mit allen ein falsches Spiel spielt, um am Ende seine eigene Haut zu retten.«) Realistisch betrachtet war unsere Auswahl an Alternativen jedoch nicht sonderlich groß (»Sofern nicht gleich Lincoln und Teddy Roosevelt durch diese Tür kommen«, erwiderte Rahm, »haben wir nur ihn«). Und da wir wussten, dass Graham sicher nicht als enger Verbündeter des Weißen Hauses gelten wollte, ließen wir ihm und seinen Kollegen freie Hand bei der Ausgestaltung eines eigenen Gesetzentwurfs und nahmen uns vor, heikle Paragrafen später zu überarbeiten.

Parallel bereiteten wir uns auf den Klimagipfel in Kopenhagen vor. Da das Kyoto-Protokoll 2012 auslaufen würde, waren die von der UNO ausgerichteten Verhandlungen für ein Nachfolgeabkommen schon seit über einem Jahr im Gange, weil man den ausgearbeiteten Vertrag beim Gipfel im Dezember vorlegen wollte. Wir hingegen hatten nicht die Absicht, einen Vertrag zu unterzeichnen, der zu stark an das Original angelehnt war. Meine Berater und mich störte die politische Konzeption – vor allem die Formulierung »gemeinsame, aber unterschiedliche Verantwortung«, mit der die Pflicht zur Reduzierung der Treibhausgasemissionen fast ausschließlich den hoch entwickelten, energieintensiven Volkswirtschaften – sprich: denen der Vereinigten Staaten, der Europäischen Union und Japans – auferlegt wurde. Im Prinzip war es nur fair, von reichen Ländern zu verlangen, mehr für den Umweltschutz zu tun: Die bestehende Treibhausgaskonzentration war nicht nur das Resultat der jahrhundertelangen westlichen Industrialisierung, sondern der CO_2-Fußabdruck pro Kopf in diesen Ländern war auch wesentlich höher als anderswo. Auch konnte man von armen Ländern wie Mali, Haiti oder Kambodscha – in denen sehr viele Menschen noch nicht einmal Strom hatten – nur begrenzt verlangen, ihre ohnehin geringfügigen Emissionen zu reduzieren (und damit ihre kurzfristigen Wachstumsaussichten zu schmälern). Letzten Endes würde es wesentlich größere Auswirkungen haben, wenn die Amerikaner und Europäer ihre Temperaturregler ein paar Grad herunter- oder heraufdrehten.

Das Problem war, dass die »unterschiedliche Verantwortung« im Kyoto-Protokoll so interpretiert wurde, dass aufstrebenden Supermächten wie China, Indien und Brasilien *keinerlei* bindende Verpflichtung zur Emissionsreduzierung vorgeschrieben wurde. Zwölf Jahre zuvor, als das Abkommen ausgearbeitet worden war, war dies vielleicht noch sinnvoll gewesen, doch nun hatte sich die Weltwirtschaft durch den Globalisierungsprozess grundlegend verändert. Da wir in einer Rezession steckten und die Amerikaner bereits unter dem Outsourcing von Arbeitsplätzen litten, kam eine Vereinbarung, die unsere Fabriken dazu zwang, strikte Umweltauflagen zu erfüllen, während sie dies von den Fabriken in Shanghai oder Bangalore nicht erwartete, absolut nicht infrage. China hatte die Vereinigten Staaten bereits 2005 bei den jährlichen CO_2-Emissionen überholt, und auch in Indien stiegen die Zahlen. Und obwohl der durchschnittliche chinesische oder indische Bürger im Vergleich zu seinem amerikanischen Pendant nur einen Bruchteil der Energie verbrauchte, sagten Experten für diese Schwellenländer innerhalb der nächsten Jahrzehnte eine Verdoppelung des CO_2-Ausstoßes pro Kopf voraus, weil immer mehr ihrer über zwei Milliarden Einwohner an den Annehmlichkeiten des modernen Lebens teilhaben wollten, an die sich die Menschen in den reichen Ländern längst gewöhnt hatten. Wenn das passierte, würde der Planet unabhängig von den Maßnahmen der anderen Länder über kurz oder lang unter Wasser stehen –

ein Argument, das die Republikaner (sofern sie den Klimawandel nicht rundheraus leugneten) als Ausrede für die amerikanische Untätigkeit gern ins Feld führten.

Wir brauchten einen neuen Ansatz. Mit der entscheidenden Unterstützung von Hillary Clinton und Todd Stern, dem Klimaschutz-Sonderbeauftragten des Außenministeriums, arbeitete mein Team eine Vorlage für ein verschlanktes Übergangsabkommen aus, das auf drei gemeinsamen Verpflichtungen basierte. Punkt eins: *Jedes* Land – also auch die aufstrebenden Supermächte China und Indien – sollte einen eigenen Aktionsplan zur Reduzierung der Treibhausgasemissionen aufstellen. Diese Pläne könnten je nach Wohlstand, Energieprofil und Entwicklungsstufe eines Landes variieren, müssten aber in regelmäßigen Intervallen an die veränderten wirtschaftlichen und technologischen Kapazitäten des Landes angepasst werden. Punkt zwei: Da diese Aktionspläne nach internationalem Recht nicht einklagbar wären, sollte jedes Land sich bereit erklären, die Einhaltung der selbst gesetzten Klimaziele von den anderen Parteien überprüfen zu lassen. Punkt drei: Die reichen Länder würden armen Ländern Finanzhilfen in Milliarden-Dollar-Höhe gewähren, um diese bei der Eindämmung des Klimawandels und der Anpassung an ihn zu unterstützen, allerdings nur, sofern diese Länder ihre (im Vergleich wesentlich geringeren) Klimaverpflichtungen auch einhielten.

Wenn wir es richtig angingen, würde man mit diesem neuen Abkommen China und andere aufstrebende Supermächte endlich zum Handeln zwingen können, ohne dabei auf das Kyoto-Konzept der »gemeinsamen, aber unterschiedlichen Verantwortung« verzichten zu müssen. Durch die Schaffung eines internationalen Instrumentariums, mit dem sich die Einhaltung der Reduktionsziele in anderen Ländern verlässlich überprüfen ließe, könnten wir außerdem den Senat vielleicht davon überzeugen, unsere Gesetzesvorlage für den eigenen Klimaschutz rasch zu verabschieden – und darüber hinaus, so hofften wir, den Grundstein für eine robustere internationale Rahmenvereinbarung in der nahen Zukunft legen. Doch Todd, ein ernsthafter, detailorientierter Jurist, der in der Regierung Clinton als Chefunterhändler bei den Kyoto-Verhandlungen mitgewirkt hatte, warnte uns, dass das von uns ausgearbeitete Interimsabkommen international nur schwer zu verkaufen sein würde. Die Länder der EU, die allesamt das Kyoto-Protokoll ratifiziert und bereits Schritte zur Emissionsreduktion unternommen hatten, wollten unbedingt eine Übereinkunft erzielen, mit der sich die Vereinigten Staaten und China ebenfalls verbindlich zur Emissionsreduktion verpflichteten. China, Indien und Südafrika konnten allerdings mit dem Status quo gut leben und lehnten jede Änderung des Kyoto-Protokolls vehement ab. Etliche Umweltschutzorganisationen und Ökoaktivisten hatten angekündigt, nach Kopenhagen kommen zu wollen. Viele von ihnen sahen den Klimagipfel als zukunftsentscheidend an und würden alles außer einem verbindlichen Vertrag mit drastischen neuen Obergrenzen für Emissionen als Misserfolg werten.

Genauer genommen als einen Misserfolg, den *ich* verbockt hätte.

»Fair ist das zwar nicht«, sagte Carol, »aber sie denken, wenn Ihnen der Klimaschutz wichtig ist, dann bringen Sie schon den Kongress und die anderen Länder dazu, alles zu tun, was nötig ist.«

Dass sie die Messlatte hoch legten, nahm ich den Umweltschutzorganisationen nicht übel. Die wissenschaftlichen Erkenntnisse machten das erforderlich. Aber mir war auch klar, dass es sinnlos war, Versprechen zu machen, die ich am Ende nicht halten könnte. Ich hätte mehr Zeit und eine deutlich bessere Wirtschaftslage gebraucht, um die Amerikaner davon zu überzeugen, ein ehrgeiziges internationales Klimaschutzabkommen mitzutragen. Außerdem würde ich China davon überzeugen müssen, mit uns zusammenzuarbeiten – und wahrscheinlich brauchte ich ohnehin erst einmal eine deutlichere Mehrheit im Senat. Wenn die Welt von den Vereinigten Staaten erwartete, in Kopenhagen einen bindenden Vertrag zu unterzeichnen, dann musste ich die Erwartungen herunterschrauben – angefangen bei Ban Ki-moon, dem Generalsekretär der Vereinten Nationen.

In seinen zwei Amtsjahren als oberster Diplomat der Welt hatte Ban Ki-moon bisher noch nicht mit einem spektakulären Auftritt auf der Weltbühne beeindruckt. Zum einen lag das an seinem Job: Obwohl dem UN-Generalsekretär ein Budget in Milliarden-Dollar-Höhe, ein gewaltiger Verwaltungsapparat und eine Vielzahl internationaler Unterorganisationen zur Verfügung stehen, hängt seine oder ihre tatsächliche Macht von dem Geschick ab, hundertdreiundneunzig verschiedene Nationen in eine zumindest dem Anschein nach gemeinsame

Richtung zu lenken. Dass Ban bisher kaum aufgefallen war, lag zum anderen aber auch an seiner ruhigen, sachlichen Art – er pflegte eine Diplomatie nach Schema F, die ihm in seiner siebenunddreißigjährigen Karriere im Auswärtigen Dienst und diplomatischen Korps seines Heimatlands Südkorea sicherlich von Vorteil gewesen war, aber im krassen Gegensatz stand zum weltgewandten Charisma seines Vorgängers im UN-Amt, Kofi Annan. Wenn man sich mit Ban traf, erwartete man von ihm keine packenden Geschichten, witzigen Bemerkungen oder genialen Geistesblitze. Er erkundigte sich bei einem nicht nach der Familie und erzählte auch nichts aus seinem Privatleben. Nach einem kräftigen Händedruck und etlichen »Danke, dass Sie Zeit für mich haben« setzte Ban ohne Umschweife zu einem Strom von gestanzten Statements und Nachrichtenschnipseln an, den er in flüssigem Englisch mit starkem Akzent und im formelhaften Jargon eines UN-Kommuniqués vortrug.

Obwohl es ihm an Flair mangelte, lernte ich Ban im Lauf der Jahre sehr schätzen. Er war ehrlich, direkt und unerschütterlich optimistisch; etliche Male hielt er dem Druck von Mitgliedsstaaten stand und leitete längst überfällige UN-Reformen ein. Bei wichtigen Streitpunkten stellte er sich instinktiv auf die richtige Seite, auch wenn er nicht immer über die Mittel verfügte, andere mitzuziehen. Außerdem konnte Ban sehr hartnäckig sein – vor allem beim Thema Klimawandel, dem er eine hohe Priorität eingeräumt hatte. Bei unserem ersten Treffen im Oval Office, knapp zwei Monate nach meiner Amtsübernahme, versuchte er, mich dazu zu bringen, meine Teilnahme am Kopenhagen-Gipfel fest zuzusagen.

»Ihre Anwesenheit, Mr President«, sagte Ban, »wird ein deutliches Zeichen für die Dringlichkeit der internationalen Kooperation beim Klimaschutz setzen. Ein sehr deutliches Zeichen.«

Zuvor hatte ich ihm erklärt, welche Maßnahmen wir ergreifen wollten, um die amerikanischen Emissionen zu reduzieren, aber auch erwähnt, wie schwer es werden würde, ein am Kyoto-Protokoll angelehntes Abkommen in naher Zukunft durch den Senat zu bringen. Ich hatte ihm die Idee mit dem Interimsabkommen geschildert und erwähnt, dass wir, unabhängig von den UN-Verhandlungen, eine »Gruppe der größten Emittenten« gründen wollten, um mit China einen gemeinsamen Nenner zu finden. Ban hörte mir aufmerksam zu, nickte höflich, machte sich die eine oder andere Notiz oder rückte seine Brille zurecht. Doch nichts von dem, was ich sagte, konnte ihn von seiner eigentlichen Mission abbringen.

»Mit Ihrem kritischen Engagement, Mr President«, sagte er, »werden wir die Verhandlungen zu einem erfolgreichen Abschluss bringen.«

So ging es monatelang. Ganz gleich, wie oft ich meine Bedenken gegenüber der Richtung der UN-Verhandlungen äußerte, ganz gleich, wie offen ich die US-Position zu einem im Stil des Kyoto-Protokolls abgefassten bindenden Vertrags darlegte, Ban betonte jedes Mal, wie wichtig meine Teilnahme am Dezember-Gipfel in Kopenhagen sei. Er brachte es bei G20-Treffen auf. Er sprach es bei G8-Treffen an. Bei der UN-Vollversammlung im September in New York gab ich schließlich nach und sagte zu Ban, ich würde versuchen, am Gipfel teilzunehmen, vorausgesetzt, die Verhandlungen bewegten sich in Richtung eines Abkommens, mit dem wir leben könnten. Hinterher verriet ich Susan Rice, dass ich mich wie ein Oberstufenschüler fühlte, der gedrängt worden war, mit der Nerdigen, die zu nett war, um ihr einen Korb zu geben, zum Abschlussball zu gehen.

Als die Kopenhagen-Konferenz im Dezember begann, schienen sich meine schlimmsten Befürchtungen zu bestätigen. Zu Hause warteten wir immer noch darauf, dass der Senat das Emissionshandelsgesetz zur Abstimmung brachte, und in Europa waren die Verhandlungen über das Abkommen früh ins Stocken geraten. Wir hatten Hillary und Todd vorausgeschickt, damit sie um Unterstützung für unser Interimsabkommen warben, und sie schilderten am Telefon chaotische Szenen: China und andere BRICS-Staaten wollten keinen Millimeter von ihrer Position abweichen, die Europäer waren von uns und den Chinesen enttäuscht, die ärmeren Länder forderten weitere Finanzhilfen, die dänischen Organisatoren und ihre UN-Kollegen waren überfordert, und die anwesenden Umweltschutzorganisationen waren angesichts des sich abzeichnenden Debakels der Verzweiflung nahe. Da das Scheitern in der Luft lag und ich zudem Druck machen musste, um andere wichtige Gesetze noch vor der Weihnachtspause durch den Kongress zu bringen, fragten mich Rahm und Axe, ob ich wirklich nach Kopenhagen fliegen wolle.

Obwohl ich ihre Bedenken teilte, entschied ich, dass selbst eine geringe Chance, die anderen Staats- und Regierungschefs zur Unterzeichnung eines internationalen Abkommens zu bewegen, die negativen Folgen des sich abzeichnenden Scheiterns überwog. Um mir die Reise etwas schmackhafter zu machen, hatte Alyssa Mastromonaco meinen Terminplan abgespeckt: Jetzt sollte ich im Anschluss an einen Arbeitstag im Oval Office nach Kopenhagen aufbrechen und mich dort zehn Stunden lang aufhalten – gerade genug Zeit für eine Rede und einige bilaterale Treffen mit verschiedenen Staats- und Regierungschefs –, bevor ich kehrtmachte und den Rückflug antrat. Trotzdem hielt sich mein Enthusiasmus sehr in Grenzen, als ich mich für den Nachtflug über den Atlantik an Bord der Air Force One begab. Nachdem ich mich in einem der dicken Ledersessel niedergelassen hatte, ließ ich mir einen Wodka bringen, in der Hoffnung, so wenigstens ein paar Stunden Schlaf zu finden, und schaute Marvin zu, der mit der Fernbedienung für den Großbildfernseher hantierte und nach einer Basketballübertragung suchte.

»Hat eigentlich schon mal jemand ausgerechnet«, fragte ich, »wie viel CO_2 ich auf meinen Flügen nach Europa in die Atmosphäre blase? Möchte wetten, bei all den Flugzeugen, Hubschraubern und Autokolonnen bin ich auf dem ganzen verdammten Planeten der Mensch mit dem größten CO_2-Fußabdruck.«

»Hm«, machte Marvin. »Könnte sein.« Er fand das Spiel, das wir gesucht hatten, stellte den Ton an und fügte hinzu: »Aber vielleicht erwähnen Sie das bei der Rede morgen lieber nicht.«

AN EINEM BEWÖLKTEN, eisigen Morgen kamen wir in Kopenhagen an und fuhren durch nebelverhangene Straßen zum Tagungsort. Das Treffen fand in einem Gebäudekomplex statt, der wie eine Shoppingmall aussah. Wir mussten durch ein Labyrinth aus Korridoren, von denen einer aus unerklärlichen Gründen von Schaufensterpuppen gesäumt wurde, und fuhren dann im Fahrstuhl in eine Etage, wo Hillary und Todd uns bereits erwarteten und auf den aktuellen Stand brachten. Ich hatte Hillary bevollmächtigt, den anderen im Rahmen unseres vorgeschlagenen Interimsabkommens zuzusichern, dass die Vereinigten Staaten ihre Emissionen bis 2020 um siebzehn Prozent reduzieren und zudem zehn Milliarden Dollar in den geplanten Grünen Klimafonds von 100 Milliarden Dollar einzahlen würden, um arme Länder bei der Finanzierung ihrer Maßnahmen zur Eindämmung des Klimawandels und zur Anpassung an die geänderten Bedingungen zu unterstützen. Wie Hillary berichtete, hatten Delegierte mehrerer Nationen Interesse an unserem Alternativabkommen signalisiert – aber die Europäer hielten immer noch an einem völkerrechtlich bindenden Vertrag fest, während China, Indien und Südafrika offenbar bereit waren, die Verhandlungen platzen zu lassen und den Amerikanern die Schuld zuzuschieben.

»Wenn Sie die Europäer und Chinesen zu dem Interimsabkommen überreden können«, sagte Hillary, »ist es möglich, vielleicht sogar wahrscheinlich, dass der Rest der Welt mitzieht.«

Bevor ich mich an meine Aufgabe machte, statteten wir dem dänischen Ministerpräsidenten Lars Løkke Rasmussen, der für die letzten Gipfeltage die Verhandlungsführung übernommen hatte, einen Höflichkeitsbesuch ab. Wie alle anderen nordischen Länder war auch Dänemark in internationalen Angelegenheiten sehr versiert, und bei Rasmussen fand ich viele der Qualitäten wieder, die ich allen Dänen zuschrieb – er war umsichtig, gut informiert, pragmatisch und menschlich. Doch die ihm zugedachte Aufgabe – zu versuchen, einen globalen Konsens zu einem komplexen Thema zusammenzuschustern, über das sich die größten Mächte der Welt stritten – wäre wohl für jeden eine gewaltige Herausforderung gewesen. Für den fünfundvierzigjährigen Regierungschef eines kleinen Landes, der erst seit acht Monaten im Amt war, war sie schlicht nicht zu bewältigen. Die Presse hatte genüsslich darüber berichtet, Rasmussen habe die Kontrolle über die Konferenz verloren: Die Delegierten hätten seine Vorschläge wiederholt abgeschmettert, seine Eignung zum Verhandlungsführer infrage gestellt und sich im Großen und Ganzen aufgeführt wie ungezogene Teenager, denen man einen Vertretungslehrer vorsetzt. Bei unserem Treffen wirkte der arme Mann völlig gestresst, seine hellblauen Augen sahen todmüde aus, die blonden Haare klebten ihm am Kopf, als hätte er gerade einen Ringkampf hinter sich gebracht. Er hörte aufmerksam zu, als ich ihm unsere Strategie erklärte, und stellte ein paar Fragen zur praktischen Umsetzung des Interimsabkommens. Doch vor allem schien er erleichtert zu sein, weil nun ich mich an der Rettung der Verhandlung versuchen wollte.

Gemeinsam gingen wir in den behelfsmäßigen Konferenzsaal, wo ich dem Plenum die drei Komponenten unseres Interimsabkommens vorstellte, aber auch die Alternative zu unserem Plan skizzierte: Untätigkeit und Verbitterung, während der Planet allmählich verbrannte. Die Menge im Saal reagierte verhalten, aber nicht ablehnend, und als ich von der Bühne ging, beglückwünschte mich Ban, nahm meine Hand in beide Hände und schaute mich an, als würde er von mir nun erwarten, die festgefahrenen Verhandlungen wieder in Schwung zu bringen und dann so lange zu improvisieren, bis ich die anderen Staats- und Regierungschefs zur Unterzeichnung eines Last-Minute-Abkommens überredet hätte.

Der Rest des Tages verlief anders als bei jedem Gipfeltreffen, das ich in meiner Amtszeit erlebt habe. Nachdem wir das Pandämonium der Plenarsitzung überstanden hatten, eilten wir von einem bilateralen Treffen zum nächsten und mussten jedes Mal an unzähligen Menschen vorbei, die die Hälse reckten und Fotos schossen. Abgesehen von meiner Person war der wichtigste Konferenzteilnehmer der chinesische Premierminister Wen Jiabao. Er war mit einer riesigen Delegation angereist, und die ganze Gruppe hatte sich bisher bei den Verhandlungen stur und herrisch verhalten und sich strikt geweigert, einer internationalen Überprüfung der chinesischen Emissionswerte zuzustimmen, weil sie sich dank des Bündnisses mit Brasilien, Indien und Südafrika sicher war, genügend Stimmen zu haben, um jedes Abkommen platzen zu lassen. Bei einem Vieraugengespräch mit Wen machte ich ihm dann klar, dass China vielleicht einen kurzfristigen Sieg erringen würde, wenn es sich nicht zur Transparenz verpflichtete, der Planet dann aber auf eine langfristige Katastrophe zusteuerte. Wir verständigten uns darauf, das Gespräch im Lauf des Tages fortzusetzen.

Es war ein Fortschritt, wenn auch kein großer. Der Verhandlungsmarathon zog sich über den gesamten Nachmittag hin. Mit Unterstützung der Europäer und einiger Delegierter aus anderen Ländern gelang es uns zumindest, einen Vertragsentwurf auszuarbeiten, aber mit den Chinesen kamen wir in den anschließenden Sitzungen nicht weiter, weil Wen sich geweigert hatte, überhaupt daran teilzunehmen, und stattdessen ein paar jüngere Mitglieder aus seiner Delegation geschickt hatte, die sich, wie vorherzusehen war, unbeweglich zeigten. Es ging auf den Abend zu, als man mich in ein Zimmer führte, wo mich nun wiederum lauter unzufriedene Europäer erwarteten.

Alle wichtigsten Staats- und Regierungschefs waren da, Merkel, Sarkozy, Gordon Brown, und jedem stand die Enttäuschung deutlich ins Gesicht geschrieben. Sie wollten wissen, warum die Vereinigten Staaten nach dem Abgang von Bush und der Machtübernahme durch die Demokraten nicht endlich einen Vertrag im Sinne des Kyoto-Protokolls unterzeichnen konnten. In Europa, so erklärten sie, würden selbst Parteien am rechten Rand die Existenz des Klimawandels anerkennen – was lief in Amerika nur schief? Okay, die Chinesen stellten sich quer, aber warum warteten wir nicht einfach ab, bis wir sie mit einer neuen Vereinbarung unter Zugzwang setzen könnten?

Eine gefühlte Stunde lang ließ ich sie ihrer Enttäuschung Luft machen, beantwortete ihre Fragen und äußerte Verständnis für ihre Besorgnis. Irgendwann aber schien jedem bewusst zu werden, in welcher Situation wir uns befanden. Merkel war diejenige, die es aussprach.

»Ich denke, die Option, die Barack beschreibt, ist nicht die, die wir uns erhofft hatten«, sagte sie ruhig. »Aber vielleicht ist es heute unsere einzige Option. Deshalb schlage ich vor, wir warten ab, was die Chinesen und die anderen dazu sagen, und entscheiden dann.« Sie wandte sich an mich. »Treffen Sie sich gleich mit ihnen?«

»Yep.«

»Dann viel Glück«, erwiderte Merkel. Sie zuckte die Achseln, wobei sie den Kopf leicht senkte, die Mundwinkel kurz nach unten zog und die Augenbrauen leicht hob – die Mimik eines Menschen, der es gewohnt ist, unangenehme Dinge in Angriff zu nehmen.

Der Anflug von neuem Elan, den wir nach dem Treffen mit den Europäern verspürten, verlor sich rasch, sobald Hillary und ich wieder in unserem Besprechungszimmer waren. Wie Marvin berichtete, raste ein heftiger Schneesturm auf die Ostküste zu, und wenn wir noch halbwegs sicher nach Washington kommen wollten, musste die Air Force One in zweieinhalb Stunden in der Luft sein.

Ich schaute auf meine Uhr. »Wann ist mein nächstes Meeting mit Wen?«

»Tja, Boss, das ist das andere Problem«, erwiderte Marvin. »Wir können ihn nicht finden.« Als unser Team bei den chinesischen Kollegen angeklopft habe, so erklärte er, hätten die erwidert, Wen sei schon auf dem Weg zum Flughafen. Es gebe zwar Gerüchte, er halte sich noch im Gebäude auf und berate sich mit den anderen Regierenden, die sich ebenfalls gegen eine Überprüfung ihrer Emissionen wehrten, aber von unserem Team habe das niemand bestätigen können.

»Er geht mir also aus dem Weg?«

»Wir haben einen Suchtrupp losgeschickt.«

Ein paar Minuten später kehrte Marvin zurück und berichtete, dass man Wen und die Regierungschefs von Brasilien, Indien und Südafrika zwei Etagen über uns in einem Konferenzraum gesichtet hatte.

»Also gut«, sagte ich und schaute zu Hillary. »Wann sind Sie das letzte Mal unangemeldet in eine Party geplatzt?«

Sie lachte. »Das ist schon eine Weile her«, erwiderte sie und sah mich an wie ein braves Kind, das beschlossen hat, alle Vorsicht über Bord zu werfen.

Mit einer Schar Mitarbeiter und Secret-Service-Agenten im Schlepptau fuhren wir im Fahrstuhl nach oben. Am Ende eines langen Korridors entdeckten wir, wonach wir gesucht hatten: einen Raum mit Glaswänden, gerade groß genug für einen Konferenztisch, um den Premierminister Wen, Premierminister Singh, die Präsidenten Lula und Zuma sowie einige ihrer Minister saßen. Die chinesischen Sicherheitsleute kamen mit erhobenen Händen auf uns zu, als wollten sie uns zum Anhalten zwingen, aber als ihnen aufging, wer wir waren, blieben sie unschlüssig stehen. Lächelnd und nickend gingen Hillary und ich an ihnen vorbei und betraten das Zimmer, während hinter uns eine recht geräuschvolle Auseinandersetzung zwischen den Personenschützern und unseren Mitarbeitern losbrach.

»Haben Sie jetzt Zeit für mich, Wen?«, rief ich und sah, wie dem überraschten chinesischen Regierungschef die Gesichtszüge kurz entglitten. Ich drehte eine Runde um den Tisch und schüttelte jedem die Hand. »Gentlemen! Ich habe schon überall nach Ihnen gesucht. Wollen wir jetzt versuchen, zu einem Deal zu kommen?«

Bevor irgendjemand Einspruch erheben konnte, setzte ich mich auf einen freien Stuhl. Wen und Singh schauten mich teilnahmslos an, während Lula und Zuma verlegen auf irgendwelche vor ihnen liegende Zettel blickten. Ich erklärte, dass ich mich soeben mit den Europäern getroffen hätte und sie bereit seien, das von uns vorgeschlagene Interimsabkommen zu unterzeichnen, sofern die hier Anwesenden einen Passus akzeptierten, mit dem ein verlässlicher Mechanismus für die unabhängige Kontrolle der zugesagten Treibhausgasreduktionen jedes Teilnehmerlandes geschaffen würde. Daraufhin erklärten die Premiers und Präsidenten einer nach dem anderen, warum unser Vorschlag inakzeptabel sei: Das Kyoto-Protokoll funktioniere prima; der Westen sei verantwortlich für die Erderwärmung und erwarte nun von ärmeren Ländern, ihre wirtschaftliche Entwicklung hintanzustellen, um das Problem zu lösen; unser Plan verletze das Prinzip der »gemeinsamen, aber unterschiedlichen Verantwortung«; der von uns angedachte Kontrollmechanismus verletze ihre Souveränität. Nach ungefähr einer halben Stunde lehnte ich mich auf meinem Stuhl zurück und schaute Premierminister Wen in die Augen.

»Herr Premierminister, uns läuft die Zeit davon«, sagte ich, »also komme ich gleich zum Punkt. Bevor ich hier ins Zimmer kam, hatten Sie vermutlich alle längst beschlossen, die Klimakonferenz zu verlassen und der Welt zu verkünden, dass die Vereinigten Staaten schuld seien am Scheitern der Verhandlungen. Sie denken, Sie müssten nur lange genug warten, dann würden die Europäer aus purer Verzweiflung schon einen weiteren Vertrag im Stil des Kyoto-Protokolls unterzeichnen. Ich bin aber gerade bei den Europäern gewesen und habe ihnen sehr deutlich gesagt, dass ich den Kongress niemals dazu bringen werde, einen solchen Vertrag zu ratifizieren. Außerdem gibt es keine Garantie, dass sich die Wähler in Europa, Kanada oder Japan darauf einlassen werden, weiterhin einen Wettbewerbsnachteil für ihre Industrien hinzunehmen und armen Ländern Geld zu geben, damit diese gegen den Klimawandel vorgehen können, wenn die größten Emittenten der Welt am Spielfeldrand sitzen und einfach nur zusehen.«

Ich fuhr fort: »Ich mag falschliegen. Vielleicht überzeugen Sie tatsächlich jeden, dass es unsere Schuld war. Aber das wird die Erderwärmung nicht aufhalten. Und eines sollten Sie noch bedenken: Ich habe auch ein Megafon, und es ist ziemlich groß. Wenn ich dieses Zimmer jetzt ohne Abkommen verlasse, dann fahre ich als Erstes runter in die große Halle, wo die internationale Presse auf Neuigkeiten wartet. Und ich werde denen erzählen, dass ich bereit gewesen wäre, unsere

Treibhausgase deutlich zu reduzieren und Milliarden von Dollars in neue Hilfsprogramme zu stecken, Sie, meine Herren, aber leider beschlossen haben, einfach nichts zu tun. Das werde ich auch allen Ländern erzählen, die von den zusätzlichen Geldern profitiert hätten. Und auch allen Menschen in Ihren Ländern, die unter dem Klimawandel am meisten leiden werden. Wir wollen doch mal sehen, wem die Leute glauben.«

Sobald die Dolmetscher meine Ansprache übersetzt hatten, sprang der chinesische Umweltminister, ein stämmiger, rundgesichtiger Mann mit Brille, vom Stuhl auf und fing an, sich auf Mandarin zu beschweren, wobei er mit den Händen in meine Richtung gestikulierte und sein Gesicht vor Aufregung rot anlief. So ging es ein, zwei Minuten, obwohl niemand im Raum zu begreifen schien, was er eigentlich wollte. Irgendwann hob Premierminister Wen eine feingliedrige Hand, und der Minister setzte sich abrupt wieder hin. Ich musste ein Lachen unterdrücken und wandte mich schnell an die junge Chinesin, die für Wen dolmetschte.

»Was hat mein Freund da gerade gesagt?«, fragte ich. Bevor sie antworten konnte, schüttelte Wen den Kopf und flüsterte ihr etwas zu. Die Dolmetscherin nickte und drehte sich wieder zu mir.

»Premierminister Wen sagt, was der Umweltminister gesagt hat, ist nicht wichtig«, erklärte sie. »Premierminister Wen fragt, ob Sie das Abkommen, von dem Sie sprachen, dabeihaben, damit jeder noch einmal einen Blick auf den genauen Wortlaut werfen kann.«

ES WURDE NOCH einmal eine halbe Stunde lang gefeilscht: Die anderen Staats- und Regierungschefs und ihre Minister standen um mich und Hillary herum und schauten mir über die Schulter, während ich mit einem Kugelschreiber ein paar Sätze auf dem zerknitterten Dokument, das ich den ganzen Tag mit mir herumgetragen hatte, unterstrich, aber als ich das Zimmer verließ, hatten alle Anwesenden dem Abkommen zugestimmt. Ich eilte wieder die Treppen hinunter und redete nochmals dreißig Minuten auf die Europäer ein, damit sie die von den Staats- und Regierungschefs der Schwellenländer geforderten leichten Änderungen abzeichneten. Direkt im Anschluss wurde der Vertragstext ausgedruckt und verteilt. Hillary und Todd bearbeiteten die Delegierten der anderen wichtigen Länder, um einen breiteren Konsens herzustellen. Ich stellte mich kurz vor die versammelte Presse und gab bekannt, dass wir uns auf ein Interimsabkommen geeinigt hatten, danach stiegen wir in unsere Wagen und rasten in Kolonne zum Flughafen.

Als wir ankamen, blieben uns bis zum Abflug gerade einmal zehn Minuten.

Auf dem Rückflug herrschte Hochstimmung, einige aus unserem Team erzählten denen, die nicht dabei gewesen waren, was sich tagsüber an abenteuerlichen Geschichten abgespielt hatte. Reggie, der schon so lange für mich arbeitete, dass ihn nichts mehr beeindrucken konnte, grinste breit, als er den Kopf in meine Kabine steckte, wo ich einen Stapel Briefings durchging.

»Ich muss schon sagen, Boss«, sagte er, »das vorhin war eine echte Gangsternummer.«

Ich war bester Laune. Unter enormem Zeitdruck hatte ich auf der größten Bühne der Welt ein Kaninchen aus dem Hut gezogen und als vorübergehende Lösung für ein drängendes Problem präsentiert. Auch wenn ich damit rechnete, dass das Interimsabkommen in der Presse auf gemischte Kritik stoßen würde, wertete ich es angesichts der chaotischen Zustände beim Gipfeltreffen und der Sturheit der Chinesen als Erfolg – ein Sprungbrett, das uns dabei helfen konnte, unser Klimaschutzgesetz durch den Senat zu bringen. Doch vor allem hatten wir China und Indien dazu gebracht, endlich zu akzeptieren, dass jedes Land, nicht nur die westlichen Länder, Verantwortung trug und seinen Beitrag zur Eindämmung des Klimawandels leisten musste. Sieben Jahre später sollte dieses Grundprinzip entscheidend für das bahnbrechende Übereinkommen von Paris sein.

Doch als ich im Flugzeug saß und aus dem Fenster schaute, wo die Dunkelheit alle paar Sekunden von dem blinkenden Licht am Ende der Tragfläche gestört wurde, kamen mir plötzlich ganz andere, ernüchternde Gedanken. Ich dachte an die viele Arbeit, die wir im Vorfeld in das Abkommen gesteckt hatten – an die unzähligen Stunden, in denen mein fähiges, engagiertes Team geschuftet hatte, an die unermüdlichen Verhandlungen hinter den Kulissen, daran, die Leute zu erinnern, dass sie etwas schuldig waren, an die vielen Hilfsversprechen und an meine elfstündigen Vermittlungsversuche, bei denen ich mich mindestens so sehr auf mein Bauchgefühl wie auf meine vernünftigen Argumente verlassen hatte. Und das alles für ein Interimsabkommen, das – selbst wenn es nach Plan lief – nur ein zögerlicher Schritt sein würde auf dem langen Weg, die Klimakatastrophe noch abzuwenden, ein Eimer Wasser, den wir auf eine Feuersbrunst kippten. Und mir wurde klar, dass trotz aller Macht, die mit meinem Posten verbunden war, immer eine gewaltige Kluft existieren würde zwischen dem, was ich nach meinem Wissen für eine bessere Welt tun musste, und dem, was ich an einem Tag, in einer Woche oder einem Jahr tatsächlich erreichen konnte.

Bei unserer Landung war der angekündigte Sturm bereits über Washington hereingebrochen, und aus den tief hängenden Wolken fiel ein Mix aus Schnee und gefrierendem Regen. In nördlichen Städten wie Chicago wären längst Räumfahrzeuge unterwegs und würden den Schnee beiseiteschieben und Streusalz verteilen, doch in der auf solche Fälle nie richtig vorbereiteten Hauptstadt brachten selbst ein paar Krümel Schnee das Leben fast zum Erliegen, denn Schulen wurden sofort geschlossen, und auf den Straßen herrschte blankes Chaos. Da der Marine-One-Helikopter wegen der Wetterlage nicht starten konnte und unser Fahrzeugkonvoi sich vorsichtig über spiegelglatte Straßen bewegen musste, dauerte die Fahrt zum Weißen Haus wesentlich länger als sonst.

Es war schon spät, als ich im Weißen Haus eintraf. Michelle lag im Bett und las. Ich erzählte ihr von meiner Reise und erkundigte mich nach den Mädchen.

»Sie sind wegen dem Schnee total aus dem Häuschen«, sagte sie. »Ich weniger.« Sie grinste mich mitfühlend an. »Malia wird dich beim Frühstück vermutlich fragen, ob du die Tiger gerettet hast.«

Ich nickte und nahm die Krawatte ab.

»Ich arbeite daran.«

TEIL 6

IM FASS

KAPITEL 22

ES LIEGT IN DER NATUR von Politik und ganz bestimmt der Präsidentschaft, schwere Zeiten durchzumachen – Phasen, in denen die Schlagzeilen hässlich werden und die Leute einen als unzulänglich empfinden, wegen eines dummen Fehlers, unvorhergesehener Umstände, einer vernünftigen, aber unpopulären Entscheidung oder wegen des Versäumnisses, richtig zu kommunizieren. Normalerweise hält das ein paar Wochen an, eventuell einen Monat, dann verliert die Presse das Interesse daran, auf einen einzuprügeln, entweder weil man das Problem gelöst oder sich zerknirscht gezeigt hat oder einen Sieg für sich verbuchen konnte. Oder man verschwindet von der Titelseite, weil etwas anderes für wichtiger gehalten wird.

Halten die schwierigen Zeiten allerdings länger an, gerät man in die unschöne Lage, dass sich die Probleme häufen und zu einer umfassenderen Geschichte über dich und deine Präsidentschaft gerinnen. Die negativen Berichte werden nicht weniger, was zu sinkender Popularität führt. Die politischen Gegner riechen Blut, weshalb sie dich noch härter verfolgen, während die Verbündeten es weniger eilig haben, einen zu verteidigen. Die Medien graben zusätzliche Probleme im Regierungslager aus, um den Eindruck zu untermauern, man stecke politisch in Schwierigkeiten. Bis du dich – wie die Teufelskerle und Narren von einst an den Niagarafällen – im berühmten hölzernen Fass gefangen findest und lädiert und desorientiert, ohne zu wissen, wo oben oder unten ist, ohne die Macht, den Fall zu bremsen, durch die herabstürzenden Fluten taumelst, in der Erwartung, irgendwann unten aufzuschlagen, hoffend, ohne Grundlage, dass du den Aufprall überleben wirst.

Den überwiegenden Teil meines zweiten Jahrs im Amt hockten wir in diesem Fass.

Wir hatten das natürlich kommen sehen, vor allem nach dem Tea-Party-Sommer und dem Krawall um den Affordable Care Act. Meine Zustimmungsquoten, die während der ersten sechs Monate einigermaßen stabil geblieben waren, rutschten im Verlauf des Herbstes immer weiter ab. Die Medienberichterstattung wurde kritischer, sowohl was bedeutende Dinge (wie der Entschluss, weitere Truppen nach Afghanistan zu entsenden) als auch was merkwürdige betraf (wie die Sache mit dem Ehepaar Salahi, sozialen Aufsteigern in Washington, die es schafften, sich bei einem State Dinner einzuschleichen und auf ein Foto mit mir zu kommen).

Auch über die Feiertage gab es keine Ruhe. Am ersten Weihnachtsfeiertag flog ein junger Nigerianer namens Umar Farouk Abdulmutallab mit einer Northwest-Airlines-Maschine von Amsterdam nach Detroit und versuchte unterwegs, den in seiner Unterwäsche eingenähten Sprengstoff zu zünden. Die Tragödie konnte nur verhindert werden, weil die Zündvorrichtung nicht funktionierte. Ein Passagier sah, wie Rauch und Flammen von der Schlafdecke des gescheiterten Terroristen aufstiegen, und hielt ihn fest. Flugbegleiter löschten den Brand, sodass die Maschine sicher landen konnte. Obwohl ich gerade mit Michelle und den Mädchen für einen dringend benötigten zehntägigen Urlaub auf Hawaii angekommen war, verbrachte ich die folgenden Tage zumeist am Telefon und sprach mit meinem nationalen Sicherheitsteam und dem FBI, um festzustellen, wer genau Abdulmutallab war, mit wem er zusammengearbeitet hatte und warum ihn weder Sicherheitskräfte am Flughafen noch unsere Beobachtungsliste für Terrorismusverdächtige davon abhielten, ein Flugzeug Richtung USA zu besteigen.

Was ich in diesen ersten zweiundsiebzig Stunden aber versäumte, war, meinem ursprünglichen Instinkt nachzugeben und dem amerikanischen Volk im Fernsehen zu erklären, was sich zugetragen hatte, und zu beteuern, dass Reisen sicher war. Mein Team hatte einen einleuchtenden Grund vorgebracht, damit zu warten: Es sei wichtig, meinten sie, erst alle Fakten zu kennen, bevor der Präsident ein öffentliches Statement abgebe. Andererseits bedeutete mein Job mehr, als bloß die Regierung zu managen und die Fakten richtig darzustellen. Die

Öffentlichkeit erwartete, dass ihr der Präsident die komplizierte und häufig beängstigende Welt erklärte. Doch statt besonnen zu wirken, schien meine Funkstille zu vermitteln, ich kümmere mich nicht, und bald darauf gerieten wir von allen Seiten des politischen Spektrums unter Beschuss. Weniger nachsichtige Kommentatoren deuteten an, dass mir mein tropischer Urlaub mehr am Herzen liege als die Bedrohung der Heimat. Kaum hilfreich war auch, dass meine für gewöhnlich unerschütterliche Heimatschutzministerin Janet Napolitano in einem ihrer TV-Interviews kurz strauchelte, als sie auf die Frage, an welcher Stelle die Sicherheit versagt habe, antwortete: »Das System hat funktioniert.«

Unser Missgriff im Zusammenhang mit dem sogenannten Unterhosenbomber spielte den Republikanern in die Hände, die uns vorwarfen, die Demokraten seien beim Thema Terrorismus zu nachgiebig. Das schwächte unter anderem meine Position im Fall der Schließung des Gefangenenlagers in Guantanamo Bay. Und wie die anderen Patzer und unbeabsichtigten Fehler, die in meinem ersten Jahr passierten, trug dieser zweifellos zu meinem Abrutschen in den Meinungsumfragen bei. Doch laut Axe, der seine Tage damit verbrachte, über Zahlenmaterial zu brüten, in dem Variablen wie Wahlverhalten, Alter, ethnische Abstammung, Geschlecht, nationalgeografische Daten und Gott weiß was noch miteinander in Beziehung gesetzt wurden, konnte man mein nachlassendes politisches Glück zu Beginn des Jahres 2010 auf einen übergeordneten Faktor zurückführen.

Die Wirtschaftslage war immer noch total mies.

Auf dem Papier schienen unsere Notfallmaßnahmen – zusammen mit den Interventionen der US-Notenbank Federal Reserve – zu funktionieren. Das Finanzwesen war betriebsbereit, und die Banken näherten sich der Zahlungsfähigkeit. Die Immobilienpreise lagen zwar immer noch weit unter dem Höchststand, hatten sich aber zumindest zeitweise stabilisiert. Autoverkäufe der US-Hersteller begannen sich zu erholen. Dank des Recovery Act waren die Ausgaben von Verbrauchern und Unternehmen wieder leicht gestiegen, und Bundesstaaten und Städte hatten ihre Entlassungen von Lehrern, Polizeibeamten und anderen Angestellten des öffentlichen Dienstes verlangsamt (wenngleich nicht gestoppt). Überall im Land entstanden große Bauprojekte und schwächten damit die Flaute nach dem Kollabieren des Wohnungsbaus etwas ab. Joe Biden und sein Stabschef Ron Klain, mein ehemaliger Rhetorik-Coach, hatten beim Beaufsichtigen der Konjunkturförderungsmaßnahmen herausragende Arbeit geleistet. Joe verwendete oft viel Zeit darauf, Beamte bundesstaatlicher oder lokaler Verwaltungen am Telefon anzudonnern, wenn ihre Projekte im Rückstand waren oder sie uns keine adäquate Dokumentation ihrer Arbeit lieferten. Ein Audit ergab, dass infolge der Bemühungen von Biden und Klain nur 0,2 Prozent der Recovery-Act-Ausgaben unsachgemäß genutzt worden waren – ein Wert, um den uns in Anbetracht der aufgewendeten Geldmenge und der Anzahl von Projekten vermutlich sogar die am besten geführten Privatunternehmen beneiden dürften.

Für die Millionen von Amerikanerinnen und Amerikanern, die mit den Folgen der Finanzkrise zurechtkommen mussten, fühlte sich die Lage allerdings trotzdem schlechter und nicht besser an. Nach wie vor bestand die Gefahr, dass sie ihr Zuhause durch Zwangsversteigerung verloren. Das Ersparte war dezimiert, wenn nicht völlig vernichtet. Was sie am meisten beunruhigte: Sie fanden immer noch keine Arbeit.

Larry Summers hatte davor gewarnt, dass die Arbeitslosigkeit ein »Spätindikator« war: Die Unternehmen entließen üblicherweise erst mehrere Monate nach Einsetzen der Rezession ihre Beschäftigten und stellten erst dann wieder ein, wenn die Wirtschaftslage sich wirklich erholt hatte. Und tatsächlich nahm die Zahl der Arbeitslosen kontinuierlich zu, während sich das Tempo der Arbeitsplatzverluste im Verlauf des Jahres 2009 allmählich verlangsamte. Ihren Höhepunkt von zehn Prozent erreichte die Arbeitslosenquote im Oktober – die höchste Rate seit den frühen Achtzigerjahren.

Die Nachrichten waren durchgängig derart schlecht, dass ich an jedem ersten Donnerstag im Monat einen Knoten im Magen hatte, wenn das Arbeitsministerium dem Weißen Haus ein Vorabexemplar seines monatlichen Arbeitsmarktberichts zukommen ließ. Katie behauptete, dass sie für gewöhnlich seinen Inhalt an der Körpersprache meines Wirtschaftsteams ablesen konnte. Wenn sie den Blick abwandten, so erklärte sie mir, in gedämpftem Ton sprachen oder ihr einfach ein braunes Kuvert überreichten, damit sie es mir dann brächte, statt zu warten, bis sie mir den Bericht persönlich in die Hand drücken könnten, wusste sie, dass wir uns auf einen weiteren harten Monat gefasst machen mussten.

Falls die Amerikaner verständlicherweise bereits vom Schneckentempo des Aufschwungs enttäuscht waren, gab ihnen die Bankenrettung den Rest. O Mann, die Leute hassten TARP! Es interessierte sie nicht, dass das Nothilfeprogramm besser funktionierte als erwartet und dass mehr als die Hälfte der Summe, die den Banken zur Verfügung gestellt wurde, bereits mit Zinsen zurückgezahlt worden war, oder dass die Wirtschaft in der Breite nicht genesen konnte, solange die Kapitalmärkte nicht wieder funktionierten. Über alle Parteigrenzen hinweg hielten Wähler die Bankenrettung für einen Schwindel, der es den Finanzmoguln erlaubt habe, relativ unbeschadet aus der Krise hervorzugehen.

Tim Geithner wies gern darauf hin, dass das zweifellos nicht stimmte. Er listete auf, in welcher Weise die Wall Street für ihre Sünden gezahlt hatte: Pleiten von Investmentbanken, abgesetzte Bank-CEOs, Minderung von Aktienwerten, Milliardenverluste. Justizminister Holders Anwälte im Justizministerium sammelten schon bald Rekordvergleiche mit Finanzinstituten ein, die erwiesenermaßen gegen geltendes Recht verstoßen hatten. Dennoch kam man nicht um die Erkenntnis herum, dass viele der Leute, die in höchstem Maße Schuld an den wirtschaftlichen Problemen des Landes hatten, sagenhaft reich blieben und der Strafverfolgung vor allem deshalb entgangen waren, weil die bestehenden Gesetze die unglaubliche Leichtsinnigkeit und Unredlichkeit in den Vorstandsetagen und auf dem Börsenparkett weniger tadelnswert fanden als die Taten eines jugendlichen Ladendiebs. Und egal, welchen wirtschaftlichen Vorzug TARP bot oder welche rechtlichen Überlegungen hinter den Entscheidungen des Justizministeriums standen, keine Anklagen zu erheben, das Ganze roch nach Ungerechtigkeit.

»Wo bleibt *mein* Rettungsschirm?«, lautete der gängige Refrain. Mein Friseur fragte mich, warum kein Bankenvorstand ins Gefängnis gekommen war, und dasselbe wollte meine Schwiegermutter wissen. Initiativen für erschwingliches Wohnen fragten, warum Banken Hunderte Milliarden als Finanzspritzen aus dem TARP-Fonds erhalten hatten, während nur ein Bruchteil dieser Summe unmittelbar Hausbesitzern, die vor einer möglichen Zwangsversteigerung standen, zugutekam, um ihre Hypotheken zu bezahlen. Unsere Antwort – dass die schiere Größe des US-Immobilienmarktes selbst bei einem Hilfsprogramm vom Umfang des TARP auf die Anzahl der Zwangsversteigerungen bloß einen nominellen Effekt haben würde und jedes zusätzliche Geld, das wir vom Kongress bewilligt bekämen, wirkungsvoller zur Ankurbelung des Arbeitsmarktes angelegt sei – klang herzlos und nicht überzeugend, zumal die Programme, die wir aufgelegt *hatten*, um Hausbesitzer bei der Refinanzierung oder dem Umwandeln ihrer Hypotheken zu unterstützen, kläglich hinter den Erwartungen zurückblieben.

Bemüht, der öffentlichen Empörung etwas entgegenzusetzen oder zumindest aus der Schusslinie zu kommen, berief der Kongress mehrere Aufsichtskommissionen ein, in denen Demokraten und Republikaner abwechselnd die Banken beschuldigten, Entscheidungen der Regulierungsbehörden infrage stellten und der jeweils anderen Partei so viel Schuld wie möglich zuschoben. 2008 hatte der Senat einen Sonderinspekteur für die Überwachung von TARP ernannt, den ehemaligen Staatsanwalt Neil Barofsky, der vom Finanzwesen nicht viel verstand, aber das Talent besaß, für reißerische Schlagzeilen zu sorgen, und unsere Entscheidungsfindung leidenschaftlich attackierte. Je weiter ein möglicher Finanzcrash aus dem Blickfeld verschwand, desto mehr rückte die Frage in den Mittelpunkt, ob TARP nötig war. Und weil jetzt wir die Verantwortung trugen, gerieten Tim und andere Mitglieder meiner Regierung oft unter Druck, das scheinbar Unvertretbare zu vertreten.

Republikaner scheuten sich nicht, die Gelegenheit zu nutzen, und deuteten an, dass TARP immer schon eine Idee der Demokraten gewesen sei. Täglich feuerten sie Breitseiten gegen den Recovery Act und unsere gesamte Wirtschaftspolitik ab, behaupteten beharrlich, dass »Konjunkturanreiz« nichts anderes bedeute als: außer Kontrolle, großzügige Wahlkreisgeschenke und weitere Nothilfen für bestimmte Interessengruppen. Sie machten den Recovery Act für das durch die Decke gehende Staatsdefizit verantwortlich, das wir von der Bush-Regierung geerbt hatten, und argumentierten – tatsächlich machten sie sich die Mühe, alternative Strategien anzubieten –, der beste Weg, die Wirtschaft in Ordnung zu bringen, sei es, wenn die Regierung ihren Haushalt kürze und die öffentlichen Finanzen ordne, genauso wie schwer in Bedrängnis geratene Familien im ganzen Land »die Gürtel enger schnallten«.

Es summierte sich also, und Anfang 2010 zeigten Meinungsumfragen, dass erheblich mehr US-Bürger meine Wirtschaftsführung missbilligten als billigten – ein Warnzeichen, das nicht nur den Verlust des Senatssitzes von Ted Kennedy in Massachusetts erklärte, sondern auch Verluste der Demokraten in außerplanmäßigen Gouverneurswahlkämpfen in New Jersey und Virginia, Bundesstaaten, die ich noch vor einem Jahr bequem gewonnen hatte. Laut Axe konnten Wähler in Feedbackgruppen nicht zwischen TARP, das ich geerbt hatte, und meinem Konjunkturprogramm unterscheiden. Sie wussten nur, dass Leute mit guten Beziehungen ihre Schäfchen ins Trockene brachten, während sie selbst abgezockt wurden. Sie dachten auch, dass die Forderungen der Republikaner, als Antwort auf die Krise Budgetkürzungen durchzuführen – »Austerität«, wie es Ökonomen gern nannten –, intuitiv sinnvoller war als unser keynesianischer Vorstoß, Staatsausgaben zu erhöhen. Kongressmitglieder der Demokraten aus umkämpften Wahlkreisen waren sowieso nervös, was ihre Aussichten auf Wiederwahl betraf, sie begannen, sich vom Recovery Act zu distanzieren, und mieden gänzlich das Wort »Konjunkturanreiz«. Jene, die politisch weiter links standen und noch verärgert waren wegen der fehlenden öffentlichen Option im Gesundheitsgesetz, erneuerten ihre Beschwerden, dass der Konjunkturanreiz nicht groß genug ausgefallen sei, und Tim und Larry zu sehr mit der Wall Street kuschelten. Sogar Nancy Pelosi und Harry Reid fingen an, die Kommunikationsstrategie des Weißen Hauses infrage zu stellen – vor allem unseren Hang, »exzessive Parteilichkeit« und »Sonderinteressen« in Washington anzuprangern, statt die Republikaner härter anzugehen.

»Mr President«, sagte Nancy bei einem Telefonat, »ich sage meinen Leuten, dass das, was Sie in so kurzer Zeit erreicht haben, historisch ist. Ich bin einfach sehr stolz, wirklich. Aber momentan weiß die Öffentlichkeit nicht, was Sie geschafft haben. Die Menschen wissen nicht, wie schrecklich sich die Republikaner aufführen und Sie bei jedem Vorhaben bremsen. Und die Wähler werden es auch nicht erfahren, wenn Sie nicht bereit sind, es ihnen zu erzählen.«

Axe, der unsere Kommunikationsabteilung leitete, reagierte entnervt, als ich mein Gespräch mit der Sprecherin erwähnte. »Vielleicht kann uns Nancy ja verraten, wie man zehn Prozent Arbeitslosigkeit schönredet«, schnaubte er. Axe erinnerte mich daran, dass ich mit dem Versprechen angetreten war, Washington zu verändern, und nicht, mich an den üblichen Parteiengeplänkel zu beteiligen. »Wir können die Republikaner bis in alle Ewigkeit schlechtmachen«, meinte er, »aber letztlich wird uns das gar nichts bringen, solange wir den Wählern nichts Besseres sagen können als: Sicher, die Lage ist schrecklich, aber sie könnte noch schlechter sein.«

Da hatte er recht. Angesichts der Wirtschaftslage waren die Möglichkeiten, unsere Botschaften zu kommunizieren, begrenzt. Wir wussten von Anfang an, dass es in Zeiten der Rezession schwierig sein würde, Politik zu machen. Doch Nancy lag mit ihrer Kritik auch nicht falsch. Schließlich war ich derjenige, der stolz darauf war, unsere Antwort auf die Wirtschaftskrise nicht von kurzfristigen politischen Erwägungen bestimmen zu lassen, gerade so, als gälten die Regeln der politischen Schwerkraft für mich nicht. Als Tim seine Besorgnis äußerte, eine allzu harsche Rhetorik in Richtung Wall Street könne Privatinvestoren davon abhalten, Kapital in die Banken zu stecken, was die Finanzkrise verlängern würde, hatte ich trotz der Einwände von Axe und Gibbs zugestimmt, den Tonfall zu mäßigen. Nun war ein beträchtlicher Teil des Landes der Ansicht, dass ich mich mehr um die Banken kümmerte als um die Bevölkerung. Als Larry empfohlen hatte, die Steuersenkungen für mittlere Einkommen im Rahmen des Recovery Act lieber in zweiwöchentlichen Schritten auszuzahlen, anstatt in einer Summe, weil wissenschaftlich belegt sei, dass die Leute so das Geld eher ausgaben und damit die Wirtschaft schneller ankurbelten, hatte ich geantwortet, großartig, so machen wir das – obwohl Rahm gewarnt hatte, dass niemand den kleinen Gehaltszuwachs bemerken würde. Jetzt zeigten die Meinungsumfragen, dass die Mehrheit der Amerikaner der Ansicht war, ich hätte ihre Steuern *erhöht*, statt sie zu senken – und das, um die Bankenrettung, die Konjunkturanreize und die Gesundheitsreform zu finanzieren.

Franklin Delano Roosevelt hätte nie solche Fehler begangen, dachte ich. Er hatte verstanden, dass es weniger darum ging, jede New-Deal-

Maßnahme exakt richtig hinzukriegen, um Amerika aus der Großen Depression zu führen, als vielmehr darum, Vertrauen in das Gesamtunternehmen zu schaffen und der Öffentlichkeit einzuhämmern, dass die Regierung die Situation im Griff habe. Genauso wie er gewusst hatte, dass die Leute eine Story brauchten, die ihren Entbehrungen einen Sinn gab und ihre Gefühle ansprach – eine Geschichte mit einer Moral und klar erkennbaren Guten und Bösen und einer Handlung, der man leicht folgen konnte.

Anders ausgedrückt: FDR verstand, dass das Regieren, um erfolgreich zu sein, nicht so antiseptisch sein durfte, dass man das Kerngeschäft der Politik außer Acht ließ: Man musste sein Programm verkaufen, Unterstützer belohnen, Gegner in die Schranken weisen und solche Fakten ausschmücken, die dem eigenen Anliegen halfen, und die ungünstigen Details ein bisschen frisieren. Ich ertappte mich dabei, mich zu fragen, ob wir vielleicht irgendwie aus der Tugend ein Laster gemacht hatten; ob ich, gefangen in meinen hohen Idealen, versäumt hatte, dem amerikanischen Volk eine glaubwürdige Geschichte zu erzählen; und ob ich das politische Narrativ, das ich meinen Gegnern überlassen hatte, wieder an mich reißen konnte.

NACH MEHR ALS einem Jahr unerbittlich schlechter Wirtschaftszahlen endlich ein Hoffnungsschimmer: Der Arbeitsmarktbericht im März 2010 wies 162 000 neue Jobs aus – der erste Monat soliden Wachstums seit 2007. Als Larry und Christy Romer mit den Neuigkeiten ins Oval Office kamen, tauschten wir Fist Bumps, und ich erklärte sie zu »Mitarbeitern des Monats«.

»Bekommen wir dafür eine Medaille, Mr President?«, fragte Christy.

»Das können wir uns nicht leisten«, antwortete ich. »Aber Sie dürfen vor dem Rest des Teams damit angeben.«

Auch die Berichte im April und Mai waren positiv und gewährten die verlockende Aussicht, dass der Aufschwung an Fahrt aufnahm. Eine Arbeitslosenquote von über neun Prozent war für uns im Weißen Haus kein Anlass zum Jubeln. Wir waren uns jedoch einig, dass es sowohl wirtschaftlich als auch politisch sinnvoll war, künftig in meinen Reden nachdrücklicher ein Gefühl von Vorwärtsdynamik zu zeigen. Wir begannen sogar, eine landesweite Tour für den Frühsommer zu planen, bei der ich Kommunen, die dabei waren, sich zu erholen, und Unternehmen, die wieder Leute einstellten, in den Mittelpunkt stellen würde. »Recovery Summer«, Sommer des Aufschwungs, wollten wir die Rundreise nennen.

Nur dass Griechenland implodierte.

Obwohl die Finanzkrise ursprünglich von der Wall Street ausgegangen war, waren die Auswirkungen in Europa genauso stark zu spüren. Nachdem wir die US-Wirtschaft wieder auf Wachstumskurs gebracht hatten, befanden sich die Staaten der Europäischen Union Monate später immer noch mitten in der Rezession: Die Banken waren angeschlagen, die wichtigsten Industriezweige hatten sich noch nicht vom enormen Rückgang des Welthandels erholt, und in manchen Ländern lag die Arbeitslosenquote bei etwa zwanzig Prozent. Die Europäer mussten zwar nicht wie wir gegen den plötzlichen Zusammenbruch des Immobiliensektors ankämpfen, und ihre großzügigeren Sicherheitsnetze halfen, die Folgen der Rezession für die gefährdeten Bevölkerungsteile aufzufangen. Andererseits übte die Kombination aus gestiegenen Ansprüchen an die öffentlichen Dienstleistungen, geringeren Steuereinnahmen und den anhaltenden Bemühungen zur Bankenrettung starken Druck auf die Staatshaushalte aus. Und anders als in den Vereinigten Staaten – die sogar in einer Krise wachsende Defizite günstig finanzieren konnten, weil sich risikoscheue Investoren beeilten, unsere Schatzanweisungen zu kaufen – fiel es Ländern wie Irland, Portugal, Griechenland, Italien und Spanien zunehmend schwerer, Kredite aufzunehmen. Ihre Anstrengungen, mithilfe von Haushaltskürzungen die Finanzmärkte zu besänftigen, verringerten nur die bereits geschwächte gesamtwirtschaftliche Nachfrage und vertieften die Rezession. Das wiederum verursachte noch größere Etatdefizite, erforderte zusätzliche Schuldenaufnahmen zu noch höheren Zinssätzen und verunsicherte die Finanzmärkte noch mehr.

Bei alldem konnten wir es uns nicht leisten, nur passive Beobachter zu sein. Die Probleme in Europa wirkten als bedeutendes Hemmnis für unseren wirtschaftlichen Aufschwung: Die Europäische Union war schließlich unser größter Handelspartner, und die US- und europäischen Finanzmärkte waren praktisch siamesische Zwillinge. Während eines Gutteils des Jahres 2009 hatten Tim und ich die führenden europäischen Politiker gedrängt, mit entschlosseneren Maßnahmen ihre Volkswirtschaften aufzupäppeln. Wir empfahlen, die Probleme mit den Banken ein für alle Mal zu klären (der »Stresstest«, den die EU-Aufsichtsbehörden ihren Finanzinstituten auferlegt hatten, war dermaßen durchlässig, dass zwei irische Banken nur ein paar Monate, nachdem die Behörden sie als gesund zertifiziert hatten, von staatlicher Seite gerettet werden mussten). Wir drängten jeden EU-Staat mit soliderer Bilanz, ähnliche Maßnahmen zur Ankurbelung der Konjunktur einzuleiten wie wir, um das Investmentgeschäft wieder in Schwung zu bringen und die Verbrauchernachfrage in ganz Europa zu steigern.

Doch wir kamen absolut nicht weiter. Obwohl sie nach amerikanischen Maßstäben liberal waren, wurden die größten europäischen Volkswirtschaften fast alle von Mitte-rechts-Regierungen geführt, die gewählt worden waren, weil sie eher einen ausgeglichenen Staatshaushalt und marktwirtschaftliche Reformen versprachen als eine Erhöhung der Staatsausgaben. Insbesondere Deutschland – einzig wahres wirtschaftliches Machtzentrum der Europäischen Union und ihr einflussreichstes Mitglied – betrachtete nach wie vor finanzpolitische Rechtschaffenheit als Antwort auf alle ökonomischen Schwierigkeiten. Je besser ich Angela Merkel kennengelernt hatte, desto sympathischer war sie mir geworden; ich empfand sie als zuverlässig, ehrlich, intellektuell präzise und auf eine natürliche Art freundlich. Aber sie war auch konservativ veranlagt, ganz zu schweigen davon, dass sie eine kluge Politikerin war, die ihre Wählerschaft kannte. Wann immer ich ihr nahelegte, dass Deutschland mithilfe von Infrastrukturausgaben oder Steuererleichterungen ein Zeichen setzen sollte, wies sie das höflich, aber bestimmt zurück. »Ja, Barack, ich denke, das ist vielleicht nicht die beste Herangehensweise für uns«, pflegte sie zu sagen und runzelte ein wenig die Stirn, als hätte ich etwas leicht Geschmackloses vorgeschlagen.

Sarkozy war kein echtes Gegengewicht. Angesichts der hohen Arbeitslosenquote in Frankreich äußerte er sich unter vier Augen zwar wohlwollend über die Idee von Konjunkturprogrammen (»Machen Sie sich keine Sorgen, Barack … ich versuche schon, Angela zu überzeugen, Sie werden sehen.«). Doch es fiel ihm schwer, sich von den finanzpolitisch konservativen Positionen zu entfernen, die er selbst in der Vergangenheit eingenommen hatte, und soweit ich es beurteilen konnte, war er nicht organisiert genug, um für sein Land einen klaren wirtschaftspolitischen Plan zu fassen, und schon gar nicht für ganz Europa.

Und während der britische Premierminister Gordon Brown mit uns einer Meinung war, dass die europäischen Regierungen kurzfristig ihre Ausgaben ankurbeln mussten, verlor seine Labour Party im Mai 2010 die parlamentarische Mehrheit, und Brown wurde vom Parteivorsitzenden der Konservativen, David Cameron, abgelöst. Der Eton-Absolvent Cameron, Anfang vierzig, mit jugendlicher Ausstrahlung und kalkulierter Hemdsärmeligkeit (bei jedem internationalen Gipfeltreffen legte er als Erstes sein Jackett ab und lockerte die Krawatte), beherrschte auf beeindruckende Weise die Themen, besaß Sprachfertigkeit und das lässige Selbstvertrauen von jemandem, der mit den Härten des Lebens noch nie wirklich in Berührung gekommen war. Ich mochte ihn, auch wenn wir aneinandergerieten, und in den folgenden sechs Jahren erwies er sich bei einer ganzen Fülle von Problemen als bereitwilliger Partner – vom Klimawandel (er glaubte an die Wissenschaft), über Menschenrechte (er befürwortete die gleichgeschlechtliche Ehe) bis zur Entwicklungshilfepolitik (im Lauf seiner Amtszeit schaffte er es, 1,5 Prozent des britischen Staatshaushalts für Entwicklungshilfe bereitzustellen, ein deutlich höherer Prozentsatz, als ich beim US-Kongress je durchsetzen würde). In Sachen Wirtschaftspolitik hingegen hielt er sich eng an die Lehre der freien Marktwirtschaft. Seinen Wählern hatte er versprochen, dass der in seinem Programm vorgesehene Abbau des Haushaltsdefizits und die Kürzungen öffentlicher Dienstleistungen – neben ordnungspolitischen Reformen und der Ausweitung des Handels – zu einer neuen Ära britischer Wettbewerbsfähigkeit führen würden.

Stattdessen, wie vorherzusehen gewesen war, stürzte die britische Volkswirtschaft tiefer in die Rezession.

Mehr als nur ein bisschen frustrierend war es, dass trotz gegenteiliger Belege die wichtigsten europäischen Staats- und Regierungschefs an der Sparpolitik festhielten. Aber da ich so viele andere Aufgaben auf dem Zettel hatte, brachte mich die Lage in Europa nicht um den Schlaf. Das begann sich jedoch im Februar 2010 zu ändern, als die griechische Staatsschuldenkrise die Europäische Union ins Wanken zu bringen drohte – und ich und mein Wirtschaftsteam eilig reagieren mussten, um eine weitere internationale Finanzpanik abzuwenden.

Die wirtschaftlichen Schwierigkeiten Griechenlands waren nicht neu. Seit Jahrzehnten litt das Land unter niedriger Produktivität, einem aufgeblähten und ineffizienten öffentlichen Sektor, enormer Steuervermeidung und unhaltbaren Rentenverpflichtungen. Dessen ungeachtet waren die internationalen Kapitalmärkte in den Nullerjahren nur allzu bereit, Griechenlands stetig wachsende Schulden zu finanzieren, ähnlich wie bei der Masse von Subprime-Hypotheken in den Vereinigten Staaten. Im Gefolge der Wall-Street-Krise drehte sich die Stimmung. Als eine neue griechische Regierung verkündete, dass das jüngste Staatsdefizit die vorherigen Schätzungen weit übertreffe, stürzten die Aktien europäischer Banken ab, und internationale Kreditgeber weigerten sich, Griechenland mehr Geld zu leihen. Plötzlich bewegte sich das Land am Abgrund der Zahlungsunfähigkeit.

Normalerweise hatte die Aussicht, dass ein kleines Land seine Rechnungen nicht rechtzeitig bezahlte, nur begrenzte Auswirkungen auf andere jenseits der Grenzen. Das griechische Bruttoinlandsprodukt entsprach in etwa dem von Maryland, und Staaten, die mit vergleichbaren Problemen zu kämpfen hatten, waren gewöhnlich imstande, mit Kreditgebern und dem Internationalen Währungsfonds eine Vereinbarung auszuhandeln, sodass eine Umschuldung möglich wurde, die internationale Kreditwürdigkeit erhalten blieb und man letztlich wieder auf die Beine kam.

Doch 2010 waren die ökonomischen Umstände nicht normal. Die Bindung Griechenlands an ein ohnehin schon wackliges Europa machte aus der griechischen Staatsverschuldung so etwas wie eine Stange Dynamit mit brennender Zündschnur, die jemand in eine Munitionsfabrik warf. Da Griechenland Mitglied des Europäischen Binnenmarktes war, in dem unabhängig von Staatsgrenzen im Rahmen von überall gültigen einheitlichen Bestimmungen Unternehmen und Menschen arbeiteten, reisten und Handel trieben, breiteten sich die wirtschaftlichen Probleme Griechenlands leicht aus. Banken in anderen EU-Staaten gehörten zu den größten Kreditgebern Griechenlands. Darüber hinaus war das Land eines von sechzehn, das den Euro eingeführt hatte, das heißt, es besaß keine eigene Währung, die es hätte abwerten, oder unabhängige monetäre Gegenmittel, die es hätte anwenden können. Ohne ein unmittelbares, groß angelegtes Hilfspaket der anderen EU-Mitglieder blieb Griechenland vielleicht keine andere Möglichkeit, als aus der Währungsgemeinschaft auszusteigen, ein beispielloser Schritt mit ungewissen wirtschaftlichen Folgen. Befürchtungen des Marktes im Hinblick auf Griechenland hatten bereits dazu geführt, dass die Banken Irland, Portugal, Italien und Spanien deutlich höhere Zinssätze für die Deckung der Staatsschulden abverlangten. Tim sorgte sich, dass ein tatsächlicher Zahlungsverzug und/oder Ausstieg Griechenlands aus der Eurozone möglicherweise die launischen Kapitalmärkte veranlasste, diesen größeren Staaten faktisch keine Kredite mehr zu gewähren, was dem Finanzsystem einen heftigen Schock versetzen würde, mindestens so heftig wie der, den wir gerade erst durchgemacht hatten.

»Täuscht es«, fragte ich Tim, nachdem er eine Reihe haarsträubender Szenarios dargelegt hatte, »oder wird es schwierig, dass wir uns mal eine Pause gönnen?«

Und so wurde die Stabilisierung Griechenlands, wie aus dem Nichts, zu einer unserer wichtigsten wirtschaftlichen und außenpolitischen Aufgaben. In Vieraugengesprächen oder am Telefon übten Tim und ich im Frühjahr massiv Druck aus, um die Europäische Zentralbank und den Internationalen Währungsfonds dazu zu bringen, ein Hilfspaket zu schnüren, das stark genug war, die Märkte zu beruhigen und Griechenland in die Lage zu versetzen, den Schuldenzahlungen nachzukommen. Zugleich sollten sie der neuen griechischen Regierung dabei helfen, einen realistischen Plan auszuarbeiten, um die Strukturdefizite zu beheben und wieder auf Wachstumskurs zu gehen. Damit Ansteckungseffekte auf die anderen Länder Europas verhindert werden konnten, empfahlen wir auch, dass die Europäer eine zuverlässige »Firewall« errichteten – im Wesentlichen ein gemeinsamer Darlehensfonds, der gewichtig genug wäre, um den Kapitalmärkten das Vertrauen zu vermitteln, dass im Notfall die gesamte Eurozone hinter den Schulden seiner einzelnen Mitglieder stünde.

Wieder einmal hatten unsere europäischen Amtskollegen andere Vorstellungen. Aus Sicht der Deutschen, der Niederländer und vieler anderer Mitglieder der Eurozone hatten sich die Griechen ihre Probleme dank ihrer lausigen Regierung und ihrer verschwenderischen Art selbst eingebrockt. Auch wenn mir Merkel versicherte, dass »wir keinen Lehman machen«, indem man Griechenland bankrottgehen lasse, schienen sie und ihr auf Sparsamkeit bedachter Finanzminister Wolfgang Schäuble entschlossen, jegliche Unterstützung an die Bedingung einer angemessenen Buße zu knüpfen, trotz unserer Warnungen, dass es kontraproduktiv wäre, eine bereits angeschlagene griechische Wirtschaft zu sehr unter Druck zu setzen. Den Wunsch, eine Art alttestamentarische Gerechtigkeit walten zu lassen und moralisches Fehlverhalten zu verhindern, spiegelte das erste europäische Angebot wider: ein Darlehen von bis zu 25 Milliarden Euro, kaum genug, um die Schulden Griechenlands länger als ein paar Monate zu decken. Verbunden war das Ganze mit der Auflage, dass die neue Regierung tiefe Einschnitte bei den Renten vornahm, kräftig die Steuern erhöhte und die Gehälter von öffentlichen Angestellten einfror. Um nicht politischen Selbstmord zu begehen, antwortete die griechische Regierung: Danke, aber wir verzichten gern – zumal die Bevölkerung mit ausgedehnten Krawallen und Streiks reagierte, als sie von dem europäischen Angebot hörte.

Der erste europäische Entwurf für eine Notfall-Firewall fiel auch nicht besser aus. Die von EU-Behörden zunächst vorgeschlagene Summe zur Kapitalisierung des Darlehensfonds – fünfzig Milliarden Euro – war völlig unzureichend. Tim musste seinen Finanzministerkollegen in einem Telefonat erläutern, dass der Fonds mindestens die zehnfache Größe haben müsse, um zu wirken. Beamte der Eurozone bestanden außerdem darauf, dass Inhaber von Staatsanleihen der EU-Mitgliedsländer, die Zugang zu dem Fonds haben wollten, sich einem obligatorischen »Haircut« unterzogen – das heißt, sie mussten einen bestimmten Prozentsatz Verlust ihrer Darlehen hinnehmen. Dieser Gedanke war vollkommen verständlich; die Zinsen, die Kreditgeber auf einen Kredit erhoben, sollten ja das Risiko einpreisen, dass der Schuldner den Kredit womöglich nicht zurückzahlen würde. Aber in der Praxis hätte eine Haircut-Forderung den Effekt, dass Privatkapitalgeber künftig deutlich weniger bereitwillig verschuldeten Ländern wie Irland und Italien Geld leihen würden, womit die Absicht der Firewall durchkreuzt würde.

Das Ganze wirkte auf mich wie eine synchronisierte TV-Wiederholung der Debatten nach der Wall-Street-Krise. Und auch wenn mir glasklar war, was die europäischen Staats- und Regierungschefs wie Merkel und Sarkozy tun mussten, hegte ich Verständnis dafür, dass sie in einer politischen Klemme steckten. Schließlich hatte ich mich selbst wahnsinnig abgemüht, die amerikanischen Wähler davon zu überzeugen, dass es sinnvoll war, Milliarden Steuergelder für die Bankenrettung zu verwenden und Menschen vor Zwangsversteigerungen oder Arbeitsplatzverlust in unserem eigenen Land zu bewahren. Merkel und Sarkozy hingegen waren aufgefordert, ihre Wählerschaft dafür zu erwärmen, einem Haufen Fremder aus der Patsche zu helfen.

Ich erkannte außerdem, dass die griechische Schuldenkrise mindestens ebenso sehr ein geopolitisches Problem war wie ein Problem des globalen Finanzwesens. Sie offenbarte die ungelösten Widersprüche im Kern des jahrzehntelangen Marschs der europäischen Staaten in Richtung einer stärkeren Integration. In den aufregenden Tagen nach dem Fall der Berliner Mauer, in den Jahren des systematischen Umbaus, die darauf folgten, äußerte sich in der großartigen Architektur des europäischen Projekts – mit dem Europäischen Binnenmarkt, dem Euro, dem Europaparlament und dem in Brüssel ansässigen Beamtenapparat, der ermächtigt war, die Politik für ein weites Spektrum ordnungspolitischer Themen festzulegen – der optimistische Glaube an einen wahrhaft vereinten Kontinent: endlich befreit vom toxischen Nationalismus, der zuvor Jahrhunderte blutiger Konflikte angefacht hatte. Das Experiment war bemerkenswert erfolgreich gewesen: Für die Aufgabe einiger Aspekte staatlicher Souveränität waren die Mitglieder der Europäischen Union im Gegenzug in den Genuss eines Ausmaßes an Frieden und verbreitetem Wohlstand gelangt, den wohl noch keine Völkerverbindung in der Geschichte der Menschheit erreicht hatte.

Doch die nationalen Identitäten – Unterschiede in Sprache, Kultur, Geschichte und dem Grad der wirtschaftlichen Entwicklung – waren widerspenstige Gesellen. Und als sich die Wirtschaftskrise verschärfte, traten all diese Unterschiede, die in guten Zeiten keine Rolle spielten, auf einmal wieder in den Vordergrund. Wie bereit war die Bevölkerung in Europas wohlhabenderen, leistungsfähigeren Ländern, die Verpflichtungen eines Nachbarstaates zu übernehmen oder ihre Steuergelder an Menschen jenseits der eigenen Grenzen verteilt zu sehen? Würden die Einwohner von Ländern in einer wirtschaftlichen Notlage Opfer akzeptieren, die ihnen von weit entfernten Beamten auferlegt würden, mit denen sie keine Verbundenheit spürten und über die sie nur wenig oder keine Macht besaßen? Als sich die Debatte über Griechenland zuspitzte, reichten die öffentlichen Diskussionen in manchen EU-Gründerstaaten wie Deutschland, Frankreich und den Niederlanden weit über eine Missbilligung der Politik der griechischen Regierung hinaus und wurden zu einer umfassenden Anklage gegen das griechische Volk: Die Arbeitsmoral der Griechen sei lässiger, sie tolerierten Korruption und hielten grundlegende Pflichten wie das Zahlen von Steuern für lediglich optional. Oder, wie ich einmal von einem EU-Beamten unbestimmter Herkunft zufällig aufschnappte, als ich mir bei einem G8-Gipfel auf der Toilette die Hände wusch:

»Die denken anders als wir.«

Führende Politiker wie Merkel und Sarkozy hingen zu sehr am Gedanken der europäischen Einheit, um solche Klischees gelten zu lassen, doch ihre Politik diktierte ihnen, sich bei der Zustimmung zu irgendeiner Art Rettungsplan vorsichtig zu verhalten. Mir fiel auf, dass beide so gut wie nie erwähnten, dass deutsche und französische Banken zu Griechenlands größten Geldgebern gehörten oder dass die Griechen eine Menge Schulden durch den Kauf deutscher und französischer Exportgüter aufgehäuft hatten – Tatsachen, die der Wählerschaft eventuell klargemacht hätten, warum die Rettung der Griechen vor dem Staatsbankrott auch die eigenen Banken und die eigene Industrie schützte. Vielleicht hatten sie die Sorge, dass solch ein Eingeständnis die Aufmerksamkeit der Wähler von den Misserfolgen mehrerer griechischer Regierungen zu den Versäumnissen der deutschen und französischen Beamten lenken würde, deren Aufgabe es eigentlich war, die Praxis der Kreditvergaben zu überwachen. Oder eventuell befürchteten sie, dass ihre Wähler, wenn sie erst einmal die unterschwellige Tragweite der europäischen Einigung ganz begriffen – das Ausmaß, in dem das eigene ökonomische Schicksal im Guten wie im Schlechten immer mehr von jenen Leuten abhing, die »anders als wir« waren –, dass sie diese Einigung dann womöglich nicht mehr so gut fänden.

Auf jeden Fall war das Geschehen an den Finanzmärkten bis Anfang

Mai derart beängstigend geworden, dass sich die europäischen Staats- und Regierungschefs der Realität stellten. Sie einigten sich auf ein gemeinsames Kreditpaket der EU und des Internationalen Währungsfonds, sodass Griechenland in den folgenden drei Jahren seinen Zahlungsverpflichtungen nachkommen könnte. Nach wie vor enthielt dieses Paket Sparmaßnahmen, die jeder, der sich mit der Materie auskannte, als zu drückend empfand, als dass die griechische Regierung sie umsetzen würde. Aber zumindest verschaffte das den übrigen EU-Regierungen die politische Rückendeckung, die sie brauchten, um dem Deal zuzustimmen. Einige Monate später einigten sich die Länder der Eurozone vorläufig auf eine Firewall in der Größenordnung, wie Tim sie vorgeschlagen hatte, und ohne verpflichtenden »Haircut«. Die Bewegungen der europäischen Finanzmärkte glichen im Verlauf des Jahres 2010 einer Achterbahnfahrt, und die Lage nicht nur in Griechenland, sondern auch in Irland, Portugal, Spanien und Italien blieb gefährlich. Da wir nicht den Einfluss hatten, dafür zu sorgen, dass die grundlegenden Probleme Europas dauerhaft in Ordnung gebracht würden, mussten Tim und ich uns damit zufriedengeben, vorläufig geholfen zu haben, eine weitere Bombe zu entschärfen.

Die Auswirkungen der Krise machten sich auch in der US-Wirtschaft bemerkbar: Die Dynamik der Erholung seit Beginn des Jahres wurde brutal abgebremst. Die Nachrichten aus Griechenland ließen den US-Aktienmarkt steil abfallen. Auch der monatlich durch Umfragen ermittelte Konjunkturklimaindex sackte ab, und die neuen Unsicherheiten veranlassten Manager, bereits geplante Investitionen zurückzustellen. Der Arbeitsmarktbericht im Juni zeigte wieder negative Tendenzen – und so blieb es bis zum Herbst.

»Recovery Summer« erwies sich als Pleite.

IN DIESEM ZWEITEN Jahr änderte sich die Stimmung im Weißen Haus. Das lag nicht daran, dass alle plötzlich anfingen, den Ort für selbstverständlich zu halten, denn jeder Tag rief uns aufs Neue ins Gedächtnis, wie privilegiert wir waren, dass wir daran mitwirken konnten, Geschichte zu schreiben. Und ganz sicher ließen unsere Anstrengungen nicht nach. Auf Außenstehende mochte es vielleicht den Eindruck machen, dass die Mitarbeiterbesprechungen entspannter abliefen, da die Leute sich nun besser kannten und an ihre Rollen und Verantwortungsbereiche gewöhnt hatten. Doch abseits aller Scherze und Neckereien war jedem von uns klar, was auf dem Spiel stand, und dass sogar Routineaufgaben höchst sorgfältig zu erledigen waren. Zu keiner Zeit musste ich irgendjemanden im Weißen Haus darauf hinweisen, hart zu arbeiten oder sich besonders anzustrengen. Die Angst, sich einen Schnitzer zu leisten – mich, Kolleginnen und Kollegen oder die Wählerschaft zu enttäuschen, die auf uns zählte –, trieb die Leute viel mehr an, als irgendeine Ermahnung meinerseits das hätte bewirken können.

Alle bekamen ständig zu wenig Schlaf. Leitende Mitarbeiter arbeiteten meist mehr als zwölf Stunden am Tag, und nahezu alle verbrachten mindestens einen Teil des Wochenendes an ihrem Arbeitsplatz. Anders als ich hatten sie keinen Arbeitsweg von einer Minute, und ihnen stand auch keine ganze Schar von Köchen, Hausdienern, Butlern und Assistenten zur Seite, um einzukaufen, zu kochen, die Sachen aus der Reinigung zu holen oder die Kinder zur Schule zu bringen. Alleinstehende Mitarbeiter blieben länger Singles, als ihnen vielleicht lieb war. Die Mitarbeiter, die das Glück hatten, in einer Beziehung zu leben, verließen sich oft auf einen überlasteten und einsamen Partner, schufen jedoch die Art von chronischer Anspannung zu Hause, die Michelle und ich nur zu gut kannten. Sie verpassten die Fußballspiele und Tanzaufführungen ihrer Kinder. Sie kamen zu spät nach Hause, um ihre kleinen Kinder ins Bett zu bringen. Leute wie Rahm, Axe und andere, die sich entschieden hatten, ihren Familien einen Umzug nach Washington zu ersparen, sahen ihre Ehefrauen und Kids kaum noch.

Falls sich jemand darüber beklagte, dann nur insgeheim. Als sie sich entschlossen hatten, Arbeit in der Regierung anzunehmen, wussten sie, was das bedeutete. »Work-Life-Balance« gehörte nicht dazu – und aufgrund des gefährlichen Zustands der Wirtschaft und der Welt würde die Menge an Arbeit so bald auch nicht nachlassen. Genauso wie Sportler in der Umkleidekabine nicht über quälende Schmerzen reden, lernten die Mitglieder unseres Teams im Weißen Haus, sich mit der Situation abzufinden.

Trotzdem brachte die zunehmende Erschöpfung es mit sich, dass die Nerven dünner wurden und die Gereiztheit stieg, zumal angesichts einer zunehmend verärgerten Öffentlichkeit, verständnisloser Medien, desillusionierter Verbündeter und einer Oppositionspartei, die sowohl die Mittel als auch die Absicht besaß, alles, was wir taten, in eine endlose Schinderei zu verwandeln. Vermehrt spürte ich nun Fassungslosigkeit wegen Rahms gelegentlichen Wutausbrüchen in der Mitarbeiterbesprechung am Morgen, hörte Klagen, dass Larry Leute aus bestimmten wirtschaftspolitischen Diskussionen ausschloss, Getuschel, dass sich Leute übervorteilt fühlten, weil Valerie Nutzen aus der persönlichen Beziehung zu mir und Michelle zog, um die Abläufe im Weißen Haus zu umgehen. Zu Spannungen kam es zwischen den jüngeren Mitarbeitern des außenpolitischen Stabs wie Denis und Ben, die es gewohnt waren, mir Ideen erst informell vorzustellen, bevor sie den formalen Prozess durchliefen, und meinem Nationalen Sicherheitsberater Jim Jones, der aus einem militärischen Umfeld stammte, in dem unumstößliche Befehlsketten herrschten und von Untergebenen erwartet wurde, sich unterzuordnen.

Einige Kabinettsmitglieder waren ebenfalls frustriert. Während Hillary, Tim, Robert Gates und Eric Holder aufgrund ihrer Positionen die meiste Aufmerksamkeit von mir erhielten, leisteten andere Kabinettsmitglieder wertvolle Arbeit ohne große Unterstützung. Landwirtschaftsminister Tom Vilsack, der tatkräftige ehemalige Gouverneur von Iowa, setzte mit Mitteln aus dem Recovery Act eine Vielzahl neuer wirtschaftlicher Entwicklungsstrategien für in Schwierigkeiten geratene ländliche Gemeinden in Gang. Arbeitsministerin Hilda Solis und ihr Team setzten sich dafür ein, dass Niedriglohnangestellte Überstunden bezahlt bekamen. Mein alter Freund Arne Duncan, ehemaliger oberster Schulinspektor Chicagos und nun mein Bildungsminister, unternahm den Vorstoß zur Anhebung der Bildungsstandards in leistungsschwachen Schulen im ganzen Land, auch wenn das nicht nur den Zorn der Lehrergewerkschaft heraufbeschwor (die verständlicherweise allem skeptisch gegenüberstanden, was mit standardisierten Tests zu tun hatte), sondern auch den konservativer Aktivisten (die in der Bemühung um die Einführung eines in Kernpunkten gemeinsamen Pflichtlehrplans eine Verschwörung der Liberalen sahen, ihre Kinder zu indoktrinieren).

Trotz dieser Leistungen entsprach die tägliche Plackerei, eine Bundesbehörde zu leiten, nicht immer der glamourösen Rolle (Berater und

Vertrauter des Präsidenten, häufiger Besucher im Weißen Haus), die sich manche im Kabinett für sich ausgemalt hatten. Es gab einmal eine Zeit, in der Präsidenten wie Lincoln bei der Gestaltung der Politik fast ausschließlich auf ihr Kabinett vertrauten und sich eine kleine Gruppe von Angestellten des Weißen Hauses um wenig mehr als die persönlichen Bedürfnisse und die Korrespondenz des Präsidenten kümmerte. Aber mit der Ausweitung der Bundesregierung in neuerer Zeit versuchten nachfolgende Präsidenten immer mehr Entscheidungsprozesse unter einem Dach zu bündeln, sodass der Einfluss und die Anzahl des Personals im Weißen Haus wuchsen. Die Kabinettsmitglieder spezialisierten sich unterdessen und waren vollauf mit der Aufgabe beschäftigt, einen gewaltigen, weit verzweigten Hoheitsbereich zu steuern, statt lang und breit auf den Präsidenten einzureden.

Die Kräfteverschiebung zeigte sich in meinem Kalender. Während mich Leute wie Rahm oder Jim Jones beinahe jeden Tag zu Gesicht bekamen, hatten nur Hillary, Tim und Gates regelmäßige Meetings im Oval Office. Andere Minister mussten kämpfen, um auf meinen Terminplan zu rücken, es sei denn ein Thema ihres Geschäftsbereichs stieg zur Toppriorität des Weißen Hauses auf. Treffen des gesamten Kabinetts, die wir vierteljährlich abzuhalten versuchten, gaben allen die Gelegenheit, sich auszutauschen, doch diese Besprechungen waren zu groß und zu schwerfällig, um viel zu erreichen; allein, bis jeder im Cabinet Room Platz genommen hatte, ähnelte einer Tortur, weil sich die Leute immer umständlich abwechselnd zwischen den schweren Ledersessel durchschlängeln mussten. In einer Stadt, in der Zugang und Nähe zum Präsidenten als ein Maßstab für Einfluss galten (der Grund, warum leitende Angestellte die engen, schlecht beleuchteten und bekanntermaßen von Nagetieren heimgesuchten Büros im West Wing bevorzugten statt die geräumigen Suiten im Eisenhower Executive Office Building auf der anderen Straßenseite), dauerte es nicht lange, bis sich einige Kabinettsmitglieder zu wenig beachtet und nicht ausreichend gewürdigt fühlten. Sie sahen sich an den Rand des Geschehens gedrängt und als Ziel der Launen häufig jüngerer, weniger erfahrener Mitarbeiter des Weißen Hauses.

Keines dieser Themen war allein für meine Präsidentschaft kennzeichnend, und sowohl meinem Kabinett als auch Stab gebührt Anerkennung dafür, dass sie selbst dann konzentriert blieben, als das Arbeitsumfeld schwieriger wurde. Bis auf ein paar Ausnahmen vermieden wir offene Feindseligkeiten und permanent undichte Stellen, die für manche vorherigen Regierungen typisch gewesen waren. Und ausnahmslos vermieden wir Skandale. Zu Beginn meiner Regierung stellte ich klar, dass ich keinerlei Toleranz gegenüber ethischen Entgleisungen besaß und Leute, die damit ein Problem hatten, gar nicht erst bei uns anfingen. Dennoch ernannte ich Norm Eisen, einen ehemaligen Kommilitonen der Harvard Law School, zum Sonderberater des Präsidenten für Ethik und Regierungsreform, um alle – mich selbst eingeschlossen – auf dem richtigen Weg zu halten. Norm, stets gut gelaunt und überkorrekt, mit markanten Gesichtszügen und den großen, unerschrockenen Augen eines Zeloten, war perfekt für die Aufgabe – die Art von Typ, dem der wohlverdiente Name »Dr No« gefiel. Als er einmal gefragt wurde, welche Sorte von Tagungen außerhalb der Stadt für Regierungsbeamte zu vertreten seien, antwortete er kurz und treffend: »Klingt's nach Spaß, darf man nicht teilnehmen.«

Die Aufgabe, die Arbeitsmoral aufrechtzuerhalten, konnte ich andererseits nicht delegieren. Ich versuchte, großzügig Lob zu verteilen und maßvoll zu kritisieren. In Meetings legte ich Wert darauf, jedem seine Sicht der Dinge zu entlocken, auch den jüngeren Mitarbeiterinnen und Mitarbeitern. Kleine Gesten waren wichtig – beispielsweise dafür zu sorgen, dass ich es war, der den Kuchen zum Geburtstag eines Teammitglieds hineintrug, oder mir die Zeit zu nehmen, jemandes Eltern anzurufen, um ihnen zum Hochzeitstag zu gratulieren. Manchmal, wenn ich ein paar nicht verplante Minuten hatte, spazierte ich durch die schmalen Gänge des West Wing, steckte den Kopf in Büros, um die Leute nach ihren Familien zu fragen, nach dem, woran sie gerade arbeiteten, oder ob es irgendetwas gab, was wir ihrer Meinung nach verbessern könnten.

Paradoxerweise brauchte ich mehr Zeit, als ich es hätte sollen, um einen bestimmten Aspekt der Führung zu bemerken, und das war, den Erfahrungen von Frauen und der People of Color im Team größere Aufmerksamkeit zu widmen. Lange glaubte ich, je mehr Sichtweisen um den Tisch, desto besser die Leistung der Gesamtorganisation, und ich war stolz darauf, dass wir das vielfältigste Kabinett in der Geschichte angeworben hatten. Unser Unternehmen Weißes Haus war gleichfalls mit begabten, erfahrenen Afroamerikanern, Latinos, Amerikanern mit asiatischen Wurzeln und Frauen besetzt. Zu ihnen gehörten die innenpolitische Beraterin Melody Barnes, die stellvertretende Stabschefin Mona Sutphen, der politische Bereichsleiter Patrick Gaspard, die Direktorin für zwischenstaatliche Beziehungen Cecilia Muñoz, der Kabinettssekretär des Weißen Hauses Chris Lu, die Stabssekretärin Lisa Brown sowie die Leiterin des Rats für Umweltqualität Nancy Sutley. Alle erledigten ihre Arbeit vorbildlich und spielten eine große Rolle bei der Gestaltung unserer Politik. Viele wurden nicht nur zu geschätzten Beratern, sondern guten Freunden.

Meine nicht weißen und nicht männlichen Kabinettsmitglieder mussten sich allerdings keine Sorgen machen, nicht in ihren Arbeitsbereich zu passen; innerhalb ihrer Häuser standen sie an der Spitze der Nahrungskette, und alle anderen richteten sich nach ihnen. Frauen und People of Color im Weißen Haus hingegen hatten – zu unterschiedlichen Gelegenheiten und in unterschiedlichem Maß – mit den gleichen bohrenden Fragen, Enttäuschungen und Zweifeln zu kämpfen wie ihre Pendants in anderen professionellen Umfeldern, von Vorstandsetagen bis Universitätsinstituten. *Hat Larry meine Anregung vor dem Präsidenten abgelehnt, weil er der Ansicht war, dass sie nicht zu Ende gedacht war oder weil ich nicht bestimmt genug aufgetreten bin? Oder lag es daran, dass er Frauen nicht so ernst nimmt wie Männer? Hat Rahm sich mit Axe und nicht mit mir zu dem Thema beraten, weil er zufällig eine politische Handlungsperspektive brauchte oder weil die beiden schon lange befreundet sind? Oder liegt es daran, dass er sich mit Schwarzen nicht so wohlfühlt?*

Soll ich etwas sagen? Bin ich überempfindlich?

Als erster afroamerikanischer Präsident empfand ich eine besondere Verpflichtung, ein inklusives Arbeitsumfeld zu gestalten. Dennoch neigte ich dazu, die Bedeutung von Hautfarbe und Geschlecht als geringer einzuschätzen, als sie sie in der Gruppendynamik im Büro tatsächlich hatten – im Gegensatz zu den Reibungen, die typischerweise entstehen, wenn man eine Gruppe gestresster Typ-A-Spitzenkräfte auf engstem Raum zusammensperrt. Vielleicht hing das auch damit zusammen, dass sich vor mir jeder von seiner besten Seite zeigte; wenn ich von den Problemen unter meinen Angestellten hörte, dann normalerweise von Pete oder Valerie, denen sich andere aufgrund ihres Alters und Temperaments anscheinend am ehesten anvertrauten. Mir war bewusst, dass der schnodderige Umgangston von Rahm, Axe, Gibbs und Larry – ganz zu schweigen davon, dass sie aus politisch bedingter Nervosität heraus bei kontroversen, potenziell spaltenden Themen wie Einwanderung, Abtreibung und den Beziehungen zwischen Polizei und Communitys von ethnischen Minderheiten energisch auftraten – von Frauen und People of Color im Team gelegentlich anders aufgenommen wurde. Andererseits verhielten sich diese Männer *jedem* gegenüber streitlustig, sogar untereinander. Da ich sie so gut kannte, war ich mir sicher, dass die vier so vorurteilsfrei waren, wie es nur irgendjemand, der in den USA aufgewachsen war, sein konnte. Solange ich nicht irgendetwas Ungeheuerliches hörte, dachte ich mir, sollte es reichen, mit gutem Vorbild voranzugehen und alle im Team höflich und respektvoll zu behandeln. Alltagsprobleme wie verletzte Egos, Kompetenzgerangel oder vermeintliche Kränkungen konnten untereinander geregelt werden.

Doch am Ende unseres ersten Jahres bat mich Valerie um einen Termin und berichtete von wachsender Unzufriedenheit unter den Frauen in leitenden Positionen im Weißen Haus. Erst da begann ich einige meiner eigenen Schwachpunkte genauer zu betrachten. Ich erfuhr, dass mindestens eine Frau im Team zum Weinen gebracht worden war, nachdem man sie in einem Meeting heftig kritisiert hatte. Einige andere hochrangige Frauen waren es daraufhin leid gewesen, dass ihre Sichtweisen immer wieder missachtet wurden, und meldeten sich tatsächlich in Besprechungen nicht mehr zu Wort. »Ich glaube nicht, dass die Männer überhaupt bemerken, wie ihr Verhalten rüberkommt«, sagte Valerie, »und soweit es die Frauen betrifft, ist das Teil des Problems.«

Das beunruhigte mich so sehr, dass ich vorschlug, mit einem Dutzend Frauen aus meinem Stab zu Abend zu essen, damit sie Gelegenheit hätten, ihrem Herzen Luft zu machen. Dieses Dinner fand im alten Family Dining Room im Erdgeschoss des Amtssitzes statt. Vielleicht lag es an der noblen Kulisse mit den hohen Decken, livrierten Butlern und dem feinen Porzellan des Weißen Hauses, dass es eine

Weile dauerte, bis sich die Frauen öffneten. Die Gefühlslage um den Tisch war nicht einheitlich, und niemand erwähnte, Opfer unverhohlen sexistischer Bemerkungen geworden zu sein. Aber während ich diesen erfahrenen Frauen für gut zwei Stunden zuhörte, wurde deutlich, in welchem Ausmaß die Verhaltensmuster, die offenbar eine zweite Natur vieler der männlichen Kollegen im Team waren, die Frauen mit einem Gefühl des Herabgesetztseins, des Ignoriertwerdens zurückgelassen hatten, weshalb sie nur noch ungern ihre Meinung äußerten: all das Brüllen oder Fluchen in Strategiedebatten; die Art, Gespräche zu dominieren, indem man andere (vornehmlich Frauen) mitten im Satz unterbrach; das Vortragen von Punkten, als wären es die eigenen, die jemand anderes (häufig eine Mitarbeiterin) schon anderthalb Stunden zuvor formuliert hatte. Und obwohl viele der Frauen Dankbarkeit dafür ausdrückten, dass ich sie immer wieder ausdrücklich in Meetings um ihre Ansichten bat, und betonten, sie hegten keine Zweifel an meinem Respekt für ihre Arbeit, zwangen mich ihre Geschichten doch, in den eigenen Spiegel zu schauen und mich zu fragen, inwieweit meine eigene Neigung zum Machogehabe – so ließ ich bei Besprechungen Geplänkel wie in einer Männerumkleide zu und hatte Freude an einem guten verbalen Schlagabtausch – möglicherweise zum Unbehagen der Frauen beigetragen hatte.

Ich kann nicht behaupten, dass wir alle Anliegen klärten, die an diesem Abend angesprochen wurden (»Es ist nicht leicht, bei einem einzigen Dinner das Patriarchat abzulösen«, sagte ich danach zu Valerie), ebenso wenig wie ich garantieren konnte, dass meine regelmäßigen Check-ins bei den Schwarzen, asiatischen, indigenen und Latino-Mitgliedern des Teams dafür sorgten, dass sie sich immer miteinbezogen fühlten. Aber ich weiß, dass Rahm und die anderen hochrangigen Männer des Teams überrascht reagierten, als ich mit ihnen über die Empfindungen ihrer Kolleginnen sprach. Sie machten einen betroffenen Eindruck und versprachen Besserung. Die Frauen schienen sich unterdessen meinen Vorschlag zu Herzen zu nehmen, sich in Diskussionen deutlicher zu behaupten (»Falls jemand versucht, Ihnen über den Mund zu fahren, sagen Sie einfach, dass Sie noch nicht fertig sind!«) – nicht nur für ihr seelisches Wohlergehen, sondern weil sie kompetent und klug waren und ich, wollte ich meinen Job gut machen, angewiesen war auf das, was sie zu sagen hatten. Ein paar Monate später ging ich mit Valerie vom West Wing zum Eisenhower Executive Office Building, und sie erzählte mir, manche Verbesserung im Umgang der Leute miteinander bemerkt zu haben.

»Und wie kommst du zurecht?«, fragte sie mich.

Oben an der Treppe zum EEOB angekommen, blieb ich stehen und suchte in den Taschen meines Jacketts nach Notizen für unsere bevorstehende Besprechung. »Mir geht's gut«, antwortete ich.

»Sicher?« Wie ein Arzt, der das Gesicht des Patienten nach Symptomen absucht, kniff sie die Augen zusammen. Ich fand die Notizen und setzte meinen Weg fort.

»Ja, ich bin mir sicher«, sagte ich. »Warum? Wirke ich irgendwie anders?«

Valerie schüttelte den Kopf. »Nein«, sagte sie. »Du scheinst immer noch ganz derselbe zu sein. Und das verstehe ich nicht.«

ES WAR NICHT das erste Mal, dass Valerie anmerkte, wie wenig mich die Präsidentschaft verändert hatte. Mir war klar, sie meinte das als Kompliment. Es war ihre Art, Erleichterung darüber auszudrücken, dass ich auch jetzt nicht zu sehr von mir selbst eingenommen war, meinen Sinn für Humor nicht verloren oder mich nicht in einen verbitterten, wütenden Trottel verwandelt hatte. Doch da sich die Kriegsgeschehen und die Wirtschaftskrise in die Länge zogen und sich unsere politischen Probleme zu türmen begannen, sorgte sich Valerie, dass ich vielleicht etwas *zu* ruhig war, dass ich den Stress schlicht verdrängte.

Damit war sie nicht allein. Freunde schickten aufmunternde, herzliche und mitfühlende Nachrichten, als hätten sie gerade erst erfahren, dass ich schwer erkrankt sei. Marty Nesbitt und Eric Whitaker überlegten herzufliegen, um mit mir abzuhängen und ein Spiel zu schauen – eine »Boys Night«, meinten sie, um mich mal abzulenken. Mama Kaye, die uns besuchen kam, wirkte aufrichtig verwundert, wie gut ich in Wirklichkeit aussah.

»Was hast du denn erwartet?«, witzelte ich und beugte mich vor, um sie fest zu umarmen. »Hast du gedacht, ich kriege Hautausschlag? Dass mir die Haare ausfallen?«

»Oh, hör auf«, sagte sie und schlug mir scherzhaft auf den Arm.

Dann lehnte sie sich ein wenig zurück, blickte mich auf die gleiche Art wie Valerie an und suchte in meinem Gesicht nach Hinweisen. »Ich glaube, ich habe mir gedacht, dass du müder aussiehst. Bekommst du genug zu essen?«

Von all der Besorgnis verwirrt, erwähnte ich das Ganze zufällig eines Tages gegenüber Gibbs. Er schmunzelte. »Lassen Sie sich gesagt sein, Boss«, meinte er, »wenn Sie Nachrichtensender schauen würden, wären *Sie* auch über sich besorgt.« Ich ahnte, worauf er hinauswollte: Sobald man Präsident ist, wird die Wahrnehmung der Menschen unweigerlich von den Medien bestimmt – sogar die Wahrnehmung derer, die einen am besten kennen. Was ich jedoch nicht vollständig mitbekommen hatte, zumindest nicht, bis ich durch ein paar Nachrichtensendungen zappte, war, wie sehr sich die Bilder, die die Produzenten in Geschichten über meine Regierung benutzten, zuletzt verändert hatten. Als wir noch obenauf waren, gegen Ende des Wahlkampfs und zu Beginn meiner Präsidentschaft, zeigten mich die Nachrichten meist aktiv und lächelnd, wie ich Hände schüttelte oder vor einem dramatischen Hintergrund eine Rede hielt, und meine Mimik und Gesten waren voller Energie und Entschlossenheit. Jetzt, da die meisten Geschichten negativ waren, tauchte eine andere Version von mir auf: Ich wirkte älter, ging allein den Säulengang entlang oder über den Südrasen zum Marine-One-Helikopter, die Schultern herabhängend, den Blick zu Boden gerichtet, die Miene ermattet und in Falten gelegt von der Last des Amtes.

Im Fass zu hocken, sorgte dafür, dass die traurigere Version meiner selbst dauerhaft auf den Bildschirmen erschien.

In Wirklichkeit empfand ich mein Leben als nicht annähernd so düster. Wie meine Mitarbeiter hätte auch ich mehr Schlaf vertragen können. Jeder Tag brachte seinen Teil an Verärgerungen, Sorgen und Enttäuschungen mit sich. Ich ärgerte mich über eigene Fehler und stellte Strategien infrage, die nicht aufgegangen waren. Es gab Meetings, die ich fürchtete, Zeremonien, die ich albern fand, Gespräche, auf die ich lieber verzichtet hätte. Nach wie vor vermied ich es, Leute anzuschreien, doch ich fluchte und beschwerte mich reichlich und fühlte mich mindestens einmal täglich zu Unrecht kritisiert.

Aber wie ich schon während des Wahlkampfs über mich herausgefunden hatte, erschütterten mich Hindernisse und Streit selten bis ins Mark. Es war wahrscheinlicher, dass ich depressiv wurde, wenn ich mich nutzlos fühlte, ohne Ziel – wenn ich meine Zeit verschwendete oder Gelegenheiten vergeudete. Doch selbst an den schlimmsten Tagen meiner Präsidentschaft fühlte ich mich nie *so*. Das Amt ließ weder Langeweile noch existenzielle Lähmung zu, und saß ich mit meinem Team zusammen, um die Lösung für ein vertracktes Problem zu finden, war ich danach für gewöhnlich eher energiegeladen als erschöpft. Jede Reise, die ich unternahm, beflügelte meine Fantasie, ob die Besichtigung einer Produktionsstätte, um zu erfahren, wie etwas hergestellt wurde, oder der Besuch eines Labors, in dem mir Wissenschaftler einen Durchbruch erläuterten, der ihnen kürzlich gelungen war. Eine Bauernfamilie zu trösten, die aufgrund eines Unwetters ihr Haus verloren hatte, oder mich mit Lehrern aus ärmeren Innenstadtvierteln zu treffen, die sich um Kids bemühten, die andere abgeschrieben hatten, und mir angesichts dessen, was sie alle durchmachten, Gefühle zuzugestehen, und wenn auch nur für einen Moment, ließ mein Herz wachsen.

Der Wirbel, der um einen Präsidenten gemacht wird, der Pomp, die Presse, die realen Einschränkungen – darauf hätte ich verzichten können. Die eigentliche Arbeit allerdings?

Die Arbeit liebte ich. Auch wenn sie mich nicht zurückliebte.

Außerhalb des Jobs hatte ich versucht, damit Frieden zu schließen, in einer Blase zu leben. Ich behielt meine Rituale bei: das morgendliche Work-out, das Essen mit meiner Familie, ein abendlicher Spaziergang über den Südrasen. In den ersten Monaten meiner Präsidentschaft gehörte zu diesen Gewohnheiten auch, Sasha jeden Abend ein Kapitel aus *Schiffbruch mit Tiger* vorzulesen, bevor sie und Malia ins Bett gingen. Als es Zeit war, das nächste Buch auszusuchen, entschied Sasha jedoch, dass sie, genauso wie ihre Schwester, zu alt war, um noch etwas vorgelesen zu bekommen. Ich verbarg meine Bestürzung und spielte stattdessen öfter abends eine Partie Poolbillard mit Sam Kass.

Wir trafen uns dazu nach dem Abendessen im obersten Stockwerk des Wohnbereichs, nachdem Michelle und ich uns gegenseitig von unserem Tag berichtet hatten und Sam die Küche hatte aufräumen können. Auf meinem iPod ließ ich Marvin Gaye oder OutKast oder

Nina Simone laufen, der Verlierer des Vorabends baute das Spiel auf, und in der nächsten halben Stunde spielten wir 8-Ball. Sam tischte Klatsch aus dem Weißen Haus auf oder bat um Rat für sein Liebesleben. Ich erzählte etwas Lustiges, das eines der Mädchen gesagt hatte, oder ließ eine kurze politische Schimpftirade los. Meist jedoch redeten wir nur dummes Zeug und versuchten äußerst unwahrscheinliche Stöße zu versenken. Das laute Klack des Break und das sanfte Klick einer Kugel, die in eine der Ecktaschen des Tisches rollt, machten mir den Kopf frei, bevor ich in den Treaty Room ging, um meine abendliche Arbeit zu erledigen.

Ursprünglich hatte mir die Partie Poolbillard auch als Ausrede gedient, mich davonzuschleichen und mir auf dem Treppenabsatz in der zweiten Etage eine Zigarette anzustecken. Diese Ausflüge fielen weg, weil ich unmittelbar nach Unterzeichnung des Affordable Care Act mit dem Rauchen aufhörte. Ich hatte mir diesen Tag ausgesucht, weil mir die Symbolik gefiel, die Entscheidung traf ich allerdings schon ein paar Wochen früher, als mich Malia, nachdem sie meinen Zigarettenatem gerochen hatte, stirnrunzelnd fragte, ob ich etwa geraucht hätte. Die Aussicht, entweder meine Tochter anzulügen oder ein schlechtes Vorbild zu sein, veranlasste mich, den Arzt im Weißen Haus anzurufen und ihn um eine Schachtel Nikotinkaugummis zu bitten. Sie erfüllten ihren Zweck, denn seither habe ich keine einzige Zigarette mehr geraucht. Doch letztlich ersetzte ich eine Abhängigkeit durch eine andere: Die gesamte Amtszeit hindurch kaute ich unaufhörlich Kaugummi, ständig quollen aus meinen Hosentaschen die leeren Verpackungen, und ich hinterließ sozusagen eine Spur glänzender, viereckiger Brotkrumen, die andere auf dem Boden, unter meinem Schreibtisch oder eingekeilt zwischen den Sofapolstern fanden.

Basketball bot mir eine weitere zuverlässige Zuflucht. Ließ mein Terminkalender es zu, organisierte Reggie Love an den Wochenenden ein Spiel, trommelte ein paar seiner Buddys zusammen und reservierte für uns eine Halle am Armeestützpunkt Fort McNair, in der FBI-Zentrale oder dem Innenministerium. Die Spiele waren heftig – bis auf wenige Ausnahmen waren die anderen regelmäßigen Teilnehmer ehemalige Spieler der höchsten Collegespielklasse im Alter von Ende zwanzig oder Anfang dreißig – und auch wenn ich es nur ungern zugab, war ich für gewöhnlich einer der schwächeren Spieler auf dem Feld. Doch ich fand, solange ich nicht versuchte, zu viel zu machen, konnte ich mithalten, Blocks stellen, Bälle verteilen an denjenigen in meinem Team, der gerade einen Lauf hatte, und einen Sprungwurf verwandeln, falls ich frei stand, schnell ins Offensivspiel umschalten und im Flow und der Kameradschaft des Wettkampfs alles andere vergessen.

Diese Spiele bedeuteten Kontinuität für mich, eine Verbindung zu meinem alten Selbst, und wenn mein Team Reggies schlug, sorgte ich dafür, dass er es die ganze Woche zu hören bekam. Doch dieses Vergnügen war nichts im Vergleich zu dem Nervenkitzel – und Stress –, Sashas Basketballteam von Viertklässlerinnen anzufeuern.

Sie nannten sich selbst The Vipers (Respekt, wer sich diesen Namen ausgedacht hat), und während der Saison fuhren Michelle und ich jeden Sonntagmorgen zu einem Sportplatz in einem kleinen öffentlichen Park in Maryland. Dort hockten wir mit den anderen Familien auf der Tribüne, feuerten wie wahnsinnig an, wenn eines der Mädchen auch nur halbwegs in die Nähe kam, einen Korb zu werfen, erinnerten Sasha lauthals daran, sich für einen Rebound in Stellung zu bringen oder zurück in die Verteidigung zu gehen, und gaben uns die größte Mühe, nicht zu »diesen Eltern« zu gehören, die die Schiedsrichter anschrien. Maisy Biden, Joes Enkelin und eine von Sashas besten Freundinnen, war der Star des Teams, doch die meisten Spielerinnen machten ihre ersten Erfahrungen mit organisiertem Basketball. Anscheinend galt das Gleiche für ihre Trainer, ein nettes junges Paar, das an der Sidwell unterrichtete und nach eigenem Bekunden Basketball nicht als seine bevorzugte Sportart betrachtete.

Nachdem wir die ersten hinreißenden, aber reichlich chaotischen Partien angeschaut hatten, stellten Reggie und ich einige Spielzüge zusammen und meldeten uns freiwillig zur Durchführung von ein paar informellen Übungseinheiten mit dem Team an Sonntagnachmittagen. Wir arbeiteten an den Grundlagen (Dribbling, Pässe, sich vergewissern, dass die Schnürsenkel zugebunden waren, bevor man auf den Platz lief), und obwohl Reggie beim Training ein wenig zu hitzig werden konnte (»Paige, lass dich von Isabel nicht so verarschen!«), schienen die Mädchen genauso viel Spaß zu haben wie wir. Als dann die Vipers in einem 18-zu-16-Krimi die Ligameisterschaft für sich entschieden, feierten Reggie und ich, als wäre es das Endspiel der nationalen Collegeliga gewesen.

Alle Eltern genießen solche Momente, nehme ich an, wenn sich die Welt langsamer dreht, alles Streben in den Hintergrund tritt, und es nur darauf ankommt, voll und ganz Zeuge des Wunders zu werden, wie das eigene Kind größer wird. In all den Jahren des Wahlkampfs und der Sitzungsperioden hatte ich so viel Zeit mit den Mädchen verpasst, dass mir der normale »Dad-Kram« sehr gefiel. Aber natürlich war in unserem Leben nichts mehr vollkommen normal, wie ich im darauffolgenden Jahr bemerken musste, als sich auf echt Washingtoner Art einige der Eltern eines rivalisierenden Sidwell-Teams bei den Coaches der Vipers beschwerten, und vermutlich auch bei der Schule, dass Reggie und ich ihren Kindern kein Training angeboten hatten. Wir erklärten, an unseren Übungen sei nichts Besonderes – dass das Ganze bloß ein Vorwand war, damit ich mehr Zeit mit Sasha verbringen konnte –, und boten den anderen Eltern an, sie dabei zu unterstützen, selbst Übungseinheiten auf die Beine zu stellen. Doch als klar wurde, dass die Beschwerden gar nichts mit Basketball zu tun hatten (»Die müssen annehmen, von dir gecoacht zu werden, ist was, was sie in eine Harvard-Bewerbung aufnehmen können«, spottete Reggie) und sich die Vipers-Trainer unter Druck gesetzt fühlten, beschloss ich, es wäre für alle Beteiligten einfacher, wenn ich zu meiner Rolle als Fan zurückkehren würde.

Trotz dem einen oder anderen leidigen Vorfall wie diesem, war nicht zu bestreiten, dass unser Status als First Family eine Fülle von Vorteilen mit sich brachte. Um dem Publikum aus dem Weg gehen zu können, gestatteten uns die Museen der Stadt Besuche außerhalb der Öffnungszeiten (Marvin und ich lachen noch heute darüber, wie er sich einmal vor einem großen und sehr ins Detail gehenden Gemälde eines nackten Mannes in der Corcoran Gallery aufbaute, da er befürchtete, die Mädchen könnten es sonst sehen). Weil uns die Motion Picture Association of America DVDs von Neuerscheinungen zuschickte, wurde der Kinosaal des Weißen Hauses gut genutzt, auch wenn Michelles und mein Geschmack häufig auseinandergingen: Sie bevorzugte romantische Komödien, während ich in ihren Augen auf Filme stand, in denen es darum ging, dass »Menschen fürchterliche Dinge zustoßen und sie dann sterben«.

Das tolle Personal des Weißen Hauses machte es uns darüber hinaus einfach, Gäste zu bewirten. Wir mussten uns, anders als die meisten berufstätigen Eltern kleiner Kinder, nicht länger darüber Gedanken machen, wie wir nach einer langen Woche im Büro noch die Energie aufbrachten, um einzukaufen, zu kochen oder ein Haus in Ordnung zu bringen, das aussah, als wäre ein Tornado hindurchgefegt. Neben Treffen mit unserem gewohnten Freundeskreis am Wochenende begannen wir, alle paar Monate kleine Dinnerpartys im Amtssitz zu geben, luden Künstler, Schriftsteller, Wissenschaftler, Wirtschaftsführer und andere Menschen ein, denen wir begegnet waren und die wir gern näher kennenlernen wollten. Für gewöhnlich dauerten diese Dinner bis weit nach Mitternacht, und der reichlich fließende Wein sorgte für gute Gespräche, die uns inspirierten (Toni Morrison, zugleich vornehm und verschmitzt, beschrieb ihre Freundschaft zu James Baldwin), klüger machten (Dr. Eric Lander, Ko-Vorsitzender meines Sachverständigenrats für Wissenschaft und Technik, erläuterte die jüngsten Erkenntnisse in medizinischer Genetik), verzauberten (Meryl Streep, die sich vorbeugte, um leise auf Mandarin den Text eines Liedes über Wolken zu rezitieren, den sie Jahre zuvor für eine Rolle gelernt hatte) und mir ganz allgemein ein besseres Gefühl vermittelten, was die Zukunft der Menschheit anging.

Doch das vielleicht schönste Plus des Weißen Hauses war mit Musik verbunden. Eines der Ziele von Michelle als First Lady lautete, das Weiße Haus zu einem einladenderen Ort zu machen – statt eines exklusiven und distanziert wirkenden Bollwerks der Macht ein »Haus für Menschen« zu schaffen, in dem sich alle Besucher repräsentiert fühlten. In Zusammenarbeit mit der für Events im Weißen Haus zuständigen Dienststelle, dem Social Office, organisierte Michelle mehr Besichtigungstouren von örtlichen Schulgruppen und gründete ein Mentorenprogramm, das sozial benachteiligte Kids mit Angestellten des Weißen Hauses zusammenbrachte. Sie stellte den Südrasen an Halloween für Süßes-oder-Saures-Streiche zur Verfügung und veranstaltete Filmnächte für Familien von Militärangehörigen.

Im Rahmen dieser Aufgaben arrangierte Michelles Büro, dass wir gemeinsam mit dem öffentlich-rechtlichen Fernsehen regelmäßig Gastgeber einer American-Music-Reihe waren. Einige der führenden Künstlerinnen und Künstler des Landes – vertraute Namen wie Stevie Wonder, Jennifer Lopez und Justin Timberlake, aber auch aufstrebende Talente wie Leon Bridges und lebende Legenden wie B. B. King – hielten dabei zunächst Musikworkshops mit Jugendlichen aus der Gegend ab und gaben dann vor ein paar Hundert Gästen auf einer Bühne im East Room oder manchmal auch auf dem Südrasen ein Konzert. Neben der Gershwin-Preis-Aufführung, die das Weiße Haus traditionell jedes Jahr ausrichtete, um führende Komponisten und Interpreten zu ehren, verschaffte die neue Musikserie meiner Familie drei- oder viermal im Jahr Plätze in der ersten Reihe bei einem live gespielten musikalischen Spektakel mit Starbesetzung.

Jedes Genre war vertreten: Motown und Broadway-Musicalmelodien, klassischer Blues und Fiesta Latina, Gospel und Hip-Hop, Country, Jazz und Klassik. Die Musikerinnen und Musiker probten normalerweise einen Tag vor ihrem geplanten Auftritt, und war ich zufällig oben im Wohnbereich, während sie ihr Set durchgingen, konnte ich durch den Fußboden des Treaty Room die Klänge von Schlagzeug, Bass und E-Gitarre vernehmen. Manchmal schlich ich mich heimlich die Hintertreppe hinunter und schlüpfte in den East Room, hielt mich im Hintergrund, um nicht aufzufallen, und beobachtete die Künstler einfach bei der Arbeit: ein Duo, das Harmonien übte, ein Star, der mit der Band an einem Arrangement feilte. Ich bewunderte die meisterliche Beherrschung der Instrumente und die Großzügigkeit untereinander, wenn Geist, Körper und Seele eins wurden, und angesichts der reinen, unzweideutigen Freude an ihrer Arbeit bekam ich einen Neidanfall, weil es solch ein Kontrast zur Politik war, für die ich mich entschieden hatte.

Die eigentlichen Konzerte waren alle absolut elektrisierend. Ich sehe immer noch Bob Dylan vor mir, nur begleitet von einem Bassisten, einem Pianisten und seiner Gitarre, wie er eine fast zärtliche Neuversion von »The Times They Are a-Changin'« spielte. Als das Konzert zu Ende war, kam er die Stufen von der Bühne herunter, schüttelte meine Hand, grinste leicht, verbeugte sich vor mir und Michelle und verschwand ohne ein Wort. Ich erinnere mich an den jungen Dramatiker Lin-Manuel Miranda, der puerto-ricanische Wurzeln hat und uns bei den Begrüßungsfotos für die Presse kurz vor dem geplanten

Auftritt, bei dem Lyrik, Musik und eine Spoken-Word-Performance auf dem Programm standen, verriet, dass er vorhatte, als Premiere den ersten Song eines geplanten Hip-Hop-Musicals vorzutragen, das sich um den ersten Finanzminister der USA, Alexander Hamilton, drehen sollte. Höflich ermutigten wir ihn, waren aber insgeheim skeptisch, bis er auf die Bühne kam, die ersten Beats droppte, und das Publikum daraufhin völlig aus dem Häuschen war.

Und dann war da Paul McCartney, der meiner Frau mit »Michelle« ein Ständchen brachte. Sie lachte, ein wenig verschämt, während die anderen Zuhörer applaudierten und ich mich fragte, was Michelles Eltern wohl 1965 gesagt hätten, dem Jahr, als dieser Song veröffentlicht wurde, wenn damals jemand an ihre Haustür in der South Side geklopft und gesagt hätte, dass der Beatle, der das Lied geschrieben hatte, es eines Tages für ihre Tochter auf einer Bühne im Weißen Haus singen würde.

Michelle liebte diese Konzerte ebenso wie ich. Aber ich habe den Verdacht, dass sie lieber Gast statt Gastgeberin gewesen wäre. Oberflächlich betrachtet hatte sie jeden Grund, mit der Anpassung an unser neues Leben zufrieden zu sein: Unsere Töchter schienen glücklich; Michelle hatte rasch einen neuen Freundeskreis gefunden, viele waren die Mütter von Malias und Sashas Klassenkameradinnen; und sie besaß ein kleines bisschen mehr Flexibilität als ich, das Gelände des Weißen Hauses unbemerkt zu verlassen. Ihre Initiative zur Bekämpfung von Übergewicht bei Kindern – »Let's Move!« – war gut angenommen worden und zeigte bereits positive Ergebnisse, und in Zusammenarbeit mit Jill Biden würde sie bald eine neue Initiative ins Leben rufen – »Joining Forces« –, die Familien von Militärangehörigen Unterstützung bieten sollte. Wann immer Michelle in der Öffentlichkeit auftrat, ob sie eine Klasse einer öffentlichen Schule besuchte oder mit Gastgebern von Late-Night-Shows im Fernsehen freundliche Spitzen austauschte, die Menschen schienen unweigerlich angezogen zu sein von ihrer Natürlichkeit und Herzenswärme, von ihrem Lächeln und ihrem blitzschnellen Verstand. Anders als ich, das muss ich gerechterweise zugeben, hatte sie sich nach unserer Ankunft in Washington tatsächlich weder einen Fehltritt erlaubt noch einen falschen Ton getroffen.

Trotz Michelles Erfolg und Popularität nahm ich bei ihr immer wieder eine unterschwellige Anspannung wahr, dezent, aber konstant, wie das schwache Surren eines unsichtbaren Motors. An das Weiße Haus gebunden, wie wir es nun mal waren, kam es mir vor, als hätten sich alle ihre vorherigen Gründe für Frustrationen verdichtet, waren nun plastischer, ob es um meine Rund-um-die-Uhr-Beschäftigung mit der Arbeit ging oder darum, wie die Politik unsere Familie permanent Überprüfungen und Attacken aussetzte, oder dass sogar Freunde und Familienmitglieder die Neigung hatten, Michelles Rolle als zweitrangig zu betrachten.

Vor allem aber erinnerte sie das Weiße Haus tagtäglich daran, dass ein elementarer Aspekt ihres Lebens nicht mehr ausschließlich ihrer Kontrolle unterlag. Mit wem wir Zeit verbrachten, wohin wir in Urlaub fuhren, wo wir nach der Wahl 2012 wohnen würden, selbst die Sicherheit ihrer Familie – all das war zu einem gewissen Grad abhängig davon, wie gut ich meinen Job erledigte, beziehungsweise was der Stab im West Wing tat oder eben nicht, oder von den Launen der Wählerschaft oder den Pressevertretern oder Mitch McConnell oder der Arbeitslosenquote oder irgendeinem völlig unerwarteten Ereignis auf der anderen Seite des Planeten. Nichts stand mehr fest. Nicht annähernd. Und so, bewusst oder unbewusst, befand sich ein Teil von ihr immer im Alarmzustand, egal, welche kleinen Siege oder Freuden ein Tag oder eine Woche oder ein Monat mit sich bringen mochte, sie wartete und beobachtete, wie sich das Rad weiterdrehte, und bereitete sich innerlich auf Unheil vor.

Michelle teilte solche Empfindungen selten mit mir. Sie wusste um meine Arbeitsbelastung und hielt es nicht für sinnvoll, dem noch etwas hinzuzufügen; zumindest in der näheren Zukunft hatte ich wenig Möglichkeiten, unsere Lebensumstände zu ändern. Und möglicherweise hörte sie auf, mit mir darüber zu sprechen, weil sie ahnte, dass ich versuchen würde, ihre Befürchtungen wegzuargumentieren, oder sie auf eine belanglose Art zu besänftigen suchen würde, oder andeuten würde, dass sie doch einfach nur ihre Einstellung ändern müsste.

Wenn es mir gut ging, sollte es ihr auch gut gehen.

Es gab Zeiten, in denen es sich wirklich gut anfühlte, Abende, an denen wir beide uns unter eine Decke kuschelten und zusammen etwas im Fernsehen anschauten, Sonntagnachmittage, wenn wir mit den Mädchen und Bo auf dem Teppich spielten und durch die gesamte erste Etage des Hauses Lachen schallte. Wesentlich häufiger jedoch zog sich Michelle direkt nach dem Abendessen in ihr Arbeitszimmer zurück, während ich den langen Flur in Richtung Treaty Room ging. War meine Arbeit erledigt, schlief Michelle meist schon. Ich zog mich aus, putzte mir die Zähne und schlüpfte vorsichtig unter die Decke, um sie nicht zu wecken. Und auch wenn ich während meiner Zeit im Weißen Haus kaum Schwierigkeiten hatte einzuschlafen – meist war ich dermaßen müde, dass ich normalerweise fünf Minuten, nachdem mein Kopf das Kissen berührt hatte, weg war –, gab es doch Nächte, in denen ich im Dunkeln neben Michelle lag und an die Tage zurückdachte, als sich zwischen uns alles leichter anfühlte, als ihr Lächeln beständiger, unsere Liebe weniger belastet war, und bei dem Gedanken, dass diese Tage möglicherweise nie wiederkehren würden, zog sich mir plötzlich unweigerlich das Herz zusammen.

Wenn ich jetzt so zurückblicke, frage ich mich, ob Michelles Reaktion auf all die Veränderungen, die wir damals durchmachten, die ehrlichere war; ob meine scheinbare Ruhe angesichts sich türmender Krisen, meine Beharrlichkeit, dass am Ende alles gut funktionieren würde, in Wirklichkeit nur Selbstschutz war – und zu Michelles Einsamkeit beitrug.

Ich weiß, dass ich ungefähr zu der Zeit anfing, nachts immer wieder das Gleiche zu träumen: Ich befinde mich unterwegs auf den Straßen einer namenlosen Stadt, eine Gegend mit Bäumen, Schaufenstern von Geschäften und Ampeln. Das Wetter ist schön und warm, eine sanfte Brise weht, und die Leute kaufen ein, führen den Hund aus oder kommen von der Arbeit nach Hause. In einer Version dieses Traums fahre ich Fahrrad, doch meistens gehe ich zu Fuß, und ich schlendere so dahin, ohne an etwas Besonderes zu denken, als ich auf einmal bemerke, dass mich niemand erkennt. Meine Personenschützer sind weg. Ich muss nirgendwohin. Meine Entscheidungen haben keine Folgen. Ich spaziere zu einem kleinen Lebensmittelladen, kaufe mir eine Flasche Wasser oder Eistee und plaudere kurz mit der Person an der Kasse. Danach setze ich mich auf eine Parkbank in der Nähe, öffne den Verschluss meines Getränks, nehme einen Schluck und schaue einfach zu, wie die Menschen an mir vorbeiziehen.

Ich habe das Gefühl, im Lotto gewonnen zu haben.

RAHM WAR DER Ansicht, er hätte die Lösung gefunden, um den politischen Schwung zurückzugewinnen. Die Krise an der Wall Street hatte einen Zusammenbruch der Regulierungsmechanismen für die Finanzmärkte offenbart, und bereits in der Übergangsphase vor meinem Amtsantritt hatte ich unser wirtschaftspolitisches Team gebeten, Reformvorschläge zu entwickeln, die in Zukunft eine Krise weniger wahrscheinlich machen würden. Je früher wir einen solchen Gesetzentwurf einer »Wall-Street-Reform« zur Abstimmung bringen könnten, desto besser, meinte Rahm.

»Damit kommen wir wieder auf die Seite der Guten«, sagte er. »Und falls die Republikaner versuchen, das Gesetz zu blockieren, werden wir es ihnen in den Hintern schieben.«

Es gab allen Grund anzunehmen, dass uns Mitch McConnell wegen neuer Finanzvorschriften bekämpfen würde. Schließlich beruhte seine Karriere darauf, gegen sämtliche Formen von Regierungsverordnungen zu sein (Umweltschutzgesetze, Arbeitsschutzgesetze, Betriebssicherheitsgesetze, Wahlkampffinanzierungsgesetze, Verbraucherschutzgesetze), die die Möglichkeiten amerikanischer Unternehmen einschränken könnten, das zu tun, was ihnen verdammt noch mal gefiel. Aber McConnell kannte auch die derzeitigen politischen Risiken – Wähler assoziierten mit der Republikanischen Partei immer noch Großindustrielle und Milliardäre mit Jachten –, und er wollte nicht, dass die grundsätzliche Einstellung seiner Partei gegen staatliche Regulationen dem Bemühen im Weg stand, die Mehrheit im Senat zu erlangen. Obwohl er kein Geheimnis aus seiner Absicht machte, die Verwirklichung meiner Agenda ständig zu behindern – ein Vorhaben, das nach Scott Browns Erfolg im Rennen um den Senatssitz von Massachusetts einfacher geworden war, da die Demokraten damit ihren sechzigsten Sitz verloren hatten –, ließ McConnell Tim in einer Besprechung in seinem Capitol-Hill-Büro wissen, bei der Wall-Street-Reform eine Ausnahme zu machen. »Er wird gegen alles stimmen, was wir vorschlagen«, erklärte uns Tim, als er von dem Meeting zurück war, »und das gilt auch für die meisten anderen in seiner Fraktion. Aber er hat gesagt, wir würden sicher fünf Republikaner finden können, die mit uns zusammenarbeiten wollen, und er wird nichts unternehmen, um sie zu stoppen.«

»Noch was?«, fragte ich.

»Nur, dass die Behinderungstaktik für sie funktioniert«, antwortete Tim. »Er schien ziemlich zufrieden mit sich zu sein.«

McConnells Zugeständnis an die öffentliche Stimmungslage war bedeutend, aber das hieß nicht, dass wir es leicht haben würden, die Wall-Street-Reform durch den Kongress zu bekommen. Die führenden Bankmanager zeigten immer noch weder Reue für die wirtschaftliche Verwüstung, die sie angerichtet hatten, noch Dankbarkeit für alles, was wir unternommen hatten, um sie aus dem Feuer zu holen (dass ich »anti-business« eingestellt sei, wurde ein regelmäßig erhobener Vorwurf in der Finanzwirtschaftspresse). Ganz im Gegenteil, die Banker betrachteten unsere Anstrengungen, die Vorschriften für ihre Geschäfte zu verschärfen, als unzumutbare Belastung, sogar als absolut anstößig. Außerdem unterhielten sie weiterhin eine der mächtigsten Lobbyistenmaschinen in Washington mit einflussreichen Wählerschaften in jedem Bundesstaat und vollen Taschen, um Wahlspenden an beide Parteien zu verteilen.

Über den totalen Widerstand der Banken hinaus mussten wir uns mit der schieren Komplexität unseres Unterfangens auseinandersetzen, das moderne Finanzsystem zu regulieren. Vorbei die Zeiten, als das meiste Geld Amerikas in einfachen Kreisschleifen lief und Banken das Ersparte ihrer Kundschaft dafür verwendeten, Familien und Unternehmen simple Darlehen zu gewähren. Mittlerweile bewegten sich innerhalb von Sekundenbruchteilen Billionen Dollar über etliche internationale Staatsgrenzen hinweg. Die Holdings von nicht traditionell geprägten Finanzoperationen wie Hedgefonds und Beteiligungsgesellschaften rivalisierten mit den Geschäften vieler Banken, während computergesteuerter Handel und exotische Finanzprodukte wie Derivate die Kraft besaßen, über Erfolg oder Scheitern ganzer Märkte zu entscheiden. Innerhalb der USA war die Kontrolle dieses diffusen Systems unter einer Reihe von Bundesbehörden aufgeteilt (Notenbank, Finanzministerium, Einlagensicherungsfonds, Börsenaufsicht, Aufsicht für den Warenterminhandel, Dienststelle zur Überwachung des Finanzwesens), die meist unabhängig voneinander tätig waren und erbittert ihr jeweiliges Revier verteidigten. Für eine wirkungsvolle Reform hieß das, diese unterschiedlichen Akteure in einen gemeinsamen ordnungspolitischen Rahmen zu pferchen; und es bedeutete auch, unsere Bemühungen mit denen anderer Staaten abzustimmen, damit Unternehmen nicht einfach ihre Transaktionen über ausländische Konten laufen lassen konnten, um die strengeren Vorschriften zu Hause zu umgehen.

Zu guter Letzt mussten wir auch mit den deutlichen Differenzen innerhalb der Demokratischen Partei fertigwerden, was Gestalt und Umfang der Reform betraf. Für jene, die der politischen Mitte näherstanden (und dazu gehörten Tim und Larry sowie die Mehrzahl der Demokraten im Kongress), hatte die aktuelle Krise ernste, aber korrigierbare Mängel in einem ansonsten soliden Finanzsystem aufgedeckt. Der Rang der Wall Street als überragendes Finanzzentrum der Welt hing von Wachstum und Innovation ab, so lautete das Argument, und Boom-Bust-Zyklen – mit entsprechenden Stimmungsschwankungen zwischen irrationaler Überschwänglichkeit und irrationaler Panik – waren charakteristische Merkmale des modernen Kapitalismus wie der menschlichen Psyche. Da es weder möglich noch überhaupt wünschenswert war, alle Risiken für Investoren oder Unternehmen zu beseitigen, waren die Ziele der Reform eng definiert: Leitplanken um das System herum zu schaffen, damit die übertriebensten Auswüchse von Risikoübernahmen reduziert würden, die Transparenz in den Geschäften großer Finanzinstitute gewährleistet wäre und »das System gegen Ausfälle abgesichert wird«, wie Larry es formulierte, sodass alle Einzelpersonen oder Geldhäuser, die faule Wetten abgeschlossen hatten, nicht alles mit sich in den Abgrund rissen.

Für viele Parteimitglieder des linken Flügels ging diese Art von zielorientierter Herangehensweise an die Reform bedauerlicherweise nicht weit genug, und sie sahen darin lediglich einen Aufschub der längst überfälligen Abrechnung mit einem System, das es unterließ, den Interessen ganz normaler Amerikaner zu dienen. Man gab dem aufgeblähten, moralisch fragwürdigen Finanzsektor die Schuld an einigen der bedenklichsten wirtschaftlichen Tendenzen – etwa dass Unternehmen lieber Kosten senkten und Personal abbauten, um kurzfristig Gewinne zu erzielen, anstatt langfristig zu investieren; oder die Methode bestimmter Private-Equity-Gesellschaften, schuldenfinanzierte Akquisen zu nutzen, um bestehende Unternehmen zu zerlegen und deren Teile mit unverdientem Profit weiterzuverkaufen; oder die stetig steigende Ungleichverteilung der Einkommen und die schrumpfende Steuerleistung der Superreichen. Um diese marktverzerrenden Effekte zu mindern und die Spekulationsekstasen zu stoppen, die schon so häufig Finanzkrisen heraufbeschworen hatten, drängten sie darauf, dass wir eine radikalere Generalüberholung der Wall Street in Betracht zögen. Die von ihnen favorisierten Reformen schlossen eine Begrenzung der Größe von US-Banken genauso ein wie die Wiedereinführung des Glass-Steagall Acts, eines Gesetzes, das nach der Weltwirtschaftskrise 1929 verabschiedet worden war. Es verbot den durch den Einlagensicherungsfonds des Bundes (FDIC) abgesicherten Banken, im Investmentbanking tätig zu werden, eine Verordnung, die unter Clinton größtenteils aufgehoben worden war.

Diese innerparteilichen Unterschiede im Zusammenhang mit der gesetzlichen Regulierung des Finanzsektors erinnerten mich in vielerlei Hinsicht an die Debatten um das Gesundheitswesen, als Befürworter der staatlichen Grundversorgung jegliche Anpassung an das bestehende private Versicherungssystem als Ausverkauf abgetan hatten. Und genauso wie in den gesundheitspolitischen Diskussionen hegte ich auch jetzt manche Sympathien für die Klagen von der linken Seite, was den Istzustand betraf. Statt das Kapital wirkungsvoll produktivem Nutzen zuzuführen, *hatte* die Wall Street tatsächlich mehr und mehr die Rolle eines Billionen-Dollar-Spielcasinos übernommen, und die ausufernden Profite und Gesamtvergütungen waren allzu sehr von immer größeren Fremdkapitalaufnahmen und Spekulationen abhängig. Die Sucht nach Quartalsgewinnen *hatte* unternehmerische Entscheidungen verzerrt und zu kurzfristigen Denkweisen ermutigt. Ortsungebunden, desinteressiert an den Auswirkungen der Globalisierung, insbesondere auf die Arbeiterschicht und Gemeinden, *hatten* die Finanzmärkte dazu beigetragen, die Verlagerung von Produktionsstätten ins Ausland zu beschleunigen und den Wohlstand auf wenige Städte und Wirtschaftszweige zu konzentrieren, sodass riesige Gebiete unseres Landes ohne Geld, Arbeit und Hoffnung dastanden.

Mutige Maßnahmen könnten Abhilfe schaffen, die meisten betrafen die Neuordnung der Steuern, die Stärkung von Arbeitnehmerrechten und neue Grundsätze der Unternehmensführung. Alle drei Themen standen oben auf meiner To-do-Liste.

Doch wenn es darum ging, die staatlichen *Finanz*märkte zu steuern, um das System zu stabilisieren, verfehlten die Rezepte der Linken das Ziel. Es gab keinen Beleg dafür, dass eine Größenbegrenzung der US-Banken die aktuelle Krise oder den notwendigen Eingriff vonseiten des Bundes, als sich das System aufzulösen begann, verhindert hätte. Die Aktiva von JPMorgan stellten die von Bear Stearns und Lehman Brothers in den Schatten, aber es waren gerade die in hohem Maße fremdfinanzierten Wetten dieser kleineren Banken auf verbriefte Subprime-Hypotheken gewesen, die die Panik ausgelöst hatten. An der letzten US-Finanzkrise in den Achtzigerjahren waren überhaupt keine Großbanken beteiligt gewesen; stattdessen war das System unter der Flut von hochriskanten Krediten Tausender kleiner, schlecht kapitalisierter Spar- und Darlehenskassen in Städten und kleineren Orten überall im Land in die Knie gegangen. Aufgrund der Reichweite ihrer Geschäfte hielten wir es für sinnvoll, Megabanken wie die Citigroup oder die Bank of America von den Aufsichtsbehörden zusätzlich kontrollieren zu lassen – aber ihre Aktiva zu halbieren, würde daran nichts ändern. Und da die Bankenkonzentration in den meisten europäischen und asiatischen Ländern sogar höher war als bei uns, hätte die Größenbegrenzung dazu geführt, unsere Banken auf dem internationalen Markt zu benachteiligen, und das alles, ohne das Gesamtrisiko des Systems auszuschalten.

Aus ähnlichen Gründen machte die Zunahme des Nicht-Banken-Sektors innerhalb des Finanzwesens die Unterscheidung nach Glass-Steagall zwischen Investmentbanken und Geschäftsbanken mit Einlagensicherung weitgehend obsolet. Zudem wurden die größten Wetten auf Subprime-Hypothekenpapiere – die von AIG, Lehman Brothers, Julius Bär, Merrill Lynch sowie Fannie Mae und Freddie Mac – nicht von Geschäftsbanken mit bundesstaatlicher Garantie getätigt. Investoren war es egal gewesen, dass es keine Garantien gab; sie hatten trotzdem so viel Geld in die Banken geschossen, dass das gesamte Finanzsystem gefährdet war, als diese zusammenbrachen. Umgekehrt gerieten die traditionellen Banken mit Einlagensicherung wie Washington Mutual und IndyMac in Schwierigkeiten, nicht weil sie sich wie Investmentbanken verhielten und hochfliegende Wertpapiere zeichneten, sondern weil sie tonnenweise Subprime-Kredite an unqualifizierte

Käufer ausgaben, um die eigenen Gewinne raufzutreiben. Angesichts der Tatsache, wie unkompliziert von da an Kapital zwischen den unterschiedlichen Finanzgebilden hin und her floss, um höhere Renditen zu erzielen, mussten wir uns zur Stabilisierung des Systems eher auf die riskanten zu drosselnden Praktiken konzentrieren als auf die jeweilige Ausrichtung der Bank.

Und dann war da die Frage der Politik. Wir verfügten nicht annähernd über die Abstimmungsmehrheit im Senat, um Glass-Steagall wiederaufleben oder ein Gesetz zur Verkleinerung von US-Banken verabschieden zu lassen, genauso wenig wie zuvor bei der Abstimmung um die gesundheitliche Grundversorgung. Selbst im Repräsentantenhaus waren die Demokraten besorgt, dass die Reform als zu weitreichend wahrgenommen werden könnte, vor allem wenn es dazu führte, dass die Finanzmärkte sich erneut zurückhielten und so die Wirtschaftslage verschlimmerten. »Meine Wähler hassen die Wall Street gerade, Mr President«, erklärte mir ein Parteikollege aus einem der Vororte, »aber die Leute wollen auch keine vollständige Demontage.« Nach drei qualvollen Jahren der Weltwirtschaftskrise mag Franklin Delano Roosevelt einst vielleicht das Mandat der Wähler besessen haben, alles zu versuchen, einschließlich der Restrukturierung des Amerikanischen Kapitalismus, aber weil wir teils bereits verhindert hatten, dass die Situation derart schlimm wurde wie damals, war unser Mandat, etwas zu ändern, sehr viel begrenzter. Unsere beste Möglichkeit, das Mandat auszuweiten, schätzte ich, bestand darin, ein paar Siege einzufahren, solange wir es konnten.

IM JUNI 2009, nach monatelanger Feinarbeit, war unser Gesetzentwurf für eine Finanzreform so weit, vor den Kongress gebracht zu werden. Und auch wenn er nicht alle Regelungen umfasste, die die Linken sich erhofft hatten, handelte es sich doch um einen äußerst anspruchsvollen Versuch, die Vorschriften des zwanzigsten Jahrhunderts an die Wirtschaft des einundzwanzigsten Jahrhunderts anzupassen.

Im Kern enthielt das Gesetzespaket den Vorschlag, den Kapitalanteil zu erhöhen, den alle »systemrelevanten« Finanzinstitute – ob echte Banken oder Nicht-Banken – verpflichtend als Rücklage bilden mussten. Mehr Kapital bedeutete weniger Fremdfinanzierung mit riskantem Einsatz. Größere Liquidität bedeutete, plötzliche Abwärtsbewegungen des Marktes besser überstehen zu können. Die wichtigsten Akteure der Wall Street zu zwingen, ein dickeres Finanzpolster gegen Verluste bereitzuhalten, würde das System im Ganzen stärken; und um zu gewährleisten, dass die Finanzinstitute ihre Ziele erreichten, würden sie sich zukünftig regelmäßig Stresstests unterziehen müssen, wie wir sie auch auf dem Höhepunkt der Krise angewandt hatten.

Als Nächstes benötigten wir einen formalen Ablauf, damit Unternehmen unabhängig von ihrer Größe auf geordnete Art und Weise bankrottgehen konnten, ohne das gesamte System anzustecken. Die Einlagensicherungsfonds besaßen bereits die Mittel, jede bundesstaatlich abgesicherte Bank durch ein strukturiertes Konkursverfahren zu führen, mit verbindlichen Vorschriften, wie Aktiva zu liquidieren und verbliebenes Vermögen unter den Gläubigern aufzuteilen war. Unser Gesetzentwurf verschaffte der Notenbank eine vergleichbare »Auflösungsbefugnis« über alle systemrelevanten Finanzinstitute, ob echte Banken oder nicht.

Um die einheitliche Vollstreckung zu verbessern, planten wir, die Funktionen und Zuständigkeitsbereiche der unterschiedlichen Bundesbehörden zu optimieren. Damit bei einer massiven Störung des Marktes schneller reagiert werden könnte, systematisierten wir die Berechtigungen für eine Reihe von Notfallplänen – »Schaumteppich auf der Landebahn« nannte das unser Wirtschaftsteam –, die die Notenbank und das Finanzministerium im Verlauf der jüngsten Krise angewendet hatten. Und um mögliche Probleme aufzufangen, bevor sie außer Kontrolle gerieten, verschärfte unser Gesetzentwurf die Regeln für spezialisierte Märkte, die einen Großteil des Finanzsystems ausmachten. Besondere Aufmerksamkeit galt dem Kauf und Verkauf von Derivaten, dieser häufig undurchschaubaren Form von Finanzinstrumenten, die dazu beigetragen hatten, im gesamten System die Verluste zu erhöhen, als der Subprime-Hypothekenmarkt zusammenbrach. Derivate besaßen einen legitimen Nutzen – alle Arten von Unternehmen verwendeten sie, um sich vor dem Risiko großer Währungsschwankungen oder Schwankungen bei Rohstoffpreisen zu schützen. Allerdings boten sie verantwortungslosen Börsenhändlern einige der besten Gelegenheiten für die Art von Zockereien mit hohen Einsätzen, die das gesamte System gefährdeten. Unsere Reformen sollten dafür sorgen, dass die meisten dieser Transaktionen künftig an Börsen abliefen, was klarere Vorschriften und eine stärkere Überwachung ermöglichte.

Der Großteil dieser Vorschläge war in hohem Maße technischer Natur. Er umfasste Aspekte des Finanzsystems, die der allgemeinen Öffentlichkeit verborgen blieben. Doch ein abschließender Abschnitt unseres Gesetzentwurfs hatte weniger mit der Hochfinanz zu tun als vielmehr mit dem Alltag der Menschen. Die Krise der Wall Street hätte ohne die Explosion der Subprime-Hypotheken nicht geschehen können. Und obwohl viele dieser Darlehen mit aufgeklärten Kreditnehmern abgeschlossen wurden – Leuten, die die vertrackten Risiken variabel verzinslicher Hypotheken und hoher Abschlussraten kannten, wenn sie Eigentumswohnungen in Florida an- und verkauften oder Ferienhäuser in Arizona erwarben –, wurde ein prozentual größerer Anteil an Familien der Arbeiterschicht verkauft. Viele von ihnen waren Schwarze und Hispanics, Leute, die glaubten, endlich Zugang zum amerikanischen Traum zu erhalten, nur um dann dabei zuzusehen, wie ihnen ihr Zuhause und ihre Ersparnisse bei Zwangsvollstreckungsverfahren genommen wurden.

Das Versagen, Verbraucher vor unfairen und irreführenden Kreditpraktiken zu schützen, bezog sich nicht allein auf Hypotheken. Fortwährend knapp an Geld, egal, wie hart sie arbeiteten, sahen sich Millionen Amerikaner mit exorbitant hohen Zinssätzen, versteckten Gebühren und schlicht miesen Bedingungen von allen möglichen Seiten konfrontiert: Kreditkartenausstellern, Kurzzeitkreditanbietern (viele im Stillen im Besitz von erstklassigen Banken oder von diesen finanziert), Billigversicherern, Gebrauchtwagenhändlern, Möbelgeschäften mit Ratenzahlungsplänen sowie Anbietern von Umkehrhypotheken. Häufig fanden sie sich in einer Abwärtsspirale aus wachsenden Schulden, versäumten Zahlungen, Kreditkündigungen und Zwangsenteignungen wieder, sodass sie letztlich schlechter dastanden als zu Beginn. Überall im Land trugen zwielichtige Geschäftspraktiken der Finanzbranche dazu bei, die finanzielle Ungleichverteilung zu verstärken, Aufstiegsmöglichkeiten einzuschränken und die Art von verborgenen Schuldenblasen zu fördern, die die Volkswirtschaft verwundbarer machte für größere Krisen.

Nachdem ich bereits das Gesetz zur Reform des Kreditkartenwesens unterzeichnet hatte, war ich mit meinem Team einer Meinung, dass die Folgen der Krise uns die einzigartige Möglichkeit boten, weitere Fortschritte an der Verbraucherschutzfront zu machen. Wie es der Zufall wollte, war die Harvard-Juraprofessorin und Expertin für Insolvenzen Elizabeth Warren auf eine Idee gekommen, die eventuell genau die Wirkung hätte, nach der wir suchten: Sie schlug eine neue Behörde zum Schutz von Verbraucherfinanzen vor, sodass die Löcher des Flickenteppichs aus bestehenden, punktuell wirksamen regionalen und bundesstaatlichen Verordnungen geschlossen und die Verbraucher auf die gleiche Weise vor dubiosen Finanzprodukten geschützt werden könnten, wie sich die Consumer Product Safety Commission darum kümmerte, minderwertige oder gefährliche Konsumgüter aus den Supermarktregalen zu verbannen.

Schon lange bewunderte ich die Arbeit von Warren, das reichte zurück bis zu ihrem 2003 erschienenen Buch *The Two-Income Trap*, in dem sie und ihre Koautorin Amelia Warren Tyagi eine prägnante und engagierte Beschreibung des wachsenden Drucks lieferten, dem berufstätige Eltern mit Kindern ausgesetzt waren. Anders als die meisten Wissenschaftler hatte Warren eine Begabung, Finanzanalysen in Geschichten zu übertragen, die ein normaler Mensch verstehen konnte. In den darauffolgenden Jahren hatte sich Warren als eine der erfolgreichsten Kritikerinnen der Finanzbranche hervorgetan, weshalb Harry Reid sie zur Vorsitzenden des TARP-Kontrollausschusses im Kongress ernannte.

Tim und Larry waren offensichtlich weniger angetan von Warren als ich, denn beide waren wiederholt aufgefordert worden, vor ihrem Ausschuss zu erscheinen. Zwar schätzten sie Warrens Intelligenz und unterstützten ihre Idee einer Behörde zum Schutz von Verbraucherfinanzen, allerdings hielten die beiden Warren für etwas wichtigtuerisch. »Sie ist echt gut darin, uns herunterzuputzen«, sagte Tim in einem unserer Meetings, »sogar, wenn sie weiß, dass es keine ernst zu nehmenden Alternativen zu dem gibt, was wir schon tun.«

Gespielt überrascht schaute ich auf. »Tja, das ist ja erschütternd«, entgegnete ich. »Ein Mitglied eines Kontrollausschusses, das nach Beifall heischt? Rahm, haben Sie je von so etwas gehört?«

»Nein, Mr President«, antwortete Rahm. »Das ist skandalös.«

Sogar Tim musste daraufhin lächeln.

DAS VERFAHREN, DIE Wall-Street-Reform durch den Kongress zu schleusen, gestaltete sich nicht weniger arbeitsintensiv als beim Affordable Care Act, erhielt jedoch nicht annähernd so viel Aufmerksamkeit. Zum Teil hatte das mit dem Thema zu tun. Selbst Kongressmitglieder und Lobbyisten, die vorhatten, das Gesetz zu Fall zu bringen, hielten sich zurück, weil sie so bald nach der Krise nicht als Verteidiger der Wall Street dastehen wollten. Viele der feineren Details des Gesetzes waren außerdem zu schwer verständlich, als dass es Interesse in der Boulevardpresse hervorgerufen hätte.

Ein Punkt, der doch in den Schlagzeilen aufgegriffen wurde, betraf einen Antrag des ehemaligen Vorsitzenden der Notenbank Paul Volcker, Banken mit Einlagensicherung des Bundes zu untersagen, Eigenhandel, eigene Hedgefonds oder Private-Equity-Fonds zu betreiben. Laut Volcker bot diese Art Vorschrift einen einfachen Weg, einige der vernünftigen Grenzen zu erhalten, die die Glass-Steagall-Verordnungen Geschäftsbanken auferlegt hatten. Ehe wir uns versahen, wurde unsere Bereitschaft, die »Volcker Rule« in unser Gesetz aufzunehmen, für viele aus dem linken Flügel ein Lackmustest, wie ernst wir es mit der Wall-Street-Reform meinten. Volcker, ein schroff daherkommender, Zigarren rauchender, zwei Meter großer Ökonom taugte nicht gerade als Held der Progressiven. 1980 hatte er als Notenbankvorsitzender den US-Leitzins auf noch nie da gewesene zwanzig Prozent erhöht, um der damals in den USA wütenden Inflation das Genick zu brechen, was eine brutale Rezession und eine Arbeitslosenquote von zehn Prozent nach sich zog. Die bittere Pille der Fed hatte seinerzeit die Gewerkschaften und viele Demokraten erbost; andererseits hatte sie nicht nur die Inflation eingedämmt, sondern auch geholfen, den Grundstein für ein stabiles Wirtschaftswachstum in den Achtziger- und Neunzigerjahren zu legen. Volcker war fortan eine sowohl in New York als auch in Washington hochgeachtete Persönlichkeit.

In den vergangenen Jahren hatte sich Volcker zu einem unverblümten Kritiker der schlimmsten Exzesse an der Wall Street entwickelt, was ihm einige liberale Bewunderer eintrug. Schon früh hatte er meinen Wahlkampf unterstützt, und ich schätzte seinen Rat so sehr, dass ich ihn zum Vorsitzenden einer Beratergruppe für die Wirtschaftskrise ernannte. Sein nüchternes Auftreten und sein überzeugter Glaube an marktwirtschaftliche Leistungsfähigkeit sowie staatliche Institutionen und das Gemeinwohl unterstützten den Eindruck alter Schule (meine Großmutter hätte ihn gemocht), und nach einem Vieraugengespräch im Oval Office war ich überzeugt, dass sein Vorschlag, Eigenhandelsgeschäfte der Banken zu unterbinden, sinnvoll war. Tim und Larry reagierten allerdings skeptisch, als ich die Idee mit ihnen diskutierte, und argumentierten, die Angelegenheit sei schwer durchzusetzen und verstoße möglicherweise gegen rechtmäßige Dienstleistungen, die Banken ihren Kunden anboten. Auf mich wirkte die Argumentation der beiden fadenscheinig – eine der wenigen Gelegenheiten im Verlauf unserer gemeinsamen Arbeit, bei der ich das Gefühl hatte, die beiden hegten mehr Sympathien für die Perspektive der Finanzbranche, als gerechtfertigt war –, und wochenlang setzte ich sie in der Sache unter Druck. Anfang 2010, als Tim sich immer besorgter zeigte, dass der Schwung für eine Wall-Street-Reform langsam nachließ, empfahl er schließlich, dass wir eine Version der Volcker Rule in unser Gesetzespaket aufnehmen sollten.

»Wenn uns das hilft, das Gesetz durchzubringen«, sagte Tim, »finden wir schon einen Weg, damit es auch funktioniert.«

Für Tim war dies eines seiner raren Zugeständnisse an die öffentliche Wahrnehmung von Politik. Axe und Gibbs, die ständig meinen Posteingang mit Meinungsumfragen füllten, die belegten, dass sechzig Prozent der Wähler der Ansicht waren, meine Regierung gehe zu freundlich mit den Banken um, waren begeistert von der Neuigkeit; sie schlugen vor, dass wir das Vorhaben im Beisein von Volcker im Weißen Haus bekannt geben sollten. Ich fragte, ob die allgemeine Öffentlichkeit solch eine obskure Änderung der Vorschriften verstehen würde.

»Sie müssen sie nicht verstehen«, sagte Gibbs. »Wenn die Banken sie verabscheuen, werden die Menschen sie für etwas Gutes halten.«

Da nun die Eckdaten unseres Gesetzes standen, war es an Barney Frank, dem Vorsitzenden des Finanzausschusses des Repräsentantenhauses, und an Chris Dodd, dem Vorsitzenden des Bankenausschusses im Senat, beide seit neunundzwanzig Jahren Kongressmitglieder, mit für die Verabschiedung zu sorgen. Sie waren ein ungleiches Paar. Barney hatte sich einen Namen als liberaler Hitzkopf gemacht und war das erste Kongressmitglied gewesen, das sich als schwul outete. Seine dicken Brillengläser, unordentlichen Anzüge und sein starker Jersey-Dialekt verliehen ihm die Ausstrahlung eines Arbeiters, und er war so zäh, klug und kompetent wie nur irgendeiner im Kongress. Er besaß einen scharfen, schnell feuernden Witz, sodass er bei Pressevertretern sehr beliebt und bei politischen Gegnern gefürchtet war. (Als ich an der Harvard Law School studierte, hielt Barney einmal einen Vortrag vor einem meiner Seminare, und dabei putzte er mich runter, als ich etwas wissen wollte, was er offenbar für eine dumme Frage hielt. Ich fand nicht, dass sie dumm war. Glücklicherweise erinnerte er sich später nicht mehr an unsere erste Begegnung.)

Chris Dodd hingegen wirkte wie der perfekte Washington-Insider. Makellos gekleidet, das silberne Haar glänzend und gut sitzend wie bei einem Nachrichtenmoderator im Fernsehen, immer bereit, ein wenig Capitol-Hill-Klatsch oder eine irische Flunkergeschichte zu verbreiten. Er war mit Politik aufgewachsen – sein Vater war US-Senator gewesen und er selbst einer der besten Freunde von Ted Kennedy und unabhängig von seinem liberalen Stimmverhalten Kumpel einer Vielzahl von Wirtschaftslobbyisten. Während meiner Zeit im Senat hatten wir eine herzliche Beziehung entwickelt, die in Teilen auf Chris' gutmütigem Bekenntnis zur Absurdität dieses Ortes beruhte (»Das finden Sie doch nicht ganz astrein, oder?«, fragte er augenzwinkernd, nachdem irgendein Kollege einen leidenschaftlichen Appell für ein Gesetz abgegeben hatte, obwohl er hinter den Kulissen dasselbe Gesetz aktiv untergrub). Aber Chris war stolz auf seine Wirksamkeit als Abgeordneter, und er war eine der maßgeblichen Kräfte hinter so einflussreichen Gesetzen wie dem Family and Medical Leave Act gewesen, das im Krankheitsfall vor dem Arbeitsplatzverlust schützte.

Barney und Chris waren ein überragendes Team, jeder passte perfekt zur politischen Wirklichkeit seiner jeweiligen Kammer. Die Stimmenmehrheit der Demokraten im Repräsentantenhaus bedeutete, dass die Verabschiedung der Finanzreform außer Frage stand. Unsere Hauptaufgabe lautete, die eigenen Parteimitglieder auf Kurs zu halten. Barney beherrschte nicht nur alle legislativen Details, er besaß innerhalb der Fraktion der Demokraten auch die Glaubwürdigkeit, um untaugliche Forderungen von progressiven Parteifreunden zu mäßigen, und das Durchsetzungsvermögen, um Bestrebungen seitens geschäftsorientierterer Demokraten abzuwehren, das Gesetz im Interesse von Lobbygruppen zu verwässern. Im Senat brauchten wir jede Stimme, die wir kriegen konnten, und Chris' geduldige Art, auf jeden wie auf einen kranken Gaul einzureden, und seine Bereitschaft, selbst die bockigsten Republikaner gewinnen zu wollen, halfen, die Nerven konservativer Demokraten zu besänftigen; ferner verschaffte er uns eine nützliche Verbindung zu Wirtschaftslobbyisten, die zwar gegen das Gesetz opponierten, Chris aber nicht beängstigend fanden.

Trotz dieser Pluspunkte war der Prozess, das später als »Dodd-Frank« bekannte Gesetzespaket durch den Kongress zu bringen, wieder mit der gleichen Art von »Wurstherstellung« verbunden, die schon bei der Verabschiedung der Gesundheitsreform notwendig gewesen war, mit vielen Kompromissen, über die ich mich oft im Stillen aufregte. Trotz starker Einwände von unserer Seite, erhielten die Autohändler eine Ausnahme von der Aufsicht durch unsere neue Verbraucherschutzbehörde: Da in jedem Kongresswahlkreis prominente Autohäuser vertreten waren, von denen viele wegen ihrer finanziellen Förderung von Jugendmannschaften und Spenden an örtliche Krankenhäuser als Stützen der Gemeinden galten, hatten selbst die größten ordnungspolitischen Anhänger unter den Demokraten Angst vor einer möglichen Gegenreaktion. Unser Bemühen, die Vielzahl von Regulierungsbehörden zur Beaufsichtigung des Finanzsektors zu straffen, starb einen unrühmlichen Tod: Da jede Behörde dem Zuständigkeitsbereich eines anderen Kongressausschusses angehörte (die Behörde zur Regulierung der Futures- und Optionsmärkte für Handelswaren [CFTC] beispielsweise berichtete an die Ausschüsse für den Agrarsektor im Senat und Repräsentantenhaus), wehrten sich Ausschussvorsitzende der Demokraten vehement gegen die Vorstellung, ihren Einfluss auf einen Teil der Finanzbranche zu verlieren. Wie Barney Tim erklärte, wäre es zwar vorstellbar, die Börsenaufsichtsbehörde SEC und die CFTC zusammenzuführen, »nur eben nicht in den Vereinigten Staaten«.

Im Senat, wo die Notwendigkeit, die Grenze von sechzig Stimmen zu überwinden, um einem Filibuster zu entgehen, jedem Senator ein

Druckmittel an die Hand gab, mussten wir mit allen möglichen individuellen Wünschen fertigwerden. Der Republikaner Scott Brown, gerade als Sieger aus einem Wahlkampf hervorgegangen, in dem er gegen Harry Reids diverse »Hinterzimmer-Deals« gewettert hatte, die nötig gewesen waren, um die Gesundheitsreform durchzubringen, deutete an, für die Wall-Street-Reform stimmen zu wollen – doch nicht ohne einen eigenen Deal: Er fragte an, ob wir zwei bevorzugte Banken in Massachusetts von den neuen Vorschriften befreien könnten. Die Ironie, die darin lag, sah er nicht. Eine Gruppe eher linker Demokraten brachte mit großem Tamtam eine zusätzliche Klausel ein, von der sie behaupteten, dass sie die in der Volcker Rule enthaltenen Beschränkungen für den Eigenhandel noch verschärfen würde. Las man allerdings das Kleingedruckte, dann bot der Zusatzartikel Schlupflöcher für ein ganzes Sammelsurium an Einzelinteressen – die Versicherungsbranche, Immobilienunternehmen, Trusts und, und, und –, die in den jeweiligen Staaten der Senatoren von großer Bedeutung waren.

»Bloß ein weiterer Tag in der größten beratenden Körperschaft der Welt«, sagte Chris.

Manchmal kam ich mir vor wie der Fischer in Hemingways *Der alte Mann und das Meer*, denn während ich versuchte, meinen Fang an Land zu ziehen, nagten schon die Haie daran. Doch die Wochen vergingen, und das Herzstück unserer Reformen überlebte den Änderungsprozess erstaunlich intakt. Eine Reihe Klauseln, die von Kongressmitgliedern eingebracht wurden, verbesserten das Gesetz sogar – die optimierte Offenlegung der Geschäftsführervergütung in Aktiengesellschaften, erhöhte Transparenz bei Kreditratingagenturen und neue Rückholmechanismen, um leitende Angestellte der Wall Street daran zu hindern, sich mit millionenschweren Boni aus dem Staub zu machen, die aus fragwürdigen Praktiken resultierten. Dank der engen Kooperation unserer zwei Hauptunterstützer verlief die Sitzung, in der es darum ging, die Kongress- und die Senatsversion des Gesetzes unter einen Hut zu bringen, ohne den parteiinternen Hickhack, der bei den Verhandlungen über das Gesundheitswesen noch eine Rolle gespielt hatte. Und Mitte Juli 2010, nach einer 237-zu-192-Abstimmung im Repräsentantenhaus und 60 zu 39 Stimmen im Senat (in jeder Kammer stimmten also drei Republikaner mit »aye«), fand die Zeremonie im Weißen Haus statt, bei der ich den Dodd-Frank Wall Street Reform and Consumer Protection Act unterzeichnete.

Es war ein bedeutender Triumph: die umfassendste Änderung der Vorschriften zur Regulierung des US-amerikanischen Finanzsektors seit dem New Deal. Das Gesetz hatte seine Schwachstellen und ungewollten Kompromisse, und mit Sicherheit beendete es nicht jeglichen Fall von Dummheit, Gier, Kurzsichtigkeit oder Unehrlichkeit an der Wall Street. Doch wir hatten die Entsprechung zu »besseren Bauverordnungen, Rauchdetektoren und Sprinkleranlagen« geschaffen, wie Tim es gern beschrieb. Dodd-Frank verhinderte damit etliche leichtsinnige Praktiken, stattete Regulierungsbehörden mit Instrumenten aus, die halfen, Finanzmarktbrände zu löschen, bevor sie außer Kontrolle gerieten, und würde Krisen in der Größenordnung, wie wir sie gerade erlebt hatten, weniger wahrscheinlich machen. Und mit der neu geschaffenen Behörde für Verbraucherschutz im Finanzsektor (CFPB) hatten amerikanische Familien einen machtvollen Beistand auf ihrer Seite. Die Menschen konnten nun einen faireren, transparenteren Kreditmarkt erwarten und reelle Rücklagen, wenn sie vorhatten, ein Haus zu kaufen, ein Auto zu finanzieren, wenn sie mit familiären Notlagen zu kämpfen hatten, ihre Kinder aufs College schicken wollten oder ihren Ruhestand planten.

Auch wenn mein Team und ich auf das Erreichte stolz sein konnten, mussten wir doch auch eingestehen, was bereits vor der Unterzeichnung des Gesetzes klar wurde: Dodd-Franks historische Reformen verliehen uns politisch nicht viel Auftrieb. Trotz heldenhafter Anstrengungen von Favs und meinen anderen Redenschreibern war es schwierig, »Derivat-Clearinghäuser« und »Eigenhandelssperren« nach Wandel klingen zu lassen. Die meisten Verbesserungen des Finanzsystems, die das Gesetz bewirkte, blieben der Öffentlichkeit verborgen – man sah sie eher als Sache, die schlechte Ergebnisse verhinderte, weniger als Sache, die greifbare Vorteile brachte. Die Idee einer Verbraucherschutzbehörde für Finanzprodukte kam bei den Wählern gut an, aber es brauchte Zeit, sie aufzubauen, und die Leute benötigten umgehend Hilfe. Konservative kritisierten das Gesetzespaket als Garantie künftiger Bailouts und als weiteren Schritt in Richtung Sozialismus. Die Progressiven waren unzufrieden, weil wir nicht mehr unternommen hatten, um das Bankwesen umzugestalten. Wähler konnten daher leicht zu dem Schluss kommen, dass der Lärm und Furor rund um Dodd-Frank nichts weiter bedeuteten als den üblichen Rummel in Washington – vor allem, da zum Zeitpunkt, als das Gesetz verabschiedet wurde, alle nur noch über ein klaffendes, sprudelndes Loch im Meeresboden sprachen.

KAPITEL 23

DIE ERSTEN BOHRINSELN im Golf von Mexiko waren einfache Konstruktionen. Ende der dreißiger Jahre des vergangenen Jahrhunderts begannen die Ölfirmen, im seichten Wasser vor der Küste hölzerne Förderplattformen zu bauen. Der technologische Fortschritt und der unablässig wachsende Durst nach Öl veranlassten die Unternehmen, sich immer weiter vom Land zu entfernen, und im Jahr 2010 lagen vor den Küsten von Texas, Louisiana, Mississippi und Alabama mehr als dreitausend Bohrinseln und Produktionsplattformen, die sich wie Burgen auf Stelzen vor dem Horizont abzeichneten. Sie wurden ein Symbol für die zentrale Rolle, die das Erdöl in der regionalen Wirtschaft spielte: Es brachte den Anrainerregionen jedes Jahr Milliarden Dollar an Einnahmen, und der Lebensunterhalt Zehntausender Menschen hing direkt oder indirekt davon ab, die Überreste uralter Pflanzen und Tiere, die von der Natur in ein zähflüssiges, nun unter dem Meeresboden schlummerndes, schwarzes Gold umgewandelt worden waren, nach oben zu befördern.

Kaum eine Bohrinsel war beeindruckender als die *Deepwater Horizon,* eine Explorationsplattform, die eine halbe Milliarde Dollar gekostet hatte. Die mobile, rund dreißig Stockwerke hohe Halbtaucherkonstruktion, die länger als ein Footballfeld war, konnte in bis zu dreitausend Meter tiefen Gewässern betrieben werden und Explorationsbohrungen bis in eine Tiefe von noch einmal einigen Tausend Metern mehr vornehmen. Der Betrieb einer Bohrplattform dieser Größe kostete rund eine Million Dollar am Tag, aber für die großen Ölfirmen lohnte sich diese Ausgabe. Ihr stetiges Wachstum und der Anstieg ihrer

Gewinne hingen davon ab, dass sie riesige Ölvorkommen erschlossen, die in zuvor als unerreichbar geltenden Tiefen verborgen lagen.

Eigentümer der *Deepwater Horizon* war die in der Schweiz ansässige Firma Transocean. Seit 2001 war die Explorationsplattform an BP verleast, einen der größten Ölkonzerne der Welt. BP setzte die Plattform ein, um in amerikanischen Hoheitsgewässern im Golf von Mexiko Ölfelder unter dem Meeresboden zu erschließen, und hatte mindestens zwei riesige und potenziell lukrative Vorkommen entdeckt. Eines dieser Felder namens Tiber enthielt einen atemberaubenden Vorrat von schätzungsweise drei Milliarden Barrel Öl. Um das Ölfeld zu erreichen, hatten die Crews der *Deepwater* im Jahr 2009 eine der tiefsten Bohrungen überhaupt durchgeführt und in einer Meerestiefe von gut 1250 Metern ein Bohrloch von fast 10 700 Metern Tiefe in die Erde getrieben. Das heißt, die unter der Meeresoberfläche liegende Strecke übertraf die Höhe des Mount Everest.

In der Hoffnung, diesen Erfolg zu wiederholen, verlegte BP seine Explorationsplattform Anfang des Jahres 2010 zu einem weiteren potenziell ergiebigen Vorkommen, dem Macondo-Ölfeld. Das rund achtzig Kilometer von der Küste Louisianas entfernte Macondo lag mit »nur« etwa sechstausend Metern nicht ganz so tief unter der Erde wie Tiber. Aber bei solchen Tiefseebohrungen gab es keine Routine. Die Techniker standen bei der Erschließung jedes Vorkommens vor einzigartigen Herausforderungen und mussten oft wochenlang experimentieren, komplexe Berechnungen anstellen und improvisieren. Und wie sich herausstellte, waren die Bedingungen in Macondo besonders schwierig, vor allem aufgrund des instabilen Gesteins und erheblicher Schwankungen des Flüssigkeitsdrucks.

Das Erschließungsvorhaben fiel rasch mehrere Wochen hinter den Zeitplan zurück, was BP Millionen kostete. Ingenieure, Entwickler und Subunternehmer stritten über verschiedene Aspekte der Bohrung. Trotzdem erreichte die Explorationsbohrung am 20. April eine Tiefe von gut fünfeinhalb Kilometern unter der Meeresoberfläche, und das Ziel schien fast erreicht. Ein Team von Halliburton, das Ausrüstung und Dienstleistungen zu dem Projekt beisteuerte, pumpte Zement in den Ringraum, um die Verrohrung zu befestigen und das Bohrloch abzudichten. Als sich der Zement gesetzt hatte, begannen die BP-Techniker mit verschiedenen Sicherheitstests, bevor die *Deepwater Horizon* für ihren nächsten Einsatz zu einem anderen Ölfeld verlegt werden sollte.

Kurz nach fünf Uhr nachmittags stellte sich bei einem dieser Tests heraus, dass offenbar Gas durch den Zement austrat, was auf eine potenziell gefährliche Situation hindeutete. Doch die BP-Ingenieure entschlossen sich, trotz der Warnsignale an ihrem Plan festzuhalten und das schlammige Schmiermittel abzupumpen, das während der Bohrung eingeleitet worden war, um Druckschwankungen auszugleichen. Um einundzwanzig Uhr dreißig strömte ein mächtiger Gasschwall in das Bohrrohr. Ein vierhundert Tonnen schwerer Aufsatz mit Absperrventilen, Blowout-Preventer genannt, der das Bohrloch im Fall eines plötzlichen Druckanstiegs versiegeln sollte, funktionierte nicht, was zur Folge hatte, dass das unter hohem Druck ausströmende entzündliche Erdgas aufstieg und eine schwarze Fontäne schlammigen Schmierstoffs durch die Plattform schoss. Im Maschinenraum der Bohrplattform sammelte sich Gas, das sich kurz darauf entzündete. Mehrere Explosionen erschütterten die ganze Konstruktion, und eine Feuersäule erhellte den Nachthimmel. Die Besatzung flüchtete sich in die Rettungsboote oder sprang in das mit Trümmern übersäte Wasser. Von den hundertsechsundzwanzig Besatzungsmitgliedern konnten sich achtundneunzig unverletzt in Sicherheit bringen, siebzehn wurden verletzt, und elf Plattformarbeiter blieben verschollen. Die *Deepwater Horizon* brannte die folgenden sechsunddreißig Stunden; der riesige Feuerball und die Rauchwolke waren aus vielen Kilometern Entfernung zu sehen.

ICH HIELT MICH im Wohntrakt auf, als ich von der Katastrophe im Golf erfuhr, und war gerade von einem Treffen mit Spendern an der Westküste zurückgekehrt, wo ich Geld für demokratische Kongresskandidaten eingesammelt hatte. Mein erster Gedanke war: »Nicht schon wieder.« Vor nur fünfzehn Tagen hatte eine Kohlenstaubexplosion in der Upper Big Branch Mine von Massey Energy in West Virginia neunundzwanzig Bergleute getötet. Es war das schlimmste Grubenunglück in den Vereinigten Staaten seit fast vierzig Jahren gewesen. Obwohl sich die Untersuchungen zur Unfallursache noch in einer frühen Phase befanden, wussten wir bereits, dass Massey in der Vergangenheit immer wieder gegen Sicherheitsbestimmungen verstoßen hatte. Auf der *Deepwater*-Bohrinsel hatte es hingegen in sieben Jahren keinen ernst zu nehmenden Unfall gegeben. Dennoch sah ich Parallelen zwischen den beiden Ereignissen. Die Abhängigkeit der Welt von fossilen Energieträgern verursachte hohe menschliche Kosten: So viele Menschen mussten jeden Tag ihre Lungen, ihre Glieder und manchmal ihr Leben aufs Spiel setzen, um unsere Benzintanks zu füllen und dafür zu sorgen, dass die Lichter nicht ausgingen – abgesehen davon, dass sie fernen Managern und Aktionären unerhörte Gewinne sicherten.

Mir war auch klar, dass der Unfall erhebliche Auswirkungen auf unsere Vorhaben im Energiesektor haben würde. Einige Wochen zuvor hatte ich dem Innenministerium die Befugnis zum Verkauf der Rechte zur Erschließung bestimmter Vorkommen vor der Küste erteilt, was die Erkundung (wenn auch noch nicht die tatsächliche Ausbeutung) von Ölvorkommen im Osten des Golfs von Mexiko und in einigen Gewässern vor der Atlantikküste und vor Alaska ermöglichen würde. Damit hatte ich eines meiner Wahlkampfversprechen eingelöst: Angesichts steigender Treibstoffpreise und der wachsenden öffentlichen Zustimmung zum Vorschlag McCains und Palins, die Hoheitsgewässer vor den amerikanischen Küsten vollkommen für die Erschließung zu öffnen, hatte ich versprochen, im Rahmen einer Strategie zur Nutzung sämtlicher Energieträger eine eher begrenzte Ausweitung der Bohrungen in Erwägung zu ziehen. Die Gestaltung des Übergangs zu sauberer Energie in der Zukunft würde Jahrzehnte in Anspruch nehmen; bis dahin hatte ich nichts dagegen einzuwenden, die heimische Förderung von Erdöl und Erdgas zu erhöhen, um die Abhängigkeit der Vereinigten Staaten von Ölstaaten wie Russland und Saudi-Arabien zu verringern.

Vor allem war meine Entscheidung, neue Explorationsbohrungen zu erlauben, ein allerletzter Versuch, unsere Klimaschutzgesetzgebung zu retten, die mittlerweile an einem seidenen Faden hing. Als sich der republikanische Senator Lindsey Graham im vorangegangenen Herbst bereit erklärt hatte, dabei zu helfen, einen überparteilichen Gesetzentwurf für den Klimaschutz zustande zu bringen, hatte er uns gewarnt, wir müssten Zugeständnisse machen, wenn wir uns genug republikanische Stimmen sichern wollten, um einen Filibuster zu überwinden – und mehr Offshorebohrungen standen ganz oben auf seiner Liste. Joe Lieberman und John Kerry nahmen Graham beim Wort und bemühten sich mehrere Monate gemeinsam mit Carol Browner darum, die Umweltschutzgruppen davon zu überzeugen, dass es sich lohne, Konzessionen zu machen, weil die Umweltrisiken der Tiefseebohrungen durch technologische Verbesserungen verringert worden seien und weil jede abschließende Vereinbarung die Ölkonzerne davon abhalten werde, in empfindlichen Ökosystemen wie dem Arctic National Wildlife Refuge aktiv zu werden.

Zumindest einige Umweltschutzgruppen waren bereit, mit uns zusammenzuarbeiten. Doch leider wurde im Lauf der Monate klar, dass Graham seinen Teil der Vereinbarung nicht würde einhalten können. Nicht, dass er es nicht versucht hätte: Er bemühte sich, die Ölkonzerne für eine Einigung zu gewinnen, und umwarb gemäßigte Republikanerinnen wie Susan Collins und Olympia Snowe sowie Senatoren aus Öl-Bundesstaaten, darunter Lisa Murkowski aus Alaska, um sie für eine Beteiligung an der Gesetzesvorlage zu gewinnen. Aber so viele Zugeständnisse Kerry und Lieberman auch anboten, Graham konnte in der republikanischen Fraktion keine Interessenten finden. Der politische Preis für die Zusammenarbeit mit meiner Regierung war weiterhin zu hoch.

Auch Graham selbst war wegen seiner Mitarbeit an dem Gesetzentwurf in die Schusslinie geraten und wurde sowohl von seinen Wählern als auch von den konservativen Medien angegriffen. Nun stellte er immer höhere Forderungen für seinen Beistand, womit er es Kerry erschwerte, die Umweltschützer bei der Stange zu halten. Selbst unsere Ankündigung, die Öffnung weiterer Gebiete für Bohrungen ermöglichen zu wollen, zog Grahams Ärger auf sich; anstatt darin eine Geste des guten Willens von unserer Seite zu sehen, beklagte er sich darüber, dass wir ihm damit ein wichtiges Druckmittel bei Verhandlungen weggenommen hätten. Es ging das Gerücht, dass er nur auf eine Gelegenheit wartete, um ohne Gesichtsverlust abspringen zu können.

All das geschah vor dem *Deepwater*-Unfall. In dem Moment, als die Höllenbilder einer brennenden Bohrplattform überall in den Nachrichten waren, wussten wir, dass die Umweltschutzgruppen keinem

Gesetz mehr zustimmen würden, das eine Ausweitung der Tiefseebohrungen zuließe. Das wiederum würde Graham den ersehnten Vorwand liefern, von Bord zu gehen. Wie ich es auch drehte, ich gelangte immer zum selben Schluss: Die ohnehin geringe Chance, das Klimaschutzgesetz noch vor den Midterm-Wahlen durch den Kongress zu bringen, hatte sich in Rauch aufgelöst.

AM MORGEN NACH DEM BLOWOUT auf der *Deepwater Horizon* fand ich etwas Trost in Berichten, aus denen hervorging, dass ein Großteil des durch die Explosion freigesetzten Öls an der Meeresoberfläche verbrannte, womit die Gefahr verheerender Umweltschäden zumindest geringfügig sank. Carol teilte mir mit, dass Löschschiffe von BP sowie die amerikanische Küstenwache rasch am Unglücksort gewesen seien, dass nach den verschollenen Besatzungsmitgliedern gesucht werde und dass wir in engem Kontakt mit den staatlichen und örtlichen Behörden stünden. Gemäß einem Bundesgesetz, das nach dem Unfall des Tankers *Exxon Valdez* in Alaska im Jahr 1989 verabschiedet worden war, trug BP die alleinige Verantwortung für die Bekämpfung der Ölpest. Dennoch mobilisierte ich die Küstenwache, die Umweltschutzbehörde EPA und das Innenministerium, damit sie sich ein Bild von den Schäden machten und dem Unternehmen jede Hilfestellung gäben, die es brauchte.

In der Annahme, die Situation sei im Großen und Ganzen unter Kontrolle, nahm ich meine Termine wahr und reiste am nächsten Tag nach New York, wo ich eine Rede über die Finanzmarktreform halten sollte. Doch als ich dort eintraf, erfuhr ich, dass die Katastrophe mittlerweile ein neues Ausmaß angenommen hatte. Das Inferno hatte die Struktur der Bohrinsel derart geschwächt, dass sie zusammengebrochen und im Meer versunken war, wobei sie eine schwarze Rauchwolke ausspie, als sämtliche dreiunddreißigtausend Tonnen Stahl in der Tiefe verschwanden und mit einiger Sicherheit die Unterwasserbauten unter sich beschädigten. Da die Zahl der Unwägbarkeiten rasch stieg, bat ich Rahm, für meine Rückkehr eine Informationsrunde anzusetzen, an der Admiral Thad Allen, der Kommandeur der Küstenwache, Janet Napolitano vom Heimatschutzministerium und Innenminister Ken Salazar, dessen Ressort für die Bohrungen vor der Küste zuständig war, teilnehmen sollten. Wie sich herausstellte, war nur ein einziger Termin für die Besprechung frei: um sechs Uhr abends, sofort im Anschluss an eine Ansprache vor mehreren Hundert Personen, die wir zu einem Empfang im Rosengarten eingeladen hatten, um den vierzigsten »Tag der Erde« zu feiern.

Dieser Art von höherer Ironie konnte ich gerade sehr wenig abgewinnen.

»Eine tolle Abschiedstour haben wir da für Sie, Thad«, sagte ich, als ich Admiral Allen an der Tür des Oval Office die Hand schüttelte. Allen, ein stämmiger, rotgesichtiger Mann mit einem dichten Schnurrbart, war nach neununddreißig Jahren im Dienst der Küstenwache nur noch einen Monat vom Ruhestand entfernt.

»Hoffentlich können wir diese Sauerei noch unter Kontrolle bringen, bevor ich ausscheide, Mr President«, antwortete er.

Die Stimmung aller Beteiligten trübte sich rasch ein, als Allen erklärte, die Küstenwache habe kaum noch Hoffnung, die Vermissten zu finden – nach so vielen Stunden im Meer war es unwahrscheinlich, dass noch eines der elf verschollenen Besatzungsmitglieder der *Deepwater Horizon* am Leben war. Was die Aufräumarbeiten anging, so berichtete Allen, die Einsatzteams von BP und Küstenwache setzten Spezialschiffe ein, um das bei der Explosion freigesetzte Erdöl von der Wasseroberfläche abzuschöpfen. In Kürze würden Flugzeuge beginnen, chemische Lösungsmittel über dem Meer zu verteilen, um den Ölfilm in kleinere Tropfen aufzuspalten. Und in Zusammenarbeit mit BP und den betroffenen Bundesstaaten arbeitete die Küstenwache daran, Ölsperren – schwimmende Barrieren aus Schwämmen und Kunststoff – in Stellung zu bringen, um zu verhindern, dass der Ölteppich die Küste erreichte.

»Was sagt BP zu seiner Haftung?«, fragte ich, an Ken Salazar gewandt. Ken, ein Brillenträger mit fortschreitender Glatze, einem heiteren Gemüt und einer Vorliebe für Cowboyhüte und Boloties, war wie ich im Jahr 2004 in den Senat gewählt worden. Wir waren zu vertrauten Kollegen geworden, und Ken erwies sich als Idealbesetzung für den Posten des Innenministers; er hatte in seinem Heimatstaat Colorado das Umweltschutzministerium geleitet, bevor er zum ersten hispanischen Generalstaatsanwalt des Staates gewählt worden war.

Aufgewachsen war er im malerischen San Luis Valley im südlichen Colorado, wo Teile seiner Familie seit den Fünfzigerjahren des neunzehnten Jahrhunderts lebten, weshalb er mit den widersprüchlichen Bedürfnissen nach Nutzung und Erhaltung des staatlichen Landes vertraut war, die die Geschichte dieser Region geprägt hatten.

»Ich habe heute mit dem Unternehmen gesprochen, Mr President«, sagte Salazar. »BP hat bestätigt, dass es für sämtliche Kosten aufkommen wird, die nicht durch den Fonds zur Begleichung von Schäden infolge von Ölaustritten gedeckt sind.« Das klang wie eine gute Nachricht. Die Ölfirmen waren gesetzlich verpflichtet, sämtliche Kosten der Bekämpfung einer Ölpest zu tragen, aber der Kongress hatte die Entschädigungen für Betroffene wie Fischer und Unternehmen in Küstenregionen auf dürftige 75 Millionen Dollar beschränkt. Im Gegenzug hatten sich die Ölkonzerne verpflichtet, sich an einem gemeinsamen Fonds zu beteiligen, der alle darüber hinausgehenden Schäden bis zu einem Betrag von einer Milliarde Dollar abdeckte. Carol hatte uns jedoch bereits gewarnt, dass dieser Betrag möglicherweise nicht genügen würde, wenn die Versuche zur Eindämmung der Ölpest scheiterten. Mit einer frühen Zusage von BP, jeden Fehlbetrag zu begleichen, könnten wir den betroffenen Bundesstaaten zumindest ein gewisses Maß an Sicherheit geben, dass man ihre Einwohner für Verluste entschädigen werde.

Am Ende der Besprechung bat ich das Team, mich über alle neuen Entwicklungen auf dem Laufenden zu halten, und ich erinnerte die Teilnehmer daran, dass sie alle verfügbaren Mittel der Bundesregierung einsetzen konnten, um den Auswirkungen der Katastrophe auf Wirtschaft und Umwelt entgegenzuwirken. Als ich die Besucher hinausbegleitete, bemerkte ich Carols nachdenklichen Gesichtsausdruck und bat sie, noch einen Augenblick zu bleiben, damit ich unter vier Augen mit ihr sprechen konnte.

»Haben wir irgendetwas nicht angesprochen?«, fragte ich.

»Eigentlich nicht«, antwortete sie. »Ich denke nur, dass wir uns auf das Schlimmste gefasst machen sollten.«

»Und das wäre?«, fragte ich.

»BP erklärt, es trete kein Öl aus dem Bohrloch aus«, sagte Carol mit einem Schulterzucken. »Wenn wir Glück haben, stimmt das. Aber wir sprechen hier über ein Rohr, das unter der Wasseroberfläche eine Meile zu einer Quelle im Meeresboden hinabreicht. Deshalb bezweifle ich, dass irgendjemand das mit Sicherheit sagen kann.«

»Was, wenn sich das Unternehmen irrt?«, fragte ich. »Was, wenn es unter der Oberfläche ein Leck gibt?«

»Wenn sie es nicht rasch verschließen können, wird es ein Albtraum«, sagte sie.

WENIGER ALS ZWEI TAGE später bewahrheiteten sich Carols Befürchtungen. Aus dem Macondo-Bohrloch *trat* Erdöl aus, und zwar mehr als ein Rinnsal. Anfangs ermittelten die Ingenieure von BP als Ursache einen Rohrbruch infolge des Untergangs der Bohrinsel. Sie gingen davon aus, dass jeden Tag etwa tausend Barrel Öl in den Golf von Mexiko strömten. Bis zum 28. April hatten Unterwasserkameras zwei weitere Lecks entdeckt, womit die Schätzung auf fünftausend Barrel am Tag gestiegen war. An der Wasseroberfläche war der Ölteppich auf eine Größe von gut tausendfünfhundert Quadratkilometern gewachsen und näherte sich der Küste von Louisiana, wo das Öl Fische, Delfine und Meeresschildkröten vergiftete und Marschen, Flussmündungen und Meeresarme, in denen zahlreiche Vogelarten und andere Wildtiere beheimatet waren, langfristig zu schädigen drohte.

Noch besorgniserregender war, dass BP anscheinend nicht wusste, wie lange es dauern würde, das Bohrloch zu verschließen. Das Unternehmen erklärte, es gebe mehrere erfolgversprechende Optionen: Man könne ferngesteuerte Apparate einsetzen, um den blockierten Blowout-Preventer zu entsperren, man könne das Bohrloch mit Gummi und anderem Material füllen, man könne einen Auffangdom auf das Bohrloch setzen, um das Öl von dort aus zur Oberfläche zu leiten und aufzufangen, oder man könne Entlastungsbohrungen vornehmen und anschließend Zement in das Bohrloch pumpen, um den Ölfluss zu unterbrechen. Doch nach Einschätzung unserer Experten gab es keine Gewähr dafür, dass die ersten drei Methoden funktionieren würden – und die Umsetzung der vierten Option konnte »mehrere Monate« dauern. Angesichts der Geschwindigkeit, mit der das Öl offenbar ausströmte, konnte das ein Siebzig-Millionen-Liter-Ölleck werden. Etwa siebzig Prozent mehr als bei der Havarie der *Exxon Valdez*.

Plötzlich sahen wir uns mit der Möglichkeit konfrontiert, dass uns die schlimmste Umweltkatastrophe in der Geschichte der Vereinigten Staaten bevorstand.

Wir übertrugen Thad Allen die Aufgabe eines nationalen Einsatzleiters, verhängten ein auf dreißig Tage befristetes Verbot neuer Tiefseebohrungen sowie ein Fischereiverbot im verseuchten Gebiet und erklärten die Macondo-Katastrophe zu einer »Ölpest von nationaler Bedeutung«. Die Bundesregierung koordinierte die Reaktion zahlreicher Einrichtungen einschließlich freiwilliger Helfer. Schon bald waren mehr als zweitausend Menschen rund um die Uhr im Einsatz, um die Ölpest einzudämmen. Es wurde eine Armada von fünfundsiebzig Wasserfahrzeugen eingesetzt, darunter Schlepper, Frachtkähne und Skimmer; dazu kamen Dutzende Flugzeuge und schwimmende Ölsperren mit einer Gesamtlänge von etwa fünfundachtzig Kilometern. Ich schickte Napolitano, Salazar und Lisa Jackson von der EPA an die Golfküste, um die Rettungsarbeiten zu beaufsichtigen, und wies Valerie an, sich täglich mit den Gouverneuren von Louisiana, Alabama, Mississippi, Texas und Florida (die übrigens allesamt Republikaner waren) auszutauschen, um herauszufinden, was wir tun konnten, um ihnen zu helfen.

»Teil ihnen mit, dass ich direkt von ihnen hören will, wenn sie ein Problem haben«, sagte ich zu Valerie. »Wir werden uns so verdammt hilfsbereit zeigen, dass es ihnen auf die Nerven geht.«

Zu dem Zeitpunkt, als ich den Stützpunkt der Küstenwache in Venice in Louisiana besuchte, um mir selbst ein Bild von den Maßnahmen zur Bekämpfung der Ölpest zu machen, waren daher alle verfügbaren Mittel im Einsatz, um der Katastrophe Herr zu werden. Wie bei den meisten Präsidentenreisen ging es auch hier weniger darum, Informationen zu sammeln, als der Öffentlichkeit die Besorgnis und Entschlossenheit der Regierung zu zeigen. Nachdem ich im strömenden Regen vor dem Stützpunkt eine Presseerklärung abgegeben hatte, sprach ich mit einer Gruppe von Fischern, die mir erzählten, dass sie von BP engagiert worden waren, um Ölsperren zu verlegen. Sie machten sich verständlicherweise große Sorgen um die langfristigen Auswirkungen der Ölpest auf ihre Lebensgrundlagen.

Ich verbrachte an diesem Tag auch viel Zeit mit Bobby Jindal, dem ehemaligen Kongressabgeordneten und Gesundheitsexperten in der Regierung Bush, der seine Wahl zum ersten Gouverneur der Vereinigten Staaten mit indischer Abstammung einem strikt konservativen Kurs verdankte. Der intelligente, ehrgeizige Enddreißiger galt als aufstrebende Figur in seiner Partei und war ausgewählt worden, um die im Fernsehen übertragene Antwort der Republikaner auf meine erste Rede vor beiden Kammern des Kongresses zu geben. Aber der *Deepwater*-Unfall, der lebenswichtige Sektoren der Wirtschaft von Louisiana lahmzulegen drohte, darunter Fischerei und Tourismus, hatte ihn in eine unangenehme Lage gebracht: Wie die meisten republikanischen Politiker war er ein Fürsprecher der Ölindustrie und lehnte strengere Umweltschutzbestimmungen entschieden ab.

Weil er einem Umschwung der öffentlichen Meinung unbedingt zuvorkommen wollte, verbrachte Jindal den Großteil unserer gemeinsamen Zeit mit dem Versuch, mich von dem Plan zu überzeugen, entlang eines Abschnitts der Küste von Louisiana rasch eine Sperrinsel – eine Art Damm – zu errichten. Er war überzeugt, das werde helfen, den drohenden Ölteppich fernzuhalten.

»Die Lieferanten, die diese Aufgabe übernehmen können, stehen schon bereit«, sagte er. Sein Tonfall war selbstbewusst, fast ein wenig großspurig, doch in seinen dunklen Augen schimmerte Sorge, ja fast Schmerz, selbst wenn er lächelte. »Wir brauchen nur Ihre Hilfe, um das Ingenieurkorps der Army dazu zu bewegen, dem Damm zuzustimmen, und BP dazu zu bringen, dafür zu bezahlen.«

Tatsächlich hatte ich bereits von der Idee des »Damms« gehört, aber unsere Experten waren bei einer vorläufigen Analyse zu dem Schluss gelangt, dass diese Lösung unpraktisch, teuer und möglicherweise kontraproduktiv war. Ich hatte den Verdacht, dass Jindal das ebenfalls wusste. Der Vorschlag war in erster Linie ein politischer Schachzug, der ihn aktiv wirken lassen und gleichzeitig die weiter gehenden Fragen vermeiden sollte, die diese Katastrophe im Hinblick auf die Risiken von Tiefseebohrungen weckten. Doch angesichts des Ausmaßes der Krise wollte ich den Eindruck vermeiden, irgendwelche Lösungsvorschläge pauschal abzutun, und so versicherte ich dem Gouverneur, dass die Ingenieure der Army seinen Vorschlag rasch und gründlich prüfen würden.

Da das Wetter zu schlecht war, um im Marine-One-Helikopter aufzusteigen, fuhren wir den Großteil des Tages im Auto herum. Auf der Rückbank des SUV studierte ich die fleckige Membran aus Vegetation, Schlamm, Sand und Marschen, die sich ungleichmäßig entlang beider Ufer des Mississippi bis in den Golf erstreckte. Die Menschen kämpften seit Jahrhunderten darum, diese urtümliche Landschaft ihrem Willen zu unterwerfen, so wie es Jindal jetzt mit seiner Ölsperre tun wollte: Sie bauten Deiche, Dämme, Wälle, Kanäle, Schleusen, Häfen, Brücken, Straßen und Autobahnen im Dienst von Handel und Expansion, bauten ein ums andere Mal wieder auf, was Hurrikans und Überschwemmungen zerstört hatten, und ließen sich von den unerbittlichen Gezeiten nicht einschüchtern. Diese Halsstarrigkeit hatte etwas Nobles an sich, sie war Teil der zupackenden Mentalität, mit der Amerika errichtet worden war.

Doch was das Meer und den großen Strom betraf, der in den Golf mündete, erwiesen sich die Triumphe der Ingenieurskunst als flüchtig und die Hoffnung auf eine dauerhafte Herrschaft über die Elemente als Illusion. Louisiana büßte jedes Jahr mehr als vierhundert Hektar Land ein, da der Klimawandel den Meeresspiegel ansteigen ließ und die Hurrikans im Golf von Mexiko wachsende Zerstörungsgewalt entfalteten. Der Mississippi wurde unablässig ausgehoben, befestigt und umgeleitet, um die Schifffahrt zu erleichtern, was zur Folge hatte, dass weniger Sedimente vom Oberlauf des Flusses ins Mündungsgebiet befördert wurden, um das verlorene Land wiederherzustellen. Dieselben Aktivitäten, die die Region zu einem wichtigen Handelszentrum gemacht und den Aufschwung der Ölindustrie ermöglicht hatten, beschleunigten jetzt das stetige Vorrücken des Meeres. Ich schaute aus dem von wandernden Regentropfen überzogenen Fenster und fragte mich, wie lange es noch dauern mochte, bis die Straße, auf der ich gerade unterwegs war, und all die Tankstellen und Supermärkte entlang dieser Verkehrsader von den Wellen verschlungen werden würden.

EIN PRÄSIDENT HAT keine andere Wahl, als ständig zahlreichen Aufgaben gleichzeitig nachzugehen. (»Du bist wie der Kerl im Zirkus«, sagte Michelle einmal zu mir, »der Teller auf einem Stab jongliert.«) Al-Qaida unterbrach ihre Operationen nicht, nur weil die Finanzkrise ausgebrochen war; ein verheerendes Erdbeben in Haiti zögerte sich nicht selbst hinaus, um zu vermeiden, dass sich die Katastrophenhilfe mit einem seit Langem geplanten Gipfel zum Thema nukleare Sicherheit von siebenundvierzig Staaten überschnitt, bei dem ich den Vorsitz hatte. Auch wenn mich die *Deepwater*-Katastrophe sehr belastete, wollte ich doch nicht zulassen, dass sie mich vollkommen in Beschlag nahm. In den Wochen nach meinem Besuch in Louisiana verfolgte ich anhand detaillierter täglicher Berichte die Gegenmaßnahmen, während ich mich gleichzeitig mit den zehn bis zwölf anderen drängenden Problemen befasste, die meine Aufmerksamkeit erforderten.

Ich besuchte eine Fabrik in Buffalo, um mir ein Bild von den Fortschritten der wirtschaftlichen Erholung zu machen, und arbeitete weiter mit einer parteiübergreifenden Haushaltskommission, die nach Wegen suchte, um das langfristige Staatsdefizit zu verringern. Ich sprach mit Merkel über Griechenland und mit Medwedew über die Ratifizierung des START-Abkommens. Der mexikanische Präsident Felipe Calderón stattete mir einen offiziellen Staatsbesuch in Washington ab, um mit mir über die Kooperation beim Grenzschutz zu sprechen, und mit dem afghanischen Präsidenten Karzai traf ich mich zu einem Arbeitsessen. Neben den regelmäßigen Briefings über terroristische Bedrohungen, den Strategiesitzungen mit meinen Wirtschaftsberatern und einer Vielzahl zeremonieller Pflichten führte ich Gespräche mit mehreren Kandidaten für einen Sitz im Obersten Gerichtshof, der frei geworden war, nachdem Richter John Paul Stevens Anfang April seinen Rückzug angekündigt hatte. Ich entschied mich für Elena Kagan, die brillante junge Oberste Anwältin der Vereinigten Staaten und ehemalige Dekanin der Harvard Law School, die die Senatsanhörungen wie zuvor Richterin Sotomayor relativ unversehrt überstehen sollte und deren Ernennung wenige Monate später bestätigt wurde.

Doch egal mit wie vielen Tellern ich jonglierte, am Ende jedes Tages kehrten meine Gedanken zurück zur *Deepwater*-Katastrophe. Wenn ich mir Mühe gab, konnte ich mir einreden, dass es *gewisse* Fortschritte gab: Es war BP gelungen, mit Tauchrobotern ein Ventil am gebrochenen Rohr anzubringen und das kleinste der drei Lecks zu verschließen. Admiral Allen hatte ein wenig Ordnung in die Säuberungsbemühungen an der Meeresoberfläche gebracht; Mitte Mai waren fast tausend

Schiffe und ein Heer von fast zwanzigtausend BP-Mitarbeitern, Einsatzkräften der Küstenwache und der Nationalgarde, Garnelenzüchtern, Fischern und Freiwilligen im Einsatz. Valerie pflegte den Kontakt mit den fünf Gouverneuren der von der Ölpest bedrohten Bundesstaaten so geschickt, dass die meisten von ihnen nur Gutes über die Reaktion der Bundesregierung zu sagen hatten, obwohl sie der Oppositionspartei angehörten. (»Ich und Bob Riley sind mittlerweile enge Kumpels«, sagte sie lächelnd über ihr Verhältnis zum republikanischen Gouverneur von Alabama.) Die einzige Ausnahme war Gouverneur Jindal. Valerie berichtete, dass er mehrmals das Weiße Haus um Hilfe in einer bestimmten Frage gebeten habe, nur um zehn Minuten später eine Pressemitteilung herauszugeben, in der er uns vorwarf, Louisiana seinem Schicksal zu überlassen.

Das Öl strömte weiter ins Meer. Es gelang BP nicht, den blockierten Blowout-Preventer mithilfe von Robotern zu schließen, sodass die beiden großen Lecks unversiegelt blieben. Auch ein erster Versuch des Unternehmens, einen Auffangdom über die Lecks zu stülpen, schlug aufgrund sehr niedriger Temperaturen in der Tiefe fehl. Langsam wurde klar, dass die Experten von BP nicht genau wussten, was sie tun sollten – und dasselbe galt für die Bundesbehörden, die normalerweise für eine Ölpest zuständig waren. »Wir sind daran gewöhnt, Ölteppiche unter Kontrolle zu bringen, die nach einem Tankerunfall oder Rohrbruch entstehen«, erklärte mir mein Katastrophenbeauftragter Admiral Allen. »Aber der Versuch, eine Meile unter der Wasseroberfläche ein Bohrloch zu verschließen, aus dem Öl schießt … Das hat eher Ähnlichkeit mit einer Raumfahrtmission.«

Es war eine passende Parallele – und sie gab mir den Anstoß, meinen Energieminister Steve Chu um Hilfe zu bitten. Trotz der Ressortbezeichnung ist dieses Ministerium normalerweise nicht für Ölbohrungen zuständig. Aber wir dachten uns, es könne nicht schaden, einen mit dem Nobelpreis ausgezeichneten Physiker in unsere Bemühungen einzubinden, und nach der Entdeckung der Unterwasserlecks baten wir Chu, dem Team die wissenschaftlichen Grundlagen für die Versiegelung der Löcher zu erklären. Obwohl Carol ihn gedrängt hatte, sich kurzzufassen, dauerte Chus Präsentation im Situation Room etwa doppelt so lang wie vorgesehen. Er zeigte uns nicht weniger als dreißig

Folien; die meisten Sitzungsteilnehmer stiegen nach der fünften aus. Statt seine geistige Brillanz an uns zu verschwenden, bat ich ihn, nach Houston zu reisen, um dort im Hauptquartier der Einsatzgruppe von BP mit den Ingenieuren an einer möglichen Lösung zu arbeiten.

In der Zwischenzeit begann sich die Haltung der Öffentlichkeit zu ändern. In den ersten Wochen der Ölpest stand vor allem BP im Kreuzfeuer der Kritik. Die Amerikaner sind generell skeptisch gegenüber den Ölkonzernen, und in dieser Situation kam erschwerend hinzu, dass der BP-Vorstandsvorsitzende Tony Hayward eine wandelnde PR-Katastrophe war: Einmal erklärte er in den Medien, durch das Leck im Rohr sei eine »relativ geringe« Menge an Erdöl in einen »sehr großen Ozean« ausgetreten, bei einer anderen Gelegenheit sagte er, niemand sei mehr an der Abdichtung des Bohrlochs interessiert als er selbst, denn er wolle »sein Leben wiederhaben«, und ganz allgemein entsprach sein Auftreten dem Stereotyp des arroganten, abgehobenen Konzernmanagers. (Seine Uneinsichtigkeit erinnerte mich daran, dass BP – zuvor als British Petroleum bekannt – aus der Anglo-Persian Oil Company hervorgegangen war, demselben Unternehmen, dessen mangelnde Bereitschaft, die Erdöleinnahmen mit dem iranischen Staat zu teilen, in den Fünfzigerjahren zu dem Staatsstreich beigetragen hatte, der letzten Endes zur islamischen Revolution führte.)

Als die Krise in den zweiten Monat ging, richtete die Öffentlichkeit ihren Blick jedoch zunehmend auf eine mögliche Mitschuld meiner Regierung an dem Chaos. In den Medien und verschiedenen Kongressanhörungen verbiss man sich vor allem in die Tatsache, dass der Minerals Management Service (MMS), die für Gewährung von Bohrlizenzen, die Eintreibung von Lizenzgebühren und für Tiefseebohrungen in amerikanischen Hoheitsgewässern zuständige Behörde des Innenministeriums, BP in einer Reihe von Fällen von der Pflicht zur Erfüllung der üblichen Sicherheits- und Umweltschutzbestimmungen befreit hatte. Die Ausnahmeregelungen, die die Behörde BP für Arbeiten im Macondo-Ölfeld gewährt hatte, waren keineswegs ungewöhnlich; wenn es um die Einschätzung der Risiken von Tiefseebohrungen ging, setzten sich die Beamten des MMS regelmäßig über die Empfehlungen ihrer Wissenschaftler und Ingenieure hinweg und verließen sich auf das Urteil der Experten in der Ölindustrie, die in ihren Augen am besten über die neuesten Fortschritte und Technologien Bescheid wussten.

Natürlich lag genau hier das Problem. Vor meinem Amtsantritt hatten wir vom Kuschelverhältnis des MMS zu den Ölkonzernen und von einer sehr laxen Durchsetzung der Vorschriften erfahren – unter anderem hatte es gegen Ende der Regierung Bush einen viel beachteten Skandal gegeben, in dem es um Bestechungsgelder, Drogen und sexuelle Vergünstigungen ging –, und wir hatten versprochen, die Behörde umzukrempeln. Tatsächlich *hatte* mein Innenminister Ken Salazar kurz nach meinem Amtsantritt einige der empörendsten Missstände beseitigt. Aber er hatte weder die Zeit noch die Mittel gehabt, um die Behörde vollkommen umzubauen und in die Lage zu versetzen, die Aktivitäten einer so finanzstarken und technologisch komplexen Industrie streng zu regeln.

Ich konnte Salazar eigentlich keinen Vorwurf machen. Es war schwierig, die Arbeitsweise und Kultur von Regierungsbehörden zu verändern, und in den seltensten Fällen gelang ein solcher Umbau innerhalb weniger Monate. Auf ähnliche Probleme stießen wir in den für die Regulierung des Finanzsystems verantwortlichen Behörden, wo überforderte und unterbezahlte Beamte kaum in der Lage waren, sich über die komplexen, unablässig weiterentwickelten Instrumente der riesigen internationalen Finanzinstitute auf dem Laufenden zu halten. Aber das war keine Entschuldigung dafür, dass mich niemand in meinem Team auf die weiterhin bestehenden gravierenden Probleme beim MMS aufmerksam gemacht hatte, bevor mir meine Mitarbeiter empfahlen, den Plan des Innenministeriums zur Öffnung weiterer Gebiete für Erkundungsbohrungen zu bewilligen. Abgesehen davon wollte mitten in einer Wirtschaftskrise niemand etwas über die Notwendigkeit hören, mehr Geld für Bundesbehörden bereitzustellen. Genauso wenig wollte irgendwer hören, dass die Gehälter von Staatsdienern erhöht werden mussten, um diese Behörden in die Lage zu versetzen, ihr Management zu verbessern und dem Privatsektor Fachleute mit herausragenden technischen Fähigkeiten streitig zu machen. Die Öffentlichkeit wollte lediglich wissen, wer zugelassen hatte, dass BP ein Loch in eine Tiefe von fünfeinhalb Kilometern unter der Meeresoberfläche bohrte, ohne zu wissen, wie ein solches Bohrloch im Notfall wieder verschlossen werden konnte. Und am Ende war es einfach so, dass dies unter der Aufsicht meiner Regierung geschehen war.

Die Journalisten waren vollauf mit Fragen zum MMS beschäftigt, doch was die Öffentlichkeit wirklich gegen uns aufbrachte, war die Entscheidung von BP, Ende Mai Videoaufnahmen ihrer Unterwasserkameras von den Lecks in Echtzeit zu übertragen. Ich unterstützte diese Entscheidung im Interesse der Transparenz. Die Bilder von der brennenden Bohrplattform waren um die Welt gegangen. Aber das Bildmaterial vom Ölteppich – es handelte sich im Wesentlichen um Luftaufnahmen, die blasse, rotbraune Streifen im türkisblauen Meer zeigten – hatte die möglichen Verheerungen nicht annähernd vollständig vermittelt. Selbst als ölig schimmernde Wellen und Teerklumpen die Strände von Louisiana und Alabama erreichten, konnten die Kamerateams kaum fesselnde Bilder einfangen, was nicht zuletzt daran lag, dass die Gewässer im Golf von Mexiko nach jahrzehntelangen Ölbohrungen auf hoher See ohnehin seit Langem nicht mehr vollkommen klar waren.

Die Bilder der Unterwasserkameras änderten das. Plötzlich konnten die Menschen in aller Welt sehen, wie das Öl in massiven Säulen zwischen den Trümmern aufstieg. Je nach Beleuchtung wirkte es mal schwefelgelb, mal braun oder schwarz. Die wirbelnden Säulen sahen mächtig und bedrohlich aus, als kämen sie direkt aus der Hölle. Die Nachrichtensender begannen, die Liveaufnahmen rund um die Uhr in einem kleinen Fenster in einer Ecke des Bildschirms zu zeigen, samt digitaler Uhr, die den Zuschauern vor Augen hielt, seit wie vielen Tagen, Minuten und Sekunden das Öl bereits ausströmte.

Die Bilder schienen Berechnungen zu bestätigen, die unsere Analysten unabhängig von BP angestellt hatten: Aus den Lecks floss mit großer Wahrscheinlichkeit eine Menge an Öl, die die ursprüngliche Schätzung von fünftausend Barrel pro Tag um das Vier- bis Zehnfache überstieg. Aber noch mehr als die beängstigenden Zahlen machten die Aufnahmen der Ölquelle am Meeresgrund – und der plötzliche Schwall von Bildern verölter Pelikane – den Menschen bewusst, wie real diese Krise war. Leute, die sich anfangs nicht für die Ölpest interessiert hatten, wollten plötzlich wissen, warum die Regierung nichts unternahm, um diese Tragödie zu beenden. In einer Zahnarztpraxis starrte Salazar während einer Wurzelbehandlung die ganze Zeit auf die Videoübertragung, die auf einem an der Wand montierten Fernsehbildschirm lief. Die Republikaner bezeichneten die Ölpest als »Obamas Katrina«, und es dauerte nicht lange, bis wir auch von demokratischen Politikern angegriffen wurden, ganz besonders vom ehemaligen Clinton-Mitarbeiter James Carville aus Louisiana, der in *Good Morning America* scharfe Kritik an unserem Umgang mit der Ölpest übte und mich persönlich ins Visier nahm: »Mann, Sie müssen hierherkommen und das hier in die Hand nehmen! Ernennen Sie einen Verantwortlichen und reagieren Sie!« Ein neunjähriger Junge im Rollstuhl, der mit der Make-A-Wish-Foundation das Oval Office besuchte, warnte mich, sollte das Leck nicht bald gestopft werden, würde ich »eine Menge politische Probleme bekommen«. Sogar Sasha kam eines Morgens ins Bad, während ich mich gerade rasierte, und fragte mich: »Hast du das Loch schon gestopft, Daddy?«

In meinen Augen wurden diese dunklen Ölwirbel zum Symbol einer stetigen Abfolge von Krisen, mit denen wir zu tun hatten. Mehr noch, sie wirkten auf mich geradezu lebendig – ein böswilliger Geist, der mich verspottete. Bis zu diesem Zeitpunkt hatte ich die grundlegende Zuversicht bewahrt, dass ich, so schlimm die Dinge während meiner Amtszeit auch werden mochten – sei es im Finanzsektor, in der Autoindustrie, in Griechenland oder in Afghanistan –, mit gründlicher Arbeit und guten Entscheidungen immer eine Lösung finden konnte. Für diese Ölpest schien es jedoch keine rasche Lösung zu geben, sosehr ich BP oder mein Team auch drängte, und so viel Zeit wir auch im Sit Room damit verbrachten, die Daten und Diagramme so genau zu studieren, als wollten wir einen Krieg vorbereiten. Neben diesem Gefühl der zeitweiligen Hilflosigkeit bemerkte ich eine gewisse Bitterkeit in meiner Stimme – eine Bitterkeit, in der ich die Begleiterin von Selbstzweifeln erkannte.

»Was soll ich seiner Meinung nach tun?«, knurrte ich Rahm an, nachdem ich von Carvilles Frontalangriff erfahren hatte. »Soll ich die verdammten Aquaman-Klamotten anziehen und selbst mit einem Schraubenschlüssel hinuntertauchen?«

Der Chor der kritischen Stimmen gipfelte in einer Pressekonferenz des Weißen Hauses am 27. Mai, in der ich etwa eine Stunde lang schonungslose Fragen zur Ölpest beantwortete. Ich listete methodisch sämtliche Maßnahmen auf, die wir seit der Explosion der *Deepwater Horizon* ergriffen hatten, und beschrieb die technischen Details der verschiedenen Strategien, die man ausprobiert hatte, um das Bohrloch zu verschließen. Ich räumte ein, dass es Probleme mit dem MMS gab und dass ich zu großes Vertrauen in die Fähigkeit von Unternehmen wie BP gesetzt hatte, Gefahren zu vermeiden. Ich kündigte die Einrichtung einer nationalen Untersuchungskommission an, die sich mit der Katastrophe auseinandersetzen und herausfinden sollte, wie derartige Unfälle in Zukunft vermieden werden könnten. Außerdem unterstrich ich noch einmal die Notwendigkeit einer langfristigen Lösung, die die Abhängigkeit der Vereinigten Staaten von dreckigen fossilen Energieträgern verringern würde.

Wenn ich heute, ein Jahrzehnt später, das Transkript dieser Pressekonferenz lese, verblüfft es mich, wie ruhig und überzeugend ich klinge. Vielleicht bin ich deshalb überrascht, weil die Niederschrift nichts über meine wirklichen Gefühle damals verrät und nicht dem entspricht, was ich vor dem versammelten Pressekorps des Weißen Hauses *wirklich* sagen wollte:

Dass der MMS nicht gut dafür gerüstet war, seine Aufgaben zu erfüllen, was vor allem daran lag, dass in den vergangenen drei Jahrzehnten ein Großteil der amerikanischen Wähler den Republikanern die Behauptung abgekauft hatte, die staatliche Verwaltung sei die Ursache aller Probleme und die Wirtschaft habe stets die besseren Lösungen, weshalb Volksvertreter gewählt worden waren, die es sich zur Aufgabe machten, die Umweltschutzbestimmungen auszuhöhlen, die Budgets der Behörden zusammenzustreichen, die Staatsdiener schlechtzureden und Umweltverschmutzern in der Industrie alles zu erlauben, was ihnen in den Sinn kam.

Dass der Staat keine bessere Technologie als BP besaß, um das Bohrloch rasch zu verschließen, weil es teuer wäre, sie bereitzuhalten, und weil wir Amerikaner eine Abneigung gegen höhere Steuern hatten – vor allem wenn diese gebraucht wurden, um das Land auf Probleme vorzubereiten, die noch nicht aufgetreten waren.

Dass es schwierig war, überhaupt *irgendeine* Kritik von einer Figur wie Bobby Jindal ernst zu nehmen, denn dieser Mann war seine gesamte politische Karriere hindurch ein treuer Diener der Ölkonzerne gewesen und würde bald eine Klage der Ölindustrie unterstützen, die ein Bundesgericht dazu bewegen sollte, das von uns verabschiedete zeitweilige Bohrmoratorium aufzuheben. Und dass er und andere Volksvertreter in den Anrainerstaaten des Golfs von Mexiko, wenn ihnen das Wohlergehen ihrer Wähler wirklich am Herzen läge, ihre Partei drängen würden, die Auswirkungen des Klimawandels nicht länger zu leugnen, denn gerade die Menschen an der Golfküste würden durch den globalen Temperaturanstieg am wahrscheinlichsten ihre Häuser und Arbeitsplätze verlieren.

Und dass wir eine weitere katastrophale Ölpest in der Zukunft nur sicher verhindern könnten, indem wir vollständig auf Tiefseebohrungen verzichteten – wozu es jedoch nicht kommen würde, weil die Liebe von uns Amerikanern zu billigem Benzin und großen Autos größer war als die Sorge um die Umwelt, außer wenn wir plötzlich mit einer furchtbaren Katastrophe konfrontiert wurden. Gab es eine solche Katastrophe nicht, beschäftigten sich die Medien nur selten mit Bemühungen, das Land von fossilen Energieträgern unabhängig zu machen oder Klimaschutzgesetze zu verabschieden, da es langweilig und schlecht für die Einschaltquoten war, die Öffentlichkeit tatsächlich über die langfristige Energiepolitik *aufzuklären*. Und bei aller momentanen Empörung über die Zerstörung von Feuchtgebieten und den Tod von Meeresschildkröten und Pelikanen konnte ich mir *einer* Sache sicher sein: Die Mehrheit von uns wollte in Wahrheit nur, dass das Problem verschwand, dass ich eine schnelle und einfache Lösung für ein weiteres Fiasko fand, das sich seit Jahrzehnten angekündigt hatte, damit wir uns wieder unserem CO_2-spuckenden, Energie verschwendenden Lebensstil zuwenden konnten, ohne uns schuldig fühlen zu müssen.

Nichts von alledem sagte ich. Stattdessen übernahm ich in düsterem Ton die Verantwortung für die Situation und erklärte, es sei meine Aufgabe, »das in Ordnung zu bringen«. Nachher rügte ich meine Pressereferenten und gab ihnen zu verstehen, dass ich nicht eine Stunde lang im Kugelhagel hätte stepptanzen müssen, wenn sie der Öffentlichkeit besser vermittelt hätten, was wir alles taten, um die Ölpest zu bekämpfen. Meine Presseleute wirkten gekränkt. Als ich am späten

Abend allein im Treaty Room saß, bereute ich meine Worte, denn ich wusste, dass ich meine Wut und Frustration auf das falsche Ziel gerichtet hatte.

In Wahrheit galt meine Wut diesen verfluchten Ölschwaden.

DIE ÖLPEST BEHERRSCHTE DIE NACHRICHTEN auch in den folgenden sechs Wochen. Es scheiterten weitere Versuche, das Bohrloch zu schließen. Um dem Bild des Versagens etwas entgegenzusetzen, bemühten wir uns, mein persönliches Engagement in den Medien besser darzustellen. Ich reiste zwei weitere Male nach Louisiana und stattete auch Mississippi, Alabama und Florida Besuche ab. In Zusammenarbeit mit Admiral Allen, der sich bereit erklärt hatte, seinen Ruhestand so lange hinauszuzögern, bis die Krise vorüber war, fanden wir Wege, um die Hilfegesuche aller Gouverneure zu erfüllen, darunter auch einen zurechtgestutzten Plan für Jindals Damm. Salazar hatte eine Anweisung unterzeichnet, mit der der MMS praktisch aufgelöst wurde; die Verantwortung für Energieentwicklung, Sicherheitsbestimmungen und Einziehung von Lizenzgebühren wurde auf drei neue, unabhängige Behörden verteilt. Ich kündigte die Bildung einer überparteilichen Kommission an, die Vorschläge dazu erarbeiten sollte, wie Unfälle bei Tiefseebohrungen in Zukunft vermieden werden konnten. In einer Kabinettssitzung war die Krise unser einziges Thema, und ich hatte ein herzzerreißendes Treffen mit den Angehörigen der elf bei der Explosion der *Deepwater Horizon* getöteten Arbeiter. Ich hielt sogar eine Ansprache zur Ölpest im Oval Office – es war die erste derartige Fernsehansprache meiner Präsidentschaft, bei der ich hinter dem Resolute Desk saß. Das Format wirkte gekünstelt, wie aus einer anderen Zeit, und nach allem, was ich hörte, war mein Auftritt nicht besonders gut.

Die Flut von Auftritten und Ankündigungen erzielte die beabsichtigte Wirkung und beruhigte die Öffentlichkeit, wenn sie die negativen Berichte in der Presse auch nicht vollkommen zum Verstummen brachte. Dass wir die Krise schließlich bewältigten, war jedoch zwei Entscheidungen zu verdanken, die ich zu einem früheren Zeitpunkt gefällt hatte.

Zunächst einmal hatte ich dafür gesorgt, dass BP sein ursprüngliches

Versprechen hielt, die von der Ölpest Betroffenen zu entschädigen. Normalerweise mussten die Geschädigten zahlreiche bürokratische Hürden überwinden oder sogar einen Anwalt engagieren, um Ansprüche anmelden zu können. Die Prüfung ihrer Ansprüche konnte Jahre dauern, und in der Zwischenzeit hatte ein Betreiber eines Ausflugsboots oder ein Restaurantbesitzer möglicherweise längst sein Geschäft aufgeben müssen. Wir waren der Meinung, dass die Opfer in diesem Fall rasche Hilfe brauchten. Außerdem waren wir überzeugt, dass dies der geeignete Zeitpunkt war, um größtmöglichen Druck auszuüben: Die BP-Aktie war abgestürzt, das Image hatte weltweit schweren Schaden erlitten, das Justizministerium hatte Untersuchungen wegen möglicher strafbarer Fahrlässigkeit eingeleitet, und das von uns verhängte Bohrmoratorium verunsicherte die Aktionäre.

»Darf ich die mal so richtig in die Mangel nehmen?«, fragte Rahm.

»Ja, bitte«, sagte ich.

Rahm machte sich an die Arbeit und begann, das Unternehmen zu bedrängen, zu umschmeicheln und zu bedrohen, wie nur er es konnte. Als ich mich am 16. Juni mit Tony Hayward und dem Verwaltungsratsvorsitzenden von BP Carl-Henric Svanberg im Roosevelt Room an den Konferenztisch setzte, waren sie bereit, die weiße Fahne zu schwenken. (Hayward, der in dieser Sitzung kaum ein Wort sagte, gab wenige Wochen später bekannt, dass er aus dem Unternehmen ausscheiden werde.) BP erklärte sich nicht nur bereit, zwanzig Milliarden Dollar in einen Nothilfefonds einzuzahlen, um die Opfer der Ölpest zu entschädigen, sondern wir sorgten auch dafür, dass das Geld von dem Anwalt Ken Feinberg treuhänderisch verwaltet wurde. Feinberg hatte auch den Fonds für die Opfer des 11. September betreut und die Vergütungspläne für die Manager von Banken beaufsichtigt, die Geld aus dem Rettungsprogramm TARP erhielten. Der Fonds konnte die Umweltkatastrophe nicht beseitigen, aber er löste mein Versprechen ein, dass alle Fischer, Garnelenzüchter, Bootsvermieter und andere, die aufgrund der Krise schwere Verluste hinnehmen mussten, die ihnen zustehende Entschädigung erhalten würden.

Die zweite gute Entscheidung, die ich getroffen hatte, war, Steve Chu einzubinden. Mein Energieminister war enttäuscht gewesen vom anfänglichen Austausch mit den BP-Ingenieuren (»Die wissen nicht, womit sie es zu tun haben«, meinte er zu mir) und entschloss sich, seine Zeit zwischen Washington und Houston aufzuteilen. Er ließ Thad Allen wissen, dass BP nichts tun dürfe, ohne es vorher mit ihm abzuklären. Innerhalb kürzester Zeit rekrutierte er ein Team unabhängiger Geophysiker und Hydrologen, die mit ihm an der Lösung des Problems arbeiten sollten. Er bewegte BP zu einer Durchstrahlungsprüfung unter Einsatz von Gammastrahlen, um festzustellen, warum der Blowout-Preventer nicht funktioniert hatte, sowie zur Installation von Druckmessgeräten, um Daten zu den tatsächlichen Vorgängen im Bohrloch zu sammeln. Chu und sein Team setzten sich auch mit der Einschätzung durch, dass vor jedem Versuch, das Bohrloch zu verschließen, sorgfältig untersucht werden müsse, wie groß das Risiko war, auf diese Weise eine Kette unkontrollierbarer unterirdischer Lecks – und damit eine noch schlimmere Katastrophe – auszulösen.

Chu und die BP-Ingenieure einigten sich schließlich darauf, dass die beste Lösung darin bestand, einen zweiten, kleineren Blowout-Preventer, als »Capping Stack«, Abdeckstapel, bezeichnet, über dem defekten anzubringen und das Bohrloch durch Betätigung einer Reihe von Ventilen zu verschließen. Aber nachdem Chu den ersten Entwurf von BP gesehen sowie Wissenschaftler und Ingenieure im Los Alamos National Laboratory und anderswo beauftragt hatte, in ihren Superrechnern eine Reihe von Simulationen durchzuführen, entschied er, dass diese Lösung unzureichend war, sodass sich die Gruppe rasch daranmachte, eine modifizierte Version zu entwerfen. Axe schaute eines Tages im Oval Office vorbei und erzählte mir, er sei gerade Chu in einem Restaurant in der Nähe begegnet, der habe sein Essen kaum angerührt und sei damit beschäftigt gewesen, auf seiner Serviette verschiedene Versionen von Capping Stacks zu zeichnen.

»Er wollte mir erklären, wie das Ding funktioniert«, sagte Axe, »aber ich habe ihm gesagt, es falle mir schon schwer genug herauszufinden, was ich zum Mittagessen bestellen wolle.«

Der Capping Stack, der am Ende zum Einsatz kam, wog fünfundsiebzig Tonnen, war zehn Meter hoch und auf Chus Betreiben mit mehreren Druckanzeigern ausgestattet, die wichtige Daten zu seiner Wirksamkeit liefern sollten. Wenige Wochen später war der Stahlaufsatz auf dem Blowout-Preventer angebracht und konnte getestet werden. Am 15. Juli schlossen die BP-Ingenieure die Ventile des Aufsatzes. Der Verschluss hielt dem Druck stand. Zum ersten Mal seit siebenundachtzig Tagen strömte aus dem Macondo-Feld kein Öl aus.

Es passte zu unserer Pechsträhne, dass die Meteorologen für die folgende Woche einen Tropensturm ankündigten, der über den Unglücksort im Macondo-Ölfeld hinwegzufegen drohte. Chu, Thad Allen und Bob Dudley, der geschäftsführende Direktor von BP, mussten rasch entscheiden, ob sie die Ventile wieder öffnen sollten, bevor die am Einsatz beteiligten Schiffe und die BP-Mitarbeiter, die die Stabilität des Capping Stack überwachten, vor dem nahenden Sturm in Sicherheit gebracht werden mussten. Wenn sich ihre Berechnungen des Drucks in der Tiefe als falsch erwiesen, bestand die Gefahr, dass der Aufsatz nicht hielt, was, schlimmer noch, dazu führte, dass der Meeresboden aufriss, was noch katastrophalere Lecks zur Folge hätte. Aber wenn wir die Ventile öffneten, würde selbstverständlich wieder Öl ins Meer strömen, und das wollte niemand. Nach weiteren Berechnungen willigte Chu ein, dass es das Wagnis wert war und wir die Ventile geschlossen lassen sollten, während der Sturm durchzog.

Wieder hielt der Aufsatz stand.

Im Weißen Haus gab es keine Jubelfeier, als wir die Nachricht erhielten, nur unheimliche Erleichterung. In den folgenden Monaten waren noch einige Eingriffe nötig, bevor BP das Bohrloch für dauerhaft verschlossen erklären konnte, und die Aufräumarbeiten dauerten bis zum Ende des Sommers. Das Fischfangverbot wurde schrittweise gelockert, und nach einer Weile konnten Fische sowie Meeresfrüchte aus dem Golf von Mexiko wieder als unbedenklich eingestuft werden. Die Strände wurden wieder geöffnet, sodass ich im August mit meiner Familie nach Florida reiste, wo wir am Panama City Beach einen zweitägigen Kurzurlaub verbrachten, um die Tourismusindustrie der Region zu unterstützen. Auf einem von Pete Souza aufgenommenen und später vom Weißen Haus veröffentlichten Bild sind Sasha und ich beim Spielen im Wasser zu sehen, was den Amerikanern signalisierte, dass man unbesorgt im Golf schwimmen konnte. Malia fehlte auf dem Foto, weil sie im Ferienlager war. Michelle fehlte, weil eines ihrer Hauptziele als First Lady war, »nie im Badeanzug fotografiert zu werden«, wie sie mir kurz nach meinem Wahlsieg eröffnet hatte.

In mehrerlei Hinsicht hatten wir das Worst-Case-Szenario vermieden, und in den folgenden Monaten räumten sogar Kritiker wie James Carville ein, dass unsere Maßnahmen wirksamer gewesen waren, als man uns auf dem Höhepunkt der Krise zugestanden hatte. Die Golfküste erlitt weniger sichtbare Schäden als erwartet, und nur ein Jahr nach dem Unfall strömten mehr Touristen in die Region als je zuvor. Wir riefen ein Projekt zur Wiederherstellung der Golfküste ins Leben, das mit über BP verhängten zusätzlichen Bußgeldern finanziert wurde und die Bundesregierung sowie bundesstaatliche und lokale Behörden in die Lage versetzte, auch einige lange vor der *Deepwater*-Katastrophe entstandene Umweltschäden zu beheben. Nach dem einen oder anderen nachdrücklichen Hinweis der Bundesgerichte fand sich BP schließlich bereit, Entschädigungen zu zahlen, die den Rahmen des Zwanzig-Milliarden-Dollar-Fonds sprengten. Und obwohl die von mir eingerichtete Untersuchungskommission zur Ölpest in ihrem vorläufigen Bericht mit Recht feststellte, dass der MMS seiner Verpflichtung zur Überwachung der BP-Aktivitäten im Macondo-Ölfeld nicht nachgekommen und dass es uns nicht gelungen war, das Ausmaß der Lecks unmittelbar nach der Explosion richtig einzuschätzen, hatten sowohl die Medien als auch die Öffentlichkeit im Herbst die Katastrophe im Wesentlichen zu den Akten gelegt.

Dennoch verfolgten mich die Bilder der Ölfahnen, die aus dem aufgebrochenen Meeresboden aufstiegen und sich in der geisterhaften Tiefe des Ozeans ausbreiteten. Die Regierungsexperten erklärten mir, dass es Jahre dauern werde, das ganze Ausmaß der Umweltschäden durch die *Deepwater*-Ölpest zu verstehen. Nach den zuverlässigsten Schätzungen waren mindestens vier Millionen Barrel Erdöl aus dem Macondo-Bohrloch ausgetreten; mindestens zwei Drittel dieser Menge waren aufgefangen, verbrannt oder auf andere Art aufgelöst worden. Es würden Jahre vergehen, bevor man wirklich einschätzen konnte, wo das restliche Drittel gelandet war, welche furchtbaren Verluste es den Wildtierpopulationen zugefügt hatte, wie viel Öl sich schließlich auf dem Meeresboden abgelagert und welche langfristigen Auswirkungen das auf das gesamte Ökosystem des Golfs von Mexiko haben würde.

Kein Geheimnis hingegen war die politische Wirkung der Ölkatastrophe. Da die Krise hinter uns lag und die Kongresswahlen in Sicht waren, kamen wir zu der Überzeugung, der Öffentlichkeit vorsichtigen Optimismus vermitteln zu können: Wir wollten den Amerikanern zeigen, dass sich die Lage des Landes endlich zum Besseren wendete und dass meine Regierung in den vergangenen sechzehn Monaten hart für konkrete Verbesserungen im Leben der Bürger gearbeitet hatte. Doch die Wähler sahen lediglich, dass die Regierung einer weiteren Notlage wehrlos ausgeliefert war. Ich bat Axe, mir zu sagen, wie er bestenfalls die Aussichten der Demokratischen Partei einschätzte, die Mehrheit im Repräsentantenhaus zu verteidigen. Er sah mich an, als hätte ich einen Scherz gemacht.

»Wir werden Prügel beziehen«, sagte er.

SEIT DEM TAG meines Amtsantritts war uns klar, dass die Midterm-Wahlen nicht einfach werden würden: Die Partei, die den Präsidenten stellt, verliert nach den ersten zwei Jahren an der Macht bei den Zwischenwahlen fast immer Sitze im Kongress, da zumindest ein Teil der Wählerinnen und Wähler Grund zur Enttäuschung hat. Dazu kommt eine traditionell deutlich geringere Wahlbeteiligung bei den Midterm-Wahlen, und besonders schwierig ist es, jüngere, einkommensschwächere Wähler und Angehörige von Minderheiten zum Urnengang zu bewegen, das heißt jene Gruppen, die eher die Demokratische Partei wählen. Zu erklären ist dies teilweise mit der anhaltenden Wählerdiskriminierung in den Vereinigten Staaten sowie damit, dass viele Bundesstaaten weiterhin komplizierte Verfahren anwenden, die die Stimmabgabe unnötig erschweren.

Die Midterm-Wahlen wären also selbst in Zeiten von relativer Ruhe und Wohlstand eine Herausforderung gewesen – aber natürlich lebten wir nicht in solchen Zeiten. Obwohl die Unternehmen wieder begonnen hatten, Arbeitskräfte einzustellen, verharrte die Arbeitslosenrate im Juni und Juli bei etwa neuneinhalb Prozent, was vor allem daran lag, dass die staatlichen und lokalen Verwaltungen knapp bei Kasse waren und immer noch Arbeitsplätze abbauten. Mindestens einmal in der Woche setzte ich mich im Roosevelt Room mit meinen Wirtschaftsberatern zusammen, um nach neuen Lösungen für zusätzliche Konjunkturprogramme zu suchen, die zumindest für ein paar republikanische Senatoren, die nicht als hartherzig gelten wollten, akzeptabel sein würden. Aber abgesehen von einer widerwilligen Zustimmung zur Ausweitung der Sonderzahlungen für Arbeitslose, die der Kongress vor der Sitzungspause im August beschloss, gelang es McConnell im Allgemeinen, seine Fraktion unter Kontrolle zu halten.

»Ich sage das nur ungern«, gestand mir ein republikanischer Senator, der mir wegen einer anderen Frage einen Besuch im Weißen Haus abstattete, »aber je schlechter es den Leuten in diesem Moment geht, desto besser für uns.«

Uns machte jedoch nicht nur die Wirtschaft zu schaffen. In den Meinungsumfragen schnitten die Republikaner in Fragen der nationalen Sicherheit normalerweise besser ab als die Demokraten, und seit meinem Amtsantritt versuchte die Opposition, diesen Vorteil optimal zu nutzen. Die Republikaner ließen sich keine Gelegenheit entgehen, meine Regierung als schwach in Fragen der Landesverteidigung und als unentschlossen im Kampf gegen den Terrorismus darzustellen. Doch die meisten dieser Angriffe verfehlten ihr Ziel: So enttäuscht die Wähler auch von meiner wirtschaftlichen Führung sein mochten, meine Bemühungen, ihre Sicherheit zu gewährleisten, beurteilten sie positiv. Die hohen Zustimmungsraten in Sicherheitsfragen hatten auch unter dem Anschlag in Fort Hood und dem vereitelten Bombenanschlag am Weihnachtsfeiertag nicht gelitten und blieben sogar im Wesentlichen unverändert, als im Mai 2010 ein Mann namens Faisal Shahzad – ein amerikanischer Staatsbürger, der in Pakistan aufgewachsen und von den pakistanischen Taliban für Terroranschläge ausgebildet worden war – mit dem Versuch scheiterte, mitten auf dem Times Square eine Autobombe zu zünden.

Doch die Tatsache, dass immer noch hundertachtzigtausend amerikanische Soldaten in Kriegen fern der Heimat kämpften, überschattete die Midterms. Und während die letzte Phase des Abzugs aus dem Irak begonnen hatte – die letzten Kampfeinheiten sollten im August heimkehren –, drohten die amerikanischen Verluste in Afghanistan infolge der sommerlichen Zunahme der Kämpfe erneut auf eine bedrückend hohe Zahl zu steigen. Dennoch war ich beeindruckt von der Art und Weise, wie Stan McChrystal die Koalitionsstreitkräfte führte: Mit den zusätzlichen Truppen, die ich bewilligt hatte, war es ihm gelungen, Terrain von den Taliban zurückzuerobern. Die Ausbildung der afghanischen Armee war verbessert worden, und McChrystal hatte es sogar geschafft, Präsident Karzai dazu zu bewegen, seinen Amtssitz zu verlassen und den Kontakt zu der Bevölkerung zu suchen, die er zu vertreten vorgab.

Doch wann immer ich im Militärkrankenhaus Walter Reed and Bethesda verwundete Soldaten besuchte, wurden mir die furchtbaren Kosten dieser langsamen Fortschritte vor Augen gehalten. Meine früheren Besuche hatten etwa eine Stunde gedauert, aber jetzt verbrachte ich häufiger mindestens doppelt so viel Zeit in dem Krankenhaus, da es mittlerweile fast vollkommen ausgelastet zu sein schien. Bei einem dieser Besuche betrat ich einen Raum, in dem das Opfer einer Sprengfallenexplosion von seiner Mutter gepflegt wurde. Dicke Nähte liefen über die Seite des kahl geschorenen Kopfes des jungen Mannes, sein rechtes Auge war offenbar blind und sein Körper teilweise gelähmt. Ein schwer verwundeter Arm war von einem dicken Verband umhüllt. Laut dem Arzt, der mich über den Patienten informierte, bevor ich den Raum betrat, hatte der Soldat nach einem dreimonatigen Koma das Bewusstsein wiedererlangt, jedoch bleibende Hirnschäden davongetragen. Die Ärzte hatten ihn gerade erst operiert, um seinen Schädelknochen wiederherzustellen.

»Cory, der Präsident ist gekommen, um dich zu sehen«, sagte die Mutter aufmunternd. Der junge Mann konnte nicht sprechen, nickte jedoch und deutete ein Lächeln an.

»Cory, ich freue mich, Sie kennenzulernen«, sagte ich und nahm behutsam seine unverletzte Hand.

»Tatsächlich sind Sie ihm schon einmal begegnet«, sagte seine Mutter, »schauen Sie, hier.« Sie zeigte auf ein mit Klebeband an der Wand befestigtes Foto. Ich trat näher heran, um es mir genauer anzusehen. Es zeigte mich umgeben von einer Gruppe lächelnder Army Rangers. In diesem Moment begriff ich, dass der verwundete Soldat, der dort lag, der Sergeant First Class Cory Remsburg war, jener lebhafte junge Fallschirmjäger, mit dem ich mich vor nicht einmal einem Jahr während der Feiern anlässlich der Landung in der Normandie unterhalten hatte. Er war der Soldat, der mir erzählt hatte, dass ihm sein zehnter Einsatz bevorstehe und dass er auf dem Weg nach Afghanistan sei.

»Natürlich … Cory«, sagte ich an seine Mutter gewandt. Ihr Blick verzieh mir, dass ich ihren Sohn nicht wiedererkannt hatte. »Wie geht es Ihnen?«

»Zeige ihm, wie es dir geht, Cory«, sagte seine Mutter.

Langsam und mit großer Anstrengung hob er den Arm und drehte den Daumen nach oben. Pete wirkte erschüttert, als er uns zusammen fotografierte.

Vielleicht war das, was Cory und vielen anderen Soldaten widerfahren war, im Leben der Wähler nicht so präsent wie in meinem. Seit der Abschaffung der Wehrpflicht in den Siebzigerjahren erlebten weniger Amerikaner, dass Verwandte, Freunde oder Nachbarn zu Kriegseinsätzen einberufen wurden. Aber die steigenden Opferzahlen ließen in einem kriegsmüden Land zumindest die Unsicherheit darüber wachsen, wohin dieser scheinbar endlose Konflikt führte. Und diese Unsicherheit wuchs noch, als die Zeitschrift *Rolling Stone* im Juni ein großes Porträt von Stan McChrystal veröffentlichte.

Der Artikel mit der Überschrift »The Runaway General« – Ein General außer Kontrolle – stand dem amerikanischen Militäreinsatz überwiegend kritisch gegenüber und behauptete, ich hätte mich vom Pentagon übertölpeln und dazu verleiten lassen, den Einsatz in einem aussichtslosen Unterfangen zu erhöhen. Aber das war nichts Neues. Für Aufsehen in Washington sorgte eher, dass McChrystal dem Journalisten des *Rolling Stone* Zugang gewährt hatte und dass der General und seine Mitarbeiter mit bissigen Kommentaren über Verbündete, Parlamentarier und Regierungsmitglieder um sich geworfen hatten. In einer Szene beschreibt der Journalist, wie McChrystal und einer seiner Mitarbeiter über mögliche Antworten auf Fragen nach Vizepräsident Biden scherzen. (»Meinen Sie Vizepräsident Biden? Wer ist das?«, wird McChrystal zitiert. Worauf sein Mitarbeiter einstimmt: »Sagten Sie: Bite me?« – Leck mich?) In einer anderen Szene beklagt sich McChrystal darüber, dass er sich in Paris mit einem französischen Minister zum Abendessen habe treffen müssen (»Ich würde einen Tritt in den Hintern vorziehen«), und ärgert sich über eine E-Mail von Hillary Clintons Sonderberater, dem langjährigen Diplomaten Richard Holbrooke (»Am liebsten möchte ich die Nachricht gar nicht erst öffnen«). Mich nimmt er vom schlimmsten Spott weitgehend aus, aber ein Mitglied von McChrystals Team erwähnt, wie enttäuscht sein Chef von unserem Gespräch – unmittelbar bevor ich ihn zum Kommandeur der Koalitionsstreitkräfte ernannt hatte – gewesen sei; offenbar ein Hinweis darauf, dass ich dem General mehr persönliche Aufmerksamkeit hätte widmen sollen.

Abgesehen davon, dass der Artikel zwangsläufig für böses Blut sorgen und den überwunden geglaubten Graben zwischen den Leuten wieder aufreißen würde, die für die Strategie in Afghanistan verantwortlich waren, wirkten McChrystal und seine Leute wie ein Haufen eingebildeter Studenten im Verbindungshaus. Wie würden sich Cory Remsburgs Eltern fühlen, wenn sie diesen Artikel lasen?

»Ich weiß nicht, was zum Teufel er sich dabei gedacht hat«, sagte der um Schadensbegrenzung bemühte Gates zu mir.

»Er hat gar nichts gedacht«, erwiderte ich barsch. »Er ist ihnen in die Falle gegangen.«

Meine Leute fragten mich, was ich unternehmen wolle. Ich sagte ihnen, ich hätte mich noch nicht entschieden, aber während ich darüber nachdächte, solle McChrystal den nächsten Flug nach Washington nehmen. Anfangs war ich bereit, den General mit einer harschen Verwarnung davonkommen zu lassen – und zwar nicht nur, weil Bob Gates überzeugt war, dass wir keinen besseren Mann finden würden, um den Kriegseinsatz in Afghanistan zu leiten. Sollte irgendjemand jemals einige der vertraulichen Gespräche zwischen meinen führenden Mitarbeitern und mir aufnehmen, würden wir, das war mir klar, ähnlich unausstehlich klingen. McChrystal und seine Vertrauten hatten ein miserables Urteilsvermögen an den Tag gelegt, als sie sich – sei es aus Achtlosigkeit oder Eitelkeit – in Gegenwart eines Reporters so äußerten, aber jeder im Weißen Haus hatte schon einmal etwas in ein offenes Mikrofon gesagt, was er besser für sich behalten hätte. Wenn ich Hillary, Rahm, Valerie oder Ben nicht feuerte, weil sie aus der Schule geplaudert hatten, warum sollte ich dann bei McChrystal andere Maßstäbe anlegen?

Doch in den folgenden vierundzwanzig Stunden kam ich zu der Überzeugung, dass die Dinge in diesem Fall *tatsächlich* anders lagen. Wie sämtliche Militärführer mir gern in Erinnerung riefen, hing die Leistungsfähigkeit der amerikanischen Streitkräfte von strenger Disziplin, eindeutigen Verhaltensregeln, dem Zusammenhalt der Einheiten und strikten Befehlsketten ab. Weil immer zu viel auf dem Spiel stand. Weil jedes Versäumnis, als Teil des Teams zu agieren, jeder individuelle Fehler nicht nur eine Blamage oder Gewinneinbußen zur Folge hatte. Menschen konnten deswegen sterben. Jeder Corporal oder Captain, der Vorgesetzte derart verunglimpfte, musste einen hohen Preis dafür zahlen. Dieselben Regeln mussten selbstverständlich auch für einen Viersternegeneral gelten, egal, wie fähig, mutig oder hochdekoriert er war.

Rechenschaftspflicht und Disziplin waren auch im Bereich der zivilen Kontrolle über das Militär notwendig – diesen Punkt hatte ich im Gespräch mit Gates und Mullen im Oval Office unterstrichen, nur dass die Mahnung anscheinend auf taube Ohren gestoßen war. Eigentlich bewunderte ich McChrystals rebellisches Wesen, seine offenkundige Geringschätzung für Heuchelei und in seinen Augen unverdiente Autorität. Diese Haltung hatte ihn zweifellos zu einem besseren Militärführer gemacht – und sie hatte ihm die unerschütterliche Loyalität seiner Truppe gesichert. Aber aus seinen Äußerungen in dem *Rolling-Stone*-Artikel hörte ich bei ihm und seinen Untergebenen dasselbe Gefühl der Unantastbarkeit heraus, das sich in den Bush-Jahren bei einigen hochrangigen Militärangehörigen festgesetzt hatte: Sie waren überzeugt, dass diejenigen, die an der Front kämpften, nicht mehr infrage gestellt werden durften, sobald ein Krieg begonnen hatte, dass Politiker ihnen einfach geben mussten, was sie verlangten, und ihnen ansonsten nicht im Weg zu stehen hatten. Es war eine verführerische Einstellung, insbesondere bei einem Mann von McChrystals Kaliber. Zugleich bedrohte sie ein Grundprinzip unserer repräsentativen Demokratie, und ich war entschlossen, dem Militär diese Vorstellung wieder auszutreiben.

Der Morgen war heiß und schwül, als ich mich schließlich allein mit McChrystal im Oval Office an den Tisch setzte. Er wirkte bedrückt, aber gefasst. Man muss ihm zugutehalten, dass er nicht nach Entschuldigungen für seine Aussagen suchte. Er behauptete nicht, seine Worte seien falsch zitiert oder aus dem Zusammenhang gerissen worden. Er bat um Entschuldigung für seinen Fehltritt und bot seinen Rücktritt an. Ich erklärte ihm, warum ich mich trotz meiner Bewunderung für ihn und meiner Dankbarkeit für seine Dienste entschlossen hatte, seinen Rücktritt anzunehmen.

Nach dem Treffen mit McChrystal stellte ich mich im Rosengarten der Presse und erklärte die Gründe für meine Entscheidung. Ich gab bekannt, dass General Dave Petraeus das Kommando über die Koalitionstruppen in Afghanistan übernehmen werde. Der Vorschlag, die Aufgabe Petraeus zu übertragen, stammte von Tom Donilon. Petraeus war nicht nur der bekannteste und angesehenste Militärführer des Landes, sondern als Leiter des Central Command bereits mit unserer Strategie für Afghanistan vertraut. Die Öffentlichkeit nahm die Neuigkeit denkbar gut auf. Dennoch war ich nach der Pressekonferenz wütend über die ganze Sache. Ich wies Jim Jones an, unverzüglich den nationalen Sicherheitsrat einzuberufen. Die Sitzung dauerte nicht lange.

»Ich setze Sie alle davon in Kenntnis, dass ich mit meiner Geduld am Ende bin«, sagte ich, wobei ich stetig die Stimme hob. »Ich will keinen Kommentar zu McChrystal in den Medien hören. Ich will keine Verdrehungen, keine Gerüchte und kein Geläster mehr hören. Ich will, dass jeder seinen verdammten Job macht. Und wenn hier jemand nicht im Team spielen mag, ist er irgendwann weg. Ich meine es ernst.«

Es herrschte Stille im Raum. Ich wandte mich ab und ging zur Tür. Ben folgte mir, denn anscheinend waren wir zur Arbeit an einer Rede verabredet.

»Ich mochte Stan«, sagte ich leise, als wir hinausgingen.

»Sie hatten keine andere Wahl«, sagte Ben.

»Ich weiß«, sagte ich mit einem Kopfschütteln. »Aber das macht es nicht einfacher.«

OBWOHL DIE ENTLASSUNG VON MCCHRYSTAL für Schlagzeilen sorgte (und bei den treuen Anhängern der Republikanischen Partei die Überzeugung festigte, ich sei ungeeignet für den Posten des Oberbefehlshabers), war dies nicht die Art von Nachrichten, die bei Wechselwählern einen Meinungsumschwung auslöste. Als die Midterm-Wahlen näher rückten, konzentrierten sich die Republikaner eher auf eine Frage der nationalen Sicherheit, die die amerikanischen Bürger direkter betraf: Wie sich herausstellte, hatte eine solide Mehrheit der Amerikaner wenig für die Idee übrig, Terrorverdächtigen auf amerikanischem Boden vor Zivilgerichten den Prozess zu machen. Vielmehr war es den meisten Bürgern egal, ob Terroristen überhaupt einen fairen Prozess mit allen üblichen Garantien erhielten.

Erste Hinweise hierauf hatten wir erhalten, als wir versuchten, mein Versprechen einzulösen, das Internierungslager Guantanamo Bay zu schließen. Auf einer abstrakten Ebene stimmten die meisten demokratischen Kongressabgeordneten meinem Argument zu, dass es keine gute Lösung sei, ausländische Gefangene für unbestimmte Zeit dort festzuhalten. Diese Praxis widersprach unseren Verfassungstraditionen und verstieß gegen die Genfer Konvention. Guantanamo war ein außenpolitisches Hindernis und hielt sogar einige unserer engsten Verbündeten davon ab, im Kampf gegen den Terrorismus mit uns zusammenzuarbeiten. Obendrein erleichterte die Existenz des Lagers al-Qaida die Anwerbung neuer Mitglieder, was die Sicherheit der Vereinigten Staaten gefährdete. Einige wenige Republikaner, allen voran John McCain, teilten diese Einschätzung.

Aber um das Lager tatsächlich schließen zu können, mussten wir zuerst klären, was wir mit den zweihundertzweiundvierzig Häftlingen tun sollten, die zum Zeitpunkt meines Amtsantritts noch in Guantanamo gefangen gehalten wurden. Viele von ihnen waren schlecht ausgebildete Kämpfer der unteren Ebene, die eher zufällig bei Kampfeinsätzen aufgegriffen worden waren und eigentlich keine oder nur eine geringe Bedrohung für die Sicherheit der Vereinigten Staaten darstellten. (Die Regierung Bush hatte bereits mehr als fünfhundert solche Gefangene freigelassen und in ihre Heimatländer zurückgeschickt oder in Drittländer überstellt.) Aber eine kleine Zahl von Guantanamo-Insassen waren gefährliche Al-Qaida-Kämpfer, bekannt als »High Value Detainees« (HVD), darunter zum Beispiel Chalid Scheich Mohammed, der sich selbst als einen der Drahtzieher der Terrorangriffe vom 11. September 2001 bezeichnete. Die Männer in dieser Kategorie wurden bezichtigt, direkt für die Ermordung unschuldiger amerikanischer und ausländischer Staatsbürger verantwortlich zu sein, und in meinen Augen wäre es sowohl gefährlich als auch unmoralisch gewesen, sie freizulassen.

Wir sahen nur eine Lösung: Wir wollten die verbleibenden Gefangenen, die einen niedrigen Rang in der Hierarchie eingenommen hatten, in ihre Heimatländer zurückschicken, wo die Behörden sie überwachen und langsam wieder in die Gesellschaft eingliedern würden, während wir die »hochwertigen Gefangenen« in den Vereinigten Staaten vor Gericht stellten. Doch als wir uns eingehender mit dieser Lösung beschäftigten, stießen wir auf zahlreiche Hindernisse. So stammten viele Gefangene der unteren Ebenen aus Ländern, die nicht in der Lage waren, eine Rückkehr dieser Kämpfer unter sicheren Bedingungen zu gewährleisten. Die größte Gruppe – neunundneunzig Männer – kam sogar aus dem Jemen, einem bitterarmen Land mit einer kaum funktionierenden Regierung, langjährigen Stammeskonflikten und dem aktivsten Al-Qaida-Ableger außerhalb der pakistanischen Stammesgebiete unter Bundesverwaltung (FATA).

Das Völkerrecht hinderte uns auch an der Repatriierung von Gefangenen, bei denen Grund zu der Befürchtung bestand, dass sie von den Sicherheitsbehörden ihres Landes misshandelt, gefoltert oder getötet würden. Das galt zum Beispiel für eine Gruppe von Uiguren, die in Guantanamo festgehalten wurden: Sie gehörten einer muslimischen Minderheit an, die vor der langjährigen brutalen Unterdrückung in ihrem Heimatland China nach Afghanistan geflohen waren. Die Uiguren kämpften nicht gegen die Vereinigten Staaten, aber Peking bezeichnete sie als Terroristen, und es gab wenig Zweifel daran, dass man ihnen einen unangenehmen Empfang bereiten würde, sollten wir sie nach China zurückschicken.

Noch schwieriger war es, die »hochwertigen Gefangenen« in den USA vor Gericht zu stellen. Zum einen hatte die Regierung Bush keinen großen Wert darauf gelegt, die Beweisketten zu sichern oder sauber zu dokumentieren, unter welchen Umständen man diese Personen gefangen genommen hatte, sodass die Untersuchungsakten vieler Häftlinge bruchstückhaft waren. Außerdem waren mehrere »hochwertige Gefangene«, darunter Chalid Scheich Mohammed, in den Verhören gefoltert worden, was nicht nur ihre Geständnisse, sondern auch alle im Zusammenhang mit diesen Verhören gesammelten Beweise in einem ordentlichen strafrechtlichen Verfahren unbrauchbar machen würde.

In den Augen der Regierung Bush war all das unproblematisch gewesen, weil die in Guantanamo festgehaltenen Personen in ihren Augen allesamt »illegale feindliche Kombattanten« waren und folglich weder unter dem Schutz der Genfer Konvention standen noch Anspruch auf einen Zivilprozess hatten. Stattdessen hatte die Regierung meines Amtsvorgängers ein alternatives System von »Militärkommissionen« eingerichtet, um diese Fälle zu verhandeln. In diesen Kommissionen entschieden amerikanische Militärrichter über Schuld und Unschuld, bei der Beweisführung wurden weniger strenge Maßstäbe angelegt, und die Verfahrensgarantien waren eingeschränkt. Wenige Rechtsexperten waren der Meinung, das Vorgehen der Regierung erfülle die Mindestanforderungen an ein faires Verfahren, und aufgrund ständiger rechtlicher Anfechtungen, Verzögerungen und Verfahrensfehler war es den Kommissionen in zwei Jahren lediglich bei drei Fällen gelungen, zu einem Urteil zu kommen. Einen Monat vor meiner Wahl hatte ein amerikanischer Bundesrichter den Haftprüfungsanträgen von siebzehn in Guantanamo festgehaltenen Uiguren stattgegeben und ihre Entlassung aus dem Militärgewahrsam angeordnet, womit der Boden für eine langwierige Auseinandersetzung über die rechtliche Zuständigkeit bereitet war. Die Anwälte anderer Häftlinge hatten ähnliche Anträge gestellt.

»Das ist nicht einfach nur ein Scheiße-Sandwich«, sagte Denis nach einer unserer Sitzungen zum Thema Guantanamo. »Das ist ein ganzes Scheiße-Büfett.«

Trotz aller Schwierigkeiten begannen wir, das Problem Schritt für Schritt zu lösen. Ich ordnete an, dass die Militärkommissionen keine neuen Verfahren mehr einleiten durften – wobei ich jedoch als Zugeständnis an das Pentagon der Bildung eines behördenübergreifenden Teams zustimmte, das überprüfen sollte, ob die Kommissionen unter anderen Bedingungen weiterarbeiten und als Notlösung für den Fall genutzt werden könnten, dass wir bestimmte Gefangene nicht vor ein Zivilgericht stellen konnten. Wir legten ein formales Verfahren zur Klärung der Frage fest, ob ein Gefangener gefahrlos auf freien Fuß gesetzt und in sein Heimatland oder in ein anderes aufnahmewilliges Land gebracht werden konnte. In Zusammenarbeit mit Juristen des Pentagons und der CIA begannen Justizminister Eric Holder und ein Team in seinem Ressort, die Akten der Häftlinge auszuwerten, ob zusätzliche Beweise benötigt wurden, um die »hochwertigen Gefangenen« in Guantanamo vor Gericht zu stellen und zu verurteilen. Wir machten uns auf die Suche nach einer Anlage auf amerikanischem

Boden – sei es eine Einrichtung des Militärs oder ein Bundesgefängnis –, die sofort aus Guantanamo überstellte Gefangene aufnehmen konnte, bis feststand, wie weiter mit ihnen zu verfahren war.

An diesem Punkt fing der Kongress an auszuflippen. Die Republikaner erfuhren von dem Gerücht, dass wir über eine Ansiedlung von Uiguren in Virginia nachdächten (die meisten von ihnen wurden schließlich in Drittländer wie Bermuda und den Inselstaat Palau geschickt), und warnten die Wähler über die Medien, meine Regierung habe vor, Terroristen in ihren Gemeinden und unter Umständen direkt in ihrer Nachbarschaft anzusiedeln. Das löste verständlicherweise Unruhe unter den demokratischen Kongressabgeordneten aus, und sie stimmten schließlich zu, eine Vorschrift in ein Gesetz zum Verteidigungshaushalt aufzunehmen, die es verbot, Steuergelder anders zu verwenden als für die Überstellung von Gefangenen in die Vereinigten Staaten für den Zweck eines Gerichtsverfahrens. Sie verpflichtete außerdem Bob Gates, dem Kongress vor der Wahl einer neuen Einrichtung und der Schließung von Guantanamo einen entsprechenden Plan vorzulegen. Im Frühjahr 2010 schlug uns Dick Durbin vor, bis zu neunzig Guantanamo-Insassen in einem praktisch leer stehenden Staatsgefängnis in Thomson, Illinois, unterzubringen. Obwohl die Maßnahme den Einwohnern einer von der Wirtschaftskrise schwer getroffenen ländlichen Gemeinde Arbeitsplätze gebracht hätte, weigerte sich der Kongress, die für Kauf und Renovierung der Anlage benötigten 350 Millionen Dollar freizugeben, wobei sogar einige liberale Demokraten dem republikanischen Argument zustimmten, ein Internierungslager auf amerikanischem Boden werde ein vorrangiges Ziel für zukünftige Terroranschläge sein.

In meinen Augen ergab nichts davon irgendeinen Sinn. Terroristen, die Anschläge planten, waren keine Navy SEALs, und falls al-Qaida einen weiteren Angriff auf die Vereinigten Staaten planen sollte, so wäre ein Bombenanschlag auf die New Yorker U-Bahn oder ein Einkaufszentrum in Los Angeles sehr viel verheerender – und leichter durchzuführen – als ein Angriff auf eine von schwer bewaffneten US-Soldaten bewachte Justizvollzugsanstalt im amerikanischen Hinterland. Tatsächlich verbüßten bereits deutlich mehr als hundert verurteilte Terroristen Haftstrafen in über das ganze Land verstreuten

Bundesgefängnissen, ohne dass es je zu einem Zwischenfall gekommen wäre. »Wir tun so, als wären diese Leute ein Haufen Erzschurken aus einem James-Bond-Film«, sagte ich verärgert zu Denis. »Der Durchschnittsinsasse eines Hochsicherheitsgefängnisses würde diese Gefangenen zum Mittagessen verspeisen.«

Ich konnte jedoch verstehen, dass die Menschen Angst hatten. Diese Angst entsprang dem unbewältigten Trauma des 11. September und war von der Vorgängerregierung und einem Großteil der Medien (ganz zu schweigen von unzähligen Filmen und Fernsehserien) ein Jahrzehnt lang ständig geschürt worden. Mehrere ehemalige Mitglieder der Regierung Bush – namentlich Bushs Vizepräsident Dick Cheney – hatten es sich zur Aufgabe gemacht, diese Angst wachzuhalten, und sahen in meinem Versuch, im Umgang mit Terrorverdächtigen einen anderen Weg einzuschlagen, einen Angriff auf ihr Vermächtnis. In einer Reihe von Reden und Fernsehauftritten beharrte Cheney darauf, dass die Anwendung von Methoden wie Waterboarding und unbeschränkte Internierung »etwas sehr viel Größeres und Schlimmeres« als den Anschlag vom 11. September verhindert habe. Er warf mir vor, in der Auseinandersetzung mit Terroristen zum »Modus des Gesetzesvollzugs« zurückzukehren, der bis 2001 gegolten hatte, statt das »Konzept der militärischen Bedrohung« zu begreifen. Auf diese Art, erklärte er, erhöhe ich die Gefahr eines weiteren Angriffs.

Cheneys Behauptung, meine Regierung behandle al-Qaida nicht als militärische Bedrohung, war kaum mit der Tatsache zu vereinbaren, dass ich zusätzliche Bataillone nach Afghanistan verlegt hatte und dass unsere Streitkräfte zahlreiche Al-Qaida-Terroristen mit Drohnenangriffen ausgeschaltet hatten. Wegen seiner Unbeliebtheit und zum großen Teil dank seines katastrophalen Fehlurteils im Hinblick auf den Irak war Cheney wahrscheinlich auch nicht sonderlich gut geeignet, die amerikanische Öffentlichkeit von *irgendetwas* zu überzeugen. Dennoch waren zahlreiche Wähler der Meinung, wir dürften Terroristen nicht wie »gewöhnliche Kriminelle« behandeln. Und nachdem der »Unterhosenbomber« Umar Farouk Abdulmutallab zu Weihnachten versucht hatte, ein Passagierflugzeug zu sprengen, schlossen sich noch mehr Menschen dieser Meinung an.

Bei der Handhabung dieses Falls hatten sich sowohl das Justizministerium als auch das FBI an die rechtsstaatlichen Verfahren gehalten. Unter Eric Holders Leitung und mit Rückendeckung des Pentagons und der CIA hatten Bundesbeamte den aus Nigeria stammenden Abdulmutallab unmittelbar nach der Landung des Flugzeugs der Northwest Airlines in Detroit verhaftet und ins Krankenhaus gebracht, wo er ärztlich versorgt wurde. Da das vorrangige Ziel darin bestand sicherzustellen, dass es keine anderen unmittelbaren Bedrohungen für die öffentliche Sicherheit gab – etwa weitere Attentäter an Bord weiterer Flugzeuge –, verzichteten die FBI-Agenten, die das erste Verhör mit dem verhinderten Attentäter führten, darauf, ihm seine Rechte vorzulesen, wobei sie sich auf den anerkannten Grundsatz beriefen, dass Ermittlungsbeamte eine Ausnahme von der Verpflichtung zur Miranda-Warnung machen durften, wenn es darum ging, eine unmittelbare Gefahr abzuwenden. In dem Verhör, das fast eine Stunde dauerte, gab der Verdächtige den Ermittlern wertvolle Informationen über seine Kontakte zu al-Qaida, seine Ausbildung im Jemen, die Herkunft seiner Sprengvorrichtung und weitere Anschlagspläne. Anschließend wurde er über seine Rechte aufgeklärt und durfte einen Rechtsanwalt kontaktieren.

Kritiker warfen uns vor, wir hätten den Verdächtigen praktisch auf freien Fuß gesetzt. »Warum in Gottes Namen sollte man das Verhör eines Terroristen beenden?!«, schimpfte der ehemalige New Yorker Bürgermeister Rudy Giuliani im Fernsehen. Joe Lieberman erklärte, Abdulmutallab sei ein feindlicher Kombattant und hätte zum Verhör an die Militärbehörden ausgeliefert werden müssen. Und inmitten des erbittert geführten Wahlkampfs um den vakanten Senatssitz für Massachusetts nutzte der republikanische Kandidat Scott Brown unser Vorgehen in diesem Fall, um die Demokratin Martha Coakley in die Defensive zu drängen.

Die Ironie dabei war, wie Eric Holder genüsslich darlegte, dass die Regierung Bush in fast allen Fällen, in denen Terrorverdächtige auf amerikanischem Boden dingfest gemacht worden waren (darunter Zacarias Moussaoui, einer der Drahtzieher des 11. September), genauso gehandelt hatte. Und das hatte sie getan, weil es die amerikanische Verfassung vorschrieb: In den zwei Fällen, in denen die Regierung Bush in den Vereinigten Staaten verhaftete Terrorverdächtige als »feindliche

Kombattanten« eingestuft hatte, die unbegrenzt festgehalten werden durften, waren Bundesgerichte eingeschritten und hatten die Rückgabe der Verdächtigen an die Strafverfolgungsbehörden erzwungen. Dazu kam, dass es tatsächlich vorteilhaft war, sich an das Gesetz zu halten. Bushs Justizministerium hatte Verurteilungen von mehr als hundert Terrorverdächtigen durchgesetzt, und die Strafen waren mindestens so hart wie die von Militärkommissionen verhängten. Moussaoui zum Beispiel verbüßt mehrere lebenslange Haftstrafen in einem Bundesgefängnis. In der Vergangenheit hatten zahlreiche Konservative, darunter Giuliani, Loblieder auf diese verfassungskonformen Strafverfahren gesungen.

»Es wäre nicht so schlimm«, sagte Eric einmal zu mir, »wenn Giuliani und einige dieser anderen Kritiker tatsächlich glauben würden, was sie da sagen. Aber er ist ein ehemaliger Staatsanwalt. Er *weiß* es besser. Das ist einfach schamlos.«

Da er die wichtigste Person in unseren Bemühungen war, die Terrorbekämpfungsmethoden mit den Verfassungsgrundsätzen in Einklang zu bringen, trug Eric die Hauptlast der aufgebauschten Empörung. Es schien ihn nicht zu stören, denn er wusste, dass es zum Job gehörte. Er hielt es jedoch nicht für einen Zufall, dass er innerhalb meiner Regierung das bevorzugte Ziel republikanischer Gehässigkeiten und der Verschwörungstheorien von Fox News war.

»Diese Leute hetzen gegen *mich,* Bruder«, sagte er, wobei er mir mit einem verschmitzten Grinsen auf die Schulter klopfte, »aber dabei denken sie an Sie.«

Ich verstand, warum die Gegner meiner Präsidentschaft in Eric möglicherweise einen geeigneten Ersatz sahen. Dieser groß gewachsene, ausgeglichene Mann war im New Yorker Stadtteil Queens in einer aus Barbados stammenden Mittelschichtfamilie aufgewachsen. (»Daher diese Karibikschwingungen«, sagte ich zu ihm.) Wie ich hatte er die Columbia University besucht, wo er ein Jahrzehnt vor mir Basketball gespielt und an Sitzstreiks teilgenommen hatte; während seines Jurastudiums war sein Interesse an Bürgerrechtsfragen erwacht, und er hatte einen Sommer als Praktikant für den Rechtshilfefonds der NAACP gearbeitet. Und wie ich hatte er den öffentlichen Dienst einem Job in einer Anwaltskanzlei vorgezogen und war zunächst als

Staatsanwalt in der Abteilung für Korruptionsbekämpfung des Justizministeriums und später als Bundesrichter am Superior Court für den District of Columbia tätig gewesen. Bill Clinton hatte ihn zum U. S. Attorney für den District of Columbia und später zum stellvertretenden Justizminister der Vereinigten Staaten ernannt – in beiden Positionen war er der erste Afroamerikaner gewesen.

Eric und ich teilten einen unerschütterlichen Glauben an das Recht und die Überzeugung, relativiert durch persönliche Erfahrung und unsere Kenntnis der Geschichte, dass Amerika durch vernünftiges Argumentieren und Treue zu den Idealen und Institutionen unserer Demokratie zu einem besseren Land gemacht werden könnte. Es lag vor allem an dieser gemeinsamen Grundhaltung und weniger an unserer Freundschaft oder Übereinstimmung in bestimmten Fragen, weshalb ich ihn an die Spitze des Justizministeriums hatte setzen wollen. Aus diesem Grund achtete ich auch sehr genau darauf, sein Amt gegen Einmischungsversuche des Weißen Hauses in laufende Verfahren und Untersuchungen abzuschirmen.

Es gab kein Gesetz, das derartige Eingriffe ausdrücklich verbot. Letztlich waren der Justizminister und seine Vertreter Teil der Exekutive und dienten folglich nach dem Belieben des Präsidenten. Aber der Justizminister war vor allem Generalbundesanwalt und damit der Anwalt des Volkes, nicht der Consigliere des Präsidenten. Es war ein wichtiges demokratisches Gebot, politische Interessen aus den Entscheidungen des Justizministeriums über Untersuchungen und Strafverfahren herauszuhalten. Wie wichtig, war klar geworden, als sich in den Watergate-Anhörungen herausgestellt hatte, dass sich Richard Nixons Justizminister John Mitchell aktiv an der Vertuschung von Gesetzesverstößen des Weißen Hauses beteiligt und Ermittlungen gegen die Feinde des Präsidenten eingeleitet hatte. Die Regierung Bush war beschuldigt worden, im Jahr 2006 gegen diese Norm verstoßen zu haben, als sie neun U. S. Attorneys entlassen hatte, die sich anscheinend nicht genug für Bushs ideologische Ziele engagiert hatten. Und das Einzige, was einen kleinen Schatten auf Eric Holders ansonsten makellosen Lebenslauf warf, war der Vorwurf, er habe sich als stellvertretender Justizminister politischem Druck gebeugt, als er Bill Clintons Begnadigung eines großzügigen Wahlkampfspenders in dessen letzten Tagen im Weißen Haus unterstützt hatte. Eric gab später zu, diese Entscheidung zu bereuen, und genau solche Situationen wollte ich ihm unbedingt ersparen. Obwohl er und ich regelmäßig über die Grundausrichtung der Politik des Justizministeriums sprachen, achteten wir daher darauf, Themen zu meiden, bei denen irgendeine Gefahr bestand, seine Unabhängigkeit als oberster Gesetzeshüter im Land zu beeinträchtigen.

Dennoch führte kein Weg daran vorbei, dass die Entscheidungen des Justizministers zwangsläufig politische Auswirkungen hatten – meine Mitarbeiter im Weißen Haus riefen mir das gerne in Erinnerung, aber Eric vergaß es manchmal. So war er gleichermaßen überrascht und gekränkt, als ihn Axe einen Monat nach meinem Amtsantritt zur Rede stellte, weil er es versäumt hatte, sich grünes Licht für eine Rede anlässlich des Black History Month zu holen, in der er die Vereinigten Staaten als »eine Nation von Feiglingen« bezeichnete, wenn es um den Widerwillen ging, Fragen der Hautfarbe zu diskutieren – die Beobachtung war durchaus zutreffend, aber sie war nicht unbedingt die Schlagzeile, die wir uns für die ersten Wochen meiner Amtszeit gewünscht hatten. Die Kritik, die das Weiße Haus einstecken musste, weil das Justizministerium die rechtlich vernünftige, aber politisch schädliche Entscheidung fällte, auf Anklagen gegen Bankmanager wegen ihrer Rolle in der Finanzkrise zu verzichten, schien ihn ebenfalls unvorbereitet zu treffen. Und vielleicht lag es an dieser Arglosigkeit, an dieser unerschütterlichen Überzeugung, dass sich Logik und Vernunft am Ende durchsetzen würden, dass Eric nicht erkannte, wie schnell die politische Stimmung umschlug, als er Ende 2009 bekannt gab, dass Chalid Scheich Mohammed und vier weitere Verschwörer des 11. September endlich in Manhattan vor Gericht gestellt würden.

Theoretisch leuchtete diese Vorgehensweise allen im Weißen Haus ein. Warum sollte man den Prozess gegen die gefährlichsten Insassen von Guantanamo nicht nutzen, um zu zeigen, dass das amerikanische Strafjustizsystem in der Lage war, terroristische Verbrechen in einem fairen, anständigen Verfahren aufzuarbeiten? Und konnte es einen besseren Ort dafür geben als ein Gerichtsgebäude in der Stadt, die am meisten unter diesem entsetzlichen Verbrechen gelitten hatte? Einen besseren Ort als einen nur wenige Blocks von Ground Zero entfernten

Verhandlungssaal? Nach monatelanger gewissenhafter Vorbereitung waren Eric und seine Leute sicher, dass den Drahtziehern des 11. September ihre Schuld nachgewiesen werden konnte, ohne auf Beweise zurückgreifen zu müssen, die anhand »erweiterter Verhörmethoden« gesammelt worden waren – was teilweise daran lag, dass sich mittlerweile einige Länder, die sich zuvor gegen eine Beteiligung gesträubt hatten, zur Zusammenarbeit mit uns bereit erklärten. Der New Yorker Bürgermeister Michael Bloomberg hatte Erics Plan befürwortet, und dasselbe galt für den dienstältesten Senator des Staates New York, den Demokraten Chuck Schumer.

Doch in den Wochen rund um den missglückten Anschlagsversuch am Weihnachtsfeiertag drehte sich die öffentliche Meinung in New York um hundertachtzig Grad. Eine Gruppe von Hinterbliebenen der Opfer des 11. September organisierte eine Reihe von Kundgebungen, um gegen Erics Entscheidung zu protestieren. Später stellte sich heraus, dass eine der Anführerinnen der Protestbewegung, die Schwester eines beim Anschlag auf das Pentagon getöteten Piloten, eine Organisation gegründet hatte, die jegliche Versuche bekämpfte, die in der Ära Bush ergriffenen Maßnahmen zum Schutz der nationalen Sicherheit rückgängig zu machen. Finanziert wurde diese Organisation von konservativen Spendern, und zu ihren Unterstützern zählten prominente Republikaner (darunter Liz Cheney, die Tochter des ehemaligen Vizepräsidenten). Als Nächster entzog uns Bürgermeister Bloomberg unvermittelt seine Unterstützung mit der Begründung, ein Prozess in New York wäre zu teuer und würde zu viel Unruhe bringen. (Es gab Berichte darüber, dass er von Immobilienfirmen unter Druck gesetzt worden war, die befürchteten, das Verfahren könne ihre Bauvorhaben stören.) Chuck Schumer schlug sich rasch auf seine Seite, und Dianne Feinstein, die Vorsitzende des Nachrichtendienstausschusses des Senats, schloss sich ihnen an. Nachdem sich Mitglieder der New Yorker Stadtverwaltung, eine lautstarke Gruppe von Hinterbliebenen der Anschlagsopfer und einflussreiche Mitglieder unserer eigenen Partei gegen uns gewandt hatten, sah Eric keine andere Möglichkeit, als einen taktischen Rückzug anzutreten: Er war weiterhin entschlossen, die Drahtzieher des 11. September nicht vor ein Militärtribunal, sondern vor ein ordentliches Gericht zu stellen, gab jedoch bekannt, das

Justizministerium werde für den Prozess einen Gerichtsort außerhalb New Yorks suchen.

Das war ein herber Rückschlag für unser Vorhaben, Guantanamo zu schließen. Bürgerrechtsgruppen und progressive Kolumnisten warfen mir und dem Weißen Haus vor, den politischen Widerstand gegen die Prozesse nicht vorhergesehen und das Vorhaben nicht entschlossen genug verteidigt zu haben, als Kritik daran laut wurde. Es ist möglich, dass sie recht hatten. Vielleicht hätten wir die Öffentlichkeit auf unsere Seite bringen und den Widerstand der New Yorker Stadtregierung brechen können, wenn wir uns einen Monat vollkommen auf diese Frage konzentriert und die Reform des Gesundheitswesens und des Finanzsektors, den Klimawandel und die Wirtschaft hintangestellt hätten. Ich hätte diesen Kampf gerne geführt. Er war es zweifellos wert, geführt zu werden.

Aber zumindest damals glaubte niemand im Weißen Haus, diesen Kampf gewinnen zu können. Rahm war natürlich froh, als Erics Vorhaben zurückgestellt wurde, denn schließlich war er derjenige, der täglich Anrufe von verängstigten demokratischen Kongressabgeordneten beantworten musste, die uns anflehten, nicht so viele Brocken gleichzeitig den Hang hinaufzuschieben. Tatsächlich hatte ich nach einem ersten Amtsjahr voller ambitionierter Vorhaben nicht mehr viel politisches Kapital übrig – und das, was uns geblieben war, mussten wir aufwenden, um möglichst viele Initiativen durch den Kongress zu bringen, bevor uns die Midterm-Wahlen 2010 die Sitzmehrheit kosten konnten.

Rahm war deshalb auch frustriert, dass ich mich im Spätsommer in eine ähnliche Kontroverse verstrickte, als dieselbe Gruppe von Angehörigen der Opfer des 11. September, die gegen den Prozess von Chalid Scheich Mohammed in Manhattan protestiert hatte, eine Kampagne startete, um den Bau eines islamischen Gemeindezentrums und einer Moschee unweit von Ground Zero zu verhindern. Sie sahen in diesem Vorhaben eine Beleidigung und eine Verhöhnung des Andenkens der Menschen, die beim Angriff auf das World Trade Center gestorben waren. Bürgermeister Bloomberg, das ist ihm hoch anzurechnen, verteidigte ebenso wie andere Vertreter der Stadtregierung und sogar einige Hinterbliebene von Anschlagsopfern unter Verweis auf die Religionsfreiheit das Vorhaben nachdrücklich. Doch rechte

Kommentatoren vereinnahmten das Thema rasch und bekämpften das Projekt mit oft unverhohlen antiislamischen Äußerungen. Landesweite Umfragen zeigten, dass die Mehrheit der Amerikaner den geplanten Standort der Moschee ablehnte, und republikanische Funktionäre witterten die Chance, den Demokraten, die sich bei den Zwischenwahlen um einen Sitz im Kongress bewarben, das Leben schwer zu machen.

Der Zufall wollte es, dass die Kontroverse in derselben Woche einen Höhepunkt erreichte, in der im Weißen Haus das Iftar-Dinner mit einer Reihe führender muslimisch-amerikanischer Köpfe anlässlich des Ramadans auf dem Programm stand. Die Veranstaltung sollte kein Aufsehen erregen, sondern diente einfach dazu, den Muslimen dieselbe Anerkennung zuteilwerden zu lassen wie anderen Glaubensgemeinschaften bei ihren wichtigsten religiösen Festen. Allerdings ließ ich Rahm wissen, dass ich beabsichtigte, die Gelegenheit zu nutzen, um mich öffentlich auf die Seite derer zu stellen, die die Moschee bauen wollten.

»Soweit ich weiß, ist dies Amerika«, sagte ich, während ich Unterlagen in meine Aktentasche stopfte, um das Büro zu verlassen und zum Abendessen in den Wohntrakt hinaufzugehen. »Und in *Amerika* ist es unmöglich, eine Religionsgemeinschaft herauszupicken und ihr zu verbieten, auf ihrem eigenen Grund und Boden ein Gotteshaus zu bauen.«

»Ich verstehe Sie, Mr President«, sagte Rahm. »Aber Sie sollten wissen, dass alles, was Sie sagen, in jedem umkämpften Wahlkreis im Land wie ein bleiernes Gewicht um den Hals unserer Kandidaten hängen wird.«

»Ich bin sicher, Sie haben recht«, sagte ich auf dem Weg zur Tür. »Aber wenn wir in einer so grundlegenden Frage nicht Stellung beziehen können, dann weiß ich nicht, was es für einen Sinn hat, dass wir hier sind.«

Rahm seufzte. »So wie es gerade läuft«, sagte er, »werden wir vielleicht nicht mehr lange hier sein.«

IM AUGUST FLOG ICH MIT MEINER FAMILIE zu einem zehntägigen Urlaub nach Martha's Vineyard. Wir hatten die vor Cape Cod gelegene Insel erstmals vor etwa fünfzehn Jahren auf Einladung von

Allison Davis besucht, einem der Partner in meiner Anwaltskanzlei. Valerie, die dort in ihrer Kindheit die Sommer mit ihrer Familie verbracht hatte, hatte uns Martha's Vineyard empfohlen. Die weitläufigen Strände, die vom Wind aufgetürmten Dünen, die in den Hafen heimkehrenden Fischerboote, die kleinen Farmen und die von Eichenwäldern und Steinmauern eingerahmten grünen Wiesen verliehen diesem Ort eine stille Schönheit und eine entspannte Atmosphäre, die uns sehr gefiel. Die Geschichte der Insel erhöhte ihren Reiz für uns zusätzlich: Zu den ersten Siedlern hatten befreite Sklaven gehört, und Schwarze Familien mieteten seit Generationen Ferienhäuser auf Martha's Vineyard, weshalb die Insel einer der seltenen Urlaubsorte war, an denen sich Schwarze und Weiße gleichermaßen zu Hause fühlten. Wir fuhren alle zwei Jahre für ein oder zwei Wochen mit den Mädchen hin und mieteten normalerweise ein Häuschen in der Nähe von Oak Bluffs, wo wir Radtouren machten und auf der Veranda den Sonnenuntergang genießen konnten. Gemeinsam mit Valerie und anderen Freunden verbrachten wir müßige Tage mit den Füßen im Sand und einem Buch in der Hand und schwammen im kühlen Wasser, das die Mädchen liebten, während es für meinen hawaiianischen Geschmack ein wenig zu frisch war. Manchmal sahen wir eine Schar Robben, die nahe am Strand vorbeischwammen. Abends gingen wir hinüber zu Nancy's, um die besten frittierten Garnelen der Welt zu essen, und dann liefen Malia und Sasha mit ihren Freunden los, um Eis zu essen, auf dem kleinen Karussell zu fahren oder sich mit Spielen in der örtlichen Shopping Mall zu vergnügen.

Da wir nun First Family waren, gestaltete sich unser Urlaub etwas anders. Statt die Fähre nach Oak Bluffs zu nehmen, landeten wir jetzt an Bord des Helikopters Marine One. Wir mieteten in einem schickeren Teil der Insel ein Haus, zu dem ein elf Hektar großes Grundstück gehörte. In ihm gab es auch Platz für unsere Mitarbeiter und die Agenten vom Secret Service, und es war so abgelegen, dass ein Sicherheitsbereich um das Gelände gezogen werden konnte. Es wurde dafür gesorgt, dass wir an einem Privatstrand baden konnten, der in beide Richtungen eine Meile weit menschenleer war; bei unseren Radtouren mussten wir nun einer genau festgelegten Route folgen, was die Mädchen ein einziges Mal taten, um anschließend zu erklären, die Strecke sei »irgendwie lahm«. Selbst im Urlaub begann mein Tag mit dem Präsidentenbriefing und einem Kurzbericht von Denis oder John Brennan über ausgewählte Unglücke, die sich rund um den Erdball zugetragen hatten. Wann immer wir in ein Restaurant essen gingen, warteten Menschenmengen und Fernsehteams auf uns.

Trotzdem genoss ich den Geruch des Meeres und das tanzende Licht auf den spätsommerlichen Blättern, die Spaziergänge mit Michelle am Strand und den Anblick von Malia und Sasha, die mit vollkommen konzentrierten Gesichtern am Lagerfeuer saßen und Marshmallows rösteten. Und mit jedem Tag, an dem ich länger schlafen, lachen und ohne Unterbrechungen Zeit mit den Menschen verbringen konnte, die ich liebte, fühlte ich, wie meine Energie zurückkehrte und meine Zuversicht wiedererwachte. Als wir am 29. August 2010 nach Washington zurückkehrten, war es mir gelungen, mich selbst zu überzeugen, dass wir immer noch eine Chance hatten, die Midterm-Wahlen zu gewinnen und die demokratische Mehrheit sowohl im Repräsentantenhaus als auch im Senat zu verteidigen, egal, was Umfragen und die historische Erfahrung sagten.

Und warum auch nicht? Die Wahrheit war, dass wir eine drohende Weltwirtschaftskrise verhindert *hatten*. Es *war* uns gelungen, das globale Finanzsystem zu stabilisieren und die amerikanische Automobilindustrie vor dem Zusammenbruch zu bewahren. Wir *hatten* es geschafft, an den Finanzmärkten Sicherheitsmechanismen einzuführen und historische Investitionen in saubere Energie und in die Infrastruktur des Landes zu tätigen. Wir *hatten* öffentliches Land geschützt und die Luftverschmutzung verringert, Schulen im ländlichen Raum an das Internet angeschlossen und die Studienkreditprogramme reformiert, sodass Dutzende Milliarden Dollar, die in der Vergangenheit in die Kassen der Banken geflossen waren, von nun an als direkte Zuschüsse für Tausende junge Menschen verwendet werden konnten, die sich ansonsten kein Studium hätten leisten können.

Alles in allem konnten unsere Regierung und der von der Demokratischen Partei beherrschte Kongress zu Recht behaupten, mehr bewerkstelligt und mehr wichtige gesetzgeberische Maßnahmen durchgesetzt zu haben, die wirklich Auswirkung auf das Leben der Amerikaner hatten, als jeder andere Kongress in den vergangenen vier Jahrzehnten.

Und dass wir noch viel Arbeit vor uns hatten – dass immer noch zu viele Menschen arbeitslos und vom Verlust ihres Heims bedroht waren, dass das Klimaschutzgesetz noch nicht verabschiedet war und dass wir das funktionsuntüchtige Einwanderungssystem noch nicht repariert hatten –, war direkt darauf zurückzuführen, dass wir ein Chaos von gewaltigen Ausmaßen geerbt hatten, wozu noch die Blockaden und Filibuster der Republikaner kamen. All das konnten die amerikanischen Wähler ändern, indem sie im November zu den Urnen gingen.

»Das Problem ist, dass ich in diesem Gebäude eingesperrt bin«, sagte ich zu Favs, als wir im Oval Office an meiner Standardrede für den Wahlkampf arbeiteten. »Die Wähler hören nur diese bruchstückhaften Verlautbarungen aus Washington – Pelosi hat dies gesagt, McConnell hat das gesagt – und können unmöglich wissen, was der Wahrheit entspricht und was nicht. Jetzt haben wir die Chance, rauszugehen und zu versuchen, ein paar Dinge richtigzustellen. Klar und deutlich zu sagen, was wirklich mit der Wirtschaft passiert ist – wie die Republikaner das Auto in den Graben gefahren haben, als sie das letzte Mal am Steuer saßen, und wie wir die vergangenen beiden Jahre damit verbracht haben, es wieder herauszuziehen … Und jetzt, wo wir gerade dabei sind, den Motor wieder in Gang zu bringen, kann es sich das amerikanische Volk nicht erlauben, den Schlüssel erneut den Republikanern in die Hand zu drücken!« Ich sah Favs an, der eifrig auf seinem Computer tippte. »Was meinen Sie? Ich denke, das wird funktionieren.«

»Durchaus möglich«, sagte Favs, obwohl er nicht so begeistert klang, wie ich gehofft hatte.

In den sechs Wochen vor der Wahl hielt ich im ganzen Land Kundgebungen, um von Portland, Oregon, bis Richmond, Virginia, von Las Vegas, Nevada, bis Coral Gables, Florida, für demokratische Kandidaten zu werben. In Basketballhallen und Parks drängten sich leidenschaftliche Anhänger, die genauso laut wie in meinem Präsidentschaftswahlkampf »Yes we can!« und »Fired up! Ready to go!« riefen. Sie schwenkten Schilder, jubelten begeistert, wenn ich die demokratische Abgeordnete vorstellte, die ihre Stimmen brauchte, oder den Gouverneur, der zur Wahl stand, sie brüllten vor Lachen, wenn ich ihnen sagte, dass wir es uns nicht leisten könnten, den Republikanern den Autoschlüssel zurückzugeben. Zumindest oberflächlich fühlte es sich genauso an wie in alten Zeiten.

Aber ich musste nicht die Umfragen studieren, um zu begreifen, dass in diesem Wahlkampf eine andere Atmosphäre herrschte: Über jedem meiner Wahlkampfauftritte hing eine Wolke des Zweifels, und die Zurufe und das Gelächter klangen gezwungen, ja fast verzweifelt, so als wären das Publikum und ich ein Paar, das am Ende einer berauschenden Romanze versucht, abgestorbene Gefühle wiederzubeleben. Wie konnte ich den Leuten einen Vorwurf machen? Sie hatten erwartet, dass meine Wahl das Land verändern würde, dass die Regierung beginnen würde, für die Normalbürger zu arbeiten, dass in Washington wieder ein Sinn für Anstand einkehren würde. Stattdessen war das Leben für viele dieser Menschen nur noch schwieriger geworden, und Washington wirkte genauso kaputt und unnahbar wie eh und je und war nach wie vor Schauplatz erbittert geführter parteipolitischer Grabenkämpfe.

Im Lauf des Präsidentschaftswahlkampfs hatte ich mich daran gewöhnt, dass sich bei meinen Auftritten der eine oder andere Störer bemerkbar machte. Normalerweise wurde ich von Abtreibungsgegnern beschimpft, deren Schreie rasch von einem Chor Buhrufen erstickt wurden, bevor freundliche Sicherheitsleute sie dezent hinausbegleiteten. Aber jetzt zeigte sich immer häufiger, dass die Störer Gruppen angehörten, deren Anliegen ich vertrat: Es waren Aktivisten, die über mangelnde Fortschritte bei ihren Anliegen enttäuscht waren. Auf verschiedenen Wahlkampfstopps wurde ich von Demonstranten begrüßt, die mir Schilder entgegenhielten, auf denen ein Ende von »Obamas Kriegen« gefordert wurde. Junge Hispanics fragten, warum immer noch illegale Einwanderer deportiert und an der Grenze Familien auseinandergerissen würden. LGBTQ-Aktivisten wollten wissen, warum ich das Prinzip »Don't Ask, Don't Tell«, das nicht heterosexuelle Militärangehörige zwang, ihre sexuelle Orientierung zu verbergen, immer noch nicht außer Kraft gesetzt hatte.

Eine Gruppe von besonders lautstarken und hartnäckigen Studenten verlangte mehr Geld für den Kampf gegen AIDS in Afrika.

»Haben wir die Mittel für die AIDS-Programme nicht erhöht?«, fragte ich Gibbs, als wir eine Wahlveranstaltung verließen, bei der ich drei- oder viermal unterbrochen worden war.

»Doch, haben wir«, sagte er. »Diese Leute sind der Meinung, dass Sie die Mittel nicht *genug* erhöht haben.«

Ich mühte mich bis Ende Oktober und unterbrach den Wahlkampf nur für ein oder zwei Tage, um im Weißen Haus an wichtigen Sitzungen teilzunehmen, bevor ich mich erneut auf den Weg machte. Meine Stimme wurde heiser, während ich alles aus mir herausholte, um Wähler für die demokratischen Kandidaten zu gewinnen. Der irrationale Optimismus, den ich aus dem Urlaub mitgebracht hatte, war längst verflogen, und am Wahltag, dem 2. November 2010, lautete die Frage nicht mehr, ob wir das Repräsentantenhaus verlieren würden, sondern nur noch, wie hoch unsere Verluste ausfallen würden. Auf dem Weg vom Situation Room, wo ich über die terroristische Bedrohungslage informiert worden war, ins Oval Office, wo eine Besprechung mit Bob Gates angesetzt war, schaute ich in Axe' Büro vorbei. Axe sichtete gerade gemeinsam mit Jim Messina die ersten Daten zur Wahlbeteiligung in umkämpften Wahlkreisen im ganzen Land.

»Wie sieht es aus?«, fragte ich.

Axe schüttelte den Kopf. »Wir werden mindestens dreißig Sitze verlieren, vielleicht auch mehr.«

Anstatt an der Totenwache teilzunehmen, ging ich zur gewohnten Zeit hinauf in den Wohnbereich, nachdem ich Axe gesagt hatte, dass ich zurückkäme, wenn die meisten Wahllokale geschlossen seien, und meine Assistentin Katie gebeten hatte, mir eine Liste der Personen hinaufzuschicken, die ich vermutlich am Abend würde anrufen müssen – die vier Fraktionschefs im Kongress und später alle demokratischen Amtsinhaber, die ihren Sitz verloren hatten. Erst nachdem ich gegessen und den Mädchen gute Nacht gesagt hatte, ging ich in den Treaty Room und rief Axe an, der mir die Nachrichten mitteilte: Die Wahlbeteiligung war gering gewesen, nur vierzig Prozent der Wahlberechtigten hatten ihre Stimme abgegeben, und die Zahl der Jungwähler war abgestürzt. Die Demokratische Partei war überrollt worden und steuerte auf den Verlust von dreiundsechzig Sitzen im Repräsentantenhaus zu – das war die schwerste Niederlage der Partei, seit sie zur Halbzeit von Franklin D. Roosevelts zweiter Amtszeit zweiundsiebzig Sitze eingebüßt hatte. Noch schlimmer war, dass einige unserer vielversprechenden jungen Abgeordneten abgewählt worden waren, darunter

Tom Perriello aus Virginia, John Boccieri aus Ohio, Patrick Murphy aus Pennsylvania und Betsy Markey aus Colorado. Diese Abgeordneten hatten trotz heftigen Gegenwinds für die Gesundheitsreform und das Konjunkturprogramm gestimmt; obwohl sie aus umkämpften Wahlkreisen stammten, hatten sie dem Druck der Lobbyisten und der Umfragen widerstanden und sogar den Rat ihrer politischen Berater ignoriert, um zu tun, was in ihren Augen das Richtige war.

»Sie alle hatten etwas Besseres verdient«, sagte ich zu Axe.

»Ja«, sagte er. »Das hatten sie.«

Axe verabschiedete sich und versprach, mir am Morgen eine detailliertere Analyse der Wahlergebnisse vorzulegen. Ich saß allein da mit dem Telefonhörer in der Hand, einen Finger auf der Gabel, den Kopf übervoll von Gedanken. Nach einer Minute wählte ich die Nummer der Vermittlungszentrale des Weißen Hauses.

»Ich muss ein paar Anrufe machen«, sagte ich.

»Ja, Mr President«, sagte die Stimme. »Katie hat uns die Liste geschickt. Mit wem wollen Sie beginnen?«

KAPITEL 24

»WER SAGT AN?«

Pete Souza und ich saßen Marvin und Reggie am Konferenztisch der Air Force One gegenüber; leicht übernächtigt sortierten wir unsere Karten. Wir waren auf dem Weg nach Mumbai – der ersten Station einer neuntägigen Asienreise, die mich nicht nur zum ersten Mal nach Indien führen würde, sondern auch nach Jakarta, zu einem G20-Gipfel in Seoul und einem Treffen der Asia-Pacific Economic Cooperation (APEC) in Yokohama, Japan. Zu Beginn des Flugs hatte in der Maschine hektische Betriebsamkeit geherrscht, Mitarbeiter hatten an Laptops gearbeitet und strategische Berater über dem Ablaufplan gebrütet. Nach zehn Stunden in der Luft, mit einem Tankstopp am deutschen Luftstützpunkt Ramstein, waren fast alle an Bord eingeschlafen, einschließlich Michelle in der vorderen Kabine, Valerie auf dem Sofa vor dem Konferenzraum und mehrerer führender Mitarbeiter, die sich kreuz und quer auf dem Boden ausgestreckt hatten. Ich war nicht zur Ruhe gekommen und hatte stattdessen unsere übliche Vierertruppe zu einer Partie Spades verpflichtet. In den Spielpausen versuchte ich, meine Einsatzpläne zu lesen und einen Stapel Briefe zu unterschreiben. Meine Abgelenktheit mochte – zusammen mit Reggies zweitem Gin Tonic – dazu beigetragen haben, dass Marvin und Pete sechs zu zwei führten, bei einem Einsatz von zehn Dollar pro Spiel.

»Sie sagen an, Sir«, sagte Marvin.

»Was hast du auf der Hand, Reg?«, fragte ich.

»Vielleicht einen Trumpf«, antwortete Reggie.

»Wir sagen vier«, sagte ich.

»Wir erhöhen auf acht«, sagte Pete.

Reggie schüttelte angewidert den Kopf. »Nach dem nächsten Blatt wechseln wir die Karten«, sagte er und nahm noch einen Schluck. »Auf denen hier liegt ein Fluch.«

SEIT DEN MIDTERM-WAHLEN waren nur drei Tage vergangen, und ich war froh über die Gelegenheit, aus Washington herauszukommen. Die Ergebnisse hatten die Demokraten erschüttert und die Republikaner überschwänglich zurückgelassen, und am darauffolgenden Morgen war ich mit einer Mischung aus Überdruss, Schmerz, Wut und Scham aufgewacht, ganz so, wie ein Boxer sich fühlen muss, der bei einem Schwergewichtskampf den Kürzeren gezogen hat. Der Tenor der Berichterstattung nach der Wahl lautete, der gesunde Menschenverstand habe die ganze Zeit über richtiggelegen: Ich hätte mir zu viel vorgenommen und mich nicht auf die Wirtschaft konzentriert; Obamacare sei ein fataler Irrtum; ich hätte versucht, den verschwenderischen Big-Government-Liberalismus wiederzubeleben, den selbst Bill Clinton vor Jahren schon für tot erklärt hatte. Dass ich dies bei meiner Pressekonferenz am Tag nach der Wahl nicht hatte zugeben wollen und mich an die Vorstellung zu klammern schien, meine Regierung habe die richtige Politik verfolgt – selbst wenn es uns offensichtlich nicht gelungen war, sie angemessen zu verkaufen –, erschien den politischen Beobachtern arrogant und verblendet, das Kennzeichen eines Sünders ohne Reue.

Tatsächlich bereute ich es *nicht*, den Weg dafür geebnet zu haben, dass zwanzig Millionen Menschen eine Krankenversicherung bekamen. Und auch den Recovery Act bereute ich nicht – die Fakten sprachen eindeutig dafür, dass es desaströs gewesen wäre, der Rezession mit Austerität zu begegnen. Angesichts unserer Wahlmöglichkeiten bereute ich nicht, wie wir mit der Finanzkrise umgegangen waren (obwohl ich es bereute, keinen besseren Plan entwickelt zu haben, um die Flut an Zwangsvollstreckungen einzudämmen). Und ganz gewiss tat es mir nicht leid, einen Gesetzentwurf zum Klimawandel gemacht und auf eine Einwanderungsreform gedrängt zu haben. Mich ärgerte nur, dass ich beides noch nicht durch den Kongress gebracht hatte – vor allem weil ich an meinem allerersten Tag im Amt nicht die Voraussicht besessen hatte, Harry Reid und den übrigen Demokraten im Senat zu sagen, sie sollten die Parlamentsregeln ändern und den Filibuster ein für alle Mal abschaffen.

Für mich bewies die Wahl nicht, dass unsere Agenda falsch gewesen war. Sie bewies nur, dass es mir – ob nun aus Mangel an Talent, Gerissenheit, Charme oder Glück – nicht gelungen war, wie Franklin D. Roosevelt die Nation auf das einzuschwören, was ich als das Richtige erkannt hatte.

Was für mich genauso schlimm war.

Zur großen Erleichterung von Gibbs und meiner Presseabteilung hatte ich die Pressekonferenz beendet, ohne meine sture, gemarterte Seele zu entblößen. Mir war bewusst, dass es weniger darauf ankam, die Vergangenheit zu rechtfertigen, als das weitere Vorgehen zu planen.

Ich würde wieder eine Verbindung zum amerikanischen Volk finden müssen – nicht nur, um in Verhandlungen mit den Republikanern meine Position zu stärken, sondern auch um wiedergewählt zu werden. Eine gesündere Wirtschaft würde helfen, aber selbst das war keineswegs gesichert. Ich musste aus der Blase des Weißen Hauses rauskommen und regelmäßiger mit den Wählern in Kontakt treten. Axe bot indes seine Sicht darauf, was schiefgegangen war; er meinte, in unserem Handlungseifer hätten wir unser Versprechen vernachlässigt, Washington zu verändern – indem wir Interessengruppen hätten an den Rand drängen und Transparenz und finanzwirtschaftliche Verantwortlichkeit im gesamten Regierungsapparat hätten erhöhen sollen. Wollten wir die Wähler, die uns den Rücken gekehrt hatten, zurückgewinnen, so sagte er, müssten wir uns diese Themen wieder zu eigen machen.

Doch stimmte das? Ich war mir da nicht so sicher. Ja, der schleppende Konsensbildungsprozess rund um das Gesundheitsgesetz hatte uns geschadet, und ob das nun gerecht war oder nicht, wir waren durch die Rettungsaktion für die Banken angeschlagen. Andererseits konnte ich auf zahlreiche »Good Government«-Initiativen verweisen, die wir angestoßen hatten, sei es, dass wir die Einstellung ehemaliger Lobbyisten begrenzt, der Öffentlichkeit Zugang zu Daten aus Bundesbehörden gewährt oder die behördlichen Ausgaben durchforstet hatten, um Verschwendung zu beenden. Für sich genommen, waren all diese Maßnahmen lobenswert, und ich war froh, dass wir sie ergriffen hatten – auch aus diesem Grund hatte es im Umfeld meiner Regierung nie auch nur den kleinsten Skandal gegeben.

In politischer Hinsicht jedoch schien unsere Aufräumarbeit in der Regierung niemanden zu interessieren – ebenso wenig, wie man anerkannte, dass wir alles darangesetzt hatten, bei den Republikanern um Anregungen zu jeder einzelnen unserer Gesetzesinitiativen zu werben. Eines unserer größten Versprechen war es gewesen, das Parteiengezänk zu beenden und auf Forderungen der Bürger mit praktischen Anstrengungen zu antworten. Wie Mitch McConnell von Anfang an kalkuliert hatte, war unser Problem dies: Solange die Republikaner einmütig unseren Avancen standhielten und schon bei den bescheidensten Vorschlägen Zeter und Mordio schrien, ließ sich alles, was wir taten, als parteiisch, kontrovers, radikal, ja sogar illegitim darstellen. Viele unserer progressiven Verbündeten fanden sogar, wir seien nicht parteiisch *genug* gewesen. In ihren Augen waren wir zu große Kompromisse eingegangen, und indem wir immer weiter dem falschen Versprechen der Überparteilichkeit nachgejagt waren, hatten wir nicht nur McConnell gestärkt und starke demokratische Mehrheiten verspielt; wir hatten unserer Basis einen fetten Dämpfer verpasst – wie aus der Entscheidung so vieler Demokraten ersichtlich wurde, an den Midterm-Wahlen gar nicht erst teilzunehmen.

Zu der Aufgabe, uns zu überlegen, wie ein Neustart in Sachen politische Botschaft und politische Ausrichtung aussehen sollte, sah ich mich nun auch mit beträchtliche Fluktuationen unter den Mitarbeitern des Weißen Hauses konfrontiert. Im Außenpolitikteam war Jim Jones – der sich trotz seiner vielen Stärken nach Jahren als Befehlshabender nie ganz wohl in der Mitarbeiterrolle gefühlt hatte – im Oktober zurückgetreten. Glücklicherweise erwies sich Tom Donilon als echtes Arbeitstier und füllte die Rolle des Nationalen Sicherheitsberaters gekonnt aus, während Denis McDonough zum stellvertretenden Nationalen Sicherheitsberater befördert wurde und Ben Rhodes viele von Denis' ursprünglichen Aufgaben übernahm. Im Bereich Wirtschaftspolitik waren Peter Orszag und Christy Romer in die Privatwirtschaft zurückgekehrt und von Jack Lew, einem erfahrenen Haushaltsexperten, der unter Clinton das Haushaltsamt geleitet, und Austan Goolsbee, der mit uns am Konjunkturprogramm gearbeitet hatte, ersetzt worden. Dann war da noch Larry Summers, der eines Tages im September ins Oval Office gekommen war, um mir mitzuteilen, nun, da die Finanzkrise hinter uns liege, sei es für ihn an der Zeit auszusteigen. Er werde uns zum Ende des Jahres verlassen.

»Was soll ich denn nur machen, wenn Sie nicht mehr da sind, um mir zu erklären, warum ich falschliege?«, fragte ich, nur halb im Scherz. Larry lächelte.

»Mr President«, sagte er, »in Wirklichkeit haben Sie weniger oft falschgelegen als die meisten anderen.«

Ich hatte für die Scheidenden echte Wertschätzung entwickelt. Nicht nur hatten sie mir immer gut gedient, trotz all ihren Eigenarten hatte jede und jeder von ihnen auch eine Ernsthaftigkeit in ihren Zielsetzungen mitgebracht – eine Hingabe an eine auf Vernunft und Fakten beruhende Politik –, die aus dem Bedürfnis erwuchs, im Sinne des amerikanischen Volkes zu handeln. Doch was mich am meisten beunruhigte, waren der bevorstehende Verlust meiner beiden engsten politischen Berater und die Notwendigkeit, einen neuen Stabschef zu finden.

Axe hatte immer vorgehabt, nach den Midterm-Wahlen zu gehen. Er war seit zwei Jahren von seiner Familie getrennt und brauchte dringend eine Pause, ehe er für die Kampagne zur Wiederwahl erneut dazustoßen würde. Gibbs, der durchgehend bei mir im Schützenloch gewesen war, seit ich den ersten Senatswahlkampf gewonnen hatte, war nicht weniger abgekämpft. Auch wenn er als Pressesprecher so gut vorbereitet und so furchtlos wie immer auftrat, war seine Beziehung zum Pressekorps des Weißen Hauses durch die Anstrengung, die es bedeutete, Tag für Tag auf einem Podium zu stehen und jeden Angriff auf uns abzufangen, doch so streitlustig geworden, dass der Rest des Teams fürchtete, die Berichterstattung könnte darunter leiden.

Ich musste mich noch an die Aussicht gewöhnen, die kommenden politischen Kämpfe ohne Axe und Gibbs an meiner Seite auszutragen, obwohl ich Mut daraus schöpfte, dass unser junger und geschickter Kommunikationschef Dan Pfeiffer, der vom Beginn der Kampagne in 2007 an eng mit den beiden an der Verbreitung unserer Botschaft zusammengearbeitet hatte, für Kontinuität sorgte. Was Rahm anging, betrachtete ich es als ein kleines Wunder, dass er so lange durchgehalten hatte, ohne jemanden umzubringen oder vom Schlag getroffen tot umzufallen. Wir hatten es uns zur Gewohnheit gemacht, unsere Tagesabschlussgespräche, soweit das Wetter es zuließ, im Freien abzuhalten und zwei- oder dreimal den Weg entlangzugehen, der um den Südrasen führte, während wir überlegten, wie wir mit der nächsten Krise oder Kontroverse verfahren sollten. Mehr als einmal hatten wir uns gefragt, warum wir uns für ein so stressreiches Leben entschieden hatten.

»Wenn das vorbei ist, sollten wir es mit etwas Einfacherem versuchen«, sagte ich einmal zu ihm. »Wir könnten mit unseren Familien nach Hawaii ziehen und am Strand einen Smoothie-Stand eröffnen.«

»Smoothies sind zu kompliziert«, sagte Rahm. »Wir verkaufen T-Shirts. Aber nur weiße. In Größe M. Sonst nichts – keine anderen Farben, Muster oder Größen. Wir wollen keine Entscheidungen treffen müssen. Wenn jemand etwas anderes will, kann er woanders hingehen.«

Ich hatte gemerkt, dass Rahm einem Burn-out nah war, war jedoch davon ausgegangen, er würde mit seinem Abschied bis zum neuen Jahr warten. Stattdessen hatte er Anfang September einen unserer abendlichen Spaziergänge genutzt, um mir zu sagen, der Bürgermeister von Chicago, Richard M. Daley, habe verkündet, nicht zu einer siebten Amtszeit antreten zu wollen. Rahm wollte kandidieren – es war ein Amt, von dem er seit seinem Eintritt in die Politik geträumt hatte –, und da die Wahl im Februar stattfand, musste er das Weiße Haus zum 1. Oktober verlassen, wenn er eine Chance haben wollte.

Er wirkte ernsthaft betroffen. »Ich weiß, dass ich Sie in die Bredouille bringe«, sagte er. »Aber ein Wahlkampf in nur fünfeinhalb Monaten –«

Ich unterbrach ihn, um ihm meine volle Unterstützung zuzusichern. Etwa eine Woche später überreichte ich ihm bei einer privaten Abschiedszeremonie in unserer Wohnung ein gerahmtes Exemplar einer To-do-Liste, die ich per Hand auf einen Notizblock geschrieben und ihm in meiner ersten Woche im Amt übergeben hatte. Fast alle Posten darauf seien abgehakt, sagte ich den versammelten Mitarbeitern, was zeige, wie erfolgreich er gewesen sei. Rahm kamen die Tränen – ein Schandfleck auf seinem so hartgesottenen Image, für den er mich später verfluchte.

All diese Personalwechsel waren in einer Regierung nicht ungewöhnlich, und ich sah die potenziellen Vorteile, die Dinge einmal aufzuschütteln. Mehr als einmal hatte man uns beschuldigt, zu abgeschottet und eingefahren zu sein, frischer Perspektiven zu bedürfen. Rahms Fähigkeiten würden ohne ein demokratisch kontrolliertes Repräsentantenhaus, das uns helfen würde, Gesetzesvorhaben voranzutreiben, weniger wichtig sein. Nachdem Pete Rouse als vorläufiger Stabschef fungierte, tendierte ich dazu, Bill Daley, der in der Clinton-Regierung als Handelsminister gedient hatte und der Bruder des scheidenden Bürgermeisters von Chicago war, als Rahms Nachfolger einzustellen. Bill, der schütteres Haar hatte, etwa ein Jahrzehnt älter als ich war und mit einem ausgeprägten South-Side-Akzent sprach, der an seine Wurzeln in der irischen Arbeiterklasse denken ließ, stand im Ruf, ein erfolgreicher, pragmatischer Geschäftemacher mit starken Beziehungen sowohl zur Arbeiterschaft als auch der Geschäftswelt zu sein. Und auch wenn ich ihn nicht so gut kannte wie Rahm, fand ich seine leutselige Art und seine ideologiefreie Herangehensweise für eine hoffentlich weniger hektische Phase meiner Regierungszeit gut geeignet. Und zusammen mit einigen neuen Gesichtern würde zu meiner Freude ein altes zurückkommen: David Plouffe sollte nach einem zweijährigen Sabbatical mit seiner Familie im Januar als leitender Berater wieder anfangen und den Betrieb im Weißen Haus mit dem strategischen Denken, der intensiven Fokussierung und uneitlen Art bereichern, von denen wir während des Wahlkampfs so profitiert hatten.

Dennoch spürte ich beim Gedanken an die Veränderungen, die das neue Jahr mit sich bringen würde, einen Anflug von Melancholie: Ich würde noch weniger Menschen um mich herum haben, die mich vor meiner Zeit als Präsident gekannt hatten, und weniger Kollegen, die zugleich auch Freunde waren, mich müde, verwirrt, wütend oder am Boden zerstört erlebt und dennoch immer hinter mir gestanden hatten. Es war ein Gefühl der Einsamkeit in einer einsamen Zeit. Was vermutlich erklärte, warum ich noch immer mit Marvin, Reggie und Pete Karten spielte, obwohl in weniger als sieben Stunden ein mit Sitzungen und Auftritten prall gefüllter Tag anbrechen würde.

»Habt ihr Jungs gerade wirklich schon wieder gewonnen?«, fragte ich Pete, als wir die Partie zu Ende gespielt hatten.

Pete nickte, woraufhin Reggie die Karten aufklaubte, sich von seinem Platz erhob und sie in den Mülleimer warf.

»He, Reg, die kann man doch noch gebrauchen!«, sagte Pete, der sich keine Mühe gab, seine Freude über die satte Niederlage zu verbergen, die Marvin und er uns beigebracht hatten. »Jeder verliert mal.«

Reggie warf Pete einen finsteren Blick zu. »Zeig mir irgendeinen, dem es nichts ausmacht zu verlieren«, sagte er, »und ich zeige dir einen Verlierer.«

ICH WAR NIE ZUVOR in Indien gewesen, doch in meiner Vorstellung hatte das Land immer eine besondere Rolle eingenommen. Vielleicht war es seine schiere Größe, die ein Sechstel der Weltbevölkerung, schätzungsweise zweitausend unterschiedliche ethnische Gruppen und mehr als siebenhundert Sprachen umfasste. Vielleicht lag es daran, dass ich einen Teil meiner Kindheit in Indonesien damit verbracht hatte, den epischen Hindu-Geschichten des *Ramayana* und des *Mahabharata* zu lauschen, oder an meinem Interesse für östliche Religionen oder daran, dass ich auf dem College einige pakistanische und indische Freunde gehabt hatte, die mir beibrachten, Dal und Keema zuzubereiten, und mich für Bollywoodfilme begeisterten.

Vor allem aber hatte meine Faszination für Indien mit Mahatma Gandhi zu tun. Neben Lincoln, Martin Luther King und Mandela hatte Gandhi mein Denken tief beeinflusst. Als junger Mann hatte ich seine Schriften studiert und festgestellt, dass er einigen meiner tiefsten Instinkte Ausdruck verlieh. Sein Begriff des Satyagraha, also die Hingabe an die Wahrheit, und die Macht des gewaltlosen Widerstands, die das Gewissen rühren; sein Beharren auf unsere gemeinsame Menschlichkeit und die grundsätzliche Einheit aller Religionen sowie sein Glaube an die Verpflichtung jeder Gesellschaft, durch ihre politischen, ökonomischen und sozialen Übereinkommen anzuerkennen, dass alle Menschen den gleichen Wert und die gleiche Würde besaßen – jede dieser Ideen fand in mir Widerhall. Gandhis Taten hatten mich noch stärker bewegt als seine Worte; er hatte seine Überzeugungen auf die Probe gestellt, indem er sein Leben riskierte, ins Gefängnis ging und sich ganz dem Kampf seines Volkes verschrieb. Sein gewaltloser Kampf für die Unabhängigkeit Indiens von Großbritannien, der 1915 begonnen und mehr als dreißig Jahre angedauert hatte, hatte nicht nur zur Überwindung eines Imperiums und der Befreiung eines großen Teils des Subkontinents beigetragen, er hatte einen moralischen Stromstoß ausgelöst, der um den gesamten Globus gewandert war. Er wurde ein Leuchtfeuer für andere enteignete und marginalisierte Gruppen – einschließlich Schwarzer Amerikaner im Jim-Crow-Süden –, die für ihre Freiheit stritten.

Michelle und ich hatten schon zu Beginn der Reise die Gelegenheit, Mani Bhavan zu besuchen, das bescheidene zweistöckige Gebäude in einer ruhigen Gegend von Mumbai, das Gandhi viele Jahre lang als Heimatstandort gedient hatte. Vor Beginn unserer Besichtigung zeigte uns die Führerin, eine anmutige Frau in einem blauen Sari, das Gästebuch, in das Martin Luther King sich im Jahr 1959 eingetragen hatte, als er nach Indien gereist war, um dem Kampf für Gerechtigkeit und Gleichbehandlung in den Vereinigten Staaten weltweite Aufmerksamkeit zu verschaffen und dem Mann, dessen Lehren ihn inspiriert hatten, seine Ehrerbietung zu erweisen.

Dann lud uns die Führerin ein, im Obergeschoss Gandhis Privaträume zu besichtigen. Wir zogen die Schuhe aus und betraten einen schlichten Raum mit einem glatten, gemusterten Fliesenboden, durch dessen geöffnete Terrassentüren eine sanfte Brise und ein fahles, diesiges Licht hereindrangen. Ich starrte auf die spartanische Schlafmatte und das Kissen auf dem Boden, die Sammlung von Spinnrädern, das altmodische Telefon und den niedrigen hölzernen Schreibtisch und versuchte, mir Gandhi in diesem Raum vorzustellen: ein schmächtiger Mann mit brauner Haut in einem schlichten baumwollenen Dhoti, der mit verschränkten Beinen dasitzt und einen Brief an den englischen Vizekönig verfasst oder die nächste Etappe des Salzmarschs plant. Und in diesem Augenblick verspürte ich den übermächtigen Wunsch, mich zu ihm zu setzen und mit ihm zu reden. Ihn zu fragen, woher er die Stärke und die Vorstellungskraft genommen hatte, um aus so unheimlich wenig so viel zu machen. Zu fragen, wie er sich von seinen Enttäuschungen erholte.

Von denen hatte er mehr als genug erlebt. Bei all seinen außerordentlichen Gaben war es Gandhi nicht gelungen, die religiöse Spaltung des Subkontinents zu beheben oder die Aufteilung in ein mehrheitlich hinduistisches Indien und ein überwiegend muslimisches Pakistan zu verhindern, einen verheerenden Umbruch, bei dem unzählige Menschen durch religiöse Gewalt starben und Millionen von Familien gezwungen wurden zusammenzuraffen, was sie tragen konnten, und über neu eingeführte Grenzen hinweg zu emigrieren. Trotz all seiner Bemühungen hatte er das erdrückende Kastensystem nicht aufgebrochen. Doch irgendwie war er bis weit in seine Siebziger marschiert, hatte gefastet und gepredigt – bis zu jenem letzten Tag im Jahr 1948, als er auf dem Weg zum Gebet von einem jungen hinduistischen Extremisten, der es als Betrug am Glauben betrachtete, das Verbindende der Religionen zu betonen, aus nächster Nähe erschossen worden war.

IN VIELERLEI HINSICHT ließ sich das moderne Indien als Erfolgsgeschichte betrachten. Es hatte mehrere Regierungswechsel, erbitterte Fehden innerhalb politischer Parteien, verschiedene bewaffnete Separatistenbewegungen und alle Arten von Korruptionsskandalen überstanden. Der Übergang zu einer stärker marktbasierten Wirtschaft in den Neunzigerjahren hatte die außerordentlichen unternehmerischen Talente der indischen Bevölkerung freigesetzt – was zu rasch steigenden Wachstumsraten, einem florierenden Hightechsektor und einer sich stetig vergrößernden Mittelklasse geführt hatte. Als Hauptakteur der wirtschaftlichen Transformation Indiens wirkte Premierminister Manmohan Singh wie ein passendes Sinnbild dieses Fortschritts: ein Angehöriger der sehr kleinen, oft verfolgten religiösen Minderheit der Sikhs, der in das höchste Amt des Landes aufgestiegen war, und ein bescheidener Technokrat, der das Vertrauen der Menschen nicht dadurch gewonnen hatte, dass er an ihre Leidenschaften appellierte, sondern indem er einen höheren Lebensstandard ermöglichte und seinen wohlverdienten Ruf der Unbestechlichkeit pflegte.

Zwischen Singh und mir war eine warmherzige und produktive Beziehung entstanden. Auch wenn er in außenpolitischer Hinsicht zurückhaltend sein konnte, um der indischen Bürokratie, die den Absichten der USA traditionell argwöhnisch gegenüberstand, nicht zu weit vorauszugreifen, bestätigte unsere gemeinsame Zeit meinen ursprünglichen Eindruck, dass er ein Mann von ungewöhnlicher Weisheit und Anständigkeit war. Während meines Besuchs in der Hauptstadt

Neu-Delhi trafen wir Vereinbarungen, um die Kooperation mit den USA bei der Terrorismusbekämpfung, globalen Gesundheit, nuklearen Sicherheit und dem Handel zu stärken.

Was ich nicht wusste, war, ob Singhs Aufstieg an die Macht die Zukunft der indischen Demokratie oder lediglich eine Anomalie darstellte. An unserem ersten Abend in Delhi gaben seine Frau Gursharan Kaur und er in ihrem Haus eine Dinnerparty für Michelle und mich, und ehe wir zu den anderen Gästen in einem mit Kerzen beleuchteten Hof stießen, konnten Singh und ich uns einige Minuten lang allein unterhalten. Ohne die übliche Schar von Aufpassern und Mitschreibern, die uns über die Schulter sahen, sprachen der Premierminister und ich offener über die dunklen Wolken, die er am Horizont sah. Die Wirtschaft bereite ihm Sorgen, sagte er. Auch wenn Indien besser aus der Finanzkrise herausgekommen war als viele andere Staaten, würde die globale Konjunkturflaute es unvermeidlich schwerer machen, Arbeitsplätze für Indiens junge und rasch wachsende Bevölkerung zu schaffen. Dann war da noch das Problem mit Pakistan: Dessen anhaltendes Versagen, mit Indien bei der Untersuchung der Terroranschläge auf Hotels und andere Schauplätze in Mumbai von 2008 zu kooperieren, hatte die Spannungen zwischen den beiden Ländern deutlich erhöht, auch weil Laschkar-e Taiba, die verantwortliche Terrororganisation, vermutlich Verbindungen zum pakistanischen Geheimdienst unterhielt. Nach den Anschlägen hatte Singh Forderungen nach Vergeltung gegen Pakistan widerstanden, doch seine Zurückhaltung hatte ihm in politischer Hinsicht geschadet. Er fürchtete, die wachsende islamfeindliche Stimmung habe den Einfluss von Indiens größter Oppositionspartei, der hinduistisch-nationalistischen Bharatiya Janata Party (BJP), gestärkt.

»In ungewissen Zeiten, Mr President«, sagte der Premierminister, »kann der Lockruf religiöser und ethnischer Solidarität berauschend sein. Und es ist für Politiker nicht sehr schwer, das auszunutzen, ob in Indien oder anderswo.«

Ich nickte und besann mich auf das Gespräch, das ich während meines Prag-Besuchs mit Václav Havel geführt hatte, und auf seine Warnung vor dem Anstieg illiberaler Strömungen in Europa. Wenn die Globalisierung und eine historische Wirtschaftskrise in vergleichsweise wohlhabenden Nationen zu diesen Entwicklungen führten – wenn ich dies sogar in den Vereinigten Staaten in Gestalt der Tea Party beobachtete –, wie konnte Indien dann dagegen immun sein? Denn die Wahrheit war, dass Indien trotz der Robustheit seiner Demokratie und seiner beeindruckenden neueren Wirtschaftsleistung wenig Ähnlichkeit mit der egalitären, friedlichen und nachhaltigen Gesellschaft aufwies, die Gandhi vorgeschwebt war. Millionen von Menschen im ganzen Land lebten weiterhin in Not und Elend, gefangen in von der Sonne ausgedörrten Dörfern oder labyrinthartigen Slums, während die Titanen der indischen Industrie einen Lebensstil genossen, auf den die Radschas und Moguln von einst neidisch gewesen wären. Öffentliche wie private Gewalt blieb ein allzu beherrschender Teil des indischen Lebens. Feindseligkeit gegenüber Pakistan zum Ausdruck zu bringen, war noch immer der rascheste Weg zu nationaler Einigkeit, und viele Inder waren stolz auf die Gewissheit, dass ihr Land ein Atomwaffenprogramm entwickelt hatte, das dem von Pakistan ebenbürtig war, ohne sich daran zu stören, dass ein einziger Rechenfehler auf einer der beiden Seiten die Vernichtung ganzer Landstriche nach sich ziehen konnte.

Vor allem aber kreiste Indiens Politik noch immer um Religion, Clanstrukturen und das Kastenwesen. In diesem Sinne war Singhs Ernennung zum Premierminister, die manchmal als ein Kennzeichen der Fortschritte des Landes bei der Überwindung religiöser Spaltung gefeiert wurde, trügerisch. Er war ursprünglich nicht aufgrund seiner eigenen Popularität Premierminister geworden. Tatsächlich hatte er sein Amt Sonia Gandhi zu verdanken – der italienischstämmigen Witwe des ehemaligen Premierministers Rajiv Gandhi und Vorsitzenden der Kongresspartei, die, nachdem sie ihr Parteienbündnis zum Sieg geführt hatte, es ablehnte, den Posten selbst zu übernehmen, und stattdessen Singh ernannte. Mehr als ein politischer Beobachter glaubte, sie habe Singh gerade deswegen berufen, weil er als älterer Sikh ohne nationale politische Basis keine Bedrohung für ihren vierzigjährigen Sohn Rahul darstellte, den sie zum Vorsitzenden der Kongresspartei aufbauen wollte.

Sonia und Rahul Gandhi saßen an jenem Abend beide an unserem Tisch. Sie war eine eindrucksvolle Frau in ihren Sechzigern, gekleidet in einen traditionellen Sari, mit dunklen, forschenden Augen und einer ruhigen, majestätischen Ausstrahlung. Dass sie – eine ehemalige Hausfrau und Mutter europäischer Herkunft – nach der Tötung ihres Mannes durch einen separatistischen Selbstmordattentäter aus Sri Lanka im Jahr 1991 ihre Trauer überwunden hatte und zu einer führenden Landespolitikerin geworden war, zeugte von der anhaltenden Macht der Familiendynastie. Rajiv war der Enkel von Jawaharlal Nehru, Indiens erstem Premierminister und Ikone der Unabhängigkeitsbewegung. Nehrus Tochter, Rajivs Mutter Indira Gandhi, war selbst insgesamt sechzehn Jahre Premierministerin gewesen und hatte eine schonungslosere Politik verfolgt als ihr Vater, ehe auch sie 1984 ermordet worden war.

Während des Abendessens hörte Sonia mehr zu, als dass sie sprach, achtete stets darauf, Singh das Wort zu überlassen, wenn politische Themen zur Sprache kamen, und lenkte das Gespräch häufig auf ihren Sohn. Doch mir wurde klar, dass ihre Macht auf einem scharfen und energischen Verstand beruhte. Was Rahul betraf, so wirkte er klug und aufrichtig und sah ähnlich gut aus wie seine Mutter. Er teilte seine Ansichten zur Zukunft progressiver Politik mit und unterbrach sich gelegentlich, um mich nach Einzelheiten meines Wahlkampfs von 2008 zu befragen. Doch er hatte etwas Aufgeregtes, Unausgereiftes an sich, so als wäre er ein Schüler, der seine Aufgaben gemacht hatte und den Lehrer beeindrucken wollte, dem es jedoch tief im Inneren entweder an den Fähigkeiten oder der Leidenschaft fehlte, um das Thema zu bewältigen.

Als es später wurde, bemerkte ich, wie Singh gegen den Schlaf ankämpfte und immer wieder zum Glas griff, um sich mit einem Schluck Wasser wachzuhalten. Ich bedeutete Michelle, es sei an der Zeit, uns zu verabschieden. Der Premierminister und seine Frau begleiteten uns zum Wagen. Im trüben Licht wirkte er gebrechlich, älter als seine achtundsiebzig Jahre, und während wir davonfuhren, fragte ich mich, was geschehen würde, wenn er aus dem Amt schied. Würde der Staffelstab erfolgreich an Rahul weitergereicht werden, womit das von seiner Mutter avisierte Schicksal sich erfüllen und die Vorherrschaft der Kongresspartei über den von der BJP propagierten entzweienden Nationalismus erhalten bliebe?

Irgendwie zweifelte ich daran. Es war nicht Singhs Verschulden. Er hatte das Seinige getan und war den Leitlinien der liberalen Demokratien in der Welt nach dem Kalten Krieg gefolgt: die verfassungsrechtliche Ordnung aufrechterhalten, sich der alltäglichen, oft sehr technischen Aufgabe der Steigerung des Bruttoinlandsprodukts widmen und das soziale Sicherheitsnetz ausdehnen. So wie ich war auch er zu der Überzeugung gelangt, dass das alles war, was wir von der Demokratie erwarten durften, zumal in großen multiethnischen, multireligiösen Gesellschaften wie Indien und den Vereinigten Staaten. Keine revolutionären Sprünge oder bedeutenden kulturellen Revisionen, keine Lösungen für jede soziale Pathologie oder dauerhaften Antworten für diejenigen, die nach Sinn und Bedeutung in ihrem Leben suchten. Nur die Einhaltung von Regeln, die uns erlaubten, unsere Unterschiede aus der Welt zu schaffen oder zumindest zu tolerieren, und eine Regierungspolitik, die den Lebensstandard erhöhte und die Bildung ausreichend verbesserte, um die niederen Impulse der Menschheit zu bändigen.

Nur dass ich mich jetzt fragte, ob diese Impulse – Gewalt, Gier, Korruption, Nationalismus, Rassismus und religiöse Intoleranz, das allzu menschliche Verlangen, unsere eigene Unsicherheit und Sterblichkeit und unser Gefühl der Bedeutungslosigkeit zu bekämpfen, indem wir andere unterwerfen – nicht zu stark waren, um von irgendeiner Demokratie dauerhaft eingehegt zu werden. Denn sie schienen überall zu lauern, bereit, an die Oberfläche zu treten, sobald die Wachstumsraten stagnierten oder ein charismatischer Führer beschloss, auf der Welle der Ängste und Ressentiments der Menschen zu reiten. Und sosehr ich es mir auch gewünscht hätte, war doch kein Mahatma Gandhi hier, der mir sagen konnte, was ich unternehmen sollte, um solche Impulse aufzuhalten.

TRADITIONELL SIND DIE AMBITIONEN der Kongressabgeordneten während des sechs- oder siebenwöchigen Zeitraums zwischen Wahltag und Weihnachtspause eher gering, zumal wenn ein Wechsel der stärksten Partei im Kongress ansteht. Die entmutigten Verlierer wollen nur nach Hause gehen, die Sieger wollen das Ergebnis über die Zeit retten, bis der neue Kongress vereidigt wird. Am 5. Januar 2011 würde das

Repräsentantenhaus mit den meisten Republikanern seit 1947 besetzt sein, was bedeutete, dass ohne die Billigung von John Boehner, dem Sprecher des Repräsentantenhauses, keiner meiner Gesetzentwürfe zur Abstimmung kommen, geschweige denn verabschiedet werden würde. Und für den Fall, dass seine Absichten unklar sein sollten, hatte Boehner bereits angekündigt, dass der erste Gesetzentwurf, den er zur Abstimmung bringen würde, eine vollständige Aufhebung des Gesundheitsgesetzes sei.

Uns blieb jedoch eine Chance in der kommenden Lame-Duck-Periode, dieser Zwischenphase bis zum Zusammentreten des neuen Kongresses. Ich war fest entschlossen, nach meiner Rückkehr von der Asienreise mehrere wichtige Initiativen über die Ziellinie zu bringen, ehe sich der Kongress auf die Zeit nach Weihnachten vertagte: die Ratifikation des New-START-Vertrags zur Reduzierung von Atomwaffen, den wir mit den Russen ausgehandelt hatten, die Aufhebung von »Don't Ask, Don't Tell«, dem Gesetz, das Schwule, Lesben und Bisexuelle daran hinderte, ohne Rücksicht auf ihre sexuelle Orientierung offen im Militär zu dienen, und die Verabschiedung des DREAM Act, das zahlreichen Kindern von Einwanderern ohne Aufenthaltsgenehmigung den Weg zur amerikanischen Staatsbürgerschaft ebnen würde. Pete Rouse und Phil Schiliro, die zusammen über fast siebzig Jahre Regierungserfahrung verfügten, sahen mich zweifelnd an, als ich meine Lame-Duck-To-do-Liste mit ihnen durchging. Axe gluckste sogar hörbar.

»Ist das alles?«, fragte er sarkastisch.

Tatsächlich war das noch nicht alles. Ich hatte vergessen zu erwähnen, dass wir einen Gesetzentwurf zur Kinderernährung verabschieden mussten, den Michelle zu einem Kernelement ihres Kampfes gegen Fettleibigkeit bei Kindern gemacht hatte. »Es ist ein gutes Konzept«, sagte ich, »und Michelles Team hat sich reichlich Unterstützung von Fürsprechern der Kindergesundheit gesichert. Außerdem kann ich mich, wenn wir es nicht verabschieden, zu Hause nicht mehr blicken lassen.«

Ich konnte die Skepsis meiner Mitarbeiter gegenüber einer so ambitionierten Agenda teilweise nachvollziehen. Selbst wenn wir die sechzig Stimmen zusammenbringen könnten, die für jeden dieser kontroversen Gesetzesvorschläge notwendig waren, stand nicht fest, dass Mitch McConnell ausreichend mit Harry Reid kooperieren würde, um in so kurzer Zeit so viele Abstimmungen anzuberaumen. Dennoch hielt ich mich nicht für völlig verblendet. Fast jeder Eintrag auf meiner Liste hatte bereits eine gewisse legislative Zugkraft entwickelt und das Repräsentantenhaus hinter sich vereint oder würde es höchstwahrscheinlich tun. Und auch wenn wir in der Vergangenheit nicht viel Erfolg dabei gehabt hatten, die von den Republikanern initiierten Filibuster im Senat zu überwinden, wusste ich, dass McConnell ein eigenes sehr bedeutendes Anliegen hatte: ein Gesetz zur Verlängerung der sogenannten Bush-Steuersenkungen durchzubringen, die andernfalls zum Ende des Jahres auslaufen würden.

Das konnten wir uns zunutze machen.

Ich hatte die unverwechselbare Gesetzgebung meines Vorgängers lange bekämpft: Diese in den Jahren 2001 und 2003 erlassenen Gesetze veränderten die Abgabenordnung der USA in einer Weise, die Hochvermögenden unverhältnismäßig stark zugutekam, während sie den Trend zur Vermögens- und Einkommensungleichheit verstärkten. Warren Buffett wies gern darauf hin, dass ihm das Gesetz ermögliche, einen deutlich niedrigeren Steuersatz zu zahlen – gemessen an seinem Einkommen, das fast vollständig aus Kapitalgewinnen und Dividenden bestand – als seine Sekretärin auf der Grundlage ihres Einkommens. Allein die im Gesetz enthaltenen Veränderungen der Nachlasssteuer hatten die Steuerlast der zwei Prozent der reichsten Familien Amerikas um mehr als 130 Milliarden Dollar gesenkt. Und nicht nur das, durch das Fehlen von rund 1,3 Billionen Dollar an planmäßigen Einnahmen in der Staatskasse hatte das Gesetz dazu beigetragen, einen Haushaltsüberschuss unter Bill Clinton in ein wachsendes Defizit zu verwandeln – ein Defizit, das viele Republikaner nun dazu nutzten, ihre Forderungen nach Beschneidungen von Sozialversicherung, Medicare, Medicaid und den übrigen Bestandteilen des sozialen Sicherheitsnetzes Amerikas zu rechtfertigen.

Die Bush-Steuersenkungen waren vielleicht schlechte Politik, aber sie hatten auch die Abgaben der meisten Amerikaner leicht gesenkt, was ihren Rückbau politisch heikel machte. Umfragen zeigten immer wieder, dass eine deutliche Mehrheit der Amerikaner eine höhere Besteuerung der Reichen befürwortete. Doch selbst vermögende Anwälte und Ärzte betrachteten sich nicht als reich, zumal wenn sie in teuren Gegenden lebten; und nach einem Jahrzehnt, in dem die unteren neunzig Prozent der Verdiener stagnierende Löhne erlebt hatten, waren nur wenige der Ansicht, dass ihre eigenen Abgaben steigen sollten. Während des Wahlkampfs hatten mein Team und ich uns mit einem in unseren Augen guten Kompromiss zufriedengegeben und vorgeschlagen, die Bush-Steuersenkungen selektiv aufzuheben, sodass nur Familien mit einem Jahreseinkommen von über 250 000 Dollar (oder Einzelpersonen, die über 200 000 Dollar verdienten) betroffen wären. Dieser Ansatz wurde von den Demokraten im Kongress nahezu einstimmig unterstützt. Er würde nur die reichsten zwei Prozent der Amerikaner betreffen und trotzdem im Lauf des nächsten Jahrzehnts rund 680 Milliarden Dollar einbringen, Gelder, die wir verwenden könnten, um Kinderbetreuung, Gesundheitsversorgung, Berufsausbildung und Bildung für die weniger Vermögenden auszubauen.

Ich hatte meine Meinung zu alledem in keiner Weise geändert – die Reichen zu höheren Steuerzahlungen zu verpflichten, war nicht nur eine Frage der Gerechtigkeit, sondern auch der einzige Weg, neue Initiativen zu finanzieren. Doch wie bei so vielen meiner Vorschläge aus dem Wahlkampf hatte mich die Finanzkrise gezwungen zu überdenken, *wann* wir uns an einer Umsetzung versuchen sollten. Zu Beginn meiner Amtszeit, als es so ausgesehen hatte, als könnte das Land in eine Depression schlittern, hatte mein Wirtschaftsteam überzeugend argumentiert, dass jegliche Steuererhöhungen – selbst solche, die Reiche und Fortune-500-Mitglieder zum Ziel hatten – kontraproduktiv wären, da sie dem Wirtschaftssystem genau zu einem Zeitpunkt Geld entnehmen würden, an dem wir Einzelpersonen wie Unternehmen zu Investitionen anregen wollten. Da sich die Wirtschaft gerade erst erholte, ließ die Aussicht auf Steuererhöhungen das Team immer noch nervös werden.

Und nach Lage der Dinge hatte Mitch McConnell angedroht, alles zu blockieren, was unter einer vollständigen Verlängerung der Bush-Steuersenkungen bliebe. Das bedeutete, dass die einzige Möglichkeit, sie ganz loszuwerden – eine Möglichkeit, die uns viele progressive Kommentatoren nahelegten –, darin bestand, gar nichts zu tun und sämtliche Steuersätze am 1. Januar einfach automatisch auf ein höheres, der Ära Clinton entsprechendes Niveau ansteigen zu lassen. Die Demokraten könnten dann im neuen Jahr zurückkehren und Nachfolgeregelungen vorschlagen, die die Steuersätze für Amerikaner, die weniger als 250 000 Dollar im Jahr verdienten, senken würden, wodurch die Republikaner letztlich gezwungen wären, mit Nein zu stimmen.

Es war eine Strategie, die wir ernsthaft in Erwägung zogen. Doch Joe Biden und unsere Legislativabteilung fürchteten, angesichts unserer hohen Verluste bei den Zwischenwahlen könnten gemäßigte Demokraten in dieser Sache von der Parteilinie abweichen und die Republikaner diese Überläufer daraufhin nutzen, um eine Abstimmung zu veranlassen, die die Steuersenkungen permanent verankern würde. Von politischen Erwägungen einmal abgesehen, war das Problem an einer solchen Mutprobe mit den Republikanern, so überlegte ich, die unmittelbare Wirkung, die sie auf die noch immer fragile Wirtschaft hätte. Selbst wenn wir unsere Demokraten bei der Stange halten konnten und die Republikaner letztlich dem Druck nachgaben, konnte es noch immer Monate dauern, ein Gesetz durch einen gespaltenen Kongress zu bekommen. In der Zwischenzeit würden Amerikaner aus der Mittel- und Arbeiterklasse kleinere Gehaltsschecks erhalten, Unternehmen würden ihre Investitionen noch weiter zügeln, der Aktienmarkt würde erneut abstürzen und die Wirtschaft mit ziemlicher Sicherheit wieder in einer Rezession enden.

Nachdem wir verschiedene Szenarien durchgespielt hatten, schickte ich Joe zum Capitol Hill, um mit McConnell zu verhandeln. Wir würden einer Verlängerung sämtlicher Bush-Steuersenkungen um zwei Jahre zustimmen – aber nur, wenn die Republikaner sich bereit erklärten, die Notfallhilfe für Erwerbslose, den im Konjunkturpaket enthaltenen Entlastungsbetrag für die Unter- und Mittelschicht (Making Work Pay) und ein weiteres Paket mit rückerstattungsfähigen Entlastungsbeträgen, das ärmeren Berufstätigen über einen entsprechenden Zeitraum zugutekäme, zu verlängern. McConnell stellte sich sofort quer. Nachdem er zuvor erklärt hatte, »vor allem anderen wollen wir erreichen, dass Präsident Obama nur für eine Amtszeit regiert«, wollte er offenbar nicht, dass ich beanspruchen könnte, die Steuern für die Mehrheit der Amerikaner gesenkt zu haben, ohne dass mich die Republikaner dazu gezwungen hätten. Ich konnte nicht behaupten, überrascht zu sein; ich hatte Joe – neben seiner Senatserfahrung und seinen gesetzgeberischen Fähigkeiten – unter anderem deswegen als Vermittler ausgewählt, weil ich wusste, dass in McConnells Augen Verhandlungen mit dem Vizepräsidenten die republikanische Basis nicht in der gleichen Weise erzürnten, wie es der bloße Anschein einer Zusammenarbeit mit diesem Schwarzen, muslimischen Sozialisten Obama tun würde.

Nach einigem Hin und Her und nachdem wir uns darauf geeinigt hatten, den Making-Work-Pay-Entlastungsbetrag gegen eine Lohnsteuersenkung auszutauschen, lenkte McConnell endlich ein, und am 6. Dezember 2010 konnte ich verkünden, dass wir zu einer umfangreichen Einigung gefunden hatten.

Aus strategischer Perspektive waren wir mit dem Ergebnis zufrieden. Zwar war es schmerzhaft, die Steuersenkungen für die Reichen noch zwei weitere Jahre lang fortbestehen zu lassen, doch es war uns gelungen, Steuererleichterungen für Mittelschichtfamilien zu verlängern und zusätzliche 212 Milliarden Dollar an Konjunkturhilfen speziell für die bedürftigsten Amerikaner auszuhandeln – ein Paket, wie wir es als eigenständigen Gesetzentwurf niemals durch ein von den Republikanern kontrolliertes Repräsentantenhaus bekommen hätten. Was die politische Strategie hinter dem Handel anging, erklärte ich Valerie, dass der zweijährige Zeitrahmen eine Wette mit hohem Einsatz zwischen den Republikanern und mir darstellte. Ich setzte darauf, dass ich im November 2012 als Sieger aus dem Wahlkampf hervorgehen würde, was mir die Handhabe gäbe, die Senkung der Steuersätze für die Reichen aus einer Position der Stärke heraus zu beenden. Die Republikaner setzten darauf, dass sie mich schlagen würden – und dass ein neuer, republikanischer Präsident ihnen helfen würde, die Bush-Steuersenkungen dauerhaft zu verankern.

Dass das Abkommen so stark auf die nächste Präsidentschaftswahl setzte, könnte erklären, weshalb es bei den linksgerichteten Kommentatoren unmittelbar Entrüstung auslöste. Sie lasteten mir an, vor McConnell und Boehner eingeknickt zu sein und von meinen Freunden an der Wall Street und Beratern wie Larry und Tim manipuliert zu werden. Sie warnten davor, dass die Lohnsteuersenkungen die Treuhandfonds für die Sozialversicherung schwächen, die rückerstattungsfähigen Entlastungsbeträge zugunsten der ärmeren Berufstätigen sich als kurzlebig erweisen und die Bush-Steuersenkungen für die Reichen in zwei Jahren fest verankert werden würden, so wie es die Republikaner immer gewollt hatten.

Mit anderen Worten: Auch sie erwarteten, dass ich verlieren würde.

Zufällig besuchte mich in derselben Woche Mitte Dezember, in der wir das Abkommen mit McConnell verkündeten, Bill Clinton im Speisezimmer des Oval Office. Etwaige Spannungen, die während des Wahlkampfes zwischen uns geherrscht haben mochten, hatten sich bis dahin weitgehend aufgelöst, und ich fand es nützlich, von ihm zu erfahren, welche Lehren er in den Midterm-Wahlen des Jahres 1994 aus einer ähnlichen Abreibung durch Newt Gingrich gezogen hatte. Irgendwann sprachen wir über die Einzelheiten des Steuerabkommens, das ich gerade getroffen hatte, und Clinton hätte nicht begeisterter sein können.

»Das müssen Sie einigen unserer Freunde erzählen«, sagte ich in Anspielung auf den Gegenwind, den wir aus gewissen demokratischen Kreisen bekamen.

»Das werde ich bei Gelegenheit tun«, sagte Clinton.

Da kam mir eine Idee. »Wie wäre es, wenn die Gelegenheit jetzt auf der Stelle käme?« Ehe er antworten konnte, ging ich zu Katies Schreibtisch hinüber und bat sie, alle Korrespondenten im Gebäude vom Presseteam auftreiben zu lassen. Fünfzehn Minuten später betraten Bill Clinton und ich den Briefing Room des Weißen Hauses.

Ich erläuterte den erstaunten Reportern, dass sie unser Steuerabkommen vielleicht gern einmal aus der Sicht jenes Mannes geschildert bekommen würden, der für die ungefähr beste Wirtschaftslage der jüngeren amerikanischen Geschichte verantwortlich gewesen war, und überließ Clinton das Podium. Es dauerte nicht lange, bis der ehemalige Präsident den Raum beherrschte und mit Reibeisenstimme und kokettem Lippenbeißen seinen ganzen Arkansas-Charme zur Geltung brachte, um für unser Abkommen mit McConnell zu werben. Tatsächlich wurde mir kurz nach Beginn der spontanen Pressekonferenz bewusst, dass noch ein weiterer Termin auf mich wartete, aber Clinton hatte offenkundig so viel Freude an seinem Auftritt, dass ich ihm nicht das Wort abschneiden wollte. Stattdessen beugte ich mich zum Mikrofon und sagte, ich müsse gehen, doch Präsident Clinton könne gern noch etwas bleiben. Später fragte ich Gibbs, wie es gelaufen war.

»Die Berichterstattung war sehr positiv«, sagte Gibbs. »Wobei einige der Kommentatoren sagten, Sie hätten sich kleingemacht, als Sie Clinton das Feld überließen.«

Das bereitete mir kein Kopfzerbrechen. Ich wusste, dass Clintons Umfragewerte deutlich höher waren als meine, teils weil die konservative Presse, die ihn einst verunglimpft hatte, es nun opportun fand, ihn mir als Kontrastfigur gegenüberzustellen, die Art von vernünftigem, gemäßigtem Demokraten, so sagten sie, mit der die Republikaner zusammenarbeiten konnten. Seine Unterstützung würde uns helfen, das Abkommen einer breiteren Öffentlichkeit schmackhaft zu machen und jede aufkeimende Auflehnung unter den Demokraten im Kongress zu unterdrücken. Das war eine Ironie, mit der ich – wie viele moderne politische Führer – irgendwann zu leben lernte: Man wirkte nie so klug wie der ehemalige Präsident am Rande des Geschehens.

Unser vorübergehender Waffenstillstand mit McConnell in Sachen Steuern verschaffte uns die Möglichkeit, uns auf den Rest meiner Lame-Duck-To-do-Liste zu konzentrieren. Michelles Gesetzesvorschlag zur Kinderernährung fand bei den Republikanern bereits genügend Unterstützung, um Anfang Dezember vergleichsweise unkompliziert verabschiedet zu werden, obwohl Sarah Palin, mittlerweile Kommentatorin bei Fox News, Michelle vorwarf, sie wolle den amerikanischen Eltern die Freiheit streitig machen, ihren Kindern zu essen zu geben, was immer sie für richtig hielten. Unterdessen arbeitete sich das Repräsentantenhaus durch die Einzelheiten eines Vorschlags zur Lebensmittelsicherheit, der später im selben Monat verabschiedet werden würde.

Das New-START-Abrüstungsabkommen vom Senat ratifizieren zu lassen, erwies sich als größere Herausforderung – nicht nur weil bei einem Vertrag siebenundsechzig statt sechzig Stimmen nötig waren, sondern auch weil es im Inland keine große Anhängerschaft gab, die auf Erledigung drängte. Ich musste Harry Reid immer wieder damit in den Ohren liegen, dem Thema in der Lame-Duck-Periode eine höhere Priorität einzuräumen; ich erklärte ihm, die Glaubwürdigkeit der USA – ganz zu schweigen von meinem eigenen Ansehen bei den übrigen führenden Regierungschefs der Welt – stehe auf dem Spiel, und ein Scheitern bei der Ratifizierung des Abkommens würde unsere Bestrebungen unterwandern, die Sanktionen gegenüber dem Iran zu verstärken, und andere Länder dazu bringen, ihre eigenen Atomwaffenprogramme hochzufahren. Sobald ich Harrys zähneknirschendes Einverständnis hatte, das Abkommen zur Abstimmung zu bringen (»Ich weiß nicht, wie ich im Senat die Zeit dafür freimachen soll, Mr President«, grummelte er am Telefon, »aber wenn Sie mir sagen, dass es wichtig ist, tue ich mein Bestes, in Ordnung?«), gingen wir daran, republikanische Stimmen zu sammeln. Die Befürwortung des Abkommens durch die Vereinigten Stabschefs half, ebenso wie die starke Unterstützung durch meinen alten Freund Dick Lugar, der diensthabender Republikaner im Senatsausschuss für Außenpolitik blieb und New START zu Recht als eine Ausweitung seines früheren Einsatzes für die Nichtverbreitung von Atomwaffen betrachtete.

Dennoch musste ich für den Abschluss des Abkommens einer mehrjährigen und mehrere Milliarden Dollar teuren Modernisierung der Infrastruktur des Atomarsenals der Vereinigten Staaten zustimmen, weil der konservative Senator Jon Kyl aus Arizona darauf bestand. Angesichts meines langfristigen Ziels der Abschaffung von Atomwaffen, ganz zu schweigen von all den besseren Verwendungsmöglichkeiten, die mir für Milliarden an Regierungsgeldern eingefallen wären, erschien mir dieses Zugeständnis wie ein Pakt mit dem Teufel, obwohl mir unsere Experten, von denen viele der atomaren Abrüstung verpflichtet waren, versicherten, unsere alternden Atomwaffensysteme müssten überholt werden, um die Gefahr eines katastrophalen Rechenfehlers oder Unfalls zu verringern. Und als New START endlich mit einundsiebzig zu sechsundzwanzig Stimmen vom Senat verabschiedet wurde, atmete ich erleichtert auf.

NIE SAH DAS WEISSE HAUS so schön aus wie zur Weihnachtszeit. Riesige, mit roten Seidenschleifen verzierte Kränze aus Kiefernzweigen zogen sich an den Wänden des Säulengangs und des Hauptkorridors im East Wing entlang, und die Eichen und Magnolien im Rosengarten waren mit Lichtern übersät. Der offizielle Weihnachtsbaum des

Weißen Hauses, eine majestätische Tanne, die mit einer Pferdekutsche gebracht worden war, nahm den größten Teil des Blauen Zimmers in Beschlag, aber beinahe ebenso spektakuläre Bäume füllten so gut wie alle öffentlichen Flächen im Amtssitz aus. Innerhalb von drei Tagen dekorierte eine vom Social Office organisierte Armee von Freiwilligen die Bäume, die Flure und das Große Foyer mit einer überwältigenden Masse an Festschmuck, während die Konditoren des Weißen Hauses eine aufwendige Lebkuchennachbildung des Amtssitzes anfertigten, inklusive Möbeln, Vorhängen und – während meiner Präsidentschaft – einer Miniaturversion von Bo.

Die Weihnachtszeit bedeutete auch, dass wir dreieinhalb Wochen lang so gut wie jeden Nachmittag und jeden Abend eine Party gaben. Es waren große, festliche Veranstaltungen mit je drei- bis vierhundert geladenen Gästen, die lachten, Lammkeulen und Krabbenküchlein kauten und Eierpunsch und Wein tranken, während in adrette rote Mäntel gekleidete Mitglieder der United States Marine Band die klassischen Weihnachtslieder spielten. Die Nachmittagspartys waren für Michelle und mich einfach – wir kamen nur für einige Minuten vorbei, um hinter einer Kordel zu stehen und allen unsere besten Wünsche auszudrücken. Doch die Abendveranstaltungen erforderten, dass wir uns zwei Stunden oder länger im Diplomatischen Empfangsraum aufhielten und mit nahezu jedem Gast für ein Foto posierten. Bei den Partys, die wir für die Familien der Secret-Service-Mitarbeiter und der Hausangestellten gaben, machte Michelle das nichts aus, trotz der Folgen, die das lange Stehen in High Heels für ihre Füße hatte. Doch ihre Festlaune trübte sich, wenn es darum ging, mit den Kongressmitgliedern und Vertretern der politischen Medien zu feiern. Vielleicht lag es daran, dass diese mehr Aufmerksamkeit einforderten (»Hör auf, so viel Small Talk zu machen!«, flüsterte sie mir in unseren kurzen Verschnaufpausen zu), oder daran, dass dieselben Leute, die im Fernsehen regelmäßig den Kopf ihres Ehemanns auf einem Silbertablett sehen wollten, irgendwoher die Unverfrorenheit nahmen, den Arm um sie zu legen und in die Kameras zu lächeln, als wären sie beste Freunde aus Schulzeiten.

Im West Wing floss unterdessen ein Großteil der Energie meines Teams während der Wochen vor Weihnachten in die zwei kontroversesten Gesetzesvorschläge, die noch auf meiner Liste standen: »Don't Ask, Don't Tell« (DADT) und der DREAM Act. Zusammen mit Abtreibung, Waffen und so gut wie allem, was mit Fragen der Hautfarbe zu tun hatte, nahmen die Themen LGBTQ-Rechte und Einwanderung seit Jahrzehnten eine zentrale Stellung in den amerikanischen Kulturkämpfen ein, unter anderem weil sie die wesentlichsten Fragen unserer Demokratie berührten – nämlich wen wir als echtes Mitglied der amerikanischen Familie betrachteten, das die gleichen Rechte, den gleichen Respekt und die gleiche Anteilnahme verdiente, die wir für uns selbst erwarteten. Ich war dafür, diese Familie breit zu definieren – sie umfasste Schwule ebenso wie Heterosexuelle, und sie umfasste auch Einwandererfamilien, die hier Fuß gefasst und Kinder aufgezogen hatten, selbst wenn sie nicht durch die Vordertür hereingekommen waren. Wie hätte ich etwas anderes vertreten können, wenn einige der Argumente für ihre Ausgrenzung so oft verwendet worden waren, um all jene auszugrenzen, die wie ich aussahen?

Das soll nicht heißen, dass ich Menschen mit anderen Ansichten zu LGBTQ- und Einwandererrechten als herzlos und intolerant schmähte. Zum einen verfügte ich über genügend Selbstwahrnehmung – oder zumindest ein ausreichend gutes Gedächtnis –, um zu wissen, dass meine eigene Einstellung zu Schwulen, Lesben und Transgender-Menschen nicht immer besonders aufgeklärt gewesen war. Ich war in den Siebzigerjahren aufgewachsen, einer Zeit, in der das LGBTQ-Leben für Menschen außerhalb der Community weit weniger sichtbar war, sodass Toots Schwester (und eine meiner liebsten Verwandten), Tante Arlene, sich gezwungen fühlte, die Frau, mit der sie seit zwanzig Jahren zusammen war, stets als »meine enge Freundin Marge« vorzustellen, wenn sie uns auf Hawaii besuchte.

Und wie viele männliche Teenager in jenen Jahren warfen meine Freunde und ich untereinander manchmal mit Wörtern wie »Schwuchtel« oder »schwul« um uns, die wir als beiläufige Herabwürdigungen gebrauchten – unreife Versuche, unsere Männlichkeit zu verstärken und unsere Unsicherheit zu verbergen. Doch als ich auf dem College war und mich mit Kommilitonen und Professoren anfreundete, die offen schwul waren, wurden mir die unverhohlene Diskriminierung und der Hass bewusst, unter denen sie ebenso sehr litten wie unter der

Einsamkeit und den Selbstzweifeln, die die vorherrschende Kultur ihnen auferlegte. Ich schämte mich für mein Verhalten in der Vergangenheit – und lernte, mich zu bessern.

Was die Einwanderung anging, so hatte ich dem Thema während meiner Jugend über die vage Mythologie von Ellis Island und der Freiheitsstatue hinaus, wie sie die Populärkultur vermittelte, wenig Beachtung geschenkt. Ein fortgeschrittenes Denken setzte später ein, als ich durch meine Stadtteilarbeit mit den vornehmlich mexikanischen Communitys von Pilsen und Little Village in Berührung kam – Vierteln, in denen sich die üblichen Kategorien von im Land Geborenen, Eingebürgerten, Greencard-Besitzern und illegalen Einwanderern vollständig auflösten, da viele, wenn nicht die meisten Familien alle vier umfassten. Im Lauf der Zeit erzählten mir die Menschen davon, wie es war, die eigene Herkunft verschweigen und ständig fürchten zu müssen, dass das Leben, das man sich so hart erarbeitet hatte, von einem Augenblick auf den anderen auf den Kopf gestellt werden könnte. Sie sprachen von der schieren Erschöpfung und den Strapazen, die die Auseinandersetzung mit einem oft herzlosen oder willkürlichen Einwanderungssystem mit sich brachte, dem Gefühl der Hilflosigkeit, das daraus erwuchs, für Firmen zu arbeiten, die den Einwanderungsstatus ausnutzten, um weniger als den Mindestlohn zu zahlen. Die Freundschaften, die ich schloss, und die Geschichten, die ich während meiner Collegezeit und zu Anfang meiner Karriere in jenen Vierteln Chicagos und von Angehörigen der LGBTQ-Community hörte, hatten mein Herz für die menschlichen Dimensionen von Themen geöffnet, über die ich früher vor allem in abstrakten Begriffen nachgedacht hatte.

Für mich stellte sich die Situation des »Don't Ask, Don't Tell« ganz einfach dar: Ich fand, dass eine Politik, die LGBTQ-Personen daran hinderte, offen in unserem Militär zu dienen, sowohl amerikanischen Idealen zuwiderlief als auch schädlich für unsere Streitkräfte war. DADT war das Ergebnis eines mängelbehafteten Kompromisses zwischen Bill Clinton – der sich dafür eingesetzt hatte, den vollständigen Ausschluss von Mitgliedern der LGBTQ-Community aus dem Militär zu beenden – und seinen Vereinigten Stabschefs, die darauf beharrt hatten, eine solche Veränderung würde die Moral der Truppen schwächen und die Zahl der Austritte erhöhen. Seit seinem Inkrafttreten im Jahr 1994 hatte DADT wenig dazu beigetragen, irgendjemandem zu Schutz oder Würde zu verhelfen, und stattdessen zur Entlassung von über dreizehntausend Angehörigen der Streitkräfte allein aufgrund ihrer sexuellen Orientierung geführt. Die im Dienst Verbliebenen mussten verschweigen, wer sie waren und wen sie liebten, konnten nicht gefahrlos Familienfotos an ihrem Arbeitsplatz aufstellen oder zusammen mit ihren Partnern an gesellschaftlichen Anlässen am Stützpunkt teilnehmen. Als erster afroamerikanischer Oberbefehlshaber empfand ich eine besondere Verpflichtung, diese Regelung außer Kraft zu setzen, denn mir war bewusst, dass Schwarze im Militär traditionell institutioneller Diskriminierung ausgesetzt, von Führungsrollen ausgeschlossen und jahrzehntelang gezwungen gewesen waren, in getrennten Einheiten zu dienen – eine Praxis, die Harry Truman 1948 durch eine Präsidentenverfügung endlich außer Kraft gesetzt hatte.

Die Frage war, wie sich der Wechsel am besten vollziehen ließ. Von Beginn an hatten mich LGBTQ-Fürsprecher gedrängt, Trumans Beispiel zu folgen und die Regelung schlicht mit einem Befehl rückgängig zu machen – zumal ich bereits andere Vorschriften zulasten von LGBTQ-Personen durch Präsidentenverfügungen und Absichtserklärungen in Angriff genommen hatte, darunter das Besuchsrecht in Krankenhäusern und Zusatzleistungen für die Lebensgefährten von Angestellten im Staatsdienst. Doch durch Umgehung der Konsensbildung, die Teil der Verabschiedung eines Gesetzes war, würde eine Präsidentenverfügung die Wahrscheinlichkeit des Widerstands gegen die neue Richtlinie innerhalb des Militärs und einer verzögerten Durchsetzung erhöhen. Und natürlich könnte jeder künftige Präsident eine Präsidentenverfügung mit einem Federstrich rückgängig machen.

Ich folgerte, dass die optimale Lösung darin bestand, den Kongress zum Handeln zu bewegen. Dafür benötigte ich die obersten Militärführer als aktive und bereitwillige Partner – was, wie ich wusste, inmitten zweier Kriege nicht einfach sein würde. Frühere Vereinigte Stabschefs hatten sich gegen eine Aufhebung von DADT ausgesprochen, mit der Begründung, die Integration offen schwuler Truppenmitglieder könnte den Zusammenhalt und die Disziplin innerhalb der Streitkräfte negativ beeinflussen. (Gegner der Abschaffung im Kongress, darunter John McCain, behaupteten, die Einführung einer so umwälzenden neuen Richtlinie in Kriegszeiten käme einem Betrug an unseren Streitkräften gleich.) Doch man muss Bob Gates und Mike Mullen hoch anrechnen, dass sie nicht mit der Wimper zuckten, als ich ihnen schon zu Beginn meiner Amtszeit sagte, ich beabsichtigte, DADT abzuschaffen. Gates sagte, er habe seine Mitarbeiter bereits angewiesen, intern stillschweigend Strategien zu dem Thema zu entwickeln, weniger aus einem persönlichen Enthusiasmus für den Richtlinienwechsel heraus als vielmehr aufgrund praktischer Erwägungen, dass DADT nach Ansicht der Bundesgerichte gegen die Verfassung verstoßen und ein schlagartiger Umbruch innerhalb des Militärs erzwungen werden könnte. Statt mich von meiner Position abbringen zu wollen, baten Mullen und er mich, sie eine Arbeitsgruppe zur Abschätzung der Auswirkungen des geplanten Wechsels auf Militäroperationen ins Leben rufen zu lassen – die letztlich eine umfassende Befragung zur Einstellung der Truppenangehörigen gegenüber offen schwulen Mitgliedern in ihren Rängen durchführen würde. Die Zielsetzung sei, so Gates, Störung und Spaltung auf ein Mindestmaß zu beschränken.

»Wenn Sie das tatsächlich tun wollen, Mr President«, fügte Gates hinzu, »dann sollten wir Ihnen zumindest sagen können, was die beste Art ist, es zu tun.«

Ich warnte Gates und Mullen, dass ich Diskriminierung gegenüber LGBTQ-Personen nicht für ein Thema hielt, über das per Volksabstimmung entschieden werden sollte. Dennoch kam ich ihrer Bitte nach, teils weil ich wusste, dass sie einen ehrlichen Befragungsprozess entwickeln würden, vor allem aber weil ich vermutete, dass die Befragung zeigen würde, dass die Mitglieder unserer Einsatzkräfte – die zum Großteil Jahrzehnte jünger waren als die hochrangigen Generäle – Schwulen und Lesben gegenüber offener waren als allgemein erwartet. Gates, der am 2. Februar 2010 vor dem Senatsausschuss für die Streitkräfte erschien, bestätigte mich in meinem Vertrauen, als er sagte: »Ich unterstütze den Präsidenten vollauf in seiner Entscheidung«, das DADT einer erneuten Prüfung zu unterziehen. Doch es war Mike Mullens Aussage vor dem Ausschuss am selben Tag, die wirklich für Schlagzeilen sorgte, war er doch der erste amtierende hochrangige US-Militärführer der Geschichte, der sich öffentlich dafür aussprach, LGBTQ-Personen zu gestatten, in Hinblick auf ihre sexuelle

Orientierung offen im Militär zu dienen: »Herr Vorsitzender, ich spreche für mich und nur für mich, wenn ich sage, dass es meiner persönlichen Auffassung nach das Richtige wäre, Schwule und Lesben offen im Militär dienen zu lassen. Von welcher Warte ich es auch betrachte, stört es mich, dass wir derzeit eine Regelung haben, die junge Männer und Frauen dazu zwingt, ihre Persönlichkeit zu verleugnen, um ihre Mitbürger verteidigen zu können. Für mich persönlich geht es hier um Integrität, um ihre individuelle wie um die unsere als Institution.«

Niemand im Weißen Haus hatte das mit Mullen abgesprochen; ich bin mir nicht einmal sicher, ob Gates im Voraus wusste, was Mullen zu sagen beabsichtigte. Doch diese eindeutige Aussage beeinflusste die öffentliche Debatte und verschaffte unentschiedenen Senatoren wichtige politische Deckung und das Gefühl, sich mit Fug und Recht für die Abschaffung aussprechen zu können.

Mullens Aussage kam Monate vor der Fertigstellung des von Gates und ihm selbst geforderten Gutachtens, was zu einigem politischen Kopfzerbrechen führte. Befürworter der Aufhebung des Gesetzes gingen uns sowohl privat als auch in der Presse hart an; sie konnten nicht verstehen, weshalb ich nicht einfach eine Präsidentenverfügung erließ, wenn der Vorsitzende der Vereinigten Stabschefs eine Änderung der Richtlinie unterstützte – vor allem weil LGBTQ-Personen weiter aus den Streitkräften entlassen wurden, während wir uns viel Zeit für eine Befragung nahmen. Valerie und ihr Team fingen den größten Teil des Beschusses aus den eigenen Reihen ab, vor allem Brian Bond, ein hoch angesehener Schwulenrechtler, der uns als Hauptkontaktperson zur Community diente. Monatelang musste Brian meine Entscheidungsbildung verteidigen, während skeptische Freunde, ehemalige Kollegen und Pressevertreter andeuteten, er sei vereinnahmt worden, und sein Engagement in dieser Sache infrage stellten. Ich kann mir nur ausmalen, wie sehr ihn das persönlich belastet hatte.

Die Kritik wurde im September 2010 vernehmlicher, als ein Bundesgericht in Kalifornien, wie von Gates vorausgesagt, DADT für nicht verfassungskonform erklärte. Ich bat Gates, alle Entlassungen formell auszusetzen, während der Fall vor dem Bundesberufungsgericht verhandelt werde. Doch sosehr ich ihn auch bedrängte, er lehnte meine Aufforderung wiederholt ab mit dem Argument, solange das Gesetz noch gelte, sei er gezwungen, für dessen Einhaltung zu sorgen; und ich wusste, wenn ich ihm befahl, etwas zu tun, was er unangemessen fand, würde ich mich vielleicht nach einem neuen Verteidigungsminister umsehen müssen. Es war vielleicht das einzige Mal, dass ich kurz davorstand, Gates anzuschreien, und das nicht nur, weil ich seine rechtliche Analyse für fehlerhaft hielt. Er schien die Frustration der LGBTQ-Fürsprecher, die uns erreichte – ganz zu schweigen von den beklemmenden Berichten der ihm unterstellten schwulen und lesbischen Truppenmitglieder –, als ein weiteres Stück »politischer Strategie« zu betrachten, vor der ich das Pentagon und ihn abschirmen sollte, statt als einen wesentlichen Punkt für seine eigene Entscheidungsfindung. (Letztlich modifizierte er wenigstens die Verwaltungsabläufe von DADT in einer Weise, dass nahezu alle tatsächlichen Entlassungen gestoppt wurden, während wir auf eine Lösung des Problems warteten.)

Glücklicherweise erhielten wir gegen Ende desselben Monats endlich die Ergebnisse der Truppenstudie. Sie bestätigten meine Vermutungen: Zwei Drittel der Befragten waren der Ansicht, ihre schwulen, lesbischen und bisexuellen Kameradinnen und Kameraden ungehindert dienen zu lassen, hätte wenig oder gar keinen negativen Einfluss auf die Fähigkeit des Militärs, seine Aufträge auszuführen – oder würde diese sogar verbessern. Tatsächlich glaubten die meisten Truppenmitglieder, bereits mit LGBTQ-Personen zusammenzuarbeiten oder es in der Vergangenheit getan zu haben, und hatten keinerlei Unterschied in deren Dienstfähigkeit festgestellt.

Komm mit der Wahrheit anderer Menschen in Berührung, dachte ich, und deine Einstellung ändert sich.

Nachdem sie die Studie erhalten hatten, empfahlen Gates und Mullen offiziell, DADT aufzuheben. Bei einem Treffen im Oval Office versprachen die übrigen Vereinigten Stabschefs, die neue Regelung unverzüglich in Kraft zu setzen. General James Amos, der Marinekommandant und überzeugte Gegner der Gesetzesaufhebung, sorgte für fröhliche Mienen, als er sagte: »Ich kann Ihnen versprechen, Mr President, dass keine der anderen Einheiten das schneller oder besser vollziehen wird als das U. S. Marine Corps.« Und am 18. Dezember verabschiedete der Senat den Gesetzesantrag 65 zu 31 mit acht republikanischen Stimmen.

Einige Tage später war eine Aula im Innenministerium mit ehemaligen und derzeitigen LGBTQ-Truppenmitgliedern gefüllt, während ich den Gesetzentwurf unterschrieb. Viele trugen Uniform, und in ihren Gesichtern waren Freude, Stolz, Erleichterung und Tränen zu sehen. Als ich mich an das Publikum wandte, sah ich einige der Fürsprecher, die nur wenige Wochen zuvor zu unseren erbittertsten Kritikern gezählt hatten, dankbar lächeln. Mein Blick fiel auf Brian Bond, und ich nickte ihm zu. Doch der größte Applaus an jenem Tag war für Mike Mullen reserviert – eine lange, aufrichtig empfundene stehende Ovation. Als ich den Admiral auf der Bühne stehen sah, der trotz seines verlegenen Grinsens sichtlich bewegt war, hätte ich mich nicht stärker für ihn freuen können. Es geschah nicht oft, dachte ich, dass ein wahrer Gewissensakt auf diese Weise anerkannt wurde.

WENN ES UM Immigration ging, waren sich alle einig, dass das System nicht funktionierte. Der Prozess der legalen Einwanderung konnte ein Jahrzehnt oder länger dauern, was oft davon abhing, aus welchem Land man stammte und wie viel Geld man besaß. Unterdessen trieb die wirtschaftliche Kluft zwischen uns und unseren südlichen Nachbarn jährlich Hunderttausende von Menschen dazu, die 3111 Kilometer lange Grenze zwischen den USA und Mexiko illegal zu überqueren, auf der Suche nach Arbeit und einem besseren Leben. Der Kongress hatte Milliarden investiert, um die Grenze mit Zäunen, Kameras, Drohnen und ausgeweiteten sowie zunehmend militarisierten Grenzpatrouillen zu sichern. Doch statt den Strom von Immigranten zu stoppen, hatten diese Schritte eine Industrie von Schleusern – sogenannten Kojoten – hervorgebracht, die viel Geld damit verdienten, dass sie ihre menschliche Fracht unter barbarischen und teils tödlichen Bedingungen beförderten. Und auch wenn den Grenzübertretungen armer Mexikaner und zentralamerikanischer Migranten der größte Teil der Aufmerksamkeit von Politikern und Presse zuteilwurde, kamen vierzig Prozent der illegalen Einwanderer über Flughäfen und andere legale Einreisemöglichkeiten ins Land und überzogen dann ihr Visum.

Im Jahr 2010 lebten schätzungsweise elf Millionen Menschen ohne Aufenthaltsgenehmigung in den Vereinigten Staaten, teilweise untrennbar mit dem amerikanischen Leben verbunden. Viele waren Alteingesessene und hatten Kinder, die entweder qua Geburt auf amerikanischem Boden US-Bürger waren oder in so jungen Jahren in die Vereinigten Staaten gebracht worden waren, dass ihnen einzig ein Stück Papier fehlte, um Amerikaner zu sein. Ganze Bereiche der amerikanischen Wirtschaft waren von ihrer Arbeit abhängig, da Einwanderer ohne Aufenthaltsgenehmigung oft bereit waren, gegen geringe Bezahlung die härteste, schmutzigste Arbeit zu verrichten – das Obst und Gemüse zu ernten, mit dem unsere Lebensmittelläden gefüllt sind, die Böden von Büros zu wischen, in Restaurants Teller zu spülen und ältere Mitmenschen zu pflegen. Doch auch wenn die amerikanischen Konsumenten von dieser unsichtbaren Arbeiterschaft profitierten, fürchteten viele, dass die Immigranten den Bürgern die Arbeitsplätze wegnahmen, die Sozialversorgungsprogramme belasteten und die ethnische und kulturelle Zusammensetzung des Landes veränderten, was zu Forderungen an die Regierung führte, die illegale Einwanderung stärker zu verfolgen. Diese Ansicht war unter der republikanischen Wählerschaft am stärksten verbreitet und wurde von einer zunehmend nativistisch eingestellten rechtslastigen Presse weiter angestachelt. Doch die politischen Ansichten stimmten nicht genau mit den Parteilinien überein: Die traditionell demokratische gewerkschaftliche Basis beispielsweise sah durch die wachsende Zahl illegaler Arbeiter auf den Baustellen ihre Lebensgrundlage in Gefahr, während sich tendenziell republikanische Unternehmensgruppen, die daran interessiert waren, eine stete Zufuhr billiger Arbeiter (oder im Fall des Silicon Valley im Ausland geborener Computerprogrammierer und Informatikingenieure) aufrechtzuerhalten, sich oft für die Einwanderung aussprachen.

Im Jahr 2007 hatten sich John McCain in seiner rebellischen Version und sein Kumpan Lindsey Graham sogar mit Ted Kennedy zusammengetan, um einen umfassenden Reformvorschlag zu formulieren, der Millionen von Einwanderern ohne Aufenthaltsgenehmigung die Einbürgerung anbot und zugleich die Grenzen stärker sicherte. Trotz starker Unterstützung durch Präsident Bush war er nicht durch den Senat gekommen. Doch der Vorschlag erhielt zwölf republikanische Stimmen, was auf die reale Möglichkeit einer künftigen parteiübergreifenden Vereinbarung hindeutete. Während des Wahlkampfs hatte ich versprochen, nach meinem Amtsantritt ein ähnliches Gesetz auf den Weg zu bringen, und ich hatte die ehemalige Gouverneurin von Arizona, Janet Napolitano, zur Leiterin des Heimatschutzministeriums – dem die US-Behörden für Einwanderung, Zoll und Grenzschutz zugeordnet waren – ernannt, unter anderem weil sie sich in Grenzfragen auskannte und den Ruf genoss, die Einwanderung auf einfühlsame und zugleich strenge Weise gehandhabt zu haben.

Meine Hoffnungen auf einen Gesetzesvorschlag waren bislang vereitelt worden. Während der Wirtschaftskrise, als viele Amerikaner ihre Arbeitsplätze verloren, waren wenige im Kongress darauf erpicht, ein heißes Eisen wie die Immigration anzufassen. Kennedy war nicht mehr da. McCain, der vom rechten Flügel der Partei für seine vergleichsweise gemäßigte Haltung zum Thema Einwanderung kritisiert worden war, zeigte geringes Interesse daran, den Kampf wieder aufzunehmen. Schlimmer noch, meine Regierung schob Beschäftigte ohne Aufenthaltserlaubnis beschleunigt ab. Das war nicht das Ergebnis irgendeiner Anweisung von mir, sondern ging auf ein Kongressmandat von 2008 zurück, das sowohl das Budget der Einwanderungs- und Zollbehörde erhöhte als auch die Zusammenarbeit zwischen dieser und den örtlichen Strafverfolgungsbehörden verstärkte, alles im Bestreben, mehr illegale Einwanderer mit Vorstrafen zu deportieren. Mein Team und ich hatten deshalb die strategische Entscheidung getroffen, nicht zu versuchen, die von unseren Vorgängern geerbten Regelungen sofort umzukehren, weil wir vor allem jenen Kritikern keine Argumente an die Hand geben wollten, die behaupteten, die Demokraten seien nicht gewillt, existierendes Einwanderungsrecht durchzusetzen – eine Sichtweise, die unsere Chancen auf die Durchsetzung eines künftigen Reformentwurfs gefährden konnte. Doch nun warfen uns im Jahr 2010 Einwanderer- und Latino-Interessenvertretungen mangelnde Fortschritte vor, so wie LGBTQ-Aktivisten uns in Sachen DADT angegriffen hatten. Und auch wenn ich den Kongress weiterhin drängte, die Einwanderungsreform zu verabschieden, hatte ich keine realistische Möglichkeit, vor den Midterm-Wahlen ein neues umfassendes Gesetz abzuliefern.

Bühne frei für den DREAM Act. Die Idee gewisser Erleichterungen für junge Einwanderer, die als Kinder illegal in die Vereinigten Staaten gebracht worden waren, spukte seit Jahren umher, und seit 2001 waren mindestens zehn Versionen des DREAM Act im Kongress vorgestellt worden, ohne je die notwendige Anzahl von Stimmen erhalten zu haben. Befürworter stellten es oft als einen kleinen, aber bedeutsamen Schritt auf dem Weg zu einer umfangreicheren Reform dar. Das Gesetz sollte den »Dreamers« – wie diese jungen Leute nunmehr genannt wurden – begrenzten Aufenthalt gewähren und den Weg zur Einbürgerung ebnen, solange sie gewisse Kriterien erfüllten. Gemäß dem jüngsten Gesetzesvorschlag mussten sie bei der Einreise in die USA unter sechzehn Jahre alt gewesen sein, fünf Jahre lang ununterbrochen im Land gelebt, die allgemeine Hochschulreife erworben oder einen Kompetenztest für den Zugang zu einem College oder einer Universität bestanden und zwei Jahre lang ein College besucht haben oder dem Militär beigetreten sein – und sie durften keine schwereren Vorstrafen haben. Einzelne Staaten konnten den Dreamers die Berechtigung erteilen, an staatlichen Colleges und Universitäten reduzierte Studienbeiträge zu zahlen – für viele von ihnen die einzige realistische Möglichkeit zu studieren.

Die Dreamers hatten in ihrer Kindheit und Jugend amerikanische Schulen besucht, hatten amerikanische Sportarten ausgeübt, amerikanisches Fernsehen geschaut und sich in amerikanischen Einkaufszentren herumgedrückt. In einigen Fällen hatten ihre Eltern ihnen nie gesagt, dass sie keine Staatsbürgerschaft besaßen; von ihrem illegalen Status hatten sie erst erfahren, als sie den Führerschein machen wollten oder sich um Studienzuschüsse bewarben. Ich hatte viele Dreamers kennenlernen können, sowohl vor als auch nach meinem Einzug ins Weiße Haus. Sie waren klug, selbstsicher und belastbar – ebenso voller Potenzial wie meine eigenen Töchter. Allenfalls betrachteten die Dreamers Amerika weniger zynisch als viele ihrer dort geborenen Zeitgenossen – eben weil ihre Lebensumstände sie gelehrt hatten, das Leben in diesem Land nicht als selbstverständlich zu nehmen.

Jungen Menschen wie diesen ein Bleiberecht in den Vereinigten Staaten zu geben, dem einzigen Land, das viele von ihnen je kennengelernt hatten, war so moralisch zwingend, dass Kennedy und McCain den DREAM Act 2007 in ihren Vorschlag zum Einwanderungsgesetz aufgenommen hatten. Und ohne die Aussicht, in der unmittelbaren Zukunft eine umfassendere Änderung der amerikanischen

Einwanderungsgesetze zu verabschieden, hatte Harry Reid – der sich in den Monaten vor den Midterm-Wahlen in einem harten Kampf um seine Wiederwahl in Nevada befand und für den Sieg auf eine hohe Wahlbeteiligung der hispanischen Bevölkerung angewiesen war – versprochen, den DREAM Act in der Lame-Duck-Zeit vor dem Zusammentreten des neuen Kongresses zur Abstimmung zu bringen.

Leider machte Harry diese kurzfristige Ankündigung während des Wahlkampfes, ohne uns, seine Senatskollegen oder die Arbeitsgruppen zur Einwanderungsreform vorzuwarnen. Obwohl sie über Harrys mangelnde Absprache nicht glücklich war (»Er hätte doch mal zum Hörer greifen können«), leistete Nancy Pelosi ihren Beitrag und sorgte dafür, dass das Gesetz rasch durch das Repräsentantenhaus kam. Doch im Senat brandmarkten McCain und Graham Harrys Entscheidung als einen bloßen Wahlkampftrick und sagten, sie würden nicht für DREAM als eigenständigen Gesetzentwurf stimmen, da er nicht länger mit verstärkten Durchsetzungs- und Sicherungsmaßnahmen verbunden sei. Die fünf republikanischen Senatoren, die 2007 für den McCain-Kennedy-Gesetzesvorschlag gestimmt hatten und noch im Amt waren, formulierten ihre Absichten weniger deutlich, klangen aber alle nicht sonderlich überzeugt. Und da wir nicht darauf bauen konnten, dass alle Demokraten den Entwurf unterstützten – zumal nach den desaströsen Midterm-Wahlen –, taten wir im Weißen Haus alles, um die sechzig Stimmen zusammenzubekommen, die wir brauchten, um in den wenigen verbleibenden Tagen, ehe der Senat für dieses Jahr die Türen schloss, einen Filibuster zu vermeiden.

Cecilia Muñoz, die Direktorin für einzelstaatliche Angelegenheiten im Weißen Haus, war unsere Ansprechpartnerin in dieser Angelegenheit. Zu meiner Zeit als Senator war sie stellvertretende Leiterin für Politik und Gesetzgebung im National Council of La Raza gewesen, der größten Organisation für die Belange der Latino-Bevölkerung des Landes, und seither hatte sie mich zu Immigrationsfragen und anderen Themen beraten. Die als Tochter bolivianischer Einwanderer in Michigan geborene und aufgewachsene Cecilia war bedächtig, bescheiden und – wie ich immer im Scherz zu ihr sagte – »einfach nur nett«, weshalb sie an eine junge, allseits beliebte Grundschullehrerin erinnerte. Sie war auch knallhart und zäh (und eine fanatische Anhängerin der Footballmannschaft von Michigan). Innerhalb weniger Wochen zündete sie mit ihrem Team ein großes mediales Feuerwerk zugunsten des DREAM Act, lancierte Artikel, stellte Statistiken zusammen und brachte nahezu jedes Kabinettsmitglied und jede Behörde (einschließlich des Verteidigungsministeriums) dazu, irgendeine Veranstaltung zu organisieren. Vor allem aber half Cecilia dabei, eine Gruppe junger Dreamers zu versammeln, die bereit waren, ihren Status als Illegale offenzulegen, um ihre persönliche Geschichte mit unentschlossenen Senatoren und den Medien zu teilen. Mehr als einmal sprachen Cecilia und ich über den Mut dieser jungen Menschen und waren uns einig, dass wir in diesem Alter einem solchen Druck niemals standgehalten hätten.

»Ich wünsche mir so sehr für sie, dass wir es schaffen«, sagte sie zu mir.

Und doch begannen sich die Aussichten, für den DREAM Act sechzig Stimmen zusammenzubekommen, trotz der unzähligen Stunden in Sitzungen und am Telefon zu verdüstern. Eine unserer besten Perspektiven bot Claire McCaskill, die demokratische Senatorin von Missouri. Claire hatte mich schon früh unterstützt und war eine meiner besten Freundinnen im Senat, eine begabte Politikerin mit rasiermesserscharfem Verstand und großem Herzen und ohne das kleinste bisschen Scheinheiligkeit oder Überheblichkeit. Doch sie stammte auch aus einem konservativen, tendenziell republikanischen Staat und war für die Republikaner in ihren Bemühungen, die Oberhand im Senat zurückzugewinnen, ein verlockendes Ziel.

»Sie wissen, dass ich diesen Kindern helfen will, Mr President«, sagte Claire, als ich sie am Telefon erreichte, »aber die Umfragen in Missouri sehen in allen Punkten in Sachen Einwanderung einfach fürchterlich aus. Wenn ich dafür stimme, kann es gut sein, dass ich meinen Sitz verliere.«

Ich wusste, dass sie nicht falschlag. Und wenn sie verlieren würde, könnten wir die Mehrheit im Senat einbüßen und damit jede Möglichkeit, den DREAM Act oder eine umfassende Einwanderungsreform oder sonst irgendetwas zu verabschieden. Wie sollte ich dieses Risiko gegen die dringlichen Schicksale jener jungen Menschen abwägen, die ich kennengelernt hatte – die Ungewissheit und Angst, mit der sie jeden Tag leben mussten, die Möglichkeit, dass jeder von ihnen ohne Ankündigung bei einer Razzia aufgegriffen, in einer Zelle festgehalten und in ein Land verschifft werden konnte, das für sie so fremd war wie für mich?

Ehe wir auflegten, trafen Claire und ich eine Vereinbarung, um das Unmögliche zu versuchen. »Wenn wir mit Ihrer Stimme auf sechzig kommen können«, sagte ich, »dann werden diese jungen Leute Sie brauchen, Claire. Aber sollten wir das ohnehin nicht erreichen können, hat es keinen Sinn, dass Sie sich aufopfern.«

Der Senat stimmte an einem bewölkten Samstag eine Woche vor Weihnachten über den DREAM Act ab, am selben Tag wie über die Abschaffung von DADT. Ich sah mit Pete Souza, Reggie und Katie auf dem kleinen Fernseher im Oval Office bei der Auszählung der Ja-Stimmen zu: 40, 50, 52, 55. Es gab eine Pause, die Kammer verharrte kurz, eine letzte Chance für die Senatoren, ihre Meinung zu ändern, ehe der Hammer schließlich fiel.

Wir hatten fünf Stimmen zu wenig erhalten.

Ich lief die Treppe zum ersten Stock des West Wing hinauf und ging zu Cecilias Büro, wo sie und ihr junges Team die Abstimmung verfolgt hatten. Die meisten im Raum weinten, und ich nahm alle in den Arm. Ich erinnerte sie daran, dass wir durch ihre Arbeit der Durchsetzung des DREAM Act näher als je zuvor gekommen waren und dass es, solange wir hier waren, unsere Aufgabe sein würde, dafür zu kämpfen, bis wir unser Ziel schließlich erreichten. Alle nickten stumm, und ich ging wieder nach unten. Katie hatte mir einen Ausdruck der Abstimmungsergebnisse auf den Schreibtisch gelegt. Als ich meine Finger die Seite entlanggleiten ließ, sah ich, dass Claire McCaskill mit Ja gestimmt hatte. Ich bat Katie, sie für mich anzurufen.

»Ich dachte, Sie würden mit Nein stimmen, solange es nicht knapp wäre«, sagte ich, als sie abhob.

»Ach, verdammt noch mal, Mr President, das dachte ich auch«, sagte Claire. »Aber als es Zeit für die Abstimmung war und ich an diese jungen Menschen dachte, die in meinem Büro vorbeigekommen waren …« Ihre Stimme brach, so bewegt war sie. »Ich konnte ihnen das nicht antun. Ich konnte nicht zulassen, dass sie glauben würden, es wäre mir egal. Nun ja«, fuhr sie mit festerer Stimme fort, »so wie es aussieht, werden Sie mir helfen müssen, einen Haufen Geld zusammenzubekommen, um auf die Wahlspots der Republikaner antworten zu können, die mir in Sachen Einwanderungspolitik einen laxen Kurs vorwerfen werden.«

Ich versprach Claire, das zu tun. Auch wenn sie keiner Unterzeichnungszeremonie beiwohnen und es keine stehenden Ovationen für sie geben würde, glaubte ich, dass die stille Gewissensentscheidung meiner Freundin, nicht weniger als die von Mike Mullen, ein weiterer Schritt in Richtung eines besseren Landes war.

Unser Scheitern bei der Verabschiedung des DREAM Act war eine bittere Pille. Dennoch waren wir alle im Weißen Haus durch die Tatsache ermutigt, dass uns die bedeutendste Lame-Duck-Zeit zwischen zwei Kongressen der modernen Geschichte gelungen war. Innerhalb von sechs Wochen hatten Repräsentantenhaus und Senat zusammen bemerkenswerte achtundvierzig Tage getagt und neunundneunzig Gesetze erlassen – mehr als ein Viertel der gesamten Gesetzgebung des 111. Kongresses über einen Zeitraum von zwei Jahren. Überdies schien die Öffentlichkeit die Produktivitätsexplosion im Kongress zur Kenntnis zu nehmen. Axe berichtete von einem Anstieg sowohl des Verbrauchervertrauens als auch meiner Zustimmungswerte – nicht, weil sich meine Botschaft oder meine Politik geändert hätte, sondern weil Washington einiges auf den Weg gebracht hatte. Es war, als wäre die Demokratie eineinhalb Monate lang wieder normal gewesen, mit dem üblichen Geben und Nehmen zwischen den Parteien, dem Hin und Her der Interessengruppen, dem zweifelhaften Segen der Kompromisse. Was hätten wir noch erreichen können, fragte ich mich, und wie viel stärker hätte sich die Wirtschaft erholt, hätte eine solche Atmosphäre von Anfang an in meiner Amtszeit geherrscht?

TEIL 7

AUF DEM HOCHSEIL

KAPITEL 25

WENN MICH ENDE 2010 jemand gefragt hätte, wo sich wohl die nächste größere Nahostkrise ereignen würde, dann hätte ich ihm eine breite Palette von Möglichkeiten auflisten können. Da war selbstverständlich der Irak, wo man trotz Fortschritten oft den Eindruck hatte, der Rückfall ins Chaos sei nur einen Anschlag auf einen Markt oder einen Milizangriff weit weg. Die internationalen Sanktionen, die wir wegen des Atomprogramms gegen den Iran verhängt hatten, begannen allmählich wehzutun, und jede Provokation oder Verzweiflungstat des Regimes konnte zu einer Konfrontation führen, die außer Kontrolle geriet. Der Jemen – eines der Länder der Welt, die wirklich schlecht dran waren – war zum Hauptquartier von al-Qaida auf der Arabischen Halbinsel geworden, mittlerweile der brutalste und aktivste Ableger des Terrornetzwerks.

Und dann gab es noch die einige Hundert Kilometer lange, gewundene und umstrittene Grenzlinie zwischen Israel und den Palästinensischen Gebieten im Westjordanland und Gazastreifen.

Meine Regierung war nicht die erste US-Regierung, der die Streitigkeiten um diesen relativ schmalen Streifen Land schlaflose Nächte bereitet hatten. Der Konflikt zwischen Arabern und Juden war seit fast hundert Jahren eine offene Wunde, seit der Balfour-Deklaration von 1917, in der sich die Briten, die zu der Zeit Palästina besetzt hielten, dazu verpflichtet hatten, in einer Region, die überwiegend von Arabern besiedelt war, eine »nationale Heimstätte für das jüdische Volk« zu errichten. Während der folgenden rund zwanzig Jahre nahm die Anzahl jüdischer Einwanderer nach Palästina im Zuge umfassender

Mobilisierungskampagnen führender Zionisten massiv zu. Zur Verteidigung jüdischer Siedlungen bauten sie auch bewaffnete Kampfeinheiten auf, deren Angehörige eine gründliche Ausbildung erhielten. Im Jahr 1947 billigten die Vereinten Nationen im Gefolge des Zweiten Weltkriegs und unter dem Eindruck der unaussprechlichen Verbrechen des Holocausts einen Teilungsplan, der die Gründung zweier souveräner Staaten vorsah: eines jüdischen und eines arabischen, wobei Jerusalem – eine Stadt, die Muslimen, Christen und Juden gleichermaßen als heilig gilt – von einer internationalen Behörde verwaltet werden sollte. Führende Zionisten unterstützten den Plan, während ihn arabische Palästinenser, aber auch die arabischen Nachbarstaaten, die ebenfalls gerade erst das Joch der Kolonialherrschaft abgeworfen hatten, entschieden ablehnten. Kaum waren die Briten abgezogen, entbrannten kriegerische Auseinandersetzungen zwischen beiden Seiten. Und als die jüdischen Milizen im Jahr 1948 den Sieg für sich reklamierten, war der Staat Israel offiziell geboren.

Für das jüdische Volk war ein Traum in Erfüllung gegangen: Nach Jahrhunderten des Exils, religiöser Verfolgung und den jüngsten Schrecken des Holocausts hatten sie endlich einen eigenen Staat in ihrer angestammten Heimat. Für die rund siebenhunderttausend arabischen Palästinenser, die plötzlich staatenlos waren und von ihrem Land vertrieben wurden, sollten die gleichen Ereignisse Teil dessen sein, was sie später »Nakba« – Katastrophe – nannten. Im Verlauf der nächsten dreißig Jahre führte Israel mehrere Kriege gegen seine arabischen Nachbarn – der folgenreichste dieser Konflikte war der Sechstagekrieg von 1967, in dem die zahlenmäßig weit unterlegenen israelischen Streitkräfte die vereinten Armeen Ägyptens, Jordaniens und Syriens besiegten. Im Verlauf dieser Auseinandersetzungen eroberte Israel das Westjordanland und Ostjerusalem von Jordanien, den Gazastreifen und die Halbinsel Sinai von Ägypten und die Golanhöhen von Syrien. Die Erinnerung an diese Verluste und die damit verbundene Demütigung wurden zu einem prägenden Aspekt des arabischen Nationalismus, und die Unterstützung für die Sache der Palästinenser wurde zu einem Eckpfeiler der arabischen Außenpolitik.

Währenddessen unterlagen Palästinenser, die in den besetzten Gebieten lebten, überwiegend in Flüchtlingslagern, der Kontrolle der Israelischen Verteidigungsstreitkräfte (IDF). Die Tatsache, dass sie in ihrer Bewegungsfreiheit und in ihren wirtschaftlichen Aktivitäten stark eingeschränkt waren, führte zu Aufrufen zum bewaffneten Widerstand und zum Aufstieg der Palästinensischen Befreiungsorganisation (PLO). Arabische Politiker prangerten Israel regelmäßig an, oftmals mit ausgesprochen antisemitischen Äußerungen, und die meisten Regierungen in der Region sahen in dem PLO-Vorsitzenden Jassir Arafat einen Freiheitskämpfer – obwohl seine Organisation und die mit ihr verbundenen Gruppierungen immer häufiger blutige Terroranschläge auf unbewaffnete Zivilisten durchführten.

Die Vereinigten Staaten waren kein unbeteiligter Dritter bei alldem. Jüdische Amerikaner hatten über Generationen hinweg in ihrem eigenen Land Diskriminierung erlitten, aber sie und andere Juden, die vom Westen nach Israel emigrierten, teilten immerhin die Sprache, die Sitten und das Aussehen mit ihren weißen christlichen Schwestern und Brüdern, und verglichen mit Arabern brachte ihnen die amerikanische Öffentlichkeit weit mehr Mitgefühl entgegen. Harry Truman war der erste ausländische Staatschef gewesen, der Israel förmlich als einen souveränen Staat anerkannte, und die amerikanische jüdische Gemeinschaft bedrängte US-Regierungsvertreter, der jungen Nation beizustehen. Als die beiden Supermächte im Kalten Krieg im Nahen Osten um Einfluss rangen, wurden die Vereinigten Staaten zur wichtigsten Schutzmacht Israels – und so wurden Israels Probleme mit seinen Nachbarn auch Amerikas Probleme.

Praktisch jeder US-Präsident hat sich seither mit unterschiedlichem Erfolg darum bemüht, den arabisch-israelischen Konflikt beizulegen. Das historische Camp-David-Abkommen, das unter Vermittlung Jimmy Carters 1978 geschlossen wurde, führte zur Rückgabe des Sinai an Ägypten und zu einem dauerhaften Frieden zwischen Israel und Ägypten. Die Vereinbarung, für die der israelische Ministerpräsident Menachem Begin und der ägyptische Staatspräsident Anwar el-Sadat mit dem Friedensnobelpreis ausgezeichnet wurden, löste Ägypten noch weiter aus der sowjetischen Einflusssphäre heraus und machte die beiden Länder zu maßgeblichen Sicherheitspartnern der USA (sowie, mit Abstand, zu den größten Empfängern von amerikanischer Wirtschafts- und Militärhilfe weltweit). Aber die Vereinbarung ließ die Palästinenserfrage ungelöst. Fünfzehn Jahre später, als der Kalte Krieg vorbei war und der Einfluss der USA seinen Höhepunkt erreichte, unterzeichneten der israelische Ministerpräsident Jitzchak Rabin und Arafat das auf Vermittlung von Bill Clinton zustande gekommene erste Oslo-Abkommen. Darin erkannte die PLO endlich das Existenzrecht Israels an, während Israel die PLO als rechtmäßige Vertreterin des palästinensischen Volkes anerkannte und sich mit der Einrichtung der Palästinensischen Autonomiebehörde einverstanden erklärte, der zwar begrenzte, aber durchaus bedeutende Herrschaftsbefugnisse über das Westjordanland und den Gazastreifen eingeräumt wurden.

Das Oslo-Abkommen erlaubte es Jordanien, dem ägyptischen Beispiel zu folgen und einen eigenen Friedensvertrag mit Israel zu schließen. Vor allem aber stellte es einen Ordnungsrahmen für die eventuelle Errichtung eines autonomen palästinensischen Staats bereit, der idealerweise mit einem Israel koexistieren sollte, das in Frieden mit seinen Nachbarn lebte und dessen Sicherheit garantiert wäre. Aber alte Wunden und die Entschlossenheit bestimmter Splittergruppen auf beiden Seiten, lieber auf Gewalt zu setzen, als Kompromisse zu schließen, erwiesen sich als unüberwindliche Hindernisse. Rabin wurde 1995 von einem israelischen Rechtsextremisten ermordet. Sein liberaler Nachfolger Schimon Peres regierte sieben Monate, ehe er vorgezogene Wahlen gegen Benjamin »Bibi« Netanjahu, den Chef der rechtskonservativen Likud-Partei, verlor, die in ihrem Parteiprogramm einst die vollständige Annektierung der palästinensischen Gebiete gefordert hatte. Organisationen, die einen härteren Kurs befürworteten, wie die Hamas und der Islamische Dschihad in Palästina, begannen, die Glaubwürdigkeit Arafats und seiner Fatah-Partei bei den Palästinensern zu untergraben. Sie riefen zum bewaffneten Kampf auf, mit dem Ziel, arabische Gebiete zurückzuerobern und die Israelis ins Meer zu treiben.

Nach der Niederlage Netanjahus bei den Wahlen im Jahr 1999 bemühte sich sein liberaler Nachfolger, Ehud Barak, um eine umfassende Friedensregelung für den Nahen Osten. Diese enthielt auch eine Zweistaatenlösung, die weiter ging als alle früheren israelischen Vorschläge. Aber Arafat forderte weitere Zugeständnisse, und die Gespräche wurden unter wechselseitigen Schuldzuweisungen ergebnislos abgebrochen. Unterdessen besuchte eine Gruppe israelischer Abgeordneter unter Führung von Likud-Parteichef Ariel Scharon im September 2000 eine der heiligsten Stätten des Islams, den Jerusalemer Tempelberg. Es war eine gezielte Provokation, die hohe Wellen schlug. Der demonstrative Akt sollte Israels Ansprüche auf das gesamte Gebiet verdeutlichen und Zweifel an der Autorität von Ehud Barak wecken. Der Besuch löste eine Welle des Zorns in der gesamten arabischen Welt aus. Vier Monate später wurde Scharon Israels nächster Ministerpräsident, und er regierte während der gesamten »Zweiten Intifada«, wie sie später genannt wurde: vier Jahre währende gewaltsame Zusammenstöße zwischen beiden Seiten, bei denen Tränengas und Gummigeschosse gegen Steinewerfer eingesetzt wurden. Palästinensische Selbstmordattentäter sprengten sich vor einem israelischen Nachtklub und in Bussen, die Senioren und Schulkinder beförderten, in die Luft. Israelische Vergeltungsangriffe forderten zahlreiche Todesopfer, und es kam zu wahllosen Verhaftungen Tausender Palästinenser. Die Hamas feuerte von Gaza aus Raketen auf israelische Grenzorte ab, worauf von den USA gelieferte israelische Apache-Kampfhubschrauber ganze Viertel dem Erdboden gleichmachten.

Ungefähr tausend Israelis und dreitausend Palästinenser – darunter auch viele Kinder – kamen in diesem Zeitraum ums Leben. Als die Gewalt abebbte, im Jahr 2005, hatten sich die Aussichten auf eine friedliche Beilegung des zugrunde liegenden Konflikts fundamental gewandelt. Da die Regierung Bush ihr Hauptaugenmerk auf den Irak, Afghanistan und den Krieg gegen den Terror richtete, stand eine Friedensregelung für den Nahen Osten nicht oben auf ihrer Agenda. Und obwohl Bush offiziell noch immer eine Zweistaatenlösung unterstützte, wollte er Scharon in dieser Sache nicht unter Druck setzen. Öffentlich bekundeten Saudi-Arabien und andere Golfstaaten weiterhin ihre Unterstützung für die Sache der Palästinenser, aber es ging ihnen zunehmend vor allem darum, den Einfluss des Iran einzudämmen und extremistische Bedrohungen für ihre eigenen Regime auszuschalten. Unter den Palästinensern selbst war es nach Arafats Tod im Jahr 2004 zu einer Spaltung gekommen: Gaza geriet unter die Kontrolle der Hamas und wurde bald mit einer strikt durchgesetzten israelischen Blockade belegt, während die von der Fatah geleitete Palästinensische

Autonomiebehörde, die weiterhin das Westjordanland verwaltete, selbst von einigen ihrer Anhänger für verantwortungslos und korrupt gehalten wurde.

Am wichtigsten aber war, dass sich die Haltung der Israelis zu Friedensgesprächen verhärtet hatte, zum Teil, weil man überzeugt davon war, dass die Sicherheit und der Wohlstand des Landes nicht länger entscheidend von einer Friedensregelung abhingen. Das Israel der Sechzigerjahre, wie es in der Vorstellung vieler noch weiterlebte, mit dem Gemeinschaftsleben im Kibbuz und der regelmäßig wiederkehrenden Rationierung grundlegender Bedarfsgüter, hatte sich mittlerweile zu einem modernen wirtschaftlichen Kraftzentrum entwickelt. Es war nicht länger der tapfere David, der von feindlich gesinnten Goliaths umgeben war. Dank zig Milliarden Dollars an US-Militärhilfe waren die israelischen Streitkräfte in der Region mittlerweile unschlagbar. Terroristische Sprengstoffattentate und Anschläge innerhalb Israels hatten praktisch aufgehört. Dies war bis zu einem gewissen Grad auf die Tatsache zurückzuführen, dass Israel auf mehr als sechshundertfünfzig Kilometern Länge Sperranlagen entlang der Grenzlinie zu palästinensischen Siedlungszentren im Westjordanland errichtet hatte. An strategisch wichtigen Stellen befanden sich Checkpoints, um die Grenzübertritte palästinensischer Arbeiter in beide Richtungen zu kontrollieren. Hin und wieder gefährdeten aus dem Gazastreifen abgefeuerte Raketen noch Menschen, die in israelischen Grenzorten lebten, und die Anwesenheit jüdisch-israelischer Siedler im Westjordanland führte gelegentlich zu gewaltsamen Auseinandersetzungen mit Todesopfern. Für die meisten Bewohner von Jerusalem oder Tel Aviv blieben die Palästinenser jedoch weitgehend unsichtbar, und ihre Nöte und Ressentiments waren zwar beunruhigend, aber zugleich auch weit weg.

In Anbetracht all der Dinge, die bereits auf meiner Agenda standen, als ich Präsident wurde, wäre es verlockend gewesen, einfach mein Bestes zu tun, um mit dem Status quo klarzukommen, etwaige neue Ausbrüche von Gewalt zwischen israelischen und palästinensischen Splittergruppen im Keim zu ersticken und mich im Übrigen aus dem Schlamassel herauszuhalten. Aber wenn ich die übergeordneten außenpolitischen Interessen der USA berücksichtigte, war dies, so entschied ich, kein Weg für mich. Israel blieb ein wichtiger Verbündeter der USA, und auch wenn die Bedrohungslage abgenommen hatte, erlitt es nach wie vor Terroranschläge, die eine Gefahr nicht nur für seine Bürger waren, sondern auch für die Tausenden von Amerikanern, die in Israel lebten oder dorthin reisten. Gleichzeitig waren die Regierungen praktisch aller Länder der Welt der Ansicht, die anhaltende Besetzung palästinensischer Gebiete durch Israel sei völkerrechtswidrig. Folglich befanden sich unsere Diplomaten in der unangenehmen Situation, Handlungen Israels, die wir selbst ablehnten, verteidigen zu müssen. US-Regierungsvertreter mussten auch erklären, wieso wir es nicht für heuchlerisch hielten, einerseits Länder wie China oder den Iran für ihre Menschenrechtsbilanz zu kritisieren und andererseits wenig Interesse an den Rechten der Palästinenser zu zeigen. Unterdessen erzürnte die israelische Besatzung weiterhin die arabische Gemeinschaft und nährte antiamerikanische Stimmungen überall in der muslimischen Welt.

Mit anderen Worten: Die Tatsache, dass es kein Friedensabkommen zwischen Israel und den Palästinensern gab, beeinträchtigte die Sicherheit der USA. Wenn es uns gelänge, durch Verhandlungen eine tragfähige Lösung für beide Seiten zu erreichen, würde dies unsere Sicherheit verbessern, unsere Feinde schwächen und unserem Einsatz für die Menschenrechte weltweit mehr Glaubwürdigkeit verleihen – alles auf einen Schlag.

In Wahrheit belastete der israelisch-palästinensische Konflikt mich auch persönlich. Eine der frühesten moralischen Unterweisungen, die ich von meiner Mutter erhielt, bezog sich auf den Holocaust, eine beispiellose Katastrophe, die ihrer Meinung nach wie die Sklaverei in der Unfähigkeit beziehungsweise mangelnden Bereitschaft wurzelte, die Menschlichkeit anderer Menschen anzuerkennen. Wie vielen amerikanischen Kids meiner Generation hatte sich auch mir die Exodus-Erzählung tief eingeprägt. In der sechsten Klasse war mein Israelbild maßgeblich von den Schilderungen eines jüdischen Sommercampbetreuers geformt worden, der in einem Kibbuz gelebt hatte – ich hatte das Land idealisiert, in dem, wie er sagte, alle Menschen gleich waren, alle mit anpackten und alle willkommen waren, um die Freuden und Mühen der Arbeit, die Welt wieder in Ordnung zu bringen, zu teilen. Auf der Highschool hatte ich die Werke von Philip Roth, Saul Bellow und Norman Mailer verschlungen; die Geschichten von Menschen, die ihren Platz in einem Amerika zu finden versuchten, das sie nicht willkommen hieß, hatten mich berührt. Als ich mich später auf dem College mit den Anfängen der Bürgerrechtsbewegung befasst hatte, war ich fasziniert gewesen von dem Einfluss, den jüdische Philosophen wie Martin Buber auf die Predigten und Schriften von Martin Luther King ausgeübt hatten. Ich hatte bewundert, wie jüdische Wähler in allen Fragen tendenziell progressiver waren als praktisch jede andere ethnische Gruppe, und in Chicago waren einige meiner treuesten Freunde und Unterstützer aus der jüdischen Gemeinde der Stadt gekommen.

Meines Erachtens gab es eine wesentliche Verbindung zwischen den historischen Erfahrungen der Schwarzen und der Juden – eine Geschichte von Vertreibung und Leid, die letztlich zu einem gemeinsamen Hunger nach Gerechtigkeit, einem tieferen Mitgefühl mit anderen und einem stärkeren Gemeinschaftssinn führte. Dies veranlasste mich dazu, entschlossen für das Recht des jüdischen Volkes auf einen eigenen Staat einzustehen, auch wenn es mir – ironischerweise – dieselben geteilten Werte unmöglich machten, die Bedingungen zu ignorieren, unter denen Palästinenser in den besetzten Gebieten leben mussten.

Ja, viele der Taktiken Arafats waren verabscheuungswürdig gewesen. Ja, Führer der Palästinenser hatten sich allzu oft Friedenschancen entgehen lassen; es hatte unter ihnen keinen Havel oder Gandhi gegeben, der eine Bewegung des gewaltfreien Widerstands hätte anführen können und dessen moralische Kraft die israelische öffentliche Meinung vielleicht umgestimmt hätte. Dies alles änderte jedoch nichts an der Tatsache, dass Millionen von Palästinensern das Selbstbestimmungsrecht und viele der Grundrechte vorenthalten wurden, die selbst Bürger nicht demokratischer Staaten besitzen. Generationen von ihnen wuchsen in einer Welt auf, die von räumlicher Enge und Entbehrungen geprägt war und aus der es für sie buchstäblich kein Entkommen gab. Ihr Lebensalltag wurde bestimmt von den Launen einer fernen, oftmals feindlich gesinnten Behörde und dem Argwohn, der ihnen von jedem schwer bewaffneten Soldaten entgegenschlug, der sie mit ausdruckslosem Gesicht an jeder Kontrollstelle, die sie passierten, nach ihrem Ausweis fragte.

Zu der Zeit, als ich mein Amt antrat, taten die meisten republikanischen Kongressabgeordneten jedoch nicht einmal mehr so, als würden sie sich für das Schicksal der Palästinenser interessieren. Tatsächlich war eine deutliche Mehrheit der weißen Evangelikalen – die verlässlichste Wählergruppe der Grand Old Party – fest davon überzeugt, dass die Gründung und allmähliche Expansion des Staates Israel das Versprechen Gottes gegenüber Abraham erfülle und die endzeitliche Wiederkunft Christi ankündige. Aufseiten der Demokraten waren es selbst die strammsten Progressiven leid, weniger proisraelisch zu erscheinen als die Republikaner, insbesondere, weil viele von ihnen selbst Juden waren oder beträchtliche jüdische Wählergruppen repräsentierten.

Mitglieder beider Parteien befürchteten auch, das American Israel Public Affairs Committee (AIPAC) zu verärgern, eine mächtige überparteiliche Lobbyorganisation, die sich dafür einsetzt, dass die USA unerschütterlich an der Seite Israels stehen. Das AIPAC konnte seinen Einfluss in praktisch jedem Bundeswahlkreis in den USA zur Geltung bringen, und so gut wie jeder Politiker in Washington – mich eingeschlossen – zählte AIPAC-Mitglieder zu seinen wichtigsten Unterstützern und Spendern. In der Vergangenheit hatte die Organisation ein breites Spektrum von Meinungen über eine Friedensregelung im Nahen Osten toleriert. Sie hatte in erster Linie verlangt, dass diejenigen, die sich um ihre Unterstützung bemühten, eine Fortsetzung der US-Hilfe an Israel befürworteten und sich Bemühungen widersetzten, Israel durch die Vereinten Nationen und andere internationale Organisationen zu isolieren oder zu verurteilen. Aber wie die israelische Politik waren auch die politischen Positionen des AIPAC nach rechts gerückt. Seine Mitarbeiter und die führenden Köpfe plädierten dafür, dass die US-Regierung und die israelische Regierung engstens zusammenstehen sollten, auch wenn das Vorgehen Israels im Widerspruch zur Politik der USA stand. Wer die israelische Politik allzu laut kritisierte, lief Gefahr, als antiisraelisch (und womöglich sogar als antisemitisch) gebrandmarkt zu werden und es bei der nächsten Wahl mit einem finanziell gut ausgestatteten Gegner zu tun zu bekommen.

Ich selbst hatte während meines Präsidentschaftswahlkampfs einiges davon abgekriegt, als jüdische Unterstützer berichteten, sie hätten in ihren Synagogen und ihrer E-Mail-Korrespondenz Vorwürfen entgegentreten müssen, ich würde mich nicht hinreichend für Israel einsetzen – oder ich hätte sogar eine ablehnende Einstellung gegenüber Israel. Sie führten diese Verleumdungskampagnen nicht auf eine bestimmte, von mir öffentlich vertretene Position zurück (meine Unterstützung für eine Zweistaatenlösung und meine Ablehnung israelischer Siedlungen deckten sich mit den Standpunkten der übrigen Kandidaten), sondern vielmehr darauf, dass ich meine Sorge um das Wohl der palästinensischen Bevölkerung zum Ausdruck gebracht hatte, dass ich mit bestimmten Kritikern der Politik Israels befreundet war, unter anderem mit einem Aktivisten für die Rechte der Palästinenser und Nahosthistoriker namens Rashid Khalidi, und auf die Tatsache, die Ben einmal unverblümt so formulierte: »Du bist eben ein Schwarzer Mann mit einem muslimischen Namen, der im selben Viertel wie Louis Farrakhan gelebt und Jeremiah Wrights Kirche besucht hat.« Am Wahltag erhielt ich schließlich über siebzig Prozent der jüdischen Stimmen, aber aus Sicht vieler Mitglieder des AIPAC-Vorstands blieb ich verdächtig – ein Mann mit geteilten Loyalitäten: jemand, dessen Unterstützung für Israel, wie es einer von Axe' Freunden einmal plastisch ausdrückte, man nicht »in seinen *kishkes*« – im Jiddischen die »Eingeweide« – spürte.

»ES WIRD KEINE FORTSCHRITTE bei Friedensverhandlungen geben, wenn der amerikanische Präsident und der israelische Ministerpräsident aus unterschiedlichen politischen Lagern kommen«, hatte mich Rahm im Jahr 2009 gewarnt. Wir hatten damals über die kürzlich erfolgte Rückkehr von Bibi Netanjahu in das Amt des Ministerpräsidenten gesprochen, nachdem es dem Likud gelungen war, eine rechtsgerichtete Koalitionsregierung zusammenzuschustern, obwohl er einen Sitz weniger erhalten hatte als seine Hauptkonkurrentin, die eher zentristische Kadima-Partei. Rahm, der für kurze Zeit als ziviler Freiwilliger in der israelischen Armee gedient hatte und bei Bill Clintons Oslo-Verhandlungen in der ersten Reihe gesessen hatte, war wie ich der Auffassung, dass wir versuchen sollten, die israelisch-palästinensischen Friedensgespräche wieder in Gang zu bringen, und sei es nur, um eine Verschlechterung der Lage zu verhindern. Aber er war nicht optimistisch – und je mehr Zeit ich mit Netanjahu und seinem palästinensischen Amtskollegen Mahmud Abbas verbrachte, umso besser verstand ich, warum.

Netanjahu, der die Statur eines Linebackers, ein kantiges Kinn, grobe Gesichtszüge und einen grauen Comb-Over hatte, war intelligent, findig, tough und ein begabter Kommunikator sowohl im Hebräischen als auch im Englischen. (Er war in Israel geboren worden, hatte aber die meisten seiner prägenden Jahre in Philadelphia verbracht, und in seinem geschliffenen Bariton konnte man immer noch Anklänge des Akzents dieser Stadt heraushören.) Seine Familie war tief in der zionistischen Bewegung verwurzelt: Sein Großvater, ein Rabbi, war 1920 aus Polen in das von Großbritannien verwaltete Palästina emigriert, während sein Vater – ein Geschichtsprofessor, der sich durch seine Schriften über die Judenverfolgung während der spanischen Inquisition einen Namen gemacht hatte – vor der Gründung des Staates Israel zu einem Anführer des militanteren Flügels der zionistischen Bewegung aufgestiegen war. Obwohl Netanjahu in einem säkularen Haushalt aufwuchs, erbte er von seinem Vater den unbedingten Willen, sich mit ganzer Kraft der Verteidigung Israels zu widmen: Er hatte in einer Spezialeinheit der israelischen Streitkräfte gedient und im Jom-Kippur-Krieg von 1973 gekämpft. Sein älterer Bruder war bei der legendären Operation Entebbe im Jahr 1976 gefallen und wurde seither wie ein Held verehrt. Damals hatten israelische Kommandotruppen einhundertzwei Passagiere aus der Gewalt palästinensischer Terroristen befreit, die eine Air-France-Maschine entführt hatten.

Ob Netanjahu auch die offen feindselige Einstellung gegenüber Arabern von seinem Vater erbte (der gesagt hatte: »Diese Konfliktneigung liegt in der Natur des Arabers. Er ist seinem Wesen nach ein Feind. Seine Persönlichkeit erlaubt ihm keine Kompromisse und keine Verständigung«), ist schwerer zu sagen. Sicher war, dass er seine gesamte politische Persona auf einem Image der Stärke und der Botschaft, Juden könnten sich keine falschen Sentimentalitäten leisten, errichtet hatte – dass sie in einer rauen Umgebung lebten und daher rau sein mussten. Dieses Weltbild deckte sich weitgehend mit demjenigen der radikalsten Falken im AIPAC sowie republikanischer Amtsträger und vermögender rechtskonservativer Amerikaner. Netanjahu konnte charmant sein oder zumindest Interesse zeigen, wenn es seinen Zwecken diente; so hatte er zum Beispiel keine Mühe gescheut, um mich kurz nach meiner Wahl in den US-Senat in einer Lounge im Flughafen von Chicago zu treffen und mich überschwänglich für einen unbedeutenden proisraelischen Gesetzentwurf zu loben, den ich im Parlament von Illinois unterstützt hatte. Aber sein Selbstbild als oberster Verteidiger des jüdischen Volkes gegen Ungemach erlaubte es ihm, fast alles zu rechtfertigen, was ihn an der Macht hielt – und seine Vertrautheit mit dem amerikanischen Politikbetrieb und den amerikanischen Medien stimmte ihn zuversichtlich, jedem Druck widerstehen zu können, den eine von den Demokraten geführte Regierung wie meine anwenden könnte.

Trotz unserer sehr verschiedenen Weltanschauungen waren meine ersten Gespräche mit Netanjahu – sowohl am Telefon als auch während seiner Besuche in Washington – recht gut verlaufen. Er wollte vor allem über den Iran sprechen, den er zu Recht als größte Bedrohung für die Sicherheit Israels ansah, und wir vereinbarten, unsere Bemühungen eng abzustimmen, um zu verhindern, dass Teheran in den Besitz einer Atomwaffe gelangte. Aber als ich auf eine mögliche Wiederaufnahme der Friedensgespräche mit den Palästinensern zu sprechen kam, gab er sich betont zurückhaltend.

»Ich möchte Ihnen versichern, dass Israel Frieden will«, sagte Netanjahu. »Aber ein echter Frieden ist nur möglich, wenn den Sicherheitsbedürfnissen Israels Rechnung getragen wird.« Er machte mir klar, dass er denke, Abbas sei vermutlich nicht willens oder nicht in der Lage, das zu tun, und diesen Umstand werde er auch in der Öffentlichkeit betonen.

Ich verstand seinen Punkt. Wenn Netanjahus Abneigung, in Friedensgespräche einzutreten, auf die zunehmende Stärke Israels zurückzuführen war, dann erklärte sich die Zurückhaltung des palästinensischen Präsidenten Abbas mit seiner politischen Schwäche. Abbas, ein weißhaariger Mann mit Schnurrbart, von sanftmütiger Wesensart und bedächtigen Bewegungen, hatte Arafat geholfen, die Fatah zu gründen, die später zur dominanten Gruppierung innerhalb der PLO wurde. Er hatte den größten Teil seiner Karriere, im Schatten des charismatischen Vorsitzenden, diplomatische und administrative Aufgaben wahrgenommen. Nach Arafats Tod war Abbas die bevorzugte Wahl sowohl der Vereinigten Staaten als auch Israels als Anführer der Palästinenser, vor allem aufgrund seiner unzweideutigen Anerkennung des Existenzrechts Israels und seiner langjährigen Absage an Gewalt. Aber seine bedächtige Art und seine Bereitschaft, mit dem israelischen Sicherheitsapparat zusammenzuarbeiten (nicht zu vergessen die Berichte über Korruption innerhalb seiner Verwaltung), hatten seinem Ansehen beim eigenen Volk geschadet. Da er die Kontrolle über den Gazastreifen bei den Parlamentswahlen von 2006 bereits an die Hamas verloren hatte, betrachtete er Friedensgespräche mit Israel als ein Risiko, das einzugehen sich nicht lohnte – zumindest nicht ohne handfeste Zugeständnisse als politische Rückversicherung.

Die Frage, die sich als Erstes stellte, lautete: Wie konnte man Netanjahu und Abbas an den Verhandlungstisch bringen? Damit uns dazu etwas einfiel, stützte ich mich auf eine Gruppe fähiger Diplomaten, allen voran Hillary, die sich gut in der Materie auskannten und die bereits Beziehungen zu vielen der wichtigen Akteure in der Region unterhielten. Und um zu unterstreichen, dass ich der Angelegenheit hohe Priorität einräumte, ernannte ich George Mitchell, den früheren Mehrheitsführer im Senat, zu meinem Sondergesandten für Friedensverhandlungen im Nahen Osten. Mitchell war ein Mensch aus einer anderen Epoche – ein ehrgeiziger, pragmatischer Politiker mit einem starken Maine-Akzent, der seine Fähigkeiten als Friedensstifter unter Beweis gestellt hatte, als unter seiner Vermittlung 1998 das Karfreitagsabkommen geschlossen worden war, das den jahrzehntelangen Konflikt zwischen Katholiken und Protestanten in Nordirland beendete.

Wir forderten zunächst, dass Israel vorübergehend den Bau neuer Siedlungen im Westjordanland einstellte, denn dieser war ein zentraler Streitpunkt zwischen den beiden Parteien. Anschließend könnten ernsthafte Verhandlungen beginnen. Der Siedlungsbau, der sich früher auf kleine Außenposten frommer jüdischer Siedler beschränkt hatte, war im Lauf der Zeit zur De-facto-Regierungspolitik geworden, und im Jahr 2009 lebten rund dreihunderttausend israelische Siedler außerhalb der anerkannten Grenzen des Landes. Unterdessen errichteten Bauunternehmen weiterhin schmucke Wohnsiedlungen im Westjordanland und in Ostjerusalem und Umgebung, dem umstrittenen, überwiegend von Arabern bewohnten Teil der Stadt, den die Palästinenser eines Tages zu ihrer Hauptstadt zu machen hofften. All dies geschah mit dem Segen von Politikern, die entweder die religiösen Überzeugungen der Siedlerbewegung teilten, einen politischen Nutzen im Eingehen auf die Siedler sahen oder einfach nur daran interessiert waren, den Wohnraummangel in Israel zu lindern. Für die Palästinenser war die rasante Ausweitung des Siedlungsbaus gleichbedeutend mit einer Annexion ihres Landes im Zeitlupentempo und ein Symbol für die Ohnmacht der Palästinensischen Autonomiebehörde.

Wir wussten, dass Netanjahu wahrscheinlich einen Stopp des Siedlungsbaus ablehnen würde. Die Siedler waren zu einer bedeutenden politischen Kraft geworden, ihre Bewegung war in der Koalitionsregierung Netanjahus stark vertreten. Außerdem würde er gewiss monieren, dass die Geste des guten Willens, die wir im Gegenzug von den Palästinensern fordern wollten – dass Abbas und die Palästinensische Autonomiebehörde konkrete Schritte unternähmen, um die Aufwiegelung zur Gewalt im Westjordanland zu beenden –, viel schwieriger zu überprüfen war. Aber in Anbetracht des Machtgefälles zwischen Israel und den Palästinensern – letztlich konnte Abbas den Israelis nicht viel anbieten, was diese sich nicht von sich aus nehmen konnten – hielt ich es für angemessen, die stärkere Partei zu bitten, einen größeren ersten Schritt in Richtung Frieden zu machen.

Wie erwartet lehnte Netanjahu das von uns vorgeschlagene Einfrieren des Siedlungsbaus zunächst vehement ab, und seine Verbündeten in Washington beschuldigten uns schon bald öffentlich, das Bündnis zwischen den USA und Israel zu schwächen. Die Telefone im Weißen Haus standen nicht mehr still, und Mitglieder meines nationalen Sicherheitsteams mussten Anrufe von Reportern, Anführern amerikanischer jüdischer Organisationen, Kongressabgeordneten und einigen meiner prominenten Unterstützer beantworten, die sich alle fragten, warum wir auf Israel herumhackten und uns auf die Siedlungen konzentrierten, wo doch jeder wisse, dass die von den Palästinensern ausgehende Gewalt das Haupthindernis für den Frieden sei. Eines Nachmittags kam Ben verspätet zu einem Treffen, er sah sehr mitgenommen aus, nachdem er fast eine Stunde mit einem hochgradig aufgewühlten liberalen Kongressabgeordneten der Demokraten am Telefon verbracht hatte.

»Ich dachte, er ist gegen den Siedlungsbau«, sagte ich.

»Das ist er«, sagte Ben. »Aber er ist auch dagegen, dass wir irgendetwas unternehmen, um den Siedlungsbau zu stoppen.«

Diese Art von Druck hielt fast das gesamte Jahr 2009 hindurch an, während man zugleich meine *kishkes* in Zweifel zog. In regelmäßigen Abständen luden wir führende Köpfe jüdischer Organisationen oder Kongressabgeordnete zu Unterredungen mit mir und meinem Team ins Weiße Haus ein. So konnten wir ihnen versichern, dass wir absolut entschlossen waren, die Sicherheit Israels zu gewährleisten und weiterhin enge amerikanisch-israelische Beziehungen zu pflegen. Es war nicht schwer, diese Behauptung aufzustellen, denn obwohl ich beim Stopp des Siedlungsbaus anderer Meinung war als Netanjahu, hatte ich mein Versprechen eingelöst, die Zusammenarbeit zwischen den USA und Israel auf ganzer Linie zu verbessern. Ich hatte daran gearbeitet, der Bedrohung durch den Iran entgegenzutreten, und Finanzhilfen für die Entwicklung eines »Iron Dome«-Raketenabwehrsystems bereitgestellt, das Israel ermöglichen sollte, Raketen syrischer Produktion abzufangen, die aus dem Gazastreifen oder von Hisbollah-Stellungen im Libanon abgefeuert wurden. Dennoch hatte das Getöse, für das Netanjahu sorgte, die beabsichtigte Wirkung, nämlich uns Zeit zu rauben, uns in die Defensive zu drängen und mich daran zu erinnern, dass normale politische Differenzen mit einem israelischen Ministerpräsidenten – auch wenn dieser nur einer fragilen Koalitionsregierung vorstand – mit innenpolitischen Kosten verbunden waren, die schlichtweg nicht existierten, wenn ich mit den Regierungschefs Großbritanniens, Deutschlands, Frankreichs, Japans, Kanadas oder eines anderen engen Verbündeten zu tun hatte.

Doch kurz nachdem ich Anfang Juni 2009 meine Rede in Kairo gehalten hatte, öffnete Netanjahu die Tür zu Fortschritten. Er reagierte mit einer eigenen Ansprache, in der er zum ersten Mal seine – an Bedingungen geknüpfte – Unterstützung für eine Zweistaatenlösung erklärte. Und nach monatelangem Gezerre erklärten er und Abbas sich bereit, mich zu einem persönlichen Gespräch zu treffen, während sich beide anlässlich der jährlichen UN-Generalversammlung im September in New York aufhielten. Die beiden Männer gingen höflich miteinander um (Netanjahu war entspannt und gesprächig, während Abbas bis auf ein gelegentliches Nicken praktisch keine Regung zeigte), erschienen jedoch ungerührt, als ich sie drängte, für den Frieden einige Risiken einzugehen. Zwei Monate später erklärte sich Netanjahu bereit, zehn Monate lang keine neuen Genehmigungen für Siedlungsbauten im Westjordanland auszustellen. Er weigerte sich allerdings demonstrativ, den Stopp auch auf Bauprojekte in Ostjerusalem auszudehnen.

Mein Optimismus aufgrund von Bibis Zugeständnis war von kurzer Dauer. Kaum hatte Netanjahu den vorübergehenden Baustopp verkündet, als Abbas diesen auch schon als bedeutungslos abtat. Er kritisierte, dass Ostjerusalem davon ausgenommen sei und dass die Bauarbeiten an bereits genehmigten Projekten rasch voranschritten. Ohne einen vollständigen Stopp des Siedlungsbaus, so machte er unmissverständlich klar, werde er nicht an Gesprächen teilnehmen. Andere arabische Führer erklärten sich umgehend solidarisch mit Abbas. Eine wichtige Rolle spielten dabei auch Kommentare in dem katarischen Fernsehsender Al Jazeera, der zur dominierenden Nachrichtenquelle in der Region geworden war. Seine Popularität verdankte er der Tatsache, dass er die Flammen von Zorn und Ressentiment unter Arabern mit der gleichen algorithmischen Präzision anfachte, die Fox News so geschickt gegenüber konservativen weißen Wählern in den Vereinigten Staaten anwandte.

Die Situation wurde noch verfahrener, als das israelische Innenministerium im März 2010 – just als Joe Biden Israel einen Freundschaftsbesuch abstattete – Genehmigungen für den Bau von eintausendsechshundert neuen Wohneinheiten in Ostjerusalem ankündigte. Obwohl Netanjahu versicherte, sein Büro habe keinerlei Einfluss auf den Zeitpunkt der Genehmigungserteilung genommen, sahen sich die Palästinenser dadurch in ihrem Verdacht bestätigt, der Stopp sei bloße Augenwischerei und die Vereinigten Staaten seien darüber im Bilde. Ich bat Hillary, Netanjahu anzurufen und ihm mitzuteilen, dass ich unzufrieden sei. Zugleich wiederholten wir noch einmal unsere Bitte, seine Regierung möge beim Ausbau von Siedlungen mehr Zurückhaltung zeigen. Seine Antwort, die er auf der AIPAC-Jahrestagung in Washington im selben Monat gab, lautete: »Jerusalem ist keine Siedlung – es ist unsere Hauptstadt.« Dafür erhielt er donnernden Beifall.

Am nächsten Tag traf ich Netanjahu zu einer Unterredung im

Weißen Haus. Um die wachsenden Spannungen herunterzuspielen, akzeptierte ich die Behauptung, die Bekanntgabe der Baugenehmigungen sei lediglich ein Missverständnis gewesen, und unsere Gespräche dauerten erheblich länger als geplant. Weil ich einen weiteren Termin hatte und Netanjahu noch einige Punkte mit mir besprechen wollte, schlug ich ihm vor, eine Pause zu machen und unser Gespräch in einer Stunde fortzusetzen. Bis dahin würde ich seiner Delegation den Roosevelt Room zur Verfügung stellen. Er sagte, er warte gerne, und nach dieser zweiten Sitzung beendeten wir den Abend in freundlicher Atmosphäre. Wir hatten insgesamt mehr als zwei Stunden miteinander konferiert. Doch am nächsten Tag stürmte Rahm in mein Amtszimmer und sagte, Medienberichten zufolge hätte ich Netanjahu absichtlich brüskiert, indem ich ihn hätte warten lassen. Man warf mir vor, ich hätte es zugelassen, dass meine persönliche Verstimmung das Verhältnis zwischen den USA und Israel, das von überragender Bedeutung sei, beschädige.

Das war einer der seltenen Momente, in denen ich noch heftiger fluchte als Rahm.

Im Rückblick denke ich manchmal über die uralte Frage nach, wie sehr sich die besonderen Charakterzüge einzelner Führungspersönlichkeiten auf den Lauf der Geschichte auswirken – ob diejenigen unter uns, die in Machtpositionen aufsteigen, lediglich mächtige Tiefenströmungen der Zeit aufgreifen und »kanalisieren« oder ob wir die Zukunft zumindest teilweise eigenständig gestalten. Ich frage mich, ob unsere Unsicherheiten und unsere Hoffnungen, unsere Kindheitstraumata oder -erinnerungen an unverhoffte Freundlichkeiten genauso wirkmächtig sind wie technologische Neuerungen oder sozioökonomische Trends. Ich frage mich, ob beide Seiten einer Präsidentin Hillary Clinton oder einem Präsidenten John McCain mehr Vertrauen entgegengebracht hätten; ob die Dinge vielleicht einen anderen Verlauf genommen hätten, wenn jemand anderer als Netanjahu das Amt des Ministerpräsidenten bekleidet hätte oder wenn Abbas jünger gewesen wäre und es ihm mehr bedeutet hätte, sich einen Namen zu machen, statt sich nur vor Kritik zu schützen.

Was ich weiß, ist, dass trotz der Stunden, die Hillary und George Mitchell mit Pendeldiplomatie verbrachten, unsere Pläne für Friedensgespräche zu nichts führten, bis Abbas sich Ende August 2010 – nur einen Monat bevor der Siedlungsstopp auslaufen sollte – vor allem dank der Intervention des ägyptischen Präsidenten Husni Mubarak und König Abdullahs von Jordanien schließlich zu direkten Gesprächen bereitfand. Abbas machte seine Teilnahme allerdings von der Bereitschaft Israels abhängig, den Siedlungsstopp aufrechtzuerhalten – obwohl er in den zurückliegenden neun Monaten nicht müde geworden war, diesen als nutzlos anzuprangern.

Da wir keine Zeit zu verlieren hatten, sorgten wir dafür, dass Netanjahu, Abbas, Mubarak und Abdullah am 1. September zu persönlichen Zusammenkünften mit mir und – als Auftakt der Gespräche – zu einem gemeinsamen Dinner im kleinen Kreis ins Weiße Haus kamen. Dieser Tag war weitgehend zeremonieller Natur – die anstrengende Aufgabe, einen Vertrag auszuarbeiten, würde Hillary, Mitchell und den Verhandlungsteams zufallen. Trotzdem polierten wir das Ereignis mit Foto- und Presseterminen und so viel Pomp, wie wir aufbieten konnten, auf. Und die Atmosphäre zwischen den vier Politikern war durchweg herzlich und kollegial. Ich besitze noch immer ein Foto von uns fünf, wie wir einen Blick auf die Armbanduhren werfen, um zu überprüfen, ob bereits die offizielle Uhrzeit des Sonnenuntergangs gekommen ist, da der muslimische Fastenmonat Ramadan war und wir sicher sein mussten, dass die religiös vorgeschriebene Fastenzeit zu Ende war, bevor wir alle fürs Abendessen Platz nahmen.

Im gedämpften Licht des Old Family Dining Room skizzierten wir alle nacheinander unsere Vision einer Zukunft in Frieden. Wir sprachen von Vorgängern wie Begin und Sadat, Rabin und dem jordanischen König Hussein, die den Mut und die Klugheit besessen hatten, alte Gräben zu überbrücken. Wir sprachen von den Kosten endloser Konflikte, den Vätern, die nicht nach Hause kamen, den Müttern, die ihre Kinder beerdigt hatten.

Für einen Außenstehenden hätte es nach einem hoffnungsvollen Moment, dem Beginn von etwas Neuem ausgesehen.

Und doch spürte ich später an diesem Abend, als das Dinner vorbei war, die Gäste in ihre Hotels zurückgekehrt waren und ich im Treaty Room meine Notizen für den nächsten Tag durchging, ein vages Gefühl der Beunruhigung. Die Ansprachen, das Geplauder, die lässige

Vertrautheit – all dies fühlte sich *allzu* glatt an, beinahe ritualisiert, wie eine Theatervorstellung, an der jeder der vier Politiker wohl schon Dutzende Male zuvor mitgewirkt hatte und die den jüngsten US-Präsidenten, der glaubte, Dinge ließen sich ändern, beschwichtigen sollte. Ich stellte mir vor, wie sie sich anschließend die Hände gereicht hatten, wie Schauspieler, die in der Garderobe ihre Kostüme auszogen und sich abschminkten, bevor sie in die Welt zurückkehrten, die sie kannten – eine Welt, in der Netanjahu Abbas' Schwäche dafür verantwortlich machen konnte, dass es noch immer kein Friedensabkommen gab, während er gleichzeitig alles dafür tat, um ihn schwach zu halten; in der Abbas Israel öffentlich der Kriegsverbrechen bezichtigen konnte, während er insgeheim Geschäftsverträge mit den Israelis aushandelte; und in der führende arabische Politiker die Ungerechtigkeiten beklagten, die Palästinenser unter israelischer Besatzung erduldeten, während ihre eigenen Sicherheitskräfte Andersdenkende und Unzufriedene, die eine Bedrohung für ihren Machterhalt darstellten, rücksichtslos verfolgten. Und ich dachte an all die Kinder, ob in Gaza oder in israelischen Siedlungen oder an den Straßenecken von Kairo und Amman, die weiterhin in einem Umfeld aufwachsen würden, das von Gewalt, Zwang, Furcht und dem Schüren von Hass geprägt war, weil keiner der politischen Verantwortungsträger, mit denen ich zusammengetroffen war, tief im Inneren etwas anderes für möglich hielt.

Eine Welt ohne Illusionen – so würden sie das nennen.

Israelis und Palästinenser sollten sich letztlich nur zwei Mal zu direkten Friedensgesprächen treffen – einmal in Washington, am Tag nach unserem Dinner im Weißen Haus, dann zwölf Tage später zu einer zweigeteilten Besprechung: Zunächst empfing Mubarak die Unterhändler in dem ägyptischen Seebad Scharm El-Scheich, ehe die Gruppe sich in Netanjahus Jerusalemer Amtssitz begab. Hillary und Mitchell berichteten von substanziellen Gesprächen. Die Vereinigten Staaten köderten beide Seiten mit Anreizen, unter anderem massiven Hilfspaketen, und wir erwogen sogar die vorzeitige Entlassung von Jonathan Pollard, einem wegen Spionage für Israel verurteilten Amerikaner, der für viele rechtsgerichtete Israelis zu einem Helden geworden war.

Aber all dies war vergeblich. Die Israelis wollten den Siedlungsstopp nicht verlängern. Die Palästinenser zogen sich aus den Verhandlungen zurück. Im Dezember 2010 drohte Abbas damit, bei den Vereinten Nationen einen Antrag auf Anerkennung eines palästinensischen Staates zu stellen – und sich an den Internationalen Strafgerichtshof zu wenden, um die Einleitung eines Strafverfahrens gegen Israel wegen angeblicher Kriegsverbrechen in Gaza zu erreichen. Netanjahu drohte, der Palästinensischen Autonomiebehörde das Leben schwerer zu machen. George Mitchell bemühte sich, die Dinge richtig einzuordnen, indem er mich daran erinnerte, dass während der Verhandlungen zur Beilegung des Konflikts in Nordirland »auf siebenhundert schlechte Tage ein guter« gekommen sei. Dennoch schien es, als hätte ein Friedensabkommen zumindest kurzfristig keine Chance mehr.

In den kommenden Monaten dachte ich häufig zurück an mein Abendessen mit Abbas und Netanjahu, Mubarak und König Abdullah, an ihr Schauspiel und ihre mangelnde Entschlossenheit. Stur darauf zu beharren, dass die alte Ordnung im Nahen Osten ewig währen würde, zu glauben, dass die Kinder der Verzweiflung nicht irgendwann einmal aufstehen würden gegen diejenigen, die sie darin festhielten – das, so zeigte sich, war die größte Illusion überhaupt.

IM WEISSEN HAUS hatten wir oft über die langfristigen Herausforderungen diskutiert, denen sich Nordafrika und der Nahe Osten gegenübersahen. Weil Ölstaaten ihre Volkswirtschaften nicht diversifizierten, fragten wir uns, was wohl geschehen würde, wenn ihre Öleinnahmen versiegten. Wir beklagten die Beschränkungen, denen Frauen und Mädchen unterlagen – und die sie daran hinderten, zur Schule zu gehen, zu arbeiten oder sogar, in manchen Fällen, ein Auto zu fahren. Wir bemerkten die wirtschaftliche Stagnation und die Tatsache, dass die jüngeren Generationen in arabischsprachigen Nationen die Hauptleidtragenden davon waren: Menschen unter dreißig Jahren machten etwa sechzig Prozent der Bevölkerung aus, und ihre Arbeitslosenquote war doppelt so hoch wie im globalen Durchschnitt.

Am meisten beunruhigte uns die autokratische, repressive Natur fast aller arabischen Regierungen – nicht nur der Mangel an echter Demokratie, sondern auch die Tatsache, dass diejenigen, die an der Macht waren, den Menschen, die sie regierten, in keiner Weise rechenschaftspflichtig zu sein schienen. Obwohl sich die Verhältnisse von

Land zu Land unterschieden, hielten sich die meisten dieser Staatsführer mithilfe eines alten Rezepts an der Macht: eingeschränkte politische Teilhabe und Meinungsfreiheit, weitverbreitete Einschüchterung und Überwachung durch die Polizei und andere Sicherheitsbehörden, eine dysfunktionale Justiz und unzureichende rechtsstaatliche Garantien, manipulierte (oder nicht existierende) Wahlen, ein mächtiges Militär, strenge Pressezensur und grassierende Korruption. Viele dieser Regime waren seit Jahrzehnten an der Macht, zusammengehalten von nationalistischen Appellen, gemeinsamen religiösen Überzeugungen, Stammesbanden, familiären Bindungen und Patronagenetzwerken. Möglicherweise würde das Unterdrücken abweichender Meinungen in Verbindung mit schlichtem Beharrungsvermögen ausreichen, um sie noch eine Zeit lang am Leben zu halten. Doch obwohl sich unsere Nachrichtendienste hauptsächlich darauf konzentrierten, die Aktionen terroristischer Netzwerke zu verfolgen, und unsere Diplomaten dem, was sich auf »der arabischen Straße« ereignete, nicht immer die gebührende Aufmerksamkeit schenkten, konnten wir Anzeichen der zunehmenden Unzufriedenheit in der arabischen Bevölkerung sehen – die nichts Gutes verhießen, da es für diese Frustrationen keine legitimen Ventile gab. Und so sagte ich nach der Rückkehr von meinem ersten Besuch als Präsident in der Region zu Denis: »Irgendwann wird es irgendwo knallen.«

Was sollte man mit diesem Wissen anfangen? Genau da lag das Problem. Seit mindestens fünfzig Jahren hatte sich die Politik der USA im Nahen Osten einseitig darauf konzentriert, stabile Verhältnisse zu bewahren, Unterbrechungen unserer Ölversorgung zu verhindern und gegnerische Mächte (zunächst die Sowjets, später den Iran) davon abzuhalten, ihren Einfluss auszudehnen. Nach den Anschlägen vom 11. September 2001 rückte die Bekämpfung des Terrorismus in den Mittelpunkt. Bei der Verfolgung all dieser Ziele hatten wir Autokraten zu unseren Verbündeten gemacht. Schließlich waren sie berechenbar und taten ihr Möglichstes, um die Dinge unter Kontrolle zu halten. Sie ließen uns Militärstützpunkte errichten und arbeiteten mit uns in der Terrorismusbekämpfung zusammen. Und sie machten natürlich gute Geschäfte mit US-Unternehmen. Ein Großteil unseres nationalen Sicherheitsapparats in der Region war auf ihre Kooperationsbereitschaft angewiesen und mittlerweile eng mit ihren Sicherheitsorganen verwoben. Hin und wieder erreichte uns aus dem Pentagon oder aus Langley ein Bericht, der die Empfehlung aussprach, die US-Politik solle im Umgang mit unseren nahöstlichen Partnern den Menschenrechten und Fragen guter Regierungsführung mehr Beachtung schenken. Aber dann gaben die Saudis einen entscheidenden Tipp, der verhinderte, dass ein Sprengsatz in Frachtflugzeuge mit Ziel USA verladen wurde, oder unser Marinestützpunkt in Bahrain spielte eine entscheidende Rolle bei der Bewältigung sich plötzlich verschärfender Spannungen mit dem Iran in der Straße von Hormus. Und dies hatte dann zur Folge, dass die entsprechenden Berichte im Aktenstapel ganz nach unten wanderten. In sämtlichen US-Regierungsbehörden sah man der Möglichkeit, dass eine Volkserhebung einen unserer Verbündeten zu Fall bringen könnte, von jeher mit Resignation entgegen: Sicher, es würde wahrscheinlich passieren, so wie eines Tages ein schwerer Hurrikan die Golfküste oder ein katastrophales Erdbeben Kalifornien verwüsten würde, aber da wir nicht genau vorhersagen konnten, wann oder wo dies geschehen würde, und da wir sowieso nicht die Mittel hatten, dies zu verhindern, war das Beste, was wir tun konnten, Notfallpläne zu erstellen und uns darauf vorzubereiten, mit den Nachbeben klarzukommen.

Dabei wollte ich gern, dass sich meine Regierung diesem Fatalismus widersetzte. Aufbauend auf meiner Kairoer Rede, hatte ich in Interviews und öffentlichen Äußerungen die Regierungen im Nahen Osten aufgefordert, auf die Stimmen der Bürger, die Reformen verlangten, zu hören. Bei Treffen mit arabischen Staats- und Regierungschefs setzte mein Team oft Menschenrechtsfragen auf die Tagesordnung. Das Außenministerium arbeitete unablässig hinter den Kulissen, um Journalisten zu schützen, die Freilassung politischer Dissidenten zu erwirken und Freiräume für bürgerschaftliches Engagement zu vergrößern.

Und trotzdem haben die Vereinigten Staaten nur selten Verbündete wie Ägypten oder Saudi-Arabien wegen ihrer Menschenrechtsverletzungen öffentlich kritisiert. Angesichts unserer Schwierigkeiten im Irak, mit al-Qaida und dem Iran, ganz zu schweigen von den Sicherheitsbedürfnissen Israels, schien zu viel auf dem Spiel zu stehen, als dass wir einen Bruch mit diesen Ländern riskieren konnten. Ich sagte mir, es gehöre zu meinem Job, mich mit dieser Art von Realismus abzufinden. Aber hin und wieder landete doch ein Bericht über eine Frauenrechtsaktivistin, die in Riad verhaftet worden war, auf meinem Schreibtisch, oder ich las von einem einheimischen Mitarbeiter einer internationalen Menschenrechtsorganisation, der in einem Gefängnis in Kairo vor sich hin vegetierte, und ihre Schicksale ließen mir keine Ruhe. Ich wusste, dass meine Regierung den Nahen Osten niemals in eine Oase der Demokratie verwandeln könnte, aber ich war fest davon überzeugt, dass wir viel mehr tun könnten und sollten, um Fortschritte auf dem Weg dorthin zu ermöglichen.

Als mich dieses Thema gerade wieder einmal beschäftigte, nahm ich mir Zeit für einen Lunch mit Samantha Power.

Ich hatte Samantha kennengelernt, als ich Senator war, nachdem ich ihr mit dem Pulitzer-Preis ausgezeichnetes Buch *»A Problem from Hell«: America and the Age of Genocide* gelesen hatte – eine bewegende, stringente Diskussion der verhaltenen Reaktion Amerikas auf Genozide und der Frage, ob die USA nicht eine stärkere globale Führungsrolle übernehmen müssten, um solche Gräueltaten in Zukunft zu verhindern. Samantha unterrichtete damals an der Harvard University, und als ich sie kontaktierte, nahm sie meinen Vorschlag, wir sollten uns bei ihrem nächsten Aufenthalt in Washington zu einem Gedankenaustausch beim Abendessen treffen, sofort an. Sie war jünger, als ich es erwartet hatte, Mitte dreißig, hochgewachsen und schlank, mit rotem Haar, Sommersprossen und großen, dicht bewimperten, beinahe sorgenvoll dreinblickenden Augen, die sich in den Winkeln kräuselten, wenn sie lachte. Außerdem zeigte sie offen ihre Gefühle. Sie und ihre irische Mutter waren in die Vereinigten Staaten immigriert, als sie neun Jahre alt gewesen war; auf der Highschool hatte sie Basketball gespielt, später einen Abschluss in Yale gemacht und als freiberufliche Journalistin Artikel über den Bosnienkrieg geschrieben. Ihre dortigen Erfahrungen – als Zeugin von Massakern und ethnischen Säuberungen – veranlassten sie dazu, Jura zu studieren, da sie hoffte, dies werde ihr die Werkzeuge an die Hand geben, um etwas gegen diesen Wahnsinn zu unternehmen. Nachdem sie an jenem Abend eine erschöpfende Liste außenpolitischer Fehler der USA mit mir durchgegangen war, die ihres Erachtens unbedingt korrigiert werden müssten, schlug ich ihr vor, den Elfenbeinturm zu verlassen und eine Zeit lang mit mir zu arbeiten.

Das Gespräch, das bei jenem Abendessen begann, setzten wir mit Unterbrechungen in den nächsten Jahren fort. Samantha arbeitete als Expertin für Außenpolitik in meinem Senatsmitarbeiterstab, und sie beriet mich bei Krisen wie dem Genozid, der damals in Darfur stattfand. Sie arbeitete für meine Präsidentschaftskampagne, wo sie ihren künftigen Ehemann, meinen Freund und späteren obersten Regulierungsbeauftragten meiner Regierung, Cass Sunstein, kennenlernte, und sie gehörte schließlich zum engsten Kreis derjenigen, die für außenpolitische Spitzenämter in meiner Regierung infrage kamen. (Ich musste sie allerdings auf die Strafbank schicken und sie aus dem Wahlkampfteam entfernen, als sie während eines vermeintlich vertraulichen Gesprächs mit einem Reporter Hillary »ein Monster« nannte.) Nach der Wahl warb ich sie für einen hohen Posten im Nationalen Sicherheitsrat an, wo sie – überwiegend außerhalb des Rampenlichts – vorzügliche Arbeit leistete. So konzipierte sie unter anderem eine breite globale Initiative zur Verbesserung der Transparenz von Regierungsarbeit und zur Korruptionsbekämpfung in Ländern auf der ganzen Welt.

Samantha war eine meiner engsten Vertrauten im Weißen Haus. Ähnlich wie Ben erinnerte sie mich an meinen eigenen jugendlichen Idealismus, an jenen Teil meiner Person, der noch unberührt war von Zynismus, kaltem Kalkül oder als Klugheit verbrämter Vorsicht. Und ich vermute, dass sie mich eben deshalb gelegentlich auf die Palme brachte, weil sie diese Seite von mir kannte und genau wusste, welche Knöpfe sie drücken musste. Ich sah sie nicht täglich, aber genau das war Teil des Problems: Jedes Mal, wenn Samantha einen Termin bei mir hatte, fühlte sie sich genötigt, mich an jedes Unrecht zu erinnern, das ich noch nicht abgestellt hatte. (»Welche Ideale haben wir denn in letzter Zeit verraten?«, pflegte ich sie zu fragen.) So war sie zum Beispiel fassungslos, dass ich beim Gedenktag des Völkermords an den Armeniern den türkischen Genozid an den Armeniern zu Beginn des zwanzigsten Jahrhunderts nicht ausdrücklich bestätigt hatte (die Notwendigkeit, einen Genozid unmissverständlich als solchen zu benennen, war eine zentrale These ihres Buches). Ich hatte gute Gründe dafür, zum damaligen Zeitpunkt keine entsprechende Aussage zu machen – die Türken waren in dieser Angelegenheit äußerst empfindlich, und ich befand mich in heiklen Verhandlungen mit Präsident Erdoğan über die Modalitäten des US-Truppenabzugs aus dem Irak –, dennoch gab sie mir das Gefühl, ein Schurke zu sein. Doch so ärgerlich Samanthas Beharrlichkeit sein konnte, brauchte ich doch hin und wieder eine Dosis ihrer Leidenschaft und Integrität, sowohl als Gewissenscheck als auch deshalb, weil sie oftmals konkrete, kreative Vorschläge zur Lösung vertrackter Probleme machte, die niemand sonst in der Regierung gründlich genug durchdacht hatte.

Unser Mittagessen im Mai 2010 war ein typisches Beispiel. Samantha wollte an diesem Tag über den Nahen Osten sprechen – insbesondere darüber, dass die Vereinigten Staaten keinen offiziellen Protest bei der ägyptischen Regierung eingelegt hatten, als diese unlängst das »Notstandsgesetz« um zwei Jahre verlängert hatte, das ununterbrochen seit der Wahl Mubaraks im Jahr 1981 in Kraft war. Es schrieb die diktatorischen Machtbefugnisse fest, indem es die Grundrechte der Ägypter außer Kraft setzte. »Ich verstehe, dass strategische Erwägungen eine Rolle spielen, wenn es um Ägypten geht«, sagte Samantha, »aber hält irgendjemand je inne, um sich zu fragen, ob es eine gute Strategie ist?«

Ich sagte ihr, das hätte ich getan. Ich war kein großer Fan von Mubarak, war aber zu dem Schluss gelangt, dass eine einmalige Stellungnahme, die ein Gesetz kritisierte, das seit fast dreißig Jahren Gültigkeit besaß, nicht besonders nützlich wäre. »Die Vereinigten Staaten sind ein Ozeandampfer, kein Schnellboot«, sagte ich. »Wenn wir unsere Politik gegenüber dieser Region ändern wollen, brauchen wir eine langfristige Strategie. Wir müssen das Pentagon und die Nachrichtendienste mit ins Boot holen. Wir müssen die Strategie so anlegen, dass unsere Verbündeten in der Region genug Zeit haben, sich anzupassen.«

»Tut das irgendjemand?«, fragte Samantha. »Ich will sagen: eine solche Strategie ausarbeiten?«

Ich lächelte. Ich konnte förmlich sehen, wie sich die Rädchen in ihrem Kopf drehten.

Bald darauf überreichten mir Samantha und drei ihrer Kollegen aus dem Nationalen Sicherheitsrat – Dennis Ross, Gayle Smith und Jeremy Weinstein – den Entwurf für eine Presidential Study Directive, in der es hieß, die unkritische Unterstützung der Vereinigten Staaten für autoritäre Regime schade dem Interesse der USA an stabilen Verhältnissen im Nahen Osten und in Nordafrika. Im August wies ich das Außenministerium, das Pentagon, die CIA und andere Regierungsbehörden auf der Grundlage dieses Erlasses an zu prüfen, auf welche Weise die Vereinigten Staaten sinnvolle politische und wirtschaftliche Reformen in der Region unterstützen könnten. Dies sollte diese Nationen dazu bringen, sich stärker an den Grundsätzen einer offenen, transparenten Regierungsführung zu orientieren, damit sie von den destabilisierenden Aufständen, der Gewalt, dem Chaos und den unvorhersehbaren Ergebnissen, die so oft mit plötzlichem Wandel einhergingen, verschont blieben. Das Team des Nationalen Sicherheitsrats traf sich von da an alle zwei Wochen mit Nahostexperten aus sämtlichen Regierungsbehörden, um konkrete Ideen für eine Neuausrichtung der US-Politik zu entwickeln.

Viele der altgedienten Diplomaten und Experten, mit denen es sprach, hegten, wie nicht anders zu erwarten, Zweifel an der Notwendigkeit von Veränderungen an der bestehenden US-Politik. So anrüchig einige unserer arabischen Verbündeten auch seien, so diene der Status quo doch den vitalen Interessen der USA – was nicht länger gewährleistet wäre, wenn sie von Regierungen abgelöst würden, die dem Volkswillen mehr Rechnung trügen. Doch im Lauf der Zeit arbeitete das Team eine stimmige Reihe von Grundsätzen aus, an denen sich die strategische Neuausrichtung orientieren sollte. Diesem neuen Plan zufolge wurde von Amtsträgern in sämtlichen US-Regierungsbehörden erwartet, eine einheitliche und abgestimmte Botschaft bezüglich der Notwendigkeit von Reformen zu übermitteln. Sie sollten spezifische Empfehlungen für die Liberalisierung des politischen und zivilgesellschaftlichen Lebens in verschiedenen Ländern ausarbeiten und eine Reihe neuer Anreize schaffen, um deren Umsetzung zu fördern. Mitte Dezember waren die Dokumente, in denen die Strategie dargelegt wurde, so gut wie fertig und reif für meine Unterschrift. Und auch wenn mir klar war, dass der Nahe Osten sich dadurch nicht über Nacht verändern würde, fühlte ich mich durch die Tatsache ermutigt, dass wir die außenpolitische Maschinerie in die richtige Richtung lenkten.

Wenn doch nur unser Timing etwas besser gewesen wäre!

IM SELBEN MONAT zündete sich in Tunesien ein verarmter Obstverkäufer vor einem Gebäude der Kommunalverwaltung selbst an. Es war ein Akt des Protests, geboren aus Verzweiflung: die wütende Reaktion eines Bürgers auf eine Regierung, von der er wusste, dass sie korrupt war und seinen Bedürfnissen mit Gleichgültigkeit begegnete. Allem Anschein nach war der sechsundzwanzigjährige Mohamed Bouazizi kein Aktivist, und er interessierte sich auch nicht besonders für Politik. Er gehörte zu einer Generation von Tunesiern, die in wirtschaftlicher Stagnation und unter der Knute eines repressiven Diktators namens Zine el-Abidine Ben Ali aufgewachsen war. Und nachdem er mehrfach von städtischen Kontrolleuren schikaniert worden und ihm eine Anhörung vor einem Richter verweigert worden war, hatte er einfach genug. Einem Augenzeugen zufolge soll Bouazizi in dem Moment, als er sich selbst anzündete, gerufen haben – wobei er sich an niemand Bestimmten und zugleich an alle richtete: »Wie soll ich denn so überleben?«

Die Qual des Obstverkäufers löste binnen weniger Tage landesweite Demonstrationen gegen die Regierung aus, die Ben Ali schließlich am 14. Januar 2011 zur Flucht nach Saudi-Arabien zwangen. Unterdessen kam es in Algerien, im Jemen, in Jordanien und im Oman zu ähnlichen Protesten, die überwiegend von jungen Menschen getragen wurden. Es war das erste Aufflackern des »Arabischen Frühlings«, wie diese Umbrüche später genannt wurden.

Während ich mich darauf vorbereitete, am 25. Januar meine Rede zur Lage der Nation zu halten, diskutierte mein Team darüber, inwieweit ich dabei auf die Geschehnisse eingehen sollte, die sich im Nahen Osten und in Nordafrika geradezu mit Lichtgeschwindigkeit vollzogen. Da öffentlicher Protest einen amtierenden Autokraten tatsächlich von der Macht in Tunesien vertrieben hatte, schienen die Leute in der gesamten Region wie elektrisiert und voller Erwartung, dass sich Möglichkeiten für einen umfassenden Wandel auftun würden. Trotzdem waren die Schwierigkeiten überwältigend, und es gab keine

Garantien für einen guten Ausgang. Am Ende fügten wir meiner Rede einen einzigen geradlinigen Satz hinzu:

»Eines wollen wir heute Abend klarstellen: Die Vereinigten Staaten von Amerika stehen an der Seite des tunesischen Volkes und unterstützen die demokratischen Bestrebungen aller Völker.«

Aus Sicht der USA fanden die bedeutsamsten Entwicklungen in Ägypten statt, wo ein Bündnis aus ägyptischen Jugendorganisationen, Aktivisten und linksgerichteten Oppositionsparteien sowie bekannten Schriftstellern und Künstlern zu landesweiten Massenprotesten gegen das Regime von Präsident Mubarak aufgerufen hatten. Am selben Tag, an dem ich meine Rede zur Lage der Nation hielt, strömten fast fünfzigtausend Ägypter auf den Tahrir-Platz im Zentrum von Kairo, wo sie ein Ende des Ausnahmezustands, der Polizeibrutalität und der Einschränkungen der politischen Freiheit forderten. Tausende weitere nahmen an ähnlichen Protesten im gesamten Land teil. Die Polizei versuchte, die Menschenmassen mithilfe von Schlagstöcken, Wasserwerfern, Gummigeschossen und Tränengas zu zerstreuen, und Mubaraks Regierung erließ nicht nur ein Demonstrationsverbot, sondern blockierte auch Facebook, YouTube und Twitter, um es so den Demonstranten zu erschweren, sich zu organisieren und mit der Außenwelt zu vernetzen. In den kommenden Tagen und Nächten glich der Tahrir-Platz einem dauerhaften Zeltlager, wo sich zahllose Ägypter offen gegen ihren Präsidenten auflehnten und »Brot, Freiheit und Würde« forderten.

Genau dieses Szenario hatte meine Presidential Study Directive vermeiden wollen: Die US-Regierung saß plötzlich zwischen den Stühlen – einem repressiven, aber verlässlichen Verbündeten einerseits und einer Bevölkerung, die Veränderungen wollte und eben jene demokratischen Bestrebungen zum Ausdruck brachte, von denen wir behaupteten, dass wir für sie einträten. Beunruhigend war auch, dass Mubarak blind für die Volkserhebung zu sein schien, die sich vor seinen Augen abspielte. Ich hatte eine Woche zuvor mit ihm telefoniert, und er hatte sich hilfsbereit und offen gezeigt, als wir darüber sprachen, wie man Israelis und Palästinenser zurück an den Verhandlungstisch bringen könnte. Auch der Aufruf seiner Regierung zur Einigkeit nach dem Bombenanschlag auf eine koptische Kirche in Alexandria, der von muslimischen Extremisten ausgeführt worden war, war ein positives Signal. Aber als ich die Möglichkeit ansprach, dass die Proteste, die in Tunesien begonnen hatten, auf sein Land übergreifen könnten, tat Mubarak dies mit der Bemerkung ab: »Ägypten ist nicht Tunesien.« Er versicherte mir, etwaige Proteste gegen seine Regierung würden schnell abflauen. Während ich seiner Stimme lauschte, stellte ich mir vor, wie er in einem der höhlenartigen, kunstvoll geschmückten Räume in seinem Präsidentenpalast saß, wo wir uns zum ersten Mal getroffen hatten: hinter zugezogenen Vorhängen, gebieterisch auf einem Sessel mit hoher Rückenlehne thronend, während sich ein paar Berater Notizen machten oder ihn einfach nur ergeben ansahen, bereit, ihm jederzeit zu Diensten zu sein. In seiner Isolation sah er nur das, was er sehen wollte, und hörte nur das, was er hören wollte, sagte ich mir – und all dies verhieß nichts Gutes.

Währenddessen weckten Filmaufnahmen vom Tahrir-Platz, die in Nachrichtensendungen gezeigt wurden, andere Erinnerungen. In jenen ersten Tagen schienen vor allem junge säkulare Menschen auf die Straße zu gehen – so wie unter den Zuhörern meiner Kairoer Rede vor allem Studenten und Aktivisten gewesen waren. In Interviews wirkten sie reflektiert und informiert, sie bekannten sich zum Prinzip der Gewaltlosigkeit und betonten ihren Wunsch nach demokratischem Pluralismus, Rechtsstaatlichkeit und einer modernen, innovativen Wirtschaft, die Arbeitsplätze schaffte und für einen höheren Lebensstandard sorgte. In ihrem Idealismus und ihrem mutigen Protest gegen eine repressive Gesellschaftsordnung unterschieden sie sich offenbar nicht von den jungen Menschen, die einst mitgeholfen hatten, die Berliner Mauer niederzureißen oder sich auf dem Tian'anmen-Platz Panzern entgegengestellt hatten. Und sie unterschieden sich auch nicht sonderlich von den jungen Menschen, die geholfen hatten, mich zum Präsidenten zu wählen.

»Wenn ich ein Ägypter in meinen Zwanzigern wäre, wäre ich vermutlich da draußen bei ihnen«, sagte ich zu Ben.

Aber ich war kein Ägypter in meinen Zwanzigern. Ich war Präsident der Vereinigten Staaten. Und so eindrucksvoll der Mut dieser jungen Menschen war, musste ich mich daran erinnern, dass sie – zusammen mit Professoren, Menschenrechtsaktivisten, Mitgliedern säkularer Oppositionsparteien und Gewerkschaftern, die ebenfalls an vorderster

Front der Proteste standen – nur einen Bruchteil der ägyptischen Bevölkerung repräsentierten. Im Fall eines Rücktritts von Mubarak waren sie nicht diejenigen, die das dadurch entstehende plötzliche Machtvakuum am wahrscheinlichsten füllen würden. Eine der Tragödien der diktatorischen Herrschaft Mubaraks bestand darin, dass sie die Entwicklung eben jener Institutionen und Traditionen gehemmt hatte, die Ägypten vielleicht geholfen hätten, den Übergang zu einer demokratischen Ordnung zu meistern: starke politische Parteien, unabhängige Gerichte und Medien, unparteiische Wahlbeobachter, zivilgesellschaftliche Organisationen mit breiter Basis, ein leistungsfähiger Beamtenapparat und die Achtung von Minderheitenrechten. Abgesehen vom Militär, das tief in der ägyptischen Gesellschaft verwurzelt war und angeblich weite Bereiche der Wirtschaft kontrollierte, war die Muslimbruderschaft die mächtigste, geschlossenste Kraft im Land. Das zentrale Ziel dieser sunnitisch-islamistischen Organisation bestand darin, in Ägypten – und der gesamten arabischen Welt – das Rechtssystem vollständig nach der Scharia auszurichten. Aufgrund ihrer Bürgernähe und ihrer karitativen Hilfe für Bedürftige hatte die Bruderschaft (obwohl sie von Mubarak offiziell verboten worden war) eine große Zahl von Anhängern. Um ihre Ziele zu erreichen, setzte sie außerdem eher auf politische Teilhabe als auf Gewalt, und bei fairen und freien Wahlen wären die von ihr unterstützten Kandidaten die klaren Favoriten. Dennoch hielten viele Regierungen in der Region die Bruderschaft für eine subversive, gefährliche Bedrohung, und die fundamentalistische Philosophie der Organisation machte sie zu einem unzuverlässigen Sachwalter eines demokratischen Pluralismus und zu einer potenziellen Belastung für die amerikanisch-ägyptischen Beziehungen.

Auf dem Tahrir-Platz schwollen die Demonstrationen weiter an, während es immer öfter zu gewaltsamen Zusammenstößen zwischen Protestierenden und der Polizei kam. Nachdem Mubarak offenbar aus seinem Dämmerschlaf erwacht war, zeigte er sich am 28. Januar im ägyptischen Fernsehen, um eine Kabinettsumbildung anzukündigen. Indes deutete er mit keiner Silbe seine Bereitschaft an, den Forderungen nach umfassenderen Reformen nachzugeben. Da ich fest davon überzeugt war, dass das Problem nicht von selbst verschwinden würde, beriet ich mich mit meinem nationalen Sicherheitsteam, um eine wirksame Antwort darauf auszuarbeiten. Die Gruppe war gespalten, und zwar fast gänzlich entlang der Generationsgrenzen. Die älteren, höherrangigen Mitglieder meines Teams – Joe, Hillary, Gates und Panetta –, die Mubarak seit Jahren kannten und mit ihm zusammengearbeitet hatten, rieten zur Zurückhaltung. Sie verwiesen darauf, dass seine Regierung lange Zeit eine konstruktive Rolle bei der Wahrung des Friedens mit Israel, der Bekämpfung des Terrorismus und der Kooperation mit den Vereinigten Staaten bei zahlreichen weiteren regionalen Problemen gespielt habe. Während sie die Notwendigkeit anerkannten, den ägyptischen Präsidenten zu Reformen zu drängen, warnten sie, man könne unmöglich wissen, durch wen oder was er ersetzt werden könnte. Dagegen waren Samantha, Ben, Denis, Susan Rice und Joes nationaler Sicherheitsberater, Tony Blinken, der Überzeugung, dass Mubarak vom ägyptischen Volk nicht länger als legitimer Machthaber anerkannt werde. Wir sollten nicht länger auf eine korrupte, autoritäre Ordnung, die kurz vor dem Zusammenbruch stehe, setzen und den Eindruck erwecken, wir würden die zunehmende Gewalt gegen Protestierende billigen. Vielmehr sei es strategisch geboten und moralisch richtig, wenn sich die US-Regierung auf die Seite der Kräfte des Wandels stelle.

Ich teilte sowohl die Hoffnungen meiner jüngeren Berater als auch die Befürchtungen meiner älteren. Am erfolgversprechendsten wäre es, beschloss ich, wenn wir Mubarak dazu überreden könnten, eine Reihe substanzieller Reformen durchzuführen, unter anderem die Beendigung des Ausnahmezustands, die Wiederherstellung politischer Freiheiten und der Pressefreiheit sowie die Festlegung eines Termins für freie und faire nationale Wahlen. Ein solcher »geordneter Übergang«, wie Hillary dies nannte, würde oppositionellen politischen Parteien und potenziellen Kandidaten Zeit geben, um eine Anhängerschaft aufzubauen und fundierte Regierungsprogramme zu erstellen. Er würde überdies Mubarak erlauben, sich als Elder Statesman zurückzuziehen, was dazu beitragen könnte, in der Region den Eindruck abzumildern, wir seien bereit, bei der kleinsten Schwierigkeit langjährige Verbündete fallen zu lassen.

Es verstand sich von selbst, dass es eine delikate Aufgabe werden würde, einen alternden, bedrängten Despoten dazu zu überreden, dem

Sonnenuntergang entgegenzureiten, selbst wenn es in seinem ureigensten Interesse war. Nach der Diskussion im Situation Room rief ich Mubarak erneut an und fragte, ob er sich nicht vorstellen könne, eine mutigere Reformagenda vorzulegen. Er reagierte äußerst unwirsch; die Demonstranten seien ausnahmslos Mitglieder der Muslimbruderschaft, und er versicherte abermals, die Lage werde sich bald normalisieren. Immerhin erklärte er sich einverstanden mit meinem Vorschlag, für weitergehende persönliche Konsultationen einen Gesandten – Frank Wisner, der Ende der Achtzigerjahre als US-Botschafter in Ägypten gedient hatte – nach Kairo zu schicken.

Es war Hillarys Idee gewesen, Wisner in einem Vieraugengespräch einen direkten Appell an den ägyptischen Präsidenten richten zu lassen. Ich hielt das für sinnvoll: Wisner war buchstäblich ein Spross des amerikanischen außenpolitischen Establishments. Sein Vater war während der Gründungsjahre der CIA eine ihrer Führungsikonen gewesen, und er selbst war jemand, den Mubarak gut kannte und dem er vertraute. Zugleich war mir klar, dass Wisner aufgrund seiner Bekanntschaft mit Mubarak und der Tatsache, dass er ein US-Diplomat alter Schule war, die Chancen für Veränderungen möglicherweise zurückhaltend einschätzte. Vor seiner Abreise gab ich ihm telefonisch klare Anweisungen, »deutlich zu werden«: Er sollte Mubarak dazu bringen anzukündigen, dass er nach Neuwahlen zurücktreten werde – eine Geste, von der ich hoffte, sie wäre dramatisch und konkret genug, um die Demonstranten davon zu überzeugen, dass echte Veränderungen bevorstanden.

Während wir auf das Ergebnis von Wisners Mission warteten, konzentrierten sich die Medien mehr auf die Reaktion meiner Regierung auf die Krise – und vor allem darauf, auf wessen Seite wir standen. Bislang hatten wir in dem Bemühen, Zeit zu gewinnen, vor allem Standardstellungnahmen herausgegeben. Aber Reporter in Washington – von denen viele eindeutig mit der Sache der jungen Demonstranten sympathisierten – begannen, Gibbs mit der Frage zu bedrängen, warum wir uns nicht unmissverständlich auf die Seite der Kräfte der Demokratie stellten. Gleichzeitig wollten andere Staats- und Regierungschefs in der Region wissen, warum wir Mubarak nicht entschlossener unterstützten. Bibi Netanjahu meinte, am allerwichtigsten sei es, Ordnung und Stabilität in Ägypten aufrechtzuerhalten. Andernfalls »ist der Iran in zwei Sekunden drin«, sagte er. König Abdullah von Saudi-Arabien war sogar noch besorgter; die um sich greifenden Proteste in der Region waren eine existenzielle Bedrohung für seine Familienmonarchie, die lange Zeit jegliche Form von Kritik und Widerspruch unterdrückt hatte. Auch er war der Meinung, die ägyptischen Demonstranten würden in Wirklichkeit nicht für sich selbst sprechen. Er zählte die vier Gruppierungen auf, die seiner Überzeugung nach hinter den Protesten standen: die Muslimbruderschaft, die Hisbollah, al-Qaida und die Hamas.

Die Analysen der beiden hielten einer genaueren Überprüfung nicht stand. Die Ägypter, die in ihrer ganz überwiegenden Mehrheit Sunniten waren (und die Muslimbrüder sogar rein sunnitisch), waren wohl kaum empfänglich für Beeinflussungsversuche des schiitischen Iran und der Hisbollah. Und es gab nicht den geringsten Anhaltspunkt dafür, dass al-Qaida oder die Hamas in irgendeiner Weise hinter den Demonstrationen steckten. Aber auch jüngere, reformorientierte Staatslenker in der Region wie etwa König Abdullah von Jordanien befürchteten, Proteste könnten ihre Länder in den Abgrund stürzen. Und auch wenn sie sich gewunden und elegant ausdrückten, erwarteten sie von den Vereinigten Staaten doch ganz klar, wie es Bibi formuliert hatte, »Stabilität« dem »Chaos« vorzuziehen.

Am 31. Januar bezogen Panzer der ägyptischen Armee überall in Kairo Position, die Regierung hatte in der ganzen Stadt das Internet abgeschaltet, und Demonstranten planten für den nächsten Tag einen landesweiten Generalstreik. Wisners Protokoll seiner Unterredung mit Mubarak traf ein: Der ägyptische Präsident werde öffentlich versichern, nicht für eine weitere Amtszeit anzutreten, sei aber nicht so weit gegangen, das Notstandsgesetz aufzuheben oder sich bereit zu erklären, eine friedliche Machtübergabe zu unterstützen. Der Bericht verbreiterte nur noch den Graben innerhalb meines nationalen Sicherheitsteams: Die dienstälteren Mitglieder sahen in Mubaraks Entgegenkommen einen hinreichenden Grund, um an ihm festzuhalten, während die jüngeren Mitglieder in dem Schritt – wie auch in Mubaraks plötzlicher Entscheidung, seinen Geheimdienstchef Omar Suleiman zum Vizepräsidenten zu ernennen – lediglich eine Hinhaltetaktik sahen, die die

Demonstranten nicht besänftigen werde. Tom Donilon und Denis ließen mich wissen, dass die Diskussionen unter den Mitgliedern des Sicherheitsrats mittlerweile sehr kontrovers geführt würden und dass Reporter die Diskrepanz zwischen den zurückhaltenden, nichtssagenden Kommentaren von Joe und Hillary und der schärferen Kritik an Mubarak, die von Gibbs und anderen in der Regierung komme, ansprächen.

Auch weil ich sicherstellen wollte, dass alle öffentlich die gleiche Linie vertraten, während wir unsere nächsten Schritte festlegten, nahm ich ungeplant an einer Sitzung des Principals Committee des Nationalen Sicherheitsrats, dem die Kabinettsmitglieder angehörten, teil, die am späten Nachmittag des 1. Februar im Situation Room stattfand. Kaum dass die Aussprache begonnen hatte, informierte uns ein Berater, Mubarak wende sich gerade in einer landesweit übertragenen Fernsehansprache an das ägyptische Volk. Wir schalteten den Fernseher im Raum ein, um die Rede live zu verfolgen. Mubarak, der einen dunklen Anzug trug und einen vorbereiteten Text verlas, schien mit seinem Versprechen gegenüber Wisner Ernst zu machen. Er sagte, er habe nie die Absicht gehabt, sich selbst für eine weitere Amtszeit als Präsident zu nominieren, und er kündigte an, er werde das ägyptische Parlament – ein Parlament, das er vollständig kontrollierte – auffordern, vorgezogene Neuwahlen zu diskutieren. Aber die Bedingungen für eine tatsächliche Machtübergabe waren so vage, dass jeder Ägypter, der ihm zusah, wohl zu dem Schluss kam, dass sämtliche Versprechen, die Mubarak jetzt machte, kassiert werden konnten und würden, sobald die Proteste abflauten. Tatsächlich nutzte der ägyptische Präsident seine Ansprache hauptsächlich dazu, Provokateure und ungenannte politische Kräfte zu bezichtigen, sie würden unter dem Deckmantel der Proteste die Sicherheit und Stabilität des Staates untergraben. Er behauptete fest, er werde, als jemand, der »nie und nimmer nach Macht gestrebt hat«, auch weiterhin seiner Verantwortung gerecht werden und Ägypten vor Agenten des Chaos und der Gewalt beschützen. Als er seine Ansprache beendet hatte, stellte jemand den Fernseher ab, und ich lehnte mich auf meinem Stuhl zurück und verschränkte die Arme hinter dem Kopf.

»Das wird nicht reichen«, sagte ich.

Ich wollte einen letzten Versuch unternehmen, Mubarak dazu zu überreden, eine echte Machtübergabe einzuleiten. Nachdem ich ins

Oval Office zurückgekehrt war, rief ich ihn an und schaltete das Telefon laut, sodass meine versammelten Berater mithören konnten. Zuerst zollte ich ihm meinen Respekt für seine Entscheidung, nicht wieder anzutreten. Ich konnte nur ahnen, wie schwer es für Mubarak sein würde, das zu hören, was ich gleich sagen würde – schließlich war er an die Macht gekommen, als ich noch ins College gegangen war, und er hatte vier meiner Vorgänger überdauert.

»Jetzt, wo Sie diese historische Entscheidung für eine Machtübergabe getroffen haben«, sagte ich, »würde ich gern mit Ihnen darüber sprechen, wie sie erfolgreich vonstattengehen könnte. Ich sage dies mit dem allergrößten Respekt ... Ich möchte Ihnen offen und ehrlich sagen, wie Sie meines Erachtens Ihre Ziele am besten erreichen können.« Dann kam ich direkt zur Sache: Wenn er im Amt bliebe und den Übergangsprozess in die Länge zöge, würden die Proteste meiner Einschätzung nach weitergehen und womöglich außer Kontrolle geraten. Wenn er die Wahl einer verantwortungsbewussten Regierung sicherstellen wolle, die nicht von den Muslimbrüdern dominiert werde, dann sei jetzt der richtige Zeitpunkt, um zurückzutreten und seine Autorität hinter den Kulissen zu nutzen, um Einfluss auf die Bildung einer neuen ägyptischen Regierung zu nehmen.

Obwohl Mubarak und ich uns normalerweise auf Englisch unterhielten, wandte er sich diesmal in Arabisch an mich. Ich brauchte den Dolmetscher nicht, um die Erregung in seiner Stimme zu spüren. »Sie verstehen die Kultur des ägyptischen Volkes nicht«, erklärte er, lauter werdend. »Präsident Obama, wenn ich den Übergang so anpacke, dann wird dies eine große Gefahr für Ägypten sein.«

Ich räumte ein, dass ich die ägyptische Kultur nicht so gut kenne wie er und dass er viel länger in der Politik sei als ich. »Aber es gibt Momente in der Geschichte, da muss man sich eingestehen: Nur weil sich die Dinge in der Vergangenheit nicht verändert haben, bedeutet das nicht, dass sie sich auch in der Zukunft nicht verändern werden. Sie haben Ihrem Land über dreißig Jahre lang gute Dienste geleistet. Ich wünschte mir, Sie würden diesen historischen Augenblick so nutzen, dass Sie ein bedeutendes Vermächtnis hinterlassen.«

So ging es einige Minuten lang zwischen uns hin und her. Mubarak beteuerte, es sei notwendig, dass er nicht zurückweiche, und er sagte noch einmal, die Proteste wären bald vorüber. »Ich kenne mein Volk«, sagte er gegen Ende des Anrufs. »Es sind emotionale Menschen. Ich werde mich bald wieder bei Ihnen melden, Mr President, und ich werde Ihnen sagen, dass ich recht behalten habe.«

Ich legte auf. Einen Moment lang herrschte vollkommene Stille im Oval Office, alle Blicke klebten an mir. Ich hatte Mubarak das geraten, was ich für das Beste hielt. Ich hatte ihm einen Plan für einen Abgang in Würde unterbreitet. Sein Nachfolger als Präsident – wer immer es wäre – würde sich vielleicht als ein schlechterer Partner für die Vereinigten Staaten erweisen – und möglicherweise sogar als eine schlechtere Alternative für die Ägypter selbst. Um die Wahrheit zu sagen: Ich hätte mit jedem ernsthaften Übergangsplan von ihm leben können, selbst wenn er einen Großteil des bestehenden Netzwerks des Regimes unangetastet gelassen hätte.

Ich war Realist genug, um anzunehmen, dass ich für den Rest meiner Amtszeit mit Mubarak, trotz allem, wofür er stand, zusammengearbeitet hätte, wenn da nicht diese jungen Menschen auf dem Tahrir-Platz mit ihrer sturen Beharrlichkeit gewesen wären – so wie ich weiterhin mit dem Rest des, wie Ben es gern nannte, »korrupten, verkommenen autoritären Systems« zusammenarbeiten würde, das das Leben im Nahen Osten und Nordafrika beherrschte.

Nur gab es eben diese Kids auf dem Tahrir-Platz. Wegen ihrer dreisten Forderungen nach einem besseren Leben hatten sich ihnen andere angeschlossen – Mütter und Hilfsarbeiter, Schuhmacher und Taxifahrer. Diese Hunderttausende von Menschen hatten, wenigstens für einen kurzen Moment, ihre Angst verloren, und sie würden nicht aufhören zu demonstrieren, außer Mubarak würde diese Angst auf seine altbewährte Art wieder anfachen: durch Prügel und Schüsse, Verhaftungen und Folter. Zu Beginn meiner Präsidentschaft war es mir nicht gelungen, etwas gegen die brutale Niederschlagung der Protestkundgebungen der Grünen Bewegung durch das iranische Regime zu unternehmen. Auch China oder Russland könnte ich vielleicht nicht davon abhalten, ihre eigenen Regimekritiker zum Schweigen zu bringen. Aber das Mubarak-Regime hatte US-Steuergelder in Milliardenhöhe erhalten; wir lieferten ihm Waffen, teilten Informationen mit ihm und unterstützten die Ausbildung seiner Offiziere. Dem Empfänger dieser

Hilfen – jemandem, den wir einen Verbündeten nannten – zu gestatten, vor den Augen der Weltöffentlichkeit mutwillig Gewalt gegen friedliche Demonstranten anzuwenden, das war eine Linie, die ich nicht überschreiten wollte. Es wäre ein Verrat an den Idealen Amerikas. Es wäre ein Verrat an mir selbst.

»Lassen Sie uns eine Erklärung vorbereiten«, sagte ich zu meinem Team. »Wir fordern Mubarak auf, sofort zurückzutreten.«

VIELE MENSCHEN IN DER ARABISCHEN WELT (und mehr als nur ein paar amerikanische Reporter) glauben fälschlicherweise, die Vereinigten Staaten seien ein mächtiger Strippenzieher, der nach Lust und Laune seinen Einfluss gegenüber den Ländern geltend mache, mit denen er zu tun habe. Selbst Regierungen, die auf unsere militärische und wirtschaftliche Unterstützung angewiesen sind, denken zuallererst an ihr eigenes Überleben, und das Regime Mubarak war da keine Ausnahme. Nachdem ich öffentlich meine Überzeugung zum Ausdruck gebracht hatte, es sei für Ägypten Zeit, einen raschen Übergang zu einer neuen Regierung einzuleiten, blieb Mubarak unnachgiebig und testete aus, wie weit er bei der Einschüchterung der Demonstranten gehen konnte. Am nächsten Tag stürmten unter den Augen der ägyptischen Armee, die dabei tatenlos zusah, Gangs von Mubarak-Unterstützern auf den Tahrir-Platz und begannen, die Demonstranten anzugreifen – einige, Peitschen und Knüppel schwingend, auf Kamelen und Pferden, während andere von Dächern angrenzender Gebäude Brandbomben und Steine warfen. Drei Protestierende wurden getötet und sechshundert verletzt; im Verlauf mehrerer Tage nahmen die Behörden über fünfzig Journalisten und Menschenrechtsaktivisten fest. Die Gewalttätigkeiten sowie große Gegendemonstrationen, die die Regierung organisiert hatte, dauerten bis zum nächsten Tag. Pro-Mubarak-Kräfte begannen sogar, ausländische Reporter zu verprügeln, denen sie vorwarfen, den Widerstand gezielt anzustacheln.

Während dieser angespannten Tage bestand die größte Herausforderung für mich darin, dafür zu sorgen, dass alle in der Regierung am gleichen Strang zogen. Die Botschaft, die aus dem Weißen Haus kam, war unmissverständlich. Als Gibbs gefragt wurde, was ich gemeint hätte, als ich gesagt hätte, der Übergang in Ägypten müsse »jetzt«

beginnen, antwortete er nur: »Jetzt bedeutet gestern.« Es gelang uns auch, unsere europäischen Verbündeten dazu zu bewegen, eine gemeinsame Erklärung zu veröffentlichen, die sich mit meiner deckte. Ungefähr zur gleichen Zeit wurde allerdings Hillary auf der Münchner Sicherheitskonferenz interviewt, und dabei warnte sie eindringlich vor den Gefahren eines raschen Übergangs in Ägypten. Auf derselben Konferenz äußerte Frank Wisner – der keine offizielle Position in meiner Regierung mehr bekleidete und versicherte, nur als Privatperson zu sprechen – die Ansicht, Mubarak solle während der Übergangsphase auf jeden Fall im Amt bleiben. Als ich dies hörte, bat ich Katie, meine Außenministerin aufzustöbern. Als ich sie an der Strippe hatte, machte ich keinen Hehl aus meiner Verärgerung.

»Ich bin mir voll und ganz über die möglichen Probleme im Klaren, die mit einem Abrücken von Mubarak verbunden sein können«, sagte ich, »aber ich habe eine Entscheidung getroffen, und ich kann gerade keine Kakofonie widersprüchlicher Botschaften gebrauchen.« Bevor Hillary antworten konnte, fügte ich hinzu: »Und sagen Sie Wisner, dass es mir völlig egal ist, in welcher Eigenschaft er spricht – er soll einfach den Mund halten.«

Obwohl ich gelegentlich Frustrationen im Umgang mit einem nationalen Sicherheitsestablishment erlebte, dem die Aussicht auf ein Ägypten ohne Mubarak nach wie vor Unbehagen bereitete, hatte das gleiche Establishment – vor allem das Pentagon und die Nachrichtendienste – vermutlich mehr Einfluss auf das, was letztlich in Ägypten geschah, als alle hochherzigen Erklärungen aus dem Weißen Haus. Einbis zweimal täglich ließen wir Gates, Mullen, Panetta, Brennan und andere in aller Stille ranghohe Offiziere im ägyptischen Militär und in den Geheimdiensten kontaktieren, um ihnen klarzumachen, dass ein vom Militär abgesegnetes, gewaltsames Vorgehen gegen die Demonstranten schwerwiegende Konsequenzen für das zukünftige Verhältnis zwischen den USA und Ägypten hätte. Der Zweck dieser Kontakte zwischen hohen Militärs beider Länder lag auf der Hand: Sie sollten verdeutlichen, dass die Kooperation zwischen den USA und Ägypten und die damit einhergehenden Hilfen nicht davon abhängig waren, dass Mubarak an der Macht blieb. Von daher sollten die ägyptischen Generäle und Chefs der Geheimdienste gründlich darüber nachdenken, welches Vorgehen ihren institutionellen Interessen am dienlichsten wäre.

Unsere Botschaft schien anzukommen, denn am Abend des 3. Februar hatten Einheiten der ägyptischen Armee Stellungen bezogen, um Pro-Mubarak-Kräfte von den Protestierenden getrennt zu halten. Es wurden weniger Journalisten und Menschenrechtsaktivisten verhaftet. Ermuntert von diesem Einstellungswandel der Armee, strömten mehr Demonstranten auf den Tahrir-Platz, um friedlich zu protestieren. Mubarak, der schwor, sich »ausländischem Druck« nicht zu beugen, hielt noch eine weitere Woche durch. Aber am 11. Februar, nur zweieinhalb Wochen nach der ersten großen Protestkundgebung auf dem Tahrir-Platz, trat ein müde wirkender Vizepräsident Suleiman im ägyptischen Fernsehen auf, um zu verkünden, dass Mubarak zurückgetreten sei und eine Übergangsregierung unter Führung des Obersten Rats der Streitkräfte den Prozess für Neuwahlen in die Wege leiten werde.

Im Weißen Haus sahen wir auf CNN Filmaufnahmen von der in Jubel ausbrechenden Menschenmenge auf dem Tahrir-Platz. Viele meiner Mitarbeiter frohlockten. Samantha schickte mir eine Nachricht, in der stand, sie sei sehr stolz, dieser Regierung anzugehören. Auf dem Weg durch den Säulengang zu meiner Presseerklärung wollte Ben das Lächeln gar nicht mehr aus dem Gesicht weichen. »Es ist wirklich unglaublich, in dieser Weise Teil der Geschichte zu sein«, sagte er. Katie druckte ein Bildtelegramm aus und legte es auf meinen Schreibtisch; es zeigte eine Gruppe junger Demonstranten auf dem Tahrir-Platz, die ein Schild hochhielten, auf dem stand YES WE CAN.

Ich war erleichtert – und verhalten optimistisch. Trotzdem musste ich hin und wieder an Mubarak denken, der nur ein paar Monate zuvor mein Gast im Old Family Dining Room gewesen war. Statt außer Landes zu fliehen, hatte sich der betagte Ex-Staatschef offenbar auf sein privates Anwesen in Scharm El-Scheich zurückgezogen. Ich stellte ihn mir dort vor, wie er, alleine mit seinen Gedanken, in luxuriöser Umgebung saß, während gedämpftes Licht Schatten auf sein Gesicht warf.

Ich wusste, dass trotz des Jubels und des Optimismus, der in der Luft lag, die Machtübergabe in Ägypten nur der Anfang eines Ringens um die Seele der arabischen Welt war – eines Ringens, dessen Ausgang alles andere als gewiss war. Ich erinnerte mich an das Gespräch, das ich, unmittelbar nachdem ich Mubarak aufgefordert hatte zurückzutreten, mit Mohamed bin Zayed geführt hatte, dem Kronprinzen von Abu Dhabi und De-facto-Herrscher der Vereinigten Arabischen Emirate. Der junge, gebildete »MBZ«, wie wir ihn nannten, der den Saudis nahestand und vielleicht der klügste unter den führenden Politikern am Golf war, hatte kein Blatt vor den Mund genommen, als er schilderte, wie die Neuigkeiten in der Region aufgenommen wurden.

MBZ sagte mir, am Golf verfolge man Stellungnahmen der USA zu Ägypten sehr genau und mit wachsender Besorgnis. Was würde passieren, wenn Protestierende in Bahrain forderten, dass König Hamad abdanke? Würden die Vereinigten Staaten dann dieselbe Art von Erklärung abgeben, wie wir sie zu Ägypten abgegeben hätten?

Ich antwortete ihm, ich hoffte, mit ihm und anderen zusammenarbeiten zu können, um nicht zwischen den Muslimbrüdern und möglicherweise gewalttätigen Zusammenstößen zwischen Regierungen und ihren Bürgern wählen zu müssen.

»Die öffentliche Botschaft betrifft nicht Mubarak, verstehen Sie, sie betrifft die gesamte Region«, erklärte MBZ. Er deutete an, falls Ägypten zusammenbräche und die Muslimbruderschaft die Kontrolle übernähme, gäbe es acht weitere arabische Führer, die ebenfalls stürzen würden, weshalb er meine Erklärung kritisch sehe. »Das zeigt«, sagte er, »dass die Vereinigten Staaten langfristig kein zuverlässiger Partner für uns sind.«

Er sprach mit ruhiger und kühler Stimme. Mir wurde klar, dass es weniger eine Bitte um Hilfe als eine Warnung war. Ganz gleich, was mit Mubarak geschehen mochte, eines war offensichtlich: Die Vertreter der alten Ordnung hatten nicht die Absicht, die Macht kampflos abzugeben.

IM ANSCHLUSS AN MUBARAKS RÜCKTRITT verzeichneten die regierungsfeindlichen Demonstrationen in anderen Ländern noch mehr Zulauf, da jetzt immer mehr Menschen Veränderungen für möglich hielten. Einer Handvoll von Regimen gelang es, zumindest symbolische Reformen als Antwort auf die Forderungen der Demonstranten durchzuführen und so ein größeres Blutvergießen oder Aufruhr zu vermeiden: Algerien hob sein Notstandsgesetz auf, das seit neunzehn Jahren in Kraft war, der König von Marokko brachte eine Verfassungsreform auf den Weg, die die Kompetenzen des gewählten Parlaments geringfügig erweiterte, und der jordanische Monarch sollte bald das Gleiche tun. Doch viele arabische Herrscher zogen aus den Ereignissen in Ägypten vor allem eine Lehre: Man musste die Proteste systematisch und rücksichtslos niederschlagen – ganz gleich, wie viel Gewalt dies erforderte und wie stark die internationale Kritik an dem Vorgehen sein mochte.

Zwei der Länder, die die schlimmsten Gewaltausbrüche erlebten, waren Syrien und Bahrain, wo starke Spannungen zwischen verschiedenen Religionsgruppen bestanden und privilegierte Minderheiten große Mehrheiten beherrschten, die Groll gegen ihre Unterdrücker hegten. In Syrien führte im März 2011 die Verhaftung und Folterung von fünfzehn Schülern, die regierungsfeindliche Graffiti auf Stadtmauern gesprayt hatten, in vielen der überwiegend sunnitischen Gemeinden des Landes zu massiven Protesten gegen das von alawitischen Schiiten dominierte Regime von Präsident Baschar al-Assad. Nachdem es Assads Sicherheitskräften nicht gelungen war, die Demonstrationen mithilfe von Tränengas, Wasserwerfern und Schlagstöcken sowie Massenverhaftungen niederzuschlagen, führten sie in mehreren Städten groß angelegte militärische Operationen durch, bei denen scharfe Munition und Panzer zum Einsatz kamen und systematisch Häuser durchsucht wurden. Genau wie MBZ es vorhergesagt hatte, fanden unterdessen in der Hauptstadt des kleinen Inselstaats Bahrain, Manama, große, überwiegend schiitische Protestkundgebungen gegen die Regierung von König Hamad bin Isa Al Chalifa statt, und die Regierung von Bahrain setzte auf massive Gewalt, die Dutzende von Todesopfern und Hunderte von Verletzten forderte. Als die Empörung über das brutale Vorgehen der Polizei noch größere Demonstrationen auslöste, ging der angeschlagene Hamad weiter und unternahm den beispiellosen Schritt, Saudi-Arabien und die Vereinigten Arabischen Emirate um die Entsendung von Truppen zu ersuchen, die bei der Niederschlagung der Proteste helfen sollten.

Mein Team und ich diskutierten stundenlang über die Frage, wie die Vereinigten Staaten die Ereignisse in Syrien und Bahrain beeinflussen könnten. Unsere Optionen waren leider begrenzt. Syrien war ein langjähriger Gegner der Vereinigten Staaten, ein historischer Verbündeter Russlands und des Iran sowie ein Unterstützer der Hisbollah. Ohne den wirtschaftlichen, militärischen oder diplomatischen Einfluss, den wir in Ägypten besaßen, blieben unsere offiziellen Verurteilungen des Assad-Regimes (und die spätere Verhängung eines US-Embargos) weitgehend wirkungslos, und Assad konnte sich darauf verlassen, dass Russland gegen sämtliche Initiativen, die wir ergreifen mochten, um über den UN-Sicherheitsrat internationale Sanktionen zu verhängen, sein Veto einlegen würde. Bei Bahrain hatten wir das entgegengesetzte Problem: Das Land war ein langjähriger US-Verbündeter und beherbergte das Hauptquartier der Fünften US-Flotte. Diese enge Beziehung erlaubte es uns, hinter den Kulissen Druck auf Hamad und seine Minister auszuüben, damit sie die Forderungen der Demonstranten zumindest teilweise erfüllten und Gewaltexzesse der Sicherheitskräfte zügelten. Trotzdem sah die Führungselite Bahrains in den Demonstranten vom Iran beeinflusste Feinde, die unter Kontrolle gebracht werden mussten. Genauso wie die Saudis und die Emiratis zwang uns auch das Regime von Bahrain dazu, eine Wahl zu treffen. Und alle wussten, dass wir es uns, sollte es hart auf hart kommen, nicht erlauben konnten, unsere strategische Position im Nahen Osten aufs Spiel zu setzen, indem wir die Beziehungen zu drei Golfstaaten abbrachen.

Im Jahr 2011 zog niemand in Zweifel, dass unser Einfluss auf Syrien begrenzt war – das sollte später kommen. Doch trotz zahlreicher Erklärungen meiner Regierung, in denen wir die Gewalt in Bahrain verurteilten, und Bemühungen, einen Dialog zwischen der Regierung und moderaten schiitischen Oppositionsführern zu vermitteln, wurde die Tatsache, dass wir nicht mit Hamad brachen – insbesondere vor dem Hintergrund unserer Haltung zu Mubarak – rundheraus kritisiert. Ich hatte keine elegante Erklärung für diesen offenkundigen Widerspruch; ich konnte lediglich darauf verweisen, dass die Welt chaotisch war, dass ich in der außenpolitischen Praxis fortwährend konkurrierende Interessen gegeneinander abwägen musste, Interessen, die von den Entscheidungen früherer Regierungen und den Zufälligkeiten des Moments bestimmt wurden. Und nur, weil ich unsere Menschenrechtsagenda nicht in jedem Fall über andere Erwägungen erheben konnte, bedeutete das nicht, dass ich nicht versuchen sollte, das zu tun, was ich konnte, wenn ich es konnte, um das zu befördern, was ich als die höchsten Werte Amerikas ansah. Aber was ist, wenn eine Regierung nicht Hunderte, sondern Tausende ihrer eigenen Bürger abschlachtet und die Vereinigten Staaten die Macht haben, diesem Gemetzel Einhalt zu gebieten? Was dann?

ZWEIUNDVIERZIG JAHRE LANG herrschte Muammar al-Gaddafi nun schon mit einer Bösartigkeit über Libyen, die selbst gemessen an den Maßstäben seiner Diktatorenkollegen an Wahnsinn grenzte. Er hatte eine Schwäche für extravagante Auftritte, zusammenhanglose Schimpftiraden und schrullige Verhaltensweisen (im Vorfeld der UN-Generalversammlung in New York im Jahr 2009 hatte er um die Genehmigung ersucht, mitten im Central Park ein riesiges Beduinenzelt für sich selbst und seine Entourage aufstellen zu dürfen). Trotzdem hatte er jegliche Opposition in seinem Land mit skrupelloser Effizienz ausgemerzt. Er setzte auf mehrere Akteure – die Geheimpolizei, andere Sicherheitsorgane und staatlich geförderte Milizen –, um jeden, der es wagte, sich ihm zu widersetzen, ins Gefängnis zu werfen, zu foltern und zu ermorden. Die gesamten Achtzigerjahre hindurch war seine Regierung außerdem einer der führenden staatlichen Förderer des globalen Terrorismus, der in solche schrecklichen Attentate wie den Bombenanschlag auf den Pan-Am-Flug 103 von 1988 involviert war, bei dem Bürger aus einundzwanzig Ländern einschließlich einhundertneunundachtzig Amerikanern ums Leben kamen. In jüngster Vergangenheit hatte Gaddafi versucht, sich in den Mantel der Ehrbarkeit zu hüllen, indem er seine Unterstützung für den internationalen Terrorismus und sein im Entstehen begriffenes Atomprogramm beendete (was westliche Länder inklusive der Vereinigten Staaten dazu bewog, wieder diplomatische Beziehungen zu Libyen aufzunehmen). Aber in Libyen selbst hatte sich nichts geändert.

Weniger als eine Woche nach dem Rücktritt Mubaraks in Ägypten feuerten Gaddafis Sicherheitskräfte in eine große Gruppe von Zivilisten, die sich versammelt hatten, um gegen die Festnahme eines Menschenrechtsanwalts zu protestieren. Binnen weniger Tage breiteten sich die Proteste aus, bei denen über einhundert Menschen getötet wurden. Eine Woche später befand sich ein Großteil des Landes in offener Rebellion. Bengasi, die zweitgrößte Stadt Libyens, fiel in die Hand von Anti-Gaddafi-Kräften. Libysche Diplomaten und ehemalige Loyalisten, darunter der UN-Botschafter des Landes, begannen überzulaufen und appellierten an die internationale Gemeinschaft, dem libyschen Volk zu Hilfe zu kommen. Gaddafi, der den Protestierenden vorwarf, die Speerspitze al-Qaidas zu sein, entfesselte eine Terrorkampagne. Er verkündete: »Alles wird brennen.« Anfang März war die Zahl der Todesopfer auf tausend gestiegen.

Wir waren entsetzt über das eskalierende Gemetzel und taten – abgesehen vom Einsatz militärischer Gewalt – alles, was wir tun konnten, um Gaddafi zu stoppen. Ich forderte ihn auf, die Macht abzugeben, da er die Legitimität zu regieren verloren habe. Wir verhängten Wirtschaftssanktionen, froren Vermögenswerte in Höhe von mehreren Milliarden Dollar ein, die ihm und seiner Familie gehörten, und verabschiedeten im UN-Sicherheitsrat ein Waffenembargo. Außerdem leiteten wir den Fall Libyen an den Internationalen Gerichtshof weiter, wo gegen Gaddafi und andere ein Verfahren wegen Verbrechen gegen die Menschlichkeit eröffnet werden konnte. Aber all dies ließ den libyschen Staatschef unbeeindruckt. Analysten sagten für den Fall, dass Gaddafis Truppen Bengasi erreichen sollten, bis zu mehreren Zehntausend Todesopfern voraus.

Ungefähr zu dieser Zeit wurden immer mehr Stimmen laut – zunächst unter Menschenrechtsorganisationen und einer Handvoll Leitartiklern, dann im US-Kongress und in den Medien –, die ein militärisches Eingreifen der Vereinigten Staaten forderten, um Gaddafi Einhalt zu gebieten. Ich sah darin in vielerlei Hinsicht ein Anzeichen für ein geschärftes moralisches Verantwortungsbewusstsein. Der Vorschlag, die Regierung eines anderen Landes durch Einsatz unserer Kampftruppen davon abzuhalten, ihre eigenen Bürger abzuschlachten, wäre während des größten Teils der amerikanischen Geschichte von vornherein zum Scheitern verurteilt gewesen – weil solche staatlich geförderte Gewalt ständig passierte, weil politische Entscheidungsträger in den USA der Ansicht waren, der Tod unschuldiger Kambodschaner, Argentinier oder Ugander berühre unsere Interessen nicht, und weil viele der Täter unsere Verbündeten im Kampf gegen den Kommunismus waren. (Dies galt Berichten zufolge auch für den von der CIA unterstützten Militärputsch, der 1965, zwei Jahre bevor meine Mutter und ich dort eintrafen, die kommunistische Regierung in Indonesien zu Fall gebracht hatte. Bei den blutigen Nachwirkungen kamen zwischen fünfhunderttausend und einer Millionen Menschen ums Leben.) In den Neunzigerjahren führte die zeitnähere internationale Berichterstattung über solche Verbrechen in Verbindung mit der Tatsache, dass die USA nach dem Ende des Kalten Krieges zur einzigen verbliebenen Supermacht der Welt geworden waren, dazu, dass ihre Untätigkeit einer Neubewertung unterzogen wurde. In der Folge kam es dann unter amerikanischer Führung zu der erfolgreichen NATO-Intervention in den Bosnienkonflikt. Tatsächlich war die Pflicht der Vereinigten Staaten, der Verhinderung von Gräueltaten in ihrer Außenpolitik Priorität einzuräumen, *das* Thema von Samanthas Buch gewesen – was einer der Gründe war, weshalb ich sie ins Weiße Haus geholt hatte.

Doch so sehr ich den Impuls teilte, unschuldige Menschen vor Tyrannen zu schützen, war ich dennoch sehr vorsichtig, was die Anordnung einer Militäraktion gegen Libyen anging, und zwar aus dem gleichen Grund, aus dem ich Samanthas Vorschlag ablehnte, ein explizites Plädoyer für eine globale »Verantwortung zum Schutz« von Zivilpersonen gegen ihre eigenen Regierungen in meine Nobelpreisrede aufzunehmen. Wo würde eine solche Eingriffspflicht enden? Und was wären die Parameter? Wie viele Menschen müssten getötet worden sein, und wie viele weitere müssten gefährdet sein, um eine US-Militäraktion zu rechtfertigen? Warum Libyen und nicht der Kongo zum Beispiel, wo eine Reihe ziviler Konflikte Millionen ziviler Todesopfer gefordert hatte? Sollten wir nur dann eingreifen, wenn es mit hoher Wahrscheinlichkeit keine Verluste auf US-Seite geben würde? Bill Clinton hatte im Jahr 1993, als er zur Unterstützung von US-Friedensbemühungen Spezialeinsatzkräfte nach Somalia entsandte, die dort Mitglieder der Organisation eines Warlords festnehmen sollten, die Risiken als gering eingeschätzt. Bei dem sogenannten »Black Hawk Down«-Vorfall wurden dann jedoch achtzehn Soldaten getötet und dreiundsiebzig weitere verwundet.

In Wahrheit sind Kriege niemals »sauber« und haben immer unbeabsichtigte Folgen, auch wenn sie im Namen einer gerechten Sache gegen scheinbar schwache Länder geführt werden. Im Falle Libyens versuchten Befürworter einer US-Intervention diese Tatsache dadurch zu verschleiern, dass sie sich dem Vorschlag anschlossen, eine Flugverbotszone zu errichten, um Gaddafis Kampfflugzeuge am Boden zu halten und Bombenangriffe zu unterbinden. Sie stellten dies als eine makellose, risikofreie Maßnahme zum Schutz des libyschen Volkes dar. (Die typische Frage eines Reporters auf einer Pressekonferenz im Weißen Haus lautete damals: »Wie viele Menschen müssen noch sterben, ehe wir wenigstens diesen Schritt machen?«) Was sie nicht bedachten, war die Tatsache, dass die Errichtung einer Flugverbotszone im libyschen Luftraum es erforderlich machen würde, zunächst einmal Raketen auf Tripolis abzufeuern, um die libysche Luftabwehr auszuschalten – eindeutig ein kriegerischer Akt gegen ein Land, das keine Bedrohung für uns darstellte. Hinzu kam, dass nicht einmal feststand, ob eine Flugverbotszone überhaupt etwas ausrichten würde, da Gaddafi Bodentruppen und keine Bomber gegen Bastionen der Opposition einsetzte.

Außerdem steckte Amerika noch immer knietief in den Kriegen im Irak und in Afghanistan. Ich hatte die US-Streitkräfte im Pazifik gerade angewiesen, den Japanern dabei zu helfen, die Folgen des schlimmsten Nuklearunfalls seit Tschernobyl zu bewältigen. Dieser war durch einen Tsunami verursacht worden, der die Stadt Fukushima dem Erdboden gleichgemacht hatte, und wir waren äußerst besorgt, dass radioaktiver Niederschlag die Westküste der USA erreichen könnte. Rechnet man hinzu, dass ich nach wie vor mit einer darniederliegenden US-Wirtschaft und einem US-Kongress zu tun hatte, der geschworen hatte, alles rückgängig zu machen, was meine Regierung in den ersten beiden Jahren erreicht hatte, dann ist es sicher nachvollziehbar, dass ich die Idee, einen neuen Krieg in einem fernen Land ohne strategische Bedeutung für die Vereinigten Staaten zu führen, für alles andere als klug hielt. Ich war nicht der Einzige. Bill Daley, der im Januar mein Stabschef werden würde, schien es fassungslos zu machen, dass irgendjemand überhaupt auf diesen Gedanken kam.

»Vielleicht ist mir ja etwas entgangen, Mr President«, sagte er während einer unserer abendlichen Nachbesprechungen, »aber ich glaube nicht, dass wir bei den Midterm-Wahlen abgestraft wurden, weil die

Wähler glauben, dass Sie im Nahen Osten nicht genug tun. Fragen Sie zehn Leute auf der Straße, und neun von ihnen wissen nicht einmal, wo Libyen liegt.«

Doch als uns aus Libyen weiterhin Berichte über Krankenhäuser erreichten, die sich mit grauenhaft verwundeten Gaddafi-Gegnern füllten, und über junge Menschen, die kurzerhand auf den Straßen exekutiert wurden, gewann die Unterstützung für eine Intervention weltweit an Schwung. Zur Überraschung vieler stimmte die Arabische Liga für eine internationale Intervention gegen Gaddafi – ein Zeichen nicht nur dafür, welche extremen Ausmaße die Gewalt in Libyen angenommen hatte, sondern auch dafür, wie sehr das unberechenbare Verhalten des libyschen Machthabers und seine Einmischung in die Angelegenheiten anderer Länder ihn von den übrigen arabischen Führern isoliert hatten. (Die Abstimmung war für Länder in der Region vielleicht auch ein bequemer Weg, von ihren eigenen Menschenrechtsverletzungen abzulenken, wenn man bedenkt, dass Staaten wie Syrien und Bahrain weiterhin vollberechtigte Liga-Mitglieder blieben.) Derweil beschloss Nicolas Sarkozy, der in Frankreich heftig dafür kritisiert worden war, dass er das Regime von Ben Ali in Tunesien bis zum bitteren Ende unterstützt hatte, plötzlich, den Schutz der libyschen Bevölkerung zu seinem persönlichen Anliegen zu machen. Zusammen mit David Cameron kündigte er seine Absicht an, dem UN-Sicherheitsrat im Namen von Frankreich und Großbritannien unverzüglich eine Resolution vorzulegen, die eine internationale Koalition dazu ermächtigen sollte, eine Flugverbotszone über Libyen zu errichten – eine Resolution, zu der wir Stellung beziehen mussten.

Am 15. März berief ich eine Sitzung meines nationalen Sicherheitsteams ein, um die zur Abstimmung stehende Resolution des Sicherheitsrats zu erörtern. Zunächst erhielten wir ein aktuelles Lagebild über den Vormarsch Gaddafis: Libysche Truppen mit schweren Waffen standen kurz vor der Eroberung eines Orts am Rande von Bengasi, die es ihnen erlauben würde, die sechshunderttausend Einwohner der Stadt von der Versorgung mit Wasser, Lebensmitteln und Strom abzuschneiden. Gaddafi schwor, mit seinen massierten Truppen »von Haus zu Haus, Wohnung zu Wohnung, Gasse zu Gasse, Person zu Person [zu gehen], bis das Land von Schmutz und Abschaum gesäubert ist«.

Ich fragte Mike Mullen, was eine Flugverbotszone bringen würde. So gut wie nichts, sagte er und bestätigte damit, dass die einzige Möglichkeit, einen Sturmangriff auf Bengasi zu verhindern, darin bestünde, direkte Luftangriffe auf die Bodentruppen Gaddafis zu fliegen, da er fast ausschließlich auf diese setzte.

»In anderen Worten, man bittet uns, an einer Flugverbotszone mitzuwirken, die den Anschein erweckt, als würden alle etwas tun, die aber Bengasi letztlich nicht retten wird«, sagte ich.

Dann fragte ich die Leute nach ihren Empfehlungen. Gates und Mullen waren strikt gegen eine US-Militäraktion. Sie verwiesen darauf, dass die Einsätze im Irak und in Afghanistan unsere Truppen schon jetzt stark belasteten. Sie waren auch – zu Recht, wie ich fand – überzeugt davon, dass das US-Militär trotz der Beteuerungen von Sarkozy und Cameron letztlich die Hauptlast eines Einsatzes in Libyen schultern müsste. Joe hielt es für unklug, sich in einen weiteren Krieg hineinziehen zu lassen, während sich Bill immer noch verwundert zeigte, dass wir überhaupt diese Diskussion führten.

Doch als ich noch weitere in der Runde fragte, wurden Stimmen für eine Intervention laut. Hillary wurde aus Paris zugeschaltet, wo sie an einem G8-Treffen teilnahm, und sie sagte, sie sei beeindruckt von dem libyschen Oppositionsführer, den sie dort getroffen habe. Trotz – oder vielleicht wegen – ihrer realpolitischen Haltung zu Ägypten sprach sie sich jetzt dafür aus, uns an einem internationalen Einsatz zu beteiligen. Susan Rice, die sich aus unseren Büroräumen im Hauptquartier der Vereinten Nationen in New York meldete, sagte, die Situation erinnere sie an den Genozid im Jahr 1994 in Ruanda, als die internationale Gemeinschaft nicht interveniert habe. Sie war seinerzeit ein Mitglied von Bill Clintons Nationalem Sicherheitsrat gewesen, und Gedanken an die damalige Untätigkeit quälten sie noch immer. Wenn eine vergleichsweise begrenzte Aktion Menschenleben retten könne, sollten wir uns daran beteiligen. Allerdings meinte sie, wir sollten lieber eine eigene Resolution mit einem weiter gefassten Mandat vorlegen, das alle notwendigen Maßnahmen zum Schutz der libyschen Zivilbevölkerung vor den Kräften Gaddafis abdecke, als den Vorschlag einer Flugverbotszone zu unterstützen.

Einige der jüngeren Mitarbeiter äußerten die Sorge, ein militärisches Vorgehen gegen Libyen könnte die unbeabsichtigte Folge haben, Länder wie den Iran davon zu überzeugen, dass sie Atomwaffen bräuchten, um sich gegen einen zukünftigen US-Angriff abzusichern. Aber wie schon im Fall von Ägypten waren Ben und Tony Blinken der Meinung, dass wir eine Pflicht zur Unterstützung jener Kräfte hätten, die für den demokratischen Wandel im Nahen Osten protestierten – insbesondere, wenn die arabischen Staaten und unsere engsten Verbündeten bereit wären, sich uns anzuschließen. Und obwohl Samantha die Zahl der potenziellen Todesopfer in Bengasi, falls wir nicht eingreifen sollten, ungewöhnlich sachlich beschrieb, wusste ich, dass sie in täglichem direktem Kontakt mit Libyern stand, die um Hilfe flehten. Auch ohne sie ausdrücklich zu fragen, kannte ich ihren Standpunkt.

Ich sah auf die Uhr, da ich wusste, dass ich gleich Gastgeber des jährlichen Dinners für die US-Kampftruppenkommandeure und ihre Ehepartner im Blue Room des Amtssitzes sein würde. »Also gut«, sagte ich, »ich bin noch nicht bereit, eine Entscheidung zu treffen. Aber nach allem, was ich gehört habe, werden wir eine Sache mit Sicherheit *nicht* tun – wir werden uns nicht an einer unausgegorenen Flugverbotszone beteiligen, die unser Ziel nicht erreicht.«

Ich erklärte dem Team, wir würden in einigen Stunden erneut zusammenkommen. Dann erwartete ich einige echte Optionen für eine erfolgversprechende Intervention einschließlich einer Analyse der Kosten, des Personalbedarfs und der damit verbundenen Risiken. »Entweder gehen wir das richtig an«, sagte ich, »oder wir tun nicht länger so, als wäre es uns mit der Rettung Bengasis ernst, nur damit wir uns besser fühlen.«

Als ich im Blue Room eintraf, hatten sich Michelle und unsere Gäste bereits dort versammelt. Wir machten Fotos mit jedem Befehlshaber und seiner Ehegattin, plauderten über unsere Kinder und scherzten über unsere Golf-Handicaps. Während des Essens saß ich neben einem jungen Marineinfanteristen und seiner Frau; er war in eine Sprengfalle getreten, während er als Bombentechniker in Afghanistan im Einsatz gewesen war, und hatte beide Beine verloren. Er müsse sich erst noch an seine Prothesen gewöhnen, sagte er mir, aber er schien guter Dinge zu sein und wirkte sehr stattlich in seiner Uniform. Im Gesicht seiner Frau konnte ich die Mischung aus Stolz, Entschlossenheit und unterdrücktem Kummer sehen, die mir im Lauf meiner Besuche bei Soldatenfamilien in den vergangenen beiden Jahren so vertraut geworden war.

Die ganze Zeit über schwirrte mir der Kopf von Überlegungen und Abwägungen. Ich dachte an die Entscheidung, die ich treffen musste, sobald Buddy und Von und die übrigen Butler die Dessertteller abgeräumt hatten. Die Argumente, die Mullen und Gates gegen einen Militäreinsatz in Libyen vorgebracht hatten, waren überzeugend. Ich hatte bereits Tausende junger Männer wie den neben mir sitzenden Marine in den Kampf geschickt, und es gab keine Garantie dafür, dass in einem neuen Krieg US-Soldaten nicht ähnliche oder schlimmere Verletzungen erleiden würden, was immer unbeteiligte Außenstehende denken mochten. Ich war verärgert darüber, dass Sarkozy und Cameron mir dieses Problem aufgehalst hatten, zum Teil deshalb, weil sie ihre innenpolitischen Schwierigkeiten lösen wollten, und ich verachtete die Heuchelei der Arabischen Liga. Ich wusste, dass Bill recht hatte: Es gab außerhalb Washingtons nicht viel Unterstützung für das, worum Amerika gebeten wurde, und in dem Moment, in dem bei einem US-Militäreinsatz in Libyen etwas schiefginge, würden sich meine politischen Probleme verschlimmern.

Ich wusste auch, dass der Plan der Europäer vermutlich nichts bringen würde, wenn wir nicht die Führung übernähmen. Gaddafis Truppen würden Bengasi belagern. Die Folge wäre bestenfalls ein langwieriger Konflikt, vielleicht sogar ein regelrechter Bürgerkrieg. Schlimmstenfalls würden Zehntausende oder mehr verhungern, gefoltert werden oder eine Kugel in den Kopf bekommen. Und zumindest in diesem Moment war ich vielleicht der einzige Mensch auf der Welt, der dies verhindern konnte.

Das Abendessen war zu Ende. Ich sagte Michelle, ich käme in einer Stunde zurück, und ging wieder hinüber in den Situation Room, wo das Team Optionen ausgelotet hatte und auf weitere Anweisungen wartete.

»Ich glaube, ich habe einen Plan, der funktionieren könnte«, sagte ich.

KAPITEL 26

AM SELBEN ABEND SETZTEN WIR UNS für weitere zwei Stunden im Situation Room zusammen und gingen den Plan, den ich während des Abendessens überlegt hatte, Punkt für Punkt durch. Wir mussten ein Massaker in Libyen verhindern, und wir mussten vermeiden, die ohnehin überlasteten amerikanischen Streitkräfte zu überfordern oder zu großen Risiken auszusetzen. Ich war bereit, Gaddafi entschlossen entgegenzutreten und dem libyschen Volk eine Möglichkeit zu eröffnen, sich eine neue Regierung zu geben. Aber wir würden schnell handeln müssen. Wir würden die Unterstützung unserer Verbündeten brauchen. Und wir würden unsere Mission klar eingrenzen müssen.

Ich sagte meinen Leuten, dass ich dem Vorschlag von Susan Rice folgen wolle: Ich würde versuchen, die Franzosen und Briten dazu zu bewegen, von ihrem Vorschlag einer Flugverbotszone Abstand zu nehmen, sodass wir dem Sicherheitsrat einen abgeänderten Beschluss vorlegen könnten, in dem wir um ein erweitertes Mandat bäten, Angriffen von Gaddafis Streitkräften Einhalt zu gebieten, um die libysche Zivilbevölkerung zu schützen. Parallel dazu sollte das Pentagon einen Militäreinsatz planen und die Aufgaben der Verbündeten klar definieren. In einer ersten Phase des Feldzugs sollten die amerikanischen Streitkräfte dabei helfen, Gaddafis Vorstoß nach Bengasi zu stoppen und seine Luftabwehr auszuschalten – für diese Aufgabe waren wir aufgrund unserer überlegenen Fähigkeiten im Luftkrieg am besten qualifiziert. Anschließend würden wir den Einsatz im Wesentlichen den Europäern und den arabischen Mitgliedern der internationalen Koalition überlassen. Die Kampfflugzeuge der europäischen Verbündeten würden vor allem gezielte Luftangriffe fliegen, um Gaddafis Truppen von Angriffen auf die Zivilbevölkerung abzuhalten (und damit im Grunde neben einer Flugverbotszone auch eine »Fahrverbotszone« einrichten). Die arabischen Verbündeten würden hauptsächlich logistische Unterstützung leisten. Da Nordafrika nicht in unserem, sondern in Europas Hinterhof lag, würden wir die Europäer auch auffordern, nach dem Ende der bewaffneten Auseinandersetzung für die Hilfsleistungen aufzukommen, die nötig wären, um Libyen wiederaufzubauen und dem Land nach Gaddafis Sturz beim Übergang zur Demokratie zu helfen.

Ich bat Gates und Mullen um ihre Einschätzung. Obwohl es ihnen immer noch widerstrebte, dass wir uns auf eine im Wesentlichen humanitäre Mission einließen, während wir zwei andere Kriege führten, gestanden sie mir zu, dass der Plan durchführbar war, die Kosten für die Vereinigten Staaten und die Risiken für unsere Einsatzkräfte begrenzte und Gaddafis Vorstoß wahrscheinlich innerhalb weniger Tage zum Stillstand bringen würde.

Susan und ihr Team arbeiteten die ganze Nacht mit Samantha und legten am folgenden Tag den Entwurf für eine revidierte Resolution vor, den wir an die Mitglieder des Sicherheitsrats verteilten. Die wichtigste Frage im Vorfeld der Abstimmung war, ob Russland sein Veto gegen den neuen Vorschlag einlegen würde. Während Susan ihre Kollegen bei den Vereinten Nationen zu überzeugen suchte, hofften wir, dass unsere Bemühungen um Dmitri Medwedew über die vergangenen zwei Jahre uns helfen würden, uns seine Unterstützung zu sichern. Wir betonten Russland gegenüber, dass die Staatengemeinschaft moralisch verpflichtet sei, Gräueltaten gegen die Zivilbevölkerung zu verhindern; darüber hinaus sei es sowohl im Interesse Russlands als auch der Vereinigten Staaten, einen langwierigen Bürgerkrieg in Libyen abzuwenden, da sich das Land ansonsten in eine Brutstätte des Terrorismus verwandeln könne. Es war klar, dass Medwedew erhebliche Vorbehalte gegen eine vom Westen geführte Militärintervention hatte, die zu einem Regimewechsel führen könnte, doch zugleich war er wenig geneigt, sich für Gaddafi in die Bresche zu werfen. Der Sicherheitsrat verabschiedete unsere Resolution schließlich am 17. März mit zehn Jastimmen; fünf Länder, darunter Russland, enthielten sich der Stimme. Ich rief die beiden entscheidenden europäischen Politiker an, Sarkozy und Cameron, die beide kaum ihre Erleichterung darüber verbargen, dass wir ihnen eine Leiter hingestellt hatten, um von dem wackligen Ast herunterzusteigen, auf den sie sich begeben hatten. Innerhalb weniger Tage waren die Vorbereitungen für den Militäreinsatz abgeschlossen: Die Europäer unterstellten ihre Streitkräfte dem Kommando der NATO, und wir hatten eine ausreichende Zahl arabischer Länder – Jordanien, Katar und die Vereinigten Arabischen Emirate – in die Koalition eingebunden, um den Vorwurf zu entkräften, die Libyen-Mission sei ein weiterer Feldzug in einem Krieg der westlichen Mächte gegen den Islam.

Als das Verteidigungsministerium bereit war und auf meinen Befehl zum Beginn der Luftschläge wartete, bot ich Gaddafi öffentlich eine letzte Chance und drängte ihn, seine Truppen abzuziehen und das Recht der Libyer auf friedliche Protestkundgebungen anzuerkennen. Da sich die Weltgemeinschaft geschlossen gegen ihn stellte, werde, so hoffte ich, sein Überlebensinstinkt erwachen und er sich bereit erklären, über sicheres Geleit und seine Aufnahme in einem Drittland zu verhandeln. Dort könnte er einen angenehmen Lebensabend mit den Erdölmillionen verbringen, die er im Lauf der Jahre auf Konten bei verschiedenen Schweizer Banken versteckt hatte. Aber anscheinend hatte Gaddafi endgültig jeglichen Realitätsbezug verloren.

An jenem Abend musste ich nach Brasilien aufbrechen, das die erste Station auf einer viertägigen Rundreise durch drei lateinamerikanische Länder sein würde. Der Zweck der Reise war, das Ansehen der Vereinigten Staaten in dieser Region zu verbessern. (Der Irakkrieg wie auch die Maßnahmen der Regierung Bush zur Unterbindung des Drogenhandels und die Kubapolitik waren dort nicht gut angekommen.) Ich freute mich sehr auf diese Reise, weil es uns gelungen war, sie so zu planen, dass sie in die Frühjahrsferien von Malia und Sasha fiel und wir somit als Familie reisen konnten.

Wir hatten jedoch nicht mit einem unmittelbar bevorstehenden militärischen Konflikt gerechnet. Gerade als die Air Force One auf dem Flughafen der Hauptstadt Brasilia landete, teilte mir Tom Donilon mit, dass es keinerlei Anzeichen für einen Rückzug von Gaddafis Truppen gebe – stattdessen hätten sie mit dem Sturm auf Bengasi begonnen.

»Wahrscheinlich werden Sie irgendwann im Lauf des Tages einen Befehl geben müssen«, sagte er.

Es war generell problematisch, während eines Auslandsaufenthalts den Startschuss zu einem Militäreinsatz zu geben. In diesem Fall kam erschwerend hinzu, dass es Brasilien im Allgemeinen vermied, in internationalen Streitigkeiten Position zu beziehen, und dass sich das Land bei der Abstimmung über die Intervention in Libyen im Sicherheitsrat der Stimme enthalten hatte. Dies war mein erster Besuch in Lateinamerika als Präsident und meine erste Begegnung mit der neu gewählten brasilianischen Präsidentin Dilma Rousseff. Sie war studierte Volkswirtin und hatte als Stabschefin in der Regierung ihres charismatischen Amtsvorgängers Lula da Silva gedient, und sie war unter anderem daran interessiert, die Handelsbeziehungen zu den Vereinigten Staaten zu verbessern. Gemeinsam mit ihren Ministern bereitete sie unserer Delegation einen freundlichen Empfang im Präsidentenpalast, einem hellen, im Stil der Moderne gehaltenen Bau mit gewölbten Stützpfeilern und hohen Glaswänden. Wir sprachen mehrere Stunden darüber, wie wir die Zusammenarbeit zwischen unseren Ländern in den Bereichen Energie, Handel und Klimawandel vertiefen könnten. Aber aufgrund der hitzigen Spekulationen in der Weltöffentlichkeit über das Wann und Wie der Luftschläge gegen Gaddafis Streitkräfte war allen Beteiligten die Anspannung anzumerken. Ich entschuldigte mich bei Rousseff für alle Unannehmlichkeiten, die ihr die Situation möglicherweise bereitete. Sie zuckte mit den Schultern und sah mich aus ihren dunklen Augen mit einer Mischung von Skepsis und Sorge an.

»Wir können damit umgehen«, sagte sie auf Portugiesisch. »Ich hoffe, dass dies Ihr geringstes Problem sein wird.«

Nach dem Gespräch mit Rousseff führten mich Tom und Bill Daley eilig in ein Wartezimmer und eröffneten mir, dass Gaddafis Truppen weiter vorrückten und dass jetzt der beste Augenblick für einen Einsatzbefehl sei. Um die Kampfeinsätze formal in Gang setzen zu können, musste ich Mike Mullen eine entsprechende Anweisung geben. Doch ausgerechnet in diesem Moment versagte das hochmoderne, sichere mobile Kommunikationssystem, das es mir eigentlich ermöglichen sollte, an jedem Ort in der Welt meine Funktion als Oberbefehlshaber zu erfüllen.

»Es tut mir leid, Mr President … wir haben immer noch Schwierigkeiten mit der Verbindung.«

Während unsere Techniker versuchten, in aller Eile gelockerte Kabel und fehlerhafte Portale aufzuspüren, ließ ich mich in einem Sessel nieder und nahm mir eine Handvoll Mandeln aus einer Schale auf einem Beistelltisch. Ich hatte mir vor langer Zeit abgewöhnt, mich mit den logistischen Details der Präsidentschaft zu beschäftigen, denn ich wusste, dass ich in jedem Augenblick von einer kompetenten Mannschaft umgeben war. Doch nun sah ich, dass einigen Personen im Raum Schweißtropfen über die Stirn liefen. Bill, für den es die erste Auslandsreise als Stabschef war, stand offenkundig unter großem Druck und war außer sich.

»Das ist unglaublich!«, rief er, und seine Stimme schoss vor Erregung in die Höhe.

Ich sah auf meine Uhr. Mittlerweile waren zehn Minuten verstrichen, und die nächste Besprechung mit brasilianischen Regierungsmitgliedern stand unmittelbar bevor. Ich sah Bill und Tom an, die beide an der Schwelle zu einem Wutausbruch standen.

»Warum verwenden wir nicht einfach Ihr Mobiltelefon?«, sagte ich zu Bill.

»Was?«

»Es wird kein langes Gespräch. Sie müssen nur prüfen, ob die Verbindung stark genug ist.«

Nach einer kurzen Diskussion unter den Teammitgliedern über die Frage, ob es ratsam war, eine unverschlüsselte Verbindung zu nutzen, wählte Bill die Nummer und reichte mir das Handy.

»Mike?«, sagte ich. »Hören Sie mich?«

»Ja, Mr President.«

»Ich erteile meine Genehmigung.«

Und mit diesen vier Worten, die ich in ein Gerät sprach, das wahrscheinlich auch schon verwendet worden war, um Pizza zu bestellen, gab ich zum ersten Mal in meiner Präsidentschaft den Befehl zu einem neuen Militäreinsatz.

IN DEN FOLGENDEN ZWEI TAGEN setzten wir den Staatsbesuch weitgehend wie geplant fort, sogar als amerikanische und britische Kriegsschiffe begannen, Tomahawk-Marschflugkörper abzufeuern und libysche Luftabwehrstellungen zu zerstören. Ich traf mich mit einer Gruppe amerikanischer und brasilianischer Firmenchefs, um mit ihnen über Möglichkeiten zur Intensivierung der Handelsbeziehungen zu sprechen. Ich nahm an einem Cocktailempfang mit Regierungsvertretern teil und ließ mich mit amerikanischen Botschaftsmitarbeitern und ihren Familien fotografieren. In Rio de Janeiro hielt ich vor zweitausend prominenten Brasilianern aus Politik, Zivilgesellschaft und Geschäftswelt eine Rede über die Herausforderungen und Chancen, denen sich unsere Länder als die zwei größten Demokratien Amerikas gegenübersahen. Aber nebenher erkundigte ich mich immer wieder bei Tom nach den neuesten Berichten aus Libyen und stellte mir die Szenen vor, die sich fast neuntausend Kilometer entfernt abspielten: das Rauschen von durch die Luft sausenden Raketen, die Kaskade von Explosionen, Trümmer und Rauch, die Gesichter von Gaddafis Gefolgsleuten, die den Himmel nach Gefahren absuchten und ihre Überlebenschancen einschätzten.

Ich war abgelenkt, aber mir war klar, dass meine Anwesenheit in Brasilien wichtig war. Besondere Bedeutung hatte sie für die Afrobrasilianer, die etwas mehr als die Hälfte der Bevölkerung des Landes stellten und so wie die Schwarzen in den Vereinigten Staaten unter tief verwurzeltem – und oft geleugnetem – Rassismus litten und überwiegend in Armut lebten. Gemeinsam mit Michelle und den Mädchen besuchte ich eine weitläufige Favela im Westen von Rio, wo wir uns in einem Jugendzentrum den Auftritt einer Capoeira-Truppe ansahen. Danach spielte ich mit einer Handvoll Jugendlichen ein wenig Fußball. Als wir die Einrichtung verließen, waren draußen Hunderte Menschen zusammengeströmt. Die Leute vom Secret Service ließen nicht zu, dass ich einen Spaziergang durch das Viertel unternahm, aber ich überredete sie, mich durch das Tor hinausgehen zu lassen, damit ich die Menschen begrüßen konnte. Ich stand in einer engen Gasse und winkte den Schwarzen, braunen und kupferfarbenen Gesichtern zu. Die Menge drückte gegen die Polizeiabsperrung, auf Dächern und kleinen Balkonen drängten sich Menschen, darunter viele Kinder. Als ich ins Gebäude zurückkehrte, sagte Valerie, die uns auf dieser Reise begleitete, lächelnd zu mir: »Ich wette, dass dieses Winken das Leben einiger dieser Kinder für immer verändert hat.«

Ich fragte mich, ob es wirklich so war. Dasselbe hatte ich am Anfang meiner politischen Reise gedacht, und nicht zuletzt mit diesem Wunsch hatte ich Michelle gegenüber meine Kandidatur für das Präsidentenamt gerechtfertigt: Der Wahlsieg und die Präsidentschaft eines Schwarzen würden die Art und Weise verändern, wie Schwarze Kinder und Jugendliche sich selbst und ihre Welt betrachteten. Und doch war mir bewusst, dass jegliche Wirkung, die meine flüchtige Gegenwart auf diese Kinder in den Favelas haben mochte, selbst wenn sie einige von ihnen veranlasste, selbstbewusster zu sein und größere Träume zu wagen, die zermürbende Armut nicht beheben konnte, die ihr Leben beherrschte – die schlechten Schulen, die ungesunde Luft, das schmutzige Wasser und das Chaos, in dem viele von ihnen ums Überleben kämpfen mussten. Soweit ich es beurteilen konnte, hatte ich das Leben von Kindern und Familien, die in Armut lebten, bisher praktisch nicht verbessert, nicht einmal in meinem eigenen Land. Ich war schon allein davon in Anspruch genommen, dagegen anzugehen, dass sich die Lebensumstände der Armen in den Vereinigten Staaten und weltweit weiter verschlechterten: Sorge zu tragen, dass eine globale Rezession nicht noch mehr Menschen in die Armut abrutschen ließ oder dass sie deren ohnehin schwache Position auf dem Arbeitsmarkt zerstörte; einen Klimawandel zu verhindern, der womöglich tödliche Flut- und Sturmkatastrophen zur Folge hätte; und im Fall Libyens die Armee eines Verrückten daran zu hindern, die Menschen in den Straßen niederzumähen. Meine Bemühungen waren in meinen Augen nicht wertlos gewesen, aber ich durfte mich nicht der Illusion hingeben, dass ich auch nur annähernd genug getan hatte.

Auf dem kurzen Rückflug zum Hotel im Marine-One-Helikopter schwebten wir an den wunderschönen bewaldeten Bergen entlang, die die Küste säumten. Unvermittelt kamen der kegelförmige Gipfel des Corcovado und das Wahrzeichen Rios in Sicht, die dreißig Meter hohe Statue des Cristo Redentor. Wir hatten für denselben Abend einen Besuch dort oben geplant. Ich lehnte mich zu Sasha und Malia hinüber und zeigte auf die weltberühmte Statue: eine in eine Tunika gehüllte

Figur mit weit ausgebreiteten Armen, die sich weiß vom blauen Himmel abhob.

»Schaut … da fahren wir heute Abend hin.«

Die beiden hörten Musik auf ihren iPods, blätterten in ein paar von Michelles Zeitschriften und ließen den Blick über Hochglanzfotos von blendend aussehenden Prominenten wandern, die ich nicht kannte. Ich wedelte mit den Händen vor ihren Gesichtern, um sie auf mich aufmerksam zu machen. Sie zogen die Stöpsel ihrer Kopfhörer aus den Ohren, drehten gleichzeitig die Köpfe zum Fenster, nickten wortlos, hielten in einer Geste der Freundlichkeit einen Augenblick inne – und steckten die Kopfhörer wieder in die Ohren. Michelle, die anscheinend zu Musik aus ihrem iPod vor sich hin döste, äußerte sich nicht.

Als wir später im Garten unseres Hotels beim Abendessen saßen, teilte man uns mit, dass der Corcovado in dichten Nebel gehüllt sei, weshalb der Ausflug zum Cristo Redentor möglicherweise ausfallen werde. Malia und Sasha wirkten nicht allzu enttäuscht. Ich hörte ihnen zu, wie sie sich beim Kellner nach den Desserts erkundigten, und war ein wenig gekränkt durch ihre mangelnde Begeisterung. Da ich die Entwicklung in Libyen verfolgen musste, bekam ich meine Familie bei dieser Reise noch weniger zu Gesicht als daheim in Washington, und diese Situation verstärkte ein Gefühl, das mich in letzter Zeit allzu oft beschlich: Meine Töchter wurden schneller erwachsen, als ich erwartet hatte. Malia war drauf und dran, sich in einen Teenager zu verwandeln: In ihrem Mund schimmerte eine Zahnspange, das Haar hatte sie zu einem Zopf geflochten, ihr Körper wirkte in die Länge gezogen, als wäre er in ein unsichtbares Gestell gespannt worden, sodass sie über Nacht lang und dünn und fast so groß wie ihre Mutter geworden war. Wenigstens Sasha, mittlerweile neun Jahre alt, sah mit ihrem süßen Lächeln und ihren Grübchen in den Wangen noch wie ein Kind aus, aber in ihrem Verhalten mir gegenüber hatte ich eine Veränderung bemerkt: Sie hatte weniger Vergnügen daran, von mir gekitzelt zu werden, und wirkte oft ungehalten und ein bisschen peinlich berührt, wenn ich in der Öffentlichkeit versuchte, sie an die Hand zu nehmen.

Ich wunderte mich immer wieder darüber, wie stabil die beiden waren, wie gut sie sich an die sonderbaren und außergewöhnlichen Umstände angepasst hatten, unter denen sie aufwuchsen, wie natürlich sie blieben, egal, ob sie an einer Audienz beim Papst teilnahmen oder eine Tour durch die Shoppingmall machten. Vor allem hatten sie eine Abneigung gegen jede besondere Behandlung oder übertriebene Aufmerksamkeit; sie wollten einfach wie die anderen Kinder in der Schule sein. (Als einer von Sashas Klassenkameraden am ersten Tag des vierten Schuljahrs versucht hatte, sie zu fotografieren, hatte sie ihm eigenhändig die Kamera entrissen und ihn gewarnt, er solle das ja nicht noch mal versuchen.) Mit ihren Freunden trafen sich beide Mädchen lieber in deren Häusern, was sicher zum Teil daran lag, dass in diesen Haushalten weniger strenge Regeln dafür galten, welche Süßigkeiten man essen und wie viel Zeit man vor dem Fernseher verbringen durfte, hauptsächlich aber daran, dass sie an diesen Orten eher das Gefühl hatten, normale Kinder sein zu können, selbst wenn vor der Tür ein Wagen des Secret Service wartete. Ihr Verhalten war nachvollziehbar, doch leider war ihr Leben gerade dann, wenn sie mit mir zusammen waren, besonders unnormal. Ich fürchtete, dass ich die kostbare Zeit mit ihnen verpasste, bevor sie das Nest verließen …

Marvin trat an den Tisch. »Alles klar«, sagte er. »Der Nebel hat sich aufgelockert.«

Wir stiegen in den SUV und fuhren kurze Zeit später im Dunkeln eine gewundene dreispurige Straße hinauf, bis unser Konvoi plötzlich an einem großen, mit Scheinwerfern ausgeleuchteten Vorplatz zum Stehen kam. Eine massive, schimmernde Gestalt schien uns durch den Dunst zu sich zu winken. Wir gingen die Stufen hinauf und legten die Köpfe in den Nacken, um sie ganz zu sehen. Sasha griff nach meiner Hand, und Malia legte einen Arm um meine Taille.

»Sollen wir beten oder so was?«, fragte Sasha.

»Warum nicht?«, antwortete ich. Wir standen Arm in Arm schweigend mit gebeugten Köpfen da, und ich wusste, dass zumindest eines meiner Gebete an diesem Abend schon erhört worden war.

OB UNSERE KURZE PILGERFAHRT auf diesen Berggipfel in Rio de Janeiro dabei half, dass mein anderes Gebet erhört wurde, kann ich nicht mit Gewissheit sagen. Ich weiß jedoch, dass die ersten Tage des Militäreinsatzes in Libyen so gut wie nur möglich verliefen. Gaddafis Luftabwehr wurde rasch zerschlagen. Die Europäer hatten die versprochenen Kampfflugzeuge entsandt (Sarkozy sorgte dafür, dass ein französisches Flugzeug als erstes in den libyschen Luftraum eindrang), die eine Reihe von Angriffen gegen die auf Bengasi vorrückenden Truppen flogen. Nach wenigen Tagen zogen sich Gaddafis Truppen zurück; in großen Teilen Ostlibyens hatten wir de facto eine Flugverbotszone durchgesetzt, und auch Truppenbewegungen am Boden waren kaum noch möglich.

Dennoch saß ich während der Lateinamerikareise weiterhin wie auf glühenden Kohlen. Jeden Morgen konsultierte ich in einer sicheren Videokonferenz meine Sicherheitsexperten und ließ mich von General Carter Ham, der bei der Operation gegen Gaddafi das Oberkommando hatte, sowie von den führenden Militärs im Pentagon über den Stand der Dinge informieren, bevor ich eine detaillierte Liste der nächsten Schritte durchging. Ich wollte nicht nur genau wissen, ob wir unsere militärischen Ziele erreichten, sondern auch dafür sorgen, dass unsere Verbündeten ihren Verpflichtungen nachkamen, denn die Rolle der amerikanischen Streitkräfte sollte innerhalb der engen Grenzen bleiben, die ich gezogen hatte. Es war mir vollkommen klar, dass die amerikanische Öffentlichkeit sehr wenig für diesen Militäreinsatz übrig hatte und dass jeder Rückschlag verheerende Auswirkungen haben konnte.

Tatsächlich erlebten wir eine Schrecksekunde. Am ersten Abend unseres Besuchs in Chile nahmen Michelle und ich in Santiago auf Einladung von Präsident Sebastián Piñera an einem Staatsbankett teil. Der Milliardär Piñera hatte sich als Kandidat einer Mitte-rechts-Koalition ein Jahr zuvor bei der Präsidentschaftswahl durchgesetzt. Ich saß am Kopfende der Tafel und hörte mir an, was der Präsident über den wachsenden Markt für chilenische Weine in China zu sagen hatte, als mir jemand an die Schulter tippte. Ich drehte mich um und sah in Tom Donilons Gesicht, das noch besorgter wirkte als gewohnt.

»Was ist los?«, fragte ich.

Er beugte sich zu mir herunter und flüsterte mir ins Ohr: »Wir haben gerade vom Absturz eines unserer Kampfflugzeuge in Libyen erfahren.«

»Abgeschossen?«

»Technischer Defekt«, sagte er. »Zwei Besatzungsmitglieder vor dem

Aufprall mit dem Schleudersitz rauskatapultiert. Haben den Piloten geborgen. Es geht ihm gut … aber der Geschützoffizier ist weiterhin unauffindbar. Wir haben einen Suchtrupp in der Nähe der Absturzstelle abgesetzt, und ich bin in direktem Kontakt mit dem Pentagon. Sobald ich etwas Neues erfahre, lasse ich es Sie wissen.«

Als sich Tom zurückzog, warf mir Piñera einen fragenden Blick zu. »Alles in Ordnung?«, sagte er.

»Ja, entschuldigen Sie bitte«, antwortete ich, während ich im Geist rasch verschiedene überwiegend unerfreuliche Szenarien durchspielte.

In den folgenden anderthalb Stunden lächelte und nickte ich, während uns Piñera und seine Frau Cecilia Morel Montes von ihren Kindern, von ihrer ersten Begegnung und von der besten Jahreszeit für einen Besuch Patagoniens erzählten. Irgendwann gab eine chilenische Folk-Rock-Band namens Los Jaivas eine Nummer zum Besten, die sich wie eine spanische Version von *Hair* anhörte. Ich wartete die ganze Zeit darauf, dass mich Tom ein weiteres Mal antippte, und ich musste an den jungen Offizier denken, den ich in den Krieg geschickt hatte und der jetzt möglicherweise verletzt, gefangen oder Schlimmeres war. Ich hatte das Gefühl, als würde ich jeden Augenblick platzen. Als Michelle und ich uns nach dem Bankett von unseren Gastgebern verabschiedet hatten und uns gerade anschickten, ins Beast zu steigen, sah ich endlich Tom herbeieilen. Er war ein wenig außer Atem.

»Wir haben ihn«, sagte er. »Anscheinend haben ihn freundliche Libyer gefunden, und es geht ihm gut.«

Ich hatte gute Lust, Tom einen Kuss zu geben. Stattdessen küsste ich Michelle.

Wenn mich jemand fragt, wie es sich anfühlt, der Präsident der Vereinigten Staaten zu sein, kommen mir oft diese anderthalb Stunden in den Sinn, in denen ich hilflos bei einem Staatsbankett in Santiago de Chile saß und über den schmalen Grat zwischen gefühltem Erfolg und potenzieller Katastrophe nachdachte – in diesem Fall das Schweben des Fallschirms eines Soldaten mitten in der Nacht über einer ferner Wüste. Es ging nicht nur darum, dass jede meiner Entscheidungen im Grunde eine Wette mit hohem Einsatz war; anders als beim Poker, wo der Spieler erwartet, dass er auf dem Weg zu einem Sieg in der Partie in einigen Runden hohe Verluste erleiden wird, und solche Rückschläge gelassen hinnehmen kann, konnte hier jedes Missgeschick ein Menschenleben kosten und – sowohl in den Augen der politischen Beobachter als auch in meinem Herzen – jeden Gesamterfolg in eine gefühlte Niederlage verwandeln.

Unter den gegebenen Umständen war der Absturz der Maschine letztlich wie ein kurzes Aufblitzen. Zum Zeitpunkt meiner Rückkehr nach Washington gab es angesichts der überwältigenden Überlegenheit der Luftstreitkräfte der internationalen Koalition kaum noch Zufluchtsorte für Gaddafis Truppen, und aufständische Milizen – denen auch zahlreiche hochrangige Überläufer aus der libyschen Armee angehörten – begannen, westwärts vorzurücken. Nach zwölf Tagen ging das Kommando über den Militäreinsatz auf die NATO über, und mehrere europäische Länder übernahmen die Verantwortung dafür, Gaddafis Truppen weiter zurückzudrängen. Als ich mich am 28. März in einer Rede an die Nation wandte, spielten die amerikanischen Streitkräfte nur noch eine Nebenrolle und beschränkten sich im Wesentlichen darauf, logistische Unterstützung zu geben, Flugzeuge zu betanken und Ziele zu identifizieren.

Da sich einige Republikaner lautstark für eine Militärintervention in Libyen ausgesprochen hatten, hätte man meinen sollen, dass die Opposition unserem entschlossenen und präzisen Vorgehen widerstrebend Beifall spenden würde. Aber während meiner Reise durch Südamerika war etwas Sonderbares geschehen: Ausgerechnet einige der Republikaner, die mich zu einer Intervention in Libyen aufgefordert hatten, waren in der Zwischenzeit zu der Überzeugung gelangt, dass sie den Militäreinsatz nun doch ablehnten. Jetzt kritisierten sie, die Mission sprenge den Rahmen des vom Kongress erteilten Mandats oder aber sie komme zu spät. Sie warfen mir vor, den Kongress nicht angemessen eingebunden zu haben, obwohl ich am Vorabend des Einsatzbeginns die Fraktionschefs beider Parteien konsultiert hatte. Sie äußerten Zweifel an der Rechtmäßigkeit meiner Entscheidung und behaupteten, nach Maßgabe des War Powers Act hätte ich die Zustimmung des Kongresses einholen müssen. Das war eine legitime, seit Langem diskutierte Frage über die Macht des Präsidenten, wäre sie nicht von einer Partei gekommen, die den Vorgängerregierungen wiederholt in der Außenpolitik und besonders in militärischen Konflikten

Blankovollmacht erteilt hatte. Den Republikanern schien diese Ungereimtheit nicht peinlich zu sein. Im Endeffekt gaben sie mir zu verstehen, dass selbst Entscheidungen über Krieg und Frieden, über Leben und Tod von nun an Teil eines brutalen, erbarmungslosen parteipolitischen Grabenkriegs waren.

Die heimische Opposition war nicht die Einzige, die Spielchen trieb. Wladimir Putin hatte die Resolution der Vereinten Nationen – und damit implizit auch Medwedew – öffentlich für die Erteilung eines weitreichenden Mandats für eine Militärintervention in Libyen kritisiert. Es war unvorstellbar, dass Putin Medwedews Entscheidung, kein Veto gegen unsere Resolution einzulegen, sondern sie mit einer Stimmenthaltung zu ermöglichen, nicht abgesegnet hatte. Auch war klar, dass Putin den Umfang des UN-Mandats richtig verstanden hatte. Und Medwedew selbst erklärte in einer Antwort auf Putins Äußerungen, dass die Flugzeuge der Koalition ihre Angriffe auf Gaddafis Truppen allein deshalb fortsetzten, weil es keinerlei Anzeichen dafür gab, dass der libysche Diktator beabsichtigte, einen Rückzug zu befehlen oder der Brutalität seiner Söldner Einhalt zu gebieten. Aber das war offenbar nicht relevant. Indem Putin unverhohlen Zweifel an Medwedews Vorgehen äußerte, wollte er anscheinend gezielt seinen von ihm selbst ausgewählten Amtsnachfolger in ein unvorteilhaftes Licht rücken, und ich musste annehmen, dass Putin vorhatte, sich die Macht in Russland auch formal wieder anzueignen.

Wie dem auch sei, im März verloren unsere Streitkräfte in Libyen nicht einen einzigen Soldaten, und zu Kosten von etwa 550 Millionen Dollar (nicht viel mehr, als wir pro Tag für Militäroperationen im Irak und in Afghanistan ausgaben) hatten wir unser Ziel erreicht, Bengasi sowie seine Nachbarstädte und möglicherweise Zehntausende Menschenleben zu retten. Nach Einschätzung Samanthas war es die schnellste internationale Militärintervention zur Verhinderung von Massengräueln in der Neuzeit. Allerdings war weiterhin unklar, wer Libyen in Zukunft regieren würde. Gaddafi befahl seinen Truppen trotz der NATO-Bombadierungen, weiter anzugreifen, und die Opposition wurde durch eine lockere Koalition von Rebellenmilizen verstärkt. Meine Regierung und ich befürchteten, dass Libyen ein langjähriger Bürgerkrieg bevorstand. Nach Aussage des amerikanischen

Diplomaten, den Hillary als Verbindungsmann zum neuen libyschen Regierungsrat nach Bengasi geschickt hatte, hatten die Oppositionsführer, wenn man ihren Erklärungen glauben konnte, mit Blick auf die Entwicklung des Landes nach Gaddafi zumindest gute Absichten: Sie bekannten sich zu freien und fairen Wahlen, zum Schutz der Menschenrechte und zur Rechtsstaatlichkeit. Doch da es keine demokratische Tradition und keine demokratischen Institutionen gab, auf die sie sich stützen konnten, hatten die Ratsmitglieder eine schwierige Aufgabe vor sich – und da Gaddafis Polizeistaat zusammengebrochen war, herrschte in Bengasi und in anderen von den Aufständischen kontrollierten Gebieten mittlerweile Gesetzlosigkeit.

»Wer ist unser Mann in Bengasi?«, fragte ich, nachdem mir eine seiner Mitteilungen vorgelesen worden war.

»Er heißt Chris Stevens«, sagte Denis. »Er war diplomatischer Geschäftsträger in unserer Botschaft in Tripolis und hatte vorher ein paar Posten im Nahen Osten inne. Anscheinend hat er sich mit einem kleinen Team an Bord eines griechischen Frachtschiffs nach Bengasi durchgeschlagen. Er soll exzellent sein.«

»Ein mutiger Mann«, sagte ich.

AN EINEM RUHIGEN SONNTAG IM APRIL war ich allein im Wohnbereich – die Mädchen waren mit Spielkameraden unterwegs, und Michelle hatte sich mit Freunden zum Mittagessen verabredet –, und so beschloss ich, nach unten zu gehen, um etwas zu arbeiten. Es war ein kühler Tag, die Temperatur lag bei etwa achtzehn Grad, und der Himmel war leicht bewölkt. Auf meinem Weg durch den Säulengang nahm ich mir ein wenig Zeit, um im Rosengarten den Anblick der üppigen Tulpenbeete zu genießen, die die Gärtner gepflanzt hatten und die in Gelb, Rot und Rosa leuchteten. An Wochenenden arbeitete ich selten am Resolute Desk, da an diesen beiden Tagen Touristengruppen durch den West Wing geführt wurden und die Besucher hinter einem Seil aus rotem Samt nur dann einen Blick in das Oval Office werfen konnten, wenn ich nicht dort war. Stattdessen hielt ich mich normalerweise im Speisezimmer und im Arbeitszimmer auf, die an das Oval Office angrenzten. Es war ein angenehmer, privater Bereich, den ich im Lauf der Jahre mit Erinnerungsstücken gefüllt hatte: ein von John Lewis signiertes, gerahmtes *Life*-Cover über den Bürgerrechtsmarsch in Selma, ein Ziegelstein aus Abraham Lincolns Anwaltsbüro in Springfield, ein Paar Boxhandschuhe von Muhammad Ali, Ted Kennedys Gemälde von der Küste bei Cape Cod, das er mir nach meinem Besuch in seinem Büro und meinen bewundernden Worten als Geschenk geschickt hatte. Aber als die Wolken aufbrachen und Sonnenlicht über die Fenster huschte, zog ich auf die stufige Terrasse vor dem Speisezimmer um. Es war ein malerischer, abgeschiedener Ort, der auf einer Seite von Hecken und Blumen und auf der anderen von einem kleinen Brunnen begrenzt wurde.

Ich wollte ein paar Berichte lesen, aber meine Gedanken schweiften immer wieder ab. Ich hatte gerade bekannt gegeben, dass ich für die Wiederwahl kandidieren würde. Eigentlich war das lediglich eine Formalität, ich hatte die Dokumente ausgefüllt und eine kurze Erklärung auf Video aufgenommen – etwas vollkommen anderes als mein Auftritt vor Tausenden überschwänglichen Menschen an dem eisigen Tag in Springfield, als ich meine Kandidatur verkündet und dem Land Hoffnung und Wandel versprochen hatte. Jener Tag vor vier Jahren schien eine Ewigkeit zurückzuliegen; es war eine Zeit der Zuversicht, der jugendlichen Energie und zweifellos der Unschuld gewesen. Mein Wahlkampf für eine zweite Amtszeit würde ein ganz anderes Unterfangen werden. Da sie von meiner Verwundbarkeit wussten, standen die Republikaner bereits Schlange, um die Chance zu nutzen, gegen mich anzutreten. Ich hatte bemerkt, dass meine politischen Berater in Erwartung einer kostspieligen und unerbittlichen Auseinandersetzung begonnen hatten, eine Reihe früher Fundraising-Veranstaltungen in meinem Terminkalender unterzubringen. Ein Teil von mir sträubte sich dagegen, so früh mit dem Wahlkampf zu beginnen, denn obwohl meine erste Kandidatur bereits wie eine ferne Erinnerung wirkte, hatte ich das Gefühl, dass meine eigentliche Arbeit als Präsident gerade erst begonnen hatte. Aber es hatte keinen Sinn, darüber zu streiten: Ich konnte die Umfrageergebnisse selber deuten.

Die Ironie war, dass unsere Anstrengungen der vergangenen zwei Jahre endlich Früchte zu tragen begannen. Wenn ich nicht mit außenpolitischen Fragen beschäftigt war, hatte ich das Land bereist, um die Aufmerksamkeit der Öffentlichkeit auf die Tatsache zu lenken, dass angeschlagene Autowerke den Betrieb wieder aufgenommen hatten, dass Kleinunternehmen gerettet worden waren, dass Windparks und energieeffiziente Fahrzeuge den Weg in eine Zukunft mit sauberer Energie wiesen. Eine Reihe von Infrastrukturprojekten, die durch den Recovery Act finanziert wurden – Straßen, Gemeindezentren, Stadtbahnlinien –, waren bereits fertiggestellt. Sehr viele Bestimmungen des Affordable Care Act waren schon in Kraft getreten. Wir hatten die Bundesregierung in vielerlei Hinsicht besser, effizienter und zugänglicher gemacht. Aber solange es mit der Wirtschaft nicht wirklich wieder aufwärtsging, würden wir von alldem politisch nicht profitieren. Bisher war es uns gelungen, die zweite Talsohle einer Double-Dip-Rezession zu vermeiden, was im Wesentlichen den milliardenschweren Konjunkturmaßnahmen zu verdanken war, die wir an die Verlängerung der Bush-Steuersenkungen in der Lame-Duck-Zeit nach den Midterm-Wahlen geknüpft hatten. Aber es war knapp gewesen. Und allem Anschein nach war die neue republikanische Mehrheit im Repräsentantenhaus entschlossen, bei der Wirtschaft wieder den Rückwärtsgang einzulegen.

Seit er im Januar zum Sprecher des Repräsentantenhauses gewählt worden war, ließ John Boehner keinen Zweifel daran, dass die Republikaner entschlossen waren, ihr Wahlkampfversprechen einzulösen und meinem »Arbeitsplätze vernichtenden Ausgabenrausch der letzten zwei Jahre«, wie er es nannte, ein Ende zu setzen. Nach meiner Rede zur Lage der Nation im Jahr 2011 hatte Paul Ryan, der Vorsitzende des Haushaltsausschusses des Repräsentantenhauses, vorausgesagt, die Staatsverschuldung infolge der außer Kontrolle geratenen Ausgaben werde »bald die gesamte Wirtschaft erdrücken und in den kommenden Jahren ein katastrophales Ausmaß annehmen«. Die neuen republikanischen Kongressabgeordneten, von denen viele über die Tea-Party-Plattform angetreten waren, übten massiven Druck auf Boehner aus, damit er eine augenblickliche, drastische und dauerhafte Verkleinerung der Bundesregierung erzwinge; in ihren Augen würde dieser Schritt endlich die konstitutionelle Ordnung wiederherstellen und das Land aus dem Würgegriff der korrupten politischen und Wirtschaftseliten befreien.

Betrachtete man es rein ökonomisch, dann waren wir alle im Weißen

Haus überzeugt, dass die Umsetzung der von den Republikanern beabsichtigten einschneidenden Kürzungen der Staatsausgaben in einer Katastrophe enden würde. Die Arbeitslosenquote lag immer noch bei etwa neun Prozent. Der Wohnungsmarkt hatte sich noch nicht erholt. Die Amerikaner mühten sich nach wie vor ab, die 1,1 Billionen Dollar an Kreditkartenschulden und anderen Verbindlichkeiten abzuzahlen, die sie im vorhergehenden Jahrzehnt angehäuft hatten. Die Hypothekenschulden von Millionen Menschen überstiegen den Wert der mit diesen Krediten finanzierten Eigenheime. Unternehmen und Banken waren ähnlich überschuldet und zögerten Investitionen in eine Ausweitung ihrer Geschäftstätigkeit oder die Aufnahme neuer Kredite hinaus. Es stimmte, dass das Staatsdefizit seit meinem Amtsantritt deutlich gestiegen war – was in erster Linie daran lag, dass im Gefolge der Krise, die nun die »Große Rezession« genannt wurde, die Steuereinnahmen gesunken und die Sozialausgaben gestiegen waren. Auf meine Bitte hin hatte Tim Geithner bereits begonnen, Pläne zu entwerfen, um das Haushaltsdefizit wieder auf das vor der Finanzkrise gewohnte Niveau zu senken, sobald sich die Wirtschaft vollkommen erholt hatte. Außerdem hatte ich eine Kommission einberufen, die unter der Leitung von Bill Clintons ehemaligem Stabschef Erskine Bowles und dem früheren Senator Alan Simpson aus Wyoming einen vernünftigen Plan für einen langfristigen Defizit- und Schuldenabbau entwerfen sollte. Aber das Beste, was wir zum gegenwärtigen Zeitpunkt tun konnten, um das Haushaltsdefizit zu verringern, waren Maßnahmen zur Ankurbelung des Wirtschaftswachstums – und da die gesamtwirtschaftliche Nachfrage so schwach war, brauchten wir keine Verringerung, sondern eine Erhöhung der Staatsausgaben.

Das Problem war, dass ich die Amerikaner mit diesem Argument bei den Midterm-Wahlen nicht hatte überzeugen können, zumindest nicht jene, die sich die Mühe gemacht hatten, wählen zu gehen. Die Republikaner konnten nicht nur für sich in Anspruch nehmen, mit ihrer Forderung nach Ausgabenkürzungen den Wählerwillen zu vertreten; die Wahlresultate hatten anscheinend auch ganz Washington in ein Nest von Defizitfalken verwandelt. Die Medien läuteten plötzlich die Alarmglocken, weil das Land ihrer Meinung nach über seine Verhältnisse lebte. Die Kommentatoren warfen uns vor, den nächsten Generationen gewaltige Schulden aufzubürden. Sogar Firmenbosse und Wall-Street-Leute, die in vielen Fällen direkt oder indirekt vom Hilfspaket für den Finanzsektor profitiert hatten, waren so unverfroren, auf den Wagen der Defizitgegner aufzuspringen und zu verkünden, es sei höchste Zeit, dass die Politiker in Washington »Mut« bewiesen und die Sozialausgaben kürzten – wobei sie für diese Ausgaben vorzugsweise den irreführenden Begriff des »Entitlement Spending« (»Anspruchsausgaben«) verwendeten, der für Sozialversicherung, Medicare, Medicaid und andere Programme des sozialen Sicherungsnetzes stand. (Hingegen waren die wenigsten von ihnen bereit, ihre eigenen Steuervergünstigungen zu opfern, um die vermeintliche Krise zu bewältigen.)

In der ersten Auseinandersetzung mit Boehner, in der es um die Ausgabengrenze für das verbleibende Haushaltsjahr 2011 gegangen war, hatten wir den Republikanern lediglich achtunddreißig Milliarden Dollar an Ausgabenkürzungen zugestanden. Dieser Betrag war hoch genug, damit Boehner ihn den konservativen Mitgliedern seiner Fraktion als Erfolg verkaufen konnte (ursprünglich hatten sie Kürzungen im doppelten Umfang gefordert), während sie in einem Budget von 3,5 Billionen Dollar kaum ins Gewicht fielen, sodass wir echten wirtschaftlichen Schaden vermeiden konnten – vor allem, da diese Kürzungen im Wesentlichen durch Buchhaltungstricks zustande kamen und sich kaum auf wichtige öffentliche Dienste oder Programme auswirkten. Boehner hatte jedoch bereits signalisiert, dass die Republikaner bald auf weitere Einschnitte drängen würden; er hatte sogar angedeutet, dass uns seine Fraktion die für die Anhebung der gesetzlichen Schuldengrenze notwendigen Stimmen vorenthalten würde, wenn wir uns nicht bereit erklärten, ihre künftigen Forderungen zu erfüllen. Niemand im Weißen Haus hielt es für möglich, dass die Republikaner tatsächlich so verantwortungslos handeln würden. Nicht umsonst war die Anhebung der Defizitgrenze ein Routinevorgang, an den sich beide Parteien hielten; der Schritt diente dazu, Ausgaben zu bestreiten, die der Kongress bereits bewilligt hatte, und ein Abweichen von dieser Praxis würde dazu führen, dass die Vereinigten Staaten zum ersten Mal in ihrer Geschichte ihre Schulden nicht mehr bedienen könnten. Doch allein die Tatsache, dass Boehner eine derart radikale Drohung überhaupt ausgesprochen hatte – und die Tatsache, dass sie in der Tea

Party und in konservativen Medien rasch Anhänger fand –, war ein Vorbote dessen, was uns erwartete.

Ich fragte mich, ob sich meine Präsidentschaft künftig auf diese Art von Auseinandersetzungen reduzierte: Musste ich von nun an Rückzugsgefechte führen, um die Republikaner daran zu hindern, die amerikanische Wirtschaft zu sabotieren und alles zu zerstören, was ich erreicht hatte? Konnte ich wirklich hoffen, einen gemeinsamen Nenner mit einer Partei zu finden, die den Kampf gegen meine Person zunehmend als einigendes Prinzip zu betrachten schien, als das große Ziel, das Vorrang vor allen anderen haben musste? Es gab einen Grund, weshalb Boehner, als er in seiner Fraktion für unsere Einigung über das Budget warb, offenbar hervorgehoben hatte, wie »wütend« ich während unserer Diskussionen gewesen sei – eine nützliche Fiktion, die ich, um die Einigung nicht zu gefährden, von meinen Mitarbeitern nicht dementieren ließ. Aber für die Mitglieder seiner Fraktion gab es offenbar kein größeres Verkaufsargument. Tatsächlich stellte ich immer öfter fest, dass die Stimmung, die wir erstmals in der Schlussphase des Wahlkampfs von Sarah Palin und bis in den Tea-Party-Sommer hinein beobachtet hatten, vom Rand der Republikanischen Partei auf ihren Kern übergegriffen hatte. Diese emotionale, beinahe instinktive Reaktion auf meine Präsidentschaft hatte nichts mit politischen oder ideologischen Gegensätzen zu tun. Es war, als hätte meine Gegenwart im Weißen Haus eine tief verwurzelte Angst geweckt, als glaubten meine Gegner, die natürliche Ordnung der Dinge löse sich auf.

Das war es auch, was Donald Trump genau begriffen hatte, als er die Behauptung verbreitete, ich sei nicht in den Vereinigten Staaten zur Welt gekommen und daher kein rechtmäßiger Präsident. Er versprach Millionen Amerikanern, die wegen eines Schwarzen Manns im Weißen Haus verschreckt waren, ein Elixier zur Behandlung ihrer ethnischen Ängste.

Die Behauptung, ich sei nicht auf amerikanischem Boden geboren, war nicht neu. Mindestens ein konservativer Spinner hatte diese Theorie schon während meiner Kandidatur für den Senat von Illinois aufgestellt. Während des demokratischen Vorwahlkampfs hatten einige enttäuschte Anhänger von Hillary Clinton das Gerücht erneut in Umlauf gebracht, und während ihre Wahlkampforganisation diese Spekulationen entschieden verurteilte, griffen konservative Blogger und Talk-Radio-Leute die Behauptung auf und brachten fiebrige Ketten-E-Mails unter rechten Aktivisten in Umlauf. Als die Tea Party die Behauptung während meines ersten Jahres im Weißen Haus erneut hervorkramte, hatte sich die Geschichte in eine komplexe Verschwörungstheorie verwandelt: Ich sei nicht nur in Kenia zur Welt gekommen, hieß es nun, sondern ich sei auch ein geheimer muslimischer Sozialist und ein »Mandchurian Candidate«, gehirngewaschen und ferngesteuert, der mit gefälschten Dokumenten in die Vereinigten Staaten eingeschmuggelt und von Kindheit an darauf vorbereitet worden sei, die höchsten Ebenen der amerikanischen Politik zu infiltrieren.

Es dauerte jedoch bis zum 10. Februar 2011, dem Tag vor dem Rücktritt des ägyptischen Präsidenten Husni Mubarak, bis diese absurde Theorie wirklich populär wurde. An diesem Tag deutete Donald Trump in einer Rede vor der Conservative Political Action Conference in Washington an, dass er vielleicht für das Präsidentenamt kandidieren werde. Er erklärte: »Unser gegenwärtiger Präsident kam aus dem Nichts. [...] Die Personen, die angeblich mit ihm zur Schule gingen, haben ihn dort nie gesehen, sie wissen nicht, wer er ist. Das ist verrückt.«

Anfangs beachtete ich diesen Unfug nicht. Meine Biografie war sorgfältig dokumentiert. Meine Geburtsurkunde lag in Hawaii im Geburtsregister, und wir hatten sie im Jahr 2008 auf meiner Website veröffentlicht, um der ersten Welle des »Birtherism« zu begegnen. Meine Großeltern hatten einen Ausschnitt mit meiner Geburtsanzeige aus der Ausgabe des *Honolulu Advertiser* vom 13. August 1961 aufbewahrt. Als Kind war ich jeden Tag auf dem Schulweg am Kapi'olani Medical Center vorbeigelaufen, wo meine Mutter mich zur Welt gebracht hatte.

Was Trump angeht, so war ich dem Mann nie begegnet, obwohl ich im Lauf der Jahre am Rande Notiz von ihm genommen hatte – zuerst von dem nach Aufmerksamkeit lechzenden Baulöwen, später und Unheil verheißender von dem Mann, der sich in den Fall der »Central Park Five« eingemischt hatte. Er hatte auf die Geschichte von fünf Schwarzen und Latino-Teenagern, die für eine brutale Vergewaltigung einer weißen Joggerin inhaftiert worden waren (sie wurden sehr viel später entlastet), mit ganzseitigen Anzeigen in vier großen Tageszeitungen reagiert, in denen er die Wiedereinführung der Todesstrafe forderte. Schließlich hatte ich von der Fernsehpersönlichkeit gehört, die sich und ihre Marke als Inbegriff des kapitalistischen Erfolgs und des protzigen Konsums verkaufte.

Während des größten Teils meiner ersten beiden Jahre im Amt betrachtete Trump meine Präsidentschaft offenbar mit Wohlgefallen. So sagte er auf Bloomberg TV: »Alles in allem glaube ich, dass er einen sehr guten Job gemacht hat.« Doch vielleicht lag es daran, dass ich nicht viel fernsah, jedenfalls fiel es mir schwer, ihn allzu ernst zu nehmen. Die New Yorker Bauunternehmer und Wirtschaftsführer, die ich kannte, beschrieben ihn einhellig als substanzlos, als jemanden, dessen Weg mit Konkursen, Vertragsbrüchen, betrogenen Mitarbeitern und dubiosen Finanzdeals gepflastert war und dessen Geschäft mittlerweile im Wesentlichen darin bestand, seinen Namen für Immobilien herzugeben, die er weder besaß noch verwaltete. Den engsten Kontakt mit Trump hatte ich im Sommer 2010 während der *Deepwater-Horizon*-Krise gehabt, als er aus heiterem Himmel Axe anrief, um vorzuschlagen, wir sollten die Versiegelung der Bohrung ihm überlassen. Als er erfuhr, dass das Bohrloch beinahe verschlossen war, wechselte Trump das Thema und kam darauf zu sprechen, dass wir doch kürzlich ein offizielles Dinner in einem Festzelt auf dem Südrasen des Weißen Hauses veranstaltet hätten. Er sei, so eröffnete er Axe, bereit, auf dem Grundstück des Weißen Hauses »einen wunderschönen Festsaal« zu errichten. Wir lehnten das Angebot höflich ab.

Was ich nicht vorausgesehen hatte, war, dass die Medien Trumps plötzliche Bekehrung zum »Birtherism« ernst nahmen. Die Trennlinie zwischen Information und Unterhaltung war mittlerweile derart verschwommen und der Wettbewerb um die Einschaltquoten so erbittert, dass die Sender gerne bereit waren, Trump ein Forum für eine haltlose Behauptung zu bieten. Vorangetrieben wurde sie natürlich von Fox News, einem Sender, dessen Macht und Profite seit Langem darauf beruhten, dieselben ethnischen Ängste und Ressentiments zu schüren, die Trump jetzt für sich zu nutzen suchte. Abend für Abend boten ihm die Fox-Moderatoren in ihren populärsten Sendungen eine Bühne. In *The O'Reilly Factor* verkündete Trump: »Wer Präsident der Vereinigten Staaten werden will, muss in diesem Land geboren sein. Und es gibt Zweifel, ob er hier geboren wurde oder nicht … Er hat keine Geburtsurkunde.« In der Morgensendung *Fox & Friends* behauptete er, meine Geburtsanzeige sei möglicherweise gefälscht. Tatsächlich war Trump so oft bei Fox zu Gast, dass er sich bald genötigt sah, die Brühe durch neue Zutaten schmackhafter zu machen: Er erklärte, an meiner Zulassung zum Studium in Harvard könne was nicht stimmen, da meine Noten »mies« gewesen seien. Im Gespräch mit Laura Ingraham erzählte er, er sei sicher, dass in Wahrheit Bill Ayers, mein Nachbar in Chicago und ehemaliger radikaler Aktivist, der Autor von *Ein amerikanischer Traum* sei, denn das Buch sei zu gut, als dass es jemand von meinem intellektuellen Kaliber hätte schreiben können.

Aber es war nicht nur Fox. Am 23. März, kurz nach Beginn der Militärintervention in Libyen, tauchte Trump in der ABC-Sendung *The View* auf, wo er erklärte: »Ich will, dass er uns seine Geburtsurkunde zeigt. In dieser Geburtsurkunde steht etwas, was ihm nicht gefällt.« Bei NBC, demselben Network, das zur besten Sendezeit Trumps Reality Show *The Celebrity Apprentice* ausstrahlte und offenkundig nichts gegen die zusätzliche Publicity einzuwenden hatte, eröffnete Trump einem Moderator der Sendung *Today,* er habe Detektive nach Hawaii geschickt, damit sie sich meine Geburtsurkunde genauer ansähen. »Ich habe Leute, die sie untersucht haben, und sie können nicht glauben, was sie da entdeckt haben.« Später sagte er zu Anderson Cooper von CNN: »Anderson, gerade erst habe ich erfahren, dass die Geburtsurkunde verschwunden ist. Mir wurde gesagt, dass sie nicht dort ist und nicht existiert.«

Außerhalb des Fox-Universums hat meiner Meinung nach kein Mainstream-Journalist diesen bizarren Anschuldigungen ausdrücklich Glauben geschenkt. Sie alle machten es sich zum Prinzip, höfliche Verwunderung zu äußern, und fragten Trump zum Beispiel, warum George Bush und Bill Clinton seiner Meinung nach nie aufgefordert worden seien, ihre Geburtsurkunden vorzulegen. (Normalerweise gab er darauf eine Antwort wie: »Nun ja, wir wissen ja, dass sie in diesem Land geboren wurden.«) Doch keiner von ihnen wies Trump unmittelbar zurecht, weil er log, und sie wiesen auch nicht darauf hin, dass die von ihm verbreitete Verschwörungstheorie rassistisch war. Auf jeden Fall bemühten sie sich kaum oder gar nicht, diese Theorien als völlig abwegig einzustufen, obwohl sie nicht weniger verrückt waren als die Behauptungen über Entführungen durch Außerirdische oder die Verschwörungstheorien in dem antisemitischen Pamphlet *Protokolle der Weisen von Zion*. Und je mehr Raum die Medien den Gerüchten gaben, desto eher schienen diese Behauptungen geeignet, als Nachrichten behandelt zu werden.

Wir hielten es nicht für nötig, eine offizielle Antwort aus dem Weißen Haus auf solche Sachen zu geben, wir hatten wichtigere Dinge zu tun und kein Interesse, Trump noch mehr öffentliche Aufmerksamkeit zu verschaffen. Im West Wing wurde der »Birtherism« als schlechter Witz betrachtet, und meine jüngeren Mitarbeiter wurden dadurch bestärkt, dass sich die Gastgeber der Late-Night-Shows häufig über »den Donald« lustig machten. Aber mir entging nicht, dass die Medien Trump nicht nur zu Interviews einluden: Sie berichteten auch atemlos über seine Vorstöße in die Politik samt Pressekonferenzen und Reisen nach New Hampshire, das zu den ersten Bundesstaaten gehörte, in denen Vorwahlen für die Präsidentschaftskandidatur stattfanden. Die Umfragen zeigten, dass rund vierzig Prozent der Republikaner mittlerweile überzeugt waren, ich sei nicht in den Vereinigten Staaten geboren, und Axe hatte mir kürzlich erzählt, dass Trump nach Einschätzung eines ihm bekannten Meinungsforschers der Republikaner bereits der aussichtsreichste republikanische Bewerber für die Präsidentschaftskandidatur sei, obwohl er seine Bewerbung noch nicht offiziell angekündigt hatte.

Ich beschloss, diese Neuigkeiten nicht mit Michelle zu teilen. Allein der Gedanke an Trump und seine symbiotische Beziehung zu den Medien regte sie auf. Sie durchschaute den ganzen Zirkus und sah darin lediglich eine Variation der Besessenheit, mit der die Medien sich im Wahlkampf mit Flaggenansteckern und Fist Bumps beschäftigt hatten, dieselbe Bereitschaft sowohl unserer politischen Gegner als auch der Journalisten, die Vorstellung zu legitimieren, ihr Ehemann sei eine verdächtige Figur, ein verabscheuungswürdiger »Anderer«. Sie hatte mir zu verstehen gegeben, dass Trump und der »Birtherism« ihr nicht wegen meiner politischen Zukunftsaussichten, sondern wegen der Sicherheit unserer Familie Sorgen machten. »Die Leute glauben, es sei alles nur ein Spiel«, sagte sie. »Sie denken nicht darüber nach, dass da draußen Tausende bewaffnete Männer herumlaufen, die jedes Wort glauben, das ihnen erzählt wird.«

Ich konnte ihr nicht widersprechen. Es war klar, dass Trump keinen Gedanken daran verschwendete, welche Konsequenzen es hatte, Verschwörungstheorien zu verbreiten, von denen er ziemlich sicher wusste, dass sie falsch waren, solange er nur seine Ziele erreichte. Und er hatte durchschaut, dass sämtliche Regeln für das, was in der politischen Auseinandersetzung akzeptabel war, vor langer Zeit ihre Gültigkeit verloren hatten. In dieser Hinsicht unterschied sich Trump kaum von Boehner oder McConnell. Auch den beiden republikanischen Fraktionschefs war der Wahrheitsgehalt dessen, was sie sagten, vollkommen gleichgültig. Sie mussten nicht wirklich glauben, dass ich das Land in den Bankrott triebe oder dass Obamacare die Euthanasie fördere. Trumps politischer Stil unterschied sich nur dadurch von ihrem, dass Trump völlig hemmungslos war. Er verstand instinktiv, was die konservative Wählerbasis bewegte, und er bot es in unverfälschter Form dar. Ich bezweifelte, dass er bereit war, seine Geschäfte aufzugeben oder sich der für eine Präsidentschaftskandidatur erforderlichen Prüfung zu unterziehen, aber mir war klar, dass ich vermutlich bis zum Ende meiner Präsidentschaft mit den Leidenschaften, die er anfachte, und mit dem dunklen alternativen Weltbild, das er verbreitete und legitimierte, würde kämpfen müssen.

Ich würde später noch genug Zeit haben, mir über die Republikaner Gedanken zu machen, sagte ich mir. Das Gleiche galt für Budgetfragen, Wahlkampfstrategien und den Zustand der amerikanischen Demokratie. Tatsächlich wusste ich, dass von all den Dingen, die mir an jenem Tag auf der Terrasse Anlass zu Grübeleien gaben, ganz besonders eines in den kommenden Wochen meine Aufmerksamkeit beanspruchen würde.

Ich musste entscheiden, ob ich ein Kommandounternehmen genehmigen sollte, in dessen Verlauf wir tief in Pakistan eine Zielperson angreifen würden, bei der es sich vermutlich um Osama bin Laden handelte – und was auch immer sonst geschehen würde, wenn ich mich falsch entschied, würde ich höchstwahrscheinlich als ein Präsident mit nur einer Amtszeit enden.

KAPITEL 27

DER GENAUE AUFENTHALTSORT von Osama bin Laden war seit Dezember 2001 unbekannt. Damals, drei Monate nach den Anschlägen vom 11. September, bei denen fast dreitausend unschuldige Menschen gestorben waren, war er knapp entkommen, als amerikanische und alliierte Truppen sein Hauptquartier in Tora Bora eingekesselt hatten, einer gebirgigen Region entlang der Grenze zwischen Afghanistan und Pakistan. Die Suche nach ihm wurde dann noch einige Jahre mit ganzer Kraft fortgesetzt. Zur Zeit meiner Amtsübernahme war bin Ladens Spur allerdings kalt geworden. Er war aber noch da: Nachdem sich al-Qaida langsam reorganisiert und eine neue Basis in der pakistanischen FATA-Region, den Stammesgebieten unter Bundesverwaltung, aufgebaut hatte, veröffentlichte ihr Anführer in regelmäßigen Abständen Audio- und Videobotschaften, in denen er Unterstützer mit Aufrufen zum Dschihad gegen westliche Staaten hinter sich scharte.

Seit meiner allerersten öffentlichen Rede über die Reaktion der USA auf die Anschläge vom 11. September, in der ich mich unmittelbar vor meinem Einstieg in den US-Senatswahlkampf 2002 auf der Chicagoer Federal Plaza gegen den Irakkrieg ausgesprochen hatte, hatte ich dafür geworben, unser Augenmerk wieder verstärkt darauf zu richten, bin Laden vor Gericht zu bringen. Während des Präsidentschaftswahlkampfs hatte ich dieses Thema erneut aufgegriffen und versprochen, bin Laden in Pakistan zu verfolgen, falls die dortige Regierung nicht in der Lage oder nicht gewillt sein sollte, ihn auszuschalten. Die meisten altgedienten Politiker in Washington, darunter Joe, Hillary und

John McCain, hatten dieses Versprechen als einen PR-Gag abgetan, den Versuch eines jungen, außenpolitisch unerfahrenen Senators, den starken Mann zu mimen. Und auch nach meinem Amtsantritt nahmen einige Leute zweifellos an, ich würde die Akte bin Laden zur Seite legen und mich anderen Dingen zuwenden. Aber im Anschluss an eine Besprechung im Situation Room über terroristische Bedrohungen im Mai 2009 bat ich eine Handvoll Berater – unter anderem Rahm, Leon Panetta und Tom Donilon – ins Oval Office und schloss die Tür.

»Ich will, dass die Fahndung nach bin Laden höchste Priorität erhält«, sagte ich. »Ich möchte einen förmlichen Plan darüber, wie wir ihn aufspüren können. Ich will alle dreißig Tage einen Bericht über unsere Fortschritte auf meinem Schreibtisch sehen. Und, Tom, ich will, dass dies in einer Präsidialdirektive festgehalten wird – damit alle an Bord sind.«

Die Gründe für mein Interesse an bin Laden lagen auf der Hand. Die Tatsache, dass bin Laden noch immer auf freiem Fuß war, schmerzte die Familien all jener, die bei den Anschlägen vom 11. September ihr Leben verloren hatten, und war eine Verhöhnung der Macht Amerikas. Selbst aus seinem Versteck heraus blieb er der erfolgreichste Anwerber al-Qaidas und radikalisierte unzufriedene junge Männer weltweit. Nach Einschätzung unserer Analytiker war al-Qaida zum Zeitpunkt meiner Wahl zum Präsidenten so gefährlich wie seit Jahren nicht mehr, und in meinen Lagebesprechungen wurde ich regelmäßig vor terroristischen Anschlägen gewarnt, die in den pakistanischen Stammesgebieten geplant würden. Außerdem betrachtete ich die Ausschaltung bin Ladens als entscheidend für mein Ziel, die US-Strategie zur Terrorismusbekämpfung neu auszurichten. Dadurch, dass wir unser Hauptaugenmerk nicht länger auf die kleine Gruppe von Terroristen richteten, die die Anschläge vom 11. September geplant und ausgeführt hatten, und die Bedrohung stattdessen als einen zeitlich unbefristeten, allumfassenden »Krieg gegen den Terrorismus« definiert hatten, waren wir meiner Meinung nach in eine strategische Falle getappt. Diese hatte das Ansehen von al-Qaida weiter erhöht, als Begründung für die Invasion in den Irak herhalten müssen, einen Großteil der islamischen Welt gegen uns aufgebracht und der US-Außenpolitik fast ein Jahrzehnt lang eine allzu einseitige Ausrichtung gegeben. Statt Ängste vor immensen Terrornetzwerken zu schüren und extremistische Fantasien zu nähren, dass sie sich in irgendeiner Art göttlichem Kampf befänden, wollte ich die Welt – und, was noch wichtiger war, uns selbst – daran erinnern, dass diese Terroristen nichts anderes waren als eine Bande verblendeter, grausamer Mörder – Verbrecher, die festgenommen, vor Gericht gestellt, ins Gefängnis gesteckt oder getötet werden konnten. Und nichts könnte dies besser demonstrieren als die Ausschaltung bin Ladens.

Einen Tag bevor sich der 11. September zum neunten Mal jährte, baten Leon Panetta und sein Stellvertreter, Mike Morell, um eine Unterredung mit mir. In meinen Augen bildeten sie ein gutes Gespann. Als jemand, der einen Großteil seiner Karriere im Kongress verbracht hatte, bevor er Bill Clinton als Stabschef gedient hatte, sorgte der zweiundsiebzigjährige Panetta für eine verlässliche Führung der CIA. Außerdem schätzte er die öffentliche Bühne, pflegte gute Beziehungen zu Vertretern beider Parteien im Kongress und zur Presse und hatte ein feines Gespür für die heiklen politischen Aspekte von Fragen der nationalen Sicherheit. Morell wiederum war ein Insider durch und durch, ein akribischer, scharfsinniger Analytiker, und obgleich er erst Anfang fünfzig war, verfügte er bereits über jahrzehntelange Erfahrungen bei der CIA.

»Mr President, es ist noch ganz vorläufig«, sagte Leon, »aber wir glauben, wir haben möglicherweise eine Spur zu bin Laden – bei Weitem die beste seit Tora Bora.«

Ich nahm die Neuigkeit schweigend auf. Leon und Mike erläuterten, Analytikern sei es – durch geduldige und mühsame Arbeit, zu der das Sammeln Tausender Informationsstückchen und das Mapping von Mustern gehörte – gelungen, den Aufenthaltsort eines Mannes namens Abu Ahmed al-Kuwaiti zu ermitteln, von dem sie glaubten, er fungiere als Al-Qaida-Kurier, und der bekanntermaßen Verbindungen zu bin Laden habe. Sie hätten sein Telefon und seine täglichen Gewohnheiten überwacht. Dies habe sie nicht etwa zu irgendeinem entlegenen Ort in den pakistanischen Stammesgebieten geführt, sondern zu einem großen Anwesen in einer wohlhabenden Wohngegend am Rand der pakistanischen Stadt Abbottabad, rund fünfundfünfzig Kilometer nördlich von Islamabad gelegen. Nach Aussage von Mike deuteten die Größe und die Struktur des Anwesens darauf hin, dass dort eine bedeutende Person lebte, wahrscheinlich ein hochrangiges Al-Qaida-Mitglied. Die Nachrichtendienste überwachten das Anwesen, und Leon versprach, mich über sämtliche Erkenntnisse über seine Bewohner auf dem Laufenden zu halten.

Nachdem sie gegangen waren, dämpfte ich bewusst meine Erwartungen. Jeder konnte in diesem Anwesen wohnen; selbst wenn es jemand mit Al-Qaida-Verbindungen war, schien es unwahrscheinlich zu sein, dass sich bin Laden in einem städtischen Gebiet aufhielt. Aber am 14. Dezember kamen Leon und Mike erneut, diesmal in Begleitung eines leitenden Mitarbeiters und eines Analytikers der CIA. Der Analytiker war ein junger Mann mit dem gepflegten, jugendlich frischen Aussehen eines hochrangigen Mitarbeiters eines Kongressabgeordneten; der leitende CIA-Mitarbeiter war ein älterer, schlanker Mann mit dichtem Bart, der aussah wie ein leicht zerzauster Professor. Es stellte sich heraus, dass er der Leiter des Terrorabwehrzentrums der CIA und der Chef des Teams war, das nach bin Laden fahndete. Ich stellte mir vor, wie er, versteckt in einer unterirdischen Höhle und umgeben von Computern und dicken Aktenordnern, riesige Datenmengen durchstöberte, ohne irgendetwas von der Außenwelt mitzubekommen.

Die beiden Männer gingen Schritt für Schritt alles mit mir durch, was uns zu dem Anwesen in Abbottabad geführt hatte – eine bemerkenswerte detektivische Meisterleistung. Anscheinend hatte der Kurier al-Kuwaiti die Immobilie unter einem fremden Namen gekauft. Das Anwesen selbst war ungewöhnlich weitläufig und stark gesichert. Es war achtmal größer als die Wohnhäuser in der Nachbarschaft, umgeben von zwischen drei und viereinhalb Meter hohen, mit Stacheldraht bewehrten Mauern; hinzu kamen weitere Mauern auf dem Gelände selbst. Was die dort lebenden Menschen betraf, so sagten die Analytiker, so würden sie sich größte Mühe geben, ihre Identität zu verbergen: Sie hätten keinen Festnetz- oder Internetanschluss und verließen das Anwesen so gut wie nie. Außerdem verbrannten sie ihren Müll auf dem Gelände und stellten ihn nicht zur Abholung nach draußen. Alter und Zahl der Kinder im Haupthaus des Anwesens schienen mit denen von bin Ladens Kindern übereinzustimmen. Und mithilfe von Luftaufklärungssystemen konnte unser Team einen hochgewachsenen Mann beobachten, der das Grundstück nie verließ, aber regelmäßig in einem kleinen Garten innerhalb der Mauern des Anwesens im Kreis umherschritt.

»Wir nennen ihn den Pacer«, sagte der leitende CIA-Mitarbeiter. »Wir glauben, dass es bin Laden sein könnte.«

Ich hatte eine Menge Fragen, aber die wichtigste war: Was konnten wir noch tun, um die Identität des Pacers zu bestätigen? Obwohl die Analytiker weiterhin mögliche Strategien erkundeten, gestanden sie, dass sie sich keine großen Hoffnungen machten. In Anbetracht der Gestaltung und der Lage des Anwesens sowie der Vorsicht seiner Bewohner könnten die Methoden, mit denen sich mit größerer Sicherheit feststellen ließe, dass es tatsächlich bin Laden war, schnell Verdacht erregen; ohne dass wir je Gewissheit haben würden, könnten die Bewohner spurlos verschwinden. Ich sah den Leiter der CIA-Terrorabwehr an.

»Wie ist Ihre Einschätzung?«, fragte ich.

Ich konnte sehen, dass er zögerte. Ich vermutete, dass er schon zu Zeiten der Vorbereitung des Irakkriegs bei der CIA gewesen war. Die Nachrichtendienste erholten sich noch immer von ihrem Reputationsverlust, den sie aufgrund ihrer Unterstützung für die Behauptung der Regierung Bush erlitten hatten, Saddam Hussein entwickle Massenvernichtungswaffen. Dennoch fiel mir ein Ausdruck auf seinem Gesicht auf, der den Stolz von jemandem erkennen ließ, der ein verzwicktes Rätsel gelöst hatte – auch wenn er es nicht beweisen konnte.

»Ich glaube, es ist mit hoher Wahrscheinlichkeit unser Mann«, sagte er. »Aber wir können nicht sicher sein.«

Nach allem, was ich gehört hatte, war ich überzeugt davon, dass wir genügend Informationen besaßen, um Optionen für einen Angriff auf das Anwesen zu erarbeiten. Während sich das CIA-Team weiterhin darum bemühte, den Pacer zu identifizieren, bat ich Tom Donilon und John Brennan darum, mögliche Abläufe eines Kommandounternehmens durchzuspielen. Die Notwendigkeit der Geheimhaltung machte alles noch schwieriger; wenn auch nur der kleinste Hinweis auf unsere Spur zu bin Laden durchsickerte, wäre unsere Chance dahin. Folglich wurde nur eine Handvoll Leute innerhalb des gesamten Regierungsapparats in die Planungsphase der Operation einbezogen. Es gab noch eine weitere Einschränkung. Gleich, für welche Option wir uns entschieden, die Pakistaner mussten außen vor bleiben. Obwohl die Regierung Pakistans bei einer ganzen Reihe von Antiterroroperationen mit uns zusammenarbeitete und eine unverzichtbare Nachschublinie für unsere in Afghanistan stationierten Truppen bereitstellte, war es ein offenes Geheimnis, dass gewisse Elemente innerhalb des pakistanischen Militärs und vor allem innerhalb der pakistanischen Geheimdienste Verbindungen zu den Taliban und möglicherweise auch zu al-Qaida unterhielten. Sie benutzten diese gelegentlich als strategische Ressourcen, um sicherzustellen, dass die afghanische Regierung schwach blieb und sich nicht mit dem größten Rivalen Pakistans, Indien, verbündete. Die Tatsache, dass das Anwesen in Abbottabad nur einige Kilometer vom pakistanischen Pendant zur US-Militärakademie West Point entfernt lag, erhöhte das Risiko, dass die kleinste Information, die wir den Pakistanis in dieser Sache zukommen ließen, unsere Zielperson warnen würde. Was immer wir in Abbottabad unternähmen, ginge daher mit einem ungeheuerlichen Verstoß gegen die territoriale Souveränität eines vermeintlichen Verbündeten einher, wäre fast ein kriegerischer Akt – und würde daher zu erheblichen diplomatischen Verwicklungen führen, was die Einsatzplanung noch anspruchsvoller machte.

Mitte März, in den Tagen unmittelbar vor Beginn der Intervention in Libyen sowie meiner Reise nach Lateinamerika, legte mir das Team Pläne für einen Angriff auf das Anwesen in Abbottabad vor, die es ausdrücklich als vorläufig bezeichnete. Grob gesprochen hatte ich demnach zwei Optionen: Ich konnte erstens das Gebäude durch einen Luftangriff dem Erdboden gleichmachen lassen. Die Vorteile eines solchen Vorgehens lagen auf der Hand, kein Amerikaner würde auf pakistanischem Territorium sein Leben riskieren. Diese Option würde es uns überdies zumindest bis zu einem gewissen Grad erlauben, den Angriff öffentlich abzustreiten – die Pakistaner wüssten selbstverständlich, dass wir den Luftschlag ausgeführt hätten, aber sie könnten leichter die Fiktion aufrechterhalten, dass wir es vielleicht doch nicht gewesen seien. Dies könnte den zu erwartenden Aufschrei der Empörung in der pakistanischen Bevölkerung vielleicht etwas abschwächen.

Als wir uns dann jedoch in die Details des Szenarios eines Raketenangriffs vertieften, wurde schnell deutlich, dass ein solcher auch erhebliche Nachteile hätte. Wenn wir das Anwesen zerstörten, wie könnten wir dann jemals sicher sein, dass bin Laden sich dort aufgehalten hatte? Wenn al-Qaida bestritt, dass bin Laden getötet worden war, wie sollten wir dann erklären, dass wir ein Wohnhaus tief im Innern Pakistans in die Luft gejagt hatten? Zudem lebten schätzungsweise fünf Frauen und zwanzig Kinder mit den vier erwachsenen Männern in dem Anwesen in Abbottabad, und der geplante Luftangriff würde, so wie er zunächst konzipiert war, nicht nur das Anwesen zerstören, sondern höchstwahrscheinlich auch mehrere angrenzende Wohnhäuser dem Erdboden gleichmachen. Das Treffen dauerte noch nicht lange, als ich zum stellvertretenden Vorsitzenden der Vereinigten Stabschefs, Hoss Cartwright, sagte, ich hätte genug gehört: Ich würde nicht die Tötung von dreißig oder mehr Menschen autorisieren, da wir nicht einmal sicher seien, dass sich bin Laden innerhalb der Mauern aufhalte. Wenn wir tatsächlich einen Luftangriff durchführen sollten, müssten sie mir einen viel präziseren Plan vorlegen.

Die zweite Option bestand darin, den Einsatz von Spezialeinheiten zu autorisieren. Bei einer solchen Kommandoaktion würde ein ausgewähltes Team heimlich per Hubschrauber nach Pakistan reinfliegen, das Anwesen stürmen und wieder verschwinden, ehe die pakistanische Polizei oder das pakistanische Militär Wind davon bekämen. Um die Operation geheim zu halten und sie abstreiten zu können, falls etwas schiefginge, müssten wir sie unter der Zuständigkeit der CIA, nicht des Pentagons, durchführen. Andererseits brauchten wir für einen derart groß angelegten und riskanten Einsatz einen exzellenten Militärstrategen – und aus diesem Grund hatten wir Vizeadmiral William McRaven, den Befehlshaber des Joint Special Operations Command (JSOC), hinzugezogen, damit er uns detailliert den möglichen Ablauf eines Kommandounternehmens schilderte.

Die Gelegenheit, eng mit den Männern und Frauen der US-Streitkräfte zusammenzuarbeiten – ihren Teamgeist und ihr Pflichtgefühl hautnah zu erleben –, war eine der Erfahrungen während meiner ersten beiden Amtsjahre, die mich besonders demütig machte. Und wenn ich eine Person hätte auswählen müssen, die alle Tugenden unseres Militärs verkörperte, dann hätte Bill McRaven gut diese Person sein können. Er war Mitte fünfzig, hatte ein freundliches, offenes Gesicht, einen trockenen Humor und eine freimütige Anpackermentalität. Er erinnerte mich an einen rotblonden Tom Hanks – wenn Tom Hanks ein Navy SEAL gewesen wäre. Wie sein Vorgänger beim JSOC, Stan McChrystal, dessen Stellvertreter er gewesen war, war auch McRaven ein ausgewiesener, hoch angesehener Experte für Spezialoperationen. Für seine Masterarbeit hatte er achtzehn Jahre zuvor eine Reihe von Kommandounternehmen im zwanzigsten Jahrhundert analysiert – unter anderem eine von Hitler angeordnete Aktion zur Befreiung von Mussolini mithilfe von Lastenseglern im Jahr 1943 und die israelische Operation zur Befreiung der Geiseln in Entebbe 1976 – und dabei die Bedingungen untersucht, unter denen eine kleine Gruppe perfekt eingespielter, hervorragend ausgebildeter Soldaten durch heimliche Annäherung und Ausnutzung des Überrumpelungseffekts für kurze Zeit größere oder besser bewaffnete Verbände in Schach halten konnte.

Später hatte McRaven ein Standardkonzept für Spezialoperationen entwickelt, das als Blaupause für die US-Militärstrategie weltweit diente. In seiner bewegten Karriere hatte er mehr als eintausend Spezialoperationen persönlich befehligt oder durchgeführt, an einigen der gefährlichsten Einsatzorte, die man sich vorstellen kann. In jüngster Zeit war er einigen hochkarätigen Zielpersonen in Afghanistan auf den Fersen gewesen. Bekanntlich blieb er unter größtem Druck vollkommen gelassen. Als Navy-SEAL-Hauptmann hatte er einen Unfall beim Fallschirmspringen im Jahr 2001 überlebt, bei dem er während eines Sprungs halb das Bewusstsein verlor und zwölfhundert Meter frei fiel, ehe sich sein Fallschirm ordnungsgemäß öffnete. (Bei dem Unfall brach er sich das Kreuz, Beinmuskeln und Sehnen wurden von der Hüfte gerissen.) Obwohl die CIA ihre eigenen Spezialkommandos unterhielt, hatte sich Leon wohlweislich mit McRaven beraten, um ein Szenario für eine mögliche Kommandoaktion in Abbottabad auszuarbeiten. Er folgerte, dass CIA-Spezialkräfte es nicht mit dem Können und der Erfahrung von McRavens Navy-SEAL-Team aufnehmen konnten, und schlug daher eine ungewöhnliche Absprache vor. Danach sollte die Befehlskette von mir über ihn zu McRaven laufen. McRaven sollte die ausschließliche Zuständigkeit für die Planung und Durchführung des Einsatzes erhalten, falls wir beschließen sollten, die Operation durchzuziehen.

Die CIA hatte mithilfe von aus Luftbildaufnahmen gewonnenen Daten eine kleine, dreidimensionale Nachbildung des Anwesens in Abbottabad angefertigt, und während unserer Besprechung im März ging McRaven Schritt für Schritt den möglichen Ablauf einer Kommandoaktion durch: Ein ausgewähltes Team von SEALs würde von der afghanischen Stadt Dschalalabad aus in einem oder mehreren Hubschraubern im Schutz der Dunkelheit fast anderthalb Stunden zum Zielort fliegen und innerhalb der hohen Mauern des Anwesens landen. Sodann würden sie jeden Eingangspunkt auf dem Gelände, jede Tür und jedes Fenster sichern, bevor sie in das dreistöckige Hauptgebäude eindringen, die Räumlichkeiten durchsuchen und jeglichen Widerstand, auf den sie stießen, ausschalten würden. Sie würden bin Laden festnehmen oder erschießen und zurückfliegen. Sie müssten allerdings irgendwo in Pakistan einen Zwischenstopp zum Nachtanken einlegen, bevor sie zur Basis in Dschalalabad zurückkehrten. Als McRaven seine Präsentation beendet hatte, fragte ich ihn, ob er glaube, sein Team könne es schaffen.

»Sir, im Moment haben wir nur ein Konzept skizziert«, sagte er. »Bis ich ein größeres Team zusammenbekomme, um den Einsatz praktisch durchzuspielen, kann ich nicht sagen, ob mein gegenwärtiger Plan tatsächlich am erfolgversprechendsten ist. Ich kann Ihnen auch nicht sagen, wie wir rein- und wieder rauskommen – dafür brauchen wir detaillierte Lufteinsatzpläne. Ich kann Ihnen aber versichern: Wenn wir dorthin kommen, ziehen wir die Aktion durch. Aber ich kann den Einsatz erst dann empfehlen, wenn ich die Hausaufgaben gemacht habe.«

Ich nickte. »Warum fangen Sie dann nicht gleich mit Ihren Hausaufgaben an?«

Zwei Wochen später, am 29. März, kamen wir erneut im Situation Room zusammen, und McRaven berichtete, er sei sehr zuversichtlich, dass das Kommandounternehmen erfolgreich durchgeführt werden könne. Allerdings sei es etwas »sportlicher«, dort wieder rauszukommen. Nach seinen Erfahrungen mit ähnlichen Kommandounternehmen und den Ergebnissen der von ihm veranlassten Einsatzübungen zu urteilen, sei er ziemlich sicher, dass das Team den Auftrag erledigen könne, bevor pakistanische Behörden Wind von dem bekämen, was da vor sich gehe. Trotzdem spielten wir auch alle Szenarien durch, in denen sich diese Annahme als falsch erweisen sollte. Was würden wir tun, wenn pakistanische Jagdflugzeuge unsere Hubschrauber abfingen, entweder auf dem Hin- oder auf dem Rückflug? Was wäre, wenn bin Laden sich zwar vor Ort befände, jedoch versteckt hielte oder in einem Schutzraum Zuflucht gesucht hätte, sodass sich das Spezialkommando länger als ursprünglich geplant am Einsatzort aufhalten müsste? Wie würde das Team reagieren, wenn pakistanische Polizei oder Soldaten das Anwesen während des Kommandounternehmens umstellten?

McRaven betonte, seine gesamte Planung gehe von der Prämisse aus, dass sein Team ein Feuergefecht mit pakistanischen Sicherheitskräften vermeiden sollte. Falls sich uns Sicherheitskräfte am Boden entgegenstellen sollten, hielte er es für am besten, wenn die SEALs an Ort und Stelle ausharrten, während unsere Diplomaten versuchen würden, einen sicheren Abzug auszuhandeln. Ich schätzte seine Einstellung. Die von ihm vorgeschlagene Vorgehensweise war ein weiteres Beispiel für die Umsicht, der ich bei unseren obersten militärischen Befehlshabern immer wieder begegnet bin. Aber da sich die Beziehungen zwischen den USA und Pakistan in einem besonders prekären Zustand befanden, äußerten sowohl Bob Gates als auch ich ernsthafte Vorbehalte gegenüber dieser Strategie. US-Drohnenangriffe gegen Al-Qaida-Zielpersonen in den Stammesgebieten waren auf wachsenden Widerstand der pakistanischen Öffentlichkeit gestoßen. Die antiamerikanische Stimmung war Ende Januar noch weiter angefacht worden, als der CIA-Auftragnehmer Raymond Allen Davis zwei bewaffnete Männer getötet hatte, die sich in der wuselnden Stadt Lahore seinem Fahrzeug näherten. Die Tat löste wütende Proteste gegen die Anwesenheit der CIA in Pakistan aus und führte zu starken diplomatischen Spannungen, die fast zwei Monate anhielten, bis wir endlich Davis' Freilassung erreichten. Ich sagte McRaven und seinem Team, ich würde das Schicksal unserer SEALs nicht in die Hände einer pakistanischen Regierung legen, die zweifellos starkem öffentlichem Druck ausgesetzt wäre, wenn sie entscheiden müsste, ob sie sie einsperrte oder freiließe – insbesondere, wenn sich herausstellen sollte, dass sich bin Laden gar nicht auf dem Anwesen befand. Aus diesem Grund wollte ich, dass er die Pläne, die unter allen Umständen einen sicheren Rücktransport des Kommandotrupps gewährleisten sollten, noch aufbesserte – möglicherweise durch den Einsatz zweier zusätzlicher Hubschrauber, die dem Team bei der Erstürmung des Anwesens Rückendeckung geben könnten.

Bevor wir uns vertagten, unterbreitete uns Hoss Cartwright eine neue, »chirurgische« Option für einen Luftangriff – unter Verwendung einer Drohne, die eine kleine, sechs Kilogramm schwere Rakete direkt auf den Pacer abfeuern sollte, während er seinen täglichen Spaziergang machte. Cartwright zufolge wären die Kollateralschäden minimal, und in Anbetracht der Erfahrungen, die unser Militär mittlerweile mit Präzisionsangriffen auf Terroristen besitze, sei er zuversichtlich, dass der Auftrag erfolgreich durchgeführt werden könne, während zugleich die mit einem Kommandounternehmen verbundenen Risiken vermieden würden.

Die möglichen Vorgehensweisen standen nun im Mittelpunkt. McRaven beaufsichtigte den originalgetreuen Nachbau des Anwesens von Abbottabad in Fort Bragg, wo das SEAL-Team bei einer Reihe von Vorübungen den gesamten Ablauf des Einsatzes durchspielen sollte. Falls ich die Kommandoaktion autorisieren würde, sagte er, wäre das erste Maiwochenende der optimale Zeitpunkt; dann würde eine Reihe mondloser Nächte den SEALs zusätzliche Tarnung verschaffen. Unausgesprochen blieben naheliegende Befürchtungen, dass mit jedem unserer Planungs- und Vorbereitungsschritte und mit jedem Tag, der verging, mehr Menschen von der Geheimoperation erfahren würden. Ich sagte sowohl zu McRaven als auch zu Cartwright, dass ich noch nicht so weit sei, eine Entscheidung darüber zu treffen, welche Option wir gegebenenfalls weiterverfolgen würden. Aber für Planungszwecke, sagte ich, »gehen Sie einfach mal davon aus, ich hätte grünes Licht gegeben«.

UNTERDESSEN GING IM WEISSEN HAUS alles seinen gewohnten Gang. Ich verfolgte die Situation in Libyen, den Krieg in Afghanistan und die griechische Staatsschuldenkrise, die erneut aufgeflammt war und abermals die US-Märkte in Mitleidenschaft zog. Eines Tages begegnete ich auf dem Rückweg vom Situation Room Jay Carney, dem Nachfolger von Robert Gibbs als mein Pressesprecher. Jay war ein ehemaliger Journalist, der bei zahlreichen geschichtsträchtigen

Momenten in der ersten Reihe gesessen hatte. Er hatte als Moskaukorrespondent des Magazins *Time* über das Ende der Sowjetunion berichtet, und er war am Morgen des 11. September 2001 zusammen mit Präsident Bush an Bord der Air Force One gewesen. Jetzt erzählte er mir, dass er gerade einen Teil seiner täglichen Pressekonferenz damit verbracht habe, Fragen nach der Echtheit meiner Geburtsurkunde zu beantworten.

Es war mittlerweile über einen Monat her, dass sich Donald Trump in den landesweiten politischen Dialog eingeschaltet hatte. Meine Berater und ich waren davon ausgegangen, dass die Medien, nachdem sie die Geschichte voll ausgeschlachtet hatten, allmählich seiner zwanghaften Beschäftigung mit meiner Geburt überdrüssig würden. Und trotzdem nahm die Zahl der Berichte über seine Verschwörungsfantasien mit jeder Woche, die verging, ähnlich rasant zu wie die von Algen, die sich in einem überdüngten See explosionsartig vermehren. Kabelsender brachten lange Beiträge über Trump und seine Theorien. Politische Reporter suchten nach neuen Perspektiven auf die soziologische Bedeutung des »Birtherism« oder reflektierten über dessen Auswirkungen auf meine Wiederwahlkampagne oder (mit kaum eingestandener Ironie) darüber, was dieses Gewese über die Nachrichtenmedien aussagte. Ein zentraler Punkt in der Diskussion war die Tatsache, dass es sich bei dem Dokument, das wir 2008 im Internet zugänglich gemacht hatten, um eine Geburtsurkunde »in Kurzform« handelte. Dies war das Dokument, das die Gesundheitsbehörde des Bundesstaates Hawaii üblicherweise ausstellte und mit dem man einen Reisepass, eine Sozialversicherungsnummer oder einen Führerschein beantragen konnte. Laut Trump und den anderen »Birther«-Verschwörungstheoretikern bewies die Kurzfassung des Dokuments jedoch gar nichts. Warum hatte ich nicht die Originalfassung meiner Geburtsurkunde in voller Länge vorgelegt, wurden wir gefragt. Waren in der ausführlichen Fassung enthaltene Informationen in der Kurzform absichtlich weggelassen worden – vielleicht ein Hinweis darauf, dass ich Muslim war? War die Langfassung manipuliert worden? Was verbarg Obama?

Schließlich hatte ich genug. Ich rief Bob Bauer, den Rechtsberater des Weißen Hauses, an und sagte ihm, er solle in einem Jahresband, der irgendwo in den Archivregalen der Personenstandsbehörde von

Hawaii schlummere, die ausführliche Fassung der Geburtsurkunde auftreiben. Anschließend ließ ich Plouffe und meinen Kommunikationschef Dan Pfeiffer wissen, dass ich vorhätte, die Urkunde nicht nur zu veröffentlichen, sondern auch eine öffentliche Stellungnahme dazu abzugeben. Sie hielten das für eine schlechte Idee, denn es würde der Verschwörungstheorie nur neue Nahrung geben, und überhaupt sei es meiner Person und des Amts des Präsidenten unwürdig, auf solche lächerlichen Anschuldigungen zu antworten.

»Genau das ist der Punkt«, sagte ich.

Am 27. April betrat ich das Podium des Presseraums im Weißen Haus und begrüßte die anwesenden Pressevertreter. Ich äußerte mich zunächst zu der Tatsache, dass die nationalen Fernsehsender allesamt beschlossen hätten, ihr Programm zu unterbrechen, um meine Ausführungen live zu übertragen – etwas, was sie nur sehr selten taten. Ich merkte an, dass zwei Wochen zuvor, als die Fraktion der Republikaner im Repräsentantenhaus und ich grundverschiedene Haushaltsentwürfe vorgelegt hätten, mit weitreichenden Folgen für unser Land, nicht etwa diese, sondern das Gerede über meine Geburtsurkunde im Mittelpunkt der medialen Berichterstattung gestanden habe. Ich wies darauf hin, dass die USA vor gewaltigen Herausforderungen und bedeutenden Entscheidungen stünden, dass wir ernsthafte Debatten und manchmal erbitterte Meinungsverschiedenheiten erwarten sollten, denn so funktioniere nun einmal unsere Demokratie, und ich sei mir sicher, dass wir das Zeug dazu hätten, gemeinsam eine bessere Zukunft zu gestalten.

»Aber dazu werden wir nicht fähig sein, wenn wir abgelenkt sind. Wir werden es nicht hinbekommen, wenn wir Zeit damit verbringen, uns gegenseitig zu verunglimpfen. Wir werden es nicht schaffen, wenn wir einfach Geschichten erfinden und so tun, als wären Fakten keine Fakten. Wir werden unsere Probleme nicht lösen können, wenn wir uns von Nebensächlichkeiten und Narrengegröle ablenken lassen«, sagte ich. Ich sah die versammelten Reporter an, wobei ich mir größte Mühe gab, mir meine Wut nicht anmerken zu lassen. »Ich weiß, dass es einen Teil der Bevölkerung geben wird, für den diese Frage, ganz gleich, was wir veröffentlichen, nicht erledigt sein wird. Aber ich wende mich an die große Mehrheit der Amerikaner und an die Presse.

Wir haben keine Zeit für solche Albernheiten. Wir haben Besseres zu tun. Ich habe Besseres zu tun. Wir müssen große Probleme lösen. Und ich bin zuversichtlich, dass wir sie lösen können, aber wir müssen uns auf sie konzentrieren – nicht darauf.«

Im Raum war es einen Moment lang still. Ich ging durch die Schiebetüren hinaus, zurück in die Büros des Kommunikationsteams, wo ich einer Gruppe junger Mitarbeiter unserer Presseabteilung begegnete, die meine kurze Rede auf einem Fernsehbildschirm verfolgt hatten. Sie schienen alle in ihren Zwanzigern zu sein. Einige hatten für meine Kampagne gearbeitet, andere waren erst kürzlich in den Regierungsapparat eingetreten, getrieben von dem Wunsch, ihrem Land zu dienen. Ich blieb stehen und suchte zu jedem Einzelnen Augenkontakt.

»Wir sind zu Besserem fähig«, sagte ich. »Merkt euch das.«

AM NÄCHSTEN TAG nahmen mein Team und ich im Situation Room eine abschließende Bewertung unserer Optionen für einen möglichen Einsatz in Abbottabad am folgenden Wochenende vor. Zu Beginn der Woche hatte ich McRaven autorisiert, das SEAL-Team sowie die bei dem Angriff zum Einsatz kommenden Hubschrauber nach Afghanistan zu verlegen, und die Gruppe befand sich jetzt in Dschalalabad und wartete auf weitere Befehle. Um sicherzustellen, dass die CIA ihre Arbeit hinreichend sorgfältig überprüft hatte, hatten Leon und Mike Morell den Direktor des National Counterterrorism Center, Mike Leiter, gebeten, ein anderes Team von Analytikern sämtliche verfügbaren Informationen über das Anwesen und seine Bewohner auswerten zu lassen, um zu sehen, ob die Schlussfolgerungen dieser Behörde mit denen von Langley übereinstimmten. Leiter berichtete, sein Team gehe mit einer Wahrscheinlichkeit von vierzig bis sechzig Prozent davon aus, dass sich bin Laden dort aufhalte, während die CIA die Wahrscheinlichkeit auf sechzig bis achtzig Prozent veranschlagt hatte. Es folgte eine Diskussion darüber, wie sich dieser Unterschied erklären lasse. Nach ein paar Minuten unterbrach ich sie.

»Ich weiß, dass wir uns bemühen, diese Faktoren bestmöglich zu quantifizieren«, sagte ich. »Aber letztlich stehen die Chancen fünfzig zu fünfzig. Also lassen Sie uns weitermachen.«

McRaven ließ uns wissen, dass die Vorbereitungen für das Kommandounternehmen abgeschlossen seien; er und seine Männer seien bereit. Cartwright bestätigte ebenfalls, dass die Drohnenoption getestet worden sei und jederzeit aktiviert werden könne. Jetzt, wo die Optionen auf dem Tisch lagen, wollte ich von jedem Anwesenden seine Meinung dazu hören. Leon, John Brennan und Mike Mullen sprachen sich für das Kommandounternehmen aus. Hillary sagte, ihr falle es sehr schwer, eine Option zu favorisieren. Sie führte minutiös die Risiken einer Kommandoaktion auf – insbesondere die Gefahr, dass es zum Bruch mit Pakistan kommen könnte oder dass wir sogar in eine Auseinandersetzung mit dem pakistanischen Militär hineingezogen werden könnten. Sie fügte jedoch hinzu, angesichts der Tatsache, dass es sich um unsere beste Spur zu bin Laden seit zehn Jahren handle, sei sie letztlich für den Einsatz der SEALs.

Gates sprach sich gegen eine Kommandooperation aus, war jedoch bereit, die Drohnenoption in Erwägung zu ziehen. Er verwies auf den Präzedenzfall vom April 1980: Das als Operation »Eagle Claw« bekannte Vorhaben, die dreiundfünfzig im Iran festgehaltenen amerikanischen Geiseln zu befreien, endete in einer Katastrophe, als ein US-Militärhubschrauber in der Wüste abstürzte und acht Soldaten ums Leben kamen. Dieser Vorfall sei für uns eine Mahnung, dass selbst bei einer noch so gründlichen Planung Operationen wie diese fürchterlich schiefgehen könnten. Abgesehen von dem Risiko für das Team befürchtete er, der Einsatz könnte, falls er scheitern sollte, negative Auswirkungen auf den Krieg in Afghanistan haben. Kurz vor dem Treffen hatte ich öffentlich bekannt gegeben, dass Bob, wie geplant, nach vier Jahren als Verteidigungsminister ausscheiden werde und dass ich beabsichtigte, Leon als seinen Nachfolger zu nominieren. Als ich Bobs sachlicher, wohldurchdachter Einschätzung zuhörte, erinnerte mich das daran, wie wertvoll er für mich gewesen war.

Auch Joe sprach sich gegen das Kommandounternehmen aus. In Anbetracht der enormen Folgen eines möglichen Scheiterns solle ich eine Entscheidung – wie immer sie aussehe – so lange aufschieben, bis die Nachrichtendienste sicherer seien, dass sich bin Laden tatsächlich auf dem Gelände aufhalte. Wie bei jeder bedeutenden Entscheidung, die ich als Präsident traf, schätzte ich Joes Bereitschaft, sich der vorherrschenden Meinung zu widersetzen und unangenehme Fragen zu stellen. Auf diese Weise verschaffte er mir oft den Freiraum, den ich brauchte, um ein Problem gründlich zu durchdenken. Ich wusste auch, dass Joe, wie Gates, während der Operation »Eagle Claw« in Washington gewesen war. Ich vermutete, dass er eindrückliche Erinnerungen an diese Zeit hatte: die trauernden Familien, der Schlag für das Ansehen Amerikas, die Schuldzuweisungen und die Tatsache, dass Jimmy Carter als ein ebenso leichtfertiger wie willensschwacher Präsident dargestellt worden war, nachdem er den Einsatz angeordnet hatte. Carter hatte sich davon politisch nie wieder erholt. Die unausgesprochene Warnung lautete, dass es mir genauso ergehen könnte.

Ich sagte der Gruppe, ich würde ihr meine Entscheidung am nächsten Morgen mitteilen – falls ich grünes Licht für das Kommandounternehmen geben würde, wollte ich sicherstellen, dass McRaven ein möglichst großes Zeitfenster für den Start der Operation hätte. Tom Donilon begleitete mich zurück ins Oval Office, sein übliches Sortiment an Heftmappen und Notizbüchern unterm Arm, und wir gingen schnell seine Checkliste potenzieller offener Punkte für das bevorstehende Wochenende durch. Er und Brennan hatten anscheinend einen Leitfaden für jeden Eventualfall erstellt, und ich konnte die Anspannung und Nervosität in seinem Gesicht sehen. Nach sieben Monaten als mein nationaler Sicherheitsberater hatte er sich bemüht, mehr Sport zu treiben und die Koffeinsucht abzulegen, aber offensichtlich vergeblich. Ich bewunderte mittlerweile Toms Fähigkeit, hart zu arbeiten, den Überblick über unzählige Details zu behalten, eine unglaubliche Menge an Memos, Telegrammen und Daten in sich aufzunehmen, scheinbar unermüdlich Patzer zu beheben und Rangeleien zwischen Behörden zu schlichten. Auf diese Weise verschaffte er mir sowohl die Informationen als auch den Freiraum für konzentriertes Arbeiten, die ich brauchte, um meinen Job zu erledigen. Ich fragte Tom einmal, woher seine Energie und sein Fleiß kämen, und er führte es auf seine Biografie zurück. Er war in einer irischen Arbeiterfamilie aufgewachsen, hatte sich beim Jurastudium durchgebissen und für verschiedene politische Kampagnen gearbeitet, bevor er schließlich zu einem einflussreichen außenpolitischen Experten wurde. Aber trotz seiner Erfolge verspüre er, wie er sagte, noch immer das Bedürfnis, sich zu beweisen – aus lauter Angst zu versagen.

Ich lachte und sagte, das komme mir bekannt vor.

Michelle und die Mädchen waren beim Abendessen besonders gut in Form, sie zogen mich in einem fort wegen meiner »Eigenheiten« auf, wie sie es nannten – dass ich immer eine Handvoll Nüsse gleichzeitig aß, nachdem ich sie vorher in meiner Faust geschüttelt hatte; dass ich zu Hause immer dasselbe Paar schäbige alte Sandalen trug; dass ich keine Süßigkeiten mochte (»Euer Vater hält nichts von Köstlichkeiten … zu viel des Genusses«). Ich hatte Michelle nichts von meiner anstehenden Entscheidung erzählt, weil ich sie nicht mit einer Geheimsache belasten wollte, bis ich sicher wusste, was ich tun würde. Und falls ich angespannter gewesen sein sollte als üblich, schien sie es jedenfalls nicht zu bemerken. Nachdem ich die Mädchen ins Bett gebracht hatte, zog ich mich in den Treaty Room zurück und schaltete ein Basketballspiel ein. Mein Blick folgte dem sich bewegenden Ball, während ich in Gedanken ein letztes Mal die verschiedenen Szenarien durchspielte.

Tatsächlich kamen für mich selbst schon seit Wochen immer weniger Optionen ernsthaft in Betracht; dabei hatten die Meetings seither mein Bauchgefühl bestätigt. Ich war nicht für einen Raketenangriff, selbst wenn es, wie von Cartwright geplant, ein hochpräziser Schlag wäre. Meines Erachtens war es das Risiko nicht wert, da wir nicht in der Lage wären zu bestätigen, dass bin Laden getötet worden war. Ich hatte auch Zweifel, dass es etwas brächte, den Nachrichtendiensten mehr Zeit zu geben, da die zusätzlichen Monate, die wir darauf verwandt hatten, das Gelände zu beobachten, so gut wie keine neuen Erkenntnisse zutage gefördert hatten. In Anbetracht der umfangreichen Planungen, die bereits stattgefunden hatten, bezweifelte ich überdies, dass wir die Sache noch einen weiteren Monat geheim halten könnten.

Es ging jetzt nur noch um die Frage, ob ich das Kommandounternehmen anordnen sollte oder nicht. Ich war mir dessen, was dabei auf dem Spiel stand, voll und ganz bewusst. Ich wusste, dass wir die Risiken minimieren, aber nicht ausschalten konnten. Ich hatte uneingeschränktes Vertrauen in Bill McRaven und seine SEALs. Ich wusste, dass sich in den Jahrzehnten seit »Eagle Claw« und den Jahren seit dem »Black Hawk Down«-Zwischenfall in Somalia die Fähigkeiten des US-Militärs im Bereich Spezialoperationen entscheidend verbessert hatten. Trotz all der strategischen und politischen Fehler, die wir bei den Kriegen im Irak und in Afghanistan gemacht hatten, war daraus doch auch ein Kader von Männern hervorgegangen, die zahllose Einsätze durchgeführt und gelernt hatten, mit praktisch jeder erdenklichen Situation zurechtzukommen. Angesichts ihres Könnens und ihrer Professionalität vertraute ich darauf, dass die SEALs wohlbehalten aus Abbottabad zurückkehren würden, auch wenn sich einige unserer Kalküle und Annahmen als falsch erweisen sollten.

Ich sah, wie Kobe Bryant einen Sprungwurf in der Zone ausführte. Die Lakers spielten gegen die Hornets; sie waren auf dem Weg, die erste Runde der Play-offs für sich zu entscheiden. Die Standuhr an der Wand des Treaty Room tickte. In den letzten beiden Jahren hatte ich zahllose Entscheidungen getroffen – über die in Schieflage geratenen Banken, über Chrysler, Piraten, Afghanistan und das Gesundheitswesen. Von daher kannte ich die Risiken des Scheiterns, auch wenn ich sie nie leichtfertig einging. Bei allem, was ich tat oder getan hatte, versuchte ich in aller Stille und oftmals spät am Abend in dem Raum, in dem ich gerade saß, die Erfolgschancen zu überschlagen. Ich wusste, dass ich keine bessere Methode zur Abschätzung der Erfolgschancen oder einen besseren Haufen Leute hätte finden können, der mir bei der Abwägung von Chancen und Risiken half. Mir wurde klar, dass ich mich gerade wegen der Fehler, die ich gemacht hatte, und der misslichen Lagen, aus denen ich uns hatte herausholen müssen, in vielfältiger Weise auf genau diesen Moment vorbereitet hatte. Und auch wenn ich keine Gewähr dafür übernehmen konnte, dass meine Entscheidung den gewünschten Erfolg haben würde, war ich bestens präpariert und überaus zuversichtlich, als ich sie traf.

DEN NÄCHSTEN TAG – Freitag, 29. April – war ich größtenteils auf Achse. Ich besuchte Tuscaloosa, Alabama, um mir einen Überblick über die Zerstörungen zu verschaffen, die ein verheerender Tornado angerichtet hatte, und am Abend musste ich in Miami eine Rede vor Collegeabsolventen halten. Dazwischen wollte ich mit Michelle und den Mädchen einen Abstecher nach Cape Canaveral machen, um den letzten Start der Raumfähre *Endeavour* vor ihrer Stilllegung mitzuerleben. Bevor ich aufbrach, schickte ich eine E-Mail an Tom, Denis, Daley und Brennan, in der ich sie bat, sich mit mir im Diplomatischen Empfangsraum zu treffen. Sie passten mich gerade in dem Moment ab, als ich mit Michelle und den Mädchen auf den Südrasen hinausging, wo Marine One wartete. Mit dem Dröhnen des Helikopters im Hintergrund (und den Geräuschen von Sasha und Malia, die einen schwesterlichen Streit austrugen) gab ich offiziell grünes Licht für den Einsatz in Abbottabad. Ich unterstrich noch einmal, dass McRaven die uneingeschränkte operative Kommandogewalt innehabe und allein er über den genauen Zeitpunkt des Kommandounternehmens entscheide.

Die Operation lag nun größtenteils nicht mehr in meinen Händen. Ich war froh, aus Washington rauszukommen, wenn auch nur für einen Tag – so konnte ich mich anderer Arbeit zuwenden und, wie sich zeigen sollte, meine Wertschätzung für die Arbeit anderer zum Ausdruck bringen. Zu Beginn der Woche war ein gigantischer Superzellensturm über die südöstlichen Bundesstaaten hinweggefegt. Die Tornados, die dabei entstanden waren, hatten mehr als dreihundert Menschenleben gefordert, was ihn zur tödlichsten Naturkatastrophe seit Hurrikan »Katrina« machte. Ein einzelner, zweieinhalb Kilometer breiter Tornado, der von über dreihundert Stundenkilometer schnellen Winden angetrieben worden war, hatte eine Schneise der Verwüstung durch Alabama gezogen und Tausende von Wohnhäusern und Firmengebäuden zerstört.

Nach meiner Landung in Tuscaloosa begrüßte mich der Direktor der US-Bundeskatastrophenschutzbehörde, ein korpulenter, zurückhaltender Floridianer namens Craig Fugate. Zusammen mit bundesstaatlichen und kommunalen Amtsträgern machten wir beide einen Rundgang durch Viertel, die aussahen, als wären sie durch eine Megatonnenbombe dem Erdboden gleichgemacht worden. Wir besuchten ein Hilfszentrum, um denjenigen ein wenig Trost zuzusprechen, die alles verloren hatten. Trotz der Verwüstungen lobte nahezu jede Person, mit der ich sprach – vom republikanischen Gouverneur des Bundesstaates bis zur Mutter, die ihr Kleinkind tröstete –, die Reaktion der US-Bundesregierung. Sie sagten, die Teams seien sehr schnell vor Ort gewesen, hätten hervorragend mit lokalen Amtsträgern zusammengearbeitet und jedes noch so geringfügige Anliegen sei unverzüglich und sorgfältig erledigt worden. Das verwunderte mich nicht, denn Fugate war einer der tüchtigsten Behördenleiter, die ich ernannt hatte, ein nüchterner, bescheidener Staatsdiener, der keine Ausflüchte machte, wenn etwas schieflief. Er besaß jahrzehntelange Erfahrung in der Bewältigung von Naturkatastrophen. Dennoch freute es mich zu sehen, dass seine Bemühungen Anerkennung fanden, und es erinnerte mich ein weiteres Mal daran, dass die tägliche, geräuschlose Pflichterfüllung von Menschen, die nicht nach Aufmerksamkeit strebten, sondern einfach wussten, was sie zu tun hatten, und dies voller Stolz taten, das war, was gute Regierungsarbeit im Kern ausmachte.

In Cape Canaveral erfuhren wir zu unserer Enttäuschung, dass die NASA gezwungen gewesen war, den Start der Raumfähre aufgrund von Problemen in einem Hilfstriebwerk in letzter Minute abzusagen, aber unsere Familie hatte trotzdem die Gelegenheit, mit den Astronauten zu sprechen und Zeit mit Janet Kavandi zu verbringen, der Direktorin für Flugpersonal im Johnson Space Center in Houston, die eigens für den Start nach Florida gekommen war. Als Kind hatte mich die Erkundung des Weltraums fasziniert, und als Präsident legte ich großen Wert darauf, bei jeder sich bietenden Gelegenheit den großen Stellenwert von Wissenschaft und Technik hervorzuheben. So führte ich zum Beispiel eine jährlich stattfindende Wissenschaftsmesse im Weißen Haus ein, auf der Studenten stolz ihre Roboter, Raketen und Solarautos präsentierten. Ich ermunterte die NASA auch, neue Technologien zu entwickeln und sich auf zukünftige Marsmissionen vorzubereiten, unter anderem dadurch, dass sie mit kommerziellen Anbietern bei Flügen in niedrigen Erdumlaufbahnen zusammenarbeitete. Nun sah ich, wie Malia und Sasha mit großen Augen den Worten Kavandis folgten, als sie eindringlich schilderte, wie vieler Menschen und Stunden sorgfältiger Arbeit es bedurfte, um auch nur eine Raumfähre startklar zu machen, und als sie ihren eigenen Weg beschrieb, vom jungen Mädchen, das gefangen war vom nächtlichen Himmel über der Rinderfarm seiner Eltern im ländlichen Missouri, zur Astronautin, die an drei Space-Shuttle-Flügen teilgenommen hatte.

Mein Tag endete mit der Abschlussfeier für Studenten an der Miami Dade, einem Community College, das mit über hundertsiebzigtausend Studierenden auf acht Campus die größte Hochschuleinrichtung des Landes war. Sein Präsident, Eduardo Padrón, hatte das College in den Sechzigerjahren als junger kubanischer Einwanderer besucht, der nur gebrochen Englisch sprach und ansonsten keine Möglichkeit hatte, einen höheren Bildungsabschluss zu machen. Nachdem er dort seinen Abschluss erhalten und später an der University of Florida promoviert hatte, lehnte er lukrative Stellenangebote aus der Privatwirtschaft ab, um ans Miami Dade zurückzukehren, wo er es sich in den letzten vierzig Jahren zur Aufgabe gemacht hatte, anderen die gleiche Rettungsleine zuzuwerfen, die das College ihm zugeworfen hatte. Er beschrieb das College als »eine Traumfabrik« für seine Studierenden, die überwiegend aus einkommensschwachen Latino-, Schwarzen und Einwandererfamilien kamen und die, in den meisten Fällen, in ihren Familien die Ersten waren, die studierten. Als er über die von ihm eingeführten Fördermaßnahmen sprach, die dafür sorgen sollten, dass Studierende nicht durch die Maschen fielen, war ich beeindruckt von seinem humanistischen Ethos. »Wir geben keinen Studierenden auf«, sagte er mir, »und wenn wir unsere Arbeit richtig machen, dann lassen wir es nicht zu, dass sie sich selbst aufgeben.«

In meiner kurzen Rede an die Absolventen sprach ich an diesem Abend über die Idee von Amerika: was das, was sie erreicht hatten, über den Willen von jedem Einzelnen von uns aussagte, die Verhältnisse, in die wir hineingeboren wurden, hinter uns zu lassen, und was es über unsere kollektive Fähigkeit aussagte, das Trennende zwischen uns zu überwinden, um die Herausforderungen unserer Zeit zu meistern. Ich schilderte eine Erinnerung aus meiner frühen Kindheit: Ich saß auf den Schultern meines Großvaters und winkte mit einer winzigen amerikanischen Flagge in einer Menschenmenge, die sich versammelt hatte, um die Astronauten einer der Apollo-Weltraummissionen nach ihrer erfolgreichen Wasserung in der Nähe von Hawaii zu begrüßen. Und jetzt, mehr als vierzig Jahre später, sagte ich zu den Absolventen, hätte ich gerade Gelegenheit gehabt mitanzuhören, was meinen eigenen Töchtern von einer neuen Generation Weltraumentdeckern gesagt worden sei. Dies habe mich dazu veranlasst, über all das nachzudenken, was Amerika seit meiner Kindheit erreicht habe; für mich habe sich ein Lebenskreis geschlossen. Und ich sagte ihnen, dies sei – wie ihre Diplome und wie meine Wahl zum Präsidenten – ein Beweis dafür, dass die Idee, für die Amerika stehe, weiterlebe.

Die Studenten und ihre Eltern jubelten, viele von ihnen schwenkten ihrerseits USA-Fähnchen. Ich dachte über das Land nach, das ich ihnen gerade beschrieben hatte – ein hoffnungsvolles, großzügiges Amerika, ein Amerika, das allen offenstand. Ungefähr im gleichen Alter, in dem die Absolventen jetzt waren, hatte ich mir diese Idee zu eigen gemacht und mit ganzer Kraft daran festgehalten. Vor allem um ihret-, weniger um meinetwillen wünschte ich mir von ganzem Herzen, dass diese Idee der Wahrheit entsprach.

DIE KURZE REISE am Freitag hatte mich beflügelt und hoffnungsfroh gemacht, aber ich wusste, dass mein Samstagabend in Washington – an dem für Michelle und mich das White House Correspondents' Dinner auf dem Programm stand – entschieden weniger inspirierend zu werden versprach. Das Dinner, dessen Gastgeber das Pressekorps des Weißen Hauses war und an dem seit Calvin Coolidge jeder Präsident mindestens einmal teilgenommen hatte, diente ursprünglich dazu, Journalisten und den Personen, über die sie schrieben, die Gelegenheit zu geben, für einen Abend ihr oft konfliktträchtiges Verhältnis zueinander zu vergessen und sich ein wenig zu amüsieren. Aber als im Lauf der Zeit das Nachrichten- und das Unterhaltungsgeschäft immer stärker miteinander verschmolzen, war die jährliche Zusammenkunft zum Washingtoner Pendant der Met Gala oder der Oscarverleihung geworden, übertragen im Kabelfernsehen und mit dem Auftritt eines professionellen Comedian. Um die dreitausend Journalisten, Politiker, Wirtschaftsmagnaten und hohe Regierungsmitarbeiter sowie ein ständig wechselndes Ensemble von Hollywoodpromis zwängten sich in einen unbequemen Hotelballsaal, um zu plaudern, gesehen zu werden und dem Präsidenten bei dem zuzuhören, was zu einer routiniert abgespulten Stand-up-Nummer geworden war, bei der mit Rivalen hart ins Gericht gegangen und über die aktuellen politischen Tagesnachrichten gescherzt wurde.

Zu einer Zeit, als sich Menschen überall im Land nach der Rezession noch immer den Kopf darüber zerbrachen, wie sie Arbeit finden, ihre Häuser behalten oder ihre Rechnungen bezahlen konnten, hatte sich meine Teilnahme an dem eleganten gesellschaftlichen Ereignis – mit seiner Exklusivität und seinem Roten-Teppich-Glitter – schon immer politisch unpassend angefühlt. Aber weil ich mich in den letzten beiden Jahren pflichtgemäß hatte sehen lassen, wusste ich, dass ich es mir nicht erlauben konnte, auch nur den kleinsten Verdacht zu erregen, indem ich in letzter Minute meine Teilnahme an der diesjährigen Galaveranstaltung absagte. Obwohl ich wusste, dass McRaven in Kürze zu dem SEAL-Team in Dschalalabad stoßen würde und innerhalb von Stunden das Startsignal für die Operation geben könnte, musste ich mir alle Mühe geben, um vor einem Ballsaal voller Reporter so zu tun, als wäre alles normal. Zum Glück zeigte sich, dass die Person, die es wie keine zweite verstand, die Aufmerksamkeit von allem anderen ab- und auf sich zu lenken, eingeladen worden war, am Tisch der *Washington Post* zu sitzen. Seltsamerweise beruhigte es uns zu wissen, dass Pakistan für die Medien mit Sicherheit kein Thema wäre, sobald Donald Trump erst einmal den Saal betreten hätte.

Bis zu einem gewissen Grad hatten unsere Veröffentlichung der ausführlichen Fassung meiner Geburtsurkunde und meine Medienschelte im Presseraum des Weißen Hauses den gewünschten Effekt gehabt: Donald Trump hatte widerwillig eingeräumt, er sei jetzt überzeugt davon, dass ich auf Hawaii geboren worden sei, während er es sich zugleich als sein Verdienst anrechnete, mich – im Namen des amerikanischen Volkes – dazu gezwungen zu haben, meinen Status nachzuweisen. Dennoch bewegte die ganze »Birther«-Kontroverse die Menschen auch weiterhin, wie sich an diesem Samstag zeigte, als ich mich mit Jon Favreau und dem Autorenteam traf, die meine Rede aufgesetzt hatten – keiner von ihnen wusste von der Operation, die in Kürze beginnen sollte. Sie hatten sich einen geistreichen Monolog einfallen lassen. Ich stolperte nur über einen Satz, der sich über die »Birther« lustig machte, indem er andeutete, Tim Pawlenty, der ehemalige republikanische Gouverneur von Minnesota, der eine Präsidentschaftskandidatur in Erwägung zog, habe die Tatsache verheimlicht, dass sein vollständiger Name in Wahrheit »Tim bin Laden Pawlenty« laute. Ich bat Favs, »bin Laden« durch »Husni« zu ersetzen. In Anbetracht der umfassenden Nachrichtenberichterstattung über Mubarak in letzter Zeit habe dies einen größeren Aktualitätsbezug, meinte ich. Ich sah ihm an, dass er in meiner Korrektur keine Verbesserung sah, aber er behielt seine Meinung für sich.

Am späten Nachmittag telefonierte ich ein letztes Mal mit McRaven, der mir mitteilte, dass er mit der Kommandooperation bis Sonntagabend warten wolle, weil über Pakistan Nebel aufgezogen sei. Er versicherte mir, dass sämtliche Vorbereitungen abgeschlossen seien und sein Team bereit sei. Ich sagte ihm, das sei nicht der wichtigste Grund für meinen Anruf.

»Richten Sie allen Mitgliedern Ihres Teams meine tief empfundene Wertschätzung aus«, sagte ich.

»Ja, Sir.«

»Bill«, sagte ich, und mir fehlten in diesem Moment die Worte, um meinen Gefühlen angemessenen Ausdruck zu verleihen, »es ist mir ernst damit. Sagen Sie ihnen das.«

»Das werde ich, Mr President«, antwortete er.

An diesem Abend fuhren Michelle und ich in einer Wagenkolonne ins Washingtoner Hilton, ließen uns mit zahlreichen VIPs fotografieren und saßen einige Stunden lang auf einem erhöhten Platz, wo wir Small Talk machten, während Gäste wie Rupert Murdoch, Sean Penn, John Boehner und Scarlett Johansson bei Wein und zu stark durchgebratenen Steaks miteinander plauderten. Ich setzte ein freundlich lächelndes Gesicht auf, während ich insgeheim einen mentalen Hochseilakt ausführte. Mit meinen Gedanken war ich Tausende von Kilometern weit weg. Als ich mit meiner Rede an der Reihe war, stand ich auf und legte los. Nach ungefähr der Hälfte wandte ich mich direkt an Trump.

»Nun, ich weiß, dass er jüngst unter Beschuss geriet«, sagte ich, »aber niemand ist glücklicher, niemand ist stolzer, diese ganze Sache mit der Geburtsurkunde endlich zu den Akten legen zu können, als Donald. Und zwar deshalb, weil er sich endlich wieder auf die wirklich wichtigen Dinge konzentrieren kann, als da wären: Haben wir die Mondlandung nur vorgetäuscht? Was ist wirklich in Roswell passiert? Und wo sind Biggie und Tupac?« Während die Zuhörer in Gelächter ausbrachen, fuhr ich im gleichen Stil fort. Ich verwies auf seine »Referenzen und die Breite seiner Erfahrungen« als Gastgeber der Fernsehshow *Celebrity Apprentice* und spottete darüber, dass er in einer der Folgen den falschen Star gefeuert hatte. »Dies sind die Arten von Entscheidungen, die mir schlaflose Nächte bereiten würden. Gut gemacht, Sir. Gut gemacht.«

Die Zuhörer brüllten, während Trump schweigend dasaß und lauwarm lächelte. Ich konnte mir nicht ansatzweise vorstellen, was ihm in den wenigen Minuten, in denen ich ihn aufzog, durch den Kopf ging. Ich wusste aber, dass er ein echtes Schauspiel abgab, und in den Vereinigten Staaten des Jahres 2011 war das gleichbedeutend mit Macht. Trump handelte mit einer Währung, die, wie seicht sie auch sein mochte, mit jedem Tag an Wert zu gewinnen schien. Dieselben Reporter, die über meine Witze lachten, würden ihm weiterhin Sendezeit geben. Ihre Verleger würden darum buhlen, ihn an ihren Tischen sitzen zu haben.

Statt für die Verschwörungstheorien, mit denen er hausieren ging, geächtet zu werden, war er tatsächlich noch nie so populär gewesen.

AM NÄCHSTEN MORGEN war ich früh wach, noch vor dem allmorgendlichen Weckruf aus der Telefonzentrale des Weißen Hauses. Wir hatten den ungewöhnlichen Schritt unternommen, die Besuchertouren durch den Westflügel an diesem Tag abzusagen, in der Erwartung, dass wichtige Treffen anstünden. Ich hatte beschlossen, mit Marvin eine schnelle Neun-Loch-Runde Golf zu spielen, wie ich es oft an ruhigen Sonntagen tat, teils, um nicht ungewollt darauf aufmerksam zu machen, dass an diesem Tag noch irgendetwas anderes nicht so war wie gewöhnlich, und teils, um einfach rauszukommen, statt im Treaty Room zu hocken und ständig auf meine Armbanduhr zu schauen, ungeduldig darauf wartend, dass es in Pakistan endlich dunkel wurde. Es war ein kühler, windstiller Tag. Ich spielte unkonzentriert und verschlug drei oder vier Bälle, die im Unterholz landeten. Nach meiner Rückkehr ins Weiße Haus meldete ich mich bei Tom. Er und die übrigen Mitglieder des Teams waren bereits im Situation Room, um sicherzustellen, dass wir sofort reagieren konnten, wenn es nötig sein sollte. Ich wollte sie nicht durch meine Anwesenheit ablenken und bat ihn daher, mich in Kenntnis zu setzen, sobald die Hubschrauber, die das SEAL-Team beförderten, losgeflogen waren. Ich saß im Oval Office, wo ich einige Dokumente durchlesen wollte, aber ich kam nicht voran, meine Augen überflogen immer wieder die gleichen Zeilen. Schließlich ließ ich Reggie, Marvin und Pete Souza zu mir kommen – sie alle waren mittlerweile über die bevorstehende Operation im Bilde –, und wir setzten uns ins Speisezimmer neben dem Oval Office und spielten Spades.

Um vierzehn Uhr Eastern Time hoben zwei mit Tarnkappentechnik ausgerüstete Black-Hawk-Helikopter vom Flugplatz Dschalalabad ab. An Bord befanden sich dreiundzwanzig Mitglieder des SEAL-Teams, ein pakistanisch-amerikanischer CIA-Übersetzer und ein Militärhund namens Cairo. Es war der Beginn der Operation »Neptune Spear«, wie die amtliche Bezeichnung dieses Einsatzes lautete. Bis Abbottabad bräuchten sie neunzig Minuten. Ich verließ das Speisezimmer und ging zurück in den Situation Room, der praktisch in eine Einsatzzentrale umfunktioniert worden war. Leon war über eine Videokonferenzleitung aus Langley zugeschaltet und gab Informationen von McRaven weiter, der sich an einem sicheren Ort in Dschalalabad aufhielt und in fortlaufender, direkter Verbindung mit seinen SEALs stand. Die Atmosphäre war erwartbar angespannt. Joe, Bill Daley und die meisten Mitglieder meines nationalen Sicherheitsteams – einschließlich Tom, Hillary, Denis, Gates, Mullen und Blinken – saßen bereits am Konferenztisch. Ich wurde über unsere Pläne für die Benachrichtigung Pakistans und anderer Länder sowie über unsere diplomatischen Strategien für den Fall des Erfolgs beziehungsweise des Scheiterns auf den neuesten Stand gebracht. Falls bin Laden bei dem Kommandounternehmen getötet werden sollte, waren Vorbereitungen für eine traditionelle islamische Bestattung getroffen worden. Sie sollte auf See stattfinden, um zu verhindern, dass eine Pilgerstätte für Dschihadisten geschaffen würde. Nach einiger Zeit wurde mir klar, dass das Team in bester Absicht nur wiederholte, was schon besprochen worden war. Aus Sorge, sie abzulenken, ging ich zurück nach oben. Kurz vor fünfzehn Uhr dreißig meldete Leon dann, dass sich die Black Hawks dem Anwesen näherten.

Das Team hatte geplant, dass wir die Operation indirekt, über Leon, mitverfolgen sollten, da Tom der Meinung war, es könnte zu Missverständnissen führen, wenn ich direkt mit McRaven kommunizierte. Man könnte den Eindruck gewinnen, dass ich den Einsatz leitete – grundsätzlich eine schlechte Vorgehensweise und überdies ein politisches Problem, falls die Mission scheiterte. Doch auf meinem Weg zurück in den Situation Room war mir aufgefallen, dass Live-Luftaufnahmen des Anwesens sowie McRavens Stimme auf einen Videobildschirm in einem kleineren Konferenzzimmer auf der anderen Seite des Flurs übertragen wurden. Als sich die Helikopter dem Ziel näherten, stand ich auf. »Ich muss mir das ansehen«, sagte ich, worauf ich in das andere Besprechungszimmer ging. Dort traf ich auf den blau uniformierten Air-Force-Brigadegeneral Brad Webb, der an einem kleinen Tisch vor seinem Computer saß. Er bot mir seinen Stuhl an. »Bleiben Sie sitzen«, sagte ich und legte die Hand auf seine Schulter, ehe ich auf einem anderen Stuhl Platz nahm. Webb teilte McRaven und Leon mit, dass ich den Raum gewechselt hätte und mir die Liveübertragung ansähe. Schon bald hatte sich das gesamte Team in das Zimmer gezwängt.

Dies war das erste und einzige Mal in meiner Amtszeit als Präsident, dass ich den Ablauf einer Militäraktion in Echtzeit mitverfolgte. Gespenstische Bilder huschten über den Bildschirm. Wir hatten kaum eine Minute lang zugesehen, als einer der Black Hawks beim Anflug leicht taumelte. Noch bevor ich richtig verstand, was da genau vor sich ging, informierte uns McRaven, der Helikopter habe für einen Moment Auftrieb verloren und dann die Seite einer der Mauern des Anwesens gestreift. Jähe Angst durchzuckte mich. Ein Katastrophenfilm spielte sich in meinem Kopf ab – ein abstürzender Hubschrauber, die SEALs, die verzweifelt versuchten, ins Freie zu gelangen, ehe die Maschine in Flammen aufging, Menschen in der Nachbarschaft, die aus ihren Häusern strömten, um nachzusehen, was los war, während pakistanisches Militär auf der Bildfläche erschien. McRavens Stimme unterbrach meinen Albtraum.

»Alles gut«, sagte er, als spräche er über ein Auto, das auf dem Parkplatz einer Mall mit dem Kotflügel gegen einen Einkaufswagen gestoßen war. »Der Pilot ist der beste, den wir haben, und er wird ihn sicher landen.«

Und genauso war es. Später erfuhr ich, dass der Black Hawk in einen Luftwirbel geraten war, verursacht durch die höher als erwartete Temperaturen und den Abwind des Rotors, der zwischen den hohen Mauern des Anwesens nicht entweichen konnte. Dies zwang den Piloten und die SEALs an Bord dazu, sowohl bei der Landung als auch beim Ausstieg zu improvisieren. (Tatsächlich hatte der Pilot das Heck des Helikopters absichtlich auf die Mauer gesetzt, um einen mit größeren Risiken verbundenen Absturz zu verhindern.) Aber alles, was ich in diesem Moment sah, waren grobkörnige Gestalten am Boden, die schnell in Stellung gingen und in das Hauptgebäude eindrangen. Zwanzig quälende Minuten lang hatte selbst McRaven nur eine eingeschränkte Sicht auf das, was geschah – vielleicht hüllte er sich auch in Schweigen über die Details der systematischen Durchsuchung sämtlicher Räume durch sein Team. Dann hörten wir mit einer Plötzlichkeit, die ich nicht erwartet hatte, die Stimmen von McRaven und Leon, die fast zeitgleich die Worte sagten, auf die wir gewartet hatten – der krönende Abschluss monatelanger Planungen und jahrelanger nachrichtendienstlicher Arbeit.

»Geronimo ID'd … Geronimo EKIA.«

Enemy killed in action.

Osama bin Laden – der im Zug der Planung der Operation den Codenamen »Geronimo« erhalten hatte –, der Mann, der für den schlimmsten Terroranschlag in der Geschichte der USA verantwortlich war, der Mann, der bei der Ermordung Tausender von Menschen die Fäden gezogen und eine stürmische Phase der Weltgeschichte in Gang gesetzt hatte, war von einem Kommandotrupp amerikanischer Navy SEALs seiner gerechten Strafe zugeführt worden. Ein erleichtertes Aufatmen ging durch das Besprechungszimmer, während meine Augen weiterhin auf dem Videobildschirm klebten.

»Wir haben ihn«, sagte ich leise.

Zwanzig weitere Minuten lang rührte sich niemand von seinen Sitzen, während das SEAL-Team seine Arbeit zu Ende brachte: den Leichnam bin Ladens in einen Sack hüllen; die anwesenden drei Frauen und neun Kinder fesseln und in einer Ecke des Anwesens befragen; Computer, Disketten und sonstiges Material, das möglicherweise von nachrichtendienstlicher Relevanz war, einsammeln und Sprengsätze an dem beschädigten Black Hawk anbringen, um ihn zu zerstören. Er wurde durch einen Chinook ersetzt, der nicht weit weg in der Luft schwebte. Als die Hubschrauber losflogen, legte Joe eine Hand auf meine Schulter und drückte sie.

»Gratuliere, Boss«, sagte er.

Ich stand auf und nickte. Denis gab mir einen Fist Bump. Ich schüttelte die Hand der anderen im Team. Da die Helikopter noch immer durch pakistanischen Luftraum flogen, blieb die Stimmung verhalten. Erst gegen achtzehn Uhr, als sie sicher in Dschalalabad gelandet waren, spürte ich, wie etwas von der Spannung von mir abfiel. Über eine Videotelekonferenzleitung erklärte mir McRaven wenig später, dass er den Leichnam im Blick habe, während wir uns unterhielten, und dass es seines Erachtens auf jeden Fall bin Laden sei. Die Gesichtserkennungssoftware der CIA kam wenig später zum gleichen Ergebnis. Um sich noch sicherer zu sein, wies McRaven ein ein Meter neunzig großes Mitglied seines Teams an, sich neben den Leichnam zu legen, um dessen Körpergröße als Vergleichsmaßstab zu nutzen, da bin Laden angeblich ein Meter fünfundneunzig groß war.

»Im Ernst, Bill?«, stichelte ich. »Alles so gründlich geplant, aber das Maßband vergessen?«

Es war die erste unbeschwerte Äußerung, die ich an diesem Tag gemacht hatte, aber das Lachen währte nicht lange, da schon bald Fotos von bin Ladens Leichnam am Konferenztisch herumgereicht wurden. Ich warf einen kurzen Blick darauf; er war es. Obwohl alles dafür sprach, sagten Leon und McRaven, wir könnten erst dann vollkommen sicher sein, wenn die DNA-Ergebnisse vorlägen, was ein oder zwei Tage dauern werde. Wir besprachen die Möglichkeit, mit einer offiziellen Bekanntgabe noch zu warten, doch Berichte über einen Hubschrauberabsturz in Abbottabad begannen bereits im Internet zu kursieren. Mike Mullen hatte den pakistanischen Armeechef, General Ashfaq Parvez Kayani, angerufen. Obwohl es ein höfliches Gespräch gewesen war, hatte Kayani darum gebeten, dass wir so bald wie möglich mit der Wahrheit über das Kommandounternehmen und sein Ziel herausrückten, um seinen Leuten zu helfen, die Reaktion der pakistanischen Öffentlichkeit in den Griff zu bekommen. Da ich wusste, dass wir die Nachricht keine weiteren vierundzwanzig Stunden zurückhalten konnten, ging ich mit Ben nach oben, um ihm schnell meine Gedanken darüber mitzuteilen, was ich später an diesem Abend in meiner Ansprache an die Nation sagen wollte.

In den nächsten Stunden war der West Wing im Vollgasmodus. Während Diplomaten begannen, ausländische Regierungen zu kontaktieren, und unser Kommunikationsteam sich darauf vorbereitete, die Presse zu unterrichten, rief ich George W. Bush und Bill Clinton an und teilte ihnen die Neuigkeit mit. Im Gespräch mit Bush legte ich Wert auf die Feststellung, dass die Operation der krönende Abschluss eines langen, schwierigen Prozesses gewesen sei der unter seiner Präsidentschaft begonnen habe. Obwohl es auf der anderen Seite des Atlantiks mitten in der Nacht war, kontaktierte ich auch David Cameron, als eine Geste der Dankbarkeit für die standhafte Unterstützung im Krieg in Afghanistan, die unser engster Verbündeter von Anfang an geleistet hatte. Ich erwartete, dass mein Anruf bei dem angeschlagenen pakistanischen Staatspräsidenten, Asif Ali Zardari, der schwierigste werden würde. Unsere Verletzung der pakistanischen Souveränität würde ihn zweifellos innenpolitisch noch stärker in Bedrängnis bringen. Doch als ich ihn erreichte, beglückwünschte er mich und sicherte mir seine Unterstützung zu. »Was immer die Konsequenzen sein werden«, sagte er, »es ist eine sehr gute Nachricht.« Er zeigte sich aufrichtig bewegt und erinnerte daran, dass seine Frau, Benazir Bhutto, von Extremisten mit mutmaßlichen Verbindungen zu al-Qaida ermordet worden war.

Unterdessen hatte ich Michelle den ganzen Tag noch nicht gesehen. Ich hatte ihr vorher mitgeteilt, was geschehen würde, aber statt unruhig im Weißen Haus zu sitzen und auf Neuigkeiten zu warten, hatte sie Malia und Sasha in der Obhut ihrer Großmutter gelassen und war mit Freunden essen gegangen. Ich war gerade mit dem Rasieren fertig und zog Anzug und Krawatte an, als sie durch die Tür kam.

»Und?«, fragte sie.

Ich zeigte mit dem Daumen nach oben. Sie lächelte und zog mich an sich, um mich zu umarmen. »Das ist großartig, Schatz«, sagte sie. »Wirklich. Wie fühlst du dich?«

»Im Moment einfach nur erleichtert«, antwortete ich. »Aber frag mich in ein paar Stunden noch einmal.«

Zurück im West Wing, setzte ich mich mit Ben zusammen, um meiner Ansprache den letzten Schliff zu geben. Ich hatte ihm ein paar allgemeine Themen genannt. Ich wolle an das geteilte Leid des 11. September erinnern, sagte ich, und an den Zusammenhalt, den wir alle in den Tagen unmittelbar danach empfunden hätten. Ich wolle nicht nur denjenigen Respekt zollen, die an dieser Operation beteiligt gewesen seien, sondern allen Angehörigen unserer Streitkräfte und Nachrichtendienste, die so große Opfer brächten, um unsere Sicherheit zu gewährleisten. Ich wolle noch einmal betonen, dass wir al-Qaida, nicht den Islam bekämpften. Und zum Abschluss wolle ich die Welt und uns selbst daran erinnern, dass Amerika tue, was es sich vornehme – dass wir als eine Nation nach wie vor Großes vollbringen könnten.

Wie üblich hatte Ben aus meinen verstreuten Gedanken in weniger als zwei Stunden eine ausgezeichnete Rede verfertigt. Ich wusste, dass ihm diese mehr als die meisten am Herzen lag, da das Erlebnis der einstürzenden Twin Towers seine Lebensbahn verändert und ihn mit dem brennenden Wunsch, etwas zu bewirken, nach Washington getrieben hatte. Der Text brachte meine eigenen Erinnerungen an diesen Tag zurück: Michelle, die Malia gerade zu ihrem ersten Tag in der Vorschule gebracht hat; ich selbst, wie ich vor dem State-of-Illinois-Gebäude im Zentrum von Chicago stehe, überwältigt und verunsichert, nachdem ich Michelle gerade beteuert hatte, sie und die Mädchen seien sicher; die drei Monate alte Sasha, die abends an meiner Brust schläft, während ich im Dunkeln sitze, Nachrichtensendungen schaue und Freunde in New York zu kontaktieren versuche. In nicht geringerem Maße als der von Ben war auch mein eigener Lebensweg durch diesen Tag in einer unvorhersehbaren Weise wesentlich verändert worden. Er löste eine Kette von Ereignissen aus, die irgendwie zu diesem Moment führen sollten.

Nachdem ich die Rede ein letztes Mal überflogen hatte, stand ich auf und klopfte Ben auf den Rücken. »Gut gemacht, Bruder«, sagte ich. Er nickte, ein Durcheinander von Gefühlen huschte über sein Gesicht, ehe er zur Tür hinausstürmte, um die letzten Korrekturen meines Redetextes in den Teleprompter einzugeben. Es war mittlerweile fast dreiundzwanzig Uhr dreißig. Die großen Fernsehsender hatten bereits den Tod bin Ladens gemeldet und warteten darauf, meine Ansprache live zu übertragen. Jubelnde Massen hatten sich vor den Toren des Weißen Hauses versammelt, Tausende von Menschen säumten die Straßen. Als ich in die kühle Abendluft hinaustrat und durch den Säulengang Richtung East Room ging, in dem ich meine Ansprache halten würde, hörte ich, wie von der Pennsylvania Avenue her laut und rhythmisch »USA! USA! USA!« skandiert wurde – ein Ruf, der von nah und fern widerhallte und bis tief in die Nacht nicht verstummte.

AUCH NACHDEM SICH DER JUBEL gelegt hatte, spürten wir alle im Weißen Haus in den Tagen unmittelbar nach der Kommandoaktion in Abbottabad einen greifbaren Stimmungswandel im Land. Zum ersten und letzten Mal in meiner Präsidentschaft mussten wir für das, was wir getan hatten, keine mühsame Überzeugungsarbeit leisten. Wir mussten keine Angriffe der Republikaner abwehren oder auf Vorwürfe wichtiger Wählergruppen eingehen, wir hätten eines unserer Grundprinzipien verraten. Keine Umsetzungsschwierigkeiten oder unvorhergesehenen Konsequenzen tauchten auf. Es gab noch immer Entscheidungen, die ich treffen musste, zum Beispiel, ob wir Fotos von bin Ladens Leichnam veröffentlichen sollten. (Meine Antwort war nein: Wir müssten nicht demonstrativ nachkarten oder eine makabre Trophäe zur Schau stellen, sagte ich zu meinen Mitarbeitern, und ich wollte nicht, dass das Foto von bin Laden mit einer Schusswunde im Kopf andere Extremisten aufhetzte und ihnen als Vorwand für weitere Anschläge diente.) Wir mussten noch immer das Verhältnis zu Pakistan kitten. Während sich die auf dem Anwesen sichergestellten Dokumente und Computerdateien als eine Fundgrube für die Nachrichtendienste erwiesen und bestätigten, dass bin Laden auch weiterhin eine zentrale Rolle bei der Planung von Angriffen auf die Vereinigten Staaten gespielt hatte und dass es uns gelungen war, sein Netzwerk massiv unter Druck zu setzen, indem wir seine Anführer ins Visier genommen hatten, glaubte keiner von uns, dass die Bedrohung durch al-Qaida vorüber war. Außer Frage stand allerdings, dass wir der Organisation einen entscheidenden Schlag versetzt und sie einer strategischen Niederlage einen Schritt näher gebracht hatten. Selbst unsere schärfsten Kritiker mussten zugeben, dass die Operation ein eindeutiger Erfolg gewesen war.

Für die Amerikaner bot das Kommandounternehmen in Abbottabad eine Art Katharsis. In Afghanistan und im Irak hatten sie erlebt, dass unsere Truppen fast zehn Jahre lang Krieg führten, mit, wie wir wussten, bestenfalls durchwachsenen Ergebnissen. Sie hatten damit gerechnet, dass der gewalttätige Extremismus in der einen oder anderen Form nicht so bald wieder verschwinden würde, dass es keine Entscheidungsschlacht und keine förmliche Kapitulation geben würde. Folglich schien die Öffentlichkeit bin Ladens Tod instinktiv als das aufzunehmen, was einem endgültigen Sieg am nächsten kam – und zu einer Zeit wirtschaftlicher Nöte und des Parteienstreits zogen die Menschen eine gewisse Befriedigung daraus, dass ihre Regierung ihnen einen Sieg verschafft hatte.

Für Tausende von Familien, die bei den Anschlägen vom 11. September geliebte Menschen verloren hatten, hatte dieser Erfolg darüber hinaus noch eine ganz persönliche Bedeutung. Am Tag nach der Operation fand ich in dem täglichen Stapel von zehn Bürgerbriefen, die mir zur Lektüre vorgelegt wurden, die ausgedruckte E-Mail einer jungen Frau namens Payton Wall, die zur Zeit der Anschläge vier Jahre alt gewesen und jetzt vierzehn war. Sie schrieb, ihr Vater sei in einem der Twin Towers gewesen und habe angerufen, um mit ihr zu sprechen, bevor das Gebäude eingestürzt sei. Ihr ganzes Leben lang habe sie die Erinnerung an die Stimme ihres Vaters sowie das Bild ihrer Mutter, die ins Telefon geweint habe, verfolgt. Auch wenn ihn nichts mehr zurückbringen könne, wollte sie, dass ich und alle, die an dem Kommandounternehmen beteiligt gewesen seien, wüssten, wie viel es ihr und ihrer Familie bedeute, dass Amerika ihn nicht vergessen habe.

Ich saß allein im Treaty Room und las mit Tränen in den Augen die E-Mail mehrere Male durch. Ich dachte an meine Töchter und wie sehr sie der Verlust ihrer Mutter oder ihres Vaters schmerzen würde. Ich dachte an junge Menschen, die nach den Anschlägen vom 11. September freiwillig zum Militär gegangen waren, weil sie dem Land dienen wollten, ganz gleich, welches Opfer ihnen abverlangt würde. Und ich dachte an die Eltern derjenigen, die im Irak oder in Afghanistan verwundet oder getötet worden waren – die Gold-Star-Mütter, die Michelle und ich getröstet hatten, die Väter, die mir Bilder ihrer gefallenen Söhne gezeigt hatten. Ich war unglaublich stolz auf alle, die an dieser Operation mitgewirkt hatten. Von den SEALs selbst über die CIA-Analytiker, die die Spur nach Abbottabad zusammengefügt hatten, die Diplomaten, die sich darauf vorbereitet hatten, die möglichen negativen Auswirkungen aufzufangen, bis zum pakistanisch-amerikanischen Übersetzer, der vor dem Gelände gestanden und neugierige Nachbarn verscheucht hatte, während die Kommandoaktion gelaufen war – sie alle hatten reibungslos und selbstlos zusammengearbeitet. Sie rangelten nicht um Anerkennung oder Kompetenzen, und auch politische Präferenzen spielten keine Rolle, als es darum ging, ein gemeinsames Ziel zu erreichen.

Mir kam dabei noch ein anderer Gedanke. War diese Geschlossenheit, dieses Gefühl, an einem Strang zu ziehen, nur möglich, wenn das Ziel mit der Tötung eines Terroristen verbunden war? Die Frage ließ mir keine Ruhe. Trotz des ganzen Stolzes und der Befriedigung, mit der mich der Erfolg unserer Aktion in Abbottabad erfüllte, hatte ich, ehrlich gesagt, nicht die gleiche überschwängliche Begeisterung empfunden wie an dem Abend, an dem die Gesundheitsreform verabschiedet worden war. Ich fragte mich unwillkürlich, wie Amerika wohl aussähe, wenn wir die Menschen in diesem Land zusammenführen könnten, sodass unsere Regierung die gleiche Expertise und Entschlossenheit, die sie bei der Suche nach bin Laden bewiesen hatte, darauf verwenden würde, die Bildungschancen unserer Kinder zu verbessern und Unterkünfte für Obdachlose bereitzustellen, wenn wir die gleiche Beharrlichkeit und die gleichen Ressourcen dafür einsetzten, Armut zu bekämpfen oder Treibhausgasemissionen zu verringern oder jeder Familie Zugang zu Tagesbetreuung zu verschaffen. Ich wusste, dass selbst meine eigenen Mitarbeiter diese Gedanken als utopisch abtäten. Und die Tatsache, dass dies der Fall war, die Tatsache, dass wir uns nicht länger vorstellen konnten, das Land um etwas anderes zu einen als die Vereitelung von Angriffen und das Besiegen äußerer Feinde, sah ich als Maß dafür, wie weit meine Präsidentschaft noch immer hinter den von mir gesteckten Zielen zurückblieb und wie viel Arbeit noch vor mir lag.

Für den Rest der Woche schob ich solche Gedanken beiseite, und ich gestattete es mir, den Augenblick zu genießen. Bob Gates nahm an seiner letzten Kabinettssitzung teil und erhielt stürmischen Beifall, der ihn einen Moment lang aufrichtig zu rühren schien. Ich verbrachte Zeit mit John Brennan, der fast fünfzehn Jahre lang auf die eine oder andere Weise an der Fahndung nach bin Laden beteiligt gewesen war. Bill McRaven schaute im Oval Office vorbei, und ich brachte ihm gegenüber nicht nur meinen tief empfundenen Dank für die außerordentlichen Führungsqualitäten, die er unter Beweis gestellt hatte, zum Ausdruck, sondern schenkte ihm auch ein Maßband, das ich auf einer Plakette hatte anbringen lassen. Und am 5. Mai 2011, nur vier Tage nach der Operation, reiste ich nach New York City und aß mit den

Feuerwehrleuten des Engine Company 54/Ladder 4/Battalion 9 zu Mittag. Diese Einheit hatte alle fünfzehn Mitglieder verloren, die am Morgen des 11. September 2001 Dienst gehabt hatten, und sie nahm jetzt an einer Kranzniederlegung am Ground Zero teil. Einige der Ersthelfer, die in die in Flammen stehenden Türme geeilt waren, dienten an diesem Tag in der Ehrengarde, und ich hatte Gelegenheit, mich mit Angehörigen von Anschlagsopfern, die der Zeremonie beiwohnten, zu treffen. Unter ihnen war auch Payton Wall, die ich herzlich umarmte und die mich prompt fragte, ob ich für sie ein Treffen mit Justin Bieber einfädeln könnte. (Ich sagte ihr, ich sei mir ziemlich sicher, dass ich dies hinbekäme.)

Am nächsten Tag flog ich nach Fort Campbell, Kentucky, wo McRaven Joe und mir das SEAL-Team und die Piloten vorstellte, die an dem Kommandounternehmen in Abbottabad teilgenommen hatten. Ein verkleinertes Modell des Anwesens war im vorderen Bereich des Raums aufgebaut worden, und während der befehlshabende Offizier die Operation systematisch, Schritt für Schritt mit uns durchging, musterte ich die rund dreißig Elitesoldaten, die auf Klappstühlen vor mir saßen. Einige entsprachen optisch dem Stereotyp – bärenstarke junge Männer, deren pralle Muskeln sich unter den Uniformen wölbten. Aber ich war erstaunt, dass viele von ihnen auch als Buchhalter oder als Highschoolrektoren durchgegangen wären – Männer Anfang vierzig, mit grau meliertem Haar und zurückhaltendem Auftreten. Sie waren ein Beleg für die Rolle, die Können und Urteilskraft, die auf Erfahrung beruhen, bei der erfolgreichen Ausführung der gefährlichsten Missionen spielen – Erfahrung, die, wie der Befehlshaber betonte, viele ihrer Kameraden mit dem Leben bezahlt hatten. Nach dem Briefing gab ich allen, die sich im Raum befanden, die Hand und überreichte dem Team die Presidential Unit Citation, die höchste Auszeichnung für eine militärische Einheit in den USA. Die Männer überraschten mich ihrerseits mit einem Geschenk: einer amerikanischen Flagge, die sie mit nach Abbottabad genommen hatten und die sich jetzt in einem Rahmen mit ihren Unterschriften auf der Rückseite befand. Zu keinem Zeitpunkt während meines Besuchs nannte irgendjemand den Namen der Person, die den tödlichen Schuss auf bin Laden abgegeben hatte – und ich habe nie danach gefragt.

Auf dem Rückflug unterrichtete mich Tom über die aktuelle Lage in Libyen, Bill Daley und ich gingen meinen Terminkalender für den kommenden Monat durch, und ich holte unerledigten Papierkram nach. Um achtzehn Uhr dreißig landeten wir auf dem Militärflughafen Andrews, wo ich für den kurzen Rückflug zum Weißen Haus den Helikopter Marine One bestieg. Ich hatte ein paar Minuten Stille für mich und konnte endlich verschnaufen. Ich schaute hinaus auf die hügelige Landschaft von Maryland und die gepflegten Stadtviertel unter mir und dann auf den Potomac River, der unterhalb der verblassenden Sonnenscheibe glitzerte. Der Hubschrauber flog eine sanfte Kurve, genau nach Norden über die National Mall. Plötzlich tauchte auf einer Seite das Washington Monument auf, es schien zum Greifen nahe; auf der anderen Seite konnte ich die sitzende Gestalt Lincolns sehen, die hinter den Marmorsäulen des Denkmals in Schatten gehüllt war. Marine One bebte ein wenig, in einer Weise, die mir mittlerweile vertraut war. Es war das Signal, dass er zum Landeanflug ansetzte, während er sich dem Südrasen näherte. Ich sah hinab auf die Straßen unter mir, über die sich im Berufsverkehr noch immer ein dichter Autostrom wälzte – Pendler wie du, dachte ich, die es nicht erwarten können, endlich nach Hause zu kommen.

DANK

FÜR DIESES BUCH waren viele gewissenhafte Menschen hinter den Kulissen tätig, denen ich überaus dankbar bin:

Meine Lektorin bei Crown, Rachel Klayman, hält mir nun schon seit sechzehn Jahren die Treue und unterzieht jeden Satz, den ich veröffentliche, ihrem scharfen Verstand, ihrem tadellosen Urteilsvermögen und ihrem untrüglichen Blick für Details. Ihre Großzügigkeit, ihre Duldsamkeit und ihre Hingabe waren von entscheidender Bedeutung. Jeder Autor sollte ein solches Glück haben.

Sara Corbett hat dieses Projekt um ihren redaktionellen Sachverstand und ihre kreative Vision bereichert, unser Team koordiniert, mehrere Fassungen redigiert und durchweg hilfreiche kritische Anmerkungen gemacht. Sie ist auch ein Quell der Weisheit, des Zuspruchs und der guten Laune gewesen und hat dieses Buch zu einem viel besseren gemacht, als es ohne sie gewesen wäre.

Cody Keenan, der mir beim Verfassen einiger der bekanntesten Reden meiner Karriere geholfen hat, ist mir über die vergangenen drei Jahre hinweg ein wertvoller Mitarbeiter gewesen, hat Hintergrundinterviews durchgeführt, mir geholfen, meine Überlegungen zur Struktur des Buches zu ordnen, und auf unzählige Arten mit Gedanken zu meiner Arbeit beigetragen.

Ben Rhodes war nicht nur in vielen der im Buch geschilderten Augenblicke anwesend, er hat auch durch Redaktion und Recherchen entscheidend zu jeder Fassung beigetragen. Vor allem aber haben mir unsere zahllosen Stunden des Gesprächs und die Jahre der Freundschaft zu vielen der in diesen Seiten enthaltenen Erkenntnissen verholfen.

Samantha Power hat mir fortlaufend präzise, intelligente und unglaublich nützliche Rückmeldungen gegeben. Dankbar bin ihr sowohl für ihre Integrität als auch ihre Intensität: Sie macht mich zu einem besseren Menschen und einem besseren Autor.

Besonderen Dank schulde ich Meredith Bohen, die mit kompromisslosen Standards und einem außergewöhnlichen Arbeitsethos an dieses Projekt herangegangen ist und von Anfang bis Ende Sachverhalte kritisch hinterfragt und überprüft hat. Unterstützung erhielt sie dabei von Julia Tate und Gillian Brassil, die beide bemerkenswert talentiert sind und für deren Beitrag ich ebenfalls dankbar bin.

Alles, was ich tue, wird von den Fähigkeiten, der harten Arbeit und der guten Laune meiner klugen und tatkräftigen Mitarbeiter genährt, die zum großen Teil seit Jahren an meiner Seite sind: Anita Decker Breckenridge hat sich viel Mühe gegeben, um die Unantastbarkeit meiner Schreibstunden sicherzustellen, und uns gekonnt durch den Veröffentlichungsprozess manövriert. Henock Dory hat auf unzählige Arten und mit unfehlbarer Professionalität zu diesem Buch beigetragen, sämtliche Einzelheiten im Auge behalten und mich immer wieder zum Weitermachen angetrieben. Emily Blakemore, Graham Gibson, Eric Schultz, Katie Hill, Addar Levi, Dana Remus und Caroline Adler Morales haben ebenfalls mitgeholfen, uns bis zur Veröffentlichung zu führen. Dank gebührt auch Joe Paulsen, Joelle Appenrodt, Kevin Lewis, Desiree Barnes, Greg Lorjuste, Michael Brush und Kaitlin Gaughran.

Ich stehe auf ewig in der Schuld der Angehörigen meines Kabinetts und meines Mitarbeiterstabs, deren herausragende Arbeit und unerschütterliche Fähigkeit, stets hoffnungsfroh zu bleiben, in ganz entscheidender Weise dazu beigetragen haben, die politische Agenda meiner Regierung voranzutreiben. Einige von ihnen haben selbst Bücher über ihre Zeit im Weißen Haus und die Inhalte ihrer Arbeit geschrieben, und diese Berichte haben sich als exzellente Quellen (und als faszinierende Lektüre) erwiesen.

Dankbar bin ich den vielen ehemaligen Mitarbeitern und Kollegen, die sich die Zeit genommen haben, ihre eigene Perspektive und ihre persönlichen Erinnerungen mit mir zu teilen, während ich meine Zeit im Amt und im Wahlkampf rekapitulierte, darunter Admiral Thad Allen, David Axelrod, Melody Barnes, Jared Bernstein, Brian Deese,

Arne Duncan, Rahm Emanuel, Matt Flavin, Ferial Govashiri, Danielle Gray, Valerie Jarrett, Katie Johnson, Jack Lew, Reggie Love, Chris Lu, Alyssa Mastromonaco, Marvin Nicholson, Nancy Pelosi, Kal Penn, Dan Pfeiffer, David Plouffe, Fiona Reeves, Harry Reid, Christy Romer, Pete Rouse, Kathy Ruemmler, Ken Salazar, Phil Schiliro, Kathleen Sebelius, Pete Souza, Todd Stern und Tommy Vietor. Und ein besonderer Dank gilt jenen Kollegen, die freundlicherweise Teile des Manuskripts gelesen und sachverständige Anmerkungen dazu gemacht haben: John Brennan, Carol Browner, Lisa Monaco, Cecilia Muñoz, Steven Chu, Tom Donilon, Nancy-Ann DeParle, Jon Favreau, Tim Geithner, Eric Holder, Jeanne Lambrew, Denis McDonough, Susan Rice und Gene Sperling.

Dankbar bin ich Anne Withers und Mike Smith vom Nationalen Sicherheitsrat für ihre Durchsicht des Manuskripts sowie Bob Barnett und Deneen Howell von Williams & Connolly, die sich als unschätzbar wertvolle juristische Berater erwiesen haben.

Der harten Arbeit und des guten Glaubens, die viele Mitarbeiter von Crown und Penguin Random House in die Veröffentlichung eines solchen Buches investiert haben, zumal während des Ausnahmezustands einer Pandemie, bin ich mir bewusst, und es macht mich zutiefst demütig.

Zuallererst bin ich Markus Dohle dankbar, der sich von Beginn an für das Projekt engagiert und enthusiastisch bei Penguin Random House weltweit Ressourcen freigesetzt hat, um diese Veröffentlichung zu ermöglichen. Gina Centrello ist eine fähige und unerschütterliche Partnerin gewesen, die sämtliche Abteilungen innerhalb von Penguin Random House U.S. koordiniert hat, um für eine gute Veröffentlichung des Buches zu sorgen. Aufrichtiger Dank gebührt auch Madeline McIntosh und Nihar Malaviya, deren Einsatz für dieses Projekt und deren Geduld, als es länger dauerte als erwartet, bemerkenswert gewesen sind.

Bei Crown waren der Sachverstand und die strategische Planung von David Drake und Tina Constable in jeder Phase maßgeblich. Sie haben ihre Kreativität und ihre Erkenntnisse nicht nur in Werbung und Marketing eingebracht, sondern Hand in Hand mit ihren Kollegen, meinen Mitarbeitern und den ausländischen Verlagen dieses Buches gearbeitet, um den Veröffentlichungsprozess zu orchestrieren, was mitunter entmutigend komplex war. Darüber hinaus haben sie großen Respekt für die literarischen Entscheidungen ihres Autors bewiesen, selbst wenn das bedeutete, dass aus einem Buch unerwartet zwei wurden. Ich schätze mich glücklich, dass mein Buch in ihren fähigen Händen gelandet ist.

Gillian Blake hat das Manuskript genau gelesen und scharfsinnige Anmerkungen zu Struktur und Inhalt gemacht. Chris Brands Vision dieses Buches, die in seiner grafischen Gestaltung zum Ausdruck kommt – vom Umschlag über den Bildteil bis hin zur Internetseite –, ist genial. Lance Fitzgerald hat Rechte an diesem Buch in vierundzwanzig Sprachen verkauft, und es werden noch mehr. Auch war er ein fantastischer Verbindungsmann zu den Kolleginnen und Kollegen in Großbritannien und anderen internationalen Partnern. Lisa Feuer und Linnea Knollmueller haben alles getan, um zu gewährleisten, dass dieses Buch rechtzeitig und voller Kunstfertigkeit und Sorgfalt hergestellt wurde, und bei Druckereien und Lieferanten Wunder gewirkt. Sally Franklin hat unzählige Terminpläne geschrieben und wieder zerrissen und dafür gesorgt, dass alles auf Kurs blieb, auch wenn das unmöglich gewesen sein muss. Christine Tanigawa hat lange Nächte damit zugebracht, jedes Wort und jedes Semikolon einzeln zu prüfen, um Fehler zu tilgen und sicherzustellen, dass ich auch gesagt hatte, was ich sagen wollte. Elizabeth Rendfleisch hat dafür gesorgt, dass das Buch innen ebenso gut aussah wie außen.

Dank gilt auch den zahlreichen weiteren Mitarbeitern von Crown und Penguin Random House, die stets an einem Strang gezogen und ihr Äußerstes für das Buch gegeben haben: Todd Berman, Mark Birkey, Tammy Blake, Julie Cepler, Denise Cronin, Kellyann Cronin, Amanda D'Acierno, Sue Dalton, Benjamin Dreyer, Skip Dye, Carisa Hays, Madison Jacobs, Cynthia Lasky, Sue Malone-Barber, Matthew Martin, Maren McCamley, Dyana Messina, Lydia Morgan, Ty Nowicki, Donna Passannante, Jennifer Reyes, Matthew Schwartz, Holly Smith, Stacey Stein, Anke Steinecke, Jaci Updike, Claire Von Schilling, Stacey Witcraft und Dan Zitt. Dankbar bin ich auch Maureen Clark, Jane Hardick, Janet Renard, Do Mi Stauber und Bonnie Thompson für ausgezeichnetes Lektorat, Korrekturlesen und Erstellen des Index,

Scott Cresswell für die Koproduktion des Hörbuchs, Carol Poticny für die erstklassige Fotorecherche und North Market Street Graphics für ihre Sorgfalt beim Setzen des Buchs und die Bereitschaft, Tag und Nacht zu arbeiten.

Abschließend möchte ich Elizabeth Alexander und Michele Norris-Johnson, zwei erstklassigen Autorinnen und zudem guten Freundinnen der Familie, dafür danken, dass sie ihre unschätzbar wertvollen redaktionellen Erkenntnisse mit mir geteilt haben – und dafür, dass sie Michelle dazu ermuntert haben, mich auch in den abschließenden, besonders hektischen Monaten des Schreibens und Redigierens weiter zu ertragen.

BILDNACHWEIS

BILDTEIL 1

Barack Obamas Großeltern mütterlicherseits, Stanley Armour Dunham und Madelyn Lee Payne Dunham. (Obama-Robinson Family Archives)

Der junge Barack Obama und seine Mutter, Ann Dunham, am Strand. (Obama-Robinson Family Archives)

Der junge Barack Obama. (Obama-Robinson Family Archives)

Barack Obamas Vater, Barack Hussein Obama Sr. (Obama-Robinson Family Archives)

Barack Obama und seine Mutter, Ann Dunham. (Obama-Robinson Family Archives)

Barack Obamas Halbschwestern, Maya Soetoro-Ng *(links)* und Auma Obama *(rechts)*, mit seiner Mutter, Ann Dunham, im Lincoln Memorial in Washington. (Obama-Robinson Family Archives)

Barack Obama mit seiner Mutter, Ann Dunham *(links)*, und seiner Großmutter, Madelyn Lee Payne Dunham. (Obama-Robinson Family Archives)

Barack Obama und Michelle Robinson bei ihrem Hochzeitsempfang am 3. Oktober 1992 im South Shore Cultural Center in Chicago, Illinois. (Obama-Robinson Family Archives)

Barack und Michelle Obama und ihre Töchter, Malia und Sasha, bei Sashas Taufe. (Obama-Robinson Family Archives)

Barack Obama in Chillicothe, Illinois, während seines US-Senatswahlkampfs, August 2004. (Aus *Barack Before Obama* von David Katz. Copyright © 2020 by David Katz. Mit freundlicher Genehmigung von HarperCollins Publishers)

Barack Obama, der sich für den Bundesstaat Illinois um einen Sitz im US-Senat bewirbt, hält auf dem Nominierungsparteitag der Demokraten in Boston, Massachusetts, die Grundsatzrede, 27. Juli 2004. (Spencer Platt/ Getty Images)

Barack und Michelle Obama nach seiner Grundsatzrede auf dem Nominierungsparteitag der Demokraten in Boston, Massachusetts, 27. Juli 2004. (Aus *Barack Before Obama* von David Katz. Copyright © 2020 by David Katz. Mit freundlicher Genehmigung von HarperCollins Publishers)

Malia Obama beobachtet ihren Vater, Barack Obama, bei einer Kundgebung während seines US-Senatswahlkampfs 2004, 2. August 2004. (Aus *Barack Before Obama* von David Katz. Copyright © 2020 by David Katz. Mit freundlicher Genehmigung von HarperCollins Publishers)

Barack Obama, Michelle Obama und ihre Töchter, Malia und Sasha, feiern Obamas Sieg über seinen republikanischen Rivalen Alan Keyes bei den Wahlen zum US-Senat, 2. November 2004, Chicago, Illinois. (Scott Olson/Getty Images)

Sen. Barack Obama im Kapitol, 17. November 2005. (Pete Souza/*Chicago Tribune*/TCA)

Sen. Barack Obama und sein Stabschef, Pete Rouse. (David Katz)

Sen. Barack Obama in seinem Büro im Kapitol, Januar 2005. (Pete Souza/*Chicago Tribune*/TCA)

Sen. Barack Obama unterhält sich außerhalb des Weißen Hauses mit dem Kongressabgeordneten John Lewis *(mit ausgestreckter Hand)*, 26. Januar 2005. (Pete Souza/*Chicago Tribune*/TCA)

Sen. Barack Obama besucht am 30. August 2005 eine Anlage zur Zerstörung konventioneller Waffen im ukrainischen Donezk. (Pete Souza/*Chicago Tribune*/TCA)

Kenianer warten am 26. August 2006 vor einem Krankenhaus in Kisumu, Kenia, auf die Ankunft von Sen. Barack Obama. (Pete Souza/*Chicago Tribune*/TCA)

Sen. Barack Obama trifft zu einer Kundgebung ein, bei der er seine Kandidatur für die Präsidentschaftsnominierung der Demokraten ankündigen wird, 10. Februar 2007, Old State Capitol, Springfield, Illinois. (Mandel Ngan/AFP via Getty Images)

Sen. Barack Obama feiert mit seiner Tochter Sasha einen Sieg bei einem Spiel auf der Iowa State Fair in Des Moines, Iowa, 16. August 2007. (Scott Olson/Getty Images)

Sen. Barack Obama begrüßt Unterstützer bei einer Wahlkampfkundgebung in Austin, Texas, 23. Februar 2007. (Scout Tufankjian/Polaris Images)

Sen. Barack Obama führt Unterstützer von einer Kundgebung zum Annual Steak Fry von US-Senator Tom Harkin in Indianola, Iowa, 16. September 2007. (David Lienemann/Getty Images)

Unterstützer warten bei einer Kundgebung im Hy-Vee Conference Center in Des Moines, Iowa, auf die Ansprachen des demokratischen Präsidentschaftskandidaten Sen. Barack Obama und Oprah Winfreys, 8. Dezember 2007. (Brian Kersey/UPI/Alamy Stock Photo)

Wahlkampfmanager David Plouffe und Sen. Barack Obama hinter der Bühne beim Nominierungsparteitag der Demokraten in Denver, Colorado, 28. August 2008. (David Katz)

Der demokratische Präsidentschaftskandidat Sen. Barack Obama hält eine Rede an der Siegessäule in Berlin, 24. Juli 2008. (Sebastian Willnow/DDP/AFP via Getty Images)

Der republikanische Präsidentschaftskandidat Sen. John McCain und der demokratische Präsidentschaftskandidat Sen. Barack Obama legen an dem ehemaligen Standort der Twin Towers in New York City Blumen nieder, 11. September 2008. (Peter Foley/Reuters)

Präsident George W. Bush trifft am 25. September 2008 zu Gesprächen über die Finanzkrise im Cabinet Room des Weißen Hauses mit führenden Mitgliedern des Kongresses einschließlich der Präsidentschaftskandidaten zusammen. *Sitzend, von links:* Stabschef Joshua Bolten, Vizepräsident Dick Cheney, Finanzminister Henry Paulson, Spencer Bachus, republikanischer Abgeordneter im Repräsentantenhaus, Barney Frank, republikanischer Abgeordneter im Repräsentantenhaus, Steny Hoyer, Mehrheitsführer im Repräsentantenhaus, der republikanische Präsidentschaftskandidat Sen. John McCain, John Boehner, Minderheitsführer im Repräsentantenhaus, Nancy Pelosi, Sprecherin des Repräsentantenhauses, Präsident Bush, Harry Reid, Mehrheitsführer im Senat, Mitch McConnell, Minderheitsführer im Senat, und der demokratische Präsidentschaftskandidat Sen. Barack Obama. (Pablo Martínez Monsiváis/Associated Press)

Der demokratische Präsidentschaftskandidat Sen. Barack Obama umarmt den Chefstrategen und Medienberater David Axelrod am vierten Tag des Nominierungsparteitags der Demokraten in Denver, Colorado, 28. August 2008. (Charles Ommanney/Getty Images)

Der demokratische Präsidentschaftskandidat Sen. Barack Obama bei einer Wahlkampfkundgebung an der University of Mary Washington in Fredericksburg, Virginia, 27. September 2008. (Aus *Barack Before Obama* von David Katz. Copyright © 2020 by David Katz. Mit freundlicher Genehmigung von HarperCollins Publishers)

Der demokratische Präsidentschaftskandidat Sen. Barack Obama spricht bei einer Kundgebung unter dem Gateway Arch in St. Louis, Missouri, 18. Oktober 2008. (David Katz)

Barack Obama und seine Schwiegermutter, Marian Robinson, am Wahlabend in Chicago, Illinois, 4. November 2008. (Aus *Barack Before Obama* von David Katz. Copyright © 2020 by David Katz. Mit freundlicher Genehmigung von HarperCollins Publishers)

Barack Obama, seine Frau Michelle und ihre Töchter, Sasha *(links)* und Malia, im Grant Park von Chicago nach seinem Sieg bei den Präsidentschaftswahlen, 4. November 2008. (Ralf-Finn Hestoft/Corbis via Getty Images)

Menschen scharen sich am Lincoln Memorial um ein Transistorradio, um der Ansprache von Barack Obama am Wahlabend zu lauschen, 4. November 2008. (Matt Mendelsohn)

Der gewählte Präsident Barack Obama hinter den Kulissen im Kapitol, bevor er hinausgeht, um den Amtseid abzulegen, 20. Januar 2009. (Pete Souza/The White House)

Die Hand von Barack Obama liegt auf einer Bibel, während er vom Vorsitzenden Richter des Obersten Gerichtshofs, John Roberts, vor dem Kapitol als 44. US-Präsident vereidigt wird, 20. Januar 2009. (Timothy A. Clary/AFP via Getty Images)

Präsident Barack Obama hält seine Antrittsrede im Kapitol, 20. Januar 2009. (Pete Souza/The White House)

Präsident Barack Obama und First Lady Michelle Obama gehen während der Parade zur Amtseinführung über die Pennsylvania Avenue in

Washington, 20. Januar 2009. (Pete Souza/The White House)

Präsident Barack Obama sitzt an seinem ersten Amtstag im Oval Office, 21. Januar 2009. (Pete Souza/The White House)

Präsident Barack Obama geht mit seinen Töchtern, Malia *(links)* und Sasha, durch den Säulengang am Weißen Haus, 5. März 2009. (Pete Souza/The White House)

BILDTEIL 2

Präsident Barack Obama mit dem Stabschef des Weißen Hauses, Rahm Emanuel, beim Mitarbeiterpicknick, 26. Juni 2009. (Pete Souza/The White House)

Präsident Barack Obama mit Beratern bei einem Treffen über wirtschaftspolitische Fragen im Roosevelt Room des Weißen Hauses, 15. März 2009. Teilnehmer sind u. a. der Vorsitzende des Nationalen Wirtschaftsrats, Larry Summers, Finanzminister Timothy Geithner, die Vorsitzende des Gremiums der Wirtschaftsberater, Christina Romer, Stabschef Rahm Emanuel und Chefberater David Axelrod. (Pete Souza/The White House)

Präsident Barack Obama mit dem Mehrheitsführer im Senat, Harry Reid, hinter der Bühne, vor seiner Bürgerversammlung in Henderson, Nevada, 19. Februar 2010. (Pete Souza/The White House)

Präsident Barack Obama umarmt die First Lady Michelle Obama im Red Room des Weißen Hauses; ebenfalls anwesend ist seine Beraterin Valerie Jarrett, 20. März 2009. (Pete Souza/The White House)

Präsident Barack Obama läuft mit dem Familienhund Bo durch den östlichen Säulengang des Weißen Hauses, 15. März 2009. (Pete Souza/The White House)

Präsident Barack Obama besichtigt am 4. Juni 2009 in Ägypten die Pyramiden und die Sphinx. (Pete Souza/The White House)

Palästinenser sehen sich in ihrem Haus im Süden des Gazastreifens eine Fernsehübertragung der Ansprache von Präsident Barack Obama in Kairo an, 4. Juni 2009. (Ibraheem Abu Mustafa/Reuters)

Präsident Barack Obama im Gespräch mit Richterin Sonia Sotomayor, kurz vor ihrer feierlichen Amtseinführung am Obersten Gerichtshof, 8. September 2009. (Pete Souza/The White House)

Präsident Barack Obama trifft sich im Waldorf Astoria Hotel in New York mit dem Stabschef des Nationalen Sicherheitsrats, Denis McDonough, 23. September 2009. (Pete Souza/The White House)

Von links: Der japanische Ministerpräsident Tarō Asō, der kanadische Premierminister Stephen Harper, der italienische Ministerpräsident Silvio Berlusconi, Präsident Barack Obama, der russische Präsident Dmitri Medwedew, der britische Premierminister Gordon Brown, der französische Präsident Nicolas Sarkozy, die deutsche Bundeskanzlerin Angela Merkel, der schwedische Ministerpräsident Fredrik Reinfeldt und der Präsident der Europäischen Kommission, José Manuel Barroso, auf dem G8-Gipfel in L'Aquila, Italien, am 8. Juli 2009. (Pete Souza/The White House)

Präsident Barack Obama und sein stellvertretender Nationaler Sicherheitsberater, Ben Rhodes, im Oval Office, 21. Mai 2009. (Pete Souza/The White House)

Präsident Barack Obama und Mitglieder der amerikanischen Delegation, u. a. *(von links)* der Nationale Sicherheitsberater, General James L. Jones, der Staatssekretär für politische Angelegenheiten, William Joseph Burns, und der leitende Direktor für russische Angelegenheiten im Nationalen Sicherheitsrat, Mike McFaul, treffen sich mit dem russischen Ministerpräsidenten Wladimir Putin in seiner Datscha vor den Toren Moskaus, Russland, 7. Juli 2009. (Pete Souza/The White House)

Präsident Barack Obama führt seine Tochter Sasha durch den Kreml in Moskau, Russland, 6. Juli 2009. (Pete Souza/The White House)

Präsident Barack Obama trainiert mit Unterstützung seines persönlichen Assistenten Reggie Love Sashas Basketballteam in Chevy Chase, Maryland, 5. Februar 2011. (Pete Souza/The White House)

Präsident Barack Obama scherzt mit Pressesprecher Robert Gibbs und seinem persönlichen Assistenten, Reggie Love *(rechts)*, 26. Oktober 2009. (Pete Souza/The White House)

Präsident Barack Obama liest im Rosengarten des Weißen Hauses, 9. November 2009. (Pete Souza/The White House)

Präsident Barack Obama begrüßt einen jungen Besucher im Oval Office, 5. Februar 2010. (Pete Souza/The White House)

Bob Dylan gibt Präsident Barack Obama im Anschluss an seinen Auftritt bei einem Konzert im East Room des Weißen Hauses die Hand, 9. Februar 2010. (Pete Souza/The White House)

Präsident Barack Obama und Justizminister Eric Holder *(ganz rechts)* nehmen auf der Dover Air Force Base in Dover, Delaware, an der Überführungszeremonie für achtzehn in Afghanistan gefallene US-Militärangehörige teil, 29. Oktober 2009. (Pete Souza/The White House)

Präsident Barack Obama hält an der US-Militärakademie West Point, New York, eine Rede über Afghanistan, 1. Dezember 2009. (Pete Souza/The White House)

Präsident Barack Obama begrüßt Cory Remsburg, als er verwundeten Soldaten im Bethesda Naval Hospital in Bethesda, Maryland, einen Besuch abstattet, 28. Februar 2010. (Pete Souza/The White House)

Präsident Barack Obama begrüßt US-Soldaten in der Kantine der Bagram Air Base in Afghanistan, 28. März 2010. (Pete Souza/The White House)

Berater des Präsidenten, darunter *(von rechts)* Außenministerin Hillary Rodham Clinton, Verteidigungsminister Robert Gates, Veteranenminister Eric K. Shinseki, Admiral Michael Mullen, Vorsitzender der Vereinigten Stabschefs, und General David Petraeus, Befehlshaber des U.S. Central Command, verfolgen die Rede, die Präsident Barack Obama an der Militärakademie West Point, New York, über Afghanistan hält, 1. Dezember 2009. (Pete Souza/The White House)

Präsident Barack Obama und First Lady Michelle Obama im Gespräch mit Königin Elizabeth II. und Prinz Philip, Herzog von Edinburgh, bevor sie zum Winfield House in London, Großbritannien, aufbrechen, 25. Mai 2011. (Pete Souza/The White House)

Präsident Barack Obama mit dem chinesischen Präsidenten Hu Jintao in der Großen Halle des Volkes in Peking, China, 17. November 2009. (Feng Li/Getty Images)

Präsident Barack Obama und Jon Favreau, leitender Redenschreiber, redigieren im Oval Office das Manuskript einer Rede zur Gesundheitsreform, 9. September 2009. (Pete Souza/The White House)

Präsident Barack Obama, Vizepräsident Joe Biden und leitende Mitarbeiter nehmen im Roosevelt Room des Weißen Hauses Stellung zu der gerade erfolgten Verabschiedung der Gesundheitsreform durch das Repräsentantenhaus, 21. März 2010. (Pete Souza/The White House)

Präsident Barack Obama umarmt Gesundheitsministerin Kathleen Sebelius (*links*) und die Sprecherin des Repräsentantenhauses, Nancy Pelosi, nachdem er den Affordable Care Act unterzeichnet hat, 23. März 2010. (Pete Souza/The White House)

Präsident Barack Obama wird am 2. Mai 2010 auf einem Stützpunkt der US-Küstenwache in Venice, Louisiana, über die Situation an der Golfküste nach dem Unfall auf der Bohrplattform von BP informiert. Anwesend sind der Kommandant der US-Küstenwache, Admiral Thad Allen *(links sitzend)*, der Assistent des Präsidenten für Innere Sicherheit und Terrorismusbekämpfung, John O. Brennan, Stabschef Rahm Emanuel und die Leiterin der Umweltschutzbehörde, Lisa Jackson *(sitzend)*. (Pete Souza/The White House)

Präsident Barack Obama mit Tochter Malia auf der Schaukel auf dem Südrasen des Weißen Hauses, 4. Mai 2010. (Pete Souza/The White House)

Präsident Barack Obama im Gespräch mit Botschafterin Samantha Power, ständige Vertreterin der USA bei den Vereinten Nationen, im Anschluss an eine Kabinettssitzung, 12. September 2013. (Pete Souza/The White House)

Friedensnobelpreisträger Barack Obama trifft zur Preisverleihung im Rathaus der Stadt Oslo ein, 10. Dezember 2009. (John McConnico/AFP via Getty Images)

Präsident Barack Obama und Vizepräsident Joe Biden auf dem Weg zur Unterzeichnung des Dodd-Frank Wall Street Reform and Consumer Protection Act, 21. Juli 2010. (Pete Souza/The White House)

Präsident Barack Obama bereitet sich im Oval Office auf eine Ansprache an die Nation über die Beendigung des Kampfeinsatzes im Irak vor, 31. August 2010. (Pete Souza/The White House)

Präsident Barack Obama und Vizepräsident Joe Biden werden gemeinsam mit Mitgliedern des nationalen Sicherheitsteams im Situation Room des Weißen Hauses über den neuesten Stand der Operation gegen Osama bin Laden unterrichtet, 1. Mai 2011. *Sitzend, von links:* Brigadegeneral Marshall B. Webb, stellvertretender kommandierender General des JSOC, stellvertretender Nationaler Sicherheitsberater Denis McDonough, Außenministerin Hillary Rodham Clinton und Verteidigungsminister Robert Gates. *Stehend, von links:* Admiral Mike Mullen, Vorsitzender der Vereinigten Stabschefs, Nationaler Sicherheitsberater Tom Donilon, Stabschef Bill Daley, Tony Blinken, Nationaler Sicherheitsberater des Vizepräsidenten, Audrey Tomason, Direktorin für Terrorismusbekämpfung, John Brennan, Assistent des Präsidenten für innere Sicherheit und Terrorismusbekämpfung, und *(außerhalb des Bildes)* der Direktor der Nationalen Nachrichtendienste, James R. Clapper. (Pete Souza/The White House)

Präsident Barack Obama, zwischen Premierminister Manmohan Singh *(links)* und Staatspräsidentin Pratibha Devisingh Patil, bei einem Staatsbankett im Rashtrapati Bhavan, dem Präsidentenpalast, in Neu-Delhi, Indien, 8. November 2010. (Pete Souza/The White House)

Präsident Barack Obama und *(von links)* der Präsident der Palästinensischen Autonomiebehörde, Mahmud Abbas, der ägyptische Präsident Husni Mubarak und der israelische Ministerpräsident Benjamin Netanjahu blicken im Blue Room des Weißen Hauses auf ihre Armbanduhren, um zu überprüfen, ob die offizielle Uhrzeit des Fastenbrechens bereits gekommen ist, 1. September 2010. (Pete Souza/The White House)

Präsident Barack Obama blickt aus einem Fenster im Blue Room des Weißen Hauses, 3. November 2010. (Pete Souza/The White House)

Präsident Barack Obama, First Lady Michelle Obama und ihre Töchter, Sasha und Malia, besichtigen die Cristo-Redentor-Statue in Rio de Janeiro, Brasilien, 20. März 2011. (Pete Souza/The White House)

Präsident Barack Obama geht durch den westlichen Säulengang des Weißen Hauses, 8. Januar 2011. (Pete Souza/The White House)

REGISTER

11. September 78, 437 f., 441 f., 465, 498, 500 ff., 508, 573, 608, 624, 632, 796, 807, 811 f., 815 ff., 885, 939 f., 968, 971
60 Minutes (TV-Nachrichtenmagazin) 606

A

AARP (American Association of Retired Persons) 572
Abbas, Mahmud 232, 875–879, 881–884
Abbottabad (Anwesen bin Ladens) 941 f., 944–947, 949, 952 f., 955 ff., 964 f., 967, 970 f., 973
ABC (TV-Hörfunk-Network) 152
  ABC News 206, 291
  Good Morning America 206, 792
  The View 936
Abdullah ibn Abd al-Aziz (König von Saudi-Arabien) 504, 509, 897
Abdullah II. bin al-Hussein (König von Jordanien) 232, 508, 882, 884, 897, 905
Abdulmutallab, Umar Farouk (Unterhosenbomber) 724, 811 f.
Abedin, Huma 156
ABM-Vertrag 649
Abtreibung 60, 211 f., 347, 543, 545, 591, 593, 683, 746, 822, 848
Abu-Ghuraib-Gefängnis 441, 498
Addams, Jane 33
Aetna Inc. (Versicherung) 532, 579
Affirmative Action 29, 176, 346, 392
Affordable Care Act *siehe* Gesundheitswesen/-system; *siehe auch* Obamacare
Afghanistan 226 ff., 310 f., 325, 342, 404, 437, 446, 451, 453, 455, 457, 481, 496, 600, 602 f., 605, 609–612, 614 f., 617 f., 620, 623 f., 628 f., 632, 648, 724, 792, 804, 811, 869, 912, 927, 944, 946, 952, 970 f.
  Counterinsurgency Campaign (COIN) 603 f., 606, 610, 619
  -einsatz 498, 609
  Krieg 78 f., 443, 446, 496, 498, 605, 619, 804, 910, 949, 953, 956, 968
  Tora Bora 939, 941
  Truppenaufstockung 449, 451 f., 454
  Verluste 225, 801
AfPak-Strategie (f. Afghanistan und Pakistan) 454, 486, 806
African National Congress 29
Afrika 112
Afroamerikaner 71 f., 202, 217, 360
  Bedeutung für Wahlkampf 177, 185
  Demokratische Partei 345
  Diskriminierung 626
  im Senat 75, 100
  in Regierung 745, 814
  und Polizei 554
  Unterstützung durch Regierung 392
  Verhältnis zu Obama-Kandidatur 174

Ägypten 510f., 867, 886, 889, 892ff., 896f., 901–907
Mubarak-Regime 900
Tahrir-Platz (Kairo) 892ff., 901, 903
Ahmadinedschād, Mahmud 149, 632, 635, 657
AIG (American International Group) 264, 396, 413, 417, 763
Boni 417f.
Ailes, Roger 206
Air Force One 113, 461ff., 493, 562, 582, 622, 644, 660, 711, 714, 825, 917, 950
Akihito (Kaiser von Japan) 666
Algerien 891, 905
Ali, Muhammad 76, 929
Alinsky, Saul 282
Alito, Samuel (Richter) 335
Al Jazeera (Nachrichtensender) 880
al-Kuwaiti, Abu Ahmed 941f.
Allen, Thad W. (Admiral) 780f., 784, 787f., 795, 797f.
al-Qaida 78, 97, 150, 228, 231, 443, 445ff., 452f., 455, 496ff., 500, 602, 604f., 610f., 617, 786, 807, 810ff., 865, 886, 897, 939f., 942, 944f., 948, 968ff.
al-Shabaab (Somalia) 113, 494
American Academy of Family Physicians 591
American Federation of Labor and Congress of Industrial Organizations 406
American Heart Association 591
American Israel Public Affairs Committee (AIPAC) 873ff., 880
American Medical Association (AMA) 526, 591
American Nurses Association 591
American Recovery and Reinvestment Act 349f., 354, 363f., 366, 368f., 371–379, 384, 394, 404, 452, 460, 476, 531, 564, 577, 685–688, 696, 698, 725, 728ff., 742, 826, 930
Americans for Prosperity 565
American Way of Life 372
Amerika
Exzeptionalismus 483
politische Spaltung 346
Spaltung 70
Versprechen 33
Vorstellung von 13, 32ff., 120, 162, 437, 959f.
Amos, James F. (General) 853
»AMT Patch« 376
Anglo-Persian Oil Company 789
Annan, Kofi 709
Annual Steak Fry (Iowa) 113
Anthem, Inc. (Versicherung) 591
Appeasement 374
Araber 865, 867, 875
Arabische Liga 911, 914
Arabischer Frühling 891
arabisch-israelischer Konflikt 516
Arafat, Jassir 867ff., 872, 876
Arbeitsmarktbericht 305
Arbeitsministerium 726
Arctic National Wildlife Refuge 779
Arizona 384, 386, 388
Armeniern, Völkermord an 888
ASEAN (Verband Südostasiatischer Nationen) 666–669
Asia-Pacific Economic Cooperation (APEC) 825
Assad, Baschar Hafiz al- 905f.
Assad, Hafiz al- 511, 656
Associated Press (Nachrichtenagentur) 133
Äthiopien 113
»At Last« (Beyoncé) 332
Atomenergiebehörde, Internationale 659
Atomindustrie 705
Atomwaffen 96, 98, 316, 481, 490, 633f., 846
Abschaffung 490, 614
-sperrvertrag 478, 481, 633
Atwater, Lee 187
Austerität 729, 826
Automobilindustrie 337, 421–424, 428, 690, 694, 771, 792, 820
Awlaki, Anwar al- 616
Axelrod, David 72f., 77, 81–85, 114,

116f., 126ff., 135ff., 151f., 154, 163, 165, 167, 173, 176, 180, 189, 191, 204, 207, 209, 216ff., 239, 242, 244f., 266, 288ff., 292, 303, 314, 327, 336, 341, 344, 367, 376, 395, 404, 414, 417f., 424, 515, 528f., 537, 551, 555, 567, 573, 584ff., 595, 603, 652, 684, 710, 725, 729f., 741, 746, 769, 797, 800, 815, 823f., 827, 829, 839, 861, 874, 935, 937
Axelrod, Lauren (Tochter von David Axelrod) 595
Axelrod, Susan 595
Ayers, Bill 936

B

Bachmann, Michele 695
Bachus, Spencer 274
Bad Bank 397
Bagram Air Base 225
Bahrain 886, 904ff., 911
Bair, Sheila 397, 401
Baker, James 313
Baldwin, James 754
Balfour-Deklaration 865
Banker 390, 413, 420
Ban Ki-moon 708ff., 713
Bank of America 396, 413, 415, 429, 763
Barak, Ehud 868f.
Barnes, Melody 308, 745
Barofsky, Neil 728
Basketball 25f., 28, 58, 94, 131, 287, 289, 318, 521, 751f.
-spiel 751
-training 752f.
Baucus, Max 537f., 547ff., 558ff., 570f., 576, 589
Bauer, Robert (Bob) 950
Bayh, Evan 105
Beach, Dave 318
Bear Stearns & Co Inc. (Investmentbank) 259, 763
Beast (Präsidentenlimousine) 328f., 462, 490, 504, 573, 645
Beck, Glenn 564
Begin, Menachem 867, 882
Behörde für Verbraucherschutz im Finanzsektor (CFPB) *siehe* Consumer Financial Protection Bureau (CFPB)
Bellow, Saul 871
Ben Ali, Zine el-Abidine 891, 911
Berman, Jeff 192
Bernanke, Ben 264, 272, 307, 309, 338
Bernstein, Jared 308
Berry, Chuck 33
Bethesda Naval Hospital (Maryland) 456f., 459, 802
Bewegungen 30, 34, 43
Basis- 143
Graswurzel- 37f., 139
soziale 29f.
Beyoncé 235
Biden, Ashley 238
Biden, Beau 238
Biden, Hunter 238
Biden, Jill 238, 244f., 324, 328, 756
Biden, Joe 105, 237ff., 241, 244f., 292, 308, 315, 324, 328, 338, 340, 351, 355f., 366, 368, 376f., 404, 428, 452, 555, 575, 594f., 606, 609, 611, 618f., 726, 803, 842f., 880, 895, 939, 964, 966, 973
Haltung zu Mubarak 895, 898
Haltung zu Obama-Kandidatur 150f.
Kandidatur Präsidentschaft 105, 163
Running Mate 236, 239f.
und Afghanistanstrategie 449f., 604, 617, 619
und Libyenintervention 912
und Mitch McConnell 351
und Operation gegen bin Laden 953
Verhältnis zu Pentagon 450
Biden, Maisy (Enkelin v. Biden) 752
Biden, Zach 595
Bieber, Justin 973
Bildungsreform 378
bin Laden, Osama 79, 150, 231, 507, 938, 940, 942, 945, 948, 952f., 955, 964, 966f., 969f., 972f.
der Pacer 943

in Pakistan 939
Birtherism *siehe* Verschwörungstheorien
Black History Month 815
Black Panther Party 64
Black-Power-Bewegung 178
Black Theology 178
Blair, Dennis (Admiral) 314, 440, 442
Blair House (Gästehaus des US-Präsidenten) 322, 325, 327, 362, 590
Blair, Tony 99, 460, 470
Blanchard, Anita 74, 94, 112, 301, 622
Blankfein, Lloyd 413
Blinken, Tony 895, 913, 964
Bloody Sunday (1965) 182
Bloomberg, Michael 816 f.
Bloomberg TV 935
Bloom, Ron 341, 423, 426
Blue Cross Blue Shield Association 579
Boccieri, John 593, 824
Boehner, John 270, 273 f., 351–355, 367, 369 f., 378, 394, 529, 558, 589 f., 695, 839, 843, 930, 932 f., 938, 962
Bolten, Joshua 269
Bond, Brian (LGBTQ-Aktivist) 852, 854
Bond, Julian 39
Bork, Robert (Jurist) 346, 543
Börsenaufsicht (SEC) 760, 771
Bosnienkrieg 887, 909
Boston Globe (Tageszeitung) 585
Bouazizi, Mohamed 891
Bowles, Erskine 931
Boxer, Barbara 697 f., 704
BP p.l.c. 776, 780–785, 787–793, 795–799
Bradley, Omar N. (General) 620
Brasilien 477, 706, 713, 715, 917 f., 920
Braun, Carol Moseley 71, 76
Bremer, Paul 228
Brennan, John O. 499 f., 502, 610, 616, 820, 902, 943, 953 f., 956, 972
Bretton-Woods-Währungsordnung 463
BRICS-Staaten 473 f., 477, 483, 710
Bridges, Leon 755
Briefe an Obama 382 f., 433
Brooks & Dunn (Countrysänger) 244
Brooks, Gwendolyn 28
Brown Chapel AME Church (Selma, Alabama) 183
Brown, Gordon 232, 406, 470, 483, 659, 714, 734
Brown, Lisa 745
Brown, Scott 583 ff., 589, 759, 772, 812
Browner, Carol 684 f., 689 f., 693 f., 700, 708, 779 f., 782, 788
Brunei 668
Bryant, Kobe 956
Buber, Martin 872
Buchanan, Pat 663
Buchenwald (Konzentrationslager) 516, 518
Budget Reconciliation 587
Buffett, Warren 265, 840
Bürgerrechte 345, 653
Bürgerrechtsbewegung 30, 39, 181 f., 184, 391, 491, 872, 929
Burns, William J. (Bill) 478 f., 481 f., 647 f., 676 f.
Burr, Aaron 347
Bush, Barbara 99, 373
Bush, Barbara (Tochter George W. Bushs) 299
Bush, George H. W. 97, 99, 230, 310, 313, 682, 699, 936
Bush, George W. 78, 87, 150 f., 218, 223, 230, 244 f., 257, 260 f., 263 f., 267, 269–274, 281, 292, 298 ff., 310, 327 f., 331, 335, 343, 355, 360, 364, 370, 435, 444, 447, 460, 482, 498–501, 524, 565, 573, 608, 632, 648, 663 f., 668, 682, 687, 689, 701 ff., 714, 805, 814, 855, 869, 950, 968
Bush, Jenna (Tochter George W. Bushs) 299
Bush, Laura 298 f., 319, 328, 331, 409
Bush-Regierung 101, 116, 127, 150, 211, 224, 262, 265, 311, 418, 422, 443, 478, 481, 486, 497 f., 503, 611, 624 f., 632, 637, 649, 663, 665 f., 680,

690, 728, 785, 790, 807 f., 811 f., 814, 869, 917, 943
Ära Bush 816
Bush-Steuersenkungen 840, 842 ff., 930
Business Roundtable 406
Busing 346
Byrd, Robert 92, 535, 703

C

Cadillac-Steuer 550, 588, 591
Calderón, Felipe 787
Cameron, David 734, 911 f., 914, 917, 968
Camp-David-Abkommen 867
Cantor, Eric 354, 366 f., 369, 590
Cape Canaveral 956, 958
Carney, Jay 949
Carson, Jon 192
Carter, Buddy 362 f., 914
Carter, Jimmy 139, 181, 221, 310, 567, 867, 954
Cartwright, James E. »Hoss« (General) 450, 611, 618, 945, 949, 953, 955
Carville, James 792, 799
Casey, Bob 210
Cash, Johnny 33
Castro, Fidel 149
Caucus *siehe* Nominierungsversammlung (Caucus); *siehe auch* Iowa
Cauley, Jim 76
CDC (Centers for Disease Control) 539
Central Park Five (Kriminalfall) 934
Chalid Scheich Mohammed 807 f., 815, 817
Challenge Coin (militärische Auszeichnung) 457
Chamenei, Ali (Ajatollah) 632, 634, 657
Chātami, Mohammad 632
Cheney, Dick 102, 270, 328, 486, 811
Cheney, Liz 816
Chertoff, Michael 327
Chicago 34, 38, 42, 45, 57 f., 302, 316, 320, 336, 408, 411, 425, 553, 651, 680, 719, 831, 872, 936, 969
Chicago Mercantile Exchange (CME) 388 f.
erster Schwarzer Bürgermeister 37
Grant Park 292, 596
Little Village 849
Pilsen 849
Politik 37 f., 64
South Side 42, 44
Chicago Sun-Times 551
Chicago Tribune 359
Children's Health Insurance Program 335
Childs, Edith S. 148, 284
Chile 924
China 437, 443, 475 ff., 628, 657, 660, 663 ff., 670 f., 673, 676, 685, 687, 706–710, 712 f., 718, 871, 900
Außenpolitik 674
Beziehungen zu USA 661, 663
Wirtschaftspolitik 662–665, 673 f., 677
Chisholm, Shirley 176
Chomeini, Ruhollah (Ajatollah) 630 f., 656
Christen 232, 346, 505, 866
Christentum 178, 505
Chrysler 421–428
Chu, Steven 684, 694, 788, 796 f.
CIA 441, 447, 497, 499 ff., 503, 608, 630, 809, 812, 886, 890, 896, 909, 941 ff., 945, 947 f., 952, 964, 967
Analytiker 941, 943, 971
Operation Ajax 629
President's Daily Brief 442
Spezialkräfte 946
Terrorabwehrzentrum 942 f.
Citigroup Inc. 259, 309, 396, 413, 415, 429, 763
Civil Rights Act (1964) 335, 346, 578
Clean Air Act (1963) 682, 689
Clinton, Bill 99, 134, 183, 186 f., 189, 221, 265, 299, 303, 305, 308, 310, 314 f., 346, 460, 571, 573, 632, 663 f., 668, 684, 703, 762, 814, 826, 828,

840, 844, 849, 868, 874, 909, 912, 931, 936, 941, 968
Spiel mit Vorurteilen 187
Wahlkampf für Hillary 186
Clinton, Chelsea 319
Clinton Foundation 315
Clinton, Hillary 99, 134, 201, 215, 221, 303, 315, 319, 551, 804, 881, 888, 933, 939
Außenministerin 314 ff., 440, 604, 612, 621, 625, 661, 676, 717, 742 f., 902, 912, 928
First Lady 197, 409
Haltung zu Irakkrieg 449
Haltung zu Mubarak 895 f., 898, 902
im Nationalen Sicherheitsrat 953, 964
in Selma, Alabama 182
Kandidatur Präsidentschaft 105, 117, 133 ff., 138, 141, 150, 152 f., 155–159, 163–168, 175, 183, 187 ff., 192 f., 203–206, 210, 213, 216, 219 f., 279
Klimagipfel Kopenhagen 711 f., 714 f., 717
Klimaschutzabkommen 707, 710
Nahostverhandlungen 877, 880–883
Rivalität im Vorwahlkampf 156–159, 164, 186, 205
Rückzug aus Vorwahlkampf 218
Senatorin 89
Sieg in New-Hampshire-Vorwahl 166
und Gesundheitsreform 528, 537, 560
und Irakkrieg 150
Unterstützung durch Schwarze Community 175, 182 f.
Unterstützung für Obama 220 f., 241
Vorbehalte gegen Politikerinnen 164
Wahlkampfauftritte 144
Zähigkeit im Vorwahlkampf 205
Clinton-Maschine 137
Clinton-Regierung 158, 211, 302, 309, 524, 649, 702, 707, 831
Ära Clinton 842
Clyburn, Jim 187 f., 354
CNBC (TV-Nachrichtensender) 389
Squawk Box 389
CNN (TV-Nachrichtensender) 194, 903, 936
Coakley, Martha 583–586, 812
Coburn, Tom 92, 267
Code Pink (Antikriegsbewegung) 419
Collins, Susan 375 ff., 379, 779
Colorado 221
Coltrane, John 277
Columbia University 30, 34
Comerford, Cristeta 362
Community Organizing 34 ff., 39, 42, 45, 51 f., 95, 178, 332, 425, 514, 651, 680, 849
Cone, James H. 178
Congressional Budget Office (CBO) 308
Conservative Political Action Conference 934
Consumer Financial Protection Bureau (CFPB) 773
Consumer Product Safety Commission 767
Coolidge, Calvin 960
Cooper, Anderson 936
Corcoran Gallery of Art 753
Council of Economic Advisers 308
Counterinsurgency Campaign (COIN) *siehe* Afghanistan
Countrywide Financial (Hypothekenbank) 258
Cox, Christopher 264
Crist, Charlie 373 ff., 535
Crocker, Ryan 311
Cronkite, Walter 346
Crowley, James (Polizist) 552, 554 ff.
C-SPAN (TV-Sender) 93, 533, 549, 551, 590

D

Daley, Richard J. 37, 58
Daley, Richard M. 38, 64, 72 f., 302, 830
Daley, William M. (Bill) 831, 910, 912, 914, 918 f., 956, 964, 974
Daschle, Tom 87, 89, 434
Davis, Allison 819
Davis, Danny K. 72
Davis Jr., Sammy 317
Davis, Miles 277
Davis, Miner, Barnhill & Galland (Kanzlei) 46
Davis, Rick 268
Davis, Ron (Wahlkampfleiter) 50 f., 53 ff.
D-Day 519
Dean, Howard 78, 580
Decker, Anita 79 f.
Deepwater Horizon (Bohrinsel) 776 ff., 780–783, 785, 787 ff., 791–797, 799, 935
Deese, Brian 423, 426 f.
DeMint, Jim 559
Demokratie 30, 62, 464, 489, 601, 609, 653, 669, 805, 814, 838, 848, 861, 884, 951
Demokratische Partei 82, 93, 139, 220, 303, 314, 345, 347, 363, 369, 393, 580, 682, 761, 823, 873
  Mehrheit in Senat u. Repräsentantenhaus 335
  Nominierungsparteitag 2004 83 f.
  Nominierungsparteitag 2008 317
  Südstaaten 345
  Überparteilichkeit 345
Deng Xiaoping 475, 661
Denver 241
DeParle, Nancy-Ann 534, 549, 559, 578, 583, 588, 592, 594 f.
Der alte Mann und das Meer (E. Hemingway) 772
Derivate 396, 414, 417, 760, 765
Des Moines 156, 161
Des Moines Register (Tageszeitung) 159
Detroit 527
Detroit Economic Club 149
Deutschland 460, 525, 637, 733, 736, 739, 879
  Autos aus 460
  Mauerfall 738
  Wiedervereinigung 464
digitaler Wahlkampf 79, 115, 117, 137 f., 192 f.
Dillard, Kirk 59
Dimon, Jamie 413, 420
Diskriminierung 37 f., 46, 70, 173, 177, 247, 335 f., 390, 392, 691, 848, 850, 867
  LGBTQ 851
  umgekehrte 546
Disneyland 655
Ditka, Mike 87
Dodd, Chris 105, 163, 769–772
Dodd-Frank Wall Street Reform and Consumer Protection Act 771, 773. *Siehe auch* Wall Street/Reform
Dole, Bob 519
Donilon, Thomas E. (Tom) 265 f., 278, 314, 450 f., 493, 605, 806, 828, 898, 917–920, 924 f., 940, 943, 954, 956, 963 f., 974
Donovan, Shaun 341
»Don’t Ask, Don’t Tell« (DADT) 822, 839, 848–853, 856, 860
Dostojewski, Fjodor Michailowitsch 27
Dowd, Maureen 197
DREAM Act *siehe* Einwanderung/Einwanderer
Drohnenangriffe 496, 611, 811, 948
Drudge Report (Nachrichten- und Kommentar-Website) 194
Dschihadisten 631
Dschubeir, Adel al- 508
Du Bois, W. E. B. 194, 552
Dudley, Robert (Bob) 798
Duncan, Arne 742
Dunham, Ann (Mutter von Obama) 23 f., 26, 30, 32, 36, 39, 48 ff., 69, 133 f., 162, 191, 209, 336, 530, 547, 562, 596, 654, 657, 679 f.

Tod 56
Dunham, Madelyn Payne (»Toot«, Großmutter von Obama) 22 ff., 27 f., 32, 36, 49, 88, 134, 169–172, 208 f., 218, 234, 236, 250 f., 285–288, 318, 336, 420, 517, 519, 547, 562, 769, 848, 934
Dunham, Stanley Armour (»Gramps«, Großvater von Obama) 22–25, 27, 32, 36, 42, 76, 78, 88, 170 f., 437, 547, 934, 959
Dunn, Anita 266
Durbin, Dick 84, 91, 107, 354, 810
Dylan, Bob 33, 755
»The Times They Are a-Changin'« 755

E

Earth, Wind & Fire 407
Ebony (Zeitschrift) 174
Edison, Thomas 33
Edwards, John 133 f., 149 f., 152, 159, 186, 188, 551
Eikenberry, Karl 611 f.
Ein amerikanischer Traum (Barack Obama) 936
Einwanderung/Einwanderer 821, 839, 848 f., 855 f.
DREAM Act 848, 856–861
illegale 822, 839, 854 ff.
Immigration 854
Kinder (Dreamers) 855 ff., 859
Kojoten (Schleuser) 854
parteiübergreifende Vereinbarung 855
Reform 826, 855 f.
Eisenhower, Dwight D. 312, 377, 620, 629
Eisenhower Executive Office Building (EEOB) 743, 748
Eisen, Norm 744
Elisabeth II. (Königin von England) 461, 485
Ellis Island 849
Ellison, Ralph 27
Emanuel, Rahm 302 f., 307 f., 315, 323, 334, 340, 364, 366 f., 369, 375 ff., 395, 402, 415, 424, 445, 497, 502, 515, 528 f., 533, 538, 549, 555, 571, 575, 583, 586, 592, 595, 606, 609, 619, 635, 677, 684, 690, 698, 700 ff., 705, 710, 730, 741 ff., 746 f., 759, 767, 780, 792, 796, 804, 817 f., 829 ff., 874, 881, 940
Emerson, Ralph Waldo 27
Eminem 277
Emory, Luke 360
Emory, Nate 360
Endeavour (Raumfähre) 956, 958
Energieministerium 687, 694
Advanced Research Project Agency-Energy (ARPA-E) 687
Energiesektor 378, 778
Energiewende 696
Engine Company 54/Ladder 4/Battalion 9 (Feuerwehr NYC) 973
Environmental Protection Agency (EPA) 682, 684, 689, 780
Erdgipfel *siehe* Vereinte Nationen (UNO)
Erdoğan, Recep Tayyip 487 ff., 492, 889
Erdöl(förderung) 775 f., 778 ff.
Deepwater Horizon (Bohrinsel) 775
Macondo-Ölfeld 776, 783, 789, 798 f.
erneuerbare Energien 379, 685–689, 703
Solarenergie 685
Windenergie 685
Erster Weltkrieg 506
ESPN (TV-Sportsender) 412
Ethnie/ethnisch 173, 176, 207 f., 215, 232, 284 f., 362, 552, 556
Busing 346
Diskriminierung 176, 194, 553
ethnische Ängste 933, 935
ethnische Beziehungen 172, 181
ethnische Geschichte 180, 186
ethnische Gräben 70
ethnische Grenzen 172 f., 185, 627
ethnische Herkunft 194
ethnische Identität 35, 194

ethnische Minderheit 173
ethnische Solidarität 183
ethnische Überlegenheit 178
ethnische Zugehörigkeit 392
Geschichte 553
Euro 735
Europa 471, 481, 489 f., 492 f., 710, 712–717, 732, 734 ff., 738, 740, 835, 915, 917
Europäische Union (EU) 471, 706, 708, 735, 738, 740
Bankenstresstest 733
Eurozone 736 f.
Firewall 736 f., 740
Integration 738
Rezession 732
Verhältnis zu USA 732
Europäische Zentralbank 736
Everett, Von 362, 914
Exxon Valdez (Öltanker) 780, 783

F

Fair Deal (H. Truman) 526
Fairey, Shepard 284, 563
Family and Medical Leave Act 770
Fannie Mae (Hypothekenbank) 253, 261, 264, 396, 763
Fanon, Frantz 28
Farrakhan, Louis 214, 874
Fatah-Partei 868 f., 876
Favreau, Jon (»Favs«) 90, 154, 166, 208 f., 236, 242, 244, 323, 403, 502, 613, 675, 773, 821, 961
FBI 543, 616, 724, 812
Fed *siehe* US-Notenbank (Fed)
Federal Aviation Administration (FAA) 691
Federal Hall (New York City) 316
Federal Housing Finance Agency 261
»Federalist No. 10« (James Madison) 601
Feinberg, Kenneth 796
Feinstein, Dianne 220, 816
»Feminazis« 390
Feminismus 346
Fiat S.p.A. 424, 426, 428
Filibuster 582, 587, 696, 771, 779, 821, 827, 840, 858
Filipic, Anne 142
Finanzkrise 255, 258–263, 265, 269, 272, 278, 300, 305, 336 f., 341, 343, 355, 368, 380, 384, 386, 394, 396 f., 399, 404, 414, 419, 421, 430 f., 459 f., 477, 480, 482 f., 489, 493, 565, 585, 628, 664, 726, 730, 732, 786, 792, 815, 820, 826, 829, 835, 841
Krisentreffen 25. September 2008 270
First Family 485, 753, 819
Fitzgerald, Michael (Mike) 160
Fitzgerald, Peter G. 72, 76
Flavin, Matt 435, 455, 457
Florida 373 f.
Folter 335, 499 f., 503, 808, 900, 905, 907
Ford 421
Ford, Gerald 310, 540
Ford-Regierung 540
Fort Bragg (US-Stützpunkt) 949
Fort Campbell (US-Stützpunkt) 973
Fort Hood (US-Militärbasis, Texas)
Anschlag 616, 801
Foucault, Michel 28
Four Tops (Fraktionsführer) 353 f., 590
Fox News 180, 194, 197, 246, 372, 393, 569, 813, 845, 880, 935 f.
Fox & Friends 936
The O'Reilly Factor 935
Frank, Barney 274, 769 ff.
Franklin, Aretha 331
Franklin, Benjamin 270
Frankreich 733, 739, 911, 915
Frauenrechtlerinnen 14, 29, 167
»Freddie Freeloader« (Miles Davis) 277
Freddie Mac (Hypothekenbank) 253, 261, 264, 396, 763
Freedom of Information Act (FOIA) 501
Freedom Rider 491
Friedensnobelpreis 651, 682
für Barack Obama 613 f., 621 f., 867

Frost, Robert 317
Fugate, Craig 957
Fukushima (Nuklearkatastrophe) 910
Furman, Jason 265, 308

G

G8-Gipfel 460
G20-Gipfel 460
London 2009 459 ff., 465, 470, 472–478, 482 f., 485, 644, 661
Pittsburgh 659
Seoul 2010 825
Washington 2008 460
Gaddafi, Muammar al- 511, 907 f., 910 ff., 914–918, 920, 923 f., 926 f.
Galston, Marygrace 142 ff.
Gandhi, Indira 837
Gandhi, Mohandas Karamchand (Mahatma) 29, 621, 832 f., 836, 838, 872
Satyagraha 832
Gandhi, Rahul 836 f.
Gandhi, Rajiv 836 f.
Gandhi, Sonia 836 f.
Gaspard, Patrick 745
Gates-Affäre 555
Gates Jr., Henry Louis 551–556
Gates, Robert (Bob) 310–313, 405, 440, 444 f., 447, 449 f., 453 ff., 482, 486, 494, 496, 600, 602–611, 615, 618 f., 621, 742 f., 804 f., 810, 823, 851 ff., 895, 902, 912, 914, 916, 948, 953, 964, 972
GATT (Allgemeines Zoll- und Handelsabkommen) 463
Gaye, Marvin 750
Gazastreifen 865 f., 868 ff., 877, 879
Geithner, Timothy F. (Tim) 305–309, 337 f., 341, 394–402, 413–419, 428 f., 432, 461, 465, 473, 483, 486, 628, 661, 675, 727–730, 732, 736 f., 740, 742 f., 759, 761, 767 ff., 771, 773, 843, 931
Geldpolitik 338
General Motors (GM) 421 ff., 428
GMAC Inc. 429
Genfer Konvention 807 f.
Geopolitik 672
Georgien 478, 480
Geronimo (Apachenhäuptling) 317
Gesundheitswesen/-system 135, 525–530, 532 f., 536 f., 548 f., 551, 554 f., 558 f., 563, 573, 594
Affordable Care Act (ACA) 582, 592, 594 f., 724, 751, 768, 930
individuelles Mandat 535 f., 560
Krankenversicherung 134, 525, 535 f., 563, 568, 574, 579 f., 584, 588, 590, 826
Massachusetts-Modell 537, 560, 576, 579
Reform(en) 285, 325, 528–532, 535, 538, 547, 550, 557–561, 564, 566, 568, 570, 572, 574–582, 584–589, 591, 594, 700, 827, 839, 972
Gibbs, Robert 82 ff., 86 f., 90, 114 f., 117, 129 ff., 165, 173 f., 176, 187, 194, 196, 200, 209, 214 f., 218, 232, 281, 287, 290, 292, 303, 357 f., 367, 388, 403 f., 414, 417 ff., 425 f., 515, 554, 613, 646 f., 730, 746, 749, 769, 822, 827, 829, 845, 896, 898, 901, 949
G. I. Bill 258
Gilbert, Jeff 202, 290
Gingrich, Newt 59, 92, 346 f., 352, 369, 844
Gitmo (GTMO) *siehe* Guantanamo Bay Naval Base
Giuliani, Rudolph (Rudy) 812 f.
Glass-Steagall Act 762 ff., 768
Globalisierung 460, 474, 487, 663, 669, 706, 762, 835
Goldman Sachs Group 259, 261 f., 413 f.
Gold Star Mothers 971
Golfkrieg, Zweiter *siehe* Zweiter Golfkrieg
Golf von Mexiko 775–778, 783, 786, 791, 794, 798 f.
Goodwin, Doris Kearns 314
Goolsbee, Austan 265, 308, 341 f., 424, 829
Gorbatschow, Michail 638, 650

Gore, Al 66, 140, 265, 682, 703
Governors Ball 407
Graham, Lindsey 606, 704 f., 778 f., 855, 858
Gramps *siehe* Dunham, Stanley Armour (»Gramps«, Großvater von Obama)
Grant, Ulysses S. 620
Grassley, Chuck 538, 559 f., 570 f., 590
Great Society (Reformprogramm Lyndon B. Johnsons) 526
Greenspan, Alan 465
Gregg, Judd 373
Griechenland 732, 735, 740, 787, 792
  Rettungsplan 739 f.
  Staatsschuldenkrise 735, 738 ff., 949
  Stabilisierung 736
Großbritannien 911, 915
  Rezession 734
Große Depression 308, 337 ff., 343, 357, 461, 731
Ground Zero (New York City) 973
Guantanamo Bay Naval Base (Gefangenenlager) 335, 444, 501, 508, 807–810, 815, 817
  »High Value Detainees« (HVD) 807 f.
  Militärkommissionen 809, 813
  Schließung 725

H

H1N1-Virus *siehe* Pandemie
Hagel, Chuck 225
»Haircut« (Abschlag) 398, 737, 740. *Siehe auch* Griechenland/Staatsschuldenkrise; Europäische Union
Halliburton (intern. Konzern) 776
Hamad bin Isa Al Chalifa (König von Bahrain) 904 ff.
Hamas 487, 631, 868 f., 877, 897
Ham, Carter (General) 924
Hamer, Fannie Lou 30
Hamilton, Alexander 756
Hamilton, Lee H. 502
Handelspolitik 128, 673, 920
Hanks, Tom 946
Hannity, Sean 282
Harald V. (norwegischer König) 622
»hard power« 439
Harkin, Tom 113
Harper, Stephen 406
Harstad, Paul 116
Harvard Law Review 41
Harvard Law School 36, 40 ff., 45, 236, 252, 491 f., 744, 770, 936
Harwell, Carol Anne 50 f., 54 f.
Hasan, Nidal Malik 616 f.
Hatch, Orrin 92
Hatoyama, Yukio 666
Hautfarbe(n) 21, 24, 26, 32, 39, 70, 165, 173, 177, 187, 190, 292, 439, 554, 567, 627, 669, 745, 815, 848. *Siehe auch* Ethnie/ethnisch
Havel, Václav 492 f., 514, 835, 872
Hawaii 23 ff., 31, 48, 56, 65, 318, 437, 530, 576, 582, 678 f., 681, 724, 848, 934, 950 f., 961
Hayward, Tony 789, 796
Haywood, George 252–255, 258
Hayworth, J. D. 697
Helms, Jesse 703
Hildebrand, Steve 113
Hill, Anita 543
Hill, Baron 593
Hisbollah 631 f., 879, 897, 906
Hitler, Adolf 566, 946
Holbrooke, Richard 803
Holder, Eric 316, 414, 556, 615, 727, 742, 809, 812–817
Holiday, Billie 33
Holocaust 516, 632, 866, 871
Home Affordable Modification Program (HAMP) 386, 428
Home Affordable Refinance Program (HARP) 386, 428
Honolulu Advertiser (Tageszeitung) 934
Hoover, Herbert 343
Huffington Post (Online-Zeitung) 211
Hu Jintao 476, 661, 665, 672 ff.
Hull, Blair 73
Hurrikan »Katrina« 99, 465

Hussein I. bin Talal (König v. Jordanien) 882
Hussein, Saddam 78, 228, 488, 511, 631 f., 649, 943
Hyde Park Herald (Stadtteilzeitung) 61
Hynes, Dan 73, 77

I

Ibn Abd al-Wahhab, Mohammad 505 f.
Ibn Saud, Abd al-Aziz (König von Saudi-Arabien) 505 f.
Idaho 192
Illinois 68 f., 73, 77, 79, 81, 86, 90 f., 93, 104, 173, 212, 680
 Charakter 57
 Kongresswahl 47 f., 64 ff., 68, 76
 Politik 61 f., 68, 71
 Senat 47 f., 51, 55, 57–60, 62, 67 f., 72, 92, 216, 352, 568, 876, 933
Immobilienmarkt 252 ff., 260, 285, 384 ff., 388, 394
 Hilfspaket 388 f., 404
 Zwangsvollstreckungen 305, 337, 341, 374, 384, 386, 388
Inauguration Day 323, 325–330
Indiana 214, 217 f.
Indianapolis 217
Indien 452, 475, 477, 706 ff., 712 f., 715, 718, 825, 832, 834 ff., 838, 944
 Bharatiya Janata Party (BJP) 835, 837
 Demokratie 835 f.
 Terroranschläge 2008 835
Indonesien 26 f., 31, 438, 909
IndyMac Bank 260, 763
Ingraham, Laura 936
Inouye, Daniel 92
Internationaler Gerichtshof 908
Internationaler Strafgerichtshof 884
Internationaler Währungsfonds (IWF) 461, 463, 474, 483, 735 f., 740
Internationalismus 439
International Security Assistance Force (ISAF) 447
Iowa 114, 116, 126 ff., 137, 139 ff., 143–147, 149, 151–154, 156, 159–164, 167 f., 172 f., 185, 189, 191 f., 195, 212, 217, 276, 290, 330, 568, 686
 Iowans for Sensible Priorities 149
 State Fair 131, 143, 151
 Vorwahlen 113
Irak 101, 227, 229 ff., 255, 300, 311, 315, 342, 442, 445, 451, 485, 496, 600 f., 605, 608, 610 f., 623 f., 629, 631 f., 659, 811, 865, 869, 886, 889, 912, 927, 970 f.
 al-Anbar (irak. Provinz) 311
 Invasion 313, 440, 449, 453, 486, 498, 608, 610, 649, 940
 Stabilisierung 488
 Truppenabzug 313, 444 f., 449, 454, 801
Irakkrieg 77 ff., 82, 101, 116, 150, 173, 187, 225, 245, 310, 313, 404, 443, 446, 465, 496, 498, 608, 659, 704, 910, 917, 939, 956
Iran 228, 481 f., 504, 507, 628–632, 635 ff., 650, 652, 657 ff., 673, 677, 789, 846, 869, 871, 876, 879, 886, 897, 913
 Atomprogramm 481 f., 490, 633 f., 636, 650, 657 f., 676, 865
 Grüne Bewegung 635 f., 900
 Revolution 630 f.
 Sanktionen 676
 Staatsstreich 629
Iran-Contra-Affäre 310
Irland 732 f., 736 f., 740
ISI (pakist. Geheimdienst) 452
Islam 488, 498, 500, 503–506, 508, 629 f., 817 f., 835, 869, 940
Islamischer Dschihad 868
Islamismus 487, 504 f., 507, 511 f., 630 f., 894, 917, 969
Israel 232, 631, 633 f., 656, 673, 676, 865–881, 883 f., 886, 895
 Friedensabkommen 871, 874, 883
 Iron Dome 879
 Jom-Kippur-Krieg 875
 Oslo-Abkommen 868
 Sechstagekrieg 866

Siedler(bewegung) 870, 874, 877 f.
Siedlungsbau 877–880, 882 f.
Staatsgründung 866
Zweistaatenlösung 868 f., 874, 879
Zweite Intifada 869
Israelische Verteidigungsstreitkräfte (IDF) 867
Italien 732, 736 f., 740

J

Jackson, Andrew 317
Jackson Jr., Jesse 53, 72, 175
Jackson, Lisa P. 684, 689 f., 693, 784
Jackson, Quincy 360
Jackson, Santita (Tochter Jesse Jacksons Sr.) 53
Jackson Sr., Jesse 39, 78, 140, 175 f.
Jacobs, Denny 72
Jakarta 437, 505, 679, 825
Jakes, T. D. 326 f.
Japan 665 ff., 669, 706, 716, 825
Jarrett, Valerie 74, 94, 118, 120, 155, 160 ff., 173, 175, 209, 217, 219, 284, 303, 424, 509, 556 f., 581, 586, 591, 742, 746–749, 784, 788, 804, 819, 825, 843, 852, 921
Jarvis, Kristen 235
Jay-Z 277
Jefferson-Jackson Dinner 104, 153 f., 161
Jefferson, Thomas 403
Jelzin, Boris 479, 638 ff.
Jemen 496, 616 f., 808, 812, 865, 891
Jerusalem 866, 870, 877, 880
Klagemauer 232 f.
Tempelberg 869
Jet (Zeitschrift) 174
Jim-Crow-Gesetze 32, 177, 348, 567, 833. *Siehe auch* Rassismus
Jindal, Bobby 784 ff., 788, 793, 795
Johansson, Scarlett 962
Johnson, Katie 359, 424, 599, 614, 726, 823 f., 844, 860, 902 f.
Johnson, Lyndon B. 73, 178, 221, 346, 502, 526
Joint Special Operations Command (JSOC) 454 f., 497, 945 f.
Jonas Brothers (Pop-Rock-Band) 235
Jones, Emil 58 f., 72, 77, 92
Jones, James L. (Jim) 313, 440, 442, 493 f., 605, 619, 647, 742 f., 806, 828
Jordanien 866, 868, 891, 917
JPMorgan Chase & Co. 259, 413, 420, 763
Juden 865 ff., 872–875
Julius Bär Group 763
Juschtschenko, Wiktor 642

K

Kagan, Elena 543 ff., 787
Kaine, Tim 236, 239
Kalifornien 193
Kalter Krieg 98, 310, 313, 440, 464, 487, 504, 511, 629, 637, 650, 656, 663, 838, 867 f., 909
Kanada 716
Karzai, Hamid 226 f., 446, 449, 453, 602 f., 611, 617 f., 787, 802
Karzai-Regierung 453, 605, 611
Kasparow, Garri 639
Kass, Sam 94, 411, 522, 750
Katar 917
Kaur, Gursharan (Ehefrau v. Manmohan Singh) 835, 837
Kavandi, Janet L. 958
Kayani, Ashfaq Parvez (pakist. General) 967
Keehan, Carol (Ordensschwester) 591
Kennedy, Caroline 191
Kennedy, Edward »Ted« 92, 107 f., 191, 308, 331, 523 f., 530, 535 ff., 546, 569, 574, 582, 594, 596, 729, 770, 855 ff., 929
Kennedy II, Joseph Patrick »Joe« 317
Kennedy, John F. 73, 317, 330
Ansprache zur Amtseinführung 330 f.
Kennedy, Patrick (Sohn v. Ted Kennedy) 569
Kennedy, Robert F. 38, 73

Kennedy, Ted Jr. (Sohn v. Ted Kennedy) 569
Kennedy, Victoria Anne (Vicki) 331
Kennedy, Victoria Ann (Vicki) 523 f., 574
Kerry, John 79, 82 ff., 87, 90, 130, 133, 167, 195, 265, 704 f., 779
Keyes, Alan 87
Keynesianismus 339, 729
Keynes, John Maynard 338, 340
Khalidi, Rashid 874
Kim Jong-il 149
Kindergartenakte 155 f.
King, B. B. 755
King, Martin Luther 21, 30, 33, 111, 181 f., 184, 832 f., 872
  »Der Instinkt des Tambourmajors« 111
  »Ich habe einen Traum« 242 f.
Kirk, Ron 556
Kissinger, Henry 307
Klain, Ron 265 f., 278, 428, 726
Klaus, Václav 489, 492
Klimaabkommen (internationales) 685, 708, 711
  Interimsabkommen 707, 709–712, 716 ff.
Klimaschutz 683 f., 707, 709
  Emissionsbegrenzung 685, 689 f., 695, 709
  Emissionshandel 683, 699
  -gesetz 697, 700 f., 704 f., 710, 718, 778 ff., 826
  Klimarahmenkonvention 702
Klimawandel 441, 443, 489, 614, 681 f., 689, 696, 703 f., 707, 709, 714, 717, 719, 734, 794
  Kampf gegen 688, 702, 712, 716, 921
  Leugnung 794
Klitzka, Laura 530 f., 572, 574
Koch, Charles G. 372, 393, 565, 690
Koch, David H. 372, 393, 565, 690
Kommunismus 345
Kongo 909
Kongress der Vereinigten Staaten 47, 253, 260 f., 264–267, 269, 273, 278, 285, 300, 335, 345, 347, 350, 364, 369, 397, 414 f., 418, 573 f., 583, 593, 608, 689, 691, 696, 700 f., 800, 810, 838 f.
  Congressional Budget Office (CBO) 570
  Demokraten 303
  Earmarks 364
  Gesetzesvorhaben 336, 348, 354
  Republikaner 810
  von Demokraten kontrolliert 344, 682, 820
  -wahlen/-wahlkampf 47 f., 53, 64, 66, 68, 70, 76, 292
  Wahlkreise 346
Koppel, Ted 437
Krieg gegen den Terrorismus 443, 869, 940
Kupper, John 84
Kyl, Jon 846
Kyoto-Protokoll *siehe* Vereinte Nationen

L

LaHood, Ray 693
Lamb, Gary 160
Lambrew, Jeanne 533, 595
Lander, Eric 754
Landrieu, Mary 578
Langston Hughes, James 27
Laschkar-e Taiba 835
Las Vegas 133, 135
Lawrence, D. H. 27
Lawrow, Sergej 648, 658
League of Conservation Voters 680. *Siehe auch* Umweltschutz
Leave It to Beaver (US-amerik. Sitcom) 196
LeBron, James 256
le Carré, John 57
Ledbetter, Lilly 335 f.
Ledger, Heath 563
Lee, Robert E. (General) 620
Legend, John 153
Lehman Brothers 259, 261, 263 f., 763
Lehman-Pleite 430, 460

Lehrer, James Charles (Jim) 278
Leiter, Michael (Mike) 952
Lewis, John 30, 39, 182 f., 491, 928
Lew, Jacob (Jack) 828
LGBTQ 849–854
-Aktivisten 822, 856
-Rechte 848
Libanon 633, 879
Libyen 907 ff., 911, 913, 915 f., 921, 927
Militärintervention 910, 912–916, 918 ff., 922 ff., 926 f., 936, 944, 949, 974
Liddy, Edward (Ed) 417
Lieberman, Joe 579, 589, 697 f., 704, 779, 812
Lilly Ledbetter Fair Pay Act (2009) 335 f.
Limbaugh, Rush 223, 282, 347, 372, 564
Lincoln, Abraham 33, 125, 314, 459, 613, 705, 743, 832, 929
Amtseinführung 323, 329
Bürgerkrieg 459
Gettysburg Address 12
Link, Terry 72
Lippert, Mark 90, 314
Locke, Gary 660
Lopez, Jennifer 755
Los Alamos National Laboratory 797
»Lose Yourself« (Eminem) 277
Love, Reggie 130 f., 137, 142, 146, 156, 161, 200, 202 f., 277, 289, 292, 323, 329, 358, 411, 502, 515, 521, 670, 675, 718, 751 ff., 825, 831 f., 860, 963
Lowery, Joseph (Reverend) 182–185
Lu, Chris 90, 745
»Luck Be a Lady« (Frank Sinatra) 277
Lugar, Richard »Dick« 96 ff., 846
Lula da Silva, Luiz Inácio 474, 715, 918
Luntz, Frank 558
Lute, Douglas (Generalleutnant) 611, 618
Lyon, Norma 143

M

MacArthur, Douglas 620
Madison, Dolley 317
Maersk Alabama (Containerschiff) 495
Mahabharata (indisches Epos) 832
Mailer, Norman 872
Make-A-Wish-Foundation 792
Maliki, Nuri al- 227 f., 311, 444, 485, 601
Mandela, Nelson 112, 475, 492, 832
Mao Tse-tung 475
Marchionne, Sergio 424
Marcuse, Herbert 28
Markey, Betsy 593, 824
Markey, Ed 697, 701
Marokko 905
Marsch auf Washington für Arbeit und Freiheit (1963) 242 f.
Marshallplan (ERP) 463
Martha's Vineyard 818 f.
Martin, Dean 670
Marx, Karl 28
Massachusetts Institute of Technology (MIT) 305
Massey Energy (Bergbauunternehmen) 777
Mastromonaco, Alyssa 90, 116, 130, 317, 509, 711
Mauerfall 638, 640
Maytag Corporation 686
McCain, John 150, 166, 195, 205, 216, 218, 222, 228, 230, 235, 244, 246 f., 255, 261, 263 ff., 267–274, 277–281, 283, 292, 372, 580, 590, 606, 696, 704, 778, 807, 850, 855–858, 881, 940
McCarthyismus 498, 637
McCartney, Paul 756
McCaskill, Claire 167, 859 ff.
McChrystal, Stanley A. (General) 454 f., 603–611, 618 f., 801, 803 ff., 946
Entlassung 805 f.
»The Runaway General« 803 f.
McClellan, Cornell 411

McConnell, Mitch 270, 351 ff., 355, 366, 369 ff., 373, 375, 378, 394, 529, 558, 560, 577, 582, 695 f., 701, 757, 759 f., 801, 821, 828, 840–845, 938
McDonough, Denis 314, 434 f., 439, 441, 486, 509, 573, 612, 742, 809, 811, 820, 828, 885, 895, 898, 928, 956, 964, 966
McDonough, Kari 435
McFaul, Michael 478 f., 481 f., 647, 651, 653, 660, 676 f.
McKiernan, David D. (General) 447 ff., 451, 454
McRaven, William (Bill) 945–949, 952, 954 f., 957, 961 f., 964–967, 972 f.
Medicaid 376, 526, 535 f., 578, 840, 932
Medicare 258, 391, 403, 526, 536, 549 f., 571 f., 581, 840, 932
Medien 70, 76, 78, 81, 83, 91, 100, 117, 127, 133, 152, 163 f., 167, 189, 441, 564, 566, 569, 576, 578, 589, 606, 608, 610, 615, 723, 749, 794 f., 810 f., 896, 931
 -berichterstattung 105, 112, 323, 370 f.
 konservative 156, 197 f., 483, 554, 565, 590, 682, 779, 845, 933
 Macht 85
 Mainstream- 150
 politische 205
 Presse 336, 364, 375, 378, 428
 Presse in Washington 371, 376, 388
 Pressepool 356, 358, 462, 483, 549, 551, 614, 684, 718, 951
 rechte 374, 855
 -rummel 89, 115
 und Trump 935, 937, 950, 963
 und Verschwörungstheorien 935, 937
 Zersplitterung 346, 484
Medwedew, Dmitri 474, 478–482, 643–647, 649 ff., 654, 658 f., 676, 787, 916, 927
Medwedew, Ilja 646
Medwedew, Swetlana 646
Meet the Press (polit. Talkshow) 114 f.
Menschenrechte 316, 464, 614, 642, 653, 734
Menschenrechtsverletzungen 886, 911
Meredith, James 278
Merkel, Angela 232, 471 f., 516, 733
 Besuch KZ Buchenwald 516 ff., 520
 Einschätzung von 471
 G20-Gipfel London 471, 473, 483
 Griechenlandkrise 733, 737 ff., 787
 Klimagipfel Kopenhagen 714
 Zusammenarbeit mit Nicolas Sarkozy 471
Merrill Lynch & Co., Inc. 259, 264, 763
Messina, Jim 549, 584 f., 595, 823
MI6 629
Michigan 280
 Swing State 221
Michiko (Kaiserin von Japan) 666
Midterm-Wahlen 114 ff., 345, 589, 592, 701, 780, 799 ff., 806, 817, 820 f., 823, 826, 828, 842, 844, 856, 858, 910, 930 f.
Milbank, Dana (Reporter) 586
militärisch-industrieller Komplex 312
Miller, Tom 160
Minerals Management Service (MMS) 789 f., 793, 795, 799
Miranda, Lin-Manuel 755
Mitchell, George J. 877, 881–884
Mitchell, John N. 814
Moral Hazard 389, 431
Moral Majority (Organisation rechter Christen) 346
Morell, Michael (Mike) 941 f., 952
Morel Montes, Cecilia (Ehefrau v. Sebastian Piñera) 925
Morgan Stanley 259, 262
Morrison Exon Dinner 105
Morrison, Toni 57, 754
Moses, Bob 30
Moss Jr., Otis (Reverend) 181 f., 184
Mosteller, Brian 358
Motlanthe, Kgalema 475
Moussaoui, Zacarias 812 f.
Moyers, Bill 214

MSNBC (US-Nachrichtensender) 25
Mubarak, Husni 510–513, 520, 882 f., 889, 892–904, 906 f., 934, 961
Mudschaheddin 447
Mueller, Robert (FBI) 616
Mullen, Michael (Admiral) 447–451, 604–608, 610, 619, 805, 851 f., 854, 861, 902, 912, 914, 916, 918 f., 953, 964, 967
Muñoz, Cecilia 745, 858, 860
Murdoch, Rupert 962
Murkowski, Lisa 779
Murphy, Patrick 593, 824
Muslimbruderschaft 487, 511, 513, 894, 896 f., 899, 904
Muslime 232, 501–506, 632, 818, 866
Mussawi, Mir Hossein 635
Mussolini, Benito 946
»My 1st Song« (Jay-Z) 277
Myanmar 667 f.
»My Favourite Things« (John Coltrane) 277

N

NAACP (National Association for the Advancement of Colored People) 148, 174, 214, 813
NAFTA (Nordamerikanisches Freihandelsabkommen) 666
Naher Osten 437, 441, 443, 449, 499 f., 504, 511, 513, 516, 520, 625, 631, 633 f., 649, 652, 665, 677, 867, 884–887, 889 f., 906
  Friedensregelung 868 f., 873, 877
Nairobi 112
Napolitano, Janet 167, 316, 725, 780, 784, 856
NASA 958
NASDAQ (Börse) 258
Nash, Diane 30
Nasser, Gamal Abdel 510 f.
National Council of La Raza 858
National Counterterrorism Center (NCTC) 952
Nationaler Sicherheitsrat der Vereinigten Staaten 314, 434, 440, 442, 448, 450, 452, 604 f., 611, 617, 619, 806, 888, 890
  Principals Committee 898
Nationaler Wirtschaftsrat 307
nationale Sicherheit 441 f., 444, 609, 816
nationales Sicherheitsteam 439 f., 635, 878, 894, 897, 911, 964
National Prayer Breakfast 406
National Press Club 214, 217
National Public Radio 246
National Rifle Association (NRA) 188
Nationbuilding 453, 604
Nation of Islam 214
Nativismus 158, 222, 282, 567
NATO (Nordatlantikpakt) 463 f., 486, 649, 917, 926 f.
  -Gipfel 485 f., 488, 627
Naturschutz 345
Navy SEALs, US 318, 495, 946, 948 f., 952 f., 955 f., 961, 964 ff., 971, 973
NBC (Hörfunk-TV-Network) 189
  The Celebrity Apprentice 936, 962
  Today 936
Nehru, Jawaharlal 837
Nelson, Ben 375 f., 379, 535, 578
Nelson, Earl Benjamin 105
Nesbitt, Martin (Marty) 74, 94, 118, 120, 160, 174, 209, 214, 217, 219, 250, 285, 301, 356, 556, 622, 748
Netanjahu, Benjamin 868, 874–883, 896 f.
Nevada 147, 168, 221, 384
New Century Financial (Immobilienfinanzierer) 258
New-Deal-Ära 345
New Deal (Franklin D. Roosevelt) 339, 343, 354, 368, 377, 542, 578, 691, 730, 773
New Hampshire 131, 147, 152, 156, 159, 163 ff., 167 ff., 187, 194, 217, 221, 276, 290
New Jersey 192
Newman, Paul 131
New York 193
New York Times 191, 197, 246, 417, 458, 499, 501, 659

Nicholson, Marvin 130 f., 146, 161, 200, 202 f., 290, 292, 329, 515, 622, 647, 660, 711, 714 f., 753, 825, 831 f., 923, 963
Niebuhr, Reinhold 621
Niederlande 736, 739
Nixon, Richard 176, 228, 310, 346, 362, 682, 814
Nominierungsparteitag 204 f., 218, 241, 244
  Denver 2008 240 f., 244 f.
Nominierungsversammlung (Caucus) 116, 126, 141, 147, 149, 152, 159, 161, 168, 192. *Siehe auch* Iowa
Nordafrika 884, 890
Nordirland 877, 884
  Karfreitagsabkommen 877
Nordkorea 315, 628, 632, 666
  Atomprogramm 490
  Atomwaffen 672
Normandie 518, 802
North Carolina 130, 213 f., 217 f., 221, 288
  Camp Lejeune 445
NSA (National Security Agency) 497
Nunn-Lugar Act 97 f.
Nunn, Sam 97

O

Oakley, Annie 213
Obama, Barack Hussein Sr. (Vater von Obama) 25 f.
Obamacare 564, 695, 826, 938. *Siehe auch* Gesundheitswesen/-system
Obama, Malia Ann 21, 62 f., 65, 67, 86, 93, 95 f., 109, 146, 151, 234, 241, 250, 289 f., 299, 319–322, 324, 358, 362, 407–410, 490, 521 ff., 561, 563, 595, 614, 644 f., 667, 678, 681, 719, 750 f., 756, 798, 819 f., 917, 920–923, 955–958, 968 f.
Obama, Michelle LaVaughn Robinson 19, 44, 49, 52 f., 81, 83 f., 86 ff., 94, 96, 100, 109 f., 112, 115, 117–120, 125, 129, 146, 153, 155, 161, 165, 174, 179 f., 188, 196 f., 209, 234 f., 240, 244, 279, 289–292, 299, 319–322, 324, 329, 331 f., 358, 361 f., 404, 407–412, 442, 509, 522, 556, 561, 569, 582, 595, 614, 622, 644 f., 647, 667, 679, 719, 724, 741, 750, 752 f., 756, 786, 820, 825, 833, 837, 921 f., 925, 937, 955 f., 962, 968 f.
  Anwältin 42, 44
  Arbeit 46, 74
  Chicago 249 f.
  Eltern 243
  Familie 44
  First Lady 407–410, 461, 484 f., 646, 754, 756 ff., 798, 839, 845, 847, 913, 920
  Haltung zu Obamas politischer Karriere 45, 48, 63 f., 74 f.
  Heirat 43 f., 46
  »Joining Forces« 756
  »Let's Move!« 756
  Rede Nominierungsparteitag 241 f.
  Studium 544
  Töchter 63, 67, 234, 319
  Wahlkampfauftritte 160, 196, 198, 218, 319
Obama, Natasha (Sasha) 21, 67, 81, 86, 88, 93, 95 f., 109, 146, 151, 234 f., 241, 250, 289, 299, 319–322, 324, 358, 362, 407 f., 410, 490, 521 f., 530, 561, 563, 595, 614, 644 f., 667, 679, 681, 750, 752 f., 756, 792, 798, 819 f., 917, 920–923, 955–958, 968 f.
Obama, Sarah Onyango (Mama Sarah, Stiefmutter von Obamas Vater) 325
Oberster Gerichtshof (Supreme Court) 335, 541 ff., 545, 547, 689
Obey, Dave 363
Occidental College 28 f.
Occupational Safety and Health Administration (OSHA) 691
Odierno, Raymond T. (General) 445
Office of Information and Regulatory Affairs (OIRA) 692 f.
Olympische Spiele, München 437
Oman 891

Operation Eagle Claw 953 ff.
Operation Neptune Spear 961 f., 964 ff., 968, 970–973
Orme, Greg 25 f.
Orszag, Peter R. 308, 341 f., 828
Ortiz, Marie 160
Oslo-Abkommen 874
OutKast 750

P

Padrón, Eduardo J. 958
Pahlavi, Mohammad Reza (Schah) 629 f., 633
Pakistan 446, 452 f., 481, 496, 611, 629, 834 ff., 938, 944 f., 947 f., 953, 961, 963 f., 970
  Aufenthaltsort bin Ladens 939
  FATA 808, 939
  Geheimdienste 944
Palästina/Palästinenser 871, 875, 877 f., 883 f.
  Nakba 866
Palästinensische Autonomiebehörde 868, 870, 878, 884
Palin, Sarah 245, 247, 282 f., 347, 372, 374, 565 f., 778, 845, 933
  Rede Nominierungsparteitag 246
Palmer, Alice 47 f., 53 ff.
Pandemie
  Ebola 541
  H1N1-Virus 539 ff.
  Spanische Grippe 539
  -vorsorgeplan 539
Panetta, Leon 314, 440, 449, 604, 895, 902, 940 ff., 946, 952 f., 964, 966 f.
Parcell, Emily 142, 155, 159
Parteien
  Verhältnis untereinander 345 f.
Patient Protection and Affordable Care Act (ACA) *siehe* Gesundheitswesen/-system
Patrick, Deval 582
PATRIOT Act 498
Patriotismus 195
Patton, George S. (General) 620
Paul, Ron 564
Paulson, Henry (Hank) 255, 261–266, 269 ff., 273 ff., 280, 300, 307, 309, 397, 422, 460
Pawlenty, Tim 961
Payne, Arlene (Großtante von Obama) 848
Payne, Charles (Bruder von Obamas Großmutter) 517, 519
Payne, Melanie 519
Pearl Harbor 437, 613
Peck, Leo 160
Peking 672, 674
Pelosi, Nancy 266, 270, 272, 274 f., 292, 351 ff., 355, 363, 368, 371, 376, 404, 575 ff., 579, 582 f., 588 f., 594 f., 701, 729, 821, 858
Pelosi, Paul 352
Pence, Mike 367, 589
Penn, Sean 962
Pennsylvania 204, 210 f., 213
Pentagon (US-Verteidigungsministerium) 310 f., 313, 441, 448 f., 497, 503, 600, 603, 608, 615 f., 619 f., 803, 809, 812, 816, 853, 859, 886, 889 f., 902, 915, 917, 924 f., 945
  Defense Advanced Research Projects Agency (DARPA) 687
  Konflikt mit Obama-Regierung 450 f., 606, 611
People of Color 60, 141, 173 f., 345, 390, 544
  Regierungsteam 745 f.
Peres, Schimon 868
Perestroika 638
Perriello, Tom 593, 824
Personenschutz *siehe* Secret Service
Petraeus, David (General) 229 ff., 311, 449, 455, 604 f., 607 f., 610, 619, 806
Pfeiffer, Daniel (Dan) 829, 951
Philadelphia 323
Philip, James »Pate« 60
Phillips, Richard (Kapitän) 495 f.
Piñera, Sebastián 924 f.
Piraten 493, 495, 510
PLO (Palästinensische Befreiungsorganisation) 867 f., 876
Plouffe, David 114, 117, 133, 136 f.,

141, 152, 154, 161 f., 165, 173, 176, 192, 203 ff., 207 ff., 216, 218, 221 f., 224, 233, 239 f., 266, 268 ff., 275, 280, 289, 292, 303, 359, 537, 684, 831, 951
Plouffe, Olivia 303
Podesta, John 303, 315
Pollard, Jonathan 883
Pomeroy, Earl 593
Poolbillard 750 f.
Portugal 732, 736, 740
Posedel, Jeremiah 79 f., 86
POTUS (Abk. f. President of the United States) 356
Powell, Colin 313, 659
Power, Samantha 314, 621, 887 ff., 895, 903, 909, 913, 916, 927
»*A Problem from Hell«: America and the Age of Genocide* 887, 909
Prager Frühling 491 f.
Präsident(en) der Vereinigten Staaten 301 f., 304, 312, 316, 394, 403, 427, 436, 439, 444, 450, 459 f., 462, 486 f., 554, 567, 608, 615, 624, 633, 636, 644, 668 f., 675, 749 f., 786, 925, 929, 951, 958
»Football« (Atomkoffer) 327, 455
Macht 926
Präsidialdirektive 940
-verfügung 850, 852
Präsidentschaft 330, 345, 347, 353, 378, 401, 430, 458, 529, 538, 541, 566, 581, 606, 620, 624, 723, 748, 750, 813, 900, 919, 921, 933, 938, 970, 972
Amtseinführung 317, 322 f., 325–331, 343, 435
Amtsübergabe 299, 322, 342, 634
Amtsübernahme 356, 759
erste Amtszeit 471, 486, 685
erste hundert Tage 427, 432
erstes Amtsjahr 817
Erwartungen 614
Executive Order Folterverbot 335
Gebet 330
gegnerische Zweifel an Rechtmäßigkeit 933 ff., 937
Oberbefehlshaber 599, 615, 918
politische Kämpfe 390
Reaktion der Republikaner 933
Präsidentschaftskandidatur 103, 107 ff., 112, 114–119, 125–128, 140, 175, 241
Verleumdungen 155 f., 194
Präsidentschaftswahl 113, 168, 221
Präsidentschaftswahlkampf 128 f., 133, 137 ff., 141, 143, 146–149, 152, 158, 163, 168, 185, 192, 197, 199, 280, 304, 316, 318, 568, 624, 939
Fehler 205, 210
Fired up! 147 f.
Running Mate 236
Superdelegierte 204, 213
Talismane 276
Yes we can 166
zweite Amtszeit 929
Preckwinkle, Toni 48
Presidential Study Directive 890, 892
Presidential Unit Citation (Auszeichnung) 973
President's Daily Brief (PDB) 442
Pritzker, Penny 138
Progressive Ära 691
Project VOTE! 46 f., 50
Public Allies (NGO) 46
Public Diplomacy 439, 626
Punahou School (Hawaii) 24, 331
Putin, Wladimir 474, 478–482, 489, 493, 639–643, 647–650, 652, 659, 677, 927

R

Rabin, Jitzchak 868, 882
Racial Profiling *siehe* Rassismus
Raketenabwehrsystem 481 f.
Ramayana (indisches Epos) 832
Ramos, Mike 25 f.
Rand, Ayn 347
Rasmussen, Anders 488
Rasmussen, Lars Løkke 712
Rassentrennung 37, 188, 567

Rassismus 32, 100, 172, 214, 222, 567, 920
- Racial Profiling 173
- »umgekehrter« 390

Rattner, Steven 341, 423 f., 426
Raumschiff Enterprise (TV-Serie) 655
Raymond Allen Davis 948
Reagan-Regierung 359
Reagan, Ronald 31 f., 139, 186, 247, 256, 310, 362, 369, 377, 578, 581, 631
Rechtsfälle
- Brown v. Board of Education 542
- Marbury v. Madison 542
- Massachusetts v. EPA 689 f.
- Plessy v. Ferguson 542
- Roe v. Wade 346, 543

Recovery Act *siehe* American Recovery and Reinvestment Act
Reden 404, 501 f.
- Abschlussfeier Miami Dade 959
- Amtseinführung 318, 325, 331, 403, 634
- Antiterror-Rede 503
- Außenpolitik 150
- Berlin 224, 232
- Columbia, South Carolina 189
- Fernsehansprache 795
- Friedensnobelpreis 2009 621 f., 909
- Gesundheitsreform 573 ff., 579
- Grant Park, Chicago 292
- im Ausland 626
- Jefferson-Jackson Dinner 153 f.
- Kairo 501, 503 f., 509, 512 ff., 516, 520, 879, 886, 893
- Moskau 650, 653
- NASDAQ 258
- Nashua, New Hampshire 166
- Nominierungsparteitag 2004 83 ff., 172, 365
- Nominierungsparteitag 2008 236, 242 ff.
- Philadelphia 208 f.
- Prag 489
- Rede an die Nation 1. Mai 2011 967 ff.
- Rede zur Lage der Nation (State of the Union Address, SOTU) 403 f., 891, 930
- Wahlreden 80
- White House Correspondents' Dinner 961 ff.

Regierung 301, 497, 692, 744, 749, 779, 800 f., 810 f., 813, 820, 826, 828, 855 f., 886 f., 896, 906, 927, 972
- ethische Regeln 335
- Frauen 744–747
- gute Regierungsführung 691
- Kabinett(smitglieder) 742 ff.
- People of Color 744 f.
- -sapparat 301
- -sbildung 301 f., 304 f., 307 ff., 312 ff., 318, 323, 341
- Stabschef 302 f.

Regierungsarbeit 405 f., 415 f., 428
Regulierung, staatliche 690 ff., 695
Reid, Harry 91, 106, 109, 201, 266, 270, 272, 274, 292, 351 ff., 355, 376, 577 f., 580–584, 595, 696, 729, 767, 772, 827, 840, 845 f., 858
Reisen
- Afghanistan 224
- Afrika 112
- Ägypten 510
- Asien 665 f., 825
- Ausland 626 f.
- Brasilien 917 f., 920 f.
- Chile 924
- China 660, 665, 670, 672
- Deutschland 224, 516
- Europa und Naher Osten 485 ff., 489
- Florida 798
- Illinois 68 f.
- Indien 825, 832 f.
- Irak 224, 227
- Israel 232
- Kenia 112
- Lateinamerika 917, 924
- Louisiana 784
- Normandie 518
- Russland 97, 644
- Saudi-Arabien 504
- Ukraine 97

Westen der USA 561 f.
Remote Area Medical (Non-Profit-Organisation) 568
Remsburg, Cory 519, 802 ff.
Repräsentantenhaus der Vereinigten Staaten 87, 92, 280, 363, 367, 370, 404, 419, 558, 573, 583, 587
  Demokraten 347, 365, 537, 549 f., 583, 587, 589, 591, 594, 697 f., 770
  Republikaner 347, 364, 367, 589, 697, 839, 930, 951
  Sprecher(in) 329
  Tea-Party-Fraktion 695
  Wave elections 347
Republikanische Partei 211, 223, 283, 335, 345, 347, 369, 372, 393, 535, 581, 636, 663, 690, 693, 759, 801, 806, 828, 873, 926, 933
  Illinois 59
  Nominierungsparteitag 246
  Rechtsruck 559
  RINO (Republican In Name Only) 223, 374
  Überparteilichkeit 345
  und Tea Party 564 f.
Reynolds, Mel 47 f.
Rezession 337 f., 344, 413, 421, 460, 528 f., 584, 664, 706, 726, 730, 826, 921, 960
  Double-Dip 930
Rhodes, Ben 314, 502 f., 509, 513, 621, 626, 654, 657, 703, 742, 804, 806, 828, 874, 878, 888, 893, 895, 903, 913, 967 ff.
Rice, Condoleezza 311
Rice, Susan E. 314, 440, 628, 676, 895, 912, 915 f.
Riedel-Bericht 453 f., 603
Riedel, Bruce 449, 452 f.
Riley, Bob 788
Roberts, John 331
Robinson, Craig (Bruder von Michelle Obama) 43 f., 46, 118, 160, 289
Robinson, Jackie (Baseballspieler) 33, 174
Robinson, Marian (Mutter von Michelle Obama) 46, 94, 118, 196, 291, 320 f., 361 f., 407, 411, 522, 644, 727, 968
Rochon, Stephen W. (Steve) 360
Rockwell, Norman 21, 196
Rogers, Ray 360
Rolling Stone 180 f., 207, 803
  »The Runaway General« 803, 805
Romer, Christina (Christy) 308, 336 f., 340, 344, 415, 417, 424, 731, 828
Romneycare 537.
  Siehe auch Gesundheitswesen/-system/Massachusetts-Modell
Romney, Mitt 535 ff.
Roosevelt, Franklin Delano 20, 73, 257, 339, 342 f., 357, 508, 525, 613, 730 f., 764, 823, 827
Roosevelt, Theodore 19, 317, 357, 525, 705
Ross, Dennis 890
Roth, Philip 871
Rouse, Pete 89 ff., 104, 107, 113, 116 f., 130, 266, 303, 383, 424, 592, 695, 831, 839
Rousseff, Dilma 918
Rove, Karl 87, 195
Ruanda 912
Rubin, Bob 305, 309, 465
Rubio, Marco 374
Rumsfeld, Donald 102, 228, 310, 486
Rush, Bobby Lee 64 f., 67, 71 ff., 76
Russell Senate Office Building *siehe* Senat der Vereinigten Staaten
Russert, Tim (NBC-Journalist) 114, 159
Russland 460, 465, 474, 477 f., 480 f., 486, 493, 628, 638–643, 648 f., 653, 657 f., 676 f., 900, 906, 916, 927
  Atomwaffen 650
  Erdöl/Erdgas 778
  FSB (Geheimdienst) 639 f.
  Identität 643
  New-START-Vertrag 676 f., 839, 845 f.
  START-Abkommen 481 f., 787
  Zusammenarbeit mit USA (»Reset«) 478, 480, 644, 650 f.
Ryan, Jack 82 f.
Ryan, Paul 930

S

Saadi (persischer Dichter) 657
Sadat, Anwar el- 511, 867, 882
Salazar, Ken 780 ff., 784, 790 f., 795
Samore, Gary 657, 676
Sandburg, Carl 57
Santelli, Rick (CNBC-Journalist) 388 ff., 394, 420
-Video 564
Sarkawi, Abu Mussab al- 455
Sarkozy, Nicolas 232, 472, 516, 738
G20-Gipfel London 471 ff., 483
Griechenlandkrise 733, 738 f.
Klimagipfel Kopenhagen 714
Libyenintervention 911 f., 914, 917, 924
und Iran 659
Saturday Night Live (NBC-Comedyshow) 282
Saud-Dynastie 631
Saudi-Arabien 504 f., 507, 633, 869, 886, 905 f.
Erdöl 778
Scalia, Antonin (Richter) 544
Scharon, Ariel 869
Schäuble, Wolfgang 737
Schiffbruch mit Tiger (Yann Martel) 750
Schiliro, Phil 366 f., 369, 376, 534, 538, 560, 571, 578, 587 f., 592, 594 f., 698, 700, 839
Schumer, Charles (Chuck) 106, 816
Schwarzkopf, H. Norman Jr. (General) 620
Scowcroft, Brent 313
Sebelius, Kathleen 167, 533, 539 f., 595
Secret Service 201 ff., 233, 241, 277, 287, 290, 301, 309, 318 f., 322, 356, 408, 462, 561, 715, 819, 847, 920, 923
Renegade 356
Seinfeld, Jerry 256
Selma, Alabama 14, 183
Edmund-Pettus-Brücke 182, 185, 491
Gedenkveranstaltung 183
Senat der Vereinigten Staaten 71 f., 75, 87 ff., 91 f., 96, 100, 106 f., 134, 174, 222, 346, 365, 368, 370, 419, 543, 558, 583, 587, 701 f., 707 f., 710
Demokraten 347, 537, 583, 698, 704, 827
Filibuster 347 f., 577
Kandidatur Obamas 71 f., 75 ff., 79
Polarisierung 394
Russell Senate Office Building 108
Senat *siehe auch* Illinois
Sensitive Compartmented Information Facility (SCIF) 660
Shaheen, Bill 156
Shahzad, Faisal 801
Shanghai 670 ff.
Sharpton, Al 176
Sheehan, Michael 84
Shelby, Richard 273
Shomon, Dan 68 f., 76
Shuttlesworth, Fred (Reverend) 184
Sidley & Austin (Kanzlei) 42
Signator, Mike 94 ff.
Simas, David 555
Simon, Paul (US-Senator) 72, 81, 91
Simon, Sheila (Tochter von Paul Simon) 81
Simone, Nina 751
Simpson, Alan K. 931
Sinatra, Frank 277, 317
Singapur 665, 667 ff.
Singh, Manmohan 475, 715, 834–837
Sklaverei 32 f., 177, 188, 620, 871
Smith, Gayle 890
Smoot, Julianna 138
Snowe, Olympia 375 ff., 379, 559 f., 576 f., 581, 779
Sobtschak, Anatoli 640
Social Media 192, 246, 566
Meetup 192
MySpace 79, 192
Social Security 258
Soetoro-Ng, Maya (Halbschwester von Obama) 27, 49, 56, 88, 160, 169, 171, 234 f., 285, 287 f., 318, 562, 622, 678 f.
»soft power« 439

Solis, Hilda 742
Solschenizyn, Alexander 480
Solyndra (Fotovoltaik-Start-up) 687
Somalia 442, 493, 495, 617, 656, 909
»Black Hawk Down« 909, 955
Sorensen, Ted 330
Sotomayor, Sonia (Richterin) 543–546, 787
Souter, David (Richter) 541, 543
South Carolina 147, 159, 168, 185–189, 191, 284, 354
Southern Christian Leadership Conference (SCLC) 182
Souza, Pete 359, 457, 746, 798, 803, 825 f., 831 f., 860, 963
Sowjetära 480, 492
Sowjetunion 437, 637 f.
Spalding, Esperanza 622
Spanien 732, 736, 740
Spanische Grippe *siehe* Pandemie
Specter, Arlen 375 ff., 379
Sperling, Gene 308, 424
Sports Center (ESPN) 412
Springfield (Illinois) 48, 57, 59 f., 64, 67, 83, 92, 125, 329, 352, 929
Staatshaushalt 930–933
Staatssenator 48 f., 57–62, 64, 67, 84, 216
Kandidatur 50 f., 53 ff.
Wahlkampf 52 f., 55
Stabenow, Debbie 425
START-Abkommen 652
Status of Forces Agreement (SOFA) 444 f.
Stephanopoulos, George 151
Stern, Todd 707, 710 f., 717
Stevens, J. Christopher (Chris) 928
Stevens, John Paul (Richter) 787
Stevens, Ted 92
Stewart, Mitch 142 ff., 154
Streep, Meryl 754
Stresstest für Banken 399 ff., 404, 414–417, 421, 429 f., 460, 765
Stupak, Bart 593
Subprime-Markt 253 ff., 258, 262 ff., 309, 374, 384, 386, 398, 414, 430, 466, 735, 763, 765 f.
Südafrika 112, 475, 477, 637, 708, 712 f., 715
Südkorea 665, 669
Suleiman, Omar 897, 903
Summers, Lawrence (Larry) 265, 305–309, 337, 340 f., 344, 396 f., 399 ff., 415–418, 422, 429, 465, 674, 726, 729 ff., 742, 746, 761, 767, 769, 829, 843
Sunstein, Cass 692 f., 888
Super Tuesday 168, 185, 191 ff., 199
Sutley, Nancy 745
Sutphen, Mona 745
Sutton, Sam 361
Svanberg, Carl-Henric 796
Swann, Barbara 360
Sweet, Lynn (Journalistin) 551
Syrien 656, 866, 905 f., 911

T

Taiwan 662
Taliban 225 f., 446, 448, 452 f., 602 ff., 610, 617, 619, 801, 944
Tammany Hall 652
Team of Rivals (D. K. Goodwin) 314
Tea-Party-Bewegung 563–570, 575, 724, 836, 930, 933 f.
Technik 664, 754, 958
Tennessee Valley Authority (TVA) 258, 340
Terror(ismus) 327, 342, 404, 446, 459, 498, 618, 625, 725, 907
Kampf gegen den 444, 453, 496, 498, 501, 801, 807, 885, 895, 940
Time Square 801
Unterhosenbomber 801
Tesla, Inc. 687
Tewes, Paul 139–144, 154
Texas A&M University 310
Thein Sein 668
The Two-Income Trap (E. Warren, A. Warren Tyagi) 767
Thomas, Clarence (Richter) 543
Thompson, Bennie 201
Thoreau, Henry David 33
Timberlake, Justin 755

Time Magazine 115, 950
Titcomb, Bobby 25 f., 530
Tocqueville, Alexis de 33
Tolstoi, Leo 638
Toot *siehe* Dunham, Madelyn Payne (»Toot«, Großmutter von Obama)
Toulouse-Lautrec, Henri de 472
Transocean Ltd. 776
Trinity United Church of Christ 46, 178 ff., 207 f., 874
Troubled Asset Relief Program (TARP) 264, 266 f., 269 ff., 273 f., 278, 280, 285, 300, 305, 341, 343, 355, 364, 386, 396 f., 413, 415, 417, 422, 429 f., 564, 690, 727 ff., 796
  »Clawback«- Klausel 418
Truman, Harry S. 357, 526, 620, 850, 867
Trump, Donald 933 ff., 938, 950, 961 ff.
  mögliche Kandidatur 937
  und Birtherism 935 ff.
  und Medien 935 ff.
Tschaikowsky, Peter 638
Tubman, Harriet 184
Tunesien 891, 893, 911
Türkei 487 ff., 629
Tuscaloosa (Alabama) 956 f.
Tutu, Desmond 112
Twin Towers 437
Tyagi, Amelia Warren 767

U

Überparteilichkeit/überparteiliche Kooperation 304, 354, 371, 373, 375 f., 379, 787, 795, 828
Uiguren 808 ff.
Ukraine 642, 649
Umweltschutz 680, 682, 684, 706
  Environmental Protection Agency (EPA) 690
  -maßnahmen 682
  -organisationen 689, 692, 699, 705, 708, 710, 779
United Auto Workers (Gewerkschaft) 423, 694
UnitedHealthcare (Versicherung) 532
University of Chicago Law School 46, 543
Unterhosenbomber *siehe* Abdulmutallab, Umar Farouk
Upper Big Branch Mine (Explosion) 777
US-Außenministerium 316, 441, 625, 886, 890
US-Außenpolitik 313, 439 f., 452, 624, 628, 664, 667, 669, 675, 702, 736, 887, 890, 896, 905, 926, 940
  Fehleinschätzungen 629
  Realisten 313
US-Finanzministerium 305, 396, 400, 414, 428 ff., 687, 760, 765
  Cash Room 400
US-Heimatschutzministerium 856
US-Justizministerium 812, 814 f., 817
US-Militär 462, 481, 805
US-Notenbank (Fed) 305, 338, 399, 414, 428 ff., 725, 760, 765, 768
U. S. Securities and Exchange Commission (SEC) 691
US-Verteidigungsministerium *siehe* Pentagon (US-Verteidigungsministerium)

V

Vereinigte Arabische Emirate 904 ff., 917
Vereinigte Staaten 465, 474, 486, 490, 493, 504, 540, 581, 602, 613 f., 708, 838
  Ansehen 917
  Einfluss 439, 464, 901
  Erdölabhängigkeit 793
  Erdölförderung 776, 778 f., 784
  Führungsrolle 439, 463 ff., 476 f., 483, 486, 628, 701, 887, 909
  Glaubwürdigkeit 846
  Image 628
  Israelpolitik 873, 879, 881
  Pax Americana 465
  Schutzmacht Israels 867
  strategische Ziele f. Afghanistan 620

und Libyen 907 f.
Verfassung 34
Wählerdiskriminierung 800.
Siehe auch Amerika
Vereinte Nationen (UNO) 440, 463, 625, 634, 654 ff., 705, 866, 873, 927
Atomwaffensperrvertrag 633, 637
Charta 655
Erdgipfel (Rio de Janeiro) 702
Friedensmissionen 656
Generalversammlung 654, 656 ff., 879
Grüner Klimafonds 711
Hauptquartier 654, 656
Klimaabkommen Paris 718
Klimagipfel (Kopenhagen) 701, 705, 708–711, 713, 716, 718
Klimakonferenz in Paris 718
Kyoto-Protokoll 702–706, 708 f., 714, 716
Menschenrechtsrat 656
P5+1 636 f., 657 ff.
Resolution 1929 676
Sicherheitsrat 628, 636, 642, 655 ff., 659, 676, 906, 908, 911, 916
Verschwörungstheorie(n) 934, 938, 963
Birtherism 935 ff., 950 f., 961
Protokolle der Weisen von Zion 937
Vertrauen (polit./gesell.) 354, 392 f.
Vietnam 665, 668
Vietnamkrieg 23, 191, 346, 437, 620, 637, 656
Vilsack, Tom 142, 742
Virginia 221, 288
Vivian, C. T. (Reverend) 182, 184
Volcker, Paul 265, 768 f.
Volcker Rule 769, 772
Vorwahlen *siehe* Vorwahl (Primary); *siehe* Nominierungsversammlung (Caucus); *siehe auch* Iowa; New Hampshire
Vorwahl (Primary) 116, 141, 147, 163, 165, 185, 189, 204 f., 213 f., 217

W

Wachovia (US-Bankenkette) 260
Wagoner, Rick 422 f.
Wahlkampfauftritte 159, 192, 199
Butte, Montana 234
Debatten 265, 276 f., 279, 281
Des Moines 156
Drake University, Iowa 151 f.
Greenwood, South Carolina 147 f.
Iowa 153
Las Vegas 133, 135
Nashua, New Hampshire 166
Philadelphia 213
San Francisco 210
Wałesa, Lech 29
Wall, Payton 971, 973
Wall Street 303, 389, 398, 413 f., 420 ff., 431, 466, 663, 665, 727, 729 f., 732, 761 f., 765, 768, 773, 843
Krise 337, 421, 735, 738, 759, 766
Reform 432, 759–762, 764, 766, 768 f., 772
Zusammenbruch 307, 465
Wall Street Journal 690
Walsh, Lawrence (Larry) 72
Walter Reed Army Medical Center (Maryland) 324, 456 f., 459, 802
Warner, John 92
War Powers Act 926
Warren, Elizabeth 767
Warren, Robert Penn 27
Washington, D. C. 316 f., 586, 610, 719
Capitol Hill 345, 350, 555, 571, 680, 842
Eisenhower Executive Office Building (EEOB) 334
Hay-Adams Hotel 322
Jefferson Memorial 595
Kapitol 328 f., 331, 351, 573
Lincoln Memorial 330
National Mall 327 f., 330, 974
National Statuary Hall (Kapitol) 329
Pennsylvania Avenue 328, 332

Sidwell Friends School 319, 322, 752
St. John's Episcopal Church 326
Washington Monument 330, 595, 974
Washington, George 21, 270, 317, 522
Amtseinführung 316
Washington, Harold 37 ff., 47, 64, 72, 82
Washington Mutual (Finanzunternehmen) 763
»Washington Playbook« 441
Washington Post 417, 496, 586, 605 f., 961
Waterboarding 500 f. *Siehe auch* Folter
Watergate 23, 191
Waxman, Henry 537, 547, 549, 697 f., 701
Webb, Marschall B. (Brad) 965
Weinstein, Jeremy 890
Weißes Haus 22, 302, 308, 317, 323, 332, 334, 359, 361 f., 405, 521, 555, 586, 740 f., 743, 773, 798, 814 f., 817, 831, 879, 881 f., 901, 935
Blaues Zimmer 847, 913
Briefing Room 419, 844
Cabinet Room 20, 270, 583, 743
Dinnerpartys 754
Diplomatischer Empfangsraum 847, 957
East Room 332, 335, 524, 551, 755, 969
East Wing 407
ethische Regeln 744
Events/Musik 754 f.
Family Dining Room 746, 882, 903
Gemüsegarten 411, 522
Iftar-Dinner 818
Kartenraum 331
Kommunikationsstrategie 729
Kommunikationsteam 349, 360, 371, 401, 403
Lincoln Bedroom 12
Lyndon-B.- Johnson-Raum 353
Mitarbeiter 360 ff.
Outer Oval 297, 358
Oval Office 19, 21, 297 f., 361, 412, 428, 442, 572, 600, 619, 795, 805, 823, 899 f., 928
Pressekonferenz 792 ff., 806, 844, 910, 951
Privathaushalt 319
Resolute Desk 297, 588, 795, 928
Roosevelt Room 274, 415, 424, 594, 796, 800, 881
Rosengarten 20, 614, 694, 781, 806, 928
Situation Room 424, 448, 497, 605, 610, 788, 792, 823, 896, 898, 914 f., 940, 947, 952, 963 f.
Social Office 700, 754, 847
Sonnenzimmer 561
Südrasen 455, 521, 523, 700, 749 f., 754 f., 974
Treaty Room 12, 361, 382, 433, 524, 573, 596, 751, 755, 758, 795, 823, 882, 955 f., 971
Truman-Balkon 595
Weihnachtszeit 846 f.
westlicher Säulengang 19 ff., 749
West Wing 19, 334, 383, 428, 448, 594, 743 f., 748, 757, 847, 860, 928, 937, 967 f.
White House Military Office 327
Wohnbereich 360–363, 410, 928. *Siehe auch* Regierung
Weltbank 463, 474, 483
Weltgesundheitsorganisation (WHO) 539
Welthandelsorganisation (WTO) 662 f., 677
Wen Jiabao 476, 673, 713–717
West, Cornel 306
Westjordanland 232, 865 f., 868, 870, 877 f., 880
Westmoreland, William C. (General) 620
West Point (Militärakademie) 620 f.
Whitaker, Cheryl 94, 160
Whitaker, Eric 94, 160, 209, 217, 219, 748
White House Correspondents' Dinner 960, 962
Whitman, Walt 33

Wiesel, Elie 516 ff., 520
Wilson, Joe 575
Wilson, Kaye 94, 320, 644, 748
Wilson, Wellington 94
Winfield House (London) 480
Winfrey, Oprah 159
Wirtschaftskrise 325, 336 f., 341, 391, 393, 405, 666, 672, 856, 930
Wisner, Frank 896 ff., 902
Wissenschaft 958
Wonder, Stevie 217, 755
»I Just Called to Say I Love You« 674
Wood, Diane 543 ff.
Woodward, Bob 606 f.
Woolf, Virginia 28
Works Progress Administration (WPA) 339
Wright, Gebrüder 33
Wright Jr., Jeremiah A. (Reverend) 46, 65, 84, 178–181, 206 ff., 210, 213 ff., 217, 219, 282, 874
Wurzelbacher, Joe (Joe, der Klempner) 280 f.

Y

Yeats, William Butler 379
»Yes we can« (Slogan) 81, 167, 821, 903
Young Jr., Andrew 39

Z

Zardari, Asif Ali 968
Zayed Al Nahyan, Mohamed bin (»MBZ«, Kronprinz von Abu Dhabi) 904 f.
Zuma, Jacob 475, 715
Zweiter Golfkrieg 313, 437, 615
Zweiter Weltkrieg 339, 345, 437, 463, 471, 498, 516, 519, 525, 547, 655, 866